U1018097

荊楚文庫

〔乾隆〕黄州府志

〔清〕王勍 修
〔清〕靖道謨 纂

荊楚文庫編纂出版委員會
武漢大學出版社

荆楚文庫

〔乾隆〕黄州府志

QIANLONG HUANGZHOU FUZHI

圖書在版編目(CIP)數據

〔乾隆〕黄州府志/〔清〕王勍修;〔清〕靖道謨纂.

—武漢:武漢大學出版社,2019.11

ISBN 978-7-307-21031-8

Ⅰ.乾…

Ⅱ.①王…　②靖…

Ⅲ.黄州府—地方志—清代

Ⅳ.K296.34

中國版本圖書館 CIP 數據核字(2019)第 132280 號

責任編輯:李　程

整體設計:范漢成　曾顯惠　思　蒙

責任校對:李孟瀟

出版發行:武漢大學出版社(中國・武漢)

地址:武昌珞珈山

電話:(027)87215822　　郵政編碼:430072

録排:武漢恒清圖文菲林輸出工作室

印刷:湖北新華印務有限公司

開本:787mm×1092mm　1/16

印張:37

版次:2019 年 11 月第 1 版　2019 年 11 月第 1 次印刷

定價:177.00 元

ISBN 978-7-307-21031-8

9 787307 210318

《荆楚文庫》工作委員會

主　　任：蔣超良

第一副主任：王曉東

副　主　任：王艷玲　梁偉年　尹漢寧　郭生練

成　　員：韓　進　劉仲初　喻立平　龍正才　雷文潔

張良成　黃曉玫　尚　鋼　黃國雄　陳義國

吴鳳端

辦公室

主　　任：張良成

副　主　任：陳　明　李耀華　周百義

《荆楚文庫》編纂出版委員會

顧　　問：羅清泉

主　　任：蔣超良

第一副主任：王曉東

副　主　任：王艷玲　梁偉年　尹漢寧　郭生練

總　編　輯：章開沅　馮天瑜

副總編輯：熊召政　張良成

編委（以姓氏筆畫爲序）：朱　英　邱久欽　何曉明

周百義　周國林　周積明　宗福邦　郭齊勇

陳　偉　陳　鋒　張建民　陽海清　彭南生

湯旭巖　趙德馨　劉玉堂

《荆楚文庫》編輯部

主　　任：周百義

副　主　任：周鳳榮　胡　磊　馮芳華　周國林

成　　員：李爾鋼　鄒華清　蔡夏初　鄒典佐　梁瑩雪

黃曉燕　朱金波

美術總監：王開元

《荆楚文庫·方志編》編纂組

組　長：賀定安　陽海清（執行）

副組長：劉傑民（執行）　王　濤　謝春枝　范志毅（執行）

參編人員（按姓氏筆畫排名）：

王　濤　李云超　宋澤宇　范志毅　柳　巍　馬盛南　陳建勛

梅　琳　張　晨　張雅俐　陽海清　彭余焕　彭筱濈　賀定安

劉傑民　潘　玲　謝春枝　嚴繼東

編　審：周　榮

顧　問：沈乃文　李國慶　吴　格

出版説明

湖北乃九省通衢，北學南學交會融通之地，文明昌盛，歷代文獻豐厚。守望傳統，編纂荆楚文獻，湖北淵源有自。清同治年間設立官書局，以整理鄉邦文獻爲旨趣。光緒年間張之洞督鄂後，以崇文書局推進典籍集成，湖北鄉賢身體力行之，編纂《湖北文徵》，集元明清三代湖北先哲遺作，收兩千七百餘作者文八千餘篇，洋洋六百萬言。盧氏兄弟輯録湖北先賢之作而成《湖北先正遺書》。至當代，武漢多所大學、圖書館在鄉邦典籍整理方面亦多所用力。爲傳承和弘揚優秀傳統文化，湖北省委、省政府决定編纂大型歷史文獻叢書《荆楚文庫》。

《荆楚文庫》以「搶救、保護、整理、出版」湖北文獻爲宗旨，分三編集藏。

甲、文獻編。收録歷代鄂籍人士著述，長期寓居湖北人士著述，省外人士探究湖北著述。包括傳世文獻、出土文獻和民間文獻。

乙、方志編。收録歷代省志、府縣志等。

丙、研究編。收録今人研究評述荆楚人物、史地、風物的學術著作和工具書及圖册。

文獻編、方志編録籍以一九四九年爲下限。

研究編簡體横排，文獻編繁體横排，方志編影印或點校出版。

《荆楚文庫》編纂出版委員會

二〇一五年十一月

前言

《〔乾隆〕黄州府志》二十卷，清王勍修，清靖道謨纂，清乾隆十四年（一七四九）刻本。

王勍，字恕堂，陝西鄠縣人，王心敬之子，選拔教習，乾隆十二年（一七四七）官黄州知府。靖道謨，清湖北黄岡人，字誠合，號果園，康熙六十年（一七二一）進士，歷官雲南姚州知州。移疾歸，歷主鰲山、白洞、江漢等書院。初學於王心敬，後爲楊名時弟子。曾主修《雲南通志》《貴州通志》《湖北下荆南道志》等，有《過庭編》《果園全集》等著作傳世。

府志源流，靖道謨於序中上溯至宋景德四年（一〇〇七）所刻圖經，以宋厲居正所修《齊安志》爲詳備之作。其後明弘治十三年（一五〇〇）與萬曆三年（一五七五）皆有志。清代，蘇良嗣曾於康熙二十四年（一六八五）修黄州府志，其時距王勍到任已逾六十餘年，舊獻典文頗多脱漏遺軼。以邑志乃一郡之令典，不可曠闕弗備，於乾隆十三年（一七四八）開館，以志事延靖道謨與郡中文學之士。是時萬曆志僅於康熙志中存一序，道謨未能得見，歷代文獻無徵，修志之事頗爲艱難。此前勍之父、道謨之師王心敬主講江漢書院，道謨與之參互考訂沿流溯源。又得館中同事張緒出其先祖張斗符所輯《郡志注遺》五卷，加以道謨早年訪問鄉里、奔走四方所積之文獻劄記，與衆人商榷搜討，補後來所缺遺，兼訂前志之謬誤，越明年夏而志稿成。王勍親爲釐定校核，嚴體例，慎去取，志事乃竣。

志分十綱：地理志、建置志、賦役志、學校志、職官志、選舉志、人物志、藝文志、雜志、外志，圖列卷首，共四十八目。較之前志，有諸多增改訂謬。卷首之圖，舊志止於城郭而畧四境，是志將各州縣四至之贏縮相錯者詳列圖中；舊志立「天文志」居於卷首，是志不設「天文志」，而附「星野」於「地理志」下。其他體例上的改進尚有：詳核舊志所畧之沿革，以求記載分明，不啓後人疑竇；「物産」增入舊志所遺之通産；以黄州地處江淮之間，爲南北要害，增設「關津」一目，又以澤國之勢，增設「水利」一目，以示堤防之重；因橋梁堤壩爲後人所創，非自然之物，改「橋梁」「堤壩」入「建置志」目下，而軍屯與民屯同有供賦税之義，改「軍屯」入「賦役志」之「賦税」目下；特增「積貯」「蠲䘏」二目，以昭當朝惠政良法之美意；因當朝皇帝對師表之重視，將原「建置」子目「學校」提爲單獨一綱；補舊志不載之「藩封」，職官詳列各表；「人物志」中，各目所收嚴定要求，所增補者必據乎文獻；舊志已録之人，有府志、縣志相謬者改之，與正史不合者删之；「藝文」一志，舊志以府縣次序爲先，體裁爲後，頗顯雜亂，是志改以體裁分之，以年代爲次；以「祥異」所載非盡歸天文，改入「雜志」，不能以例附者歸入「外志」。

是志修於乾隆禁書令前，再印時有鏟板現象。通過對比無鏟板版本與有鏟板版本，可對清代禁毁書有所了解。據《中國地方志聯合目録》，國圖、北大、上海、天津、南京、江西、湖北等館藏有該志。（彭筱溦）

目録

序

歲丁卯余奉
簡命來守黃州以夏五月受事
國家重熙累洽典章詳備薄海內
外文治所漸咸耀於光明檢閱
郡志自康熙乙丑歲經前守蘇

公修輯六十餘年來舊獻典文
頗多脫漏遺軼夫志乘爲一郡
令典凡山川險易風俗淳澆制
度之因革損益人文食貨之盛
衰多寡莫不備載守土者相其
緩急而輕重布之乃古卿大夫

朝考庶政夕省典刑之義顧曠
闕弗備其何以圖報稱且昔先
大夫康熙辛卯講學江漢迨後
自吳返秦經過臨皐赤壁聞見
其風土厚善士大夫之說禮敦
詩尊賢而樂道也形之歌咏載

在家編余心識之不能忘今獲
親履其地守土治民監於成憲
其永無愆書有明訓何敢置爲
緩圖爰是於戊辰良月諏日開
館延邑之太史誠合靖公及郡
中文學之士與之商榷捜討補

後來所鈌遺兼訂前志之謬誤爲綱十爲目四十有八凡八閱月竣事夫今之黃非猶昔之黃也唐宋以前蘄黃分治而黃爲下州自明世以蘄州來屬幅員方長跨據揚粵上游作全楚門戶數百年來衣冠文物財賦之盛甲於諸郡從來地以人重人以文顯昔蘇文忠以遷客來此不治民事王元之兩制舊臣一麾出守故竹樓赤壁雪堂月波樓諸作寄托曠達之音以抒其

牢騷抑鬱不平之概雖山川故蹟賴以不朽要未可云經國大業也若夫徵文考獻舉歷代良守明牧賢令師儒之所建樹與一郡中名臣碩儒忠孝節義潛德之幽光咸表章於簡策俾將來有所感慕景行追匹休於前哲以副

國家久道化成之盛治而余亦得少慰其夙興夜寐無忝所生之素心則斯志之輯庶不爲無當之危言也夫

旨
乾隆十四年歲在屠維大荒落
之蒲月
誥授中憲大夫知黃州府事關中王
勅題

序
太守關中王公於乾隆戊辰十月開志館
招邑文學之士編輯郡志道謨以衰年昏
耄備員其閒越明年夏五志稿成太守公
親爲釐定校覈嚴體例慎去取弁序於端
而屬　謨　以一言繼其志　謨　考黃州之有志
舊矣宋景德四年凡四方郡縣所上圖經

詔翰林李宗諤等刊修校定爲一千五百
六十餘卷南渡後多散軼而止齋陳氏家
尚存有蘄黃三州刻本乾道閒郡守李
訦於圖經四卷外又以近事爲附錄一卷
訦參政李邴子朱子所爲作二程夫子祠
記者也慶元己未郡守李昭問俾教授厲
居正重修齊安志二十卷可謂詳且備矣

去今不六百年求片紙隻字絶不可得即明萬曆乙亥所修志僅於康熙乙丑志中存其一序歷代文獻無徵昔人云作史之難無如志殆尤莫難於黄州志矣夫時代遼邈傳聞何可盡信黄州周弦子國而混於江黄蘄水漢軑縣地而入於蘄春則地理之訛也周仁毛玠余闕本汝南陳留盧州之産而係以黄岡麻城羅田之人則人物之謬也邾城有二而混為一舉水倒水酈元有注而無其名黄歇樊噲封邑湮絶而載其墓則古蹟山川陵墓之舛也其他錯誤難更僕數大約記載所傳聞多不復考信於正史想當年景德乾道慶元之圖經志録決不如是則兵燹之所焚棄風雨

序二

蟲蠹之所浥蝕文獻名邦幾同傖荒陋壤披覽遺文徒滋疑竇耳謨自早歲每遇遺老輙訪問鄉里故實後来奔走四方修志滇黔書籍所紀有關故國者手自劄記積久成帙今来館中同事張君緒茲出其大父斗符先生郡志注遺五卷糾正傳聞之謬與余劄記符合者十有六七喜先得我心因與同事諸君子共相商榷訂譌補缺以就正於太守公太守　先大夫關中理學名儒研經味道屢徵不起海内所稱豐川先生者也昔年海寧陳實齋先生開府湖北禮聘来楚講學江漢書院謨曾與執經之列師友淵源校讐之役尤義無可辭夫沿流溯源參互考訂以搜討遺軼生長

序三

鄉土者之責也修舉文獻以昭明政治而激厲風化則太守公於此有深意焉後之覽者可以興矣郡人前史官靖道謨序

黃州府志纂修職員

總裁

知黃州府事關中王　勍

監修

黃岡縣知縣邵豐鍭

蘄州知州蔣尚德

蘄水縣知縣葉爲舟

羅田縣知縣馮孫龍

麻城縣知縣夏封泰

黃安縣知縣李晉岳

廣濟縣知縣虞學灝

黃梅縣知縣任　重

總修

前翰林院庶吉士靖道謨

分修

黃州府學教授王宇大

黃州府學訓導吳緒棨

黃岡縣學教諭徐成澗

黄岡縣學訓導劉崇文
黄岡縣學廪生張念祖
蘄州生員陳于座
蘄水縣監生南昌齡
黄安縣學廪生張炳翰
廣濟縣學生員胡本棨

分校

黄州府學生員靖必會
黄岡縣學生員靖必簡

黄岡縣學生員杜秉時
黄岡縣學生員陳　發
蘄水縣學生員徐立徯
黄梅縣學生員於時舉
蘄水縣學生員李聞韶

監刊

黄岡縣學訓導劉崇文

凡例

一考前明乙亥志爲綱七曰地理曰建置曰田賦曰職官曰選舉曰人物曰雜志
國朝乙丑志增其二曰天文曰藝文易雜志爲稗函共爲綱九爲目三十六今擬立十綱首地理次建置次賦役次學校次職官次選舉次人物次藝文次雜志次外志增損之故詳見於後

一古者左圖右史省府縣志之有圖謂幅員廣狹山川遠近封疆之犬牙相入者可一覽知也舊志之圖取其方又止於城郭而四境畧焉昔馬文淵聚米爲山川而隴蜀之形勢如在目前圖顧可忽歟今將各州縣四至之嬴縮相錯者詳列圖中不必繪畫之工惟求形勢之肖

一志首沿革自秦漢以來郡縣隨時異屬亦隨代異名即如齊安郡蕭齊高齊蕭梁皆有而地各異即邾城亦有新故之殊記載分明始不啓後人疑實蓋黄州界江淮之間自吳魏至陳隋朝更暮改參考歷代史書庶幾有條不紊舊志簡畧今加詳核

一經星一度分野幾三千里黃州幅員未及其半繁稱遠引傅會居多明代乙亥志以地理居首不列天文甚爲卓識今從之

一春秋傳曰國主山川疆域有時攺移山川萬古不易此禹貢分州之遺法也然紀山止云在縣何方去縣幾里其淺焉者也凡山或有所由名或有事可紀亦須點綴一二方足爲林麓生色卽紀方紀里亦須有序方則由東南以及西北里則由近以及遠庶覽者心目瞭然

一紀水又與紀山不同山以方向爲主水以源流爲主蓋水曲折逶迤東西不一雖北方諸水皆謂之河而潭涇溪港隨地異名黃屬之水皆以江爲歸而入江之水有經流支流之別紀水者先經流源出某處流向何方爲某名又流向何方某水入焉至某處入於江其支水來會者俟敘完經流之後亦從源及委如敘經流之法方爲脉絡分明卽以黃岡言之巴水界其東倒水界其西舉水貫其中皆經流也上巴河卽巴水所經其入江處爲巴河口亦曰巴口舊志隨俗稱謂於出口處以巴河目之而又另列上巴河之名幾若別是一河至於舊洲長河石頭潭皆舉水所經紫潭河石板潭皆倒水所經而舊志先後錯出且並無舉水倒水之名今俱爲考正他州縣亦如之

一易曰王公設險以守其國形勢之謂也蓋形勢所在必周覽川原之概參考古昔成敗得失之由使將來按圖據籍酌其緩急輕重之宜布置措施以成保障之計郡國之志莫重於此至於疆域之廣袤遠近一走卒能言之耳今以形勝次古蹟之後列疆域之前

一凡志載物產有通產專產之分舊志止載專產而通產遺焉今補入

一國之大事在祀與戎王者建威消萌雖外戶不閉之世武備不可一日而弛黃州一協蘄州一營居全楚之委近又以道士洑一營隸焉益壯東南之形勢故營汛另標一目以重干城之寄其道士洑營不復紀非黃郡地故也

一修關梁塞蹊徑著於月令舟楫以濟不通易象昭垂黃界江淮之間五關崔嵬南北要害長江天險河流

澌紛關津之設尤爲急務故另爲一目

一山川乃天地自然之位置橋梁堤壩則後人創設之規模故以山川歸地理志以橋壩歸建置志

一楚爲澤國黄受委輸水多山少扞衛田畆全賴隄坊近例又令州縣佐貳官皆兼水利之銜誠重其事也修築雖有在官在民之異然特標一目使守土者觸目警心則先事爲桑土之綢繆臨時有固護之善策自可如長虹蜿延克鞏無虞矣

一黄州蘄州二衛皆有屯田屯糧蘆課人雖有軍民之

分物土之宜以供賦稅其義一也舊志附於職官今改附田賦之後

一王者藏富於民積貯者天下之大命恭逢

聖代軫念民瘼常平社倉犁然俱舉毎逢歉歲蠲賦賑粟惠政兼行即當豐稔之年累下蠲免之詔厚澤深仁淪肌浹髓增積貯蠲賑二門以昭

盛朝之良法美意焉

一學校舊志與公署城池同居建置之目恭惟

聖祖仁皇帝特頒萬世師表匾額

世宗憲皇帝加封先聖五代王爵

皇上頒朱子崇安訓士文於太學文治光昭超軼前代謹另立一綱凡

御頒書籍書院義學學田諸項悉附焉

一舊志不載蘄州藩封爲其國除之故然屯衛之指揮鎭撫其官亦革晉之豫州刺史元之蘄州總管俱非今制皆未嘗不載其人而獨汰乎藩封亦覺輕重失據矣且黄郡封爵自周漢以來歴歴可指不獨有明一代今據歴代史書及年表補入以存古昔封建之

遺意

一歴代史書宰相宗室皆有表唐書有藩鎭表明史有七卿表成一府之志則府屬各官俱宜列表既便觀覽亦省方幅今列知府同知通判爲一表府教授訓導經歴照磨爲一表各州縣知州知縣學正教諭訓導縣丞典史爲一表通府武職副總兵營守備衛守備千總合爲一表其廵檢驛丞河泊之類則有州縣志載之故舊志從畧

一名宦所紀皆有功德於斯民者最宜詳審省志中間

有名字之譌如宋黃州通判孟震字亨之非孟震亨也蘄州知州余童非余童明也官職之譌如王世德乃知府非推官也時代之譌如范可奇乃明代知府非本朝也此外譌者尚多大抵省志郡縣繁夥查核殊難郡志州邑無多考校稍易然彼此既互有異同不爲辨明恐滋後人疑竇至於選舉志中亦有譌誤俱一一改正

一士君子立身不外文行處世則顯晦異焉文有二經生之文主於明理才士之文主於達情秋實春華不

容偏廢此前史儒林文苑並列不以顯晦異也備位於朝遭時得主功業炳著列於宦績適弗逢世致命遂志謂之忠烈無位於朝而孝友著於家庭篤行稱於鄉里或義烈所激慷慨捐生謂之孝義此以顯晦分者也値清平之世甘不字之貞如漢嚴光唐司馬承禎宋陳摶魏野之屬雖不合中道然恬退之高致載籍所不遺謂之隱逸百家衆技君子猶有取焉方技是已至於流寓以誌卽次之譽列女以紀含章之貞共爲九目較舊志加詳要各名稱其實也

一舊志採取人物頗爲矜愼亦有止據州縣志而與正史不合者如毛玠王韶余闕王弼諸人勳業非不烜爍然考之正史玠陳留安邱人韶江州德安人闕與弼一爲廬州人一爲定遠人卽後人有居黃者然因其子孫遂移易祖父之籍未免傅會不敢概存

一舊志人物名字不無舛複如黃岡吳良吉既列理學復列隱逸廣濟吳自守既傳其名復傳其字以黃安之耿定力爲八先生是弟冒兄號也以廣濟之徐儉爲字孝穆是子襲父字也此類尚多或亦當時謄寫

之譌未及釐正歟今悉爲改正

一舊志所遺人物從諸史紀錄及各省名宦志補入者計百有餘人惟一統志載蕭一中黃岡人官布政四川志載成敏貫黃岡擧人知新寧縣程旞蘄州人官副使廣東志載鄭抱眞黃岡官生知廉州府查州縣志俱不載其名無可証據凡此類概不敢攔入志愼也

一紀載必據乎文獻傳聞不能無異同間有省志所記爲州縣志所無者如黃岡王景從狩土木曹大震罵

賦不屈之類亦有省志與州縣志互異者如黃岡程之奇一稱死節一稱善終廣濟胡士定一以爲文學一以爲殉難之類其有確據者正之無確據者並存之

一藝文一門古文詩賦體裁不一復各分州縣載之頭緒太多今止分別各體合八屬並載以省檢閱之煩仍以年代爲次

一諸志以祥異附天文按字說本有今異曰禎本無今有曰祥日月薄蝕星紀伏留普天共覩一郡之志可不必載至於草木禽獸昆蟲之怪固不盡繫於天象也今移入雜志

一祥異氣之變兵事時之變君子道其常故以雜志收之緇流黃冠浮圖老子之宮唐虞三代之世無有也故以外志目之各目中有不能以例附而關勸戒備考核者收摭聞中以備外志之目石言於晉神降於莘史傳不廢小說九百本自虞初從容之求亦可與可觀也

黃州府志目錄

共壹千壹百零貳頁板六百零捌塊

輿圖

黄州

北至河南汝寧
松子關
長嶺關
栗子關
銅鑪關
九子河
羅田縣
東至江南安慶府界四百一十里
蘄
浠水
蘄河
蘄
廣濟縣
黄梅縣
古角河
太白河
大江
大江
南至武昌

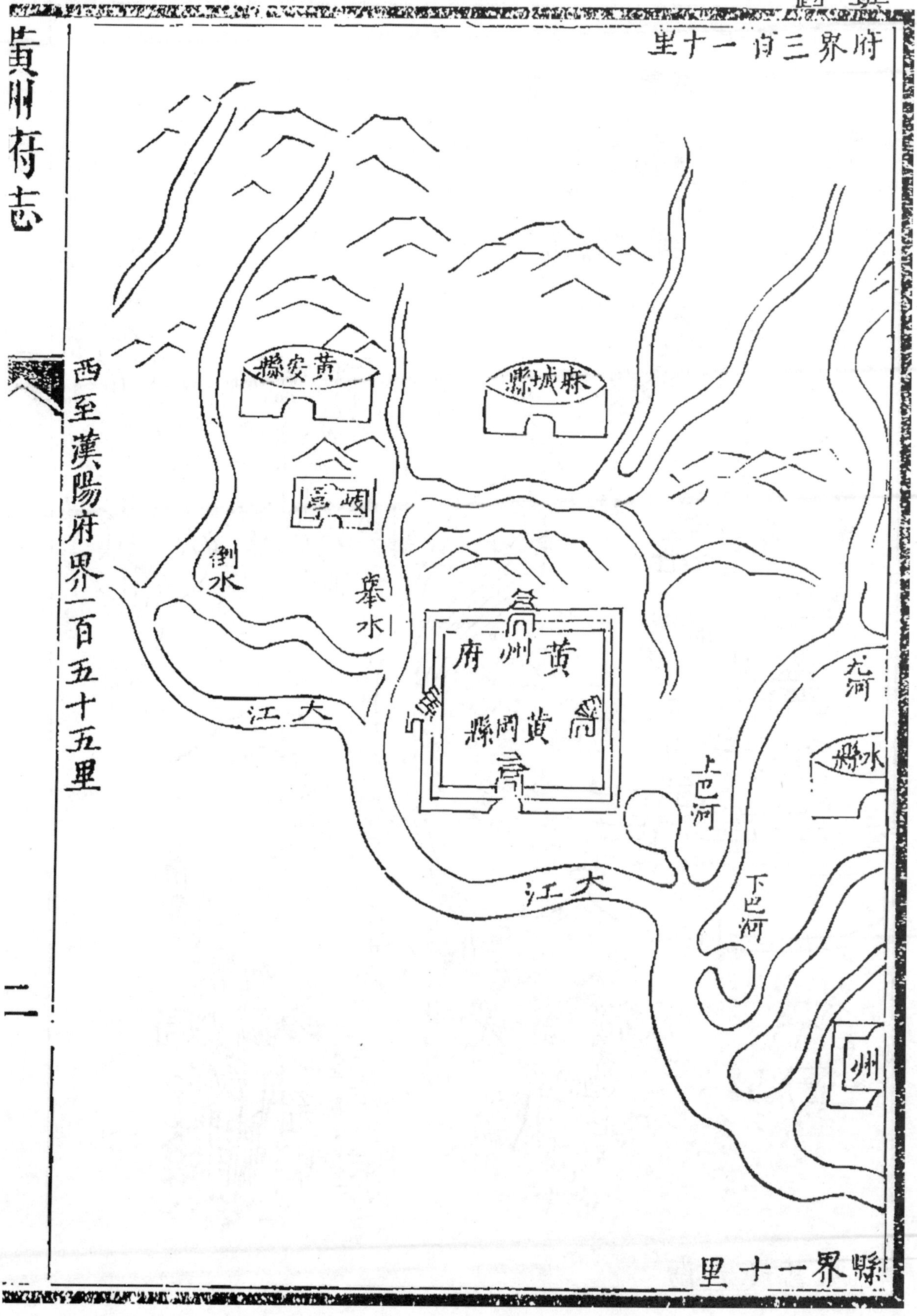
府界三百一十里
西至漢陽府界一百五十五里
黄安縣
麻城縣
岐亭
舉水
黄州府
黄岡縣
大江
大江
上巴河
下巴河
州
縣界一十里

黃州府

北至麻城
黃泥坂
龍王廟
聚寶山
稷壇
東至蘄水縣界四十里
後湖
清淮門
忠顯廟
七賢祠
縣學
察院
憲司
按察司
府城隍廟
布政司
總府
一字門
南塔寺
定惠院
安國寺
關帝廟
南至武昌縣

城圖

黃州府志

縣界一百三十里
西耳山
王几山
赤壁山
西至黃陂縣界一百五十五里
上新河
下新河
威遠閣
府治
黃岡縣
縣城隍廟
竹樓
雪堂
清源門
府
三元井
預備倉
東坡書院
報恩寺
東岳廟
元觀
高廟
臨皋亭
演武場
丹井
界十里

三

黄岡縣圖

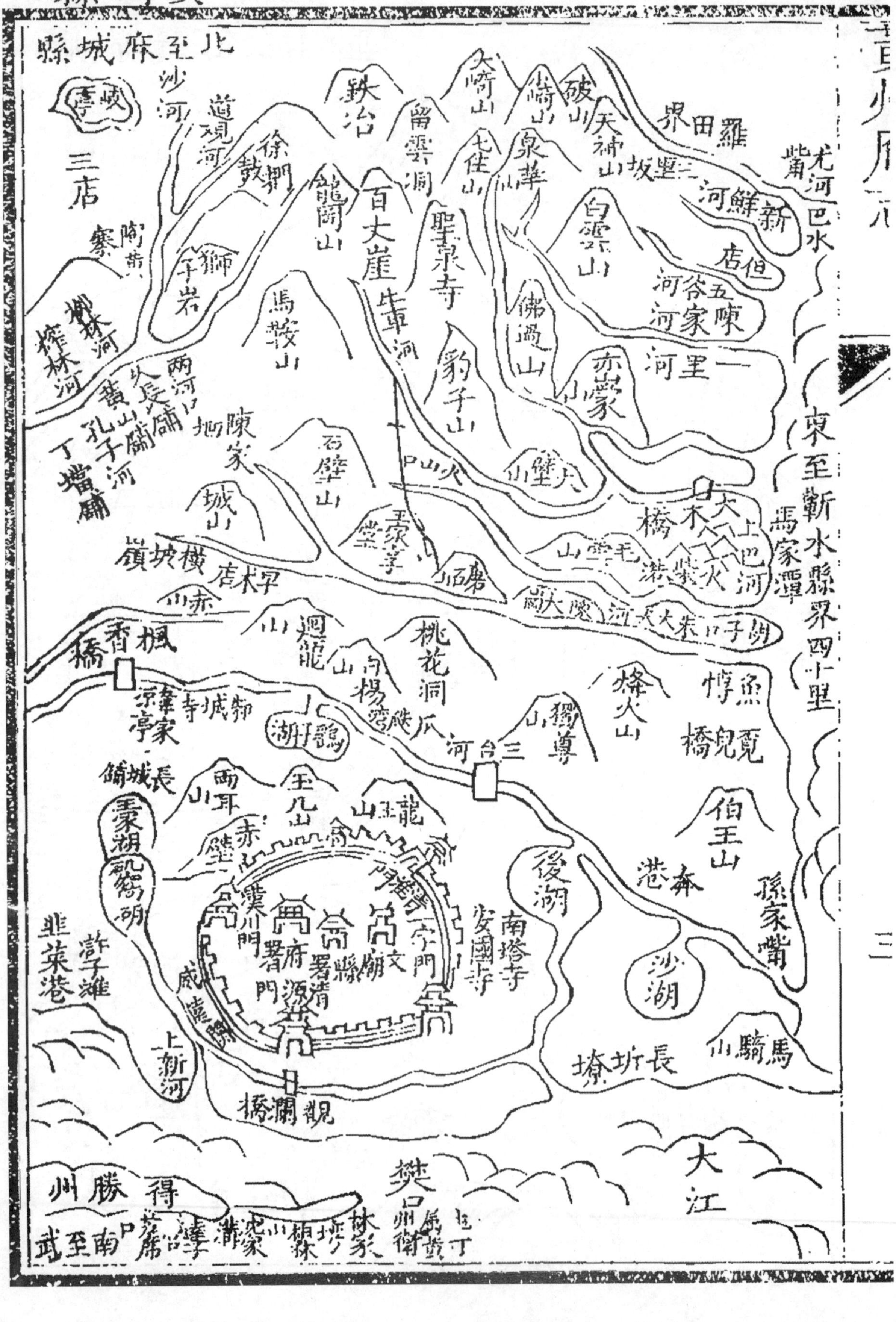
北至麻城縣
岐亭
沙河
道觀河
三店
鐵冶
大崎山
小崎山
破山
羅田界
尤河巴水
天神山
三里坂
留雲洞
百丈崖
聖泉寺
白雲山
新鮮河
但店
佛過山
馬鞍山
豹子山
一里河
東至蘄水縣界四十里
獅子岩
牛車河
柳林河
兩河口
陳家
石壁山
城山
大木橋
上巴河
馬家潭
橫坑嶺
赤山
楓香橋
迴龍山
桃花洞
烽火山
三台河
獨尊山
覓兒橋
長城鋪
龍王山
伯王山
赤壁
後湖
奔港
孫家嘴
沙湖
南塔寺
安國寺
文廟
一字門
府署
縣署
清源門
漢川門
上新河
馬騎山
觀瀾橋
大江
樊口
得勝州

三

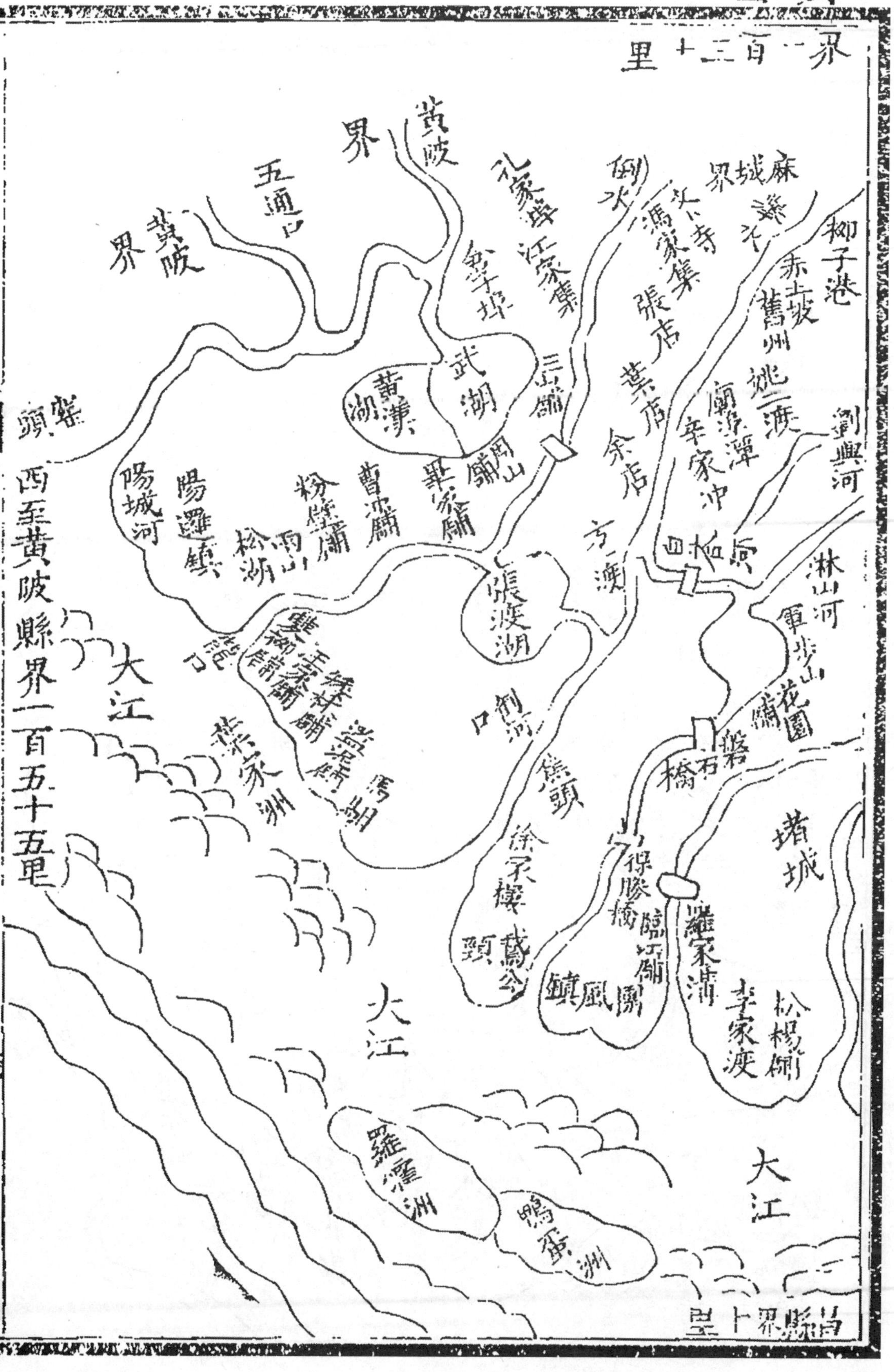
界一百三十里
黃陂界
五通口
黃陂界
麻城界
柳子港
黃漢湖
武湖
張渡湖
陽城河
陽邏鎮
粉壁舖
倉子埠
劉興河
淋山河
西至黃陂縣界一百五十五里
大江
大江
大江
堵城
團風鎮
羅家濆
李家渡
松楊舖
羅霍洲
鴨蛋洲

蘄水縣

北八十里至界河抵羅田縣界
東一百里至查兒山抵江南英山縣界
社稷壇
濟民倉
華柱山
游洪山
班竹山
三角山
查兒山
金谷山
望江山
滑石舖
株林舖
三家店
白沙舖
三望冲舖
樊家港
長嶺舖
北鄉
社學
便民倉
先生橋
六都
鳳棲山
白石山
嚴家畈
拱辰門
縣治
昭化寺
義之墨沼
清泉寺
陸羽茶泉
綠楊橋
東倉
關口
蔡家河
石頭山
匡家山
土陂山
下鄉
烟籠山
雞公山
東嶽廟
東山社
文廟
明倫堂
三公廟
陰陽學
三賢坊
神光觀
山川壇
躍龍門
丹井
蜜蜂崖
閻家河
仙女廟
青水畈
鐵炉嶺
河東街
筆架山
雲路

東鄉
西七十里至巴河抵黃岡縣界
大江
鼓樓山
婁子山
張王廟
巴河公館
蘭溪驛
劉店
巴水驛
何廟鋪
孟家鋪
松林鋪
鍾師鋪
城山
卓旗山
白荊山
豹兒石
太公石
蘭溪巡司
蘭溪譚店
天下第三泉
馬頭山
六神橋
演武場
蓮花池
三賢祠
永豐倉
楊歷湖
永福鄉
陽和
界嶺
李店鋪
青獅山
分流鋪
石牛鋪
接官廳
蔣家山
葛公廟
田家山
天馬山
空明亭
南關
上鄉
南四十五里至界嶺抵蘄州界

蘄水縣

北至羅田
東至江南英山縣界百里
南至蘄
清泉寺
永樂塔
鳳棲山
濟民倉
社學
綠楊橋
陸羽茶泉
來泰門
照化寺
玉台山
山川坛
義井
東山社
三公廟
明倫堂
文廟
躍龍門
張王廟
神光觀
陰陽學
麗文門
丹井
張大橋
獅社
郵亭

黃州府志 五

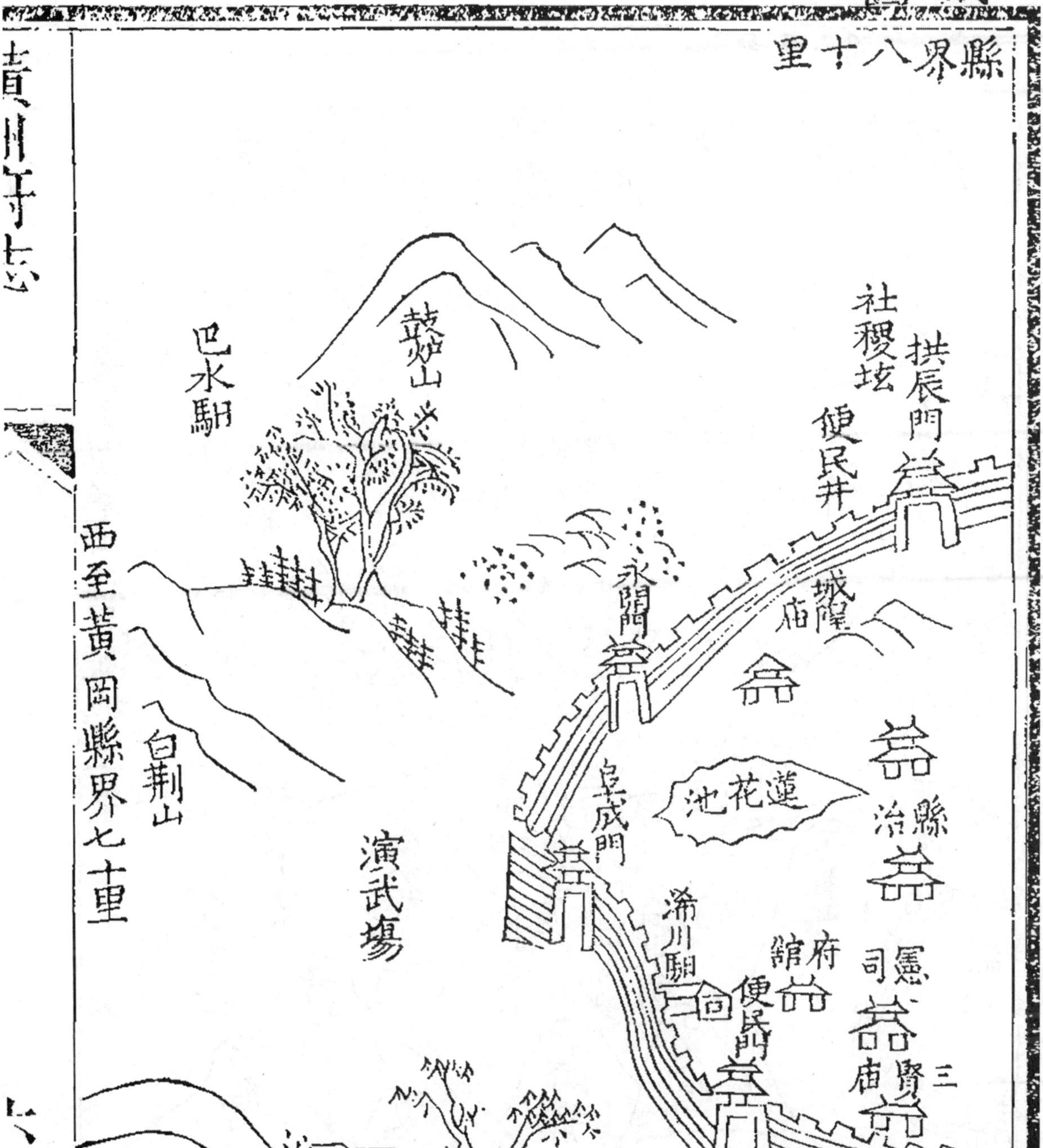
縣界八十里
巴水驛
社稷壇
拱辰門
便民井
城隍廟
蓮花池
縣治
阜成門
灄川驛
府館
憲司
便民門
三賢廟
演武場
白荊山
西至黃岡縣界七十里
州界四十五里

羅田縣

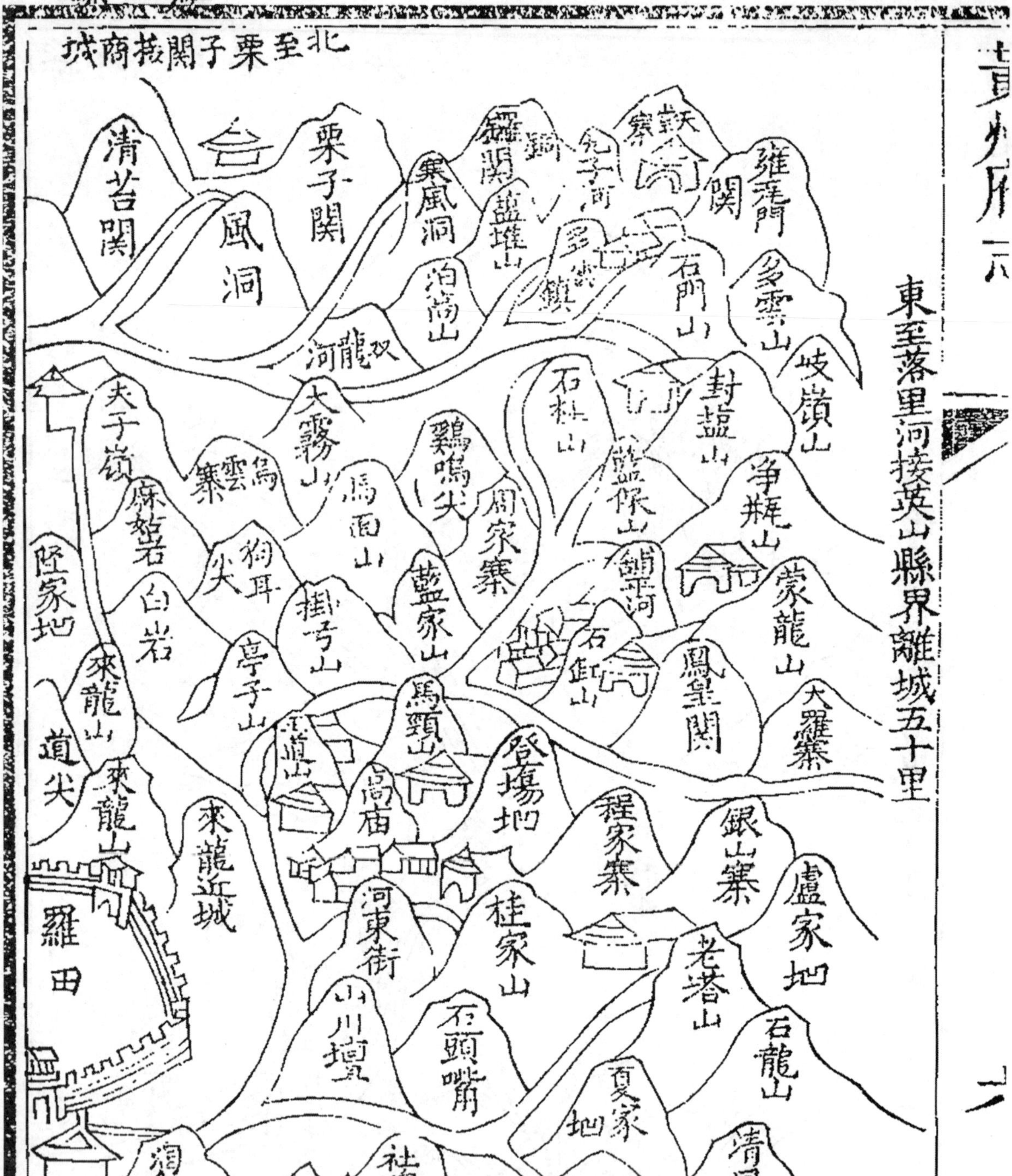

北至栗子關接商城
東至落里河接英山縣界離城五十里
南至蘄水縣界
清苔關
風洞
栗子關
多雲山
石門山
岐嶺山
浄瓶山
蒙龍山
鳳凰關
大羅寨
銀山寨
盧家坳
石龍山
清風嶺
班竹山
月山
百里險
竹根山
陶公岩
社稷壇
牛頭山
望江
羅田
來龍近城
來龍山
來龍山
道尖
白岩
狗耳尖
太子嶺
烏雲寨
大霧山
雞鳴尖
胡家寨
藍家山
亭子山
馬頸山
登場坳
程家寨
桂家山
河東街
石頭嶺
夏家坳

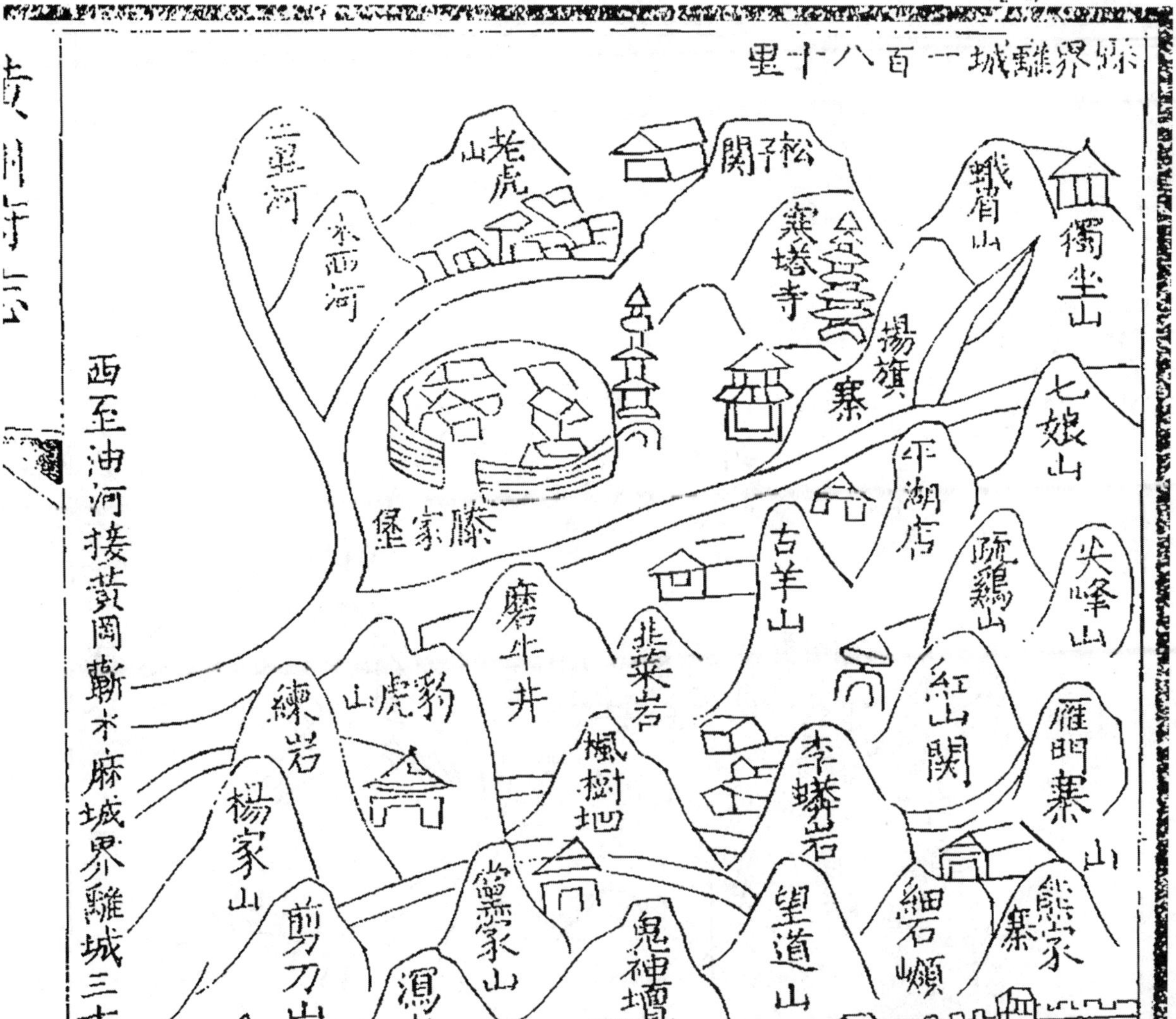
縣界離城一百八十里
老虎山
松子關
峨眉山
獨尖山
寶塔寺
揚旗寨
七娘山
滕家堡
平湖店
古羊山
尖峰山
磨牛井
豹虎山
韭菜岩
紅山關
練岩
楓樹坳
雁門寨山
楊家山
鬼神壇
望道山
細石嶺
熊家寨
剪刀山
瀉水岩
普陀庵
縣治
義塚
徐家橋
烏馬潭
教場
印山
西至油河接黃岡蘄水麻城界離城三十里
離城一五里

羅田縣

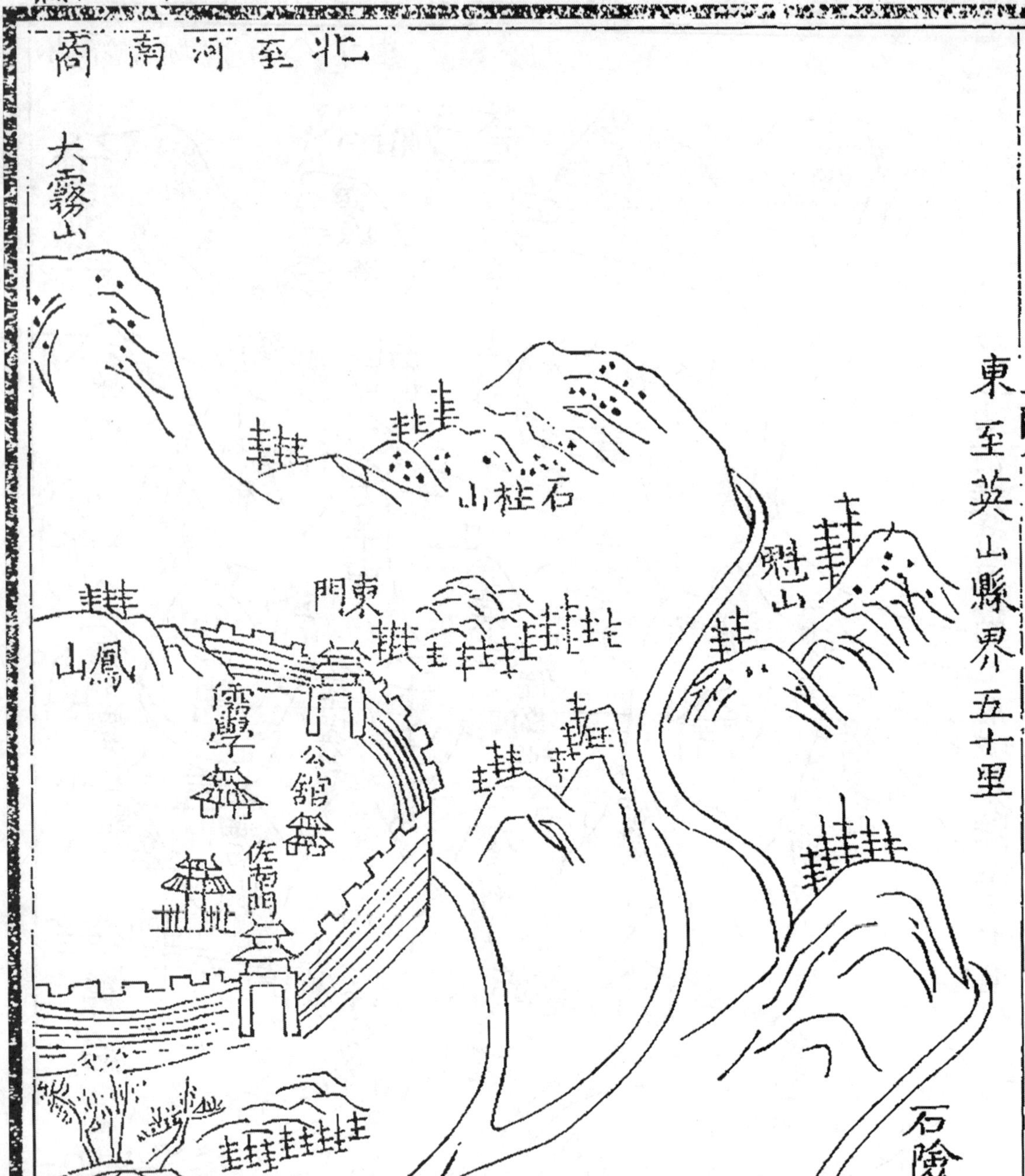

界一百四十五里
西至黃岡縣界三十里
西門
縣署
城隍廟
南門
南至蘄水縣界一十五里

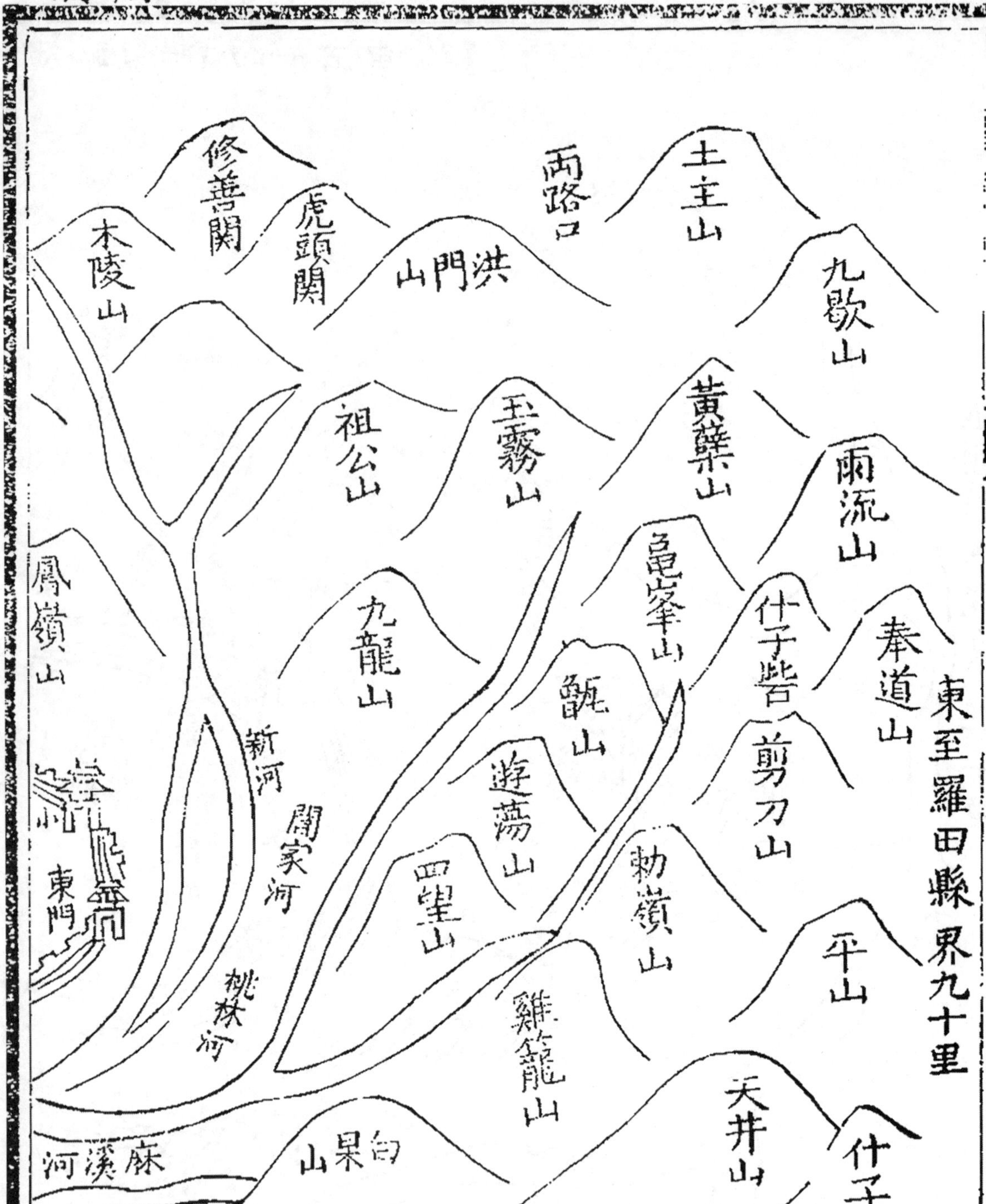
修善關
兩路口
土主山
木陵山
虎頭關
洪門山
九歌山
祖公山
玉霧山
黃蘗山
雨流山
鳳嶺山
九龍山
龜峯山
什子砦
奉道山
甑山
新河
剪刀山
東至羅田縣界九十里
東門
遊蕩山
閻家河
四望山
勅嶺山
平山
桃林河
雞籠山
天井山
什子山
麻溪河
白杲山
白杲河
黃土坳
八疊山
望花山
南

縣輿圖

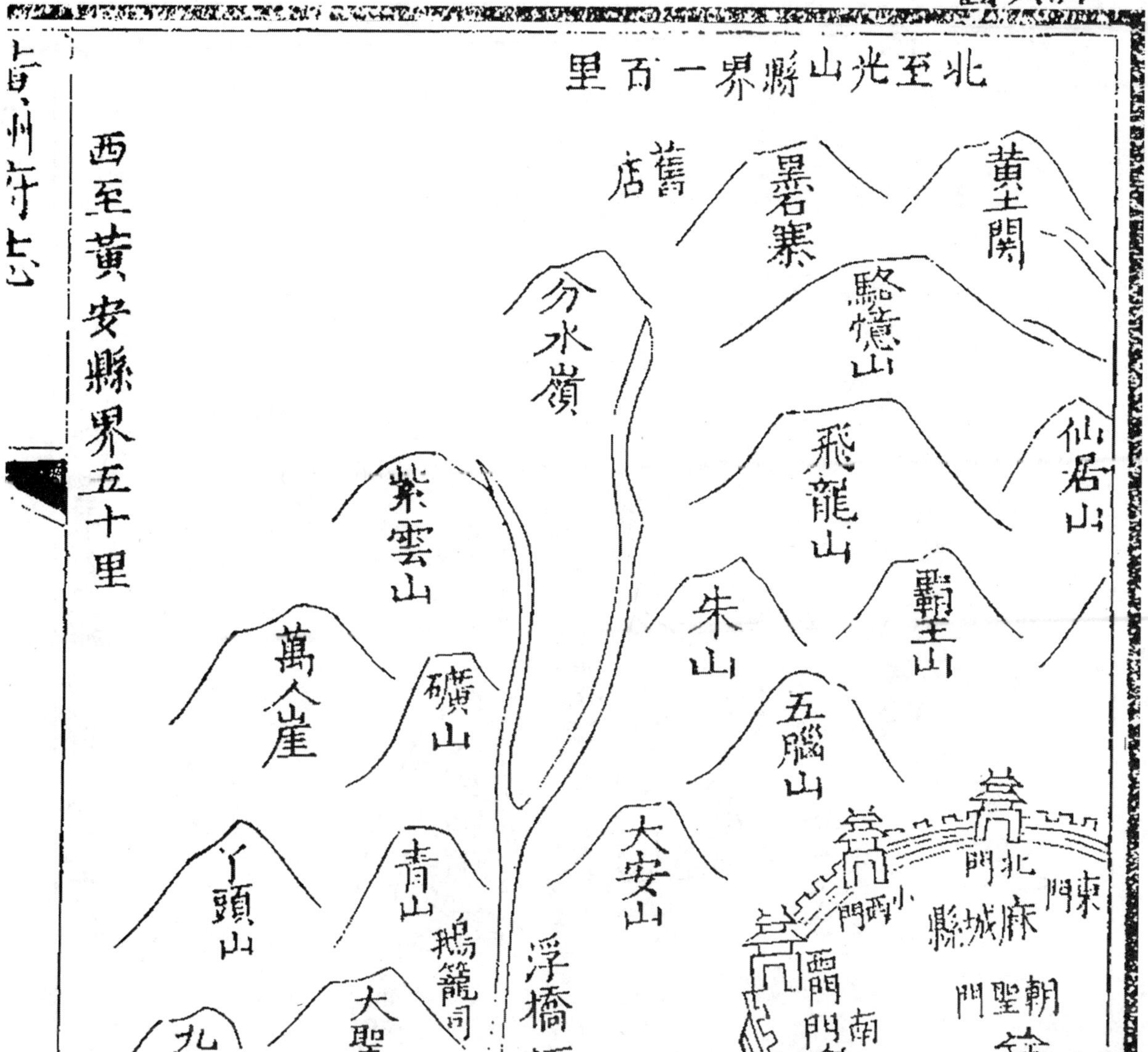
北至光山縣界一百里
西至黃安縣界五十里
舊店
黃土關
分水嶺
飛龍山
仙居山
紫雲山
朱山
霸王山
五腦山
萬人崖
大安山
丫頭山
青山
鵝籠司
浮橋河
九螺山
大聖山
宋埠
岐亭
北門
東門
小西門
麻城縣
西門
南門
朝聖門
高岸河
縣前河
盟山
雲陽山
至黃岡縣界五十里

麻城縣

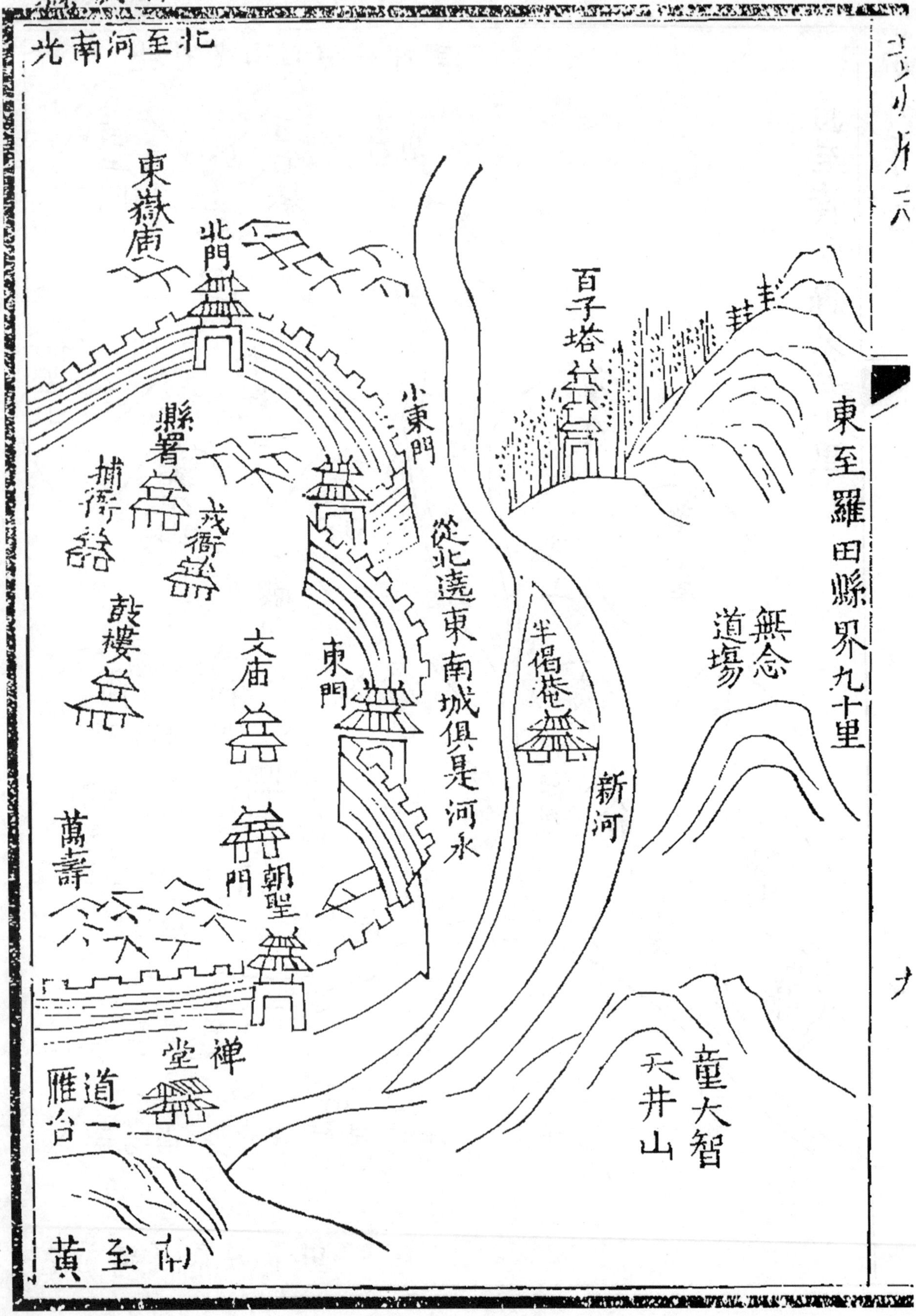
北至河南光
東至羅田縣界九十里
南至黄
東嶽廟
北門
百子塔
小東門
縣署
捕衙
戎衙
從北遶東南城俱是河水
半偈菴
新河
無念道場
鼓樓
文廟
東門
萬壽
門
朝聖
禪堂
道一
雁台
童大智
天井山

城圖

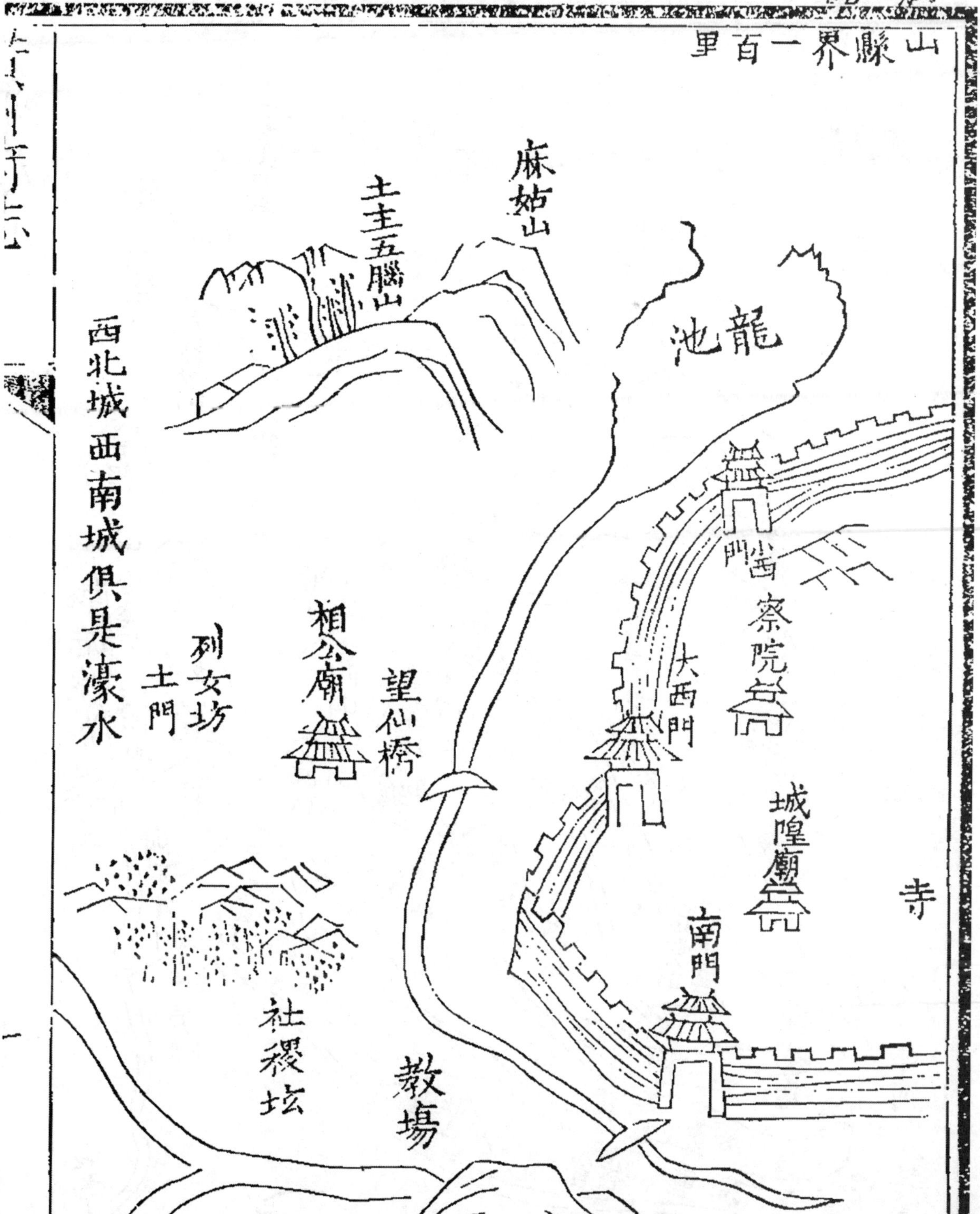
山縣界一百里
麻姑山
土圭五腦山
龍池
西北城西南城俱是濠水
列女坊
土門
相公廟
望仙橋
大西門
察院
城隍廟
寺
南門
社稷壇
教場
岡縣界五十里

黄安縣

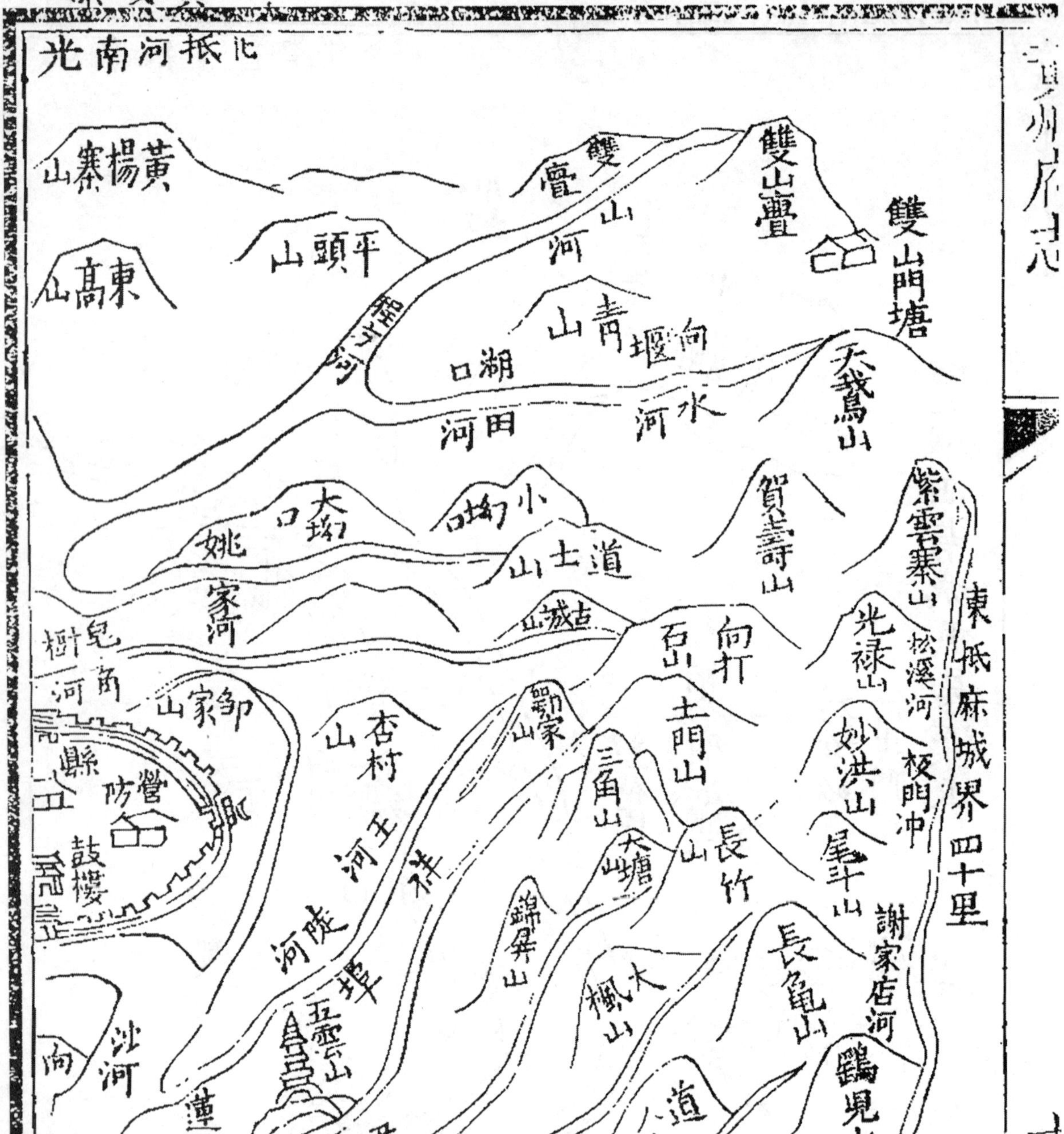
北抵河南光
黄楊寨山
平頭山
東高山
雙疊
雙山疊
雙山河
雙山門塘
青山
向堰
湖口
田河
水河
大峪口
小峪口
姚家河
道士山
賀壽寺山
紫雲寨山
古城山
東抵麻城界四十里
光祿山
松溪河
杏村山
鄧家山
縣
營防
鼓樓
妙洪山
板門沖
三角山
大塘山
長竹山
王河
陡河
錦屏山
五雲山
大楓山
長龜山
謝家店河
鶚兒山
沙河
蓮花港
尹河
道山
中河
九黄
卓旺山
重河
曾港
虎山
岐亭
八里灣河
南抵黄岡

輿圖

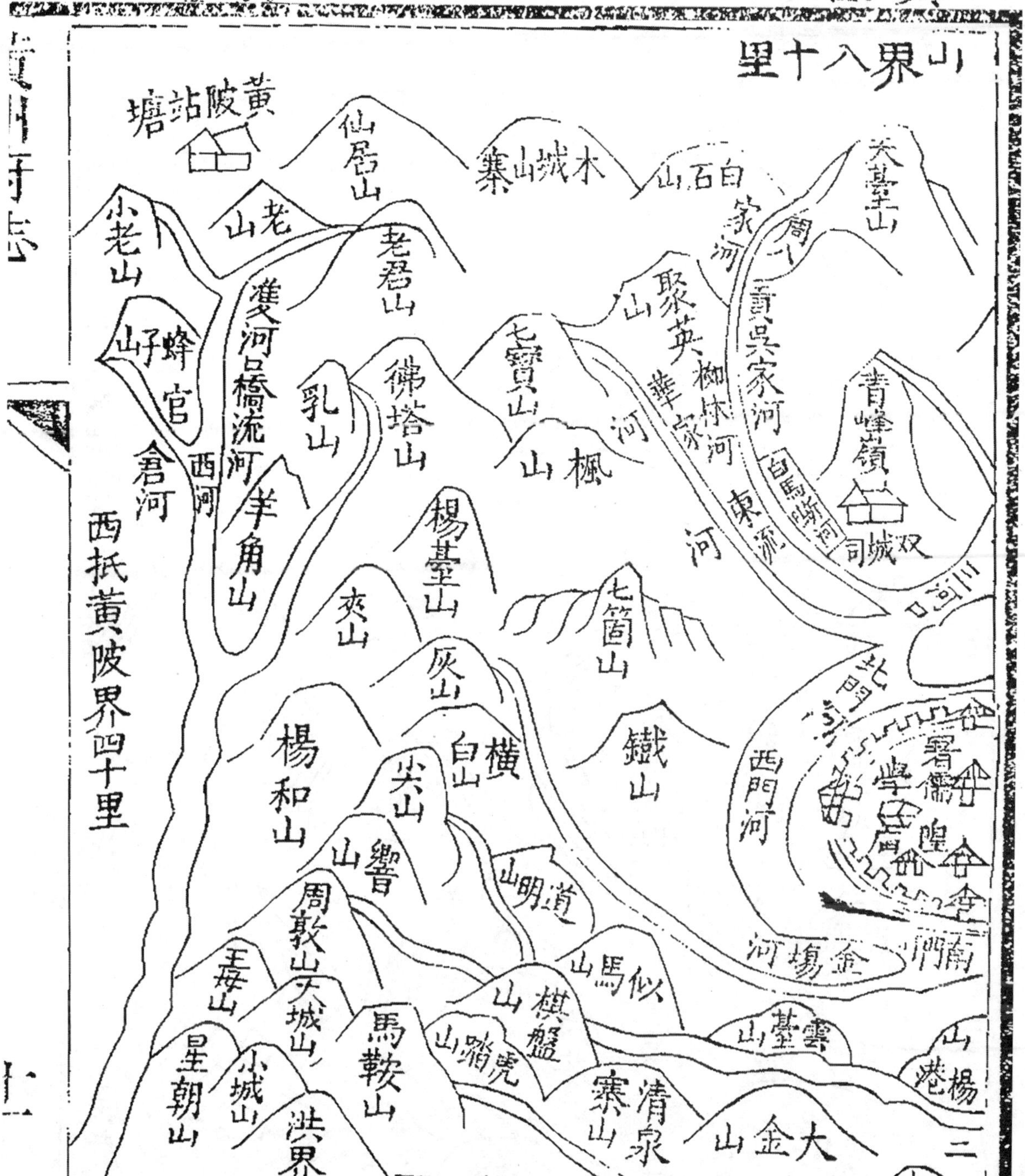
山界八十里
黃陂站塘
仙居山
木城山寨
白石山
天臺山
老山
小老山
老君山
白家河
聚英山
賈吳家河
官
乳山
佛塔山
七寶山
柳林河
華家河
青峰嶺
倉河
西河
楓山
羊角山
白馬嘶河
東流河
双城司
西抵黃陂界四十里
楊基山
夾山
七箇山
灰山
北門河
楊和山
鐵山
西門河
尖山
響山
道明山
王母山
似馬山
金場河
南門
棋盤山
虎蹲山
馬鞍山
雲臺山
星朝山
小城山
寨山
清泉
大金山
洪界山
上十山
寶印山
界八十里

黃安縣

城圖

蘄州

北至羅田
演武場
符乾閣
尾脊垻
義倉
東岳廟
夜月池
岳王廟
五祖寺
歡喜林
迎山
慈雲庵
雨湖
東至廣濟縣界四十里
鉢蓮庵
郎家坂
三閣庵
賓陽
觀
元廟
崇正書院
文昌門
城隍
儒學
四節祠
鵝雞山
鳳山
江防道
蘄州衛
澄清
飛昇石
鉄牯牛
山川壇
鳳山門
大士閣
禹王閣
蕭公廟
石鼓寺
小教場
関聖祠
三閣祠
烟光樓
新生砚
文昌閣
大江
南至興國
黄州府志
十二

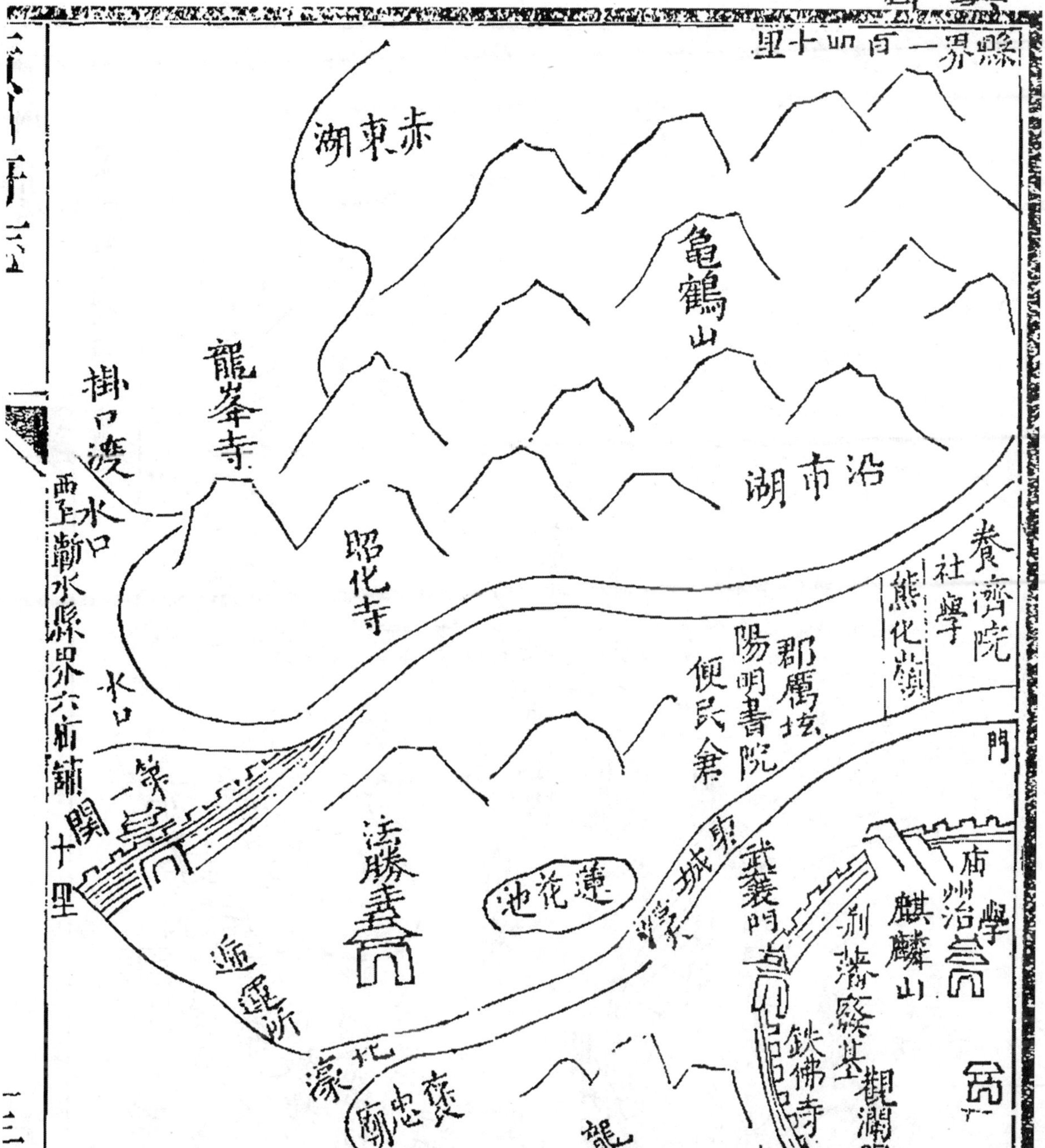

縣界一百四十里
赤東湖
龜鶴山
龍峯寺
掛口渡
沿市湖
昭化寺
水口
水口
養濟院
社學
熊化嶺
郡厲壇
陽明書院
便民倉
門
第一關
法勝寺
蓮花池
東城濠
武義門
遞運所
北濠
廟
學
州治
麒麟山
荆藩廢基
鉄佛寺
觀瀾門
褒忠廟
門
大江
龍眼磯
蘄陽驛
州界一十里

蘄州

北至固始縣
東至廣濟縣界四十里
演武場
五祖寺
歡喜林
夜月池
郎家坂
三閭庵
賓陽門
元妙觀
書院
文明門
山川壇
江防道
鳳山寺
飛昇石
石鼓寺
蕭公廟
文昌閣
小教場
關聖祠
三閭祠
鳳山門
大士閣
禹王廟
大江
南至興國

城圖

界一百四十里
西至蘄水縣界九十里
赤東湖
沿市湖
便民倉
水口
第一關
蓮花池
法勝寺
儒學
蘄州署
四節祠
城隍廟
蘄州衛
濠北
褒忠廟
鐵佛寺
觀瀾門
澄清門
大江
龍眼磯
蘄陽驛
州界十里

廣濟

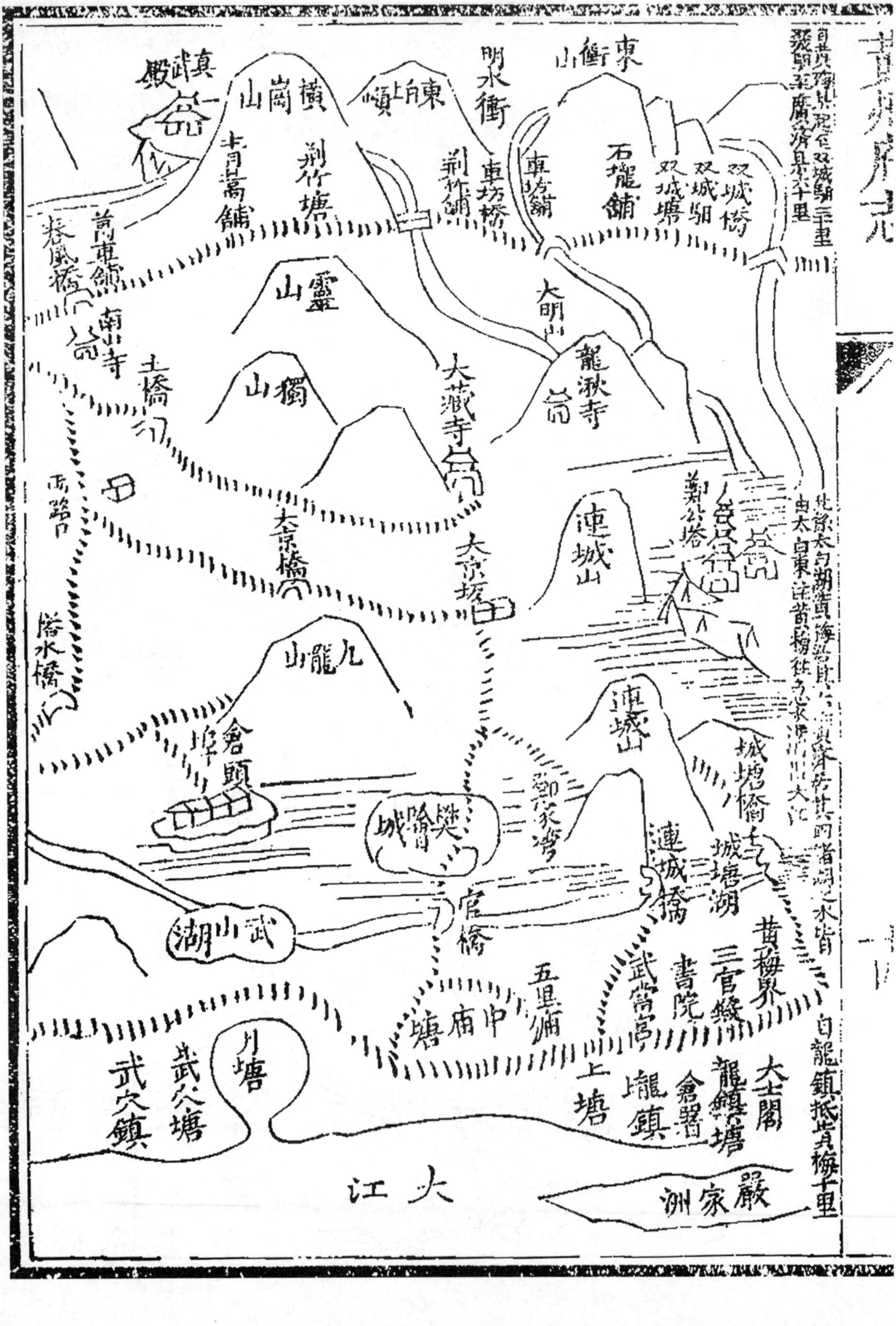
真武殿
横崗山
明水衝
東衝山
青蒿鋪
荆竹塘
荆竹鋪
車坊橋
車坊鋪
石龍鋪
双城塘
双城驛
双城橋
春風橋
靈山
南山寺
大明山
土橋
獨山
龍湫寺
大藏寺
大京橋
大京坊
連城山
九龍山
倉頭埠
城塘橋
連城橋
城塘湖
官橋
武山湖
五里鋪
黄梅界
三官殿
書院
中廟塘
月塘
武公塘
武穴鎮
上塘
壠鎮
倉署
龍鎮塘
大士閣
大江
嚴家洲

縣輿圖

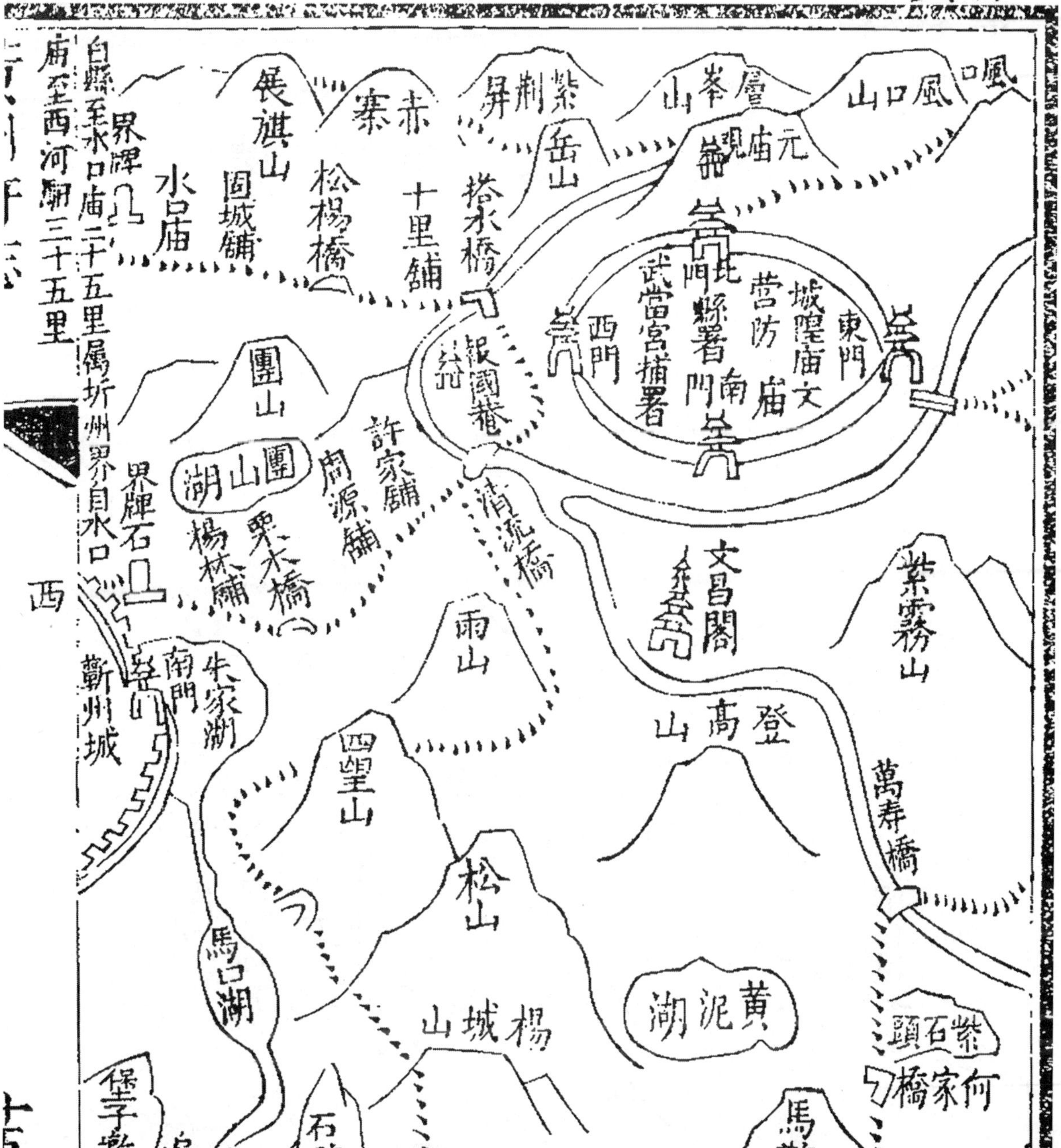

風口
風口山
層峯山
紫荊屏
赤寨
長旗山
界牌
元庙觀
岳山
搭水橋
十里舖
松楊橋
圍城舖
水口庙
白縣至水口庙二十五里屬圻州界自水口庙至西河驛三十五里
東門
城隍庙
文庙
营防
南門
北門
縣署
武當宮
捕署
西門
報國菴
團山
團山湖
許家舖
周源舖
界牌石
栗木橋
楊林舖
清流橋
西
蘄州城
南門
牛家湖
雨山
文昌閣
紫霧山
登高山
四望山
萬寿橋
松山
馬口湖
黃泥湖
楊城山
紫石頭
何家橋
馬鞍山
堡子墩塘
烏林港塘
馬口塘
石壁巖
田鎮塘
吳王廟
田家鎮
盤塘
堤
岔口塘
風嶺橋
水出大江
石牌崗
夾湖

廣濟縣

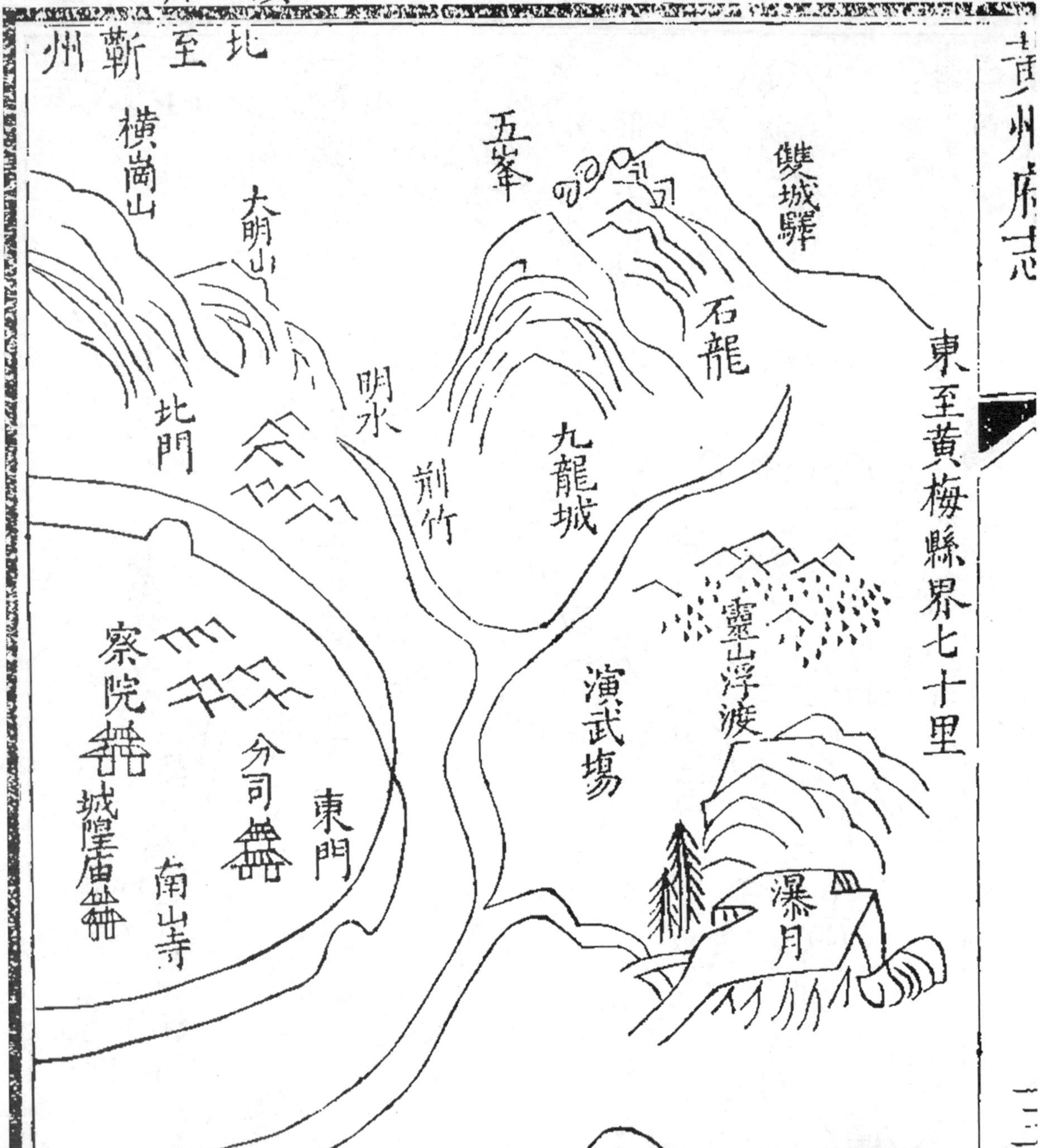
北至蘄州
橫崗山
大明山
五峰
雙城驛
石龍
明水
荊竹
九龍城
北門
東至黃梅縣界七十里
靈山浮渡
演武場
察院
分司
東門
城隍廟
南山寺
瀑月
樊噲城
官橋
靈泉洞
南至江西瑞
黃州府志
三

城圖

黃梅縣

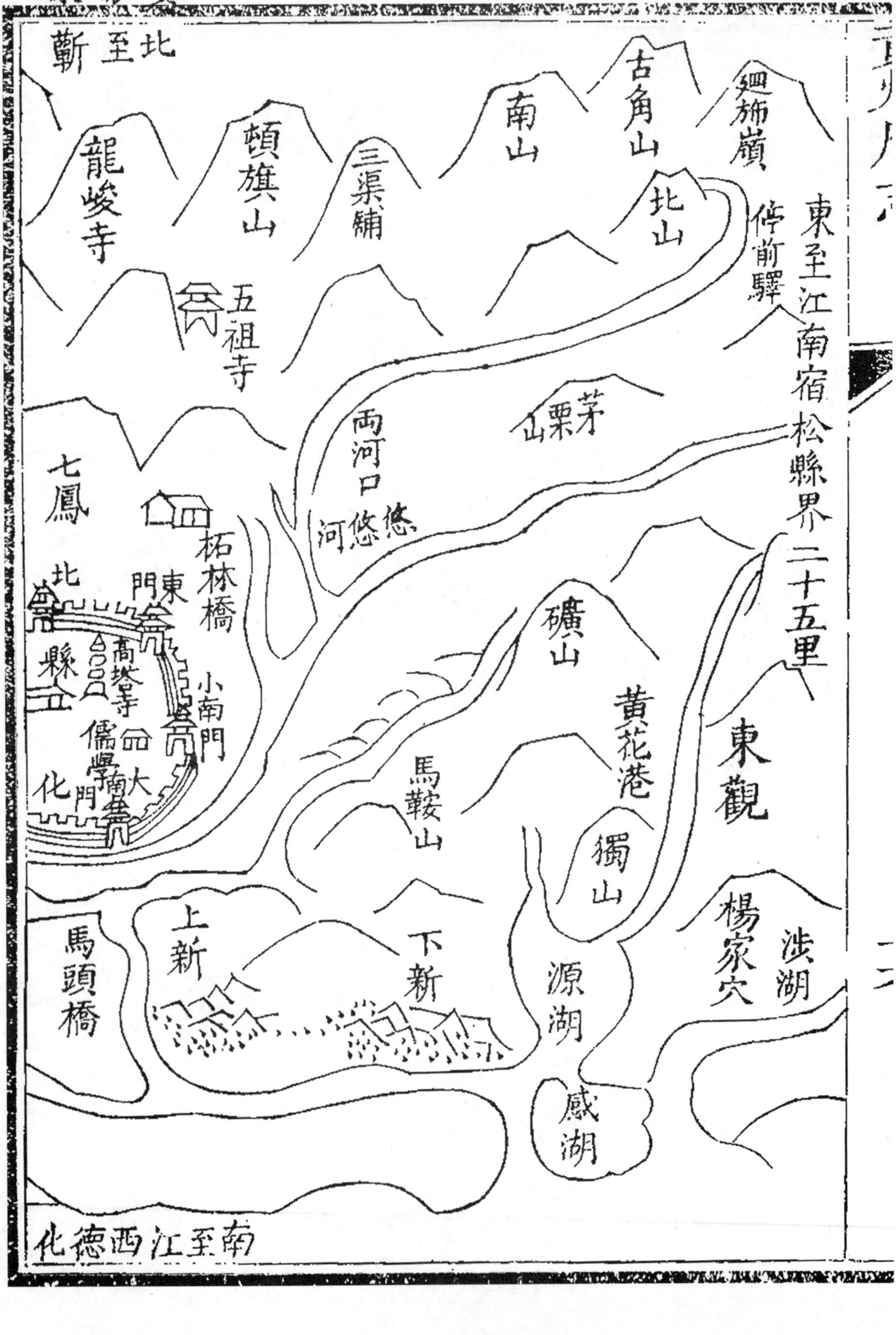

北至蘄
龍峻寺
頓旗山
三渠舖
南山
古角山
北山
停前驛
東至江南宿松縣界二十五里
五祖寺
茅栗山
兩河口
悠悠河
七鳳
柘林橋
北
東門
縣
高塔寺
小南門
儒學
大南門
化
礦山
黃花港
東觀
馬鞍山
獨山
上新
下新
馬頭橋
楊家穴
源湖
感湖
南至江西德化

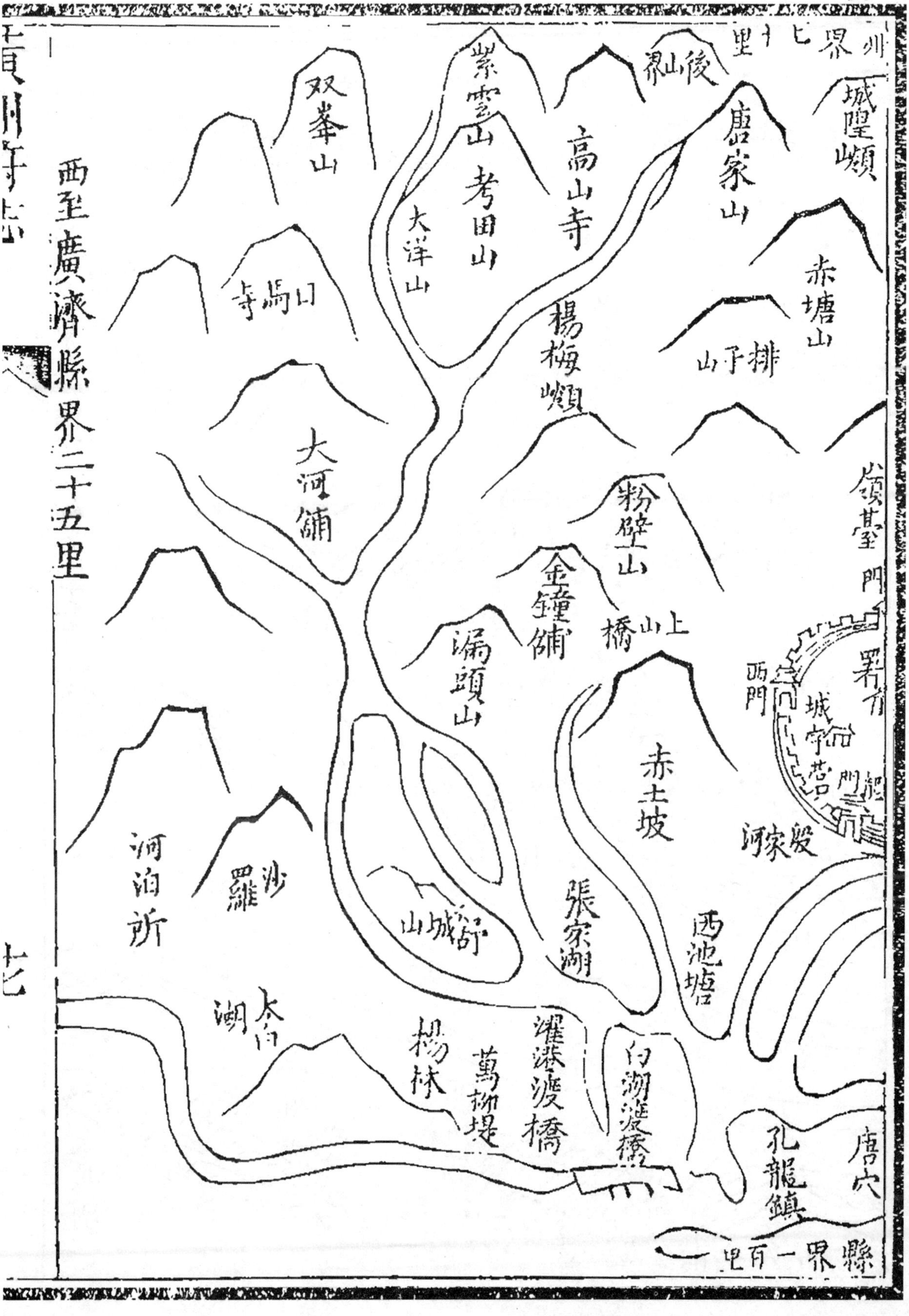
廣濟縣志
西至廣濟縣界二十五里
州界七十里
後山嶺
紫雲山
双峯山
高山寺
考田山
大洋山
唐家山
城隍嶺
赤塘山
排子山
口馬寺
楊梅嶺
大河舖
粉壁山
金鐘舖
上山橋
領基門
漏頭山
西門
城守營
赤土坡
殷家河
河泊所
沙羅
城山
張家湖
西池塘
太白湖
楊林
萬柳堤
濯港渡橋
白湖渡橋
孔龍鎮
唐穴
縣界一百里

黄梅

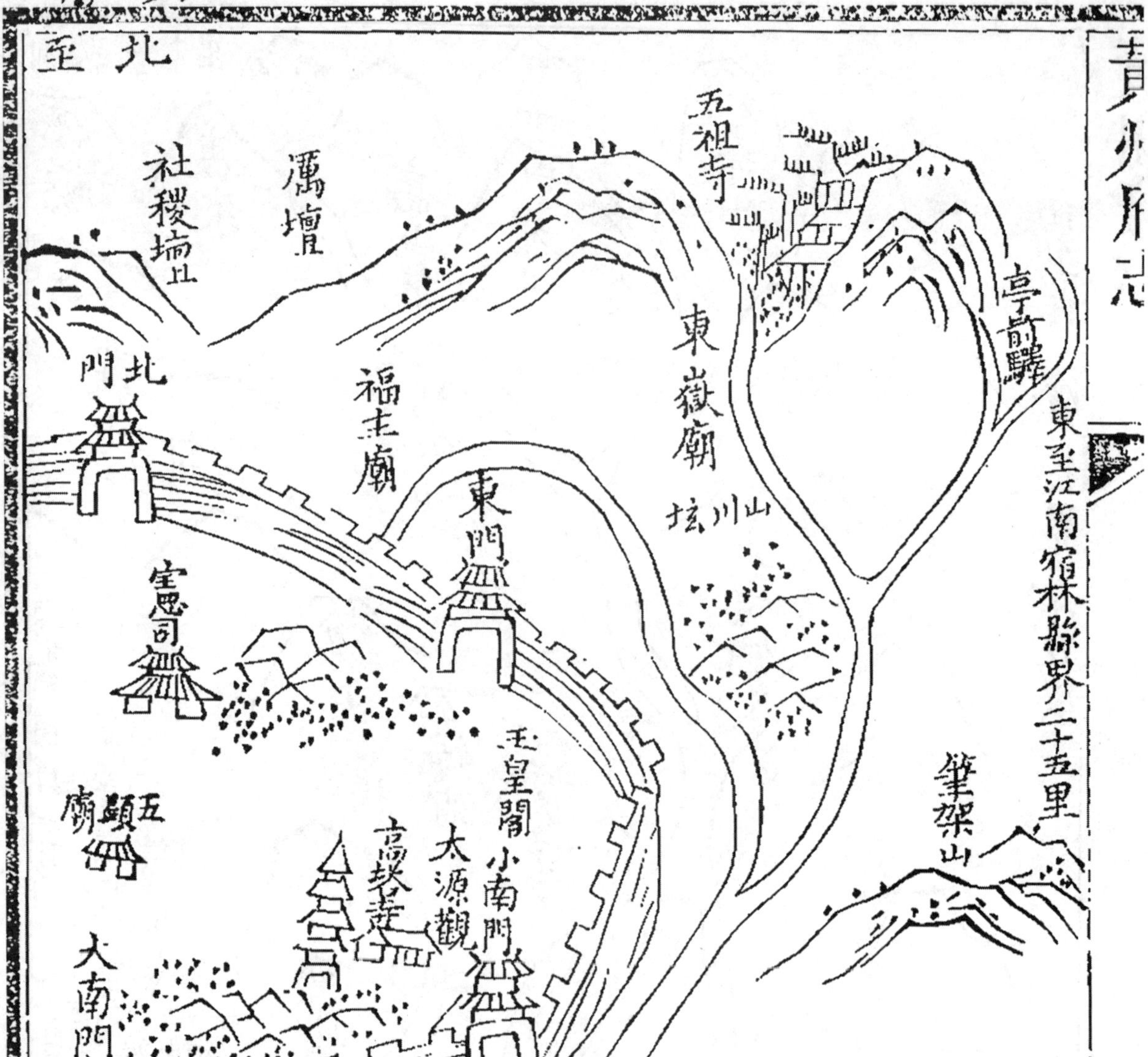
黄州府志
北至
社稷壇
厲壇
五祖寺
亭前驛
北門
福主廟
東嶽廟
山川壇
東門
憲司
東至江南宿松縣界二十五里
玉皇閣
筆架山
五顯廟
太源觀
小南門
大南門
小塔
上新鎮
下新鎮
太源湖
南至江西德

縣城圖

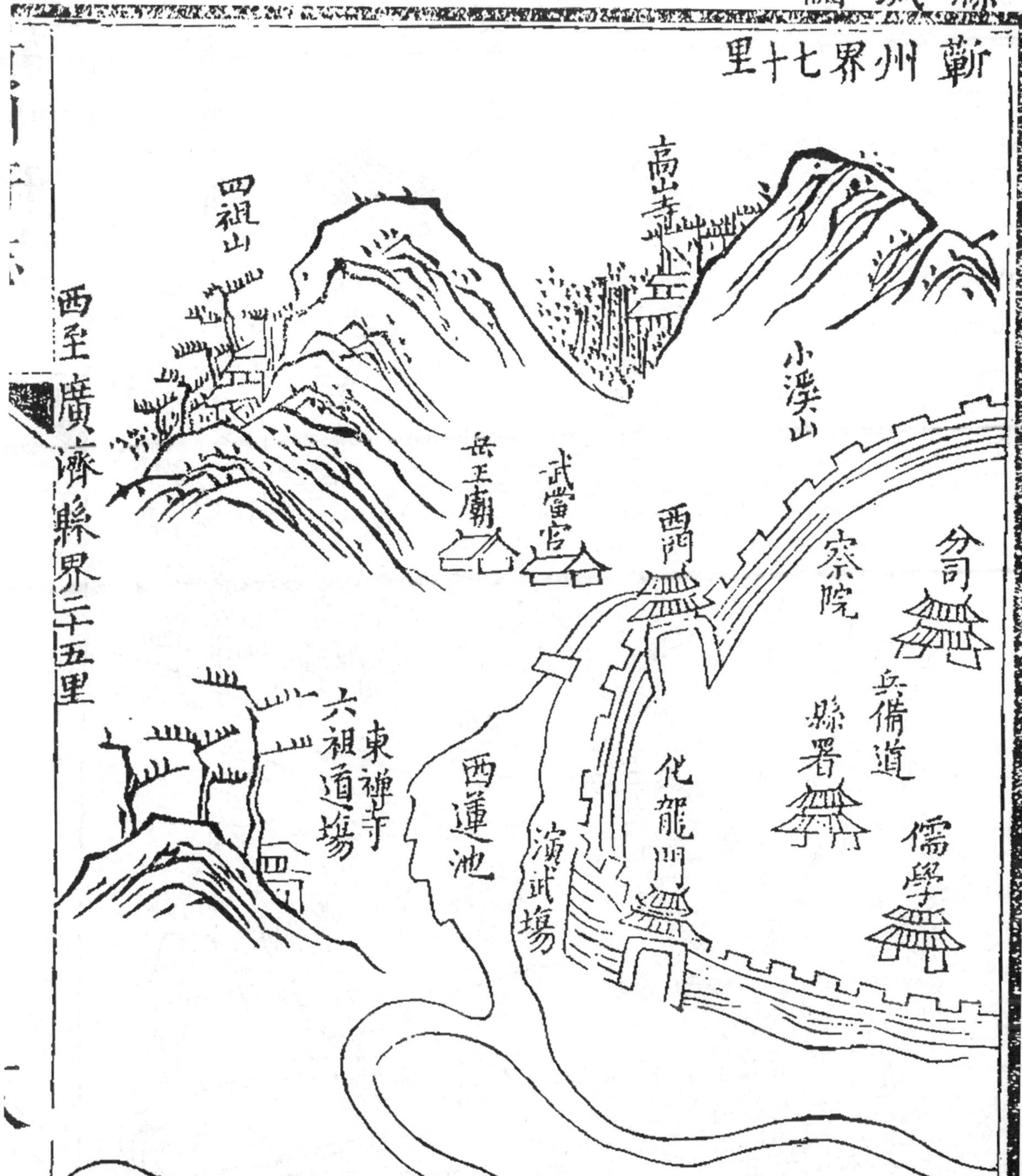
蘄州界七十里
高山寺
四祖山
小溪山
西至廣濟縣界二十五里
岳王廟
武當宮
西門
察院
分司
兵備道
縣署
化龍門
儒學
六祖道場
東禪寺
西蓮池
演武場
化縣界一百里

赤壁

黃州府志 十八

圖

黃州府志卷之一

知黃州府事關中王　勍纂輯

地理志

沿革

輿地之書首重沿革沿革不謬而後星野疆域形勢之說皆有所憑以徵信黃州之地自周秦迄元明數千年來雖書闕有間然從歷代地理諸志沿流溯源昭然可見茲據諸史所錄著於篇使來者有稽焉

黃州府在唐虞夏商荆揚豫三州之域周爲弦子國（見晉書地理志）後併於楚或以爲黃國者非也（黃國在漢縣之弋陽今之光州是）秦

併天下置四十郡在荆豫州域者爲南郡地在揚州域者爲九江郡地漢分南郡立江夏郡俱爲江夏郡地屬荆州高帝封吳芮爲衡山王都邾惠帝封長沙相黎朱倉爲軑侯後漢世祖徙陳俊子浮爲蘄春侯又有縣曰西陽今府所領一州七縣皆漢之四縣地也三國時西陽邾軑屬魏文帝分汝南郡立弋陽郡治西陽後爲吳有蘄春本屬吳爲蘄春郡晉武帝平吳太康元年廢郡爲縣屬弋陽郡隸豫州惠帝分弋陽爲西陽國蘄春邾軑屬焉南渡後西陽王羕以罪廢國除爲西陽郡成帝咸康四年於舊邾城置豫州後爲石虎所陷州廢孝武改蘄春爲蘄陽於九江王英布舊城立南新蔡郡以蘄陽隸焉自晉以後地理參差或一郡一縣割成四五四五之中亟有離合尋校推求未易詳悉今特以南北地理諸志及見諸傳記者互相考覈存其梗概焉宋仍爲西陽郡而弋陽郡則治期思今光山也元嘉二十五年以豫部蠻民立建昌南川長風赤亭魯亭陽城彭波遷溪東邱東安西安南安房田浠水高坡直水蘄水清石

十八縣屬西陽郡旋有併省而南安浠水蘄水建寧則其沿革有可考者南安即漢邾縣所改孝武大明初改軑縣爲孝寧八年以蘄春還西陽蕭齊於南安置齊安郡於建寧置建寧郡俱隸司州以西陽郡隸郢州永明四年改蘄陽縣爲齊昌設齊昌郡隸豫州自是以後蘄春始自爲郡不復隸西陽矣其沿革別具蘄州永光二年魏取齊淮西地梁普通七年收復析西陽置信安縣設定城陰平二郡立南郢州析建寧置梁豐縣設齊安郡立沙州改建昌縣曰梁安設梁安郡立北江州以南

安之齊安郡立南司州惟西陽郡仍屬郢州隋志後齊置湘州後改爲北江州按魏收魏書湘州注蕭衍置魏因之領郡三中有永安郡北江州注蕭衍置魏因之領郡六中有齊昌郡梁安郡二州領郡不同當以魏志爲正蓋梁武是時方事征伐恢擴境宇建置紛綸邊境鎮戍雖領民不多欲重其將帥皆建爲州郡焉太清三年地入於東魏其明年爲高齊天保元年於西陽郡立巴州於齊安郡立衡州陳大建五年地入於陳改南郢州爲定州廢巴衡二州餘無所改十一年地入於周仍於齊安郡立衡州於西陽郡立弋州改定州曰亭州隋開皇三年廢西陽齊安定城諸郡並

廢弋亭北江諸州而改衡州曰黃州黃州之名所自昉也治南安縣今舊州是十八年改南安曰黃岡大業初改黃州爲永安郡唐武德初復爲黃州天寶初改爲齊安郡乾元初仍爲黃州隸淮南西道中和初遷州治於舊邾城今之永安城俗訛爲女陽城者五代梁唐時屬吳晉漢時屬南唐後爲周有宋初徙州治於江濱在今治之東南二里隸淮西西路元爲黃州路隸河南江北行省明初爲黃州府徙今治洪武九年降蘄州府爲州省蘄春縣入州以州縣來屬蓋自齊永明四年丙寅至洪武九年丙辰歷八百九十年

而蘄黃復合嘉靖三年析黃岡麻城黃陂三縣地置黃安領州一縣八

國朝因之雍正七年以黃陂改屬漢陽府領州一縣七

黃岡縣

黃岡之名建自隋代周爲弦子國地後入於楚楚宣王滅邾遷邾子於此今永安城是秦楚之際項羽封吳芮爲衡山王都邾今舊州是舊州俗名新州隋時黃州實在其地唐始遷州治於舊邾故新州有舊州之名永安城爲邾子所遷之邾舊州爲吳芮所都之邾宜稱新邾不宜稱新州邾與州音相近殆土人之傳訛歟詳見邾城考漢爲西陽邾二縣屬江夏郡三國時屬魏後屬吳晉

立弋陽郡治西陽邾爲屬縣宋元嘉二十五年以豫部蠻民立十八縣改邾縣爲南安增置建昌縣齊於南安立齊安郡由是南安與西陽並爲郡治高齊於西陽郡立巴州於齊安郡立衡州梁因之又改建昌縣爲梁安設梁安郡立北江州陳三州俱廢以西陽齊安二郡屬定州周復立衡州領齊安郡立弋州領西陽郡隋開皇初弋州定州及齊安西陽二郡並廢省西陽縣入南安改衡州曰黃州治南安縣析梁安置廉水縣尋廢十八年改梁安曰木蘭改南安曰黃岡唐武德三年省木蘭

縣入焉元和初省麻城入焉尋復置明嘉靖中以上中和鄉分置黃安縣

國朝因之按唐書地理志武德四年黃岡又析置堡城縣七年省以未久即省故不具論

蘄水縣

蘄水本漢軑縣地宋文帝元嘉二十五年以豫州蠻民置蘄水浠水等十八縣始有蘄水之名孝武改軑縣爲孝寧梁於浠水置永安郡立湘州魏因之梁改蘄水爲蘄春後仍爲蘄水陳因之周省孝寧入浠水隋開皇初州郡並廢以浠水蘄水屬蘄州唐武德初省蘄水入蘄春

四年改浠水爲蘭溪省羅田入焉天寶元年又更蘭溪爲蘄水是今縣雖仍蘄水之名已非當年蘄水之舊治矣宋元祐八年析縣之石橋鎮置羅田縣屬蘄州元屬蘄州路明改蘄州爲州以縣來屬

國朝因之

羅田縣

羅田本漢蘄春縣地梁析蘄春置羅田設義城郡立義州隋開皇初州郡並廢以縣屬蘄春郡唐省羅田入蘄水宋元祐八年復以蘄水之石橋鎮立縣屬蘄州元屬蘄州路明屬黃州府

國朝因之

麻城縣

麻城本漢西陽縣地或以爲西陵地者非也西陵漢縣在江之南隋開皇時與鄂縣同省入武昌縣隋書地理志可証劉宋分西陽置建寧縣齊設建寧郡梁析置信安縣又置北西陽縣設定城陰平二郡立南郢州又析建寧置梁豐縣設齊安郡立沙州東魏因之陳廢北西陽改南郢州曰定州後周改定州曰亭州隋開皇初諸州

郡及建寧梁豐二縣並廢十八年改信安曰麻城屬永安郡按北魏書田益宗傳益宗兄興祖宣武帝景明初授征虜將軍江州刺史治麻城知麻城之名由來已久至隋始以名縣耳唐武德三年以縣置亭州又析置陽城縣八年州廢省陽城縣元和三年省入黃岡建中三年復置宋因之元屬黃州路明嘉靖四十二年析姜家畈地置黃安縣治

國朝因之

黃安縣

黃安本漢西陽及黽縣地歷代沿革詳見黃岡各縣中至

明嘉靖四十二年以麻城縣之姜家畈置縣沿析黃岡之中和鄉黃陂之灄源鄉入焉

國朝因之

蘄州

蘄州周弦子國地西漢爲蘄春縣後漢爲侯國三國時屬吳爲蘄春郡晉平吳廢郡爲縣屬西陽郡晉孝武太元時改蘄春爲蘄陽立南新蔡郡宋因之蕭齊改縣曰齊昌立齊昌郡並析置永興縣隸焉屬豫州梁析齊昌置羅田縣設義城郡立義州於浠水縣設永安郡立湘州以齊昌郡立北江州高齊廢南新蔡郡改北江州爲羅州陳因之後周始改羅州爲蘄州隋開皇初於蘄州置總管府改齊昌縣爲蘄春齊梁所置州郡俱廢九年府廢仍爲蘄州大業初改爲蘄春郡唐武德初復爲蘄州天寶初又爲蘄春郡乾元初仍爲蘄州隸淮南西道五代梁唐屬吳晉漢時屬南唐後入於周宋以蘄州爲防禦州屬淮西西路元爲蘄州路設總管府明初爲蘄州府後廢府爲州以蘄春縣省入州並所轄諸縣來屬

國朝因之

廣濟縣

廣濟本漢蘄春地唐武德四年析蘄春置永寧縣天寶元年更今名屬蘄州宋元因之明降蘄州府爲州以縣來屬

國朝因之

黃梅縣

黃梅本漢蘄春縣地蕭齊析置永興縣屬齊昌郡隋開皇初改爲新蔡縣十八年改曰黃梅（縣志以爲西漢縣名誤）屬蘄春郡唐武德四年以縣置南晉州析置義豐長吉塘陽新蔡四縣八年州廢省四縣以黃梅屬蘄州宋因之元屬蘄州路明降蘄州府爲州以縣來屬

國朝因之

黃州府沿革表

	州道路省	郡	縣
唐虞 夏商	荊州揚州豫州		
周	荊州揚州豫州	弦子國	
秦		南郡	
		九江郡	

漢	荊州	江夏郡	西陽　邾　軑　蘄春
魏	豫州	弋陽郡	西陽　邾　軑
吳	荊州	蘄春郡	蘄春
晉	豫州	弋陽郡	西陽　邾　軑　蘄陽
宋	郢州	西陽郡	西陽　南安孝寧　蘄陽
			浠水　蘄水　建寧
齊	郢州	西陽郡	西陽　孝寧　浠水　蘄水
	司州	齊安郡	南安
		建寧郡	建寧

	豫州	齊昌郡	齊昌　永興
梁	郢州	西陽郡	西陽
	南司州	齊安郡	南安
	沙州	齊安郡	梁豐
		建寧郡	建寧
	南郢州	定城郡	信安　北西陽
		陰平郡	
	北江州	梁安郡	梁安
		齊昌郡	齊昌　永興

	湘州	永安郡	浠水　蘄水
	義州	義城郡	羅田

北齊梁無地理志自太淸三年地入於東魏爲孝靜帝之武定七年故魏志所載州郡多云蕭衍置魏因之其明年卽北齊高洋之天保元年故東魏不列表中直以北齊接之

	巴州	西陽郡	西陽
	衡州	齊安郡	南安
	沙州	齊安郡	梁豐
		建寧郡	建寧
	北江州	梁安郡	梁安

	南郢州	定城郡	信安　北西陽
		陰平郡	
	羅州	齊昌郡	齊昌　永興
	湘州	永安郡	浠水　蘄水
	義州	義城郡	羅田
陳	定州	定城郡	信安
		陰平郡	
		西陽郡	西陽
		齊安郡	南安

沙州　齊安郡　梁豐
　建寧郡　建寧
北江州　梁安郡　梁安
羅州　齊昌郡　齊昌　永興
湘州　永安郡　浠水　蘄水
義州　義城郡　羅田
周　弋州　西陽郡　西陽
衡州　齊安郡　南安
沙州　齊安郡　梁豐

建寧郡　建寧
北江州　梁安郡　梁安
亭州　定城郡　信安
陰平郡
蘄州　齊昌郡　齊昌　永興
湘州　永安郡　浠水　蘄水
義州　義城郡　羅田
隋　荊州　黃州　黃岡　木蘭　麻城
揚州　蘄州　蘄春　浠水　蘄水

黃梅　羅田
唐　淮南西道　黃州　黃岡　麻城
蘄州　蘄春　蘄水　黃梅
廣濟
南唐周　郡縣俱仍前
宋　淮西西路　黃州　黃岡　麻城
蘄州　蘄春　蘄水　黃梅
廣濟　羅田
元　河南江北行中書省　黃州　黃岡　麻城

蘄州　蘄春　蘄水　黃梅
廣濟　羅田
明　湖廣省布政使司　黃州府　黃岡　蘄水　羅田
麻城　黃安　蘄州
廣濟　黃梅
國朝　湖廣省布政使司　黃州府　黃岡　蘄水　羅田
麻城　黃安　蘄州
廣濟　黃梅

附黃陂沿革論　黃安原分有黃陂地不容畧也

黃陂周屬楚漢爲鄳縣地魏公子無忌謂秦不敢攻鄳阨之塞是也屬江夏郡漢末劉表以地當江漢之衝懼孫氏侵軼使黃祖於此築城鎮遏名曰黃城鎮後地屬魏爲石城鎮吳赤烏元年孫權以五萬人圍魏石城堡不克而還是也宋孝武三年分鄳縣立保城縣屬義陽郡隸司州蕭齊以保城屬齊昌郡隸豫州後入於魏宣武帝正始元年於保城設齊安郡立郢州普通七年地爲梁有立司州太淸二年復爲魏有

高齊改齊安爲安昌郡立南司州又置産州陳大建二年復取之廢産州餘仍舊十一年地入於周改南司州爲黃州置總管府隋大業初州郡俱廢改保城曰黃陂改衡州曰黃州以縣屬焉唐因之宋末移縣治於江夏之靑山磯元初復還舊治明因之嘉靖四十二年分灄源鄉與麻城之姜家畈黃岡之中和鄉共置黃安俱屬黃州府

國朝因之雍正七年改屬漢陽府

齊安郡考

南北分疆時有三齊安郡地各不同建置先後亦異蕭齊因劉宋所置南安縣立齊安郡見蕭子顯南齊書北魏於劉宋所置保城縣立齊安郡蕭梁析齊所置建寧郡置梁豐縣立齊安郡皆見魏收北魏書北魏之齊安郡至高齊改爲安昌郡惟梁時旣立梁豐之齊安又仍南安之齊安是一時有兩齊安郡似屬可疑然當時南北州郡皆邊人歸服因而授之初不責其職貢但爲覲聽之美免侵盜之患耳故新蔡郡南定南楚南建西楚東豫揚霍七州皆有之邊城郡南

朔南郢揚霍四州皆有之此外重複者尚多不僅齊安郡然也其地之可考者則保城之齊安今黃陂是且黃州之名北周先立於保城隋後始移於南安隋志可考也南安之齊安郡今黃岡舊州是水經注舉水南過齊安郡西可證也建寧之齊安郡在今黃安麻城之間魏書梁置沙州於白沙關領建寧齊安二郡可證也但南安之齊安立之最先至隋始廢及唐天寶時復以表郡故其名獨彰耳

西陵辯

西陵在江南不在江北考兩漢江夏郡皆治西陵至晋始治安陸自後西陵不屬江夏郡屬弋陽郡劉宋改弋陽郡爲西陽郡西陵亦隷焉至蕭齊始以西陵爲西陽郡治隋廢西陽改齊安郡治爲黄州廢西陵入武昌縣此西陵在江南之証也惟水經有江水經西陵縣故城南一語後人遂疑在江北然下云江水東歷孟家溠江之右岸有黄石山水逕其北注云郎黄石嶸也有西陵縣縣北則三洲也據此注則不在江北無疑經文南字定屬訛錯且西陽一縣地最遼濶自漢以後西陽蠻世爲害亦謂之五水蠻五水皆源於西陽之北山上自保城下至蘄春盡屬西陽之境無西陵地或以麻城爲西陵考隋之麻城乃陳之梁安所改梁安之前爲北西陽乃西陽縣所分置與廢入武昌之西陵無與也但宋祥符中李昉等輯太平御覽亦以麻城爲西陵地昉等去隋唐未遠不應與正史牴牾陵字想屬陽字之訛一時誤刻後遂沿襲不覺耳要當以歷代地理之志爲斷

星野

歷代史志皆有天文分野其一目也史記漢書止言十二辰所屬至晋書始以二十八宿之度分入當時所定州郡中盖李淳風精於推步之法宜其詳核也然後之儒者猶不無遺議且以當時黄州所入之星及度考諸唐書明史又各有異同豈非人道邇天道遠固有難知者乎善乎高伯恭之言曰天文之事知之甚難既知又恐漏泄不如不知也夫君子闕其所不知茲將前史所論著於篇以俟精甘石巫咸者之折衷

晋書自氐五度至尾九度爲大火於辰在卯宋之分野屬豫州潁州入房一度汝南入房二度沛郡入房四度梁國入房五度淮揚入心一度魯國入心三度楚國入房四度

按晋書魏文帝分汝南立弋陽郡治西陽轄蘄春邾西陵期思弋陽皆其屬縣由是觀之則黄州當入房二度矣

唐書角亢壽星也初軫十度餘七十八杪十四少中角八度終氐一度自原武管城終河濟之南東至封邱陳留盡陳蔡汝南之地逾淮源至於弋陽西涉南陽郡至於

桐柏又東北抵嵩之東陽中國地絡在南北河之間首自西傾極於陪尾故隨申光皆豫州之分宜屬鶉火古陳蔡許息江黄道柏沈賴蓼須頓胡防弦厲之國

按晋書西陽古弦子國則黄州當爲角亢之分野又唐書地理志淮南道蓋古揚州之域安黄申光蘄復爲鶉尾分是又自相矛盾矣

明史張十六度至軫九度鶉尾之次也湖廣之武昌府興國州荆州府歸夷陵荆門三州黄州府蘄州襄陽德安二府安陸沔陽二州皆翼軫分

按此則黄州又爲翼軫之分野矣

湖廣通志以黄州入翼十二度蓋本晋書翼軫楚荆州江夏入翼十二度之文然漢江夏郡則有西陽蘄春鄳諸縣晋之江夏郡則止有安陸竟陵雲杜平春鄳曲陵南新市七縣而西陽蘄春則屬豫州之弋陽郡既用晋史之文而不核晋郡之實可乎又洛書甄曜度春秋考異郵皆云周天一百七萬一千里一度爲二千三百九十二里黄州一府廣不及八百里袤不及五百里是於一度中纔不及四分之一而舊志且載及玉衡熒惑三台五車諸星遲留伏逆之徵應可云信而有徵乎故略而不錄懼卮言之無當也

黄州府志卷之一終

黄州府志卷之二

知黄州府事關中王　勍纂輯

地理志

山川見古蹟者不重錄

山水清遠東坡言之矣要其當淮楚之交五水縈紆八關環護爲楚北人文奥區秀毓靈鍾寧有既哉

黄岡縣附郭

山

東十里曰黄岡山平岡迤邐至洗馬池而止舊志云土惟黄壤因以名縣按縣之得名從舊州南安縣所改不自此地始也五十里曰覇王山　六十里曰獨尊山一峰矗起旁無培塿

東南四十里曰馬騎山在長蘄塅與巴河對岸　又迤西南一帶偏江諸山俱屬武昌縣然近在几案青蒼百疊如屏障焉

西北八十里曰赤脚山在慕義鄉　一百一十里曰樟松山多産樟松故名一名萬松山下即樟松湖　一百二十里曰蓬萊山在陽邏鎮上　又二里許曰武磯山昔

黄祖屯兵蒐武其上　一百四十里曰石屋山高徑峭抜遠望如屋舊志云下有石板潭與麻城高岸河曾按高岸河郎古之舉水石板潭乃倒水所逕與高岸河無涉舊志似誤二百里曰上干山舊有龍井郎黄安縣界

北十里曰兩耳山雙峰峙立爲郡城北障　八十里曰五雲山有井俗傳源通大江　又稍西曰孔子山　九十里曰馬鞍山當孔道有汛防在其上　一百四十里曰七丈山　一百五十里曰龍岡山舊傳有掘地得龍骨於此山因名　一百八十里曰鳳凰山舊傳有鳳凰止此後人搆臺於其上名鳳凰臺今遺址尚存

東北五十里曰廻龍山有東嶽廟歲時遠近居人祈禱絡繹不絶六十里曰金雞山　稍東曰白楊山側有桃花洞又稍東曰烽火山　七十里曰城山有古城隍廟　一百二十里曰白雲山　一百五十里曰泉華山山勢陡峻泉飛若練　一百六十里曰大崎山治内之山莫高於此來自龜峰郡治之祖山也龍蓯蟯蜒飛瀑下注崖壑寺院幽邃無比山側有雷雲洞

又十里曰小崎山巖壑更奇　又天神山與小崎山對峙　獅子崖縣北一百二十里以象形名　觀音崖在紫潭河石崖如屋上有釣臺爲黄安交界處　祈祥嶺縣北一百五十里在道觀河　飛來石城西板橋寺宋太平興國間因雷雨墜石於寺　牛踏石在紫潭河石上有牛跡　徐邈洞一名徐公洞在赤鼻山下今形迹茫昧

川

江　源自岷山東下逕大別山與漢水會至武通口入縣界三十里逕陽邏堡十里逕龍口港二十里逕雙流峽四十里逕團風鎮舉河及道觀河之水入焉又東五十里逕府城西赤壁磯又四十里逕巴河口巴水自東北注之入蘄水縣界

舉水　源出麻城之龜峰山至柳子港入縣界南逕赤土坡又南逕秤鈎灣經流逕舊州爲舊州長河三店横河之水入焉南過姚二渡南爲廟埠潭爲黄舍潭又南爲石頭潭董福灣支流自楊家河口南爲汲水港又南爲小西河至細河口與經流合白塔河之水自東入焉南逕赤脚山爲方一渡又南至穆家涇倒河之水自西來會名倒河口合流南至徐家樓下之

黄州府志　卷之二　山川　三

張家灣支流東注史壩橋河入江今湮經流南注爲公頸古稱大舉口南入於江

倒水　源自麻城縣之白沙關逕黄安至紫潭河入縣界南流爲石板潭南逕李家集又南逕孔家埠桑樹嘴又東逕張渡湖感化河之水入焉河特倒水之别出舊志以爲發源羅田者誤又東至倒河口入於舉水

道觀河　源自大崎山西南流爲高家河折而北爲倒灌河卽道觀河也復折而西南至兩河口沙河之水會焉南過楓香樹馬鞍山河之水入焉又南至柳林水分爲二東南流者爲黄家河西南流者爲栢林河俱會於雙河口西流爲白塔河入舉水南流注鮑湖孔子河淋山河之水皆入焉又南經史壩橋入於江

沙河　源於麻城之鐵線嶺入縣界爲沙河南流逕陶黄寨又南爲孫家河又南至兩河口入於道觀河

巴水　源自羅田至尤河嘴爲縣之東界河河東卽蘄水地南逕叚家店又南爲陳家河一里河之水入焉又南爲上巴河又南爲馬家潭東港火柴港之水入

黄州府志　卷之二　山川　四

焉又南至魚博朱大夫河之水入焉又南逕孫家嘴爲西陽河俗訛爲新洋河南逕馬騎山三台河之水入焉又南入於江

三台河　源廻龍山歷瓜瓞灣會鵲子湖崩港之水逕黄婆汊過玉帶橋由沙逕入於巴水

街埠河　源自黄陂縣至荅子埠入縣界南逕三水港又南逕街埠又南逕陽邏堡之武磯北爲陽城河入於江

上新河　在城西原無河康熙間知縣鍾蕚捐錢三十

萬挑濬成河引磯窩湖之水從此入江棲泊舟楫以避風濤之險但湖水無源冬春江水消涸河身遂成陸地黄郡爲水陸要衝而市肆蕭條實由泊舟無所致賈客檣帆去之不顧太守王勍與縣令邵豐鏌現議開濬

後湖在縣東十里　沙湖在縣東三十里東坡買田於此

潬湖在縣東四十里　磯窩湖在縣西一名西湖

零𣳾湖在縣西北百里總諸小湖得名　樟松湖在縣西北一百里

長河湖在縣北九十里　安仁湖在縣北八十里

鮑湖在縣北五十里　漲渡湖在縣西北九十里

竹根潭在縣西北九十里　烏龍潭在庶安鄉

七丈潭在庶安鄉　龍潭在舊州長河側

白蓮池在安國寺東　雙眼井在清源門外

八角井在北樓灣　義井縣東市

洗馬井在洗白街　一字井在一字門

局林井縣學右　丹沙井在報恩寺左

鼓樓井在府治鼓樓側　葛洪井在元妙觀

梅家井在府學前國初民占知府蘇良嗣查出　阧龍井在陽邏鎮

溫水井在永寧鄉有三泉上燠中可燖牲下可浴

華山井縣西一百八十里元隱士吳應澍所鑿

舉洲俗名鴨蛋洲在團風鎮江中又云姜家洲

大肚洲即得勝洲在郡城西或以爲即崢嶸洲非也詳見古蹟

佗鶡洲與舉洲相次　木鵝洲即古崢嶸洲在樊鄉舖江中詳見古蹟　葉家洲在汪家舖

蓮花港在中和上鄉

蘄水縣

山

東一里曰玉臺山舊建玉臺書院今改蘄陽書院　三
里曰鳳栖山舊傳張道陵煉丹雞食之化爲鳳　九
里曰茅盧山　二十里曰寄峰山宋劉平隱居處
四十里曰金谷山　五十里曰斑竹山　又五里曰
斗方山方正如斗故名　六十里曰三角山峰巒聳
拔綿亘十餘里有宋趙不迹書觀願視履四大字上
有龍洞瀑泉諸勝下即蘄州界　七十里曰查兒山
一百里曰羅浮山上有仙人臺
東南三十里曰太公山

黄州府志　卷之二　山川　七

南一里曰登瀛山學宫在其麓　十八里曰石龍山　二十里
曰分流山　二十五里曰榾柚山有伍子胥遺跡　三十里曰
燈籠山　又五里曰月子山　四十里曰青獅山
西南三里曰雨標山　二十里曰闍黎山與白荆山對
峙縣境之水多經其下　三十里曰龍泉山
西十五里曰玉鏡山有石如月一名月峯山　二十里
曰太子山即調軍山相傳孫吳屯駐處土人每得昔
年兵器今廟祀皆吳君臣神像　又二里曰白荆山
二十六里曰劄馬山

西北二十里曰神山寰宇記孫權進兵赤壁時屯於此
四十里曰石佛山　六十里曰石門山峭壁臨河明
末里人何彬然築寨禦寇屢攻不破　九十里曰華
桂山
北一里曰蓮花山下即蓮花池　三里曰茶山　十里曰護山
産白石十五里曰石鼓山巨石如鼓叩之有聲　三
十里曰游洪山　五十里曰小靈山　六十里曰大
靈山明末流寇之亂土人築寨避焉保全甚衆　七
十里曰邵藤山相傳晉王烈經遊處　七十五里曰

黄州府志　卷之二　山川　八

神保山
東北六十里曰羊角山形勢峻絶如羊角
君子崖在石鼓山　觀音崖縣東五十里
樸樹嶺縣東八里　虎踞嶺縣東三十里
長嶺縣北五里

川

江　自巴河鎮東下逕蘭溪鎮浠河之水注之又東十
五里逕回風磯又十里逕散花洲之唐家渡入蘄州
界

浠河　源自英山縣入縣界爲石險河夫子河之水注之又蔡家河之水注之又西南流柴家河之水注之又劄流河之水入焉又西逕縣治南爲南門河雲路口之水注之又二十里六神港之水入焉又二十里逕蘭溪鎮入於江

巴河　源羅田縣之鹽堆山與石柱山二水交會於尤河嘴西即黄岡縣界南爲童家河劉家河之水入焉又南逕黄岡之上巴河市元潭港與小河口之水自東入焉又南二十五里明家港之水入焉又南經挑

花潭爲新洋河又南歷下巴河市入於江

皂泥湖縣南六里　楊歷湖縣西南四十里

荷蕩湖在縣西十里　黄草湖縣南四十里

蘄湖縣西南六十里　灄湖縣南七十里

義井在縣治東　張道陵井縣東一里

大水井縣東三十里　白家井在縣治西

便民井在縣北　老龍井在三角山

鳳栖泉在縣東北二里

羅田縣

山

治内鳳山形如飛鳳縣治即在其麓

東五里曰塔山形如獅踞萬松蒼古一水瀠洄山巔有塔建自唐時因名塔山一名玉屏山　十里曰王道山峯巒陡峻石逕紆廻有松一株黛色參天相傳漢植又巨石如舟宛若生成邑人四時遊跡不絶　二十里曰雲蓋山上有龍泉歲旱祈雨立應　三十里曰鳳皇山　四十里曰蒲子山　又三里曰朦朧山　又五里曰淨瓶山　五十里曰石缸山峯頂石澗

宛若一缸春夏霖雨瀑飛若練　六十里曰魁山形勢嵯峨高出衆山因名漢唐宋建縣治於此　一百一十里曰石柱山頂有石柱高數丈奇闢無比

東南四十五里曰馬家山　五十里曰月山昔有兄弟五人脩道成功誓曰見險則過遇月則止至此月出遂止上有廟　六十里曰觀音山山頂石壁數丈相傳大士於此現身有像在石纖毫悉具若天成者

南一里曰印臺山方平如案一名書臺山　三里曰鉢盂山　十里曰迎山　十五里曰望江山高可望江

故名　二十五里曰虎母山高聳若虎泉山纍纍如子隨母因名　三十里曰練崖山上有飛泉直下百尺

西三里曰黨冢山　六十里曰鼓羊山

西北四十里曰石獅山巨石如獅形象宛然　七十里曰烏雲山

北三里曰雙峯山兩峯並峙俗名尖峰山　五十里曰大霧山天將大雨雲霧翕然一名雲霧山　又二里曰梳髻山又名蘇雞山　六十里曰掛弓山　又三

里曰揚旗山山形如揚旗　七十里曰雞鳴山石直如笋四圍斗絕居民常聞上有雞鳴因名　八十里曰七娘山　一百四十里曰松子山

東北一十八里曰藍柴山　五十里曰南保山　八十里曰獨尊山　一百里曰峨眉山　一百二十里曰泊高山　一百四十里曰多雲山　一百五十里曰鹽堆山

練　崖縣南三十里　石獅崖縣西一百四十里

龍鬚崖縣東南一百里　岐　嶺縣東一百三十里

仙人崖縣東三十里　麻姑崖縣東八十里

豹龍崖縣西十里　練石洞縣東南三十里

水

平湖鄉河　源出鹽堆山五里爲壠伏河又五里爲九子河三十里爲新昌河五里爲騾走河三十里逕滕家堡十里木西二里河之水入焉又十里爲尤河觜即黃岡縣界

多雲鄉河　源出石柱山西流四十里爲長河又四十五里東安河水會焉爲雙河口又南三十里逕海螺

石北峰河之水注之十里逕縣治東爲官渡河繞城西二十五里爲尤河觜平湖鄉河之水會焉入蘄水黃岡二縣界至巴河鎮入於江

奉泰鄉河　源英山歷舊縣畈逕魁山南朦朧山之義水入焉蕭家立義州以此下五里爲落閘河十五里爲鷄兒河四十里爲石險河又二十里爲白蓮河即蘄水縣界由縣治南至蘭溪入於江

龍井有六在鹽堆老塔鶴峰馬面多雲大霧諸山

石井在縣東北二十里橫河　鄒家均井在縣治東衙

鳳坡井在縣西北　及泉井在舊學前
元妙觀井在縣西　倉井在縣左側谷倉
玉泉在縣西北十五里　玉虹泉在縣東五十里

麻城縣

山

東十五里曰四望山元季土人結砦於此全活甚衆
三十里曰龍山　三十五里曰五龍山　四十里曰
雞籠山　又游蕩山相傳唐元宗曾駐蹕于此因名
元宗南唐李璟諡　五十里曰大勅嶺山　六十里

曰龜峰山春秋時吳楚戰于栢舉處舉水發源于此
六十五里曰八叠山　七十里曰什子山　八十
里曰天井山　一百里曰雨流山
東南三十里曰白臯山山勢迤邐上有雁臺及奇峰怪
石森列無數
南四十里曰鳴山有古佛寺在其麓　五十五里曰雲
陽山山勢西迤岡隴綿亘　曰望花山曰烏石山曰
青邱山曰高峰山曰豹子山統名邑南山
西三里曰七里崗宋張穀植松處　十里曰靜明山

三十五里曰朱山　四十里曰青山上有石閣迤西
為大聖山　又二里曰奉道山　七十里曰紫雲山
八十里曰九螺山在岐亭鎮昔張憨子隱居於此
自號九螺山逸人又有丫頭山馬頭山盡邑西境焉
西北八里曰五腦山即張紫微飛昇處　十五里曰道
觀山　九十里曰陽臺山
北十里曰覇王山　十二里曰仙居山有石洞雲泉諸
勝俗名麻姑洞　四十里曰陰山上有陰山關　一
百里曰木陵山上有木陵關樹木茂密岡陵蔚然為

一邑之望
東北二十里曰九龍山　二十五里曰祖功山　三十
里曰玉霧山　九十里曰黃蘗山上產茶笋下即河
南商城縣界
萬人崖縣西四十五里　觀音崖龜峯山上
噴雲崖龜峯山上
鳳凰臺縣東北二十里鳳坡之東南
卧龍石縣治東　人跡石龜峯山頂

水

縣前河有二源一出河南商城縣之西界嶺至兩路口杜家河之水注之又南福田河之水入焉逕虎頭關即霧仙鎮張店河之水注之又南逕石香爐鄔家河之水入焉又南逕陰山畈四道河之水注之岸側石峯壁立中有石洞遊人登覽景趣非常一出光山縣之東界嶺經黃土關南爲栢塔河又南合陰山畈河逕縣治東分而爲二一名新河前邑令督民疏鑿以殺水勢也至城南復合爲縣前河又東與舉水合

舉水源出縣東北之龜峯黃蘗等山即吳楚戰於柏舉之地因名焉至縣東與源出河南商城縣石門山之閻家河合閻家河下流名桃林河舉水又西南流爲高岸河北杲河麻溪河合汝陰河之水入焉又西爲螺殼潭又南逕宋埠源出分水嶺經艾陽寺下爲浮橋河之水注之又西逕岐亭牙魚坑石頭嘴之水入焉又南爲柳子港即黃岡縣界

響龍潭在北臯山　龍吼潭縣南五里

三角湖在縣南二里　芰湖縣北五里

龍潭湖縣東北二十里　龍池縣北一里

黑龍池縣東二里　化龍池縣西四十里

義井縣治南街　官井縣治東街

虎跑井在龜峯山頂

黃安縣

山

東二里曰杏村山上有羙泉清芬可掬　二十里曰大塘山　又一里曰錦屏山春夏之交野花爭放燦爛如錦　三十里曰三角山三峯峙列爲邑左障迤北一洞深邃莫測天欲風則轟然有聲俗名風洞　四十里曰尾斗山　四十五里曰長竹山上產修竹節幹凌霄　六十里曰高拱山　七十里曰光祿山

東南五十里曰清泉寨山頂有清泉

南一里曰金井山山勢盤屈松竹茂密傍有一井清冽不減錫泉　十里曰雲臺山峯巒秀拔崖壑嶙峋山頂有臺雲覆即雨　二十五里曰五雲山錦峰秀嶺蒼翠如繪陟嶺遥望長江如帶今建塔其上爲邑學宫文筆峯　五十里曰大金山　又五里曰蓮花山

六十里曰卓旺山山峯極高可眺百里

西南十里曰似馬山石狀如馬因名上有一線天諸勝　三十里曰虎踏山相傳神人驅虎於此足跡尙存　七十里曰龍王山　西十二里曰七箇山七峯並峙爲邑右障　四十里曰陽臺山　西北六十里曰乳山有仙居崖舊傳抱朴子修煉處　八十里曰老山河南羅山縣界　北三十里曰姚公山　七十里曰黃楊山山陡如壁峯頂平衍元季土人避兵於此　八十里曰天臺山峭

壁千尋止一徑可通躋攀而上勢若接天有𨠑月崖披雲寨諸勝　東北三十里曰遊仙山孤標秀異舊傳有黃鶴騰空而下至今仙跡尙存

博士崖縣西北七十里　觀音崖縣南三十里

石林樵洞縣東南二十里　小桃源洞縣南六十里

止止洞城北六十里　果老石縣西四十里

水

倒河　源出麻城縣白沙關逕雙山臺入縣界爲雙山臺河西南二十五里爲程方河胡田河之水注之又南十里爲牌樓河又十里爲袁英河又二十里爲三河口白馬河及東流河之水注焉又西南二十里逕縣治北姚家河及皂角河之水入焉折而西爲西門河逕縣治南爲南門河金塲河之水注之逕縣治東爲胡家河又十五里陡埠河之水入焉又南十里爲沙河二十里爲中河西童徐二港之水注之東䶄定橋五里橋尹家河之水入焉又南十里逕八里灣曾家港之水注之又十里爲紫潭河太平橋之水入焉

下滙黃岡漲渡湖入於舉水注於江

灄河　源出縣西老君山西下十里金局關之水會之爲雙河口十里爲橋流河又十里爲西河官倉河之水入焉十里爲兩河口烏峰河火石橋之水注之又二十里入黃陂縣界由灄口入於江

松溪河　源出縣東紫雲寨十五里逕板門冲又十五里逕蘗㭱冲又二十里逕謝家店又南五十里逕岐亭爲麻城縣界與舉水會由黃岡縣之䲶公頸入於江

聖人湖縣北三十里　勿幕泉在城中
杏花井縣東二里　三公井縣南四十里

蘄州

山

城內麒麟山　山形蹲伏因象形而名明荆藩遺址及
學宫書院州治俱在山麓　鳳凰山　山勢軒舉亦
象形而名上有洗墨池仙人臺舊傳李白杜甫曾遊
此後人遂名其隩爲白甫衙上有千仞亭七葉寮今
廢　鴿鷄山　國朝盧恭政紘搆四照堂於其上今

廢
東五里曰北障山俗名缺齒山　八里曰迎山山形與
治城相迎故名　十里曰龜鶴山舊傳山多梅花
一百五十里曰四隘山　一百八十里曰大桴山即
蘄河發源處
東南十里曰大泉山泉水清冽山形秀麗有大泉寺在
其麓　十五里曰百家冶山產蘄竹作簟
西三十里曰圓峰山　四十里曰馬下山漢高祖征九
江王英布下馬於此因名　六十里曰五岳山

西北七十里曰靈虬山勢如虬龍若累石成者
北十里曰龍峯山山勢聳拔爲州城屏障更綿亘里許
至掛口作蘄河水口下有石高丈餘形象狻猊舊傳
有石洞產白花蛇　三十五里曰米家山山形蔥蔚
類小米畫意一名虎兒山俗云獨山　五十里曰茅
山蘄水縣策湖之水逕此山入江　八十里曰嶸山
頂有石砦明季土人避兵於此　九十里曰三角山
即蘄水界上有龍潭舊傳值旱祈禱立應　一百八
十里曰鼓角山壁立陡峻舊傳天欲雨即有聲如鼓

角　二百五十里曰相山抵江南太湖縣界　一百
八十里曰四流山山勢迴迤有泉一區西南俱流入
蘄水界北流入江南霍山界東流入江南太湖縣界
東北里許曰玉屏山山形方正如屏俗名周公山州人
周副使禧施爲漏澤園　二里曰象馬山舊傳漢徵
貢象經此一云荆藩豢象馬處　一百里曰九龍山
上有高谿寺　一百二十里曰金鷄山在北極峯下
高聳峭拔四山環拱三十六水逕繞其前滙鈷鉧潭
四方遊屐絡繹不絕山麓有金鷄寺　一百五十里

日道觀山上有天帝觀　一百七十里曰將軍山自
太湖司空山分脈高逼雲漢爲衆山鼻祖左衍黄廣
東衡紫雲諸山右發蘄水斗方雨標等山　二百里
曰楂梨山三十六水俱發源於此
老龍洞在州西北九十里　石壁崖在州北八十里
鹿耳石在州東五里

水

江　自蘄水縣之廻風磯下十里逕唐家渡二十里逕
散花洲十里逕茅山鎮二十里逕羅家埠又二十里

逕掛口十里逕州治二十里逕烏林港十里逕馬口
即州治雨湖諸水入江處下即廣濟縣界
蘄河　源大桴山逕三十六水紫雲山龍鬚冲之桐梓
河水入焉又南逕鴨公觜源北極尖石鼓河之水注
之又南逕洗馬潭即錡鍔潭劉公河之水入焉又南
逕夔門山獅子口關口河之水注之又南逕皇城山
源柳木衝白石頭朱林河之水入焉又東五里源蘄
陽坪石壁崖之水注之又南五里源三角山會龍潭
之雙水入焉又二十里逕蘄舊治分而爲二左爲蘄

河右爲西河又南五里逕曹河市源黎企里之兩河
水入焉又東逕陳園分而爲二至渴口市復合渴俗
訛豁本柳宗元袁家渴記水之返流處爲渴也又東
二十里逕土門山入於赤東湖其西河之水逕易家
河壓楊公潭會渴口前河之水由土門西下滙赤東
湖入於江
彭司河　州西北之水源蔣家山琳山會蘄水縣策湖
諸水由茅山口入於江
赤東湖在州北十里　沿市湖在城東亦名蓮市湖

金沙湖在赤東湖東　諸家湖在城東南亦名雨湖
西湖在赤東湖西　太清池在州治東
馬口湖在州東南十五里　義井州西南一里
西河井州北六十里　丹井在州東北一百三十里
三泉在懷德坊下　溫泉在高溪寺側

廣濟縣

山

城内縣治後曰黄鵠山四山環衛一川旋遶縣治因建
於此

東二里曰靈山上有三十六菴聯月臺浮渡石諸勝邑人劉醇驥有記　二十里曰余公山有余玠墓在其麓因名　二十五里曰大明山即大聖山有費聖泉　三十五里曰五峰山　四十里曰大符山　四十五里曰鳳凰山　五十五里曰龍頭山象如龍首昂起兩石突立如角石下有泉俗名龍眼泉

東南三里曰獨山衆山環峙一峰孤聳因名　五十里曰崇山隔溪有釣魚臺　六十里曰太平山盤石如席可坐千人

南一里曰登高山　十里曰紫霧山舊傳紫霧見出賢令　五十里曰仙姑山　六十里曰陽城山下有石洞深二里許洞內奇石宛然天成遊踪頗衆　六十五里曰盤塘山有吳將甘寧廟仙女墳在其山麓　七十里曰積布山亂石臨江形如疊布俗名積布磯即庾仲雍所謂高山也　七十五里曰青林山下有青林湖即水經註湖水西流謂之青林水也

西南十里曰雨山下有龍泉塘　二十里曰四望山有巨石植立如門　三十里曰連城山下即連城湖三十五里曰後峯山山谷廻抱溪流映帶前令劉應昌搆亭其上名杯度亭　四十五里曰武山峭壁廻遭一徑紆廻湖水瀰漫綿亘數里如儵浮水面洵奇觀也迤南俗名團山亂山如林呈奇獻秀若虎豹虬龍不可指數下即武山湖鳳觜港

西二十里曰秀雲山俗名北流山頂有龍泉旱禱輒應

西北七里曰嶽山巋然秀出一名藥山　二十里曰展旗山即蘄州界

北二里曰白石山望之磊磊若瓔爲邑景最勝　二十

里曰橫岡山高峰插天縣治北障梅川之水源此西即蘄州界

東北三十里曰東衡山上有十峰磊落雲際北即蘄州界

七星崖縣東石如七星布列　赤崖縣西北二十五里

桃家嶺縣北二十里　雷公洞縣北二十里

靈泉洞縣南六十里　雲瀑潭縣南十五里

白龍潭縣南五十里

川

江　縣南七十里由馬口港東下逕積布磯五里逕田家鎮十里逕盤塘三十里逕青林口即武穴鎮又三十里逕龍坑今名龍坪又三十里爲蔡山即黃梅縣界

梅川　源縣北十五里之横岡山滙諸谿谷水合而成川爲雙河口西南流逕畢家畈又五里逕縣治北又南逕春風橋靈山之浮渡石諸水入焉又北折而西逕仁壽橋繞廻川嶺歷縣治右逕四高樓北爲滄浪橋始折而南淸流港之水入焉逕劉公閘十里逕潘家壋又十五里逕東岡又二十里逕陶家塘歷紫石頭滙武山湖由連城港入於赤磯湖

斤竹河　縣治東北源東衝山至明水懸崖千仞飛泉直下噴沫如雷有龍潭在焉深不可測西逕黃牛院又西十里逕五峰山側與梅水衝之水會焉其白土嶺之荆竹舖諸水亦由車防河歷聖龍潭與斤竹河會數里逕猫山口爲團頭河分而爲二至六石里畈復合爲一逕廖陸溪入於赤磯湖又龍湫之水逕株嶺滙十八疊歷花關橋逕屈家河繞太平山側入於

赤磯湖滙黃梅之太白湖

大金河　縣東南源白茅冲諸水滙而南逕鯉魚溝右大金廟東又十餘里逕黃花港歷羊頭谿又北逕鳳凰山獅子山諸水會焉滙赤磯連城二湖入於黃梅縣之太白湖由急水溝入於江

鴻腦洲　即龍坑　　中洲　在大江中宋嘉熙中徙治於此

善潭　縣西五里　　費家龍泉　在大明山

黃梅縣

山

東三里曰馬山俗名馬頭山　十里曰筆架山峯形秀異故名　二十里曰古礫山綿亘一十五里有上中下等名　四十里曰停前山　五十里曰畢家山

東南五里曰龍泉山　十里曰香爐山　二十里曰水嶺山　四十里曰東觀山即宿松縣界

南十五里曰德章山　五十里曰蔡山臨江有古寺舊傳江心寺即此

西南十五里曰鳳翔山峯形軒舉如鳳故名　又十里曰匾盆山　四十里曰舒城山在太白湖四面皆水

昔土人避亂於此

西三里曰赤土山　十里曰金鐘山　二十里曰大河鋪山　三十里曰破額山四祖大醫禪師道場有柳公權書碧玉流三字在澗上　四十里曰黃梅山山皆梅因以名縣

西北十里曰粉壁山山形壁立石色如粉　十五里曰安德山　二十里曰楊梅山　三十里曰考田山東曰高山　三十五里曰石牌山山下一水廻環三十六度一名三十六水

北二里曰方屏山形體方正俗名北邙山　七里曰七嶺山　二十里曰小溪山　四十里曰梅水山　七十里曰紫雲山上有雙峯如劍高入雲漢有噴雪崖白雲洞諸勝即蘄州界

東北二里曰閟宮山　十里曰石門山　十五里曰烏牙山上有靈峯院有唐白居易撰碑　二十五里曰馮茂山峯頂有白蓮池諸勝即五祖大滿禪師道場　五十里曰龍坪山　六十里曰獅子山　七十里曰南山　又五里曰北山峯巒峭削崖壑幽窅亦邑

名勝

火焰洞縣五十里路極險峻人跡罕到　白雲洞縣六十里

噴雪崖在紫雲山之西北

水

江　自蔡山三十里逕新開鎮二十里逕王家套口十里逕小池口三十里逕段姚市即江南宿松縣界

縣河　東北之水源自唐家山三十里逕隆斗衝河十里逕鼓角河又十里停前驛河之水入焉二水合流名兩河口十里逕柘林舖又十里逕鐵塘口多雲山

之陶舖河及沙河諸水注之又十里逕縣治南滙張家湖歷馬頭河殷家河西逕黃蓮觜又十里逕下新市又三十里逕東觀市由急水溝入於江

縣西北之水　源紫雲山歷太平衝六渡河三十六水十里逕考田衝十里逕大河舖十五里逕黃花畈分而爲二西滙長安湖東逕桂家賽同入濯港又源安德山之漆水港並西大葉山之水逕雙城驛歷黃梅山河逕舒城山亦入濯港逕黃蓮觜與東北之水會由急水溝入於江

黃州府志卷之三

知黃州府事關中王　勍纂輯

地理志

古蹟

廢城廢戍昔人所以設險守國也至於山泉亭館之屬名人賢士登詠其間後人每艷稱之則地因以人重矣顧赤壁臨江未必即孟德困於周郎處而東坡偶相稱引遂令眞似之際隱顯頓殊則文士筆端可不愼耶

黃岡縣

邾城有二一爲邾縣故城在今府治西北十里楚宣王遷邾君居此故名水經云江水逕邾縣故城南是也一爲邾縣漢置在今府治西北百二十里吳芮爲衡山王都此水經云江水過邾縣南是也劉宋改南安縣隋改黃岡爲黃州治唐中和初遷州治於江濱而邾縣爲舊州故唐蕭德言括地志云邾城在黃州東南百二十里立乎舊州以指故邾也一統志云邾城在府城西北一百二十里立乎明代之黃州以指邾縣也

西陽廢城在府治東南晉書地理志漢縣古茲子國三國魏弋陽郡晉爲西陽郡水經江水逕西陽郡治南郡治即西陽縣是也又云江之右岸有鄂縣故城按鄂縣即今武昌縣則西陽舊郡雖遺堞無存其地可想而知也今治東南三十里有孫家嘴枕山面河形勢足據巴水經其下舊名西陽河殆其故址歟故高齊於西陽郡立巴州蓋據巴水以立名也於齊安郡立衡州據吳芮爲衡山王立名也

木蘭廢縣在縣西隋書地理志梁置梁安郡後齊置湘州後改爲北江州開皇初別置廉城縣尋州郡俱廢十八

年改縣曰木蘭唐書地理志武德二年省入黃岡

永安城在縣北十里即邾縣故城舊以爲楚黃歇所都非也黃歇號春申君初封淮北十二縣後徙封於吳見史記安得在此或謂楚王以此封其女名女王城宋蘇軾有詩亦作女王城

陽邏堡在縣西百二十里春秋昭公五年楚子伐吳濟於羅汭舊志以爲即此地然字從羅不從邏相傳三國時劉先主約孫權拒魏旦夕使人於此邏吳兵之至故名按水經江水東逕若城南注若城至武城口三十里武

城口即今武通口陽邏堡正在其下或訛若爲邏歎
赤鼻山在漢川門外距城數武蘇子瞻遊此作賦遂指爲吳魏鏖戰之赤壁考水經及方輿勝覽皆謂之赤鼻東坡亦設主客作疑辭未嘗實據也今仍存舊名山上樓閣頗多明末悉燬　國朝康熙間知府于成龍建堂榜曰二賦
聚寶山在城北二里產小石光瑩類瑪瑙蘇子瞻作怪石供即此山石也山有浮翠亭後有泉甘美名寶山泉
柯山在定惠院南宋潘大臨居此稱柯山人張文潛謫黃

文集亦名柯山集左有八大王墳宋周肅王元儼屯兵其處因名
香爐山在陽邏北五里元世祖嘗登此俯瞰大江
黃泥坂在清淮門外二里許蘇子瞻與二客過從處明嘉靖間知府郭鳳儀建一盼亭今廢
龍邱在縣北百二十里陳季常號龍邱居士以此明初劉伯溫嘗停駐旬日南隅有濯錦池北三里爲慈恩塔蘇子瞻每與季常遊憩之所
夏隩省志作酉隩在城西南隅二里宋明道間夏竦守黃州治濱江嘗苦風濤不利泊舟鑿陂於臨皋驛東人皆便之洗馬池其故陂也
呼嶸洲舊志在赤壁山前俗名得勝洲水經注云冠軍將軍劉毅破桓元於此洲按水經江水東逕若城南注江之右岸有李姥浦北對呼嶸洲水經又云東過邾縣南江水右得黎磯北江水又東逕邾縣故城南注城南對蘆洲則呼嶸洲宜在黎磯之上乃今之木鵞洲不在今之得勝洲矣得勝洲其即昔之蘆洲乎
武湖在縣西百三十里一名黃漢湖漢黃祖守江夏時習

水戰其中故名
舉口今團風鵞公頸入江處梁徐文盛敗任約進軍於此
白龜渚在赤壁山下晉毛寶軍人有買一白龜養之漸大放於江後寶守邾石虎來寇城陷軍士及寶赴江死者甚衆養龜人墮水覺有物負之登東岸乃所放龜也明嘉靖間知府郭鳳儀刻白龜渚三字於石
龍蟠磯古名節度石在縣東南隆起江中水經注云是西陽武昌界分江於斯石也舊志云以武昌江岸爲界磯屬黃

雙流峽宋歐陽修貶夷陵時舟次其處見于役志

洗墨池在縣治西南爲蘇文忠洗墨處康熙間通判宋犖浚池置亭移建雪堂竹樓祀王元之蘇子瞻張文潛秦少游於祠嵌元趙子昂書洗墨池石刻於壁

君子泉近赤壁宋通判孟震有賢德時稱孟君子庭中有泉因以名之蘇子由爲銘子瞻爲跋黄魯直爲詩

金甲井舊志在赤壁宋紹興間浚得金甲二具舊傳劉宋謝晦之敗投金甲於此按晦敗於荆州北走至安陸延頭戍爲戍主光順之所執檻送金陵何緣得投甲於此舊傳赤壁山下有謝鐵龍墓或其所遺也

蘇公暗井在今縣學古迹湮没蘇始浚出有浚井詩

定惠院在城東清淮門外蘇子瞻以元豐三年二月至黄寓此院東有海棠一株爲子瞻手植因作海棠詩後書開嘯二字勒石下有快哉亭前有海棠軒後有洗墨池又有捫腹軒軃足堂今併廢

河東書院在縣治東宋寶祐中單懷李節守黄州建後爲七賢祠按舊志云朱子有記朱子所記乃乾道間李訦所建二程祠時未有河東書院也孝理二宗時代懸匾似誤

橫江館在赤壁山南晉龍驤將軍蒯恩建杜牧有詩

高寒樓在縣東唐太和中劉應之築四望亭於郡西南李紳爲記蘇軾有步至四望亭魚池上詩張邀攝令日更今名取杜甫詩玉山高並兩峯寒之義

竹樓在城西北隅府治之右宋王禹偁建有記今廢按歐陽修于役志竹樓有在興國寺又陸游記竹樓下稍東即赤壁磯則竹樓又當在赤壁稍西

月波樓不知建自何代宋刺史王禹偁有詩舊志以爲禹偁建者誤詩序甚明或云今漢川門城樓其址也

棲霞樓在縣西南宋李顯守黄時建今廢

涵輝樓在縣西南省志在縣内宋張安國書其額曰無盡藏樓後有坐嘯堂及無倦味道二齋

琴臺在三江口宋昇明間司空柳世隆於西陽城列巨艦泝流而進降劉攘敗沈攸之嘗於此鼓琴後改建守備司行署今廢

雪堂在城東南蘇子瞻謫黄得故營地數十畝躬耕其中是爲東坡築垣作室落成時大雪因名雪堂後移汝州遂以堂與潘大臨居焉明洪武戊申展築郡城舊址遂在城内今縣學其基也弘治間改建於府治東隅與竹

樓對峙子瞻嘗於雪堂前手植一梅至嘉靖後始枯知府郭鳳儀摹形於郡齋之石今置赤壁

慶瑞堂在清源門外王禹偁建按陸游東坡記堂爲故相所生之地後毀以新樓霞樓舊志秦檜父官黃生檜於此故記云考宋史高登傳檜實生古田不在此地辨見摭聞

睡足堂明一統志王禹偁建取杜牧詩平生睡足處雲夢澤南州之義

相隱堂在舊司理廳宋麗籍參知政事嘗爲司理後人爲建此堂

讀書堂在城外安國寺宋韓琦侍兄琚守黃時嘗於西廂

讀書即此堂後郡人爲立魏公祠

一枝堂宋時建有大梅樹取一枝向暖之義茅志云疑即東坡梅舊志知府郭鳳儀重建洗墨池旁今廢

寒碧堂在東門外宋何頡之兄弟作此以待蘇軾軾爲書竹石且賦詩

如畫亭在縣東高阜王禹偁建即舊東閣址今廢或云晉陶侃嘗登眺於此

覽春亭在縣南宋韓琦建作詩序又建春草亭於東門外

臨皋亭在縣南瀕江乃古之迴車院也省志原名亭後改爲館蘇軾曾寓居嘗曰亭下大江半是峨嵋雪水爲築南堂於此後廢　國朝康熙間知縣李經政建亭於址以憩行人

覽勝亭在治北城上高阜明弘治間建

會遠亭在縣北王禹偁建

遺愛亭在縣南宋元豐時徐猷爲守有善政既去民建此亭蘇軾因以名之

快哉亭在縣南宋張夢得謫齊安時建蘇轍爲記見藝文

鴻軒宋張耒初謫監黃州酒稅繼爲倅爲守凡三至黃建鴻軒以居未詳其地

壁陰軒宋黃庭堅甥洪芻爲黃州酒正榜其所居庭堅銘之見藝文

斬巫驛相傳在臨皋亭右唐肅宗時遣女巫分禱天下名山大川時有一巫美而艷以惡少年自隨馳入黃州刺史左震取巫斬庭下悉誅所從少年籍其贓得十餘萬黃人歌曰吾鄉有鬼巫惑人人不知天子正尊信左公能殺之

海棠橋在城北橋側多海棠故名宋秦觀嘗醉卧此橋留詞其上今廢

韓氏園何氏池尚氏園皆見東坡志林其地未詳

南坡在東坡西有竹林蘇軾築雪堂時尚繁殖後悉殘伐見陸游東坡記

蘄水縣

軑縣廢城在治西南四十里按水經注城南對五洲漢縣惠帝封長沙相黎朱倉爲侯國劉宋孝武帝自此討元凶卽改爲孝寧齊因之後周廢

廻瀾石在城南蘇軾鐫激湍二字於上明成化間知縣潘珏因建廻瀾亭又有李白所書爲飛魚躍字

天下第三泉在蘭溪驛東數里南嶽廟後唐陸羽茶經品爲天下第三泉按茶泉一統志謂在蘄水鳳棲山下然羽之論水山水取乳泉石池漫流者上今惟蘭溪石下水味醇色如醴試之非他水可及李季卿所謂得之陸羽口授爲第三也

筆洛俗名洗筆池在縣東清泉寺世傳王羲之洗筆於此

綠楊橋在城東蘇軾嘗醉臥其上作綠楊橋詞因名

葛公山治南十里相傳晉葛洪隱處

城山治西二十五里吳王孫權土城故址

巴口卽巴河口南齊東昏侯遣十三軍拒蕭衍所進屯處

薛家湖治西南二十五里明成祖知薛均貧甚命有司給官湖頃餘爲贍養資又名欽賜湖

龍潭城南一里蘇軾嘗乘月泛舟於此書擊空明三字於石壁

伍洲在縣西南四十里大江中一統志謂伍員適吳過此因名按水經注作五洲以洲五相連故名宋孝武舉兵江洲建牙其上紫雲蔭之卽此

散花洲在縣東南六十里三國時周瑜破曹操犒士於此舊志載入黃梅失考

伍員井在治西一統志云伍子胥適吳過此淬劍

羅田縣

義州故城隋書地理志梁置義州義城郡開皇初並廢其址在今秦泰鄉魁山下元遷今治

岐嶺關在縣東北百八十里卽甕門關昔陸遜追魏人經此

孝子里在縣西北元吳大中所居

麻城縣

赤亭廢縣齊田益宗與梁建寧太守戰處按九域志岐亭有廢縣今考宋元嘉時所置縣有赤亭無岐亭意赤亭卽在岐亭歟

北西陽廢城在縣西北梁置縣陳廢唐武德三年復置陽

城縣八年省入麻城
白杲戍在縣南三十里魏任城王澄斬戍將吳道爽處
長風城魏田益宗遣光城太守梅興之敗梁將吳子陽於此未詳其處
灤城梁建寧太守黄天賜遣其將黄公賞屯此以拒魏將田益宗未詳其處
白雲臺在縣北十五里麻姑洞前
桃花塢在七里橋濱河數百畝皆植桃花今廢
杏花村在岐亭有杏林杏泉陳季常隱居處旁爲蘓步橋子瞻與季常遊宴其上今廢
春風嶺在縣東八十里嶺多梅花宋蘓軾自新息渡淮經此有詩
萬松亭在縣西七里岡宋縣令張毅植萬松於道以庇行者立亭其中故名今廢
桃花菴在岐亭宋王翊得雄黄於桃核內食之自是斷葷肉號桃黄山人蘓軾有記
立浪圍在石牛冲堰北松谷中明曹應昌搆有記見藝文
望仙橋在縣西二里舊傳爲麻姑昇仙處

柏子塔在九龍山寺唐德宗四年虛應禪師建塔頂覆鐵鑊鑊側一柏蟠根而生

黄安縣

釣臺在縣南七里磯距溪上明耿定理置一時名宿嘗寓其中
高士軒在縣南元末隱士吳榮一故居

蘄州

蘄春故城在蘄河入江之東漢陳浮所都處見水經注
羅州廢城即漢蘄春縣齊置羅州周改曰蘄州宋景定初始移州治於麒麟山下廢州在安平鄉去今治五十里舊傳晋江夏王築城於此一名江夏城
英布城蘄春郡記云九江王英布於水北築城以示背楚歸漢之意今在翻車河城去州東南八十里
蘄口即掛口渡隋王世積以舟師破陳將處
仙人臺在治東百八十里大桴山巔舊傳劉五劉六兩眞人飛昇之地其山有九十九峯
鳳凰臺在州北鳳凰山下相傳羅仙飛昇處
白雲山在州西北五十里宋景定四年元兵嘗駐此

四見亭原在舊治白雲山宋范純仁建後遷今治移於麒
麟山陰久廢
涵輝閣在舊治子城上宋郭祥正有詩蘇軾在黃州客有
誦其寄容天在水春態柳藏橋之句軾欣然以色字易
態字
煙霏樓　見山樓　俱在舊蘄春縣圃內
豈弟堂　忠恕堂　安民堂俱在州城內宋建又有思政
貴簡雙桂雙蓮四堂皆宋時建
康茂才宅在青山上鄉

燕子崖在州北一百二十里元至正間汪不花立寨以禦
紅巾賊
廣濟縣
樊噲城在武山湖濱世傳漢高帝命樊噲征九江王黥布
築此屯兵
蘭城古潯陽治按積布山東酈注有蘭溪水口與陽城山
不遠或即古蘭城歟
盤塘港在縣南歐陽修既貶夷陵時舟次其下見于役志
浴佛井四祖大醫禪師生於此取水澡浴一名清淨井

四高樓在縣西門外下爲梅浦搆亭曰滄浪橋跨之
鮑照讀書臺在東衢第一峰
環翠樓在縣北玉枕山下
生春堂在縣東宋建
石牛在縣西二十里元姚楚山有詩
黃梅縣
南晉州廢城在縣南唐書地理志武德四年以縣置南晉
州又析置義豐長吉塘陽新蔡四縣尋廢
九江城在縣西南七十里九江王黥布所築晉孝武初立

南新蔡郡後廢
鬭法洞相傳五祖入東山五顯神爭其地飛石來擊祖墜
指却之石墜地成洞故名
墜腰石在東禪寺六祖墜腰舂米者
鳳凰池相傳羅真人丹成以一丸療龍疾一丸被隣鷄啄
去化爲鳳飛鳴大市池中故名今淤
瀑布泉即四祖寺碧玉流泉
李玭讀書遺址在東山麻林窪
俊逸亭在鮑照墓前取俊逸鮑叅軍之義

太子驛在縣南七十里卽今臨江驛一名太子洑舊志稱梁武帝行兵駐此產昭明太子故名非也按梁書昭明太子蕭統以齊中興元年生於襄陽不得在此地且宋書宋蒼梧王元徽初使王奂鎭夏口時桂陽王休範刺江州以舟過潯陽恐爲所刼留自北岸太子洑竟去是宋時已有此洑矣驛因洑得名不得傅會於梁也

形勢

黃介江淮四通五達之地易曰地險山川丘陵也王公設險以守其國殆形勢之謂乎高瞻遐矚考古證今向

之憑恃險阻漠然徒見山高而水深未兩綢繆固宜豫矣

黃州府　東接淮揚西連沔漢南帶大江北倚五關臨深負阻屹爲雄鎭春秋時楚得其地而江黃道柏皆懾而睦於齊後卒爲所併而陳蔡之勢蹙矣及吳魏相攻互爲重地滿寵預西陽之備而吳主撤師陸遜重邾城之守而魏人息志東晉之初陶侃鎭武昌衆議分兵守邾城而侃不許後庾亮使毛寶守之卒爲石虎所陷蓋時有險夷勢有緩急當時五水羣蠻叢聚於此禦制失宜往往引虜入寇江左視之隱若一敵國云隋唐以來蠻地咸就疆索江淮用兵蘄黃爲要會南宋之季崇古之師多道光蔡窺五關而長江之險遂與敵共則齊安一郡所以遮蔽江漢咽喉淮汝爲南北之要衝也

黃岡縣附郭雄峙江滸鄂岳門戶西百二十里有陽邏堡南宋時夏貴以十萬人守之及爲伯顔所破而蘄黃九江如拉枯朽誠重鎭哉

蘄水縣蘭溪巴水襟帶東西石鼓青獅崢嶸南北且三角蟠蘄州羅田之間伍洲傳紫雲蔭牙之瑞山川形勢居

然淮右壯觀

羅田縣枕固陵控英六據八關之要害聳九寨之阻深六朝時特置義州亦自有險足恃

麻城縣北接光汝山谷盤阻陳周炅破五關而江北之地復元張柔董文炳出五關而鄂州震昔人謂欲守江南先守江北不其然乎

黃安縣爲黃岡麻城黃陂之所分置然有雙山天臺之奇險五關中之大城關亦在焉叢篁深箐伏莽可虞明代增置縣治庶幾設險守國之義

蘄州北接光蔡東峙灊皖爲江左之藩籬淮壖之屏蔽古來言地利者蘄口之險與夏口湓城相爲頡頏豈非大江上下防遏爲難而蘄州雄峙江濱備禦尤不可不預乎

廣濟縣積布臨江叠石森立横岡峙北山勢嵯峨武穴龍坪雖商賈走集之通塗實臨江戍守之要地

黄梅縣南距潯陽東臨宿頴爲全楚閭尾當七省通衢昔唐曹王皐討李希烈於蔡山寨而蘄黄以次收復體險之道固可忽諸

疆域

黄州一郡南界大江北倚崇山惟東西二境與傍郡鄰省犬牙相入不能齊一夫郡越其疆縣踰其域雖賢守長不得行故申畫郊圻所以慎固封守也

黄州府東西廣伍百陸拾伍里南北袤叁百叁拾里

東至江南安慶府宿松縣界肆百壹拾里

西至本省漢陽府黄陂縣界壹百伍拾伍里

南至本省武昌府武昌縣界拾里

北至河南汝寧府光山縣界叁百貳拾里

東南至江西九江府德化縣界叁百伍拾里

東北至江南廬州府霍山縣界叁百里

西南至本省武昌府江夏縣界壹百貳拾里

西北至河南汝寧府羅山縣界叁百叁拾里

陸路至省由陽邏壹百捌拾里由馬橋渡江壹百伍拾里

水路至省壹百捌拾里

陸路至　京師貳千捌百里

水路至　京師泝淮河肆千柒百里

黄岡縣附府廣壹百玖拾伍里袤壹百肆拾里

東至本府蘄水縣界肆拾里

西至漢陽府黄陂縣界壹百伍拾伍里

南至武昌府武昌縣界壹拾里

北至本府麻城縣界壹百叁拾里

東南至武昌府武昌縣界叁拾里

西南至武昌府江夏縣界壹百貳拾里

東北至本府羅田縣界壹百伍拾里

西北至本府黄安縣界壹百陸拾里

蘄水縣府東壹百壹拾里廣壹百柒拾里袤壹百貳拾伍里

東至江南英山縣界壹百里

西至本府黄岡縣界柒拾里

南至本府蘄州界肆拾伍里

北至本府羅田縣界捌拾里

東南至本府蘄州界肆拾里

西南至武昌府大冶縣界肆拾里

東北至本府羅田縣界壹百里

西北至本府黄岡縣界柒拾里

羅田縣府東北壹百捌拾里廣捌拾里袤壹百玖拾伍里

東至江南英山縣界伍拾里

西至本府黄岡縣界叁拾里

南至本府蘄水縣界拾伍里

北至河南商城縣界壹百捌拾里

東南至本府蘄水縣界拾伍里

西南至本府黄岡縣界叁拾里

東北至江南霍山縣界壹百捌拾里

西北至本府麻城縣界玖拾里

麻城縣府北壹百捌拾里廣壹百肆拾里袤壹百伍拾里

東至本府羅田縣界玖拾里

西至本府黄安縣界伍拾里

南至本府黄岡縣界伍拾里

北至河南光山縣界壹百里

東南至本府羅田縣界壹百里

西南至本府黄岡縣界陸拾里

東北至河南商城縣界壹百里

西北至本府黄安縣界柒拾里

黄安縣府西北貳百肆拾里廣捌拾里袤壹百陸拾里

東至本府麻城縣界肆拾里

西至漢陽府黄陂縣界肆拾里

南至本府黄岡縣界捌拾里

北至河南光山縣界捌拾里

東南至本府麻城縣界陸拾里

西南至漢陽府黄陂縣界柒拾里

東北至河南光山縣界捌拾里

西北至河南羅山縣界玖拾里
蘄州府東壹百捌拾里廣壹百叁拾里袤壹百伍拾里
東至本府廣濟縣界肆拾里
西至本府蘄水縣界玖拾里
南至武昌府興國州界拾里
北至本府羅田縣界壹百肆拾里
東南至本府廣濟縣界拾里
西南至武昌府興國州界拾伍里
東北至江南宿松縣界貳百叁拾里

西北至本府蘄水縣界壹百里
廣濟縣府東貳百伍拾里廣壹百里袤壹百貳拾里
東至本府黃梅縣界柒拾里
西至本府蘄州界叁拾里
南至江西瑞昌縣界柒拾里
北至本府蘄州（省志作蘄水誤）界伍拾里
東南至本府黃梅縣界柒拾里
西南至本府蘄州界柒拾里
東北至本府黃梅縣界叁拾里

西北至本府蘄州界貳拾里
黃梅縣府東叁百伍拾里廣伍拾里袤壹百柒拾里
東至江南宿松縣界貳拾伍里
西至本府廣濟縣界貳拾伍里
南至江西德化縣界壹百里
北至本府蘄州界柒拾里
東南至江南宿松縣界陸拾里
西南至本府廣濟縣界玖拾里
東北至江南宿松縣界肆拾里

西北至本府廣濟縣界伍拾里

風俗

昔文王化行南國先及江漢汝墳間黃州在汝南江北王化所早被宜風俗之醇厚也顧忠質文相移易三代已然時代遼邈能無遷流歟幸生重熙累洽之世蠲租薄罰家室相保後生小子忘物力之艱難逞矜夸之靡習東南之區大抵皆然不獨黃州一郡矣畢命曰資富能訓惟以永年觀風問俗能者其知所移易矣

黃岡農力耕種士尚氣節無依阿淟涊之習自王稱欽後

士多工古文詞其習相漸爾

蘄水善田事勤女紅富人尤多畏法

羅田崇巖邃谷力專務本用亦節儉

麻城土風厚善樂於為儒出重名節處尚廉恥

黃安民生頗為殷盛昔患萑苻今則駸駸文物矣

蘄州務稼穡習詩書而俗侈靡豈蘄故揚州之域而風物亦大較似之歟

廣濟淳龐近古然好氣任俠

黃梅民惟力農不事商賈游俠

此各屬風俗之大畧也以一郡言之俗尚樸直好儉約見於隋志民寡求而不爭士靜而文樸而不陋尊德樂道異於他邦見於蘇軾跋韓魏公詩淮右名區風氣和平爭訟稀少見於秦觀謝表若夫婚姻喪祭歲時節序之儀各屬大抵相似特小有同異耳今約畧舊志所紀附於後

婚禮多遵古制近尚繁縟資奩尤務侈靡至庶民婚姻或有不辨同姓者

喪禮多崇佛事間有秉禮不用者庶民之家鼓樂治具最為惡習或溺於形家言愆期不葬

祭禮士夫有家廟餘惟奉祖主於中堂四時節序及祖先生忌皆奠酒焚楮以祭　社飲錢市牲醴以祀土神祀畢長少共飲有近賜酺遺風焉

儺禮人朱衣執旗鳴金比戶致祝大抵祛沴祈福之語

歲時元旦慶賀讌飲　上元夕張燈農以火炬照田　清明簪柳踏青掃墓兒童爲風鳶戲而田間東作勤矣　端午插艾葉飲菖蒲酒裹角黍競渡以弔屈原覆溺不惜也　七夕乞巧　中秋賞月　重陽登高　十月朔

飯牛以陰晴占穀價　十二月二十四日掃舍夜祀竈神除夕張春帖子於門合家促坐飲酒謂之團年且有擊鼓鳴鐃爆竹聲喧通夕不寐仍古昔守歲之遺

陵墓

禮云墟墓之間不期哀而哀匪獨高塚麒麟故物石馬增人浩歎也夫巖錮三泉牧童遺火展遺一杯令禁採樵凡堂坊馬鬣之封足以留貽不毀者不自有在哉

黃岡縣

宋蘇軾乳母任氏墓在治南長塘街軾墓銘云生有以養

之不必其子也死有以葬之不必其里也我祭其從與享之其魂氣無不之也　國朝邑人曹紹烈爲置塋塹以免牛羊牧豎之侵

元龍仁夫墓在陽邏華山之陽有墓祠

明左布政使徐本墓在磻石橋旁

學士詹同墓在城北玖拾里雷公山

御史杜遇春墓在縣東柒里羅星湖勅給地招魂葬衣冠

知府何晩齡墓在縣東拾伍里蔡家潭近名何家山

都御史謝杲墓在楓香橋勅葬

贈光祿卿奚世亮墓在定惠院左勅葬

陶仲文墓嘉靖間封恭誠伯墓在陶家潭

刑部尚書王廷瞻墓在寶珠墩勅葬

崑山令樊玉衡墓在還和鄉桐梓岡

國朝贈左都督王宗臣墓在還和鄉楊家陂　勅葬

禮部侍郎王封濚墓在清淮門外　勅葬

修撰劉子壯墓在府城北鐵金鉤省志

學士曹本榮墓在府城外山川壇省志

舊志有黃歇樊噲謝晦三墓按黃歇先封淮北後徙毘陵樊噲食邑舞陽謝晦畢命金陵市墓安得在此皆屬傅會不錄

蘄水縣

宋學士陶穀墓在金鼓山

明漳國公王聰墓在縣西南司家畈

户部尚書楊思義墓在黃草湖

孝子范承吉墓在縣西

國朝黃岡隱士王一翥墓在巴河鳳凰山省志

羅田縣

宋少保王韶墓在多雲鄉

明宣武將軍劉應春墓在多雲鄉應春殉難劉廣之父諭賜葬

麻城縣

宋陳慥墓在岐亭杏花村

元團練副使毛廷元墓在縣北捌里五腦山之麓勅葬

黃州刺史喻千祿墓在縣南叁角湖

樞密副使趙元亮墓在縣西打磨山

明都御史鄒來學墓在城西拾里樊家橋勅葬

兵部尚書劉天和墓在縣西貳拾里鎖口河勅葬
吏部尚書劉采墓在縣東勅葬
舊志有魏毛玠元虞集二墓按魏書毛玠陳留平邱人爲尚書僕射以讒免卒於鄴太祖賜棺器錢帛元史虞集臨川人以謝病歸至正辛巳卒二墓安得在此又麻城有吳善應墓查縣志省志俱無其人恐舊志誤收

黄安縣

元吳應澍墓在伍里橋東

明吏部尚書吳琳墓在中和鄉之楓樹岡
戶部侍郎贈工部尚書周思敬墓在太仙鄉鵠兒巖勅葬
戶部尚書耿定向墓在縣北袁英河勅葬
國朝張鵬翔墓在縣南陸拾里揭家田省志
盧爾悌墓在縣南陸拾里勝道畈省志
祝烈女墓在縣北半里清水塘省志

蘄州

明荆憲王朱瞻堈墓　荆靖王朱祁鎬墓　都昌惠靖王朱祁鑑墓俱在大泉山
荆和王朱祐櫚墓在諸家湖韓家山妃劉氏合塟
荆恭王朱翊鉅墓　荆敬王朱常泟墓　荆康王朱常㳅墓　都梁悼惠王朱見溥墓　都昌懷順王朱見潭墓　樊山莊和王朱祐樠墓俱在安平上鄉
樊山溫懿王朱見㵮墓　都昌悼僖王朱祐楬墓俱在永福上鄉
蘄國公康茂才祖墓在大同上鄉康家冲
侍郎朱仕俊墓在黄土嶺

吉安侯郴艮正墓在崇居鄉打鼓臺
刑部尚書馮天馭墓在州東迎山老米橋勅葬
提學御史周禧墓在州東符乾關外省志
參政顧敎墓在州北捌拾里省志
御史周大霖墓在州東伍里省志
千戶陳福清墓在鳳凰山麓
御史馮思齊祖墓在大泉山
編修華鑾墓在馬口湖
布政使張思齊墓在菩提壩楊門

兵部侍郎李盛春墓在竹林湖

舊志作李際春按州志及三楚文獻錄際春官止副使兵部侍郎乃盛春非際春也舊志誤

条將李同春墓在安平鄉方家橋子楷棟墓俱在此

李時珍墓在州東伍里竹林湖省志

布政使張邦翼墓在圓峰山下

副使李樹初墓在州東拾伍里省志

顧節婦墓在時思圖貞節坊下

廣濟縣

隋吏部郎徐儉墓在惠山

宋學士張塤墓在縣北伍里

刺史王濟墓在車防山省志

安撫使余玠墓在縣東余公山

修武郎王宗臬墓在縣東

忠翊郎王翊墓在縣東肆拾里

明荆端王朱厚烇墓在楊門張家寑

荆莊王朱載墭墓在楊門武家寑

山人兔學海墓在縣東伍里省志

孝子史玉明墓在縣東南拾里捌斗嶺

黃梅縣

南北朝条軍鮑照墓在縣北

唐佛母周氏墓在縣東係五祖弘忍之母省志

宋學士王仲琁墓在縣東伍拾里鼓角山勅葬

岳震岳霆俱忠武子墓在縣西楊梅嶺

義門陳宗達墓在縉亭港有碑

於用墓在接待寺

尚書於任墓在劉家塘

元學士陳經墓在縉亭港

祭酒戚容墓在叚家嶺

御史汪振卿墓在屯頭嶺

孝子陳至立墓在孫陂阪

宣撫使陳義墓在縣西拾伍里向家阪

學士劉忠山墓在赤塘山

孝子張德懋墓在唐家山

孝婦伏氏墓在茶兒嶺

明孝子洪祥墓在丸石山

孝子熊楫墓在馬頭山

節婦李文明妻胡氏墓在縣北杜氏園

節婦胡頻妻陳氏墓在古村左

贈太僕少卿石有恒墓在五祖山前

物産

黄岡之地多竹大者如椽見王元之記今求諸林麓絕不可得蓋土物所植古今異宜昔有而今無推諸旁邑概可知也粟米果蔬麻絲之屬養生致孝之具備矣書曰我民教誥小子惟土物愛厥心臧其不貴異物賤用物之意也至於候蟲鳴鳥蔓草潛鱗學詩多識亦有助焉

黄州　白紵布　貲布　連翹　松蘿　䗪蟲

蘄州　白綜簟　鹿毛筆　茶　白花蛇　烏蛇脯

蘄水　鐵

廣濟　鐵以上見唐地理志

黄州　苧布　連翹

蘄州　苧布　簟以上見宋地理志

通産

穀之屬

粘穀七月收其種不一惟一種六月即熟名江西早　中遲穀八月收　晚穀九月收佳者曰下馬秈米白長香軟又有白毛粘亦香滑種能瘦田食不益人草復瘦牛故人不多種

糯穀佳者曰魚子糯金沙糯一朝齊皆九月熟宜釀酒及粉餈次曰粘糯不軟滑止可炊飯飽食仍令人惛悶　蘆粟即北地之秫也　粟龍爪狗尾二種　黄豆　菉豆　豌豆

蠶老豆　豇豆附上者曰地豇多實架上者曰架豇少實　紅飯豆　黑豆　茶豆有青褐色醬色三種宜炒食　芝蔴白黑褐色三種皆可榨油黑色有三楞者即巨勝子　稨豆白花者佳　刀豆　麥大小二種　蕎麥

蔬之屬

芥　菘即白菜有箭桿烏風矮脚三種　芸薹即油菜初春即秀有黑白二種子可榨油

菠薐　芹藤梗二種藤者佳品四季可采　莧赤花白三種　莙薘土名冬莧菜冬秀味佳

同蒿味香脆花如黄菊　韭　葱近有分枝丫者名曰羊角葱　蒜　大

胡椒　薤一名藠頭　蔞蒿　萵苣　紅辣菜芥類色赤爆之生熟得宜入口甚辣

黄芽白寬根扁葉味甘脆本北産初種殊佳再歲則瘦韌　蘿蔔大者一枚數斤

胡蘿蔔色赤而長　山藥本名薯蕷有青白紅藤三種紅最劣　芋　罌粟菜即米囊苗最佳

白合生黄土者佳黑土者苦　瓠子　西瓜　黄瓜　南瓜土名番瓜

冬瓜大者四五十斤　菜瓜青白二種入醬最佳　絲瓜　苦瓜俗名癩葡萄

金瓜秋後赤黄可玩不中菹羮　紫瓜俗名茄子長紫圓白二種　葫蘆　香瓜

色黃白有青點生食 藕白紅花二種白者佳 薑 苦蕒菜 薺俗名地菜 沒
心菜即苜蓿 馬南卅 馬齒莧土名長命菜乾者可燒取水銀 鷺腸菜
茭菰生水中夏食笋秋食苞子名菰米周禮六飯之一

果之屬

杏沙石二種沙者佳 桃夏秋二種夏者佳 櫻桃 李苦澁 梅 棗羊矢馬鞍
二種羊矢者佳 胡桃 銀杏 枇杷 栗 柑 金橘 石
榴 梨韌不中喫 頻婆俗名花紅 柹尖小厚皮澁不可喫浸汁作傘及黃扇用 葡萄
蓮子 菱 芡實 荸薺

草之屬

萱 芭蕉 蒲蘆冬秀 老吏嬌莧類霜後葉紅有致 雁來黃一名鳳凰
衣霜後葉紅黃色 游龍 馬蓼 虎刺 翠屏草一名翠屏松 翠
雲草種陰濕處儼如孔翠 吉祥草 萬年青葉大無莖 臭草色如大青來自
西洋可辟壁虱 洗手香即石菖苗葉甚香 茅 虎耳草 狗尾草
鳳尾草 蒿 萍 蘋大萍也 藻淺水中所生

木之屬

松 柏 桑 槐 檀 梧 桐花實二種花者曰泡桐樹琴瑟材實
者曰油洞子可榨油 樟 櫸柳 垂柳 茶 烏桕子榨油作燈燭用
楓 皂角 櫟 楝 構即穀木汁膠粘 杜仲俗名狗骨木 薊木

作炭中冶銀用 椿香者名椿臭者名樗 棠梨刻板最佳 厚樸 杉間有亦難長 冬
青一名石蘭結子紅赤 蠟樹移蟲於枝間冬積白垢取煉之爲白蠟實曰女貞子 黃楊間有
難長 天竺 竹類不一有湘妃鳳尾慈孝筀苦紫石之屬

花之屬

蘭 菊種類凡百餘未見有落瓣者 水仙單瓣者曰銀臺金盞有逸致重臺者曰玉玲瓏
芍藥紅白二種 金絲桃 杜鵑土名映山紅 紫蝴蝶 剪蘿紅
繡毬紅白二種另有草本名洋繡毬 六月雪 荷花種類甚繁 千日紅
草本花如紫菊 射干花俗名蝴蝶花 石竹花俗名洛陽錦 藏紅花花甚繁金
紅色 金鐘子 子午花俗名夜落金錢 荷包牡丹綠葉與牡丹無別花時一

竿橫出紅蕚排懸兩旁垂綏或曰即當歸花 美人蕉 鷄冠五色甚麗 鳳仙花
玉簪 酴醾 薔薇 十姊妹 月季 山丹 玫
瑰 蜀葵 向日葵 罌粟 滴滴金 迎春小黃花
桂紅黃白三種亦有四季吐花名月桂 玉蘭 牡丹粉紅紫三種 辛夷 山
茶 瑞香 海棠垂絲西府貼梗三種 梔子有千葉單瓣二種 蠟梅磬口
蓮瓣狗纓三種近有檀心色白者香更幽 木槿 木香 紫荊 夾竹桃
芙蓉

藥之屬

茯苓另有一種土茯苓 黃精 葳蕤 天門冬 麥門冬

枸杞 地骨皮 山慈姑 荆芥 南星 半夏 青

茱萸 蒼耳子 小蘗 地榆 艾 香附子 青

蒿 五加皮 益母草 夏枯草 西河柳 何首

烏 薏苡 瓜蔞 忍冬花 旋覆花 蒲公英

草三七 芫花俗名頭痛花 金櫻子俗名糖罐 青箱子上名鷄冠莧

菖蒲 蒺藜 牽牛子 淡竹葉 車前子 土牛

膝 茵蔯 連翹 蓖麻子

羽之屬

鷲 鴨 鷄 鶴 鷹 鷂 鴉俗謂烏鴉腹下白 鵲俗聞其聲

以爲喜 慈烏即烏純黑反哺 白項烏即大觜烏 鳩 鴿 鸝鴨雙飛而鳴

則雨 黃雀俗名麻雀 鷦鷯 桑扈俗名蠟觜 白頭翁 竹鷄 雉

白鷳 山喜 畫眉 鸌子水鳥飛最高雄鳴雌應則雨 老鸛

白黑二種 鴕鵰高等於人翅大於車毳可爲裘皮中鍛治風痺用 杜鵑即子規 鸂鵝

翠鳥即鷸有山水二種 燕 雁 白鷺似鶴而小本水居干百爲羣或擇茂

林而巢積久糞凝如雪 鳧俗名野鴨 雉一名野鷄 百舌 鷓鴣 啄木

鴛鴦 鵲 鶯 鶉 鵙一名伯勞 鶺鴒俗名雪姑 鸜鵒俗名八哥

畜之能學人語

毛之屬

馬 牛 騾 驢 羊 豕 狗 猫 虎 狼

鹿 獐 麂 猴 狐牡者爲狐牝者爲狸一名毛狗 貛猪狗二種 兎

郎鼠土名黃鼠郎 野猫 鼠

鱗之屬

鯉俗名金鯉 魴即鯿魚詩必河之魴 鱮一名鰱魚詩必河之鱮 鱖一名鯀魚巨口細鱗唐詩

桃花流水鱖魚肥 黃魚本名鱣詩鱣鮪潑潑即黃魚鱘魚也 烏鯉 鮎 陽鱎

俗名白魚 鰄魚即鰥魚好食魚羣魚畏之常獨行詩其魚魴鰥 鯽古名鮒魚 鱒俗謂金眼老

油筒似鱒魚色稍黃味美 鯇魚俗名草魚 鯿魚 鮆魚土名聚刀魚輕薄似刀

鯮魚 鱅魚俗名胖頭 鰟鮍 鯑頭如鮎四足有聲如兒啼偶得之人無食之者

鯖魚 黃鱨俗名黃顙 白小即銀魚暴而枯之以入市 邵陽魚尾有刺最毒

河豚 鱓 黃鯝大者不過五六寸 泥鰌 鰻 江豚 白

奇

介之屬

黿 鼉水陸俱有之江畔苦其攻岸俗呼爲猪婆龍順索而出破蘆爲蔑擊之即不動肉味鮮美

鱉 龜 蟹 蟛蜞 蜆子 蝦 螺 蚌

蟲之屬

蠶 蚊虻 蝙蝠 青蛙 蜂 蟻 蜈蚣 千足

蟲 蜘蛛 蟢 鐵線虫即蟷螂子 蜥蜴 蟾蜍 蛇

兩頭蛇蚯蚓所化前爲頭後似頭而實非見者未嘗不祥 蝸牛 蜨 蟬

促織土名紡績娘交秋則鳴 蟋蟀 螢 蚱蜢 紅娘子 斑蝥 山猪如守宮而大黑如炭口赤紅四足迅走 蟻黑小者多白肥者嚙人梁柱甚者一穴數石榨油中燈火用 飛蟻黑白二種有翅俱能飛 蜻蜓 蚯蚓 蠅

貨之屬

青靛 葛 苧蔴 木棉紫白二種 絲綿 茜草

專産

黃扇 元修菜似芥蜀種蕎子瞻得自故人巢元修因名 以上出黃岡

大柑 石耳 白合 山蘭唐以此名縣 藕粉 羅漢菜

三角山出鐵一統志云蘄水產鐵 以上出蘄水

黃精 木耳 栗 紫草 以上出羅田

鹿皮 絹 白艾龜峰者佳 蕨粉 山楂 以上出麻城

茅栗 果子狸 松鼠 纓絡松 以上出黃安

竹各邑俱產蘄州爲最 艾 龜背有綠毛浮水中則毛自泛近亦少有 白花蛇一名褰鼻蛇鼻向上龍頭虎口黑質白花背有二十四方勝尾尖有一佛指甲腹旁有念珠斑剖之置水中則反尾滌其腹能愈風疾 以上出蘄州

山藥產龍坪武穴 木棉 無花果 銀杏 以上出廣濟

青靛 筆竹 葛 土紬 以上出黃梅

黃州府志卷之三終

黄州府志卷之四

知黄州府事關中王　勍纂輯

建置志

城池

方城漢水南服稱雄凡崇墉濬洫嬰堞帶渙皆金湯之衛也隨時修鑿以備豫不虞并大昜重門擊柝之義歟

黄州府城黄岡附郭宋元遺築在今城南二里許張耒雜志云黄名爲州而無城郭西以江爲固其三隅畧有垣壁間爲藩籬城中居民纔十二三餘皆積水荒田民耕漁其中西臨大江東傍湖泊水漲湮沒不常舊志云舊城門曰朝宗向日龍鳳餘

無考今東北蹟猶存明洪武戊申指揮黄榮移築今處後指揮曾奉郭顯相繼修理高二丈一尺厚依山不可計周壹千八百二丈八尺有奇繚以濠塹警舖三十雉堞二千一百一十有九門四東曰清淮南曰一字西南曰清源西北曰漢川樓各三間正德中漢川門圯知府鄭信修之萬歷乙酉清源門火知府范可奇修之崇禎丁丑僉事袁繼咸分巡黄州與黄岡知縣徐調元築城六十餘丈癸未賊張獻忠掩至從東北隅緣梯入驅婦女剷城旋毁以填塹城存不及肩秋知府周大啓返治任事先是亂民詹瑞甫汪咸一各以舟二十艘降賊賊喜恣其掠貲鉅萬賊去大啓執瑞甫咸一責以修城貸死二人因陋就簡視舊制低五尺有奇廣如其舊

國朝順治丁亥知府牛銓建譙樓康熙乙卯大風毁清源門樓知府于成龍建丙戌水城圯知府李彦瑁知縣鍾華修雍正甲辰連雨坍塌城數十丈並清源清淮門樓知府康愰捐修癸丑清源門敵樓年久將圯知縣暢于熊首倡八屬公建乾隆戊辰東北城圯四丈

餘知縣邵豐鍭修池久淤塞知府禹殿鰲濬之

蘄水縣舊無城明萬歷乙亥巡撫趙賢采輿議創建知縣劉悳董邏經其事周七百六十丈有奇高一丈五尺寬一丈門五東曰來泰南曰麗文曰便民此門今閉西曰永豐北曰拱辰後並以二門東南曰躍龍西南曰阜成崇禎乙亥寇警知縣龔鼎孳增城濬濠以守癸未獻賊襲陷之驅婦女掘城如平地

國朝順治甲申知縣孔惟時修復之康熙丙子將永豐閉塞雍正丁未士民復請開啓改曰開豐門

羅田縣梁時舊城在今奉泰鄉魁山下唐廢宋於石橋鎮置縣元大德甲寅縣令周廣遷於官渡河即今治也明成化已亥信陽賊入寇知縣沈雷始築土城嘉靖庚寅水圮知縣勞樟砌以石後知縣沈越祝珝相繼修城周五里高一丈五尺厚一丈西北依山東南臨水門四東曰長春西曰義和南曰來薰曰永興

國朝康熙丙戌水圮知縣沈廷正復修間有圮毀乾隆丁卯知縣馮孫龍捐修

麻城縣舊土城爲石虎將麻胡秋所築繫城于麻紀始事也後廢明弘治已未知縣韋厚築石城建樓於上

萬歷癸酉巡撫趙賢巡按舒鼇奏建磚城董其役者知縣錢節用周九百五十八丈有奇高一丈七尺厚一丈門七東曰賓暘西曰寅餞南曰迎薰北曰拱辰東南曰朝聖東北曰小東西北曰小西崇禎乙亥知縣劉星耀增修後復傾圮過半

國朝順治甲午知縣王潞修葺並濬濠雍正丁未巳酉知縣譚苓楊思溥相繼修乾隆丙寅知縣夏封泰復修

黄安縣建於明嘉靖癸亥從撫臣張雨按臣唐繼祿請也始建城同知袁福徵督其役周五百九十九丈有奇高一丈八尺厚五尺門四隆慶戊辰雨城半圮同知王可大葺之裁卑四尺萬歷甲戌知縣應存初增高五尺丙申知縣李文芳惑形家言縮南城而小之明季寇警知縣趙利珍浚城濠建敵樓設重門於四城知縣李元王改遷南門稍東數武建延秀樓於其上

國朝順治已亥知縣蕭恒重建西城樓康熙丁丑知縣劉承啓顔門額東曰三山西曰廻瀾南曰載陽北曰天臺康熙辛丑水城圮壬寅知縣張琮雍正乙巳知縣吳象寬丙午知縣劉文燧相繼修丁未水城復圮知縣賈多男鍾彛修癸丑知縣李行修勸士民捐修完竣

蘄州古羅州城去今治六十里宋景定癸亥元兵據白雲山設礮來攻守者懼走保鴻宿洲州刺史王益遷城麒麟山即今治明洪武初遣指揮趙應清千戸許勝修砌指揮胡善李廣胡瑄李泰田正相繼補修周一千一百三十丈高一丈八尺厚依山不可計門六東曰賓暘西曰澄清西之右曰觀瀾西之左曰聚奎

南曰文明北曰雄武後改拱辰正德中知州楊清修
國朝雍正丁未知州華文振重修其池東南北濶十七丈八尺西爲大江池舊有橋後橋圮池塞乾隆丁卯知州蔣尙德糾紳士疏濬建橋累工數千水循舊道

廣濟縣無城治爲市民擁衛外開四門東曰覿陽南曰迎薰西曰繼旻北曰得朋又西北有門曰保和有慶而大河中注之治居河西東南二門在河東明崇禎巳卯議建城自西徂東跨河爲之包南山壞原田興工數月不果成

國朝康熙甲辰知縣安璇築土爲城立四門東曰暘谷南曰明都西曰西成北曰會元周圍三里零七分乾隆巳未知縣李肇梅重修

黃梅縣舊無城明成化中知縣朱璧築土城周五里高一丈門四惟南阻河爲固無城萬歷乙未廵撫郭維賢請建石城長沙通判孫鋐時署篆董其役門七東曰仁育南曰文明西曰正義北曰拱辰西南曰利道曰化龍利道久閉南曰小南門崇禎癸未爲獻賊破毁知縣張聯芳繕之

國朝雍正丙午知縣李珣重修乾隆辛酉癸亥化龍小南貳門各有傾圮知縣邵豐鍭楊黼時相繼修

公署

古者設官集事內置省部寺監外列百司庶府廣狹大小異其制而要之朝聽政夕省典刑葢將以庇身者庇民也昔王元之之剌黃公退黙坐消遣世慮彷彿趨清獻焚香告天之意其可式也巳

黃州府署在清源門內明洪武戊申知府李仁建正德辛巳知府余貴重修中爲正堂後爲後堂爲知府宅爲

文酒樓前爲戒石亭東西司各十三楹又前爲儀門東西角門門西爲鑾駕庫東爲土地祠爲雪堂嘉靖間知府郭鳳儀增脩爲賓館正南爲譙樓樓東爲申明亭西爲旌善亭亭南爲吏廨正南爲大門明末盡爲賊燬

國朝順治丙申知府徐士儀建大堂康熙丙辰知府于成龍次第脩建丙戌知府李彥瑁建鼓樓於儀門外後燬

同知署在府署西燬分駐岐亭鎮

通判署在府署西燬移府學右
推官署在府署西燬今裁
教授訓導署在學宮內
經歷司在府署西
照磨所在府署東
司獄司在府署西
北察院在縣學右係明陶仲文入官宅萬歷間知府潘允哲改建後燬
國朝仍其地建堂三重考堂一重匾曰蘸白堂下列號舍

爲學使者按臨署康熙巳丑知縣黃極買院左民居廣號舍焉按此地原爲夏閔王三姓舊址後陶仲文宅之今石刻有夏閔王之神位是也
南察院在縣學右陶仲文增入官宅舊爲兵備道署燬基爲民居
憲司在府學左明萬歷丁未知縣茅瑞徵修今廢爲民居
布政分司在府城隍廟左燬爲民居
按察分司在府城隍廟右久廢無考
分守武漢黃道署在北察院右
國朝雍正辛亥買民居建
副總兵署在洗白街
協標中軍署在府學東
黃州衛在府署北明初指揮黃榮建後燬
國朝康熙間守備蕭成重建
陰陽學在府門東燬
醫學在府門西燬
僧綱司在報恩寺
道紀司無署

演武場在城東南三里周圍三百七十餘丈大廳三楹榜曰足兵堂後軒面江榜曰江漢雄鎮
黃岡縣署在府署東明洪武戊申知縣萬士安建大堂三楹成化乙巳知縣程逵重建大堂後爲後堂又後爲內宅大堂前東西六曹左爲幕廳嘉靖中知縣孟津於月臺增建戒石亭又前爲儀門爲大門萬歷丙午知縣茅瑞徵增置屏門庫在大堂側册房在後堂右儀門外左有嘉賓館旁一楹爲土地祠吏廨在其後崇禎癸未盡燬

國朝順治丙戌知縣汪士薦創大堂癸巳知縣劉國寧創
後堂併東西六曹康熙甲辰知縣徐穡建內宅庚戌
知縣董元俊建戒石亭監獄在大門內右康熙辛卯
知縣鍾蕐重修大堂建申明亭於儀門外
教諭訓導署在學宮內
縣丞署在縣署左
典史署在縣署左
團風巡檢司在縣北五十里
陽邏巡檢司在縣北一百二十里

稅課司在團風鎮缺裁廢
灄湖河泊所在巴河鎮裁廢
零殘湖河泊所在團風鎮裁廢
樺松湖河泊所在陽邏鎮裁廢
惠民藥局在府治大門右燬民居
蘄水縣署明洪武甲寅知縣趙季光建後知縣胡奎謝
爵閻士遜各增修崇禎癸未寇燬
國朝順治甲申知縣孔惟時修復中爲大堂堂下翼以兩
廊廊前左爲賛政亭儀仗庫戒石亭右爲架閣庫中

爲儀門儀門外左爲倉禁大禁土地祠寅賓館右爲
吏舍中爲譙樓爲榜房譙樓外左爲申明亭右爲旌
善亭蘸民亭大堂後爲思政堂堂後爲內宅順治甲
午知縣李蓀修譙樓丙申知縣劉佑修內宅
教諭訓導署在學宮內
縣丞署在縣署左
典史署在縣署左
布政分司在治南今燬
按察分司在治西

府館在治西
把總署在西門內
陰陽學在治東
醫學在治南
僧會司在昭化寺
道會司無署
蘭溪巡檢司在縣西南四十里
巴河巡檢司在縣西七十里
楊歷湖河泊所在縣西南四十里裁

圻湖河泊所在縣西南六十里裁
教場在治西
羅田縣署元末知縣周廣建明成化乙酉知縣徐泰修
弘治辛亥知縣羅勳建儀門正德丁卯知縣夏需建
後堂壬申寇燬知縣殷佐張愉相繼建立嘉靖甲午
知縣沈越林宗桂重修辛丑知縣祝翊修東廳增廣
吏舍崇禎乙亥寇燬止存大堂後堂譙樓知縣白乃
忠修內署復燬
國朝順治辛卯知縣李雨霑建前廳併儀門知縣王政資

建衙舍併圍墻戒石坊康熙間知縣王光鼎建譙樓
知縣姚士基建西庫邑紳士耆庶增修騰雲樓五間
獄在頭門外右知縣凌嗣音遷於左以受生氣也
教諭訓導署在學宮內
縣丞署在縣署左裁廢
主簿署在大堂右裁廢
典史署在縣署西
憲司公署在縣東燬
府館在縣東

把總署在縣治東
陰陽學在縣西廢
醫學在縣西廢
僧會司在縣東萬壽寺
道會司在縣南元妙觀
多雲鎮巡檢司在縣東北百二十五里
教場在西關外
麻城縣署大堂三楹明洪武間知縣張谷維趙乾建成
化中知縣劉規胡琮修正德中寇燬知縣王世祿蔡

時重建明末賊燬
國朝順治乙酉知縣李喬建後堂三楹又後大觀樓爲知
縣宅康熙丁未知縣孫弘喆建架閣庫三間東西幕
廳各一今廢寅賓館在頭門內左順治丙申知縣王
潞修監禁房在儀門右倉禁房在儀門左申明亭在
頭門左旌善亭在頭門右前爲鐘鼓樓康熙巳酉知
縣屈振奇增築舊基建二層樓置鐘鼓於上
教諭訓導署在學宮內
縣丞署在縣署左

主簿署在縣署右裁廢
典史署在儀門右
北察院在治右
分司在東城隅廢民居
兵備廳在縣西七十里岐亭舊設捕盜通判
國朝分本府同知駐守
三老堂在縣前街右明成化中知縣朱嵩爲邑致仕
觀察周鑑方伯李正芳僉憲董應軫建燬
國朝康熙已酉知縣屈振奇查出重修

陰陽學在治右廢
醫學在治左即惠民局廢
僧會司在萬壽寺
道會司在東嶽廟
虎頭關巡檢司在縣東七十里
鵝籠山巡檢司在縣西四十里
把總署在縣治西
教場演武廳在南關外
黃安縣署在城北明嘉靖乙丑建後燬
國朝順治甲申署篆梁夢卜重修大堂三楹堂左爲寶藏庫三楹右爲貯册庫三楹後爲燕堂三楹燕堂東西書房各三楹又後爲内署三楹大堂前爲過庭三楹左右翼爲吏廊各七楹中道東西爲班房各一楹又前爲戒石亭爲儀門三楹儀門前左爲土地祠爲寅賓館爲申明亭右爲監獄爲旌善亭前爲大門三楹俱經知縣劉承啓修理大門外百武爲譙樓知縣張國柱重建知縣劉承啓重修内署後知縣賈多男建堂伍楹乾隆戊午知縣段絡晟重修二堂

教諭訓導署在學宮内
主簿署在縣署左裁
典史署在縣署右
憲司三重在治東
國朝康熙乙巳知縣蕭恒重建後一重置常平倉前二重爲把總署
分司在治東廢
陰陽學在大門外左
醫學在本宅

僧會司在本寺

道會司無署

雙城巡檢司在縣東北三十里

中和巡檢司在縣東南五十里

教場演武廳在南門外

蘄州署明洪武己酉知府左安善建丙辰改爲州後知州王坦陳範莊輸相繼修成化丙申知州王宜重建後爲荆王折毀以其材建王府弘治戊午判官張弘宜復建正廳堂幕各三間東西二司儀門譙樓各五間承發司土地堂各一間架閣庫十間吏舍二十間左申明亭右旌善亭治後大觀亭三間嘉靖壬子知州崔一濂重修明末寇燬

國朝順治辛丑知州王宗堯於舊基以次修復乾隆甲子知州蔣尚德於麟山頂建書房三間耳房一間

學正訓導署在學宫内

州同署燬今裁

州判署在州署右

吏目署在州署左

江防道署鈌裁久圯

國朝乾隆丙寅就舊址改建蘄州營都司署

布政司公署在治西南明正統間遷東南知州姜浩建今廢

按察司公署在州治東南今廢

清軍廳在朝陽門外遺址存

府館在分司右今廢

蘄州衛守備署在水西門内卜羅山

國朝乾隆辛酉闔衛軍士新修

陰陽學在府館西南

醫學址連陰陽學有窮民藥局

僧正司在四祖寺

道正司在元妙觀

稅課司在州西門外廢址存

茅山巡檢司在州西六十里

大同巡檢司在州北百二十里

教場演武廳在賓陽門外

廣濟縣署近西門中爲正堂西爲幕廳東爲庫堂後有

廳左右亦有庫廳後爲知縣廨前堂左爲鑾駕庫下爲東廊次爲生春堂右爲西廊下爲吏舍中道爲戒石亭亭前爲儀門門外東爲五顯祠前爲獄獄左爲譙樓樓前右爲申明旌善二亭俱洪武初知縣胡昇建後知縣江震汪倬陳傑縣丞吳瑞相繼脩崇禎乙亥毁

國朝順治辛卯知縣毛華鵬建正堂川堂後樓及前儀門

教諭署在明倫堂後

訓導署在文廟右

縣丞署在庫左今裁

主簿署在幕廳右今裁

典史署在縣署右

布按分司俱在縣治河東

行察院在縣治東北今廢爲汎弁署

陰陽學在縣治南燬

醫學燬

僧會司在南山寺

道會司無署

馬口巡檢司在縣西南七十里

武家穴巡檢司在縣南七十里

演武場在縣東一里

黃梅縣署在城西南明洪武丙辰知縣唐輔建治廳署廨辛酉知縣黃子政建譙樓成化庚寅知縣戴中建正廳三間曰琴堂堂右有庫左有架閣庫庫前有幕廳堂後曰圓堂又後有內廳五間中曰自公堂西爲西樓琴堂中道爲戒石亭前爲儀門門外爲獄東爲土地祠寅賓館前有鼓樓外東申明亭西旌善亭又前爲大門崇禎壬午賊燬知縣張璵芳遁後還治重建草舍形制卑小

國朝順治甲午知縣鄧源濂始建圓堂三間後樓三間康熙甲申知縣曹世璞建大廳一重乾隆壬戌知縣邵豐鍨建具瞻亭一座

教諭訓導署在學宮內

縣丞署在縣署東

主簿署在縣署西裁廢

典史署在縣署右

察院在西關外今廢
分憲二司在鳳凰池南今廢
兵備道衙門在西門內今廢
千總署在西門內
孔壠公館今廢
陰陽學在急遞舖左今廢
醫學在急遞舖右今廢
僧會司在東禪寺
道會司在泰源觀燬

新開口巡檢司在縣西六十里
清江鎮巡檢司在縣南九十里
演武廳在城西南

祠祀

傳曰聖王成民而致力於神故法施於民與禦災扞患者咸祀之則郊廟壇壝烝嘗祈報俎豆千秋勿替已而閭閻孝義之匹夫與巾幗中矢氷霜之志者皆得傍數仍宮墻與春秋之祀事殆所謂黍稷非馨明德維馨者歟

黃州府

社稷壇在清淮門外東北長十三丈濶十丈
風雲雷雨山川壇在一字門外一里基長十九丈四尺濶七尺
先農壇在清淮門外
國朝雍正丙午奉
旨建築州縣皆如制
關帝廟在清源門內報恩寺右
城隍廟在治東南

旗纛廟在衛署左
厲壇在清淮門外三里民田中高阜基長七尺廣四尺五寸
里社鄉厲二壇在府城外
晏公廟在赤鼻磯
文昌祠在府儒學內春秋有祀康熙辛巳知府許錫齡斜紳士建
岳武穆王廟在城南俗呼高廟
武節祠在安國寺右祀張睢陽巡

忠節祠在舊鼓樓西郎相公廟舊址祀唐張巡宋岳飛吳源趙令宬王遠劉卓何大節附蘇軾王禹偁今廢

忠顯廟在清淮門外宋建炎間趙令宬守黄死節後人立祠祀之都監王遠判官吳源巡檢劉卓從死竝祀

七賢祠在城隍廟左祀周濂溪程明道程伊川張横渠邵康節朱晦菴王陽明今燬

韓魏公祠在安國寺左宋韓琦侍兄琚守黄州於西

廂讀書後人就書齋立祠祀之旁立王陽明祠

二程先生祠在文昌閣前康熙癸未通判馬懷瑾糾紳士建雍正戊申教授彭士商仝紳士重脩

蘇東坡祠一在洗墨池一在赤鼻山

三賢祠在儒學內祀王禹偁韓琦蘇軾

吳公祠在府城隍廟前公名淮有功於郡祠祀之今燬

于公祠在府城外赤鼻磯祀郡守于成龍

黄岡縣

城隍廟在縣署左

江神廟在城外

蝗神廟在城西北五十里鴕鶍洲祀蝗神劉將軍

國朝雍正庚戌建

吳丞廟在舊縣邾城元左丞吳汝戌邾死陳友諒之亂祀於此

孝介祠在府學左祠邑紳樊玉衡

忠義孝弟祠在學宫內明倫堂右

節孝祠在學宫外分守道署後

蘄水縣

社稷壇在治北二里

風雲雷雨山川壇在治東

先農壇在治東

關帝廟在治東城內

文昌閣在治南門外

城隍廟在治西

厲壇在治北二里

伍員廟在伍洲

孫權廟在城山

張睢陽廟一在玉臺山一在巴河鎮

三賢祠在縣南祀王羲之陸羽蘇軾

閻公祠治南爲知縣閻士選建

孫公祠治西北二里爲知縣孫善繼建

宋公祠治西爲知縣宋文昌建

游公祠治南爲知縣游王廷建

李公祠治西爲知縣李汝璨建

東嶽廟在南門外

南嶽廟在西門外

五義士祠崇禎丁丑知縣龔鼎孳爲邑人程爲常徐
　玉蘭蔡巨人胡方壺徐用極殺賊陣亡建

仙女祠在寄峯山

龍女祠在月子山

忠義孝弟祠在學宮內

節孝祠在學宮外

羅田縣

社稷壇在城東北一里基長二丈五尺廣如之

風雲雷雨山川壇在城南一里

先農壇

關帝廟在縣前

城隍廟在治東

厲壇在縣西一里

東嶽廟在東門外

百神祠在縣署內

六賢祠在縣治賓館後爲知縣凌嗣音梁太僕凌存
　奐姚孟昭王邦翰白乃忠建

忠義孝弟祠在學宮內

節孝祠在學宮外

麻城縣

社稷壇在縣西北

風雲雷雨山川壇在縣東南

先農壇

關帝廟在縣北

城隍廟在縣南

厲壇在縣北

文昌祠在高岸河

遺愛祠在縣治前街左祀明邑令文德建三元宋一麟

張相公祠在西門外

忠節祠在縣治內祀宋趙令宬王遠吳源劉卓

陳季常祠在岐亭北二里杏花村季常墓側

傅元帥廟在縣東一里鄉民有疫禱之立應

忠義孝弟祠在學宮內

節孝祠在學宮外

黃安縣

社稷壇在北門外基廣四十八丈寬五丈五尺長十九丈

風雲雷雨山川壇在南門外基廣二十七丈寬四丈五尺

先農壇在城外東南

關帝廟在先農壇之左

城隍廟在城內西南

厲壇在東門外基廣二十四丈

東嶽廟在東門外

文昌閣在西門外

應公祠在節烈祠左邑紳耿定向爲知縣應存初建

耿公專祠在鄉賢祠右明知縣李文芳爲邑紳耿定向建

忠義孝弟祠在學宮內

節孝祠在學宮外

蘄州

社稷壇在北門外一里

風雲雷雨山川壇在南門外

先農壇

關帝廟在南門外

城隍廟在麒麟山之東

厲壇在州北三里

軍牙六纛廟一在荆府一在蘄州衛燬

東嶽廟在州前

文昌閣在南門外新生磯

元天廟在州西

順濟龍王廟在龍磯
高山廟在州五里
水府廟在州南
清源廟在州西
火星廟在北門外
香儺廟在州南二里
百神廟在芭茅山
三閭祠一在遞運所一在鴻宿洲一在羊子壋一在
掛口寨一在王厰燬

二烈士廟在龍眼磯祀王彥明王玠
四節祠在麟山書院左祀李誠之秦鉅王彥明王玠
國朝乾隆丁卯新建
褒忠廟在州內祀李誠之秦鉅誠之封正節侯鉅封
義烈侯賜額
崇賢祠在州學西祀學正莆田林宗
報功祠爲江防道吳國仕建
忠義孝弟祠在學宮內
節孝祠在學宮外

廣濟縣
社稷壇在治西半里方廣二丈五尺
風雲雷雨山川壇在治東一里
先農壇
關帝廟在治西
城隍廟在治東
厲壇在治北半里
蕭公祠宋人名化軒封水府通靈廣濟顯應陰祐侯
晏公祠元人名戌仔封平浪侯

胡公祠爲侍御胡克儉署縣事建
劉公祠爲知縣劉應昌建燬
黄龍君廟在縣東二十五里明洪武初重建
石港龍王廟在縣南四十里龍池山下
忠義孝弟祠在學宮內
節孝祠在學宮外
黃梅縣
社稷壇在治北
風雲雷雨山川壇在縣東閟宮山

先農壇
關帝廟在縣河南岸
城隍廟
厲壇在馬頭山
文昌閣在縣化龍門外二里許知縣鄧豐鍈邑監生
喻於智等建
宋盎廟在黃齡洞盎任剌史棄官隱此能救旱疫後
人祀之
岳武穆王廟在城西明敕建　國朝乾隆中知縣楊

黼時募修
鮑公祠宋參軍鮑照嘗讀書於此縣治乃其故址
郭公祠巡撫郭惟賢建梅城因祠祀
姜公祠名忻祠在西關外廢
曾公祠名惟倫祠在西郊
來公祠名三聘祠在東關外廢
馮公祠在下新鄉萬歷間議立稅廠兵巡道馮公止
之祠祀焉
武公祠名圖功祠在來公祠左廢

徐公祠名澤祠在東關外廢
瞿孝子才人祠在貞節坊石巡撫郭惟賢爲瞿甲建
廢
石忠烈祠明邑紳石有恒死於海寇敕立祠在東門
內
忠義孝弟祠在學宮內
節孝祠在學宮外

鄉鎮

惟王建國四方之掌有遂師焉萬人之聚有司市焉約

水陸輻輳吳楚綰轂之區平時値昇平鄉邑殷賑混品
物以同壟釜鄰鄙而爲一洋洋乎盈盛之休矣

黃州府

黃岡縣

廂防分隸城鎮
東絃鄉在縣東轄里七
還和鄉在縣東三十里轄里七
永寧鄉上鄉在縣東北百二十里下鄉在縣東北一百里轄里十二
慕義鄉上鄉在縣北百二十里下鄉在縣北一百里轄里九
五重上鄉在縣北百三十里轄里九
五重下鄉在縣北一百里轄里八
康安鄉上鄉在縣北百五十里下鄉在縣北七十

里轄里十三
中和鄉在縣西北百里轄里九向有上下二鄉明嘉靖間割上鄉十二里入黃安今僅下鄉九里　赤鼻磯鎮在城南明設巡檢司今廢
三江口鎮在縣西北三十里明設巡檢守備今廢
團風鎮在縣北五十里　陽邏鎮在縣西北一百二十里
路口市在縣東二十里　陶店市在縣東三十里
魚博橋市在縣東北六十里　上巴河市在縣東北八十里
段家店市在縣東北一百二十里　盤石市在縣北六十里
辛家冲市在縣北一百里　舊州市在縣北一百一十五里
久長市在縣北一百一十里　張家店市在縣北一百二十里

黃岡廟市在縣北一百三十里　汪家集市在縣西北一百里
柳子港市在縣西北一百三十里　街埠市在縣西北一百三十里
蒼子埠市在縣西北一百五十里

蘄水縣

南鄉轄十四里　北鄉轄十三里
上鄉轄十二里　下鄉轄十里
永福鄉轄九里　巴河鎮西七十里
蘭溪鎮西南四十里

羅田縣

平湖鄉縣西北　奉泰鄉在縣東四十里
多雲鄉縣東北　石橋鎮縣東
多雲鎮在縣東北一百二十五里　平湖市在平湖鄉
滕家堡在縣西北

麻城縣

太平鄉在縣西轄二十五里　仙居鄉在縣北轄二十五里
亭川鄉在縣南轄二十四里
舊有孝感鄉共四鄉統一百三十里成化八年以戶口消耗併爲九十四里復併孝感入仙居爲三鄉嘉靖四十二年復析太平仙居二鄉二十里入黃安止七十四里

虎頭關鎮在縣東北七十里　岐亭鎮在縣西七十里
白杲舊鎮在縣南三十里北魏任城王澄攻白杲戍破之斬戍將吳道爽後爲市立急遞舖今廢
鵞籠鎮在縣西四十里舊名赤壁關今移駐岐亭鎮
梅家市縣東八十里　黃名市在縣東九十里
閻家河市在縣東十五里　望花市在縣南四十里
宋埠市在縣西南六十里

黃安縣

太仙鄉在縣東轄里十七　中和鄉在縣南轄里十二
灄源鄉在縣西轄里八　中和鎮在縣南六十里

雙城鎮在縣北三十里今移駐七里坪 桃花店在縣南三十里卽桃花舊鎮

捌里灣店在縣南七十里 沙河店在縣西南十五里

吕王城店在縣西北四十里 黃陂站店在縣西北七十里

雙山壟在縣西北九十里

蘄州

安平鄉上鄉州東三十里下鄉州東三十里

永福鄉上下鄉俱州西北六十里 青山鄉上鄉州北一百五十里下鄉州北八十里

大同鄉上鄉州北二百里下鄉州東一百八十里

崇居鄉上鄉州東一百五十里下鄉州東一百三十里

茅山鎮州西七十里 大同鎮州東一百八十里

渴口市州北四十里 西河市州北五十里

曹家河市州北四十五里

廣濟縣

靈東鄉轄圖四 靈西鄉轄圖六

永東鄉轄圖四 永西鄉轄圖四

太東鄉轄圖三 安樂鄉轄圖六

太西鄉轄圖三 馬口鎮在縣西七十里今廢移駐田家鎮

武家穴鎮在縣南七十里 田家鎮在縣西七十里

龍坪鎮在縣西南七十里

黃梅縣

新城鄉在縣東南轄十圖 鳳源鄉在縣東北轄十圖

永福鄉在縣西轄十一圖 長樂鄉在縣南轄十一圖

清江鎮在縣南九十里 新開口鎮在縣西南一百里屢圮於江內徙

孔壠鎮在縣南五十里 唐思穴鎮在縣南二十里

楊家穴鎮在縣西南九十里 濯港鎮在縣南二十里

上新鎮在縣南十五里 下新鎮在縣南二十里

東觀鎮去縣五十里 獨山鎮在縣東二十里

停前鎮

營汛

昔隋周法尚以黃州總管移鎮永州請黃州兵三千五百爲帳内乃知黃卒之雄武卽齊秦之技擊銳士不是過也雖桴鼓無聞銷烽灌燧一協一營之衆不過兩旅而戍樓斥堠畫角相聞使水泛陸行無虞暴客卽大易地水爲師藏至險於至順也已

黃州協兵丁柒百貳名

有馬戰兵柒拾伍名 無馬戰兵壹百拾捌名 守

兵伍百玖名
駐府城兵貳百陸拾壹名
長江水汛貳拾壹塘
晉家墩　伍通口　沙口各防兵五名　陽城河防兵
十二名龍口防兵五名葉家洲防兵十名矮林舖　爛泥舖
各防兵四名鸛公頸防兵六名李家渡防兵五名羅湖洲防兵五名鴨
蛋洲防兵五名韮菜港防兵五名社樹防兵四名新河口防兵八名拾
里舖　長蘄壋各防兵四名巴河口防兵十一名烏江廟
防兵三名蘭溪口防兵七名迴風磯防兵五名

巡船兵丁貳拾貳名
黃岡縣旱汛　叚店防兵二十二名馬鞍山　沙河　馮家集
各防兵五名　三家店防兵十三名
蘄水縣防城兵叁拾壹名
旱汛　鷄兒河防兵五名
羅田縣防城兵叁拾名
旱汛　鳳凰關　松子關各防兵五名
麻城縣防城兵叁拾名
旱汛　舊店　兩路口　黃泥畬各防兵五名宋埠防兵十名

黃安縣防城兵貳拾壹名
旱汛　雙山關　黃皮站各防兵五名
黃陂縣防城兵肆拾名
旱汛　灄口　竹園　三根樹　雙廟　九子墩
新店　達義舖　賈家舖　朱家舖玖塘各防兵五名
以上俱黃州協分防
蘄州營兵丁貳百捌拾名
有馬戰兵貳拾玖名　無馬戰兵肆拾捌名
守兵貳百叁名

駐州城兵壹百伍拾名
旱汛係左哨把總帶轄　菩提壩塘防兵三名西河驛塘防兵五名大同
鄉塘防兵五名
水汛　漳源口塘防兵五名茅山塘防兵三名羅家埠防兵三名栢
林觜塘防兵三名掛口塘防兵四名烟觀樓塘防兵四名係道士
洑營分防安設
蘄州衛唐家渡塘防兵四名艾家洲塘防兵四名袁家湖塘防兵三名
施家洲塘防兵三名俱道士洑營兵分撥
廣濟縣防城兵貳拾肆名

旱汛係右哨把總耑轄荆竹舖防兵五名雙驛塘防兵五名

以上蘄州營分防

水汛堡子塘防兵五名烏林港塘防兵三名馬口塘防兵三名田家鎮塘防兵十一名盤塘塘防兵三名下奓口塘防兵五名武穴鎮塘防兵十六名中廟塘防兵三名龍坪鎮上塘防兵四名龍坪鎮下塘防兵三名係道士洑營分防安設

黃梅縣防城兵肆拾五名

旱汛係千總耑轄停前驛塘防兵五名下新鎮塘防兵三名孔壠驛塘防兵五名清江鎮塘防兵五名唐司月塘防兵五名中路菴塘

防兵五名五沙坡塘防兵五名兩河口塘防兵五名以上蘄州營

分防

水汛六塘大灣塘防兵三名黃泥口塘防兵三名余家滙塘防兵五名

陸家嘴塘防兵三名清江鎮塘防兵四名戴伍屯塘防兵三名倶

係道士洑營分防安設

驛遞

飛檄星軺馳驅周道長亭別舘憇息行旌王道所以四達而不悖也黃介江淮康莊四達如砥如矢君子履焉知必有僉我馬虺隤而憫僕夫况瘁者矣

黃州府

齊安驛在南城邊係水驛明弘治間以臨皋馬驛併焉考會典臨皋舊屬縣

黃岡縣雍正六年裁齊安驛馬屬縣中應付

李坪驛在團風鎮

陽邏驛在陽邏鎮

急遞總舖在清源門外　長蘄舖

楊林舖　桑林舖

烏曰舖以上由東路抵蘄水　長城舖

楓香舖　松陽舖

臨江舖　團風舖

花園舖　竹瓦舖

淋山河舖　丁家壋舖

黃山舖　久長舖

道觀河舖以上由北路抵麻城　馬驛舖即李家境舖

濫泥舖　矮劉舖

汪家舖　雙柳舖

城林舖　陽邏舖

粉壁舖　曹冲舖

畢家鋪　周山鋪

陶山鋪

三山鋪以上從團風由西北路抵黃陂又與黃安高林鋪接

蘄水縣

浠川驛在治南雍正六年裁馬歸縣中應付

巴水驛在治西四十里

蘭溪驛在治西南四十里雍正六年裁廢

急遞鋪在縣前　石牛鋪

分流鋪　李店鋪

六廟鋪以上由南抵蘄州廣濟　鍾師樓鋪

松林鋪　孟家山鋪

何廟鋪　劉店鋪

七里鋪以上由西北抵黃岡　滑石鋪

白沙嶺鋪　三望冲鋪

株林鋪　三家店鋪

樊家港鋪　嚴家堌鋪

長嶺鋪以上由東抵羅田

羅田縣

縣前鋪在縣西　十里鋪在縣南界蘄水往府大路

長嶺鋪在縣南二十里　嚴家堌鋪在縣南三十里接蘄水界

長都鋪在縣東十五里　鳳凰鋪在縣東三十里

石橋鋪在縣東四十五里接江南英山縣界

麻城縣

館驛在縣中街今廢馬售分養於縣北九十里王家樓以便北來應付今俱養於縣治中馬由縣中應付　中館驛在縣西三十里今廢馬由縣中應付

東館驛在縣東今廢

急遞總鋪在縣前　十里鋪一名高安鋪

白棠鋪　白杲鋪

望花山鋪　沙河鋪以上俱往府大路接道觀河

王家樓鋪　黃福鋪

黃安縣

急遞鋪在縣前　仙盤鋪

桃花鋪　五里橋鋪

八里灣鋪　太平橋鋪

高家林鋪以上至陽邏達會城又至府城

蘄州

蘄陽驛在大西門外久裁馬屬州中應付

西河驛去州五十里

遞運所在得勝寺前

州前總舖　兩路舖

石家舖　菩提舖

高山舖　十里舖

三家舖　西河舖

火爐舖　橫車舖

女兒街舖以上由西路抵蘄水界

廣濟縣

廣濟驛在縣治左裁廢馬屬縣中應付　雙城驛在縣治東六十里

急遞總舖在縣前　萬車舖

青蒿舖　荊竹舖

車坊舖　石壠舖

雙城舖黃梅以上由東路接許家舖

周源舖　楊林舖以上由西路接蘄州

十里舖　固城舖以上由北路接蘄州高山舖

黃梅縣

停前驛在縣東四十里東通江南太湖之楓香驛西通廣濟之雙城驛

孔壠驛在縣南五十里路通江西德化縣舊無驛康熙巳未添設驛馬令清江鎮巡檢兼管

急遞總舖　栢林舖

兩河舖　三渠舖以上自總舖東抵停前驛之畢家舖

金鐘舖　大河舖以上自總舖西抵廣濟之雙城驛

路頭山舖　濯港舖

白湖渡舖　孔家壠舖

深溝舖　唐思穴舖

老夾舖　清江鎮以上自總舖南抵大江

畢家塝　三渠舖

車門舖　陶家舖

後昌舖　板橋舖以上六舖由停前驛抵雙城驛橫山六舖

關津

黃州界連揚豫五關巉峭談形勝者亟稱之而津渡輿梁澤國斯急候不在疆州無舟梁聘客有譏焉區畫經理豈惟便行李之來往亦足覘王道之蕩平矣

黃州府

黃岡縣

三江口關在縣西三十里其上流水分三派至此合流故名

觀風橋在清源門外明洪武中知府石玠指揮李和建

清淮橋在清淮門外　觀瀾橋在西關外

太平橋在安國寺前塔下元吳應澍建　相隱橋在安國寺前韓琦讀書堂傍俗名和尚橋

來遠橋在一字門外關帝廟左　一字橋在一字門外

誕壽橋在一字門外國朝乾隆癸亥知府尋殷鑿知縣劉豐鏷濬濠建碑其上

海棠橋在舊城北　清風橋在赤鼻山麓

新橋即榆木橋郡城水出江處　國朝雍正甲寅知縣暢于熊倡修

三台河橋在縣東十五里明嘉靖中陶仲文建　國朝康熙中半圯知府賈鉝募建

王相橋在縣東三十里邑人王相建　道人湖橋在縣東三十里

魚博橋在縣東七十里　沙河頭橋在縣東七十里

覓兒橋近魚博　火柴港橋在縣東八十里貢生馬正圭修

清濟橋在縣南二里即夏興八江處明知府余清建縣民陶碁重修改名金華橋　國朝僧圓通募修　清平橋在縣南三里俗呼雙橋明義民陶碁建

惠民橋在縣西百二十里陽邏驛前一名馬驛橋

閬苑橋在陽邏鎮蓬萊寺前明天順間僧祖真修

望龍橋在蓬萊寺前近龍口故名　玉壺橋在陽邏華山前

陽關橋在麻安鄉　木屐口橋在麻安鄉　國朝雍正中邑紳萬禮祖建

長清橋在縣西北二十里楓香渡舊名楓香橋明知府余清修改今名成化中縣民潘敬重脩　國朝縣民王二奇募修

水口新橋在縣西北二十里堵城北

羅家溝橋在縣西北四十里李家渡北　國朝康熙中建雍正間縣民余麗鵬重修

步瀛橋在團風鎮北邑人張應柳建　史瑚橋在團風鎮西北里許明嘉靖中陶仲文建　國朝乾隆間圯華監琥潛捐資開復

赤山橋在團風鎮東三里僧慈永重修

永清橋即盤石橋在團風鎮北五里明知府余清建嘉靖中陶仲文重修

白塔河橋在縣西北八十里邑人姜之祥修

三里橋在縣西北一百二十里元隱士吳應澍建

望仙橋在縣西一百六十里相傳麻姑仙女過此

淋山河橋在縣北八十里　孔子河橋即問津處一名孔子嘆橋在縣北一百里

泥溝橋在縣北一百里明曹艮輔建

賀婆橋在縣北五重鄉相傳前代賀婆建

鷂子湖橋在縣東北　國朝知縣麵葦建

巴河渡在縣東四十里　陳家河渡在縣東一百一十里

大江渡在縣南五里　虎子灘渡一作滸子在縣西十里濱江

馬橋官渡在縣西二十里與武昌對岸　三江口渡在縣西三十里

李家渡在縣西北四十里　倒河口官渡在縣西六十里

陽邏官渡在縣西一百二十里與江夏縣對岸

柴埠湖口渡在陽邏鎮新開口五里

楓香渡在縣西北二十五里 赤山渡在縣西北五十里

團風橫河口官渡在縣西北五十里

鷲公頸官渡在團風鎮西北三里

方湓官渡在縣西北八十里 汲水港渡在縣西北百五里

張家店渡在縣西北麻安上鄉 廟埠潭渡在縣西北一百里舊志訛作窑埠

姚二渡在縣西北百十里慕義鄉 舊州渡在縣西北一百二十里

松湖壩渡在縣北九十里 街埠渡在縣北一百一十里

雙溪渡在縣北百三十里 咸化河渡在縣北一百六十里

赤脚山渡在縣北百三十里五重鄉 橋潭渡在縣北百三十里五重鄉

蘄水縣

石門寨在縣西北六十里石門山 大靈寨在縣北六十里大靈山

昭化橋在昭化寺前 綠楊橋見古蹟東門外

畢氏橋在縣東五里 潘家橋在縣東十里

馬坡冲橋在縣東二十五里 大馬橋在縣東四十里

雙河口橋在縣東南十五里 王家河橋在縣東南二十里

倒流河橋在縣東南四十里 浮橋在縣治南

六神港橋在縣南二十里 青蒿港橋在縣西南三十八里

皇風橋在縣西五里 麻橋在縣西十五里

苦竹港橋在縣西三十五里 巴水驛橋在縣西四十五里

盡街橋在縣北五里一名生生橋 萬花橋在縣北十五里

新橋在縣北二十里 划船港橋在縣北三十里

太平橋在縣北三十五里 洙泗河橋在縣北四十里

青蒿渡在縣西南三十八里 六神港渡在縣西二十里

南河渡在南門外里人羅一龍捐歲收稞壹百伍拾餘石田坐落繆師崀擇人管理每年渡夫工食壹百貳拾石餘爲脩船添橋之費里耆陳士周管理迄今貳拾餘年矢公矢慎累年餘積置稞伍拾餘石縣令葉爲舟以好善不倦旌其門

東門河渡在縣東門外衆捐田稞四十八石照南河渡例付士周經管

龍家渡在縣東北五十里 國朝雍正二年生員何元鰲捐田歲收稞伍拾肆石造船招渡夫並建涼亭一所

下河渡在西門外有船壹隻橋二座歷年衆共捐田歲收稞伍拾石以爲添橋板給渡夫之費

蘭溪官渡在縣西南四十里 巴河官渡在縣西七十里

羅田縣

鳳凰關在縣東三十里抵六安界 栗子關在縣北百八十里抵六安界

銅鑼關在縣西百四十里抵商城界 平湖關在縣西北四十里抵麻城界

松子關在縣西北百八十里抵商城界 青苔關在縣北百四十里抵河南商城界

石門關在縣東北百里抵英山界 岐嶺關一名兆門關在縣東北百八十里抵六安

猴豬寨在縣東四十里 班竹寨在縣東六十里

光山寨在縣東六十里郎石馬山寨 高峯寨在縣東

天堂寨在縣東百六十里勢極峻險 石龍寨在縣東南四十里

觀音寨在縣東南六十里 鼓羊寨在縣西北四十里

雁門寨在縣西北八十里 周家寨在縣北六十里最險要

望英寨在縣東北三十里 熊崖寨在縣東北四十里

通濟橋在縣東明知縣徐泰建今廢 河東橋在縣東一里國朝乾隆丙寅募修

黃豎公橋在縣東五里 三里橋一在縣東一在縣南胡明智建

祝家畈橋在縣東八里邑判胡祥建 普濟橋在縣東二十五里

叚皮河橋在縣東三十里縣民余志遷建李正已脩

黃家橋在縣東六十里 玉虹橋在縣東七十里今廢

覇城橋在縣南河街口今廢 清源橋在縣南百步

關口橋在縣南二里 十里舖橋在縣南十里國朝乾隆丙寅募修

將軍橋在縣城西門外 龍門橋在縣西一里

板橋灣三橋在縣西一屬古橋一程信達建一汪朝陽建

花石橋在縣西四里 剪刀山橋在縣西門外七里醫學張善建

覔兒橋在縣西二十里縣民胡明哲建 普應橋在縣西六十里

河口橋在縣北十里 李莽崖橋在縣北二十里

石山橋在縣北二十里 觀音橋在縣北七十里

石柱山橋在縣北百一十里 九子河橋縣北百三十里國朝乾隆丙寅建

官渡河渡在縣治東門外國朝乾隆巳未邑人募修置田壹拾伍畝以贍渡夫

界河渡國朝雍正庚戌募修置田拾畝以贍渡夫

麻城縣

虎頭關在縣北七十里商城界 黃土關在縣北九十里光山界

木陵關在縣北百里 白沙關在縣北九十里光山界梁置沙州

附宋李曇乞復五關之險疏畧云虎頭關形勢最險兩山千仞一澗激衝黃土關形勢聳峭白沙

關與黃土關相去密邇木陵關山路峭壁委折而上大城關山勢不甚高峻而橫斜盤繞脩善關亦在其旁使諸關之兵據險效死賊豈能遽入乎

脩善關在五關之旁 陰山關在縣北六十里

鐵壁關在縣西四十里土名鷲龍山 長嶺關在縣東北百里商城界

黑石寨光山縣界 桃林橋在縣東十五里至元初鄉民蔣德俊建

聚賢橋在縣東十五里 紅石橋在縣東十五里

花橋在縣東十五里至元初建 望魯橋在縣東六十里

南門橋一名古亭橋邑令孫仕忠胡琮建 塔兒橋在南門外二里

樊家橋在縣西十五里 相公橋在縣西門外知縣孫仕忠建

廣仁橋在縣西里許邑紳毛鳳韶建　橙林橋在縣西二里
李沐橋在縣西二十里官田畈邑孝廉李沐建
獅子橋在縣西四十里　岐亭橋在縣西七十里岐亭鎮宋蘇軾與陳慥會此處
望仙橋在縣北五里
檀谷橋在縣北十里　觀音橋在縣北九十里邑人吳宗建
祖功橋在縣北五十里　縣前河渡
岐亭河渡　高岸河渡
浮橋河渡　白塔河渡
白杲河渡以上六渡夏則乘舟冬則置木橋民不病涉

黄安縣

金局關在縣西北四十里亦曰金山關　大城關在縣北九十里羅山界元世祖已未入此
紫雲寨在縣東北四十里　大峯山寨在縣南五十里爲東南屏障
清泉寨在縣南五十里清泉山元季孟維忠建
鮑家寨在縣西南三十五里　木城寨在縣北六十里抵河南
臺山寨在縣北七十里
黄楊寨在縣北七十里楚豫交界地週環如壁其上平衍宋元之季土人於此立寨避兵全活萬計事鐫天臺石壁
問有橋耿汝忩建
省耕橋　龍頭橋以上在縣東

老實橋　富家橋
霍家橋　滙家橋進士盧堯臣建
冬青橋舉人盧爾愷募建以上縣東南　壽萱橋生員盧襂先建
三多橋　利涉橋
萬緣橋舉人鍾玕建今廢　銀錠橋達省城元吳應澍建
五里橋元吳應澍建　太平橋元吳應澍建
孝子橋孝子爲周日昻　迎春橋
四余橋　曲尺橋以上縣南
小藍橋耿汝忩建　遇仙橋

通濟橋縣丞王國任建　楊憲橋達黄陂邑民鄭君聡吳公紹建
永福橋一名涂家橋舉人張棣募建　行祠橋達黄陂以上縣西南
高橋今廢　周博士橋
烏峯橋以上縣西　火石橋達河南光山羅山二縣
高柳橋達河南光山羅山二縣以上縣西北
黄石橋　皂角樹橋
姚家河橋　新橋達羅山
楊李家橋以上縣北　中和官渡在縣南
東流渡在縣北　南門河官渡在城南一里

蘄州

符乾閘在東關外　烟光樓閘在南關外前江後湖最險要

第一閘在北關外　金箱橋在東關外國朝乾隆丙寅新建

合濟橋在州東二里國朝乾隆己巳年新建

高家橋在南關外　滑石橋在州治南宋知州王益建

吳公橋在州大西門　玉印橋在北關外

大明橋在赤東湖口　排埠橋在赤東湖中

轉蓮橋在州北五十里湖口市一名三洞橋

道人橋在州北曹河市　横車橋在州北西河驛

駱駝橋在崇居鄉明弘治間衛合唐仁造

中心橋在鴻宿州明嘉靖間壽官鍾惠造

掛口官渡在治北十里　易家河義渡在州北四十五里

西河渡在平安鄉州北五十里　黄顙口官渡在州西十里通興國州

歐家渡在青山鄉

廣濟縣

仁壽橋在縣治東門外　春風橋在縣治東

荆竹橋在縣東三十里　花關橋在縣東四十里

雙成橋在縣東六十里　車枋橋

五里橋在縣南五里　七里橋在縣南七里俱蘄廣通衢

楊林橋在縣南十里俗名女兒橋上通蘄州太湖下抵九江

連城橋在縣西南六十里與便民倉近　間著橋在縣西南七十里

滄浪橋在縣治西知縣劉應昌建　搭水橋在縣治西

松楊橋在縣西十五里知縣黄玉鼓建　周原橋在縣西二十五里

黄花橋在縣西六十里　伊家渡在縣西南十里

鄧家渡在縣西南六十里　官橋渡在縣西南六十里俱與便民倉近

北港口渡　松楊渡

黄梅縣省志有松楊橋

東隘通宿松佛座嶺　東南隘通湖口江

南隘通潯陽江清江鎮　西南隘通廣濟龍坪鎮

西隘通廣濟雙城驛　北隘通蘄州後山

東北隘通宿松太湖亭前驛　鳳凰橋在治東今淤成街

蘆花橋在東關外鄉民龔德甫建　沙河橋在縣東五里知縣楊本俊建

仁壽橋在縣東八里鄉民項世金建　兩河口橋在縣東十五里知縣鍾顧俊建

勒馬橋在縣東四十里古角山口唐招討使曾元裕破王仙芝於此勒馬故名

上沿港橋在縣南七里　獨山橋在縣南二十里

馬頭橋在小南門外　平政橋在小南門外知縣鍾顧俊建

辭母橋在縣西南利道門外相傳五祖於此辭母

卜家橋在縣西南教場側　白鱔橋在縣西南六十里邑人王殿五建

上谷塘橋在縣西五里　上山橋在縣西五里

下谷塘橋在縣西南七里　明月橋在縣西關外

太平橋在西關外　下山橋在縣西六里

濯港橋在縣西二十里邑人俞魯成建　橫山橋在縣西北五十里監生李堆珏建

石頭橋在卓壁山下　飛虹橋郎五祖花橋

渡下橋在龍坪山口　望雲橋土人入山禱雨至此望雲故名

聶家橋考田山口聶伯敏建　於家橋於益吾建

雙成橋義民袁少泉建　靈潤橋郎四祖花橋

胡䘵橋在意生寺西　女兒橋在馬鞍山

白湖渡橋明末斷橋拒寇　國朝順治間重建

通理橋在白湖渡下三里　聶母橋郎栢林舖

淸江渡　濯港渡

縣前河渡　白湖渡

水利

周禮地官載瀦防溝遂之法後世言水利者率師之襟帶江河包阻原隰水桑土燥下下高高時蓄洩而謹灌輸鄭白之沃豹起之徵迄今如在也

黃州府

黃岡縣

老鶴河堤　中洲堤

鍾鼓秤堤一名簡家堤明知縣簡霄築

郎陵湖堤　龍阬堤

白米河堤　溝兒口堤

舊州長河堤　毛林口壩以上在慕義鄉皋水所逕

灄河堤在五重鄉道灄河水所逕並明知縣簡霄築

邵公新堤在庶安鄉嘉魚村俗名矛魚坑　國朝乾隆癸亥年知縣邵豊鍭捐貲倡衆建築

八王壩在城東南三里　芭茅湖壩在慕義鄉

黃舍潭壩在慕義鄉明知縣簡霄築　紫荆港壩在庶安鄉向積水漑田歲久傾頹明正統二年重建

長塘在縣東一里郎古城濠

相隱塘在縣東南二里相隱橋處近西為白蓮池郎韓魏公讀書處

觀塘在元妙觀前　岳廟後塘俗名高廟塘

陽陂塘在庶安鄉　沙陂塘在東絃鄉

藥陂塘在還和鄉　官塘在陽邏蓬萊寺右

明家堰在東絃鄉　火燒堰在上五重鄉

附水利議明萬歷三十五年邑令茅瑞徵上御史
臺議云本縣枕擴大江湖洲所在如襟帶引水
灌田實爲民利但堤塍低薄則水患易侵如白
塔河姚二渡新州柳子港等處一遇霪雨便苦
崩溢雖屢戒修築而民難慮始偷玩不已巨浸
奈何至八里畈三山舖青坵山响靈廟一帶山
塘淺小旱魃時困若非及時疏導疋恐雲漢徒
嗟穿渠濬川此實勸農第一事也

又

道觀河源出崎山龍井經龍岡山陽洩於鮑湖
灌溉利之每值泛漲害亦獨甚

蘄水縣

王公堤在巴河鎮明知縣王佾築自江濱抵鎮甃石植柳
萬工堤在縣西南五十里明知縣胡奎築
鴨子陂在縣東二里　飲馬陂在縣北三十五里
團陂在縣北七十里　聯塘在昭化寺前
月塘在縣東十里　聖人塘在縣東十里
藕塘在縣西十五里　胡可堰在縣西北六里

曹家堰在南鄉　官陂堰在南鄉
義門堰在南鄉　袁家堰在北鄉
胡家堰在下鄉　慈菰堰在下鄉
叚家堰在薛家湖尾　李家堰在黃草湖尾

附水利議蘄邑五鄉田野頗治但永福濱江抱湖
每多滐洩之患上鄉相連受害無異北鄉之奏
勘冲瘞已見明正嘉間矣南鄉白洋河沽河界
河等處漲淤時多或雨澤有靳則服穡無成重
民命者其可急徵輸而忘溝洫歟

羅田縣

林公堤臨河知縣林宗桂築　蓮塘一在縣治魁山南一在縣東四十里一在縣南五里
長塘在縣北三十五里　官塘一在縣南三十里一在縣東南五十里一在縣東北五十里
蕭家堰在縣西十五里
石堰一在縣南十五里一在縣東五十里　千工堰在縣北一百一十里

附水利議羅邑危岡峻嶺交錯盤繞澗水聚會之
區塘堰因而成之但苦山高雨集衝決最易曲
澗流沙淤塞不難非補濬時興設旱魃爲虐何
以灌溉不窮乎

麻城縣

沙河堤在朝聖門外明隆慶時建以護城歲久坍塌知縣吳顧行重脩

落鱗陂在縣東十五里　閻公陂在縣東十五里

落葉陂在縣東二十里　太子陂在縣南四十里

一路陂在縣西十五里　七里陂在縣西二十里

窊泥陂在縣西三十里　覇陂在縣北四里

牛陂在縣東十里　鳳陂在縣東三十里

白田阪官塘在縣東南一十五里　大塘在縣東南二里

龍潭冲塘在縣東南二十五里　馬家山官塘在縣東南二十五里

潘家塘在縣東南五十里　松林塘在縣西三里

沙河塘在縣南十五里　七里崗官塘在縣西北二里

雷石塘在縣西北七里　宋家塘在縣西北四里

栗林塘在縣北四里　興福寺塘在白泉鎮西

白石堰在縣東三十五里　石牛冲堰在縣東三十里

土堰一在縣西五里一在縣北十里　響水潭堰在縣西八十里

石堰在縣北十里　蕭家堰在縣南六十里

千工堰一在縣南十五里一在縣北八里　夾堰在縣西七里

王家堰在縣北四十里　黑龍潭堰在縣西十五里

黃安縣

裴家塘在北關外

蘄州

永安壩在州西北十里赤東湖中明萬歷二年修

瓦屑壩在州治東明弘治間知州陳霽築

東門壩近瓦屑壩指揮李繼築　南門壩通河街

菩提壩距州三十里通廣濟縣　許家塘

馬家塘　石家塘

余家塘在豁口畈　盧家塘

袁家塘　白陂塘

破塘以上俱在安平鄉　清水塘在州東十五里

鴛鴦塘在永福上鄉　楊家塘在永福下鄉烏石山下

泉塘在黃土山下　周家塘在長嶺山下

董家塘在靈虬山下　藕塘一在鑽口山一在關口山

箭陂塘在火爐舖　聶家塘在劉公河

胡家塘在山口冲下　二聖塘在青山上鄉

馬婆塘在州北五十里　五岳塘在西河驛

周家塘在州北七十里　高家堰在永福下鄉

陳興堰 在安平上鄉 白家堰 在安平上鄉
後河堰 在高家畈 張輝堰 在楊樹觜畈
高秋堰 在烏石山下 長港堰 在青山下鄉
蕭落長堰 在青山鄉 石郎堰 在大同鄉

廣濟縣

河堤 在縣治右明邑人楊大蘩王臨相繼修
鳳港堤 在縣南五十里爲武穴要道
孫公英堤 在武山湖西舊湖水汎田英督衆築堤後人德之故名
蓮城堤 在縣南五十里自廖家口抵望牛墩正統十三年濬淤淺以便水運舊有堤水患時齧

國朝陳大馬樊功臣募修
武家穴壩 在縣東九十里臨江上自盤塘下抵黃梅楊家穴長一百九十里明永樂四年朝命一帶江岸宣德六年築堤隆慶後水決爲患邑丞朱邦彥邑令周良弼相繼修築萬歷四十二年邑令劉應昌應昌丞樊守純築高廣倍於舊 國朝雍正五年奉旨發帑修築
廣濟塘 在縣治北
附水利議廣濟黃梅濱江皆有長堤廣濟計七十里在縣靈東永東大東三鄉分爲十三棚有茅林觜意水觜狗兒塘龍塘窩陂塘穴下塘青林觜汪家觜中廟五里黃花李林保賽各名舊例每年計田起役夫修築 國朝雍正六年知縣高入傑因中廟危險合縣秋糧派費築月堤一道長一百五十二丈九年入傑恐新堤不固復在堤外砌石岸一道長與月堤等乾隆二年知縣李壓梅復加補修又於上下加砌石岸各十丈

黃梅縣

唐思穴壩 自楊家穴至宿松分界雍正五年因舊址單薄奉旨發帑增修

桂公堤 在長樂鄉濱江處萬歷中知縣桂生芝築
石公堤 鄉官石願國會德化宿松黃梅三縣築
鍾公堤 自濯港抵孔壠三十里明萬歷間知縣會維倫築堤名會公堤後崩塌知縣鍾顴俊重脩
西池塘 在縣城西北自孔壠下至清江鎮
村官塘 上穀塘
下穀塘 觀音塘
劉家塘 白水塘
穀嘴堰 去縣十五里 白馬堰 在縣北十里
老鴉堰 當龍坪之衝 三渠堰 在縣東南三十里

上官堰　下官堰
桑木堰　新堰
渡下堰　鸛鳥堰
三口堰　嚴家堰
嚴家閘下孔壠十五里明孝廉邢懋學司馬注可受建

附水利議梅邑當江漢九江下流故歲苦漲溢今壩起廣濟武家穴龍坪至邑之蔡山孔家壠唐思穴清江鎮楊家穴雖延亘百里然歲復爲水衝决漫没禾稼民日狎遊魚鱉中益黃梅最下而彭蠡水又衝突之故其害視廣濟尤酷烈也

黃州府志卷之五

知黃州府事關中王　勍纂輯

賦役志

户口

先王之制男子生閭師書名登於天府王拜受之重民數也自漢有算賦魏晉後置户調於是逃亡脱漏之弊生焉　國家深仁厚澤滋息涵濡生齒日增賦仍舊額
皇恩浩蕩振古未聞曾南豐之言曰六聖德澤覆露生養斯其所以盛也豈其然乎

黃州府

户柒萬壹千壹百肆拾伍户

口柒拾肆萬柒百柒拾伍口

丁原額捌萬貳千玖拾叁丁康熙四年奉文豁免運夫人丁壹千伍百陸拾伍丁實捌萬伍百貳拾捌丁自康熙拾壹年至伍拾年編審黃岡蘄水麻城蘄州黃梅增玖百玖拾丁自康熙貳拾伍年至伍拾年編審羅田黃安廣濟增肆拾貳丁共捌萬壹千伍百陸拾

丁實徵丁銀貳萬伍千柒百玖拾肆兩伍錢壹毫肆

絲壹忽叁微叁塵陸纖肆渺又彙同不在額徵以內之優免丁銀於雍正柒年
題准丁隨糧派歸入闔省糧銀均攤各縣增減不一開墾帶派水災開除各案不一通共實徵丁銀貳萬伍千伍百叁拾伍兩叁錢壹分玖毫柒絲捌忽伍塵柒纖陸渺貳漠陸茫捌沙玖灰其自康熙伍拾伍年起至乾隆陸年止蘄水冊至拾壹年止各縣編審增益滋生人丁壹萬捌百捌拾捌丁欽奉
恩詔永不加賦

黃岡縣

戶壹萬叁千叁百玖拾陸戶
口壹拾伍萬柒千捌百玖拾伍口
丁原額壹萬貳千柒百捌拾叁丁康熙四年豁免運夫人丁貳百叁拾丁實壹萬貳千伍百伍拾叁丁自康熙拾壹年至伍拾年逐次編審增人丁陸拾柒丁共壹萬貳千陸百貳拾丁共徵丁銀肆千陸百伍拾壹兩貳錢貳分壹釐伍毫壹絲伍忽壹微肆塵肆纖柒渺又彙同不在額徵以內之優免丁銀伍百陸拾壹兩於雍正柒年
題准丁隨糧派歸入闔省糧銀均攤減原徵壹拾貳兩陸錢叁分壹釐壹毫肆絲伍忽貳微壹纖肆渺肆漠玖茫叁灰雍正柒年乾隆貳年陞墾派增丁銀壹兩伍錢肆分玖釐貳毫伍絲壹忽肆微貳塵陸纖壹渺柒漠伍茫通計丁銀伍千貳百壹兩壹錢叁分玖釐陸毫貳絲壹忽叁微陸塵玖纖肆渺貳漠伍茫玖沙柒灰內除水災案開除條編帶派丁銀伍拾兩陸分柒釐肆毫壹絲伍忽柒微柒塵壹纖陸渺柒漠實徵丁銀伍千壹百伍拾壹兩柒分貳釐貳毫伍忽伍微玖塵柒纖柒渺伍漠伍茫玖沙柒灰其自康熙伍拾伍年至乾隆陸年編審增益滋生人丁貳千貳百叁丁欽奉
恩詔永不加賦

蘄水縣

戶壹萬叁千壹百伍拾玖戶
口壹拾壹萬捌千柒百肆拾壹口
丁原額壹萬叁百玖拾丁康熙四年奉文豁免運夫人

丁壹百壹拾陸丁實丁壹萬貳百柒拾肆丁自康熙拾壹年至伍拾年逐次編審增人丁壹百肆拾叁丁共壹萬肆百壹拾柒丁共徵丁銀叁千伍拾壹兩壹錢貳釐捌毫伍絲柒微捌塵陸纖壹渺於雍正柒年

題准丁隨糧派歸入闔省糧銀均攤增銀壹千柒百玖拾玖兩玖錢肆分柒釐柒毫乾隆元年欽奉

上諭將派增丁銀豁免實徵丁銀叁千伍拾壹兩壹錢貳釐捌毫伍絲柒微捌塵陸纖壹渺其自康熙伍拾伍年至乾隆拾壹年編審增益滋生人丁壹千陸百肆

拾叁丁欽奉

恩詔永不加賦

羅田縣

戶伍千玖百戶

口捌萬陸千貳百玖拾口

丁原額肆千伍百叁拾捌丁康熙四年豁免運夫人丁叁拾丁實肆千伍百捌丁自康熙貳拾伍年至伍拾年逐次編審增人丁拾叁丁共肆千伍百貳拾壹丁共徵丁銀壹千伍百玖拾陸兩捌錢陸分壹釐貳毫伍絲四忽捌塵陸纖叁渺又彙同不在額徵內之優免丁銀肆拾壹兩伍錢柒分陸毫陸絲玖忽叁微於

雍正柒年

題准丁隨糧派歸入闔省糧銀均攤減原徵壹百捌拾兩叁錢玖分叁釐玖絲貳忽貳微壹塵玖纖叁渺肆漠捌茫叁沙柒灰實徵銀壹千肆百伍拾捌兩叁分捌釐捌毫叁絲壹忽壹微陸塵陸纖玖渺伍漠壹茫陸沙叁灰其自康熙伍拾伍年至乾隆陸年編審增益滋生人丁貳百柒拾貳丁欽奉

恩詔永不加賦

麻城縣

戶壹萬柒百肆戶

口壹拾壹萬貳百捌拾柒口

丁原額壹萬陸百伍丁康熙肆年豁免運夫人丁柒拾叁丁實壹萬伍百叁拾貳丁自康熙拾壹年至伍拾年逐次編審增人丁肆拾玖丁共壹萬伍百捌拾壹丁共徵丁銀叁千叁百捌拾捌兩玖錢捌分叁釐叁毫伍絲捌忽伍微貳塵叁纖叁渺又彙同不在額徵

丁銀以內之優免丁銀貳百陸拾伍兩貳錢伍分於
雍正柒年
題准丁隨糧派歸入闔省糧銀均攤減原徵壹百捌拾
貳兩肆錢捌分肆釐玖毫叁絲叁忽叁微肆漠柒茫
捌沙陸灰又水災案開除條餉帶派丁銀叁兩捌錢
伍分伍釐壹絲柒忽肆微貳塵壹纖捌漠貳茫實徵
銀叁千肆百陸拾柒兩捌錢玖分叁釐肆毫柒忽捌
微貳纖壹渺柒漠壹沙肆灰其自康熙伍拾伍年至
乾隆陸年編審增益人丁壹千叁百壹拾叁丁欽奉

恩詔永不加賦

黃安縣

戶伍千捌百肆拾壹戶
口柒萬玖千陸拾捌口
丁原額陸千貳百貳拾肆丁康熙肆年豁免運夫人丁
陸拾丁實陸千壹百陸拾肆丁自康熙貳拾伍年至
伍拾年逐次編審增人丁拾丁共陸千壹百柒拾肆
丁共徵丁銀壹千柒百壹拾貳兩貳錢貳分柒釐肆
毫捌絲柒忽柒微肆塵伍纖壹渺又稟同不在額徵

丁銀以內之優免丁銀捌拾玖兩玖分柒釐陸絲於
雍正柒年
題准丁隨糧派歸入闔省糧銀均攤加原徵貳百陸拾
肆兩伍錢捌分貳釐叁毫柒絲伍忽玖塵玖纖肆渺
陸漠壹茫玖沙欽奉
上諭豁免實徵銀壹千捌百壹兩叁錢貳分肆釐伍毫肆
絲柒忽柒微肆塵伍纖壹渺其自康熙伍拾伍年至
乾隆陸年編審增益滋生人丁捌百捌拾捌丁欽奉

恩詔永不加賦

蘄州

戶柒千玖百壹拾肆戶
口陸萬捌千伍拾口
丁原額壹萬伍千伍百柒拾壹丁康熙肆年豁免運夫
人丁叁百壹拾貳丁實壹萬伍千貳百伍拾玖丁自
康熙拾壹年至伍拾年逐次編審增叁百叁拾捌丁
共壹萬伍千伍百玖拾柒丁共徵丁銀肆千肆百陸
兩柒錢貳釐陸毫貳忽壹塵貳纖貳渺又稟同不在
額徵丁銀以內之優免丁銀柒拾叁兩玖錢陸分捌

釐陸毫肆絲伍忽於雍正柒年
題准丁隨糧派歸入闔省糧銀均攤減原徵壹千壹百貳兩陸錢玖分玖釐肆毫壹絲貳忽伍微玖塵叁纖陸渺伍漠捌沙伍灰雍正柒年歷墾丁銀貳錢捌釐伍絲柒忽玖微叁渺陸茫雍正拾貳拾叁及乾隆叁肆等年歷墾丁銀叁兩捌錢肆釐叁絲叁忽玖微玖塵貳纖玖渺玖漠肆茫通計丁銀叁千叁百捌拾壹兩玖錢捌分叁釐玖毫貳絲伍忽肆微貳塵捌渺肆漠玖茫壹沙伍灰其自康熙伍拾伍年至乾隆陸年

編審增益滋生人丁貳千伍拾壹丁欽奉
恩詔永不加賦

廣濟縣

戶陸千捌百壹拾戶

口伍萬肆千壹百柒拾陸口

丁原額壹萬壹千柒百壹拾肆丁康熙肆年豁免運夫人丁叁百捌拾貳丁實壹萬壹千叁百叁拾貳丁自康熙貳拾伍年至伍拾年逐次編審增人丁拾玖丁共壹萬壹千叁百伍拾壹丁共徵丁銀叁千叁百壹拾陸兩陸錢壹分伍釐壹毫玖絲柒忽貳微玖塵壹纖壹渺又彙同不在額徵丁銀以內之優免丁銀壹百叁拾肆兩壹錢陸分叁釐玖毫玖絲於雍正柒年
題准丁隨糧派歸入闔省糧銀均攤加原額壹百陸拾兩捌錢叁分壹釐捌毫陸絲貳忽玖微玖纖陸渺肆茫玖沙陸灰欽奉
上諭豁免實徵丁銀叁千肆百伍拾兩柒錢柒分玖釐壹毫捌絲柒忽貳微玖塵壹纖壹渺其自康熙伍拾伍年至乾隆陸年編審增益滋生人丁壹千陸百壹拾

肆丁欽奉
恩詔永不加賦

黃梅縣

戶柒千肆百貳拾壹戶

口陸萬陸千貳百陸拾捌口

丁原額壹萬貳百陸拾捌丁康熙肆年豁免運夫人丁叁百陸拾貳丁實玖千玖百陸丁自康熙拾壹年至伍拾年逐次編審增人丁叁百玖拾叁丁共壹萬貳百玖拾玖丁共徵丁銀叁千陸百柒拾兩柒錢捌分

陸釐米毫柒絲伍忽柒微肆塵柒纖陸渺又彙同不
在額徵丁銀以內之優免丁銀壹百貳兩叁錢貳分
玖釐貳毫肆絲陸忽伍微於雍正柒年
題准丁隨糧派歸入闔省糧銀均攤加原徵肆拾肆兩
柒錢柒分貳釐捌毫肆絲叁忽捌微捌塵捌纖貳渺
玖漠柒茫柒沙玖灰欽奉
上諭豁免實徵銀叁千柒百柒拾叁兩壹錢壹分陸釐貳
絲貳忽貳微肆塵柒纖陸渺其自康熙伍拾伍年至
乾隆陸年編審增益滋生人丁玖百肆丁欽奉
恩詔永不加賦

賦稅 軍屯附

黃居荊揚二州之間厥土泥塗厥田維下前代聖王所
以物土宜而布其利而因時議減相地改徵則
盛朝之德洋恩溥也至軍屯之政畊守相資雖東南漕粟
資其轉運而勿事行枚不復前代荷戈遠戍之辛苦輸
將恐後固忠事急公之義歟

黃州府屬

田地山塘原額並陞墾額除水災案開除及蘄水縣之
爲英山縣民買過田畝另款登收黃安縣之撥歸更
名田地另開外實在田地山塘伍萬柒千陸百貳拾
玖頃壹拾柒畝伍分肆釐陸毫玖絲陸忽載米麥貳
拾叁萬貳千伍百陸拾柒石貳斗玖升叁勺捌抄伍
粒肆粟各則不等共折徵銀壹拾陸萬玖兩柒錢伍
分壹釐壹絲肆微叁塵貳纖肆渺肆漠捌茫加增遼
餉銀肆萬叁千肆百壹拾陸兩貳錢柒分柒毫陸絲
伍微伍塵叁渺伍漠肆茫帶派鹿皮京揁銀玖兩壹
分肆釐肆毫玖絲叁忽肆微貳塵玖纖柒渺捌漠壹

茫通共徵銀貳拾萬叁千肆百叁拾伍兩叁分陸釐
貳毫陸絲肆忽肆微壹塵貳纖伍渺柒漠陸茫
南糧驢脚米折原額並陞墾額除水災案開除外實徵
銀柒千肆百捌兩肆錢貳分捌釐柒毫叁絲肆忽玖
微肆塵柒纖貳渺叁漠伍茫
更名田地原額貳百貳頃伍拾捌畝伍釐編米伍百捌
拾叁石肆斗柒升徵租餉銀柒百兩玖錢肆釐壹毫
壹絲壹忽捌微柒塵
人丁項下實徵銀 數見戶口志內

雜課匠班並麻城縣代徵籽粒銀共貳千玖百貳拾壹兩柒錢玖分壹釐肆毫壹絲柒忽柒微叁塵捌纖捌渺捌漠叁茫

以上地丁正雜舊額新加除無徵豁免開除外通共徵銀貳拾肆萬壹兩肆錢柒分壹釐伍毫柒忽貳塵陸纖叁渺貳漠捌沙玖灰內除優免丁銀及璺沠丁銀壹千貳百柒拾貳兩玖錢肆分玖毫伍絲叁忽貳微貳塵捌纖肆渺柒漠伍茫入另欵登收外實起運存留銀貳拾叁萬捌千柒百貳拾捌

兩伍錢叁分伍毫伍絲叁忽柒微玖塵柒纖捌渺肆漠伍茫捌沙玖灰

一起運

戶禮工光肆部寺地丁條遼門攤商稅湖洲雜課匠役班價代徵籽粒更名租餉麂皮京領並解費共銀壹拾伍萬伍千貳百玖拾叁兩陸錢壹分貳釐貳毫玖絲貳忽叁微肆塵柒渺壹漠叁茫捌沙玖灰

一撥運存留

隨漕驢腳官役俸食驛站夫馬江濟廩糧祭祀養濟並解費等項共銀捌萬叁千肆百叁拾肆兩玖錢壹分捌釐貳毫陸絲壹忽肆微伍塵柒纖壹渺叁漠貳茫

一另欵

奉裁優免充餉銀肆千捌百貳拾玖兩玖錢壹分伍釐陸毫陸絲捌忽壹微肆塵（優免丁銀總在數內）璺沠丁銀伍兩伍錢陸分壹釐叁毫肆絲貳忽肆微貳塵捌纖肆渺柒漠伍茫共徵銀肆千捌百叁拾伍兩肆錢柒分柒釐壹絲伍微陸塵捌纖肆渺柒漠伍茫

英山縣民買過蘄水縣米折徵銀壹百壹拾兩壹錢柒

分壹釐肆毫

一蘆課

原起徵並新增除泥灘溝港白沙不載課並逐年坍塌外實在稀蘆寄蘆熟地草塌草墻共壹千壹百陸頃玖拾柒畝叁分陸釐伍毫貳絲伍忽柒微捌塵柒纖實徵銀壹千捌百捌拾捌兩叁錢壹分陸釐捌毫叁絲玖忽貳微玖塵玖纖捌渺

一南漕二糧

漕糧除麻城黃安貳縣久入條鞭外黃岡蘄水羅田蘄

州廣濟黃梅六州縣原額及新增除水災案開除外通共徵本色正耗米肆萬捌千玖百玖拾石貳斗柒升貳合五勺叁撮捌圭柒粟

南糧原額及新增除水災案開除外黃岡蘄水羅田蘄州廣濟伍州縣實共徵本色正耗米肆萬壹千壹百肆拾壹石柒斗捌升貳合叁勺壹抄肆撮肆粒捌粟其麻城黃安黃梅叁縣正耗米貳萬陸百壹拾石壹斗陸升玖合柒勺貳抄陸撮陸圭叁粒肆粟於特請

皇仁案內永折徵銀壹萬肆千肆百貳拾柒兩壹錢壹分

捌釐捌毫捌忽陸微肆塵叁纖捌渺

黃岡縣

田地塘原額除水災案開除外實壹萬叁千頃玖拾肆畝伍分柒釐柒毫載米肆萬壹千柒拾柒石肆斗伍升貳合陸勺肆圭叁粒徵銀貳萬柒千壹百伍拾貳兩肆錢捌分捌釐伍毫叁絲肆忽伍微伍塵叁纖貳渺柒漠貳茫載夏麥貳千貳拾叁石貳斗柒升叁合肆勺玖撮捌圭肆粟徵銀陸百玖拾叁兩陸錢伍分伍釐肆毫柒絲伍微壹塵叁纖柒漠貳茫其夏稅絲桑絲俱入秋糧帶派又雍正柒年至乾隆陸年額外首墾田地壹拾捌頃壹拾柒畝伍分叁釐肆毫柒絲捌忽載米壹拾貳石捌斗陸升叁合叁勺肆抄玖撮壹圭貳粒徵銀捌兩柒錢肆分伍釐玖毫陸絲貳忽捌微叁塵貳纖貳渺柒漠陸茫通計田地塘壹萬叁千壹拾玖頃壹拾貳畝壹分壹釐壹毫柒絲捌忽米麥肆萬叁千壹百壹拾叁石伍斗捌升玖合叁勺伍抄玖撮叁圭伍粒肆粟徵銀貳萬柒千捌百伍拾肆兩捌錢捌分玖釐玖毫陸絲柒忽捌微玖塵捌纖陸

渺貳漠加增原額逯餉首墾逯餉除水災案開除外徵銀玖千柒百捌拾兩肆錢玖分叁釐貳毫貳絲肆忽玖微壹塵捌纖柒渺貳漠玖茫鹿皮京顏原額首墾增額除水災案開除外徵銀壹兩陸錢壹分貳釐肆毫叁絲壹忽肆微捌塵壹纖捌渺捌漠捌茫以上通共實徵銀叁萬柒千陸百叁拾陸兩玖錢玖分伍釐陸毫貳絲肆忽貳微玖塵玖纖貳渺叁漠柒茫

南糧驢脚米原額及首墾派增除水災案開除外實徵銀壹千貳百肆拾捌兩玖錢捌分壹釐捌毫叁絲貳

忽叁微捌塵捌纖叁渺貳漠陸茫

人丁項下實徵銀（數見戶口志內）

雜課原額除門攤無徵並豁免外實徵銀玖百陸拾叁兩肆錢壹分肆釐肆毫捌絲捌忽肆微柒塵捌纖陸渺（遇閏加銀肆兩柒錢叁分貳釐伍毫）匠役班價原派除水災案開除外實徵銀伍拾叁兩伍錢叁分玖釐柒毫玖絲叁忽柒塵壹纖陸渺貳漠伍茫共徵銀壹千壹拾陸兩玖錢伍分肆釐貳毫捌絲壹忽伍微伍塵貳渺貳漠伍茫

以上地丁正雜舊額新加除無徵豁免開除外通計實徵銀肆萬伍千伍拾肆兩叁釐玖毫肆絲叁忽捌微叁塵伍纖伍渺肆漠叁茫玖沙柒灰內除優免丁銀伍百陸拾壹兩墾派丁銀壹兩伍錢肆分玖釐貳毫伍絲壹忽肆微貳塵陸纖壹渺柒漠伍茫入另款登收外實起運存留銀肆萬肆千肆百玖拾壹兩肆錢伍分肆釐陸毫玖絲貳忽肆微玖纖叁渺陸漠捌茫玖沙柒灰

一起運

戶禮工光肆部寺地丁條遼雜課匠班鹿皮京摃並解費共銀貳萬柒千柒百伍拾伍兩伍分伍釐柒毫陸絲貳忽肆微肆纖叁漠貳茫玖沙柒灰（內有雍正柒年墾銀柒兩柒錢柒分伍釐伍毫零彙抵漢陽等縣重丁銀）

一撥運存留

隨漕驢腳米折銀共肆千貳百玖拾柒兩叁錢貳分貳釐壹毫肆絲柒忽伍微肆塵伍纖壹渺陸漠叁茫（內有雍正柒年墾銀捌錢捌分肆釐貳毫零彙抵漢陽等縣重丁銀）官役俸食驛站祭祀廩糧江濟雜支解費等項共銀壹萬貳千肆百叁拾玖兩柒分陸釐柒毫捌絲貳忽肆微陸塵壹渺柒漠叁茫通計銀壹萬陸千柒百叁拾陸兩叁錢玖分捌釐玖毫叁絲伍纖叁渺叁漠陸茫

一另款

奉裁優免充餉銀壹千叁百叁拾柒兩陸錢貳分（優免丁銀總在數內）首墾派徵丁銀壹兩伍錢肆分玖釐貳毫伍絲壹忽肆微貳塵陸纖壹渺柒漠伍茫（內雍正柒年墾派丁銀壹兩壹錢貳分貳釐柒毫零係彙抵重丁銀）共徵銀壹千叁百叁拾玖兩壹錢陸分玖釐貳毫伍絲壹忽肆微貳塵陸纖壹渺柒漠

伍茫
一蘆課
地原額及乾隆四年以前新增除白沙水溝沙灘不載
課逐次坍卸外實地陸百肆拾伍頃陸拾畝叁釐伍
絲伍忽伍微貳塵叁纖實徵課銀壹千貳百肆拾陸
兩陸錢玖分貳釐貳毫叁絲肆忽玖微貳塵柒纖玖
渺陸漠
一南漕二糧
漕糧原額及乾隆陸年以前墾增共本色正耗增貼米
壹萬叁千貳百伍拾陸石叁斗肆升柒合肆勺壹抄
玖粟除水災案開除外實徵米壹萬叁千壹百貳拾
石伍斗玖升肆合柒抄捌撮伍圭伍粒壹粟
南糧原額及乾隆陸年以前墾增共本色正耗米壹萬
伍百叁拾石壹升貳合陸勺陸抄玖撮伍圭貳粒叁
粟除水災案開除外實徵米壹萬肆百貳拾貳石壹
斗柒升捌合柒勺壹抄陸撮陸圭柒粒捌粟
蘄水縣
田地塘原額柒千陸百叁拾柒頃壹拾捌畝貳分捌釐

陸毫伍絲除英山縣民買過田叁拾柒頃貳拾玖畝
肆分實在田地塘柒千伍百玖拾玖頃捌拾捌畝捌
分捌釐陸毫伍絲實編米肆萬肆千玖百叁拾伍石
叁斗伍升貳合肆勺壹抄肆撮壹圭其夏稅麥陸拾
陸石陸斗伍升叁合夏稅絲桑絲入內帶派共徵銀
貳萬玖千叁百柒拾壹兩陸錢貳分肆釐伍毫玖絲
捌微玖塵貳纖壹渺加增遼餉銀陸千捌百叁拾玖
兩玖錢貳分叁釐叁毫玖絲肆忽伍微麂皮京損銀
壹兩陸錢肆分壹釐陸毫通計徵銀叁萬陸千貳百
壹拾叁兩壹錢捌分玖釐伍毫捌絲伍忽叁微玖塵
貳纖壹渺
南糧驢脚米折銀壹千肆百陸拾壹兩捌錢柒分
人丁項下實徵銀數見戶口志內
湖洲雜課門攤銀叁百伍拾貳兩貳錢貳分貳釐陸毫
陸絲叁忽貳微伍塵遇閏加銀玖錢伍釐匠班銀叁拾壹兩捌
錢共叁百捌拾肆兩貳分貳釐陸毫陸絲叁忽貳微
伍塵
以上地丁正雜舊額新加除無徵豁免外通計徵

起運存留銀肆萬壹千壹百壹拾兩壹錢捌分伍
釐玖絲玖忽肆微貳塵捌纖貳渺

一起運

戶禮工光肆部寺地丁條邊門攤雜課匠班麂皮共銀
貳萬伍千壹百玖拾兩叁錢叁分壹釐玖毫柒絲捌
忽玖微貳塵叁纖貳渺陸漠捌茫

一撥運存留

隨漕驢腳官役俸食驛站夫馬祭祀養濟雜支等項共
銀壹萬伍千玖百壹拾玖兩捌錢伍分叁釐壹毫貳

絲伍微肆纖玖渺叁漠貳茫

一另欵

奉裁優免充餉銀伍百陸拾伍兩壹錢貳分叁釐肆毫
捌絲

英山縣民買過米折銀壹百壹拾兩壹錢柒分壹釐肆
毫

一蘆課

原起征並新增除泥溝沙灘不載課外實稀蘆草塌熟
地捌拾頃肆拾伍畝柒分伍毫實徵原額新增變則
陞科等銀共壹百貳拾柒兩叁錢玖分伍毫叁微

一南漕二糧

漕糧本色正耗米原額壹萬肆千玖百叁拾玖石伍斗
貳升

南糧本色正耗米原額壹萬貳千壹百捌拾貳石貳斗
伍升

羅田縣

田地塘原額貳千柒百貳拾肆頃柒拾柒畝肆分壹釐
柒毫載秋米壹萬壹千壹百陸拾叁石柒斗捌合伍

勺陸抄徵銀捌千貳百貳拾叁兩叁錢捌分叁釐叁
毫伍絲伍忽貳微壹纖伍渺載夏麥壹百伍拾叁石
捌斗肆升肆合玖勺徵銀捌拾捌兩叁錢陸釐玖毫
肆絲其夏稅絲桑絲俱入秋糧帶泒加增遼餉銀貳
千肆百柒拾肆兩叁錢陸分柒釐肆毫貳絲叁忽柒
微柒塵柒纖麂皮京揹銀柒錢捌分捌釐肆毫通計
徵銀壹萬柒百捌拾陸兩捌錢肆分陸釐壹毫壹絲
捌忽玖微柒塵捌纖伍渺

南糧驢腳米折銀叁百肆拾捌兩肆錢捌分

人丁項下實徵銀數見戶口志內
雜課商稅匠役班價實徵銀壹拾肆兩貳錢
以上地丁正雜舊額新加除無徵豁免實共徵銀
壹萬貳千陸百柒兩伍錢陸分肆釐玖毫伍絲壹
徵肆塵伍纖肆渺伍漠壹茫陸沙叁灰除優免丁
銀肆拾壹兩伍錢柒分陸毫陸絲玖忽叁微入另
款登收外實起運存留銀壹萬貳千伍百陸拾伍
兩玖錢玖分肆釐貳毫捌絲捌微肆塵伍纖肆渺
伍漠壹茫陸沙叁灰

一起運
戶禮工光四部寺地丁條遼商稅雜課匠役班價麂皮
京損並解費共銀柒千玖百伍拾玖兩壹錢柒分肆
釐貳毫柒絲陸忽伍微捌塵捌纖陸渺貳漠肆茫壹
沙叁灰
一撥運存留
隨漕驢脚江濟官役俸食驛站祭祀廩糧雜支解費共
銀肆千陸百陸兩捌錢貳分肆忽貳微伍塵陸纖捌
渺貳漠柒茫伍沙

一另款
奉裁優免充餉銀壹百肆拾伍兩貳分玖釐肆毫陸絲
玖忽叁微優免丁銀總在數內
一南漕二糧
漕糧本色正耗增貼共米叁千肆百玖石貳斗捌升
南糧本色正耗米貳千玖百肆石
麻城縣
田地塘原額除水災案開除外實壹萬肆百叁拾柒頃
捌拾肆畝伍分肆釐載秋米貳萬肆千壹百壹拾貳

石叁斗陸升捌勺陸抄其夏稅麥壹百貳石叁斗肆
升伍合肆勺夏稅絲桑絲俱入秋糧帶派共折徵銀
壹萬玖千叁百貳兩肆錢伍分肆毫伍忽玖微捌塵
玖纖伍渺柒漠陸茫加增遼餉銀伍千捌百貳拾柒
兩肆錢柒釐柒毫叁絲柒微陸塵伍纖壹渺柒漠陸
茫麂皮京損銀壹兩肆錢陸分壹釐伍毫叁忽壹微
伍塵壹纖伍渺陸漠陸茫通計徵銀貳萬伍千壹百
叁拾壹兩叁錢壹分玖釐陸毫叁絲玖忽玖微陸纖
叁渺壹漠捌茫

南糧驢脚米折銀捌百肆拾肆兩玖分肆釐肆毫柒絲捌微陸塵壹纖柒渺玖茫

人丁項下實徵銀數見戶口志內

匠役班價並代徵籽粒等銀伍拾壹兩壹分壹釐肆毫陸絲貳忽壹微陸塵叁纖陸渺伍漠捌茫

以上地丁正雜舊額新加除無徵豁免實銀貳萬玖千肆百玖拾肆兩叁錢壹分捌釐玖毫捌絲柒微叁塵叁纖捌渺伍漠伍茫壹沙肆灰除優免丁銀貳百陸拾伍兩貳錢伍分入另款登取外實起運存留銀貳萬玖千貳百貳拾玖兩陸分捌釐玖

毫捌絲柒微叁塵叁纖捌渺伍漠伍茫壹沙肆灰

一起運

戶禮工光四部寺地丁條遼匠班籽粒麂皮京揁並解費等項共銀貳萬壹千肆百貳拾伍兩伍錢伍釐捌毫叁絲伍忽叁微伍塵陸纖貳渺玖漠壹沙肆灰

一撥運存留

隨漕驢脚江濟官役俸食驛站祭祀廩糧雜支解費共銀柒千捌百叁兩伍錢陸分叁釐壹毫肆絲伍忽叁微柒塵柒纖伍渺陸漠伍茫

一另款

奉裁優免充餉銀玖百捌拾伍兩玖錢優免丁銀總在數內

一南漕貳糧

漕糧久入條鞭外載南糧正耗米柒千肆拾叁石貳斗伍升水災案開除米捌石捌升貳勺柒抄叁撮叁圭陸粒陸粟實米柒千叁拾伍石壹斗陸升玖合柒勺貳抄陸撮陸圭叁粒肆粟於特請

皇仁案內永折徵銀肆千玖百貳拾肆兩陸錢壹分捌釐

捌毫捌忽陸微肆塵叁纖捌渺

黃安縣

田地山塘原額除撥歸更名外實肆千陸百壹拾頃叁拾陸畝肆分柒釐載秋米壹萬壹千柒百玖拾柒石叁升柒合柒勺叁抄捌撮其全夾官米伍千叁百陸拾叁石柒斗肆升伍合陸勺玖撮伍圭夏稅麥捌拾叁石壹斗陸升玖合玖勺夏稅絲桑絲俱入秋糧帶派共折徵銀壹萬壹千伍百叁拾叁兩壹錢捌分捌毫伍忽伍微貳塵伍纖肆渺加增遼餉銀貳千柒百

柒拾貳兩叁分叁釐陸毫捌絲叁微貳塵貳纖貳渺
鹿皮京攃銀陸錢陸分肆釐貳毫通計徵銀壹萬肆
千叁百伍兩捌錢柒分捌釐陸毫捌絲伍忽捌微肆
塵柒纖陸渺
南糧驢脚米折銀肆百玖拾肆兩貳錢貳分
撥歸更名田地山塘貳百貳頃伍拾捌畝伍釐額編米
伍百捌拾叁石肆斗柒升徵租餉銀柒百兩玖錢肆
釐壹毫壹絲壹忽捌微柒塵
人丁項下實徵銀數見戶口志內

原役班價銀貳拾貳兩貳錢
以上地丁正雜舊額新加除無徵豁免實共徵銀
壹萬柒千叁百貳拾肆兩伍錢貳分柒釐叁毫肆
絲伍忽肆微陸塵貳纖柒渺除優免丁銀捌拾玖
兩玖分柒釐陸絲入另欵登收外實起運存留銀
壹萬柒千貳百叁拾伍兩肆錢叁分貳毫捌絲伍
忽肆微陸塵貳纖柒渺
一起運
戶禮工光肆部寺地丁條邊更名租餉鹿皮京攃匠班
解費等項共銀壹萬叁千壹百肆拾壹兩肆錢捌分
陸釐貳毫伍絲壹忽伍微伍纖柒渺肆漠貳茫
一撥運存留
隨漕驢脚江濟官役俸食驛站祭祀廩糧雜支解費等
項共銀肆千玖拾叁兩玖錢肆分肆釐叁絲叁忽玖
微伍塵陸纖玖渺伍漠捌茫
一另欵
奉裁優免充餉銀伍百兩肆錢貳分伍毫陸絲優免丁銀總在數內

一南漕貳糧
漕糧久入條鞭外南糧正耗米肆千壹百壹拾捌石伍
斗於特請
皇仁案內永折徵銀貳千捌百捌拾貳兩玖錢伍分
蘄州
田地塘原額伍千捌百叁拾陸頃捌拾畝肆分壹釐柒
毫載秋米貳萬捌千壹百肆拾伍石伍斗玖升柒合
陸勺玖抄陸撮其夏稅麥貳百肆拾貳石柒斗壹升
貳合肆勺夏稅絲桑絲俱入秋糧帶派共折徵銀壹

萬玖千叁百陸拾肆兩叁錢肆分肆釐壹毫伍絲陸忽柒微貳塵叁纖自康熙叁拾年至雍正拾壹年額外開墾田伍拾壹頃柒拾柒畝伍分壹釐陸毫陸絲捌忽載米壹百貳拾伍石貳斗叁升肆合叁勺捌抄貳撮陸圭徵銀捌拾柒兩玖錢伍釐伍毫叁絲玖忽肆微柒塵肆纖壹渺伍漠貳茫加增遞徧原額及陞墾額共銀伍千叁百貳拾叁兩玖錢捌分陸釐壹毫陸絲陸忽貳微壹塵肆纖貳渺肆漠玖茫鹿皮京撹銀原額及陞墾額共銀壹兩叁錢肆分伍釐壹毫伍絲捌忽柒微玖塵陸纖叁渺貳漠柒茫通共徵銀貳萬肆千柒百柒拾柒兩伍錢捌分壹釐貳絲壹忽貳微柒纖柒渺貳漠壹茫

南糧驢脚米折原額及開墾增額共折徵銀玖百叁兩伍錢貳分貳釐肆毫叁絲壹忽陸微玖塵柒纖貳渺

人丁項下實徵銀（數見戶口志內）

雜課原額除豁免外實徵銀肆百伍拾捌兩壹錢叁分柒釐伍毫玖微伍塵（遇閏加銀陸拾貳兩貳錢壹分柒釐捌毫貳絲伍忽）匠役班價除開除外實徵銀壹拾貳兩陸錢共徵銀肆百

柒拾兩柒錢叁分柒釐伍毫玖微伍塵

以上地丁正雜舊額新加除無徵豁免開除外通計徵銀貳萬玖千伍百叁拾叁兩捌錢貳分肆釐捌毫柒絲玖忽貳微柒塵伍纖柒渺柒漠壹沙伍灰內除優免丁銀柒拾叁兩玖錢陸分捌釐陸毫肆絲伍忽墾泒丁銀肆兩壹分貳釐玖絲壹忽貳纖叁渺入另欵登收外實起運存留銀貳萬玖千肆百伍拾伍兩捌錢肆分肆釐壹毫肆絲叁忽貳微柒塵叁纖肆渺柒漠壹沙伍灰

一起運

戶禮工光肆部寺地丁條遼雜課匠班鹿皮京撹並餅費共銀壹萬捌千肆百玖拾肆兩柒分貳釐叁毫玖絲柒忽貳塵陸纖伍渺玖漠肆茫陸沙伍灰（內有雍正七年陞墾銀壹兩肆錢壹釐玖忽零係彙抵漢陽等縣重丁銀）

一撥運存留

隨漕驢脚米折共銀叁千柒百捌拾伍兩捌錢柒毫肆忽貳微柒塵柒纖伍渺叁漠壹茫（內有雍正柒年陞墾銀貳錢叁釐柒毫伍絲零係彙抵漢陽等縣重丁銀）官役俸食驛站祭祀廩糧江濟雜

支觧費等項銀柒千壹百柒拾伍兩玖錢柒分壹釐肆絲壹忽玖微陸塵玖纖叁渺肆漠肆茫伍沙通共銀壹萬玖百陸拾壹兩柒錢柒分壹釐柒毫肆絲陸忽貳微肆塵陸纖捌渺柒漠伍茫伍沙

一另欵

奉裁優免充餉銀肆百陸拾伍兩捌錢壹分貳釐貳絲玖忽柒微肆塵（優免丁銀總在數內）開墾泒增丁銀肆兩壹分貳釐玖絲壹忽貳纖叁渺（內有丁銀貳錢捌釐伍絲零粟抵重丁）共徵銀肆百陸拾玖兩捌錢貳分肆釐壹毫貳絲柒微肆

塵貳纖叁渺

一蘆課

地原額及乾隆肆年以前新增額除泥滲沙灘不堪載課逐次坍卸又除鴨蛋洲地撥歸江西外實在成熟蘆地草塌草墹共叁百壹拾頃柒畝叁分壹釐肆毫柒絲肆忽實徵課銀肆百壹拾兩陸錢壹分貳釐貳毫柒絲伍忽肆微

一南漕二糧

漕糧原額及雍正拾壹年以前墾增額共本色正耗增貼米玖千陸百壹拾石捌斗玖升肆合肆勺貳抄伍撮貳圭伍粒陸粟

南糧原額及雍正拾壹年以前墾增額共本色正耗米柒千伍百貳拾玖石叁斗伍升叁合伍勺玖抄柒撮叁圭柒粒

廣濟縣

田地塘原額陸千叁拾捌項肆拾畝陸分叁釐捌毫載秋米叁萬捌百捌拾貳石伍斗壹升壹合陸勺其夏稅麥陸百貳拾伍石肆斗貳升肆合壹勺夏稅絲桑

絲俱入秋糧帶泒共折徵銀貳萬壹千貳百壹拾叁兩伍錢肆分伍釐陸毫叁絲叁忽肆塵伍纖伍渺加增遼餉銀伍千貳百叁拾肆兩叁錢陸分伍釐柒毫陸忽伍微麂皮京損銀壹兩伍錢壹釐貳毫通計徵銀貳萬陸千肆百肆拾玖兩肆錢壹分貳釐伍毫叁絲玖忽伍微肆塵伍纖伍渺

南糧驢脚米折銀玖百柒拾貳兩肆錢捌分

人丁項下實徵銀（數見戶口志內）

雜課徵銀叁百貳兩肆錢貳分柒釐伍毫壹絲叁忽壹

塵遇閏加銀貳拾肆兩陸錢柒釐捌毫肆忽伍微班匠銀玖兩陸錢共徵銀
叁百壹拾貳兩貳分柒釐伍毫壹絲叁忽壹塵
以上地丁正雜舊額新加除無徵豁免實徵銀叁
萬壹千壹百捌拾肆兩陸錢玖分玖釐貳毫叁絲
玖忽捌微肆塵陸纖陸渺除優免丁銀壹百叁拾
肆兩壹錢陸分叁釐玖毫玖絲入另款登収外實
起運存留銀叁萬壹千伍拾兩伍錢叁分伍釐貳
毫肆絲玖忽捌微肆塵陸纖陸渺

一起運

戶禮工光肆部寺地丁條遼餉皮京損雜課班匠解費
等項共銀貳萬玖拾伍兩柒錢捌釐陸毫肆絲貳忽
玖微伍塵壹纖肆渺伍漠柒茫

一撥運存留

隨漕驢腳江濟官役俸食驛站祭祀廩糧雜支解費等
項共銀壹萬玖百伍拾肆兩捌錢貳分陸釐陸毫陸
忽捌微玖塵伍纖壹渺肆漠叁茫

一另款

奉裁優免充餉銀伍百伍拾玖兩叁錢伍分貳釐玖毫
玖絲捌忽優免丁銀總在數內

一蘆課

原徵新增至乾隆肆年以前除泥灘不載課外實稀蘆
熟地壹拾壹頃柒畝壹分捌釐貳毫實徵銀壹拾貳
兩肆錢玖分捌釐伍毫伍忽

一南漕貳糧

漕糧本色正耗增貼米共伍千壹百捌拾陸石壹斗陸
升

南漕本色正耗米捌千壹百肆石

黃梅縣

田地山塘原額柒千叁百壹拾頃壹拾玖畝伍分伍釐
載秋米叁萬陸千伍百壹拾玖石壹斗叁升伍合肆
勺柒抄其夏稅麥肆百玖拾捌石陸斗壹升貳合陸
勺夏稅絲桑絲俱入秋糧帶派共折徵銀貳萬貳千
玖百柒拾兩壹錢壹分玖釐陸毫壹絲伍忽陸微捌
塵貳纖陸渺加增遼餉銀伍千壹百陸拾叁兩陸錢
玖分叁釐肆毫叁絲叁忽伍微伍塵叁纖通計徵銀
貳萬捌千壹百叁拾叁兩捌錢壹分叁釐肆絲玖忽

貳微叁塵伍纖陸渺

南糧驢脚米折銀壹千壹百叁拾肆兩柒錢捌分

人丁項下實徵銀數見戶口志內

雜課銀陸百叁拾玖兩捌錢叁分柒釐玖毫玖絲陸忽捌微壹塵伍纖遇閏加銀柒拾捌兩陸錢壹分肆釐叁毫柒絲捌忽班匠銀壹拾兩捌錢共銀陸百伍拾兩陸錢叁分柒釐玖毫玖絲陸忽捌微壹塵伍纖

以上地丁正雜舊額新加除無徵豁免實徵銀叁萬叁千陸百玖拾貳兩叁錢肆分柒釐陸絲捌忽貳微玖塵捌纖貳渺除優免丁銀壹百貳兩叁錢

貳分玖釐貳毫肆絲陸忽伍微入另款登收外實起運存留銀叁萬叁千伍百玖拾兩壹分柒釐捌毫貳絲壹忽柒微玖塵捌纖貳渺

一起運

戶禮工光肆部寺地丁條遼雜課班匠並解費等項共銀貳萬壹千貳百叁拾貳兩貳錢柒分柒釐壹毫肆絲柒忽伍微捌塵肆纖柒渺伍茫

一撥運存留

隨漕驢脚江濟官役俸食驛站祭祀廩糧雜支解費等項共銀壹萬貳千叁百伍拾柒兩柒錢肆分陸毫柒絲肆忽貳微壹塵叁纖肆渺玖漠伍茫

一另款

奉裁優免充餉銀貳百柒拾兩陸錢伍分柒釐壹毫叁絲壹忽壹微優免丁銀總在數內

一蘆課

原額新增至乾隆肆年以前除溝港泥淤不載課外實稀蘆熟地草場草壋共伍拾玖頃柒拾柒畝壹分叁

釐貳毫玖絲陸忽貳微陸塵肆纖實徵銀玖拾壹兩壹錢貳分叁釐叁毫貳絲叁忽陸微柒塵壹纖捌渺肆漠

一南漕貳糧

漕糧原額編本色正耗增貼米貳千柒百貳拾叁石捌斗貳升肆合

南糧載正耗米玖千肆百伍拾陸石伍斗於特請皇仁案內永折徵銀陸千陸百壹拾玖兩伍錢伍分

附軍屯

黃州衛

一戶口

丁原額肆拾丁自康熙貳拾貳年至伍拾貳年逐次編審增人丁拾玖丁共伍拾玖丁共徵丁銀壹拾壹兩捌錢於雍正柒年

題准丁隨糧派歸入通省屯餉均攤乾隆叁年又復通派減原徵銀叁兩伍錢肆釐叁毫柒絲實徵銀捌兩貳錢玖分伍釐陸毫叁絲其自康熙伍拾柒年至乾隆捌年編審增益滋生人丁叁拾壹丁欽奉

恩詔永不加賦

一屯田

屯田地山塘原額柒百伍拾陸頃陸拾叁畝壹分肆釐貳忽內除江夏麻城縣代徵籽粒屯田地壹拾捌頃玖拾陸畝伍分柒毫肆絲柒忽除荒蕪坍卸屯田地柒拾伍頃肆拾捌畝肆分叁釐壹毫伍絲捌忽壹微壹塵捌纖實屯田地陸百陸拾貳頃壹拾捌畝貳分玖絲陸忽捌微捌塵貳纖逐年開墾增田地叁拾玖頃玖拾陸畝壹分伍釐玖毫玖絲捌忽肆微叁塵柒

纖叁渺壹漠實成熟田地柒百貳頃壹拾肆畝叁分陸釐玖絲伍忽叁微壹塵玖纖叁渺壹漠載糧捌千肆百貳拾陸石肆升叁合柒勺柒抄肆撮叁圭叁粒捌粟實徵銀貳千玖百柒拾肆兩叁錢玖分叁釐肆毫伍絲貳忽叁微肆塵壹纖叁渺壹漠肆茫

以上屯餉丁糧共實徵銀貳千玖百捌拾貳兩陸錢捌分玖釐捌絲貳忽叁微肆塵壹纖叁渺壹漠肆茫

一起運

布政司充餉銀貳千叁百陸拾陸兩肆分玖釐捌絲貳忽叁微肆塵壹纖叁渺壹漠肆茫

糧道運軍安家糧銀壹百陸拾玖兩肆錢肆分又軍叁造船銀壹百肆拾伍兩壹錢

一存留

官役俸食銀叁百貳兩壹錢

一蘆課

蘆洲地原額除溝港泥瀅不堪載課外實稀蘆中地草地壹拾壹頃柒拾壹畝柒分叁釐壹毫柒絲柒微壹

塵徵課銀壹拾玖兩捌分柒釐玖毫肆絲貳忽陸微
貳纖貳渺

蘄州衛

一戶口

丁原額並康熙伍拾貳年以前編審增額共捌拾貳丁
徵丁銀壹拾陸兩肆錢於雍正柒年
題准丁隨糧派歸入通省屯餉均攤應減銀柒兩陸錢
捌分伍釐玖毫壹絲實徵丁銀捌兩柒錢壹分肆釐
玖絲共自康熙伍拾柒年至乾隆拾叁年編審增益

滋生人丁貳拾捌丁欽奉
恩詔永不加賦

一土田

屯田地原額玖百伍拾頃叁拾陸畝捌分貳釐陸毫柒
忽除荒蕪并卸屯地外有地玖百貳頃貳拾貳畝壹
分捌毫捌絲壹忽叁塵玖纖於雍正柒年墾增玖拾
陸畝叁分玖釐肆毫叁絲玖忽玖微貳塵貳纖實在
成熟田地玖百叁頃壹拾捌畝伍分叁毫貳絲玖微
陸塵壹纖載糧柒千貳百玖石叁斗玖升捌合捌勺
陸抄陸撮肆粒壹粟實徵銀貳千玖百陸拾捌兩壹
錢玖釐伍毫壹絲叁忽壹微肆塵玖纖捌漠壹沙

以上屯餉丁糧共實徵銀貳千玖百柒拾陸兩捌
錢貳分叁釐陸毫叁忽壹微肆塵玖纖捌漠壹沙

一起運

布政司充餉銀貳千叁百壹拾壹兩陸錢壹分陸釐叁
忽壹微肆塵玖纖捌漠壹沙又馬餉銀陸兩伍錢
糧道運軍安家糧銀貳百壹拾柒兩叁錢柒分柒釐陸
毫又軍三造船銀壹百叁拾玖兩貳錢叁分

一存留

官役俸食銀叁百貳兩壹錢

一蘆課

蘆洲地原額及新增共徵銀柒百壹拾玖兩伍錢玖分
壹釐伍毫玖絲肆微捌塵貳纖肆渺伍漠

積貯

德惟善政政在養民以三十年之通制國用所爲旱乾
水溢民無菜色也夫常平貯於官社倉貯於民或糴或
貸以持金粟之權衡治法備矣有治人以善爲調劑而

變通之江永漢廣誰不樂化國之日舒以長者乎

黃州府

軍儲倉在城內府儒學後舊設有倉大使康熙三十九年裁儲穀三萬石乾隆十四年於遵旨議奏案內照雍正年間舊額定數存貯餘穀糶價解司撥補不足額州縣

黃岡縣

常平倉貳座壹名儲豐倉在城內洗墨池左創自康熙貳拾柒年壹名永豐倉在城內府城隍廟左創自雍正玖年各案共貯穀壹萬貳千捌百玖拾貳石零

社倉建立各鄉共壹百壹拾玖座每座委正副社長掌

管每年春借秋還照例收息自雍正貳年起至乾隆拾叁年共貯本息穀柒千玖百壹拾壹石零

便民倉舊在樊口民間輸糧者每苦渡江風濤之險康熙中知縣鍾葦移置團風

蘄水縣

常平倉在縣署頭門內東西兩廊各案共積穀壹萬叁千玖百石壹斗伍升叁合捌勺捌抄

社倉建立城鎮各鄉共壹百玖拾貳座每座委正副社長掌管每年春借秋還照例收息自雍正貳年起至

乾隆十一年實存穀壹萬肆千壹百玖拾叁石壹斗

便民倉一在阜城門外一在巴河鎮

羅田縣

常平倉在縣內東自康熙貳拾捌年至乾隆拾叁年實存各案所捐積穀柒千叁百捌石陸斗玖升捌合

社倉建置各鄉共貳拾貳處每處置正副社長經管每年春借秋還照例收息自雍正元年起至乾隆拾叁年底共存本息穀玖千柒百陸拾伍石柒斗捌升柒合伍勺

麻城縣

便民倉在縣南壹里

常平倉在縣署內自康熙貳拾貳年至乾隆拾叁年內捐輸派添查盤盈餘俊秀捐監除節屆撥賑外實存穀壹萬捌千捌百柒拾柒石柒升

社倉建設各鄉區共壹百壹拾貳座每座置正副社長經管每年春借秋還照例收息自雍正元年至乾隆拾壹年共貯本息穀壹萬肆千壹百捌拾壹石肆升貳合

黄安縣

常平倉壹在憲司計伍間壹在北街計伍間壹在西街計伍間自康熙貳拾叁年至乾隆拾叁年實存各案穀捌千貳百柒拾陸石叁升捌合

社倉建設各鄉共捌拾捌座每座設立正副社長經管每年春借秋還照例收息自雍正貳年至乾隆拾叁年共貯本息穀壹萬捌千伍百柒拾柒石伍斗捌升陸合貳勺肆抄壹撮叁圭伍粒叁粟陸黍

蘄州

常平倉壹在州署頭門外計拾叁間壹在北門外計玖間自康熙貳拾玖年至乾隆拾叁年內易漕採買捐積捐監除節届撥賑外實存穀壹萬壹千肆拾肆石叁斗伍升陸合捌勺捌抄捌撮又原捐大麥陸石叁斗柒升久經易穀收貯

社倉建設各鄉圖共伍拾陸處每處置正副社長經管每年春借秋還照例收息自雍正元年至乾隆拾叁年共貯本息穀壹萬陸千玖百柒拾陸石肆升柒合貳勺肆抄玖撮叁圭

便民倉在北門壇左

廣濟縣

常平倉在縣署右側共拾柒間自康熙伍拾伍年至乾隆拾叁年各案共貯穀捌千玖百捌拾叁石柒斗伍升伍勺肆抄陸撮伍圭

社倉建立叁拾柒圖每圖設有正副社長經管每年春借秋還照例收息自雍正元年起至乾隆拾叁年共貯本息穀壹萬貳千貳百肆拾貳石捌斗叁升陸合貳勺陸抄

便民倉在龍坪鎮

黄梅縣

常平倉壹在南街壹在馬號壹在大堂側自康熙拾玖年至乾隆拾叁年實存各案所捐積穀玖千玖百壹拾石叁斗叁升肆合叁勺

社倉分建各鄉鎮共叁拾陸處每處置正副社長經管每年春借秋還照例收息自雍正貳年至乾隆拾叁年共存本息穀貳萬貳千捌百伍拾叁石玖斗叁升玖合玖勺貳抄叁撮壹圭

便民倉在新開鎮

黄州衛

常平倉在城内自康熙貳拾壹年至乾隆拾叁年實貯積穀壹千叁百叁拾壹石陸斗貳升

社倉分建城鄉共拾座每座正副倉長經管每年春借秋還照例收息至乾隆拾年共存本息穀伍百叁拾石肆斗捌升伍合肆勺肆抄肆撮玖圭肆粒伍粟玖顆貳糠捌粃

蘄州衛

常平倉在衛署前計陸間自康熙貳拾陸年至乾隆拾叁年除節届撥賑外實存穀壹千肆百壹拾貳石叁升

社倉分建各伍共柒拾陸座祇肆拾柒伍每伍設正副倉長經管每年春借秋還照例收息至乾隆拾叁年共存本息穀柒千肆百陸拾壹石玖斗玖升玖合捌勺肆抄肆撮壹圭

蠲䘏

天災流行何代蔑有周禮以荒政十二聚萬民散利薄征固其首務我　國家每有水旱之災令有司速行賑䘏不容稍緩須臾即豊穰之年田租累蒙蠲免深仁厚澤逺軼前代黄舊稱魚稻之鄉然江淮間民俗呰窳而少畜積上有大澤則下天上施値堯水湯旱之日依然沐左餐右粥之恩何其幸也

漢文帝拾貳年賜天下田租之半　按志紀黄州蠲䘏適行天下者不應載入首舉漢文以明賜租之始餘不具錄

唐元和四年免淮南今歲稅

太中九年以旱遣使巡撫淮南減上供餽運蠲逋租

南唐昇元五年八月遣使賑貸黄州旱傷戶口

後周顯德六年命以米貸淮南饑

宋天聖四年江淮以南大水蠲民租

熙寧七年十月以常平米於淮南西路易饑民所掘蝗種

紹興元年蘄州旱詔免租　二年蘄州饑命郡賑粟萬石　五年淮東西饑詔賑之　秋七月甲戌免蘄州上供及租稅　十三年賑淮南饑民仍禁遏糴　三十年十月蠲蘄黄州民附種田租

乾道五年蠲江淮等路紹興二十七年拖欠藏庫歲額錢共捌拾柒萬伍千叁百緡　八年蠲兩淮明年租賦

紹熙元年十一月減蘄州歲鑄錢貳拾萬緡

嘉泰元年兩淮旱賑之蠲其賦　三年權罷蘄春監鑄錢　嘉定二年八月出米拾萬石賑兩淮流民　十五年四月詔蠲蘄州今年租賦　十六年九月詔江淮諸司賑䘏被水貧民

嘉熙元年詔淮襄避地流民沿江諸郡委官賑濟

元至元二十八年十二月詔免江淮貧民逋租鈔綿　三十一年免江淮以南夏稅之半

大德九年免江淮以南租稅及佃種官田者拾分之貳　十年七月以米柒萬柒千捌百石賑糶武昌興國黃州饑

至大元年江淮饑免今年常賦及夏稅遣使賑貸　二年免江淮夏稅

至治元年正月蘄州蘄水縣饑賑糧三月

天歷二年黃州路旱免其租　至順元年二月蘄黃等路饑賑糧各壹月　三月又以淮西廉訪使贓罰鈔賑蘄黃五路饑民

至元三年詔發義倉米賑蘄州饑　又賑河南諸路米拾萬石

明洪武九年免湖廣今年稅糧　十年荆蘄大水命戶部主事趙乾來賑遷延半載帝怒誅之　十九年詔本年秋糧盡行蠲免

永樂二年命御史郭林等賑湖廣水災

正統三年免逋賦　四年廣濟大旱饑知縣高偉發民間所輸粟以賑　七年大旱民間輸粟壹千壹百石以賑者詔旌之　十年十三年免旱災稅糧

景泰六年江水泛湖田盡沒命撫按官條寬恤事

成化四年免被災稅糧　六年免去年水災秋糧　十年三月免去年旱災秋糧　十一年水免秋糧　十六年免去年旱災秋糧

弘治元年十二年十四年免被災秋糧　十七年大旱免田租之半

正德三年大旱饑南工部侍郎畢亨來賑　十二年遣

御史吳廷舉振湖廣饑
嘉靖元年夏旱免秋糧有差　二年蘄州旱免田糧有
差　五年八月發各屬預備倉穀米並太和山香錢
賑饑　六年水減免秋糧　七年旱饑諭巡撫將貧
戶儘現糧賑給不敷者給各項官銀　十一年旱免
秋糧有差　十五年二月發粟賑饑蘄水志載賑貳千肆百玖拾捌
石十五年六月旱減免秋糧　二十三年旱賑湖廣
饑蘄水志載賑粟捌千肆百柒拾石陸斗銀壹千肆百貳拾柒兩陸錢陸分　二十四年
旱副使劉光文奏免田租之半布政司發銀賑之蘄水

志載賑壹千肆百陸拾兩陸錢
隆慶四年旱蠲今年稅糧有差發贓罰銀及倉米賑之
五年以水災許改折漕糧之半
萬歷六年免逋賦　十七年以災傷蠲秋糧　二十九
年蠲加派田租逋賦
天啓四年免災傷田租
崇禎十一年兵荒詔蠲舊欠錢糧　十五年詔蠲去年
錢糧
國朝順治元年大兵經過地方免正糧壹年歸順地方免

叁分之壹　十年蠲免玖年旱災拾分之貳　十二
年豁免順治六七兩年地畝人丁本折錢糧拖欠在
民者　十四年旱發積穀以賑知府于成龍勸民輸
賑全活甚衆　十七年蠲免順治十二年至十五年
民欠錢糧
康熙元年蠲免順治十五年以前未徵錢糧　三年蠲
免二年水災拾分之叁　四年蠲免順治十八年以
前各項舊欠錢糧　十年大旱免本年錢糧拾分之
叁　十三年十八年旱災俱奉文照分數蠲免　二

十五年旱災蠲免錢糧之半　二十八年蠲免餘項
錢糧　二十九年旱災蠲免錢糧之半　四十四年
蠲免四十五年地丁銀米舊欠未完者並停輸納
四十五年豁免四十三年以前未完銀米　五十年
蠲免五十一年地畝人丁銀並歷年舊欠俱着免徵
雍正四年發帑銀採買穀石於省倉及府州縣應貯之
處加謹收貯　五年黃梅水災動用倉穀減價平糶
以惠窮民並本年錢糧全行蠲免其已完納者准作
六年應完之項　八年蠲免湖北九年分錢糧肆拾

萬兩
乾隆十年蠲免湖北十三年分應徵錢糧除漕糧項外
共地丁銀米一概免徵

黃州府志卷之五終

黃州府志卷之六

知黃州府事關中王　勍纂輯

學校志

廟學 書院義學附

昔陳良北學中國北方學者未之或先江淮衡霍間山水奇秀固宜多悅仲尼之道者矧庠序弘開寢廟翼然
聖人靈爽式憑感發興起當倍切乎　國家重道崇儒培植百年開書院以待儁異之士設義學以教未成之才如古成均家塾遺意觀人文以化成天下茲其時歟

黃州府儒學　在府治東宋河東書院舊址乾道中郡守李訦建以祀二程先生者也元燬明洪武巳酉始命各府州縣建立學校知府李仁就書院舊址改建爲學正統後知府錢鈫俞浩王霽余貴相繼增修嘉靖間知府劉友仁益擴其基應明德再葺其宇中爲
先師殿五楹兩廡翼楹各十三大成門頖水橋欞星門在其前左爲儒學門由門而入爲省牲所啓聖祠鄉賢祠爲訓導宅折而西曰成賢門入北爲明倫堂前碑亭一載學田祭射器數齋四育德克巳明善養正東

西各六楹堂北敬一亭亭北尊經閣內有藏書堂東
爲祭器庫庫東爲教授宅又爲訓導宅堂西爲射器
庫名宦祠祠南爲射圃有亭又西有後堂三川堂一
講堂三號房東西各九饌堂三萬歷間知府潘允哲
買民居數丈學前之地益擴焉知府范可奇重修四
齋及諸亭閣崇禎末賊燬甲申知府周大啓建廟及
明倫堂各五楹　國朝知府何應珏于成龍藕良嗣
王輔賈鉉王繹曾相繼建大成門東西兩廡各十三
楹鄉賢名宦啓聖諸祠悉爲興創雍正癸卯改啓聖

祠爲
崇聖祠各州縣學俱同甲辰以學田所入建教授訓導署
各三間而向之齋房講堂尚未修復

名宦祠

唐左　震　宋王禹偁　明陶　安　何晚齡　滕　霄
錢　敏　王　霽　劉　肅　盧　濬　胡　銑
黃　壽　朱　節　楊　最　吳　淮　韓秉文
郭鳳儀　商廷試　張嘉孚　孫光祖　潘維岳
王世德　祝萬齡　胡維霖　林肇開　鄒廸光
李繼周　吳叔度　秦時懋　顏顧行　潘允哲
白　范　周　浩　趙以敬　袁福徵　劉　容
胡士奇　韋　厚　汪大壯　饒　鐸　毛應時
嚴廸聰　查秉彝　吳宗周　崔孔昕　羅　瀚
歐起鳴　許士奇　李長德　葛寅亮　徐　孟
曹　賢　張　淮　安　貞　以上載舊志　許文岐
范可奇　見省志
國朝于成龍　載舊志　宋　犖　舒士貴　李彥瑁
以上見省志

鄉賢祠

宋潘大臨　余　玠　元王　燾　周古象　明黃　榮
吳　琳　詹　同　張　璘　王思旻　鄒來學
周　鑑　陳　言　董應軫　李正芳　劉徵政
王　聰　劉　廣　陳嘉學　康茂才　曾　恕
蕭　昇　謝　杲　張　佐　陳首俊　唐友義
王　濟　黃伯垓　王　麟　余　鑾　董　朴
劉以德　王　澄　張明道　賈　啓　曹　珪
陳廷瓚　余文瑞　程　轍　王廷槐　方　勇

奚朴　奚世亮　邱尚忠　方任　陳相道
范芝　王廷陳　陶珪　瞿晟　耿定向
樊玉衡　杜鳴陽　曹光德　王廷瞻　於倫
邱岳　詹嶶　李植　穆天顏　杜傑
易倣之　詹時明　張寶　李葵　孫大祚
王同謙　張澤　張濟　李田　周啓孫
李之用　周之訓　官如皐　官應震　姚瑞
熊璦　熊養中　王陛　葉正業　王欽濂
甄善　劉承芳　甄其賢　樊煒　汪之渙

祝宗文　程希名　程希伊　祝一先　王崇擢
汪世極　王鳳陽　姚文政　詹希元　詹謙之
樊玉衢　以上載舊志　樊玉衡　見省志
國朝詹謹之　樊維域　李遐齡　王追本　王一鈃
以上載舊志　劉子壯　陳天生　以上見省志

黃岡縣儒學　在縣治東宋時建南城外元末兵燬明洪武初知縣萬士安遷建於縣治東南高處即東坡故居正統中知府錢敏重修學士李時勉有記東南隅抵民居屢遭延燬弘治丙辰僉事張彬購民房六戶擴之仍隘正德中知縣胡潔復遷於清淮門內軍器局東廢地即今地也齋二曰思誠曰志道嘉靖間知縣孫棠修萬歷間知縣羅應鶴茅瑞徵先後修葺擴地數丈得古井或云即東坡瑞井城外有岡橫亘正對學宮形家稱爲一字文星故城門以一字名城上舊有東樓閣形家稱爲學宮巽峰又爲郡邑華表明末悉燬於兵　國朝順治間知縣楊日昇因故址粗立殿宇知縣高自訓重修知縣楊鍾秀建大成門知縣徐籀建啓聖祠康熙壬子知縣董元俊易廟而更新之丙辰知縣李經政建欞星等門壬戌學道蔣

永修捐俸並合學士子優免銀建明倫堂及兩廡知縣汪灝甃定垣界庚午知縣錢顧琛勸捐重修丁亥知縣黃極建啓聖祠及教諭署於明倫堂後訓導署於啓聖祠後形制湫隘庚子知縣鍾葦捐貲倡衆增建名宦鄉賢兩祠種柏樹數十株雍正乙卯知縣暢于熊勸捐修築圍墻易以磚石會罷去知縣舒成龍續成之焉　按舊學碑載西以古井火巷直至大街北抵曹士皐原賣地東抵北察院南抵大街

崇聖祠

名宦祠

宋張　潡　明徐　誼　胡　潔　簡　霄　虞　儼

孟　津　賈應璧　羅應鶴　趙士登　涂宗濬

曹愈參　徐紹曾　毛瑞徵　李希沆　孫自一

韓秉文　武　鉞　張性魯　周　祿　姚　溢

劉　烜　林兆箕　杜遇春

國朝楊日昇　劉國寧　徐　籀　董元俊　以上見省志

鄉賢祠

宋潘大臨　明黃　榮　吳　琳　詹　同　張　璘

王思旻　陳　言　陳嘉學　曾　恕　蕭　昇

謝　杲　張　佐　陳首俊　王　濟　黃伯𤥭

王　麟　余　鑾　劉以德　賈　啓　曹　珪

陳廷瓚　余文瑞　王廷槐　方　勇　奚　朴

奚世亮　邱尚忠　方　任　陳相道　范　芝

王廷陳　陶　珪　樊玉衡　杜鳴陽　曹光德

王廷瞻　於　倫　邱　岳　詹　徽　李　植

穆天顏　杜　傑　易做之　詹時明　張　寶

李　葵　孫大祚　王同謙　張　澤　張　濟

李　田　周啓孫　李之用　周之訓　官如臯

熊　璦　熊養中　王　陞　葉正棠　王欽濂

甄　善　劉承芳　甄其賢　樊　煒　汪之渙

祝宗文　祝一先　王崇擢　汪世極　王鳳陽

詹希元　詹謙之　樊玉衡　程希召　以上載舊志

樊玉衡見省志

國朝詹謹之　樊維域　李遐齡　王追本　王一釬

以上見舊志　劉子壯　陳天生　王躬俊　以上見省志

蘄水縣儒學　在縣治東宋元舊址至今未易元末兵

燬明洪武初知縣趙季光縣丞黃舍觀主簿夏時建

立學宮規模大定正統己未天啓甲子知縣胡璧孔

榮宗教諭申屠鐸訓導簡縉紳左惟賢縣丞李蔚主

簿王輔典史金禺相繼重修明末兵燬　國朝順治

庚寅知縣倪黼元重建壽災甲午知縣李蓀再建中

爲

大成殿東西廡各五間前戟門欞星門啓聖祠左名宦祠

右鄉賢祠土地祠建學署於明倫堂左齋二曰進德

曰修業號房各五間後改爲訓導署知縣劉佑相繼

修繕康熙間署縣金廷襄創建尊經閣知縣劉象賢汪歙加葺雍正戊申因櫺星門外向右單設一門西向於形勢不利教諭夏策謙詳請改置捐建栅欄

崇聖祠

名宦祠

明胡奎　潘珏　申屠鐸　汪深　宋文昌

游王廷　孔榮宗　江世東　龔冑莘

鄉賢祠

元王燾　明王聰　呂鏞　魯永清　程轍

李延芳　李宗元　朱袗　周琊　周延甲

蔡斗移　周應期　周延光　王希元　周光德

閔廷甲　金玉節　朱廷錫　李畿嗣　朱期昌

楊楚龍　姚光盟　孫慈　黎民範　以上載舊志

國朝楊伯廷　見縣志

羅田縣儒學　屢經遷移元以前在縣東歸厚巷明洪武乙卯知縣石璞遷於縣南官渡河濵弘治辛亥水圮知縣羅勳移建舊址嘉靖間知縣勞樟祝珝相繼修葺崇禎癸酉知縣楊見龍徇衆議遷於縣治西數百武工垂成燬於兵丁丑知縣白乃忠以舊學宫地易元妙觀爲之　國朝順治甲午知縣李雨霑復移建鳳山之麓康熙壬午知縣姚士基遷於縣治西至癸巳知縣朱理昌復遷於縣東舊址中爲

先師殿東西兩廡各三楹前爲大成門東爲名宦祠西爲鄉賢祠前爲泮池爲櫺星門明倫堂在殿稍西教諭署在頖池左訓導署仍在鳳山之麓今廟制漸就傾圮知縣馮孫龍署教諭劉崇文訓導尤延祚現在合議修建

崇聖祠

名宦祠

元周廣　明徐泰　勞樟　麗敬　陸敏

齊錕　李儁　陳璉　陳瓚　以上載舊志

梁志仁　白乃忠　郭金城　羅勳　單思仁

吳鳳來　盧大受　以上見縣志

國朝李雨霑　王光冑　以上見省志　呂鳴和　見縣志

戴俊

鄉賢祠

宋王　韶　元李　謙　吳大中　余　闕　明劉　廣
唐友義　程　瑩　王　澄　張明道　胡明庶
周　楫　蕭　洪　胡明脅　張　羨　王　先
以上見舊志　徐志亮　余　羙　汪吉舟　以上見縣志

麻城縣儒學　在縣治東唐宋舊址至今未易元季燬明洪武初知縣張谷維趙乾相繼修建正統後知縣楊順翁選胡琮陶天忠尚德恒推官嚴肅次第修葺知縣文德新明倫堂明末兵燬　國朝順治乙未知縣王潞補葺康熙庚戌知縣屈振奇復加修理中爲

聖廟東西兩廡前戟門欞星門廟後爲明倫堂堂後爲尊經閣爲敬一亭堂右爲教諭署廟左爲啓聖祠戟門之左爲名宦祠右爲鄉賢祠欞星門之右爲儒學門門內爲訓導署至癸巳知縣馬元勛重修知縣吳頤行更新之雍正丁未貢生周基國捐貲請於署縣譚岑重修泮池向淤爲平地康熙甲子知縣祁嘉謨濬之圍以石欄

崇聖祠

名宦祠

宋錢　治　張　毅　元馬兒蒙　明趙　乾　張谷維
黄　琮　高　謙　王　籃　胡　琮　劉　規
聶　賢　陳子文　劉　溥　尚德恒　王三宅
文　德　鄧應旂　韓僉可　宋一麟
國朝王　潞　以上載舊志

鄉賢祠

明鄒來學　董應軫　李正芳　劉從政　董　朴
周　庠　喻文偉　吳　山　陳　情　鄧　逵
曾　啓　趙　訪　萬　祥　劉　訓　周　鑑

萬　山　李文祥　劉　璲　曾大有　曾大顯
劉天和　詹　瑩　邱　瑩　周廷徵　劉　漢
梅　吉　梅國楨　梅國樓　李文欽　周　賢
蔣　輔　劉　采　周思久　耿定向　喻　哲
董士毅　曾　焜　李長庚　劉　燦　陳以聞
劉廷舉　黄　卷　梅汝觀　周弘祖　蔡應陽
周思稷　劉守泰　劉守有　李承祚　劉　奕
周　業　楊王庭
國朝王路闢　梅之熉　以上載舊志

黃安縣儒學　在縣治西南明隆慶初始建學厥後知縣李講常正紀趙利珍應存初相繼修建明末傾毁近半　國朝順治癸巳署教諭林瑾修葺康熙壬寅知縣蕭恒丁未知縣張一躍相繼修復中爲
先師殿左右兩廡各七楹殿左啓聖祠殿後尊經閣戟門左名宦祠右鄉賢祠各三楹欞星門前爲頖池丁丑知縣劉承啓捐貲重修明倫堂堂左爲教諭署右爲訓導署建土地祠於學門右壬寅知縣張琮重修

崇聖祠

名宦祠

明應存初　袁福徵 以上載舊志　周天造 見縣志

鄉賢祠

元吳應澍 明詹　同　鄒來學　吳　琳　耿　金
方民懷　耿定向　耿定力　彭　台　吳　化
周家棟　盧廷簴　陶　釆　秦如容 以上載舊志
盧堯臣　耿定理　吳國宇 以上見縣志　張鵬翔 見省志
國朝耿應衡　盧爾悌　吳國寧 以上載舊志　張百程

吳之璜 以上見縣志

蘄州儒學　在麒麟山之陽宋乾道中教授李宗思州守王益共建朱文公爲之記至今仍其故址未有改易元末兵燬明洪武己酉陞州爲府知府左安善建府學丙辰改爲州知州事相繼修葺者天順則趙應隆成化則莊轍弘治壬子知州楊淮以公羨銀購學旁民地毁二郎廟爲
先師殿欞星門東西廡各九楹戟門三楹廟左爲啓聖祠
名宦祠廟右爲鄉賢祠學基縱二十七丈横十二丈詳具侍郎戴珊記萬歷甲戌鄉官馮天駿捐貲重修崇禎末寇燬　國朝順治間副使范鳴珂始建廟五楹康熙壬辰知州劉國輔學正劉清史訓導陳作楫捐修雍正己酉廪生馮煒重修

崇聖祠

名宦祠

唐韓思彥　員半千　呂元膺 宋呂　誨　范純仁
王禹偁　林大年　梅執禮　李　宥　虞　策
韓世清　施溫舒　蕭　服　劉光世　李宗思

羅　頎　王　玠　李誠之　秦　鉅　趙汝標
胥時鳳　阮希甫　嚴剛中　杜　諤　林　棨
葉　適　余　童　王　益　秦希甫　王彥明
邱　岳　元趙賀翁　李榮祖　耿思聖　趙昭武
明左安善　徐　麟　孔思森　楊　珙　李士安
王　坦　余　銑　莊　轍　何　綸　葉仕美
李　純　俞　敬　張弘宜　董　佐　林　宗
夏元吉　翁學淵　侯堯封　韓孫愛　吳國仕
王世德　徐希明　韓　紹　黃仁榮　胡世賞

丁繼嗣　李若訥　陳應元　范中彥　王相悅
施元徵　唐登儁　張秉貞　路雲龍　鄭夢禎
何之圖　倫應祥　錢兆元　唐世照　陳　策
岳　璧
國朝范鳴珂　周漢傑　吳之應　王　顯　呂　暘
汪繼昌　楊志逵　李登第　張定邦　柳　愈
方于光　金　貴　王宗堯　韓　友　以上載舊志

鄉賢祠

宋吳　瑛　明康茂才　陳堯章　趙　霖　馮思齊

熊　翼　王　翰　陳　溙　張　禧　甘　瑩
華仲賢　華　鑾　陳大中　劉　樽　周大霖
馮天馭　馮　翺　馮　鵬　張思齊　高　鵬
李　朴　李　儒　顧　問　李啓昭　周　禧
李時珍　梁　佳　郃思學　李同春　李盛春
李建中　李孟春　李際春　徐之徠　張　星
李　楷　李　樸　李建木　岳鎮華　王之佐
李　新　夏　忠　董一化　李樹初　盧如點
宋　誠　顧　闕　張邦翼　李　梴　汪宗文

晏攄忠　郭承恩　孫　仍　李化龍　王臣紀
饒　京　以上載舊志

廣濟縣儒學　舊在縣治東北元末兵燬明洪武初知縣胡昇依舊址建學廨後知縣陳景呂移建東南一里許正德壬戌知縣陳奎以學宮僻處河東遷於縣治之左以按察司行臺暨府公館舊地爲之於明倫堂左建教諭訓導署明末兵燬　國朝順治丁酉知縣閻國士始建

先師廟康熙丁未知縣黃玉鉉教諭李以範修建東西兩

廡前戟門東名宦祠西鄉賢祠前櫺星門外頖池神厨神庫各一惟射圃在舊學基側近沒爲民居

崇聖祠

名宦祠

明 高偉 劉遜 陳昱 杜燉 陳奎 蕭溥 江震 汪倬 吳禎 沈瓊 李養 張芳 王素 洪範 舒瑄 羅珣 詹晟 梁文 盧濬 羅翰 楊阜 魏時光 胡昇 以上載舊志

鄉賢祠

宋 余玠 梅應申 梅應春 張紹祖 元 何朝舉 姚楚山 明 徐麟 于克誠 王佐 陳翃 張根 鄭達 張本端 陳愷 王欽 張晏然 史玉明 王大謨 舒賢 舒其志 吳亮嗣 胡士容 陳王道 張易宗 以上載舊志 張步雲

國朝 金之純 胡海 胡浩 張金和 吳自守 韓紳 胡篤生 劉醇驥 舒益生 李奇觀 以上載舊志 張先基 劉登仕 以上見省志 朱翼治

黃梅縣儒學 在縣治東南元至元己卯初建至正丁亥知縣喬思忠增置戟門講堂元末兵燬明洪武庚戌知縣唐輔建

先師殿明倫堂堂下東西進德修業兩齋成化初知縣黃武載中相繼建啟聖祠及教諭訓導署萬歷末年殿宇復圮生員王敬臣竭力募修明末兵燬 國朝順治己丑知縣陳觀天教諭張士淑以諸生優免銀建

先師殿康熙乙巳教諭吳祖堯捐貲暨諸生優免銀大新

之閱四載乃成文德翼有記丙戌知縣曹世璞建啟

聖祠於明倫堂後辛丑知縣戴紹祖雍正乙卯知縣莊檯相繼修

崇聖祠

名宦祠

元 喬思忠 明 戴中 金章 朱璧 黃武 李義 蔡敏 李震 沈鑣 蕭廷儲 唐世卿 顏樸 席懋 來三聘 桂生芝 武圖功 以上載舊志

鄉賢祠

宋岳雲　元郭友直　明韓中　邢纓　邢寰

石金　胡鳳　韓璁　瞿晟　洪晟

王麟　向榮　張桂　王忠　陳昉

潘文浩　沙瑞　鄧俊　吳宗吉　石昆玉

石有恒　瞿九思　段尚繡　龔懋　以上載舊志

石銓

附書院義學

黃岡縣

河東書院宋寶祐間郡守李節建以祀二程夫子舊在府治東今不詳其處　國朝乾隆二年知府王繹曾將清淮門內天主堂䓁改設黃中書院九年知府禹殿鰲請易名河東書院或以朱子二程祠記爲河東書院記者非也按二程祠原在學宫內朱子以慶元六年卒去寶祐幾六十年安得預爲作記耶譌傳已久宜正之

振英書院在清源門內　國朝知府李彥珺祠乾隆甲子知府禹殿鰲改設以訓廸蒙童兩書院修脯膏火暫取給於府學學田壹百叁拾伍畝零每年收租壹百玖拾肆石柒斗其不敷者本府率同所屬州縣酌捐

東坡書院舊在府城東宋蘇軾謫居於此及去以田宅俾潘大臨陳慥教養學徒後人爲立書院今廢

陽明書院在安國寺左即韓琦讀書處今寺僧爲圃

養正書院在衛墩下乾隆巳巳衛守備商裔倡捐建

問津書院在縣治北玖拾里孔子山相傳孔子自陳蔡適楚過此土人掘地得石刻有子路問津處五大字初無年代宋末龍仁夫僑居黃州築室山下與士友講學明崇禎末邑人蕭繼忠始建立書院後漸傾圮　國朝康熙間屢有增修規制宏敞

府社學舊在治東鼓樓右明弘治間知府盧濬建後燬萬歷間知府潘允哲建於漢川門內今廢

小學在府城隍廟左即七賢祠今廢

縣社學一在漢川門內一在陽邏巡檢司左今廢一在洗墨池內知縣張光裕建有額

蘄水縣

孫公書院明萬歷間知縣孫善繼建
宋公書院明萬歷間知縣宋文昌建置有學田
雲路書院明萬歷間知縣游王庭建
大成書院明天啓間知縣孔榮宗建
蘄陽書院在城東玉臺山乾隆甲子知縣許騰鶴斜
紳士建

羅田縣

白公書院在元妙觀右
古塔書院在萬壽寺側

社學在縣治西二里明嘉靖甲午知縣洮越買地建
今久廢

麻城縣

龍溪書院在縣西明天順間邑紳周兒建久廢　國
朝康熙間知縣馬元勛始擴而新之後知縣吳顧
行重修以爲生童肄業之所
白杲書院在縣南明弘治間邑紳董朴建今廢
東溪書院在蓮湖明弘治間邑紳熊經建今廢
道峯書院在牛棚山明嘉靖間知縣陳子文爲隱士
毛鳳起建今廢
輔仁書院明嘉靖間邑紳周思久建今廢
社學在縣治內古風橋　國朝雍正癸丑知縣李作
室建以教貧不能就塾者

黃安縣

偲湖書院在城西　國朝康熙己亥知縣張琮建置
有田
社學在縣前

蘄州

麟山書院即荆藩舊基乾隆丁卯知州蔣尚德創建
延師以教生童
鳳麓書院在南門內鳳凰山麓明正德間邑紳陳大
中建久廢　國朝乾隆丁卯衛守備嚴秉則重建
延師以教軍民單寒子弟
陽明書院在北門外明嘉靖間邑紳馮天馭建今廢
崇正書院在北門外明嘉靖間邑紳顧闕建今廢
社學三處一在府館西南今改陰陽學一在丁家坡
西今廢一在鄺家坡門廳三間尚存

廣濟縣

江漢書院在龍坪明嘉靖間知縣張元一建爲瞿九思講學處

梅川書院舊爲義學在治西驛腦久圯　國朝乾隆戊午知縣李肇梅捐俸改建城内

黄梅縣

調梅書院在東關外舊爲義學康熙間知縣張樏松捐建雍正中知縣莊樏重修乾隆壬戌知縣邵豊鍭捐貲新之顔今名

祭典 經籍學田附

聖人之神如日月經天江河行地萬古常新而春秋上丁之祀俎豆莘莘上歌下舞士之趨蹌其際者恍然如身在杏壇闕里間已夫六籍者

聖人心精之所萃也

聖朝頒發

御纂諸經於府州縣學宫架列牙籤函成貝錦士皆得以恣其無窮之求而足其才分之所各得其貧窶者時復有學租以贍給之使得從容於藏修息游之歳月庶幾哉見聖於羹見聖於墻又不獨在駿奔執豆時矣

黄州府學

祭器共陸百伍拾貳件

樂器共捌拾件

迎神奏咸和之曲

大哉宣聖道德尊崇維持王化斯民是宗典祀有常精純並隆神其來格於昭聖容

奠帛奏寧和之曲

自生民來誰底其盛惟師神明度越前聖粢帛具成禮

容斯稱黍稷非馨惟神之聽

初獻奏安和之曲

大哉聖師實天生德作樂以崇時祀無斁清酤惟馨嘉牲孔碩薦羞神明庶幾昭格

亞獻奏景和之曲

百王宗師生民物軌瞻之洋洋神其寧止酌彼金罍惟清且旨登獻惟三於嘻成禮

終獻奏景和之曲

曲同亞獻

徹饌奏宣和之曲

犧象在前豆籩在列以享以薦既芬既潔禮成樂備人和神悅祭則受福率遵無越

送神奏祥和之曲

有嚴學宮四方來崇恪恭祀事威儀雝雝歆茲惟馨神馭還復明禋斯畢咸膺百福

望瘞奏祥和之曲

曲同送神

六佾樂舞

鼓聲既嚴旌節前纛魚貫而進列行於陛上左右相同聽節生唱奏某舞則散而爲揖聽唱舞止則聚而成列忽散忽聚部伍不亂如兵家之陣法然歌一闋則舞一成奠帛三獻共成四始終共六變起於中而散於中初變在綴之中東西立象尼山毓聖五老降庭再變而爲佾數稍前進象筮仕於魯而魯治三變而東西分象歷聘列國而四方化四變稍退後象刪述六經告備於天五變而左右向象講論授受傳道於賢六變而復歸於綴中東西立象廟堂尊享弟子

列配出太學志

名宦祠

鄉賢祠　祭日俱同上丁

各州縣學俱同

附經籍

黃州府學

部頒書籍

御纂周易折中壹部拾本

御纂詩經壹部貳拾肆本

御纂書經壹部貳拾肆本

御纂春秋壹部貳拾肆本

御纂朱子全書壹部叁拾陸本

御纂性理壹部肆本

御纂明史通鑑綱目壹部肆本

御纂朋黨論壹本

雍正年內頒

上諭拾壹部

乾隆年內頒

上諭陸部

乾隆十年內頒

上諭壹部

乾隆十二年內頒

上諭貳部

聖諭廣訓壹本　學政全書壹部　明史壹部

大清會典壹部

以上各州縣同

史記貳函壹百叁拾卷

前漢書貳函柒拾卷　後漢書貳函捌拾卷

三國志壹函陸拾伍卷　晉書肆函壹百叁拾卷

宋書貳函壹百卷　南齊書壹函伍拾玖卷

梁書壹函伍拾陸卷　陳書壹函叁拾陸卷

魏書貳函壹百拾肆卷　北齊書壹函伍拾卷

周書壹函伍拾卷　隋書貳函捌拾伍卷

南史貳函捌拾卷　北史叁函壹百卷

唐書肆函壹百伍拾卷　五代史壹函柒拾肆卷

宋史拾函肆百玖拾陸卷

遼史壹函壹百貳拾陸卷

金史貳函壹百叁拾伍卷

元史伍函貳百壹拾卷

欽定四書文壹部

十三經註疏壹部

附學田

黃州府學學田置自前明知府盧濬孫光祖等前後共柒百肆拾畝柒分坐落山北山鄢家山白雲山蔡家潭白虎寺楊家坂等處　國朝雍正八年清出熟田共

陸百捌拾柒畝貳分捌釐叁毫荒田伍拾叁畝肆分壹釐柒毫熟田佃民每年共納折租銀壹百零叁兩玖分貳釐肆毫伍絲散給貧生

義田共稞壹百柒拾玖石伍斗係　國朝康熙五十九年黃岡令鍾葦將府縣兩學生員優免銀兩買置坐落王伏六中園廻龍山熊家沖芭茅沖等處又祝家湖一庄田陸石肆升零係康熙五十八年清程元仁開墾田入官爲義學膏火田坐落水鄉租無定額雍正二年知府蔣國祥委府學教授清查田畝其租

穀銀兩除完餉米外餘爲延師膏火之資乾隆九年
知府禹殿鰲飭委黃岡縣管理
黃岡縣學學田原額夏家河熟田壹拾貳畝每畝納租壹担除佃民完正賦外每担折銀壹錢貳分共折租壹兩肆錢肆分散給極貧生員貳名每名肆錢次貧生員貳名每名叁錢貳分每年造册奏銷　又監生王封屺捐獻崩港田稞貳拾担每年納租拾肆石除完正賦伍担外散給極貧生員貳名每名叁担伍斗次貧生員壹名租貳石每年造報

按黃岡縣學田有二其一爲明郡守盧濬置至康熙二十七年庠生戚倪凱呈請歸問津書院而盧公所置之田不爲縣學有矣其一爲戴玉隱糧田萬歷三十五年知縣茅瑞徵詳允永作學田者卽今夏家閘貳拾畝貳分是也本田坐落南湖夏家閘土名學田塝坐西向東左抵尹姓田右至塝背後抵姜姓地脊前至湖岸基屋四圍俱係花地大塘一口額載民米壹石麥糧捌斗康熙五十九年庠生呂德芝等以照田議稞呈請鍾令批准立案六十一年原佃夏甯伯計捡族棍夏象臣吞蝕其半知縣鍾韋責懲追租事詳明倫堂碑記

問津書院學田明萬歷末諸生王家錫等呈請知府王世德以造塔銀置風火山畈田叁拾肆畝伍分徐衝田伍畝院前田拾畝獺山凹馬背衝田貳拾叁畝共柒拾貳畝伍分又明推官許士奇捐置夏畈田壹百畝罰張姓入官鄢山田壹百畝共貳百畝康熙六年撥三股之二歸府縣兩學後兩學俱送歸書院通計貳百柒拾貳畝伍分查實田貳百伍拾陸畝柒分　國朝康熙中知府許錫

齡知縣劉澤溥捐置蓮花汊田叁拾捌畝又王仁長捐院對門上衝陸畝鄒江遐捐風火山畈田叁畝操衮弟兄捐院後路側田肆畝王湃仁弟兄捐錫王庄王線衝田拾畝共捐貳拾叁畝又續置院前及對門山傍並大路三處共壹拾陸畝夏畈田貳次共壹拾貳畝柒分通計壹百貳拾柒畝柒分查實田壹百貳拾柒畝陸分合前明共實田叁百捌拾肆畝叁分地界俱詳問津志以充祭祀修葺之費輪派紳士管理

蘄水縣學田興賢莊在鍾師樓舖共田稞壹百柒拾捌

担前明知縣李汝璨　國朝知縣李振宗許祚遠劉象賢先後捐置積有學租充給文士三年鄉闈卷價其舖兒畈玉泉庵閻家河蔡家洲四處田稞伍拾捌担並宋公書院田明知縣宋文昌置鄒家壋田稞貳拾肆担每年租入散給貧生

籲俊莊在北關外栢樹園　國朝知縣劉象賢捐稞叁拾陸担爲武士科場年分舟車弓矢之資

羅田縣學原無學田　國朝康熙三十四年撥元妙觀田壹百柒拾壹畝伍分入學承糧

麻城縣學舊無學田　國朝康熙五十七年知縣吳顧行始置走馬岡田貳拾畝零貳分烏雀林田壹拾貳畝萬家樓田貳拾畝三里橋田貳拾畝零伍分兩河口田壹拾肆畝又地壹畝伍分乘馬岡田叁拾畝又地貳畝白衣菴地壹拾伍畝延壽隴田肆拾畝任家河地叁畝叁分有奇其租入以爲義學生徒膏火之資按賦役全書冊開貳頃肆畝納租穀捌拾玖石伍斗今據縣冊所呈倘少貳拾伍畝零宜查明補入

黃安縣學原無學田　國朝康熙四十七年僧人梵池等因訟獻田壹拾捌担入官坐落梅庄金井山靜養寺三處內有觀音庵一重亦坐落金井山康熙四十九年邑紳張希良盧拱等呈請藩司撥入學宮將每年租銀除完糧外餘爲修葺之費且定花名爲修學田遴選紳士輪管而官稽其出納焉

僊湖書院知縣張琮置有田肆石柒斗玖升以爲經理之費一在土名烏石坡田叁担一在鄧家橋田壹担柒斗玖升又二處共地柒塊

蘄州學原無田　國朝乾隆十二年監生陳鵬捐田貳拾壹畝以助書院膏火之資

廣濟縣學學田原額伍拾柒畝捌分捌釐坐落倉前壠古器陂師姑庵郭山岩郭家墩稞入係學官經理歲終散給貧生書院公田肆拾捌畝坐落西關外租入分給江漢梅川兩書院館師

黃梅縣學田置自元知縣喬思忠係馮政祥戶侵隱田明隆慶間知縣姜忻更置尤家坂田陸拾叁畝半荒

國朝康熙二十五年教諭周崑招佃開墾於六年後納租叁拾担照數分給貧生　又置城隍嶺學田叁拾貳畝盡荒　國朝順治十三年教諭蕭蘊樞招

佃開墾租折銀散給貧生餘壹拾陸畝衝淤未開其

崇聖祠田康熙末邑人李時炎弟兄捐田叁拾畝

黃州府志卷之六終

黃州府志卷之七

知黃州府事關中王 勍纂輯

職官志

藩封

宋儒論治謂封建不行皆苟道也旨哉斯言古者大國地不過百里則耳目易周世守相傳則聞見必悉凡地形之險易風俗之醇澆民情之誠僞如周身之血脉呼吸相通故化易行俗易阜也自秦以後古制蕩然即有封爵或居其地不必治其民或係以名並不居其地亦

或連城數十止以私其子弟親戚而非先王度地定制分土子人之章蓋封建之名存而實亡久矣况歷代定都多在西北黃介在南服苴茅胙土落落若晨星哉然古制可師餼羊足愛聿稽往籍臚列於篇

周

弦 春秋 惠王二十二年楚人滅弦弦子奔黃 晉書地理志西陽弦子國明一統志西陽城在黃岡縣境漢舊縣屬江夏晉弋陽郡治此

前漢

邾曹姓子爵祝融之後楚宣王滅邾遷其君於此

衡山王吳芮本傳秦時番陽令也沛公攻南陽遇芮之將梅鋗與偕攻析酈降之漢元年立芮為衡山王都邾五年徙封長沙

軑侯黎朱倉功臣表以長沙相侯七百戶孝惠二年封高后三年子孝侯豨嗣孝文十六年子彭祖嗣至宣帝元康四年耆玄孫之子簪褭漢詔復家

後漢

蘄春侯陳浮陳俊傳建武十三年增俊邑定封祝阿侯二十三年卒子浮嗣徙封蘄春侯浮卒子專諸嗣專

諸卒子篤嗣

軑侯王符王霸傳建武三十年封淮陵侯永平二年以病免後數月卒子符嗣徙封軑侯符卒子度嗣度卒子歆嗣

晉

西陽王司馬羕汝南王亮傳亮有五子粹矩羕宗熙羕字延年太康末封西陽縣公亮之被害也羕時年八歲鎮南將軍裴楷與之親姻竊之以逃一夜八遷故得免及瑋誅進爵為王元康初進封郡王永興初以長沙王乂黨廢為庶人惠帝還洛復羕封以汝南期思西陵益其國永嘉初復以邾蘄春益之咸和初坐弟南頓王宗免官降為弋陽縣王及蘇峻作亂羕詣峻稱述其勳峻矯詔復羕爵位峻平賜死國除

宋

西陽王劉子尚與沈休文善孝建三年封

西陽縣侯蕭道成元嘉二十九年以討賊功封後為齊高帝

南齊

西陽王蕭子明武十七王傳子明字雲光世祖第十子蔡婕妤所生永明元年封武昌王三年失國璽改封西陽建武二年誅蕭諶誣子明及弟子罕子貞與諶同謀見害年十七

西陽王蕭子文武十七王傳子文字雲儒世祖第十七子庚昭容所生永明七年封蜀郡王建武中改封西陽王永泰元年見殺年十四

梁

西陽王蕭大鈞太宗十一王傳大鈞字仁輔包昭華所

生性厚重年七歲高祖嘗問讀何書對曰學詩因命諷誦音韻清雅因賜王羲之書一卷大寶元年封西陽郡王二年爲侯景所害年十三

陳

西陽王蕭圓滿武陵王紀第二子後與紀俱死

西陽王陳叔穆高宗二十九王傳叔穆字子和高宗第二十三子楊姬所生至德元年立爲西陽王禎明三年入關卒於長安

魏

西陽郡公樊子鵠北史本傳子鵠代郡平城人也以功累封至西陽郡公後爲兗州刺史孝武帝入關子鵠據城爲應齊神武遣婁昭等討之左右斬子鵠以降

按魏書作南陽郡公恐誤

北齊

齊安王廓武成十二王傳廓字仁弘武成第四子後宮所生性長者無過行後與後主死於長安

北周

齊安郡公李徹朔方巖綠人以平陳功進爵

西陽公宇文溫宣帝時封

隋

蘄春郡公達奚長儒本傳長儒字富仁代人也高祖受禪進位上大將軍封蘄春郡公累轉至荆州總管卒謚曰威北史作蘄郡公

唐

永安壯王孝基宗室傳太祖子璋仕周爲梁州刺史卒生二子曰韶曰孝基孝基武德初封永安王二年將兵討劉武周師敗爲賊所害

蘄王緝十一宗諸子傳順宗子緝咸通二年封八年薨

後周

蘄王熙誨周世宗家人傳世宗子顯德六年封宋乾德後不知所終

宋

齊安郡公趙仲郃鄭王之後孝友惇謹善守法度以黃州刺史封

齊安郡公趙士㒟紹興中判宗正寺詣河南修陵寢還封後以百口保岳飛死忤秦檜放於建州

蘄王韓世忠本傳世忠字良臣陝西延安人以中興功建炎十三年封咸安郡王孝宗朝追封蘄王

明

蘄水靖和王貴㷿諸王世表遼簡王植子正統二年封成化七年子安穆王豪㙉嗣弘治十四年子康順王恩鉅嗣嘉靖十二年子僖簡王寵㴬嗣嘉靖十九年子端懿王致槛嗣萬歷十七年子榮順王憲㷲嗣萬歷三十三年子術輚嗣按一統志蘄水王府建於荆州今因其名係黄州收之

蘄獻王瞻垠諸王傳仁宗第四子初封靜樂王永樂十

九年薨謚莊獻仁宗即位追加封謚無後

荆憲王瞻堈諸王傳仁宗第六子永樂二十二年封宣德四年就藩建昌正統十年徙蘄州景泰四年子靖王祁鎬嗣天順五年子見潚嗣以罪賜死弘治七年以見潚弟見溥子祐橺嗣爲荆和王十七年子端王厚烇嗣嘉靖三十二年厚烇薨子永定王載墭已前卒其子恭王翊鉅嗣隆慶四年子敬王常泠嗣萬歷四年薨無子弟康王常㴦由安成王嗣萬歷二十五年子定王由樊嗣天啓二年子慈熒嗣崇禎十六年正月張獻忠陷蘄州慈熒先一月薨

都昌定惠王祁鑑荆憲王第二子正統八年封鑑子懷順王見潭潭子悼僖王祐槝槝子厚熙熙子載塎相繼嗣王塎一子翊鏵先卒國除

都梁悼惠王見溥荆靖王第二子成化二年封子祐橺嗣荆藩國遂廢

樊山溫懿王見澋荆靖王祁鎬第三子成化三年封正德四年子莊和王祐樠嗣嘉靖十一年子恭恪王厚熫嗣嘉靖三十六年子載坽嗣坽折節恭謹以文行

稱讀易窮理著大隱山人集萬歷十三年子翊鉦嗣鉦字昇甫頴異博學工詩文士大夫樂與之遊著有廣讌堂集震岳詩話與弟翊壂翊鑾相倡和兄弟嘗共處一樓號花蕚社壂字仲艮文學書翰俱有名嘗爲楚藩宗正鉦薨子常淓嗣

富順王厚焜荆和王祐橺庶二子正德九年封以詩畫名萬歷十年子載堪嗣十六年子翊鍉嗣十八年子常涫嗣天啓三年薨子由㰒於萬歷三十四年封

永新安莊王厚熿荆和王祐橺庶三子正德十一年封

嘉靖四十一年子恭懿王載壕嗣子翊鍵早卒萬歷十六年子常渭嗣薨子由樗嗣

德安王翊鍸荆莊王載墭第二子嘉靖三十六年封萬歷三十年子常澋嗣以上四王雖封非其地然其邸與墓皆在蘄州見州志

廣濟王定㸂漢川康定王譽榛子嘉靖三十六年封萬歷二十七年薨子幹埴未受封卒無子國除

蘄國公康茂才本傳字壽卿蘄人元末寇亂結義兵保鄉里太祖克集慶路乃率所部兵降洪武元年從大將軍征定西取興元還軍道卒追封蘄國公子鐸以父功封蘄春侯從征南將軍傅友德征雲南卒於軍追封蘄國公子淵幼未襲授散騎舍人以坐事革冠服勒居山西遂不得嗣

文秩官

周禮九兩繫邦國之民牧長以地以貴師儒以道以賢雖品秩崇卑有殊職任閒劇亦異要皆以展采錯事敷政寧人也黄郡在漢以前自邾寧爲邾縣長外餘無聞焉晉宋以還刺史令長之名漸有可紀傳諸來禩貪廉勤惰皆可按籍而指數之居其職者能無念諸

黄州府秩官表上

晉 改西陽國爲郡置太守咸康四年置刺史

毛　寶 陽武人豫州刺史　樊　峻 西陽太守　鄧　嶽 陳郡人俱咸康閒任

滕　畯 建元閒任　庾　翼　曹　據

庾澄之 義熙閒任　朱　綽 以上俱西陽太守

宋

朱齡石 西陽太守

南齊 增齊安建寧郡守

張　謨 建寧太守

梁 增置汝州南鄀州北江州湘州義州刺史又增置定城永安義城諸郡守皆在今府屬

魯悉達 北江州刺史　王珍國 湘州刺史　吉士瞻 西陽太守

蕭圓正　羊思達　陸　山

陰子春　周　炅 以上俱西陽太守　田超秀 定州刺史

田龍祖　杜多安　杜　龕

蕭　詧　李洪遠 以上俱定州刺史　黄天賜 建寧太守

北齊 置巴州刺史

田益宗 定州刺史

陳

華　皎 湘州刺史　戴僧朔 巴州刺史　歐陽量
孫　瑒　畢　寶　魯廣達 以上俱巴州刺史
陳方泰 定州刺史　周　炅　田龍升
陳方慶　章昭達　周法僧 以上俱定州刺史
周文育 義州刺史

周

楊天與 齊安郡守　史　寧 義州刺史

隋

周法尚 黄州總管　宇文霈 黄州刺史　周法僧 定州刺史

唐 初置總管府後置刺史又有别駕長史司馬録事參軍事以下等員蘄州倣此

周法明 黄州總管　左　震 涇縣人乾元間任　杜　牧 樊川人泰和間任
劉嗣之 泰和間任　韓通忠　袁　儀 以上俱黄州刺史

後周

司　超 刺史

宋 初命朝臣出守號權知州軍事其後文武官參爲知州軍事乾德初始置通判慶歷四年始置教授蘄州倣此

王　明 咸安人乾德初任　孫光憲 乾德間任　魏　能 咸平間任
王禹偁 鉅野人咸平間任　韓　琚 相州人天聖間任　張　鑑 咸寧間任
樂　史 舊志作欒黄目按宋史知黄州乃樂史非黄目也　夏　竦 明道間任

馬正卿 元豐間任　徐君猷 元豐間任　楊　采
陳　軾 元祐間任　張　耒 淮陰人　劉　摯 東光人
家　愿 眉山人俱紹聖間任　彭思永 廬陵人　韓　駒 俱政和間任
趙令戣　蔡幼學　李　顯
李　詵 舊志作銑似誤　馬　鄰 瑞安人俱乾道間任　孫　初 淳熙間任
李昭問 慶元間任　何大節 嘉定間任　孟　珙 棗陽人寶祐間任
李　節 寶祐間任舊志李節上有單懷按一統志單懷乃李節所居地非人名也舊志誤分
向士璧　王　鑑 嘉熙間任　趙　范
陳　弈　李汝士 以上俱知黄州

莫　濛 歸安人舊志載濛爲同知按濛爲大理正治黄冤獄其時奏盜者黄州管濛似非同知也
任　伋 眉山人元豐間任舊志作任師中乃伋字官止通判未知黄州見蘇軾集
孟　震 元祐間任　張　耒 淮陰人　邱　岳 嘉定間任
張　規　陳仲微 高安進士以上通判　麗　籍 司理參軍明道間任
蘇　軾 眉山人熙寧間團練副使　厲居正 慶元間任　李宗勉 以上教授
朱　載　毋制機 蜀人以上分教

元 達魯花赤一員知府同知判官推官各一員知事及提控案牘各一員

慢達罕候 至順間任達魯花赤　脱穎普花 至順間任總管　劉　魯 保定人
劉哈八兒 元統間任　趙　野 以上俱總管　青　社 同知任

太不花至順間任判官　樊克善至順間任推官

明知府一員同知通判推官各一員儒學教授訓導各一員經歷知事照磨檢校司獄稅課大使各一員陰陽醫學僧綱道紀各一人今自經歷以下從舊志概不列表

知府　同知　通判　推官　教授一員　訓導三員

洪武　陶安當塗人　李仕魯濮人薦舉　曹振祖　李能　徐訓應天歲貢　馬舉

李仁唐縣人　安貞　商鼒南昌歲貢　田輅臨安歲貢

石磷　白范　吳中

錢塘人　四川歲貢

葉宗永嘉進士　何晚齡漳州歲貢　左海建昌歲貢

陳旺宣城貢生

何晚齡由本府同知陞

永樂　滕霄汝州歲貢　嚴廸聰宜春人

盛璞宣城國子生

正統　錢敏舒城進士　薛恭　黃容　粱萬全

蔡壽舊志作穀似誤

余清巴縣人　周浩四川人　周彥宇

景泰　楊珏臨海人　陰秉綱　嚴政　楊旭

常庸　江弘

天順　林表　李鼐

成化　俞浩　李恆　張英

畢大金　龔鑑

王霽上海人　黃壽南城人

楊瑛長洲人

謝恭休寧人

弘治
劉肅 嘉定州進士　吳傑 進士　饒鐸 臨川人　羅瀚 豐城舉人　舒旌 嘗鄆郡志
盧濬 天台進士　吳景　張德
韋厚 長興進士　張奇
謝朋宣 龍渠進士

正德
胡錠　印實　楊崚　張淵 長垣進士
曹廉 安定進士　顧鰲　王澤
余貴 綿州舉人　王相 廣陽人　牛璠 山陽人　陳璇
鄭信 山東進士　夏廷芝 山東人　毛應時 薊州舉人　朱節 山陰進士
蕭士安　張宗舜
陳端

嘉靖
劉友仁 福建進士　江鷃 四川人一員駐岐亭　五年增設捕盜通判　王濬　李泰 巴縣歲貢　王錡 樂平歲貢
楊最 射洪進士　趙以敬 進士　韓宗福 舉人　嚴肅　徐孟 福建歲貢　夏尚德 臨淮歲貢
吳淮 鎮江進士　蕭珩 舉人　羅瑞登 上虞舉人駐岐亭　王聰　陶登 貴州舉人　梁克宅 臨川歲貢
吳世良 博平進士　劉純 應天舉人　陳雲章 生員　張遜　倫學智 南海舉人　李宗曾 安樂歲貢
應天桂 僊居進士　郭顯文 江西舉人　王一鵬 舉人　查秉彝 海寧進士　曹賢 典化歲貢　張淮 吳江歲貢
熊汲 南昌進士　胡思忠 淮安進士一作桃源　李瑾 四川舉人　皇甫汸 長洲進士　夏宗龍 馬平舉人　李葵 蓬州歲貢
任轍 巴縣進士　沈淵 雲南舉人　白鉉 舉人　張曰翼 慈谿官生　周敬 鄞縣歲貢
黃謹容 莆田進士　陳然 雲南舉人　聶璜 江西舉人　孫照 慈谿官生　徐綸 雙流歲貢
郭鳳儀 祥符進士　谷鍾秀 餘姚進士　鄭渭 安肅官生　趙時舉 饒平進士　張翀 資陽歲貢

商廷試 會稽進士
孫渭 閩縣進士
應明德 臨海進士
張嘉孚 豐昌進士
葉期遠 漳浦人
黃襄 南安進士

張恩 祥符舉人
袁福徵 華亭進士
劉容 羅山舉人

金珪 舉人
朱夔 舉人
郭逵 山東舉人
郭嘉賓 舉人
查應元 江西歲貢
黃約 歙縣歲貢
楊道南 舉人
張經 江西舉人
胡名學 犍爲舉人

王臣 舉人
吳宗周 安慶進士
崔孔昕 賓州進士
劉南金 祥符進士
王佳士 彭澤舉人

汪梁 貴池歲貢
莫柯 滁州歲貢
楊復興 定遠歲貢
徐臣 內江歲貢
李梓 信陽歲貢
沈佐 壽州歲貢
楊維璧 樂平歲貢
金洋 崇寧歲貢
魯騰 鄧州歲貢

郭大治 廣東歲貢
雙應麟 四川舉人
黃嬌 南安舉人
郭任 長洲進士
羅士賢 河南舉人
張愚 懷寧舉人
高履謙 舉人
巫璋 廣德舉人
孫漸 鄭州舉人

爇日華 潮陽歲貢
王守綱 武陽歲貢
梁騰光 永州歲貢
王續振 祁門歲貢
呂圭
許士 孝豐歲貢

蕭浩 江西舉人
隆慶 孫光祖 慈谿進士 張鑄 武功進士 張勳 壽光舉人 梁敦 邛州歲貢 嚴泰 筠連歲貢
王可大 應天進士 周明衛 山陰舉人 張容民 安寧衛歲貢 侯思賢 靈壽歲貢
馬應麟 裕州例貢 晁光勛 馬湖歲貢
張師伊 濬縣舉人 吳希尹 星子歲貢
梅繼勳 宣城舉人 歐昇 郴州歲貢
王言 上饒舉人
萬歷 潘允哲 上海進士重任 吳三聘 洛陽舉人 宋崇獻 武定舉人 宋萬葉 莆田進士 姚翼 歸安歲貢 黃秋 星子歲貢
鄒迪光 無錫進士 熊琱 南昌舉人 周世澤 資陽舉人 李好問 魯山進士 蔣性 瑞安歲貢 陳勅 東光歲貢

陶克大 徐階 華亭進士 薛一鶚 定興貢生 曾維倫 樂安進士 尹遜 瞿大居 建州歲貢
楊守仁 王從詔 陳應禎 高維垣 米允登 李讓
范可奇 陶允宜 會稽人 韓煥 蒲州人駐岐亭 熊文燦 王世宗 劉昇 劉衢
瞿汝稷 常熟廕生 張穗 許士奇 海鹽進士 黃學閔 李應節
李繼周 王誦 張守約 永福人 朱之禎
劉克勤 莊安甫 劉可賢
王世德 永康進士 陸志孝 平湖人 方昂 李麟
胡芳桂 汪廷元 林正 王瀛
馬人龍 伍桂芳 姜一梧 唐栻
天啓 吳叔度 桐城進士 李維祐 尚觀光 李長德 朱丙燦 余選中
鄒道增 歐陽燧

胡惟霖　胡士奇　姚廸嘉　王萬全　楊士超　魯紳
秦時懋　錢夢極　余應治
林肇開　汪大壯　郜繼蓋　許惠一　曹登俊　徐可久
顔頤行　崔亮彩　胡承訓
祝萬齡陝西進士　唐禴　万象乾　歐起鳴　潘紹元
桐城歲貢　劉汝爔
崇禎 楊通宇貴州舉人　唐允中　鄭錫祈　倡鶴舉進士　劉莘　黃鉷　莫與京　滕爲幹
史纘烈　向宸　蕭時顯　傅上瑞　王問仁　倪宗謙

金壇進士　歲貢　山東進士　朱泰
許文岐仁和進士　陳文德　宋雲龍貴州歲貢駐岐亭　汪姬生歙縣進士　王汝霖　滕周翰
龔正英江西進士　施德裕　吳亮忠歲貢　周大啓吳縣進士　曹而隱　李邁
周大啓吳縣進士　張文蔚河南拔貢　郭光詹晉江人　徐顯揚房縣歲貢　鄒世彥

國朝所載職銜一遵令典其前有而今裁者不具錄

知府一員　清軍同知一員駐岐亭　糧捕通判一員
經歷司經歷一員　照磨所照磨一員　司獄司司獄一員
儒學教諭一員　復設訓導一員　陰陽學正術一人
醫學正科一人　僧綱司都綱一人　道紀司都紀一人

知府　同知　通判二員後裁一員　推官
順治 牛銓河南人乙酉年任　白秉眞杏山貢生丙戌年任　吳洗心鹿邑舉人乙酉年任　丁期昌山西進士
王偉山西人戊子年任　宮家珍　曠晉倫丁亥年任俱駐岐亭後缺裁以同知移駐　潘泗水南陵進士
郭鳴鳳任邱人辛卯年任　程雲　陳三章北直舉人　馬纘緒安邑進士
杜之璧河南舉人　胡鎔南樂歲貢始駐岐亭　馮瑞北直舉人

王猷著新蔡人　李之桂山東舉人乙未年任　王國輔北直拔貢　祝昌商城進士
徐士儀貴溪人　梅欽江南拔貢
何應珏桐城貢生庚子年任　郭永祚新鄉拔貢庚子年任　王瑞麟直隸生員　王綵合肥舉人辛丑年任
程沚山東拔貢　此後推官缺裁
康熙 居宏順天拔貢乙巳年任　王全昌北直拔貢
羅載惇霑化歲貢戊申年任　張登舉遼陽進士丁未年任　宋犖商邱廕生甲辰年任
余三汲遼東廕生　鄧顯名遼東廕生庚戌年任
余三汲癸丑年由同知任　于成龍永寧州副榜庚戌任
于成龍甲寅年由同知任　陳吳　王元臣遼東人乙卯年任

郭廷翮 遼東貢生巳未年任
蘊艮嗣 遼陽州廕生甲子任
王　輔 鑲藍旗生員戊辰任
賈　鉉 鑲藍旗監生癸酉任
許錫齡 江都例貢庚辰年任

佟世俊
趙邦牧
蘊應麟
翁介眉 錢塘例監巳未年任
王瑞芳 滄州拔貢癸亥年任
王民皡 臨川拔貢乙丑年任
楊玉柱 階州例監巳巳年任
白　瑄 鐵嶺人鑲紅旗廕監戊寅年任

王定鼎 直隸拔貢戊午年任
董維祺 奉天監生癸亥年任
馬懷璋 正黃旗監生丁丑任

張　焜 孟縣歲貢
李彥瑁 三原進士甲申年任
舒士貴 大興監生癸巳年任
蔣國祥 鑲藍旗監生丙申任

雍正

王　琴 諸城貢生丙午年任
康　忱 興縣進士戊申年由翰林任
李天祥 鑲藍旗監生壬子任

蔣尚忞 鑲紅旗副榜壬午任
王　鸞 長安監生辛卯年任
郭朝祚 鑲紅旗歲貢辛丑任
郎　翰 鑲黃旗監生甲辰任
孫爾振 萊縣監生丁未年任
胡學成 長汀監生巳酉年任
孟　端 正紅旗監生庚戌任

周　崋 錢塘監生壬午年任
李秉乾 正紅旗監生庚寅任
公　愛 正黃旗筆帖式丙午任
梁世綬 正白旗例監戊申任
劉　鈴 石邡例監庚戌年任
胡振鷺 嘉興例監癸丑年任

乾隆

王繹曾 宛平貢生丙辰年任
禹殿鰲 汜水舉人癸亥年任
王　勍 鄖縣人選拔教習丁卯年現任

曹軿五 無錫舉人丙辰年任
耿觀業 江都監生壬戌年任
岳　都 鑲紅旗生員甲子任
敏　昌 鑲紅旗官生巳巳年署任

葉逢時 涇縣貢生庚申年任
費達學 巴陵貢生巳巳年現任

教授

順治

尚九重 開封歲貢辛卯任

訓導

鄒萬恆 雲夢歲貢壬辰任
鄒毓祚 遠安歲貢癸巳任

經歷

曹福高 北直人乙酉任
孫士逵 諸暨人丁亥任

照磨

汪逢源 休寧人丁亥任
陳永明 北直人癸巳任

段　袗 大冶歲貢甲午年任
汪節吉 襄陽歲貢丁酉任
王大猷 鄖縣歲貢戊戌任
王大章 鄖縣歲貢庚子任

康熙

秦祈文 漢陽歲貢壬寅任　乙巳裁
林　甲 江陵舉人乙巳任
彭一卿 嘉禾歲貢丙午任　丁巳復

陳奇勛 咸寧歲貢乙未任
郭　琮 漢川歲貢乙未任
劉之益 房縣歲貢丁酉任
朱家藩 襄陵歲貢戊戌任
徐之琛 武陵歲貢辛丑任
詹大衡 江夏歲貢丁巳任

郭理陽 和縣恩貢巳亥任
高凌壁 商水人癸卯任
張徙溟 灤州拔貢戊申任

李應兆 宛平人乙未任
王允中 順天人丙申任
楊　梓 富平人巳酉任
李　德 肥鄉人乙卯任

李嘉卉 孝感舉人 己未任
章士煥 通州人 己未任
戴弘仁 富平人 己未任
易泰登 宜都歲貢 壬戌任
王鏡 山陰人 甲子任
趙謙 閬縣人 甲子任
李儀 廬縣廩生 乙丑任
張家相 沔陽舉人 己巳任
祝弘猷 大興人 癸酉任
胡奉衡 五開衛舉人 己卯任
程光琦 孝感歲貢 庚辰任
劉焯 大興人 甲申任
宗琳 監利舉人 庚寅任
劉新祚 東河人 己丑任
程大緒 孝感援貢 乙未任
咼端儀 江陵歲貢 丁酉任
于祖綬 會稽人 癸巳任
陳樹翰 孝感歲貢 己亥任

雍正

彭士商 衡山進士 癸卯任
周永昌 江夏歲貢 丁未任
黃士會 宛平人 甲辰任
王一政 進賢人 丙午任

黃州府志　卷之七　文秩官上　五十四

楊巡 江陵歲貢 己酉任
楊肇圻 沔陽歲貢 己未任
劉尚懃 廬陵監生 丙辰任

乾隆

楊禹傳 松滋進士 辛酉任
王世勳 金谿人 辛酉任
冷崇 雲夢進士 壬戌任
吳緒榮 漢陽歲貢 癸亥現任
潘恭鐸 大興人 庚申現任
王字大 鍾祥進士 丙寅現任
黃義成 寶山優生 乙丑現任

司獄 按司獄本府屬員應與經歷照磨同列表中但代遠年湮無可詳考就所知者附記於後

郝全 康熙初任
王鄧侯 康熙間任
席上謙 文水人康熙癸未任
李芳 大興人康熙辛丑任
易經 上元人乾隆辛酉現任

黃岡縣秩官表

漢 縣置長丞尉各一人

井寧 邾縣長

晉 縣大者置令有主簿錄事史等員

孔德琰 西陽令

宋 置令一人丞主簿尉各一人嘉定二年詔州縣立學教諭一人訓導二人咸淳中又設主學一人他縣同

鄧守忠 乾德間任
周孝孫 元豐間任
張激 以上俱縣令

元 置達魯花赤及尹丞簿尉各一員典史二員元貞年罷主學縣隸直學訓導他縣同

王時顏 至正間任教諭
胡頁佐
范世美 俱至正間訓導

明 置知縣教諭訓導縣丞主簿典史各員又有驛丞巡檢等員縣丞以下從舊志概不列表他縣倣此

黃州府志　卷之七　文秩官上　五十五

	知縣	教諭	訓導二員天啓間裁一員
洪武	徐誼 壽昌人		
	萬士安		
	陳希 大興進士		
	張玉 宛平舉人		
宣德	袁整		
正統		尹昜	
景泰	徐瑨	簡縉紳	鍾鑑
			蕭鑑

天順 吳節 淮陰人
成化 任廣
毛錫 壬寅年任
程逵 乙巳年任
弘治 莫潛 臨桂舉人
陳曦
正德 周遵 奉節舉人
胡潔 豐城進士乙亥任
簡霄 清江進士
王浩 上元舉人
嘉靖 夏國孝 滑州舉人乙酉任
方端 大理舉人
周乾 桂林舉人
龐麟 成都舉人癸巳任

金元
張縉
林智 莆田舉人丙寅任
王沂 福建歲貢
應鵬翀 臨海舉人甲戌任
吳資 象州舉人庚辰任
張鳳鳴 旌德歲貢壬午任
韓秉文 慈谿舉人戊子任
吳謨 宜山舉人癸巳任
梁鳴鑾 崑山歲貢丁酉任

余勛
汪紹
張鳳岐
潘溶
劉習禮 四川歲貢丙寅任
楊巒 汝陽歲貢丁卯任
王麟 蕭山歲貢庚午任
周盛 青田歲貢丁丑任
劉紀 河南歲貢丁丑任
李修爵 信豐歲貢壬午任
賈通 成都歲貢戊子任
明端 富順歲貢己丑任
唐相 和州歲貢丙申任
任价 四川歲貢丙申任

吳時宣 都勻衛監生戊戌任
胡民表 龍游舉人癸卯任
張允濟 順天舉人
孫棠 普安舉人
虞儼 丹陽舉人
楊世第 長壽進士
孟津 滁州舉人丙辰任
萬升 南城歲貢
來端本 蕭山舉人壬戌任
高价 神木歲貢丙寅任
隆慶 賀應璧 無錫進士戊辰任
唐應元 崑山進士辛未任
萬歷 羅應鶴 歙縣進士癸酉任
顏大化 桐鄉舉人戊寅任

王奕 四川歲貢己亥任
趙儒 江西歲貢辛丑任
武鉞 滁州舉人甲辰任
向上 巫山歲貢
康志 泰和舉人乙卯任
周祿 盧陵歲貢丙辰任
張姓魯 當塗歲貢甲子任
王銓 山陽歲貢丁卯任
葉于僉 閩縣舉人辛未任
吳完 固始歲貢癸酉任
林兆箕 莆田舉人丁丑任

田嘉禮 四川歲貢己亥任
吳允直 饒州歲貢乙巳任
謝燕 都昌歲貢乙巳任
李述 邵州歲貢己酉任
朱琰 宜賓歲貢壬子任
姚溢 汝陽歲貢
陳艮金 仙居歲貢丙辰任
沈升 天台歲貢甲子任
郭濟時 龍泉歲貢甲子任
吳繼武 井陘歲貢丁卯任
蘇希顏 寧海州歲貢丁卯任
劉宗翰 萬化歲貢辛未任
頡偉 廣安州歲貢癸酉任
崔仲沂 公安歲貢甲戌任
王三錫 華容歲貢乙亥任
蕭一和 襄城歲貢丙子任

沈弘宗 會稽舉人庚辰任
趙士登 涇縣進士辛巳任
劉夢周 沁州進士丙戌任
涂宗濬 南昌進士庚寅任
曹愈參 涪州進士壬辰任
徐紹會 海寧進士庚子任

蕭文光 江陵歲貢辛巳任
王旌 大京衛歲貢癸未任
楊逢時 江陵解元丙戌任成進士
文立經 全州舉人壬辰任
劉文定 興國舉人丁酉任

董廷賓 大冶歲貢己卯任
羅鳴遠 景陵歲貢庚辰任
劉烜 漢川歲貢甲申任
周化時 廣通歲貢甲申任舊志誤馬姓
李敬僑 平江歲貢庚寅任
王三錫 巴東歲貢庚寅任
蕭策 衡山歲貢甲午任
楊燧 武昌歲貢乙未任

羅萬言 廬陵舉人辛丑任
茅瑞徵 歸安進士甲辰任
周萬鎰
晏春鳴 四川進士

李趨庭 鄒平歲貢辛丑任
盧雲龍 邵陽歲貢癸卯任
辜艮偉 竹谿歲貢乙巳任
劉以台 己酉年任

吳九思 當陽歲貢己亥任
張大有 益陽歲貢甲辰任
陳三聘 宜都歲貢甲辰任
何德泰 始興歲貢丙午任
吳國澍 隣水歲貢丁未任
陳異語 雅州歲貢丁未任
孔弘藎 歲貢戊申任
陳雷 歲貢癸丑任
王珩 歲貢己未任

泰昌
魏開之 庚申年任

天啓
熊江 四川進士
梁鳳翔 廣東進士
熊應元 應城人乙丑任

崇禎
吳允初 宜興進士
李希沆 慶陽進士癸酉任
徐調元 無錫進士
侯鼎鉉 無錫進士
孫自一 光山進士

沈應魁 景陵人己巳任
向明元 大冶人甲戌任
劉應宸 江夏人己卯任
文炳 漢陽人甲申任

金一星 歲貢庚午任
毛詩序 歲貢乙亥任
古大復 歲貢庚辰任

國朝

知縣一員 縣丞一員 典史一員
儒學教諭一員 復設訓導一員
團風鎮巡檢司巡檢一員 陽邏鎮巡檢司巡檢一員
李坪驛驛丞一員 陽邏水馬驛驛丞一員

知縣 教諭 訓導 縣丞 典史

順治
汪士衡 望江貢生乙酉任
高自訓 濟陽貢生

趙振芳 浙江貢生
邵魁邦 浙江人

楊日昇　富平舉人丁亥任
劉國寧　遼東廕生
楊鍾秀　南鄭貢生
徐籀　長洲舉人辛丑任
康熙 李正美　廣西舉人丙午任
董元俊　華陰進士丁未任
李經政　瀋陽廕生己未任
汪灝　山陽貢監庚申任

任光國　荊州舉人丙申任
趙之壄　沔陽舉人癸卯任
李嘉卉　孝感舉人
葉自巖　江夏舉人
王鼎隆　漢陽舉人

趙慶先　歲貢辛卯任
李明英　襄陽歲貢乙未任
金膺白　歲貢
文景曜　安陸恩貢乙巳裁
戊午復
李光衡　孝感歲貢

葉大成　浙江監生
金殿臣　遼東人
王公濯　魏縣貢生己酉任
孫文涵　錦縣例監丁巳任
張文璉　大興例監丁巳任
胡爾元　山陰例監壬戌任

沈端　浙江人
吳秉鑭　浙江人甲辰任
周錦　臨潼人乙卯任

黃州府志　卷之七　文秩官上　二十

錢顧琛　蘄州進士己巳任
劉澤溥　遼東正藍旗筆帖式丁丑任
黃極　正藍旗筆帖式癸未任
劉蘭叢　山東例監戊子任
鍾煒　蕭山人乙未任
雍正 張光裕　磁州歲貢甲辰任

饒侚延　應城舉人
劉杰　沔陽舉人甲戌任
朱定番　興國歲貢
馬常　貴州舉人戊寅任
林儀驄　江夏舉人
江會培　荊門例貢己亥任
程大純　孝感例貢

曹宏圖　荊門歲貢辛未任
按黃岡續志此下有楊姓者闕其名
孫芝瑞　江夏歲貢
楊正春　江夏例貢
王鴻
胡琰　漢川例貢
楊相聖　襄陽歲貢辛丑任

劉文烺　汶上歲貢甲子任
李國棟　上元例監一作國楨
賀雲黼　永新例監
施復　廂紅旗例監
周圻　富平例監己亥任
李景唐　正黃旗監生辛丑任
李之藻　鑲藍旗例監甲辰任

茹仁瀚　山陰人
王廷標　河間人
王筊　揚州人
陳皐　浙江人
王鶴　紹興人
楊炤　浙江人
朱子吉　浙江人
紀宗偉　山西人

黃州府志　卷之七　文秩官上　二十一

樊大元 夏縣舉人 丁未任	覃應鳳 江陵舉人 丙午任			
張肯堂 山西舉人 巳酉任				薛愷 宛平人 巳酉任
尚友 山西舉人 庚戌任	李之蘭 江夏舉人 庚戌任			
暢子熊 新鄉進士 辛亥任	汪熻然 漢陽舉人 辛亥任	孫雲麒 潛江歲貢 壬子任		
丁璡 諸城例監 乙卯任			劉芳蕙 大典例監 丁巳任	姚惟鈞 山陰人 丙辰任
乾隆 吳瑛 歷城優生 丙辰任				
王模 三台舉人 庚申任				
舒成龍 任邱例監 壬戌任			鞏秉鈞 高平人 壬戌任	
邵豐鑛 山陰保舉 癸亥現任	徐成淵 孝感舉人 甲子現任	熊念祖 孝感歲貢 甲子任	章堦仁 大典例監 甲子任	武士焴 靈邱人 甲子任

劉崇文 江夏歲貢 丁卯現任	林宗鑰 龍溪例監 丁卯現任	余世鎬 大興人戊辰現任

蘄水縣秩官表

	知縣	教諭	訓導二員天啓間裁一員
明 洪武	朱文漢	李恕 滹州舉人	張友諒
	趙季光 甲寅任	鄭昌 廣東人	勞謙 浙江人
	郭德謙 舉人		盧與齡 豐城歲貢
	祖宗文 舉人		張坤 江西歲貢
	陳德義 舉人		
	張政 蘄州舉人		
永樂	尹起畊 廣東舉人		
	曹興 盧州舉人		
宣德	譚渭 廣德歲貢		王顒 江西歲貢
	鄭伯圭 江西舉人		左惟賢 武進歲貢
	王振 福建舉人		簡縉紳 臨江舉人
	陳李 福建舉人		
正統	胡奎 鄱陽舉人 巳未任	申屠鐸 淮安舉人 巳未任	

李文輔 舉人
蔣茂 舉人
李庌 眞定舉人
楊端 廣東舉人
天順
何實 東莞舉人
王彔 吳橋人
陳洪 新淦舉人
成化
陳興 許州舉人
楊經 新昌舉人
潘珏 婺源進士 丙午任
弘治
余浙 綿州舉人
黃鳳 吉水舉人
張正 烏程舉人
汪深 進賢舉人 甲子任

薛謙 武進人
鄭京畿 太和舉人
李廣居 四川人
周同綸
劉復 來安人
陳訥 江陰人
宋玉 楚雄人
張澡 德興人

聞學 銅梁歲貢
宋叔昭 莆田舉人
趙友 安岳歲貢
鄧林 長寧歲貢
盛德 上元歲貢
楊復初 太和歲貢
胡廣 瑞州歲貢
周寬 雲南歲貢
徐文質 四川歲貢
冉磁 涪州歲貢
汪溥 南城歲貢
胡深 西安歲貢
夏時亨 濰縣歲貢
朱鈁 直隸歲貢
李班 英山歲貢

程昌 祁門進士
何澄 侯官舉人
正德
王伯 灤縣舉人 甲戌任
謝爵 寧州舉人 辛巳任
嘉靖
徐申 崑山舉人
楊世相 泰和進士
拱廷臣 桂林進士
王幹 眉州舉人
譙陽 南充舉人
李佳 金堂舉人
周愼 高淳監生
盛鳳 合肥舉人
方玉崗 崑山歲貢
蕭祥庚 太和舉人
陳蘭化 新建舉人 庚申任
倪民悅 上元官生
曹恩 天長歲貢

馬才掄 全州人
林增 古田人
李仁 儀衛司舉人 甲午任
鍾萬 順德人
蕭璞 大足人
高啓東 南昌歲貢
施顯卿 無錫舉人
黃鍾 南昌歲貢
黃鏊 四川歲貢
郭聘 內江歲貢

李元素 雲南歲貢
劉璧 定遠歲貢
麥盈之 高安歲貢
牟正表 巴縣歲貢
余鑒 滁州歲貢
梅乾 內江歲貢 甲午任
官仕 威遠歲貢
楊元 太和歲貢
吳臣 華亭歲貢
胡用中 光州歲貢
鄔元纊 寧海歲貢
陳吉 新繁歲貢
陳滌 奉節歲貢
段盡忠 山東歲貢
董爵 浙江歲貢
陳篪 福寧州人
李陛 寧國歲貢

譚汝讓 建陽人
謝于岡 安福舉人
隆慶 張惟孚 成都舉人
劉憲 崇仁舉人
萬曆 董選 嵩縣進士
閻士選 江都進士 己卯任

劉光裕 寶寧人
申騰漢 清浪衛人
尹采 大冶選貢
蕭文明 江陵歲貢 己卯任

鄭文運 雲南歲貢
顧承勛 鳳陽歲貢
朱萬銓 茂州歲貢
周岱 睢州歲貢
黃日旭 華亭歲貢
陳塤 福建歲貢
李蕃 上元歲貢
俞之屏 馬平歲貢
徐緘 青陽歲貢 己卯任

孫善繼 耒陽進士 乙酉任
王建屏 陝西進士 丙戌任
崔濤 山東進士
江世東 歙縣進士
涂宗濬 南昌進士
杜長春 綦江進士 辛亥任
宋文昌 商城進士
游王廷 臨川進士 丙辰任

杜方偉 同安舉人
黃榜 舉人
秦光祚
周日庠 江西舉人 戊戌進士
游一清 己酉任
青宗益 常德舉人 甲寅任

汪楚賓 長沙歲貢
傅之道 萬縣歲貢
汪學海
盧宗頤
文在人
陳正言 己酉任
曾上哲 己酉任
喻嘉垣
謝天植 耒陽歲貢 甲寅任

天啓 孔榮宗 商城進士 壬戌任
李大受 閬窅進士
崇禎 李汝璨 南昌進士 庚午任
龔鼎孳 合肥進士 乙亥任

張邦譽 歲貢
武典 歲貢
易惟時 荊州舉人
黃問 景陵舉人
陳之格 武陵舉人
詹在前 景陵舉人
唐之學 貴州歲貢

王璧 岳州歲貢 甲寅任
黃裳吉
劉漸
房連雲
陳佐聖 武陵人
邵巨 武昌歲貢
童明衡 鍾祥歲貢
毛應龍 歲貢

胡振芳 浙江舉人
孔惟時 四川選貢 癸未任

王體中 雲南歲貢
鄒應孝 臨川舉人

李庚 潛江歲貢
孫偉 鍾祥歲貢
童天申 施州衛歲貢
金音 荊州人

國朝

知縣一員 縣丞一員 典史一員
儒學教諭一員 復設訓導一員
巴河鎮巡檢司巡檢一員 蘭溪鎮巡檢司巡檢一員
巴水驛驛丞一員 陰陽學訓術一人

醫學訓科一人　僧會司僧會一人

道會司道會一人

知縣　教諭　訓導　縣丞　典史

順治　田玠　昌樂選貢　周瓊　大冶舉人　王大章　鄖陽歲貢　張楨　乙酉任　楊文達

高岫　寧晉貢生

倪篇元　平湖進士　段袗　大冶歲貢　潘如安　臨湘歲貢　沈啓隆　浙江人

劉澤濬　太原貢生　李子翼　孝感舉人

李蓀　狄道舉人　甲午任　湯楫如　丹陽選貢

劉祐　曲周拔貢　丙申任　王如德　陝西人

康熙　李長敏　大興進士　易永升　應城舉人　丙午裁　馮應泰　延長歲貢　楊世芳　富平人

洪理順　周統　吳世睿　張守禮

龍溪舉人　安陸舉人　戊午復　太倉拔貢　宛平人

蔣燦　廣寧鑲白旗乙卯任　朱體仁　安陸歲貢　王霖　句容人　施鳳翔　鄞縣人

李振宗　嘉善進士　己未任　金玉　新化舉人　李之岳　大冶歲貢　李容　榆次歲貢

李育　任邱舉人　張夔　桐城貢生　楊普　華州人

許祚遠　固始廩貢　陳世玭　孝感舉人　胡爾慥　辰州歲貢　侯元勳　固安監生　雷雲鶴　陝西人

王烈　宛平人　王鉞　仁和貢生　費緯貞　宛平人

程子泰　霍山歲貢　甲申任　嚴自愉　興國舉人　周扶樞　寧鄉歲貢　尤士域　漢軍拔貢　李給　天津衛人

侯方夏　建水州舉人　益士傑　華亭纂修　慕弘道　上元人

黃德巽　都昌貢生　章紹俊　遂安貢生

林緒光

聞縣舉人
劉象賢 鑲藍旗監生戊戌任
雍正 楊 煒 商南貢生
謝聖寵 沔陽舉人
高 淳 荊州歲貢
徐世安 山海關人
劉光然 山陰貢生
徐郁士 江陵歲貢
汪 欽 盧龍舉人
夏策謙 孝感舉人
謝 鼎 黃岡歲貢
李元培 聊城拔貢
孟詩讚 宛平人

張正品 天台舉人
張雋昌 漢陽歲貢
乾隆 路聲聞 安邑貢生
楊爲邦 靖州歲貢
夏正位 如皋人
陳學沆 桐鄉舉人
黃金縱 枝江歲貢 現任
劉光彩 瀏陽監生 現任
黃錦玉 臨武人
許騰鶴 惠來進士 癸亥任
陳繼成 崇陽舉人 現任
陳 鋐 上虞人 現任
葉爲舟

邵武進士 丙寅現任

羅田縣秩官表

宋

吳季益 弋陽人 任知縣
詹魯山 紹熙間 任知縣

元

陳 珂 至順間任 達魯花赤
周 廣 弘農人大德間 任達魯花赤
廖王佐 任教諭
蔣勉之 廬陵舉人 任教諭

明

知縣
教諭
訓導 二員天啓間裁一員

洪武 唐 元 舉人
會嘉勉 廬江舉人
葉 琳
石 璞 舉人
何 明 浙江人
錢 休 象山舉人
宣德 王 昇 紹興進士
章 璦 欽州監生
丁思孔 見名宦祠
張 儀 鄒平舉人
陳 璉 南昌舉人
羅 如 南昌歲貢
陳 瓚 淮安舉人
陳 鼎 慶遠衛解元
王 恕 廬陵舉人
陳 訪 銅陵舉人
段 容

正統	龎敬 嘉興舉人		李勉 廬陵歲貢 胡學儉 太和歲貢 李鑑 山東歲貢
天順			葉春 穎川人 吳承宗 莆田歲貢 袁英 常熟歲貢
成化	張暹 雲南人 徐泰 江陰解元 余洪 六安州監生 陳德成 長樂人		石彬 天台歲貢 陳誌 永嘉歲貢 張佑 固始歲貢 姚瓚 鄧州歲貢
弘治	沈雷 華亭歲貢 玉璣 山東人 羅勳 永州進士 楊琦 鄞縣舉人 康紹儒 宛平舉人	崔見賢 揚州歲貢 徐衢 餘姚歲貢	韓鎡 桐城歲貢 趙廷佐 桂林中衛舉人
正德	蕭英 新淦舉人 夏雷 嵊縣舉人 殷佐 高唐舉人	曾嘉慶 太和舉人 陶清臣 泰順選貢 楊鑾 秀水舉人	鄧穆 吉水歲貢 馬順 定遠歲貢 郭愈華 龍南歲貢

	章式 臨川舉人 張愉 南充舉人 周英 忠州舉人	蔡元偉 晉江舉人 鄧山 銅梁歲貢	孫本淑 璧山歲貢 洪烱 歙縣歲貢
嘉靖	夏國孝 涪州進士 鄒明魁 綏寧舉人 勞樟 崇德舉人 沈越 錦衣衛人進士 唐鯉化 閩縣舉人 林宗桂 閩縣舉人 祝翔 蘭溪舉人 梁士翹 東海舉人 徐文炯 宜興歲貢 方長卿 餘杭舉人 張廷器 閩縣舉人 余懷喜 象山歲貢 朱良用 廣德舉人	李明言 揭陽歲貢 黃德裕 浮梁舉人 熊烱 桂林舉人 徐瑞 龍游歲貢	黃彥珠 邛州歲貢 蔡方 郢州歲貢 石煥 寧州歲貢 王尚儒 四川歲貢 黃深 信陽歲貢 方可成 淳安歲貢 王文賓 德平歲貢 王德民 貴州歲貢 張翊 雲南歲貢
隆慶	蔡鋭 泰興歲貢 梁太暐	許寅 曲江歲貢 蔣學成 桂平舉人	劉寶 歲貢 狄巡 山陽歲貢

萬歷

凌嗣音 烏程進士
張三畏 獲鹿歲貢
葉于兪 閩縣舉人
莊量 福建舉人
王燾
姚孟昭 浙江舉人
徐言 句容舉人
芮聰
王邦翰 高陵舉人

吳繼武 井陘歲貢
饒思鄒 新淦歲貢
蕭懋功 江夏歲貢
錢文昇 歲貢
劉儁
蕭應鳳 婺陵舉人
張克晉 河南貢生
唐良機 宿松人

冉三元 萬縣人
黃桓 含山歲貢
王重民 南康歲貢
金閣
王鳴鳳
馬應龍 穀城人
徐恬 巴東人
韓養量 山西人

張世維 海門舉人
李一陽 歸安舉人
袁應龍 餘干選貢 壬子任
范世禎 靖江舉人

程光裕 江夏貢生
胡天定 巴陵貢生
吳國泰 池州貢生
程三樂 合江舉人 壬子任
周廸 莆田解元

冷逢選 南漳人
張濂 四川人
嚴惟懸 孝感歲貢 壬子任
朱廣 南雄人 壬子任
李時春 辰溪人
張謙亨 江陵人
烏應元 襄陽人
楊芬 瀘溪人
蕭貢 岳州人

黃甲士 四川人
鄭餘慶 當陽人
吳翰東 廣東人
張守心 唐縣人
傅宗夔 雲南人
牛化質 彰德人

天啓

倪景豫 鄞縣舉人

崇禎

張其舉 廣西歲貢
楊見龍 廣東舉人

鍾明朝 浙江貢生
鄭之鱗 揚州貢生

盧大受 寶慶人
李楷 山西人

梁志仁 江寧舉人 甲戌任
白乃忠 江津舉人 乙亥任
劉燧 四川人
沈壽嶽 宣城舉人
汪洋識 廣西歲貢

譚光先 武陵舉人
吳鳳來 福建舉人
金道合 灊山貢生
李占興 嘉興貢生

吳時俊 彌勒州人
李鯤騰 陝西人
歐陽煌 潛江人

國朝

知縣一員　典史一員

儒學復設教諭一員　訓導一員

多雲鎮巡檢司巡檢一員　陰陽學訓術一人

醫學訓科一人	
道會司道會一人	僧會司僧會一人

	知縣	教諭	訓導	典史
順治	白廷芳 山東歲貢丙戌任	胡念祖 大冶舉人	陳修 漢川人	徐明貞 海鹽人
	胡應徵 三河進士	吳緒揚 鄖陽歲貢		
	李雨霑 泰安進士庚寅任	袁一鏡 荆門州人		
	呂鳴和 北直副榜			
	婁泰 冀州恩貢			
康熙	王政賓 莆田進士	喬士魁 巴陵歲貢		俞從先 浙江人
	蔡嗣襄 福建舉人	李偁 荆門歲貢	胡士魁 沔陽人	陳從禮 會稽人
	王光鼎 遼東廩生癸丑任	吳大成 江夏舉人	向宗可 荆門歲貢	陸錫綬 雲南人
	林甲春 莆田舉人壬戌任	張佐瑞 漢陽例貢	何孔義 漢陽歲貢	何邦榮 浙江人
	金世禎 奉天貢生	夏尚忠 江夏歲貢	張若曰 江夏歲貢	邰廷榮 紹興人
	姚士基 桐城舉人	程大肇 孝感歲貢	萬鍾粟 平溪衛歲貢	李蕙 北直人
	沈廷楨 鑲白旗貢生癸未任	戴俊 監利歲貢壬午任	王弘勳 黎平歲貢	
	劉芳遠 崇仁進士		劉祈年 江陵歲貢	吳思泳 通州人
	朱理昌 即墨舉人		楊九錫 崇陽歲貢	
	張琳 鑲紅旗生員癸巳任	謝耕雲 沔陽例貢丁酉任	殷維哲 巴東歲貢壬辰任	葉采 江寧人癸巳任

	知縣	教諭	訓導	典史
		張坦含 巴東歲貢辛丑任		
雍正	劉宏雋 正黃旗監生己酉任	周璽 江陵舉人乙巳任	陳爍 遠安歲貢丙午任	商世業 大興人癸卯任
	金瑚 廣濟恩貢壬子任		黃椿 崇陽歲貢壬子任	沈光國 順天人丁未任
乾隆	彭朝佐 溧陽舉人丙辰任	李适 沔陽舉人戊午任	許成珂 荆門州歲貢丙辰任	朱弘仁 清平衛人己未任
	施宗遠 平湖舉人辛酉任		黃士相 竹谿歲貢壬戌任	
	王培仁 安福舉人癸亥任	李作朋 當陽副榜癸亥任		沈學周 大興人癸亥任
	王瑩中 深澤進士甲子任	彭大本 江夏拔貢戊辰任	尤延祚 竹谿歲貢乙丑現任	
	馮孫龍 歸安籍仁和舉人丁卯現任	劉崇文 江夏歲貢現署任		

麻城縣秩官表

唐	徐嚴 字景肅任知縣舊志另載景肅誤		
宋	錢治 武進人進士	張毅 元豐間任	翟起宗 俱知縣
元	馬兒棠	樂九成 蒙古人俱達魯花赤	秦達善 邑明經任教諭
明	知縣	教諭	訓導二員天啓間裁一員

洪武 張谷維
趙乾 歸安人
楊子秀 餘姚薦舉丙寅任
永樂 孫仕忠
王士光
黃琮 高安人
高謙 米脂人
王篚 蒲臺人
正統 楊順 潁上人

夏均輔 邑貢生
鄧泰 南昌人
張宗琦 重慶人

桂南 貢生
鄧林 邑貢生
張德宣
王懋 宜興舉人
朱甄
朱華 長壽舉人
熊復禮 桂林舉人

鄧謙 江西德安舉人
景泰
成化 李鼐 舉人
劉珂 萬安進士

陳祖舜 四川人
陳鉞 莆田舉人
劉涓 閬縣舉人

陶春 浙江人
王紋 宜山舉人
劉顒 萬安歲貢
李士實 楚雄歲貢
李芳 蘄州歲貢
王用 四川舉人
陳鏜 沁陽舉人
費滇 廣東舉人
薛理 湘陰歲貢

朱嵩 四川歲貢
胡琮 蘄州進士
劉規 巴縣進士
薛承學 江陰進士
陳興 許州舉人
弘治 孔榮 番禺舉人
高清 揚州舉人辛亥任
聶賢 長壽進士甲寅任
韋厚 長興進士戊午任

會瑀 番禺舉人
李思義 廣東人
王章 黃巖舉人
楊珣 潮陽舉人

敖仰孚 新喻歲貢
陶俊 蒼溪歲貢
夏滾 德興歲貢

劉溥 安慶進士庚申任
楊暉 蕪湖舉人
薛价 蒲州進士甲子任
正德 宋賢 四川解元
侯璧 諸城舉人辛未任
蔡時 新昌進士乙亥任
王世祿 廣德州進士戊寅任
王應賢 中牟進士辛巳任
嘉靖 杜朝紳 崇慶州進士癸未任

張嵩 宣府司舉人
張舜舉 武功舉人
梁鼐 閬縣舉人庚辰任
楊英 太和舉人
戴恩 儀封歲貢

馮崇 雙流舉人
汪朝宗 浮梁歲貢
嚴球 慶符歲貢
劉以讓 巴縣選貢
周楫 都勻選貢
王機 永嘉監生

陳祥麟 福建進士戊子任
李景藩 汝寧舉人
陳子文 閩縣進士庚寅任
王生賢 廬陵舉人
羅道卿 吉水舉人
李寶 浮梁舉人
黎泮 樂平進士甲辰任
羅士賢 番禺舉人丙午任
金勿 富順進士戊申任

汪泗 開化人戊子任
齊璵 天台歲貢
譚大智 潼川州歲貢
何祥 內江舉人
貢安國 寧國歲貢
沈一貫 無錫舉人
張翺 邵武舉人

陳恩 婺江歲貢
鄭質夫 閩縣監生
黃傑 同安貢生
青雲 遂寧監貢
殷孚瑞 威遠歲貢
魏洪量 威遠歲貢
黎大鵬 新蔡歲貢

黃釜 餘姚舉人庚戌任
陶天忠 鄞縣進士壬戌任
尚德恒 南充進士丙辰任
燕松 廣安州進士辛酉任
隆慶
胡昇 餘姚舉人
瞿翺 四川進士
穆煒 新建進士
萬曆
錢節用 富順進士癸酉任
王三宅 汲縣進士甲戌任

秦伯修 仝州舉人
林繼習 潮陽舉人丙辰任
胡錦 餘杭歲貢庚申任
孔承宣 臨水人
雷汝恒 九江舉人
詹景鳳 海陽舉人
何仁言 桂陽歲貢

陳萬 雲南人
游霽 汝陽人
楊薦 南充人
袁椿 沔陽貢生
周拱 豐城歲貢

連三元 永年進士
文德 涪州進士
鄧應旂 四川進士
游朋孚 婺源進士
韓僉可 瀘州舉人己亥任
劉文琦 南充進士
張鍵 瀘州進士
張翼明 永城進士
宋一麟 南樂進士壬子任

郭鉞 豐城舉人
王尚禮 歙縣舉人
薛應期 江夏舉人

潘元珍 歲貢
左親臣 雲南歲貢
胡試 江夏歲貢
周惟德 松滋歲貢
王尚賓 漢陽歲貢
李宙遜 嘉魚歲貢
王應振 漢陽歲貢
蔡藎明 漢陽歲貢

莊應德 武進進士丙辰任
天啓
戈允禮 保山進士癸亥任
趙洪範 嘉定進士甲子任
崇禎
蔣煜 武進進士戊辰任
劉星耀 金谿進士甲戌任
單恂 華亭進士庚辰任
杜特彥 金州舉人辛巳任
陸晉錫 上海恩貢

劉日曦 彭澤舉人丙辰任
趙璧烜 雲南舉人
馮奇 江夏舉人
王用予 舉人
孫節 雲南舉人丁丑任
鄒學成 舉人
蕭頌聖 定遠歲貢辛巳任

王夢尹 澧州歲貢
梁映壁 歲貢

國朝

知縣一員　縣丞一員　典史一員

儒學教諭一員　復設訓導一員

虎頭關廵檢司廵檢一員　鵞籠鎮廵檢司廵檢一員

陰陽學訓術一人　醫學訓科一人

僧會司僧會一人　道會司道會一人

知縣	教諭	訓導	縣丞	典史
順治　李衡　恩縣恩貢　丙戌任		陳堯前　武昌歲貢	賈國相　大興人	
徐鼎　華亭進士　丁亥任	沈一道　江夏歲貢　己丑任	魏左相　應城歲貢	施泰　浙江人	
劉愷　鄞平進士　辛卯任		堵際亨　漢陽舉人	朱之鼎　四川人	徐世臣　餘姚人
王潞　餘杭恩貢　甲午任	陳應善　景陵舉人　乙未任	郊烈　澧州歲貢　乙未任		王興龍　大興人
苗增秀　大興恩貢　辛丑任		張祚應　鄖陽歲貢　辛丑任		徐朝興　曲阜人
康熙　孫弘甡　樂安恩貢　甲辰任		丙午裁		王政　韓城人

知縣	教諭	訓導	縣丞	典史
屈振奇　洋縣進士　己酉任	高遠　漢陽舉人　己酉任		張文德　順天恩貢　己酉任	樓可贍　大興人　己酉任
	黄熊　漢陽舉人　丁巳任	戊午復	陳希堯　正紅旗人	楊薰芳　大興人　丙辰任
崔涵璽　高平例監　戊午任	陳仰可　應山舉人　己未任	朱士上　通山歲貢　戊午任	蔣杓　長洲監生　丁巳任	裴士珍　莘縣人　庚申任
祁嘉謨　大興歲貢　壬戌任	萬士彥　隨州歲貢　甲子任			
趙蒼璧　錢塘進士　丁卯任	汪倎　漢陽歲貢　丁卯任	李際盛　公安歲貢　丙寅任		吳必顯　仁和人　乙丑任
楊玉柱　階州例監				黄起有　華州人　丁卯任
鄭琊　盧龍歲貢				
侯國璋　正白旗例監　壬申任	許錫祉　江陵舉人　癸酉任		劉興詮　正紅旗監生　壬申任	
翟鴻儀　聞喜進士　乙亥任			呂夢禎　溧陽貢生　乙亥任	

金世禎 奉天貢生
姜　橚 保德進士 丁丑任
劉承啓 故城貢生 已卯任
傅天培 奉天監生 庚辰任
蔣尚忞

劉舜年 大冶歲貢 辛巳任

程大純 孝感例貢 丙子任
張　岱 嘉魚貢生 丁丑任

章　振 大興人

鑲紅旗副榜
馬元勛 泌陽進士 巳丑任
金廷襄
吳顧行 長洲歲貢 乙未任
雍正
楊思溥 閬中舉人 甲辰任

明　濂 興國州舉人 巳丑任
蕭蓮芳 沔陽舉人 庚寅任
歐陽卉 沔陽舉人 巳亥任

王希詮 漢陽歲貢 庚子任
袁其修 沔陽歲貢

盧　遇 延安人 巳丑任

宋德盛 虞城人 戊子任
汪　炎 房山人 巳亥任

譚　芥 南豐舉人 丁未任
李作室 沁源舉人 辛亥任
李肇梅 福清貢生 甲寅任
陳　鼎 海鹽監生 乙卯任
乾隆
丁翊壽

曹志紳 雲夢舉人 辛亥現任

孫之吳 安陸歲貢 辛亥任
向　嵩 遠安歲貢 壬子任

楊　瀚 無錫例監 丁未任
李日璵

馬延芝 宛平人 乙卯任
岳　東

長興舉人 戊午任
龔之璜 大興人 壬戌任
夏封泰 歸安進士 甲子任

林霞舉 大冶歲貢 乙丑任
廖宗乾 遠安歲貢 丁卯現任

吉水貢生 丙辰任
張成器 丹徒貢生 壬戌任
胡纘祖 汾縣例貢 現任

順義人 戊午任
王德鳳 登縣人 現任

黃安縣秩官表

明

知縣
嘉靖
林　葵 大理舉人 甲子任
李　講 清平舉人 丙寅任
隆慶
常正紀 富平舉人 庚午任
萬歷
應存初 仙居舉人 癸酉任
孫振芳 廣西舉人 丙子任
章如鈺 會稽進士 庚辰任
黎來王 順德舉人 辛巳任

教諭
周天衢 江安歲貢 乙丑任
文承誥 全州舉人 戊辰任
劉　寵 長淮衛歲貢 庚午任
曹　輅 天長歲貢 癸酉任
王元弼 南昌舉人 丁丑任

訓導二員，天啓間裁一員
饒有仁 青城歲貢 乙丑任
袁伯偉 豐城歲貢 庚午任
高　樹 高陵歲貢 庚午任
項生奇 龍泉歲貢 甲戌任
馬　錦 成都舉人 丁丑任

余　相 會稽舉人 癸未任
劉冠南 廬陵舉人 戊子任
秦　煒 容縣歲貢 庚寅任
李含錦 雲南舉人 壬辰任
李文芳 綿州進士 乙未任
王家泰 瓊山舉人 己亥任
胡尚賓 歙縣選貢 甲辰任
錢弘毅 靖安選貢 庚戌任
李克榮 玉田恩貢 辛亥任

劉允祚 衡陽舉人 癸未任
趙時中 潁州歲貢 戊子任
何　鋆 太興舉人 壬辰任
熊　輪 城步歲貢 乙未任
田文齡 恭城歲貢 己亥任
高可升 雅州歲貢
李應南 衡陽歲貢
董大雅 永嘉歲貢

趙應麟 長沙歲貢 壬午任
王　鑰 湘陰歲貢 戊子任
阮良謨 邵陽歲貢 庚寅任
王建極 歸州歲貢
鄢艮任 鄱水歲貢
彭　洵 永州歲貢

向應賢 通江進士 癸丑任
宣大勳 蒙化進士 乙卯任
王世臣 高安舉人 丙辰任
天啓
丁惟謹 楚雄舉人 辛酉任
林鳳翀 莆田舉人 壬戌任
陳汝情 保安歲貢 丙寅任
蔣洪先 全州舉人 丁卯任
崇禎
王嘉善 濰縣舉人 庚午任

呂時煥 江夏舉人
費朝宗 鉛山歲貢
武建邦 祥符歲貢
黎汝謨 羅山舉人 己未任
黄圖昇 蒲圻舉人 辛酉任
胡　試 江夏歲貢 壬申任

郭紹孔 澧州歲貢
熊　兆 漢陽歲貢
徐自新 嘉魚歲貢
舒應鵠 溆浦歲貢 丁卯任
潘應源 光山歲貢 壬申任

趙利珍 滕縣舉人 甲戌任
李元玉 新貴貢生 丁丑任
梁夢卜

黄元春 新建舉人 乙亥任
張道謨 溆浦歲貢
方懋修 漢川舉人
吳守中 漢陽歲貢

傅應元 安陸歲貢 癸酉任

國朝

知縣一員　典史一員
儒學教諭一員　復設訓導一員
中和鎮巡檢司巡檢一員　雙城鎮巡檢司巡檢一員
陰陽學訓術一人　醫學訓科一人

僧會司僧會一人
道會司道會一人

知縣

順治 任有剛 平原舉人丙戌任
蕭世賁 大興進士庚寅任
楊之琳 西安舉人癸巳任
詹人訓 常山貢生甲午任
汪景勳 河間舉人丁酉任
蕭　恒 三原進士戊戌任
康熙 張一躍 樂亭貢生乙巳任
李同亨 宜興進士庚戌任
徐秉仁 遼東舉人癸丑任
白艮琯 遼東筆帖式戊午任
王雲明 西華舉人壬戌任
張國柱 遼東監生癸亥任
劉承啓 故城貢生丙子任
何錫祿 廣寧監生辛巳任

教諭

林　瑾 大冶舉人壬辰任
鄒璧明 徐州歲貢乙巳任
盧如參 應城舉人丙午任
劉士臣 沔陽舉人乙卯任
王顯奇 沔陽舉人庚申任
龔　璋 蒲圻舉人庚午任
宋希若 蒲圻舉人丙子任
舒其翹 通山舉人癸未任

訓導

駱中駿 蒲圻歲貢
王大猷 鄖西歲貢
范起鳳 鄖縣歲貢
甲辰裁
戊午復
彭　淼 孝感歲貢戊午任
周國購 江夏歲貢乙丑任
龔啓正 監利歲貢戊寅任

典史

張起蛟 通州人乙未任
李　震 山陰人巳亥任
陳聖訓 東陽人癸卯任
陳　銓 彭城衛人丙辰任
盧元吉 通州人壬申任
范經邦 宛平人戊寅任
劉克紹 宛平人乙酉任

黃州府志　卷之七　文秩官上　五十八

知縣

陳展範 蘄州拔貢庚寅任
張　琮 雲南例貢甲午任
雍正 吳象寬 山東進士甲辰任
劉世燧 山陽進士乙巳任
賈多男 直隸舉人丁未任
鍾　堯 平湖舉人庚戌任
馮爲榕 丹徒例貢壬子任
李行修 歷城舉人壬子任
段紹宸 唐山舉人乙卯任
乾隆 蕭鼎鄴 如皋舉人辛酉任
林春澤 廣東舉人壬戌任
李晉岳 閬縣舉人丁卯現任

教諭

吳繩琦 孝感舉人壬辰任
龔世綱 應城舉人丁酉任
蕭　昱 漢川舉人丙午任
陳嚴重 江陵舉人辛亥任
張之珩 江陵進士乙卯任
賀萬年 江陵舉人乙丑任
李　适 沔陽舉人丙寅現任

訓導

劉啓先 通城歲貢丙戌任
周卜年 當陽歲貢乙巳任
張　珩 江夏歲貢癸丑任
吳緒榮 漢陽歲貢乙卯任
鄭時中 潛江歲貢庚申任
劉應祖 潛江優貢乙丑現任

典史

陶宗發 會稽人丙戌任
汪嗣彰 宛平人巳丑任
陳引循 三河人丁酉任
徐世傑 大興人庚戌任
章文傑 宛平人辛亥任
徐文彬 宛平人癸丑任
潘秉誠 山陰人甲子任

黃州府志　卷之七　文秩官上　五十九

黃州府志卷之七上終

黄州府志卷之七下

知黄州府事關中王　勍纂輯

職官志

文秩官

蘄州秩官表 蘄州自漢迄明爲府爲州爲縣沿革各殊官制亦異姓名可考概置守土之列

魏

晉　宗 蘄春太守　謝　寄 廬江人蘄春郡典農

陳

黄正始　黄　詠　周法尚 俱齊昌太守

隋

王世積 蘄州總管

唐

祖　雍 高宗時任安撫使　李道古 憲宗時任觀察使　韓　臯 順宗時任觀察使

韓思彦 任録事參軍　蔡少霞 陳留人明經任參軍　裴行立

李　實 高宗時任　員半千 全節人中宗時任　王　晤 開元間任

裴　渥 乾符間任　李　播 順宗時任　伊　愼 建中間任

呂元膺 東平人德宗時任以上俱刺史　李　象 任太守

南唐

許文禎 刺史

宋

岳　飛 湯陰人紹興間任制置使　劉光世 保安人任防禦使　王禹偁 鉅野人咸平間知州事

劉　沆 永新人天聖間任　呂　誨 鄆城人治平間任　劉　拯 南陵人元豐間任

范純仁 蘇州人元祐間任　林大年 錢塘人　張商英 新津人元符間任

秦希甫 進士元符間任　梅執禮 浦江進士　李　宥 青州進士

蕭　服 廬陵進士政和間任　余　童　馬　防

林　震　駱　㮸 建德進士　陳過庭 山陰人政和間任

韓世清　夏倪翁　施溫舒 淳熙間任

陳　晦　章　壽 宣城人　李　潛 贛州進士

李誠之 東陽人嘉定間任　徐　臬 嘉熙間任　王　益 景定間任舊作安撫使誤

沈　起 鄞縣進士　葉　適 括蒼進士以上知州　林　聚 嘉定間知縣

楊　偉 天禧間任　王　玠 長州人紹興間任　杜　諤 嘉定間任以上録事參軍

趙汝標 嘉定間任防禦判官　何　闳　程　戩 陽翟進士

錢　易 進士天禧間任　虞　策 錢塘進士元豐間任　劉　極

孫昌齡 熙寧間任　胡宗回 元符間任　李　材 太平人宣和間任

范應鈴 豐城人開禧間任　祖士衡 上蔡進士　聶冠卿 新安進士

秦　鉅 江寧人嘉定間任　管景模 景定間任　桂　壁 貴溪人

羅　頎徽州人	王彥明	甯時鳳以上通判
明　鎬安邱人	邱　岳嘉定間任以上防禦推官	李宗忠建甯人乾道間任
汪安行績溪人紹熙間任	阮希甫嘉定間任以上教授	

元

趙賀翁至正間任	狄思聖	趙昭武
志榮祖雲中人以上總管	解　觀吉水人任錄事叅軍	鄭　鏞真定人
馬　侃以上通判		

明洪武初設知府附郭有蘄春知縣十年改知州省蘄春知縣有州同州判吏目及巡檢驛丞等員嘉靖十五年始設下江防道僉事駐蘄州今自州同下從舊志概不列表

	下江防道採訪使附 / 知州知府知縣附	學正一員	訓導三員天啓間裁一員
洪武	左安善任知府 徐　麟廣濟人任知府 王德明蘄春知縣 孔思森曲阜舉人丁巳任		陳堯章
建文	夏元吉湘陰進士己卯以採訪使來鎮		
永樂	楊　琪舉人	傅　冊	趙　霖
宣德	李士安	汪景福	陳　鵬歲貢

			李　素
正統	王　坦鄆城舉人 錢　敏舒城進士 姜　浩	萬　鈞黃陂人 陳　璽	李　太鉛山歲貢 陳克仁莆田舉人 羅　鍾忠州歲貢
景泰	陳　範 金　銑山陽舉人		
天順	趙應隆合州舉人 何堯中合州舉人	王　諶藤州人 董　佐臨川舉人 林　宗莆田人	柯　茂池州歲貢 徐　仁蓬溪歲貢 黃　和安慶衛歲貢
成化	莊　轍上元進士 錢承德常熟進士 何　綸順德州舉人 王　宜進士 白福祥祥符進士	朱　成重慶人 陳　瑄閩縣舉人 裘淑登天台舉人 倪　憲仁和舉人	楊　浩嵊縣歲貢 李務本舉人 蕭　環新淦歲貢 衛永昌南豐歲貢 劉　聰江都歲貢

弘治

周廣榮 上高人
楊淮 山陽進士
侯直 華亭進士
陳謇 秀水舉人
潘珏 婺源進士

袁珽 東莞舉人
李時達 博羅舉人

王一鄂 巴縣歲貢
林鍾 連江歲貢
吳伯馰 內江歲貢
張灝 德興歲貢

正德

余忠 無錫舉人丁卯任
李紳 內鄉舉人庚午任
葉仕美 閩縣舉人壬申任
黃嵩 浮梁舉人

劉瓚 宜城舉人
黃玉 臨安舉人
周綱 晉寧歲貢

羅昕 儀隴歲貢
李明 名山歲貢
蘓龍 寧鄉歲貢
封淵 內鄉歲貢

李純 莆田進士
楊清 山陰舉人

嘉靖

丙申年始設江防道僉事駐蘄州

魏修 興化舉人
李孚先 莆田舉人
李林 進賢舉人
周南 羽林衛舉人
周訓 寧州舉人
馬淮 秀水舉人

倪鎧 上虞舉人
王舜卿 閩縣舉人
周于德 華亭歲貢
華榮 金華歲貢
孔昭 清遠歲貢
鄒士元 萬安歲貢

王啓 賓州舉人
章鑰 富陽歲貢
裴文朱 眞陽歲貢
趙士讓 閩縣舉人
石渠 漳浦歲貢
郝珉 建水歲貢
鄭器 寶應歲貢

劉光文 閬中進士甲辰任
卜大同 秀水進士丙午任
翁學淵 遂昌人庚戌任

高惟孝 偃師舉人
張洸 鄱陽舉人
陳震䄇 閩縣舉人壬寅任
吳鳳 貴溪舉人戊申任
萬敏 南昌進士庚戌任

陳韞 龍溪舉人
楊演 武義歲貢
劉鵠翔 閩縣舉人
岑性 邳州歲貢
龍如卿 萬載歲貢

陳龍 內江歲貢
宋綱 留守衛歲貢
李茂 蒙化衛歲貢
胡聰 雩都歲貢
聶少夔 漢川歲貢
余士皐 星子歲貢
鄒太升 富順歲貢
羅天爵 德化歲貢
范德光 巴縣歲貢

沈龍 宜城舉人癸丑任
周美 崑山進士癸丑任
麻瀛 宜城進士辛酉任
孫袞 如皐進士壬戌任
包汴 嘉興進士甲子任

崔一濂 南海進士
谷鍾秀 辛亥任
范信 金華舉人辛亥任
石璽 滁州舉人
向天眞 眉州舉人
袁伯嵩 豐城舉人辛酉任

王猷 江津歲貢
毛尚志 河南歲貢
陶瑚 四川歲貢
謝恩 直隸歲貢
程序 休寧歲貢
王資 合肥歲貢
何燭 彭澤歲貢
先知 當塗歲貢
王時鳳 合肥貢

隆慶 袁世榮 華亭進士 戊辰任
盛當時 華亭進士 戊辰任
戢汝止 簡州進士 壬申任
萬歷 楊　松 河南進士 甲戌任
侯堯封 嘉定進士 丁丑任
王廷稷 晉江進士 庚辰任
劉弘道 常熟進士 辛巳任
洪一謨 歷城舉人 癸未任
李復聘 陝西進士 乙酉任
李　琦 江陰進士 丁亥任
陳　朴 河南人 戊子任
李文郁 禹州進士 辛卯任
丁繼嗣 浙江進士 壬辰任
韓　紹 歸安進士 丙申任
沈孟化 永定衛進士 己亥任
黃仁榮 南昌舉人 辛丑任
張應鳳 元城進士 癸卯任

蕭奇勳 莆田進士
龐　瀛 保定進士
楊　魁 江山歲貢 壬申任
裴應時 河間舉人 甲戌任
劉　黙 臨川舉人 丙子任
路雲龍 宜興進士 戊寅任
徐希明 上虞舉人 戊子任
鄭夢禎 莆田舉人 丙申任
譚　經
蔣如蘭 全州人
何之圖 婺源舉人 乙巳任

羅　教 四川歲貢
劉繹思 桂林舉人
匡　直 洛陽歲貢
沈　華 昌化歲貢
以後失考

王　聘 河南歲貢
吳道宣 福建歲貢
王　春 醴泉歲貢
李　綸 興平歲貢
葉　仲 仁和歲貢
高　校 彭澤歲貢
陳　燭 南昌歲貢
以後多失考
米濟世 蒲圻歲貢

韓孫愛 慈谿進士 戊申任
胡世賞 合州進士 辛亥任
吳國仕 歙縣進士 乙卯任
王世德 永康進士 丁巳任
李如檜 山東進士 庚申任
天啓 李若訥 臨邑進士 壬戌任
陳應元 福建進士 乙丑任
范中彥 范縣進士 丁卯任
崇禎 儲顯祚 宜興進士 己巳任
王相悅 泰州進士 辛未任
施元徵 無錫進士 壬申任
唐登儁 四川進士 癸酉任
唐顯悅 福建進士 乙亥任
張秉貞 桐城進士 丁丑任
張定志 蘇州進士 己卯任
許文岐 錢塘進士 庚辰任

侯大節 汲縣進士 丁未任
朱　圻 商城舉人 己酉任
趙善紀 南海舉人 壬子任
倫應祥 東莞舉人 乙卯任
湯應遐 臨川舉人 己未任
錢兆元 仁和舉人 甲子任
胡承烈 山東歲貢 丙寅任
唐世照 灌縣舉人 壬申任
張叔鑑 新淦舉人 戊寅任
孫光祚 山東舉人 庚辰任
陳邦奎 南海人 辛巳任

李炳奎 江西舉人 庚戌任
江有光 沔陽舉人 壬子任
裴晉卿 枝江舉人 壬戌任
余　盛 富順舉人 壬申任
龍　憲 常德舉人 甲戌任
馬　歲貢辛巳任殉難

辛大方 江西歲貢
吳伯裔 漢陽歲貢
魏應龍 漢陽歲貢

洪世擢 歙縣進士 癸未任　黃金榜 上元舉人 壬午任　張邦衡 臨桂舉人 甲申任

國朝

知州一員　州判一員　吏目一員

儒學學正一員　復設訓導一員

大同鎮巡檢司巡檢一員　茅山鎮巡檢司巡檢一員

西河驛驛丞一員　陰陽學典術一人

醫學典科一人　僧正司僧正一人

道正司道正一人

下江防道一知州　學正　訓導　州判　吏目

順治 范鳴珂 咸遠衛恩貢 乙酉任　田信 安肅生員 丙戌任　靳弘謨 乙酉任

張定邦 蒲州生員 丙戌任

柳愈 寧普舉人 丁亥任　錢民瞻 襄陽選貢 戊子任　彭祖商 監利貢生 丁亥任　高明則 膚施人 戊子任

周漢傑 安福舉人 庚寅任

方于光 大興進士 庚寅任　史可成 遼東生員 己丑任

吳之應 北直舉人 辛卯任

包隆道 浙江拔貢 辛卯任　邵嚴邦 咨雲拔貢 辛卯任

王顯 曲周進士 壬辰任　龐堯年 遼陽貢生 壬辰任

呂暘 無錫進士 甲午任　金貴 蒲洲貢生 癸巳任　李開早 武陵舉人 乙未任　毛之健 巴陵歲貢 乙未任　吳多瑜 高陵歲貢 乙未任　范明琦 寧波人 乙未任

趙映乘 祥符進士 丙申任

汪繼昌 休寧進士 丁酉任　任祟 嘉魚舉人 戊戌任　于連泓 肅寧歲貢 丁酉任

劉緝堯　王宗堯

曲沃進士 己亥任　廣寧廩生 己亥任

楊志遠 丹陽進士 辛丑任　龔學洵 公安歲貢 庚子任　沈毓林 浙江監生 辛丑任

康熙 李登第 廣寧貢生 壬寅任 此後缺裁　尚登岸 京山舉人 丙午任　王奪標 單縣進士 乙巳任

高子翼 闕縣進士 辛亥任　傅彬 孝感歲貢 庚戌任　吳自性 嵊縣人 庚戌任

李成才 遼陽貢生 甲寅任　曾三壽 監利拔貢 丁巳任　鄭淑聲 莆田人 甲寅任

張士駟 新建進士癸亥任
龔起燦 潛江舉人甲子任
唐振烈 通山歲貢甲子任
陳平 廣寧廩生癸亥任
陳法羣 會稽人辛酉任
胡慶祖 枝江舉人
賀興初 衡陽歲貢
張友奎 鍾祥舉人
楊我翰 江夏歲貢
項厚 錢塘人庚午任
王泰生 鍾祥舉人甲戌任
岳東瞻 漢川歲貢丙子任
黄卷益 臨川監生丙子任
韓宗晉 餘姚人
遅惟培
丁鼎
佘師龍
俞廷佐
萬士璜

正白旗舉人辛巳任
鍾祥舉人己卯任
漢川歲貢辛巳任
山陰監生辛巳任
丹徒監生庚辰任
劉國輔 正紅旗歲貢甲申任
劉清史 江陵舉人辛巳任
陳作楫 沔陽歲貢癸巳任
宋文楷 武安監生甲午任
仇天牧 山陰監生
王玠 鑲紅旗廕生己亥任
王如治 雲夢舉人
周卜灃 例貢生戊戌任
余嘉謨 秀水監生乙未任
江增福 荆門例貢辛丑任

雍正

華文振 宿州監生丁未任
劉日章 沔陽舉人丙午任
王一寧 江夏歲貢丙午任
陸瀚 仁和監生癸卯任

蔣嘉年 鑲藍旗監生己酉任
汪自來 石埭人己酉任
童鎮夏 會稽監生癸丑任
朱銓 東湖舉人癸丑任
甘昌祚 漢陽歲貢癸丑任
雷濯 宛平監生甲寅任
童鎮邦 仁和監生庚戌任
王松齡 正白旗官生乙卯任
李日熙 介休例貢乙卯任

乾隆

劉克宣 建始歲貢庚申任
任蔣琀 蕭山生員戊午任
劉淑
李功永
孫衍慶
賴期選

臨汾監生壬戌任
黃陂舉人甲子任
大興監生壬戌任
龍南武生乙丑任
蔣尚德 鑲紅旗舉人癸亥現任
萬世信 南昌監生丙寅任
江宗望 漢陽舉人戊辰現任
吳之隆 天門歲貢戊辰現任
王士讓 安溪副榜戊辰現任
陳以績 如皋例監丁卯現任

廣濟縣秩官表

宋

朱晞 休寧人孝宗時任知縣
陳聚 延祐時任教諭

明

知縣
洪武 陳桂 戊申任
胡昇 新淦舉人
陳景昌 舉人壬戌任
余寅 松江人丙寅任
永樂宣德正統 高偉 浙江進士
劉遜 館陶舉人
陳昱 浙江監生
天順 張琮 癸未任
孫節 舉人
成化 杜繖 蘭谿舉人
張安 山東舉人
江震 錢塘舉人癸巳任
弘治 張璀 上蔡舉人
陳奎 南昌進士庚申任
葉溥 龍泉進士

教諭
羅絪 泰和舉人
陳聚 揚州人
洪範 建德人
李坦 江西歲貢
李復 廣東歲貢
穆芳 廣西舉人
旭景 歙縣人
顧昂 浙江歲貢

訓導 二員天啟間裁一員
舒宜 貴池舉人壬戌任
許冕
曹瑄 宣州舉人
孫復 歲貢
劉威 永州歲貢
詹晟 浙江監生
王垓 浙江歲貢
孫顯祖 雲南歲貢

知縣
正德 孫寵 上海歲貢壬申任
石鼎 趙州進士
王艮佐 華亭舉人己卯任
汪偉 貴溪舉人辛巳任
嘉靖 李重 成都歲貢庚寅任
侯嘉祥 廣西舉人丙申任
王綽 歲貢丁酉任
謝秩 分宜舉人己亥任
蔣崇祿 成都舉人
黃儀 新城舉人甲辰任
劉寬 建昌監生
段重 廬陵舉人
楊阜 宜興舉人戊午任
胡尚志 績溪舉人辛酉任
何濬 南海歲貢
丁臻 永昌舉人乙丑任
梅友竹 墊江舉人丙寅任

教諭
王仕俊 長樂舉人
戴謙 江西歲貢
王潮 揚州歲貢
龔善治 南昌舉人
周艮 吳縣歲貢丙申任
熊應周 富順舉人辛丑任
包啓棠 棠陰歲貢甲辰任
吳哲 普安舉人
賀鐸 武進歲貢
胡東明 江西歲貢
許維翰 桃源歲貢
李錫 開封歲貢
胡躬行 湯溪歲貢

訓導
洪清 安慶歲貢
趙顏 歲貢己卯任
劉鉅 吉水歲貢
徐艮弼 永川州歲貢
梁文 崇化歲貢
葉杞 建德歲貢
梁本 星子歲貢
趙繖 麗水歲貢
俞鳳 新都歲貢辛丑任
喬巍 泗陽歲貢甲辰任
李中和 陸豐歲貢
林樾 北勝州歲貢
張懋學 浦江歲貢
胡朝縉 長汀歲貢
劉鳳鳴 孟縣歲貢
王守恒 贛榆歲貢
李緝 漳浦歲貢
高廉 漢川歲貢

隆慶 閔德充 烏程舉人
朱邦華 南城歲貢 由縣丞任
劉則唐 廬陵舉人 辛未任
萬歷 姚翼 歸安歲貢 癸酉任
陳傑 成都人 戊寅任
王廷俊 江西人 巳丑任
劉廷揚 禹州舉人 甲午任
張憲圖 洛陽舉人 戊戌任
尚方珍 山西舉人 癸卯任

張鑑 泰州歲貢
劉鶴齡 桂林舉人 庚午任
石中美 桂林舉人
吳宙
陳道濟 南康舉人 辛卯任

顧棨 秀水歲貢
吳袞 桐城歲貢
馬同春 南充歲貢 壬申任
孫霞 太平歲貢
赫大化 鄖陽歲貢
王國賓
黃贊銳
王之璽 沔陽歲貢

趙國華 南昌舉人 丙午任
周良弼 江西舉人 丁未任
蔡洪輝 同安舉人 庚戌任
劉應昌 桐城進士 壬子任
夏可雷 四川舉人 乙卯任
趙之璋 四川舉人 丁巳任
張夔元 光山舉人 巳未任
天啓 張夔任 雲南舉人 辛酉任
王世臣 高安舉人

魏秉忠 廣昌人 庚戌任
胡來賓 丁巳任
萬一和 辛酉任
吳[illegible]

李宙奕 壬子任
秦時中 壬子任
郭金範 壬戌任

劉俊 四川舉人 壬戌任
崇禎 周驥 江津舉人
黃弘曾 晉江舉人 乙亥任
黃恂 四川人 丙子任
朱議澧 江西人 庚辰任
張登衢 桂林舉人 辛巳任

許煒 江夏人 戊辰任
曾發祥 鍾祥歲貢

符於思 龍陽人 戊辰任
李苑 宜都人

國朝
知縣一員　典史一員
儒學教諭一員　復設訓導一員

武家穴鎮巡檢司巡檢一員　馬口鎮巡檢司巡檢一員
陰陽學訓術一人　醫學訓科一人
僧會司僧會一人　道會司道會一人

知縣
順治 程啓南 襄陽人 乙酉任
郝光輔 永平人 乙酉任
馬步月 巳丑任
毛華鵬 四川人 辛卯任
許大華 南昌舉人 壬辰任

教諭
王禹錫 崇陽人 戊子任

訓導

典史
劉文延 山陰人 壬辰任

龍雯 甲午任
楊楚 安邑人丙申任
閻國士 保定歲貢丁酉任
孫謙亨 東安選貢己亥任
安璇 贊皇歲貢辛丑任
康熙
黃玉玹 洋縣進士乙巳任
任暄猷 河南進士己酉任
潘士學 遼東人癸丑任
王繼茂 直隸人辛酉任
陳肇祉 江西監生壬戌任
顏正色 浙江進士甲子任
錢文炌 烏程進士丙寅任
萬侄 寶應監生己巳任
劉臨 渠縣副榜乙亥任
劉淞 正紅旗歲貢癸未任
李世德 正黃旗歲貢丙戌任
蕭龔 武平舉人癸巳任
張孚先 儀封舉人壬寅任

傅鎤 孝感舉人丙申任成進士
李延春 宜城人己亥任
李以範 漢陽舉人辛丑任
胡大猷 武岡人壬子任
羅人龍 枝江人丁巳任
蕭芳 邵陽人甲子任
徐昌先 興山歲貢
熊心璋 蘄州舉人
歐陽遷 漢陽舉人
胡理 武昌舉人丁酉任

王金 宜城人乙未任
胡效順 邵陽貢生丁酉任
汪紹遠 漢陽例貢
劉大年 安鄉人
王業久 漢川歲貢
劉國泰 江夏歲貢丁酉任

姜天棟 浙江人丙申任
董天琇 仁和人辛丑任
童汝楠 浙江人戊申任
湯銘 江南人丙辰任
薛家楹 韓城人辛酉任
康克俊 咸陽人戊辰任
張成 宛平人辛未任
王賓 大興人丁丑任
泰鏡 三原人乙未任
賴起龍 新安人己亥任

雍正
顏希聖 德州進士甲辰任
高人傑 興平舉人戊申任
李肇梅 福清貢生乙卯任
乾隆
王如璋 廬陵監生辛酉任
鄭理 正藍旗舉人癸亥任
李國楨 嘉應舉人乙丑任
虞學灝 金壇舉人丁卯現任

宋道正 江陵舉人
左賜桓 漢陽舉人
鄧肇丙 沔陽舉人
龔佐龍 孝感舉人戊辰現任

嚴于素 荊門歲貢
譚之琥 京山貢生
江禹汪 江陵歲貢
陳景行 鄖縣歲貢戊辰現任

林錫穀 玉田人甲辰任
蔣文凌 大興人壬戌任
何昌懋 山陰人丙寅任

黃梅縣秩官表

齊
帝誨 南新蔡太守

梁
垣榮祖 南新蔡太守

南唐
陳起 蘄州進士任縣令

宋
程晃 浮梁進士祥興間任知縣

元
曾阜
樊懋侁 真定人皇慶間任
喬思忠 晉寧人至正間任

忽都不花 以上達魯花赤	陳可大 江西人任教諭	

明

知縣	教諭	訓導 二員天啓間裁一員
洪武 白德誠 貢士		
唐輔		
黃子政 舉人		
永樂 張同寅 舉人		
楊遇春 歲貢		
張德 進士		
徐仲勳		
景泰 錢濟 舒城進士		
黃武 歸安薦舉		
王端 舉人		
成化 戴中 新淦進士	魯壽 興國人	元仲 雲南人
	李震 葉縣人	
	王原賓 舉人	佘浩
	鍾安定 歲貢	
	金寬 舉人	

弘治 金章 上元進士		王輔
朱璧 樂平進士		袁儔
正德 袁仲吉 進士	梁文儲 南海貢生	支學禮
林福 舉人		王宜 淮安舉人
		鄧琳
		阮鑑
嘉靖 諸偁 秀水進士	唐世卿 海寧舉人	龔章 閩縣人
郭基 舉人	沈愷 舉人	嚴玉振
梁廉 泰和舉人	沈鑣 平湖人	顏樸 廬陵歲貢
劉琦 桂林舉人	熊梁 舉人	許珍
程宇 富順舉人	王廷美 歲貢	汪廷瑝 繁昌歲貢
馬應龍 永昌舉人	徐爵 歲貢	陳裕
張九一 新蔡進士	蕭廷儲 瀘州舉人	馬驥 辰州人
胡效忠 沐陽舉人	黃早 舉人	席鰲 四川歲貢
劉伯源 舉人	饒光庭 歲貢	孫勵明 歲貢
楊本俊 泰和舉人	段盡忠 曹州歲貢	聶翰
丁儀 舉人		胥用中 四川歲貢
周俊 貢生		胡躬行 歲貢

徐行慶進士
陰　縉貢生
隆慶范德超巴縣舉人
姜　忻南昌進士
蔣　僂舉人
張維翰安鄉歲貢
萬曆葉　鐣舉人
來三聘浙江進士
皮宗詩舉人

孫　鉝餘姚舉人甲午任
馮可立四川人
陳嘉言江西人
桂生芝貴谿舉人戊申任
武圖功曹縣進士辛亥任
王繼祖舉人
鍾額俊上杭舉人
天啓徐　澤潼川舉人
周　獻舉人

陳　文靖安舉人
魏　申許州歲貢
張　相南昌舉人
滕國賢
何子遠德化人
謝自修蒲圻舉人
周敬止舉人
汪堯夫舉人
黃建中舉人
林若偉漢陽人
周玉振

徐　慶歲貢
劉　佩歲貢
程大本歲貢
范　堪歲貢
謝君相歲貢
劉壽仁
雷孟暘
包良臣
劉師洛
吳世卿
張堯勲
張聖化汝南人
李明元

饒　臺湖口舉人
崇禎王　贇山西進士
何文郁貴州貢生
張聯芳北直舉人

闞士琦桃源舉人後成進士
吳思文江夏舉人

國朝

知縣一員　縣丞一員　典史一員
儒學復設教諭一員　訓導一員
新開口鎮巡檢司巡檢一員　清江嘴鎮巡檢司巡檢一員
停前驛驛丞一員　陰陽學訓術一人

醫學訓科一人　僧會司僧會一人
道會司道會一人

知縣
順治張　典北直貢生乙酉任
李儔賓北直選貢丁亥任
陳覲天江南選貢己丑任

教諭
張士淑蘄州貢生
胡虞潢武陵舉人成進士

訓導
傅若訓孝感恩貢
蕭仲蔚鄖陽貢生

縣丞
趙　紹山西貢生乙酉任
陸道亨江南人戊子任

典史
時必昌
梁文正

鄧源濬　遼東人庚寅任
祁山　北直貢生乙未任
孫琦　北直貢生丙申任
徐昱　瀋陽拔貢戊戌任

康熙

趙應登　上元人
樓璇　諸暨副榜
王庭龍　晉江進士己酉任
李成林　廣寧廕生甲寅任
吳景愉　長安進士庚申任

蕭蘊樞　孝感舉人
吳從周　應城歲貢丁巳任

吳祖堯　鄖縣歲貢己亥任
劉逢吉　潛江歲貢
周汝楫　彝陵歲貢己未任
彭大年　巴陵歲貢甲子任

董復楨　河南人癸巳任
章國材　浙江人
沈宗文　浙江人丙申任
戴國宰　山西歲貢
高如乾　山西歲貢
陳嗣起　浙江例貢
樓自新　諸暨人
沈鋐　海寧人甲子任

盧顯俊　東鹿人
徐麟瓚　紹興人
陸豐　大興人甲子任

歐陽旭　丹徒進士乙丑任
胡渭　進士己巳任
張雲松　祁縣人辛未任
李錦　揚州人庚辰任
曹世璞　唐縣進士癸未任
遲日旭　監生己丑任
申鵬翔　陝西舉人壬辰任
戴紹祖　奉天貢生甲午任

周崑　漢陽例貢乙丑任
蔣弘毅　江夏歲貢己巳任
彭述憲　潛江例貢丁丑任
張洙　通山歲貢辛巳任
汪自重　江夏例貢丙申任

方坦　漢川歲貢丙寅任
譚必章　歲貢壬申任
楊道儀　石門歲貢乙亥任
黃正璦　荊門歲貢丙子任
黃之朱　慈利歲貢丙戌任
劉友宜　監利歲貢戊子任

汪會　黟縣恩貢乙丑任
李銓　晉江監生壬申任
朱丙燾　山陰監生壬午任

王經　陝西人
張其秀　奉天人乙亥任
張聖銘　大興人癸未任
高應鳳　宛平人丙戌任

雍正李珣 濟源舉人癸卯任
吳象寬 海豐進士戊申任
孫叔諫 山東歲貢辛亥任
錢家璧 嘉善舉人壬子任
雅標 陽湖貢生甲寅任
乾隆邵豐鍭 山陰保舉辛酉任
林宸彥 莆田舉人癸亥任
楊黼時 大埔翰林癸亥任
任重 巴縣舉人戊辰現任

王綍 歸州舉人乙巳任
張士倡 江陵副榜癸丑任
胡其鑾 咸寧選貢甲子現任

丁宗綸 監利歲貢乙巳任
李發榮 房縣歲貢己酉任
張琎 襄陽歲貢辛亥任
李光先 安陸歲貢壬戌任
許元淳 房縣歲貢乙丑現任

馬方豢 唐縣附監乙巳任
楊世澤 定番廪生戊申任
孟遇隆 鑲白旗人庚戌任
張文德 四川舉人甲寅任
益士傑 華亭監生庚申任
王世勲 金谿人甲子現任

顧景福 山西人癸卯任
葉鳴琇 大興人壬子任
徐晉 江南人乙卯任
史崗 浙江人戊午任

黃州府志卷之七下終

黃州府志卷之八

知黃州府事關中王　勍纂輯

職官志

武秩官

古者兵農不分無事則將歸於朝有事則兵出於農明之屯衛即其遺意而太平既久武備廢弛漸不可用不如召募之法練習以時雖有養兵之費然緩急足恃也
國家制度周詳營鎮專城隱然江淮之保障明代屯衛止以供轉輸漕粟之用禦侮奔走各勤其職可謂師武臣力者矣

國朝黃州府武秩官

黃州協副將壹員　改設都司壹員
千總貳員　把總肆員
蘄州營改設都司僉書壹員　原有叅將今裁
千總壹員　把總貳員
黃州衛守備壹員　千總壹員
百總壹員
蘄州衛守備壹員　千總壹員
百總壹員

府屬武秩官表

黃州協副總兵	守備雍正十年改設都司	蘄州營叅將	守備雍正十一年改設都司
順治 徐　勇都督同知總兵官	吳進德	韓　友	張　祿
線維綺以下副總兵	劉　傑	賀世虎	賀繼戈
楊廷機	何允嬈	馬應龍以副將任	程士然
張大治遼東人	陳天才		袁應登
佟　透	解　𢤱		

黃州協副總兵	守備雍正十年改設都司	蘄州營叅將	守備雍正十一年改設都司
李占春陝西人左都督管副總兵事	潘宮桂以都司僉書任		
康熙 王宗臣浙江人以下副將	張其操	王　魁	王俊民
孔宗舜	朱　諟	黃廷豸康熙十四年後缺裁	張潛蛟武進士
林良斛	馬應功以都司僉書任		張崇信
阮　述福建人左都督管副將事	長　漢		李靜延武進士

萬永祺 鑲白旗人以署都督僉事任

孫弘謨 陝西人

鄭雲 福建人以左都督任

葉芝蘭 鑲紅旗人以左都督任

李麟 陝西人以署都督僉事任

丁延祥

黑子

汪世福 武進士

曹耀 寧夏人以署都督僉事任

石從龍 陝西人武進士

余鈞 武進士

于淵 武進士

曹建功

高可慶

楊正心 武進士

李如松 陝西人以叅將任

林滙 福建人以左都督任

鄭繼寬 直隸武進士以署叅將任

馬良燦 山東人以署叅將任

鈕鴻傑 直隸人以叅將

梁家楨 浙江人武進士

吳日光 將樂人武進士

李進寶 鎮海人後更名梁國相

萬孔府 武舉

任

劉玉振 陝西人以叅將任

雍正 李繩武 正黃旗人以署都督同知任

朱文華 陝西人以守備任

乾隆 杜與 陝西人

馬大用 懷寧侍衛由叅將任

王守乾 乾州人由都司任

劉捷 陝西人以游擊任

解廷瑜 山海衛人武舉

王謨 大興人以下都司

蔡瓊玫 安樂人侍衛

韓璠 以下都司

趙如龍 武舉

麻錦 武舉

王烈 侍衛

劉應標 松潘人由都司任

朱秋魁 金華狀元由叅將任

楊澤浤 順天人武進士由叅將現任

劉連捷 晉州人侍衛

鄭嵩 江都人武進士現任

王逢

梁文賢

黃州衛守備

順治 田登元 武進士

劉振斗 武進士

周京 武進士

朱昱 武舉

千總

程士然

萬崇儒

徐鳳翥

史在勲

蘄州衛守備

任之鼎

陰養蒙 棗強人武進士

千總

李復奇

戚文郁 江西人

康熙王清遠武進士　貢鵬程　朱日芳浙江人武舉　楊鎮邦建德人武舉
李芬武進士　牛應照　張瑞鳳武舉　張祿
劉爾恒武進士　宋舉　耿端京衛人武進士　徐必成
陳善言武進士　陳可奇　陳畧舒城人武進士　郝培植濟寧人武舉
蕭成沅陵人　蔣偉　裴袞錫武進士　吳宗煦漢陽人武舉
姜弘毅　陳鐸　蕭維翰延安人武進士　蘊門祜漢陽人武舉
方玉璣武進士　温文輝　齊國中咸寧人武進士
雍正黃璋正白旗人監生　張振　馬彪保定人武進士　王時敏貴池人武舉
劉鈞大興人　張星輝　趙源長上元人

乾隆王國傑錢塘人武舉　楊正心　劉方景白旗漢軍　李樸曲沃人武舉
馬成大興人　王廷俊　嚴秉則四會人武進士
商喬平江人武進士現任

附黃州衛指揮舊設今汰
曾斌　夏聚　嚴禮　陳榮　倪義　郭顯
胡海　牛瑛　孟凱　趙能　郭忠　李勳
張永　張貴　胡輔　袁達　劉威　滿芳
彭弘　彭益孫

附蘄州衛指揮舊設今汰
陳聚　茆德　李彰　王榮　李郁　田文
岳得　李旺　姚勝　李春　舒祥　胡詰
王成　王英　李楷以上見舊志　趙應清　田鳳
王忠　胡善　李廣　胡瑄　田正　李泰

附黃州衛鎮撫舊設今汰
詹勝　劉綱　余瑛　李芳　王業哥秃
徐福

附蘄州衛鎮撫舊設今汰
袁德　唐鳳　梁棟　陳友直

附黃州衛千戶舊設今汰
李成　潘正初　秦得　朱冑　毛大節　奚佛關

附蘄州衛千戶舊設今汰
朱福　湯成　胡成　王隆　劉全　顧安
宋興　張麟　杜彬　朱眞　季成　朱朗
王彬　歐成　華稷　洪阿忠　程文聚死難　吳眞

附黃州衛百戶舊設今汰
葉成　陳德新　左艮　李誠　朱昱　陳虎安
杜玉　方可大　范天受　吳斌　雍大亨　韓望

梅芳 潘亨 張文譽 高興

附蘄州衛百戶

趙德成 王仲良 李慶 張德 劉勝宗 戴文雲

賀清 蕭義 麗興 周源 李華 劉華

蕭旭 史整 鄭富 趙公保 方英 梅玉興

高仲祥 黃魯 陳巖 許宗 袁福 鍾成

陳八郎 李泰 王潤 郝成 王翰 李能久

許添起 崔富 羅保 許必榮 吳勝一 田斌

田足國 以上二衛俱明世襲至崇禎末年止因年代久遠應調赴衛年月多有不可考故姓名間有遺者

名宦

今之名宦古所稱循吏也考諸舊籍其揆文奮武馳聲江淮間者班班可攷固不讓張趙卓魯也夫奉天子命守此土治此民豈以爲名乎哉顧俎豆報之道碑傳之殆與清遠山水同其流峙矣

晉

黃岡 毛寶字碩眞滎陽陽武人庾亮鎮武昌表爲江夏相督隨義陽二郡亮謀北伐令與西陽太守樊峻守邾城石虎遣其子鑒及其將夔安李菟等來攻援兵不至城陷寶及峻遂與士衆六千人死於江

隋

蘄州 王世積闡熙新囯人高祖受禪進封宜陽郡公高熲美其才能甚善之授蘄州總管平陳之役以舟師自蘄水趣九江有功進位柱國荊州總管

唐

左震涇縣人乾元間以贊善大夫出爲黃州刺史豈弟剛決黃人歌曰我欲逃鄉里我欲去墳墓左公今旣來誰忍棄之去 斬妖巫事詳見古蹟

杜牧字牧之樊川人第進士太和間爲黃州刺史剛直有奇節吏民懷之

蘄州 員半千字榮期全節人中宗時出爲蘄州刺史不顯任吏常以文雅粉澤禮化大行

呂元膺字景夫鄆州東平人德宗時爲蘄州刺史頗著恩信嘗歲終閱郡獄囚有自告者曰某有父母在明日元正不得相見因泣下元膺惻焉盡脫其械縱之與爲期守吏曰賊不可縱元膺曰吾以忠信待之及期無後到者由是羣盜感義相引去後

除鄂岳觀察使

韓思彥爲蘄州錄事參軍嘗過汴州有張僧徹者廬墓三年詔表其閭請思彥爲墓志餽縑二百不受徹固請之乃受一縑謂家人曰此孝子縑也不可輕用其清介類是

伊慎字寡悔兖州人李希烈反曹王皋拔爲大將會賊泝江徇地皋授慎兵勞而遣與賊戰大破之收黃梅拔蔡山遂下蘄州卽拜刺史天子在梁州包佶轉糧次蘄口賊兵萬人遏江道不得西慎擊斬

賊將許少華漕無留難 詳見兵事

宋

王明字如晦成安人乾德初爲荆湖轉運使開寶七年將用師南唐以明爲黃州刺史帝密授成算明既視事卽完葺城壘訓練士卒衆莫解其意俄而王師自荆渚乘戰艦下卽以明爲池州至岳州江路巡檢戰櫂都部署所向克捷遂平金陵

王禹偁字元之鉅野人咸平初知黃州聞濮州盜夜入城署知州監軍因疏江淮諸郡宜並置守捉軍士閱習弓馬葺城壁完甲冑爲禦侮之備上嘉納之州境二虎鬭其一死食之殆半羣鷄夜鳴經月不止冬雷暴作偁疏引洪範陳戒且自劾上遣內侍勞問醮禳之日官云守土者當其咎上惜其才命徙蘄州未踰月而卒

樂史知黃州性簡默能處繁劇在郡獻廣孝傳五十卷總仙記一百四十一卷

韓琚韓琦之兄仁宗時知黃州琦詩曰予兄天聖中向擲齊安守兄才無不宜吏治孰可偶公庭常寂

然所樂在文酒

馬正卿元豐間知黃州愛民下士廣學舍禁妖巫人咸感之

徐君猷神宗時知黃州崇儒重道下士愛民蘇軾嘗稱之

陳軾元祐間知黃州時蘇軾謫黃人皆畏避懼其累已軾獨願交游期共憂患

趙令宬安定郡王令衿兄建炎初通守鄂州領兵戍武昌賊闖瑾掠黃州去宬渡江存撫之黃人乃安

李綱言於上擢知黄州奉詔修城六月而畢屢禦劇寇以内艱去詔起復時金人犯黄州郡卒浮江告急峸疾趨夜半入城金人力攻城陷欲降之大罵不屈敵怒鞭之流血被面罵不絶口而死時都監王達判官吳源巡檢劉卓俱同赴難事聞贈峸徽猷閣待制謚曰愍忠

孫祁字居敬東陽人淳熙間進士知黄州有善政

何大節字中立嘉定辛巳知黄州金人圍黄詔馮榯督兵援之逗遛不進大節召僚佐各予以便差出

使自爲去計乃取郡印佩之誓以死守一夕左右告曰城陷矣大節從門出投江死

孟珙字璞玉棗陽人知黄州增埤浚隍蒐討軍實邊民來歸者日以千數皆爲屋居之厚加賑貸又創兩堡分處軍士兵威大振自兹經畧荆襄金人憚之

莫濛字子濛歸安人以祖廕累官大理寺正時黄州倅奏親擒盜五十餘人上命濛窮竟既至咸以冤告濛命去囚桎梏引倅至庭詢竊發之由蹻敵之所逺近時日悉皆牴牾折之語塞濛具正犯數人奏上餘釋之上諭輔臣曰莫濛非獨曉刑獄可俾理金穀除戸部員外郎後除湖北轉運判官復知鄂州卒於官

孟震字亨之元祐間通判黄州有令德時稱其庭爲君子庭庭中有泉蘇軾名曰君子泉

按茅志震字亨之辨極明省志作孟震亨誤

任伋字師中眉山人通判黄州寛柔惠愛負氣節與兄孜齊名當時稱大任小任後没於遂黄人爲師中庵以祀

陳仲微字致廣高安人嘉泰二年進士爲黄州通判兼餉饋以身律下隨事檢柅軍興賴以不乏制置使欲上其最辭曰此職分也何最之有

洪芻字駒父樂平人宣和間爲黄州酒正以廉潔自持權酤有法

毋制機蜀人分教黄州兼領河東雪堂二書院教人以明體達用爲先學者稱爲平山先生

龐籍明道間黄州司理參軍獄無冤抑時夏竦知黄

州謂其有宰相器

黃岡　張激不知何許人郡志稱其治邑有善政

麻城　楊掞字純父臨川人登進士第調麻城尉向士璧守黃州檄入幕府以戰功升三官

蘄州　劉沆字衡之永新人天聖中出知蘄州州有巨姓尹氏僞券侵田沆鞫奪之人稱其明

李宥字仲嚴青州人舉進士歷知蘄州歲凶人散委嬰孩者相屬於道宥命吏收取計口給穀俾營婦均養之每旬閱視所活甚衆或殺人以米十担給

傭者使就獄曰我重賄吏爾必不死宥得其情論如法

韓世清知蘄州州人請爲兵馬鈐轄有賊劉忠入境清設方畧破之

余童徽宗時知蘄州時歲饑賑濟有方盡括境內人戶第爲三等量口貸之又度五邑地均粟置場立法伺察民以爲便

按舊志州志本余童省志作余童明誤

王玠景定間爲蘄黃鎮撫使司幹辦公事會鎮撫使孔彥舟謀叛玠開陳百端不聽大罵曰逆賊憾不斬爾萬段彥舟並玠家屬沉之龍眼磯後人立廟磯上祀之

按蘄州志玠長洲人高宗紹興二年死節明一統志作景定間疑誤

葉適括蒼人淳熙進士除太學博士朱晦庵爲林栗所論適上疏言非是出知蘄州治務寧靜人爲吏部郎歷官侍郎世稱水心先生

王彥明景定二年守蘄州元兵壓境彥明力戰以糧乏不屈率家屬乘大舟於城西中流鑿舟沉水死州人立廟祀之

王益景定間知蘄州治尚寬和闢麒麟山立郡治

按舊志有呂誨省志有范純仁雖皆知蘄州然史不載其宦績宜刪

錢易字希白吳越王孫第進士太宗時通判蘄州上言今四方長吏競爲殘暴非法之刑非所以助治請除之帝嘉納焉

章壽字彥博宣城人孝宗時知蘄州爲政寬平不擾蘄產竹簟例充苞苴壽悉斥去之

李誠之字茂欽東陽人慶元間知郢州知金人必敗

盟大修邊防戰攻守禦之具移知蘄州蘄自南渡以來未嘗被兵誠之曰備禦無素長驅而來將若之何教閱廂禁民兵激之以賞積粟肆萬酒庫月解錢一無所受寄諸公帑以助兵食會黄州失守誠之併兵十餘萬勉以忠義城陷率兵巷戰殺傷相當于士允戰死誠之引劍將自刎呼其孥曰城已破爾等宜速死無辱妻許及子婦等皆赴水死朝爲立廟祀之賜額褒忠

秦鉅字子野通判蘄州金人犯境與守李誠之協力捍禦賊破城鉅與誠之各以自隨之兵巷戰死傷畧盡鉅歸署疾呼吏人劉廸令火諸倉庫乃赴一室自焚有老卒冒火挽出之鉅叱曰我爲國死爾輩可自求生掣衣就焚而死次子浚與弟瀶偕死教授阮希甫判官趙汝標錄事參軍杜諤郗監嚴剛中俱與難各贈官有差時蘄春知縣林棨統制官孫中小將汀士旺陳興曹全卻卞軍士李斌等皆鬭死

甯時鳳字祥夫浮梁人蘄春主簿金兵寇黄郡守李

誠之檄以共守死於難

桂璧貴溪人以薦授蘄州判北兵徇蘄太守徐羿逸去璧欷歔奮發申明大義率城中人日夜捍禦敵不能犯踰旬乃出奇兵擊之圍遂解

汪安行績溪人高宗時任蘄州教授學政嚴肅孝宗稱爲樸直做家老子遷知澧州

按舊志州志俱作汪安行省志誤作江安行

廣濟　朱晞字子淵休寧人孝宗初知永安民立生祠改知廣濟請更合肥之兵從之徙知靖州

孫構字絡先博平人舉進士調廣濟判官歲舊入圭田粟陸百担構止受百担餘以畀學宫

元

劉魯字景文保定人守黄三年政先學校復舊置四館以訓諸生自是郡人蔡堅趙思義相繼領河南行省鄉解咸謂魯與學所致

劉哈八兒元統間涖郡政以德禮爲先聲動江淮

按舊志有叜薺官黄州行省都事查元史百官志黄州路無行省都事之官且並不載宦績宜刪

黄岡　吳汝字國棟饒州人至正間以左丞戍郝城大水隄

盡决汝悉力載石於巨舫塞之徐壽輝倡亂破鄂
下武漢諸城汝起兵復武昌後飲黃鶴樓爲僞漢
兵襲破率其麾下渡江以圖興復不克死之部將
黃榮劉戶沈權等統衆還饒州明太祖與陳友諒
戰鄱陽黃榮以兵從榮稱戰時見汝白馬紅袍憑
空助敵乃敕封護國忠臣顯靈王鄂民立祠祀之

麻城　馬兒嘗任麻城達魯花赤襟懷軒豁政尚清簡暇日
登臨山水賦詩自適

樂九成嘗古人從學字術魯子華以世胄知縣事治

有聲劉青田云先生質粹而溫行果而毅學博而
知要可想見矣

蘄州　張好古字信甫中統間移戍蘄州李璮叛據濟南宋
人攻蘄好古率兵迎擊力不支死之其父晉亨在
濟南軍中聞而哭之曰吾兒死得其所矣

卜顏鐵木兒字珍卿唐兀吾密氏至正十二年徐壽
輝陷湖廣詔率軍討之十三年自池州戰勝進攻
蘄州擒僞帥鄒普泰遂克其城進兵道士洑焚其
栅抵蘭溪口賊之巢曰黃連砦又克而殲之分兵
平兩巴河於是江路始通合兵攻蘄水縣拔其僞
都獲將相而下四百餘人壽輝僅以身免時諸將
皆分道討賊卜顏帖木兒獨控長江十六年卒卜
顏帖木兒持身廉介人不敢干以私常乘花馬時
稱爲花馬兒平章云

黃梅　也孫帖木兒至正中任黃梅主簿時賊陷武昌舳艫
蔽江而下也孫帖木兒願出擊賊江州路總管李
黼大喜瀝酒與之誓急檄諸鄉落聚木石於險塞
處遏賊歸路倉卒無號乃壘土卒面統之出戰黼

先大呼陷陣也孫帖木兒繼進賊大敗逐北六十
里

明

陶安字主敬當塗人洪武初知黃州剪荆棘建廨宇
闢田野均賦役逋民相率歸附

李仁字守道唐縣人洪武中知黃州性端謹言行不
苟謙以下士慈以撫民凡廨宇壇廟學校倉庫皆
竭力創建與陶安媲美

葉宗字承允永嘉人洪武間知黃州志量宏大决事

如神治行稱爲第一
何晩齡漳州人洪武中同知黃州有政聲擢守本府廉明果斷才能益著九載考滿去行李蕭然
滕霄字九皐汝州人永樂中知黃州廉能謹慎政績顯著
盛璞字玉夫宜城人永樂丁亥由國子生知黃州不攜妻孥惟匹馬一僕警敏有才剖决無滯勢豪斂避
余淸巴縣人正統中知黃州持廉秉公政平訟簡軍

民畏服比卒囊無餘金黃人賻之乃歸
錢敏舒城人永樂初知黃州首興學校勸課農桑修城池葺公宇文章政事爲諸郡最
楊珏臨海人景泰中以福建按察使左遷知黃州公勤直諒勤於撫字因遠奸佞卒罹謗誣士民惜之
王霽字景明上海人成化中知黃州崇正闢邪興利去害綽有能聲九載考績陞僉都御史
謝恭字文安休寧人成化己丑進士知黃州學問宏博居官清苦舉廢墜興學校士民愛戴

劉肅字敬之嘉定州人知黃州值蘄州宗籓弗靖監司倚重於肅卒致於理屬歲饑拯救有方遷貴州參政
盧濬天台人弘治間由進士守黃州廉直多惠政觀風各邑所過名山水輒爲題咏右文禮賢修府署毀諸淫祠除水妖事詳撫聞
胡鍈字希曾長垣進士正德間知黃州時值盜警督兵防守保障有功歲饑設法賑恤死者具棺瘞之盡心民事如理家政

余貴緜州人正德中知黃州爲政寬猛適宜軍民安堵學校公署修飾煥然浚井二十餘處民用利之名曰余公井
楊最射洪進士嘉靖間知黃州清介嚴明不避權勢凡乘傳士大夫並當轄差遣聞其風者多迂道去徭役大省
吳淮鎭江人嘉靖間由御史遷守黃州簡重平恕以文學飭吏治文廟禮器未備銷淫祠鍾鼎及佛像爲之建號舍二十楹於東坡書院拔兩庠諸生茂

異者數十人講習其中躬自校藝一時人才稱盛

郭鳳儀字舜符祥符進士嘉靖間知黃州性冲澹不以家屬自隨政務寧謐比旱祈雨輒應王廷陳作文紀其事

商廷試會稽進士嘉靖間知黃州簡重有威馭吏尤嚴肅無敢夤緣爲姦者

張嘉孚肇昌進士嘉靖間守黃州性耿介精敏遇事立斷馭吏甚嚴有犯輒抵罪舊學田二區隱沒十年出令清察復歸於學

孫光祖慈谿進士隆慶間守黃州治先教化明察善聽凡民瘼豪奸無不周知公餘與諸生論學不倦一郡以治

范可奇萬歷間守黃州捐俸修增學宮聚郡士課誦廣積貯治道路築堤防於大江渡處設大舟以救風濤之險施櫬瘞骨善政甚多祀名宦

瞿汝稷字元立常熟人景淳之伯子也以任子累官知黃郡稷謝賄託每聽訟堂上手草爰書誦聲琅琅徹堂下訟者叩服採木旨下他郡率役富民多破家稷獨給官緡董以衛弁民咸宴如直指廉得其治狀爲之嗟服

王世德字廻溪永康進士萬歷間任黃州知府宅心仁恕練達機宜尤留意人才與推官許士奇修葺問津書院擇師課士人稱盛舉

按世德本黃州知府省志作推官誤

祝萬齡陝西進士崇禎初薦起知黃州崇教化以木鐸徇路與賢舉善凡三載奸宄皆感格爲良民嘗曰吾輩讀聖賢書奈何一領簿書棄之如遺因集

兩學諸生於定惠書院延儒士王家欽爲之師廸以正學學者咸稱爲關西夫子

許文岐字我西仁和人崇禎甲戌進士任黃州知府值賊擾江北文岐射殺賊前鋒一隻虎奪大纛而還遷下江防道駐蘄州癸未張獻忠陷蘄被執不屈拘西營內時舉人奚鼎鉉等數十人同繫岐密約被掠良民數萬期四月起義殲賊謀洩賊怒將殺之岐北面再拜引頸受刃死事聞賜祭葬贈太僕卿詳明史

安貞洪武中同知黄州守法不撓爲姦吏訐奏被逮成獄事聞上諭湖廣提刑官曰律在法司守法固宜貞佐郡所爲朕訪之非其私也猾吏汚衊以報忿耳此風一長則有司無官矣吏反坐

白范錢塘人同知府事有善政

李仕魯濮人洪武中以朱氏學舉授黄州同知太祖曰朕姑以民事試子行且召子矣期年以治行聞

袁福徽華亭進士嘉靖間補黄州同知時盜賊充斥深山窮谷身自擒捕盡掃巢穴境内遂寧

薛一鶚字百萬定興人萬歷間由貢士爲黄州通判荆王姬誣他姬酖世子一鶚白其誣奄人傅太妃命欲竟其獄卒直之後以蘭州知州家居殉難

嚴廸聰宜春人永樂間任黄州推官法紀森嚴鞫獄詳慎民以無冤

羅瀚豐城人正德中任黄州推官伉直有清操讞獄善求隱微多所平反

朱節山陰進士正德間任黄州推官性明敏不受私謁遇文士雅敬重之

吴宗周安慶進士嘉靖間任黄州推官練達有爲深悉民隱與諸生談議寒暑不廢尋以憂去

崔孔昕賓州進士嘉靖間任黄州推官剛正廉介門無私謁持法不少假貸公暇與諸生論文多興起者

徐顯揚房縣人由歲貢任黄州教授教士有方崇禎癸未守北門城陷被執不屈死郡人收葬之於石牛山

黄岡

徐誼字宜叔壽昌人高祖征陳理於武昌命誼知黄

岡乃作詩送使者曰紅旗招颭壓滄溟畫舸長驅上洞庭百萬生靈新撫納九重天語自叮嚀猿啼三月灘聲咽鼉吼江風水氣腥好語湖湘諸將帥漢家信誓重丹青太祖見而壯之加授承務郎時兵燹後邑里殘破誼撫綏流氓百廢俱舉

胡潔豐城進士正德間除黄岡令廉有幹才其於民推心置腹藹如也時上臺力主遷邑庠於今址歲祲不贍潔爲區畫告成其他振飭類是

簡霄清江進士正德間令黄岡敏而文有吏才督修

諸鄉隄壩爲民永利
虞儼丹陽舉人嘉靖間令黃岡明敏公恕不妄取一
錢緩征省刑民至今思之
孟津字伯通丹徒舉人嘉靖間令黃岡不事嚴肅而
丰采凝然無敢譸張者退食正襟危坐雖家人不
見喜愠之色
賈應璧字文宿無錫進士隆慶間令黃岡倜儻有才
清介自持政尚簡要百姓安之
羅應鶴歙縣進士萬歷間令黃岡平易近民勤於撫

字兼深經學好引掖人才五載課績爲最
趙士登字應庸涇縣進士萬歷中由武昌令調黃岡
專務德化察民疾苦有不便卽時除去聽獄片言
立折奉詔丈量田畝調停曲當邑人咸受其庇
凃宗濬字吉甫南昌進士萬歷中由江陵令調黃岡
先是邑饑疫令多苛猛失民心流亡過半濬莅任
勤恤民隱布利澤搜蠹孔夙猾膽栗莫敢犯民漸
安集後擢御史去邑人貌其像與趙士登並祠
曹愈參字石清涪州進士萬歷中令黃岡躬儉約政

敦大體不事繁苛獄訟衰止邑試儒童廣額至千
餘名子弟賴焉其母病篤士民相率籲神數日果
愈以卓異擢吏部考功主事
徐紹曾字衷耿海寧進士萬歷間令黃岡有魁盜夜
殺人按之急遂譖愬上官幾爲移聽士民代曾辨
雪能聲益起會倭猺交儆徵發不時又中使採榷
出楚郡邑橫被荼毒曾極力捍蔽民深德之
茅瑞徵字五芝歸安人萬歷辛丑進士初令泗水有
循聲調繁黃岡凡保甲賦役水利郵傳皆備極經

畫公餘手輯邑乘勒爲成書
李希沆字鼎武慶陽進士崇禎時令黃岡流寇肆掠
沆設備禦敵有警輒戎服佩刀單騎先馳邑中義
勇從之民賴以安
孫自一字自心河南光山人崇禎末以進士知縣事
清介有惠政會獻賊破黃州自一死之
韓秉文慈谿舉人嘉靖間任黃岡諭身範諸生不獵
浮譽一時名士咸出其造就
武鉞來安舉人嘉靖間任黃岡諭手度恬雅博洽多

聞遇貧士輒分俸給之
張性魯當塗貢士嘉靖間任黃岡諭慷慨多大節遇
事正論無所隱諱啟聖祠圯捐俸修建
周祿盧陵貢士嘉靖間任黃岡諭溫醇爾雅與諸生
縱談名理終日忘倦
姚溢汝陽貢士嘉靖間任黃岡訓導性耿直事關學
校輒力爭之博學能詞賦嘗有登眺詩云鄉心一
鴈遠時序二毛侵人皆賞其風韻道逸
劉烜漢陽貢士萬歷間任黃岡訓導持守方正非孔

孟之言不道閒居亦不踞坐跛立嘗謂清貧二字
爲學者立身之要云
林兆箕莆田舉人萬歷間任黃岡諭邃於經學集諸
生課藝寒暑不輟多所造就
杜遇春霍邱人永樂間以人材任黃岡尉清節特著
入覲不能具冠服緼袍拜闕下成祖親擢爲御史
未幾以他御史悞軍糧事並坐極刑後上命給葬
求屍莫得乃葬其衣冠於縣東七里螺螄湖子貴
遂家於黃

蘄水
胡奎鄱陽舉人正統間令蘄水性寬厚與民興利邑
有回風磯港通蘄湖達大江常爲民患奎築萬工
隄分障之立廟磯上以安江神患乃息
陳與許州舉人成化初知蘄水在任九年公平端慎
始終如一吏咸畏法民不忍欺
蕭祥庚太和舉人嘉靖間知縣事鎮靜儉約催科有
法至今爲畫一規奏最異等大計後即致政歸當
道移檄催赴任終不至
閻士選江都進士萬歷中令蘄水時奉行方田令選

與士大夫里老等制弓格計便宜度肥瘠促民秋
斂畢令戶自爲丈弗假手胥吏欺隱杜絕更加意
風化於蘄鄉賢中舉孝弟忠信禮義廉恥八行各
以一人當之刊刻成書家諭戶曉俾人知所傚法
孫善繼萊陽進士萬歷間知蘄水下車即值歲荒勸
庠生楊永貫出積穀六千担富民雷朝臣捐金四
百兩次第設糶煮粥賑濟賴以存活者甚衆
杜長春字貞陽綦江進士萬歷中知蘄水摘奸罰惡
不畏强禦清覈錢糧無欺隱包賠之弊每月課士

士咸爭自濯磨

李汝璨字衡嶠南昌進士崇禎時知蘄水性廉介凡民情吏弊毫髮難欺值大造黃册編審里甲稱平行保甲嚴吏漏創興賢庄田以贍貧士庚午癸酉兩次分闈得人最盛

龔鼎孳字孝升合肥人崇禎甲戌進士令蘄水值流寇猖獗孳籌畫方畧調度兵餉修城池登陴防禦不少休息賊勢少緩即進諸生講學好士愛民治行爲全楚第一

吳文奕福建人崇禎末任蘄水丞彬彬儒雅有良吏風流寇亂奕守城南樓寢處數年賊至城陷猶死守汛地遂遇害

按明史樊玉衡傳作吳文爕今從舊志作文奕

童天申字祿所施州衛官籍由鄉貢授蘄水訓導流賊入蘄以身殉難贈國子助教

羅田

龐敬嘉興舉人正統間知羅田涖政嚴明律己廉介壇壝鋪舍祠廟捐貲建置不憚經營

徐泰字士亨江陰舉人景泰間知羅田淸白仁恕教民務農桑四郊創便民倉以備凶荒邑糧轉運水次甚艱泰買蘄水巴河地建倉厫廳舍數十間並置附近田數十畝爲歲時修倉費民頗稱便

羅勳四川永州人弘治中以進士令羅田淸靜簡易重儒勸學頗著善政

勞樟崇德舉人嘉靖間令羅田值凋敝之後身親會計稽賦懲姦新學廟葺石城凡事直行己志雖上吏不能撓

李儁大理人嘉靖間任羅田簿不攜妻孥自甘澹泊

賦役煩興不妄施敲撲值例應朝覲郡縣各先期啟行儁檄獨後至民皆憂其無備即日匹馬就道無所顧慮卒於京

白乃忠江津舉人崇禎間知羅田縣時承流賊殘破之後邑里蕭條乃忠謀於衆曰寇來在吾但守禦之法不可不講乃募民有勇力者分爲七營簡閱練習步伐整齊嚴設守具器械精利賊至輒擊敗之民獲安堵

梁志仁江寧舉人崇禎末令羅田賊羅汝才等餘衆

陷城仁持長矛巷戰殺六賊勢孤被執廹之跪罵
曰我堂堂百里宰肯屈膝爾死賊耶速殺我賊怒
碎其屍焚之妻唐氏奪刃殺賊不得嚙賊手並見
殺
單思仁崇禎末任羅田典史乙亥流賊陷城同縣令
梁志仁不屈死
吳鳳來福建舉人崇禎末任羅田教諭流寇陷城不
屈死
盧大受寶慶人任羅田訓導流寇陷城死之

郭金城四川人崇禎末提兵五百守羅田賊逼城率
兵大戰斬百餘級追至英山休州坂受困三日力
竭被執脇降不從遂遇害
麻城　胡琮蕪州進士成化中由御史左遷麻邑令勤撫綏
修廢墜雖風裁凛凛豪右憚之而小民皆得輸其
情
劉規字應乾巴縣進士弘治間令麻城優禮耆舊政
尚德化有蒲鞭示辱之風二子相繼登第
聶賢長壽進士弘治間令麻城性明敏凡大政疑獄
諸司所不能斷者剖决如流
劉溥安慶進士弘治間令麻城性質實爲政嚴明尤
惡異端凡一切淫祠皆火之以袪民惑
王世祿廣德州進士正德間令麻城平直剛簡視民
如傷開新河建縣署民不知勞以調任去
陳子文閩縣進士嘉靖中令麻城明達有爲徵稅糧
立條編法民皆稱便
黎泮樂平舉人嘉靖中令麻城値歲祲盜賊蠭起白
晝羣奪倉廩泮擒爲首數人杖斃仍命富戶平糶

於是食足盜息
尚德恒南充進士嘉靖中令麻城建便民倉於岐亭
修學宮建名宦鄉賢二祠後擢吏部去
蘓松廣安州進士嘉靖間令麻城築河隄重建鼓樓
修縣志額退思軒曰淸風亭
戈允禮字敬輿保山進士天啟間令麻城僅八月弊
絶風淸邑人方之召杜
高公勺內江人嘉靖中由歲貢任麻城縣丞政尚寬
恕不衒聲譽敝裘羸馬自得也署縣篆有黠盜議

刦庫忽相戒曰恐累高公遂解去

貢安國寧國歲貢嘉靖間任麻城諭日與諸生講習署縣事淸惠得民

蕭頌聖定遠人歲貢崇禎時任麻城諭癸未獻賊破城授之官不屈死

馬人龍鎮筸人崇禎時提兵千餘至麻城遇賊滿天星等擁衆數十萬掠麻城北鄙龍同將雷應乾爭前殺賊戰於陰山畈賊尸蔽野會大雨賊四面環攻二將及所部皆死之今陰山畈有雷馬二將軍

廟

黃安　秦煒容縣歲貢萬歷間令黃安歲祲盜起民多流移煒悉心撫恤遇盜犯輒殪之民獲安集

趙利珍滕縣舉人明末令黃安督兵扼流賊親冒矢石屢獲奇功賊相戒不敢近珍撫循有術士民樂附大江北倚爲堅壁以戇直不阿解任去

郝景春字和滿江都舉人以陝西苑馬寺錄事量移黃州照磨攝黃安篆甫三日羣賊奄至堅守八晝夜始解去擢知房縣死難

蘄州　周美字濟叔崑山人嘉靖甲辰進士累擢湖廣下江防兵備僉事沉毅縝密不妄言笑精兵法駐蘄州當洞庭彭蠡之交是爲盜藪白晝飛艇剽刦商民捷於箭激美立團操法作戰艘令材官日巡江上獲盜獄成即日殪之盜由是相戒不敢入境御下嚴峻雖親故爲屬僚不少貸顔色政暇則教諸生頗多成就介於取與去任之日蘄産梧篁蛇龜之類一無所攜

侯堯封字欽之嘉定人以御史出僉楚臬治蘄州潔

巳愛民知沿江盜多柯陳遺孽急淸之又覘其父兄之良者諷諭之致感泣自縛其子弟沉之江彷朱子法設社倉五十餘所於掛口建飛梁築新生磯舟行者無江石砰訇恐蘄人肖像於關聖祠

韓孫愛字君溥慈谿進士累遷湖廣江防參議執法嚴明課士興學修砌江岸浮玉磯蘄人肖像祀之

吳國仕字長谷歙縣進士隆慶間任蘄州江防道推誠愛物捐俸數百金建文昌閣於浮玉磯置祀田貳百担兼賑士之貧者歲以爲例著之籍士民頌

其德於江滸立報功祠
張秉貞字坤安桐城人由進士爲下江防兵備道時
流寇充斥往來擄掠親至渴口督剿賊遂遁去不
敢窺伺近郊民賴安堵
左安善洪武間知蘄州創衙署興學校公勤廉潔惠
政及人
王坦字子平鄖城人正統間知蘄州政尙寬平興學
敬賢勤愼有守始終如一
莊轍字中典上元進士正統間知蘄州廉介仁惠百

務俱興民樂於趨役劇盜逼境有被戕害者極爲
優恤咸愛戴之
錢承德字世恒常熟人成化乙未進士知蘄州有善
政
何綸廣西順德人由鄉舉知蘄州廉潔剛毅一介不
苟取加意倉儲鼇剔侵漁諸弊人頌其善政焉
葉仕美閩縣舉人正德中知蘄州時流賊入寇單騎
招集守禦城賴以全
李純字在誠莆田進士正德中知蘄州清愼律已愷

悌愛民善剖決豪猾無敢肆逞者
石璽滁州舉人嘉靖末知蘄州荆王常洤淫暴惡璽
懃因祈雨詭令知州接雨跪烈日中須臾雨驟至
平地尺許不令起璽憤甚密疏陳狀詔奪王爵廢
爲庶人
潘珏字玉字婺源進士萬歷中知蘄州創阜民倉踰
年大旱民賴以濟自是益廣厫庾積粟至八萬餘
石在任十年政行化洽
鄭夢貞福建舉人萬歷中由鄉舉知蘄州剛正不阿

時太監陳奉開採銀礦檄貞監稅貞極言其不便
一切反奉紏奉劾貞及江防參政沈孟化遂降調
去
錢兆元字長人仁和舉人天啟間知蘄州每日焚香
告天方出聽事民自以爲不冤暇則進諸生講課
時三王之國供用浩煩民多驚懼元以身任之卒
得無擾
唐世照字伯闇灌陽舉人崇禎末知蘄州吏事明敏
不憚勤勞時流寇往來侵擾賊隔里眼窟處青山

鄉民多流離聚於附城通衢掘濠築險分住流民
日夜巡緝寇不敢窺尋以勞瘁致疾卒
林宗字存敬莆田人天順中授蘄州學正課諸生晨
夕察其勤惰諄諄誘掖咸出至誠士人建祠於學
宮祀之
陳策江西貢士萬歷中判蘄州黄梅賊首梅鐙詹三
漢等倡亂踞蘄之柴家山楚撫約南操江合兵征
勦知州徐希明同策居中調度指授方畧策奮勇
突入巢擊賊賊以鉤中之莫能脫不屈而死後賊

平獲策屍面色如生
廣濟高偉浙江進士永樂中知廣濟縣事以善政稱
葉溥龍泉進士正德中令廣濟洞察民隱以誠心涖
政無赫赫之威而吏不敢欺尤加意學校賓禮韋
布有長者風
汪倬貴溪舉人正德間令廣濟時鄉民流徙田爲蘄
人所侵倬請於朝凡得田者即編隸焉民免賠累
姚翼字翔卿歸安人萬歷間歲貢以黄郡教授移令
廣濟清編審正昏禮治績有聲禮賢下士不愧循
良
劉應昌字燕及桐城進士萬歷間令廣濟爲治敏練
大吏重之凡疑獄多屬聽斷他邑爭以訟來決蘄
豪鄒長武斷殺人昌拘斃之獄司吏徐某下通書
吏爲奸廉得詳治之建滄浪橋修梅浦祠又樹碑
前賢墓崇祀孝子一邑向化
周驥江津人崇禎初以鄉舉知廣濟吏治敏給精勤
左右無敢欺者徵比以單爲率法畫一山谷老穉
皆自輸里胥無能爲僞至今法之租賦皆手册細

書一目可曉以是編書惟紀成數而已靈東四圖
官米居半黠者憑焉多爲欺隱驥集諸書史核校
飛詭諸奸狀搜剔無遺
樊守純西平人萬歷癸丑爲廣濟丞有幹畧邑自戊
申江水破隄癸丑再決委純修築由盤塘至龍坪
接黄梅壩陸拾餘里計租起夫立期赴工畚鍾杵
築悉有程度比告成高固倍前永賴其利
王素樂平人由掾爲廣濟典史獨好讀書理公事餘
習舉子業至夜深不倦中湖廣鄉試士大夫榮之

魏時光南昌人有膽氣善舞雙刀崇禎丙子任廣濟典史時邑爲流寇新破設排兵叁百人委光團練守險高山賊據蘄州河口相持旬日不敢渡光募壯勇夜襲賊營鋭發賊驚手殺數人翼朝賊間道奄至衆潰光獨立高坡持利刃砍賊賊環繞之被執不屈死兄諸生某收遺骸揭當事不以聞閱半載兄復死其友江州某哭而殮之手牘赴當道表光兄弟死狀始得請勅褒嘉

曾發祥字戩穀鍾祥人以明經任廣濟諭明末乙亥流賊圍濟發祥協力堅守濟陷不屈死賊焚其屍

於明倫堂

（黄梅）黄武歸安人金元崑山人先後知黄梅縣事有善政

按金元舊志作金章上元人存考

戴中新淦人成化中知黄梅持身清潔蒞政明敏學校公署廢墜者皆爲葺治一時文物煥然改觀

曾維倫樂安進士萬歷中任黄州推官攝黄梅令下車問民疾苦覽山川風土旌良善翦兇暴學宫壇祀城垣修葺一新梅邑濯港至孔壠地最卑濕捐資築隄四十里民賴其利

來三聘進士居官清介民無差提之擾徵收革火耗稍有羨餘折封之日即充解費

桂生芝舉人萬歷三十六年値洪水衝隄縣民半處水澤芝乘舟先散銀米以濟之請賑請蠲請建隄工派丁糧民悉子來竟成永利獲眞盜輒投之水故處荒歳民得安枕

武圖功曹縣進士萬歷間令黄梅治尚清簡獄無大小洞悉情僞有肺石無冤民之誦入覲秩滿擢辰

州太守

按省志作黄州推官今據黄梅志改正

闞士琦字禓公桃源人天啟甲子經魁署黄梅諭博學工詩文日夕課士品隲不爽甲戌成進士授南安令

國朝

郭鳴鳳任邱人順治間守黄州潔已愛民歳旱禱雨輒應歳荒作粥濟饑多所全活後陞本省興屯道

余三汲遼東人初任黄州同知持廉秉公百務具舉

陞知本府未浹月改知武昌黄人如失慈母

于成龍字北溟永寧州人累官黄州守值東山賊起委令勦撫並行成龍計擒賊首誅之餘黨皆平性剛嚴明決一切疑獄重案判斷如神積盜皆爲斂跡時討吳逆大兵雲集辦理軍需著奇能後以卓異去祀名宦

李彦瑁字輯五三原人順治丁未進士由中書歴黄州知府涖任十載革除陋規嚴飭屬官清查積貯荒歲民賴以濟卒於官祀名宦

舒士貴北直大興監生歴官黄州知府舊例行戸由府給牒狡獪藉派累民士貴廉其弊但取完額餘俱革除並刊碑永禁歲旱虔誠步禱甘霖立沛以疾卒於官祀名宦

白秉貞字懿生遼東杏山貢士順治丁酉佐黄郡斷事明决御物慈祥一郡皆歸心焉時東山屢不靖總督羅綉錦委率民兵攻取秉貞請勦撫兼行四閲月遂平定四十八砦

宋犖字牧仲商邱人由廕生授黄州府通判事母純孝築將母樓於署中以承歡時當西山征役之後民力凋敝犖多方撫恤嚴行保甲盜賊皆遠遁施綿衣散藥餌作育人材捐俸修復雪堂竹樓墨池以祀先賢在任六載丁内艱去任百姓呼號送之祀名宦

王綵合肥舉人順治十八年任黄州推官斷獄明允矜慎每爲死囚求生理不得執筆低徊至廢寢食臺使多委以讞決

張大治遼東人於順治十一年鎮黄性燥礮故東兵

嚴不讀書凡疏劄令幕客口誦入耳即解其可否愛民下士有儒將風

李占春陝西人康熙初鎮黄善飯有勇樓季之城能距而超每夕跳城外察墩卒馴擾雖圉人不敢犯蔬圃歿於黄五子皆貧莫能振

王宗臣浙川人氣質雄偉歴官戎政以恤兵愛民爲念滇黔川蜀之間率多奇績康熙五年授黄州副將優恤軍卒賞罰嚴明士民無不戴德歲辛亥黄屬大荒捐俸賑饑全活者多繼又江右湖口告警

領兵蘄西親駐江干多方捍禦積勞成疾卒事
聞贈左都督　諭祭葬廕子麟紱入監

（黃岡）楊日昇字白石富平舉人順治四年令黃岡撫凋殘招流亡省刑薄稅慮無不周歲旱設壇虔禱甘澍立應素性清介囊橐蕭然猶捐俸設粥廣勸糴賑民賴以濟

劉國寧字漢章遼東恩廕順治七年令黃岡催科有法革一切陋規邑當水陸衝長江上下兵艘差騎接踵而至國寧單騎逆之民以不擾邑多火災預設撲滅具有警輒身先往救時年僅弱冠邑人稱

爲神君

徐犕字亦史吳縣舉人康熙初令黃岡風流蘊藉綽有吏才黃人謂以文學治民者必首推徐尹焉

董元俊華陰人由進士以經術起家令黃岡前政之朘削者一切報罷訟獄衰息禁絶羡耗舉卓異以憂去輿人之頌後令李經政能繼之

（蘄水）李蓀字德馨狄道舉人順治甲午令蘄水性勤敏簿書裁決皆出一手爲治務敦大體崇節義禁捏誣修建廨宇規制宏遠以忓上官去士民愛戴不忘

（羅田）李雨霑山東人順治己丑進士令羅田單騎就道與民同苦樂時寇賊未息城市爲墟雨霑多方設備勦撫兼施招集流亡開墾荒田汰抑差革陋規興學課士歷任六載邑以安集

王光鼎遼東人康熙甲寅知羅田事躬儉約廉能蜚聲時荆岳用兵軍需嚴急光鼎悉傾槖代民科率旁邑人慕之爲歌義州行

戴俊監利人康熙癸巳由歲貢諭羅田樂善好德月課勤愼奬進童子諄諄不倦捐俸建立黌牆文物

一新以艱去祀名宦

（麻城）王潞字又韓餘杭人由恩貢令麻城八年修舉廢墜擒勦賊寇有封疆功舊例南糧皆收貯岐亭水次後移城內東南達宋埠時或淺涸運送艱難潞率里長至宋埠水次收納費省十之二

孫弘甡樂安人由恩貢康熙甲寅授麻邑令能振紀綱絶苞苴先是邑徵收無畫一法民苦於吏胥那移之姦弘甡每里爲制一小簿置一小冊立限令

民自輸月終躬親會計那移弊杜催科無擾民勒石門左非獨惜其去以紀德也蓋亦恐良法之歷久而弊焉

黃安 詹人訓常山貢士順治間令黃安清操氷潔性坦易近人嚴束吏胥興文教士民樂之

張一躍直隸樂亭人康熙間由拔貢令黃安性清介御吏甚嚴不稍假顰笑愛民切至勸諭如家人父子捐俸五百餘金修復廟學

蘄州 呂陽字全五無錫人崇禎庚辰進士順治初以薦舉

授下江防兵備道駐蘄州居官氷蘗自茹神明獨斷吏胥屏息力行保甲以絕盜源捐造廵船增修瞭臺自潯陽上至漢川民咸安枕麻黃之東山故多盜撫其渠帥李有實等經畧洪承疇特疏題敘又新蘄學宮及名宦鄉賢二祠課士衡文尤精藻鑒云

廣濟 王世名字松谿山陰舉人順治初歷署蘄水黃陂令俱有政聲又署廣濟下車訪民疾苦廉諸吏奸狀嚴加懲創請免數年逋賦悉斥陋規弗取聽訟必盡兩家情事片言折之未幾新令至濟民祈留不得焚香泣送數十里不絕

胡效順字抒白郃陽貢生順治丁酉任廣濟訓時文廟久燼丁祭行於佛寺乃與教諭傅鍠同力興造約諸生勤事新殿克成邑令以私忿辱衿士力護之士被冤抑及通邑病苦悉爲陳辯捐俸倡修邑志自處布衣蔬食澹如也

黃州府志卷之八終

黃州府志卷之九

知黃州府事關中王　勍纂輯

選舉志

科貢

國於天地必有與立人才是也魏晉九品官人郎三代鄉舉里選之遺意顧不勝其弊則古今異宜也唐以來進士之科最重徵以公車養以成均咸與司馬三升之選而薦辟間行又以收秋賦南宮所不逮旁求之法亦云備矣夫蝸廬風雨脫穎恒難一旦登千佛之名經列成羣之羔雁彼姝者子何以告之

府屬進士表

	黃岡縣	蘄水縣	羅田縣	麻城縣	黃安縣	蘄州	廣濟縣	黃梅縣
唐	周墀 尚書僕射			閻伯璵 戶部侍郎			徐良賢	
							徐栗	
							徐統	
							徐遜志	
							徐貞志	

	黃岡縣	蘄水縣	羅田縣	麻城縣	黃安縣	蘄州	廣濟縣	黃梅縣
五代						陳起		
宋	李委		王韶 學士	田蕙 評事		甘霖 主簿	張紹祖 總管	劉朝俊 招討使
	潘丙		王世規 少保燕國公				梅應春 侍郎	魏謙 尚書
	張炳		余天錫 大學士				梅應申 制置使	劉昕 太守
			李俊臣				徐山 太子太師	陳義 四川宣撫使
			王宲 翰林學士				徐愿 寶謨學士	王仲瑄 翰林學士
							徐洼	劉思齊
							田景 禮部尚書	劉應端 僉憲
							張新卿 運僉	

元

李希白
李謙 行人
趙玉峰 樞密使
梅淦 知縣
汪堯舉

何誠
余闕 總管
梅盛
汪振卿 御史

薛漢卿 博士
余試
陳經 學士

明

洪武乙丑
王猷

甲戌
張仕安 知縣
劉從政 參議

庚辰
王政

永樂甲申
彭克誠 知縣
許禎 知縣
韓中 知州

丙戌
蕭昇
劉旭
胡琦

御史
同知
知縣

壬辰
張璘 府尹

戊戌
方正 知縣

辛丑
鄭思賢 知州

甲辰
熊翼 副都御史

宣德癸丑
鄒來學 都御史

正統己未
劉訓 參政

壬戌
李正芳 布政使

乙丑
趙訪 御史
周鑑

副使

戊辰　謝杲　副都御史

天順丁丑　王翰　知府　劉澄　主事

成化丙戌　黃伯垓　苑馬少卿　呂渭　行人　萬山　郎中　周原學　行人

己丑　李瀔　參政　鄒騏　參議

壬辰　董綬　知縣

乙未　華仲賢　布政使

戊戌　熊經

知州

王本儉　副使

辛丑　張佐　僉事　曾永清　參政　俞宗府　知府

甲辰　王璘　參政　董朴　參政　舒崑山　副都御史

丁未　凌山　員外　徐紹先　知府　李文祥　主事　華鑾　編修　壽儒　主事　邢纓　御史

弘治庚戌　劉爔　知縣　徐欽　行人　董紱

癸丑
參議

丙辰 楊鳳 副使
會大有 布政
董紘 參議

己未 王麟 知縣
阮章 副使

壬戌 王濟 參政
何景明會大顯 河南鄉試副使 參議
梅吉 知府

乙丑 余洪恩 行人
張思齊 布政

此科舊志載有廖紀查舉人志內未列此名且明史明載東光

正德戊辰 鄭文炳
劉天和 尚書宮保
陳大中 運使
邢寰 給事中
入今不收
余志 知府

辛未 曹琏 太僕少卿
余鑾 行人
鄭雲翔 參政
鄭傑 大理寺丞
石金 御史

賈啓 副都御史

甲戌 王澄 郎中
周文熙 僉事
劉淑相 府尹
詹瑩 參議
范時敬
劉樽 知府

黃州府志 卷之九 進士 九

僉事

丁丑 王廷陳 給事中
高鵬 長史

劉漳

曾綸

辛巳 余文瑞周 副使
鄖萬
瑪毛鳳韶 給事中 僉事

胡仲謨 按察使

嘉靖癸未 劉桂 知州
喻希禮 御史
郝守正 知府

王廷梅 知府
曾烶 參議

阮胡東 副使

丙戌 曹誥 巡撫
誥胡仲誥 參議
李采 推官
胡鳳 參政

陶珪

黃州府志 卷之九 進士 十

按察使

己丑 汪文淵 知府
張明道 副使
劉釆 尚書

陳念 郎中

黃卷 僉事

壬辰 方任 副都御史
胡明廉
劉濴 郎中

董德明

乙未 李學顏 主事
周岱 主事
馮天馭 尚書

呂韶 知府
方民悅 副使

戊戌
阮朝策 知縣
顧問 參政
洪恩 太僕卿

李寵 知府

黃州府志　卷之九　進士　十一

辛丑
冷珂 布政
方治 主事
蓍威 總督 未設縣前黃人為黃陂今為黃安人

丁未
奚世亮 同知 贈光祿卿
鄢岳 侍郎
鄭真

庚戌
劉廷舉 副使
顧闕 副使
曹麟 副使

癸丑
錢邦偁 太僕卿
劉涑 知縣
孫喬 主事
瞿晟 知府
朱袗
周思久

黃州府志　卷之九　進士　十二

布政使
趙教 僉事
知府

丙辰
耿定向 尚書宮保
李啓昭 知府
張誥

己未
王廷瞻 尚書宮保
周鳴塤 副使
鄧楚望 副使
周弘祖 光祿卿

壬戌
王同道 御史
李幾嗣 副使
陳謨 僉事
方岳
此後立黃安縣
周禧 御史
田成法 御史

乙丑
徐時可 布政
熊養中 員外
董石 知府
邱齊雲 知府

隆慶戊辰
徐應聘
周思稷
周思敬
劉如舉

副使
參議
侍郎 贈尚書
知縣

易儆之 參政

辛未
杜伸 僉事
王希元 副使
劉守泰 主事
耿定力 侍郎 贈尚書
李盛春 侍郎
劉天衢 太僕卿

江沛然 郎中
徐一唯 副使
劉諧 給事中

李時成 御史

周文卿 副使
易之貞 郎中

萬曆甲戌
朱期至 知府
周弘綸 尚寶丞

何鳳起 知州

丁丑
蔡斗移 運使
李載陽 太僕卿
李際春

副使
副使

庚辰
李之用 副使
劉如寵 副使
王大謨 副使
汪可受 侍郎
石崑玉 巡撫

癸未
樊玉衡 御史 贈太常卿
梅國樓 參議
唐一鵬 御史

曹繼孝
梅國楨

同知
侍郎

陳楚產 主事

劉奕 知府

丙戌
王一鳴 知縣
徐存德 主事
李承槐 主事
彭遵古 尚寶卿
龔懋 知縣

彭好古 僉事
邢懋敬 知縣

己丑　阮文蔚 行人　何其弘　閔廷甲 通政使　周崇惠 僉事　周應嵩 博士　周家棟 御史

壬辰　余心純 知縣　吳士瑞 副使

乙未　樊玉衡 知縣　孫大壯 苑馬卿　周應明 主事　李長庚 尚書　吳化 主事　舒其志 布政　程可文 知縣　邢懋順 主事

戊戌　官應震 太常少卿　金玉節 員外　穆天顏 御史　張文光 司業　萬一奇 推官　袁世振 副使　張邦翼 布政使

韋石麟 主事

辛丑　於倫 通政使　周延光 光祿卿　曹光德 推官　周應期 御史　黃建衷 主事

甲辰　王同謙 知縣　汪元極 庶吉士　張應奎 推官　郭士望 按察使　田生金 太僕卿　梅之煥 巡撫　吳亮嗣 太常少卿

丁未　杜應芳 按察使　周之夫 知府　陳以聞 侍郎

庚戌 秦繼宗 主事 朱期昌 知府 鄒人昌 知府 盧堯臣 推官 胡士容 太僕卿

鄒之易 主事

甄淑 尚書

癸丑 周之訓 參政 贈太僕卿 周邦璟 侍郎 劉鍾英

吏部侍郎

丙辰 王先 主事 田生芝 通政使

己未 祝世美 太常少卿 姚明恭 大學士 周振 秦植 知縣 王琪 太常卿 石有恆 知縣 贈太僕卿

樊維城 副使 蔡璿 知府 蕭震 知府

晏清 李樹初

文選司郎中副使

副使 田乃穉

天啓壬戌 靖科元 郎中 毛舜嶽 知府 饒京 御史

洪周祿 知府 陶承謨 參議 李樞 副使

何閎中 副使 蔡茂春 知府

乙丑 劉宗祥 田雨公

都御史

王源昌 按察使

陶起鳳 知縣

魏公韓 巡撫

崇禎戊辰 王用予 檢討 楊楚龍 知縣 張久徵 知縣

劉伸 知縣
劉承棠 推官
辛未 嚴師範 參議 桂啓芳 知縣 鮑之祥 知縣 劉近臣 知縣 石確 知縣
趙之英 御史
熊世懿

博士
甲戌 陳瑾 僉事 南有臺 主事 周之茂 知府 秦如容 中書 宛三奇 知縣
劉侗 知縣
丁丑 余士瑋 推官 黃耳鼎 御史 毛羽儀
王追駿 知府 畢十臣 知縣

牛若麟 知縣 周壽明 知縣
韋克濟 知縣
庚辰 萬日吉 知縣 高弘基 推官 毛祈蕃 王臣縉 知縣
陳儒楼
癸未 曹應昌

知縣
國朝
順治丙戌 韋成賢 通政使
丁亥 李生美 知縣 喻勳 知縣 項始震 知府
己丑 劉子壯 胡三順 周禮 盧紘 張先基

狀元脩撰　曹本榮　侍讀學士
汪基遠　知縣　賜廕
程啓朱　運使
壬辰　黃中實　行人

知縣

知府
胡躍龍　知縣

吳之珍　知縣

參政
汪衢　知縣
李本晟　巡撫
謝觀　江南籍
張正志　推官

知縣
毛炳　知縣

汪煉南　侍讀學士
魏邦哲　員外
戴治盛　知縣
乙未　熊光裕　僉事
王澤弘

楊繼經　評事

萬邦維　主事

鍾琇　知府

尚書
戊戌　陳肇昌　府尹
王封濼　侍郎
己亥　杜蘅　知縣
王追騏　給事中

張邦福　同知
王保釐　通判
李成棟　知州

鄒宗彥　知縣
董時升　知縣
王元士　知府

盧經　推官

饒軫中　推官

己亥　吳升東　御史
汪士奇　郎中
奚祿詒　同知
樊維域　知縣
辛丑　鄭二成

宋啟

知縣

龍可旌　知縣

汪沅　知縣

宋必達　知縣

程啓張　知縣

康熙甲辰　楊允楨　知縣

丁未　陳國祝　知縣

庚戌　周之美　知縣　唐封盧綖　知縣　吳瑾　知縣

鄭昱　布政使　鄒琬　知縣

癸丑　周維秬　韓庚寅

主事

己未　王材任　僉都御史　畢友宜　知縣　黃亮　知縣　吳應庚　員外

宋敏求　檢討

王鳳采　知縣

龍尙傳　知縣

壬戌　王懋德　知縣　金德嘉　會元　編修

王懋才　知縣

乙丑　宋如辰　中允　袁同賢　知縣　本姓鮑　張希良　侍講

戊辰　陳大章　庶吉士　徐廣淵　知縣　鄒士璁　內閣學士

辛未　鄒汝魯

甲戌
太常卿
何通 知縣
黃利通 主事

丁丑 萬爲恪 知縣
王一導 分守道
范基祚 知縣
張仕渾 知縣

庚辰 佘玭 知縣
楊可喬 知縣
欽士佃 庶吉士
王文炳 知縣
癸未 王漢周 知府
丙戌 陳大韋
李煥

副使
知縣
汪庚弘 知縣
王全才 知縣
己丑
曾謹 檢討
鄒汝模 庶吉士

壬辰 周有堂 主事
癸巳 袁國梓
吳世模
徐流謙 檢討
乙未 王楙績 教授
杜啓運 知縣

戊戌
李瓊枝　本姓陳
雷天鐸　庶吉士

辛丑
靖道謨　庶吉士
萬繩祜　庶吉士
盧建中　主事
彭之華　知縣

雍正癸卯
萬禮祖　知縣
方可丹　知縣
周嵩　知縣

甲辰
徐立御　現任副使

丁未
周祚縉　教授
李高松

知縣
許岳　知縣

庚戌
孫民則
張易源　知縣

癸丑
李應魁　同知
嚴繼陵　知縣
陳之琯　知縣
彭翰
朱榮經　知縣
鄭維嵩　現任知縣

乾隆丙辰
萬年茂　御史
何御龍　知縣
方楚正　知縣
程後濂　同知
龍于飛　任知縣改名雲楚
張壯國　知縣

丁巳
張素臣

己未
王光珮　任知縣
王華搴　教授

壬戌
馮子式
甘學淳

乙丑
畢志璜
岑天構 知縣
張夢楊 教授 陳履中 徐天球 現任知縣

戊辰 陳應龍
李長青
朱案扶
萬繩宗
郭本才

舉人表上
黃岡縣 蘄水縣 羅田縣 麻城縣 黃安縣 蘄州 廣濟縣 黃梅縣

唐
徐珊 秘書正字
徐鵬程

宋
姚彥良 王澆舉
甘澤 徐貌 王大用
解元
知府 省元
劉復心
徐曉 魏允暘 運使

元
黃起潛 解元 黃宗 御史
劉漢傳 教授
蔡堅 河南鄉試 李芳 解元 孫林 景春
周應龍 解元 陳天祥
趙思義 河南鄉試 周燁 楊華
魏明 翰林承旨

左容賢 查縣志有汪世豪蕭再瑞二人以舊志未收不載
郭友直 總管
楊煥 趙玉峯 進士
陳子英 提舉
劉貞
毛文穆 解元
李希白 進士
畢蘭亭 解元

葉眞
何誠 進士
楊燁

明

洪武己酉 李原舉 解元 知縣

甲子 徐福一

張仕安

張庚

解元

進士

王獻

李閭 進士 御史

庚午 戴綸 御史

廖士芳

王樸 給事中

葉銓 知府

柳隆 教諭

癸酉 許禎 進士

劉從政 解元 進士

章琦 訓導

丙子 李翔 教授

盧懷 審理

汪祐 教諭

余思恭 教授

熊紹祖 知縣

朱彤 通判

建文己卯

李楚山

黃瑞禮 知縣

王政 進士

周志雄

主事

壬午 彭克誠 進士

廖敏 通判

趙獻文 御史

王廷中 訓導

韓中 進士

楊文質 助教

鄒玉 知縣

程式 訓導

馮洪 教諭

余志 教諭 舊志與李懋楊文質作癸

未
王忠
錢斌
李懋 教諭
永樂乙酉 劉鎰 教諭 陳文顯 郎中 徐克賢 知縣 王秉常 張彤 主事 楊志高 周才 知縣

唐惟慎 訓導 何進 唐友義 蔣輔 給事中 胡琪 進士
喻永懷 經歷 黃杲 劉旭 進士 明胥 學正
朱恕 刑部郎中 周和 訓導
蕭昇 進士
戊子 姚文政 張喜 畢以成 張价 楊守中 汪善

同知 通判 教諭 知府
傅思聰 知縣 馬汝賢 鄒正 陳情
胡璧 推官 陳以忠 同知 張恒
戴思文 周愷 知縣
魏思義 知縣 張淵 教諭

李致中 州判 楊貞 同知
李儀 副使
辛卯 易應端 訓導 丁賓 劉蘊 訓導 劉傑 商玐
丁可信 潘虔 教諭
靳璉

張璘 進士　甲午 兪俊 州判　方正 進士　何宏　王福　知縣　俞矩 一作俞炬　程義 孔目　劉政　丁酉 柳紹先 知縣

可鋮 訓導

陳庸　胡文彬　葉剛　葉璲　胡凱

段志　項琥　俞友誠 教諭　陳敬

徐顯 教諭　胡儁　程燧 解元 訓導　鄭杜

陳烈　何鑑

周蘊 知府　姜時敏

庚子 鄭源　羅倫 訓導　鄭思賢 進士　陳謨 知事　穆景 典儀

邱思恭 知府　焦昌 訓導　彭鋐　何文憲

鄒泰 運同　鄒來學 進士　林志聰　王以清　周鑑 進士　李溥

同知　張惪 通判　曾榮 知縣　余悅　張璉　徐鐸

教諭　周道敬 教授

邢繼祖

癸卯
汪洪 教諭
陳綱 鄒忠 訓導 何淸 董熙 教諭 劉禮 縣丞
金珂 縣丞 熊翼 未設縣前爲黃陂人今爲黃安人 進士 田畇
徐謙 教諭 甘忠
程讓 段仲章

教諭
張廸 知縣 鄭達 知縣
宣德丙午 周銓 呂鏞 知縣 張本端 僉事 朱銘 學正
唐中 州同
柳復本
己酉 楊志 陳顯

紀善 教授
楊廷春 教諭
壬子 汪鑑 知府 徐昱 通判 董應軫 解元 參議
陳哲 通判 李正芳 進士
劉訓 進士

乙卯
鄧達 御史 商瑜 助教
李太初 教諭
金球
正統戊午 張詳 李鑑 御史 宋誠 知府 吳顒 教諭
胡應先 知州

辛酉 謝晁 進士 御史
吳永哲
陳敏 知縣
陳愷 知府
彭本 衛經歷
趙訪 進士
袁瑄 知州
丁懋仁 知縣
李自能 斷事
劉克昌 同知
徐悌

同知
甲子 陶鼎 知縣
黃睿 知縣
劉瑄
伍常
項九霄 知縣
陳溙 主事
丁卯 楊憲 知縣
蕭允恭 同知
劉澄 進士 解元
魯琛
邵綱 訓導
毛晟 訓導
陳悌 御史

景泰庚午 周儒 知縣
徐溙 教授
廖侃 知縣
董緒 通判
張禧 推官
李錦
楊洪 知縣
薛濟 知縣
李秉 教授
周洙 知縣
江琳 知縣
趙觀
李琥 通判
鄒淪 知縣
周原學 進士
項九萬 通判
王惠 評事
李能芳

瑜哲 學正
熊祥 知縣
江榮 學正
吳宗飛 教諭
癸酉 張寶
張瑣
周楫
曾啓
王翰

火死 賜進士　教諭　知縣　學正　進士

王孚 教諭　方端　徐公善 同知　黎晃

劉瑢 知縣　蕭洪　程子隆 教諭 知縣

劉克昌 同知　周坤 教諭

陳璉　鄒崇道 教諭

鄭瓚 審理

劉仲輢 知縣

劉仲輇 同知

謝旭 通判

丙子　董佐　鞏恭　黃琦　胡祥

訓導　教諭　知州　州同

孫讓　周瓘 同知

宋兌 知州 復姓周

黃瑀 知縣

劉綱 知縣

程儉 知縣

李瀜 進士

彭大倫 推官

張嗣玉 訓導

天順己卯　周旻　華仲賢

知縣 進士
唐瑩 知縣
萬山 進士
鄒騏 進士
壬午 徐頤 知縣
呂渭 進士
董泧 進士

周杲 教授
鄒濙 知縣
王文學 訓導
李濂
陳本德
盧瓚
山東榜 教諭

羅孟芳 司務
成化乙酉 黃伯玹 進士
鄧永清 進士
徐樸 知縣
劉瑄 知縣
金蘭 訓導
吳守元
賈汝楫 中北闈 通判
蔡必興 通判
易濂 知縣
黃時中 知州
俞宗府

進士
曾夔 知縣
俞珍 知縣
王本儉 進士
趙永實
戊子 張佐
程岳
周錦
毛成
甘瑩

進士
易潤 學正
同知
閭韶 知縣
江伯鯤 知縣
王誾 縣丞
唐學 知縣
林舜 知縣
知州
何珍 提舉

辛卯
徐賦 知縣
鄭景和 推官
李玉樹 教諭
萬祥 同知
鮑琦 知州
高成
王麟

知縣
馮鑾 僉事
李宏 知縣
胡濟南 知縣
李本芳 知州

甲午
李曙 知縣
朱珊 知縣
鄒璽 知縣
朱澄 通判
洪儒
周鋭
鄧延
秦安 知縣
凌山 進士
邱瑩 知縣
李騰芳
田鵬 知縣
何宗淯
張貴宗
徐徵
邢纓 進士

長史
曾大賢 學正
熊經 進士
丁酉 熊璋 知州
段景會 知州
魏澄
謝慶 知縣
秦尚賢 州判

洪應奎
桂相 知州
管謙
舒崑山 進士
明紳 知縣
毛發 通判
庚子 梅秀
徐紹先
董朴
劉翀
王忠

知縣
進士
進士
知縣
推官
陳富 知縣
劉燧 進士
王文約
劉壽山
萬居恭
趙繹
陳情
阮章 進士
李深

教諭
癸卯 蕭鳳 知
李文祥 進士
壽儒 進士
孫英 知縣
蔣珂
楊潤 知州
華霽 同知
王璘 進士
鄭同 知縣
周廷璋 知縣

丙午 唐友義李 汰 教諭

盧廷春 通判

董佐

董綖 進士

劉瑩 學正

周珪 通判

華鑾 解元 進士

劉臣 知州

甘澤 知縣

韓璁 訓導

洪晟 知縣

吳節 知州

汪文燧 通判

陳公器 教諭

鄭琦 知州

鄭倘和 知州

董紝

弘治己酉 李 潤程 節

余復善 知縣

王麟 進士

進士

曾大有 解元 進士

毛騤 知州

周廷徵 副使

汪正 參政

梁奎

項淵

徐欽 進士

熊績 知縣

蕭勳 參軍

喻淳 知縣

余本 教諭

壬子 李 忠詹 易蕭時賓王寶

陳僖

知縣
訓導
知縣
知州
知縣

張伯洪　教諭
蕭時臣　知縣
王袞　知縣

曹自學　教諭
袁倫　知縣

唐書　知縣

[illegible]文英　知縣

乙卯　陳禎　知縣
李尚仁
陶寶　解元　知縣
黃廷玉　知縣
張易宗　提舉
石麟

秦尚恭　教授
梅吉　進士
陳大中　進士
邢寰　進士

楊鳳　中北闈進士
李文壁　知縣
張思齊　進士

趙源潔　知縣

王本元

通判

戊午　王濟　進士
徐吉貞　郎中
何景明　中河南榜進士
李文歆　知州

劉天和　進士

陳時　知縣

陳文　長史

王宇　僉事

劉煥　本作漢[illegible]

辛酉　曹珪　進士
程翺
王澄　進士
曾大顯　進士
楊棠
程仲禮

陳廷瓚　通判
趙賓
向棠　知州

余洪恩
熊夔

進士 推官
蕭韶 謝廷珪
推官
耿光
教諭
曾煥
推官
阮朝聘
甲子 張濟 郭文輔 侯正綱 宋艮臣 劉輔臣 周球

知縣 提舉 知州 知縣 知縣
曹璽 陳棨 王廷 張桂
通判 知縣 知縣 知州
田重器 毛馭 石金
知縣 知縣 進士
田貢
同知
正德丁卯 郭慶 呂爵 傅仝 李漢 余志 張禮 陳言
知縣 中北闈 中廣西榜 按志本戊 學正

胡永華 周瑯 胡大有 方鳳 辰進士舊志入庚午科誤今從州志改入丁卯鄭傑
知縣 進士 知縣 知縣 進士
鄭文炳 毛驌
中山東榜 知縣
鄧樸
通判
詹瑩
進士
庚午 周璜 李宗元 匡輔 熊綖 王儀 洪橫

知縣 知縣 同知 知縣 知州
余鑾 操永魁 毛驗 劉樽 胡鳳
進士 長史 知縣 進士 進士
陳璉 鄭雲翔 陳華
知縣 進士
賈啓 劉光
中北闈進士 通判
周傅
知縣

董士毅 知州

癸酉 王廷陳 進士
張明道 進士
阮朝東 解元 進士
甘棠 長史
余慶 知縣

王廷梅 進士
方敬 中北闈推官
周文熙 進士
胡橋 知縣

余文瑞 進士
劉淑相 進士

夏時中 通判
毛鳳詔 進士

劉漳 中陝西榜進士
俞冲 僉事
俞希義 知縣

魯綸 中山東榜進士
秦璧 知縣
胡承學 知縣

鄒崇義 知縣

丙子 梅賢 知縣
程轍 助教
王德純 御史
吳孔祥 通判
姜茂 知縣
僥繼明 知縣

王廷錄 知縣
蔡曰涇
葛鵾
熊大輅 知縣
高鵬 進士

王廷儒 都事
程象
中河南榜進士按楚紀及明史本葛鵾舊志作葛鵾誤
鄒崇仁 知縣
李樸 知州

曹誥 進士
徐燁
劉傑 知州

吳濂
張達 知州

己卯 劉桂 進士
胡仲謨 進士
俞希禮 進士
程翰 知縣
陳昉 同知

金國用
陳欽 評事
陳仲愚 知州

曹詔 知縣
張瑨 知府
彭鳳儀 教諭

蔡珀　知州
楊鳳　教諭

嘉靖壬午
陶琏　進士
劉釆　進士
郝守正　進士
陳晟　知縣

魏春　知縣
周載　運使

盧静
劉滐　進士

曹諾　司務
阮朝隨　知縣

孫欽　通判
曾烶　進士

鄭廷相　知縣
周佖　進士

劉淞

阮朝策　進士

鄒驗　知縣

乙酉
方任　進士
李蘂芳　知州
胡明庶　進士
汪篤初　知縣
陳吉言　解元
張頴　通判

宋大經
胡仲諧　進士
汪三山

萬民望　知州
劉木　同知

汪文淵　進士
周飛　通判

王秉直
李釆　進士

張澤　知縣
陳金　教諭

宋希文　知縣

戊子
余鏖殷　教諭
相胡明通　通判
周賓　知縣
李時言　知州

周宏
胡明書
李寵
馮天馭

朱鴻翔 知縣　通判　進士
王廷棟
董德明 中廣西榜進士

朱文式 教諭　翁景昕
林文明 知縣　張仁 通判
陳念 進士
曾嘉誥 知縣

辛卯
李學顏 進士
李來陽

方民悅 進士
羅大會
冷珂 中四川榜進士
黃卷 中北闈進士
邱栴 推官

祁思學 知縣
文大才 同知
周繼學 知縣

謝九選　蔡完 同知　姜仲賢 通判　汪玉 知州
呂禧 知縣　黃梅 知縣　甘澧 知府
奚朴 知縣　周廷聘 知州
王鳳陽 知縣

甲午
汪文瑞 易文訓
王采 郎中
郭欽 知縣

呂韶 進士　駱億 知州　陳素養 知州
王同鶴
劉亮 通判　劉捷 知州
戴淳
李時芳 同知

丁酉
黃自然
劉廷舉
高暘
劉寅
洪恩

通判 唐珪 長史 盧大化 知州 杜銓 陳廷舉 知州

進士 周弘毅 通判 萬嵗 知州 周弘烈 陳仲晦 本名學朱 知州

同知 張大顯 推官 顧問 進士

知州 姜壽 舒艮材 周勝夏 副使

進士 曹麟 進士

陳尚訥 知縣 庚子 周之冕 知州 劉珙 知州 陳萬策 知縣 涂瑜

徐步雲 知縣 錢邦偁 進士

董性 知州 劉灝 知縣 方民懷 知縣 彭曉 方治

楊芳 董威 陳仁近 知州 見進士中河南榜未設縣爲黃陂人今爲 張鋋

熊偉 知州

推官 癸卯 杜鳴陽 知縣 黃泰然 知縣 奚世亮 進士 魏鳳陽

汪本浹 知縣

進士 劉炎 知縣 宋文木 知縣 周戴 同知 郭進賢 知縣

黃安人 陶采 僉事 黃陂籍今爲黃安人

姜梅 盧奎 知縣 胡煥

張價 學正 胡伯資

瞿星

嚴宏 知州 丙午 萬一貫 同知 朱廷相 知縣 邱岳 進士 奚世文

蕭繼美 知縣

張衷 知州 鄧楚望 榜姓周進士 邱梁 通判 周賜

田成法 進士 楊旦 知縣 易鴻磐 吳之翰

胡伯涵 饒之初 知縣 孫喬 進士 胡莊

周家 知縣 倪民望 知縣 邢奎 知州

知州　知縣

羅朝錫　同知　明善　知州　陳其愚　知州

鄭真　中山東榜進士　胡玉璣　知州

己酉　黃士元　通判　周鳴塤　進士　江渾　知縣　湯一賢　知縣　徐鰲　孔目

程鳳金　知縣　李猷　同知　何一乾　參軍　化之行　同知　瞿晟　進士

袁文屋　知縣　趙教　進士　董士仁　推官

羅星　長史　彭台　洪大賓　員外

祝宗文　知縣　李本仁　教諭　易龍見　知州

江漢　同知　顧闕　進士

袁廷椿　陳文章

通判

李文運　知州　劉拯　知縣

蕭濂　通判

壬子　陳仕　同知　朱衫　進士　萬言策　知縣　耿定向　進士　周沂　郎中

汪之汸　余瑞　副使　周思久　進士　甘繼忠

王廷瞻　進士　劉湅　進士　周禧　進士

曹瑯　朱繼孔　通判

袁亮　苑馬卿

乙卯　黃自任　通判　樂浹　知縣　朱繼啓　改姓熊員外　馮天騤　邢璧　知縣

汪仲川　吳鳳瑞

參議
熊養中 進士
陳廷政 知州
王睦
戊午 范宗鎮 李毅嗣 知州 進士

蔡光祖 郎中
周弘廸 知州
周弘祖 進士
陳謨 進士

同知
韓表來
李啓昭 進士
甘受學 知州
曹承誥 郎中
周祚 徐祥麟 郎中 主事

黄州府志 卷之九 舉人上 二五五

嚴璞
杜傑 知縣
邱養蒙 通判
曹光

劉方 通判
梅汝求
熊讜 主事
曾嘉祐
蔡應暘

戴符
王省吾
徐之徠 知縣
高世相

辛酉 嚴珣
周文卿 進士
馮言 通判

布政使
周思大 知縣
阮孝 知州
邱齊雲 進士
邱龍雲 同知

史修 劉天衢 章宗理 知州 進士 知縣
王之佐 程希閼 知府
高儒 張步雲 知府

黄州府志 卷之九 舉人上 二五六

葉惟喬 知縣
王同道 進士
王追美
何天德 知縣
王址
李植

曾嘉祿 知縣

壬戌 黄立始

余登庸 州志作余時禮 知縣

僉事
甲子 周 朴 朱期至 劉守泰 耿定力 壽 表孱 企 段 尚繡
知縣 進士 解元 進士麻城學 御史
曹繼孝 胡邦諭 董 石 周思敬 李建中
進士 進士 進士麻城學 同知
安縣
徐時可 周思韶 易可訓
進士 知州 知州
李之用 謝 鰲 余時中
進士 知縣 知縣

曹 美 黃 嶸 劉如臯
知州 進士
杜 伸 李盛春
進士 進士
易倣之
進士
汪本英
知縣
袁文伯

知縣
隆慶丁卯 王追伊 李時成 徐雲山 陳正誼 程希舉 宛如麟
知州 進士 推官
劉 逵 張鵬翔 周思稷 吳之問
知縣 知縣 進士
江沛然 徐一唯 阮宗孔 李孟春
進士 進士 知府 主事
余光先 梅國楨
本名鼎 進士

劉功允 劉 諧
長史 中北闈進士
徐應聘 李 爵
進士 中四州榜郎中
邱一奇
同知
李 裕
知州
朱朝龍

知縣
徐 銘 同知
汪守廉 同知
庚午 汪之煥 知府 易之貞 鹽提舉 高 儀 同知 梅在廷 張 巽 楊大軏 王應奎
王廷植 知縣 胡仲合 知縣 李承泰 知縣 葉正奇 知縣 張日新 邢應軫

葉正棠 知縣 王希元 進士 周弘祁 馬希遷 復姓田
涂 魏 知府 王寵麟 知縣
程希凱 教諭 曾嘉表 同知
汪一右 同知
萬歷癸酉 王同晉 李 第 蕭 譽 周弘綸 李際春 陳王 道 瞿九思

余應鶴 知縣 石三復 同舉 姓桂 鄒思亮 通判 主事 進士 張邦彥 知州 進士 嚴自棨 待詔
黃宗聖 知縣 何鳳起 進士 李世薦 同知 燕祖召 副使 王夢麟 知縣
劉 道 參政 周廷甲 知縣 羅樹聲 同知
余心純 進士 梅維範 陳楚產

於廷諍 進士
甲子 王同大 蔡斗 進士 移 胡效臣 知縣 徐 期 李載陽 進士 呂應期 邢懋敬 進士
汪季川 教諭 周 廸 通判 李承槐 進士 湯之相 知府
朱萬年 監丞 周道大 知縣 黃順乾 知縣
廖自伸 同知 張文光 進士 周至德 參軍

陳九德　毛思龍
周時烈 通判　詹仰望 知府
陶便 通判
己卯 郭知易 員外郎　潘學聖　黃圖 解元 進士　王心正 通判　劉如寵 進士　王大謨 進士　石昆玉 進士
曹士彥 知縣　何其弘 進士　劉奕 進士　王三極 知縣　劉廷策　汪可受 進士

阮文蔚 進士　黃建衷 進士　唐一鵬 進士
李汝賢 知縣　謝師啓 教諭
王陛 同知　鄒思哲
陳首俊 知縣
余履盛

教諭
杜若芝 知縣
壬午 樊玉衡 進士　胡永寧　劉承芳 審理　盧堯臣 進士　袁世振 進士　瞿甲
王一鳴 進士　朱期萃　梅國樓 進士　耿汝忞　張星 同知　龔懋 進士
瞿成名 同知　馮國祥 知縣　梅國森　熊華宇

吳嵩　徐存德 進士　汪源浩 教諭
孫大壯 進士　閔廷甲 進士　王之機 參政
吳士瑞 進士　周光德 知縣　黃在中 知縣
盧國禎 同知　何其謙 知縣　魯之賢 御史
孫紹芳　閻遇

知縣
乙酉 汪起雲陳所志王　榆劉秉鑰彭遵古陳其要徐來建邢懋順
解元 學正　知州 長史 進士　同知 進士
蔡正茂周應期　王可相　蕭明哲　邢懋學
知縣 進士　同知
盧　勳桂凌雲　彭好古　宋道亨　熊國華
通判　進士　推官
孫大祚　吳從周
僉事　司務

黃州府志　卷之九　舉人上　卅三

周有爲　楊王廷
推官　同知
詹　淑
知府
周崇惠
進士
戊子 韋宗孔張原碩　周應嵩秦　懋張效堪程可文鄒如潁
知州　進士　進士　知縣
徐學禮　周　制　周家棟王之臣

知縣　進士　知縣
曹光德　劉文杰吳　化李　瓊
進士　同知　解元 進士　知府
程登雲　李　鼎　史朝貞
中北闈 同知
劉　美　劉承緒　顧懋宏
教諭　中南闈
辛卯 汪元極金玉節黃之士梅維芳韓邦哲夏　忠舒其志
解元 進士　進士　知縣　同知　同知　進士

黃州府志　卷之九　舉人上　卅四

盧　登　周應明　汪廷玉宋元宰
進士　僉事　知縣
熊養初　李長庚　陳王道董三奇
推官　進士　同知　知州
祝名先　田生金　黃鳳翔
進士
洪聲遠　鄒　衡
參政　評事
何天申　劉　泮

中北闈治中按多士坊有黃朝用查州縣省志俱無附以俟考
同知
汪之澄
甲午
秦繼宗　解元　進士
陳秉厚　知府
朱一統　知州
黃會中
張邦亨　知州
張嵩　知府
黃中　教諭
楊繼哲　推官
毛可教　知府
龔漢臣　知縣
宋之琦　知縣
汪應節
孫慈　知縣
曹大受　副使
樊玉衡　進士
周延光　進士
周邦基　進士　改名邦璟
梅獨早
黃位中
程元瑜　中南闈
鄒琯　通判按麻城新冊載
萬一奇

進士
有王之模官通判查舊志俱未之及不收
吳思溫
官應震　進士
樊敬祖
丁酉
穆天顏　進士
張應奎　進士
熊嗣先　同知
張邦翼　進士
石柱國　知縣
王同謙　進士
王成位　同知
蕭世聘
項楚
韋石麟　進士
毛茂春　司務
陳時宜　同知
胡欵闕
周之夫　進士
汪宗文　副使
陳鴻恩　知府
楊之彬　同知
羅哲　教諭
熊所師　推官
周蓋臣

原名張周俊知縣

陳余達 教諭

周之訓 進士

胡來臣

庚子 鄧應張 知縣　楊惟一 郎中　汪之浹 知府　周應崙 知縣　彭應會　王之栩 同知　吳亮嗣 進士　胡寄垣 知縣

吳時泰　王之民 知州　蕭　魚 知府　田生芝 進士　劉世寧 知州　楊大鰲

於　倫 進士　曾汝巃 知州　晏撼忠 副使　劉人表 同知

曾日省 知縣　王育德 布政使　嚴　恭 中北闈

吳　徽　鄒人昌 進士　劉　銳 知州

官應賓

黄拱辰 知州

程士升

癸卯 鄭之良 知府　郭士望 解元 進士　王　焯 知縣　王　奇　秦文化　劉　寰 知府

鄭　謙 知府　畢大猷 教諭　梅之煥 進士　王夢篆 通判

劉文忠　許元卿　毛調元 知縣　邢懋勳

甄　淑 進士　孫逢時 知縣　王養中　梅啓元 知縣

魏國賓　姚明恭 進士　李　廸 主事

王同定

丙午 杜應芳 進士　游之英 知縣　張會心　鄧漢臣 知縣　秦　植 進士　王臣紀 知州　石有恆 進士

陳　愨　蕭應鳳　張繼孔

教諭
余士忠
鄭之易 進士
晏清 進士
余弘靖
知縣 同知
鄭天懿 知縣
李新楚 知縣
陳以聞 進士
田生蘭 主事

黃州府志 卷之九 舉人上 一七九

聞察言
周世盛 知府
己酉 陶起虞 進士
朱期昌 中北闈進士
王先 進士
王之楨 知縣
胡士容 進士
程之試 知縣
汪攀龍 推官
劉鍾英 進士
陳嘉言
王一桂
陳維賢
周崇極

主事 贈太僕卿
中河南榜解元 僉事
宋應彰 主事
李延 主事
壬子 杜祝進 助教
南有臺 進士
周維光 知州
王猷 御史
李樾 進士
邱惟明
楊楚龍 進士
劉涵清 知縣
蕭震 進士

黃州府志 卷之九 舉人上 一八〇

邱惟時
毛舜嶽 進士
田乃穉 進士
邱宗魯
蔡茂春 進士
易道偉
王欽濂 知縣
劉孔源 推官
邵于行 知縣
李五美 知府
劉琛 中北闈
趙世貞
曾鳳采

知州　知縣
魏之璪
魏國彦
乙卯 劉宗祥朱朝熙黃可柱劉忠濤耿汝忞王　珙金之純石有信
進士　知府　主事　進士　知州
洪周祿　鮑之祥　田雨公甘許國
進士　進士　進士　同知
靖科元　周應昕　茆世德陳楚琠
進士　知縣

曾齊賢　毛丹采
推官
周三俊　劉秉衡
知州
李顯祖　周之茂
知縣　進士
戊午 汪爆南王覺民王　熤劉承棠耿汝思李樹初　余鍾岳
進士　中南闈　進士
祝世美蔡　璿　梅之耀韓邦光饒　京　陳欽爺

進士　進士　進士　教諭
何閎中桂啟芳　周士美胡贊華李　新
進士　進士　僉事
王六如謝天申　田弘恩　洪名鼎
主事　知縣
嚴師範　曾嗣禹
進士　教諭
阮維岳　周　振
知府　中北闈進

屠振鐸　士
知府
樊維城
進士
蕭正大
知縣
程　焞
知縣
天啟辛酉 王家祿曾若參　劉　伸劉之楨袁雲龍梅調燮石　確

主事　教諭　進士　知縣　中北闈知州　進士
劉相可　陶承謨 進士　饒嘉元陳 瑜 兵馬指揮
盧任澄　趙之英 進士
呂元音　會嗣仲
周弘邦
鄧 謙

程良球 知縣
吳思文
牛若麟 進士
舒中天
甲子 魏公韓 畢九臣 進士 同知　周應華　田 漚 劉近臣 知縣 解元 進士
王源昌　李雲程　張劾奕 張楚偉

進士
蕭繼芃　董九功 中山東榜 學正　貢其志 同知
程之敦　周世璽 知縣　劉廷敎
余士瑋 一作士瑞 進士　楊 魯
丁卯 周啓元周之士王 增周世垣秦如容李雲慶藍季曙宛三奇

知縣　知縣　知縣　進士　知縣　進士
蔡馨明　王 熀 鄒師捷　康思孝 劉近甲 教諭
王用予 進士　熊世懿 進士
鄢之燧　陳鵬舉 副使
劉師健　陳儒樸 進士

周渫
助教
李鄧林
知縣
張久徵
中北闈進士
崇禎庚午王追駿楊繼錦盛世彥胡公國金天宿
進士
教諭
知州
劉子壯高弘基朱師忠朱永昭

進士
狀元
進士
王一翥胡三宗
知縣
陳師泰饒應元
知府
知縣
張士志邱之宗
詹大有畢朗玕
知縣
李掞林

員外
蕭奎
陳璉
進士
易士龍
知縣
癸酉於斯行南居翼朱之理盧希儲陳奇恩石鎮國
副使
葉國章胡三順詹應熊吳卿

知縣
進士
知縣
汪煉南魯元公洪世講
進士
知縣
汪倫南馮九思張國光
知府
推官
李如璉劉怡
知州
知縣
魏師田董瑱
鍾天與
中北闈同

奚還吉 知
吳元伯 御賜進士 劉 侗 中北闈進士
胡公陳
丙子 萬曰吉 進士 周壽明 解元進士 江山柱張士智李炳然藍 縉 知縣
張士佳 黃正色 知縣 鮑修吉 盧 鋐 進士
韋克濟 畢十臣 毛祈蕃 王臣縉

進士 進士 進士 進士
萬爾昌 黃耳鼎 進士 毛羽儀 進士
黃 鋐 主事 毛元暉
詹謹之 推官
已卯 奚鼎鉉李見璧余爾綸曹應昌江載清梁之垣鐃來中 教諭 解元進士 知縣

秦餘馨 知縣 尤宗先 本姓鄒 謝應申 朱 晙張復熙
韋成賢 進士 楊 簡 劉鍾蓉
王源善 本姓陳 梅念殷
陶克峻 周 損 推官
於斯昌 葉 采
方應地 王山玉

劉子芬
魏應熊
詹大衍
壬午 程 文 金 甌 喻 勲 進士 劉洪瑆 蔣 文
曹 澄 謝天知 董 珍 吳敏含 知縣 蔣 景 知縣
郭都城 教諭 張繼善 鄒知新 知縣 翟近宸 教諭

晏　濟南之俊
推官　本姓王

董　璋
知縣

張楚璠

王欽命

干應試

黃州府志卷之九上終

黃州府志卷之九下

知黃州府事關中王　勍纂輯

選舉志

舉人表下

黃岡縣蘄水縣羅田縣麻城縣黃安縣蘄州廣濟縣黃梅縣

國朝

順治丙戌　魏邦哲　進士　李生美　進士

項始震　中京闈進士

汪　衜毛　進士　炳邴秉鈞　進士

周九華　程維伊

李本周　張先基　熊兆師

知縣　知縣　進士　知縣

鄧　錦　同知　汪文光

劉　暉

董良宣　教諭

宋黃佐　本姓黃　李　果　知縣

張偶賢　知縣　本姓林

戊子　曹本榮　進士　張五衜　王光珊　周　禮　進士

李本晟　進士

梁　憲

程啓朱 進士 楊繼經 進士 金九鼎 知縣
凌建奇 孔目
黃中實 進士
汪基遠 進士
王用世

辛卯 王澤弘 中京闈進士 李之驤 本姓鄧翔 徐熙明 知縣 王元士 進士 鍾 琇 中京闈進士 顧咸泰 知縣 宋 敞 進士
王承啓 李 華 萬邦維 進士 吳之珍 進士 張正志 進士 吳 瑾 進士
張之杜 教授 陳 琭 知州 胡躍龍 進士 蕭 滑 中京闈
熊夢熊 本姓胡 駱 驕 教諭 董時升 進士
孫如芝 桂冲雲 黃 倫

知縣 本姓柴 知縣
汪申達 學正 高耀基 顏九基
陳肇昌 進士 高 翥
王 成
甲午 馮雲傳 本姓龔 教諭 王保鼇 進士 江漢英 學正 程之濟 劉匡生 劉洪璽
張本忠 洪一翥 唐 封 程一棐

教諭 進士 助教
熊光裕 進士 邢予愿 郭更名
宋必達 進士 毛祈華
樊維域 進士
汪 沅 進士

程啓張 進士
汪建遇
杜琦 教諭
胡謝明 教諭
杜碩 榜姓楊 知縣

黃名啓
王一針 中京闈
丁酉 汪士奇 進士 張邦福 進士 鄒宗彥 進士 盧綖 進士 張承位 知縣 饒軫 進士 中程允廸
王追騏 進士 李成棟 進士 鄒四知 教諭 盧經 進士
奚祿詒 進士 教諭 徐東應 吳虞廷 知縣

周之美 進士 程維極
吳升東 進士
王封深 進士
杜蕎 進士
龍可旌

進士
宋文球 教諭
汪鳴南 知縣
徐子有 教諭
杜士英 知縣

黃如松　教授
林昆翰　知縣
余卓
魏信陵
葉自巖　教授
洪有守

中京闈
庚子　張從瑜　教授
王追騄　主事
王之鯨　員外
楊允楨　進士

鄒琬　進士
周維秬　進士
葉蓮
劉本源　中京闈

金德嘉　會元
張金基　學正
李必泰　教諭
藍應象　知縣

鄭二成　進士
鄭一洪　知縣
康熙癸卯　陳敏常　學正
朱國是
梅佳楠
操之盛
江永祚

盧緯　知縣
劉退祚　教授
劉洪璇　知縣

教諭
王萬瞻　教諭
余世羽　知縣
陳國祝　進士
丙午　鄭昱　進士
畢紹冀　知縣
綦至　知縣

黃嘉應　盧爾憶 中京闈
胡坦 教諭
黃名凱
胡思樊 教授
張仲經 知縣
己酉 王風采　程　達袁　進韓庚寅　魯鳳喈

進士　教授　進士　教諭
陳弘仁　張希良 教諭進士　袁懷吉 本姓周教諭
孫鈞 知縣
鄧維憲 教諭
徐光林 知縣
壬子 晏勛明 周梓　蔡楷 秦如亮　劉懋京 廖士貞

教諭　知縣
王文繡 本姓黃　盧絳 都察院經歷
姚之年 本姓蕭教諭

知縣殉難贈僉事按省志科目內有帥士貞未載何他人豈廖士貞歟縣册作順治甲午舉人

乙卯 王材任 中京闈進士　似誤
丁巳 韋鍾藻 中南闈鑑
戊午 宋敏求 解元進士 畢友宜 進士 黃亮 進士　吳應庚 進士 熊心璋 教諭 劉懋弼 徐奇志
胡之太 教諭 高鑑
王懋才 徐雲弘

進士　中京闈知縣

啓士懿　教授　張萬選

龍尚傳　進士　榜姓呂

毛鴻漸　教諭

辛酉　汪基美　教諭　邢雲　蕭一舉　俞士鼎　黃利遇　進士

李如龍

許文岐　本姓鄧　學正　劉同向　教授　陳世封　學正

王懋德　進士　官純貞　本姓楊　黃道茂

甲子　宋如辰　解元　進士　閻成志　鄒士璁　進士　何通　進士　張仕運　進士　張佳晟　教諭　張光庭

江一崙　邢子植　袁同賢　本姓鮑　進士　秦如鎬　陳正誼　教諭

吳國禎

祝軒齡

知縣

舒士才　本姓盧　教諭

丁卯　熊開　任畢元　英　鄒汝治　林可喬　本姓楊

陳大章　進士　徐廣淵　進士　王楠　知縣

王澤深　鄒汝魯

進士

周岑　本姓陳

謝加恩　主事

庚午　陳大華　解元　胡理　教諭　曾世璜　秦珙芳　李永昇

王一導　進士　李正達　教諭　陳文綿　陳誥

萬爲恪 進士　張樞
陳大羣 郎中
癸酉 杜必春 田美中 榜姓譚 本姓李　彭鴻詞 周士佃 本姓欽 解元進士
萬燦 程士棟 學正 知縣
袁豐　顧昌

程有年 教諭
王漢周 進士
朱之裳
丙子 范基祚 進士　郭林 吳弘初 教諭 訓導　蔣基豊
陳大慶 知縣　王琬

己卯 易天壽 王建琰 教授　黃笏 劉文起 學正　石再華
陳澤周 鄧維翰 榜姓劉　張仕學 教諭
童儒 本姓張　王夢弼 教授
王全才 進士
盛文賢

余珖 進士
王文炳 進士
徐流謙 中京闈
葉王前 進士 中京闈 副使
壬午 葉正晷 徐源舒　張炳彪　張粹金 黃之卓

本姓童　教諭　學正　教諭　教諭
姚必發　汪之珍　李天培
本姓王
王如种　王昇
知縣　學正
王材進　潘同料
學正
陳大韡
進士

朱鈹道
劉祖陶
陳灝
汪度弘
進士
涂士通
本姓鄒教諭
乙酉王材遠　徐源遠　李遠　張欒　胡宗憲　金啓　江蔣　天柱
知縣　學正

姜世坦　楊節周　曾謹宸　條　張覲金　龍起鳳
教諭　本姓周學正　進士　知縣　學正
孟應泌　朱梅　易時憲
本姓唐知縣
宋應辰
學正
王策勲　蔡仕
教諭
汪惟鑾
胡珵　李煥
教諭　進士

鄭可格
中書
戊子袁士昆　鄧作枚　胡文域　劉待　董洪基
本姓陳　本姓徐同知　教諭
樊齊伊　汪世偉　蕭文璁
中書　教諭
王顯勲　鄒汝模
本姓蕭　進士翰林
孫昌運　鄒汝熙

本姓朱 教諭

王琳續 進士

杜樞 教諭

夏銑 本姓曾

辛卯 杜啓運 邵日霄 進士

知縣

吳世模 進士 孫民則 進士 張惟金 教諭 李履坦

袁國梓 進士 夏啓灝 本姓熊 教諭

范元灝 知縣 楊仁廸 中京 開知縣

張楠

周有堂 進士

楊正發 本姓陶

張棣 中書

王一闢

楊鶴本 教諭

周嵩 進士

癸巳 陳士俊 徐喬綏

王漢書 教諭

徐家麟 教諭 彭之華 進士 張正問 藍士袞 蔣天桂

曾從致

王琮

胡梅

周其達 本姓樊 教諭

陳師栻 知縣

鄒受祉 教諭

萬禮祖 進士

周祚縉

曾鋭 知縣

唐治 知縣 改教諭

進士

甲午 楊瑞杞 胡承捷 李廷翼 教諭 鍾 灝 龔啓堂 學正 方 策 石 燦 教諭 恩賜知縣

鄭維嵩 進士 官 錄 萬 馭 知縣

李璵枝 本姓陳 進士 梅 琮 胡文坦 鄒懋衡

陳師履 知縣

王樹材 程 均

王如旦 教諭 董昌其

丁酉 靖道謨 進士 翰林 程良開 雷天鐸 進士 梅任鈞 程 均 教諭 劉 价

喻良材 本姓潘 嚴繼陵 進士 彭際泰 教諭 盧建中 進士 汪 鵬 陶永曜

陶壆 曙畢 封基 訓導 知縣 王時忠

呂成旭 耿昭霈

本姓杜 知縣

宋南朋 本姓王 知縣

王一華

鄭 琛

庚子 於萬震 徐本僊 現任副使 萬繩祜 進士 江天池 教諭 王世銳 熊 恢

甄衣錦 本姓王 徐立御 進士 胡 錦 知縣 朱榮經 進士

王 坦 楊宏謨 楊龍光

胡 纊

雍正癸卯 王封岱 胡承撰 周邦孚 解元 教諭 韓步月 朱 忻 游聖選 黃有福

陳師豫 周坤順 鄒 瑜 吳逢瑞 趙錦倘

方可丹 進士 奚學標 祝 湛

胡作舟 江夏籍 鮑啓泮

李高松 進士　萬詢 知縣
皮日升
朱案扶 教諭 進士
靖天綱
王封岷
王封樂
余承曉
王封岐
宋錫
嚴世同
甲辰 萬壽祖　朱文魯　高岱　游挺秀　石中璧 本姓蔣
汪依仁
劉近顒 本姓王 知縣
李應魁 進士

丙午 徐世正　梅淳　朱本績 知縣
胡紹緒　彭奕明 丁酉丙午兩科副榜准作舉人　張錫[illegible] 教諭
王光珮 進士
許岳 進士
郭宗乾　鄒攀梁 鹽大使
汪永開
陳師洛
張起鵬 五經副榜准作舉人
己酉 朱澤遠　龍于飛 進士　張易源 進士　吳樂
施士卓 教諭　劉自拔　張壯國 進士　袁省 教諭
方楚正　黃之騏

進士　恩賜中書
陶文夔　教諭

壬子
萬年茂　進士
張素臣　進士
陳之琯　進士
蕭斯芝
朱孔濟
汪振聲
王本羲　教諭
李大鶴
周際聖
彭韜　進士
宋大蘓

乙卯
程後濂　進士
何御龍　進士
萬繩宗　教諭　進士
泰人藩　教諭
陳履中　進士
徐天球　進士
洪禹拜　教諭
王如旦　教諭
潘伊琦　教諭
張炳瑛
熊慶源
余從龍　晷名鎧
傅楫

乾隆丙辰
萬年豊
何昇　中京闈知縣
甘學淳　進士
王華蕚　進士
張彥
張錫鑾
張必元
萬覲祖
胡本寀
萬綿祖
王本燦

萬縉祖　教諭
萬廷望　知縣
鄭宗璜
張雲鴻
胡益凡
張廷偉
王年松
陳文光
周學校

教諭
周茂建
周起龍
胡琰

戊午
郭維本　解元
張聯奎
盧國彬
郭本才　進士
程同男
萬希賢
畢志璜　進士
吳起鵠

馮子式 中貴州榜 進士

辛酉 宋　鰲 徐明理 訓導　黃　鶴 張夢楊 解元 進士　張德源

李長青 進士

孫祚灝 訓導

孫祚濬

萬綏祖

張夢魁

韓觀理

王楙穗 學正

陳應龍 京闈亞元 進士

甲子 樊廣烈 李天構 進士　江會熊應萬年　余源秀

蔡必朝 瞿顯然　馮　詔

周棟隆

孫廷槐

萬年治

丁卯 靖式文 劉夢鵬 侯天柱 吳　洴 劉萬寧

范朝綱 周象豫 解元

黃州府志卷之九下終

黃州府志卷之十

知黃州府事關中王　勍纂輯

選舉志

貢生

明

黃岡陳　敬員外　趙　玉學正　唐友善副使　蕭　英叅政
郭子奇教授　張　庸知縣　潘　淑知州　李　信知縣
舒志善布政理問　余必選奉祀　史　誠序班　但　先州同
彭　進副使　鄒仕昇通判　胡子貴主簿　蔡伯和兵馬指揮

龍友誠推官　傅思旻知縣　劉　政知府　林　讓訓導
吳　英知府　陳　雍御史　鍾　旻教諭　張　佑兵馬指揮
楊　懋訓導　謝永誠布政檢校　王應奎府照磨　周　義知縣
劉　佥訓導　王　震推官　顏　和府經歷　魏　鏞訓導
彭　鑫衛經歷　黎　瑄訓導　蔣　璁審理　張　鼎主簿
蔣文運訓導　萬　棲州判　王　鐸衛經歷　鍾　鳴訓導
黃　鏞知縣　朱　靜知縣　曹　珙知縣　詹源澤知縣
曹　通知縣　黃　瑞知縣　俞　銘知縣　周　敏推官
屠　明主簿　陳　良　黃　斌主簿　單　麟主簿

彭　倫推官　宋明達府照磨　鄭　鑑知縣　劉　本州同
黃　崇縣丞　鄭　瓛主簿　聶　聰主簿　朱　璨宣慰經歷
王　進理問　孫良謨知縣　劉　瑋推官　王　昇知縣
宋　榮主簿　馮　瑋主簿　邱　仁縣丞　朱　聰學正
周　正府經歷　李世高縣丞　蔡　勳訓導　楊子榮訓導
陳　鸞同知　徐時中教諭　俞　訓知縣　周　郁主簿
曹　儼　王　簡推官　謝　昱縣丞　鍾　琛
詹　寶經歷　李　涇主簿　詹　玉知州　張　兹
李　珊　秦尚友　秦尚經　張　絃

徐　輔衛經歷　鄒　軒知縣　袁　實　張　鶚教諭
汪　經　李　義府經歷　李文明學正　賀　祿學正
王　玠　宋　昇訓導　袁　璽教授　馮大本縣丞
袁　釗教諭　皮　珪訓導　王　爵訓導　王　德縣丞
曾　介教諭　方　斂教諭　詹孟夏知事　杜　華鹽提舉
徐　麟通判　蔡　昆教諭　劉大同訓導　陳　言通判
袁尚明訓導　邢　寬訓導　吳　慶教諭　邱　峻訓導
董公善通判　馬　良知縣　閔　泰知縣　朱應詔
胡　靜訓導　陳　溥經歷　宋　章知縣　劉大倫教諭

張文淵 徐寬訓導 李春教諭 周廷相推官
樊模兵馬指揮 潘仕佑教諭 林嵩布政理問 王筮訓導
許賢教授 余洪績 陳景 蔣蘷通判
李承芳教諭 董昱教諭 黃芳審理 陳暹知縣
萬珊 曹琮紀善 宋希諳知縣 鄧廷鳳知縣
杜翔知縣 陶珽州判 范芝知縣 吳偉
徐崇德教諭 呂祥 侯佐 許錦訓導
李仁 孫鉞州判 熊忠知縣 陳實
吳紀訓導 黃薰 曹雲鳳 謝文祥

陳恩 趙寅 黃華府知事 蔣希周訓導
劉錠訓導 張治訓導 羅素訓導 聶惟賢知縣
余瀹主簿 張玉振訓導 余廷桂訓導 李澍
徐相教諭 徐希孟教授 蔡明試訓導 甄善訓導
袁邦祥知縣 胡濬教諭 康祥訓導 魏麟
張起鰲訓導 劉承芳訓導 陳大槩教諭 朱扆訓導
林民表主簿 曾守約訓導 蔡明儒訓導 孫之祜主簿
鄧正教授 汪文相教諭 蕭文奎訓導 邱尚策訓導
屠宗禹 周文炳訓導 李實訓導 汪一右中鄉試

廖通訓導 沈廷臣學錄 袁邦祿訓導 徐自懋通判
高士教諭 梅一株推官 劉賢 王光署丞
陳嘉學知縣 余艮知 邱尚夔 蕭偉教授
鄭文彬知府 王松 黃自中訓導 徐鏘知縣
余大韶通判 黃甲通判 何天申中鄉試 陳化教諭
陳嘉謨 王同恒 樊煒教諭 高栢選貢學正
王同亨教諭 蕭友蘭訓導 姚端教授 秦一清
朱廷光 熊養純教諭 劉文爚 陳大奎
陳養教諭 余應奎教諭 樊鼎遇選貢知縣 高第教授

劉文元教諭 邱縉 汪傑選通判 魏岫訓導
胡瀙知縣 余繼盛 祝文斗通判 陳相道選貢
梅應時 汪儒 林國卿訓導 陳宗顏教諭
龍雲程 李之本訓導 宋德祈訓導 劉功遠訓導
胡克矩訓導 周啓孫州同 陳九成 程師明縣丞
李應翠訓導 汪廷桂訓導 葉維楨 徐言州同
王同鼎主事 陳三鳳知州 余道南 彭應元
詹時明知縣 陶一經知縣 趙炳 羅一振
魏士元 胡克武訓導 洪聖典 曹士謨學正

曹之棟訓導　廖自強知縣　杜璚芳教諭　樊玉衢
余本淳　熊應鳳　黃德　曹之建知縣
杜鎮拔貢　邱一儒　張奇節　方來賓
葉應昌　於斯瑞　夏道瑋　王箕
杜喬芳訓導　鍾天錫　杜銓　袁用宜教授
王家鎮　洪有臨恩縣知　邱之璽　江中柱知縣
鄒之旦　王士龍訓導　杜詔先　陳克岐知縣
丁應明同知　魏師卜　何昌祚　萬引吉拔
孫錫蕃知縣　嚴之聰知縣　魏師叚同知　王承祜

劉文運推官　靖安知縣　孫希伸副榜　萬里春副榜
蘄水黃紹祖侍郎　葉輝盐運同知　鄒以修主事　李思默知府
王瓚知縣　程紀知縣　劉棨同知　朱伯琦教諭
張珩主簿　陳賓同知　劉淳吏目　徐添理御史
劉倖縣丞　張瑛　戴鵬同知　徐淳衛經歷
柴孟溱倉大使　柴孟洧　方文質知縣　黃思剛衛經歷
徐振縣丞　王鏞高知縣　王德全　張富知縣
徐信縣丞　魯忠經歷　陳賓恩同知　陳仕霖知府
王直府經歷　程思銑知事　方清吏目　樂武

李端序班　龔淵吏目　劉汝賢　華鏞縣丞
余璣吏目　戴自省縣丞　殷倫衛經歷　邢道鹽
彭珀教諭　張文禮知縣　郭奎衛經歷　邱高訓導
周仕淵推官　周宣府經歷　周仲安　吳志訓導
樂和訓導　徐公正　甯朝陽　王本
甯時陽　周廷士恩縣知　胡宗周訓導　萬福府經歷
游庠署丞　詹子雲主簿　汪倫　王紳縣丞
周紹武　張練府照磨　畢鴻　王中正知縣
陳大鵬州判　樂愜　李性文知縣　程文達

李延芳訓導　袁紹芳　閔子厚　邱璽訓導
周臣知縣　龔鏊　周仕哲　邱瑋
畢艮凱　張珏　周制司經歷　朱文明教諭
魯思訓導　何爵斷事　夏尚表訓導　周玉球
汪輔知縣　朱蘊祥縣丞　魯辨訓導　潘瑆知縣
熊正山知縣　柯楚山恩主簿　程輅知縣　周望訓導
徐文臣　陳鵬知縣　陳鉞通判　潘瑯
游虬　李之實　徐克私知縣　萬艮儒訓導
周申　李昉直訓導　華邦基　葉廷梅

夏貢　畢艮謨訓導　錢邦似　周中
陳鈕知縣　王三輔　王希舉　周延大
邱文山知縣　周道行　楊達春教諭　易之會學正
周之祜　饒正宇　周延申知縣　汪凝通判
楊伯偉知縣　楊伯廷都司經歷　畢昌　錢鑛訓導
汪効忠　胡行謙恩知縣　楊日隆經歷　萬事忠
周之儞　王來泰　華于冕　周健行
楊廷簡　劉炎　南山石　徐二南
周鳴咸選貢縣丞　錢邦伊通判　徐喬齡以下俱選貢　官撫辰知州

陳于前通判　程九萬知州　姚允恭通判　楊伯賓
呂應宸州判　官撫極通判　郁文初知縣　閔以棟同知
黎弘祚　王士俊恩　夏之謨　姚居恭同知
畢祖洲
羅田吳純御史　王道知府　祝瓊通政使　蔡明甫鹽提舉
方永中縣丞　祝成才　徐志亮御史　吳昇御史
李志亨　董儀同知　樂真　鄒奇
王吉　鄒淵　胡進　胡櫃
周相　樂鳳儀　吳齡　盧鑑

孫裕　聞林　熊飛　晏諫縣志作謙
王惠　吳文　熊敏　王昇
蔚禧　王定　洪清　朱啓
曾煥　饒觀檢校　周濟布政理問　方正
楊學　盛思　徐信教諭　李儲
李宗　李本　徐尚敏知縣　涂敏
喻鏞　林玉通判　周瓚　鎮本主簿
胡全知事　張彥孔目　韓忠　張盎
王邦儀學正　葉源　樂九成　王儼知縣

葉隆　陳倫　項清州同　程仲智州判
胡大倫　曾思武知縣　陳灝知縣　余大德
聞廣主簿　鄒瀾源州判　李本勝縣佐　王應時主簿
張顯榮知縣　祝壽主簿　余孟正經歷　張羨
祝鳳　余美　王洺審理　汪吉舟縣丞
歐陽時　汪昆紀善　胡九鼎　李朝陽
李南陽通判　張煒　聞嘉識知縣　胡明睿
王德盛知縣　舒翼主簿　黃梅鹽運使　王渠知縣
聞奇檢校　董正訓導　王德茂學正　胡大亨訓導

祝敬宗教諭 龔 相 蕭克紹通判 蔡惟忠知縣
蔡惟孝知縣 黄可望教授 黄之恩教授 余 慶教諭
余 裕 王 棨 周 玠教諭 胡效勞教諭
王來儀 胡 漸 胡效順教授 萬言試訓導
胡效華 胡 沛知縣 胡效恭 蔡相衡教授
萬言書訓導 徐代棟訓導 蕭繼顔訓導 祝啓衷縣丞
張萬善 王 櫟 胡效祖教諭 余可甲訓導
汪之沛教諭 胡 范縣丞 胡 瀛訓導 闞時泰訓導
蕭 熹 余一貫教諭 張翼北訓導 王 輝教諭

王 梃 胡一立縣志作祥 聞士偉以下選貢 胡存忠知縣
余先覺州判 周明璋知縣 林 棨知縣 方啓棠州同
徐志亮御史
麻城 吳 山知縣 夏均輔教諭 喻文偉教諭 嚴 穀教諭
鄧 林訓導 桂 南訓導 馮子恭僉事 張 遜王事
史仲鉉員外 黄 銓同知 夏 詎同知 詹 讓同知
梅國棨同知 劉承禮同知 毛添佐同知 余 祚同知
李 玉同知 周 祥同知 鄒 庠同知 劉子弼同知
李長年同知 田牛玉同知 周應泰同知 董 栻通判

董 棐通判 王 韙通判 汪添昂通判 張淑安知縣
劉 昺通判 董 繼通判 張應奎推官 王之謨通判
李 燧通判 吳 敏推官 余學淵推官 王廷介知縣
方 暘知縣 于軫寀知縣 袁 春知縣 喻 珊知縣
周廷制知縣 曾三畏推官 李 衮知縣 李 鼎知縣
王之策知縣 董子延知縣 廖 敦知縣 朱大坤知縣
詹仰斗知縣 黄銘吉通判 董繼舒知縣 王都俞知縣
梅之煒助教 曾仲禮州同 周 仁縣丞 周 溥主簿
鄒崇敬教授 晏 然教授 鄒承流通判 鄒崇禮學正

萬鶴齡學正 萬彭齡學正 梁 宸教諭 梁 賓教諭
熊 吉教諭 鄒承申通判 徐 賓訓導 周 瑩訓導
馮 濂訓導 盧 勛訓導 王 美訓導 鮑 鳳訓導
唐明德 金向華訓導 周 佩訓導 周應時訓導
鮑 馨訓導 曹巽之 劉堯祚訓導 毛本學
劉德敏 董 治 鄭昌期 朱大任
李春榮 曾若滔 王則乾
黄安 王國任縣丞 方 傑州判 耿汝愚 汪廷美
趙文林縣丞 程于鳳學正 陶 淳州判 韓宗德學正

王三顧　王之策知縣　吳　謙知縣　汪　霑
秦思九訓導　吳楚儒　韓宗正　方一鯤教授
王之模通判　周之禮教諭　韓邦偉　黃　通教諭
方民昭　姚一右學正　毛舜孝　耿汝思中鄉試
王　倜知縣　吳光龍知縣　彭應遐知州　丁世美
吳　采參軍　秦　楝　曾師孔訓導　熊光楚知縣
胡應祥　李時芳　王之賞訓導　王之春
程繼善推官　王國寧知縣　韓　勲　吳光寅知縣
劉廷玉　劉三台　韓漢文　蕭引鳳

王之猷縣丞　程之渾知府　秦　鉞縣丞以下見縣志
王　儉經歷　秦邦寧教諭　秦尚充縣丞　吳尚壽縣丞
陶　彥　秦尚仁　張　順學正　耿汝相學正
李正紀　余　樊訓導　鍾永泰　韓若勉
彭壽儁教授　王　偉　吳立儒　趙應奎訓導
方之奇教授　程自重教授　王宗正　耿應運訓導
吳先乾知縣　秦思顥教諭　吳純學推官
蘄州
呂仲和吏目　朱仕進一作俊同知　楊　遜通判　馮思齊御史
張允誠　李思善主簿　曹正義主事　余　觀州判

李　瑄知縣　昌　祚知縣　李　端知縣　毛　義縣丞
潘　浩御史　葉　巍知縣　王　慶知府　葉　蓁知府
顧　濂　陳　惇推官　熊　兆縣丞　馮　銘經歷
李　俊主簿　江　永縣丞　潘　譓知縣　曹　善縣丞
張　通知縣　陳　暹知縣　翁　裕縣丞　盛　源縣丞
朱　謐知州　張　清縣丞　張永清吏目　馮　志縣丞
張　禮經歷　李　茂縣丞　王　志經歷　朱　訥衛經歷
陳　惠主簿　陳　昇主簿　寇　昱典寶　周　銘主簿
周　傑訓導　王　愼教諭　徐　卿　趙　昌主簿

謝　忠照磨　李　英縣丞　戴　珍　張　福教諭
陳　恕吏目　楊　英　何　瓚縣丞　陳　玘知州
張　翼經歷　傅　敬縣丞　昌　玉縣丞　張　綱訓導
鄒　誠訓導　宋　環主簿　曹　裕　封　玉主簿
陳　濟　熊　琳教諭　李　淮訓導　顧　昊
朱　易知州　朱　暉知事　劉　琛教諭　馬　驄
劉　廸　王　麟經歷　齊　賢照磨　游仲瑀推官
宋　埜同知　馮　翺推官　曹　珙　曾　昇縣丞
甘　銘都事　吳　山　張　瑩訓導　王　鸞教諭

昌允升 李樂訓導 甘泉 張清學正

馬謙 王鳳主簿 李顯州判 陳祜

彭珠縣丞 邱隆訓導 陳棐 胡思明

程仲甫通判 陳詠訓導 壽鳳縣丞 張思學

徐金 陳僚訓導 馮鵬 嚴泉

劉經濟通判 粱珠主簿 王仲儒學正 傅京

劉經綸州判 張翰教諭 化雨 李世賢訓導

姚仲生 王廷艮吏目 韓世奇 楊仲金教諭

壽濂訓導 李仲儒 盧琮 鄭逵訓導

宋良相訓導 田璽訓導 彭綬 馬文龍訓導

桂璉 鞠蕙 高鵾 張湘知縣

陳資教諭 劉作教諭 韓萬鍾學正 李元貞訓導

湯金訓導 黃思訓導 田于藍訓導 李頌訓導

鍾沂訓導 顧闓 余大中訓導 舒晴訓導

高曜訓導 王薦訓導 李鍾濂訓導 張文華訓導

姜仲卿 張積 田行轍 韓疏來

易之豫 陳伊 劉寓拯 田澤

王顯仁 王之信 易可賢訓導 郭承恩教諭

余芳通判 徐有成教諭 湯孫說 張兌教諭

馮士冠知縣 張維 侯來朝教諭 楊一新教諭

何其中教諭 華時行 董一化知縣 顧大訓

化大訓教諭 張邦立 張翼縣丞 楊善

李樹宗 袁熙振 李扶同知 李猶龍知州

張效方學正 馮一麟訓導 徐有望 茆遂粱縣丞

王有爲訓導 張效侗 李廷模 夏思

馮樾推官 張效恍 陳宰 駱恩駉

陳正 傅作相知州以下恩選 蕭之禎知縣

袁道林 蕭益 袁玉振 陳顯元知縣

顧景星 田之璜

廣濟王佐知府 江豹 張贇長史 徐愷

黃理 胡文興主事 宋珽 胡海知縣

徐志稜教諭 范暹 張根左春坊司諫

陳翔御史 董春 黃宜中 劉康兵馬指揮

李奎 解銑 徐銓 張庸

黃以信 余文簡 鍾用 胡佑

陶茂 蕭成 黃榮 王弼御史

劉 鏡　朱仲禮　盧 詔　田致和
毛 釗通判　吳 誠　王宗明同知　王 昇
何 侃　朱 輝　周 鑑　王 景知縣
王 奎　張 溶　馮 慰　陳 章
魯 昕　陳 勇　程 鵬　王時汝
陶 紹　瞿 思　王時魁兵馬指揮　趙 溥
徐 佋州判　舒 玉　藍 蓀　朱 能
饒孟奇　張 賓　胡 泮　程 通
田 漑　胡 湘　陶 憲　陳 琥

陳 經　魯 俊　趙 瀚　董 文
張 賡　張 賢　梅 緝　張 贊訓導
王 欽教授　胡 櫝　魯 翔　董 儉推官
李正合　李 淑　余 謙　胡 燮
田 秀　張 琳縣丞　陳 棫教諭　呂用聘知縣
呂 宸　梅 紝　伍學貴　張 懋
饒繼學州判　徐 文訓導　徐 謙主簿　張 璵
張 頌通判　李 恭　余 彰　李 元
舒良相　張淑儀　劉輔聖　陳叔學教諭

魯邦鳳選　胡繼矩學正　楊民望教授　游 吉教諭
張 鏜教諭　徐來聘知州　胡其大選學正　徐來舉學正
饒于震恩訓導　胡敏見　許如龍　吳之龍教諭
楊民服學正　呂希孔知縣　舒 侖　瞿 待教諭
蘓 雨通判　劉秉錄　劉秉鈇訓導　張金和知縣
陳于闕　王逢年署正　陳文斌訓導　甘廷諫
潘如皐　劉洪甲員外郎　梅調燮恩　楊大烈
文衡國　瞿近鸞　劉秉鈳　游之雲苑馬監正
干崇雅　奚所蘊訓導　吳敏師知縣　吳敏功訓導

劉近顏知縣　劉洪芳　宋懋雲　藍 縉恩
梅之魁　張星朗　劉 爔　吳亮思
饒嘉亮　陳敬中　劉洪昕　向 芳教諭
黃梅
張 訓鴻臚序班　劉彥高知縣　於 敬主事　劉仕恭縣丞
趙 靖吏目　鄂 鎬吏目　汪 瀚主簿　黃 真檢校
陳 淵主簿　張士緣知縣　馮 敏主簿　張 翀照磨
高 昂經歷　瞿 敏縣丞　黃芳惠縣丞　潘文浩知府
洪 亮縣丞　劉敏學通判　施 綸州判　孫 旺
劉 睿檢校　黃 茂　徐 淳檢校　劉 欽知縣

濮　端吏目　張　儀吏目　邱　洪　劉　潛吏目
徐浹鑑知縣　袁　俊照磨　韓　英　江　澄
李　馥教諭　汪　岳同知　張　怡　翟　綬
王　願教諭　石　信經歷　黃　譜州判　胡　機
許　文訓導　吳　文州判　潘　銓訓導　鄧　俊縣丞
徐　用　龔　麟教授　官　祿光祿署正　沙　瑞紀善
劉　紳學正　梅　琥知縣　石　璽　羅伯暹
石　鸞主簿　胡　瀚　胡　鑑州判　李　藻
項　潔縣丞　趙　忠審理　劉　瀚　向必成知縣

程仲義經歷　翟　華縣丞　程仲甫主事　王宗憲知縣
張　清訓導　徐　鎧　張　璽主簿　周　龍
沈　淪縣丞　吳　珂縣丞　余世魁訓導　洪　範都事
桂　棟　石　鎖主簿　李人傑恩　夏文質
袁　鎏　沈　汀主簿　徐　鎡　程　麟
周　渭照磨　張　淇　張　潤訓導　田　寶知縣
盧　俊學正　洪　佑教諭　黃　卷　周　京
徐廷獻　鄧天麒訓導　李馥宇訓導　田　珊訓導
王　清訓導　吳　治　沙蕙蘭教諭　胡惟真教諭

何召棠教諭　梅　枝訓導　劉楚儒訓導　程夢麟
栁　榮　石朝章州判　楊　璞訓導　魏廷槐
熊華學　熊汝璞　汪　美　汪　勳
王國士　徐廷鑑知縣　石有定　李　榮教諭
李芳春　石應昌知縣　石鍾靈縣丞　馮體道
王夢周學正　祝多壽學正　吳鳳翔　商起巖教諭
邢懋才選訓導　余夢龍教諭　張宏道教諭　張宏慶教諭
熊汝瑤　劉　宥教諭　黃若雲選貢知縣　石翰明
石粹玉　陳　錫　石煒然知縣　陳龍顏

張養浩　沈一鳴　周士龍　商祚永
王賢臣　魯如愚　魯邦常拔　程甲代
張　瑛　熊啓翼　郭應昌教諭　周天度拔
陳　千　毛文錦　周應夏　洪　度
曹　鯤

國朝

黃岡　梅斯瑞訓導　曹亮采教諭　殷之捷訓導　方　炤知縣
陳　敦知縣　王躬允知縣　梅斯美教諭　王用世中鄉試
甄嘉棠　祝世標教諭　王澤弘中鄉試　金鳴虞

胡克竣知縣　周士韻推官　靖乃猷知縣　熊光裕中鄉試
穆　修知縣　王源曾州判　呂尙和知縣　祝守竣訓導
洪有守中鄉試　高登雲知縣　鄭光聚教授　熊　雯知縣
周泰祥教諭　汪郃孫縣丞　王一喬　林　秀
官撫應通判　葉　秀教諭　錢交叟知縣　晏勷明知縣
張　洸教諭　操日臻　張弘任　姚　彥
何履仕　樊齊署　曾克明　朱日濬訓導
余世羽中鄉試　何右彬訓導　汪以載　余二俊
王追駁　邱學岱　高思忠訓導　王巨列

王追驥訓導　王追馴訓導　詹大衢副榜孔目　王材任中鄉試
王源復教諭　易道憲　陳繼賢　洪有能
孫叔嗣　黃煥文副榜　陳　吉副榜教諭　程景申
陳鴻元　王如琮　馮士尹　廖之渾
李拱祝　李遐齡　汪　墀訓導　劉宏蘭訓導
孫子俟　汪惟鏞副榜　程　奕同知　王追驊
李朝琨　廖如愚　瞿體元　張弘功
王之張　汪基邦　黃善滋　陳犖熙江夏籍教諭
曹大輅　汪在兌　陳大章中書中鄉試　王　遹

郭又述　詹大衡教諭　王材升主事　王封濼知縣
王材成知縣　魏　嶠知縣　王封灤知縣　吳大本知縣
魏　璵訓導　王學朱訓導　詹士朗訓導　劉孫茂訓導
姜維周教諭　段光文訓導　周維樸　周維棫
曾明德本姓李訓導　程光禧訓導　周祖武教諭　萬為隨學正
鄭　昌教諭　陳大年副榜知州　龍世斌訓導　姜祚昌經歷
陳　清　陳大犖　杜士默拔教諭　王追駒拔教諭
詹士廉拔教諭　王一鄰　樊齊英　鄭　昂教授
王掄士拔知縣　范同文拔　王嘉勲　萬奇英訓導

劉隆譽副榜道訓導　宋敏政訓導　周承駁　喻以章
靖裕元教諭　王嘉壽　杜大任訓導　王名超羅田籍
王文燕武昌籍　王樹仁　王名啓　王澤霖教諭
陳首撰訓導　張錫國　王一鯤學正　樊齊伊中鄉試
張一珽拔教諭　樊齊佶訓導　王一鰉　周繼宗
蕭國樞恩　王沐仁教諭　操士望　曹一嵩拔
靖乃懷隨州籍　宋　鯉知縣　王澎仁訓導　熊鍾濬訓導
杜魁楚　胡　埧　余鼎煌本姓龔　王茂勲訓導
樊聖濂恩　王策勲副榜中鄉試　王維弘　汪惟銓

王澤昌　孫顯奇　孫鴻勳副榜　程芳烈副榜教諭
龍傅封武昌籍　周命新副榜　孫昌運　王正位
顧本恭　熊之聘訓導　吳至德　杜上志
袁應時　陳寅亮　王紀勳副榜　程弘元
王詢相　邵其文　陳　珽　王楙柯
陳大鴻恩　韓世昌　周弘祚　陳應鳳訓導
於正泌恩　葉應時　陳如峯訓導　周從易
許　奇　方嘉祥訓導　謝　鼎訓導　陳　昱訓導
周維禮訓導　魏　緯兵馬吏目　宋猶璟　楊正發中鄉試

王如柘知縣　王楙蘭副榜　余其鳳　王如程
杜邦奇江夏籍　周士濂漢陽籍　葉　學訓導　黃起文
樊世法　匡乃后　祝伊齡訓導　鄷尚文
余鼎鍾　鄧文炳　韋克繼　熊同仁知府
夏忠賢　陳大啓　劉同寬　劉元勳訓導
馮三才訓導　汪元烱　胡如斗　陳師洛副榜中鄉試
孫問禮訓導　詹士齊　謝應珽訓導　陳際昌
王　澳訓導　余先綽　張聯奎　袁國喬
孫士衷訓導　熊同義知縣　熊同智教諭　陳際鼎知州

靖天紀教授　俞艮才　靖乃成知縣　杜宗潘
李崇義副榜　熊鍾秀訓導　蔡來儀副榜　黃　騫
魏永綠鹽大使　曹宜高　汪　煥　桂時榮
余欽若恩　龍際舜　方國楨訓導　夏興邦拔
陳必達　余學乾副榜　陳師弼副榜　李高楠副榜
龔陳渤副榜　汪茂本拔　孫偉畧拔　彭之凰拔
劉　鋒　方可榮　田弘道　杜邦惺
王道明訓導　張起鵬五經副榜　陳　昌　劉廷相
孫天祿訓導　王世通　詹士盛　陳　裕

姚文鳳　周興邦拔　汪永書拔知縣　陶玉華副榜
萬娛祖　魏永經訓導　陳師晋　王一佐
李時英訓導　郭壯尊本姓奚　雷震元訓導　劉　奇本姓余訓導
王道亨　袁應炳　萬正勳　郭克煥恩
王如旦拔中鄉試　陳應龍拔中鄉試　袁其昌副榜　范朝綱中鄉試
張儀鳳副榜　萬綿祖中鄉試　孫延禧副榜　周起龍副榜中鄉試
王如芝訓導　夏克仲　吳令璋　葉瑞麟副榜
萬經祖副榜　余思潤副榜　徐繼先　袁　竹
王封渭副榜　萬廷綱副榜　詹世純副榜　秦開燮

楊維楓　雷大年　陶鳴岐副榜　陳徤颸副榜
邵光祖拔　孫祚濬拔中鄉試　王古岡　呂愷
呂德芝　嚴岕　方可觀　鄷光旦
靖式文副榜中鄉試　蕭廷相通城籍　周璵賓副榜　李光緒
周邦佐副榜　龍華封副榜　程化龍　王維翼
程之駰　宋一俊嘉魚籍訓導　歐陽應理漢陽籍
蘄水徐一偉　徐二瑞　官撫邦官教諭　岑柱瀾訓導
周之篆　徐學昌教諭　李生蹊教諭　周從文教諭
周維虓恩通判　官撫漁知縣　楊繼暢推官　南仲知縣

何之旭知縣　夏奇男拔　胡旦　皮浚明訓導
黃士英教諭　姚師孟　黃宗鼎　畢瀛洲
楊成琪　楊錄用通判　王臨民通判　李見瑤拔知縣
畢紹昌知縣　鄭嗣產　歐陽鼎　南之傑知縣
李報玉　畢鳳洲訓導　徐四公　高子才
楊于儒　陳之賓訓導　徐五宗訓導　張問政
何聖時　周文翰　李開禧　楊丁星
李光祗副榜教諭　魯倩知府　華文薰知縣　陳兆玉訓導
姚師譽知州　南夢班同知　張親聖訓導　鄭文先知府

王綸　李見傑　官純佑拔　官純滋拔
瞿然　畢翊祿　蔡文靡副榜　楊擇善訓導
李克馨　徐子芳　汪若珍　郁煌
南光發拔中書　華佳實恩　胡提詔恩　汪光泰恩
畢開潤　景士智　張逢年　楊仁迪拔中北闈
鄭毓諶拔知縣　胡繼昌訓導　徐璉　李垓
葉學成訓導　姚謝玉訓導　楊乾性　程紹伋
馮之貞　汪天霖　葉維藻副榜教諭　徐泗水
顧維新　徐雲文恩　潘鍾俞　陳首瀧副榜

南岡　徐高楠　李崖訓導　鄭毓吉訓導
姚嗣烈訓導　徐七辨縣丞　瞿漢勃　汪承寵縣丞
畢開璞恩　黃芝拔　牛光熙　高應玕
萬元常訓導　范徽典　張盛文　徐守中拔知縣
蔡文浩副榜　施瑛　萬元文　李琮訓導
徐明理拔中鄉試　葉梅拔　周經政　闞國淇
汪世燦縣丞　何元鯤知縣　周多才　周郁燦
姚有萬　鄧紘　王士發　陳鵬翥拔教習
梅士錦拔　華士椿　董際旭　李鎮衡

徐七斿　楊朝正縣丞　范之鼎
羅田胡一鉉教授　胡一濟知縣　方應星訓導　劉一炅
余彌峻訓導　周光垣訓導　羅三才拔知縣　牏於義恩縣丞
黃維鍜恩叅議　金有聲恩　蕭　熹　王光運
涂宗尼　胡闇然　胡升然　王光範
葉泰明　余　鑑　牏于禮訓導　張　翀訓導
胡起龍　劉朝興　周錫袞　胡　圻
徐　鉅拔教諭　秦文爠　徐登明　余黃鏞
陳世奇　秦之鐸拔　葉自成恩選　閔　熀訓導

馬其爵　周文蔚　何作聖　劉翼運
蕭　晏　徐士斂　林煥騰　胡　鉉
張作仁　徐思源　周　炅　周　易拔
徐乾源訓導　董啓棟　汪德溥　歐時雍
何　昇拔中北闈　熊之聘　朱文順　楊　珏
胡師淇　晏一麟　董啓杜　劉餘蔭
葉繼詩　汪有元
麻城黃　鉉　楊　搆知縣　牏之章　李春江訓導
鮑之煒訓導　王國章教諭　余維新訓導　鄭羽南知縣

田弘恕訓導　程　浩同知　王承時知縣　田宏憲恩
周　揩知縣　陳士琳知縣　史聯元知縣　蔡之治恩
黃素臣恩　王都命知縣　楊　會訓導　李孔茂訓導
李春旺訓導　鄒知徵恩　鄒世美　程百朋恩
成一卿　鄒知彰副榜　毛燕若　周長流
謝加恩教諭　劉韋孫訓導　徐　勉　何克孝同知
程之渫恩　徐大韓　陳子乾　李之素
楊親傳　江文臬　徐志尹州同　董　程通判
劉　亢知縣　黃　元　董　樵知縣　周　禎

張若棫知縣　陶同文副榜　萬　幾　馮人樞
薛從王　白光啓　毛羽長　張文豹知縣
王龍翔訓導　毛之瑋教諭　梅先月　梅　垌
黃正運　王延雍恩　梅映月　戴　暉
董子昂同知　李中素知縣　阮資石　陳肇輿
萬　魏知縣　王宏祜副榜　金　湛　董天策
盧之鱗　胡士上　陶承奇　董　紳
張熙載　江漢偉　曾　熾　周維藩
江漢書　蕭凌雲　鄒之芳　黃文耀

劉　彬　鄧艮燮訓導　曾堯徵拔　吳紹夏
陳　禪拔知縣　劉　琇恩　梅肇錫　鮑啓泌副榜知縣
彭奕明副榜　羅汝繼　董學洙拔知縣　阮鳳昌
成　撰訓導　鄒懋彙副榜　董學源拔通判　鄒起鳳恩
蔡來儀副榜　李　前　蔡慎思　趙惇典
周時先　鮑起濂拔　萬　諮　田法夔
粱景陽副榜　鄒茂材副榜　熊調鼎　李維烈
曾堯愷
黃安鍾　琇見進士　盧繩慈知縣　耿宗壎知縣　蕭　湑見舉人

劉　琰　吳　棨訓導　趙應瓚訓導　程之龍訓導
程之渫　李映珍教諭　彭繩祖知府　葉　茲
盧之慄訓導　李光炳訓導　周啓祚訓導　程之驥學正
吳繼善訓導　張德一　江維淸訓導　王先正縣丞
秦中理　盧爾慥順天鄉試　耿起宗訓導　姚　覩
曾岳年知縣　曾鼎年　蕭來鳳　黃漢臣
孟應瑄教授　盧惟茲訓導　周承玫本姓黃　吳立儒
曹維翰　何　遜　張經錫訓導　盧之驎
彭鴻功　黃　瑄　張敦仁　鍾應遂

程懋根　盧　緒訓導　吳弘初見舉人　吳之雍
汪　霖　楊震生　胡明直　陳志道
吳　尚　程應世副榜　江　宗　孟之春訓導
張曾禧拔　張永舉　葉　若　秦　全
張　瑜　韓際世　秦國鈺　盧　綰
韓　撰　蕭日鏊　程　韻　龔士任
吳世奇訓導　劉紹唐　黃天錫副榜本姓鍾
何　溥　彭之夔副榜　盧淮詩拔教諭　葉有孚副榜
曹有庚　閔德芳本姓董　李元涵　吳青選拔副榜

劉　逵副榜　盧　濤　吳羽鳳恩　張炳蛟拔
耿　恕　汪　勉　張炳鯤拔　吳樹幟
黃維垣　楊天椰　耿昭震副榜　張洪軒本姓周
吳世哲　彭　賓
蘄州李　坦州同　陳之京　李本裕　張士淑
劉俊周　葉　彭知縣　王　協知縣　張承瑞知縣
董艮因教諭　葉俊士教授　馮　琮教諭　張效鍊副榜知縣
陳言先教授　封　岳　方　舟副榜知縣　高　培恩知府
陳王道恩知州　李　淑　晏　昇　張　泮

孫天衢　陳其勅　易恂　龔栢
舒嘉抱　金天斗　孫芝　田之玉
駱思伯　王極　陳文炳　張梓
李本衍知縣　程大鞏　葉鳳翔
王天爵　馮以觀拔教諭　朱家瑞　王永昌
張世炳　張如斗　葉世榮教諭　傳傳道
王世鼎　袁孔士　張士灝　張聯翼拔
李永震訓導　馮烱副榜　蕭銓　張啓翼訓導
陳常訓導　李澤溥　葉鳳喈訓導　王鎬

李振玉　張士遜　張之粱副榜　易時敏恩
張士厚訓導　方彭鑫　黃天福訓導　王仔古恩
陳謨　朱性訓導　陳有夏　張聯芳
饒斌泰訓導　陳欲珍訓導　張承廼　顧燕翼恩
李生棠　秦京拔　朱孔陽　李光縉
蕭濬　駱漸逵　陳道兼　湯力忠拔
陳履中拔進士　李永寧恩　陳廩年拔　游泮拔
葉枝茂訓導　王永圻訓導　易經訓導　劉文超
張翼　姜爊　伊琦　伍文宣

高尚正　張申　范正　許熊
王棫　余正古　陳其秩　熊楚輝
王柯　陳治猷教諭　陳之棫縣丞　陳文藻縣丞
楊俊廣濟教授　張懋純　胡一璉布政　劉醇驥
胡來庭知縣　梅朗中知府　孫克諧教授　胡魁楚知縣
劉漢美訓導　夏時奇教授　陳文斌訓導　劉堡恩
郭存仁　舒芝生副榜教諭　劉懋衍恩　周登任訓導
張仁熙　呂應啓　胡右軍　劉棶佳訓導
劉棶敏　舒逢吉訓導　夏鼎彝　王衍治

吳又升　李日躋　葉庚　梅奕庭教授　旼知縣
葛如藩　張元爵拔知縣　金啓洛拔知府　龔鼎臣
吳熊　吳元會　張兟基　胡繼昌
徐應珠　楊國鎮　藍之桂　吳兆烈
伍全闇　胡統思副榜　李之繩　張竝壁
張盤基　柯承緒副榜　陳種義副榜　陳聖陛
張佳昂　李之經恩教諭　余天覺訓導　饒起弼副榜
劉懋勳　郭永類　蔡國顧　胡應亨
李光恒　張錫崑拔　劉天成知縣　金啓汾

胡士宏　劉光福訓導斗副榜　劉洪佑拔直隸州判　舒　錢副榜
張濬基　劉洪御教諭　楊承綜知縣　周國泰縣丞
局來泰主簿　陶文莘拔　劉本炟　僥起爽
胡士祿　張成熙　干渾元　張儲源
伍儒倜　郭鍾琛　方論秀　陳士齊副榜
黃梅黎　平　歐陽佺　徐　健恩　陳　莘
魏　朔教諭　鄧起鳳　歐陽任　項　城
熊　楚　董　學　蔣　衮訓導　張　瀓副榜知縣
石　禖　梅開瓔　黃中醇恩　吳士千

黃景恒　趙之牧　徐之綸訓導　陳文蔚
石觀國訓導　石定烈拔知縣　劉學成　吳　剛
石永年訓導　程長治副榜　程之亨　熊　經
王　壐　吳卜祺　石高年　熊　正拔教諭
趙之曾　瞿道宏　陳夢溺　董日躋
石岑年恩　張應説　張　俊本姓石　石再犖
石鍾岱　石　崧　王弘業副榜　汪夢甲副榜教諭
梅　秀　江士俊本姓石　石嵘年　石悠達恩
石　坦　胡康勳本姓陳　洪　奎　蔣從姬

黃之騏中式　石　斂　趙日劭拔　劉世理
吳中鼇　趙士謙　洪　材　袁　申副榜
毛必友副榜　洪　晋副榜　姜祚昌　喻化鵠
吳士見　石磐基　胡鎮楚　石天潤恩
石際會　石斂公　石尚志　趙　欽
陳士元　錢國棟　熊我蘓知縣　熊坤蛟拔
趙錦堂拔　按省志有程士國李尚榮鄭惟棟姚試王立感列名府學未詳州縣存以俟考

薦辟

唐

黃梅李　玭

宋

蘄州吳遵路學士
廣濟余　玠　張旻然　董　忱　徐萬立御史
黃梅戚　容祭酒

元

麻城秦達善　毛廷元團練副使　毛廸功　王松齋同知
上官公謹　趙璧峯　成大用
黃梅陳復一評事　陶　復别駕

明

黃岡詹　同吏部尚書潘子安同知吳　琳吏部尚書吳仁山知縣
楊　仲訓導湯　仲訓導王友諒訓導萬　英訓導
徐　本布政洪　道知縣李本中同知王　琛
王　璽　謝希哲縣丞王思旻州同劉以德知府
李仲才知縣黃　道　劉　鼎縣丞張　歷衛經歷
吳添佐縣丞張　滋知縣劉以文　涂友紀主簿
汪指南同知朱荃宰知縣
蘄水楊思義尚書蕪　哲學正楊　泰同知薛　均府尹

楊子旻同知沈　傑同知蔡　鑑長史王　庸紀善
易　愷太醫院席　永副使張民瞻副使梅思溫
周　澍　王　道知府張存禮知州王如源通判
徐　麟　王　彬太醫院判易　濬　黎民範
羅田方雄才鴻臚寺卿王思忠知縣李子文知縣聞玉成知縣
程志剛行人程　瑩知府程　燾儀賓李　鍾太常少卿
李　相舉天文胡　渤
麻城馮　英　夏均輔教諭鄧　林訓導桂　南訓導
喻文偉知縣吳　山知縣嚴　毅教諭趙　洪知縣

劉　夢同知熊　瑄
黃安耿應衡副使吳光寅知縣盧爾惇知州
蘄州陳堯章訓導李時珍
廣濟徐　麟知府王希文　徐文顯刑部侍郎干克誠
馮惟德　周　清　徐　忠　陶淑清
程必貴　劉　淳　胡思誠　余　玉
單　鐸　伍　善　陶惟賢　周伯洪
王　鑑　游子眞　張華宗同知彭　粱
呂　賓　許　秀　呂用世　陳鳳儀

陳鳳池　張德輔　僥之食　陳　雄
黃梅洪友璋訓導劉嗣儼儀正楊以道給事中徐士廉教諭
沙　興知事洪彌高訓導洪升遠同知魏　鐶
陶　瓊　周　俊　瞿　罕知州曹　飛
吳宗吉知縣

國朝

黃岡韋克振知府曹宜溥召試檢討王追騏召試陶之俊見忠烈傳
邱艮驥訓導王如琰訓導易洪周主事靖道謨舉博學宏詞
蘄水王國英鹽運使徐本僊舉博學宏詞南昌齡舉博學宏詞畢封斗

麻城萬象知州 何克孝同知 朱珍教授 張颺布政

王有容知府 毛埜知縣 徐志尹州同 劉亢知縣

張明鐸 鮑啓淞通判

蘄州顧景星舉博學宏詞

廣濟吳世元教諭 吳淳舉孝廉方正 金本孜舉孝廉方正

黃梅吳璋知縣

武選

古者春夏干戈秋冬羽籥故文事武備兼擅焉後代文武分途矣蘄黃之士多被服儒雅匪如小戎無衣之風

什樂同袍澤也然王化流行即兔罝野人皆足爲公侯干城之選矧風習韜鈐出入戎行毅然執殳以爲王前驅者顧不足重歟

武進士

明

黃岡金來相都指揮僉事 杜修遊擊 金印京營千總

蔡一申叅將 徐時濟守備 金城都指揮僉事

蘄水文質狀元都督諡昭義 文應詔錦衣衛指揮諡昭勇 鄧祖禹叅將

陳經邦守備 雷應貴遊擊

麻城劉守有錦衣衛指揮加宮保 周弘謨都督僉事 彭信古都督

邸坦叅將 劉承禧錦衣衛 羅萬有守備

廣濟李甘來叅將 胡海叅將 翟志超都司

黃梅周乃武遊擊

國朝

黃岡張奇都司 張尙聖 周中時守備

張文先 李風亭守備 胡艮棟都司

黃武坦會元游擊 王鎭勳改名錫勳 孫繼仲守備

曾紹烈

蘄水徐本信 徐立正守備 朱應高守備

官珍 駱文璜守備

麻城錢奇策

黃安秦文光

蘄州管遵王守備 嚴鈞 丁彭

廣濟張峻基 饒武中

黃梅張銘 錢宏勳

武舉人

明

黃岡徐時濟進士　金來相進士　徐時俊
徐飛熊　金　城進士　金　印解元進士
於　佳　杜　修解元進士　於黃國
陳全斌中三科　於必聖　蕭鄴侯
葉思隆　葉顯祚　趙　璧
方應星都司殉難　蔡一申進士　靖　韜遊擊
蘄水文　質進士狀元　文應詔進士　胡振揚
文應科　洪鍾響解元　歐　梅
鄧祖禹進士　陳經邦進士　雷應貴進士

按明末兵燹後科目類有遺漏如蘄水縣冊呈有
武舉胡承寵官總兵進士李師淵官游擊殉難
查舊志俱未載不敢編入

羅田閻嘉謨　胡一驄　胡文垣
胡向義　謝　錦　胡　芳中三科
胡　斌守備　毛師萇　蕭　鄴
麻城劉守有進士　周弘謨進士　彭信古進士
劉承禧進士　鄒之寵　梅國林錦衣衛
袁千里守備　蕭明時　劉幼堪

梅守盛　梅廷和解元都司僉書　黃定儀都司僉書
喻秉鉞　羅萬有進士　萬吉齡都司僉書
黃萬里都司僉書　袁尚絅　邱　坦進士
黃安盧舜臣　黃　玠　盧伯魁守備
秦文恢守備　胡　伯　秦文光進士
蔡之茂　胡　白　趙完樸
王　鼎　胡　順千總　秦在中
黃　瑞　趙光早　徐萬憲
彭泰齡　夏舞羽　秦文諭

張君禾
蘄州田有龍守備死難賜蔭　李　標守備　楊　模游擊
劉　克守備　朱家棟本姓甘　張　膽
王　屋　李　武　葉　植
毛一桂
廣濟王添勝征南將軍　黃鎮中解元守備　李甘來進士
方　定解元中三科　于　將　李大來中三科守備
胡　海進士　于鴻漸中三科　陸　海
鍾　鼎　王之印　翟志超進士

胡乃寧　陳金　胡奇
舒萃生　陳時可　干應泰
李涉域　干應奇　陳文奇
干若霖　李泰國　胡順錫
張佐基副總
黃梅周乃武進士　蔡玟守備　張其謨守備
李先賁守備　戚佐
國朝
黃岡於斯貞　李成功　宋英

孟賢守備　徐逢春守備　杜洪烈
郭桐封　易爲斌　陳璧
彭試　奚鼎誌守備　陳士鰲遊擊
陳邦畿　方應魁　鄭繼啓遊擊
姚從時　陶之琇　張尚聖進士
蔡之駟　湯佐　田旣霑
劉思玉副總　張奇進士　汪家禎
周中時進士　黃時順　胡紹虞
劉炳　閔鴻　徐宏業

李其武解元　周維新　李荃
熊一夔　陳鵬舉　楊繼偉
陶之俊　吳璉　劉經邦
方伯里　陶成唐　包昌
胡亮揆　孫繼仲進士　黃式坦進士
張文光進士　陳元德　孫英
陳益標　楊作梅都司　李鳳亨進士
康時遊擊　劉奠邦　吳師驥
胡良棟進士　余國佐　姜灝

王鎭勳進士　陳龍　吳傑
余意　曹紹烈進士　汪應元
王全用　康克明　王萬載
劉夢龍
蘄水郭正中　徐雲鵬千總　蔡進卿
蔡中鑾　周從奎　彭可治
楊永之　蔡提　張朔
范貞　邱紹孔　詹弘仁本姓羅
徐本任　徐本信進士　徐本修

徐立正進士　徐立得　饒學韶
饒光祖　周有悅　朱應高進士
詹鴻才　官　珍進士　汪應瑚
姚　黄　胡士英　萬邦侯
徐志遠　余正坤　駱尚賓守備
方成德　駱文琮千總　江成章榜姓方
駱文璜進士　袁之曉　任必壽
周世麟千總　徐于宣　張　俊千總
駱文璦　汪應源　李樹聲

方　雄　華映奎　陳起書
羅田余　斌　段　雲
麻城夏　翩千總　金龍翔守備　丁良提守備
彭　進　孫鼎鉉　劉先定
萬　畧　吳紹起　陶　朱
張其維　袁斯年　李文舉
劉再昇　李大謨　魯　試
田奕坤　鮑啓湘千總　周成準
吳國璽　葉　廉　方之致

胡封魯　王　銓　周時歷
錢奇策進士
黄安黄天錫守備　彭岱齡守備　趙應禎
江之鯨守禦　蕭演華　劉茂基守備
吳之寬　梅　滋千總　趙　琦
劉之英　汪之鯨　李如寬守備
鍾其鐸　楊國安遊擊　蔡之茂
王　鼎　鐘　玗　甘液後
雷禎邦　秦龍光進士

蘄州王長年　葉有德　張世斌
葉　煥　呂　玠　王　煥
管一舉　管世英　管遵王進士
張成斌千總　陳國聘千總　熊　光千總
袁　鼎千總　嚴　鈞進士　丁　彭進士
胡心作　胡萬年　王　路
董開泰　葉　植都司
廣濟陳　萇　翟斯楷　李廣生
田永年　王秉鉞守備　郭祖儀

張峻基進士　陳士昂　饒武中進士
吳洪範　劉紹衡　劉永祚衛千總
黄梅程曉千總　方昺　王道
王信　余欽　陳師貞
戴時旭　張大經　石奇
石鼎　張學載　張銘
錢宏勳進士　劉之炎　舒學禮
黄之綱　余學益　錢傑
武勳

唐
黄梅唐國徵封安南將軍　魏英封五原郡公　魏元衛南樂郡公
宋
羅田蕭彦和以功鎮蘄州
黄梅胡瑞封威德侯　施綸授左衛使
元
蘄水薛天定招討上護軍贈總師謚威武　薛徵都統
黄梅陳國玉大將軍司馬大元帥　陶德甫　燕士貴指揮
明
黄岡王弼封定遠侯　廖永忠封德慶侯　胡恩總兵
王景世襲武畧將軍　黄榮指揮　王應隆襲千戸陞守備
曾一夔都督同知　曾恕世指揮都司僉書　曾言指揮都司僉書
陶紹侃都司　曾爵世指揮官都指揮使　滿思謙世指揮官叅將
倪敏政世指揮官叅將　牛可耕世指揮官守備　李應鶴
陳訓千戸
蘄水王聰封武城侯　鄧祖禹總兵　王誠宣慰
徐學知錦衣衛
羅田劉廣指揮殉難給功臣田　蕭江以功任貴州將軍　胡渤

劉寛　蕭議守備　蕭斯和守備
麻城彭有謨大將軍
蘄州康茂才封蘄國公謚武毅　柳艮正封吉安侯　康鐸襲封蘄春侯
李棟世襲指揮叅將　李楷總兵　陳福清封千戸
廣濟陳受三以功授義勇將軍
黄梅石泰封昭勇將軍　於琥都督　於顯都督贈英山侯
國朝
黄岡陳士銘授拖沙刺哈番　劉志高遊擊殉難贈　劉思玉副將
陳士鰲游擊　滿如弦世職副總兵　鄭繼啓游擊

胡　亮雲南虎泊口總兵　陳有年永州右營游擊　黃天吉守備

蘄水高有功署都司死難贈僉書　朱應龍夷陵中營游擊　冷文瑞貴州總兵林璩

羅田周室鼎累功陞總兵

黃安蕭演華都司僉書　陳　英千總

蘄州李世忠都司

廣濟張華基參將

黃梅紀正國世襲二等阿思哈尼番　曾孫達都司

貤封

國家之設貤封廣錫類勵匪躬也黃之躋台鼎仗節旄者固昭昭矣郎綰一命之符亦寵賚及其先世夫生膺紱爵慶洽庭闈歿後焚黃恩流泉壤天澤之施稱盛典焉

明

黃岡蕭德輔以子昇貴封監察御史　謝志善以孫杲貴贈右副都御史

謝希哲以子杲貴封右副都御史　張　福以子佐貴封主事

王文凱以子麟貴封知縣　王　濟以子廷聰貴贈戶部右侍郎

王文奎以子濟貴封吏部郎中以孫廷聰貴贈戶部右侍郎

王　麟以子廷梅貴贈戶部郎中　陳　艮以子廷瓚貴封通判

曹　儀以子珪貴封監察御史　杜承璘以子華貴贈鹽課提舉

曹自學以子誥貴封主事　陶以亨以子珪貴封知縣

汪　倬以子文淵貴贈郎中　方　勇以子任貴封主事

李大安以子學淵貴封戶部主事　呂　淳以子韶貴封郎中

奚　朴以子世亮貴封主事　鄔尚忠以子岳貴封侍郎

王廷槐以子同道貴贈監察御史　徐　榮以孫時可貴贈參政

徐尚義以子時可貴封參政　熊　璦以子養中貴封員外郎

奚　樟以子世文貴贈知縣　黃　珪以子士元貴贈知縣

汪廷儒以子仲川貴封員外郎　范　芝以子宗鎮貴贈推官

李陽明以子植貴贈監察御史　徐廷蘭以子應聘貴贈知府

易明幾以子儆之貴封監察御史　江　濟以子沛然貴贈郎中

杜鳴陽以子伸貴贈奉政大夫　汪廷彩以子守廉貴贈知州

涂友紀以子瑜貴贈推官　東山以子巍貴贈同知　杜　傑以子應芳貴贈左參政

孫　安以孫大壯貴贈苑馬少卿　徐　樞以子銘貴贈知縣

汪廷信以子一右貴封知州　劉承芳以子同道貴贈知州

李　田以子之用貴贈知府　樊　煒以子玉衡貴封監察御史

曹雲深以子繼孝貴封知縣　余　瀹以子心純貴贈知縣

吳嶽山以子士瑞貴贈戶部員外　孫仕時以子大壯貴贈奉政大夫

韋體亭以子石麟貴贈戶部主事 穆守文以子天顏貴贈知縣
官如樂以子應震貴贈太常少卿 於廷試以子倫貴封太僕少卿
曹自化以子光德貴贈推官 廖珩以子自伸貴封奉直大夫
朱顯富以子萬年貴贈國子監博士 王文炳以子陞貴贈知州
孫仕亨以子大祚貴贈奉直大夫 何友亮以子天申貴贈通判
鄭善以子文彬貴贈知府 鄭重以子之良貴贈文林郎
王都以子欽濂貴贈知縣 李葵以子五美貴贈奉直大夫
鄭廷桂以子謙貴贈奉政大夫 王臺以子家鎵殉難贈奉直大夫
甄善以孫淑貴贈資德大夫刑部尚書 甄其賢以子淑貴贈資德大夫刑部尚書

王家欽以子源昌貴封主事 秦必富以子繼宗貴贈主事
晏應元以子清貴贈奉直大夫 祝一先以子世美貴封給事中
郭士民以子知易貴贈知縣 洪承化以子周祿貴封主事
劉功允以子宗祥貴封中順大夫 牛拱極可耕更名以子若麟貴封文林郎
靖國洪以子科元貴封奉直大夫 程士翼以子之試貴封文林郎
蘄水王貴卿以子聰貴封武成侯 張吉華以子統貴贈徵仕郎
曾綱以子永清貴贈評事 徐溱以子紹先貴贈主事
游復初以子庠貴贈光祿丞 徐桂以子貞吉貴贈員外
周紹吉以子聊貴贈給事中 胡溥以子仲謨貴贈副使

陳厚元以子欽貴贈文林郎 張大昕以子瑨貴贈員外郎
汪復榮以子輔貴封廸功郎 朱文奎以子袗貴贈副使
周楫以子鳴埧貴封主事 田貢以子邦佩貴贈知府
李美以子畿嗣貴贈郎中 王承芳以子希元貴贈副使
徐文言以子一唯貴封知府 李廷誌以子時成貴封御史
徐步雲以子存德貴贈文林郎 何大昭以子鳳起貴封知縣
何鳳池以子其弘貴贈文林郎 朱袗以子期昌貴贈奉政大夫
蔡濂以子斗移貴贈大中大夫 閔翔以子廷甲貴封通政使
易任以子之貞貴贈刑部司務 楊伯資以子繼哲貴封文林郎

周栻以孫延光貴贈通奉大夫 周鳴仰以子延光貴封通奉大夫
楊申春以子伯廷貴贈徵仕郎 楊蒞以子惟一貴封奉直大夫
姚子鶴以孫明恭貴贈大學士 姚光盟以子明恭貴贈東閣大學士兼宮保
畢大猷以子九臣貴贈奉直大夫 謝魁芳以子天申貴贈文林郎
黃一選以子耳嘂貴贈徵仕郎 周廷甲以子之士貴贈奉政大夫
南邦取以子有臺貴封奉直大夫 朱廷錫以子朝熙貴封奉直大夫
楊繼周以子楚龍貴贈文林郎 高如岳以子弘基貴贈推官
周國勲以子光德貴封文林郎
羅田劉應春以子廣殉難贈宣武將軍 張立以子義貴贈徵仕郎

王永昌以子澄貴贈承德郎　王澄以子德純貴封奉政大夫
蕭洪以子時臣貴贈文林郎　張大洪以子明道貴贈奉直大夫
汪汶以子慶舟貴贈徵仕郎　蕭玭以子繼美貴贈文林郎
余梧以子瑞貴贈奉政大夫　王德立以子倫貴贈文林郎
王德純以子儀貴贈文林郎　王宗以子儼貴封文林郎
蕭繼美以子譽貴贈奉直大夫　汪韶鳳以子之渼貴贈奉政大夫
蕭天敍以子魚貴贈奉政大夫　王邦伯以子先貴贈文林郎
胡効藎以子一貧貴贈文林郎
麻城鄒惠和以孫來學貴贈左副都御史　鄒希曾以子來學貴封左副都御史

鄒瀚以子驥貴封給事中　梅王鼎以子吉貴贈郎中
劉瑚以子淑相貴封主事　劉紀以孫秉貴贈尚書
劉仲輢以孫天和貴贈尚書　毛本學以子騤貴贈主事
毛驥以子鳳韶貴贈知縣　王本榮以子宇貴贈知縣
李文玉以子寵貴封郎中　陳孟常以子文貴贈員外
劉漢以子秉貴贈尚書　董紹以子朴貴贈員外
吳璋以子孔祥貴贈知縣　周坎以子文熙貴贈給事中
周貞常以子兌貴贈知縣　劉璲以子天和貴贈尚書
周仲樝以子鑑貴贈御史　萬鏞以子山貴贈郎中

黃璲以子卷貴封員外　周洙以子廷徵貴贈監察御史
周廷徵以子載貴贈中憲大夫　萬玉璇以子榻貴贈文林郎
周篪以子思久貴封主事　周武以子弘祖貴封御史
劉濬以子廷舉貴贈郎中　蔡珩以子應暘貴贈御史
鄧植以子楚望貴封御史　董子竹以子時貴贈御史
袁杲以子亮貴贈郎中　蔡宿以子亮貴封司務
劉澄源以子光貴贈通判　周法以子思稷貴贈知縣
董世才以子應軫貴贈參議　周應曦以子損貴贈推官
周應說以子崇極貴封奉政大夫

黃安耿大振以孫定向貴贈通議大夫　耿金以子定向貴贈通議大夫
耿汝愚以子應昌貴封承德郎　周孔以子家棟貴贈監察御史
秦猷忠以子如容貴贈徵仕郎　周任以子思敬貴贈主事
方鳳以子民悅貴封郎中
蘄州康文廣以曾孫茂才貴贈中奉大夫中書省參知政事京兆郡公
康德懋以孫茂才貴贈資善大夫中書左丞京兆郡公
康壽以子茂才貴贈榮祿大夫同知大都督府事柱國蘄國公
馮寶以子思齊貴贈監察御史　王棻以子翰貴封主事
張允誠以子彤貴封迪功郎　華玒以子仲賢貴贈中憲大夫

陳理以子大中貴贈主事　劉仲誠以子傳貴贈太僕寺丞
高政以子鵬貴贈武德將軍　郝源以子守正貴贈員外郎
馮翺以孫天馭貴贈吏部右侍郎　馮鵬以子天馭貴贈吏部侍郎
甘銘以子澧貴贈知縣　周大霖以子禧貴贈御史
曾璉以子訓貴贈衛經歷　顧敦以子問貴封朝議大夫
李時珍以子建中貴封文林郎　李儒以子盛春貴贈副都御史
李時言以孫載陽貴封中憲大夫　李英以子載陽貴封中憲大夫
張乾以子邦翼貴贈中憲大夫　劉義以子如寵貴封推官
李建中以子樹初貴贈中憲大夫　李建木以嗣子樹初貴贈中憲大夫

晏印台以子攄忠貴封奉政大夫　王之鄰以子珙貴封御史
李于節以子新貴封郎中　葉芬以子植貴封武德將軍
廣濟孫萬善以子喬貴贈戶部主事　劉世重以子天衢貴贈中憲大夫
張黼以子步雲貴贈知府　王照以子大謨貴贈文林郎
舒賢以子其志貴贈中書舍人　吳廷學以子亮嗣貴贈給事中
劉秉鈇以子洪甲貴贈中書舍人　胡本臣以子海貴贈鎮國將軍
胡應中以子士容貴贈參政　周萬羅以子勝夏貴封奉政大夫
黃梅邢暹以子纓貴封御史　徐用以子欽貴封行人
石堅以子泰貴贈昭勇將軍　石廸以子金貴封御史

胡世槐以子鳳貴封御史　曹容以子麟貴封員外郎
汪智以子藎貴贈知州　瞿廷桂以子晟貴贈主事
洪模以子恩貴贈員外郎　倪鳳岐以子民望貴贈知縣
段洧以子尚纁貴封知縣　石承芳以子崑玉貴封主事
汪勳以子可受貴封參政　黃卷以子若雲貴封知縣
周渭以子宋貴贈承德郎　宛一成以子三奇貴贈知縣
張惟正以子光國貴封知縣

國朝

黃岡曹大輔以子本榮貴贈文林郎　王崇擢以孫澤宏貴贈資政大夫禮部尚書

王用予以子澤宏貴贈資政大夫禮部尚書　王一釬以子封瀠貴贈通奉大夫禮部侍郎
王同觀以子追駿貴封承德郎戶部主事以子追騏貴封翰林院庶吉士
王追本以孫封瀠貴贈通奉大夫　汪之煥以孫煉南貴贈中大夫
汪世極以子煉南貴贈中大夫　汪世桂以子指南貴贈中大夫
熊應龍以子光裕貴贈奉政大夫　奚應賢以子祿詒貴贈文林郎
龍睿宮以子可旌貴封文林郎　孫一井以子繼仲貴贈武德將軍
王追騋以子之鯨貴贈奉直大夫　孫應鴻以子錫蕃貴贈文林郎
汪明盛以子士奇貴贈工部郎中　陳天生以子肇昌貴贈中憲大夫僉都御史
靖乃勤以子道謨貴贈文林郎翰林院庶吉士　宋敏求以子鎚貴贈文林郎

熊文學以孫同仁貴贈中憲大夫　熊道亨以子同仁貴封中憲大夫
王追駉以子一導貴贈奉政大夫吏部郎中　孫顯名以子士衷貴貤贈應城訓導
程詹以子啓朱貴贈中憲大夫　陳應旌以子昱貴貤贈襄陽訓導
鄭先慶以子昱貴贈江南布政使　靖第元以子乃成貴贈漢川訓導
陳恩以孫士銘貴贈光祿大夫　陳鳳楨以孫肇昌貴贈中憲大夫
范維藩以子旂基貴贈文林郎　馮明修以子熻貴贈懷遠將軍
宋必達以子如辰貴贈左春坊
蘄水李嘉甫以子果貴贈文林郎　楊伯廷以子繼經貴贈員外
張問德以子邦福貴贈奉政大夫　李多蓁以子成棟貴贈文林郎

王三尊以子保鼇貴贈文林郎知縣　魯一變以子儒貴贈奉政大夫
南有杞以子之傑貴贈文林郎知縣　南之傑以子夢班貴贈奉政大夫同知
徐五宗以子源舒貴貤贈修職郎　王夢鯉以子國英貴贈中憲大夫
王啓軏以孫國英貴贈中憲大夫　徐時可以孫本偲貴贈中憲大夫
徐梁以子本偲貴贈中憲大夫　徐本仁以子立御貴贈中憲大夫
駱傑以子尚賓貴封明威將軍　駱于賓以子文璜貴封明威將軍
駱俊以孫文璜貴贈明威將軍　程宗栻以子維伊貴贈文林郎知縣
鄭士聖以子文先貴贈文林郎知縣　楊道曾以子仁廸貴封文林郎知縣
華之瓔以子文薰貴贈文林郎知縣　張鳳起以子親聖貴貤贈訓導

畢瀛洲以嗣子紹奭貴贈文林郎知縣　畢祖洲以子紹奭貴贈文林郎知縣
麻城鄒甲以子宗彥貴贈文林郎　唐世興以子治貴贈文林郎
鄒承第以孫士璁貴贈通議大夫　陶順以子承謨貴贈提學副使
鄒悝以子士璁貴贈通議大夫內閣學士兼禮部侍郎以孫汝魯貴晉贈資政大夫
鄒文壁以子汝魯貴贈通議大夫順天府尹　萬魏以子繩祐貴贈徵仕郎翰林院庶吉士
黃安鍾繼鳳以子琇貴贈中憲大夫　彭象賢以子繩祖貴封中憲大夫
盧爾悌以子綖貴封文林郎　盧爾恒以子緯貴贈文林郎
吳之璜以子應庚貴贈文林郎　韓名世以子庚寅貴封文林郎
張百程以子希良貴贈承德郎翰林院侍講　劉正極以子茂基貴贈明威將軍

耿興朗以子昭需貴封文林郎
蘄州盧楷以孫綋貴贈中大夫　盧如鼎以子綋貴贈中大夫
高自見以子培貴贈中憲大夫　王道隆以子協貴贈文林郎
張效論以子承瑞貴贈文林郎　顧天祚以子咸泰貴贈文林郎
李本蓁以子坦貴贈奉直大夫　汪襟如以子蕎貴贈文林郎
張邦基以子正志貴贈文林郎　王御龍以孫開銓貴兩遇覃恩贈文林郎
廣濟胡浩以子一璉貴贈奉政大夫　王凝鼎以子秉鉞貴贈明威將軍
劉自理以子洪度殉難封中憲大夫　劉登仕以子茂濬貴贈中憲大夫
金之純以子德嘉貴贈徵仕郎　梅燦以子朗中貴贈奉政大夫

朱鴻堡以子榮經貴贈文林郎　劉天成以子洪緒贈儒林郎

黃梅熊華夏以子兆師貴贈知縣　石映昱以子鎮國貴封中憲大夫

紀尚珩以曾孫正國貴贈光祿大夫　紀天榮以孫正國貴贈光祿大夫

紀仲勝以子正國貴封光祿大夫　紀正通以子大昇貴封奉直大夫

石日乾以子燦貴封文林郎

恩廕

恩綸既榮其祖父而優典復賚及子孫酬庸卹勞誠有加無已也然如明蘄春侯以開國之勳不數傳而除爵而定海一尉殉難蒙恩則凡子孫食先澤者能毋念爾祖父以副國家優卹之至意哉

宋

蘄州吳瑛以父遵路廕補太廟齋郎

元

蘄水薛楚卿以父天定廕襲總管

明

黃岡謝元以父彔廕鴻臚主簿　王追舉以祖廷瞻廕

奚繼善以父世亮殉難廕鴻臚主簿　曾恕以父指揮征橫江殉難廕

康守功以父良臣殉難廕仁壽主簿　韋蜀麟以父宗孝殉難廕經歷

蘄水王琰以父聰襲武成侯　王玘承襲指揮僉事

麻城劉溧以父天和廕入監　劉守蒙以祖天和襲錦衣千戶

劉守孚以祖天和廕錦衣千戶　劉守有以祖天和襲錦衣千戶

劉守乾以祖天和廕都督府都事　劉幼基以祖釆廕

鄒瀾以父來學廕官河西知縣

黃安耿應昌以祖定向廕主事　周世鎮以祖思敬廕太常典簿

耿應興以祖定向廕主事

蘄州康鐸以父茂才廕封蘄春侯　康鑑以父茂才廕廣西指揮

康淵以祖茂才廕散騎舍人　康永以鐸之元孫廕千戶

馮汝承以父天馭廕官同知　李楙以父盛春廕官知府

廣濟呂朝四以忠勇世襲銅鼓衛指揮　胡崙以軍功世襲百戶

黃梅楊勝以父普銘廕襲指揮　汪道春以父可受廕官知府

石磐以父有恒廕官至副使

國朝

黃岡汪惟錡以父基遠廕官霸州知州　韋鍾炳以父成賢廕任知縣

曹本懋以兄本榮廕　曹宜溥以父本榮廕後以博學鴻詞授檢討

李提龍以父占春廕任知府　陶思哲以父之駿殉難廕

蘄水官純心以父撫漁廕官知縣

麻城鄒汝霖以父士璁廕七品京職

蘄州盧昭初以父紘廕

廣濟劉恩謨以父洪度廕入監　胡揩思以父一璉廕官通判

黃梅紀大昇以叔正國廕官員外　廖應拔以父士貞殉難廕官知縣

黃州府志卷之十終

黃州府志卷之十一

知黃州府事關中王　勍纂輯

人物志

儒林

舊志人物目首列理學理學未易言也惟二程夫子産於黃陂足以當之今黃陂度屬漢陽矣自漢以來諸史皆有儒林傳儒之有林猶曰是固聖人之徒云耳則凡潛心五經四子之書有所發明論述者皆可取也黃郡之儒至明代特盛然自王陽明倡良知之學一時聰明

儁異之士樂其直捷簡易羣然趨之而於程朱主敬窮理層累漸進之功或有所未盡又重以晉江狂人李贄講學龍湖專崇釋氏卑侮孔孟間亦有染其習者

國家理學昌明尊崇朱子雖窮鄉下邑非程朱之書弗讀也大化烝濡山川秀氣所鍾將有遠紹二程之傳者篤生其間能無厚望歟

明

黃岡郭慶字善甫正德丁卯舉人質直力學時王守仁倡道東南慶徒步往從之三年有得令清平以廉稱

勤於撫字捐俸給貧民牛種在官五年乞休歸著述甚多家無恒產充然自得也

詹時明字爾用少慕薛瑄之學求王守仁之所以異處以歲薦補常德訓日坐堂舍與諸生講學務實踐戒浮靡遷江西武寧諭署縣篆彌歲簿書刑獄之事一以至誠爲本陞鈞連令解組歸談道講藝學者尊爲冲默先生子謹之另傳孫大衍大有俱舉人

吳艮吉字仲修篤信好古聞王守仁講學鬻產往師之及歸授徒矩矱嶷然而純粹可掬學者矖就焉

按艮吉字仲修號石梁舊志既列理學又列隱逸一人二傳誤也所著有居湖集

王陞字進吾萬歷巳卯舉人學宗湛若水隨處必求天理爲安令威遠捐俸賑饑轉泗州牧濬周家橋以殺水患歷重慶遵義府丞皆有政績致仕歸率子弟講學於正宗會館著有退省錄退問集綱鑑讀要諸書

樊煒號崙川萬歷時選貢講艮知學博通經史訓導漢陽教諸生以篤行監司守令折節相禮弟子一秉程度著有史學集等書

朱荃宰字咸一崇禎巳卯辟舉授武康知縣以最召赴京道卒著有大學權衡中庸權衡周易內外圖說禮記會通毛詩類考孟子年表文通詩通詞通曲通樂通諸書曾經奏御發禮部頒行

蘄水李汰字清之性謹厚敦行孝弟少失怙終身哀慕傾成化丙午鄉薦任義烏教諭郡守廉其貧遺金三百汰悉以修學宮應福建鄉試同考聘有干以私者叱遣之其人以腐儒譏汰謝以詩曰義利源頭頗識真黃金難換腐儒貧莫言暮夜無知者充塞乾坤有鬼神其人慚退致仕歸著有立菴集

蔡月涇號沙江性純孝年十三四割股愈母舉於鄉好古博學擔囊受業於王守仁入南雍與湛若水遊遂終身不仕教授生徒

羅田胡明庶字功甫嘉靖壬辰進士孝友力學尤精理數有蔡邵皇極律呂二書圖解行於世弟明通嘉靖

戊子舉人學宗程朱嘗曰主敬窮理可到聖賢不必求新異也授信豐知縣賑饑弭盜有功歷金華通判致仕歸家居儉約如寒素學者稱東郊先生著有征邁集

麻城毛鳳起字瑞東少習舉子業後厭棄之往從王守仁講學歸而授徒作心學圖致知說以淑人士嘉靖壬辰詔舉賢良敦行遺逸之士有司以鳳起應辭不就邑令陳子文爲建道峯書院以居就教者益衆鳳起德性和易志行高潔孝友敦睦老而彌篤

劉承烈號拙齋少聞耿定向講學執贄往師焉歸閉關讀書窮理清操不苟生平學易有得翛然自適人呼爲拙聖

周思久字柳塘嘉靖癸丑進士任瓊州守致仕抗志希古品誼卓犖嘗謂門人楊起元曰學必求至聖賢非但欲爲鄉黨自好人也建輔仁書院會講工詩律書法著有石潭集

黄安耿定向字在倫三歲時有公卿到門者問其祖曰更有上者否曰獨有聖賢耳曰兒當爲聖賢矣由是潛心理學登嘉靖丙辰進士授行人擢御史疏劾太宰吳鵬六事語侵嚴嵩嵩爲營救事竟寢出按甘肅尋改南中督學開崇正書院以明道彰教爲己任晉大理丞與高拱忤謫判横州拱罷量移衡州推官萬歷中累官副都御史以內艱歸起復撫閩會詔下方田法定向摹地圖揭之後屏山徂水涯之間咸若目覩又手條八法布之不數月報竣廣寇林道乾訌海上定向用計討擒之丁外艱起復爲都御史晉戶部尚書總督倉塲凡疏請罷子

告歸嘗謂學以悟入以修証居家凡七年一日整衣冠危坐而逝年七十三贈太子少保謚恭簡

耿定力字子健定向季弟隆慶辛未進士授工部主事出守成都遷按察司副使督閩學首録蔡清陳真晟後裔以示風向累遷南僉都御史督操江疏言権使罔利藪奸已復上疏極言中使之害累官南兵部侍郎卒贈尚書生平學問以求仁爲宗以與人爲善爲體眞修實詣超然自得仲兄定理隱居不仕兄弟相與講學不倦學者稱八先生羅近

溪贊曰儒者之高蹈聖世之逸民理學宗工其人
先生乎
彭台字公甫生四歲而孤頴異不羣讀書務根極理
要反躬省誣嘗爲尺籍記日履題曰天鑒在兹夢
寐少離于道輒竟日不懌嘉靖乙酉領鄉薦益孜
孜以明道善俗爲已任卒年僅二十有九
吳心學號少虞家世業農一意孔孟之學勅斷家事
隱似馬山中鑿山開逕倚石爲壁引木爲巢於絶
頂兩巖間面柱靜坐者久之訪學求友足跡幾遍

天下收遺書數百卷而歸講會益力教人以下學
上達爲宗居山中凡二十年而卒初入山鋤石得
記云似馬山中出洞龍故學者以洞龍稱之
蘄州 韓萬鍾字天爵少貧窶嗜書史持守方正以歲貢分
教休寧擢潁川學正皆以身範物不失尺寸究心
天人之理著有象緯彙編皇極註解四眞集要等
書
顧問字子承少卽有志聖賢年十六偶疾父母以爲
憂問曰疾易愈耳政恐以此廢學不至聖賢爲大
罪大懼也嘉靖壬戌成進士除壽昌令昌俗好溺
女下令嚴禁之全活數萬徵爲侍御史遷浙江按
察僉事蔬食清謹越人呼爲茹菜顧公隆慶中起
徐州兵備擢人閩叅政九疏乞歸講學不倦羅洪
先嘗曰子承眞聖人之徒也年八十一卒
顧闕字子艮問之弟方六歲頽焚祝天爲道德性命
之學以報劬勞恩弱冠舉於鄉成進士除刑部郎
父母卒與兄問皆廬居墓所服除補禮部郎移南
京吏部稽勳司遷福建副使時年僅三十九央意

告歸里居四十七年一日忽召子孫語曰昨夜夢
聯云津吏報增三尺水山人歸卧幾重雲是歲當
大水吾將逝矣已而果然闕治經尤精詩易學者
稱爲桂巖先生
廣濟 吳自守字介夫學邃於易蘄州顧問建讀易菴延之
自是稱易菴先生從遊日衆設講堂泉湖側以待
四方學者
舊志有吳一菴按自守號易菴縣志並無名一菴者訛易爲一一人兩見恐誤
楊民服字信甫性孝友弟遘疾齋沐露禱以歲貢司

訓吳縣遷蔚州學正專心聖賢以求放心尋本體
爲訓

黃梅瞿九思字睿夫少有異禀十五作定志論萬歷癸酉舉於鄉爲墨令所誣被逮獲白還里閉關不出作中庸位育圖並盛朝倣古編孔廟禮樂考六經以俟錄諸書臺臣疏薦授翰林待詔不起歲給米六十石御史史學遷按楚特建江漢書院延爲主講所言皆足羽翼經傳其論廟樂不宜用菩薩蠻清江引諸野調殊有卓識卒年七十一子甲罕另傳

國朝

黃岡曹本榮字木欣誕之夕母夢神送陸雲入室順治己丑成進士選庶常學行端粹以清節自勵尋充日講官進階學士注易進呈
世祖一日讀孟子人知之亦囂囂
顧榮曰自得無欲汝足當之其眷注如此所著有五大儒語要居學錄等書行世子宜溥舉博學宏詞官檢討

文苑

蘇子贍之跋韓魏公詩後也曰黃州士靜而文蓋黃爲楚疆淳耀焞大火正蚤發其光故代有傳人焉摛藻掞天敷華緯國非不朽之盛事哉

宋

黃岡潘大臨字邠老與蘇軾黃庭堅張耒游臨川謝無逸嘗問有何新作答云秋來景物件件是佳句恨爲俗氛蔽翳昨有詩云滿城風雨近重陽忽催租人至遂敗意止此一句奉寄詩名柯山集弟大觀亦能詩與兄埒

何頡之字斯舉篤學善屬文自號樗叟蘇軾謫黃建雪堂頡之作上梁文時多稱之黃庭堅宿黃州觀音院鐘樓有詩云鐘鳴山川曉露下星斗濕老夫梳白頭潘何塤篪集謂大臨及頡之也

元

黃梅王仲瑄性敏捷善綴文崇寧間進士授翰林學士

黃岡滕賓字玉霄至大間爲翰林學士有文名嘗作韻府羣玉序

明

黃岡潘子安由保舉任四川夔州府同知工於詩賦有海
天青嘯集
王廷陳字稚欽年甫丱日誦數千言能文章弱冠魁
鄉試登正德丁丑進士選庶吉士補吏科給事中
武宗南狩上疏諫阻謫知裕州以忤監司免歸林
居三十餘年日以詩文自娛著有夢澤集嘉靖中
巡撫顧璘疏薦起用不果而卒詳明史
呂禧總角作烈女旨酒二賦奇字盈幅時人莫識也
惟王廷陳見而奇之呼爲國器舉嘉靖辛卯鄉試

除丹稜令楊用修爲序其蜀稿
王一鳴字伯固七歲郡舉神童登萬歷丙戌進士與
同年生謁政府王錫爵獨揖之曰子天下才也會
修國史大學士趙志皐薦有詔徵用未上而史局
罷授太湖令發廪煮粥修築堤堰民賴以蘇居四
載移任臨漳兩臺藩臬使者有撰著悉屬焉卒於
官著有朱陵洞稿
秦繼宗字西汀萬歷甲午解元庚戌進士著有禮記
疏意綱鑑要畧諸書

呂元音字節之髮甫燥以文名比長學益博洽邑令
茅瑞徵修輯邑乘舉屬元音裁定論者多稱之登
天啓辛酉賢書未仕卒其後有從孫德芝者亦有
文學嘗輯黃邑續志數卷考校古蹟頗多詳核云
王同軌字行甫高才博學以貢爲太常寺主簿同呂
元音修輯縣志稱善本著耳談二十四卷備載明
代嘉言懿行及幽隱神怪之事同時有汪世楨何
讓宋家瑚亦以博與聞
蘄水郭文輔字艮弼少時家貧父使牧牛輔挾筆硯及獨
足几就巖間註周易弘治甲子舉於鄉官鹽課提

舉著清聲解官歸家忽火輔籲天曰有不義物願
焚之火遂滅嘗曝日中葺敝履督稅吏執之尋知
爲輔甚懼輔曰汝非知我何咎焉笑而遣之
麻城梁宸字西橋少頴悟嘗舘童承叙家童偶閱漢書有
遺失宸悉記無訛成童補廪餼三讓貢與年長者
卒就廣文與許吏部善臨選許令自擇宸曰有命
乃叅成都許又欲致其子補廪餼宸力辭曰年少
當力學功名易得亦易失也

劉侗字同人崇禎甲戌進士客都門與同邑周損著帝京景物畧行世後之吳縣任卒於維揚舟次侗以千秋自命不苟同於世未竟其用而沒時同邑周世遴字伯譽妙年俊才與侗同見賞於督學葛寅亮早卒有文稿傳世

曹應昌字石霞崇禎己卯舉鄉試第一癸未成進士喜讀書不任吏事授知縣棄歸奔父喪於永昌時同郡何閎中亦客死於滇應昌竝挈其櫬歸至昆明昌以哀毀卒家人欲置何柩屨舁昌柩不起其

弟祝曰得毋爲何先生乎今當偕行耳乃發昌與何竝来一面聞者益嘆其義所著詩文雄奇偉岸人爭誦之

黄安　王心正字定宇萬歷已卯舉人黄安設縣以來舉於鄉者自心正始嘗應聘雲南得士六人多捷南宮人稱氷鑑後歷官嘉興通判有清操

蘄州　華鑾字伯驄仲賢子早負儁才弱冠發解登成化丁未進士歷翰林編修性凝重文詞清麗館閣推重之尋卒李東陽誌其墓

李時珍字東璧諸生精岐黄術官楚王奉祠正王薦於朝授太醫院判珍學問該洽著述甚富其本草綱目一書窮搜博採芟繁補闕歷三十年閱書八百餘家稿凡三易而成卒後子建元上之朝勅禮部刊行王世貞董其昌爲之序子建中鄉魁歷永昌府同知詳明史

郭承恩字惺寰性靜無他嗜務精經史及先天理數之學舉歲貢累遷什邡知縣氷蘗自矢暇與諸生講論學術鄰封多負笈至者告歸著作甚富年八

十九長嘯而逝

廣濟　劉養微字敬伯諸生家貧工吟咏詩宗何李而稍自放適神氣雄宕黄岡何譔何謙兄弟皆博學與養微友最善養微以苦吟卒譔弟兄行三百里賻其喪爲刻康谷子集

胡士定字鎭常士容兄也少好學從黄梅瞿九思遊記益博平生所鈔纂頗多後以貢歷官頴州衛經歷卒

按省志以爲罵賊死今從縣志及邑人金德嘉所

作士定傳改正

國朝

黄岡劉子壯字克猷弱冠登賢書雄詞健筆自成一家言其制藝爲楚文風之冠有雅量人以公輔期之已丑成進士廷對第一人授修撰制策條奏如開經筵及設滿學滿科諸事皆舉行壬辰分考禮闈未幾請告歸里性孝友初出嗣從父爲置媵生二子然後歸本生父撫育諸弟侄成立嘗遊吳門有小吏被

誣繫獄白於令脫之吏鬻女得金爲獻子壯急贖還之官翰林時捐百金贖同鄉難婦與夫完聚生平善行多類此卒年四十有四著有屺思堂集

汪煉南字治夫順治壬辰進士選庶吉士授編修值楚省大祲倡同官疏請錮賑辛丑督學順天卯戌鄉會兩元皆其首拔士甲辰考最晉侍讀學士以疾假歸卒於舟次

高思忠字孝移諸生少穎異每試冠軍督學高世泰修三楚文獻忠與其事順治辛卯中副榜授遠安諭以疾未赴任

王澤弘字涓來順治乙未進士選庶吉士歷官禮部尚書有請移湖口關還設九江疏商民便之尤工詩福清魏憲稱其五古則鄴下彭澤七古則浣花徂徠近體則絳州鹿門飄飄乎如蟬蛻之遇秋風泠然善矣子材升貢生候補主事材任康熙己未進士歷官僉都御史俱工詩任有望雲集白沙集及集唐和蘇諸刻

朱日濬字菊廬歲貢均州訓導博治有文行著有五

經門句解卒於官

王追騏號雪洲順治己亥進士選庶吉士旋改給事中多所建白以終養乞歸閉跡窮經者二十年徵博學不就晚好易象懸河洛圖於座朝夕省覽每有心得著有居俟樓集

樊維域字念顯家世孝友篤於文行登順治己亥進士教授德安究心理學課士以孝弟廉隅爲本遷平鄉令有廉能聲念母老遂力請歸養

奚祿詒字克生順治己亥進士博覽羣籍爲文力摹

西漢歷官常州府同知課士有知人鑒歸時家無長物嘗修黃州府志文筆簡潔著有知津堂集同邑高登雲亦有文名與祿詒同修郡志

王封瀠字五書順治戊戌成進士選庶常時年甫十八居官廉慎至性淡泊

御書尊德堂三字賜之歷官禮部左侍郎年六十餘卒於官

諭賜祭葬著有棠春園詩集

詹大衢字麗朋謹之次子天資穎敏力於學問手一

卷寒暑不輟康熙壬子中副榜著作甚富有大易疏晦四卷於朱子本義頗有發明兄大衡貢生黃陂教諭侄士懿康熙戊午舉人漢陽教授俱有文學

陳芳烈字仲紀好古勤學博極羣書尤潛心易理爲文雄博浩衍年三十卒著有觀心堂集及周天數諸書

宋如辰字斗嶷幼穎敏貧困力學康熙甲子舉鄉試第一乙丑進士選庶常恬淡自守朝會供直外閉戶讀書炊煙常絕泊如也歷中允春坊致仕歸教授自給邑令罕見其面弟敏道工詩古文詞中壬午鄉試

靖乃勳字敬菴諸生好讀書尤精三禮之學受知於學使蔣永修性慷慨有經濟才甲寅山寇蠢動太守于成龍討平勳贊畫之功居多縣有蠹胥飛灑無徵糧石於其族族人莫辨勳取册一覽即燭其弊其才識多類此子道謨康熙辛丑進士選庶吉士天綱雍正癸卯舉人孫式文乾隆丁卯舉人兩

世皆以曲臺魁楚闈

陳大章字仲夔康熙戊辰進士選庶常名重一時以母老乞歸孝養備至山居益究心典籍引掖後學多所成就教子弟有家法先後俱登科第置節孝祀田兼以贍族所著有玉照亭秋蓬軥輣巢雲諸集詩傳名物集覽十二卷年六十九卒子師晉貢生

胡之太字康臣性穎敏讀書目數行下九歲失怙恃依叔氏自給奉事無異所生康熙戊午舉於鄉授

長沙諭先行誼後文藝學者宗之陞淶水令以老病謝歸之太夙擅才名甲子預修通志

陳大華字西嶽肇昌第五子年十四與諸文士泛舟鸚鵡洲賦詩曰漢祚日已非志士憤不已褊心固其常英氣亦何偉不見大小兒捐生同一理長嘯俯大江日暮酸風起諸文士爲之閣筆二十二舉康熙庚午鄉試第一手自撰錄經史成帙書法雋逸遒麗卒年三十二著有石髓集詩六卷書法緒言十卷藏於家

張光璧字斗符邑諸生父本忠性至孝廬父墓側賊至將掘其墓冒死扞護身受數刃不去賊釋之順治甲午舉於鄉官江陵教諭光璧博綜羣籍七歲爲屬文人稱神童年十八作涵輝樓賦郡守何應珏大見稱賞嘗以郡志多所闕誤殫心補輯成黄郡注遺五卷事繼母馮曲盡色養馮没哀毁成疾卒子亮采亦有學行早卒士林惜之

陳大慶字頤伯肇熙子平生博極羣書一覽輙强記不忘尤工詩於樂府獨有别解康熙丙子舉於鄉選桐鄉令有惠政解組歸家徒四壁至饔飧不給意豁如也人服其高致焉著有樂府古體近體四卷游詩三卷秋詩百首

王楙績字乃言父漢澳早卒家赤貧母佘氏年二十一苦節育之楙績勤學好古爲諸生有聲康熙乙未成進士除永州教授主講嶽麓書院雍正丙午與修省志以疾告歸子光珮己未進士官知縣

吳純德字以占諸生潔己好修讀書不事章句務得其要領著有學庸講義古文纂畧諸書

萬燦字季方嗜古博學爲諸生二十餘年歲科試恒居首康熙癸酉舉於鄉時同舉者爲同邑袁豐蘄州欽士佃孝感丁光偉皆有名文場而燦尤籍甚一時相慶以爲得人任歸州學正指授人士以爲文法度一洗巴渝陋習人以比子厚之在柳州焉以母老乞假歸母卒燦哀毁骨立亦旋卒子娱祖歲貢生壽祖雍正甲辰舉人咸能傳其家學

蘄水楊繼經字傳人順治乙未進士累官刑部員外篤學工詞賦不事産業嘗輯縣志于兵火後彙殘成帙

攷證者賴焉
徐子芳字茂蓀歲貢生少孤家貧積學究研經術著述甚富尤精周禮以品行端嚴爲一邑後進式子乾文雲文俱以學行稱孫明理登乾隆辛酉賢書
南光發字璞亭穎悟博洽隨父夢班之任淮安時長沙陳鵬年以事過淮光發訪之從夜月寒霜中商搉古今達曙不倦以扳貢生候補中書年三十五卒著有亦吾廬詩紀程詩助蟲吟諸刻子昌齡以博學宏詞舉

羅田雷天鐸字四聞康熙丁酉舉人戊戌聯捷成進士選庶吉士邑之入翰林者自天鐸始文章爾雅爲後學矜式
麻城王汝霖字用肅邑諸生少有文名爲文援筆立就督學王發祥嘆爲當世史才邑令王潞嘗以邑志屬之纂修會遷去不克授梓稿藏於家庚戌志成多所採取
周禮字在魯順治已丑進士會詔進士有願從軍者聽禮從大軍下廣東授高州知府遇事果斷不畏彊禦清理冤獄忤權貴放歸以詩酒文章自娛家無擔石晏如也與黃岡奚祿詒同修郡志體裁謹嚴年八十餘卒
李中素字子雋少孤性孝友倜儻多才詩古文詞下筆立就素聞沛上閻爾梅名千里相訪不遇遂贈詩十首後爾梅得詩京邸吟詠不輟名動公卿任湘鄉教諭以卓異陞閩縣令調繁臺灣有惠政卒於官
黃安張希良字石虹康熙已酉舉於鄉教諭江夏甲子預

修通志乙丑成進士二甲傳臚改庶常授編修戊辰分校禮闈擬撰五嶽異名濟瀆源流京師形勢策問總裁大學士王熙嘆曰張公可謂博物君子矣歷左右春坊贊善庚午典試浙江丙子典試順天纂修
三朝國史
大清一統志明史春秋講義類函稱
旨賜
御書白羽扇賦累官侍講督學浙江致仕歸卒年八十有

二艮湛深古學所著有春秋大義宋史删文章宿
海格物內外編諸書其詩文爲士林推重出門下
者多所成就云
吳應庚字遠齡少孤穎敏力學博極羣書成康熙巳
未進士授隆昌知縣以廉能擢吏部主事晉員外
郎公慎自矢坐累遷光祿典簿陞署正謝病歸著
有氷鑑堂三楚文獻録蜀史備遺及詩文等集
吳弘初字慎旃諸城知縣之珍子以明經　廷試第
一司訓邵陽新甯庠置膳士田於學政無不修舉

康熙丙子登賢書解官歸益肆力經史邑令劉承
啓修縣志多資其討論子羽鳳貢生文鳳諸生皆
孝友積學孫浒乾隆丁卯解元
蘄州 顧景星字赤方貢生八齡觀燈賦鰲山稱神童比長
博極羣書詩文爲海內所宗與錢謙益龔鼎孳王
士禎諸人齊名楚中談風雅者必以星爲最康熙
戊午以博學宏詞薦著有白茅堂集黃公字說數
十卷
欽士佃字文思康熙癸酉鄉試第一庚辰成進士官

翰林士佃生時父方爲北城兵馬副指揮年十二
孤家貧力弱汲瓶拾薪養母以孝聞性恬淡臨事
不苟磊落無城府遇人機辨寂如也工詩歌古文
疎爽幽雋掌院韓菼極推重之謂其爲尹師魯梅
聖俞之亞有瀛洲集行世
陳其勑字五惇歲貢博涉羣書詩古文詞援筆立就
州太史欽士佃極推重之著有雲峰溪堂集侄道
兼歲貢著有河干草侄孫鼎元著有半畝園集咸
克承家學云

廣濟 劉醇驥字千里貢生性簡靜方直勤學不倦工爲古
文詞嘗歎宋元以來文體日卑因奉左國史漢爲
矩矱同里顧景星張仁熙每亟稱之有芝在堂集
行世
張仁熙字長人貢生沉酣史籍與劉醇驥相友善名
籍江漢間商邱宋犖通判黃州時築東齋於雪堂
延致之當事以隱逸薦辭不出康熙癸丑甲子兩
修本省通志年八十四卒著有藕灣詩文數十卷
子佳昜晟旵環金咸績學有父風

舒遂吉字康伯歲貢生天資敏捷文不加點兼嫻韜畧副總兵王宗臣討山賊叅軍幕有籌畫功後任瀏陽訓導上官知其才令攝縣事判決如流獄多平反弟峻吉遂吉皆有文行峻吉書法似米芾時有河東之譽

金德嘉字會公順治庚子舉於鄉教授安陸設敬業堂課士以修明正學造就人才爲己任康熙壬戌領禮闈第一授檢討纂修一統志明史禮經解義通鑑講章丁卯典試貴州稱得人黔中文風自是

丕變閱二年予告歸杜門掃軌以著述自娛著有居業齋集卒年七十八子啓洛東昌知府啓汾歲貢生俱克世其家學

郭存會字聚五諸生敦行績學詩文日有聲值歲饑有鬻其少妻於存會者既至贍其有憂色詢知之急還其夫費錢二萬不計也性好遊閱里廬山諸名勝所至輒記之成帙著有景濂堂詩文孫本才

進士

阮文茂字駿公邑明經事父母以孝稱沉靜嗜學寢食幾輟與同里金德嘉以文章相引重年七十七卒所著有竹巖稿

張惟金字貢方步雲曾孫康熙辛卯舉人任江陵教諭少孤績學事母倍極孝養弟早世撫遺侄若己子著述甚多有黃孎堂詩文集子易源進士德源舉人咸稱家學淵源有自云

黃梅　黃利通字曉夫幼穎異不羣康熙甲戌成進士授賀縣知縣有政聲值征八排猺人利通上平猺策餙府嘉之歎歸起工部營繕王事逾年告歸著述甚

富詩古文詞絶所依傍有石亭懷亭等集高安朱軾長沙陳鵬年爲之序以行任之騏家貧好學詩文有軌則以歲貢晚登鄉薦授中書舍人閉門授徒鄉評稱重有志學齋詩文行世

黃州府志卷之十一終

黃州府志卷之十二

知黃州府事關中王　勍纂輯

人物志

宦蹟上

古者仕宦不出其鄉而後世恆捧檄於數千里外吾觀列省通志之名宦黃州一郡列名者數百人而本省及府州縣志之漏遺者幾半得非地隔時遥其後嗣式微聞見茫昧使然歟而彊有力者或以一時諛墓之辭炫耀於世以失是非之眞可慨也因據各省所載彙爲表章之無使僅自他有耀焉至其勲庸勞伐銘在太常貳

於司勲者固彰彰可考也

陳

黃岡周炅字文昭本汝南安成人祖彊齊太子舍人梁州刺史父靈起梁通直散騎常侍廬桂二州刺史保城縣侯自靈起先世避西晉之亂徙永安黃岡遂爲永安周氏炅少豪俠任氣有將帥才代爲西陽太守封西陵縣伯討侯景有功進爵爲侯陳高祖代梁炅與王琳起兵伐之爲陳將侯安都所敗見獲陳世祖釋而用之爲定州刺史帶西陽武昌二郡太守進都督安蘄江衡司定六州諸軍事改封龍源縣侯會炅入朝定州刺史田龍升以江北六州七鎭叛入於齊炅討斬之盡復江北之地進號平北將軍定州刺史卒官贈武昌郡公謚曰壯子法尚詳陳書

隋

黃岡周法尚字德邁少果勁有風概好讀兵書爲陳始興王中兵參軍其父卒後監定州事督父本兵數有戰功封山陰縣侯與長沙王叔堅不相能叔堅譖

其將反法尚懼歸於周宣帝甚優寵之封歸義縣公隋高祖受禪拜巴州刺史破三鵶叛蠻於鐵山轉黃州總管尋遷永州總管安集嶺南仍給黃州兵三千五百人爲帳內嶺南州郡多降其後屢討平叛蠻賞賚優渥煬帝嗣位轉雲州刺史金紫光祿大夫後爲滄海太守討羣盜王薄孟讓等卒於軍贈武衛大將軍長子紹基靈壽令少子紹範最知名詳隋書

唐

黃岡 周墀字德升昃五世孫少孤事毋孝及進士第官集賢殿學士長史屬詞高古文宗雅重之李宗閔鎮山南表爲行軍司馬閔歲召還太和末李訓鄭注亂政以黨語汚縉紳竄逐之墀雖爲宗閔所禮不能以罪誣也武宗卽位拜義成節度使封汝南縣男宿將暴警不循令者墀令鞭其背一軍大治進同中書門下平章事宣宗時河南節度使王宰重賂權倖求同平章事領宣武墀言天下大鎮如汴

弁者幾宰求何可厭帝納之駙馬都尉韋讓求爲京兆持不與由是妄進者少衰會議河湟事墀對不合旨罷爲劍南節度使駙馬都尉鄭顥言於帝曰世謂墀以直言相亦以直言免帝悟加檢校尙書左僕射卒贈司徒

麻城 閻伯璵袁州刺史時征役繁重袁特殘破伯璵專以惠化招撫逃亡皆復數年間商旅闐輳州境大治改撫州百姓相率隨之舟航相繼吏不能止其見愛如此到撫一年撫復大治代宗徵拜戶部侍郎未至卒 唐語林

黃梅 魏英字時育以義俠聞爲太原兵馬將與高駢友善子元衛尤稱機警王僊芝據黃梅英閱卒七千助招討使曾元裕破之殺五萬餘人追斬僊芝傳首長安巳黃巢逼蘄春又密遣子通馹及蘄黃招討使劉巨容合兵躡之賊死者什七巢因窘挫轉掠他郡事聞封英五原郡公太子少保元衛左驍衛大將軍南樂郡公

南唐

蘄州 丁必稱字季言知臨江軍時江西和買例以稅產均敷無稅者以物力必稱積郡帑贏餘代輸之乃請於朝乞永與蠲免擢潼川提點刑獄

陳起性剛梗尤惡妖異昇元中以進士起家令黃梅斬妖人諸佑由是知名官至監察御史卒

宋

黃岡 王揆字孔度泰和六年任虔化令築子城濬濠池建廨舍剏始之功居多 江西贛州名宦

蘄水 李禹卿字君益通判蘇州堤太湖八十里爲渠以益

漕運蓄水溉田千餘頃歲饑出貲粟三萬全活萬餘人復以棘寺丞出守潼川廉明多善政惠商通遠百物充牣（江南蘄州四川邛州名宦志）

廣濟余玠字義夫家貧落魄好大言爲諸生殺人亡命脫走江淮作長短歌謁趙葵留幕府俾率舟師有功累擢制置副使入對稱旨授四川宣諭使尋加制置使知重慶府大更弊政遴選守宰招賢禮士屯兵聚糧爲必守計招致冉璡冉璞待以上客用其計徙合州城諸砦移守釣魚山以資政殿學士召

還方閫命卒蜀人祠祀之詳見宋史子師忠大理寺丞

梅應春號雪樵寶佑丙辰與弟應申同舉進士初授餘干令遷瀘州安撫使當國事多艱之日事君不貳政績丕著累官禮部尚書有寓瀘遺稿

姜賢咸熙間以薦舉累官副使有清譽號樵隱先生

元

黃岡冷庸字用和至正間任西臺御史有風裁

蘄水薛天定宋末盜起里人推爲郡長募義勇保障寇不敢深入元世祖下江南手詔拜爲防守尋擢先鋒使從平定閩廣累遷兩淮防禦都招討至治癸亥寇至淮力戰卒於軍上遣中使護喪謚威武錫廕至孫徵事明太祖參知幕府

蘄州朱仕俊字時英耿介好讀書至正間以太學生授樞密院經歷出守贛州力除淫祀改潮州擒大盜調判延平遷同知致仕歸

廣濟張紹祖字可成進士歷任寧國路總管操縱中度邊鄙肅然

黃梅劉昕進士以功名自許初任眞州後遷蘄州府守皆有德教

汪振卿官御史端廉不阿權貴有古驄馬風

明

黃岡詹同字同文舊名書婺源人元至正中舉茂才異等授郴州路學正避亂黃州因家焉僞漢徵爲學士承旨太祖下武昌召授國子博士易今名尋遷考功郎中直起居注會議祫禘禮議當遂用之累遷侍讀學士帝御下峻劉基疏請加禮大臣同因取

蘄水

戴記及賈誼疏以進開說愷切進吏部尚書帝命與宋濂倣唐貞觀政要分輯聖政宜示天下爲皇明寶訓賜敕致仕語極褒美久之起承旨卒同以文章結主知而操行尤耿介故眷注至老不衰子緻字資善任都御史持憲有聲大誥嘉美之終吏部尚書孫綬尚寶丞從孫希原中書舍人善大書宮殿城門題額皆希原筆

吳琳字朝陽高士應澍子性淳慤力於問學洪武中召爲國子博士歷兵部尚書帝以琳經學優深命

與宋濂同典京試未幾改吏部量材授官號稱得人致仕歸帝遣使伺琳何爲使者潛至舍傍見一農人坐小几起拔秧布田問之卽琳也還白狀帝嘆息益重之

黃榮機警有謀從高帝定江淮平中原有功授陽和衛指揮已論平蜀功賜金幣還鎮黃州修輯城濠招懷降附民甚賴之

徐本姓倜儻嫻文辭洪武初由薦舉知嘉興縣重農勸耕善於撫字歷平陽守荒殘後建置一新累官雲南布政使叅廣輿記山西志

黃爽洪武初知衢州府營公署增城堡振文教興水利撫殘輯頑開衢之功爲最祀清節祠浙江衢州名宦

李本中洪武中由薦舉令通許清謹公平驗丁編徭吏胥縮手貧民無耕具者貸之使不失業許人咸頌其德河南名宦

蕭昇字彥高永樂丙戌進士拜監察御史九載上疏省親文皇命給道里費賜勅褒之中允王愷贈之文稱其禮以律身明以折獄皂囊曉進臺閣生風

白簡夕飛奸回落膽其見重朝署如此

胡恩字前江黃州衛指揮督運漕艘輙報最累遷瀘州叅將移鎮松潘諸土司長官例奉金幣恩一切擯斥威令大布三載進秩總兵

張璘字文玉永樂壬辰進士歷官山東叅政宣德間調福建考最陞應天府尹廉潔幹濟不屈於中貴卒於官

王景字時亨先世以武功顯永樂間襲榆林千戶英宗北狩景與袁彬等七人擁護有功復辟時已卒

特諭祭葬贈武畧將軍予世襲

劉以文字彥章洪熙中任溫州府照磨以廉能稱擢知太和改陽城有美政璽書褒嘉增秩命再任後致仕歸民爲樹碑歿時耆老數十人赴弔於家且立祠祀之

謝杲字伯明父希哲由人材任泰興長垣丞咸以幹濟顯杲登正統戊辰進士授戸部主事景泰中都督黃竑得幸奏求霸州武清地杲承命往勘還奏地實民產請罪竑天順三年由監察御史出知九

江府涖任公勤撫民惠愛以憂去民不忍舍起江西副使歷四川參政布政使所至得民以清愼稱陝副都御史巡撫貴州平麻陽趕子坪蠻有功後致政歸卒 參一統志 楚紀 明史

王思旻有幹才正統中倅泰州泰故多牧地孳馬民間思旻爲奏罷三之二復苦水患請部使者蠲租六萬餘石挽舟哀訴至以身投水使者大驚具奏獲允造廣運望江二橋置預備倉八十間秩滿當去民乞留遷本州同知後歸老於家泰民祠祀之

鄒璽成化甲午舉人令四川榮昌邑値兵荒極意蘇息作饘粥以活饑民視獄中寃抑及輕罪者咸出之 四川重慶名宦

張佐字良弼成化辛丑進士有介行任彌勒州牧政平訟息平十八寨運籌有功累官按察僉事免歸饘粥不繼晏如也

王麟字體仁弘治巳未進士授封邱令勸農桑鋤强梗一境大治嘗途中見百餘人舁大木爲耶許歌有蒼頭乘馬鞭之問之爲太宰馬公治宅麟執蒼

頭撻之因切責太宰子比入覲天下計吏庭謁太宰太宰忽起席曰誰爲封邱令賢哉愛其民因下揖時兩賢之子廷槐以篤行稱

曹珪字廷獻正德辛未進士授桐廬知縣時屢年旱暵又江西盜起邊軍南下經畫周緻事濟而民不擾調海寧召拜御史按廣西平猺獞有功再按陝西時武宗遣中官迎指揮部鳳妻過陝珪遮留疏諫竟得寢歷官有餘俸不置私產悉與異母弟共之著有南坡奏議曾孫士彥舉人令定遠清貞自

矢尤勤撫字定遠人祠祀之

賈啓字啓之正德辛未進士授涇縣知縣爲政嚴明事至即決民有官清吏廢之謠徵拜侍御累遷副都御史巡撫延綏啓多才藝慷慨談邊事甚覈所至有治聲及致政家居恬約不殊布素鄉人稱爲篤行君子

余鑾字廷儀正德辛未進士授行人奉使封唐王王餉以金帛不受歸與諸生論學不輟有豪右觸法懷多金求解鑾曰吾豈以多金禍鄉曲耶斥遣之

王廷儒號七澤正德丙子舉人由都察院都事轉四川按察僉事左遷成都府漢州判官委署綿竹性公直一介不取撫恤窮民加意學校士民德之歸建家廟如制子弟有不謹者廟責之撫三庶弟尤友愛　糸四川名宦

曹誥字廷寵嘉靖丙戌進士知瑞安適山寇犯平陽境藩臬會勦駐邑中誥調度有方事集而民不擾値歲歉畨貧困者刻期賑之治邑八年革奸胥懾豪右疏通水利具有政績擢禮部主事累官甘肅巡撫卒於任　浙江溫州名宦

陶珪字廷獻嘉靖丙戌進士累官山西按察使所至稱爲廉平餘俸給諸孤任事繼母以孝聞

陳言字秉忠仁慈謙愼鄉里稱爲長者以歲貢任慶陽府判嘗督邊餉捐俸以助軍民立祠祀焉

陳萬卷字德備以吏員授安平尉値白蓮賊謀襲城萬卷白令督捕擣其穴三戰皆捷賊帥就縛撫按上其功賜金帛擢永平通判

汪文淵字赤崖嘉靖己丑進士授庶吉士改戶部郎

中歷金華知府時嚴嵩擅權其僕怙勢橫甚文淵捕逐之嵩每欲加害媒孽無所得僅免官歸

王鳳陽字桐岡定遠侯弼之裔也弼子誠孫貴遷黃岡爲世族鳳陽嘉靖辛卯舉於鄉令四川萬縣時土苗作亂練鄉勇勦撫有功撫按交薦以疾乞歸　按舊志王弼有傳考弼實定遠人不應立傳今附見王鳳陽傳內

方任字志伊嘉靖壬辰進士歷官副都御史以清謹稱棄官終養鄉評稱重

劉珙字商陳嘉靖庚子舉人除黃縣令摧鋤豪右無

所避海賊臨城肆掠拒却之遷知寧羌州民被仇家夜殺七人索屍不得珙焚香告天雷發其屍而冤雪歷仕不置生產居鄉以公亮稱

周之冕字元服嘉靖庚子舉人授餘杭令勸農桑勤教化凡詞案悉置秘室吏胥無所售其姦催科能調緩急尤崇獎孝義節烈浙江杭州名宦

邱岳字南正父尚忠篤行誼岳成嘉靖丁未進士歷官禮部右侍郎正直不阿每誡其家不得與公事致仕後兩奉恩詔存問

程鳳金嘉靖己酉舉人令彭澤多善政方正不阿直指按部上謁獨後直指諷之鳳金出曰御史所以有權者能去人之官也吾官自去御史何權爲詩懸縣門遂掛冠歸直指旋悔遣追之竟不返邑人立祠祀之有禱輒應

陳仕字又愚嘉靖壬子舉人授弋陽令築城捍賊遷嘉興通判從胡宗憲破倭有功晉同知以母老乞歸家貧授徒自給友愛兩弟其子九疇應貢在弟前令稱疾不出弟遂得先貢

杜傑字汝英嘉靖戊午舉人知長寧值歲歉賑活甚衆時九絲初定黠酋內訌拮据調劑卓有政績後采木山中値水涸露禱雨注木乃出先是西南夷騷動議征討傑力陳不可當事弗聽卒致於敗人服其識四川名宦

王廷瞻字稚表嘉靖己未進士除淮安推官按獄持平入爲監察御史督畿輔屯政裕邸欲易莊田持不可已言勳戚莊田太濫請於初給時裁量田數限其世次爵絶歸官制可嘗論高拱拱再相遂引

疾歸神宗立起故官歷僉都御史巡撫四川番屢犯松潘令副使楊一桂總兵劉顯勦之殲其魁羣蠻納款者二十八砦以右都御史出督漕運兼巡撫鳳陽諸府寶應氾光湖堤蓄水濟運壅決爲患廷瞻承前撫李世達等開越河避險議鑿渠千七百七十六丈爲石閘三減水閘二石堤子堤各數千丈費公帑二十餘萬八月事竣詔旨褒嘉賜河名弘濟進戶部尚書移南刑部乞歸卒贈太子少保詳見明史

李植字良材嘉靖辛酉鄉薦除萬縣善治疑獄有賊殺一家七人而匿大索久不獲禱於神得其貌窖而跡之卒伏辜考最徵拜御史請省壽陵費上嘉納之後以抗直出爲福建僉事

王同道字純甫嘉靖壬戌進士授蘄州李擢御史謫內江令調停里甲訓廸人才蘊藉風流古文詞賦咸有逸氣 四川資州名宦

袁文伯字絅齋博學篤行嘉靖甲子舉人授潛山令三年政簡民和會江皖白某過潛歲荒民貧無所取給白不懌呼語之曰子讀中庸柔遠人乎曰知縣只解子庶民而已即日掛冠歸養親不懈者三十餘年有詩集十卷

范芝字德和性至孝有儁才好學治聞兄及姊子貧不能自立推產贍給之嘉靖間以選貢除知定遠甄善除惡招撫流亡捐俸備賑邑稱大治乞歸養母百姓遮留不得去微服遁歸

劉功允字順廷隆慶丁卯舉人令懷遠轉溫州郡丞剖決簿書人稱神明贖鍰不入私帑悉以賑貧士

修學宮整飭海防民賴以安調汝寧宦況清苦 浙江名宦

汪守廉隆慶丁卯舉人知威州視民疾苦如痌瘝切身士民愛慕苗獠傾服陞曲靖同知 四川茂州名宦

易倣之字惟倣隆慶戊辰進士授行人歷戶部郎出知衢州衢五邑舊苦餉解倣之爲酌道里僉正戶米少者止帮路費民免困累轉涪州道晉叅政 浙江名宦

凃巍隆慶庚午舉人任廉州同知陞郡守敦大不苛片言決訟歷十餘年未嘗楚一人於杖下攝篆四府所至有聲 廣東名宦

杜仲字冲宇隆慶辛未進士仕至松潘兵備捍守邊陲以勤事卒巡撫喬維新爲治喪事發篋僅敝衣數襲聞於朝賜祭葬贈太僕少卿

江沛然隆慶辛未進士以給事中謫盧州府經歷署盧江事積弊之後力爲振刷廉渠奸宜之法一境肅清 江南名宦

洪聲遠字四極萬歷辛卯舉人授高平令陞戶部主事出守貴陽陞新鎮道副使接物寬和民皆愛戴陞叅政歸 貴州名宦

何天申字德錫萬歷辛卯舉人授廬州判三載召判順天時乾清宮災歷代珍寶幾盡上按籍召商買補之天申抗論明王不貴異物今珠寶價凡一千一百四十萬有奇取之太倉則不足取之加派則厲民惟宜加意修省以回天變疏入落三級補無爲州判築䕶魚壩二十里數歲始成民賴其利移判鳳陽致仕歸卒

廖自强字中立由歲薦授江油令縣有荒糧萬餘自强泣言於大吏疏請得盡蠲邑人尸祝不衰

樊玉衡字元之玉衡之弟萬歷乙未進士除商城令爲治舉要領按誅大豪餘黨不敢犯中璫採礦至商玉衡宣言無礦與璫抗因導璫入險爲文告山靈曰有礦當吐符陳貢不然而令與璫藉口括金以爲民禍神其殛之璫怏怏去調崑山折織造中璫亦如商時五載不私一錢報最擬授銓部聞父病乞歸侍湯藥歲餘勞瘁卒商崑民祠祀之崇禎初勅建祠謚孝介弟玉衢從漢川張緒學篤行孝友至老不輟

周蓋臣萬歷丁酉舉人任龍安府某縣清操有惠政民懷思之 四川名宦

穆天顏字象懸萬歷戊戌進士授番禺令舉最拜福建道御史疏罷稅監及諸權貴凡所建白婉曲引諭時疏多留中而天顏奏輒下部議行歷巡按廣西艱歸天顏性至孝方少時父守文司鐸四川卒於官與兄扶櫬歸艱苦百狀塗人皆爲感泣

於倫字大常萬歷辛丑進士官通政以不附魏璫告歸養子斯行舉於鄉獻賊破團風洲被執不屈死

曹光德萬歷辛丑進士授嘉興李政稱清簡洊任三年以憂去所携惟圖書而已 浙江名宦

鄭之良字直夫萬歷癸卯舉人累官敘州丞時烏蒙安邦彦爲亂川西南半陷督撫朱燮元屬之良監軍乘賊觴壽日提兵直入其壘擒賊將四十餘員殺傷無算獻俘京師遷鎮遠知府復征苗有功晉憲副歸

杜應芳字懷鶴萬歷丁未進士任禮部主事出守河間時福藩之國供億浩繁應芳上議得省節三萬

金後三王之國皆視爲例天津稅璫馬堂橫肆應
芳得其弟不法事捕訊之堂坐此遂去督學四川
無敢以片牘干者遷福建按察使歸卒
程之試字考錫萬歷巳酉舉人任開封郡丞理河務
勞績大著河有妖神羣像祀之之試繫其像以仆
妖遂絶
鄒之易少家貧負薪水供母登萬歷庚戌進士授桐
梁令徵解錢糧不取羨餘嘗解餉至府有吏兌銀
稍昂叱之曰窮縣脂膏供汝輩高下其手耶去任

有存積三千金謀諸邑紳置義倉廣儲積安耆之
叛城賴以全
甄淑字爾儀萬歷庚戌進士授陽武知縣調太康俱
有異政入爲吏科給事疏請額丁額米兩衡其數
丁隨米收額不減而貧民困病熹宗從之他奏疏
多救時碩畫會楊漣被誣逮淑疏救激切忤䰩璫
削籍歸崇禎初起太常卿累官南北刑部尚書
王欽濂字孟周博學多聞萬歷壬子舉人令江西南
陵首開六連湖水利澤及數千戶時寇躪江南捐

俸賑饑練鄉勇增城堞賊不敢窺撫按以守禦功
疏薦第一尋卒於官長子承祜癸酉副榜有詩名
次子承啓辛卯舉人孫懋德懋才俱進士官知縣
李五美字尊菴萬歷壬子舉人諭輝縣擢欽州守時
山寇刦掠民多逋賦五美設營分戍解散之賦因
以登上官胥徒到州騷擾痛懲不稍貸修城濬濠
築堤葺學宮蒐志乘文物煥然猺賊趙丞烈據河
州五美晝策堵禦兩省才之會惠州有海警題授
惠州海防道廣東名宦

王六如字凡夫萬歷戊午舉人授信豐令時寇盜蜂
起兵役數發富戶輸役無不破產者六如請於上
照糧編派點者不得規避往倉庫典守外僉里民
六如蠲正之責歸庫吏邑人立祠以祀江西名宦
祝世美字濟之萬歷巳未進士令諸城有異政調東
阿以最擢吏垣晉兵科都諫會張應昌殺良冒功
世美上疏劾之後以守城功陞太常卿
晏清字泰徵萬歷巳未進士授蕪湖令廉介明允調
吳江百姓請留吳吏來迎至兩爭於路不得行再

宿然後去偵水澇爲民請命得邀全荒例改折遷吏部稽勳司魏良臣請封伯格不行冢宰周應秋怒之遂削職崇禎初起文選郎尋給假歸復起考功郎轉廣東鹽法道卒於鬱林媳樊氏以櫬歸葬

曹之棟字喜玉學問博洽與易道暹相友善後以歲貢訓公安具人倫鑒公安人士悅服之祀名宦子大濩嗜古工書法

程良球天啓辛酉舉人知渾源州申革草商除民大害以憂去任士民懷之山西大同名宦

何閎中字邃宿天啓壬戌進士歷任四川提學素饒才學復善甄别所拔皆名雋遷瀾滄道捍患禦災功績甚著卒於任滇民祠祀之子昌祚安貧好學務求實踐以明經終

靖科元字若谷天啓壬戌進士令邯鄲興水利鋤姦弭盜民懷其惠擢刑部主事歷工部郎中以發京商事忤時宰周延儒罷歸時流寇蹂躪築砦小崎山保聚鄉族遭土寇襲破之以身殉焉子三人乃心廪生乃式貢生俱從死小崎乃獻官豐潤知縣

劉宗祥字梧陽天啓乙丑進士令金壇舉最爲御史崇禎初巡按江西條陳興利除害數事稱旨繼按四川陛見而劾少宰張捷行私捷坐免官時侯良柱秦良玉討平奢賊賞格不行宗祥列上功狀始錄前功後爲江西巡撫致仕

王源昌字紹貽天啓乙丑進士授禮部主事出守恆陽以清直聞崇禎十三年分巡大梁時宗室驕恣源昌執法裁制不少貸歲旱人相食大盜蜂起設法賑濟防禦周密郡賴以全

魏公韓字小韓少事祖父母以孝聞天啓乙丑成進士令太平修復伯翳祠墓城垣圮壞募諸紳士力築之已寇至督鄉兵以禦斬獲無算民立生祠祀焉歷汝州大名薊永諸道卓犖多大節不附魏忠賢不屈張彝憲人以爲難後隱居漁臺杜門三十年動止一遵禮法卒年八十有一

王用予字安生崇禎戊辰進士授淮安推官屢白枉獄捐建文起書院每月親臨課士歲荒賑饑全活南北流民以萬計淮有新舊兩城頻苦水患復捐

資爲築三壩兩城獲全六載舉最爲翰林院檢討
弟用世戊子鄉舉子澤弘另傳

易士龍字雲間崇禎庚午舉人授醴陵諭葺考亭書院崇正學尚德行遷大昌令流寇兩次來攻皆力禦得免寇退門者俘三十餘人以閒諜論且云前此皆以是得紀錄士龍訊知其脅賊狀盡釋之攺宿松歸

牛若麟字鶴沙崇禎丁丑進士令吳縣饑民蜂起若麟亟爲賑䘏乃治亂魁變遂定江南蘇州名宦

蘄水楊思義魁梧奇偉有幹才太祖稱吳王以薦舉授起居注初錢穀隸中書省吳元年始設司農卿以思義爲之明年設六部改爲戶部尚書大亂之後人多廢業思義請令民間皆植桑麻四年始徵其稅不種者如周官里布法詔可又請令天下立預備倉以防水旱凡所興設經畫詳密時稱其能調陝西行省叅政卒於官按明史本傳云不詳其籍里今據省志舊志邑志選舉內皆注蘄水人年代官爵悉與史合

魯毅定番衛指揮洪武中月魯帖木兒反攻圍城池時衛初設百度未舉毅運謀撫衆與士卒同甘苦晝夜拒守伺賊怠擊破之圍始解陞遼東都指揮使四川寧遠名宦

黃紹祖洪武中貢入胄監陟刑部侍郎楚紀謂其老成有才

戴綸字經邦英邁方正篤於孝友領洪武庚午鄉薦任監察御史出按山東風裁凜凜以糾劾忤時貴謫梧州通判再謫庫官尋改監倉糧歷官以清忠自持時貴欲致之死以無隙而止

薛均洪武中以懷才舉上十策高帝異之會其母疾危固請放歸明年以均同知泰州除知合州治行第一文皇召爲太僕寺卿丁內艱歸起應天府尹買舍旁片地種菜嘗自芸之帝廉得其狀笑曰人皆樂惟朕與均獨苦也頃之乞歸年七十特進禮部侍郎或疑其歸裝頗重於中途發之惟紙馬板一具文皇知其貧命有司賜官湖頃餘後人因名欽賜湖又曰薛家湖子孫世守之兼鬻紙馬至今巴河有薛紙馬之號

魯永清字本端成化辛丑進士爲大理評事斷獄不爽出知成都府清介有聲遇旱設法糴粟賑之爲石四萬餘乃創置倉厫廣儲積明年又饑民用不匱安縣賊烏集滿萬永清往諭皆散去又設釜於公門外令訟者各就爨立與判決而歸民間有魯不解擔之謠

徐紹先字繼之成化丁未進士正德中知銅仁府時鎮筸苗作亂紹先繕城堡備芻粟治器械練民兵苗聞而憚之不敢犯境 貴州名宦

徐吉貞弘治戊午舉人守忠州催科不擾條陳十事深切時艱時麻鷄兒文千戶暴横里中百姓惶懼吉貞計除之遷南戶部郎乞歸絃誦自適孫步雲舉人令雲南 叅四川名宦志

田重器字國用弘治甲子舉人正德中知江津興廢舉缺時有巨惡害民者前令莫敢如何重器置之於法邑賴以安 按舊志作永川令今從四川通志

李宗元字東臯汰子正德庚午舉人除沘邱令邑當初建百事草創宗元廉以律己嚴以御下葺學宮蠲逋稅弭盗革姦鉅細畢舉臺檄有不便民者輒封還之凡六年遂爲壯邑治行居河南第一

程轍字子建正德丙子舉人沉毅有大節雅志不仕父强命之授墊江教諭墊素不好學轍從容勸誨每社飲以談說經籍爲娛蜀人化之著有說易錄

周瑯字光載正德辛巳進士補省垣歷都諫論列抗直出守廬州清白爲僚屬倡遷廣東督學甄别士類請託一無所徇卒於官著有巓峒集

胡仲謨字啓忠正德辛巳進士授遂安令沉毅樸訥

臨事不苟未嘗以詞色假人姦艮立辨豪猾斂跡民皆樂業累官雲南按察司 浙江嚴州名宦

錢邦偁嘉靖癸丑進士知臨安府慈恕得民除一切陋例尋常詞訟爲之勸息歲儉設粥救饑捐俸完民逋稅歷苑馬卿去後民歌誦之 雲南名宦

周鳴塤字思友嘉靖己未進士授餘姚令姚以倭役最苦大戶徭役鳴塤下令丈田覈籍按籍行僱募而公私便之歷官廣東叅議掛冠歸三十年絶足不入城市

李爔嗣字民欽嘉靖壬戌進士除廣信推官庇平民忤權相爲營繕主事督乾清宮工世宗親賜食卒爲嚴嵩中傷左遷漳州同知署郡半載案牘盈几片言立折歷南刑兵部郎出知惠州先是沙田陸梁人民逃散爔嗣勤拊徠縱反間擒賊首流移盡復時嶺南有事羅旁羅與肇慶相接延袤數千里剽掠不可制當事調爔嗣肇慶守爔嗣設方畧大破之盡平羅旁東西山升瀧水爲直隸羅定州置東安西寧二縣隸焉捷聞遷監軍副使（參福建志）

黃州府志　卷之十二　宦蹟上　三七

徐一唯字心溪隆慶辛未進士授萬載令沉毅果决置學田以贍師生定瀏陽豪戶爭廣洞田地之亂擒大圍山巨寇李大鑾等民賴以安擢南戶部主事累官廣東副使（江西袁州名宦）

易之貞字忠甫隆慶辛未進士署清浦教諭以廉勤擢戶部郎中督餉易州奏免積逋二十萬行部至良鄉憫逋糧故官爲請減十之九且捐俸代償之奏罷礦璫王虎卒爲忌者所中出守馬湖三月歸

何鳳起字迒邾萬歷甲戌進士授棗縣令善聽訟使人得從容自理不曲事上官張居正子懋修北上所過餽遺鳳起獨贈以疏布居正聞而驚曰此必清操令也鳳起適罷職居正言於朝即日遷知廣德歷刑部郎雲南按察副使

閔廷甲字翼墟萬歷己丑進士司常州李以敏練稱嘗自言始至誤斷一獄至今悔不能已自兹以往或可無罪於民矣擢吏部郎中歷陟通政使（江南名宦）

官應震字暘谷萬歷戊戌進士由縣令入戶垣前後二百餘疏上嘗以敢言稱之光宗即位遷太常少

黃州府志　卷之十二　宦蹟上　三八

卿尋乞歸

金玉節字雅初萬歷戊戌進士授長興令遇事勇於有爲禮賢下士貧不能昏者捐俸助之値礦使爲邑厲玉節繩以法卒不敢肆歲當編審立走區走田法通融均攤詭寄無所容民稱便焉累官比部郎子颾舉人以文章氣誼稱（浙江湖州名宦）

周延光字斗垣萬歷辛丑進士知金華府政靜民和晉副使提督浙學遷左布政收莞關支躬自閱視主藏吏抱牘記出納而已宿弊一清（浙江金華名宦）

游之英萬歷丙午舉人令麗水催科不擾值歲歉力請開預備倉以賑且施粥六門食之聖殿傾圮捐金爲倡他祠廟堰埠歲久坍塌多加修葺民苦旱步禱雨降異虎傷人顲神械至人謂其精誠所感云浙江處州名宦

謝天申字元菴萬歷戊午舉人授西寧令居躬嚴潔治尚禮教政美人和梟獍爲空捐俸創典學書院進人士而課之士因咸奮於學廣東名宦

桂啓芳字叔開崇禎辛未進士授海陽令時海寇劉

香老猖獗啓芳以計擒其黨林龍角周瑞偉杖斃之更出奇助督府平香老等忌者奪其功落職歸益讀平生所未竟書披衣挑燈達曙不倦

黃耳鼎字潛巖幼好學嘗應順天鄉試道逢老人哀泣問之乃以寃鬻女耳鼎紆途三日傾囊贖女歸之後試期弗顧會棘闈火改期再試遂得登賢書丁丑會試第三授中書秩滿召對稱旨擢廣西道御史彈劾不避權貴巡按陝西值闖賊破都城耳鼎奔赴江南尋卒

高弘基字元開崇禎庚辰進士司理大名值歲饑捐俸市牛種給民山東梟賊米玉逼郡諭以禍福尋就招撫時流離初復民苦俵馬費重弘基自直指疏請暫行改折郡人德之

官撫極字進之以拔貢再任貴陽通判駐畢鳥有捍衛功畢鳥人肖像祀之陞平越守忽苗帥藍二率萬衆圍城七晝夜撫極力守禦之伺其懈以壯士七十人夜襲賊營擒藍二餘散去以功陞太僕卿致仕歸兄撫辰工詩古文詞

羅田程瑩以吏員擢禮部郎中知瓊州少喪父事母盡孝繪思親圖朝夕奉祀如生又置義田供祖祭在瓊成就邱濬爲名相惠政多端瓊人立祠以祀

聞韶成化戊子舉人授石城令才識通明幹辦敏給防禦廣寇兵食恒足開擴城池至今賴之江西贛州名宦

王澄字克清正德甲戌進士令番禺興學校均賦役祛妖僧表貞節甚有政績歷戶部郎中奏復太監王某所奪艮牧署民產地利歲省租役銀壹萬叁千有奇督淮餉值歲饑捐俸以賑所至有賢聲卒

於官參廣東志

王德純字一之正德丙子舉人授襄城令擢御史出
守姚安剛明正大不事繁苛新楝川書院修儒學
遷養濟院意篤士民惠周無告雲南名宦

葛鵾字子中正德辛巳進士授庶常擢刑科給事中
會戶部主事羅洪載以杖錦衣衛百戶下詔獄鵾
與同官安磐等抗疏請付法司出補知府參楚紀明史

張明道字希程少有大志不屑世利發明朱子綱目
啓迪後人年五十成嘉靖己丑進士授都察院都

事累官江西按察副使剔蠹中外政績著聞爲一
時循良之冠

王榆萬歷乙酉舉人知六安州每朔望向神誓曰愛
民不及愛子殃及我子治郡不及治家殃及我家
民感其恩建有生祠江南名宦

蕭魚萬歷庚子舉人授汝州學正遷溫江知縣勦奢
冦有奇功入爲工部主事時魏閹柄國魚不爲屈
遷守登州清操如水致仕歸卒

麻城劉從政字恭明洪武甲戌進士拜監察御史謇諤抗
直彈劾無所避保靖宣慰司族屬相仇殺從政齎
勅撫諭之歷河南山西參議皆清慎綽著能聲卒
於官

吳山字仲安洪武初舉明經任合州學正善教化擢
知內江以廉稱尋丁艱去補知青城至石首卒山
博學多聞尤精春秋鄉來學輩出其門

李寧字景安洪武初令餘干才識英敏值羣盜竊發
寧率鄉兵協同官軍擒盜魁遷散其黨數百人歲
饑移粟賑濟民懷其惠勒石以誌不忘

楊敬洪武初令富陽剏置廳宇建立學校寬猛得宜
民懷其惠楚紀

鍾亮洪武中知定陶縣有惠政秩滿當遷民奏留之
仍復任山東曹州名宦

毛添佐字公輔永樂間由知州署肇慶府事守正奉
公敬賢禮士庶務修舉民思慕之廣東名宦

董應軫字宗南宣德壬子鄉舉第一授鄭州學博擢
福建提學僉事天順七年廣西大藤峽賊亂舉朝
以經濟推應軫陞參議平蠻有功致仕歸

鄒來學字時敏宣德癸丑進士授戶部主事督餉陝西規畫有條理陞員外郎從王驥征麓川有功正統土木之變擢僉都御史提督軍務巡視畿甸東北諸關隘能以權智集事請分遣文武大臣帥兵據險邀敵歸路廷議韙之景泰癸酉陞副都御史明年巡撫南畿賑蘇松饑民勸農桑修水利姦吏勢豪悉繩以法又請留京儲以備賑濟復軍運以省勞費時善其議以勞遘疾卒諭祭葬孫騏成化進士刑科給事中以耿介稱（叅楚紀）

鄧達宣德乙卯舉人授江津令狷介不苟政暇課諸生文藝訓誨不倦一時科第甚多擢御史官貴州僉憲（四川重慶名宦）

劉訓字忠言先世有名夢者從高帝起兵官同知賜田麻城因家焉訓成正統己未進士知金壇縣有惠政性儉素治蔬圃以自給拜監察御史廉直有風裁冢宰王翺特疏薦其治行爲天下第一陞山西叅政子仲軥令崇德孫璲另傳

李正芳字彥碩夙有隱德正統壬戌進士歷東昌南陽太守善政著聞改保寧時趙鐸反正芳率兵討之設奇制勝厥功甚懋累任山西布政去後民甚思之子瀙字士淸進士歷官叅政以廉平稱孫文祥文欽俱有聞祥另傳（四川保寧名宦）

周鑑字以人正統乙丑進士授監察御史出按江西大學士陳循子所爲不法鑑置大辟陳切齒伺無所得乃諷部遷雲南副使九年不調鑑汰貪墨理誣枉開賓泉壩溉田數萬頃陞山東按察使乞歸

周庠貢生正統中知陳州緩刑罰興學校其復業之民許口授田教以種植居數年州漸富庶百姓戴

之如父母（河南名宦）

熊祥景泰庚午舉人授浦江令築城修學建演武場政績丕著子縝知成都縣有賢聲後知邛州（四川名宦）

曾啓景泰癸酉舉人諭犍爲誨人不倦爲文尚理致不事浮藻一時士習爲之一變

劉綱景泰丙子舉人令淸遠賑饑有方民賴以活創闢學宮規制宏敞均賦役勤撫字士民爲立遺愛亭（廣東名宦）

宋兌字繼東景泰丙子舉人令濰縣專務以德化民不爲矯激之行秩滿奏留復任後陞濟寧牧山東名宦

鄒淡天順壬午舉人授石泉令時經番夷之害民多逃徙淡善於招撫復業者甚衆四川龍安名宦

黄時中字宜之成化乙酉舉人知阿迷州時初設流官百務肇舉時中善於撫綏得夷民心雲南名宦

董紱成化壬辰進士令湖口淸愼惠民邑有蘂觀渡水齧堤壞紱重築之民被其澤江西名宦

邱瑩號北山成化甲午舉人知開縣持政廉平榜其門曰愛百姓如子受一錢非官

王本儉字節之成化戊戌進士初授吳縣改豐城父遺詩扁之因刻石後堂日夕自省由是豐城大治歷桂林副使會蠻寇譁本儉提兵蕩平之卒於軍

熊經字載道成化戊戌進士令無錫有惠政諸生邵寶吳學輩皆其所資給鑒拔者時有徐姓作石㮇於太湖欲毀民居開河通舟經弗許六載內名爲人中傷出知陝西隴州以疾致仕經性剛氣豪善談論敦孝友有東溪集行世

舒崑山字楚瞻幼奇頴成化甲辰進士累官副都御史所至有政績能文章一時碑碣多出其手

董朴字汝淳成化甲辰進士任重慶守儉已愛人明禮義正風俗以觀去渝民銘德於石起楚雄知府課農桑立哨堡建學舍增祭器尤勤講學諸生貧不能婚葬者資助之陞江西參政歸帷飯廬以終老四川雲南名宦

李文祥字天瑞成化丁未進士孝宗即位上疏請裁抑中貴萬安票旨謫陝西咸寧丞數月以王恕薦擢職方司主事會中書舍人吉人言事下獄文祥復被媒孽與隆衛經歷立均差法招集長串罷場禁久而安之尋以薦表入覲兩上疏告歸不許還經商城曲河氷陷死焉先是萬安重文祥才名欲引附已使人延欵屬題畫鳩有春來風雨尋常事莫把天恩當巳恩之句安啟銜之詳見明史

周廷徵字公賢弘治巳酉舉人以教諭擢御史按陜西時安化王寘鐇反廷徵調榆林副總兵遊時源等分布要害令楊英爲書密達仇鉞擒寘鐇並首

惡何錦等械送京師朝廷遣都御史楊一清太監
張永總兵始至永以功不由巳乃追還眞鐇別自
報捷又盡奪寧夏將士功與諸貴倖紀功給事中
郄夔懼而自盡寧夏幾至再變賴徵威望素孚又
爲撫定而白其功於朝尋陞九江兵備副使卒於
官
劉璲字士約訓子弘治庚戌進士令豐城愷悌果斷
興學育才邑好淫祀首毀之以正民俗自守狷介
不私一錢徵歛有方姦猾屛迹述職爲江右第一

唐書弘治壬子舉人授巫山縣令剏修石城民永賴
之四川名宦
曾大有字世亨弘治癸丑進士授定遠知縣黌舍官
廨城郭坊市悉爲增修撲滅妖賊孔布等一境晏
然徵拜監察御史直聲震臺端以忤劉瑾除名瑾
敗起擢知府累陞江西布政使
陳文字簡之弘治戊午舉人令崇明遇風潮大變奏
請賑濟活三千餘人又擒海賊施琪父子以抗言
忤巡按某調延川歷戶部員外尋出爲襄府左長

史文外和內剛居官清介歷任幾三十年田廬如
故著有自怡集
曾大顯字世榮弘治壬戌進士累官禮科給事中忤
劉瑾謫江西布政司照磨歷晉叅議所至有風裁
以疾乞歸
毛馭弘治甲子舉人授太平令綜理有方剖決無滯
吏民不敢欺浙江名宦
劉天和字養和正德戊辰進士劉瑾欲與敘宗姓謝
不往授主事改監察御史出按陝西忤中貴廖堂

被逮民哭送者萬人謫金壇縣丞後起湖州知府
多惠政屢擢僉都御史督甘肅屯政田利大興改
撫陝西請撤鎮守中官及爲民患者三十餘事又
討平洮岷番族及漢中妖賊丁憂歸值黃河南徙
以故官總理河道躬負畚鍤疏汴河自朱僊鎭至
沛飛雲橋殺其下流又疏泰山七十二泉自鳧尼
諸山達南旺湖濬其上流不三月訖工加工部侍
郎改兵部總督三邊屢破吉囊名爲兵部尚書加
太子太保卒贈少保謚莊襄廕孫守有官至錦衣

衛指揮孫守濮以恩例當廕讓其季父溧又以軍功當廕復讓其弟守孚後以病夭卒守有子承禧掌錦衣衛士大夫獄恐時頗賴其力

董士毅字維遠正德庚午舉人授四川南充令一介不取有青菜布衣破繖羸馬之謡陞守蓬州清操益厲歸時囊無長物正德戊辰大旱捐穀倩人埋瘞餓殍不下數千

劉淑相字養忠正德甲戌進士授南京兵部主事武宗南狩參贊尚書喬宇選一人奉迎諸司皆憚淑

相獨請往得旨還守深器焉嘉靖初晋郎中嘗跪伏左順門以爭大禮歷任順天府尹執法秉正權貴多憚之未幾與內閣夏言訐奏下錦衣獄尋放歸卒於家

毛鳳韶字瑞成正德辛巳進士知江浦有善政擢監察御史上弭災八事如復舊制以革鎮守尤關天下利害巡按陝西雲南貪墨吏皆望風引退終雲南僉事有聚峯文集

喻希禮字節之嘉靖癸未進士以重慶推官擢御史會議大禮大獄杖謫者多斃荒徼希禮因禁中祈嗣上疏極諫世宗震怒尚書夏言力捄之謫戍六安十餘年赦歸卒隆慶朝追贈光祿少卿賜祭

曾鋌字曰宣嘉靖癸未進士知獻縣擢給事中世宗南狩抗疏止輦廷杖下獄謫靈州幕直聲動一時累陞福建少叅拜命未就而歸

劉采字汝質嘉靖己丑進士時張璁當國采爲會試所拔高等特嚮意采不肯往謁補宿州守約己裕民發姦摘伏屬歲饑上吏督課急采請移帑羨代

輸至秋民爭償無逋者歷官副都御史巡撫山東時民苦採礦命下嚴急采疏請緩辭極婉剴獲允御史某請開膠萊河通海運采條其不便者五事遂寢先是詔近畿撫臣屯兵臨淸備入衛後歲以爲常士卒疲苦采疏請罷之累遷南戶部侍郎疏請裁諸費不經者鎭武營卒以乏糧殺侍郎廷議以采代采至處以鎭靜條畫悉當機宜凡運艘至戒主計者剔除一切收支積弊轉輸稱便反側乃安以災異自劾免穆宗立起南京工部尚書改兵

部尚書凡四載乞休歸采歷官四十餘年清介如
一卒年七十四諭祭葬贈太子少保謚端簡
陳仲晦嘉靖丁酉舉人任石屏知州治海口建六閘
軍民稱便雲南臨安名宦
董性嘉靖丁酉舉人授安岳令撫民以寬馭吏以嚴
課諸生除巨盜斷寃獄民爲立碑頌之四川邛州名宦
劉廷舉字巨塘嘉靖庚戌進士授分宜令以不附權
要調上蔡尋爲袁州知府廉平仁恕威惠並著郡
大饑廷舉發廩捐俸施粥民賴以活申明聖諭須

刻小學士風丕變去之日有徹底澄清一巨塘之
謠江西袁州名宦
周弘廸字元惠嘉靖乙卯舉人授灌縣令政尚嚴明
猾吏豪民不敢肆陞石屏州牧四川名宦
周弘祖嘉靖已未進士由吉安司李擢御史督屯田
馬政隆慶初疏請故侍郎薛瑄從祀又請停中官
及籓邸内侍蔭襲報聞已請汰冗員及倣行古社
倉制詔從之後因地震極言時政不報詔市珍寶
弘祖復切諫遷福建提學笮牘不至其門忤高拱

調判安順拱罷移廣平推官累遷南光祿卿明史
孫一謙萬歷時爲南京司獄給囚米甚均衣敝至爲
囚浣補一切舊弊釐革殆盡囚深德之秩滿轉靈
山吏目少司馬王世貞爲詩美其行
周思稷字養初隆慶戊辰進士知臨海縣慈祥廉靜
有古循吏風在邑五年嘗清丈田畝稽核戶口不
事察察而人不敢欺又酌定鹽課上下利之陞戶
部主事浙江名宦
羅樹聲字伯實萬歷癸酉舉人令灌縣以清敏稱西

征之役軍需旁午樹聲供億有方民以不擾又叙
觀風樓爲一邑偉觀陞西安郡丞四川名宦
周弘綸字元孚倜儻負奇氣萬歷甲戌進士授戶部
主事降無爲州同遷順天通判時張學顏李植等
結黨張鯨弘綸上疏指斥乞爲屏放帝怒謫代州
判佐州守興利除害加意學校遷南兵主事疏請
建儲不報累官御史按寧夏河東有二古壩易以
石濬渠北達鴛鴦諸湖大興水利以誤薦哼承恩
貶澄海尉歸卒天啓初敍建儲贈太僕少卿

魯之賢字伯艮萬歷壬午舉人令深澤北俗輕生之賢禁溺緰嚴反坐刑以是清奏最擢御史首劾罷貪撫張明綱廵按宣大會代藩廢長立幼上疏切論後以勞瘁卒於官

王之機萬歷壬午舉人由廣文歷官四川叅政會建昌猓亂之機受命偕劉綎討之攻克桐槽諸砦大小五十六戰諸猓巢穴一空改雲南復以才幹機警著績滇藩莊兵為盜執法相忤投劾歸叅明史

陳楚產字北學困童子試遂以白衣中式成萬歷癸

未進士令博野清廉勁直百姓稱陳青天遷兵部主事歸里數十年不起凡邑中利弊輒言於令篤交遊不以貴賤易視梓里咸敬愛焉

梅國禎字克生萬歷癸未進士令固安以政最入為御史會寧夏鎮將哱拜子承恩等據城叛命國禎監李如松軍討之破其外援決黃河大壩水灌城城中食盡援絕總兵牛秉忠年七十賈勇先登國禎援梯大呼曰老將軍登城矣諸將畢登賊復據守大城國禎許相圖自效賊黨遂殺劉東暘許朝俘承恩以獻拜自焚死以功陞太僕少卿累陞兵部右侍郎總督山西宣大軍務撫循邊徼恩信甚至以父喪歸遂卒贈右都御史

梅國樓字瓊宇萬歷癸未進士選庶吉士歷遷至四川敘州副使時播酋楊應龍反蜀撫進討失利特起李化龍督軍務檄國樓隨軍進勦國樓同將軍劉綎冒險出奇併力合攻播州平捷聞各加一級賜賞有差按縣志舊省志俱無梅國樓傳而舊志特載平播事查明史亦未及存以俟考

彭信古字叔籛萬歷癸未武進士累官瓊州遊擊朝

鮮用兵信古率步兵用大棓擊斃其渠魁衆軍進逼賊濠毀其柵尋以礮裂失利充為事官後敘功賜蔭

楊王庭字中愚萬歷乙酉舉人授德化令江北岸地形窪下民數千聚廬於此時夏流汎溢民將淹沒王庭築堤捍之號楊公堤以持正忤礦璫調桃源令尋晉廣信府丞告歸教子孫以文章名戚族之貧者咸仰給焉

詹淑字茂修萬歷乙酉舉人授資陽縣令在官九年

公正慈廉條陳勸農養生省用恤刑等議皆見施
行四川名宦
彭好古字熙陽萬歷丙戌進士知歙縣擢御史歷僉
事剛直不撓風格類古人弟遵古字旦陽鄉會同
榜當釋褐初會南御史房寰連疏詆海瑞遵古同
顧允成諸壽賢抗疏劾之政府以出位妄言奪冠
帶還久之以御史言起教授終光祿少卿
蔡茂春萬歷壬辰進士令建德興學育才勸農積穀
催役維均捕盜恤孤設義塚立小學興利除害無

不條舉浙江名宦
曹大受字無可萬歷甲午舉人令浙江新城理滯獄
鋤巨憝因性鯁介左遷蜀藩典簿會奢賊變募死
士擊之以功擢貴州兵備副使復晉階一級意有
不合竟拂衣歸
李長庚字孟白萬歷乙未進士授戶部主事歷江西
左右布政除解費察吏弊清介絕俗入爲順天府
尹京畿荒旱疏請平糶賑饑免稅皆朝上夕可改
副都御史巡撫山東盡心荒政民賴以甦遷戶部

侍郎督餉天津倉廒充實晉刑戶二部尚書魏璫
以爲楊左黨削籍崇禎時起工部吏部尚書帝嘗
褒以勤勞清慎後與温體仁不合放歸家居十年
卒
楊之彬萬歷丁酉舉人任姚安牧慈衷潔守敏才卓
識省獄訟平賦役蠲苦丁復鹽市修學宮一郡利
弊盡爲釐舉其大者開擴城郭功尤茂著雲南姚安名宦
熊所師字呂源家貧歲歉有知交餽稻數十斛分給
親友一時悉盡從弟妹不能自存者教養婚嫁之

萬歷丁酉舉於鄉司李虔州守將縱兵剽民按法
劾罷隨爲州將所中謫廬州判州有豪强犯法前
守屢捕不出所師攝州事擒置諸法後調北流令
卒櫬歸貧不能葬
王有德字澤寰萬歷庚子舉人初知嵩明州東川土
蠻之變以擊賊功陞僉事守永昌佐巡按姜籌築
擒斬叛蠻馬一駿分巡臨元規復十八寨觀察黔
中銅平璣耳山苗倡亂率兵入其界撫之黔賴以
安後晉陝西右布政入覲卒於京

梅之煥字長公少孤從母日課書盈寸倜儻雄駿異於凡兒萬歷癸卯與楊漣同舉於鄉以功名節義相期許甲辰舉進士選庶常改吏科給事中尋出爲廣東按察副使多所平反天啓元年擢僉都御史巡撫南贛後魏璫與大獄逮楊漣拷死因擿漣黨以之煥爲首坐削籍逆黨梁克順誣以贓私莊烈帝卽位乃免以原官召巡撫甘肅之煥大破套寇威服邊方其功最著會京師戒嚴有詔入衛且行西部乘虛入犯之煥止留戰敗之復西定悍卒

王進才之變抵京師已後時溫體仁修隙指劾之遂解官歸里流賊起秦隴蔓延光黃間之煥用軍法部勒鄉人賊不敢犯

陳以聞字石泓萬歷丁未進士授吳縣令不畏强禦調無錫行均田均役法發運弁勒兌狀數決大獄甚有風力遷禮曹晉尚寶寺丞以與楊漣高攀龍善忤魏璫削籍崇禎初起官累少司寇被論歸卒

周弘謨字元文萬歷武進士官遊擊同李如栢等戰平壤會倭關白陷朝鮮王師敗朝用沈惟敬議款令弘謨同惟敬往諭倭就款還疏倭情甚悉復遣往議封貢至朝鮮仁施縣病卒贈都督僉事蔭黃州衛千戶

鮑之祥字若孩崇禎辛未進士知臨川時軍興加派祥不忍鞭扑涕泣勸諭值編審召里長聚庭下面均徭役吏不敢欺疏布自奉如寒素（江西撫州名宦）

吳琛（黃安）字文錫少好學修父業與兄琳齊名授衢州同知盡心奉法政多偉績

耿光字謙甫成化辛卯舉人四任學博以春秋歷聘

分考所在得人初應四川聘有貴勢遣人以重賄丐錄其子光焚其書麾使去性篤孝每念養不逮親居常悲愴賦詩見志誦者感焉

方民懷字懋元嘉靖庚子鄉薦凡二十年絕跡公府嘗寓族舍有女來奔叱之女跪曰父爲債窘故爾急取囊金賙之遣去令林縣五載多惠政監司臨以非禮遂拂衣去囊無一錢

周思敬字子禮隆慶戊辰進士除工部郎出備兵寧州參政涪州皆著奇績擢光祿卿三遷至南戶部

侍郎主事趙學仕侵牟有罪恃輿援爲解思敬劾
之擬戍時議援朝鮮思敬抗陳不可俞旨報罷朝
野震服卒贈工部尚書孫世寧博覽羣籍事孀母
以孝聞
周家棟字隆之萬歷巳丑進士授臨海令清理徭役
民懷其惠課士有知人鑒邑之儒習斌斌焉築湖
堤尤利及永久擢御史巡鹽兩浙老穉數百里擁
馬足歡呼曰此我曩時父母也卒祀名宦初採礦
命下黃安有河名金塲姦胥妄指以累平民家棟
爲之奏罷安人德之亦祀鄉賢浙江名宦

吳化字敦之萬歷乙未進士授鎮江推官數斷疑獄
出人意表民有壓死者誣爲諸生某撲殺化案之
曰撲人者右其手理宜橫今縱而左非撲也民乃
服遠近神之累官戶部主事
盧堯臣字贊勳萬歷庚戌進士授益都令邑多貴勢
堯臣抗法不撓被中傷謫去久之起濟寧府寧前
衛推官致仕子爾惇爾悌另傳爾恒通判爾慥舉
人孫經戊戌進士典化推官俱有聲

王之策萬歷中由選貢授通江令茹蘖飲冰鋤強剔
蠹善於撫字四川名宦
秦植萬歷巳未進士授全椒令未下車即發諸吏姦
蠹狀至則杜苞苴除耗羨薄稅通商調桐城去惟
攜布絮一篋而行江南名宦
蘄州　康茂才字壽卿蘄州人元末寇陷蘄州茂才結義旅
捍禦尋從明太祖渡江太祖欲速陳友諒來寇以
分其力密諭茂才誘致之友諒敗走嗣後破蘄黃
戰鄱陽湖圍武昌收湖南伐吳逼蘓州從征齊魯
關隴節制太原再征漢中所在有功軍中疾卒贈

蘄國公諡武毅
康鐸字伯聲茂才長子襲封蘄春侯少有父風年十
歲侍太子讀書大本堂太祖灑宸翰賜之曰謹承
祖業愛爾勤功詔往鞏鳳陽荒田年十八統兵征
辰州峒獠遂平松壘諸州後從征南將軍傅友德
征雲南克普定破華楚山諸砦明年卒年二十三
贈宣力武臣蘄國公諡忠愍
黃安秦洪武初知彭澤縣時兵燹後民物凋瘵安秦

以廉勤爲政百廢俱舉民賴以寧

馮思齊洪武初以貢入太學上幸學偉其儀度瓌瑰擢御史初爲諸生時與百戶黎暄有隙及按江西暄誣繫九江獄中思齊平心直之後以言事激切謫雲南推官尋召還

朱彤字彥功洪武丙子舉人通判紹興廉公有威人不敢干以私去官送者闔郊父老流涕而別 浙江名宦

宋誠字彥實正統戊午舉人授徐州牧器宇才能迥出人表吏民畏服陞敘州知府 江南名宦

陳溙字濟寬正統甲子舉人授工部主事督濟寧河閘値中貴樓船有犯禁者卽繩以法不少貸中貴銜之誣以他事逮詔獄謫戍貴州溙慷慨就道至則日持戟從事憤激憂深則寓詩歌怨而不怒有風人之遺

張禧字吉夫景泰庚午舉人授推官性抗直人不敢干以私讞獄多所平反遂與長官不合丐歸家貧甚州大夫聞而周之悉不受

王翰字廷舉天順丁丑進士累官廣信知府廉謹愛民剛直不阿附舉事惟義以故多觸忤僉事陳騏按部苛細翰不爲動會大理卿夏時正巡視以陳言罷之百姓乞留不得歸構數楹校讐古書絕口不及世事

華仲賢字廷佐成化乙未進士歷官廣東叅政命下採珠力革舊弊事集而民不擾擢布政使以廉稱乞休卒於家

馮翱字時舉歲貢任推官治獄平恕爲諸生時比舍火起翱自外馳歸負其母及先世誥命而出餘無所問

井澤字仁夫成化丙午舉人歷教職甄陶有法陞渠縣令淸愼剛果捍禦鄢寇邑賴以全渠人繪像祀之歸輯蘄州志九卷 四川順慶名宦

張思齊字希賢弘治乙丑進士令四會水患游臻民聚爲盜思齊設法築隄遂成膏壤民皁盜息遷知亳州白蓮賊趙景隆掠歸德思齊偕指揮石堅擊斬之賊平陞四州僉事疏治麻衣河民便之尋遷副使備兵建昌勦雅州猓苗爲亂者鎭守中貴人

欲攘其功誣奏思齊恩殺良民逮至京事白改霸
州民有訴中官奪産思齊上其狀部使者不報遂
投劾歸復起瓊州兵備累官布政使
陳大中字時甫正德戊辰進士任南戸部主事積羨
金還公帑擢慶遠知府所屬土官舊有私贄大中
拒不受削平藍賊以通商旅擢轉運使尋致仕
高鵬字汝南正德丁丑進士授淳安縣令冢宰喬宇
薦其才當道忌之左遷亳州判官移知南充訊獄
果斷不畏强禦士民仰其德歷重慶知府蜀籓長

史 四川順慶名宦
井澧字鍾衡嘉靖辛卯舉人令旌德時條編未行澧
裁省廚傳寬里甲諸費有中貴過縣索供億横甚
澧但致常餼而已中貴度無所得乘傳去 江南寧國名宦
馮天馭字應房嘉靖乙未進士督學南畿崇雅黜浮
簡拔多儁乂累官刑部尚書致政生平孝友待弟
尤鍾愛閭里尊重稱午山先生
吳鳳瑞字翼靈嘉靖乙卯舉人冠後始習舉子業以
理學爲鄉里倡教諭太和有師範督學檄主正學

書院遷永豐令擢兗州同知以直忤當道當道廉
知其端方愈優禮之每書寄子勉以耕讀卒於官
周祚字台峰嘉靖戊午舉人令海澄邑新造難治祚
墾荒拓逋戸口以實復覈賦清徭絶蠹食之弊時
舉鄉約保甲民俗丕變後陞官郎中 福建名宦
李孟春字愛池隆慶丁卯舉人授西平令官箴清肅
歲旱蠲産佐賑不忍開徵爲撫按所劾民泣控願
完積年逋當事查覈果全完歎曰有牧民若此者
乎亟爲雪救遷順慶同知尋遷刑部主事致仕歸

李際春字和元孟春季弟也萬歷丁丑成進士宰歸
安時詔量郡邑田豪右隱占獨累窮民際春按籍
履畝未嘗少徇移戸曹遷涼州叅議尋督廣西學
政歸以薦擢四川叅議陞汝南副使平礦盜沒心
秤之亂歲饑拮据荒政全活甚多以勞瘁卒於官
際春天性孝友嘗訓其子曰吾居鄉居官惟以鬼
神二字時時在念汝輩宜知之子梃孫本晟另傳
李載陽字旭峯萬歷丁丑進士令洛陽才長識裕敷
政明敏丈地清徭百姓稱便後以南御史出守漳

州加意學校歲饑多方賑恤客役夜譁康其魁寘之法衆皆讋服累陟太僕卿祭河南福建名宦

張星字衆薇萬歷壬午舉人令如皋邑有沙田歲苦水漲壓沒星捐俸濬河導水入海農以有秋又鹽場舊例每一撤丈費商人數千金星單騎裹糧而商不擾中官騷擾滋害星正色不避遷歸德府同知致仕

夏忠字孺和萬歷辛卯舉人令淮安桃源時苦海寇忠修葺城堡嚴保甲萑苻無警知鄧州華羨餘有

大辟繫獄者百餘出脫九十二人梓有鳴冤錄陞思明府同知致仕

汪宗文字絅先萬歷丁酉舉人授上高令民瘠而玩惟務惠綏不專倚法民以感動逋賦應期告竣入爲部郎榷河務鈔關除去羨耗累官雲南副使所至有聲晉階右布政告歸處鄉恭謹里人懷之

袁世振字抑之萬歷戊戌進士令臨川陞戶部郎時邊餉仰給鹽課鹽法久壞商引不行世振爲十議上之神宗覽奏嘉其能特命爲兩淮疏理鹽法副使賜璽書疏理之官自此始

李楷字端甫萬歷間襲千戶職授靖州守備隨劉綎征苗播攀藤越摟山關建立奇功加世襲指揮陞浙江叅將會海賊入犯設奇大破之擢吳淞副總兵晉貴州總兵歸里居喪廬墓孝友同居及卒弟棟嗣其爵

李猶龍字又眪崇禎間由貢士任石屏州牧値普名聲叛攻圍臨安州有土人倡亂立斃之境內肅然率民固守賊不敢犯州賴以安雲南臨安名宦

廣濟徐麟洪武初授宣武衛鎮撫歷河南府同知百廢俱舉郡邑稱治時降臣宋玉集散卒謀夜叛以刻漏爲期麟廉知之戒司漏者故遲滯寇疑不發黎明遣邏卒盡獲之以功陞秩賜金帛後調蘄州歷永道房三州俱有政聲

張根字伯原洪武中以歲貢爲順昌博士累陞左春坊司諫永樂間轉太子少傅侍皇孫講讀仁宗即位諭諸臣曰張根誠實可用然老矣宜優逸之遂以本官致仕歸

王佐監生永樂間同知嶽州府有惠政遷守饒州廉靜寡欲以德導民後免歸僚屬贐以金不受人益重之因立郤金亭於江滸

鄭達字叔通永樂癸卯舉人任盩厔令開渠溉田千頃調崑山值大荒疫癘塡衢民哭達亦哭煮粥賑之疫作廣設醫藥全活遂多重學校恤窮嫠自奉清約圖書外一無所好

陳釗監生永樂中任監察御史振肅風紀歸休日篋無寸貯及沒其殯葬皆里人所賻

陳愷正統辛酉舉人歷戶部郎中性敢言孤行一意不避權勢陞重慶知府矜孤制暴郡人多賴之

張易宗字祖義弘治乙卯鄉舉任聊城諭訓士多所成就擢判瑞州有解餉四人私拆印封府欲致之死易宗爭之不能得因閉閤謝事時兩臺奬易宗廉使者至府乃釋焉陞雲南鹽井提舉致仕子二頌有孝行價不易訾妻年十九舉於鄉任國子學正

張頡字平岡篤志好學嘉靖乙酉舉於鄉知舞陽爲政務飭大體釐弊竇鋤强悍邑中神像皆易以木主曰鬼神何常形而儼然貌臨人乎盡毀之

張步雲字子龍嘉靖戊午鄉薦累官太平知府有土官繫獄論死其姪賄謀承襲誣其子非嫡出步雲卻其賂刺血以驗由是忤監司意罷歸會長隄兩決五縣爲魚步雲時年八十四爲書數萬言控兩臺各捐金修築至今賴之

劉天衢字一登隆慶辛未進士授中書舍人神宗即位選監察御史憂形於色耿定力怪問之曰監察職不易稱也無何御史傅應禎劉臺咸以論列元

輔被逮天衢毅然疏救之遷陝西參議駐興安先是興安水災民多流亡天衢下車議賑且築隄濬濠全活甚衆累遷雲南副使金滄道左參政值緬人入犯乃移駐賊衝集八郡材官及諸司土兵分討之凡四閱月盡復故所陷地遷山西按察使加太僕卿致仕

湯之相字惟尹少貧父爲縣吏不能自給之相假市肆貿易取資夜讀萬歷丙子舉於鄉由學訓爲南

助教晉刑部郎出知黎平府地雜苗獠之相餙綱紀蠻嫁娶科條使男女有别俗殺人不抵惟以銀贖故仇殺益多之相不爲末減乃少戢淸操自持不濫取一錢黎民說之

王大謨字維允萬歷庚辰進士令太湖甫八月御史按視才之薦爲比部郎適中宮父錦衣張某卒兄子爭財自殺下部鞫所由尚書密屬大謨大謨至其家慰弔引見其穉子倉皇訊之得實歸具詞平允錦衣嗣子得全上與中宮大悅熱審中官例至

大理寺署南面坐尚書以下皆侍大謨曰春秋尊王人而奄尹不列朝署使者當下中官怒大謨抗疏極論之不報歷員外郎督學雲南捐俸搆五華書院聚諸生講業遷廣西左叅議以母老乞歸養薄田數畆外無餘羡焉

徐來聘萬歷間以貢生歷官永寧知州有猺獞相仇殺憲臣密檄勦之來聘不忍單騎詣營諭以禍福翕然感化

徐來建萬歷乙酉鄉舉知壽州壽近濠河時爲患丁徭偏重來建奏記臺使者懇均二賦租歸田廬歸丁悉剷其平臺使爲具奏可民困用蘇

張金和字汝節以拔貢再任廣文遷平武令始至値小河卒因府胥索賄滯糧聚詬太守金和單騎諭解之徐誅首事藩椽令妾誨淫得吳商金又殺妾與商金和得情誅椽李藩父子殺人郡納賄欲脫之金和寘之法在邑三年政平訟理解組歸年八十六卒子楚偉舉人有雪巔詩集孫仁熙另傳

舒其志字元渚父賢事親至孝其志登萬歷乙未進

士授行人擢四川督學藻鑑如神得人稱盛陞江西按察使時淮王欲立寵倡子而錮世子於秘室倡子左右皆羣盜出沒彭蠡間其志初弗問忽夜半出片紙捕其黨寘之法而責王王立出世子而殺倡子稅璫李道於湖口鳳凰磯爲暴其志計縛其魁送九江獄衆校爭投水其志故爲之晝日若往此吾知不免惟束裝宵遯耳璫果遯去已得旨仍屬戸部鈔關居民祠祀之遷江西布政歸卒子簡默皆有名

吳亮嗣字明仲萬歷甲辰進士以南充令治最擢兵科給事數上疏時多留中而亮嗣獨得報神宗朝異數也天啓初遷太常少卿三年罷歸弟亮思崇禎選貢廷試時疏論大臣私請託亦得報子敏功貢生官南谿訓導敏含崇禎壬午舉人官浙江新城知縣俱能詩

胡士容字仁常萬歷庚戌進士授長洲令捕豪惡築婁江石塘有政聲遷嘉定請徵折色省轉輸費鉅萬歷戶部郎中遷薊州叅議魏黨崔呈秀薊人也

薦其倡姬弟爲材官怫然絕之有奸贓吏捕急投崔氏第竟取論如法郡邑爲魏忠賢立生祠士容禁不許遷江西副使忠賢黨誣以多乘驛馬侵盜倉儲逮鎮撫獄掠治擬贓七千論死薊及長洲民聞之咸輸鏹以代崇禎初乃獲釋補陝西副使遷叅政卒贈太常卿子嵛以軍功世襲

金之純字健之萬歷乙卯舉人署醴陵諭補浙川令以治績擢知興安州流賊突至倉皇登城誓以身殉丁壯皆感激殊死守一歲中賊薄城者四糧盡且陷密檄旁郡遊擊虎邕通爲援夜縋敢死士會夔之斬獲甚衆賊去民饑且疫設粥食調醫藥存活數千人擢守漢中會疾卒年四十五興安民廟祀焉之純篤於友誼江夏吳裕中劾丁紹軾語侵璫矯詔死杖下親故皆竄匿暴屍衢中之純獨臨其喪返其櫬於三千里外妻李氏有節操明於大義訓子德崇德嘉嘉另傳

劉近臣字亦𨾴天啓甲子領鄉薦對策忤璫崇禎辛未始成進士令金谿有能聲新二陸書院時課諸

生其中考最遘疾卒艾南英爲序其制藝刻之

黃梅於顯好讀書善騎射豁達多大節屢從太祖征伐有功官至前軍都督僉事卒贈英山侯諡襄武

潘文浩正統間由貢生令廣西灌陽至誠惻怛薄斂省役有虎噬人爲文禱城隍越三日虎伏死廟門毛蓐若有笞杖痕嶺獠姦黠素爲民患不可制乃以恩誘其黨縛之降由是疆埸寧謐在任十有五年擢梧州知府

邢纓字文甫成化丁未進士初令常熟會邑大水發

藏賑之活數萬人入爲御史彈劾不避權貴劉瑾
憚之遷雲南副使卒於官
陳言字萬言正德丁卯舉人授泗川學正敦古行不
諜諜詞藝遷都昌令以循吏稱卒於官士民祠祀
之
邢寰字伯宇正德戊辰進士上弭盜議稱旨超擢刑
科給事中尋轉禮科都給事以犯顏諫諍爲已任
上領之呼曰酸子禁中有所爲輒問近侍曰邢酸
子得無知之乎時車駕將遠狩寰拜伏闕下遮阻

乃從厚載門出以忤中貴謫廣德州判官調太平
郡丞陞南昌知府恤殣興賢剔蠹振滯卒於官
石金字南仲正德辛未進士拜監察御史按廣西値
土官岑猛亂後姚鎮措置乖方部落復擾金與尚
書王守仁同心共撫盧蘇王受還臺値張璁桂萼
用事臺中諸御史爭附之金獨立不阿風采凝峻
與漢陽戴金有二金錚錚之譽江西副使胡世寧
坐發宸濠姦狀逮獄金力辨之世宗用方士邵元
節禱祈前星金疏言當節勞葆和以兆麟趾不宜

要諸鬼神因與喻希禮上言時政俱謫戍久之有
免卒贈光祿少卿
胡鳳字文明嘉靖丙戌進士令常熟勦禦海寇倭盗
民得安堵遷廣州守以廉惠稱晉威茂兵備副使
平白草番有功轉參政廣東名宦
曹麟字汝祥嘉靖庚戌進士知許州剔宿弊勸農桑
建西湖書院課士會勦盗司尙煕來寇麟登陴爲
好語賊心易之渡濠薄城麟已令城濠皆盛沙壅
水俟半渡决水溺之賊走追斬數百級入爲戶部

郎擢天津兵備倭寇不敢犯境以兩親並八旬告
歸終養
瞿晟字景明嘉靖癸丑進士授戶部山西司郎中計
晝軍儲六十晝夜鬚髮盡白得數十條以對因上
聚邊儲疏當事忌之左遷廣平知府於田家堡鑿
長渠三百里引水爲四閘得田數十萬畝廣平自
是豐饒卒於官
王夢麟萬歷癸酉舉人性孝友居官不事苛刻愛民
如子三載解組歸安於貧約

汪可受字靜峯萬歷庚辰進士令金華有政聲遷吉安守雅意興學修復白鷺書院課士徵輸便民造條編法遂爲永例督學山西得人稱盛陝布政使舉廉吏第一詔不次擢用歷官少司馬總督薊遼卒

石崑玉字楚陽萬歷庚辰進士特授蘇州知府執法不阿領䲡使以廉潔稱節鉞雲中甚得撫綏法奏疏詩文冠一時子有恒有信孫確礪磐皆著名確令丹徒調宜興皆有善政礪以保城功鄉人祀之

鄒如頴字允貞萬歷戊子舉人以才學名家令遂安歷任九載橐囊蕭然致政歸居深山讀書以老

瞿罕諸生崇禎中薦辟授崖州牧以興教育才爲已任罷崖黎月供米平閩人林八亂告歸民思慕之

黃州府志卷之十二終

黃州府志卷之十三

知黃州府事關中王　勍纂輯

人物志

官績下

國朝

黃岡陳瑾字公瑜家貧好學崇禎甲戌進士順治初以薦起儀曹尋督學入閩拔孤寒杜請謁權貴不敢干以私暇與諸生論文講道著有陳子性書及歸行李蕭然子際昌貢生際鼎蔚州知州孫應鳳保康

訓導俱克世其家

陳克峻字伯鳴崇禎乙亥拔貢授虹縣令有清名歲旱設法賑救全活萬衆以母艱歸課子著書不與外事年八十卒子敏常癸卯舉人

詹謹之字仲庸崇禎丙子舉人任濟南推官整清宿弊力鄒鹽引及嶽廟各陋規訊獄務得實情全活甚衆尋以疾歸著述杜門毫不干謁子大衡大衢俱有文行衢另傳

韋成賢字念莪順治丙戌進士授廣常丁亥分校禮

闈得人最盛遷侍讀出爲江南叅政督理糧儲滌
除宿弊賦足而民不擾陞右通政以丁外艱哀毁
卒
王躬允字爾極順治己丑歲貢隨大軍赴粤授澄海
知縣下車訪疾苦問利弊大姓陳退夫集萬人壁
鷗汀以自保有楊許者素掠刼先歸命搆鷗汀鷗
汀懼不敢出降躬允廉得其情單騎儒服往壁人
望見曰王使君來我輩數萬人命活矣自縛出迎
事得解城隅有叢爲巢居民皆從避躬允以文榜
其宅巢不復作蒞澄三載治行爲全粤最解綬歸

課子讀書不倦卒年八十有六
李君柱順治七年從征入粤知新安縣潔已奉公勞
心撫字時營兵肆暴守備王守祖復縱之君柱力
爭不得投劾去上官廉得其實守祖被糾民益感
君柱之力
陳肇昌字扶昇順治戊戌進士授寶雞令招徠撫字
蠲除逋賦歷陞戶部郎中督學廣東時兵燹後士
多流亡肇昌加意招徠秉公甄拔嶺表賴以起衰

所至申明條約嚴飭學校士習以淳考最陞僉都
御史授順天府尹九卿廷試會推秋讞諸大政多
從其議條上輒報可生平好讀書未嘗以倥偬廢
子大年鄧州知州大肇貢生大華大章大羣大犛
另傳
汪士奇字凡子順治丁亥進士知東鄉縣康熙甲寅
賊兵肆掠士奇練鄉勇保障孤城復設奇制勝盡
追賊所擄男婦數千人而還賊旣平興學校育人
才士民愛戴

吳升東字巢薇順治己亥進士授登州推官時于七
叛案株連大獄滋起升東反復讞鞫全活無算累
官浙江道監察御史風裁侃侃知無不言以條陳
落職旋奉
特旨起復協理河南道事予告歸卒
宋必達字其在順治辛丑進士任江西寧都知縣清
泰懷德二鄉久罹寇燹民多流移必達請盡蠲逋
賦以徠之邑有二城南民北兵必達簡習義勇團
練約束適閩賊張志在阻兵窺贛南圍寧都請援

未集必達率義勇與營帥協力破走之境賴以安後奉檄誅黨亂者累及良民必達願以官職保其無他全活甚衆解組歸中途爲賊所刼繫客室中夜半忽有多人持兵杖大呼宋公擁以去盖寧都百姓也年六十餘卒子敏求戊午解元聯捷官檢討有文行

孫錫蕃字棐臣司訓公安勤講課甄優劣修學宮爲學根極理要一宗紫陽誘士十則皆以躬行實踐爲先士風丕變陞霑化知縣子寅寓孫鍠鑛俱有

文行曾孫祚灝祚濬同榜舉人

鄧正暹父母病躬嘗藥滌垢後任奉天海城尉有金州豪王守祿通島船爲姦府屬暹治之祿客賂以千金郤不受獄益急祿遂陰賂塾師觴暹而酖之府廉得狀捕守祿等六人棄市

王追騤由舉人令犍爲蒞治八載內擢刑曹士民立碑紀之

鄭昱字方南父先慶殫心理學安貧樂道以義方訓其子昱成康熙庚戌進士歷知建陽唐縣以廉能陞工科給事有敢言聲出爲江西糧道陞廣西按察司持法平允授安徽布政蒞官月餘宿弊一清尋以老乞歸讀書教子不與外事鄉人以爲楷

王鳳采字汝載康熙己未進士令會稽清介自矢俗好訟以謙讓誨化之嚴絕請託邑大嵐山連金寧溫台四郡界有白頭賊者乘歲饑誘民爲亂鳳采廉得其魁捕寘於法餘黨解散乃勸富民賑貸全活甚衆捐俸建范陽閘士人利之

范基祚字叔文少孤酷貧祖母早逝母田氏苦節上

養鰥翁下撫弱子荼苦萬狀教之成立人謂有孟母風康熙丁丑基祚成進士令河南淯川在治五年清操自矢案無留牘擢最去任民攀轅不得行雖婦人孺子爭看清官父老多泣下者尋以疾乞歸年六十餘卒

萬爲烙字敬如康熙丁丑進士授遂安令冰蘗自矢勤於聽斷行政尤存寬恕及解組歸布衣蔬食晏如也子紳祖事親孝與人樂易坦直不設城府嘗急父友之難崎嶇齊楚穎泗間雖値危迫不忍捨

去侯其事解經年乃歸人咸服其義焉紳祖子年
莪翰林官御史廷望官知縣年豐年治皆舉於鄉

王一導字引康熙丁丑進士授德化縣令訟無留
滯以明慎稱艱歸起知屯留縣治最擢銓部主事
周歷四司名譽大起典試浙江時稱得士轉寧紹
台道兼理海關執法清嚴商民咸便以疾予告未
歸卒浙人思之

王漢周字晉侯康熙癸未進士授奉節令有廉明聲
課最歷官鞏昌知府諸大吏稔其才凡鄰郡重獄

委決無虛日多所平反陝人德之以疾卒於官

陳大華字子京大章弟康熙丙戌進士授粵永安知
州其地猺獞雜處爲定嫁娶喪葬之禮建學興教
調西隆革頑葺暴以治行第一陞福建鹽運分司
鹺政肅清委丈閩田稱平允歷福建分巡臺厦道
至則賑濟饑民撫綏番落生番歸化者八社蒞臺
三年以疾卒子師豫性純篤嗜學不倦雍正癸卯
舉于鄉大華任臺灣例不得攜家屬憂母徐老無
以奉養師豫承父志就養無方徐嘗曰汝父爲清
白吏汝復善事我如此可謂忠孝一門矣年三十
六卒人咸惜之

王全才字仲默康熙丙戌進士任廣東長寧縣邑居
叢山中嵐重泉毒人咸危之才曰王陽叱馭何患
焉任事愈厲俗尚鬼巫者假淫神以惑衆全才置
諸法並毀其祠像巫風頓息盜魁吳辛龍嘯聚久
爲民害全才率士兵傾其巢擒辛龍伏法境賴以
安卒于任

陳大羣字季超肇昌第四子嘗從名儒陸龍其遊講

明正學康熙庚午舉于鄉知四川會理州州故邛
僰地民俗悍獷不知禮義大羣至輕徭役抑豪强
擇子弟之秀者親爲訓廸示以行已讀書之法而
夷風一變凡日用經費悉從故鄉營辦絲毫不以
累民九年考最陞戶部員外旋晉正郎咸能舉其
職引年乞歸以禮法教導鄉族爲閭里矜式卒年
七十有五子師洛丙午舉人師栻出嗣弟大華癸
巳舉人官知縣

靖乃成字我思少警敏具經濟才由貢生官漢川學

博陟宿遷令邑有地濱黃河崩淤無常民隨淤任種以供正賦前令額外加派民苦重征成力請奏免圈柳地民產也軍丁冒占搆訟不休成廉得其實斷復本業其他善政甚多宿人至今思之

蘄水 饒應元字善仙崇禎庚午舉人順治中令溧水天資長厚而事有執持妖婦曹氏邪術惑民應元擒其姦申請殲之編徭役立排丁法民無偏重偏輕之累 江南名宦

王保釐字東郊順治戊戌進士性孝友和平溫厚與物無忤令通江修城垣建學宮為政平恕不尚苛

刻

張邦福字嚮五順治戊戌進士任紹興司李精明練達摘發如神訟牒悉置內署勾訊之下情偽立剖吏不能為姦人頌公明 浙江名宦

李棟字雲浦順治已亥進士令樂昌留心民瘼廉介自持懲奸究恤窮困置義倉建書舍善政纍纍遷雅州守 按縣志舊志省志選舉內止有李成棟而新省志採廣東志有李棟傳或別是一人存以俟考

官撫邦字綏之歲貢順治間任大冶訓導學問該博詩古文詞卓然名家善書法常自撝謙其言訥訥至於教育人材惟恐其不盡成也拔荊立學尤為勞勩有琦玗詩草

南之傑字偉公由順治選貢授利津縣丞署萊蕪令萊兵燹後多荒田積逋累民之傑力請於上得除荒田三千七百餘頃蠲積逋二萬一千餘兩民獲以甦改定海丞陞長山令邑漕糧數百石例輸德州去邑五百里費數倍之傑令民就買以兌民甚利之告歸長山人為刻攀轅集子夢班貢生令華

亭十載有政聲

聖祖南巡賜以

御書官終淮安同知

徐雲弘字元石康熙戊午北闈鄉舉授道州學正勤課試修文廟陞建昌令潔已愛民革除陋規邑中癈里俱成村落時有視民如子恤士如珍之謡以丁艱歸起白河令卒於官

徐五宗字子亢由廪貢授夷陵訓導署興山篆値吳

逆未靖招撫流亡卓有政聲歷石首教諭捐俸葺
學課生徒多所成就告歸子源舒作牧源遠俱由
鄉舉登仕籍源舒零陵教諭修葺學宮作牧兗州
同知治河有績源遠肅寧知縣有循良稱皆不負
五宗清白遺訓云
畢友宜字見次少有至性父沒後每試藝必焚告墓
側康熙己未成進士知建寧縣除積弊杜請謁分
校闈闈得士稱盛以疾告歸杜門訓子當事罕識
其面

羅田 徐熙明字子寧順治辛卯舉人任湘潭教諭擢汾陽
令寬賦減刑艱歸起知永新軍興轉餉有功因勞
成疾遂致仕
麻城 項始震順治丁亥進士令縉雲時山寇縱橫鄉邑殘
破始震招撫之寇散民安民間婦子散失者捐金
贖歸陞大理同知 浙江名宦
王有容字自牧令龍巖時方軍興徵夫取餉羽書旁
午有容多方調濟民以不擾因增城浚濠儲糧置
械及漳郡失守賊來逼城有容乞師於贛與民死
守賊解去城賴以全
汪淑問字適陶順治己亥進士令犍為安輯流遺犍
人德之
魯之裕字亮儕父重光累官雲南永順鎮總兵所歷
之地皆有異政祠祀永昌父卒之裕寄籍太湖博
學能文章氣概豪邁年五十五中康熙庚子江南
鄉試由內閣中書出知河南確山永寧二縣以內
艱歸服闋特授贛州知府所至侃侃自將不肯隨
上官俯仰入為戶部員外歷湖北下荆南道署按

察司事移直隸清河道尋以老病致仕歸籍麻城
之裕官荆南時免太和山香稅三千餘兩請蠲沔
陽州積荒地丁缺額銀七萬餘兩創設安襄鄖三
郡書院修復諸葛武侯隆中草廬羊杜峴山祠及
陽春白雪臺諸古蹟著下荆南道志詳核典雅在
清河濬通畿南河道七百餘條生平所著詩古文
及纂輯經史源流諸書共二百餘卷卒年八十有
一
鄒汝謙字謙公由貢選授岳陽令兼署浮山潔已愛

民除一切陋規治績大著攝靈石潞城篆人咸戴
德引年乞休里居布衣徒步恬如也
黄安 彭繩祖貢生惠州府同知爲政廉平編審丁口里閭
不費一錢陞石阡知府
盧綷字荇湔康熙壬子舉人署監利教諭修葺學宮
改孝感課士多所成就擢綷縣知縣常俸外不名
一錢歷任十七年有惠政勸導切至獄訟衰息横
嶺關多虎患綷爲文告神刻期徙去陞都察院經
歷以疾告歸卒綷以經術爲吏治故所至有聲著

有春秋闡微行世
蘄州 盧紘字澹巖順治己丑進士授新泰令陞桂林府同
知歷任蕪松督儲叅議多惠政雖簿書旁午而操
槧懷鉛未嘗少輟州志出其手筆爲錢謙益所激
賞比之申叔左史云
李本晟字嵩岑順治己丑進士由部郎歷官雲南布
政使在官二十年清修澹泊息事寧人後奉裁歸
里吳逆變以晟久滇南密遣諜授僞劄晟縛以
聞起太常大理卿巡撫浙江卒

顧咸泰字斌素順治辛卯舉人授大名知縣禦水災
廣積貯弭盜安民善政多端告歸邑人勒石以祀
著有石倉詩補行世
廣濟 胡一璉字公侑順治戊子拔貢任兖州通判先是香
爐口河决久弗治璉躬督畚鍤悉心籌畫功成總
河朱之錫特薦陞東昌府同知兼攝司李平反大
案二十餘事擢戶部員外歷郎中出榷龍江關以
廉著遷廣西監司路梗留廣東兼筦學政以不受
逆藩僞劄晉廣西布政使致仕弟一琦亦有學行

胡魁楚字爾大能文篤行誼事繼母得其歡心順治
中由歲貢授建平令建俗貧民多質其婦於富室
踰期不償婦不得歸魁楚痛懲之敝俗頓改尤喜
奬掔寒振士氣會以治獄不撓忤監司意拂衣歸
卒子璧臣孫復亨諸生皆有稱復亨尤工詩古文
黄梅 張潡字眉有順治甲午副榜康熙戊申令雩都政務
簡靜甲寅閩變起他部助亂者據厓石山擁衆至
城下潡開城以待賊疑其有伏信宿退去陞雲龍
州牧 江西名宦

忠烈

正氣所鍾何地無人矧慷慨負氣之舊俗且素陶淑於忠信禮義文獻之邦耶顧或其後嗣弗彰或傳記散軼殘缺名湮沒而無稱君子傷之以彼盡瘁王事爲忠臣弗獲爲良臣豈其素願哉亟表所聞夫亦愈使人慕義無窮矣

元

蘄州李宗可有志畧善槊余闕以兄女妻之用爲州判督義兵萬戶陳友諒陷安慶宗可橫槊擊殺甚多聞

闕死馳還或勸之降怒曰元帥遇我厚死即背之他日何以相見地下乃驅其家屬盡殺之據床縱飲至醉自刎

明

黃岡奚世亮字明仲嘉靖丁未進士授南戶部主政榷稅以廉潔著聲轉刑部郎中出知思南府左遷高郵州同知頃之遷福建延平府同知先是興化缺守倭方入寇凡委署與篆者咸計避以屬世亮亮曰承平受爵秩臨變而避非忠也遂捧檄往倭圍興化匝月總兵劉顯遣卒八人齎書城中衣刺天兵二字賊殺之而衣其衣紿守將得入夜斬關延賊副使翁時器叅將畢高皆縋城走亮獨格鬭身被數創死賊平乃得遺骸於旗亭事聞贈叅議廕一子予葬祀鄉賢妻王氏以節旌

康良臣嘉靖間以掾尉定海率義兵與倭戰斬首三十餘級竟受重創殞馬上干戈尚未釋事聞廕一子入監

樊玉衡字以齊萬歷癸未進士授廣信司李晉侍御

史時儲位未定光宗爲皇長子年九齡未覲學朝臣未敢言衡抗疏請正元良之位越三年忽傳三王並封之旨衡復疏諫語益激引繩批根且及皇貴妃留中不報亡何謫判無爲州移令全椒衡仍以國本爲深憂上疏極諫謫戍雷陽二十四年光宗登極衡長子鼎遇季子維城先後以解職停封追父罪起南比部辭不赴復陳新政十欵優詔答之尋命以太常少卿致仕卒於家詳明史

聶宗孝事母至孝母嘗卧病咳血宗必以手承之母

卒刻木像朝夕奉祀卽道途飲食必先獻然後敢
嘗萬歷閒授嵩明吏目值武定賊鳳騰霄反犯嵩
明出禦而敗被執不屈闔家殉難贈本州同知廕
子蜀麟入監
王一桂字千秋萬歷己酉舉人崇禎九年以戸曹督
餉昌平
國朝大兵圍昌平一桂分門協守以南城最要身往扼之
俄西城陷一桂被執死妻姚氏妾邱氏陳氏及子
女家衆凡二十七人投井死僅遺十歲兒與一婢

潛土穴中得免事聞贈太僕少卿賜祭葬廕子
周之訓字無逸萬歷癸丑進士以計曹榷淸江浦紓
已逋商督學八閩校閲皆出一手遷江西驛傳道
晋浙江按察使坐事貶登萊叅議彈痒邊防以繕
城功增級賚金旋移濟南分巡副使
國朝大兵從墻子嶺入攻濟南下其城之訓望闕再拜與
妻劉氏偕死闔門殉之弟之記伏闕疏陳贈光祿
卿建祠
周啓元字善長天啓丁卯鄉舉知高苑縣捭垣單薄
國朝大兵東下城破啓元從容著朝衣坐堂上不屈死
王追皐字直之貌魁梧以任子官郎署轉貴州安順
守時黔中亂甚皐慷慨就道巡撫王三善見其奇
偉引爲已助值病亟三善欲以三千騎護歸皐曰
不忍負國並不忍負知已卒於軍
程之奇官荆門州訓導崇禎十五年十二月李賊寇
州之奇與學正張效方盟諸生於大成殿佐知州
盧學古城守賊環攻四日援絶城陷不屈死按程之奇省志據明史稿載入忠烈查舊志無其人惟董志載有程之奇沔陽州學正癸未棄職歸里與兄之

試偕里中高年者結八老會年八十二無疾而逝豈一時有兩程之奇耶存以傳疑
樊維城字亢宗玉衡季子萬歷己未進士除海鹽知
縣遷禮部主事天啓七年坐事謫上林苑典簿崇
禎初魏忠賢尙未服辜維城抗疏請誅之並請褒
恤楊漣等十四人召還賀逢聖等三十二人皆允
行累遷戸部員外郎福建副使役罷歸里居值流
賊破黄州欲屈之大駡刃洞胸而死詳明史
郭以重黄州衛指揮聞黄城陷赴難妻李氏有難色
重曰朝廷與我十三世金紫豈不能易一死乎吾

將先殺汝矣遇流賊脅之去重不從賊露刃恐之
乃好謂賊曰從汝誠易但抱小兒者吾妻也汝爲
我殺之吾無累矣賊如其言重奪賊刀殺一賊羣
賊繼至遂赴水死見明史

王家錄字愧修天啓辛酉舉人歷刑部郎有請恤刑
爇審諸疏改戶部督餉榆林擢關南兵備僉事未
行會闖賊攻榆林錄同兵備都任等督率軍民捍
禦且戰且守半月賊礮如雨城無完堞家錄令軍
婦運水澆之東結冰城賊遍穿地穴家錄以火藥

灌燒之傷死無算賊勢稍却復會寧夏諸賊合攻
外援不至力竭城陷自刎死尸六日不僵賊衆見
之多下拜者事聞將行褒恤國亡未果子二源發
源復

方堯相字紹虞官成都同知崇禎十七年獻賊寇成
都堯相佐巡撫龍文光協守監紀軍事兵食不足
泣請於蜀王不應自投於池以救免城陷被執不
屈遂殺於萬里橋下見明史張繼孟傳

於斯昌字文若崇禎巳卯舉人以督師萬元吉薦授
兵部主事協守贛州城破斯昌被執不屈死明紀

余士璋字季美崇禎丁丑進士制行端方尺寸不苟
明末授九江推官左良玉兵叛抗義不屈斷其左
臂父老泣扶出城越十日卒於廬山

方應星字文卿崇禎丙子武舉巡撫宋一鶴擢爲都
司授兵三百防守遠安闖賊據襄陽招降不從遣
賊將數萬騎攻城三日不能下叛卒開門應之城
陷應星被執不跪誘以偽職大罵死之按省志載武昌武舉
查舊志科甲內係黃岡人今收入

蘄水王聰以燕山中護衛百戶從靖難兵取薊州攻遵化
狥涿州轉戰荏平滑口破南軍獲馬千五百次江
上畧南軍舟濟師累功封武城侯後從邱福北征
戰死贈漳國公謚武毅祀鄉賢

呂鏞宣德丙午舉於鄉授萬安諭陞宜陽令有政績
調知清流縣流冦鄧茂七至清流邑無城郭鏞拒
之力不能支具服端坐庭中抗罵不屈遂被支解
清流人立廟祀之祀鄉賢

鄧祖禹字又元萬歷巳未武進士授遊擊屢立戰功

征辰沅苗擒賊飛天王張五保斬首千五百級搗
其巢苗賊以平陞副總兵乙亥丙子間流寇入楚
移鎮德安數與賊遇多斬馘功已而移孝感會應
城急檄禹往援孝感士人泣留曰兵一動城必不
可保禹不得已留兵一半守孝感率七百人入應
城賊突至圍之數重血戰自辰至酉僅餘七八十
人遂爲賊所執欲降之禹曰須換却心肝乃可賊
怒剜肉剖心而死賊退子天河乃覔屍歸祀鄉賢

程九萬崇禎末由恩貢任池州府知事署篆東流歲

乙酉叛將楊么兒破縣九萬死之江南志

羅田 劉廣洪武中以軍功爲指揮僉事守永平有膽畧善
用雙刀邊騎突入廣率四十餘騎遇於城北力戰
死之事聞遣使護喪至京賜楮幣以葬祀鄉賢

麻城 張勝天順六年任雩都尉長河峒賊竊發勝率民陳
世用等禦之賊圍急援兵不至死於陣江西志

熊嗣先字懷慎萬歷間舉人授南充令陞叙州府佐
以督兵死耆賊之難贈秩廕一子黃州衛百戶

彭有謨少貧困從戎累立戰功崇禎時授副總兵援
登萊有功登萊人生祀之後里居率衆禦流寇以
衆寡不敵力戰而死

周之茂字松如崇禎甲戌進士歷官水衡郎服闋需
次都下闖賊破京城搜得之廹使跪不屈折其臂
而死見明史

黃安 盧爾惇字以崇堯臣子早負才名崇禎末膺辟舉授
巴州牧獻賊入川至城下惇發火炮中獻忠幾死
已賊大合攻城城陷死之子二長繩慈令松陽有
惠政卒於官次純慈諸生痛父死難孤身萬里往

尋父骸人稱其孝

蘄州 陳相中所百戶正德九年自廣西調雷州輕便勇敢
隨軍調守陽春鳳凰寨時陽春山賊倡獗乘夜來
攻相督兵拒之兵潰散挺身力戰殺數賊竟爲賊
所殺廣東志

陳顯元字長卿由副榜授新安令惡衣糲食徒步咨
疾苦以城堞傾頹不利禦寇率士民入保闞門寨
闖賊檄降立碎其檄及來犯死守月餘力竭而陷
見賊怒罵賊大殺寨中人顯元叱曰守寨者我也

百姓何辜寧殺我賊怒遂支解死無子其甥浦某以櫬歸葬新安人立祠祀之見明史

張效方字正甫官荆門州學正崇禎中李賊寇州效方盟諸生以佐城守城陷不屈死之見明史盧學古傳

李新字即巖萬歷中舉人令潛山歷戶部主事權臨淸鈔關舊有舟車二稅奏免車稅以便商授陝西僉事以親老乞養歸獻賊屠蘄合家被執脅之跪罵曰賊爾非秦人乎我執節入秦時爾厮養卒耳豈爲爾屈死則死跪不能也賊大怒新抱父屍就

刃祀鄉賢見明史

張邦翼字君弼萬歷戊戌進士由臨海令遷南戶部主事督學廣東移浙江驛傳道請免里解以蘇民困監軍四川平安世咱諸蠻歷廣東廉訪使江西右布政以耄乞歸癸未春獻賊襲城不屈死之祀鄉賢

李樹初字客天萬歷巳未進士任戶部主事晉郎中督宣大餉轉陽和知府時太監王坤節制宣大巡按道員俱行角門進見初稱疾不出將中傷之適璫敗得免後以山西副使致政家居會流寇猖獗罄家貲築磐石符乾二險蘄人賴之癸未獻賊襲城被執不屈死長子廷慶貢生同遇難次子具慶陳狀允祀鄉賢

李梃字長甫天啓壬戌進士累官兵部郎中備兵遵化値歲荒民無宿儲僃叫蒲道官兵竊殺以冐功梃給餼煮粥又給印票爲憑嚴妄殺之罪活難民五千餘人致仕家居癸未春獻賊襲蘄被執不屈死之事聞賜祭葬祀鄉賢子本裕本仁本晟本甲

以學行知名

饒京字黃山天啓壬戌進士巡按蘇松諸郡再巡淮揚甚著風裁大奸蟠固不可動者悉按誅之遠近肅然癸未獻賊陷城殉難祀鄉賢

岳璧字連城蘄州衛指揮獻賊破蘄擁至城上脅之降璧怒曰我世臣也城亡與亡豈汝降哉賊怒刺之仆地氣將絶瞋目視賊曰我爲鬼亦能勦汝時大雪血流赤丈餘目皆不合同時死者鄉官董一化諸生李化龍孫仍盧如鼎皆祀鄉賢又有太學

生張效鍾諸生陳正俱以罵賊不屈死（明史黎頠景星傳）
廣濟胡海字伯川宣德中以貢任安南夏華知縣黎利反
死之
游之雲字飛卿以恩貢任德州判遷陝西苑馬監正
流寇圍城雲死守不食七日與城俱亡
黃梅張訓官鴻臚序班告歸養親聞建文遇難拜辭其父
士英曰忠孝不能兩全矣乃正衣冠北拜投井而
死後因名忠井子孫環井而居
沙瑞字鳳翔以歲貢任寧府紀善宸濠反勒瑞從事

瑞泣曰大王郎事成千秋後且稱叛逆矧天下舉
平藉何辭首亂以憂太后濠恚曰不從且死瑞頓
首流血曰大王急求臣臣固死耳逾三月卒不從
因之乃痛哭自縊死祀鄉賢
石有恒字伯常萬歷已未進士博學有大志以文章
名初授遂安令邑稱神君改調長興境內肅然會
正月朔日海寇猝至為所執不屈死之事聞贈太
僕少卿諡忠烈祀鄉賢
國朝

黃岡汪基遠字星伯順治已丑進士授東鄉令號好貪撫
民善清田糧嚴保甲修城興學次第舉行有賊掠
殺一家數人掩捕得守巢窟者置諸獄賊遂率黨
刼縣遠與弟基遂急乘陴禦之漏下四鼓城不守
乃北面再拜曰臣力竭矣遂遇害事
聞贈僉事
賜祭葬廕子惟錡官沁水令陞霸州知州
孫如芝字素公工古文詩詞以辛卯鄉舉令四川筠
連城中僅七十三戶芝悉心招徠創禮殿建城垣

逾年大治當事奇其才檄修蜀志論列皆出其手
丁內艱歸次江安值吳逆反賊帥强受偽職拒不
受自縊死
陶之駿廣東茂名縣丞康熙十九年粵賊猖獗駿傾
兵禦賊會武職逃去駿毅然直前没於賊事
聞褒恤廕一子思哲八監
蘄水官撫漁字莘之順治初令會稽時郡守持法太峻漁
請少霈之弗聽民乃揭竿殺郡守及鄰邑官不忍
及漁漁抗節不屈遂遇害事

聞贈按察司僉事
賜祭葬蔭其子純心
賜名存均入監讀書
高有功幼爲賊所掠及長遂籍山東以才能著武功
康熙十八年署廣東虎門協右營都司駐潭州號
令嚴肅征剿海寇血戰死事
聞贈廕
賜祭葬
廣濟劉洪度字若千由國學生仕岑溪令邑雜猺獞時出

剽掠洪度團練鄉勇擒其渠魁諭以義而遣之遂
感激向化擢知石屏州調師宗旋晉威遠同知適
倮黑焚慢哈地方洪度率衆擒捕之又委署拿土
官刁瀚除其害因署鎮遠府事兼攝恩樂縣值改
土歸流一切草創稽戶口清田賦悉心安輯奔馳
不暇歲暮至鎮遠雍正五年正月倮黑驟圍城正
部署間而武弁先遁城遂陷洪度手刃數賊力戰
而死事
聞贈鎮沅知府

諭祭廕子恩謨入監讀
誥封其父中憲大夫
黃梅廖士貞字思吉康熙十九年由舉人授四川營山令
甫一月遭逆黨譚弘裨將彭時亨叛被執至渠縣
拘繫月餘脅以逆職大罵不屈望
闕再拜引頸就戮事
聞贈按察司僉事
賜祭葬蔭一子應援入監後官汶川知縣參四川志

黃州府志卷之十三終

黄州府志卷之十四

知黄州府事關中王　勍纂輯

人物志

孝義

孝弟之至通神明而光四海愛乎邈哉苟至性自矢宗族見稱義門之廬莘將式之至於正氣鬱蟠舍生取義其人足不朽也即家號素封篤任卹之行者寧不足多乎黄之人心蓋猶未替厥初跡而書之亦足以表式人倫矣

宋

黄岡 董助教性仁慈篤於信義見貧乏輒捐資賑恤大觀間歲大旱嘗爲飯以待饑者又設餐食給小兒多所全活以壽終

元

黄岡 林鳳陽事母孝宅失火負母出避家貲蕩然過客憐之遺以金謝不受治春秋不第奉母屏跡林泉吟咏自適

蘄水 周古象元兵掠至蘄贅蒙古氏既生子未嘗寓妻詢

其故曰有母在欲歸省妻許之且囑曰當奉養勿以妾故復來及歸母尚無恙奉養盡孝母沒廬墓其妻亦終身不嫁淮西守臣幹克莊爲立孝里門祀鄉賢

李清七與弟清八居黎山以義烈名會妖人徐壽輝陷蘄水人多脅從清七兄弟以爲恥避匿不出賊怒大索獲之兄弟歷陳大義堅抗不屈而死今蘄湖東立廟河中祀焉

羅田 吳大中字特夫性至孝父疾衣不解帶父歿泣血幾死奉母陳廬於墓側閱十有七年母年逾九十無疾逝大中哀慕終身事聞旌其門曰吳氏孝子祀鄉賢

廣濟 張大九幼習左氏春秋元末見天下兵起遂隱陳友諒强致欲官之不可友諒怒刖其足而去

黄梅 張德懋盧塘村傭也母老妻亡當兵亂肩母走唐山浚谷中日丐食酒諸脆味坐母上坐跽享之復歌且舞令母歡以爲常母死瘞廬左哀慕終其身

蘄水 嚴仲祥性孝友有子十一人九世同居不蓄私財天

歷中旌爲義門

陳子英江州義門陳氏後泰定初徙黃梅十世同居門以內尺帛斗粟無私者元末大饑妻勸異居即出之以明經領鄉薦官提舉

明

黃岡王濟進士官郎中母沒廬墓服闋就官聞父疾三疏乞歸籲天請代不解帶入內者四年及卒哀毀幾至滅性正德中旌表後官至叅政見名山藏

劉承芳字世美少穎悟善屬文舉止沖雅父母蚤卒

事繼祖母以孝稱仲父幼孤奉事罔懈撫從弟尤稱友愛以歲貢授同安司訓未任卒

唐治以掾授冠帶馴謹退讓若儒者鄰家火發舉室奔避父柩在堂抱而哭曰吾何生爲一時左右數百家俱燬治室獨存以薰炙死伏柩上面色如生萬歷間詔建坊旌之坊後圮　國朝康熙末知縣鍾萃修復

周曰昂字民翹生而篤孝親卒哀毀廬墓三年感白鳩營巢之異有司以聞旌其閭

高澄字汝清讀書行義里中貧者周遺不倦大父有暴疾澄籲天請代疾以愈大母年五十目雙瞽澄日以舌舐之目復明事父母飲食必嘗而後進卒哀毀骨立廬墓三年

詹景麟號南山子事父母能盡色養父母卒廬墓蕭山下攀樹號泣行道傷之批閱書史窮年著述時稱楚黃博洽者必首推之年三十餘卒三楚文獻錄

樊鼎遇字命夫一名維藩萬歷中選貢令德陽有善政父玉衡謫戍雷陽鼎遇考績例得封引邵康生例疏願停封代父戍不報遂去官憂憤成疾卒

官如臯字直卿家貧力學事親以孝稱母沒泣慕毀至處事恒以誠恕自勵或面折人過久之人以爲愛我尊曰古愚先生

劉瀹父沒廬墓三年晨昏號泣不絶萬歷間旌

易道旦道暹之兄童子時父病割股以進尋愈

王達尊女王城農民也母病衣不解帶者三年家雖貧隨母所嗜必力致之母失明以舌舐求愈及卒廬墓盡哀

劉思敬　彭克承俱割股延親

黃孝子逸其名淋頭坂人事母孝明末當事給衣巾旌之人稱爲黃孝子

胡心明家貧事親孝友愛兄弟母病籲天求代與弟心孝爭割股以進母遂獲痊

徐斐諸生獻賊陷城勒其母爲㸑不屈將殺之斐願以身代不許母遇害斐遂大罵至割四肢耳鼻罵猶不絶口

倪士觀母劉氏苦節觀孝養備至詳列女志

汪世極舉人父之渙卒於臨淸舟次極聞訃以頭觸地幾死匍匐扶棺歸廬墓三年凶歲賑饑全活數千人後由保舉授通城諭子煉有另傳

汪世植字晉卿文淵孫五歲失怙生母范氏苦節撫之癸未獻賊破團風洲母年九十不能行植負母逃避已爲賊執欲挾之去不從遂遇害弟世柱亦篤孝友工文章

王崇擢字平衡三歲失怙奉母李氏盡孝爲人長厚謹飭童稚皆親之晚與其配同享大耋兩受封誥孫澤弘請告終養人以爲榮

王同觀字養所廷贈幼子年十三父臨歿摩頂謂之曰亢吾宗者必此子後入國學事母董氏盡孝與兄同鼎友愛無間教十子皆以文行顯長追駿進士眞定守追騏追騄另傳壽九十三乃卒以上孝

董經綸多隱德家頗饒好施與以義聲聞四方

孫子華 陶以諒兩人皆輕財好施正統間値歲祲各轉粟賑濟子華數千以諒千餘石有司以聞上賜子華勅旌爲義民勞以羊酒免差役三年亦旌以諒之廬茅志

王孚生而穎秀童時與張寶共學於白鹿洞後以白衣入場同舉於鄉天順癸未赴會試孚弟美玉與偕値貢院災美玉踰墻負孚出復入尋寶則頭面半毀又負其屍而出尋將骸骨南還孚後爲褒城教諭應河南鄉試聘有以賄求關節者叱去之褒城有尚書子違教令孚扑責之尚書怒孚遂乞歸建書院於西阜山莊以來學者年七十餘終

吳璋倜儻負氣節初爲掾嘉靖時大禮議起諸臣忤旨譴謫纍纍璋曰死忠孝者分也我其爲陳東歐

陽澈乎遂徒步詣闕上書申救帝怒下錦衣獄杖八十數日太廟災帝問湖廣前日上疏小吏何在守者疑不能容遂壓死以聞帝曰惜哉朕將有以用之也

王相字艮弼諸生堂懸湛若水講學語以自警置義田贍族歲大饑為粥食人於路邑東有河相一日見婦人渡為少年所侮乃以騎濟之因捐貲造橋名王相橋郡守潘允哲列名旌善亭凡四人相與鄭廷桂邱鳳鳴及從子養儀而已

杜鳴陽字子鳳嘉靖辛卯舉人令遂寧江川俱有惠政故人朱廷相女許聘豪右迨貧且死豪右背約鳴陽聘為仲子傑婦其秋傑舉於鄉人以為盛德之報云

曹良輔字大忠居崎山之陽釣清溪因自號清溪居士以妻奩置產分諸兄弟或問之曰異姓物分同氣不亦可乎

劉文元有中表王某臨終以子一鳴為託年甫十二元許諾每課不率則扑之又不率則捧其木主跪一鳴而泣諭之萬歷壬午一鳴舉於鄉偶接文元衣履未肅怒叱跪之堂下踰時乃解

蕭繼元父為酷吏所斃與弟繼芫詣闕鳴冤書不得達而酷吏疑其從弟繼忠為翼誣以盜榜笞且死宗族牽累者甚衆芫曰事急矣楚伍員伍尚事在也復具疏詞極哀切元懷入自刭闕下竟得旨下芫刑部獄行撫按勘問抵酷吏罪出芫繼忠於獄芫天啓甲子舉於鄉

何直字報所幼聘同郡鄧氏女女年十三目眇足廢

鄧翁謝請他聘直不可竟娶之後鄧卒遂不再娶父母卒月省先墓外扃鑰一室以詩文自娛子閎中另傳三楚文獻錄

王同鼎字調甫以歲貢為江寧令著廉聲諸生時好施予篤友誼家中落不倦比歲大饑弟同覲捐粟千石以賑同鼎亦力附之一郡多所全活

易道暹字曦侯諸生少好學尚氣節藏書最富與艾南英為文字交崇禎乙亥流賊亂子為瑚奉母走青峯巖暹令蒼頭擔書攜幼子為璉走他道與賊

遇陷以富貴逼脅聲叱賊賊怒欲兵之爲璉請代父子俱遇害未幾爲瑚亦被殺

馮雲路字漸卿諸生年三十棄舉子業居鄂城從賀逢聖講學著用書百餘卷直指林鳴球疏薦僉採其書進覽流寇逼楚以書報賀云在内以寧湖爲止水在外以江漢爲汨羅寧湖雲路所談經處也城且陷遂懷所著藏易投寧湖以死

熊犧字渭公諸生與馮雲路同寓鄂城破前一日別馮云大丈夫當從節義中尋實地某明日於某樹

下書熊渭公死所幸爲語母弟巳而賊至犧端坐樹下不動怵以刃犧怒罵奮身投荷池死著有性理格言春秋主左十三經注疏評畧大易參立齋古今文及圖書懸象諸書

汪陛延一名三奇字亦常諸生貌古心樸從馮雲路遊嘗註五經成癸未寓居鄂城會城破死之

史子見諸生明末里有毛主伯者爲獻賊僞總兵至新家冲捜括富室招納亡命子見憤甚殺主伯獻忠怒下令三日不獲子見屠其鄉子見挺身徃賊

剚刃其背皮肉都盡骨猶屹立不僵乃鎖其項於彰孝坊夜分脫鎖走匿臨湖寺次日賊大索獲之爲所殺今鄉人立廟祀之

鄧雲程字扶風父士駿以孝友稱雲程性倜儻流寇逼黃守令召雲程計事曰生聚教訓此時巳無及惟有不肖一軀可當餓虎之蹊耳持一鐵鞭重四十斤長五尺許縋城而下獨當賊衝三晝夜賊不至乃還闖賊陷京城北望號泣嘔血數升忽忽往走卒於河南之商城子之愈以櫬歸同里杜濬爲撰鄧子哀辭

戴瑾字可懐聚義勇要獻賊於馬鞍山之隘賊欲生致瑾瑾退入庄樓不下賊積薪焚之子孫暨勇士三百七十餘人俱燼

曹士謨 王子堅 徐季貞俱捍流賊守城城破被磔

馮承遇承選崇禎乙亥遇賊被執賊偉其貌脇之去大罵不從賊怒俱殺之同時以罵賊死者有蕭繼昇吳衍周吳應周諸人

曹大震字子旦諸生孝子大聲弟也獻賊之亂震爲所執罵賊不屈而死孫一嵩選貢

張鳳來字文宇少孤事祖母楊氏以孝聞一門五世同爨來嘗遊歷四方旅次遇盜資斧盡喪獨友人所寄百餘金獲免仍還之封識宛然其他義舉多類此有司嘗旌其門曰長者里以上義

蘄水劉淳永樂中貢生父卒事母惟謹念及母老不能彊飲食輒泣數行下母沒廬墓三年

周彩母病侍湯藥惟謹母終痛甚含殮畢大哭一聲

遂絕

姚永濬父早卒事母張氏盡色養母沒三年溫凊臥榻一如其生一日耕歸見妻蔡氏供饌襪袵不肅號泣謂以死視母妻幾被出

許恩獨與母居夜半隣家火逼恩宅恩已得脫母汪氏未出冒火入救遂俱化爲燼止存其手尚抱母身云

萬明善割股救親廬墓者再嘉靖間旌

郭尚堯邑窮民割股救父獲蘓門外芝草生大如斗牛二不識字負薪傭工養母母病劇刲其雙股肉以進母獲愈有司旌以棹楔愕眙走避邑人官撫邦爲詩贈之

蔡斗煒　蔡株　甯山石　易有象俱割股療親

樂韶性和易善屬文母程氏卒哀毀廬墓三年父卒亦如之按蘄水縣志傳係樂韶舊志作樂和誤也

可淸廬墓盡孝

王敎民大參王希元孫父三捷嘗爲樂林丞崇禎乙亥賊突至三捷老不能逃敎民侍左右不去賊執

三捷將殺之敎民求以身代賊以刃加頸詰之連聲應諾無懼色賊遂殺敎民而舍其父以上孝

王燾七世同居少長三百明史作二百餘口庭無間言有司以聞詔表其門曰孝義祀鄉賢

陳遵德正統六年陜西饑荒捐穀五百石往賑中途爲難民所奪歸復載六百石以往降勅旌爲義民勞以羊酒給復三年

徐朝仕正統間出千金穀千二百石助賑賜勅奬諭僉御製詩

蔡時成化時出粟五百石賑濟授承仕郎

李延芳字叔慶歲貢性純正好施交識有不葬者出貲助之授大足縣訓導士類多賴薰淑會饑荒道殍相望延芳爲掩埋之諸生貧者分俸助給遷汶川教諭致仕歸

楊先春膂力絶倫有大盜刼其家先春舉石礎盛茶飲之盜驚去又嘗遇盜先春曰我與若校騎射可乎乃揚鞭走馬衝突樹下以手抱樹雙足夾馬懸空中盜大恐而去蘄州紅旗賊聚數千人駐羊角尖當事檄先春督勒扳樹爲趓擒其魁賊平復隨征麻陽洞有功予以官力辭不受

程爲常 徐玉蘭 蔡巨人 胡方壺 徐用極俱武舉明末應募督鄉兵禦流寇戰死縣令龔鼎孳立五義祠祀之以上義

附義僕

王九兒州判王悅民僕也負擔隨主與流賊遇賊探其擔中得金問主人何在不言加之刃無懼色秉間肘悅民使去賊先劓其目次斷其手毎一揮刀

問主何在終不肯言

王子兒諸生王三愼僕各被賊刺數鎗兩無生理三愼欲自投水中子兒力止之遂裹創負三愼從亂尸堆中走七十里竟抵家親串聚觀泣下

羅田方雄才以人才擢鴻臚卿成祖御書如存孝思堂二扁旌其門

胡全邑諸生幼時凡得菜蓏必以奉母母病篤割股作糜以進壽愈邑令欲以聞全辭以無是事乃止

張槃邑諸生父病侍藥餌不解衣者終年及父母相繼卒哀毀骨立廬墓各三載兄弟有爭其產者絶不與校妻死不再娶

汪之逵性極孝友母沒廬墓三年人稱西廬先生

胡一驥邑諸生母病割股啖之數日痊

江萬紀父鰥居紀卒妻王氏敬事三十餘年後病篤紀割股救之立蘇踰年復病王又割股救之延七日卒以上孝

張羙歲貢孝友謹厚撫兄孤篤至產値千金不計也捐資修學人有爭其地者讓不校

胡明睿兄弟孝友庭無間言教授生徒不取其贄尤
輕財好施太守顔其堂曰一門友恭
張正福有膂力嫻武藝正德六年流賊趙風子掠黃
郡守胡定募勇士正福與弟正顯侄友舜友珠應
令直入賊壘遂斬賊首八人賊披靡而福等亦戰
死太守爲文祭之
王邦衡與其子諸生鯉同爲流寇所執不屈死義以上
麻城趙悅性孝友以詩書教授生徒父母同日死悅號痛
盡哀負土成墳人或助工哭而辭之廬墓側六年

感二白鵲馴繞墓門正統中旌
梁庠母病篤庠身不離榻衣不解帶者三載
周志親死廬墓
隃沿　毛性中　鄒學成　夏思鎮俱割股救親以上
孝
隃儀字麟野諸生以邑不通舟楫漕糧運兌甚爲民
苦萬曆二十四年儀呈請當事奏准永改折色入
一條編內徵解今碑記尚存
田可東字季川讀書靜退尚義好施會有故人客寄

千金其人旋死十餘年俟其子成立還之封識如
新鄉里以潛德稱之
毛可學號思溪經學傳家孝友風世與弟可教同志
切劘以上義
黃安李學梅字平橋家貧嘗爲臬司掾母先卒父繼卒廬
墓者六年世宗崩諸司哭臨梅伏庭下哭獨哀督
學顔應雷高之督臬獄不冤囚一錢有一囚法不
應死梅力爭於上囚竟得生同邑耿定向心重之
爲作李掾傳後有曾孫仲友友林俱母病割股克

繼前烈云
王威幼失父母從父時瑩撫存之比長娶妻張氏瑩
多病臥牀者十餘年威扶持惟謹瑩病劇嗜好怒
詈俱失常威及張百計將順者再踰年瑩歿媪病
泄痢穢衽席張手爲澣滌媪歿威繼歿張年僅二
十餘守一八齡孤兒家益落張治衽以給朝夕者
數十年其門有早歲夫亡者五人咸相勵守義里
稱一門五節
張四維家貧不能供親甘脆人陷以一臠一菓必懷

歸奉親衣襦稍鮮者則持與少弟與人交䏲篤不
欺從學同邑耿定力稱高足弟子以上孝
邱文本姓盧字靜軒正統間鄭州大祲去安幾千里
文出穀一千一百石負擔往賑之有司上其狀賜
勅旌制曰國家施仁養民為首爾能出穀一千一
百石用助賑濟有司以聞朕用嘉之今特賜勅獎
諭勞以羊酒旌為義民仍免本戶雜汎差徭三年
爾尚允蹈忠厚表勵鄉俗用副朝廷褒嘉之意欽
哉故勅

汪世洪字小溪務德好施里中某以貧鬻身洪傾橐
五十金代贖萬歷初歲旱荒出廩粟五百石以賑
鄉里邑令孫振芳表其門
秦鳳儀字應泰存心濟物有友人家病疫人莫敢近
儀獨旦夕往視躬殯其母居恒率子弟以孝友化
宗族以雍睦有古人風
張鵬翔字拱北諸生博聞嗜學有隱德崇禎癸未邑
令請賓鄉飲次年復强之為書懇辭先是里中有
黨人之變翔暨仲子百程帥衆四百人與各寨討
定其亂好事者蔓訴不已翔流涕為言殺降不祥
於是多所全活桑梓尤德之晚講脩書於壁山學
者稱壁山先生著有壁山文集若干卷
秦如容字介臣事父孝父卒孝養祖母為諸生貧甚
刻苦讀書甲戌成進士選中書舍人僉邑人計偕
北上無停驂所特倡建會館至今賴之家居置義
塾造就宗黨子弟多盛德事
吳國宇字祁陽博學通儒闖寇橫掠國宇率鄉勇保
護鄉里其子士愷孫之龍之璋之琰俱死於難里

人思國宇功祠祀之
秦自輝字景行慷慨有大節崇禎壬午賊襲黃安輝
奉邑令李元玉設壇聚衆誓捍疆圉築三角山寨
癸未省城陷賊將賀姓者擁兵逼寨寨潰被執賊
欲屈之痛罵賊遂遇害子琪芳甫八歲妻胡氏撫
之成立善屬文康熙庚午舉於鄉以上義
蘄州壽儒字宗魯成化丁未進士授王事父畏寒而不喜
薰被儒輒身溫之母有疾不食儒亦涕泣不食所
得坊金盡以予族屬之貧者

羅天立傭工奉母母病割股救之人稱其地曰孝子
里
宋璧任綦江簿以親老謝歸侍養惟謹親没哀毁廬
墓
李同春字仰池襲蘄州衛千戶領漕運代完旗軍折
米五百石中途聞母病號泣不食者五日夜夢神
命以解維速行明年河且凍因解維行三百里且
抵淮漕撫以越次繫之白以夢候之果然漕撫奇
而釋之曰爾孝感神矣征粵西苗有功陞參將尋

乞休訓諸弟孟春盛春際春皆貴顯以上孝
顧禧正統中大饑捐穀一千一百石以賑勅以義民
旌之
顧敦字化之性警敏有卓識敦睦姻族尤愛異母弟
素喜陽明則言宋儒孝順詩每令人歌誦以自適
以上義
廣濟張本端宣德丙午舉人累官廣東僉事性醇謹勵風
節父没廬墓三年有鹿常棲止於其側遠近異之
祀鄉賢

韓紳字思忠有孝行父死廬墓三年致悲鳥繞塋之
異嘗從管志道遊與同邑楊民服胡篤生江夏段
然有楚中四君子之目
史玉明早孤傭工養母母老起居甚艱每負置田畔
奉食母卒搆茇舍於墓側後遂居此以終僉永鑑
隣人顏友緣等憫之備棺營葬焉
伍伯啓母病割左脇肉和粥進之立蘓邑令陳奎奬
之
程希濂字勉哉諸生事父母以孝稱父病疽親吮之

不幸早喪父哭之云夜來一片庭前月猶照當年
事我心
陶之哲字復九隱居不仕精五經性理諸書生八月
而孤事母至孝母老爲着衣袵撿被席足不出里
外者十餘年母年九十七卒哀毁廬墓前有古松
每天氣晴朗白雲聚其上經晝不散
夏伯弼母病篤嘗穢妻干氏刲股救姑越二日而愈
著有庭訓十三則
胡文少孤事母極孝冬溫夏凊問安視膳一循古禮

見母衰老飲食調攝尤謹不敢少離其側邑令旌
之
戴忭母年百有二歲事之盡孝御史獎以聯云百二
萱親天下少七十孝子古來稀
張金榜年十六父病割股以進及父沒榜亦隨卒
盧應昇字時卿歲荒家貧母病危思肉食不得默禱
於天割左股救之母以是愈
翟近宸幼時父病割股後領鄉薦教諭華容
周以貞割股救親邑令旌獎

呂默卿父晚竹十年目盲默卿日夜吮之目復明
劉洪甲字不先天性至孝祖母櫬自宦邸歸或以舊
宅爲忌甲獨以己宅殯後比屋遭寇燬而此室獨
存歷官工部屯田郎
徐多猷字盧孺家貧嗜學性至孝父任乾州學正卒
櫬歸遇大雨不止停輀路側晨夕扶棺痛哭道傍
主人感動破忌請移室內留數日乃行及葬廬墓
三年母久病居一土室甚完固會天將雨多猷心
動遷之未幾雨至屋壞母得無恙

何所白　朱喬俱廬墓
劉秉鈒　程有璋　李敷倩俱割股救親
陳類兒性穎慧少孤貧爲人飼鶩聽里塾讀書遂能
代生徒捉筆塾師奇之予以衣食而授之經後寇
亂侍母伏山澗母被獲抱母痛哭以身捍賊求活
母不得遂與俱死
龐耀事母孝母病赴橫岡山謁真武帝默禱願以身
代走捨身巖投而下巖高千尺耀墜地不死母壽
愈以上孝

張本森字木齋讀書食貧遊學齊魯間授徒三年積
館穀數十金值歲饑悉捐以賑貸貧民赤手歸與
婦相向怡如也後子孫鼎盛
劉文煇與弟文煥洪武初同解南糧愆期法當死煇
以長請坐煥曰兄子幼伏斧鑕則子孤無托某宜
死頓首流血當事以獄詞上皆赦之則煥已死矣
太祖特書義民以旌
饒嘉班字季野諸生好周人之急施棺至猝不能備
鋸庭大枋以益之晚讓宅於兩兄自處數椽淡如

也子軫中進士
藍懋忠正統四年出粟一千五百石賑饑勅旌其門
寵以冠帶羊酒
藍瓏懋忠從子成化時爲闔邑代輸春租
程孔艮　游校　毛思寧　鄭德廣　徐伯安
梅　析　桂希堂成化間倶輸穀賑饑
彭幅弘治二年出穀賑饑事聞旌以冠帶
程友悌　劉禹淸　戴子檢　徐萬貫　程紹宗
王應中　李正芳　劉　璜　饒仲魁　呂用賢弘

治間倶輸粟賑饑
陳王道字仁輔萬歷癸酉舉人嘗欲彷行范仲淹義
田朱子社倉法是時廣濟歲苦漕運張居正爲相
道與劉天衢請改折邑獲允其半後人賴之從孫
文濤力學不倦有徵古堂類稿文德翼爲之序
胡海字光伯萬歷癸丑武進士歷薊州副將歸俸餘
所畜悉與弟浩兄弟同居六十餘年未嘗有疾言
遽色鄉人多爲所化
藍孟文萬歷戊申水災賑穀六百石又爲本族代輸

秋糧
陳叔牧萬歷間代闔族輸租千石
孫光宸諸生流寇盤踞其鄉執宸爲鄉導宸計免鄉
人於難給之曰其地有金帛可掠也導賊出境及
至亳無蓋藏賊怒殺宸鄉人德之葬而祠焉
舒益生字民裕幼尙奇節流寇抵黃梅益生率士四
人偵於石壠賊驚疑未卽至乃疾馳歸呼邑人遠
遁寇至居民數萬以預避得不死張獻忠遣人持
衣帛召益生手刃召者逃之山谷乞食採野蔬自
給凡三閱月後以高隱卒子逢吉峻吉遂吉倶有

學行逢吉另傳
張開熙字功人諸生素以忠孝自砥礪遭流賊亂罵
賊不屈死
徐萬隆有黃梅里役解餉數百金投宿因醉遺於廁
內隆拾歸逾二日役號哭來求隆還之
王友立嘗得橐金於舊河口求亡者不得以告於官
則某里役領解之三百金也令義而旌之以上義
黃梅王麟事親誠孝竭力供甘旨不計有無父沒廬墓三

年頒成化辛卯鄉薦所得坊金悉分給族黨之窮
獨者
瞿甲纫舉神童父九思遭墨吏誣甲赴臬司鳴寃問
爾尚乳臭何能曰能詩賦時大雪令賦之有蒼天
若念生民苦何不連飛六月霜之句十九舉於鄉
未幾卒弟罕亦爲父白寃伏闕五次往返徒跣寃
卒獲伸人稱瞿氏雙孝子罕有所註孝經解行於
世
洪祥字士高父友璋病癘年餘起卧粥飦衣被垢穢

必躬執其役父一日謂祥曰吾病稍愈汝姑就室
留一僕侍我足矣祥佯諾是夜父起呼僕祥往扶
持父驚問爲誰曰兒也已而父疾良已祥與妻完
顔氏益竭力奉事之祥喜讀書明義理壽九十七
卒里閈號爲隱德先生子亮亦以孝稱
周撝性篤孝年十二爲諸生母疾日夕服侍肌體盡
削母没遇風雨輒抱棺呼號竟以哀毁卒
胡思謙纫聰敏五歲母卒哀號擗踊勺水不入口者
五日後繼母卒寢苫經麻不御酒食三年而骨立

竟以哀瘁終
龔映祥母疾割股飼之而愈越七年母又疾祥又割
股及卒同兄映麟廬墓三載邑令旌之以上孝
石銓　陶文達　黃仲懋正統間各出穀數千石賑
饑勅諭勞以羊酒建坊旌爲義民免本戶雜差三
年
張士美正統間罄家濟旱事聞給冠帶
張恩兄光病疽醫言人吮之可活兄曰汝嫂亡誰爲
吮者恩曰嫂猶人合耳吾天合忍坐視乎含水嗽
之再四而愈

魏澄成化丁酉舉人行履端潔邑人有寃澄爲解之
其人謝以金嚴却不受居鄉授徒貧者不取其贄
以上義
國朝
黃岡 張愈奎字雲衢父母年俱九十餘奎曲盡孝養後奎
亦及九旬念二親輒泣數行下里中有紛爭每出
一言解之皆爲心服時比之王彦方子仲經康熙
丙午舉人

陳天生字植其父楚安生母劉俱早逝事嫡母蕭至孝弱冠補諸生敦行尚義以清白訓子孫以長厚式里黨葛巾芒履逍遥遊咏有古隱君子風卒年六十二子五長肇昌另傳

王躬俊諸生少事父母以純孝稱兄弟五人三世同爨立義學延名師訓鄉人子弟成就甚衆明末東山未靖大軍進勦俊糾集鄉勇籌糧餉贊方畧不匝月寇平當事者議題用力辭不受年八十餘手不釋卷以疾卒子風丞孫全才俱另傳

鄧錦字子燦順治丙戌舉人歷官兵部職方主事出判彰德府解組後沉酣圖史被服若儒素端方誠篤里中稱爲長者

張岐鳳字號泉諸生寄籍江夏父母沒俱廬墓有湧泉馴虎之異士大夫多爲詩歌以表之

王象虞性伉直好義敢爲有智畧順治初土寇起東山清軍府選爲四十八砦練長象虞提義勇千餘人所向克捷時有紙砦織人練長王君之諲子友柏化龍俱諸生以學行稱

曹大聲字子先諸生父之雞寢疾三月不能起甲辰冬月火發門扉皆爇急和衾挾父走風燄卒不可出稽首呼天稍反風解衣蒙父犯火冲出越二日父卒大聲舉體焦爛撫棺搶泣目眥盡血越四日竟死雍正七年　旌

鄧一隆家世孝友一隆尤恭謹勤儉歲二次集男女序班會講又立功過簿以寓勸懲子弟誦讀至年二十度稍能文乃令終業否卽改習農商婦女以黎明集內室治女工財物悉貯公所推一人掌其出入年老及有疾者别優養之自隆高祖文書至曾孫丕槐輩同居八世內外和睦無間言雍正元年　旌

鄧之璧一隆之侄事親純孝父病嘗穢焚香誠禱父立愈居喪哀毁三載不入內室雍正元年　旌

呂希煜字孟陽爲諸生有文名性至孝隨父尙和令清豐值母喪哀毁骨立扶櫬歸徒步行三千里哀感路人後值父喪盗夜入其室索財帛無所得煜身衛父棺被殺雍正八年　旌

孫天祿字亦煒少失怙恃事祖母樊有孝稱愛讀書尤敦行誼邑有貧鬻其女者訪知爲故家後擇從子年相等者昏之人以爲義晚以歲薦訓當陽能得士心未半載以疾乞歸子廷槐乾隆甲子舉人

周世達字道以國學生父之美康熙庚戌進士官知縣世達讀書能文章尤敬禮賢士去舍里許有旅客宿廬友人詣世達家偶與黃安王生偕行日暮王生止宿逆旅世達聞爲讀書人命其子延至其家王生固不往因誚讓主人奈何留我家客主人日客如不往請他適吾家不可留時夜已深無所往矣及至握手款洽盡賓主歡明日乃得去生平好賢之風可想見矣鄉里貧士賴以舉火者甚衆家亦以是落不恤也子八人多能文者茂建乾隆丙辰舉人

靖乃質字素庵諸生後入太學兩試南北闈不售留心經濟爲政於家康熙甲寅乙卯間連歲旱荒質捐穀爲鄉里倡饑人全活甚衆太守于成龍大加獎異嘗捐千金爲通族建祠堂修理族譜族蕃人衆居處星散質年幾七十風霜雨雪中造訪詢問不憚勞瘁鄉族咸稱述之

陳維藩家素封好施與康熙辛亥歲饑維藩捐穀四千石以賑郡城賴之次年再饑復爲粥於路以食餓夫存活甚衆布政使徐惺郡守于成龍給匾旌之年九十八卒

黃漢隆諸生事親孝父客死河南漢隆徒步奔喪家貧路遠柩不得歸因以布殮尸令堅實盛以大囊緘以滕挺直如長襆負之以走夜則宿郵亭或野店門外露坐守之凡二千餘里乃歸更殯葬大哭嘔血而死乾隆五年旌

蘄水施惠孩提知孝鄰家予以棗栗懷遺父母父亡貧不能治喪具遂傭其身主者與之食餘半養母冬母寒無力置綿乃刈艾作絮兼之薪恐妨主者工雞鳴走江干拾蘆根歸始旦夜則抱母足溫之值流寇亂負母逃爲賊所執叩頭流血請殺身留母賊哀感兩釋之母年九十七卒惠復廬墓三年雍正元年旌

戴華淩自幼孝謹不先親食親或不懌必婉容慰解父病三年侍湯藥廢寢食父沒盡竭力奉祖母與母母年逾七旬保護尤至有延之訓課者以母老堅辭不赴前後執親喪哀毀骨立廬墓六年雍正三年　旌

徐粱字兩州邑諸生幼孤事孀母江氏以孝聞有幹才董理家政置祀產睦子姓族人讋服邑有貧乏自鬻者出資贖之子本儒雲南糧儲道孫立御貴州兵備道其他登仕籍者甚衆人謂粱盛德之報

瞿世正字憲昭邑諸生性孝友居喪盡禮撫愛幼弟家貲悉登簿籍綴慰我先志語於簿首及弟成立僉所積贏餘悉推予之族戚嘆服子顯然乾隆甲子舉人

徐本仁字伯倫少失怙事兩世孀母備盡孝道課諸弟後先登科甲克承先志族人以家政委之年未弱冠族之長老咸推服焉以急難告者竭力濟之其見義必爲蓋至性然也

宋士吉父國器早卒事孀母鄧氏筆耕以養備極誠孝乾隆七年與母節同　旌

張世名好善樂施康熙間邑旱捐米周給貧乏邑有橋名畫街久圮世名捐貲重建縣令李振宗爲易名生生橋有記載藝文子庚孫睿烝烝慕義克繼前志云

王夢鯉字龍友邑諸生存心剛直見義勇爲邑苦里長役多流離蕩析者夢鯉倡衆控告當事輾轉三年於康熙乙丑始獲革除排年官徵官解時同邑諸生張鳳起亦捐貲三百金與夢鯉同事呈請民

困獲紓兩人力也夢鯉子六人季國英以居家孝友倒膺薦辟授宛平知縣有聲慷慨好義急朋友之難累官廣東鹽運使卒

羅田徐生明字哉生邑諸生父益謙爲流賊所執將殺之生明跪泣願以身代賊義之因得俱釋父卒廬墓三年其子鉅事親亦以孝稱父沒友愛異母弟父嘗代邑貧民輸丁稅鉅因力請當事得丁隨糧派如隣邑例後以拔貢授崇陽教諭卒雍正十二年旌建父子孝子坊

麻城顔時熙字次文諸生父如愚病篤割股救愈順治十
二年知縣王潞詳報院司給匾旌奬
黄安張百程字日闢鵬翔子爲諸生以文章氣誼見重於
時明季流賊亂結堡保集鄉里遂精騎射丙子應
試郢中冦逼城射殺緋衣白馬賊癸未土冦起帥
堡衆討平之祀鄉賢長子希良另傳次子希聖力
學敦行多隱德可紀
盧爾悌字以申性至孝父尭臣五夜篝燈著書悌常
侍側父就寢乃敢歸私室明季流賊陷邑悌侍力

負母縋城而出舉家獲全子絳另傳
張欒字易村希良子康熙乙酉舉人善屬文尤篤行
誼事繼母劉氏以孝聞撫弱弟曲盡友愛族黨貧
而才者資之力學多所造就里有某貧不自給鬻
其子欒聞而贖之厥宗賴以不覆生平隱德多類
此著有夌雲軒文集藏於家兄棣康熙辛卯舉人
已亥歳大歉捐穀千石以濟貧民鄉人德之
蘄州王御龍字時可内行醇備明季冦亂後家貲蕩析兩
兄早世撫諸侄成立推與無所吝子緩猷欽猷亮

猷皆以學行稱
王廷詔諸生幼事父有孝行父沒與妻張氏侍母向
晝歡吳逆亂廷詔奉向避賊於黒山洞口負米以
養採橡自給值礦冦刼奪張以身蔽向連受三刃
冦尋釋之向病疽穢甚張口吮無難色及向沒廷
詔廬墓三載乾隆五年僉　旌
余藩事母孝崇禎癸未遭獻賊難以母柩在堂悲號
不忍離爲賊所害妻張氏年二十四夫亡守節垂
六十年乾隆九年僉　旌

李由虞字宗舜少失怙鞠育於伯氏來元事母張氏
及祖母以孝聞來元卒由虞居喪三年不入内寢
五世合爨族黨咸稱其義乾隆十年以孝同母節
僉　旌
張啓翼字仕翰歳貢任應城訓導教士以敦本爲先
邑向無衙署翼捐資建造乞歸後值歳荒收卹族
隣輿論稱之
劉匡生字生生事親以孝聞居鄉尤多義舉品望端
凝州人俱矜式之年六十登順治甲午賢書未仕

卒子戩諸生孫文起康熙已卯舉人文超歲貢曾
孫价丁酉舉人俱有聲咸稱匡生遺澤未艾云
陳正經字綸章諸生後肄業國學性孝友重然諾廣
施與會各屬丁隨糧派經力勤其事爲士民倡州
人德之子履中乾隆乙丑進士任滋古康熙歲貢
卹隣收族捐穀二千餘石前州牧以敦仁好義旌
其閭
廣濟劉登仕字希卓性醇謹事父母以孝聞母病咳唾汚
穢躬侍榻手浣衣不解帶者累月母卒哀毀骨立

三年不入內值歲荒獨廩賑饑全活甚衆祀鄉賢
張先基字開有順治已丑進士授棗强知縣生母早
丧事繼母如所生待異母弟極友愛兄嫂丧遺孤
貢金撫育教導得補諸生親伯叔之嗣殯葬盡禮
置田供祀族黨貧乏者周恤之初至棗强讞大辟
獄十餘案白其可矜疑者十二人鑒拔人才尤有
卓識所得多知名士弟兟基能詩有宛彼堂集
張金基字寶持性孝友避亂山中兵至斫其妻金氏
碎腦死金基弗顧負老母得免舉孝廉授沔陽學

正教士有法卒於官櫬歸庠士數百人哭送江上
陳文允諸生事父孝父病劇躬親嘗糞父卒居丧廬
墓事繼母亦如之乾隆四年旌
蘄元周靈東鄉農民事親至孝竭力農事以盡孝養
沒後廬墓哀切鄉族稱之乾隆四年旌
陳宣闡父三鳳有義行早沒事孀母張以孝聞具幹
濟材初貧窶後家計漸裕值疫疾流行施棺三百
具又置義塚於縣南登高山子五季文光舉人
呂和寬國學生幼事雙親克盡子職親卒哀切廬墓

乾隆六年旌
劉銘璋事親以孝聞親卒前後廬墓者六年事祖妣
克盡孫職乾隆十四年旌

隱逸

夫儒者席珍待聘豈屑盜處士虛聲然光黃間古稱多
異人往往佯狂垢汚不可得而見豈其山川奧衍蟠鬱
之氣使然歟量腹而進松朮度形而衣薜蘿此中佳致
不煩移北山之文矣

唐

黃梅李玭開元中一日明皇夢廬山使者請立廟詔刺史獨孤正命所在學士製碑文獨玭文稱旨詔舉博學宏詞不就築室東山麻林之窪讀書樂道稱衡門居士以老

宋

麻城張憝子隱居九螺山自稱九螺山逸人東坡志林所云黃州故縣張憝子行止如狂者也熊吉贊云內史之韙以閑其君惟子之韙獨成其身龍德而隱今鮮其人九螺之山因子益名

王翊居岐亭建桃黃庵自號桃黃山人熊吉贊云桃黃之庵中有隱君尸居蔬食抱樸含眞匪道曷依匪道休行孰無懷氏葛天之民

蘄州林敏功字子仁以春秋舉進士下第杜門不出者二十年博通五經尤長於詩元符末詔徵不起賜號高隱處士弟敏修字子來亦不仕終老以文字相友善世稱二林

吳瑛字德仁父遵路博學强記議論英偉累官龍圖學士瑛補太廟齋郎仕至虞部員外郎告歸臨溪築室種花飲酒超然塵俗之外嘗有盜入室覺而不言及取被乃曰他物惟所欲夜正寒幸舍吾被後召爲吏部郎中就知蘄州皆不起

廣濟梅國淳字作所工詩賦肥遯林石宋亡武昌程平章薦之屢聘不起謝之以詩

姚楚山明爽有智畧屏跡山林日事吟咏過其廬者皆稱爲白雲處士家

黃梅黃眉翁失其名寡嗜慾好雅歌恬飲咸淳間已百歲遇異人授以藥謂可再周甲子至一百六十歲眉

長三寸垂兩顴故人稱眉翁

元

黃岡范愷字士元博學能文性澹泊家殷富處之若布素年九十餘終

吳應澍重義樂施歲饑設粥於路貧不能殮者功之棺置橋四十餘處井十九以便民湖省平章以聞詔徵不起御書西山二字賜之人稱西山先生

廣濟何朝舉有志操師事饒雙峯先生養志巖阿不樂仕進著有文公性理吟一編

黃梅汪堯舉字熙甫淸介自立天歷中登進士第不受官
歸隱林泉詩酒嘯咏以終
楊俊字士元初爲博士弟子厭之遂棄去覔石龕古
檪山中優游偃仰一百三十歲卒

明

黃岡吳榮一洪武初棲中和石壁山種蔬養鶴博覽豪吟
抗志巢許嘗荷鑱斸藥以濟人厥後有王瓚及思
裕者俱以隱德名
徐蘊字天佑有隱德兄蚤卒遺子撫育教訓俾有成

立里有不能葬者助之無吝色
樊志張字兩同玉衡次子隨父戍雷陽二十四年及
玉衡歸卒志張一慟幾殞遂不應鄉舉潛心易學
著易象易數易適易占益王遣使再聘皆不就
袁希夔字子理幼嘗和李維楨宮鶯白鷺詩各十章
維楨大器之已而與三袁唱和又與兪羨長錢仲
舉贈答於金陵遊跡幾半天下歸隱茅山之麓結
茅曰遯園以著作娛老
易爲鼎字用王生而有文在手曰汪號汪來子蚤以

文章氣節著明季學使高世泰修三楚文獻錄鼎
與汪三奇龍墳劉醇驥皆與焉亂後棄舉子業築
室白雲山授徒以老
陳鴻思字大磬萬歷丁酉舉人歷官貴州太守所至
有政聲後退居林泉手一編不輟以老
洪周祿字半石天啓壬戌進士知常州府解綬歸里
肆志詩文行草書妙絕一時急難好施鄉里德之
年七十餘卒
陳師泰字交甫崇禎庚午舉人累官蘄州知府以疾

告歸好吟咏書法直逼大蘇家貧問字者餉以酒
郎用款客談論竟日年八十餘卒
韋克濟字孝忍明季進士授南安令以誠格巨猾邑
人賴之丁艱歸遂隱居武昌賢庚鄉率諸子躬耕
自給究心典籍與從弟克振以詩文自娛
李之楩字鄰仙諸生精大易研理程朱不爲王弼京
房之學絕意仕進以長桑終其身嚴氣正性對卿
士閒閉目袖手端坐不一語督學徵之不起與才
人何履仕齊名時稱何李

王一翥字子雲黃岡貴公子也父追𦍑靖節黔中賜祭廕子一翥不屑屑於任子官遊京師魏忠賢聞其才名邀爲記室一翥棄僕從間道遁歸崇禎庚午舉於鄉後隱於廬山還寓巴江閉門著述家益貧學益富文宗西漢詩本風騷天下莫不知有王子雲也有智林村稿傳於世

杜濬字于皇性狂簡少立令譽嘗謂文體壞於范陳詩體壞於元白其所著作力砥流風崇禎己卯中副車後隱江南之鍾山名公巨儒不識茶村之面者自以爲報有變雅堂集詩文遠近爭傳誦之弟

岕字蒼略同濬避亂居金陵桐城方苞與兄舟從受業焉以吟咏自適雖饘粥不給絕不介意著有些山集年七十七卒得年與其兄同苞爲之銘其墓濬子世捷世農俱能詩

萬爾昌字師二明崇禎丙子舉人座主吳偉業錄其減膳撤樂表程式多士名重當時甲申後年方三十餘即絕意仕進與兄里春弟爾昇爾杲閉戶撰述相師友太守于成龍欲見之不可得著有頤莊詩文集頤莊隨抄等書行世遂安毛際可序之以爲大節在淵明間而詩亦得其遺意頤莊其號也年八十四卒子爲恪另傳

萬爾昇字退修爾昌弟爲諸生有聲後棄舉子業結廬武湖之濱顏其齋曰秋水岑兄弟師友一門之內雍如也共往來者自王一翥魏公韓數人外罕覯其面嘗論歷代史論互有異同得失參半著史求一書折衷羣言務求至當人爭傳誦好援引後進經指授者多成名卒年七十有四子燦另傳

蘄水李子賢以孝聞持身醇謹平生無媟褻語以山水自娛鄉里重之

程在霄性矜嚴好古籍謝絕賓客毋呼童子挾卷隨步坐咏而已晚號孤山樵隱

柴大楠磊落英奇弱冠棄家遠遊塞外涉混同鴨綠諸境晚歸傍巖溪築一洞不盈丈隱居四十餘年讀老易諸書足不出戶

畢良凱性嗜古立義館以贍貧士嘉靖間舉明經不仕生平不以私謁公門

柴杰博學有隱德每坐竹林中讀書竟日於書無所不窺尤精於易與兄木友愛最篤析田廬爲四一子與三侄均每戒子云知事宜少識人毋多饘粥外有餘則去之不可以田產累子孫也

黃可久字柳溪諸生甘貧力學與妻偕隱臙脂山下精丹經內典醫卜諸書每瞑目默坐自號出塵道人子正色崇禎丙子舉人令蕪湖有清白聲癸未後隱居林泉足跡不入城市著有黃氏文統畏合堂稿

羅田　唐文義鄉薦後不上公車棲遲衡門屢辟皆辭自號多雲老叟年九十餘終

麻城　黃卷字景文嘉靖乙丑進士累官副憲年踰强仕即解組歸服犢鼻褌躬督田事與奴僕同甘苦嘗從隣舍借耒耜隣人負送卷曰但借足矣豈可復荒汝工因自肩還又嘗以隻鷄尊酒候邑侯曰兎尊可見還侯笑與之其清樸如此

甘望魯幼爲人牧奮志攻苦研窮程朱之學卒成名儒以黃陂有二程望魯臺因以自號

梅之熉字惠連少司馬國禎子明末亂起棄襲廕散家財歸隱囊山爲僧別號槁木以著述自娛

蘄州　袁信讀書敦禮聞義勇爲嘗以便民事陳言於朝特賜俞允錫以爲善陰隲孝順實事二書歸隱年九十八無疾而終

朱紳字懋守居田野自食其力牛背夕陽卷冊相隨憑弔古今時人莫窺其際

廣濟　柯仲立號半山性孝友恬靜博學作半山書舍於山巔聚文儒講論經義窮年不倦

程希闕博雅典則以古人自命擬管爲文詞類莊騷舉於鄉屏跡深山力行孝弟

寇學海字巨源少業儒而任俠好爲詩嘗獨住廬山白鹿洞數年鍵門取魏晉盛唐諸詩冥會之時稱寇山人著有二餘齋稿

劉秉錄字昇之事孀母孝母卒哀毀年四十妻喪不復娶有僕久役於家聞其先嘗爲士焚契遣之隱居授徒以明經終子洪芳詩文早歲有聲孫醇驥另傳

徐玉吾博學善諧晚年爲隱士服芰茅赤土山下曰蚓可窩友至自起烹茗自備雞黍不假一力其子請代之輒麾去曰吾自適志耳銘楹云灑掃一室以待死破除萬事以延生

朱顯綬號希菴少有隱德喜讀書尤深於易嚴重不苟言笑晚精卜筮醫藥等書解觀天象知世變避亂沙村梅山諸處有幾先之哲人士多依之崇禎丙子秋夕共友人啜茗觀蓮歎歸而逝

王臨字泰生家貧力學不輟闖賊至見臨獨坐大松下執卷微吟賊魁梁廷柱素知書其婦能讀孝經夜燒大炬出所挾書與相質天明揖臨去後因江行避雨得邑殘志於村店攜歸修輯成書又嘗作禹貢圖及河圖考等書

吳人玉字稱圭諸生爲文淵古浩博著述甚富絕意仕進性至孝善卜筮預知吉凶年七十自置棺題曰逸我亭

黃梅 商顯雅好詩書永樂二年徵聘至朝固辭不仕賜號樂耕徵士翰林張和美作寒江歸隱圖賦詩送之

程仲魯字少愚布衣高尙慕邵康節之風嘗乘小車出入載筆牀茶竈吟咏自若刻有東皋外稿

國朝

黃岡 胡來通年十二有僧見之曰此人間百歲翁也性好施與明楚撫魏光緒曾表其廬順治庚子壽百歲僉謀建坊通力辭之二孫珙珠承厥志逮次年忽一日沐浴更衣端坐而逝

黃安 姚應魏字德昇諸生刻苦食貧冬月讀書以木棉擁足常達旦授徒羅山羅仞南劉海宇亟重之有紈袴子頗怠業魏責罷棄之空歸曰安能以阿堵物誤人子弟舉鄉飲辭不赴子觀性耿介類其父以歲薦徒步入都中表某官永年令遣騎强邀入署信宿即行一無所取

蘄州 徐琮字侶蒼工詩畫精六書學金石刻具有法度與長沙陳鵬年相友善著有古文篆韻五卷

廣濟 李奇觀字巨海孝友質行鄉人化之當明末寇擾歲荒兇人倡亂里中立守望營保障衆推李公長者請爲師事平杜門著述授徒爲博士弟子者百餘

人徑必泰甥金德崇德嘉皆出其門
陳定中字大馬明季棄學籍隱於醫結茅湖曲柳陰
承顏奉母以耕釣終其身

方伎

竹頭木屑適用爲宜則曲藝偏長曷嘗無補黃郡人才其卓然名世者尚矣而百家襍藝亦代不乏人夫識二豎於膏肓卜有耀於太歲雖致遠有泥而大道之支流餘裔寓焉先聖王所不廢也

唐

黃岡道泓幼爲沙門與天官侍郎張敬之厚善所言吉凶無不驗嘗爲張說視宅見東北隅有三坎丈餘泓曰公富貴一世而已諸子將不終後說子洎祿山斥死

宋

蘄水龐安時字安常家世業醫父授以脉訣安時曰是不足學乃讀靈樞太素甲乙諸秘書旁及經傳百家著難經辨王對集本草補遺爲人治病立愈有婦產七日不下安時令以湯熨其腰腹自爲上下拊摩有頃子隨手墮詰其故安時曰兒出胞手持母腸吾捫兒手針其虎口卽縮取兒視之果然其神妙類此蘇軾謫黃州聞其名乘籃輿訪之與語甚相得安時少患聵以手畫字卽解軾嘗戲之曰余以手爲口君以眼爲耳

廣濟程小八善茅山法能役雷霆風雨

元

黃岡葉如菴診視有方撰傷寒大易覽一編爲時所宗

麻城樊子晉讀書明理審病察脉預知人十年生死醫家宗之

明

黃岡陶仲文初名典眞少喜方術嘗授符水訣於羅田萬福敦與邵元節善嘉靖中由黃梅縣吏爲遼東庫大使秩滿需次京師寓元節邸舍時元節得幸年老宮中黑眚見治不效因薦仲文於帝以符水噀劍絕宮中妖莊敬太子患痘禱之而瘥帝深寵異十八年南巡元節病以仲文代有旋風繞駕帝問此何祥也對曰主火是夕行宮果火宮人死者甚

衆帝益異之授神霄保國宣教高士歲餘進神霄保國弘烈宣教振法通眞忠孝秉一眞人明年帝有疾既而瘳喜仲文祈禱功特授少保禮部尚書尋加少傅仍兼少保帝自二十年後遭宮婢變移居西内日求長生君臣不相接獨仲文得時見輙賜坐稱之爲師而不名以藪大同諜者王三功加少師仍兼少傅少保一人兼領三孤終明世惟仲文而已二十九年春災異頻見帝問仲文對以疑有寃獄得雨方解時都御史胡纘宗下獄株連數十人爰書上帝悉從輕典果得雨乃以平獄功封恭誠伯歲祿千二百石仲文得寵二十年位極人臣然小心愼密不敢恣肆三十九年卒年八十餘帝聞痛悼特謚榮康惠肅隆慶初追奪秩謚節錄明史

宋子京學舉子業不售去而學醫久之心志開朗一望知人病源有巡道無他病但不能食郡守以子京進子京曰且無往當先觀之巡道出子京從輿上一觀乃敝衣冠垢汙而進巡道怒次日病愈呼子京詰其故曰昨日垢敝乃醫公者也公平生常

得喜病一怒而喜消便能食矣又見舁棺者漏血一滴曰此可生也問之則婦以難娩死呼其夫開棺針之娩一男母子俱全視郡守脉謂十年後當領西南節鉞然必墜下頦至十年撫蜀果病且兩月邀子京治之至署交拜以手拔撫軍起而下頦已上矣

蘄水 易坤字本厚以醫名兼業儒善吟咏成化乙巳至京補太醫院醫士不競時好人多重之

羅田 萬福敦少爲僧邑令徐泰召與語大器之命蓄髮訪道四方遂號玉山善踵息修鍊不噉穢麪鹽酪旁通風角堪輿奇門符水尤聖於醫其他繪畫譜琴擊劍蹴踘躧蹻襍伎種種入能品語人禍福多奇中人問以故曰大清無纖雲誠則明矣年六十始娶妻生一子正德庚辰遊霍山謂主人曰靈鶴夜且至倘余假寐幸亟呼出戶也是夜風聲驟至兀聳背鳴主人舉炬視之則羣鶴集竹梢仆壓牆屋呼玉山不應乃知卽化矣年九十二嘗以術授陶仲文仲文貴上諭其師贈玉山清微神霄演法眞

人

萬全字密齋邑諸生潛心醫學著書甚多尤精痘疹嘗見兩新婦年俱二十餘曰此皆未痘痘將作矣一可救一不可救越月果如其言又有患痘者死已半日全視之令置汙泥中三日痘復發藥數七而蘇有豪少年佯大病重幃密室呼全診視全診之曰越十五日當死何須藥少年掀幃叱之曰我何病耶試汝耳全曰診脉如此不知病否也至十四日果死

麻城 蔡密有道術能運掌心雷祈雨輒應

黃安 彭長溪少讀書明醫經和百藥用鍼石無不得宜一日道中見一男子問曰常有脇痛否其人曰然長溪曰腹有蛇將嚙汝肝吾為汝鍼之鍼入囑勿動約七日來此如期至長溪曰蛇已死可去鍼三日蛇自腹中出腐其首

蘄州 龐憲字鹿門幼從李時珍作本草綱目視神農多三千品視唐本草多一千五百品視陳希夷著多五百品凡鳥獸蟲魚草木天地內外無所不包考核詳究盡生生變變之妙憲得時珍之學不肯輕以試人至老乃出以治病立效好說素問靈樞醫人罕有知者有客病耳聾投以補藥不效就憲診視曰胃火也客曰耳屬腎與胃何涉憲曰君未知素問靈樞耳胃經絡起於鼻上耳前或於食時則聾更甚一七而愈州守夫人病瘧診之曰此瘧勿藥有喜但過十日當血下夫人不悅遂不請其方越十日果血下亦一七而愈蘄多名醫如張慕愷韓泰陳泰李言聞嚴政郝守道之屬皆有聞於時

廣濟 胡獻琛幼業儒醫以疾來求治者治輒效萬歷癸卯邑大疫獻琛製劑施救活者萬餘年八十二卒子楚瑛以儒醫著

朱顯綬字熙菴少有隱德喜讀書尤深於易精卜筮常學丹術登樓設榻足不履地者數十年自是解觀天象知世變有幾先之哲避亂江濱人士依之以安

國朝

黃岡 胥秉哲字匡生性穎異博通書史家世業醫深悟其

理營游吳會燕豫間遇沉疴投劑即痊有徐某妻孕而疾延診脉曰倏隱倏現尺中有神非癥非痞結為狐形以藥投之果產異物中丞夫人病革已就木秉哲至觀其色以為可活乃藥於木中須臾聞聲息竟獲再生王方伯女患痘已死視之曰生氣猶存藥之而起其他神效多類此著有診法精微等書後徙居江夏

易洪周原名德溥以字行博涉羣書尤精岐黃之術雍正已酉　怡親賢王以疾徵良醫洪周至進藥立奏效

世宗憲皇帝召對稱旨授禮部額外主事　賜賚甚優年七十一卒於官

流寓

東南舊郡或因仕而著籍或以譴而來游苟其人之可傳顧敢略而弗識夫士銜遠望以當歸仲宣登樓而作賦維桑與梓誰實忘之然而光陰過客天地蘧廬穎水欒城疇非僑寓又何必童冠釣遊之某水某邱也

漢

黃岡周仁周平王次子汝墳侯烈十八世孫西漢時徙居黃岡繼烈封侯其後以避西晉亂復他徙至周靈起仕梁

按唐宰相表周仁當漢時封汝墳侯後徙安成傳五世至燠曾孫燕燕九世孫防防十三世孫靈起其先世避西晉之亂徙居永安黃岡是徙自晉世者當為防之後人周仁封侯地則汝墳時則漢代並無徙居黃岡事諸志似失考存以傳疑

三國

麻城毛玠字孝先陳留平邱人玠攜幼子家於麻城有魏武手書萬古高風四大字迄今子孫珍藏之

按毛玠卒於鄴有考見陵墓志

南北朝

黃梅鮑照字明遠東海人王子頊鎮荆州照為前軍參軍掌書記因築室於黃梅今邑治基即其舊宅有讀書臺在東衙山

廣濟徐儉一名報東海郯人陵之子幼而修立勤學有志操梁元帝召為尚書金部郎中累官御史中丞隋大業間子斐授廣濟令隨斐之任遂留居西郊

唐

蘄州　李泌字長源徙居京兆七歲爲文天寶中詣闕獻復明堂九鼎議得待詔翰林仍供奉東宮嘗賦詩譏誚楊國忠安祿山等國忠嫉之詔斥置蘄春郡

五代

蘄州　陳曙蜀人嘗舉進士唐末遯於蘄山中室內惟一榻素書數卷與蛇虎雜居雨雪滿堂亦自若數十年顏鬢不改後徙鄂渚不知所終

宋

黃岡　韓琦字稚圭相州安陽人兄琚天聖間守黃州琦侍兄寓安國寺讀書白晝青燈風雨無怠後人想其德望爲立祠於讀書處

蘇軾字子瞻眉山人嘉祐二年進士元豐二年知湖州言事者摭其謝表語爲訕謗謫黃州團練副使本州安置攜子邁寓居定惠院遷臨皋亭故人馬正卿爲守從請故營地東築雪堂以居自號東坡居士與潘大臨陳慥王文甫游往來江上著赤壁賦嘗夜至浠水醉眠溪橋吟解鞍欹枕之句又渡江至武昌遊西山寒溪題詠甚富將買田沙湖以

老尋量移汝州去

秦觀字少游高郵人元祐中爲秘書省正字工樂府與蘇子瞻相友善紹聖初坐黨籍出判杭州尋以御史劉拯誣其增損實錄削秩編管黃州

張耒字文潛淮陰人弱冠第進士紹聖初坐黨籍謫監黃州酒稅徙復州徽宗立起爲通判黃州召爲太常少卿復出知潁州汝州初耒在潁聞蘇軾訃舉哀行服言者論其罪遂貶房州別駕安置黃州

陳過庭字寶玉山陰人中進士第宣和二年遷御史中丞時寇竊發過庭言致寇者蔡京王黼竄二人則寇自平又言朱勔父子皆刑餘小人宜正典刑以謝天下由是大與權貴忤陷以罪罷知蘄州未半道謫海州團練副使黃州安置

麻城　陳慥字季常少時使酒好劍嘗與蘇軾遊西山馬上論用兵及古今成敗自謂一世豪士晚棄田宅遯於光黃間曰岐亭菴居蔬食徒步往來山中妻子奴婢皆有自得之意人見其所著帽方屋而高因謂之方山子及蘇軾謫黃州過岐亭識之人始知

為慥云
(蘄水)程居字隱谷咸淳三年授漢陽簿由漢陽徙蘄占籍
查山之東迄今子孫猶盛
(蘄州)朱服字行中烏程人熙寧進士曾知廬州值歲饑便
宜振護全活甚衆後坐與蘇軾遊貶海州團練使
蘄州安置改興國軍卒
劉摯字永靜軍東光人累官右僕射辨白邪正紹聖初
為羣小所惡貶光祿卿蘄州居住將行語諸子曰
上用章惇吾且得罪若惇顧國事不遷怒百姓但

責吾曹死無所恨正慮意在報復法令益峻奈天
下何憂形於色無一言及遷謫意
孫傅字伯野海州人仕中書舍人宣和末高麗入貢
使者所過煩費擾民傅言索民力以妨農工而於
中國無絲毫之益宰相謂其詞意同蘇軾熙寧中
所奏貶蘄州安置
(廣濟)王濟開國元勳審琦十世孫封宗翊郎高宗渡江護
蹕南來任蘄州刺史後寓居廣濟
文天禎廬陵人天祥兄寶祐間鄉舉署廣濟學諭天

祥死棄官隱居廣濟五里橋東迄今家世儒業未
艾
(黃梅)陳宗達字世顯江州義門陳伯宣之後兄弟五人達
居第三康定初以乏食來家黃梅
岳震父飛討李成駐兵黃梅詔進屯洪州飛以士卒
非震莫可彈壓因留震黃梅及飛以誣死震易姓
匿大河間弟霆知震所在亦潛依焉遂改鄂姓孝
宗卹録徙嶺南雲雷支裔而此派不及其後分為
十三戶鄂家

元
(黃岡)龍仁夫字觀夫永新人至正間徙黃州明五經嘗講
學孔子山下為時矜式學者稱麟洲先生
蔣彥忠南昌人勸課蘄黃元末兵起隱居黃岡庹安
鄉講學授徒因家焉
(麻城)駱千祿江西人黃州刺史多惠政工詩賦精陰陽律
歷諸書與其弟百祿寓居麻城有墓在三角湖上
(黃梅)張允中鄱陽人以進士任戶部主事管九江稅廠因
稅額不足降黃梅稅課司尋落職因家於此

洪僞饒州人忠宣皓之裔授江州路建昌令再授廣州路清遠令不赴過江訪舊經蘄之黃梅悅山水環秀買田築室於東山子孫世家焉

明

（黃岡）周浩字季深四川人正統間任黃州同知視民如子致仕附籍黃岡孫瓚中鄉試爲偃師令

（蘄水）范承吉其先姑熟人學士常之後洪武初徙居蘄水之土門少孤廬母墓三年一日之野獲遺金數百守之以還遺者有司以孝義旌其門

胡之驥字伯良蕪州人以能詩名萬歷初與蘄之故懷慶守朱期至善因家焉晚著詩說紀事數種

（羅田）蔣翹之廬陵人掌羅田教因隸籍焉工吟咏凡山水之勝多經游覽

（麻城）趙乾歸安人元趙子昂之裔洪武初任麻城令後寓居於縣西之牛棚麓子孫家焉

（黃安）呂四峯失其名福建諸生有文武才當試日值海賊至啓院出四峯捍賊四峯至援檣捍並掀舉甃岸石撞擊賊舟應手齏碎賊遁走仍入闈終試師事西江梁汝元（一作了元）唯謹往來至黃安吳氏庭有老檜蠹孔九四峯手弓注矢次第畢貫又於壁間大書所爲春日郊行詩淋漓飛動汝元死乃去

殷海鶴孝感人明末亂以妻子僮僕數口來居邑西之岐峯山變姓名曰江夏陳生訓蒙自給酒後吟咏極苦一日不知所往其壁間遺句云閉戶不聞巖虎嘯披衣常待燭龍明至今人呼其址爲陳先生廬云

（蘄州）壽章陳遜俱吳人羅啓蜀人以仕荊藩占籍於蘄章

子虞舉進士遜子灝本府教授啓子志觀愿愨工詩

（廣濟）胡昇新淦人令廣濟有能聲士民宜之因卜居焉

張復字子遠休寧人聞黃梅瞿九思講學龍坪執贄就子弟列值瞿被誣子甲上書救父復左右之得直罷歸嘗曰學以治心也心念穢雜如野馬亂絲僅肇帨夸人乎製大鞭懸座右每妄念起輒自痛鞭如是者二十年著作弘麗古雋有黃河圖考行於世

黃梅翟大成其先合肥人通之孫能之第三子能副李景
隆禦靖難兵敗與長子大芳俱死成逃之黃梅遂
家焉後補戍籍從征有功授都指揮得世劵以奉
通祀

楊哲順天人洪武進士歴任湖廣分守副使入籍黃
梅離城二十里黃花港建有副使坊

國朝

黃岡補帽匠不知何許人無家室居止嘗擔補帽具往來
黃州團風間以所得值市米取擔頭小鐺作炊或

煎水爲茗飲晚乃舉襆被投逆旅擕書數帙琴一
張時讀書亦間爲操琴問其姓名漫云姓何字白
雲

蘄水李恕字相如肇慶人寓巴江間作書畫人無知者適
叅政李爲霖於行署物色得之執手流涕留連數
日能酒善琴尤長於詩所著鶴歸堂集識者評其
爲怨誹不亂之音卒後邑人咸稱十潭先生

黃州府志卷之十四終

黃州府志卷之十五

知黃州府事關中王　勍纂輯

人物志

列女

按舊志所載黃郡八屬女子以貞節紀者數百年來不
及三百人而
國朝雍正乾隆間卽黃岡一邑邀題　旌者已百六十餘
人惟日月中天窮鄉婺婦幽貞隱操咸得自耀於光明
固知前此之湮沒不少則生　聖人之世者卽婦人女

子亦何其幸也夫魚軒翟茀褔履所綏如東海竟陵家
範者淸淑之山水鍾美毓秀緊豈無人而紀載闕然亦
婦道無成之義惟孤鸞破鏡悲隻影於生前騰芳名於
來禩固足以廉頑立懦矣

宋

黃梅韓秀妻李氏宣和末秀久客汴姑老病劇氏泣禱天
懇醫調治姑愈益盡孝養姑語人曰吾今九十三
吾媳亦六十老矣吾子有若無也吾非媳何賴哉

元

蘄水趙政二妻武氏年二十二夫卒家貧守節事舅姑尤謹事聞旌表

麻城蒲烈女邑吏蒲汻女（麻城縣志作蕭拱女）年二十六爲紅巾賊所執欲污之女紿賊以隨我至山橋僻處比至潛抜簪刺其一目賊伏地衆賊追刃之罵不絶口死（舊志作黃梅今從省志）

蘄州張氏二烈女父任總管長女年三十一次女年二十九俱未適人至正辛卯寇逼蘄二女與父相失乃相語曰我世宦之家豈可被賊辱乎挽手赴蓮花

池死

黃梅伏貞女少許聘未婚而夫亡女誓不嫁以養父母嘗爲母吮疽年二十七卒里人號曰孝女

明

黃岡熊谷真妻魏氏　知縣吳受妻胡氏　熊拳妻吳氏

魏年二十四夫亡攜幼子拳依父家紡績自給拳長娶吳受女生子官受官童會拳沒於五開衛戍所衛攝取官受補伍時吳受妻胡氏亦早寡依女於是三孀日夕抱幼孤而泣吳私計曰兒獨應伍

兒必亡我隨兒往姑與母皆年老無託亦必亡乃買舟兼程赴京陳情太祖詔有司體勘得實魏胡以節旌吳以孝義無雙旌僉復其家後官童子仁博學有文名

進士余文瑞妻周氏夫卒氏嘔血不食面垢髮結以夫衣爲衾枕母死亦不歸偶婢曝其衣誤雜男子衣中立焚之

劉烈女父負薪爲活正德間流賊過黃見女殊色欲亂之女紿賊以飾粧請賊置女舟中投江死

李富妻項氏正德中爲流賊徐彥明所刼氏紿賊防

閑少疎投江死

劉鵬妻盧氏夫卒痛哭嘔血遂自縊死嘉靖中旌

張烈女未詳何許人嘉靖間父挈居團風鎮工詩其父先有所許已而悔故來徙有富商謀娶父許之女曰兩髦何在遂至此乎引刀自刎遺詩云摇落林居風日清黃花白露客心驚頗傳信美非吾土却憶飄零即此生隱几晝瞟飛海嶼杖藜秋色醉山城年華轉換俱陳跡底事猶牽世上名

生員倪天瑞妻劉氏年二十夫沒撫孤子士觀為諸生踰九十卒士觀授徒奉養備至萬歷中以節孝僉旌

舉人盧靜妻方氏副都御史方任妹年二十四孀居事舅姑以篤孝稱守節七十二年萬歷二十三年建坊旌表

進士奚世亮繼妻王氏都察院都事廷儒女世亮殉興化難時氏年二十二苦節七十餘年年九十四卒後封恭人以節婦服忠臣寵命萬歷間三蒙存問賜建坊僉祔世亮之諭葬

生員王追宣妻汪氏夫亡無子弱齡苦節年六十餘卒事聞旌表

生員曹銓妻盧氏年二十二夫沒撫棺哀慟夜自縊以救甦撫遺孤勤劬萬狀偶鄰媼以微言挑之氏剪髮齧指唾媼面不再見年七十五卒萬歷三十六年建坊旌之

韋體亨妻周氏生子石麟方幼體亨疾篤指老母幼子瞪目視之俄卒氏奉姑孝謹撫石麟辟纑佐讀

登萬歷戊戌進士封安人三十五年建坊旌表

曾祿妻吳氏　魏璋妻邱氏　陶以憲妻王氏俱年少守節養舅姑撫遺孤甘寂茹苦終身不易

徐某妻汪氏萬歷四十二年御史題請疏云十九于歸未及期而良人早逝廿年守志不移時而姑舅雙亡建坊旌表

袁文任妻王氏省志作文仕　袁希詩妻何氏王適文任甫二年文任性孝友以兄宪代刑斃杖下舅姑年老遺孤希詩僅閱月王苦節至年八十病篤希詩妻何氏刲股救之又四年乃卒天啓四年賜坊曰節孝流芳

進士樊玉衡繼妻佘氏夫兩令商城崑山氏相之以廉著夫沒家貧菽水奉姑得其懽心苦節四十餘年立從子維孝為嗣天啓中詔以廉貞雙美旌之

賈熢妻袁氏年十四適熢二年而熢逝遺一女氏攜歸依父以居茹素飲冰清苦萬狀迨女嫁誡曰自汝父死我眼未嘗覩男人女人一世不可輕視人也萬歷戊申卒年六十六

生員王相妻李氏年二十而寡子崇擢僅三歲食貧教子以孫用予貴受封並旌表

鄭一魯妻宋氏一魯省父四川還至巫峽溺死氏年二十一聞訃觸墻幾斃孀居撫二孤可教可訓及於成立衣惟粗麻足不越閭歷五十三年卒

杜桂芳繼妻劉氏年二十餘夫卒撫孤琬以節終按董志止載劉晋遲妻杜氏係瓊芳女傳見後又載杜桂芳繼妻劉氏乃省志載杜瓊芳妻杜氏得毋因二傳而誤書耶特辯正之

於伯貴妻熊氏　舉人於廷評繼妻張氏伯貴早卒熊苦節五十餘年壽八十孫廷評亦早卒張年二十四孀居四十餘年奉旨建坊賜額曰完名全節

進士於倫妻朱氏隨夫任萬安縣聞母死廢飲食哭泣五日而卒其地祠祀之

詹景麟妻甯氏年十八歸景麟事舅姑以孝稱越八載夫亡夫所譔著親檢成帙出入以禮自持有姊適同里張澤澤既貴姊有餽遺屏不受教二子有法及孫時明遂爲名儒年九十六而逝

曹獻甫妻胡氏年二十二夫沒撫孤守節孤尋夭母與兄弟欲更嫁之誓死不變伶仃紡績年七十二卒

貢士王箕繼妻何氏知府何曉齡女年二十夫沒子鳳閣在襁褓依前子鳳暘以居苦節四十八年卒

知縣王欽濂繼妻陳氏　舉人王承啓妻杜氏陳年二十七夫沒撫孤承啓舉於鄉復夭與媳杜氏撫孫懋德茹荼飲泣四十餘年懋德成康熙壬戌進士國朝康熙二十九年以雙節旌

牛斗妻陶氏黃州衛指揮牛可耕母也娠三月而夫故及可耕生保護尤苦可耕襲祖職耕子若麟成進士官御史陶且百歲疏請旌表

張懷橘妻屠氏年二十五夫沒家極貧更值荒亂兩子繼沒孑然無依汲水負薪以自給年逾七十卒

舉人曾齊賢妻余氏年十九夫卒撫二子克明克修迄成立苦節五十年大學士姚明恭疏請旌之

生員黃榜開妻蔡氏　黃文宗妻鄧氏蔡年二十夫死守遺孤文宗長娶媳鄧氏逾年文宗復故生遺腹子燕裔姑婦共撫之以雙節稱

生員何高甫妻陳氏年十九夫沒遺腹生女相依終身年六十九卒

陶烈女名足陶成芝女年十四許聘朱廷傑廷傑死女欲往奠父母堅止之涕泣竟日自縊死

生員劉晉運妻杜氏年二十三夫死子隆碁尚在襁褓忍死撫育時訛傳有富室求婚氏引刀自刎因救得免苦守以終

生員汪繼周妻王氏年二十三夫死無出將以死殉家人持之乃終喪閉處一室僅留牖納饘粥年六

十病劇且死始開關治後事焉

宋棠妾余氏棠妻劉舉子女各一余無所出及棠卒劉他適余辛勤育之日事紡績非丙夜不休壼政嚴肅親屬莫敢窺其門踰三十年忽謂子廷琦及女曰吾命將盡不能終視若輩惟望若輩爲上流人爾越數日無疾而逝年五十四

州判秦一才繼妻杜氏雲南大理人一才倅大理雲龍州娶爲繼室氏年僅十八一才且艾無子或慮其不能偕老氏曰不能偕老獨不能偕死乎未幾

一才自雲龍歸黃岡屬其族弟繼宗經紀後事一才卒氏請繼宗爲治兩棺繼宗如其請氏服斬衰答弔客拜曰吾不欲客謂先夫無子也自藝自紡成布以散婢僕三年喪畢服酖以殉蓋初嫁時所攜也血盈漬五官猶自拂拭不假他手臨絕乃命加故祿衣於衫上

陳貞女知縣陳相道女通論語許聘汪二南未字二南卒女毀容誓不再聘父母嘉其志製斬衰歸汪承服苫塊於二南靈右者三年年五十七卒

余貞女余家店鄉民余君儒女未嫁而夫夭有熊宦購之女毀容矢志紡績自給依父母終其身

生員林廷妻陳氏歲貢生恩少松名之女嫻習詩禮年十七適廷未逾年廷病劇製木主授氏而卒氏自縊家人壞戶解救遂血貫雙眸至年五十病且死爲棺自題曰復主廬遺命與主俱瘞其故篋中有橫江詞云日落孤帆盡江流片石微千秋盟白水不逐海風吹蓋自謂也然生前無一字示人

生員余大鉤妻欽氏隨父取任蔚州倅贅大鉤於任

未一載歸黃而大銁死氏年僅二十撫遺腹子壽六十卒

王朝文妻陳氏年二十二夫卒撫一子維繼爲諸生守節歷五十二年

武舉蕭欝侯妻王氏年二十夫亡撫遺孤箕爲諸生奉事舅姑年逾八十卒

黃正存妻王氏年二十七夫死撫三歲孤紡績自給年六十八卒

熊行之妻李氏年二十四夫沒家貧撫兩遺孤孝事

舅姑年逾七十

郈九圍妻劉氏夫卒子玉崗僅週勤苦撫育歷六十餘年壽八十七卒玉崗亦以孝稱

周升岐妻王氏年二十四夫卒撫孤學易艱苦萬狀誓死不渝年逾七十卒

生員吳茂兌妻汪氏年十八夫卒撫孤景星奉事孀姑守節四十五年

熊爾興妻吳氏年二十四夫死事繼姑盡孝撫孤文蹕爲諸生年逾七十卒

汪晨妻趙氏年二十二夫卒遺孤應秋甫二歲奉舅姑殯葬悉如禮壽八十二卒

張凌雲妻何氏　諸生程彭時妻阮氏俱年二十餘夫死家貧無子孝事舅姑拮据送終窮老以沒

孝子唐治妻桂氏治死於孝氏鞠孤子之屏弟兄食貧辮纑不忘訓廸

按察使杜應芳妻樊氏年七十獻賊破城氏白髮皤皤坐堂上賊亦不欲加害會見眷屬受侮乃正色大罵遂被殺

舉人王一翥妻樊氏獻賊破黃州氏被掠至三江口賊逼之罵曰我天下名士妻爾敢辱我賊問姓氏曰吾夫黃岡王子雲也賊笑曰名士有何官職氏曰却不作賊乘間躍入江死

生員徐天初妻李氏年二十七夫死守節課子斐雯次第爲諸生獻賊陷城被執勸氏爲爨不屈死斐以身殉詳孝子傳

張問達妻李氏年二十一夫卒奇貧苦節獻賊陷城投井死

王二林妻屠氏流賊陷城被執罵不絶口引頸受戮屍彌月不壞

李君賓妻王氏遇流賊欲汚之不從乃先屠其舅姑及夫氏不爲屈賊猶無意殺氏氏奪刀自刎死

吳周封妻曾氏性介不苟言笑勤紡績佐夫誦讀不繼則典簪珥無難色及流寇亂爲賊所得瞋目詬詈不屈賊未忍殺氏度不能脫抱七歲女奔赴賊所焚廬舍火中膚髮立燼賊義之拾其骨裹以白絹瘞之再拜而去

生員黄正遠妻蕭氏罵流賊見殺事聞獲旌

團風鎭烈女逸其姓明季獻賊破團風婦登樓避賊賊招之不下焚其樓婦掌痕殷然顏牆間過者往往指目之

倉廠烈婦不知姓氏獻賊破黄州殺人盈城黄岡李拱宸走伏城外糧倉下見賊以行幐牽一美婦至坐倉畔石砌上年二十餘抱半歲許兒賊解牽求歡婦怒罵之脅之以刃罵益厲復置刃婉求之終不屈賊怒斬之首墜五六步腔血濺賊身猶抱兒端坐不仆

朱日灝妻李氏遇流賊不屈投金釜背湖中死四日浮出顏色如生又黄岡縣志載流寇之亂即易氏一族女烈如易道尊妻王氏易道一妻熊氏易時昇妻汪氏易吉甫妻陳氏易聘明妻華氏易道重妻周氏與易仰之女適何剛者易文我女適夏繼璜者易道旦女適何際時者易道位女適李爾常者易道傳女適劉伯昇者易爲繼女適方爾聞者凡十有二人他如郭氏姊妹同死陶氏抱姑以死與道久女適孫道光女適熊皆以罵賊不屈死

監生王封帶妻杜氏年二十夫卒無子日夕嗚咽柩側不食死

贈文林郎王追騄妻程氏獻賊破城竄於武湖舟邸追騄病沒氏年二十八三孤各隨乳母未審存亡氏脫簪珥倩人涉險徧訪既而皆得扶櫬赴鄉莊依外戚以居苦節四十二年長子之鯨順治庚子鄉舉

金烈女團風鴨蛋洲漁家女崇禎末年許字李之次

子比長李子尫呆日甚謀於金父母欲以長子配之父母許諾女聞悲憤曰此何事而可以移易乎父母強定婚期先一夕女悉縫周身衣夜半投江死

同知奚祿詒妻王氏通孝經及楊慎史談獻賊破城隨夫避亂於大冶之駕虹山下祿詒爲土賊石可鼎刦去氏投江死惟八歲幼子在傍及祿詒脫難歸已死十餘日矣後封孺人

生員杜鈺妻樊氏鈺弟鏞溺於江鈺赴救俱死氏年

二十九攜幼孤迎屍殯於堂慟不欲生喪畢語其子曰兒長不須我矣因不食而死

同知何世遠妻羅氏世遠卒於桂林無子羅扶櫬還楚涉險五千餘里途遇盜劈其棺殺其僕羅身護之亦被重傷歷盡艱辛始得歸葬遂苦節以終

蘄水

甘原禮妻王氏年二十四適原禮甫二年夫亡茸貧守節五十三年洪武初旌表按舊志作二十二適原禮今從一統志

李渭妻潘氏年二十三夫死踰七月生子守節歷五十九年卒省志夫死守節撫六月遺孤今從舊志

劉永釗妻呂氏年二十四夫卒父母欲奪其志引刀破面誓以死守歷五十八年子淳以孝稱事聞旌表

汪弼繼妻胡氏　妾楊氏弼卒胡年二十三楊氏遺腹生男兩人誓死共守織紝自給事孀姑以孝聞

王仲謨妻楊氏年十七夫卒斷髮自誓敬事二姑撫幼子以完節終

周道妻胡氏年二十夫沒撫孤鳴球六十年以完節終

周鳴復繼妻楊氏年二十夫卒無出撫前妻子延祚如已出孝事舅姑至老不衰

李黃妻程氏年二十五夫亡遺一女甫七月守節至八十九歲終

張存貴妻鄧氏家貧早寡翁年九十病篤無從得藥乃齋沐禱天割股以進一服而蘇氏年七十二卒

生員蔡寵妻何氏年十八生男際盛僅百日夫故守節撫孤歷五十九年卒

生員徐尚國妻楊氏年十八夫亡遺腹生子鉉撫之

成立姑病割股以救萬歷中旌

周鳴洛妻劉氏年二十餘夫卒子延甲方三歲次尚襁褓苦節四十餘年延甲及其孫俱鄉薦

周延祚繼妻楊氏年十九夫卒無子父母欲奪嫁之不得撫前孤如已子苦節以終

李漳（按縣志當作彰舊志作李漳芳與省志同似誤）芳妻胡氏年二十二夫卒子二齡誓志守節家人待之少恩母家亦憖置不顧氏益憤勵課子勤女紅以老

舉人易文訓妻鄭氏　易文詰妻李氏文訓會試卒

於京鄭喪葬祭祀悉按家禮舉行文訓弟文詰娶李氏文詰早卒子偲甫八月家甚貧兩人誓死苦守人稱雙節

袁正魁妻廖氏年十八夫故撫孤袁貞方襁褓堅誓死守至七十六歲膺旌

李學妻潘氏年二十一夫卒家貧撫從子以終

郭廷庠妻羅氏年二十八夫沒家貧撫二子親操井臼織紝以養舅姑年六十八卒孫士望官祠部時請旨建坊

生員楊伯亮妻湯氏年十九夫沒子繼震未一週苦節撫之後補諸生年七十五卒

生員李浹嗣妻畢氏年二十七夫沒矢節撫孤六十五歲卒

生員楊學蒲（按縣志作溥）妻蔡氏年十八夫沒苦節五十年

王望民妻畢氏年二十三夫故遺腹生子宗竑辛勤撫育歷五十餘年目擊孫士廉成諸生

程安國妻徐氏夫暴病卒張戚家氏慟絕不飲食夫

葬爲兩壙虛一以自待悉檢什器奉姑曰媳不即死者爲夫疾時特勞張君未謝故也頃之張來弔氏備酒饌拜謝畢遽投夫墓側池水死時年十七

李新期妻申氏夫死土豪李豺強委禽焉氏斷髮不從豺劈門縛至其家乃自縊死

王烈女王論之女名蔘貞笄而未嫁會論母喪女翁及壻行奠讀祝有輕薄子朝女屬目焉女聞之曰女子義不受誣遂憤詈不食三日自縊死

烈婦陳氏甫十四適鐵匠周世文姑寡贅夫蔡鳳鳴

竇氏少艾挾姑勢百計逼之堅拒不從告太姑曰兒不能爲狗彘矣夜自縊死鄰黨喧傳聚觀烈日中面色如生耆儒謝朝宣皮子恕擒文祭奠進士何文典爲作傳

程若沼繼妻袁氏夫卒矢志孀居前妻周氏遺一孤氏撫之如已出夫遺緒業不以私已子人稱其賢

詹某妻尚氏流賊至不及避踞坐大呼曰死即死耳不能向汝賊求生遂遇害

洗馬畈婦某氏爲賊所執不屈賊刃其腹一手抱嬰

兒一手捧腹使氣不即盡以待夫夫至付兒放手而斃

生員何之旦妻李氏流賊至蘄執而逼之去不從則衆挾之李罵益厲醬賊求死賊怒刺之創徧體未嘗有懼色賊斷其頸死從婢阿來抱李幼女守哭賊奪女將殺之不與伏地以身庇之刺數十創婢女俱死

徐一三妻畢氏流寇執氏以威刦之氏抗聲罵曰我夫若父兄皆何如人而爲爾汙自已達午罵不絕口卒不能汙乃殺之

生員郭肇妻柴氏流寇執而欲汙之氏曰余家累世清德安能從賊求生可速殺我賊就背砍之見肝而死

生員郭琯虞妻吳氏武昌縣貢生吳如撰女流賊破寨殺琯虞擄氏氏哭願與夫同死遂殺於琯虞屍旁

王璽妻孟氏罵賊被殺邑令龔鼎孳爲作表異傳

生員南有杞妻李氏流賊破寨氏被執促之上馬厲

聲大罵賊刺殺之後以子之傑貴贈孺人（省志作南有祀妻誤今從縣志改正）

蔡應兆（舊志作乾）妻吳氏夫以繼母奇嚴逼之自縊氏年二十二痛心死守姑復強之他適氏百折不回憂虞險阻歷三十年值獻賊屠城被執大罵爲賊所殺

張邦恒妻孫氏年二十五夫沒勵節撫幼子五衡成立年五十卒

華甲妻宋氏年二十二夫卒苦節五十四年（縣志作朱氏）

羅田陶烈女正德間被流賊所擄欲汚不從罵賊而死

舉人周錦妻李氏年二十二夫卒無子奉姑克孝守節以終

姜尚忠妻周氏年十八夫死一子甫半歲氏守節奉姑曲盡孝養姑病風疾晨昏扶持不懈按舊志作江尚忠非省志作姑病目亦誤茲從縣志

王必文妻許氏年十六歸王生子甫週歲夫死誓不再適事翁姑以孝稱

劉烈女許字姚相未婚而相死鄰人張正位與人爭

娶速之訟女不從自縊死事聞旌表

程雲鵬妻張氏年十九生子升甫八月夫卒杜門育孤兄勸改適氏憤激舉茶甌擊之孀居五十餘年以完節終

黃綸妻徐氏年十七歸黃僅半月繼姑逐令別居後生子可行六月而夫亡氏年十九姑欲奪其志氏持刃刺媒乃止及姑病侍湯藥惟謹居喪哀毁盡禮子復天氏辟纑備菜以終其身

生員張鶱妻蔡氏年二十四歸張生子恒甫四月夫死父母欲令再適氏斷髮焚柩前誓無他志年八十卒

生員蕭玭妻胡氏年二十五夫没撫週歲子繼美孀居三十餘年夜夢玭邀之遂卒美洎孫譽皆領鄉薦

張義妻徐氏　張美妻王氏　義兄弟相繼没徐年二十三無嗣繼姑強之嫁誓死不從王年甫二十舊志王年二十二有子二乃以一爲義後娣姒同心白首完節

程祥妻徐氏年二十四夫没氏以死守奉祖姑盡孝撫遺孤仲仁成立年七十餘卒

王邑溪妻胡氏年二十二夫亡子必登尚幼服闋姑令別嫁誓死不從年八十卒

余忠素妻閔氏姑病劇割股作糜食之而愈

王貞女父早喪諸弟俱幼女誓不嫁撫弟成立年九十餘卒

生員胡敎藎妻陳氏夫亡子一賓甫週守志訓孤年七十四卒以子貴贈安人

余梧妻李氏年十八生子瑞才甫一歲夫卒氏通孝經小學訓子成名年六十終事聞旌表

余文郁妻蕭氏年二十夫亡撫幼子一貫年六十餘卒

生員王光宇母胡氏年二十喪夫撫孤以老據省志作光宇妻誤今從縣志改正

生員胡粹然妻聞氏爲流寇所逼大罵不從賊怒支解之

貢生王烶妻胡氏被流賊擄竊其刀自刎死

踰於義妻董氏聞流賊陷城卽赴泮池死

蔡烈女諸生容遠女許聘余先覺第三子陷於流賊數日寧死不從被刺數十創而死按省志余先覺下失第三子字非是

江文桂妻汪氏流賊擄其夫脅氏去氏請釋夫乃從及夫行遠遂大罵激賊殺之

生員方應尊妻胡氏避兵於赤劍巖聞夫殞痛哭投巖而死舊志不著胡氏夫名非是

貢生胡闇然母熊氏年二十夫死遺腹生子闇然貞節四十餘年院道屢加旌獎

段喜樓妻楊氏年二十七子方三歲獻賊破城夫被戮氏念遺孤在抱隨衆脫走矢志撫孤苦節五十年卒

麻城知縣劉漢妻張氏　女鸞山　漢任商水知縣流寇至城陷張同女鸞山死土窟中正統中旌

舉人周弘烈妻李氏年二十夫病願先死以明志及夫危不食而死次日夫乃卒

主事李文祥妻鄒氏夫謫死氏年僅三十苦節四十

餘載王世貞題其家曰一門七節萬里孤忠蓋氏後一門繼者有六云

熊烈女諸生幼學女也許聘劉康康遘疾且篤女齧左股肉遺之爲幼弟誤棄復刲寸許父母遺啖康少瘥閱月死女聞訃慟仆絶粒父母力救乃曰不令我哭弔於劉終不生於是偕之往觸棺毀裂是夜再自縊姑救解泣諭之曰吾子未汝諧何必死女曰兒食以股卽事以身矣不死何歸舉家防益密遂呼父母與姑曰請許我伴姑孀終餘年姑喜

諾女佯起櫛沐拜康靈入室閉戸撞撲破門視之
則觸桂壁立死矣御史舒鰲給以銀與康合窆事
聞旌表復其家

周弘祚妻劉氏劉端簡來季女夫早死孀居三十餘
年坐卧一樓執翁姑喪盡禮以節孝聞

舉人周弘祁妻兪氏夫死以憂毀殉夫弟弘禴稱其
大節似父希禮云

劉文妻毛氏幼工詩年二十四夫沒矢志不易年逾
八十卒事聞旌表刻有毛文貞集

知州王寵麟繼妻李氏年二十夫卒子幼氏哭泣不
食經四十日而疾革知族衆將不利於孤豫戒家
人置棺中勿封殮族衆果蝟集譟孤殺母氏從棺
中言已知汝輩計必出此矣衆大懟去氏乃瞑目

董應長妻鄒氏夫死觸棺頭裂姑與母抱持之勺水
不入口者六日遂絶事聞旌表

王師妻李氏師卒氏年僅二十餘越兩月生子山玉
鄰媪勸以改適氏泣曰我此餘生與呱呱隨分待
盡而已其叔母亡遺一女晝夜哭氏更撫字之尋

鄰家火起氏搶地呼天同一老僕扛夫柩出柩輕
若神助自是家業蕩焚饑寒益甚終無怨言山玉
能讀書且奉甘旨無缺以壽終

葉振華妻余氏隨父避流賊於斑竹園勢危迫度不
免遂自經夫解救數四抵暮乘夫不見縊樹間死

生員楊晉妻鄒氏　楊知數妻蔡氏晉有文名早殀
氏年二十六黄口三孤矢節撫之無何二子繼亡
僅季子知數娶蔡氏舉孫甫就塾而知數又夭蔡
年二十八婦姑相依益厲氷霜數十年如一日人
稱雙節蔡于國朝乾隆四年旌

王埏春妻李氏土賊徐大元等乘亂殺埏春父子祖
孫五人氏冒險奔控破家貲擒獲後赴部置法氏
請得逆首祭於夫墓哀感路人遂服素茹苦以終

生員戴崇禮妻董氏年二十偕夫避流寇難時子曜
甫六月餘授其乳母囑善視之行至楊家冲遇賊
猝至賊擁上馬奮身躍入深塘死

黄安胡烈女名黒女妹次女正德中流賊至兩河口被擄
女不從賊令羣婦密誘之女曰可死不可辱乃截

其足趾復截手指不從如初賊怒皆剉之
耿大賓妻彭氏年二十六夫卒甘貧撫孤至六十六
歲卒
王威妻張氏至孝苦節詳孝子王威傳
王惠妻黄氏年二十四夫亡舉子甫週歲屏居一室
緝織以撫其孤病不用醫曰嫌其診也亦不用禱
曰天年果盡得早從夫於地下足矣年八十二終
蔡純仁妻張氏　蔡純信妻徐氏張年十八縣志作十六
夫死舅姑廹嫁之氏引刀割耳塞戸以居奉主床

頭蚕暮哭越數歲寇掠鄉村舉家走遁棄氏不顧
氏繫組於頸懸梁據几以待囑其老婢曰盜第入
門即推几令得速斃也盜過門不入遂獲免後純
仁弟純信亦早夭娣徐氏感之矢志與張同居死
守諸叔奪其產饔飧莫繼節操愈堅邑令聞而賻
之及卒各與其夫同穴
生員韓璣妻王氏明末流寇掠縣氏慮不測豫置薙
刀衣囊中已而遇賊不從絛死省志作韓生璣誤今從縣志改正
張信妻周氏夫早逝茹苦守志歲荒常不舉火池上

有梨一株取其實炊食之終不向鄰人貸升斗其
操若此
縛柱婦恭氏崇禎丙子經賊後有婦反縛於邑南彭
氏之庭柱絛不忍言而死
蘄州羅冠妻陳氏年二十四夫卒甘貧守節永樂中事聞
未報而卒
陳溥妻呂氏淸平衛人溥幼隨父從戎淸平因娶氏
年甫十八生一子夫亡舅姑以老疾告還其家欲
留之氏誓與孤同死生歸蘄紡織事舅姑年八十

三卒
張烈女諸生文秀女正德中霸州賊劉六等出泰淮
漸逼蘄州文秀載妻女避江南大山磯窖中賊搜
獲欲汚之女罵不從並其母邱氏被殺
生員田祿妻黄氏年二十四夫卒氏貧苦自厲誓死
不渝省志誤列蘄水今從蘄州志改正
易宗元妻潘氏年二十八夫卒痛哭嘔血髮結不理
撫一歲子東初孀居六十五年有司以聞
馬廷賓妻劉氏　馬如驥妻潘氏　劉年二十夫死

家貧績紝事姑撫遺孤如駕爲諸生復死孫甫三歲同媳潘氏撫之萬歷中旌

生員楊杲妻劉氏　楊楫妻華氏　舉人楊芳妻田氏　劉興國州人員外郎守愚之姊年二十八夫没無子撫猶子芳爲嗣芳本生父楫亦早卒楫妻華氏年未二十與劉課芳讀書舉於鄉亡何芳亦死媳田氏年少乏嗣勵志同守劉華年逾八十田年六十有三卒鄉人僉重其節

按舊省志載有楊杲妻華氏年未二十而杲卒課子芳讀書舉於鄉考州志楊杲妻實劉氏又芳乃楫之子則華氏乃楊楫妻應附杲妻劉氏傳中

張思清妻夏氏　晏文明妻傅氏俱少寡無子守節撫侄以終

張顧妻李氏萬歷中以節旌

生員朱用謙妻黃氏年二十二夫卒課孤子垓補諸生四十餘年以完節終垓徒步叩閽以請崇禎間旌表

登仕郎王懋仁妻麗氏御史王珙祖母以完節終崇禎時珙陳狀部覆云守節節完撫孤孤立自青春而白首以慈母而嚴師得旨建坊

劉鉞妻顧氏年十八適鉞僅八十日鉞以赴童子試溺死暑甚屍潰氏抱之痛哭遺腹生子復殤剪髮垢面苦節四十餘年後偕弟避亂卒於江寧任景星以喪歸祔於鉞墓事聞旌䘏

楊某妻翟氏夫早卒事姑至孝姑病刲股以救撫子權爲諸生年六十餘卒

典史張忠祿妻廖氏年二十一夫沒齧指誓守家貧紡績養姑嘗盛暑爲姑煮藥灼其一目姑沒葬祭如禮撫二子克懋克恕成諸生年六十四卒

生員盧綬妻楊氏獻賊燬城被擄賊欲負之氏紿之曰我能行乃攜母朱氏行至火起處俱入烈焰中死

生員盧震初妻袁氏年二十二獻賊陷城氏度不能脫拜辭祖舅姑及舅姑抱週歲子投井死

王從禮妻陳氏年十五適禮禮幼有癎疾氏解奩裝佐藥餌凡八年禮卒奉舅姑教三子垂四十年明末避流賊至武昌城破氏曰未亡人得死所矣揹

庭前井謂兩子婦曰若輩有意乎二婦再拜先下
氏取婦帨履標之井幹乃投井俱死
周大權妻趙氏年二十七夫死家貧遺孤祉甫四月
撫之成立孀居五十餘年
曹行仁妻徐氏年二十夫卒矢志奉姑家無儋石人
或憐而助之悉卻不受毀面嫠居六十餘年以上二傳
州志未載莫辨時代故附後
廣濟徐宗妻朱氏年二十一守節至老洪武中旌
何儀妻張氏年十六儀卒守節無玷附居母族撫侄

華宗正德中侄入京陳情以表姑節得旌年九十
七卒
蔡永忠妻王氏夫卒姑暨族人廹改嫁氏赴水死族
人惡之瘞於水滸是歲大旱縣令徐愷縣志作邑人陳愷
爲之改葬雨隨降
張鳳妻劉氏鳳死氏年二十無嗣囓指慟誓始終一
節歷年八十
徐九敘妻張氏年十九夫卒殮時裂鏡納其半於棺
誓無他志以節終

程啓妻查氏年十九夫死守節至七十七縣志作七十歲終
楊貞女名丸姑楊恩之女幼許聘雷某未醮而寡誓
死不再嫁父母怵之曰他日不終節當付之烈焰
女泣曰天若令予有夫雷郎當不夭因刺一目以
見志年九十六乃卒
呂楚蘭妻李氏幼爲父母吮疽適呂又割股救姑有
司復其家楚蘭省志作芝蘭誤今據縣志改正
呂國珍妻劉氏　呂聲瑢妻于氏　劉未嫁時父母
病前後割股飼之皆愈及適呂姑有疾告其夫割

肉療之姑復痊夫弟瑤亦割股既而弟婦于氏亦
爲姑割股焉按省志聲瑤作國瑤于氏作於氏誤也今據縣志改正
董傑妾李氏直隸人初傑攜嫡寓京生子松逾歲復
娶氏月餘傑死嫡亦亡氏年二十家人欲奪其節
乃剪髮自誓煮糜哺孤出貲歸夫及嫡喪於濟撫
松成立事聞旌表
生員張鈍妻饒氏年二十餘夫卒無子女守節以終
胡橋妻邢氏　胡煥妻李氏　胡敏德妻張氏邢早
寡無子撫侄斂見若節數十年事聞獲旌橋族弟

煥卒妻李氏年十九撫遺腹子敏德爲諸生復早死媳張氏不忍棄姑亦撫侄端木以承夫祀

楊洪宇妻梅氏年十九夫卒遺孤僅三月父母欲奪其志氏以死自誓年五十卒

鍾聲純妻董氏　媳蕭氏董年二十生子僅一月夫亡孤長娶媳蕭氏舉孫而子又亡蕭侍姑四十餘年董年八十九乃卒

胡乙丑妻張氏年十八夫亡守節撫遺腹子順時成名凡六十二年乃卒

胡烈女許聘未及笄爲繼母所誣投水死屍浮出逆流而上衆咸寃之知縣夏可畱爲白其事

饒欽覲妻劉氏年二十二夫死守節四十餘年復旌

劉某妻張氏舉人劉入表祖母年十九守節九十一歲沒

翟斯岡妻張氏割股救夫守節以沒

梁我集妻岳氏　程元遜妻彭氏　程希尹妻周氏

程元憲妻陳氏　程希契妻劉氏　程才妻童氏

張鞏基妻程氏　俱早寡苦節終身

楊啓顔妻王氏夫病癱值流賊至氏侍側不離賊挾其夫氏以身翼護賊掠之行見他婦皆縛置馬上因紿賊曰吾何逃第創重不勝再縛賊諾令乘馬行十餘里躍入道旁塘中死越兩旬自塘直立而色如生

潘龍躍妻唐氏崇禎十三年避賊靈杲山（縣志作東山舊志作靈東山谷）賊至加刃龍躍頸索錢唐跪泣乞以身代夫不許女巽大跪泣乞以身代父不許唐知夫不免投於塘女從之賊愴然釋其夫

饒燮中妻張氏　饒起臣妻黃氏左兵東下張與媳黃氏俱爲所執張詈賊以所佩小刀自殺黃赴水死其子起臣被繫逃歸尋母故處亦悲號而死

田廣生妻張氏避流賊入棘中賊牽之不出遂倒拽之頭面破裂復被支解

劉仲霖繼妻胡氏夫沒守節撫遺孤被流賊執不從賊奪懷中兒拉殺之氏愈憤詈賊怒撞以巨梃腦裂而死

周士龍妻費氏從夫避流賊於山砦爲賊所執屢促

夫去[illegible]言曰女子死則死耳丈夫獨不見幾乎士
龍去賊殺之
吕彰美妻胡氏年十九夫喪撫孤爲左兵所執涕泣
謂鄰婦曰吾死矣幸爲我保此孤兒語訖赴塘死
鄰婦亦感激同死
馮如集妻龔氏嘗刲股愈繼姑病後被賊執詭曰珍
寶埋林中汝取之釋我可也指其處賊往卽將所
佩小刀自刺死
張氏二烈女一名福媛舉人張楚璠伯瑜名女隨父避

兵見執鞭之流血駡不絶聲遂被害有同族科甫
女亦被執賊趣使乘女遂乘馬若不爲意及至門
首投塘水死初兩女聞警卽共誓不辱果踐其言
張烈女父順早死女許聘未嫁流寇至解帶自縊賊
見而解蘓之女怒詈不從被殺至慘
許惟高妻江氏遇叛卒百計不屈賊先割其耳刃其
背剜食其心乃死
向日啓妻施氏小字蓉姑適向三年値流寇亂氏同
夫逃避騎牛行至蘄水界泣語夫曰賊喈殺書生

攜少婦能兩全乎君善自保勿顧我詰旦經大池
邊躍入死之向倉卒揮淚而去入蜀成都子孫繁
衍子廷賡丙子舉人任巴陵知縣
查文生妻王氏姑病足不離牀褥氏扶持無倦色流
寇至被執不從遂遇害
張成見妻劉氏遇流賊駡不絶口賊怒殺之
黄伯常妻魯氏被流賊執欲汚之怒駡不屈亂刀裂
屍死
朱邦樸妻曹氏性淳篤事舅姑孝年三十無子納妾

於夫生一子値亂遇流賊不屈被殺
劉孟秩妻鄧氏縣志作鄭氏流寇初至偕女昭避於縣北
事急投塘中賊廹之不起
張簡熈妻程氏性極烈然事夫婉順時舅姑俱陷賊
每涕泣悵望以不及奉事爲憾及流賊至同夫避
深澗中賊搜得之乘間自溺死
王凝鼎妻張氏避流寇於殷家衝寨寨破不爲賊屈
投波絲洞巖下死月餘子秉戫收斂而色如生秉
戫後任貴州衛守備順治中贈恭人

鍾恒甫縣志作儉甫妻陳氏　饒全中妻梅氏　胡是恭
妻饒氏　俱遇流賊不辱憤罵被殺
楊齊聖妻劉氏　饒牧夫妻劉氏　張明育妻徐氏
吳斂功妻王氏　饒帝臣妻徐氏　吳斂師妻劉氏
俱遇流賊投水死
饒某妻吳氏石蒼女適饒逾歲夫死抗志守節舅姑
不能奪明末隨母避賊山中常懷利刃防不測年
四十餘卒
黄梅馮永妻陳氏縣志作張氏永以綱運赴京溺死氏年二十

二聞計水漿不入口者七日苦節至七十餘卒
嚴高妻邢氏名聖貞年二十五夫死守節以終
陳氏年二十六夫與弟俱亡僅遺孤侄氏同娣撫之
一日盜至執孤將殺之氏叩頭告曰一家之命懸
於此子幸以某代盜怒刺之血迸流不止乃捨去
年七十餘卒
胡鵜妻陳氏年十七夫卒毀容誓守撫從子爲嗣苦
節四十餘年
劉瑄妻周氏年二十四夫故遺腹生子復夭苦節以

終
生員石元岱妻王氏年二十二夫卒奉翁姑撫弱子
年至七十有盜入室舉家驚走氏獨危坐不去盜
執之問故曰先夫棄世囑毋踰此門今敢偷生以
背遺言乎盜義而釋之
生員李文明妻胡氏年二十七夫死子殤僅一女鐫
誓夫墓門結廬於側植雙柏踰年爲牧豎斷其左
二尺許氏踞而泣曰左夫道也奈何見折浹月長
與右齊人以爲誠節所感

胡世松妻章氏性純謹事舅姑極孝夫病侍湯藥累
年夫死守節年至一百有一歲
生員熊華夏妻汪氏夫病危氏夜半籲天引刀割左
臂三寸許烹而進之達旦家人見血痕滿地問氏
氏不言昏然痛絕逾月夫卒勉鞠弱子閲六載一
日忽大痛觸地嘔血數升而死
生員王作雨妻黎氏年十八適雨生一子三歲雨卒
制滿人令去服氏曰吾服寧有盡期耶齊衰不改
者四十餘年壽六十五終

生員陳廷榮繼妻王氏夫沒氏年二十撫前妻子頤年慈愛無異已出卒年八十有六

生員黃若坤妻胡氏年二十三夫沒養姑盡孝年七十一卒

生員沈文澤妻潘氏成婚十日夫亡毁容斷髮獨處終身

生員石顯親妻周氏年二十餘夫逝朝夕泣血未及三年兩目俱盲歷四十餘年卒按縣志周氏乃文學石顯親妻省志作石文顯妻誤

梅亮中妻胡氏年二十二夫死苦節事孀姑向氏孝敬彌篤姑病焚香祝天刲股餌之尋愈

石維錯妻黃氏錯乃天閹氏相敬如賓錯亡財產悉讓伯叔閉門矢節以盡餘年

王廷賓繼妻劉氏年二十夫沒撫五歲孤兒完節以終

生員瞿平妻李氏年十八夫卒每日置夫衣冠書籍於庭撫而哭之苦節六十餘年崇禎間建貞節坊

生員王聖臣妻洪氏年十九夫卒局閣自守閱二十餘年流賊至氏隨父走觸城而死

生員曾偉妻石氏獻賊陷城夫婦俱爲所擄氏私語夫曰我惟有死君其潛逃勿依我少頃賊逼上馬氏投井賊復援之遂以頭觸石血流滿面罵不絕口賊怒殺之

生員石一音妻梅氏夫爲流寇所執不屈被刃氏聞痛哭投湖死

馮公甫妻商氏氏及姑與夫並爲流賊所執強氏從氏詐許焉迨脫姑與夫乃奔投烈火中死

程太仲妻江氏縣志作汪氏妙齡守節卒年九十有九

洪烈女諸生世寵女粗涉書史年甫及笄爲流賊所執道經烈焰投火死

嚴之恒妻陳氏年十七夫卒僅一女苦節四十八年左兵之亂攜其女投井死

程夔斗妻周氏夫遭里中惡少窘辱以死氏痛夫死非命自訟於有司又不忍暴屍讎黨止於坐戍氏以冤未盡雪抱棺毀裂而殞

生員石研妻邢氏年二十六夫死無子盡出私蓄貲

產還石諸昆獨處一室設夫主朝夕泣奠以月以
年如初禮誓死不渝

國朝

黃岡陶光先妻劉氏年二十夫喪勤績養姑茹荼撫子苦
節五十年順治九年　旌

劉三重妻魏氏年二十二夫亡無嗣剌一目自誓依
兄子紡績為活歷四十餘年順治間　旌

陳天球妻陶氏年二十夫卒無子依孀姑張氏姒劉
氏守節數十年康熙二十八年　旌

何烈婦為強暴所犯不從而死康熙五十四年　旌

鄧顯奇妻劉氏年二十五夫卒三子俱幼或欲奪其
志氏截髮示之敬事舅姑教育三子成立雍正元
年　旌

李又白妻徐氏年十四歸李越四年夫亡矢志四十
餘年訓遺孤如嚴父遇娣姒和而有禮內外皆稱
其賢雍正元年　旌

宋正元繼妻邱氏年二十三夫亡鞠前室子曲盡母
道奉舅姑極孝孀居三十餘載足不踰閫閾雍正
四年　旌

生員邵之瑜妻方氏　監生邵先陛妻宋氏方年十
五適邵未一載夫沒撫遺腹子先陛娶媳宋氏舉
孫光祖甫五歲陛又逝宋時年二十五矢志奉姑
撫子方以憂慟寢疾十七年宋百計調護獲壽終
姑婦雙節雍正四年　旌

王時聖妻陳氏年二十六夫卒子道明甫七齡家貧
舅姑老氏守義孝養自啖糠粃道明偶拾遺金一
橐氏不啓視令覓其主還之教子為明經年五十
三病革指所坐木榻曰吾苦守二十八年但對此
不愧耳雍正四年　旌

生員魏裕淵妻段氏年二十四夫沒遺孤永楷氏以
姑衰子幼誓志苦守卒年五十一雍正四年　旌

鄭可榮妻龍氏年十九夫卒事舅姑以孝聞夏逆之
亂舅病弗能起此里皆逃竄氏侍湯藥不忍離撫
遺孤持家勤儉而好施姻戚貧之者每賴周恤雍
正五年　旌

陳位一妻熊氏年二十夫卒無子事舅姑曲盡孝道

舅姑卒未葬值夏逆亂所居一里河爲往來孔道人競逃匿氏獨依柩不去撫從子爲嗣以勤儉自給時出餘資以周鄉里雍正七年　旌

夏同霖妻蔡氏夫早卒撫遺孤成立娣姒皆早寡氏勉以大義待諸從子若已出同居四十年内外和睦無間雍正七年　旌

王漢杰妻張氏夫早世誓志奉舅姑撫遺歳孤林蘭仰事俯畜勤苦備至年五十四疾篤林蘭刲股爲羹以進復延三月乃卒雍正八年　旌

李元龍妻胡氏年十四歸李夫以才幹見知總制蔡毓榮從征洞庭沒於軍中兩孤俱幼氏遣僕扶櫬歸葬因斷髮誓志禮重師友教兩子甚嚴操持不憚勤苦性慈惠戚故鄉里有婚葬不能舉者助之守節五十年卒雍正八年　旌

孫維巘妻樊氏年二十四守節撫育孤孽義方教訓時山寇竊發居民爭走匿氏舅姑未葬攜子士謀守棺痛哭不忍離後歸室有枯柏復榮之祥雍正九年　旌

生員方應張妻周氏年二十三夫卒遺孤介甫六月氏矢貞撫之有奪其志者氏斷指以誓延師訓子年六十六卒雍正十一年　旌

劉翔妻楊氏年二十一翔卒撫遺腹子夢魁教之成立氏持守修潔締造辛苦守節三十年雍正十一年　旌

喩順澤妻夏氏年二十一夫卒撫遺孤人悅成立姑胡氏年九十餘氏事之盡孝臨卒執姑手泣訣哀不成聲雍正十一年　旌以上省志

孫自融妻杜氏年二十三夫亡事祖舅以孝稱教二子維翰廣瑀俱成名守節三十四年雍正十二年　旌

孫時霖妻皮氏家貧甚隣人夏道生乘時霖外出恃强逼之氏堅拒不從忿極縊其幼子女自經死夏後伏法雍正十二年　旌

陳來蘊妻汪氏年二十三夫卒無子立從子爲嗣饑寒不免終無異志守節四十五年雍正十三年　旌

陳可麟妻王氏雍正十三年　旌
邵光國妻張氏夫應試墮水死氏迎尸殯畢痛絶數
四撫遺腹子成立奉孀姑盡禮守節三十七年乾
隆元年　旌
程逢泰妻龍氏年二十五夫没家貧教二孤甚嚴事
舅姑盡禮守節五十五年乾隆元年　旌
吴之樑妻虞氏年二十五夫亡家貧勤紡績以撫二
孤守節三十三年乾隆二年　旌
曾丞鞏妻何氏乾隆二年　旌

胡生奇妻汪氏夫早亡一子復夭撫侄爲嗣守節三
十六年乾隆三年　旌
鄭洪勳妻秦氏年二十五夫没撫七月孤教之成立
守節三十一年乾隆四年　旌
鄧光國妻鄧氏年二十五夫亡家貧紡績以奉舅姑
撫孤鵬成名守節三十九年乾隆四年　旌
舒其彩妻徐氏年二十九夫亡撫孤成立守節四十
三年乾隆四年　旌
解元陳大華妾顧氏年二十五華卒嫡早逝無子撫
從子師栻爲嗣登賢書守節四十年乾隆四年
旌
王家勳妻陳氏　王之統妻陳氏家勳卒陳年二十
五撫二孤成立長之統復早逝媳陳氏年二十四
與姑共撫孤孫姑守節五十二年媳守節三十五
年俱乾隆四年　旌
程熾祚妻朱氏　程基統妻余氏朱年二十夫卒撫
遺腹子基統復夭媳余氏年二十三無子同姑矢
志朱守節四十七年余守節三十一年俱乾隆四
年　旌

生員劉隆禮妻朱氏年二十七夫亡事姑孝姑病目
氏日餂之目復明撫兩月孤芳薰義方爲訓守節
三十一年乾隆四年　旌
陳光濟妻張氏年二十六夫卒家貧紡績自給撫三
歲孤士昆登賢書守節五十九年乾隆四年　旌
秦琢成妻馮氏年二十六夫亡家貧事孀姑以孝稱
撫從子爲嗣守節四十二年乾隆四年　旌
陳起龍妻藍氏夫亡家貧鞠育四孤其從子少失怙

恃氏亦撫如巳子未幾從子夭氏復撫其從孫守
節三十五年乾隆四年　旌
生員鄒一標妻龔氏年二十七夫沒家貧辛勤紡績
撫孤子之駿成名守節四十八年乾隆四年　旌
謝其恩妻李氏　謝宏才妻高氏乾隆四年以姑媳
雙節　旌
程大鵬妻高氏年二十八夫卒奉養衰姑得其歡心
撫三歲孤成立守節四十二年乾隆四年　旌
沈應晟妻吳氏　余思湟妻曾氏　陳艮佐妻胡氏

生員邵澄中妻張氏　劉秉祥妻潘氏　俱乾隆四
年　旌
生員胡璉也妻饒氏年二十五夫卒僅遺一孤艱辛
撫之守節五十四年乾隆五年　旌
朱孚極妻吳氏年二十六夫卒事衰舅繼姑以孝稱
撫四月孤成立守節二十七年乾隆五年　旌
奚祿貴妻張氏夫蚤喪奉舅姑以孝稱撫二孤子成
立守節四十年乾隆五年　旌
訓導宋一俊妾胡氏年二十九一俊卒嫡亦逝氏撫

從子爲嗣守節三十九年乾隆五年　旌
朱峙中妻陶氏年二十四夫亡事舅姑盡孝撫育二
孤守節四十三年乾隆五年　旌
生員王溢勳妻孫氏年二十二夫亡躬自紡績事孀
姑尤氏盡孝姑沒倍服衰麻以代子職撫二歲孤
履中成名守節三十九年乾隆五年　旌
胡純虞妻羅氏夫早喪奉舅姑撫孤子守節五十年
乾隆五年　旌
吳璋斑妻王氏年二十六夫卒撫孤守節二十六年

乾隆五年　旌
靖必昂妻黃氏　靖必昱妻祝氏黃年二十一夫亡
無子治家有法事衰姑孝撫從子本誠爲嗣課之
成立祝年二十夫卒無子事舅姑亦以孝稱撫從
子本詰爲嗣慈嚴交至黃守節三十二年祝守節
三十三年俱乾隆五年　旌
高一申妻易氏年二十而寡家貧無子以從子爲嗣
饑寒勞瘁操守愈厲年六十餘卒乾隆五年　旌
曹本洪妻陶氏年二十夫亡一子復夭氏剄面自矢

事繼姑得其歡心以從子爲嗣守節三十一年乾
隆五年　旌
鄭璉妻丁氏年二十七夫卒事舅姑撫二孤子守節
二十七年乾隆五年　旌
楊春曉妻劉氏年二十五夫卒撫孤成立舅病足不
能行氏奉事盡禮守節三十五年乾隆五年　旌
夏祜申妻楊氏年二十七夫沒矢志撫孤守節三十
年乾隆五年　旌
生員李天柱妻孫氏年二十三夫亡遺子女各一氏

艱辛撫之守節三十八年乾隆五年　旌
王克俊妻龍氏　蕭徹文妻李氏俱乾隆五年　旌
王大任妻駱氏年二十二未有子夫病劇氏禱天祈
代不得乃預製兩棺期以同死夫沒含殮畢閉戶
沐浴自縊死乾隆六年　旌
陳道洙妻梅氏年二十二夫沒無子以從子爲嗣守
節三十九年乾隆六年　旌
歐陽秩妻何氏年二十五夫卒孝事孀姑撫孤成立
守節三十二年乾隆六年　旌

生員孫光錫妻劉氏　孫自怡妻張氏劉年二十二
夫亡家貧撫育孤子自怡及長怡復夭媳張氏年
二十同姑矢志撫週歲孤入龍迄成立劉守節五
十七年張守節四十年俱乾隆七年　旌
潘二有妻聶氏年二十五夫卒事姑克謹撫八月孤
教之有法守節四十六年乾隆七年　旌
生員張瑄妻黄氏年二十六夫亡僅遺一女撫從子
爲嗣守節三十餘年乾隆七年　旌
生員孫惟翰妻李氏年二十四夫沒撫二孤成立守
節二十六年乾隆七年　旌

王嗣可妻樊氏年二十三夫亡撫五月孤教之成立
守節五十四年乾隆七年　旌
湯德治妻王氏年二十八夫亡奉孀姑撫孤子守節
三十六年乾隆七年　旌
劉隆業妻李氏年二十九夫卒孝事孀姑撫教孤子
守節五十三年乾隆七年　旌
樊齊文妻陳氏乾隆七年　旌
吳烈女幼通書史許聘書生桂登瀛未婚而登瀛夭

女聞之不食旬日父母密防之乘間扃戶至後圃
竹林中自縊死衣帶有句云此身已許桂三生誓
不將身別字人兩家義而合葬之乾隆八年　旌
朱蓋輿妻彭氏年二十四夫卒無子撫從子爲嗣家
貧居一茅廬母氏有語其難守者氏號泣終身不
至母家苦節三十四年乾隆九年　旌
朱徽文妻吳氏年十九夫卒孝事舅姑撫一孤成立
守節三十四年乾隆九年　旌
張則我妻馮氏年二十七夫卒事舅姑盡禮撫遺歲

孤成立守節四十一年乾隆九年　旌
生員晴匡世妻周氏年二十五夫卒無子奉孀姑甘
旨罔缺以從子天祜爲嗣盡心鞠育守節三十五
年乾隆九年　旌
饒萬次妻吳氏年二十六夫死撫育一孤守節三十
年乾隆九年　旌
魏光瀚妻王氏年二十三夫卒無子奉孀姑得其歡
心撫侄爲嗣守節三十三年乾隆九年　旌
葉日周妻張氏年二十八夫亡無子事哀舅以孝稱

撫從子爲嗣守節五十八年乾隆九年　旌
陳啓運妻吳氏年二十六夫亡事嫡盡禮撫三歲孤
成立守節四十四年乾隆九年　旌
徐載寧妻湯氏　監生徐鼇妻佘氏湯年二十七夫
歿撫二孤成立其次子鼇復夭媳佘氏年二十六
無子以從子爲嗣湯守節四十六年佘守節二十
七年俱乾隆九年　旌
陳方模妻黃氏年二十二夫卒撫三孤成立守節五
十四年乾隆九年　旌

生員董日康妻吳氏年二十六夫卒奉事舅姑撫育
孤子守節四十二年乾隆九年　旌
張其源妻朱氏年二十六夫卒事舅姑盡禮撫孤成
立守節三十八年乾隆九年　旌
許帝簡妻陳氏年二十六夫卒一孤未週撫之成立
守節三十七年乾隆九年　旌
監生朱一麟妻陳氏夫早歿辛勤撫孤乾隆九年
旌
許陽文妻趙氏年二十六夫卒孝事孀姑撫育從子

守節四十三年乾隆九年　旌
龍南伯妻汪氏　龍勝友妻范氏汪年二十五夫卒撫六歲孤勝友勝友生子僅六月復夭媳范氏年二十六與姑同志共撫之汪守節四十二年范守節五十四年俱乾隆九年　旌
吳克繩妻王氏年二十一夫卒撫孤成立守節三十六年乾隆九年　旌
曹廷榩妻汪氏年二十四夫卒撫遺腹子熙已授室熙復早逝氏偕孀媳汪氏撫兩孫內外嚴肅四十

餘年如一日乾隆九年　旌
李子言妻陳氏年十九夫沒遺一孤辛勤撫之守節五十九年乾隆九年　旌
張畹林妻唐氏年二十八夫沒三歲孤復夭撫從子爲嗣守節三十年乾隆九年　旌
胡之恂妻彭氏年二十夫亡奉事七旬舅姑撫育三歲孤子守節四十八年乾隆九年　旌
生員王天爵妻周氏年二十五夫沒孝事舅姑撫孤成立守節六十一年乾隆九年　旌

葉豐楊妻孫氏年二十八夫亡事孀姑以孝稱撫孤成立守節三十八年乾隆九年　旌
劉文台妻程氏年二十五夫亡奉孀姑有孝稱撫孤子成立守節四十九年乾隆九年　旌
雷國燦妻張氏年二十夫沒撫五月孤方興成立既方興復夭氏偕媳共撫一孫守節三十八年乾隆九年　旌
胡德玉妻吳氏年二十九夫沒家貧撫育二孤守節三十八年乾隆九年　旌

王宗楷妻謝氏年二十一夫病卒殯葬畢密縫周身衣裳間自縊死乾隆九年　旌
沈應昇妻李氏年二十七夫沒無子以從子爲嗣守節三十一年乾隆九年　旌
周祚仔妻林氏年二十四夫亡家貧撫二歲孤成立復夭再撫二幼孫苦節五十二年乾隆九年　旌
程熊占妻王氏年二十二夫亡事孀姑以孝稱撫孤子大才有成守節四十四年有孤燕巢梁之異乾隆九年　旌

甄載耜妻劉氏年二十八而寡遺孤甫七歲氏奉姑鞠子守節五十四年乾隆九年　旌

蔣頴菴妻陶氏年二十三夫亡紡績以養舅姑撫一子復夭更撫幼孫守節三十四年乾隆九年　旌

孫有道妻歐氏　周則堯妻袁氏　余啓宣妻成氏　馮明修妻方氏　杜桂妻龍氏　孫廣錦妻周氏　俱乾隆九年　旌

單從儒妻吳氏年二十六夫沒孝事孀姑撫一子復早逝又撫幼孫守節六十八年卒乾隆十年　旌

教諭鄭昌妻鄧氏年二十六昌卒嫡亦亡撫孤成立守節三十三年乾隆十年　旌

張西在妻李氏年二十九夫沒家貧撫孤成立守節三十一年乾隆十年　旌

方可正妻汪氏年二十五夫沒奉繼姑以孝稱撫侄爲嗣守節四十二年乾隆十年　旌

齊國楫妻羅氏年二十夫卒撫十月孤教以義方守節五十年乾隆十年　旌

生員詹世賓妻嚴氏年二十二夫卒家貧撫遺腹子

啓龍成名守節三十四年乾隆十年　旌

孫士彬妻馬氏年二十七夫亡事孀姑撫幼子守節三十三年乾隆十年　旌

劉貞女邑人劉若順女許聘陳仲玉年十八未婚而仲玉亡女聞訃遂終身不字父母沒教弟之勳成名守貞五十四年乾隆十年　旌

生員霍維源妻駱氏年二十八夫亡奉病姑湯藥晝禮撫孤志瀛成立守節四十一年乾隆十年　旌

生員汪維鉅妻鄭氏夫早亡無子甘貧守節乾隆十

年　旌

桂崇妻程氏年二十二夫死無子以侄爲嗣守節四十三年乾隆十一年　旌

生員胡士昴妻吳氏年二十七夫卒孝事舅姑撫二歲孤成立守節四十一年乾隆十一年　旌

梅長紵妻曹氏年二十八夫亡家貧奉事孀姑撫孤成立守節四十二年乾隆十一年　旌

邱古璋妻童氏年二十四夫亡撫遺腹子成立守節三十一年乾隆十一年　旌

郁重榮妻劉氏年二十八夫沒遺孤甫八月撫之成立守節三十六年乾隆十一年　旌

李世麟妻舒氏年二十三夫沒撫五月孤成立守節五十五年乾隆十一年　旌

黄鉅妻沈氏年二十一夫亡事孀姑撫孤子守節四十年乾隆十一年　旌

孫仔儒妻羅氏年二十三夫亡家貧閫範清肅撫三歲孤士英成名守節三十二年乾隆十一年　旌

胡啓爵妻任氏年十九夫亡勤紡績以奉舅姑撫有

三月孤子有和丸畫荻風及孫益凡遂登賢書守節五十六年乾隆十一年　旌

韋鍾焜妻盧氏年二十四夫亡撫孤守節三十二年乾隆十一年　旌

生員萬信妻張氏　生員汪念祖繼妻萬氏　張年二十四夫亡僅遺二女氏孝事舅姑撫侄爲嗣一女適汪年二十五而寡子與前室子俱殤亦撫侄爲嗣以節孝稱張守節四十七年萬守節二十七年俱乾隆十一年　旌

張紹江妻姜氏年二十三夫亡奉孀姑撫三歲孤成立守節五十一年乾隆十二年　旌

袁心宅妻周氏年二十八夫亡孝事舅姑撫二孤成立守節三十四年乾隆十二年　旌

周世軸妻李氏年二十六夫亡家貧撫四月孤士珮教之讀書授室後士珮復亡煢煢獨居守節三十一年乾隆十二年　旌

朱堯儒妻周氏　朱昭茲妻柳氏周年二十四夫亡撫有二孤長子昭茲授室後復夭媳柳氏年二十

七無子以侄爲嗣周守節五十九年柳守節三十五年人稱雙節乾隆十二年　旌

鄭日晃妻程氏年二十四夫亡撫從子爲嗣既嗣子復夭氏與其媳力撫孤孫守節五十一年乾隆十二年　旌

生員余光先妻朱氏年二十七夫亡撫三歲孤成立守節三十年乾隆十二年　旌

王道亨妻龍氏年二十五夫亡家貧一子甫二歲舅姑喪葬悉如禮守節三十七年乾隆十二年　旌

劉永興妻邵氏年二十二夫亡奉事孀姑撫育嗣子守節三十二年乾隆十二年　旌

生員程元義妻靖氏年二十一夫亡孝事舅姑撫從子爲嗣守節四十四年乾隆十二年　旌

生員張溟妻陳氏年二十二夫亡撫四月孤迄成立子死復撫孤孫值兩姒俱亡氏並撫其幼子女不啻已出守節三十年乾隆十二年　旌

易德㛹妻徐氏年二十夫亡無子以從子爲嗣守節三十三年乾隆十三年　旌

生員蕭建極妻顧氏年二十七夫亡以侄爲嗣孝事舅姑守節四十五年乾隆十三年　旌

周懿德妻姜氏年二十七夫亡撫五歲孤成立守節五十年乾隆十三年　旌

徐尙文妻陳氏年二十七夫亡撫二歲孤成立守節四十一年乾隆十三年　旌

生員邱自西妻王氏年二十二夫亡兩子繼夭撫從子爲嗣守節三十八年乾隆十三年彙　題

周卜恒妻陳氏年二十一夫亡無子甘貧矢志其兄勸以再適氏剪髮自誓終身不至兄家守節四十二年乾隆十三年彙　題

童昌惠妻林氏年二十五夫亡以從子爲嗣守節二十八年乾隆十三年彙　題

郭祚起妻高氏年二十二夫亡撫二歲孤成立守節三十一年乾隆十三年彙　題

李宗唐妻汪氏年二十六夫亡事哀舅以孝稱撫八月孤成立守節三十四年乾隆十三年彙　題

蘄水歐烈女黃岡歐堯臣女性端厚每樂誦貞烈事幼許

守蘄水徐基盤年二十聞基盤病篤私憂不食及基盤沒女自縊死父母舁而合葬之康熙五十九年　旌省志作廣濟徐基盤非是據縣册改正

生員徐時可妻江氏　生員徐深妻姚氏江年二十一適徐生子深年五歲夫卒撫深年未弱冠爲諸生復夭偕媳姚氏撫育諸孫倍嘗險阻卒全其志今子孫文武科第蟬聯咸以爲累世苦節之報康熙六十年　旌

張登翼妻龍氏年十九夫卒舅姑俱老一子在襁褓

家貧勤操作課子永綏爲諸生年八十卒雍正元
年　旌
周有繼妻郭氏夫早喪孝事舅姑教子廷德有成苦
節五十餘年雍正元年　旌
高元哲繼妻張氏年十九而寡未生子撫前室二子
如已出年五十卒雍正元年　旌
范彩雲妻吳氏歲饑隨夫乞食至黃岡宿賀家坳涼
亭夫早出行乞樵子田士義過亭見氏獨處欲犯
之大罵不從田以斧砍之氏創甚越五日而亡田

後伏法雍正二年　旌
戴三祝妻汪氏年二十七夫亡舅姑未葬氏力舉三
柩無缺禮幼通經史親教其子縉雲成明經纂先
賢嘉訓垂爲家範年八十四卒雍正三年　旌
戴晉琮妻曾氏年二十四夫沒哀痛慘切每一哭即
暈絶事舅姑盡孝撫孤子成立雍正三年　旌
戴起源妻梁氏夫病年餘扶持無倦及夫卒撫遺腹
子性至孝祖姑年老畏寒每晨必以身溫衣而進
晩爲薰被代覆俟安寢乃退飲食起居皆適其宜

舅姑以是益愛之雍正三年　旌
程朝鼎妻易氏年二十二夫故遺二女立從子爲嗣
苦節五十二年雍正四年　旌
高啓疆妻南氏年十九夫死撫遺腹子至十餘歲而
殤觸柱幾死守節三十餘年雍正四年　旌
戴天眷妻繆氏年十七歲而夫亡子女俱無矢志守
節惟一老僕傭菜以給饔飧親婭之宅一足不履
言動秉禮者數十年兩經知縣劉佑李長敏表額
年九十一歲終舊志

程楷妻聞氏年二十二夫卒無子立侄爲嗣復夭氏
寡居無依堅貞不渝守節三十六年雍正十一年
旌
楊成雲妻蔡氏年二十五夫卒遺孤本性未一週氏
甘貧以撫孝事舅姑越十四歲孤卒撫侄傑性爲
嗣守節四十九年雍正十一年　旌以上省志
監生袁其瑶妻江氏年二十六夫死撫二孤之明之
曉俱成名雍正十二年　旌
生員鄭文衡妻張氏年二十七夫亡奉事雙姑撫孤

毓珠成名守節三十四年雍正十三年　旌
生員李蘄妻楊氏年二十二夫没撫孤永治成名孤
卒復撫兩孫雍正十三年　旌
監生李幹貞妻楊氏年二十三夫亡無子撫從子爲
嗣守節二十八年雍正十三年　旌
徐基美妻戴氏年二十八夫亡僅一女撫從子爲嗣
守節二十六年乾隆元年　旌
鄒貞女麻城舉人鄒汝治女幼許字進士徐廣淵子
如樸未婚樸死女年二十聞訃號泣力請於父母

往弔之遂茹素奉姑立從子爲嗣從子復夭女與
媳陳氏依侄守貞以終乾隆元年　旌
王步瀛妻華氏年十九夫死無子撫從子爲嗣守節
三十三年乾隆元年　旌
生員徐如梅妻汪氏年二十五夫没立從子爲嗣守
節二十八年乾隆元年　旌
畢開祐妻何氏年二十九夫卒孝事孀姑撫二子成
立守節二十九年乾隆元年　旌
生員萬永慶妻朱氏年二十三夫卒奉瞽姑至孝撫

幼孤成名守節六十一年乾隆元年　旌
胡潤詔妻李氏年二十而寡立從子爲嗣守節四十
四年乾隆元年　旌
李聞璠妻程氏年二十四夫亡一子旋夭撫從子爲
嗣守節四十年乾隆元年　旌
生員蔡友仁妻王氏年二十夫没奉病姑盡孝撫遺
孤以位成名苦節六十一年乾隆二年　旌
畢開疆妻楊氏年二十八而寡撫二孤封斗揚楚俱
成名封斗早卒復撫弱孫苦節二十五年乾隆二

年　旌
黄從震妻袁氏年二十夫亡家貧竭力撫孤復憫堂
侄幼孤無依鞠養授室苦節五十四年乾隆三年
旌
監生方師瑋妻江氏年二十二夫卒奉事舅姑撫兩
孤成立苦節四十九年乾隆四年　旌
生員楊永焜妻王氏　生員楊元昊妻馮氏　楊永
煜妻李氏夫俱早卒娣姒同爨共矢柏舟王李撫
字遺孤馮氏立嗣奉祀一門三節乾隆四年　旌

生員程正炳妻周氏　程士豹妻陳氏　程正煒妻蔡氏周年二十八而寡撫孤士豹復夭媳陳氏十九矢志無子炳弟正煒妻蔡氏十八守節撫孤亦夭僅兩孫以一孫繼陳氏後三孀同節乾隆四年　旌

監生徐輿參妻張氏年二十八夫亡事舅姑及祖舅姑皆盡禮撫五歲孤成立守節二十四年乾隆四年　旌

周耀先妻高氏家貧姑老夫傭莫給氏自餐野蔬紡

績以供姑養夫死鬻敝室以殮矢志奉姑及姑死殮畢痛哭自縊死時年二十二乾隆四年　旌

周洪登妻柴氏年二十五夫亡家貧奉舅姑盡禮遺孤復夭立孫承祀苦節二十七年乾隆六年　旌

監生張永年妻徐氏夫亡守節一子早死以族子爲嗣乾隆六年　旌

生員周漢昭妻龔氏年二十八夫没無子撫侄爲嗣苦節四十一年乾隆六年　旌

郞世松妻周氏年二十六夫亡立從子爲嗣孝事舅姑守節三十五年乾隆七年　旌

縣丞宋國器妻鄧氏年二十八守志奉孀姑孝撫孤士吉成名守節六十一年乾隆七年　旌

劉邦正妻曾氏家貧夫病割股以進及夫死撫兩子成名守節五十四年乾隆七年　旌

生員萬永芳妻尚氏年二十二夫亡撫九月孤苦節六十一年乾隆八年　旌

王天佑妻胡氏年二十二夫亡無子立從子爲嗣守節三十年乾隆八年　旌

進士徐本信妻蔡氏夫卒京師氏聞訃幾絶事兩世孀姑盡孝撫遺孤立行迄有成守節二十七年乾隆九年　旌

石永銓妻曾氏年二十六夫没事孀姑盡孝撫五歲孤柱濤迄於成名乾隆十一年　旌

可光義妻陳氏年二十四而寡事舅姑合禮撫兩月孤啓棟成立守節三十三年乾隆十一年　旌

可啓模妻孔氏年二十五夫没撫四月孤事繼姑尤謹乾隆十一年　旌

范家槐妻李氏年二十三夫没遺孤四歲旋夭撫從
子爲嗣與孀姑同寢室奉侍勤謹乾隆十一年　旌
南風高妻翟氏年二十七夫没撫孤娶媳而夭乃撫
從孫承祀乾隆十一年　旌
李達妻徐氏年二十七夫没甘貧矢節孝事舅姑撫
遺腹子有成乾隆十一年　旌
張雄壽妻盧氏年二十五夫没貧甚女紅自給孝事
孀姑撫二子慈嚴兼至乾隆十一年　旌
華濟川妻張氏年二十八夫没甘貧矢節孝事舅姑

撫三歲孤將及成立旋夭立從子爲嗣乾隆十一
年　旌
李長郁妻徐氏年二十四夫客死氏迎柩歸葬無子
忍死二十年俟夫弟啓昌舉子立爲嗣苦節六十
餘年乾隆十二年　旌
監生鄧應善妻王氏年二十四夫卒撫五歲孤朝棟
至二十八歲棟復死氏與媳尚氏同心矢志立族
孫爲嗣守節四十餘年乾隆十二年　旌
生員楊承材妻趙氏年二十九而寡事舅姑盡孝撫

兩孤成立守節三十二年乾隆十三年　旌
姚玉麟妻倪氏南漳令倪灝女年二十八夫没遺一
女復殤氏侍奉孀姑孝謹姑没喪葬盡禮人稱節
孝兩全乾隆十三年　旌
羅田 生員朱世符妻秦氏年二十八夫没值歲荒自餐麥
粥竭力具舅姑饌課子文會登賢書束修皆取給
於紡績雍正四年　旌
生員周言宣妻王氏年二十二夫没父母欲令改適
氏躍池覓死以救免幼知書以經史課二子苦節

四十四年雍正八年　旌
周漢勲妻鄒氏　周重山妻龔氏鄒年十九夫卒誓
以死守姑老且病朝夕具漿啖之子重山娶婦早
夭氏與媳龔氏相厲守節雍正八年　旌
生員周成璋妻許氏年二十七夫卒鞠養三孤先後
成諸生守節四十五年雍正十一年　旌以上見省志
監生潘二璟妻童氏年二十二夫亡撫二子成立守
節四十三年乾隆三年　旌
監生廖峻芳妻丁氏年二十一夫亡守志乾隆三年

旌
生員廖榮芳妻夏氏年二十一夫亡孝事孀姑撫孤
成立乾隆三年　旌
王之濱妻陳氏年二十五夫卒勤儉自矢守節四十
五年乾隆三年　旌
方淑美妻汪氏年二十三夫亡撫一子成立守節四
十二年乾隆四年　旌
胡佩玉妻張氏夫亡捐軀以殉乾隆四年　旌
劉之聖妻蕭氏撫孤維錫成立守節四十三年乾隆

十一年　旌
聞一善妻陳氏年二十四夫亡事姑盡禮苦節四十
年乾隆十三年　旌
麻城 生員李春流妻梅氏年二十六夫沒遺二子中黃中
素辛勤教督治家嚴肅內外無間言二子亦孝養
備至康熙十年　旌
周方旦妻蔡氏結褵一載夫病疽淹床蓐者四年屬
纊日氏登樓雉經手揮其女曰汝可依外祖母勿
戀我也先其夫刻許死遂同穴葬之康熙十九年

旌
曹惕妻吳氏年十八夫卒無子立嗣子退一承夫祀
苦節五十八年康熙五十六年　旌以上見省志
阮烈女監生阮文炳女許聘葉汝爔年十七未嫁聞
汝爔訃遣婢出房引帶自縊死其父義而合葬之
雍正十二年　旌
胡文陛妻張氏　王經世妻程氏　曾昇士妻徐氏
俱乾隆二年　旌
李貞女生員李中黃女許聘張坦未嫁坦卒女聞訃

痛哭不已求往張親殮畢乘閒自縊以救甦乃依
姑以處足不踰閫守貞四十餘年乾隆三年　旌
吳應泰妻劉氏苦節四十六年乾隆三年　旌
張文址妻周氏　彭選之繼妻梅氏　梅介錫妻田
氏　曾之烝妻喻氏　鮑雲際妻張氏俱乾隆三
年　旌
生員戴如珊妻蔡氏　鮑如哲妻劉氏　李士珍妻
閔氏　李克志妻鄒氏　王鈺妻簡氏　陳世炳
妻曾氏俱乾隆四年　旌

高元愷妻淩氏年十九夫歿苦節教子歷四十餘年
乾隆七年　旌
李廷茂妻劉氏　王楚觀妻鄒氏　梅廷松妻丁氏
俱乾隆七年　旌
楊次春妻董氏年二十五夫歿一孤夭紡績養姑喪
葬盡禮守節三十餘年乾隆八年　旌
副榜陶同文妻李氏年二十六夫歿奉養舅姑以孝
稱守節三十餘年乾隆八年　旌
李俊公妻陳氏乾隆八年以事姑孝　旌祀節孝祠

陳次水妻朱氏夫早歿奉繼姑盡禮撫遺孤成立守
節五十一年乾隆八年　旌
生員董玉琳妻鄒氏年二十六夫歿奉姑撫孤辛勤
備至守節四十餘年乾隆九年　旌
董元化妻徐氏　董子璘妻高氏徐年二十四夫歿
撫二孤成立高年二十九夫歿奉姑徐氏盡孝撫
孤成名徐守節三十五年高守節四十八年俱乾
隆十年　旌
生員王修敬妻董氏乾隆十年　旌

易士冑妻程氏乾隆十年以烈婦　旌
生員唐棣妻董氏夫早歿孝事舅姑教子成立守節
三十餘年乾隆十一年　旌
丁懿妻陳氏夫卒屢欲自盡以救甦奉舅姑教嗣子
孝慈兼至守節三十餘年乾隆十一年　旌
凃伯祿妻戴氏夫卒事姑盡孝教子有成守節三十
三年乾隆十一年　旌
李滿垣妻袁氏夫卒守節五十三年乾隆十一年　旌
甘權聘妻曾氏乾隆十一年　旌

生員周文坤妻貢氏夫卒孝事舅姑撫二孤成立守
節三十一年乾隆十三年彙　題
黄安 盧堯臣妻匡氏夫歿守節教子爾慥舉鄉試康熙十
一年　旌
生員吳之璜妻杜氏年二十四夫歿茹荼守志撫子
應庚成進士康熙二十二年　旌
生員羅銓妻李氏年二十八夫歿遺孤五歲舅姑衰
且病氏力貧奉養教子勤學苦節三十四年康熙
四十四年　旌

陶宗澍妻彭氏彭喆女幼許聘宗澍澍病𤺥不可活陶父請改盟氏引刀自持曰緣夫病而再字非人類也此生誓爲陶氏婦矣父知不可奪乃歸於陶扶持夫病寢處不寧者二載夫亡氏年十八誓死如初苦節三十三年康熙四十四年 旌

張棠妻蕭氏年二十夫歿奉舅姑以孝稱撫遺孤炳彪登鄉薦康熙四十七年 旌

生員吳暐妻程氏夫染病性卞急氏多方承順夫卒撫孤成立叔程某貧老無子氏典釵珥與納妾生

二子苦節三十七年康熙五十三年 旌

生員程翥妻郭氏年十九適程七載無所出勸夫納妾生子甫一歲夫卒姑老氏朝夕服侍不少離教子殿邦成名康熙五十三年 旌

監生彭萊妻程氏萊病危以母老子幼爲慮程引錐刺血滴萊身以明其志萊卒竭力奉姑撫二子啓籛嗣籛爲諸生啓籛娶盧氏未二載而亡盧感姑節操亦矢志死守立從子偉業爲嗣程以康熙五十三年 旌

生員王嶅妻張氏夫早喪無子含斂後卽閉戶自經以救甦自是移榻姑室姑病五載晨昏服侍無怠撫從子爲嗣值山水暴溢倉皇不及避他所居皆傾頹氏室獨無恙獲免仆壓雍正元年 旌

生員江彭年妻孟氏年二十五夫亡奉兩世孀姑倍加敬愛歲連歉氏勤紡績以供甘旨自食薇蕨撫半歲孤嚴慈並至雍正四年 旌

祝烈女許字程國泰國泰遠出貿易于歸愆期有李亞言者唆其父以飲食謀娶之父諾許令女同母往視已嫁姊道經李門刼至家逼成婚女執不從自刎死附葬程氏祖塋雍正六年 旌 以上見省志

生員王顯盛妻江氏年二十二夫亡遺孤甫十月氏艱辛撫之守節數十年乾隆元年 旌

彭承芳妻鄭氏乾隆元年 旌

尹啓明妻朱氏年二十一守節奉姑撫子輝成立氏後病篤媳孟氏刲股以救乾隆三年 旌

盧濂妻鍾氏乾隆三年 旌

生員盧漳妻王氏年十八夫死絕粒自經以救免撫

從子爲嗣復夭又撫從孫爲孫乾隆三年 旌
吳遂妻陳氏乾隆四年以烈婦 旌
彭貞女許聘張炳龍未嫁而炳龍死女守貞不字乾
隆四年 旌
張貞女舉人張棣女許聘鍾堦未嫁而堦死女矢貞
不字乾隆四年 旌
程乃武妻金氏乾隆六年 旌
生員吳翔鳳妻陳氏年二十四夫以省父卒於外氏
迎柩歸守節四十六年乾隆八年 旌

生員吳泓妻馮氏乾隆九年 旌
劉文元妻秦氏年十九夫亡奉孀姑撫八月孤成立
守節三十七年乾隆十一年 旌
蘄州 李本蓁妻何氏年二十五夫亡撫孤坦及澤厚成名
坦任趙州牧迎養氏服御素樸無異貧苦時卒年
八十二封宜人康熙三十七年 旌
范貞女興國州同范愷女年十八許字國學生張士
灝未娶而張卒女往哭痛絕以救甦遂守志張宅
事舅姑盡孝撫從子楩爲嗣年五十三卒康熙五
十六年 旌
生員李澤潤妻金氏廣濟金德嘉女年二十七夫卒
姑老子幼皆倚氏爲存亡與姑同卧起承歡曲至
撫子永芳爲諸生康熙戊辰武昌兵譟氏適省母
龍坪道梗不得歸遣永芳間道往衛姑指佩刀曰
即有急吾當自裁雍正二年 旌
董開智妻張氏年二十四夫亡無子撫從子爲嗣守
節三十六年雍正二年 旌
李之縉繼妻諸氏幼穎慧通女史年十七適李逾年

生子生樂甫三月夫卒總理家政教樂及前室二
子桂采俱成名年五十八卒雍正三年 旌
監生王琦妻熊氏年二十八夫卒事姑盡孝撫二子
俱成立守節三十年雍正三年 旌
梅春幹妻陳氏夫早卒撫子希中以節聞雍正三年
旌
張大綸妻王氏年二十四夫歿舅姑垂白二子翼軫
俱幼誓死養老撫孤後次子及兩媳並喪又撫諸
孫孫媳程氏亦青年守節王苦節五十餘年雍正

三年　旌
陳旣均妻錢氏年二十適陳生二子覲文覲武夫卒姑欲奪其志不從守節以老雍正三年　旌
陳正芳妻吳氏年十九適陳二子俱襁褓夫病篤氏齧指血滴夫掌中誓以養親撫孤自任服闋歸寧其母微諷以改適氏痛哭奔回剪髮焚夫靈前終身不至母家守節三十四年雍正九年　旌以上省志
李永觀妻顧氏年二十八夫卒事祖姑存沒盡禮教子敷生爲明經苦節三十六年乾隆二年　旌

張仕繩妻李氏夫早卒撫孤正珩復夭與媳何氏撫遺腹孫守節四十四年李以乾隆三年　旌
生員張棻妻王氏年二十六守節撫子女各一姑歿倍服衰麻以伸夫志乾隆五年　旌
張仕起妻駱氏年二十四守節撫從子爲嗣乾隆五年　旌
張必相妻羅氏　張拱辰妻王氏乾隆五年以姑媳雙節　旌
張盛濤妻蔡氏　張盛熹妻田氏乾隆五年以娣姒雙節　旌
王作霖妻陳氏年二十九夫亡撫二幼孤守節三十四年乾隆五年　旌
張復禮妻郭氏年二十二夫亡家貧苦節五十餘年乾隆五年　旌
王民懷妻鄭氏年二十五夫死撫四歲孤復夭僅一孫相依從子旣孫與從子俱早逝氏遂與從媳孫媳同榻以守苦節五十五年乾隆六年　旌
劉峰妻呂氏年二十八夫亡撫二孤守節三十六年

乾隆六年　旌
田本起妻嚴氏　田本貴妻徐氏二氏夫早卒各撫二孤乾隆六年以娣姒雙節　旌
吳奎佐妻張氏年十八夫亡撫三月孤守節三十五年乾隆六年　旌
楊肖公妻陳氏年二十一夫亡撫從子爲嗣乾隆六年　旌
胡備三妻陳氏年二十八夫卒訓遺孤成名苦節五十五年乾隆六年　旌

教諭陳治猷妻張氏　妾劉氏夫歿時張年二十九
無出劉年二十五生一子張撫之如己出張守節
二十年劉守節四十年俱乾隆七年　旌
張宗霦妻張氏　張明萬妻朱氏乾隆八年以姑媳
雙節　旌
生員王亮猷妻易氏年二十九夫卒無子撫從子爲
嗣娶媳而夭氏與媳張氏相依撫厥三孫乾隆八
年　旌
宋景榮妻張氏　生員宋之煌妻陳氏　生員宋世

駟妻范氏張年十九夫亡撫遺腹子之煌煌生子
世駟俱早逝煌妻陳氏駟妻范氏皆守志乾隆八
年以一門三節　旌
吳又岡妻鄧氏苦節三十六年乾隆九年　旌
陳欲瑛妻李氏年二十四夫亡甘貧守節撫姪爲嗣
乾隆九年　旌
陳法賜妻詹氏年二十四夫亡撫一歲孤事舅姑盡
孝乾隆九年　旌
馮元凱妻易氏年二十二夫亡無子守節四十餘年

乾隆九年　旌
陳法虞妻吳氏年二十二夫歿撫孤成立事祖姑盡
孝乾隆九年　旌
陳信古妻張氏年二十一夫歿撫姪爲嗣一夕大雷
雨室圮氏母子俱無恙人謂苦節或有呵護云乾
隆九年　旌
余籥妻張氏乾隆九年　旌詳見籥傳
管宗咸妻沈氏年二十九守節撫孤成名乾隆十年
旌

監生汪執信妻宋氏乾隆十年　旌
駱抒懇妻吳氏年二十四夫亡撫孤成立乾隆十年
旌
周延光妻孫氏年二十四夫亡撫孤守節七十六年
乾隆十年　旌
李來亨妻張氏守節三十年乾隆十年與子由虞孝
行並　旌
童應修妻居氏守節三十三年乾隆十二年　旌
生員張樞妻張氏年二十八夫亡守節三十二年乾

隆十二年　旌
呂琮妻張氏守節三十六年乾隆十二年　旌
田之紀妻張氏年二十五夫亡家貧夫兄將更嫁之氏引刀刺面乃已竭力奉姑撫孤成立守節三十六年乾隆十二年　旌
洪方谷妻柯氏年二十五夫亡撫遺腹子守節三十九年乾隆十二年　旌
王有憲妻張氏　王德駟妻胡氏各守節三十五年乾隆十二年以姑媳雙節　旌

生員葉舒翮妻張氏年二十九夫卒力撫三孤苦節三十八年乾隆十二年　旌
陳斯祜妻吳氏年二十三夫亡紡績以奉繼姑撫六月孤成立苦節三十三年乾隆十二年　旌
陳芳軾妻田氏年二十九夫亡撫二孤成立守節二十七年乾隆十二年　旌
胡啓商妻張氏年二十九夫亡力撫二孤乾隆十三年　旌
顧燕定妻王氏年二十四夫亡守節三十五年乾隆十三年　旌
桂廷佐妻張氏年十九夫歿以從子爲嗣苦節五十五年現經彙　題
廣濟劉滋妻徐氏生子遇文三齡而滋歿徐截髪毀容茹苦事舅姑撫孤舉三孫年七十闖賊掠省城死焉順治十六年　旌
生員朱懋乾妻王氏夫病篤割左臂和藥夫卒奉舅姑益謹姑病割右臂以進撫八月遺孤翼飴由歲貢官兵部員外雍正元年　旌

劉子杜妻王氏年二十五夫卒六閲月遺腹生子秉事姑克盡婦道值歲歉或勸鬻僕以濟且可減食指氏不忍各遣歸宗守節五十九年雍正三年　旌
田逢聖妻熊氏年二十五生子本文甫三歲夫病革氏取刀斷髪以示不二夫卒閉戶自經姑破壁救解未幾姑病氏禱天叩頭流血姑獲痊守節二十九年有女適呂月餘而壻亡亦守節二十餘年熊以雍正四年　旌

張叔由妻陳氏夫臨卒諄諄以七歲孤爲托氏剌血
誓曰敢懷二心天立誅之時祖姑與舅姑均未葬
同夫柩力厝之教子佳璟成明經苦節四十三年
雍正四年　旌
胡仕師妻陳氏年二十三夫歿無子立姪爲嗣姑患
足疾氏朝夕扶掖稍劇則侍立達旦守節四十一
年雍正九年　旌以上見省志
朱如竹妻胡氏夫早喪撫孤成立備歷艱辛守節四
十七年乾隆元年　旌

李大成妻周氏年二十一夫亡躬紡績以事舅姑守
節五十一年乾隆二年　旌
湯右章妻項氏年二十四夫亡撫孤景文守節三十
六年乾隆三年　旌
游錫封妻于氏撫孤楚義守節五十一年乾隆三年
旌
程大德之母鞠氏于歸三年夫故守節三十八年乾
隆三年　旌
胡瑗姑幼曉大義許聘同里張聖交未嫁而聖交病

革女知不起更衣束髮自縊死其父母環哭之目
不瞑姑至撫其心有聲磔然血直出蘸姑衣遂瞑
乾隆四年　旌
生員熊啓漢妻武氏年二十七夫亡撫孤承緒孝事
舅姑守節三十九年乾隆四年　旌
柯恒交妻張氏年二十六夫亡守節四十二年乾隆
四年　旌
生員梅汝和妻張氏年二十六夫亡守節三十年乾
隆五年　旌

藍玠妻劉氏年十七夫亡守節五十一年乾隆五年
旌
藍季燦妻馮氏年二十一夫亡守節六十三年乾隆
五年　旌
呂烈女名時大邑民呂佐江女許聘王二和未歸二
和卒女聞訃自縊死乾隆五年　旌
張士文妻周氏年二十六夫亡守節三十三年乾隆
五年　旌
胡之信妻周氏年二十四夫亡守節三十六年乾隆

六年　旌
方世欽妻李氏年二十三夫亡撫孤運濟守節三十
三年乾隆六年　旌
監生劉洪德妻程氏年二十七夫亡守節三十一年
乾隆六年　旌
李如俊妻舒氏年二十四夫亡守節四十年乾隆七
年　旌
生員向懋妻陳氏年二十二夫亡孝事舅姑撫五歲
孤成立守節四十二年乾隆七年　旌

監生朱榮芝妻馮氏年二十五夫沒事祖姑及舅姑
皆以孝稱守節五十三年乾隆八年　旌
郭貞女生員郭應棻女幼許聘張植芴未歸植芴病
卒女遂依父母守貞以老乾隆八年　旌
李貞女名澹幼許字劉季未歸季卒女矢志不字足
不踰閾乾隆八年　旌
監生干景伊妻程氏年十七夫亡守節三十六年乾
隆九年　旌
監生葉自新妻李氏年二十八夫亡守節三十八年
乾隆九年　旌
費文中妻曾氏年二十七夫死鬻衣物以辦葬事苦
節五十八年乾隆十年　旌
徐樹葵妻張氏　生員徐樹倫妻劉氏　徐樹儀妻
吳氏俱年二十餘夫亡娣姒同心矢志一門三節
乾隆十年　旌
舒貞女邑民舒仁公女許聘徐巨臣之子年十八徐
子故女守貞三十五年乾隆十年　旌
饒岳中妻程氏年二十二夫亡守節三十三年乾隆

十一年　旌
彭貞女邑民彭華民女許聘解時翰年十七未嫁夫
亡女聞訃弔喪守貞三十六年乾隆十一年　旌
監生藍之鳳妻張氏年二十六夫故守節三十九年
乾隆十二年　旌
呂御天妻田氏年二十二夫亡守節三十八年乾隆
十三年　旌
張大德妻吳氏年二十七夫亡守志乾隆十三年
旌

藍士絳妻劉氏乾隆十四年　旌

黃梅熊烈女諸生兆呂女幼許字洪世訓子楠楠夭女年十五父母將別議婚女引刀自割其鼻父母知不可奪乃送歸洪與孀姑同居歷七十載如一日康熙五十四年　旌

陳萬鎰妻李氏年二十七夫與舅同日病卒家僅數畝鬻以治喪姑衰二孤俱幼值歲荒氏織紝易米飼姑哺子自忍饑餓鄰婦勸其改適不應鄉里謂之耐餓節婦雍正四年　旌

生員喻帝懷妻廖氏夫病革謂氏曰吾子道父道均未盡惟汝任之氏泣諾夫歿孝養舅姑撫成二子雍正四年　旌

生員劉樹玉妻胡氏樹玉早卒胡誓不他適撫養二子長子山入庠有文名復歿媳毛氏同姑守節胡以雍正四年　旌

生員周天柱妻劉氏年二十六夫亡奉養舅姑教子炳相入庠苦節三十餘年雍正六年　旌

程侶瓊妻吳氏年十九夫卒無子立伯氏子為嗣未幾伯氏夫婦俱亡遺三子氏撫之如己出守節三十四年雍正六年　旌

生員汪舉一妻程氏年二十夫亡僅二女立侄為嗣未幾嗣子暨媳相繼亡遺一子一女皆幼氏復盡心撫育苦節五十一年雍正九年　旌

生員石天位妻邢氏年二十適天位生子不育僅一女因勸夫納媵未幾夫歿媵亦無出共守氏年垂六十雍正九年　旌

洪文蘭妻王氏年二十二夫歿氏守節撫孤垂五十

年雍正十年　旌

程達士妻鄒氏年二十六達士卒遺孤歲餘氏撫之成立守節垂六十年雍正十年　旌

胡文遠妻王氏年二十五文遠卒遺孤甫三月氏誓死守節夫葬後每除夕廬於墓側以孤子老婢從如此者三年年幾八十雍正十年　旌

生員蔣茂棫妻宛氏年二十七茂棫卒遺腹生一子天標氏撫之成立課以勤讀父書補郡庠守節至六十四歲卒雍正十年　旌以上見省志

李公亮妻項氏夫早卒族人將改嫁之氏以刀自誓
乃止紡績自給前後兩撫嗣子氏年七十九卒雍
正十一年 旌
曾文衡妻商氏年十七而寡撫四月孤成立守節四
十六年雍正十二年 旌
曾達妻熊氏夫死甘貧撫孤守節四十二年雍正十
二年 旌
石維藩妻王氏年二十四夫亡矢節撫三孤成立至
七十一歲卒雍正十二年 旌

生員柯詹吉妻陳氏夫早卒家貧撫一子成立奉事
舅姑守節三十一年雍正十三年 旌
喻赤懷妻何氏年十七于歸未逾月而夫歿投繯者
再四賴姑救免撫從子爲嗣乾隆二年 旌
石載鳳妻廖氏夫歿苦節撫孤乾隆二年 旌
商貞女年十四許字張逢龍未嫁逢龍死女聞訃慘
痛奔喪不返守節四十餘年家貧甚奉 文給以
口糧乾隆四年 旌
監生黃之駿妻張氏年二十八夫歿撫庶子如已出

子歿又撫孤孫乾隆十二年 旌
黃利參妻游氏年二十一夫卒一子僅數日氏矢志
撫之事繼姑得其歡心乾隆十二年 旌
鄭常敬妻程氏于歸甫週歲夫病調獲盡力及夫卒
氏入室投繯死乾隆十二年以烈婦 旌
梅嶠妻蔣氏 梅巘妻王氏俱乾隆十二年 旌
黃師憲妻王氏家五世獨傳夫歿撫遺腹子珍爲諸
生早卒氏復撫幼孫以承其祀年九十卒乾隆十
二年 旌

張集五妻蔡氏年二十五夫亡孝事六旬舅姑撫四
歲孤成立守節四十五年乾隆十三年 旌
王象儀妻黎氏年二十三夫亡撫四歲孤迄授室夫
婦俱夭復撫孤孫成立守節四十年乾隆十三年
旌
程如玉妻劉氏乾隆十三年 旌
詹震寰妻何氏夫病劇割股籲天夫卒苦志守節奉
舅姑悉盡禮撫嗣子成立乾隆十三年 旌
劉寧伯妻雷氏乾隆十四年 旌

麻城生員何三曾妻葉氏雲南平度州牧調元女也年二
十一三曾隨父之彥俱沒於滇南任所遺孤佐僅
三歲氏奉姑扶舅及夫櫬以歸居茅廬紡績事姑
孝謹教子佐力學成諸生守節五十七年卒佐事
母有孝稱哀號廬墓以終氏於乾隆四年　旌補遺
按節烈非奉　旌表不敢入傳如黃岡節婦有若
童尚賓妻袁氏邱之進妻霍氏程華柏妻佘氏副
使陳大章妾姚氏梅源仁妻姚氏張亮工妻馮氏
姜爲寬妻胡氏顏煜妻張氏烈女有若王必選聘

妻汪長姑烈婦有若周烈婦張氏三世苦節有若
易文中妻王氏易德宜妻方氏易克家妻馮氏蘄
水節婦有若萬仁綬妻袁氏汪承天妻葉氏羅田
節婦有若蕭晸妻陳氏金其鋒妻熊氏麻城節婦
有若彭皋妻毛氏劉士昌妻吳氏烈女有若曹銘
聘妻劉氏黃安烈婦有若盧憶妻吳氏蘄州貞女
烈婦有若洪綬聘妻陳大姑丐者伍從雲妻謝氏
廣濟節婦有若吳之杞妻張氏等業經州縣詳請
旌表姑附於後

黃州府志卷之十五終

黃州府志卷之十六

知黃州府事關中王　勍纂輯

藝文志

古文上

黃岡舊志云自王稺欽後士多工古文詞當時七子主盟文壇卑視一世謂詩必盛唐文必秦漢要之人各有懷惟巧思之濬發耳遞相祖述果足以盡文章之能事歟夫一郡之志雖雄偉奇麗之作苟無關於方域人事者弗登載則茲編所錄固未足盡黃郡文章之能事也

誥勅

贈李誠之正節侯勅　宋

蘄春介在疆埸然所恃以爲險者六關也朕命藎臣往專守禦之責而措置疎畧負我使令爾誠之儒紳之望屬分符守蘄以孤城而攖敵鋒蓋亦難矣慷慨激烈盡其命義合門死難朕甚痛之廼加論撰仍躐崇階爵之通侯謚曰正節廟食茲土賞延於後夫忠臣之心非慕名祿國家之澤當峻褒章今寄印纍纍未足爲爾寵將滅此雠敵始足以慰爾九泉也可贈誠之朝散大夫秘閣修撰加正節侯

崇祀李誠之褒忠廟誥　宋

盡忠者臣子之大分全節者古今之難能河北二十四州真卿而已睢陽數百餘戰張巡以之卓卓可稱寥寥不數我國家之養士氣獨盛前朝故守臣之守邊疆相望芳史蠢茲殘寇盜我邊州忽聞二士之殲莫起萬夫之贖爾誠之早傳正學夙負雋聲屬分蘄水之符適有邊戎之警獨能以大義而作三軍之氣以嚴令而安萬室之心州邑官聯咸仰天而更誓閭閻童稚亦擊鼓以揚聲故能以七百餘衆之兵固堅爲二十五日之守奈之何赴援之將顧遲

而不進助戍之卒既入而復逃雖勢盡而力窮猶呼號而巷戰痛矣豫州之赤地百姓何辜哀哉卞壼之一門千載無及興懷至此有涕潸然爰冊命於列侯俾蒸嘗於茲土誰能免一死足以愧彼偷生殆將滅此仇雠庶少恤其斷憤

郤蘄州進簟諭　明太祖

古者方物之貢惟服食器用故無耳目之娛玩好之失今所進竹簟固爲用物但無命來獻恐天下聞風爭進奇巧勞民傷財自茲始矣郤之仍命四方非朝廷所需者毋妄獻

記

竹樓記

宋王禹偁

黃岡之地多竹大者如椽竹工破之刳去其節用代陶瓦比屋皆然以其價廉而工省也子城西北隅雉堞圮毀蓁莽荒穢因作小樓二間與月波樓通遠吞山光平挹江瀨幽闃遼敻不可具狀夏宜急雨有瀑布聲冬宜密雪有碎玉聲宜鼓琴琴調和暢宜咏詩詩韻清絕宜圍棊子聲丁丁然宜投壺矢聲錚錚然皆竹樓之所助也公退之暇披鶴氅衣戴華陽巾手執周易一卷焚香默坐消遣世慮江

山之外第見風帆沙鳥烟雲竹樹而已待其酒力醒茶烟歇送夕陽迎素月亦謫居之勝概也彼齊雲落星高則高矣井幹麗譙華則華矣止于貯妓女藏歌舞非騷人之事吾所不取吾聞竹工云竹之為瓦僅十稔若重覆之得二十稔噫吾以至道乙未歲自翰林出滁上丙申移廣陵丁酉又入西掖戊戌歲除日有齊安之命己亥閏三月到郡四年之間奔走不暇未知明年又在何處豈懼竹樓之易朽乎後之人與我同志嗣而葺之庶斯樓之不朽也咸平二年八月十五日記

記承天夜游

蘇軾

元豐六年十月十二日夜解衣欲睡月色入戶欣然起行念無與為樂者遂至承天寺尋張懷民懷民亦未寢相與步於中庭庭下如積水空明水中藻荇交橫蓋竹柏影也何夜無月何處無竹柏但少閑人如吾兩人者耳

黃州快哉亭記

蘇轍

江出西陵始得平地其流奔放肆大南合沅湘北合漢沔其勢益張至於赤壁之下波流浸灌與海相若清河張君夢得謫居齊安即其廬之西南為亭以覽觀江流之勝而

余兄子瞻名之曰快哉蓋亭之所見南北百里東西一舍濤瀾洶湧風雲開闔晝則舟楫出沒于其前夜則魚龍悲嘯于其下變化倏忽動心駭目不可久視今乃得玩之几席之上舉目而足西望武昌諸山岡陵起伏草木行列烟消日出漁夫樵父之舍皆可指數此其所以為快哉者也至於長洲之濱故城之墟曹孟德孫仲謀之所睥睨周瑜陸遜之所馳騖其流風遺跡亦足以稱快世俗昔楚襄王從宋玉景差於蘭臺之宮有風颯然至者王披襟當之曰快哉此風寡人所與庶人共者耶宋玉曰此獨大王之雄

風耳庶人安得共之玉之言蓋有諷焉夫風無雄雌之異而人有遇不遇之變楚王之所以爲樂與庶人之所以爲憂此則人之變也而風何與焉士生於世使其中不自得將何往而非病使其中坦然不以物傷性將何適而非快今張君不以謫爲患竊會計之餘功而自放山水之間此其中宜有以過人者將蓬戶甕牖無所不快而況乎濯長江之清流挹西山之白雲窮耳目之勝以自適也哉不然連山絶壑長林古木振之以淸風照之以明月此皆騷人思士之所以悲傷憔悴而不能自勝者烏覩其爲快也哉

黃州師中庵記

蘇轍

師中姓任氏諱伋世家眉山吾先君子之友人也故予知其爲人嘗通守齊安去而其人思之不忘故齊安之人知其爲吏師中平生好讀書通達大義而不治章句性任俠喜事故其爲吏通而不流猛而不暴所至吏民畏而安之不能欺也始爲新息令知其民之愛之買田而居新息之人亦曰此吾故君也相與事之不替及來齊安常游於定惠院既去郡人名其亭曰任公其後余兄子瞻以謫遷齊安人知其與師中善也復於任公亭之西爲師中庵曰師中必來訪子將館於是明年三月師中沒於遂州郡人聞之相與哭於定惠者凡百餘人飯僧於亭而祭師中於庵蓋師中之去於是十餘年矣夫吏之於民有取而無予有罰而無恩去而民忘之不知所怨蓋已爲善吏矣而師中獨能使民思之於十年之後哭之皆失聲此豈徒然者哉朱仲卿爲桐鄉嗇夫有德於其民死而告其子必葬我桐鄉後世子孫奉我不如桐鄉民既而桐鄉祠之不絶今師中生而家於新息沒而齊安之人爲亭與庵以待之使死而有知師中其將往來於新息齊安之間乎余不得而知

也元豐四年十二月日眉山蘇轍記

鴻軒記

張耒

鴻軒者文潛讀書舍也客有言曰吾聞之時其往來以避寒暑之害而高飛遠舉能使弋人無慕者鴻也今子以麤暗不見事幾得譴辱於聖世蒙垢忍耻於泥塗苟升斗以自養而欲自比於鴻不亦愧乎張子曰子之言是也然予居此以己卯之秋其遷也庚辰之春與夫嗸嗸陂澤中獵食以活秋至而春去者得無類乎客曰然

遊黃州東坡諸勝記

陸游

自州門而東岡壟高下至東坡則地勢空曠開豁東起一壟頗高有屋三間一龜頭曰居士亭亭下面南一堂頗雄四壁皆畫雪堂中有蘇公像烏帽紫裘橫按節杖是爲雪堂堂東大柳傳以爲公手植正南有橋榜曰小橋以莫忘小橋流水之句得名其下初無渠澗遇雨則涓流爾舊止片石布其上近輒增廣爲木橋覆以一屋頗適人意東有一井曰暗井取蘇公詩中走報暗井出之句泉寒戢齒但不甚廿又有四望亭正與雪堂相値在高埠上覽觀江山爲一郡之最亭名見蘇及張文潛集中坡西竹林古氏故

物號南坡今已殘伐無幾地亦不在古氏矣出城五里安國寺蘇公所嘗寓兵火之餘無復遺跡惟遶寺茂林啼鳥似猶有當時氣象也羣集于棲霞樓蘇公樂府云小舟橫截春江卧看翠壁紅霞起正謂此樓也下臨大江烟樹微茫遠山數點亦佳處也樓頗華潔先是郡有慶瑞堂謂一故相所生之地後毀以新此樓酒味殊惡然文潛乃極稱黃州酒以爲自京師之外無過者豈文潛謫黃州適有佳匠乎循小徑繚州宅之後至竹樓規模甚陋不知當王元之時亦止此耶樓下稍東即赤壁磯亦茅岡耳略無草木

故韓子蒼待制詩豈有危巢與栖鶻亦無陳迹但飛鷗此磯圖經及傳者皆以爲周公瑾敗曹操之地然江上多此名不可考質李太白赤壁歌云烈火張天照雲海周瑜于此敗曹公不指言在黃州蘇公尤疑之賦云此非曹孟德之困于周郎者乎樂府云故壘西邊人道是當日周郎赤壁蓋一字不輕下如此至韓子蒼此地能令阿瞞走則真指爲公瑾赤壁矣又黃人實謂赤壁曰赤鼻尤可疑也晩復移舟菜園步又遶竹林三四里蓋黃州臨大江了無港澳可泊或曰舊有澳郡官厭過客故塞之

二程夫子祠記

朱熹

齊安在江淮間最爲窮僻而國朝以來名卿大夫多辱居之如王翰林韓忠獻公蘇文忠公邦人至今樂稱而于蘇氏尤致詳焉至於河南兩程夫子則亦生于是邦而未有能道之者蓋王公之文章韓公之勳業皆巳震耀於一時而其議論氣節卓犖奇偉尤足以驚世俗之耳目則又莫若蘇公之盛也若程夫子則其事業湮鬱旣不足以表於當年文詞平淡又不足以誇於後世獨其道學之妙有不可誣者而又非知德者莫能知之此其遺跡所以不能無

顯晦之殊亦其理勢之宜然也蓋天聖中洛人大中大夫程珦初仕爲黄陂尉秩滿不能去而遂家焉實以明道元年壬申生子曰顥字伯淳又明年癸酉生子曰頤字正叔其後十有餘年當慶歷丙戌丁亥之間攝貳南安乃得獄掾舂陵周公惇頤而與之遊於是二子因受學焉而慨然始有求道之志既乃得夫孔孟以來不傳之緒於遺經遂以其所學爲諸儒倡則今所謂明道先生伊川先生是也先生之學以大學論語中庸孟子爲標凖而達于六經使人讀書窮理以誠其意正其心自家而國以達于天下其

道坦而明其説簡而通其行端而實蓋將有以振百世之沉迷而納之聖賢之域其視一時之詞章事業議論氣節所係孰爲輕重所施孰爲長短當有能辨之者而世非徒不之好也甚者乃目以爲道學之邪氣而必剪滅之于斯時也苟無適其伐木削跡焉斯已幸矣尚何望其餘哉今太守李侯乃能原念本始追誦遺烈立二夫子之祠於學宫以風勵而作興之非其自信之篤而不以世之趨舍動其心其孰能與於此李侯名訦字誠之其爲此邦勤士愛民固多可紀特於此舉尤足以見其操行之不凡而非衆人之所能及是以因其請記而具論之以告來者俾有攷焉

州學教授廳記　朱熹

乾道八年秋予友建安李君宗思爲蘄州學官始至入學釋菜召諸生坐堂上而告之曰朝廷立學建官所以養人材而待其用德意甚美宗思不佞得備選焉深惟淺露懼不能稱今將何以教二三子者而相與朝夕乎古人爲己之學庶以無負朝廷教養之意二三子其亦有志於斯乎諸生起而對曰諸生不敏惟先生有以教之則幸甚於是

宗思退郎其居則距學且十里宗思顧而嘆曰學官宜朝夕於學與諸生相切磋者其相距之遠可若是邪翌日相學之東偏有廢地焉請於州願得爲屋以居而日往月來於學以供厥事於是通守北海王侯某領州符嘉宗思之意而悉其力以相之役不逾時遂以備告然後宗思得以日至於學進諸生而教誨之蓋使之潛思乎論語孟子之書以求義理之要又考編年資治之史以議夫事變之得失焉日月有程不蹶不惰操策而問勸督以時凡使之知所以明善修身之方齊家治國之本而於詞藝之習則後

焉而不急也既又禮其士之賢而有德者而與共居凡學之敎悉使之聽焉由是蘄之爲士者始知所以爲士之事而用其力宗思亦喜其教之行而將有成也礱石於堂考前爲是宮者得自某人以下若干名氏歲月刻之而書屬予使因記其所以然者予惟宗思之教可能也而其所教則非世儒之可及王侯之垂意於學可及也而不以宗思之說爲迂濶於事者則非俗吏之可及是皆宜書以詔於後葢非獨能繼宗思而居此者有所考法抑亦承流千里而帥其民者所宜知也於是悉書其本末如此俾刻寘題名之首云九年七月壬子新安朱熹記

惠民倉記

眞德秀

嘉定某年某月金華李公守蘄始至曰城郭完乎有司以圮告則命繕而新之凡若干丈尺又曰城完矣兵械具乎有司以乏告則命爲某羆若干某羆若干既又曰吾城堅而械良於守易矣無其人可乎則舉凡兵之在籍若寓於楚者教之率以法期年士咸就紀律公曰可矣猶未也夫守恃兵兵恃民民恃食故食民之大命也道之首政也蘄故號沃壤中興以來流痡未盡復荒茀未盡治歲所出不能當中州一大縣而輸于公家者則萬斛焉以廩吾兵且不給設不幸有旱溢之菑蟲螟之孽其奚以相恤哉余爲二千石於此而奉養啬於斗食吏非矯也重民之脂膏不忍褻而用也覬圭勺之贏還以遺吾甿也時會而月計之泉之在官者廛有餘歲幸比登粟之在民者亦廛有餘以其餘于官者易其餘于民者不幸告儉則以減之官者復散之民此備豫之善畫也廼簡僚吏之材者蒞厥事凡樂售者優其直與之未幾得粟爲萬石者二縻錢緡者千萬千百有奇築屋若干楹以謹其出納命之曰惠民倉著公

志也夫民食足然後有固心人心固然後可冀以死守昔者孟子談王道於戰國皆是物也彼爭地爭城之將從横騁說之士未有不哂其迂卒之莫或能易者葢民弗自安而欲與俱安危不䘏其生而欲責之死無是道也公之學醇以深其氣剛以大葢淵源乎孟氏者故其治邊之政大抵以保民爲本是倉特其一爾始倉之成公既以告於朝下部使者核其實又書來命某識之其欲以諗後人俾勿廢乎余謂使繼至者有公之心雖毋識焉可也不然則金版玉書猶弗足紀恃此以存難哉雖然仁人心也人心不

可泯則是倉不可廢姑識之庶異時有考云公名誠之字茂欽十三年夏五月辛卯朝散大夫集英殿修撰權發遣隆興府主管江南西路安撫司公事馬步軍都總管眞德秀記

黃州路重修竹樓記　元龍仁夫

齊安故江淮間斗僻郡然以江山之勝望東南岷江嶓漢滈澎浩漾來天際赤壁巀其涯過江武昌樊口諸山鼓翔鳳峙森森獻狀茲其爲勝已然談是間登臨之美剌剌稱竹樓曩宋王公禹偁字元之來守黃郡即城西北隅薙蓁

滌穢作小樓二間爲退食之娛不死而竹從工宜也風饕雨蝕薦圮薦新新復圮葢三百年矣至順辛未冬侯疇埜公初涖郡憑高躑躅曰是宜新之既期穀登民和寮寀雍肅刑清訟簡長日湛然於是謀之監郡公曁佐貳諸賢究廢興修故章掄材鳩工改作此樓棟杗楔棖甍榱欂闑慗堊漆丹悉如度葢捐俸廩與官計之羸而民不與知焉登斯樓也所謂風帆沙鳥烟雲竹樹與夫夕陽素月之觀煥然如在至道咸平間屬予記客有聞而勒之曰王公茲樓之勝竹之助亦多矣今不竹而死何居予曰陋哉客崑山

之旿以玉抵鵲彭蠡之甶以魚飼犬則繁故也黃之人昔者刈竹如菅蒯今者得竹如金珠夫後人之存古也存其意而已而奚竹之拘客又曰君子儗人以其倫今之搆斯樓也其猶昔人也歟予艴然曰客陋滋甚善論人者不於其迹於其心黃爲郡歷世稱遐陬非羈人謫客左遷謫退不至是間王公以危言直道獲譴當朝自玉堂而滁而揚而至是州也江湖魏闕之情葢不勝黷彼鶴氅華陽鑪香易卷之云少寄其遷謫亡聊之情而已天朝混闢來黃爲腹郡且天歷初皇帝舊勞於外嘗駐驛焉顧南州赤子遠

天京勤勞擇良牧侯以豸冠名流天官清選佩二千石綬爲此來而何王公之比所謂迹也天壤間魁人偉士有曠萬里而同襟懷越千百年而合符節者心而已翰林以清忠鯁亮爲宋名卿侯以公廉方正爲元鉅公心術行事軒軒磊磊揭日月行中天非予所謂曠萬里越千百年而脗合者乎矧長貳若屬無不心侯之心乎然則茲樓之勝炫映今昔夫奚疑客語塞則續請曰將無異予於是絕纓大笑曰耄哉龍子昔人所謂中書君老而禿猥執筆從王公役茲其爲異歟客相與哄粲然遂書畀石工勒

黄岡儒學記

明李時勉

學校之興有資於守令舊矣文翁之在蜀郡范純仁之在襄邑皆以能興學校崇教化致民俗丕變故聲譽顯于當時名聞昭於後世有不可及也蓋學校風化之源三綱五常之道由是而明詩書禮樂之教由是而行風俗由是而變人才由是而出古昔治效之盛非後世所及者有此道也洪惟我明太祖高皇帝自卽位以來輙詔天下郡縣皆立學詔師弟子員付之守令以程督之藩臬二司考察其勤惰而勸懲之賢能文學之士往往出於其間自公卿大

夫至于州縣之選常不乏人是亦興學校之效也比年以來儒學之士多以記誦文辭爲業而不務實學者蓋由有司者每以簿書期會爲急視學校若不干已者廟舍頹毁教化廢弛略不加之意故爲師者怠于教爲弟子者怠于學雖朝廷專設憲臣以督理之未能或之變也吁豈漸染之深未可以朝夕革與是殆不然憲臣之廵歷有時而守令臨蒞無間苟一加之意焉則無不可者在鼓舞而作興之者何如爾黄岡黄州之附郭邑也地濱大江舊有學規制卑隘且歲久頹圮太守錢公至肅覽慨歎首捐已俸欲擴而大之於是縣正僚佐邑人富室爭出錢幣以相助者甚衆乃庀材僦工諏吉興作自大成殿以至明倫堂池臺門廡師生講誦之所齋宿之舍一新理之至於神廚倉庫庖湢之處莫不備具壯麗宏偉數倍於昔經始於正統二年九月告成於五年庚申七月費不出於公勞不及於庶民而成此大功其孰能之公之爲人端厚坦率廉靜而不阿居家以孝弟聞親喪廬墓三年朝廷旌異之在大理獄以不寃今爲黄州環千里之民無不歸心焉又能以其餘力一新郡縣之學暇則與諸生講論經史課其所業

而奬厲之莫不翕然向于學文翁范純仁不得專美于前矣孔子曰身修而後家齊家齊而後國治此大學之道也若公者可謂身體而力行之矣邑學官尹勗以書來求余言夫郡縣博士樂得賢太守以掌其作興之惠又樂得英才以盡其教育之功何其幸哉

重遷黄岡縣儒學記

朱節

黄岡縣舊有儒學在城隍廟之西南麗城不十數武厥址隘以陋堂宇傾圮久莫之治正德歲辛未廵按東吳王公蒞黄旣謁廟首舉遷學之議詢諸衆謂附清淮門軍儲局

東廢地寬衍可夷而宮之也值流賊倡獗江上且不果繼而廵按山西曹公復踵其議且命以軍罷局廢址并入之時流賊甫靖而歲復告歉縣堂廨宇亦就頹廢物力有不足以舉盈者適董學赤城蔡公按黃進屬吏師生而語之曰茲學當遷其無疑第更新則時絀葺舊則徒費何施而可邑令豐城胡君潔毅然任之曰維茲首政風化攸繫曷敢以難辭縣治宜且後遂謀于郡守西蜀余公貴二守廣陽王君相通判山陽牛君璠蓟門毛君應時曰學宮既得厥址請如三公之命諏日舉事余公復暨諸僚指而度之

謂兌隅尚存民居且舊無稽古閣曷增剏之而地轄於武弁家乃貿臨皐驛舊址倍與其值而廣之於是兌隅既備坤維亦正而櫺星集賢門稽古閣各有厥址其地工費尹悉任之一出公帑之餘不以勞民命工戒事集材於市伐石於山以陶以虔百藝畢舉始事於大成殿前爲戟門各五楹又其前中爲櫺星門左爲集賢門各三楹殿之左右爲兩廡各五楹殿之後爲明倫堂堂之左右爲兩齋各五楹又附堂小廳各三楹爲退講之所又其後稽古閣五楹閣之左右爲諸生號房各十楹閣之西爲饍堂三楹戟門

之前有泮池旁以石甃之爲半壁形中以石梁之爲王道而西號之外有隙地爲射圃凡禮典所宜靡不飭備工以數計者七千有奇鈔以緡計者千二百有奇地縱爲丈五十有九廣視縱減四之三址視舊增五之二規模宏敞煥然一新於時教諭應君鵬翀以清脩博學式宏化基訓導周君盛端雅詳慎克殫奚斯之勞劉君紀適至覩茲盛舉謂不可無紀乃礱石率諸生而請紀之余謂胡尹一事之舉而三善咸集緩于脩邑而先於學校公也始事迄功役不逾年敏也雖當匱絀舉難而進勇也余因是而有感焉

勇爲達德之一凡天下之事舉頹植仆固莫先乎勇而士所以造聖成功匪勇焉攸賴今天下士紛紛焉繪藻於詞章科第之間以爲丈夫能事至語聖賢大學之道則或自諉以爲吾儕百不若人而間知自立者亦悠悠歲月逡巡莫前是皆不知勇之過也吾夫子有見於天下後世之流弊必底此無疑也肆以人一己百釋達德之勇而歸其美於成功之一其防末流而慮後世不深切著明矣哉今俗之病於安安而當遷習爲陋襲也余因遷學之有成而深自恧於向往之不勇恐卒病於安常而襲陋也故并述之

以爲同志者告

志雨　　王廷陳

吳侯治黃之壬辰春不雨至首夏炎曦布烕廣澤化陸坌揚於畝潦除於池霄漢滌雲林麓忌焚居者病汲飲者競滴畯不在田農不于耜且麥秋也逋民族攘客攄主塲炊煙在野是故困不專貧憂不但智國人謀而請於侯曰其使巫侯曰天則不雨而望之巫愚毋乃巳卑乎曰某水之淵龍宅焉其怒諸雨可致也侯曰人則不能而索之龍於以致之毋乃巳疏乎曰數富之實而罪其出惟賑之侯侯

曰公則不儲而恃富之藏彼實應且懟抑澤未霎及而首以懟富以是期濟也毋乃巳艱乎曰然則何如侯曰告在予郎予求之其可矣令於國中市不屠道不除輕罪弗繫纖訟輟聽貶食省用巳徵臧從去葢謝乘禱於壇昕夕至其衷疚其辭傷其容若將隕越於地國人曰君無病乎其何以小人之故而病吾君侯聞之曰民病是虞吾何愛焉如是者日行之不雨旬行之不雨月行之乃令於野曰修而隄防達而溝洫監而實覗而築展而具宜而種時雨且降令之明日壬寅雨至甲辰陂池滿受原野流溢山麓改色田畯在田農人倍作婦子喜饁逋者反其室廬攘者修讓悲吟者歌國人曰君實生我敢不拜賜侯聞之曰天實侮虐於爾有衆予敢或奸天則生汝而疑於予誣矣君子謂吳侯於是乎能格天夫格天者在實非文之能夫侯始而罪巳中而疚而不巳終而人功之懼其誣巳夫罪巳者凶而不委不委則日遠於戾而納於順未有順而不應者也疚而弗輟履之以恒未有恒而不動者也天功不攘弗侈弗張答休以遜未有遜而不益者也三者格天之實也吳侯有焉雨也天豈侯是私

雨紀　　王廷陳

一日黃之父老數十輩造夢澤子之庭而言焉曰我大夫郭侯守黃之三年爲戊申歲五月不雨逮夏杪禾且槁用軫我大夫率其僚齋禋而禱焉禱之三日大雨瀕槁之禾以回吾儕小人溝壑其免矣我大夫實賜之願得子之言以頌之也夢澤子曰雨也何如請言其狀曰是日也山川出雲鬱鬱蒸蒸族結朋征薄於玄顏朝暾倏冥霢霂稍聞如篁如繩旣乃滂濡沸渭交灑互濺紛射側激散漫淊濼巳則潢潦交於街壓湍瀨鳴於原隰漸洳生於塵堁遂乃

浸濡衍溢奔壑汪溪而入於陂池以達於畎畝無坎不盈有量必受於是農畯之流命厥徒侶跡於阡陌之間覘睉窺竇舄窒舄桀殺其已盈引其未足然後攜厥婦子休隴自勞鼓忭謳吟樂莫具陳蒙澤子曰止此田父之雨何足以稱於大夫也曰大夫之雨可得聞歟曰可我大夫受命而來務佐百姓之急去泰甚之害布中和之政侵牟我民者則炎火是畀矣稂莠我民者則芟夷是加矣使我主上汪濊浩蕩之德滲漉於閭閻淪漬於心髓而又潤我以仁液滌我以義瀋邉我以禮坊警我以法湯肉我枯瘠澤我

顑頷雪我煩冤激我靡頹是故不電而明不雷而威不沫而濡不濕而滋洽物入人窮高極深此吾大夫之雨也汝知今日之雨也而豈知吾大夫之雨於民也亦已渥乎夫其雨於民者之渥也用是能說於鬼神而孚於幽隱故一旦陳忠信之辭求咎吝之實黜巫尫之謬後露跣之文卒使上天悔禍羲和紆馭屏翳效職祝融收烈汝知禱之輒應也而豈知吾大夫之禱亦已久乎汝獨不見昔之隣大夫乎嘗罪雨矣而不知已之雨慳也嘗罪禱之不輒應也而不知其禱之素昔者乖且乏也於是諸父老喜而言曰吾儕小人乃今知我大夫之雨又知其禱不在今日也遂退而謀登其事於石曰使後之長民者知雨且知禱也我大夫不及知知之不能止也

白龜渚記

郭鳳儀

龜之為蟲也靈矣是故聖人登之以用察來夫枯骨猶靈而況其生而況其啣恩於活已者哉世傳毛寶放龜復獲其報將有之無足怪者攷之傳則少異焉傳言寶入武昌市見網人售龜外骨正白長逾咫奇取令僕夫豢之久乃放諸江後寶戍邾城石季龍攻邾且陷寶與六千人赴江

死僕夫投水若墮石上獨免溺視之乃所豢龜也蓋長且三四尺矣吁是獲報者豢龜氏耳非寶也世傳誤矣郭子曰白龜能活豢已者事甚么麼然到於今稱之不置非謂人能利物將風人於善耶嗟乎亦煦煦者耳昔者先王親親而仁民仁民而愛物使蚑行蠕動各得其所故曰鳥獸魚鱉咸若其衆寡視此何如哉至仁無恩報不足言矣嘉靖已酉開夏孚載酒與客為赤壁之遊時雨新霽綠虹半減移席臨流相顧甚樂客指點巖側曰此白龜渚也余為之慨然太息云舊有亭圯既新之更刻石為龜莫之水濱

用彰往事杪秋與客再至睥睨一視江風颯然

孝介先生祠記　茅瑞徵

孝介先生祠爲邑人樊公立也先生兩爲令民見德旣去民思旣沒民如喪厥考妣所在剏祠申畏壘之祝矣而復祀於其鄉何居鄉人矜式於是乎在爲是遷而弔之以不死先生也祀先生不以爵不以姓氏以先生位不配德而又格於易名之例鄉人賢而私淑之則謂先生棄官從父竟死於孝居官不私一錢爵如氷雪此無媿孝介矣陶之爲靖節也孟之爲貞曜也皆其友其門人所從而私謚之

者也先生孝介名與實孚此兩字傳先生之神可無問而知其爲樊公也按祀法非請於朝載在秩典不得立廟特祀今先生之賢表表梓里郎已合祀鄉賢謂未盡也而先生又無子一女伶仃蒸嘗幾廢如之何而昆弟能慹然也則雖朝典有待而聚族以謀專祠亦古所謂鄉先生沒而可祭於社者之例也先生慕海忠介之爲人其令商城抗中貴人開採事余過其地父老猶艷述之昆爲吳望邑獨嚴事先生以爲神君惜天不假年未竟其用然先生之伸萬世者要爲無忝忠介也先生旣沒之數月余叨令茲土其明年學使者元宰董公手書孝介先生祠爲贈識子弟一人衣冠奉祀未果又三年戊申春王正月而先生祠成先生弟玉衡輩數以記請始余習聞先生令吳擬赴官從受益焉而先生死矣毋過其閭低回久之先生大節炳然旣可師百世而其後又能拮据以不死先生是皆可書也遂爲之記以志歲月先生諱玉衡字元之其官政及宅行詳志銘及傳余所記者先生之祠也

黄岡令題名記　茅瑞徵

蓋予自受牒爲令恒怵然恩也旣得量移揆所以息肩者

更得楚之巖區爲恩茲甚古亦有言不善爲吏視成事矣黄剽鶩難馭甲三楚然前數公用以顯名起家擁戴天子邑人今猶尸祝不廢將難治又豈在黄也余自度賦材最瑣郎殫其弋獲無以踰前數公意復倣軼事可踵行者因攷邑乘輒旁質先後爲令歲月及其爵里而詮次已苦無徵矣今擬令者強顏親之曰民父母有人子而不能憶若父母世必怪之而至其所不知誰人重累而上必系之以譜而始核爲瀕疏也又況夫令以強爲親固無強而疏耳然則重累而下欲叩之所不知誰人通其纖曲此非譜而

勤之貞珉其子之子不能而它將焉取徵無徵不信茲合所爲急題名也隆萬以前郡誌畧備郡有誌後今又幾十春秋前數公最著餘亦多不能縣憶然姓氏尙可譜舉其人可以知其政有衆同舌以榮有衆同舌以唾等此姓氏而榮且唾之間若莛與楹蹉可畏也語云前覆後誡前者以驚則後者以趨郎先後受牒諸君子無慮若而人夫其姓氏具在謹視而度俛仰之間應已得所師矣如前數公非有瑰政瑋術以奇用吾民而民到於今便之衆之所便則父母也令秩固輕而爲天子息養一方稱名曰父母則

甚重夫孰知父母之謂者以子產之賢傳猶曰僑衆人母故知父母之義能兼之者蓋寡大學稱絜矩之謂父母其道可以平天下度天下之與一邑尋之與尺也前數公筮仕辦爲令今佐天子以調化瑟辦乃踰令黃號難馭而前數公名以崛起難固在令豈在黃哉知爲民父母後乃辦爲令且辦爲天下今譜壁間之石而曰某名九鼎某名冀士幾能強顏爲之父母余今恩未艾矣

游崎山記　茅瑞徵

黃岡山以百數而崎山尤稱峻特余神往久之故事非雩禱不至深菁邃谷游踪罕入者丁未冬日會有毓脫之訟耙檄下邑當從蘄水麻城兩令君勘其地既命駕屬張侯書來請弛期乃徒御已戒裝脂秣矣因顧曹掾所勘地去崎山幾何掾對以三十里而近余曰若第裹半日糧從間道濟吾事可乎遂决筴行是日宿丁家壋土人稱去此數百武有孔子河即子路問津處質明升輿經桀溺冲前有石梁圮盡流水湯湯出其下征人褰裳渡曰邱之不濟命也夫廟一楹像宣尼委土以當血食余謂守僧津梁不遠以若爲導師已去至道觀河於時中春始從迂徑行荆棘

中幾失道遠眄青翠數峰居民指傍爲獅子巖有大司寇王公先冢在焉入山愈迅束馬懸車未至可十里許則下春矣舉頭忽見孤崖兀突仰揷雲霄余下視謂有異信步山麓得樵子稱爲留雲洞幽澗鳴泉嘈呟不絕其上兩崖交峙止度一人是謂土門過此覩崎山寺邈若可即瞑色漸增山僧挈燈相迓余笑曰是可當秉燭夜騎昏黑導者引炬燎原余笑曰是可當烈山山高風緊輿行別無堪適雅冉冉若墮身雲霧而已入寺勢頗宏放頹墻敗榱所乏浮圖精室越翌日晨起天欲雪爲舉瀏醪數卮徐詢山中

遺碣了無片石第盛誇刹本唐皇所留詠多俚鄙不可讀起步門外寺額能仁猶出近筆有檣旁鐫至治年月最古左巔兩石若傴且拱曰道人石余旣探奇不息趣屋後山雀踊崇葺至淨室洞足力疲困攤石少憩俯眺盂鉢小崎諸山森森起伏風斯下矣中峰倘在煙靄攀藤鳥舉始窮其巔近龍王祠有小岩穴爲祖師洞祠旁有井冷然出水山脅指其下有龍湫隆冬不涸歲旱虔禱取水卽得靈雨徘徊登眺千巖萬壑競効勝山之下果然而反尋夜行處松林竹蔭眞令人應接不暇也茅子曰余登崎山而境內

諸山若培塿云語稱山不在高有龍則靈茲山旣以偉秀籠蓋一邑而尺水寸波鬱鬱涌雲氣其爲瑰傑可勝道哉乃窮幽極峻不足集遊士之屐道險無徒亦自然之勢也至神王一坵領烟霞而鹹泉石又傲然自暘矣

修學記 時正統己未年　陳循

學校自京師以至天下府州縣莫不有夫子廟其從來遠矣蓋夫子之道如天地之化覆幬持載及於萬民則萬民之生成長養皆有所賴而不失是孰使之然哉夫子之道行也參天地之化者皆知感荷於俯仰之際學夫子之道者孰有不欽崇瞻仰之切也哉天地俯仰有象夫子瞻仰無方此廟所由建也黄之蘄水縣學在治東之高阜前臨大溪元季廟學並燹於兵國朝洪武甲寅知縣趙季光始復建於此歲久日就朽壞宣德癸丑縣丞黄含觀主簿夏時其患之始勉新禮殿未幾被震正統己未番陽胡奎以戎臣薦來理縣事下車之初卽謁廟學而周覽之大懼無以稱瞻仰之盛心謀於僚佐師儒曰爲政舍此何所當先於是縣丞李蔚主簿王輔典史金鼎教諭申屠驛訓導管縉紳左惟賢僉曰不可後相與市材鳩工撤其舊而大之

爲禮殿凡三楹東西兩廡戟門外楹各視殿之數有差備享有厨藏罷有庫楹皆如之蓋經始於明年之春落成於是年之秋旣成胡奎兩以職事至京求記於興畢之歲月於戲爲政以興學爲先惟令克知教化之本紀事以溢美爲戒故不敢没人之善况求之篤如此遂爲記

重修學記 時嘉靖丙申年　王鎔

蘄山之陽南溪之滙古建學宫焉負崖抱流探奇挹勝其左則鳳樓玉臺之迴翔其南則登瀛天馬之拱向風氣萃止靈光俱存斯以文藻淵源簪纓聯續樂育餘音廉幾鄒

魯善乎作者之遺也夷考邑志國初祠宇迄今僅一再修棟橈榱折瓦甓零籍配席饗禮無所於依久之未有克振者走以展謁因論其不飭而諸生亦奉以告敝焉此有司之責也夫墜而得舉者亦難矣謀貳則不協數殷則厭衆計處稍濫則財用不給任事者惰則鮮克有終今縉庶同聲二三紀而後葺不可謂殷庶支簡節不可謂濫師賢而丞厲不可謂惰夫臻也會其謀而達其幾者也乃裒金於束矢取材於廢寺鳩工於比閭幾不滿百工不踰月作而新之以求安妥聖作鍾焉豪傑興焉茲非文運之一助歟

夫吾儒誦法者夫子之言所推行者夫子之道黌宮墻而弗肅者非禮也逢圮怠而弗加之意者非義也禮以成敬義以孚信將令德之保庸而民協和在位者慎矣將帝學之緝熙而敬恭明神諸士子亦進於是矣事已而竣教諭李仁偕其僚友來重以文請因緒書其概以識歲月云

蘓民亭記 時萬歷九年

閻士選

今天子御萬年之歷九年方宇大安思以加惠元元勅所司議寬恤時下方田之令葢始於閩而遍於天下云選釋褐授蘄方蘄田歲值夏仲禾黍遍野民稱不便爲請緩其期臺使者報曰可而日夜與邑士大夫里老等制弓格計便宜度肥瘠秋杪促民收斂始興厥事即以製定弓格先令里役設之里役稱便而令戶自爲丈也諸外境持弓伺民募者悉竄出境積算吏卒閉弗使出聽民自丈隴陌之間有主督其佃者有父率其子者有兄命其弟而夫共其婦者間有左右田隣五丈而更番以息息而起丈者丈畢則又對相語曰某寬某緊某可無疑於官府之抽丈而某尙致恐於左右之連坐審使人察之得其情狀如此選激切自慶仰天祝曰蘄民之易爲感也葢風行於廟堂而草

偃於隴陌即一邑而寰宇可知已時出而按其所親供畝畝合也選感蘄民之不欺即不敢過疑其民而據册以報葢開丈於是歲九月之朔而報成於十年春正月望是役也得田伍千捌百肆拾貳頃壹拾陸畝七分壹釐五毫塘陸百陸拾肆頃肆拾壹畝陸分玖釐地壹千伍百陸拾伍頃叁拾肆畝叁分叁釐柒毫畝盈於舊賦減於初選揚言於衆曰爾父老子弟知方田意乎粵自后稷畎田其制大約謂一夫三百畎而播種於畎中量人畫野已肇於此井稅之興其來日久而田萊之賦後世復稱漢云考漢史書

賜民田租半三十稅一者不一矣豈漢德隆於桑井舊哉
法不立而煦煦之惠易窮也史稱其歲賜田租半則歲之
不賜者多而其歲三十稅一則不減者何可勝書荀仲豫
常歎官收百一之稅而人輸豪強大半之賦惠不下逼而
威福分於豪人彼漢儒習漢事已扼腕言之矣爾父老子
弟今試度爾土地之毛斂於私者何輸於公者何間有隱
於豪強而拋於狡詐者浸失制賦初意今一釐而正之細
人獲資生之利豪右靡餘地之盈無私之澤乃播均於兆
庶如阜如山不井稅其制已井稅其意矣故丈事方畢而

獨逋之命隨下廟堂之微意豈不以今斷自丈事之始宇
內悉以均平庶幾古所稱無怠無游者乃責之共哉漢德
不侔矣諸父老子弟咸曰唯唯是不可無記余爲記之且
冀告於後之蒞茲土者披圖按册當知茲方土穀盡括之
無遺而愛惜之因記其亭取曰蘓民明此爲蘓民舉也

修巴河唐睢陽張公廟記 時萬歷十三年　閻士選

夫忠於主者人之主皆欲其臣主於人者皆欲其忠以故
刼遷代異而忠無貳軀烈有餘氣誠欲之也天地一指萬
物一馬而入無窮之門游無極之野與日月參光天地爲
常者誰乎南華之言曰小人以身狥利士以身狥名名辟
異號其於傷性以身爲狥一也有旨哉誠傷性矣則狥名
之狥何異狥利之狥唐睢陽張公遡唐迄今王公民庶罔
不目膺神悚曰忠獨其所謂忠者則公固刳心焉按唐紀
公尹真源先是譙郡太守以城降使公爲長史西迎賊公
還真源帥吏民哭元元皇帝廟誓不與賊俱生起兵討賊
迨雍邱令戰死公併其衆令狐賊尹賊前後擁至公嬰鋒百
餘戰殺賊十二萬人使公秉戰勝之威以雍邱一隅之地
不足恃擁衆還報天子其勳猷未必不埒李郭銘彝鼎公

獨私念睢陽江淮保障寧掘鼠雀啗荼馬殞愛妾不悔封
疆之臣死封疆義也彈丸不足以當勁敵公稱多算豈不
燭照預計之刎死縊死背城戰死皆謂死封疆而公獨不
死豈難死哉括城中老弱逮城中婦女暴秦之酷不是烈矣
公尹其地魚肉其素所耳聞目見之人以成一已之忠公
奚忍之大臣慮四方念此彈丸爲江淮保障無睢陽是無
江淮無江淮是無唐也國家養士百年我宗祧藉其休養
生息之澤以有我此身而我一旦擔圭析符値此九九之
運猶得以爵號呼吸此方之人藉以扼賊之衝維其旣衰

之運使我委封疆於賊以死繼之賊蠶食江淮操弄國脉我當躡魂受譴地下公被執曰臣力竭矣死當爲厲鬼殺賊是竭力者公之心而輕一死於鴻毛以塞死封疆之責非公心也死一也徇利死徇名死皆有倚有倚則有盡而公之死夫焉有所倚哉無倚之謂神神則不可知蓋所謂入無窮游無極與日月參光天地爲常者也巴河故有公廟往有議毀之者而巫稱公降有詞廟得無毀余過巴河禮公廟主廟者爲余述其詳如此士人聚觀其詞曰此僞也余詰士人以果僞也孰使之使天下之人者鬼神之德

之盛而眞僞無辨矣廟不知所自始嘉靖間倪令會新之至萬歷十三年余帥士之鄉者等爲理崩圯增竪石坊清民基之侵占者爲臺高二丈許臺之上爲室三楹廟貌改觀瞻拜臺下可仰不可卽孰非神所使哉若曰靳當江淮間靳人當祀公公宜享靳祀是猶有倚之說也

漕運解折記　梅國樓

麻城舊隷河南介在萬山中治前止一衣帶水淤沙平淺掬土可塞雨集而漲雨霽而涸舟楫不通揭厲可涉也因附籍楚楚濱江之區例有漕運故麻不免焉計糧共肆千貳百石有奇水遠運苦頻年以來吏抱牘而不休民無以苟且夕每一傳呼必立收受頭會箕斂倍於常額上下山阪出入溪澗車不方軌馬不成列負載道路之間伺候公府之門不待至水次而已疲累矣一至水次吏胥必有稽查折耗必有賠補船脚楞板之類所費倍之故心刻腰折閭閻告病曩時邑父母及鄉先生曾議及此然狡獪之徒因而爲利陰撓於主計者故朝上議而夕報罷卽發言盈庭遂成作舍矣禮部儒士諭儀醇雅篤實之士也素好義而樂施奮臂與曰吾儒不能利及天下而使桑梓之中有

扼腕而悲者非夫也乃輸産捐金代三鄉父老子弟而請命焉歲丙寅夏周尙賓偕不佞胥行烈日中謁當事者白其狀曰漕爲水設也近水者利本色遠水者利折色此兩利之道也奈何獨於麻而靳之今民不堪命逃死四方者種種矣此之不改毋乃轉陸爲海化界行舟乎邑人嘵嘵然不憚請命者非爲私也當事諸公亦爲感動而諭生周旋其間曾改五分之三然猶未得堅决也盖徵派猶累小民而全書未垂永利諭生依牆之哭尚未動於秦而汎舟之情猶未遍於晉也惟是邑縉紳學校里老人等再因諭

生之請而呼籲其事維時西蜀劉公來涖茲土下車以來政通人和利興害袪力任其事文移旁午內云兌米一徵有破產屋而妻子言之剌心聞者酸鼻等語亡何公入覲而陳留高公代署其篆覩艱難困苦之狀毅然以身任之文移中有小民肩擔背負皮破足穿哭聲載道聞見心酸等語懃懃懇懇蓋身當之故言之親切而有味也時東粵方伯梁公持其議而西蜀撫臺趙公往爲監司時曾身歷亭州目覩地里力允其議先後肆千貳百石有奇盡折色矣俞允之日歡聲載道憊者復甦勞者復息眞千年之利

萬世之福哉嗟夫非常之原黎民懼焉及臻厥成而天下晏如也

文侯重修三老堂記

周思久

成化間吾祖觀察使孔明公與方伯李公彥碩督學僉憲董公宗南束髮結好以風節相砥礪及登仕版歷藩臬遂飄然冥舉先後請老於家投閒養恬意在人外澹如也維時蜀朱侯則川宰吾麻至則敦禮三公謀多就之以故朱侯治行稱最焉御史大夫吳公行部至問侯所以治狀侯對曰下走吏何能唯是二三大夫之訓吳公擊節嘆曰有以也夫士抽簪而猶不忘世豈不賢乎哉顧三公春秋高令倘亦有懿侯舍蓋公之意乎侯敬諾爰卜邑迤西隙地一區築舍舍三公顏之曰耆英堂自是侯有大政則延三公登堂而問焉以爲常後三公云亡堂就圮遺址鞠爲茂草迨今百餘年未有修復之者文侯舜階始掃而新之易今名曰三老堂而因屬記於予予惟憲老乞言古之道也乃輓近之爲吏者大都束檢柙礪廉隅勾稽於簿領凭庫之間不者或窺承當轄風旨爲名高朋求師質顧迂視之豈知親賢則益好問則弘畢智寡聞者道之所不載也今

朱侯行古之道文侯聞其風而悅之益求光昭前烈堂成出教令凡學士大夫以公事至者皆得停車繫馬於此以時諮諏焉是侯蓋以三老望人人矣則凡登是堂者有不慨然想其爲人思以作求之歟然進言在人擇言在心心苟虛矣卽街談巷語亦有可裨治理者不則雖使端木說辭鄒軻持籌而辨之亦安所用哉昔子賤宰單父求五人事之而稟度焉以故不下堂鳴琴而治夫子賤在孔門負墻之列其學摩之深矣乃爲宰猶必求助於五人則學之交相資也侯振纓稽古敦素秉貞其嚴不苛其寬不縱有

和平之軌焉而侯方躬躬然求之人不以自足是侯之志念深矣頋予迂愞無能繩祖武追配前修奉侯擘畫萬一乃吾黨學士大夫素自所期信者豈在單父諸人後耶誠反而思之求所以助侯者何在則庶幾哉交資之義乎而後無負於侯作新斯堂之意

立浪園記　曹應昌

黄輿碧落浪人所居遊也處乎寥廓之觀而圜焉則已陋坐天瀛島心緉以清即至焉一乎淨濁之致而圜焉則已拘顧鯨犇濤立矣九蓮三山反在地中浪人有不得避姑

取超有不能一姑取寄云淵明菊和靖梅屈蘭王竹戴顒鸝舌弘景松聲因性所近而取適焉二氏所稱洞天福地肺絡相連非還丹子不得至鴻都玉京之下三十六天皆實有城闕居人垂裳受吏至聖大賢處之浪人既鮮飇渡之津滯羽樊中拔天無計居既不敢卜山亦不敢深居偶山山偶園然金谷也奢土室也隘壙也哀窩也恣園焉斯可爾園而立浪者浪松也萬松摩霄骨撑髮豎其有立之義抑悲風激盪中猶有未摵者存乎是有異焉園山也取致以水水溪也取致以池以泉松園也取致以竹以古藤以雜種之樹以遠望之茶山環於石石園也取致以草屋以土坪巉崖複洞傾欹園也取致以回廊以修堤以凋坂朝山也疑暮晴而雨色四時也疑一喧萋霜而鸝歌雪而蕉影初從岸庵出雲竇𡣕一線溝篠鳥道爾捫蘿蹲塹壁緣薜荔墻入立浪園門畠曠若行野石虎之關矣松則龍而馴鬭不勝馴也曰馴龍衍磴而栖丁丁雨折而蕉扇扇雲出石竇隅筠籬望文石半背妝西子濃抹澆背一鶩矣蒼蒼者梅僂而不敢索其笑亭亭者梧過而不暇攬以吟下坡㐌循半規池咫尺閬蓬宮闕不得渡又上而坡下而

亭矣藤篁蒙菁萬葉交影人浸葉中水怒葉下風泉壯亂語不得聞津橋而西則桃花泊榜爍然山參差桃桃先後花然洞光谷影霞片水聲西湖柳堤秦淮葉渡煙中閣鏡中山昔年畫舡紅夢入此蓋依稀近之泊而竇竇而水亭泓其伏流而出者乃反磯激魚頭頭影荇藻不可得漁然柳絲拂水輙亦驚竿實以上皆平臺種梅而郵其左則雪山之顛也界天台道矣選濤而亭其右則張毅萬松其末爽火焉葱葱茫茫其古懷襄其未平也周視徑窮矣旁瞰石背有隙摩身背以入如鼠穿竇曰文石峽也越石橋漈

蔓陰森九天銀河窺蔽其外過破袖亭沿塘陛到谷莊似人間籬落紆棧閣入縮虹廬又一洞天矣西折徑松風而上蹲肝雲广鐵蓮牛覆杵樹生石腹石髓滴飆鳥動人幘衍魂醒骨冷其古仙服烝之巖循巖而南陟巔麓則龜峰雁石襟帶間攝其翠色河縷白而逶迤以西千里盡望下坐石舫內虬虎以爭外波瀾斯達近而几案庋則響鼎臚馴龍衍也大抵部署因其自然歷亂序於思理喬木千章潤池工匝石族而屋以文以怪以寢以飛以讓以鬬山半二石特詭秀壁者坐而横紫蘿冠錦苔帔春朱花秋紅樹

簪夏絲雲步障石而玉女丈而秀以文乎伏者削而案蕩與繚則虎而圈洛與臨則牛而飲蕉與覆則鹿而夢矣受屐筇薦樓席枕每月明夜深主人獨嘯輒不意武邱洞簫石底潭之背峽之旁亭閣之照竹依松驚魚疑鳥依稀靈壁飛來間遠山疊束而不露其童僧磬下升而正愛其孤龜雁兩名巒隱躍左右而琵琶半遮不肯遽開其曆柴桑半坐煙霧封斷而邈若山河其間晴粧雨翠千變萬狀近樓而達托旅遊而獨抱反扃而徧尋節遊而近之有不瞻勇割而棄潤之以深其睠懷皇人風小年日不足樂浪人

饑娛老乎顧山不銜棻水非江漢芽之屬不如北竹木之屬不如南垣有淋不能塈池有漏不能甃欞檻有脫以敝不能丹漆以經久達伐楊而几劚松而臺束草而席縛繩而床瓢以椰壺以瓦筋以竹箭苧巾布幕蕭然乞寒園多山花梅梨李菊野樹香不之數而九里香乃特馥毋桂寶珠茶移植山上者如貴游子入野人道士羣反不韻哉花亦畦厄於木且石不暢畦畦亦花厄於貧且僻不異花具云爾迺移株輒活曾無橐駝種樹之方好鳥來巢豈有薛翁幻禽之巧卬朋四海而飈集樵牧迂道以嘆游岸鹿梵

聲長途人語嘹嚦若在坐隅馴龍衍之蒼莽則瑶池讌而冠佩醉譁昆陽鏖而鹿象怒角也肝雲广之靚邃則鐵船峰之石蓮雲水玉泉之洞室也選濤亭之雨之月之雪谷莊之水秋之鈎夏雪鄉之酒杯之劍吷漁竇之蒲團石舫之垂楊松之野燒瀑之落暉之吐月破袖亭之冷雨酸風縮虹廬之抱琴篝讀近於禽慶蚤於向平切於宗炳雖儉不及贊皇之平泉而侈已過樂天之池上跡不至散犒不至整樸不至陋文不至纖劍俠而有其嬋娟枯僧而有其煦爛湖海嶽山而有其一邱壑至乃風動茶槍難其鬬者

棋間峽雨若或聞之水沉剉屑閩爐是不燼之灰綠韞擷
經秦火出未燒之字或則休糧永日鍵戶詮元亦有乘興
騎驢下山乞食鈎松簾而進雨則鳥鼠亂其圖書挈土壁
以居雲則狠豹馴於鷄犬山有勝事則元宵之放燈修禊
之採蘭婦孺之鋤藥眷屬之飯藤花有勝景則紅子樹落
葉堦松毛徑石蒲古溝霞黎曉竈不辨晴紅山亂廚煙難
分縷白每秋空晝靚枯藤落子迸打屋瓦疑於鬼兵更復
掃春風而逸童塵響夜谷而默鳥蟲桃花似女妖盈來二
女之鬟醉葉漫山明滅看寒山之火是則武溪男女莫幻

樓臺華山艕鴝徒游蟻蝶庶幾鄭谷真個廬山矣其有梧
而坪有蔬而圃有碾而玉以春有絕巘而平岡以彎弧以
走馬或則力艱劇作而莫窮靈運之斤亦時憂畏駞驅而
輙斷草堂之手與會不及標舉斯虛或有不名有不至也
問者圖爲卷素派以歌章耿懷袖而慰羈孤脫丹神而成
果道山川粲白何殊烟掌之螺笑黛依然不異裘花之巧
移情送目即是居人朗月清風便當良友誠慮桃花未穩
終扇風濤清福難消特生塗難則他時憬鷄聲而思薄廟
因晨風而懷遠人不旣傷乎嗟乎漳臺之銅散其壘花綠

野之石殘爲梁白奈何以電屐之呵而欲永海桑之玩況
椎蓬閭子棗栗恒兒曾無名山洞室之懷足以觸其雲木
念先之感而更望其蒔花舊徑薙草閒堦不以難乎是以
李衡枯樹室少居人叔夜新篁園無主者亦知浪山烟景
百歲之內剪爲童巔而雪堂偶築於黃州愚溪亦標於西
粤寓意寄情若鷺點汀沙霞鋪蓉漢聽其聚則成文而散
之鳥有豈至于匡公五老定結斯廬靈運萬斤轟鸞幽壑
者乎況乃景陽鐘斷勾栺簫寒駿馬臺傾鬱葱孥戮其何
有於兹園巖者曹對影婆娑尺堦其幸編身傭佃陶復爲

居亦云溢量而習心未掃斧構如斯不旣多與余家近衡
峰泝流可達寧不欲訪王薛之高踪讀異書於岣嶁而虎
豺嗥逕禪鍊他移未免桃片浸於汚溪石泥封其青髓蘿
攀莫極杖屨惘然更復肺病兼年而累絲難殺鹿門以繫
勝具維艱比年裴几躬攜蔣蒿自刈既少姪兒之童子結
伴羅浮兼無哦際之鞭奴相依博奥是用不得不坐還家
山瓢尋短水已非梅福求聞之意亦豈鑑湖許乞之恩耶
寄居遊自商歲月而已園即園丁出仍生客其可以園焉
者其可不必園焉者胡爲乎結行制而強遊人爲是沾沾

者哉

崇賢祠記

邵寶

蘄州儒學有祠祀其故學正莆田敬齋林先生先生去蘄州若干年矣其生也故祠之其歿也春秋饗焉至於今不衰仕蘄之君子謂是舉也義不可弗繼乃葺其祠之敝益加崇奉而使來請記其事也寶作而歎曰於戲盛矣此古之遺教也夫古之教者蓋數之以學率之以行格之以規浹之以恩裁之以義而分不與焉非惡夫分也徒分不足以爲教教之本立矣則是分也乃吾教之所以行也而蓋

以遠故有林先生之教則有蘄諸生之思觀其所思而教於是乎可知矣非古之遺而今乃有是哉今學校之師例出銓注其於弟子蓋分相與也始先生至蘄諸生事之亦以分而已矣久而資其學焉懷其恩焉畏其義焉曰先生吾師也是雖不吾莅固將輕千里而從況以朝命而來哉於是凡蘄諸生無長幼先後翕然以歸論者蕪湖之風復見於蘄而先生擢揚州教授去矣此祠之所以作也寶不及見先生見其孫中丞公出故太常少卿贈禮部侍郎公文所爲先生墓碑謂先生始爲諸生學成未出提學高公強而後舉及會試得一榜例授學職或勸之辭不聽卒以教顯其校文格以義理無少遷就時稱得人至以養歸自揚尚未老也郡守岳公豪泉客之訪之則答餽之財遺之田辭蓋其少也斂而重其壯也順而莊其老也靜而廉迹其學行有古之遺焉以是爲蘄之師其規也非抗其恩也非狥其義也非激吾所謂古之遺教固在是矣蘄之諸生曰先生吾師豈過也夫鄉先生沒則祭於社古之道也今蘄之爲祠實取諸此而義起焉者視尋常名宦之舉相去遠矣且學校達天下而祠其師如蘄者乃不多見蘄之師

在先生後先無慮百人而惟先生是祠蓋功深恩遠自有不能已者而豈徒分所能致哉記禮者爲學莫先於嚴師而極其效至於民之敬學其於師去而祠沒而饗其爲嚴至矣推是心焉爲子必嚴其父爲臣必嚴其君固與起於斯豈直知學之敬而已哉然則是舉也其亦古之遺也先生諱宗字存敬敬齋所自號系出唐九莊若干傳而至先生中丞公文章德行望在海內蓋古遺才君子推其所自亦必歸諸先生云

江防分司題名記

蔣信

湖省古荆楚地昔之稱荆楚者曰江漢爲池蓋江自彛陵荆州會洞庭湘漢歷九江會鄱陽而東盤帶上下凡數千里楚實借其形勝昔人謂之天塹以其地當留都之右臂然上而鄂岳下而蘄黄據圖以觀則固均東南㬋襟也自入皇明以來凡其要害所在設置兵備久矣而江防獨闕焉豈其慮偶未悉邪嘉靖戊子朝廷用中外議始設兵備僉事整飭上下江防然止一員分司岳州府越丙申乃復用中外添設下江防僉事分司蘄州其轄則由蘄黄西盡漢陽北盡德安其兼制北則汝寧東南則九江南昌安慶

悉在焉其職務則自整飭戎備督察寇竊外凡糾貪殘勵廉能辨獄訟查庫藏皆得以憲規從事焉蓋自是下江防始有專責矣其分司居藩府州治之間其大門儀門廳事退居燕寢左書院右射圃之制創於初任劉公亦齋光文成於繼任卜公監泉大同越庚戌翁公丹山學淵以代卜至乃於儀門外左爲土地祠右爲抄案房而又於分司之前置石坊者二扁其左曰蘄黄重握其右曰江漢巨防於是分司之制視昔益備大江抱而後羣山瞰而前體勢尊嚴隱然爲江雄鎮矣公曰官司立石題名古也其容緩諸遂亟圖焉而請記其事于道林子道林子曰蘄黄雖楚之東門然以觀天下之大勢則雖秦之函谷不能過也行道之人過深山崇林而悚焉畏者以其有虎豹居之也不然則從容掉臂往矣夫江防設矣嗣今秉節而來者未有已也得不爲兹鎮深思長計之乎夫古未有文武之分哉定掃除之績每出於講習詩書之士也非古之才異於今也以古之講習詩書者平時則以天下事爲己任當其職則孳孳汲汲知有國事靡卹其他是故心盡力殫則文武之才並裕蓋不外此心而得之矣吾聞往者亦齋以嚴治監

泉以寬治忠赤同而仁義從時者也丹山公以其純潔彝粹之望顧方起謫之餘超擢柄重以去宜無待朞月而頋皇皇焉爲鎮計其久遠有如此非思協心以同底於道者乎夫天下至變者時也運之者人也發揮文武以爲經綸者心也嗣兹任者顧不在盡厥心焉已哉丹山公曰名言哉不徒記也已宜鑱諸石以爲永訓

四節祠記　翁學淵

蘄州舊無四節祠弘治五年壬子知州楊淮始建時刑部侍郎浮梁戴公珊奉使來蘄修廣廟學考宋守李誠之王

彦明通判秦鉅後先拒金元兵力不支死之王玠有事蘄黄鎮撫司會孔彦舟謀逆以罵遇害四侯忠節學政有關故於學東隙地構祠三間另門道出入用以妥神額曰四節祠後十七年知州陳霽移置泮宮坊隨令廢撤主入敬一箴亭後春秋舉祭如儀此四節祠之顛末大畧也按宋史李誠之傳公婺州東陽人知蘄州宋寧宗嘉定十四年辛巳金人犯境極力捍禦城破子士允鏖戰死引劍將自刎呼其孥曰城已破汝等宜速死毋辱妻及婦孫皆赴水死事聞贈朝散大夫秘閣修撰封正節侯廟祀於蘄賜額

褒忠仍贈其子通直郎妻令人婦孫皆安人秦鉅江寧人通判蘄州與誠之協力捍禦不支乃赴一室自焚有老卒曰火撓出此曰我為國死汝輩可自求生掣衣赴火而死子浚與瀠皆從父死鉅贈五官秘閣修撰封義烈侯浚瀠贈通直郎淳祐十二年仍封鉅義烈節顯節侯合祀李誠之廟若同時死節之士防禦判官趙汝標蘄春縣簿寧時鳳州學教授阮希甫都太監鎮巖剛中錄事參軍杜諤蘄春縣令林㮚統領孫中江士旺皆崇褒贈有可考者志載王彦明守蘄州元兵壓境力戰糧乏忠義不屈挈其妻乘大艦於城西龍眼磯鑿艦沉水而死州人以為烈士立廟於磯之北岸祀之景泰間知州金銑展地重建王玠蘄黄鎮撫司幹辦公事會孔彦舟謀叛玠開陳百端不聽大罵曰逆賊萬段彦舟併玠家屬沉之龍眼磯而死此四侯之忠節行實也夫誠之與鉅之死同事同時褒忠之廟同祀已久定矣二王之死雖時不同而地同事同烈士之祠同祀亦無愧焉客歲予以事過龍磯見塑像露坐江干詢之曰此烈士祠也心愀然不樂適致政郡守賓雲王公語以居民僉議建復尚艱於財力予即毅然成之於以慰邦人

專祀之思若褒忠廟廢合為四節祠固宜昭揭於人與日月爭光使百世之下咸知感慕興起庶幾天理民彝之心可以不泯迺今重以廢弛而附諸學宮之後地不容旋官僚諸生時祀展拜無所庶民子弟至有罔知其典故者褻神簡禮甚矣不亦大可憾耶予生忝與李誠之公同鄉每誦真西山為公傳記輒歔欷不已州人少參顧公曰巖憲巡東浙爰念桑梓彼公餘澤既訪其家親與之復刻褒忠集徧遺鄉人且諄諄語及欲予復建茲祠乃檄知州崔君一濂亦忻然從之遂命州判官徐光衛指揮王天相董其

事其費則取諸鍼贖與民之好義者相率搆之度地得學東故址延袤約三十丈有奇繚以周垣樹以門扁中祠三間置木主四座而以同時死節者配食於左右後寢室二間塑公與妻孥同死難者肖像使侑食一堂儼如其生或者忠義之魂炳炳有靈未必其不敍家人嘻嘻之樂也噫物之在天壤間久則必敝惟忠義之在人心終古不磨方公之初守蘄也完城備械選兵足食敵氛方熾凡以保障斯民者靡不汲汲圖之以爲死守之計卒至援兵既絕智力俱困躬自蹈之獨其忠義矢心形諸言曰吾以書生再

任邊壘行年七十抑又何求所欠一死慷慨殺身其視廵遠真卿武穆數君子相伯仲焉推李侯可以知三侯之心矣三四百年來凡蘄人士緬懷四侯往事未有不潸焉出涕瞻侯遺像亦莫不肅然起敬非由衷情之所發有如是耶信乎忠義之有關於世教大矣抑予重有感焉四節有祠祀而始之者前壬子也病於隘陋侈而復之者今壬子也六十年而興廢之迹若合符節豈非默然之數耶祠成咸謂不可無記而以屬草於予第愧荒陋不文勉強執筆識其歲月終始得以附諸戴公廟記之末竊有光焉異時采入載志當有博雅君子其藻潤之是爲記

遊陽城洞記

吳國倫

陽城山在盤塘西十五里邇江與五郎磯相望去予州不盈六十里山故無名予數往來江行亦不知其中有洞頃與方山人遊三山還過蘄益聞諸舟人云其山故有仙人洞草土蕪塞不知幾千百年往歲道士數輩始營而居之有一道士年最老常蓬跣入穿其中上下屈曲不知幾里見洪濤從地底湧出而聞江上曳櫓聲知其處已與江通疑有水怪窟其下遂驚而出尋自散去莫知所之今其仙

蹟故在可一艤舟造也予與山人忻然艷慕之擬即取道一遊會北風驟急巨浪拍天舟不可艤遂且棄去山人曰得無有待乎未幾山人遊元嶽數月不返而王行甫適至自黄留醉北園者十日買舟送之富口富口諸故人各攜具來覩予因就江岸與之席地歓甚豪徐起步月登漁磯瞰黄龍洲指顧江北諸山突兀天表而所謂陽城者隱隱在其西與是夕行甫興發不能寐而予門人黄子登莊則大從之入舟坐談漸曙即趨渡口須臾登岸行田間五里許見磵道中奔泉淲淲有聲心喜之而莫知所從出已入

一山紆廻兩湖間高可百餘仞而洞在其腹未至洞二百步有水洞一巷受山心諸泉滙爲盤渦穿石罅而落磵道者是也時予病酲道暍稍自掬水漱之卽灑然神清從二子攀躋而上得洞門廣方丈扶攜躡石磴而下不盡一仞地稍平四壁多赭碧色而其泐處多滴乳中有石竈石榻則道士營洞時所遺非仙蹟也趺坐少選乃令人秉炬深入得一洞稍廣而石益瓌瑋奪目覆者若華蓋褰者若緹帷挺者若土筍幹者若天柱流者若霞液湧者若雪濤紛而披者若地肺屈而蟠者若雲根與予州鳳棲嵓大相彷

彿心竊異之已又緣磴而升可仞餘得一洞高廣數倍儼然夏屋而其四隅又各一小室幽莫可窺其上之石觸壓壓如箭括可通日光疑卽山之絕頂乃其氣積陰甚寒而下多水泉淫濕無所投足遂不能復前而探所謂聞櫓聲處還至初洞使數童子簫鼓其中飲焉輟飲而出則日已下舂仍就田家小茆菴飲數行徐散步登舟與行甫別予因次而爲記蓋在萬歷壬午十月既望云

重修儒學記　黎淳

成化六年夏五月朔都察院右僉都御史繁昌吳公承制廵撫湖廣下車檄戒表臣百司恪遵勅旨興墜補廢自學校暨凡公署皆務葺完圖新政化維時守令有哲有昏有勗有怠或連數州縣功罔就緒罰亦隨行惟新淦戴侯中由丙戌進士令黃梅克能厥官敷法中度乃制貨財飭工役勸民助官以己丑十二月甲戌首建明倫堂東西兩齋各五楹前建大成殿東西兩廡亦各五楹殿之制增於堂廡之儀臧於殿席坐先賢木主陳列祭几皆有區畫又前建戟門欞星門各視舊規愈高益美凡九閱月而畢講道得所釋奠禮成壯麗通明仰瞻敬憚次以餘力恢弘藩館

憲臺整飭縣治廳事暨諸壇壝置郵之宇廵徼之司倉庾之屋百度畢舉未幾都憲公臨焉入其郊無惰農進其郭無羈旅坐其公堂無嚚訟愬咨臨其學宮師勤教弟子勤學儀文制度蔚乎足觀父老仰迓于旍而稽首曰下邑之廢學久矣惟我侯急此先務吾儕今獲知聖道當共行王化當共遵三綱五常當共由而不可一日廢率在斯學敢具以聞都憲公曰然誠有光於進士甲科者雖微爾言吾固將表揚之以爲羣吏勸遂錄其政績薦於朝明年夏繡斧再臨而侯之召命來矣都憲公又曰君子樂善無窮曷

銘茲德以告太史氏而刻之碑於是教諭鍾安定訓導元
仲余浩來請黎淳曰美哉黄梅山川之靈於地也任年大
江雪漲吾汎舟上下遠而望之見德章龍坪馮茂破額烏
牙諸山卷舒雲霞送迎日月而爭奇競秀於萬里雲山之
表晴焉嶂屏之麗錦也晦焉樓閣之迷煙也吾意其山神
靈蓄洩必鍾於人其先亂時英豪奮起而戰爭豈無奇謀
忠勇之士出而仗義立節及入治朝賢俊奮庸又豈無道
德之儒貞良之輔出而彌化長民然博攷載籍罕聞焉惟
一二釋氏子乃雄稱斯土若専其神靈者何歟夫豈山川

之靈豐在外説而反嗇於吾道正脉歟抑亦有之而傳記
小説失於傳聞歟無寧人心之靈惑於他道無學校之教
以開之雖有山川之險莫能顯也仰惟天德崇文都憲公
隆儒以振其綱督學憲副嚴公申飭教條以肅其紀又幸
有賢侯成此風化之基百年文運復一新矣吾嘗盡收山
川之靈還於爾學必有傑才科第騰芳奕世罔仰異端澆
漓氣化凡我同盟務敬勗諸

題名亭碑記　　金　章

我朝治天下惟養賢以圖養民故自太祖高皇受命之明
年即詔天下郡縣皆建學以養士爲先務也其法凡有官
者子弟與民之秀皆選而教於學學必専經經明而後試
之凡三塲中式而後貢試南宫其登額而進對大庭者特
賜曰進士以次官之仍命工部立石太學紀其名氏亦重
科目人材且爲天下勸也故凡天下有司推明朝廷德意
亦各得立石於其學紀其士之由明經進於科目者焉黄
梅爲湖藩大邑亦豪傑所産地也予第乙未進士科試政
春官越二年出宰是邑既至觀於學見舉進士及鄉薦者
未有題名石問其人有無而諸生歷舉進士韓中舉人馬

性輩若干以告且述其科第年次甚悉余曰嘻朝廷設學
校以養士如雨露之養物焉既設師儒以教之又命憲臣
以作成之士初有進即有廩餼之供材既成而官之又有
禄養之厚凡作興鼓舞之道咸備至焉士而得作養於學
宜思上之所以望我者大豈徒學文章以媒利禄而已必
禮義養心以修吾他日養民之具求不負上之所以作養
我者可焉爲守令而不知振作士氣涵養士心又豈朝廷
寄學校於守令之意哉若夫立石題名以重科目人材亦
有司作興之首務胡獨缺於斯乎適舟客載堅珉自南畿

來其高潤與碑制宜遂搆之樹於講堂之右覆之以亭刻諸進舉姓名於科目年次之下俾士子觀焉咸相謂曰某某皆以作養有成進於科目得刻石垂名不朽吾徒容可優游歲月不求銳進耶於是豪傑之士奮然以出科目之英後先相望區區片石殆不勝書矣因志此於後用旌多賢爲諸士勸云時成化戊戌冬仲月朔

築長江堤碑記　石崑玉

黄梅負山面湖民田盡藪澤中江漢直注彭蠡旁射水患歲有永樂中築堤障之江行屋上民處泊中以堤爲命有

司守堤若捍頭目嘉靖庚申曾一决令毛少府督修毛精覈嚴斂堤堅亭四十餘年之利邇來上稍夷鄙其民而屑越之委諸水利丞丞巡視惟箕斂堤役恣人取土移樹車曳之出入富人挾貲請即得堀堤引江水灌田堤狀如脫齒嘻官無法民不天久矣歲在戊申桂侯始下車釐弊剔蠹亦憂及堤以期促未遑尋果霪雨海立江傾堤原圮因盡仆民溺十三田溺十九是時民鮮蓋藏官乏儲粟則前在事者藉民賑而私資焉人情洶洶不自保侯急遣舟四出振民之緣木騎屋者露立雨中漶瀰波上者悉致高原餒者下壺飱哺之招米商無抑價而擒反與商通故昂直而取分焉侯聽自相貿易米驟至價遂平侯親駕一葉奔告兩臺道府涕泗交頤聞者感動各捐餼來賑請賑請貸咸得報可侯載米歷鵝汀鳧渚問物色而手援焉無敢濫竽時姦宄竊發侯擒治其尤者按圖幾家家幾人人何術業疑者逐之懸賞格使盜自相告免罪諸偷莫敢發或聚求勸分侯不許召諸村家諭之曰所不許者爲爾曹也爾知楚俗剽悍不獨食乎施舍已責自爲德於鄉事也人喜而相假乃殺廚傳停征輸省詞訟戒粟不出境故饑而不

害潦後三月不雨侯矢心步禱再日而甘霖注人以爲精誠之感山田稍穫澤人仰給焉九月水落侯巡行阡陌見江沙瀰漫如堆灰積雪侯望洋興嘆奈何使疆場數百里爲沼吾不憚糜吾箸以爲堤資諸父老稱難侯斷而行之索公帑可四百金督撫及巡道諸當事者亦捐六百金有奇計不足以供堤之一毛侯曰舉事在志與氣耳夫貸師北卒鼓之立起一堤何有因出俸入佐之約均力合作雖縉紳不復其役地有險夷工有難易度上下戸而受事焉恐疲民砦窳塞責乃悉寢縣務露宿堤畔拊循之無所督

責第日夕勉之曰不力安得三畝宅十畝桑歸於何黨乎民枵腹赴工不三月而百餘里堤成次年己酉又潦竟賴堤以免民之戴侯真有僕射父兄之謠父老因屬予記之且曰爾記堤不及他乎夫救荒侯政萬分一築堤又荒政萬分一吾邑自蕭山來侯去刑鼎空懸辟以貨免侯至而門如水法如山人誦持平梅俗睚眦之爭貧者守難富者效質蚩蚩者自爲鷸蚌侯至而事必覈情刑必當罪訟獄以稀梅壤無百里國有三公七萃之逋者未稽贊府已按籍而索數鍰兩稅之征者未共上轄已逾額而享千緡侯

至而責大指塞旁竇歲省民財諸如此類更僕未數若之何遺之余曰否政先本原辭有體要救荒築堤無米之炊不朽之績也爾不見已事乎甲辰災陳文畧起己丑災劉汝國起一方糜爛三省驛騷令有勤民者早爲之所何渠至若此吾與若得全要領而安居粒食伊誰之賜吾姑舉其大者爾他政當鴻筆傳之時萬歷三十七年己酉季春朔

白湖渡橋記

徐霖

去黃梅一舍許有白湖其源濫觴於蘄陽廣濟諸山而滙於太白湖太白之支派也湖之上舊有渡渡當南北之衝驛傳之往來遠近之負販租稅之輸納匪此弗達春夏潦盈濟以小舟往往運載不勝秋冬潦涸涉以徒步則又泥濘莫前喧競咨嗟行者病焉成化乙巳冬樂平朱璧廷獻以進士宰茲土下車即號於衆曰維茲劇邑寄予以民社歲久敝滋民利罔興予雖不敏欲漸修舉汝予同心用贊予以有成旣而又曰維茲白湖實邑大敝梁以鉅石庶克堅久工費重大弗資於有力厥觀罔成衆曰諾侯乃選於衆得冠帶義民陳漸張錦付以董理之責募四鄉耆老

馮瑾等隨其力之多寡爲工費之資又朞年而梁告成梁之基櫟以松木四圍甃以石版其下穴三竇門不樸不華旣堅且久行無犄躕水無患害苦雨隆冬如履周道於是老稚相與歌於野商賈相與歌於途達官貴客之歷是者莫不欣艷嘆羡而侯亦膺顯擢去矣梁成十年予仲子行慶亦以進士繼侯武而致仕知衛事石君信大行人徐君欽等相與謀曰茲梁之建爲利匪小匪勒之石無以永侯之功石具而徵予以文予惟先王之政杠以濟徒梁以濟輿固二梁也而一年一役至冬乃成前此猶病涉也豈若

茲梁之利哉費不取於公帑工不擾於齊民義者資焉財者成焉行者安焉嗣而葺之雖千稔可也侯之功不亦大哉侯公清畏慎勤能幹濟勸農興學理財治獄備荒整戎百廢俱興利於民者匪直一梁也乃為詩一通併刻之石俾往來之人歌之以不忘乎侯之功詩曰白湖秋冬潦不污牽挽弗涉怨且呼我侯濟民饑得餔堯尊甘芳置通衢巉巖鑿開得碱砆琢磨品光瑕纇無賜侯鞭笞神鬼俱天吳紫鳳紛前驅屹然三門衆流趨翩翩車馬走萬夫呻吟以謳病以甦我侯朐次吞江湖三千鑿鑿忠信孚痒痾疾

痛切體膚如驂引駒鷄哺雛如川泳魚藻遊鳧感侯盛德艮勤渠頊珉勒石辭匪諛千秋萬歲人在途毋忘建梁侯姓朱

國朝

黃州宋賢祠記　　宋犖

仕而過黃靡不言蘇子瞻王元之至於張文潛秦少游非其忘之即不知之矣仕而過黃者靡不言子瞻元之之雪堂竹樓至於子瞻墨池非其忘之即不知之矣余判黃之二年梅川張長人過予而言曰吾黃自兵燹以來諸名勝悉委榛莽如子瞻洗墨池獨趙文敏手書三字猶存瓦礫中此寒山一片石也吾君得無意乎余聞即大喜命輿人移置東齋又三年為康熙己酉余董漕自淮歸日長無事因念先賢故迹久就荒蕪使後人靡有聽仰守土者責也言之太守渤海羅公及九屬諸有位咸捐資重修之始從坡里坊求池之舊址甃砌剔壤水泓然潰欲出池舊無橋與亭今創建其上以文敏字嵌門簷間既而曰池得矣無堂何以祠爰建堂池之東祠子瞻其中以文潛少游為配兩先生固嘗遊黃又蘇門士也遂名曰雪堂堂成猶有餘

材因建樓池之西祠元之名曰竹樓墨池因故址雪堂竹樓非其地而佐之從名也使遊人過客聚而瞻之者不忘也合之為宋賢祠云祠既成移余書之複者置樓上移余東齋花木自中州來者植池側而傍為數楹招僧末子住其內以供朝夕於是黃之人若忘其為舊有而煥然新出於耳目之前也不數月余以先太夫人棄世將去郡歸里惆悵者久之歲且暮張子長人復自梅川來別余因坦步池上張子曰甚矣先賢之賴有使君也抑吾聞之昔韓魏公年少以家艱從其兄游黃黃人思之為刻其詩於四十

年後使君忘之乎又曰昔嘗讀梵故載東坡洗墨池蛙口食墨而黑黄人殆未之信也是二說者余憫然念之遂爲記

重修韓魏公祠堂記　　禹殿鰲

昔東坡刻韓魏公之詩題其後以黄州山水清遠風土厚善雖里巷小民知尊愛賢者于王元之韓魏公皆私之以爲吾邦雖小二公嘗辱居焉以誇於四方之人夫直道在民公好公惡天下之所同因其明而指示之就其事而奬勸之使之油油然樂而忘倦非留心於人心風俗者弗能也坡公稱黄人之尊德樂道異於他邦豈非喜其風俗之厚而與人爲善也哉今去坡公已六百餘歲而黄人祀祝之不異元之魏公亦似有私於蘊公者風土之厚善益信矣鰲豫人也官於黄已三載修赤壁濬隍渠重建二程書院景仰前徽啓廸後學亦與黄之民同此公好耳而黄州安國寺僧來請曰韓公豫之名賢也寺本爲公讀書祠歷年久遠黄人不忍其圮捐有榱棟木石公豫人祈成之余曰豫之賢人君子著名今古者多矣必豫人始修豫賢之祠則坡公當日以蜀人而刻豫賢之詩豈有私於豫哉昔

公隨其兄琚讀書於黄非如王元之有宦蹟之可紀而黄人不忍没其遺蹟今又樂於重修使與竹樓赤壁並峙不朽非僅若坡公所云金錫圭璧被其光輝也凡覩其蹟則必思其人思其人則其人生平立身行已與夫出處張施之雄抱偉畧必將景行而效之如武侯之自比管樂長卿之雅慕相如以尚友於千古是公之有造於此邦者大矣豈曰不必施於用也哉余也茹其意而相成則固坡公與人爲善之志也以爲有私於豫者其猶有蓬之心也夫因委廣文吳君緒榮同郡紳曹君紹烈等董其事閲三月而告竣以公之兄宋太守琚並祀焉公之詩曰兄才無不宜吏治孰可偶君子之言信而有徵益不異王元之之有德於黄人也至公功業文章世咸知之不贅

宜亭記　　王　勍

公署之西南隅舊有亭曰快哉蓋宋遷客張夢得曾作亭於其室東坡居士以是名之其弟潁濱爲之記然非其地矣按志宋元時郡城遺築在今城南二里許又曰定惠院下有快哉亭則遺址當在今清淮門外豈在城隅哉余來黄度其隅不宜亭遂移而少北數十武廣狹高下悉仍其

舊制有老圬人日數十年前亭原在是余笑曰是誠宜亭矣遂名之曰宜亭昔王元之記竹樓覽其勝概多所宜焉要之雨雪琴詩之宜其小者也周京蒲盧之政亦曰合人情宜土俗而已詩天保之章九如之頌亦曰罄無不宜而已宜之時義遠矣哉余之於此亦曰地宜亭則亭焉而已且雖易快哉舊名正爲亭存其真蹟或亦循名責實之義也夫時乾隆戊辰二月記

重修嘉魚村堤記　　邵豐鍭

岡邑西北之嘉魚村上承麻城諸山之水向有大堤以爲

捍蔽而下游村落田廬皆陰受其庇雍正五年大水堤決乾隆八年復遭大水下游數十里皆成巨浸而傍河之田已爲沙壓不可種植矣余於是年涖岡念惟此堤所關者大親詣其地查勘詳豁其田之必不可開墾者除賦約百餘金其尚有可墾者計厥久長非修築是堤終不免隨波漂沒而工鉅費煩且督理總領甚難其人於是傳集士民擇其幹濟者數人立爲堤長總理其事余復捐俸以爲之倡其餘工費按田均派有力者任勞多財者任費居近鄉民踴躍從事一年工竣向之平衍如坦道者屹如墉向之石田不可耕者錯如繡矣自後每歲春初農隙檄飭保正堤長加厚培高俾勿壞焉此微績耳何足記顧禦災捍患守土者所有事後之人與我同志者知民患之孔棘始事之維艱歲爲修理毋忘未雨之綢繆庶數十里之村落田廬永免蕩析飄搖之嘆耳

丈洲地記　　邵豐鍭

昔于清端公守黃時清丈洲地著有定冊有洲各戶咸遵此冊以守成業迨後陵谷變遷崩卸靡常按冊則有其名計地已無其所於是刁民猾吏從而紊亂之有將隣洲承

糧之業隱報入冊者有將公存牧場妄報陞科者更有本係折弓虛數估報實數者種種弊竇不可究詰而向所定之冊亦秘匿不出五年大丈止據洲頭人造報其顛倒移易棼如亂絲余涖任後檢閱故牒爲洲地訐訟者數十餘案皆數十年來旋結旋翻目眩神搖幾難措手乾隆九年適當大丈之期於是親詣各洲逐加勘丈飭經承吏抱各案隨洲丈斷大抵彼此結訟多由於經界之紊而其故都在洲尾何也當時于公清丈弓口原有折數此冊不可得見而豪強者先據實弓管業挨至洲尾則無尺寸地矣彼

原册有名有業者不甘賠賦則與隣近之戶爭執而隣戶亦屬册載有名之業又復不甘以尺寸讓人此訟之所以連年不結也余丈竟一洲知此洲之弓口或係七折有奇或係八折有奇或係九折有奇於是統計一洲有名各戶均照折弓管業爲之立樁定界而向所佔實弓之地或有造屋種樹不可移置者爲之量基換地俾之仍無失所按名給地計弓定界一洲丈竟一洲之訟案氷釋然而暴於烈日栖於苦雨跰則繭而面則黧矣草册當場即定飭發洲頭照造兩本鈐以縣印一付洲頭執掌一存縣案備查

雖不敢追武于公而前此隱佔妄報諸弊爲之畢露亦可以息爭止訟矣故爲敘其顛末如此

生生橋碑記　李振宗

昔蜀費禕使吳諸葛武侯送之橋上嘆曰萬里之路始於此因名萬里橋唐雍陶典陽安送客至情盡橋左右曰迎送之地止於此故名情盡陶題詩云從來只有情難盡何事呼爲情盡橋今日改名爲折柳任他離恨一條條遂爲折柳橋云邑之郭外北街盡處有橋邑之長幼卑尊以及官茲土者咸憩息於此往以街盡於橋名曰盡街而不知萬里之路方始於此送者迎者綢繆繾綣之情方始於此也矧盡街云者文不雅馴余思有以易之思夫盡者生之始也陰盡則陽生冬盡則春生夜盡則旦生因改名生生邑人不以爲不然新斯橋而立碑焉今而後邑之長幼卑尊之往來於斯也夫豈無北望　帝京眷懷君父而生忠愛者乎豈無言歸故里繫戀庭闈而生孝友者乎又豈無題柱進履而生用世之心洗耳濯纓而生潔身之志者乎而官茲土者則有觀荷鋤之苦辛覩力役之艱難而生父毋斯民之念以至贈行送別勸酒賦詩而生如蘭斷金之

誼者等而上之而刺史而觀察而伯牧而大中丞之或至於斯也采風問俗而恤殘黎憫勞吏之政生焉是猶外焉者也天地之大德曰生仁是也仁人心也人而不仁如生何如生生何余猶欲於治政之餘與二三父老同登橋上以畢其說覽斯文者勿迂視此言哉

南糧改折碑記　吳弘初

安邑僻處萬山叢箐阻深複嶺崇岡羊腸巀嶭乃割黄岡麻城黄陂三縣餘壤特設邑治額載南米四千餘石分運襄陽鄖陽荆州諸倉以備軍糈厥惟舊矣頃沙漫水淺舴

艋不通糧艘停泊江干去邑二百餘里大者驢牛小者擔負歷險逾時躞跜蹩躠而乃至水次有守候之苦有浥糜之虞有洒倉過斛黠籌諸苛派名目率正供二斗而費一石闔邑之民嘗呼籲控訴求輸銀折米而自縣至兩府層累而上文移駁詰往復逾時吏胥之求索道路之賚送黠猾者之乾沒費既不貲而究無成事亦率正供一斗而費二三倍焉嗟嗟民力幾何其能堪此重困也耶歲丙子九河劉侯以閩閣名彥來蒞茲土甫下車詢民瘼洞晰情形毅然曰吏職在子民不恤其艱又焉用吏亟請於當事當

事勿許又明年御史李君曲江會吏於楚諗艱狀用言事例以黃安麻城黃梅通山大冶五邑南糧改折為請部議難之事遂寢乙卯年會大司馬郭公總制全楚侯晉謁之初即言南糧改折一事指陳愷劇郭公繕疏入告奉
特旨允行定為每石柒錢之例永行改折附入條編累年積困為之頓除凡我父老子弟咸游太和之宇宙樂化日之舒長焉蓋嘗論之上有愛民之心而澤不下究民有欲言之隱而壅不上聞此元道州鄭監門所以獨有千古也雖茲一舉民悅無疆我侯繪困苦之民情而上之制府制府舉已格之吏議而達之
朝廷自非識治體急先務而視民如傷哀矜惻怛之誠意有以感孚於大府亦奚以邀
九重之宸斷而成萬世之永利也哉闔邑士民爰謀所以不朽斯澤者屬余一言勒之貞珉以垂久遠余不獲以不文辭僅述夫始謀之艱與夫恩數之異以告將來云侯諱承啟字光仲直隸故城縣人為政內仁慈而外剛斷釐奸舉廢開張設施有遠大器報政伊邇行將以惠一邑者惠天下矣

重修廣濟縣儒學碑記

張仁熙

康熙十有七年戊午博士先生汪紹遠始司濟鐸見學宮傾圮慨然有重新志而是時義興慎齋蔣公督楚學故事學使者按部一臨郡庠講業公兼臨邑庠即屬庠不克至修舉必悉於是湖南北以次報葺顧謂先生曰吾讀水經而異濟焉夫江以海為歸而桑酈詮江乃止濟之青林積布地何也近採楚風輙首樓指濟濟先後多博學隱君子而治舉子業者亦惟濟最彬彬焉豈其有崇仁南城之產玉蟠石貫之儁乎惟爾訓濟賢髙諗諸翼日告以所得賢

大夫士之宜祀於鄉者蔣公核實同日祀之歲大比錄科者皆知名士次年壬戌金子德嘉售南宫第一蔣公則大喜曰吾固知濟之鬱而光也雖然先聖靈爽憑焉惟爾訓濟賢學宫之葺非子誰肩矣出二十萬錢付之乃益捐數年糈而鳩庀之封木千章瓴瓿瓳甓龜甃涗液之屬卽竹頭木屑佐之家貲而槎自武昌咸以供僱值堅緻宏麗費不下六十萬錢葢不藉紳士一傭力一型釜鼎崎皇皇覩湖南北乃倍也工成紹達顧退然謙謙不自居召邑弟子員告之曰非遠之能也其蔣大夫之鑑於水而無留景也

抑大夫非其鑑之謂瞻嵬然者而知琴瑟書册之藏也翬飛跂翼騫檐於天泰岱仰之日月麗而雲漢之昭也非駁姿并幹比也廉隅立則卑頑袪茀除凈則理性明行績樹則室堂阼奧樸斵丹雘隨地而是也望宫墻而胸焉豈大夫意哉其以是爲模以是爲範矣仁熙作而嘆曰善哉先生之言蔣大夫也顧其所自樹立弘矣先生訓濟六年禮賢植能以家振士困阨至不給於飧和而介不苟私毫髮卽例歸首稍裝者悉出以嚴聖座旁及諸儒先名宦鄉賢歲時祀事齋遬維虔學地爲前令侵者請於上悉復如故而持義斷斷無假借士靡不好音懷之微先生又烏能勝任而愉快哉闕之八章曰松桷有舄新廟奕奕言先生之與大夫有成也泮之六章曰濟濟多士克廣德心言先生育士而士能推以大也於是多士賦棫樸之什而歆酒以樂之焉是役也工甫興而鄖子之命適貢先生不稍倦晨夕葢先生避名敦實勤於始而不倦於終者先生誠固然也維邑令陳公肇祉博士長蕭芳各捐俸助工而籌畫勞勩者則諸生舒峻極胡之俊張佳邑楊齊聖等也

黃梅縣重修儒學記　文德翼

有明賊張獻忠之亂三楚儒學圮於兵燹久矣而黃梅尤甚越康熙改元四年歲在乙巳學博吳君始來慨然傷之矢捐俸薪及諸士例優免錢斬然大新肇自丁未至於巳酉歷長令趙公樓公徵材庀工或斷或續至王公來乃適覩厥成樓丞徐尉莫不邪許而吳君之力爲多云辛亥孟冬德翼客黃梅過於其外望殿堂門屏莫不丹黃遊於其中見池塀庖湢莫不整筋憬然生敬焉諸士郭君繹祖等請爲之記余謝不敏旣而吳君自爲請又謝不敏而卒不獲也乃諗與諸士而告之曰學宫也者葢爲學設也仲尼

之後言學者惟程朱爲嫡嗣後世佛法入中國而學益分自程朱變而爲姚江往往又取佛氏之近似者以爲言是邑固大鑒衣鉢之鄉近時卓吾李氏且以浮慧怪誕助其狂瀾於三楚宜乎學益晦而程朱之高曾日遠也雖然濂溪夫子生於道州老於九江其地皆與黄梅近且宋之將亡也有江漢先生忍死北還遂使前元龐厚之風卒以程朱之學家絃戸誦至今不泯者其功葢不在濂溪下也姚氏所稱他人以死報知巳而江漢先生獨以生報知巳留其身以傳絶學豈不信哉今功令一以五經四書大全爲

諸士準繩其說莫敢稍戾於程朱故近時人士亦不敢不兢兢於禮法與嚮者浮慧怪誕時迥異矣爾鄉先輩如瞿慕川徵君聖門禮樂考一書亦可謂有裨於聖制王公與吳君且朔望釋菜朝夕講肄其中宜多士之日進於古也昔獻忠破楚時三楚諸士寧斷腕劓鼻無一人肯從賊者豈非敎化之厚而學校漸積使然哉若區區科第之盛衰不足言也學博吳君名祖堯鄖縣人縣令趙公名應登上元人樓公名璇諸暨人王公名庭龍晉江人樓丞名自新徐尉名麟瓚俱紹興人

黄州府志卷之十六終

黄州府志卷之十七

知黄州府事關中王　勍纂輯

藝文志

古文下

序

贈龐安常序　宋黄庭堅

龐安常自少時善醫方爲人治病其生死多驗名傾江淮諸醫爲氣任俠鬭鷄走狗蹴踘擊毬少年豪縱事無所不爲博奕音技一工所難而兼能之以醫聘之也皆多陳其

所好以順適其意其來也病家如市其疾已也君脱然不受謝而去中年屛絶戯弄閉門讀書自神農黄帝經方扁鵲八十一難靈樞甲乙葛洪所綜緝百家之言無不貫穿其簡策用以視病幾乎十全矣然人以病造不擇貴賤貧富便齋曲房調護以寒暑之宜珍膳美饘時節其饑飽之度愛老慈幼如痛在已未嘗輕用人之病嘗試其所不知之方蓋其輕財如糞土而樂義耐事如慈母而有常似秦漢間游俠而不害人似戰國四公子而不爭利所以能動而得意起人之疾不可縷數它日過之未嘗有德色也其所著傷寒論多得古人不言之意其所用意於病家之陰陽虛實今世所謂良醫十不得其五也余始欲掇其大要論其精微使士大夫知適有疾未能然未嘗游其庭者雖得吾説而不解誠加意讀書則過半矣故特著行事序之

夢澤集序　明皇甫汸

夢澤集者齊安王君之作也君名廷陳字稚欽號夢澤子因以名集云父南墩公濟孝廟時登壬戌進士爲吏部郎生君穎慧絶倫髫齔即能綴文殆由性靈非假師授黄童世謂無雙倚相時稱能讀咸楚産也君實似之吏部公愛

之甚常云王氏千里駒復見此子矣甫冠舉於鄉越丁丑試春官俱爲禮經第一廷對擢高第選爲庶吉士與東浙汪子應軫江子暉關中馬子汝驥許子宗魯任邱曠子灝大梁林子時曹子嘉西蜀余子承勛楚顔子木暨君並摛藻掞天敷華緯國得人之盛彬彬首是科矣江子爲文鉤元獵秘雜以古文奇字指既閎眇語復聱牙令讀者謬糧眩霓至莫能句隱口汗顔而罷王君每有所造輒大吽以視人曰有能增損一字者願以千金爲贈恐呂覽金卒莫可得也又好爲譏評由是人多陽服而陰慽之矣歲餘解

舘拜爲吏科給事中値毅皇帝將南狩在廷羣臣咸諫止之章奏日盈於公車不獨言責也汪子乃邀衆詣闕下上書宰相熊峯石公典司舘教危言沮之曰倘禍叵測老夫力莫汝庇也旦賦烏母謡大書玉堂之壁語侵石公公爲大慙其縱誕多此類先是忌者以舘中譏評浸淫聞於政府政府御之書上果諷吏部出補州郡吏竟得裕州夫脂韋罄折不習其容訟牒委塡又非所好至則治尚嚴棘不畏强禦法行貴戚有鷹擊之風謫御史不爲少貶廼希附權勢文搆釁稔遂使鍾儀縶冠於楚囚鄒陽按劍於梁獄

悲乎今上嗣位湛恩汪濊虛納貸子稍稍晉復君獨詿網擯棄顛子嬰禍尤烈至使患同黨禁而榮異彙征去均淵墜而進乖薪積世共惜之自後一紀而余忝已丑進士識崑崙山人於都門山人者張詩也雅善諸子間與余道夢澤事因聞其詳余亦濫有時名諸子引與締交未嘗不延頸想見王君也况負才使氣亦與同病尋以觸忤權貴賴天子寛須謫爲黃州理官是役也不以左遷爲慽而以得繼蘓長公爲榮不以赤壁爲樂而以得見夢澤子爲幸下車亡何廼乘雪造其廬時君足跡久不入公府余置自外員居由別舘君亦不惜造余乍奉半面驩若平生接以杯酒申以贈章辭載集中夫王氏業紹靑箱官聯朱紱爲楚世家君又令其子暨弟若姪從余遊嗟乎君胡白首於衆而傾蓋於余余亦胡爲在衆欲殺而在君獨憐也顏子雖清揚未覿而芳訊亦數相聞矣君屛居幾二十載釋戀於爵服娛志於琴書覃思古人專精作者屢勤刻薦恥赴弓招覩其上顧中丞陳監察書若稽康之絶山宰及寄余懋昭舒國裳二劄即楊惲之報會宗其節槩可想見矣君方斂英戢鋭撝謙履坦不以才華傲物而以道術誘人使早

年砥行能然可優游以取卿相然未能宣耿介發孤憤如晩歲所底也固知書成於去趙賦就於還卭人爵榮名豈有既乎終不以彼易此矣夫楚多材之邦而辭賦之藪也屈原見詆於上官宋玉蒙垢於登徒禰衡被害於曹瞞然其志則爭光於日月而其言則等敝於霄壤矣君亦奚媿哉是集也樂府古詩潘陸齊軌下擬陰何五七言律沈杜比肩忝之盧駱文效左氏國語而兼騁班馬書類東京尺牘而雄視崔蔡足以不朽矣凡詩賦十一卷文六卷成一家言舊刻於家塾季弟雲澤君廷瞻刻於淮陽任三湘君

同道又刻於吳中而吳板益精矣二君皆以進士爲理官善治獄號神明莅淮者以賢拜河南道御史莅吳者亦被徵行矣三湘謂余知夢澤蔵深命序諸首嗟乎甲寅之秋余有滇南之役取道齊安訪君故廬見其子若孫欷歔收淚賦詩弔之茲復序之是生叨敬禮賞訂之交死辱彦昇筆札之託不敢辭三湘者不忍負夢澤云爾言惡足爲集寵哉

黃州府志序　　耿定向

萬曆乙亥春黃郡志成中發凡舉例咸裁自郡侯雲中潘

君余友周大夫子徵甫間爲論著以抒侯意而考故徵軼蒐聞舉知則任諸學博暨諸弟子員云耿子定向曰夫志志志也求民瘼維民風莫重乎志矣蓋備往鏡來登良黜瑕仰良令循守按籍而發慮廣仁志士髦英撫卷而慨思與奮郎鮮仁涼德亦賴此籍存有所顧畏而不敢有所禁限而不得則志之效也綜其原本顧存乎作者之志矣惟志於民瘼也切則於經制劈畫也必詳惟志於民風也篤則其稱譏刪存也必不苟是故觀於其志而志可知也潘君累世載德篤衷潔履天實植之其志壹矣志壹則思深

撫今思昔舉近思遠由今所睹記而證諸攷覽無亦惻然有隱耶惟吾黃疆里故也山川故也乃建置頻矣而閭閻漸近更踐繁矣而物力益耗民瘼蓋孔棘而民風日以媮矣郎一郡而天下可推也君茲志也其念深乎深乎雖然民瘼之棘由民風也民風之回變人心實爲之耳以余觀於黃之人心殆猶未替往初者何以明其然自黃列郡以來下上數千載間膴仕顯人何可指數乃今籍籍稱引爲吾黃重者必首兩程夫子次蘇長公云彼兩程秩位俱不甚通顯蘇公滯黃數稔落莫甚甚乃今慈孫孝子欲顯其

親者咸願係籍尾附以爲侈稱是懿德之好今猶古也而山澤之故老輿人間與披籍而指之某也當某也無當若辨黑白數一二然直道之行睞三代何殊焉於戲觀於黃而天下之人心可知矣豈不幸哉第人人胥充此心弗浮慕其名必踐其實弗徒論其世務省諸躬民風其丕振民瘼其有瘳乎是則潘君輯志之大凡也余不佞辱交於潘君也素矣知潘君爲最深爰明其志於首簡以諗諸同志云

黃州府志序　　周思久

余屏居浪游束書不覽卽朋儕竿牘亦漫不省答尚安所議於編摩之事乎潘君侯伯明爲邦之三年政號廉平民以寧壹暇日閱郡舊志頗殘缺爰集諸博士弟子員披討舊章編輯成帙以余友耿在倫言寓書山中俾余更訂之余以不敏辭侯不可余乃發篋取志稿讀之顧爲諸弟子時時請業每開卷輒廢徙以其餘力稍稍删潤又摭拾其軼事多從耳剽弗詳跡時書始成勒爲七卷初一曰地理次二曰建置次三曰田賦次四曰官師次五曰選舉次六曰人物次七曰雜志一郡文獻大都具是矣然是數者綜

之得人其要乎有人則諸措注可從而理不則方策雖存文具爾猶之富氏大賈其子不克家卽有家籍將焉用之則夫司牧君子亟作人之爲務可焉

黃州府志後序

王廷瞻

此余黃郡志也余讀之歎曰傳矣夫黃在楚稱巨郡而文獻尤甲諸郡乃諸郡各有志獨黃志頗蕪弘治間嘗一捌管距今七十餘稔闕久弗載僉病之隆慶壬申潘侯以侍御遷黃守比至黃數月所稍稍頓飭政局惟新輒取郡舊志檢閱乃矍然曰此何足以志黃哉因集一時掌故輩相與編輯之而侯總其事事竣仍付麻城周君子徵再訂之業已鋟梓往歲余在告還里中侯以志事告余今欲余序余拘闒特甚何能文余不佞乃言諸末曰夫志一方之史也公善惡厚風俗固封守制財用備因革此數者史之大者也理道繫焉昔人云必資三長余則曰本於一德苟以天地生物之心爲心則天下事皆吾分內事矧一方之事哉第今之史徒以麗藻相鬭角而敦行聚實無聞焉且猶奔逐炎瞋凉薄節義意所欲賢則曲益好詞不則繆加秕行斯皆輕弄筆端恣情高下何足以示昭鑒垂不朽而資

風采者也是編也例凡七而其目若干條要在本諸實行發爲文詞毋法盩毋勢敚毋名浮簡者詳之遺者補之亥豕者証之惟公惟明無所不當而地理風俗人物之事燦然明備余故曰傳矣夫志者言乎心所之也侯之心壹意爲民法厲民者亟拔去之而虛聲溢頌靡匪厭棄凡所施注皆以移易民心而還之古庶幾懔懔德義君子之風光昭斯志有餘烈者矣豈徒爲文具已哉雖然昔昌黎在潮文翁在蜀二公當治郡之餘著集以侈其境郡人濡而化之至今與中州埒蜀與廣濱等者也尚爾丕變黃旣爲楚

巨郡聲名文物又與海內大區相比數其中豪傑與起於侯之治化反訛鄙爲麗裕當不逾朝夕斯志也功信偉矣余不文奚能序其萬一哉

奚大夫像賛并序

吳國倫

嘉靖壬戌十一月奚大夫攝政莆事而死其難君子哀之初賊之圍莆中也先以僞兵入大夫心知其僞將執之以伐賊謀乃憲大臣卒爲僞兵所紿城遂陷憲大臣亦縋城走得不死奚大夫死之死之日無有知者又失其屍所在即莆人多謂奚大夫或不死賊手延平太守周公曰豈有

奚大夫不死莆難哉乃使人大索三月得大夫屍於民舍中雖膚受三刀而顏面肌色如生時延平公乃使繪事者貌其像爲位哭甚哀諸父老子弟觀者亦莫不哀奚大夫如生也後莆人又稍稍言奚大夫欲執僞兵之事延平公泣曰我固知奚大夫與城俱亡於是以奚大夫像屬國倫且告之故曰子能靳一言使此大夫泯泯乎嗟乎悲哉莆中不守非大夫罪然大夫亦可以死矣不則縋城走耳莆之孑遺謂大夫何大夫楚人又與予善故涕泣而讃之曰峩峩爾冠烝烝爾儀爾命非正爾顏則怡嗚呼嚚嘻豈得死所耶

黃岡縣志序

茅瑞徵

黃入國朝版籍二百餘年矣而志故有闕有以邑軼事問主者安所置對而山川之險易風土之淳澆田賦之登耗即主者蕩然不得其要領譬如亂絲棼挐萬端無復條貫而欲經緯裁割以幾於治不戛戛其難哉嗟夫此予今志所爲作也邑之有志以悉四境弛張佐遺忘耳當不得以擬史顧國史摩班馬之壘馳騁千古體宏而畧邑志附輶軒之義綜覈一方體詳而盡不以絲麻棄彼菅蒯盍互相

發焉黃亦古一都會原隰墳衍鱗錯綺分風氣人文粲乎大備而上下百年缺如罔紀即後有銳志信史何所考據其將遂鄙棄踈之耶或謂兹事體大古亦有云闕疑且殆夫前後之相沿亦既閱二百餘年矣若更袖手轉待後人疑殆滋甚傳曰惡其害己而去其籍今之侵蝕競於豪右繭絲亂於猾胥若者計皆無便於志乃窮源探委破羣胥之膽耀於光明如挈五指而頓裘領此志安可緩哉或又謂臧否人物何以不如嗣宗之愼而家驥人璧多嫌孝慈之腹志之難言久矣予獨以爲二百年來高賢踵武而直

任其名實浮沉靡以異於儕俗將善良何所觀而中庸何所勉維楚有史稱名檮杌意主以創小人而近世兼以牖君子所爲揚榷逸光磨礪末俗繫志是賴獨奈何以斧衮之嫌不奮筆清議也予既治黃無狀得借筆端維風萬一庶免於戾郎言之不文而竊以一日簡牘仰資國史采擇不猶愈於隨人觀場漫無鑒裁者乎志凡十卷其折衷總志及郡志者十之三而博稽文獻及出之蠹簡斷碣者十之七稿經三易而于建置錢穀特詳以治邑要領具在是芬而理之將有取焉今而後主者有所置對矣

刻赤壁集小序　茅瑞徵

古來山川壘磈多藉文士筆端爲之吐氣今寓內艷談赤壁以公瑾一捷而赤壁獨擅名黃州以子瞻兩賦鼓吹也無子瞻則黃州無赤壁矣然余嘗怪從漢歷宋千有餘年綵筆相望而兹山留詠不多得豈繇小巫氣盡抑陵谷貿遷銷沉乃爾耶落霞孤鶩作者所難刻羽引商其和彌寡不廣蒐羅而事弋獵空山之遺響可盡乎余每散情濠濮結想風騷此邦之秀頗堪揚榷王子號讀父書呂生時推國步爾乃同事編摩博采成帖勝國而上誇得遺珠本朝以還爭傳連璧既富搜摭亦煩詮品嗟乎雲物不常人事代謝習池之賞空把接籬峴首之游應留魂魄子瞻云江山風月本無常主余於兹山既以一日叨主者而殘文蠹簡散佚罔紀是亦有責焉爰伐棗梨以當金石庶同名山之藏永作琬琰之秘繼今以往子瞻不可復作而猶識前人之勝蹟竟在此不在彼者以有斯編也

贈胡奎序　劉定之

聖天子紀元正統之十年天下藩省郡縣臣咸以職來述既預期集闕下每旦隨文武常参庶僚入覲仰瞻清光侍

象魏左右凡都俞吁咈之旨禮樂文物之盛獲聽見之元會之朝復入奉天殿廷鳴玉秉笏用展臣敬大駕出奉郊禋禮成旋蹕則迎鑾稱慶均沾蓬澤共際盛美已而公卿侍從風紀天子若曰其勿深咎俾歸供乃事以觀後效賚之勅戒勵使不怠於戲其仁又何至哉於斯之時蘄水縣令胡君奎景粲實與在兹胡君始由科目任教事於閩凡兩易任已而知者薦得陞今職至則能治其民化其士類詞訟清簡之餘用其心於學校躬其程業子弟員蒙誘掖者成材膺貢異於昔時盜匪徙政足觀抑不慝其宿學非

泛乎爲令比也於其陛辭以行邑人士友乃來徵言夫胡君既自詩書出宰民社則於爲理之術既監於古矣況身當盛世沭聖主深仁其自今感發又何如也士學古而不逢時或時逢矣而學於已者不足故猷爲有不及未必君子責焉胡君其思自重以求見於明世尚無安近小以苟止則豈惟嗣膺寵渥抑聲光之垂未有涯哉

贈謝爵來雨序　王廷陳

謝君令蘄水壬午春三月不雨民戚曰何以播君步自邑壇禱焉雨越四月不雨民戚曰何以植君步自邑壇禱焉

雨越五月不雨民戚曰何以穫君步自邑壇禱焉雨邑人歌之爲來雨之章王子聞之曰歌也是爲長民者風矣帝也豈民棄夫錫蕃育庶靡不民焉供是務殖也或雨靳焉食且不粒以懋務殖之而復以棄也其否也矣是孰用棄棄吏也吏也者族民而臨之殆爲帝殖者乎不德而賄帝其曰吾且蚳殖不有於民之室而吏橐用盈是以吾殖賄也故靳焉不愛棄民昭吏棄也君之政聞之矣敏而思達而執肅肅而惠法不勢貸其作也勁者先苟民庇焉不惜冒法罰邑人宜之乃不吏亦靡不禮帝其曰令良吾蚳殖焉今不有也禱輒雨豈惟殖民不吏棄焉昭其良也傳曰禮有祈焉有報焉夫傴僂而趨匪其衷也即湯焉以其軀犧巫也感而酬豐品是事而幸帝之私也謂帝需乎君也不然乃不雨曰予也帝何意焉其雨矣曰帝也予何力焉夫始不奸帝之命既也不有帝之功是謂對帝之休帝其永庇之矣

蘄志序 萬歷十年記　閻士選

今天下郡邑皆有志夫志稱掌故蓋紀述以動人心之所之也故心之所之亦謂之志結繩而後四史昉於黄序五

史建於蒼籙以致列國莫不有史稱名立號罔非爲幾希計爾他毋論已卽楚名檮杌夫大鳥諫也璧寶賜也鑾召郤也援桴救也所稱引非不吒然大乃取而貌之檮杌何居反觀此心雖當放逸而試一語之檮杌在前有不蹶然動者乎古人名史之意可繹思已嗣是邱明得微言剏爲傳傳者轉也意者轉移人心之義哉爰及子長取式呂覽通號曰紀鴻具叔皮論中蠶室之後厥有孟堅氏綴十志大都鏡前鑒後匪擷英搴芳云蘄在楚爲六聚四通之地不穀來三載於茲惟是日夜無敢寧先是坐會計事鞅掌

三年乃可間取故志繙閱之洋洋足徵而田賦稍異於舊諸故事當增入者乃博選文學摭其詳而不穀删潤之惟以動人心之義宣道其中故標目則例不眩異以從古不灑濯以投好使凡昧昧泯泯欲離其童蒙之心而覺視於天地之間者或觸而動焉人物之首忠孝也循良之重教化也山川之以人物也坊之以人重也冠節孝而後弟也田賦之覈實也藝文之首經也動人心之義也夫潄腴捜潤以垂不朽者史氏之職而宣化正俗以維人心者有司之務不穀業有司惟言有司之務凡我士民竦身而載聽

覩者觀志所稱備矣其香欲襲其羽欲儀不穀與士民共矢之昔燕人有亡者生於燕長於楚老而以其國反同行者道晉望晉之城若社而誑之曰若燕也其人瞿然不自禁者久之重鄉也爾士民生斯鄉將比肩百里旦暮遇之誦其詩讀其書私淑諸人也不穀於靳厚望焉

羅田舊志序

李長庚

羅田縣者黃郡之文獻邑也邑故有志何以至今始言志也曰志燬於寇而白侯重新之也不獨志也邑亦燬矣新之者亦君侯也或曰明興久矣至嘉靖間而邑始有志也豈非以文物全盛之時乎今何時也凋敝極矣何事於文曰是不知天下之重以邑邑之重以志也環天下星棊列皆邑也若肢體然一邑之燬是尺寸之膚不愛矣邑邑完而天下始全也故天下之重以邑也然邑徒以虛名重乎有城垣有署宇有廟祀有學校有土地人民而後成其邑也改邑不改井而是種種者可改乎茲欲舉而新之而疆址勘據高卑不察戶籍無攷出入無籍將何以憑而新之乎故邑之重以志也禮失而求之野籍去而聞其畧杞宋徵而文獻徵皆志之賴也志之新增者何曰武志也歲巳

不易不虞之是戒況十年兵燹一旅一卒咸君侯苦心以規永利以式四方而可以無志乎志之大者何曰梁侯之節也白侯之功也抑人臣之委質也一死可以上報若朝廷之張官設吏也豈徒責之以死將一邑是保焉節在一身可爭日月功在一邑可鐫金石孰有大如此者志所不盡者何曰侯苦心也邑燬矣燬而新之必先修築建置也畚鍾千櫓可無煩乎無兵則空城也請兵之擾更甚於賊君侯一切謝客兵不用則勢不得不取兵於民無食則揭腹也庚癸之呼同於揭竿勢不得不取食於土有兵有食

而後有城有邑也譬之善養嬰兒者剔髮推座兒必號嗄長而節其棗栗禁其嬉遊教之詩書予之夏楚兒必嗔怒迨其成家遊序以達於廷然後知父母之恩重也侯則出嬰兒於水火而萬死中錫以一生也豈尋常鞠育之恩可擬乎又何以加焉曰以暇以文如奕者尚攻刼奪取而神色不動者爲勝也如子產救火巡羣屏攝列居火道各儆其事而火無傷也如操舟過風禁人無譁備維檝而自定也周之興也以桃林之放漢之守也以綿蕞之行齊之霸也以文告先修晉之勝也以少長有禮此又君侯干戈甫

定而卽志之修也用意深遠天下有道武定文興詎獨一邑之志云乎哉君侯諱乃忠字邇事蜀江津人也政事之大者另有桐鄉之尸祝在謹先爲序其修志之概若此其徵故實於父老取輿誦於耆儒而總其事者則本縣諸文學未盡書其名

羅田舊志序　晏清

邑之有志比古列國史山川阨塞兵防田賦謠俗文物靡不備具豈徒華贍僩帙以恣奇博亦以表著當時賢吏所爲使後人有所觀鑒然遭時不同治有難易咫尺之材煦煦閎閎狃常率自效以博循吏名當世有稱之者而撥亂之畧不得一二後亦以是少之故志載多不著羅爲黄屬巖邑其地桃固陵控英六流人奔亂勢當要衝苟可薄我盤鋒如輪踶跔而至矣且乙亥之變垣隍頹壅廬舍焚蕩流亡徙倚炊煙不屬時仰望賢長吏撫綏甚亟苟不克震動有爲徒操咫尺材煦煦閎閎狃常率自效而曰吾能了此其有幸也其無幸也白侯來撫兹土修城郭招流移振窮安富息獄緘賦諸所設施咸有次第豈齷齪博循吏名者而禦變之畧尤長壯武紛紜奇正莫測雖邑令乎具有

古大將風聲至則開門待敵撊然躍馬三尋之矛惟毖是求壯士數百人桓桓用命斬狙魁首虜數十常所鹵獲甚衆自是賊卽道羅無敢闌入侯之威亦單矣夫輕軌良塗劣者蹶轍郵無正轡策上九折坂無不極材盡技誠有所長也今觀侯所設施次第及禦敵大畧度越無前雖漢代朝歌之詡今代樂陵之逵未獲過之是亦今日爲邑者郵無正哉侯功惠在人樵童路叟咸能言之著於今則必傳於後而邑中諸文學傷前志之荒落懼侯德之不彰採葺舊編表揚新績辨山川攷沿革著兵防稽田賦齊謠俗萃

文物依古史條彙而侯之功惠大書特書用是以傳不朽不獨後人攬其大致有所觀鑒卽異日天子採風司勳問績持是以對亦足以攷見一班此作者之志也書成邑薦紳走以示余余慕侯久竊聞童叟所傳今覽此益信不愛託一言於簡編

錢侯新建縣城序　劉廷舉

今上御極之元年詔天下諸司繕城守修險隘以備不虞侯得詔恤然曰今歲邑大祲而驅之役民弗堪矣無何撫按檄再至乃謀之邑人邑人曰可未也又謀之士大夫士

大夫曰可未也又度其貲力以謀之監司於是議免役以充公費議分作以均任役畫地授役矢以天日無所容私且出公藏鐲官錢以貸失業者城廣爲丈凡九百五十有奇木甓瓦石之材以枚數至三百餘萬用人力以工數至四十萬經始於萬歷元年十月凡七閱月而城成夫興是大役責成乎數月之間人莫以爲勞也說在靈臺之章矣先是侯涖吾邑首問民疾苦知俗敝於好訟負氣以淫侈相兢躭遊遨不事本業與夫强掩弱衆暴寡賤凌貴同室相傷而自撤其藩籬也豈獨無城之患哉侯於是以禮爲教使民閑於君臣父子長幼之節敦雅崇儉驅游惰以歸農凡陵轢嚚競輒以禮法坊治之由是生養遂教化行至治有金城此民所以悅忘其勞也歟雖然斯有形之險也邑人知所以形於未形者乎公侯干城國家之屏障也而形勢不與焉禮樂教化斯民之隄防也而封守不與焉廉恥禮節人心之郛郭也而城池不與焉生茲土者使人人廉平慈惠有體國愛民之心上下和而元氣壯雖無城而守固矣不然城足恃乎此侯意也敢述以告來者善繼侯志俾吾邑爲萬世金湯云侯諱節用字以忠蜀之富順人

隆慶辛未進士

周伯譽遺稿序　梅之煥

天上無懵憧仙人則凡慧而才者皆天人也宜若爲天之所相而往往奪之速何歟或者致疑於造化小兒之忌才夫天若忌之則如勿生生之而顧奪之速天固無如之何也而不見夫花與月乎發也惟春滿也惟望天何以不自爲旦旦而春宵宵而望而春之摧於風雨與望之翳於陰霾者又各半也則天固無如之何也然正惟不能旦旦而春宵宵而望又不能不半爲風雨陰霾之所奪故足貴也

西狩之麟向不即斃於子鉏之手俾人得紲而豢之以天年終不過一戀豆之馬披繡之牛耳何以反袂沾袍至今猶令人有遐思也富貴壽考塵世所競天視之則蟯丸石火而已彼肉食而鮐背孏下者豈少也哉而謂天之所相即在是耶且有寄重寶於人而久假不返者况乎天之所寶以寄於濁惡之世如李長吉以彼其才舉一進士輒爲時輩所擠辟則寄珠玉泥塗中爲上人者能不憐而亟收之則天帝之托玉樓以召也蓋可思也伯譽之年少長吉三歲其慧而才則皆非地上人也得之天者不必問之人

然長吉見知於昌黎韓公伯譽見知於錢塘葛公皆所謂一人知我可以無憾又不獨得之天者厚也伯譽諸集有吾家惠連爲之元晏視長吉錦囊被紿以投於溷中者何如是可以死矣聊次數語爲天解嘲

麟經古亭世業序　　梅之煥

安國胡氏之傳春秋非經也安國之奏議也明興以胡爲功令治春秋者槩括胡氏之說以成疏義甚有邱明公穀鄭氏夾氏未嘗一辯而以春秋起家者矣非明經也明安國之借經者也又從而引蔓之以傳題從而駢拇之以比合株連膚割塡腔射覆主司者以意命而舉者以意揣則又非安國意中所及也明經之敝莫甚乎是古亭以治春秋特聞詢之學宮其經以春秋者十而九閱楚錄其春秋魁以亭州者十而九讀題名記其亭州第以春秋者十而九額其於春秋也猶筌魚芻狗耳過則舍之矣獨叔臺耿先生閔然上釐定經學之疏惜當時專門名家於諸當道者不合疏寢未行往煥待罪諫垣竊志先生之未竟乃性不時宜扶衆所擠弗自爲地無暇及紙上陽秋也坐念煥爲諸生日痛鑿傳荒經之習蓋嘗廢卷而歎以此愧其平

生今年耿克勵梓麟經古亭世業成弁其尊公叔臺先生之疏於首而問序於煥視春秋若負逋何克勵之發吾愧也抑克勵便便經笥行則爲朝士冠冕青緗可念土音不忘克勵有心人也願毋分吾愧

本草綱目序　　董其昌

郡國立醫學祀三皇神農黃帝是皆有當於醫庖羲氏則未有知其繇來者也吾聞五帝之書謂之三墳三墳言大道也道莫大於易近取諸身則爲素問遠取諸物則爲本草蓋說卦所謂於木爲堅多心科上稿者即本草之鼻祖

也且夫藥不過五行五行之變爲五色爲五味爲五氣爲五性爲五用而五者之變不可勝窮聖人以卦氣爲五行之情故曰一日嘗七十毒者此物此志也神膏傳瘡靈丸療疾非常之事聖人不貴一毒妄攻五兵莫慘傷生之事聖人愼之愼之必自身始聖人亦人耳如以其腹爲嘗蹈必死之域以求世名之爲神愚莫甚焉豈足信哉知禹之言神也以九疇治水則知農之言神也以八象嘗藥審矣陶隱居深於醫乃語上古聖人方藥主治以識識相因夫不以腹嘗而以識嘗相去幾何哉亦未爲篤論也秦燔六

經惟易附於醫卜以不廢故曰執之皆術不執之皆道謂本草爲神農氏之易可也厥初藥分三品以三百六十五種應周天之數自漢以後代有增益爲圖爲註爲音義事類者凡數十家至近世蘄州李時珍悉加結集又以經史稗官之書廣引曲証凡四十卷可謂勤且博矣會西蜀陳文獻公請修一代正史有詔求天下遺書厥子文學某進之闕下天子爲報聞書藏文淵閣時方擬撰方伎傳丁酉三殿災史事中輟其副本一鋟於江右楚方伯四明薛公曰此楚人之有也不當楚人得之乎遂校讐繕寫以鋟金剞劂薛公以内艱去三山楊公繼爲左轄實終其事書成屬余序之余嘗驅車楚之隋州過厲山見有神農祠則又大醫王之自出又讀張文潛明道雜志云蘄州龐安時醫症熱方輒有神驗乃知醫統故在楚楚又著於蘄矣然神農之佐有桐君雷公所著書已湮滅不傳而龐安時惟傷寒一論傳於世又未嘗進御爲君父之効今讀李君綱目而古今之醫有所總萃焉且藏之天府行之四方而薛楊二公相繼表章以壽楚者壽海内不可謂不遇矣李君有子爲循令以明經起家余故衍三墳之旨而推本於易敢

曰能爲神農之言也

送左春坊張公伯原南歸詩序　楊士奇

聖天子嗣大寶之初覃恩中外布維新之治無有遠邇咸蒙福澤乃延登二三大臣在師保之位簡擢賢俊列諸文武之重任而舊之宮臣亦皆叙進頌歌洋洋於道路矣於是左春坊張公伯原春秋雖未臻七十而鬚鬢皓若玉雪上憫之不欲煩以職務寵之璽書加以白金文幣之賜俾致仕歸伯原世家廣濟洪武中舉鄉貢爲順昌教官纔擢靖江王府教授遂陞左春坊司諫十餘載轉太子少傅上

在春宮嘗命侍皇孫講書又嘗親擇贇翰論宮臣曰張根誠實可用然老矣宜優逸之益上知伯原爲深所以優遇之非一日而伯原之所以承上之眷顧者亦固有自矣臨行朝之卿大夫皆賦詩歌贈命予爲之序𠀤士君子之壯也孰不欲推其知能效用於當世庶幾上以裨於國家下以裨於生民及其衰也亦孰不欲休其勞勩逸其餘年此人之同情然有不能皆得者矣今伯原歸日與鄉人朋輩逍遥雲林泉石之間尊俎酬而咏歌天子太平之德何其樂也於又以其餘暇引其子孫及鄉里之秀俊劘切乎詩

書之習涵詠乎仁義之道月積歲累將使人皆善士里皆善俗則伯原雖退不爲無所以爲於聖明之時矣予與伯原同僚最久是行也有以欣羨之而又有所以屬望之也遂以書於簡首

劉亦棐制義序　　艾南英

自古文章節義之士雖其天性固然而師友淵源有不期而合者歐陽文忠公以直諫敢言聞當世而兩蘇爲其門人議論時政與人主相切劘繳國文公倡道東南上韓侂胄之諍草封事數萬言而未已而蔡文節道州之行不挫其志蓋師弟之道至是無愧矣夫士苟能明賈誼陸贄之學而見之言或斥逐於一時而終大用於世其出處進退師弟子同之而其文章議論固有以券之也當熹廟末權璫用事人情擁戴幾於莽操甲子之試有憂其方盛而借策以入告者自書田方公而下斥者六人當是時東璫所忌楚錄爲最而廣濟劉公亦斐爲其錄中第一人予亦從二座師後蒙恩宥放歸田里因是時翺翔京師日取劉公試卷讀之見其制義端雅持重其對策指陳時事洋洋纚纚以爲太傅宜公之儔也又三年聖人與方公既召用於

朝而劉公亦以辛未對大廷謂選得吾郡之金谿方始得讀其學庸語孟之文而歎曰公之無愧於師門也年來事急於聲利僞經術僞子史從而奪之非豪傑特起之士未有不喪其所守者公約取博觀求聖賢之旨而後言其不合於道者鮮矣其繪綵塗飾合於時者蓋什不一見也充斯意也苟爲曲學以阿世如公孫弘者豈公之志哉嗚乎賈誼陸贄之學不見於世久矣非其學不至也無正直之氣以將之也使二子生今日令其屈首授書爲學庸語孟之文是非合於人心利害切於當世必有可觀者卽吾夫

子所對君大夫如魯哀齊景之爲君季康冉有子路仲弓之爲政爲宰其於修己治人富而教之之道盡是矣太傅宜公之儔固其包舉之一端而有能盡制藝之長者其中豈無可痛哭流涕與使驕將悍卒相對感泣如二子所爲者哉公文章議論無愧師弟者如此然後知賈誼陸贄之學雖制舉業中未嘗不足見其全也

黃梅志序

瞿甲

司理公到官曾事中間朞年耳千載之廢百世之遺既無所不舉豈所謂朞月有成者非耶頃之因邑文學言大修

起縣志居三月科條成則上之公公從容謝文學益假一月足吾事益未盡月而公志成其大要山川土風民俗與他郡邑則書同則否每事必有所論載其論覈其文弘肆爾雅似司馬氏即微有所假借隱匿儻亦善善長之意乎抑孔子作春秋定哀多微詞也一日公盍儼然造瞿子因曰予之至於是也遲頓不及事即如君言盡心誠有之今諸文學盡載之於志夫我爲志而乃有所志乎我我未之前聞也瞿子听然謂公獨不見太史公所自稱引者乎其言乃言以爲自周公卒五百歲而有孔子孔子至於今五百歲有能紹而明之正易傳繼春秋意在斯乎小子何敢讓焉夫春秋文成數萬其指數千是非二百四十二年之中當一王之法莫可尚矣而太史公敢然端言放論如此此猶或載之空言何渠乃若公見之行事深切著明者乎瞿子獨猶恐公盡心之精微不可以書見也於是公展然起謂欲君有一言半辭君其有意哉瞿子俯首謝甲自父以无妄陷機網八年於外甲誠宛誠痛甲何暇遑弄文墨甲死不敢奉命已退而深維曰黃梅在楚東爲五合四聚六通之處名爲縣其實亦一要害也無城郭文武不備良

民懼比年水旱爲并百姓逃亡盜賊白日公行犯者重疊斷獄歲歲多去年穀雖頗登前去城郭者未盡還也而舞文吏士烏鈔求飽吞肌及骨民久患苦之敝邑去京師三千里疾痛怨嘆之聲毋之不應也乃縣舊故無志則上官曰不攝民疾痛怨嘆之狀而惟見其徵輸不前不盡覲其土風民俗之無他悖逆而心或重疑於前事則見以爲微難治宛哉且今縣官用人非必擇南北也越人而入秦秦人而受楚卒然見其士民至不能解曉其言語時月之間安望其采風俗問利病以便宜百姓即有異能博物洽聞

自居約時已知天下事大畧不有志乘則安所采取故事爲斟酌損益之不習爲吏而無已成事何所措手足是誰之過歟吾祖前廣平守若其弟故咸以文章著名並早卒吾父嘗雜問長老捃摭古事著縣志自封建以來至隆慶季年適有頭角筋力未就而羅邑人之災家乘三絶父有女文章不若班惠而議論德行出大家上又短命不克終孟堅之業蓋瞿氏凡三世以文顯而卑最下中弗能悉論前人所次一邑之文多闕使有司拊手無所追觀採擇是余之罪也夫是余之罪也夫大公之到官管事中間朞月

耳奉憲撡平掃清境土憂國如家情在愛惠凡所施行務必便宜民者其不便宜民者若奸吏大猾咸用破碎其詳轂具父老惠政錄中可謂舉合時宜動順人道矣乃今用邑文學言大修起縣志使得就官財糧專心研精志已成而公猶然無忘有所論著史乘燦然比齊明哲如此瞿子夫然後知讀而免於罪也夫瞿子則何敢忘一言半辭之義瞿子曰余觀公所作風教志其欲表正風俗定尊卑之分昭上下之禮誠當世之宜宜貫之萬世矣至其稱士夫循禮畏法如齊民梅最易治其言萬世有補於梅微公他人難言之蓋自公至而邑無民瘼吏弊即他邑志多有此獨缺不書焉

國朝

廣濟縣志序

劉醇驥

志天下者取諸列郡國志郡國者取諸縣邑故余廣濟以志書顯其星野於楚黄直附之耳自圖攷沿革五行災祥而山川風俗古蹟戶口田賦物產官署學校祀典兵防城池關梁驛傳鄉社陵墓寺觀咸志名宦鄉賢則表之而宦蹟及人物之世用理學文學淳德孝友忠貞義行隱逸僑

寓義僕女之節烈賢媛慈繼母及方技僊釋咸志又藝文雜志終焉邑乎備國與天下之義類矣廣濟故漢蘄春地周隋間創縣治稽厥舊乘鮮存者凋畧有不足觀覽友人王五宜好古士也憤焉感之用博采楚志黄州府志正稗史諸文集族姓譜碑碣明滅者山谷題鐫者梨傳說里巷風謡以志廣濟余每過輙商因取在集者梓之餘修飾潤色之期於攷故核序次贍而有節揚幽搜逸不厭而形容褒諷唱歎鏗然因展卷告之曰古人著述無大小雖禽貝草木刀劍農器鬼神意趣寓之采彪體重劉一公侯之封

人民社稷具焉而方册之烏可無文乎言文行遠煩賢者
者以嶽降謂精氣之聚也精於天形於地爲人而聰明能
言因以其言表之志成而使此之山川人物藉文行遠其
表也亦既彰乎抑言表不若身表王子曰何謂身表曰古
史之傳人者先其地表所出也近世則凡名臣國老大儒
賢哲出類者每不敢質其姓氏名字而直縣邑稱之地也
而人之矣地而人之所出也義如有諱表益甚焉余廣濟
列諸郊圻自周隋迄今千有餘年矣負扆之山逆而上經
幾郡國而翠竦天漢勢萬丈諸水隨之若葱嶺之西河形

家每望而詫謂宜有異鍾焉顧唐無可攷雙峯大醫浴井
斯在方外之聖不致仰於經惟宋張公晏然余公玠功名
史策是後桂國之貴公卿之英踵趨廟堂之上而賢士乃
單心聖學由知性以遡鄒魯微言才秀亦復馳於文秦漢
盛唐入彀焉若淳德孝友行義之倫又比屋也然則總厥
全而當之憲天衷聖克念知覺悟大道之要會以一堯舜
孔孟而履禮制行先古之法在焉得時而殿輔旬宣銘烝
之彝鼎要其有德能言靡不剪邱野之椎而如範如詠典
則風雅雖布衣柴車登師保矣是故令聞令望非家國之

所封樹畿疆也一人鴻偉著而國與天下胥起指稱之且
不敢質其姓氏名字而直縣邑之然則險不虎牢富不陸
海而地附人顯無日不天下遠邇之耳目也邑乎譬周室
天下之朝市矣是謂身表夫其視徒言乎焉有量也雖然
言何容易楚人大泌隕而士不聞記志之業久矣王子曰
然執卷而起以告司訓胡公胡公曰劉子之言大哉信志
邑而備國與天下之義類又信邑而可爲國與天下也以
人也鄭食溱洧爰有子產斷髮之吳是挺季札信乎地非
人何顯哉是志也王子始之余終之而壽諸梓則胡公倡

力主行請於明府孫公學諭李公庀工待貲號衆實予以
不朽夫山川之寵靈式憑咸有在也

書

與施蘄州書　宋張栻

久聞蘄春文物彬彬有前輩遺澤漸濡未泯也計士人中
氣質多美者鐵錢事如何討循其理而爲之不若他人做
工作事也大抵今日人才之病其號爲安靜者則一切不
爲而欲爲者則又先懷利心往往貽害要是儒者之政一
一務實爲所當爲以護養邦本爲先耳此則可貴也某冒

居要藩日夜悚仄盍日勉焉而未之能益也臭味一家偶及之耳

秦舜峰開府救荒書　　明梅國楨

季冬寓會城初不敢以賤名姓唐突閽人乃臺下以屬吏之舊隆禮先之言及地方旱傷眞若痌瘝在身虛懷下問彼時以臺下持在大體不宜以瑣屑聞也及返敝廬時值元日墟里無煙行路稀少自是以來城市之間道殣相望附郭之近公行剽刼則僻遠之地又不待言不圖全盛之時見此蕭條之狀自古救荒惟糴與賑今經費有定數糴

藏無積貯緩且不可誰能議糴若賑則欲取之本縣而倉庫空矣欲申請轉發而司府空矣欲勸借富室而閭閻空矣更兩月始及麥秋枵腹之人朝不及夕其何能待耕牛盡歸屠肆穀種望之遠方而春來無雨池堰俱涸即力能辦者亦不敢議及牛種恐如往年以重價棄之無用之地也將來之事又不可知爲今之計必不能出一奇以利民惟去其所以害之者使自爲計而已如通道路以便灌輸安商賈以通泉貨截渠魁以息盜賊寬協從以省騷擾皆去其害民者而民自利矣本地既無儲蓄則轉輸全賴他方而道路之間刼奪爲患雖粟如邱山不敢望也捕盜員役有能設保甲嚴緝捕而不時以身察之則道路通而糧自集矣然糧雖集而無所取價也勢必貨之當鋪而時事之爲當鋪害者非一事也讌會則取什物餽送則取金幣即酬其值不過十之二三而棄之不理者固多也每獲盜賊則駕言起贓應捕人役混將他人當票一槩混取則凌轢騙害無所不至刋小害大彼何樂而爲此乎惟禁所以害當鋪者則泉貨通而小民有賴矣至於凶荒之時盜賊易起或以爲迫於饑寒曲爲寬縱或以爲漸不可長一槪

誅夷是二者皆過也縱一眞盜則害及良善聽其牽連則濫及無辜故眞盜議死甚者梟示則法嚴而人不敢犯餘黨不問俟其再犯則情通而人不見擾凡此數者皆老生常談人所厭聞然謀及老成詢之父老皆以爲救時之急無要於此矣或以爲此有司之事不宜聞之上臺然各有分地則兼制之爲難未奉明文則專擅之爲慮臺下酌其可否明布教令則虛文塞責所從來久矣向承虛問敢布其愚惟特賜省覽而不罪其狂無任惶恐瞻望之至

爲瞿睿夫訟冤書　　屠隆

夫風蟬雨蚓得其候則鳴及過其時則世指之曰不祥今某之爲黄梅人瞿九思訟寃者此某之候也非以爲不祥也某居東海九思居南海惟風馬牛之不相及也平生非有期功之親杯酒接殷勤之歡即問以其人修短白黑茫然耳古者葢有緹縈朱勃郭亮寒朗劉向其人者能以其言白人沉寃至義聲傾動千古彼皆於父師交遊之間言其至情情至則切交親則易阿猶有說也豈某與九思之謂哉風蟬雨蚓彼鳴其候耳無所爲無所求也今者某之言瞿九思者亦無所爲無所求也故曰此某之候也葢昔

者舜爲帝禹爲司空咎繇爲理當其時斷獄天下則無一夫稱寃者詩書所稱葢誠無之非其有之而文之也如使萬物沭清和之化而一夫獨抱向隅之嗟則大聖賢之所必問何者不欲以一夫而傷清和之化一夫至細而傷清和之化至鉅也今夫瞿九思者眇一夫耳束髮以才名耿亮聞江漢之上一旦從吏議罷孝廉徙塞而非其罪也則天下之人寃之何故豈非舜禹咎繇之世而有此一夫者寃也豈非以一夫者之才名耿亮天下所知也某不敢汎陳今古即以楚往事言之當楚懷王時王聽不明讒夫闒

曰民之沉於覆盆者或不少矣獨一屈子之事不白則天下後世寃焉往日囘風諸作千秋而下讀之則悽然酸心又何説也則屈子之麗藻絶代放在江潭令其抱憤懣之氣而以雄雋深秀峭絶之語吐之而其徒有宋玉者又爲之附麗鴻響以砰訇後來故其寃最著也然屈子之所以難者以其當楚懷王時若生舜禹咎繇之世則無此難屈子而當楚王則江潭之纍也而生舜禹咎繇之世則記尚書者典謨之史官也今聖明在服大臣忠良九州萬物欣欣向榮清和之治遠駕上古而猶有懷才抱潔如九思沉

寃如九思者是聖賢所隱也九思之罪葢坐以士民徂擊其邑令長褫乃衣冠長流塞下夫使九思所坐誠眞是亂民也罪無赦而天下之人輒寃之則惡得眞且徂擊令長非一手一足之力也令長爲天子牧養元元視元元若子則令其慈母也居則戴去則念久則思何徂擊之有即一夫倡難萬姓捍焉難何繇興令之不才魚烋其民民不能堪即邑中羣起而仇之豈一夫之以也九思所造其果出一夫徂擊如古朱亥博浪之爲乎果以一人自作不道乎如出一夫發難則九思之罪何辭以邑人亂則此一令者

或者邑人之所同仇也邑人同仇而以一夫獨坐可乎且民之所懷其誰能傾民之所仇其誰能芘黄梅之事某以爲令實爲之必也治其無良則邑人之罪而以鼓衆倡亂曖昧不明之辭坐一書生則何說也某雅聞九思以才名爲令所禮生平固了無睚眦之傷何至相仇如此即如杯酒失歡非不深怨又何至遂鼓不好亂之衆而以一夫奮臂持挺如雲也九思所坐無亦才名爲禍蛾眉取憎耳固天下所共寃聖君賢相所必察也某與九思何爲哉方漁釣海上不過聞滔滔江漢有年少負奇才之瞿九思文掩

中州名在南邦又未幾聞以詿誤受惡爲塞下遷民心傷其寃而已比以公車之役薄遊長安聞九思方擊登聞鼓奏書自訟於聖天子丹陛之下有子甲年十三博聞强記落筆如駛才視其父爲書累千言歷抵公卿大臣稱父寃願附緹縈之義某聞而壯之相過逆旅勞苦如平生歡見九思温焉醇謹子甲髪纔覆額短衣楚楚可憐試以文章倚馬立辦的然先秦兩漢聲某此時忼慨而泣數行即欲爲之作一牋投當世之明公大人以白其事如弦上之矢矣某亦何所爲亦何所求哉賤臣隕霜庶女感風匹夫匹

婦足闗天道皇皇上帝固不以其微細而遺之也况九思大楚美才抱洞庭雲夢之秀擷蘼蕪蘭芷之芳上可石渠東觀下猶不失牧伯庶司令陛下夢寐賢哲以興治理有才若思誠廟廊所急若以無罪見枉卒從末議而令文藻清譽之士貫木荷殳遠投窮邊以飼豺虎悲吟於黄沙白骨之塲蹢躅乎酸風烈日之下則孤憤之篇且與龍堆馬邑同其不朽又令十三童子牽衣卧路吐其少年英詞秀句長謡孤兒吟爲行道嗟傷見聞扼腕早違嚴父必至淪落草間文采銷滅而無所成此甚非所以愛惜人材培養

國脉也區區之愚葢爲人材國脉寧詎止爲九思一夫乎古語云相馬失之瘦相士失之貧司馬子長之下蠶室亦與嘆於家無貨財交遊莫救乃若大俠郭解之徒至使大將軍爲之言世之常態古今所同方九思爲文學有聲家席先人之舊業足具饘粥此時交遊賓客動引青松指白日執手而稱相知今一旦無罪而下於理聲名摧隕家業蕩破父子垢面囚服倉皇北走短褐蕭蕭泥沙滿面平生交親掉臂不顧某切痛之某與九思父子無一日之雅徒激於氣義愍其寃狀而昌爲之言誠出不肖朴誠又以媿夫

交親而掉臂有凉德者也伏惟明公秀甲河嶽德侔造化神明之智燭彼蔀屋陽春之澤下及昆虫縣寓戴仰中外咸頌今九思父子不特一昆虫也其含冤不止一蔀屋也明公調和四海萬物欣欣協氣流鬯而猶然使一夫向隅明公不忍也特無爲明公言之者其海濱一介布衣韋帶之士躡草登朝疎愚罔知忌諱直吐胸臆以進於下執事明公誠亮其無他俯聽芻蕘湔雪誣枉起九思父子之白骨而肉之則天下懷才抱義之士有不肝腦塗地而向明公者非夫也惟下執事圖之某惶恐死罪

國朝

與姚給事論賦役書　金德嘉

頃於邸抄中見閣督姚公請革里長一疏不覺斂容起敬蓋天下小民之窮不窮於正供而窮於雜派雜派之弊不盡始於有司而往往由於羣蠹夫所謂羣蠹者何也有經承之蠹有差役之蠹有城市歇保之蠹有豪猾表裏之蠹層累而上之以至於有司長吏之聲名日以壞黎元之膏血日以枯而中飽者羣蠹也羣蠹望風蠶食皆指里長爲例所固然耳白晝攫奪而文之以當年之名千條萬緒統稱之曰補庫官取之里長里長取之排年排年取之花戶終年稱貸逐月輸將而正供之逋欠猶自若也十年輪當之磨累不堪於是有以編餉南漕分任變十年爲五年一役者矣而經承差役歇保豪猾層累而疊出抱薪救火焰且燎原前役未完而後役又至奔走道路無時休息伺候衙門衽席以之不以耕讀爲職業而以城市爲生理鄉里淳樸之俗蕩然而無餘是顯虧者在正供而陰壞者人心風俗也若行自封投櫃之法官按册以徵收民照畆以完納即敲扑不施而輸將恐後何則完一錢則有一錢之券

票完一兩則銷一兩之由單官徵官解而箕斂之術不出於額外也里長之名革則官有清廉之聲民有樂利之實庶可保而富教可加法誠無便於此其不便者羣蠹耳若因循沿習日甚一日科派繁則正餉鈌正餉鈌則徵比勞徵比勞則揭借營債多揭債多則逃逃則田荒田荒則賦無出當此之時民欲學點金之術而不能官欲保飲水之操而不得官民俱困而羣蠹者肥酒大肉揚揚得意也嗟乎邦本之謂何而堪此朘削乎姚公急救一時之疾苦而又恐變法者之隨其後是故仰請

天語勒石以垂永久臺垣諸公念切民瘼者屢請以此法通行天下誠有見於良法之行也小民歡若更生而耽耽而思破壞者羣蠹也此勢不兩立者也

聖德好生天覆地載察吏安民巡察有遺矣水旱災荒賑卹屢行矣然巡察猶有待及之地賑卹猶有待澤之人惟良法畫一普天共遵則民力裕於平日雖小有凶年而不能災官箴肅於典常雖有僉壬鼓簧而無以及於花戶編民也今幸矣

命九卿詹事科道會議具奏矣民命根本於是乎在國家久

安長治之大要不外乎此矣先正謂士大夫爲善唯立法濟民爲大此法立上有益於國賦下有裨於民生近之有拯於閭閻之阽危而遠之有關於風俗之淳古由八閩以推之各省六合同氣九州共貫天下含生之倫沐浴歌詠於罔極矣區區慶幸之忱不覺縷縷惟足下省覽而留意焉幸甚

論

黃岡論　明王一鳴

黃岡憑大江絓漢蓋江漢之間一都會也其俗剽輕易發怒地薄寡於蓄積語在太史公貨殖傳中張耒志稱黃岡淳質多儉約地有魚稻之利農惰而田事不修蘓子瞻云山水清遠風土厚善其民寡求而不爭其士靜而文朴而不陋尊德樂道獨異於他邦此其大較然也國家休明之政積而百年孝武之際戶口豐實民重爲姦晚近世則不然猾獪時時相爲奸東南濱江大水爲害西北抵黃安深箐草莽盜賊潛伏乃攫金於市不問白日矣郎傭保雜作里巷之間時時有之郡縣偵卒借箠之兵者也出里而偵賈盜之糧者也耕夫起微細旦夕以饘粥自勞耳伍伯喧

呼雞豚爲盡乃黠民乘之肺石相望語浮於事十卒八九胥吏判案苞苴萬一不免盡其民以耕與他業半而其田地以饒瘠半獨其在郡邑實號孔道其民日車馬前驅無已時又悉釀其租稅而爲諸賓客酒糈之歡豈不日疲耶士之豢韝鞠膯無已時俗日至於奢不可卒返夫農不出則乏其食工不出則乏其事商不出則三寶絕虞不出則財匱少以剽猾之民守束溼之法總奢侈之柄移動搖之俗寧無跂敎發徵期會豈但已哉爲民父母其於疾苦不瘝恫哺遇弊之所在一訊不再決立斷不復剖以武健治

之可也因述其所爲大概稍稍詮次備采訪焉夫民情玩愒漏網吞舟卽不可使見末世之民恐當鷹擊治之矣而惟士爲差賢弘治之後士益尚古文辭卽其稱博士之業於楚斯盛卽一二陰賊悍鷙者持人陰事是游俠者耶北望光蔡南盡樊山東抵浠水皆平衍之境惟西北大江是爲天塹三江口以一偏將軍提數千舟師守之而所居在城南去三江口數十里而遥是不可不議守也東弦田與水半慕義十田而八水庶安五重中和皆瘠土還和永寧庶幾沃壤盡一之政正今日所亟講者焉中和鄉故盗藪

也嘉靖中殺戮無遺今豈無遺孽耶至五重庶安亦時伏里巷爲盗胥徒相因緣爲姦當事卽屋竊歎而已民固刁悍不束於法其發肺石者比比也至與之語語不可了吏皆得金錢上下其事畫地刻木當不信耳家無擔石一擲十萬民多至於窮而盗賊比肩而立其故蓋出於此郡縣之所稱吏卒不下數十百而其副蓋數倍焉猶之倀也卽見有縲絏者無不思魚肉者十人而見之十人而魚肉之也富人出金錢貸里巷毋錢皆生子錢至倍不止多破家以償天下熙熙攘攘蓋謂今日者哉東至後湖河泊所南

盡樊口武昌山西望磯窩湖北東盡於鬼神壇烏龜石是爲黃岡厢黃岡僻處無三吳之觀無晉趙之彊無齊魯之文其民亦自斤斤不越大義人士皆好學一切修古文辭圖不朽之業卽日夜所爲側弁而峨者何可勝數何莫非其醇謹而文采者焉陽邏居山川聚處設驛通南北往來北抵中和鄉感化畈西抵大江南抵汪家舖東抵樟松湖此亦一區也陽邏在趙宋爲重鎭夏貴能以死守之伯顏不得東豈堇堇耶今日之民多浮薄陰悍其勢不得不至盗卽往歲所覆三十餘家聞其居半舟船游於荆鄂浮於

沅湘出沒去來如風雨鬼神卒爲大姦人莫可測何哉吾不知陽邏所終也出東門至五里墩三台河路口並南攝沱口諸湖龍家渡魚博橋抵蘄水大河爲界魚博橋曲轉烽火山獨尊山雷公嘴回龍山崩港長嶺北至甯家汊鵶子湖南至松楊舖姜家洲堵城三江口楓香舖至於大江爲東弦鄉亦一區也其民淳樸征賦常先田地瀕湖水爲之災然高阜處皆膏腴至有十金博一畝者魚博崩港道里寥濶盗賊出沒民皆望賣刀買牛者久矣還和鄉去邑七十里而近東至楓香舖上巳河馬家灘南盡獨尊山崩

港黃土嶺曲轉甯家汊西抵楊林港橫坡嶺周書店北逕
曹家河杜家垇亦一區也民生理儉樸無鬬鷄走狗陸博
蹋踘耳目之觀其介在還和慕義者曰團風鎮生聚萬家
其人悍而狡多保姦有心計亭長落長得稍稍長者篤念
輳碊者爲之百里之間其有蘸乎永寧鄉控十二里至鉅
麗矣東至燕兒山南至馬鞍山西至張家山北至大崎山
亦一區也山巒奇崛欲斷欲窮大崎千仞雲物浩蕩民皆
盡力田畝榛布相守及見都市繁麗容止羞澁田地亦膏
腴非復貧薄之舊但靑山口蔡家庄撥軍寨地連麻城羅

田盜賊出沒人民暴悍虞朝歌夾何暮何以策之哉慕義
鄉在山水之間其東有嚴家嵍嚮水巖賈家垇北有張家
湖鵞公腦淋山河西有新州辛家衝淋頭畈南有金鑼山
團風口何家湖亦一區也其田薄收而深耕賦稅亦不敢
乾沒是與膏腴者角也都人士多生於此窮鄉下逕挾書
相望皆稱引不詭於條貫者哉亦何其蒸蒸爲義也庶安
鄉在諸鄉中甚敝矣東至新州河慕義鄉界南至靑螺池
江地界西至章家嵍塌兒河孔家埠中和鄉界北至岐亭
朱家堤麻城縣界亦一區也朱家堤三家店白溪畈白米

河三河口田地水沙相戰十潰九闕民生瘠土刁悍相仍
張家店萬瑚岡田多旱彭城畈淨安寺高爲磽磧下爲沛
澤家無擔石之儲何暇以纖嗇於征輸勤勞於踐更當有
以休養之者矣東抵土門永寧鄉南抵下伍重鄉北抵張
公壋潘家塘西抵新州是北走光蔡道亦一區也其山川
靈秀地氣凝聚衣冠之族多在此趙宋陳季常亦於是寓
居與蘸團練爲知交蓋其君子靜而文小人貧而猾所由
來遠矣東抵慕義永寧西抵庶安南抵慕義北抵上伍重
亦一區也人民目不知書而多深耕易耨之日賈其餘勇

商於燕趙什一之利與耕穫之利十五民坐是不貧但石
榴河岑寂殊甚堪立保甲孔子河傳是昔長沮桀溺處孔
子從此回車今時得無有如兩人者其義至高過河者皆
低徊遺廟不能去矣夫乘富足之後加禮義之教務禔其
身比於彬彬是誰之責歟中和鄉其里九上自鄢家山鳳
凰山釣魚臺至望仙橋又自蒼子埠周山舖白陽河魚兒
坑畢家舖粉壁舖樟松湖感化畈包大江至陽邏驛汪家
舖而止道路何紆縈然亦一區也田瘠下下其民生事遼
濶皆不比於義十室而九盜矣嘉靖中創立黃安殺戮頗

盛今遺孽復生卽訊緝獲之卒無不道中和者卽訊桎梏之醜無不白中和者蓋其去邑甚遠至中和者必持三日糧中和何計而毋爲晏子所以對楚王問者笑哉

風教論　曾維倫

余以耳目所睹記舊聞共稱黃梅民俗力農不事商賈游俠柔弱畏訟訟獄稀少士習禮教勤學而文樸而不陋彬彬有鄒魯之風蓋亦易治之區也比以縣官墨酷百姓上變當事者以紀綱之故不能輒屈吏以伸民凡上變告言縣官墨酷狀者一切麗於法而並逐吏此非不明知縣官

墨酷民不堪命也然黃梅自是後被惡名號難治幾九年矣歲辛巳會令報關而當事者意頗難梅猥謂惟不佞可使當者凡再檄辭之力不能得始以壬午春至於今將一年所有餘鞠躬受事旦夜自矢諸一切利民者輒亟與之其害民者輒大艾之則見其民循循趣教化馴謹無所謂難治者至其風俗大端土廣人稀一夫受瘠田不下百餘畝水鄉苦潦山鄉苦旱一歲之入不足支所出以故輸賦不能前而官以是病其工匠無土著率四方來者取相通而食凡開張百貨通鹽利者又皆西吳嶽歙之人若士則居恒囁呫守其師說所習誦不過本經四書文平而卑無甚奇偉間有情存石室博極國家掌故者或與其語則士夫駭其名爲相欺以爲是不可以取世資得尊顯無所用之而好異之士又雜通詭奇文輒悖經理焉至其兢兢畏法與齊民等又自縣官事發後愈益相率重足垂頭有司者又痛賤之以故士風大頹迨不佞至於是首興學重科舉愛惜人才爲一大起之風始稍稍振既余刷歷拊循且久始採得其俗則貴賤不讓路卽販夫馬醫好與士大夫比肩爭走士夫望見輒引避去稍不引避販夫馬醫輒大

怒罵士夫輒隱忍不得發怒者此甚惡俗天下無有又隸卒以徵糧戶行鄉市間輒盛氣造士夫家踞上坐坐索錢稍不如意得詈辱妻女而士夫至不敢發口余始聞之大駭退而深維曰漢所謂良二千石不過政平訟理雞犬得寧無追呼之擾而已且拒捕雖國家有禁如令有之此法所不得赦設未嘗敢逆隸卒之顏何可使若屬居然上坐索錢詈辱也夫孔子攝中都未踰年而男女異路余之至於是邦也日月長矣無所化頑民禦暴卒者無亦民果崛彊不奉法教難治如曩所謂乎亟爲一大葺之及問其故

老則又言邑凡叔侄屬自從以下恆並坐彼此並稱號在士夫亦微有之又編戶齊民隸卒皆得自有號相見士大夫得稱士夫號而士夫家令蒼頭盧兒若至所親者家則壻家稱外翁家令曰舅外翁家稱壻家令以伯叔並得上坐近或侍坐而壻稱翁曰舍岳傲然上坐坐於他或並席行比跬焉其僭越顛倒若此矣然後知所由來者漸蓋士夫始而古禮不行也夫安上治民莫如禮禮以節民心而政以行之刑以防之奉法行禮必自貴始然後民從令和睦浹洽教化貴賤有別長幼有序也是故聖人以人性有

男女之情妬忌之別爲制婚姻之禮有交接長幼之序爲制鄉飲之禮有哀死思遠之情爲制喪祭之禮有尊尊敬上之心爲制朝覲之禮此皆通神明本人倫正名分萬世不易者惟婚姻之禮廢則夫婦之道苦而淫僻之罪多鄉飲之禮廢則長幼之序亂而爭鬭之獄繁喪祭之禮廢則骨肉之恩薄而背死忘生者衆朝覲之禮廢則君臣之位失而侵陵之漸起此不可不還思熟圖察也故君義臣行父慈子孝兄愛弟敬謂之六順國家官民有家禮鄉相見有禮歲時輙舉行鄉飲酒禮叔姪喪服以親疎爲重輕至

詳至備共服習之矣今叔姪並坐是少陵長也彼此並稱號是小加大淫破義也稱所親童僕與稱其所親子弟者等是賤妨貴也而自士夫亦微有此至以婿客稱壻長其傲是禮之不行自貴犯之畋夫隸卒安得不乘便因間妄自尊越居然上坐與其比肩爭走失意輙詈辱之乎且夫冠者男子始事而三加之禮邑已久廢婚者人之大倫邑乃有取妻之日曾未廟見輙令新婦執盥饋於其諸姑伯姊又有如俗所稱踏白蓋頭塡粧回嫁神令巫者致詞事極卑鄙可羞又其與人交遊殊草野倨侮至不能具一刺

士大夫居官不好爲深衣博帶賓至輙服所服燕服出見卽歲時謁賀長揖而已人病不爲致醫而盛稱禳星居喪不與哀泣徒多作齋醮以致閭閻嫗婦空家供僧相見稱女菩薩或稱仙佛某月某日生辰羣輩吽呼焚香禮醮不遠百里此何爲者夫午日以龍舟浮大江十月爲鄉戲此猶楚地弔屈原故事與報昭德侯舊俗不論若如長至則甚大節天下皆重之而俗不曉人日上巳寒食六月六日曝書在古所稱亦奇而俗不知何也且吾徒名爲誦法孔子不能攻異端乃妄稱四月八日爲佛生辰其競爲斛飯

飯僧者相隨屬也斯不亦已異乎且令天下卽信有釋迦則世所稱釋迦生於周昭王二十年甲寅歲四月八日周四月當是今之二月也豈不悖乎夫禮有編戶末民分不得爲而浸淫成俗不知其僭者如鐏罍鍾鼎率意刻畫之類是也亦有其事若僭賓高皇帝著在令甲所必不禁者如庶人祠堂得作祭器庶人冠得加藍衫腰帶卿大夫没者卽不聞上得用羊虎墓道之類是也今邑或有崇禮正行一禀約束者則鄉黨比周而哄其迂遠與辨奇怪則彼已溺於所聞寡於所見以爲繁言而難考是在士大夫

碌碌無所奇節超識足以轉移風俗彈壓羣小何怪乎爭路何誅乎稱號余既有慨悔俗業已一大正之以建萬世之基度禮樂非百年無足成化者後之君子幸得受悔事毋矜徒在簿書斷獄聽訟而已其慨然奮臂大呼薦紳之士與共創謀舉行冠婚喪祭之禮分別貴賤長幼之序祀科有禁爭路有刑貴士卑隷驅邪歸正更著爲教令令世世可通行者與民更新則致太平之基舉明主於三代之隆者端在兹乎端在兹乎必有不可辭讓焉

跋

書韓魏公黃州詩後　宋蘇軾

黃州山水清遠土風厚善其民寡求而不爭其士靜而文樸而不陋雖閭巷小民知尊愛賢者曰吾州雖遠小然王元之韓魏公嘗辱居焉以誇於四方之人元之自黃遷蘄州没於蘄然世之稱元之者必曰黃州而黃人亦曰吾元之也魏公去黃四十餘年而思之不忘至以爲詩夫賢人君子天之所以遺斯民天下之所共有而黃人獨私以爲寵豈其尊德樂道獨異於他邦也與抑二公與此州之人有宿昔之契不可知也元之爲郡守有德於民民懷之不

忘也固宜魏公以家艱從其兄居耳民何自知之詩云有斐君子如金如錫如圭如璧金錫圭璧之所在瓦石草木被其光澤矣何必施於用奉議郎孫賁公素黃人也而客於公公知之深蓋所謂教授書記者也而軾亦公之門人謫居於黃五年治東坡築雪堂蓋將老焉則亦黃人也於是相與摹公之詩而刻之石以爲黃人無窮之思而吾二人者亦庶幾托此以不忘乎元豐七年十月二十六日汝州團練副使蘇軾記

銘

洪駒父璧陰齋銘　　宋黃庭堅

甥洪芻駒父仕爲黃之酒正勤其官不素食矣又能愛其餘日以私於學名其所居曰璧陰齋余內喜之曰在官而可以行其私也唯學而已矣爲之作銘

惟道集虛觀我鏡中年耆典學考道則窮潛聖語道朝聞夕死調高不知千世一士觴豆舞歌不愛其光孰能仞書自憂面墻挾書呻吟白駒過隙我以道會何直尺璧古者寸陰不易千乘之國得道之根則有枝葉務華絶根安事爆爍渴日者揠苗罪歲者不芸茅匆亟匆遲能時者謂之

君子

文昌閣銘 并序　　明李維楨

蘄春南郭里許江有石磯突起晗呀桃花水盛暴集沒頂舟行遇之輒敗或窒碍不得轉移旅客凜凜不免是懼徐州守倣挈甀令舍之意搆亭其上劣容數人耳方伯吳公治兵於蘄廣矸營表誅夷嬰而築宮乘水勢殺時周遭揵菑爲隄激㬪累成基平正如砥建傑閣鎮之長年三老識其處晝眠而過無復患苦初辨方正位厥位當巽巽風上坎水下於卦爲渙雎渙之水五采成文號之曰繢在天成象在地成形非文昌孰能當此者乎閣祀文昌禮以義起也形家又謂控扼下流山聚土澤鍾水水土演而民生蕃殖更埤益學宮之勝自是入省試上春官得雋盛倍疇昔登閣四望左有南山右有麟鳳二山後則匡廬秀色遙可攬結前則龍津蘭若洲渚連亘縈帶大江而下城郭廛市人煙氤氳林薄蓊蔓魚鳥飛躍比屋絃歌樓船簫鼓榜謳漁唱鐘梵之音輻輳並至耳目不暇應接居者行者得未曾有僉譚其事而州人陳茂才孺子索余爲之銘竊比張孟陽之劍閣云

其辭曰

兩戒四瀆江河爲尊自北而南湍悍長奔江有瀨湏河有龍門以遏狂瀾以奠厚坤峩峩橫石蘄江中央乃名匠氏削成四方象彼北斗戴魁六匡聿考新宮用祀文昌如辟雍環如霞標揭上下往來巨艦細筏足不虞觸趾不虞蹶氣無沉滯亦無散越載占諸易惟渙則然柔順從剛在中罔偏血去惕出杌得願焉爰假有廟利涉大川鱗介游泳恬風澄波天時地利協於人和登高能賦於茲婆娑仰觀俯察釃酒賡歌四民樂業既富方穀思皇多士菁莪棫樸

貴相理文司命司祿江神佐之咸蒙禔福作者伊誰新都
吳公尸祝俎豆輿誦融融離堆砥柱奇蹟攸同史記令名
河渠書中

黃州府志卷之十七終

黃州府志卷之十八

知黃州府事關中王　勍　纂輯

藝文志

詩賦上

江漢汝墳列在二南楚非無風也屈騷宋賦且爲百代
詞章之祖矣夫詩本緣情賦由體物山川風景皆學士
文人抒寫性靈之助而轉以增山川風景之色如東坡
之赤壁泛舟邠老之滿城風雨其明徵也因宜適變以
各抒其志之所之夫孰非風雅之遺音歟

賦

前赤壁賦　宋蘇　軾

壬戌之秋七月既望蘇子與客泛舟遊於赤壁之下清風
徐來水波不興舉酒屬客誦明月之詩歌窈窕之章少焉
月出於東山之上徘徊於斗牛之間白露橫江水光接天
縱一葦之所如凌萬頃之茫然浩浩乎如馮虛御風而不
知其所止飄飄乎如遺世獨立羽化而登仙於是飲酒樂
甚扣舷而歌之歌曰桂棹兮蘭槳擊空明兮泝流光渺渺
兮予懷望美人兮天一方客有吹洞簫者倚歌而和之其

聲嗚嗚然如怨如慕如泣如訴餘音嫋嫋不絕如縷舞幽壑之潛蛟泣孤舟之嫠婦蘇子愀然正襟危坐而問客曰何爲其然也客曰月明星稀烏鵲南飛此非曹孟德之詩乎西望夏口東望武昌山川相繆鬱乎蒼蒼此非孟德之困於周郎者乎方其破荆州下江陵順流而東也舳艫千里旌旗蔽空釃酒臨江横槊賦詩固一世之雄也而今安在哉況吾與子漁樵於江渚之上侶魚蝦而友麋鹿駕一葉之扁舟舉匏尊以相屬寄蜉蝣於天地渺滄海之一粟哀吾生之須臾羨長江之無窮挾飛仙以遨遊抱明月而

長終知不可乎驟得託遺響於悲風蘇子曰客亦知夫水與月乎逝者如斯而未嘗往也盈虚者如代而卒莫消長也蓋將自其變者而觀之則天地曾不能以一瞬自其不變者而觀之則物與我皆無盡也而又何羨乎且夫天地之間物各有主苟非吾之所有雖一毫而莫取惟江上之清風與山間之明月耳得之而爲聲目遇之而成色取之無禁用之不竭是造物者之無盡藏也而吾與子之所共適客喜而笑洗盞更酌肴核既盡杯盤狼籍相與枕藉乎舟中不知東方之既白

後赤壁賦

蘇軾

是歲十月之望步自雪堂將歸於臨臯二客從予過黄泥之阪霜露既降木葉盡脱人影在地仰見明月顧而樂之行歌相答已而歎曰有客無酒有酒無殽月白風清如此良夜何客曰今者薄暮舉網得魚巨口細鱗狀如松江之鱸顧安所得酒乎歸而謀諸婦婦曰我有斗酒藏之久矣以待子不時之需於是攜酒與魚復遊於赤壁之下江流有聲斷岸千尺山高月小水落石出曾日月之幾何而江山不可復識矣予乃攝衣而上履巉巖披蒙茸踞虎豹登

虬龍攀栖鶻之危巢俯馮夷之幽宫蓋二客不能從焉劃然長嘯草木震動山鳴谷應風起水湧予亦悄然而悲肅然而恐凜乎其不可留也反而登舟放乎中流聽其所止而休焉時夜將半四顧寂寥適有孤鶴横江東來翅如車輪玄裳縞衣戛然長鳴掠予舟而西也須臾客去予亦就睡夢一道士羽衣翩躚過臨臯之下揖予而言曰赤壁之遊樂乎問其姓名俛而不答嗚呼噫嘻我知之矣疇昔之夜飛鳴而過我者非子也耶道士顧笑予亦驚寤開户視之不見其處

國朝

赤鼻山賦

胡復亨

嶽鎮巍聳兮維天柱之高撐支條蜿蜒兮緊地氣之周旋騁足千里兮蹶起於西陵穿身百雉兮首出乎邾城羌盤礴於水曲實苞育夫火精乃厥土之赤埴又其石如紫金儼丹砂之爲骨類臙脂之染形雨頻洗而彌耀日常暴以愈新撼飈風之勁疾無改麗質激怒浪之餐齧益試堅貞顧造化之肖物偏近取諸人身異焉哉髣髴古之隆準妣矣乎肇錫予以嘉名儷黃岡之舊號受赤鼻之殊稱方其

胎息聚寶兮纍纍數指上之羅文角立剪峰兮稜稜樹額間之崢嶸靡蕪芽苗兮延蔓似趺坐於緣茵峨眉冰融兮驟漲如渴飲於黃泓既植體之特絕復景物之競呈則有水落而平原出牛馬牧兮錯錦霜降而旅雁呼颿檣過而乍驚脆以薄兮湖上之芰蔆縱橫解以脫兮窩中之菊英繽紛宛委定惠之院海棠綽約而春榮需衍橫江之館緣榔搖曳而秋靑經時則熟地蒲雪藕之白蓮應候而肥潛泳玉脂之鰉鱘況夫諸川環合羣湖洄漾汊巴南亘兮澄澄荻洲北擁兮汀汀右控三江之上游左漏微泉於下淸洄轉溪回滙玻瓈於衣帶葦航業駕接西巇於門庭寒溪隱見兮仲謀避暑之離宮杯湖淨滌兮次山抔飲之窊尊凡盡態而鬬妍俱呈技以效命猶且屐踏毛寶之龜渚射挾張耒之鴻軒玩月波之佳趣想見浩浩賭竹樓之巧制如聞丁丁摹木石於壁間寒耶何氏之堂得江山於几席快哉張子之亭若夫前賢之輝映則魏公之與禹偁幽人之點綴則季常以及大臨於時草昧欲開天作奇緣氣機感召帝遺偉人才蹴趾於虎豹遂濯纓於滄浪攀危巢而長嘯放扁舟而酣吟因裁成夫兩賦兼吁嗟以千言假菀

枯之巳往抒已心之不平約畧大夫之懷沙大都太傅之過秦既風流之駘宕尤意致之超騫悲夔契之莫用託莊列之幻行學稽阮之曠達笑魏吳之閧爭栩栩羽衣之翩躚泝泝孤鶴之飛鳴固將神遊於十洲揮斥於八紘夫何絕調之既出遽來文人之相輕或指沙羨之爪岸或云臨嶂之烏林謂摘詞之失据豈傾耳之知音抑有味乎寓言曷少念其感興茲企懷於後代久抱歎夫斯情喜騷客以韻事兮掩霸業之雄能恍遺風之未遠兮寧勝蹟之勿珍倘遂步於往哲兮必見蝕於山靈値姑洗之應律兮正勾

芒之司辰看奇踪之遼郭兮盼麥穗之映津尚桂酒之堪謀兮便蘭橈以再尋搴浠水之芳葅兮攜樊口之細鱗烹鳳棲之清泉兮按陸羽之茶經竊以踵巴人之下里匪敢續坡仙之餘韵固已油油乎樂寥廓之厚載皞皞乎沐浩蕩之深仁

古詞曲

渡伍洲　周江上丈人

日月昭昭乎寖已馳與子期乎蘆之漪

日已夕兮予心憂悲月已馳兮何不渡爲事寖急兮將奈

何

漁父詞　唐張志和

西塞山邊白鷺飛桃花流水鱖魚肥青箬笠綠蓑衣斜風細雨不須歸

五言古

赴荆州泊三江口　梁元帝

涉江望行旅金鉦閒綵斿水際含天色虹光入浪浮柳條恆拂岸花氣盡薰舟叢林多故社單戍有危樓疊鼓隨朱鷺長簫應紫騮蓮舟夾鶴氅畫舸覆緹油榜歌殊未息於

茲泛安流

登琴臺　簡文帝

蕪階蹊昔逕復想鳴琴遊音容萬卷罷高名千載留弱枝生古樹舊石抗新流由來遞相歎逝川終不收

蘄州刺史座右御製詩　唐元宗

眷言思共理鑑古想維良猗歟此推擇聲績著周行賢能旣俟進黎庶實苛康視人當如子愛人亦如傷講學試誦論阡陌勸耕桑虛譽不可飾清知不可忘求民迹易見安貞德自彰訟獄必以情教民貴有常恤惸且存老撫弱復

綏強勉哉各祗命體予眷萬方

月波樓有序　宋王禹偁

月波之名不知得於誰氏圖經故老皆無聞焉因作古詩一章凡六百八十字陷於樓壁庶使茲樓之名得與詩俱不泯也

郡城無大小雉堞皆有樓其間有名者不過十數州吹簫事遼迥仙迹難尋求庾公在九江締構何風流謝守鎮宣城叠嶂名有由東陽敞八詠吾聞沈隱侯白雪架郢中調高誰和酬黃鶴倚鄂渚仙去事悠悠贊皇謫滁上作賦懷

嵩邱樓居出俗態澤國多勝遊好景不遇人安得名存留齊安古郡廢移此清江頭築城隨山勢屈曲伏環周茲樓最軒豁矚望西北陬武昌地如掌天末入雙眸平遠無林木一望同離婁山形如八字會合勢相勾（東晉方士戴洋言武昌有山無林山形如八字勢不及九故孫權以黃武元年都武昌八年遷建業）三國事旣遠六朝名亦休近從唐末來爭奪互仇讐斯樓備矢石此地控咽喉終朝望烽燧連歲事戈矛可憐好詩景牢落無人收皇家統萬國遠邇盡懷柔三聖四十年蕩蕩文德修淮甸爲內地黃岡爲上游儒服假郡印踐更若公郵况多辦職吏誰肯

恣吟謳伊余何爲者竊慕騷人儔兩朝掌文翰十年侍冕旒去歲出西掖謫居抱窮愁日日江樓上風物得冥搜何人名月波此義頗爲優西南新桂魄初上懸玉鉤晚瀨清且淺漂蕩影沉浮三五金波滿夜光如暗投驪龍弄頷珠晃朗照汀洲澹臺抜寶劍碎璧斬長虬氷輪曉入地推下赤金毬闌干四五星斜漢印清秋誰家上元燈兒盛剡菰瓤此景吟不出謾使聲呦呦千里畫圖濶四時詩與幽野花媚宮纈芳草鋪碧紬火雲照沙浦暴雨傾瓦溝白亂蘆花散紅殷蓼穗稠簷氷垂若練雪片大於鷗江蘺煙漠漠官柳雨颼颼舟子斜盪槳牧童倒騎牛水獺有時戲江豚頗能泅山鳥奏竽籟落霞展衾裯魚網雪離離酒旗風颺颺旅懷雖自適詩物奈相尤右顧徐邈洞精靈如在不左瞰伍員廟荒隙令人羞樓中何所有官醞湛蚍蜉棋枰留客坐琴調待僧抽橘苞鄰藥鼎墨筆閒茶甌平生性幽獨寂寞誰獻酬官常已三黜懷抱羅百憂凭欄憶王粲望闕同子牟自甘成潦倒無復事聲猷身世喻泡幻衣冠如贅瘤放意無何鄉誰分親與仇寓形朝籍中毀譽任啁啾君恩無路報民瘼無術瘳惟慙戀祿俸未去耕田疇題詩郡

樓上含毫思義猷功名非范蠡何必泛扁舟

涵輝樓　韓琦

臨江三四樓次第壓城首山光徧軒楹波影撼窗牖予兄天聖中向攝齊安守兄才無不宜吏治孰可偶公庭常寂然所樂在文酒

黃州　蘇軾

南山一尺雪雪盡山蒼然澗谷深自暖梅花應已繁使君厭騎從車馬留山前行歌招野叟共步青林間長松得高蔭磐石堪醉眠衹樂聽山鳥攜琴寫幽泉愛之欲忘返但

苦世俗牽歸來始覺遠明月高峰顛

東坡八首 有序　　蘇軾

予至黄二年日以困匱故人馬正卿哀予乏食爲於郡中請故營地數十畝使得躬耕其中地既久荒爲茨棘瓦礫之場而歲又大旱墾闢之勞筋力殆盡釋耒而歎乃作是詩自愍其勤庶幾來歲之入以忘其勞焉

廢壘無人顧頹垣滿蓬蒿誰能損筋力歲晚不償勞獨有孤旅人天窮無所逃端來拾瓦礫歲旱土不膏崎嶇草棘中欲刮一寸毛喟然釋耒歎我廪何時高

荒田雖浪莽高卑各有適下濕種秔稌東園蒔棗栗江南有蜀士桑果已許乞好竹不難栽但恐鞭横逸仍須卜佳處規以安我室家童燒枯草走報暗井出一飽未敢期瓢飲已可必

自昔有微泉來從遠嶺背穿城過聚落流惡壯蓬艾去爲柯氏陂十畝魚鰕會歲旱泉亦竭枯萍粘破塊昨夜南山雲雨到一犂外泫然尋故瀆知我理荒薈泥芹有宿根一寸嗟獨在雪芽何時動春鳩行可膾 蜀人貴芹芽膾雜鳩肉作之

種稻清明前樂事我能數毛空暗春澤鍼水聞好語 蜀人以細雨爲雨毛稻初生時農夫相語稻鍼水矣 分秧及初夏漸喜風葉舉月明看露上一一珠再縷秋來霜穗重顛倒相撑柱但聞畦隴間蚱蜢如風雨 蜀中稻熟時蚱蜢羣飛田間如水蝗狀而不害稻 新春便入甑玉粒照筐筥我久食官倉紅腐等泥土行當知此味口腹已無許

良農惜地力幸此十年荒桑柘未及成一麥庶可望投種未逾月覆塊已蒼蒼農夫告我言勿使苗葉昌君欲富餅餌要須縱牛羊再拜謝苦言得飽不敢忘

種棗期可剝種松期可斵事在十年外吾計亦已慤十年何足道千載如風雹舊聞李衡奴此策疑可學我有同舍

郎官居在瀟岳 李公擇也 遺我三寸柑照座光卓犖百栽儻可致當及春冰渥想見竹籬間青黄垂屋角

潘子久不調沽酒江南村郭生本將種賣藥市西垣古生亦好事恐是押衙孫家有十畝竹無時容叩門我窮舊交絶三子獨見存從我於東坡勞餉同一飧可憐杜拾遺事與朱阮論吾師卜子夏四海皆弟昆

馬生本窮士從我二十年日夜望我貴求分買山錢我今反累生借耕輟茲田刮毛龜背上何時得成氈可憐馬生癡至今誇我賢衆笑終不悔施一當獲千

曉至巴河口迎子由　蘇軾

去年御史府舉動觸四壁幽幽百尺井仰天無一席隔墻聞歌呼自憾計之失畱詩不忍寫苦淚漬紙筆餘生復何幸樂事有今日江流鏡面淨煙雨輕冪冪孤舟如鳧鷖䑳破千頃碧聞君在慈湖欲見隔咫尺朝來好風色旗尾西北擲行當中流見笑眼清光溢此邦疑可老修竹帶泉石欲買柯氏林兹謀待君必

別黃州　張耒

扁舟發孤城揮手謝送者山迴地勢卷天豁江面瀉中流

望赤壁石脚插水下昏昏煙霧嶺歷歷漁樵舍居此實三載隣里通假借別之豈無情老淚爲一灑篙工起鳴鼓輕櫓健於馬聊爲過江宿寂寂樊山夜

赤壁亭宴謝蔣子胡子　明王廷相

適志在林邱所嗟嬰宦籍雖偶登嶽謠終爾煙霞隔日來有所期蘭尊荷時哲虛館俯江郊況覽豪賢跡鳴畱輕隔浦凉風近將夕遊禽屬啁啁落木方戚戚瑶草未堪贈佳人徒良覿遠心入洞庭曠覽秋夢澤事往情彌牽年衰感易廹已悲王子車終返原生宅賞心非外慕懷賢亦屢積

且逐俄頃歡爲君謝行役

乞罷南歸過黃岡次舊游韻　林大輅

杲日照北林丹崖俯幽壑澄流碧於藍微風吹雲漠遠渚既縈紆層峯亦連絡樵路莾荊蓁村樹栖烏鵲緬彼達士懷形骸非有托撫化薄浮名招搖千古樂我今已明農重游宛如昨神曠物徒縈歲寒江猶廓縱談天壤間豈復知龍蠖巾舄偕樵漁聊謝世人度

黃州赤壁　潘恩

坡僊不可作哀泉嚮谿壑衆星羅青旻光彩粲紛錯感之

幽意多酌酒謝寥廓海月東漸生照我黃花酌對月忽懷人顧影傷寂寞大呼招天風馭此橫江鶴

畱雲洞　陳宗虞

古洞解畱雲不解畱車馬笑此行路心又逐山亭下拂衣向前楹元雲夜堪把蒼狗與白衣出岫何爲者爲霖在九垓從龍亦瀟灑

雪堂詠懷　鄒廸光

夙抱理人術亦懷憂民心如何事纓牽托志翰墨林薄雲逗疏館當軒列遙岑喜絶人吏跡兼之烏鵲音對此坐假

仰南薰盪衣襟鳴琴不下堂古人予所欽

春日赤壁晚眺效謝康樂體二首　呂元音

步出城西隅翛然靈界敞輕陰澹夕暉涼風正飄蕩雨初
綠野秀臺高白雲朗疊雉刺中流千颿落涔泱林煌良翠
綃湖霞披絳幌既歡僻野性復挾滄洲賞振衣登前岡徘
徊命吾黨愛此離埃氛且得脫覊鞅美酒滌煩囂劇談發
神爽會須倚層樓一嘯衆山響

纖月掛東林羲和節西弭遊目意未足緩步信所履逕轉
石磴圻溪漲漁粱毀翠荇出水鮮朱櫻然林紫涓涓芳露

潤淡淡行雲止野照晃空明泉溜響清泚伊余邱壑姿眷
茲景物美登眺豁幽襟俛仰忘悲喜凭高身以軒臨流耳
堪洗泠泠御遠風悠悠得眞理塵世事俱非獨此逍遙是
預愁還城市車馬紛如駛

過蘄水同黃美中童平寓王五岳孟誕先官凝之綏
之金卜公遊龍潭尋蘊端明所書擊空明石　譚元春

一河風日守夏水來寂寂同環舟不急相就石磊歷石上
三字寒不爲苦所食江漲有來去波撼幸未漬如茲空與
明何物爲之擊擊之以幽獨雷霆於焉息未免千年枯掬
水親潤滌同趣非一人爭來致涓滴剜剔數小字欲向坡
求益細認始覺非三嘆惜心力

官兵詩　龔孚肅

晝夜馳軍書未知賊何往幕府此地開極意規弘敞作者
指盈千窮工肆剗硤虎戟交轅門牙旗花十丈從官冒錦
衣牛車不記兩供億苦且煩望風爭惚恍白梧呵叱來稽
首謝無狀過者即其家闖闘恣標榜怒鬚未可料好語亦
屈彊麥飯侑餘殘草具薄成享意外偶揮斥事事矜鹵莽

漸且窺內室指摘無痏痒連綴入都市攫物如反掌道路
毋敢目懼或羅罝網尊之以將軍次乃云戶長誅求及草
萊仍復問藏鏹豈其立威名蹴踏示豪爽欲訴上官嗔無
門一呼枉哀哀我人斯劫運嗟板蕩捉襟夜不完覓食山
無橡含涕作居停靡敢愛俯仰聞知此輩人大半雜厮養
惟所善馭之將以明誅賞睚眦苟若茲橫行絕天壤安得
成大功一畫麒麟像

題五義祠　謝天知

千古無死士君父復何恩忠義夙成性感激奚足論圯橋

易水上缺月弔哀猿沉沉晝欲暮昔人一片魂戎馬躪我郊五士爲之籓一旦爭赴義唱和如箎壎報國讐未就必婦長倚門嗟哉遘陽九壯士總無言疇能以赤心推之如其有用士用其死不屑卹寒暄斂魂驚拱木涕恨望平原英風壽俎豆五士爰一軒金石亦有泐烈性自孤騫武侯廟前柏至今霜雪根

道觀山白水巖　吳季堅

拂衣歸去來西山有嘉遯林花紅紫雜尊酒清濁渾挈攜欵琳宮抖擻擺塵坌清明雨新霽山色逾秀潤

玉英堂　劉養微

昔我夢西遊騎龍上青天聳身凌竹影忽墮崑崙巔崑崙何巍巍上與雲漢連道逢綠髮翁三五相周旋一見顧我笑揮手開雲關五城十二樓恍惚霞變遷青螭坐我側白獸跳我前有鳥名鳳凰雙啼玉樹煙久不見人世於今三十年天雞鳴扶桑車馬喧闐闐世事日煎迫曉出皆未還今升玉英堂記憶尚宛然雖異天上樂頗無塵中緣花叢繞深竹蛺蝶飛娟娟青山四週遭雨歇春可憐登樓發長嘯縹緲來羣僊

國朝

赤壁送孫魯山行　王一翥

江漢滙湛處宜有僊人船默記與潛膺毫芒海市間往者固塵遺前烈亦依然生民曩屬意窮交今彙牽九辨保幹誨七諫賡靈荃甫詢崗巃岡西凌砦確泉涓子毋出沒江妃眇眇圓洞壑邱華葉冬冬霜展妙觀是時一卮酒爲我洲渚言復驚採樵貌不在廬山原鷄黍隱士讐始徵薄俗難蕭影訴沉滯素暉野月鮮

登開雲樓　黃正色

蒼蒼城外山有樓踞其卓下瞰百丈巖常疑鬼工鑿四峯以情來碧流自天落登樓想主人寄意何淵邈十年近君王諫草如山岳一旦泉石游對人還退却坐臥狎鷗鳥去來忘疎數醉夢山水間虛舟寄寥廓山雲尚未閒沉潭非漠漠獨有君子心閒哉倚雲閣

望橫岡　劉醇驥

開門何所見橫岡當中天翠色起百里羣峯畜不前精氣秘杳靄異物挺貞堅矯首試攀陟下界徒寒煙

曉望雨華山　孫錫蕃

晨嵐浣初日巖陰載當戸風疎竹聲乾澗長泉流怒首荒
偏餘露木童不受斧煙動行人小蒼靜秋容古

安仁湖二首之一　孫錫蕃

白白湖中水嫋嫋竿頭絲鯉魚不受釣素書來何時藻華
開寂寞照我長相思

城山即事　官撫邦

托身千仞巔誰念深淵墮蚩蚩人事中緇俗同行坐饑餐
抱復眠頹然無一可以此消其年寸心驚石火

蘭溪　顧景星

飛雨自東礀湍流抱西岡（源自英六合衆溪西流過蘄水縣入於江）沿河聽沙
響曲折通舟航旭日水上出澄光蕩青蒼石壁閱人代流
傳半荒唐陸泉既已失丹井安能詳筆沼訪墨竹圯橋猶
綠楊向非蘇黃輩佳境何彩章空明四十里三月春草芳
撫影歎變化懷賢多感傷

岐亭道中次東坡韻　陳肇昌

春風如麥芒春衫如柳汁行行岐亭道細雨忽沾濕村翁
勸解鞍好語誇計得客路信人情我行非置郵山深畏虎
豺亭午收鵞鴨沙路草茸茸槿籬花冪冪小憩倦體舒微
酣冷面赤緬彼蘇陳遊茫茫煙水白五年三過從（坡公三過岐亭）
忘形墮冠幘灑落千首詩黷淡窮途泣任攜拄杖遊醉擊
唾壺缺往事劇浮雲餘生遞過客遥夜耿清光慷慨百憂
集

五家穴　奚祿詒

已辭湓城游不受湓城絆貧賤歲月冷關山風物換九江
一點煙孤浪五家岸晨起掬流光令人生浩歎

浠川憶山中茆屋　李恕

崇巒吐清氣蓬室延幽光松風亦多情瑟瑟吹草堂偃仰

適蕭逐詩卷娛丹黃豈無饑餓來孰使縈中腸梧桐發新
聲四壁皆陶唐騎驢入城市昏昏惟酒漿長揖別臺榭茆
茨吾敢忘不見陶元亮終日守柴桑

夜泛赤壁　張光璧

磯上西蜀人磯下西蜀水蜀水三峽來蜀人不再矣小艇
放漁歌擊楫中流駛此夕非壬戌淅淅煙波裏

輓陳仲夔　王材任

卓哉太史公才猷未展半七十未爲夭良朋偏水歎天道
固無知國賓遂絕玩神理應不盡英靈未嘗散獨嗟余後

死失此白頭伴君今騎箕尾長夜何時旦虛室閴無人素琴陳在案門掩落花深園荒衰草亂念此心內傷有淚而如盥早知永訣速始悔還鄉緩夢為赤壁游慟與黃壚貫生死抱離愁饑寒纏吳懊嗟彼九泉人愴然一挺炭他日返故園誰於我乎館玉樹埋土中太陽照不煖可憐長松崩徒見凡卉粲

恭謁問津書院　陳大章

去聖日已遠冥行類擿埴喤喤鐘鼓聲所習非所志恭惟問津河傳是回車地麟州肯創始著書此築室天臺播遺

風講壇樹閟秘魁儒宿望尊學子擔簦至當時諸老翁稱疊賁鼓吹道義溯淵源公卿連項背坐令一畝宮遙揭東林幟我行傍祠堂循牆謹辟毗細草披蒙茸古柏摩蒼翠延堦眺修椽升堂閱禮器惕息拜衰衣彷彿瞻四氣東謁仲子祠沮溺列配位前楹奉儒先爵里如鱗次厥西弘仁堂絃誦儼居肆想像昔人心經營寓深意聖道日中天有目皆得覩窮巷即羨墻小大隨所識涓滴助海流埃塵裨嶽積登枝無捐本培根竢其實敬恭鄒魯鄉趨蹌俎豆事古賢迄未亡諸賢愼筌蹄黽勉有同心修舉期勿墜

里中四賢詩　陳大章

贈光祿少卿謚忠烈周公之訓

周公戟鬚眉令面骨高峙逡巡仕籍屯灑落詞翰美晚出崇禎中合沓風塵起備兵濟南城萬騎森薄倚孤軍援路絕落日戰鼓死同時張布政秉文鄧糧儲謙馮都司失名晝守分尺咫公獨當其南張髯劇嚼齒提戈憤一呼衝鋒斷雙髀烈哉三滕姜聯袂赴井水悽惻太常誄稠疊尚方璽至今六十年舊蹟傳鄉里事失野乘蒐時亡實錄紀我昔攬遺文纂言扁至髓癸亥修通志載公殉難本末嗣叨三館末大聲激充耳聖

朝無諱筆修明史有詔勿諱死事諸臣淪胥固有以何以慰忠魂遺責在青史

故孝廉王公一翥

龍性本難馴鳳羽實高舉偉哉王孝廉清芬揚六字憶昔撰公詩捃拾得藏弆幽姿艷氷雪老力雕肺腑目無七子壇跡掃竟陵軌叶於時東林微遺業紛沮茹落落布衣雄屹力相撐拄慷慨嘉魚交正希凄咽臨川語千子亂本起衣冠羣雄恣豺虎草覆兩都穿丹心一寸腐人喚杞人愚我憐精衛苦長嘯隱廬山成名笑廣武爽氣不可攀逸躅渺前

古朗吟乞食篇脉脉增酸楚

故大名副使魏公公韓

鈎黨終禍漢閹豎迄覆唐太阿一倒授白日慘無光惟兹有明季事勢何披狂三朝實同貫失道潰隄防正人既殄瘁國亦隨之亡魏公秉清鑒憤世懷激昻置身危亂際進退特周詳一麾行解綬歸卧松山陽季鷹有先見子美多慨慷每把金石句大義何琳琅遺風溯高顧軼事徵左楊孤節屹萬仞逸氣凌穹蒼兒童識舊德松柏表新岡九原不可作湖水日洋洋

故孝廉萬公爾昌

誰謂子雲元劇情甚謠詠誰謂阮公狂勸進何齷齪蹇予遊四方少小慕奇卓頗交隱側徒矢口在巖壑朝爲泛渚鷗暮作乘軒鶴迴首西山薇大笑絶冠索有美萬夫子聲名實濱薄世局幾滄桑雄心甘寂寞偕隱曰初平（退修先生）經史坐揚摧胸次無拘牽篇章得灑落高尚五十年饑腸厭藜藿前歲升公堂神明尚矍鑠頃來拜公墓荒草走狐貉服膺甲子詩痛哭西臺作悵望武湖濱寒雲莽寥廓

哭門人黄岡靖庶熙　王心敬

西秦與南楚本自天一方雖云長瘖難書問尚相將緊余區區心師資奚敢當中丞（海寧陳實齋詵）誤採聽禮幣逮迂狂余也謝母老盛意愈周詳直欲具軟輿懇款迓高堂並觀江漢水游子得侍旁因茲余至楚多士共質商適時須制舉翊運資賢良濂洛溯洙泗聖道始重光本此育英士殊才冀登場至今兩手書弈弈輝文房老母激摯意嚴命赴楚疆往來刻時日壽期準歸装子思昔師衛子輿曩見梁人生感氣誼何有道遠長臘中驅筍輿踰歲渡漢陽正月念有八逕入江漢堂石虹名太史（黄安人名希良）手筆燕許藏實齋

賢撫軍與學繼文常本屬新知契儼侶舊程張是日課多士題命四教章二公於酒次敢委發中藏余僭伸臆說咸謂意堂皇自斯濟濟士在在籍門墻令兄首投契吾子同辦香余媿文中子賢昆媿董常證語十二卷至今成装潢雅念余母壽殷思佐侑觴公請太史譔錦册製炫煌一時知厚惠義舉如雲翔臨行倍依依過漢始分航余歸方踰月老母竟丧亡諸君敦古道誄幛並牲腔二千餘里外高誼真難忘逮余甲午夏歸吳道麻陽爲踐制府約拙集擬謄張吾契贈令兄又顧自黄岡校正存省稿念日未旋裝

臨分繾綣意追念毎神傷令兄今錦旋正羨棣萼芳如何
遂萎棄幽明限行藏把書猶疑夢老淚紛沱滂最幸兩兄
賢諸孤仗庇勦九原堪瞑目關情減鬱惶所嗟未廿載張
陳俱摧戕念此心已割老懷感難量況如師生誼肫切匪
尋常從兹江漢路書問且渺茫憑棺末由路惛愴結中腸

登紫雲山　黃利通

老不自珍重賈勇攀絕壁層雲入袖來危石依人立虬松
接吾趾高者百千尺晴天何處雷飛泉鳴不息思欲跨風
雨衞無仙佛力山僧吾左肩嬀笻吾右臂三嘆負薪人無

乃生羽翼

遊浠川月石巖有謝女飛昇石　陳鼎元

南風不吹平五丁亦未闢致令亂山中聳此千仞壁造極
無人境那經謝公屐我來爲探幽攀蘿恐一擲黑雲蒸古
松白晝昏如夕相傳月石巖斯名何緣立一團蒼老色不
似廣寒碧謝女杳難尋空留一片石豈亦竊靈藥在歩姮
娥跡削成青玉峽湧出白虹脊試問過來人去天還幾尺

妙香亭詩有序　夏力恕

妙香亭者黃岡靖太史果園氏别業前泊居也辛丑寓
京師屬余寄題余僅臆度耳今春就醫浠水歸途出馬
鞍山西行五十里而近曠然平地爲黃岡沃野之區郵
夫野老雜作田間靖子之鄉人也語及太史輙稱謂不
已卬其居則迂道不遠遂過之靖子喜余至恣談往事
請書其亭之額而並繫以詩因賦古體七十韻如左杜
工部大雲寺贊公房詩云心清聞妙香蓋禪語也靖子
非禪者曷取諸宋儒間以禪語釋儒書固假彼以明此
亦見彼說雖精究止竊取於此靖子嘗自言踵茂叔愛
蓮之實而姑借其名無不可者雖然彼禪者亦安識此

妙香也哉一心之運惟其所用草木之香其香幾何天
地間有色而無臭者如雲如月如雪如寒泉皆可以香
有氣而無形者如風如鳥語如金石絲竹之聲皆可以
香況偃仰一室上下千古圖史芸香也同心之言芝蘭
香也退而詢老農占歲事亦稻花香也然則維摩三昧
之說其猶拘執者哉我讀三百篇詩蓼蕭君臣之香也
蓼莪父子之香也葛覃夫婦之香也常棣杕杜兄弟朋
友之香也彼禪者更安得此若夫以君子之風而挹王
者之香行則伊周藏則孔孟亦惟心淸者得聞其妙耳

工部眞有心人哉靖子又實獲我心哉道德之言曰常無欲以觀其妙是妙也老氏亦竊之得吾儒之妙則二氏之妙有不足言者茂叔謂蓮之愛同予者何人兹香之妙靖子抑自領之不足爲外人道也

弱冠在江城與君遍姓氏尚記風雪天招尋渡江水同濟四五人談鋒角新壘比舍尚文詞豈不拾青紫往事到今思汗浹曷可比亦越十年餘共執金門珥氷署淸且寒扃戶聊爾爾不識長安人但識長安米此志拙如何甘令巧者鄙余有鶺鴒傷君爲余破涕君自至性人余感君徹髓

及君有遠行行復止止念我滯京華君去當萬里瘴雨暮南天黃沙昏北市相望各沾衣烏鵲頻驚耳豈知并乞身乃在一年裏同病適同時江風動蘭芷明年遂買舟仍泊楚江涘爲君留三日浮白興未已回首識面初如夢終更始人生飄蓬中幸不離故址君既脫簪纓余亦奉甘旨君既辭山長余亦事耘耔此境倏二年音書託素紙博羨風塵日過從時邐迤采藥蘄黃間惆悵念之子策杖山陂路路狹不容軌更復乘籃輿野花共徙倚晚宿破草廬虎嘯萬山邇欹枕忽夢君中夜披衣起曉行漸出山平野堪縱視姑一問君居野父競相指云傍此溪行門外列沿沚中有妙香亭是君所樂只我聞方驚疑我僕促行李我作此亭詩我身尙京邸與君爲弟兄十七八年矣豈不履君堂君亦蓮鄉梓今日叩門來依約前郤是兒女羅堂前呼叔色俱喜玉立何森森麟角而鳳觜曩時垂髫者或冠或笄纚驅雞下桑巓網魚出水底醇酎開黃綠家蔬佐芹薺隅坐兩三行蒲酌交相遞亦復致言辭問訊各娓娓濡墨索我書我腕之羲晃吳綾與蜀牋頃刻罄頭尾夜深諸郎睡始共對方几發篋讀君書透骨劈肌理却歎老成人無

故執鞭弭未升洛閩堂安與孔孟峙窮經經轉荒唇亡安問齒我聞聖人言朝聞夕可死此道如未聞虛名不足履五穀既不熟荑稗僅糠粃君誠挽落暉尚救桑榆美慷慨語未終雞聲雜唯唯禽能識時候人亦嚼宮徵時過學已遲敢弗爭泰否應到忘言時無譽亦無毀明日日將中臨岐更移晷君爲我言曰此會良有以自從返故廬事事覘敝蹝萬化疾若輪一心直如矢偉哉竟夕言勉矣滌塵滓却指妙香亭舊句可重擬爲我顏其額更作詩以紀言盡意有餘躑躅兩相俟余歸弗獲辭情眞任語俚

綠楊橋遺址　張素臣

名勝久荒蕪浠川有遺址春曉亭畔橋綠楊三五里清泉蕩芳蘅墨沼滋蘭芷一片杜鵑聲凄凄沁人耳自昔坡公來明月爲知已醉倚綠楊根欹枕臥不起綠楊橋上人綠楊橋下水倚徙問前踪煙草迷離爾

七言古

鄭羣贈簟　唐韓愈

蘄州竹簟天下知鄭君所寶尤瓌奇携來當晝不得臥一府傳看黃琉璃體堅色淨又藏節盡眼凝滑無瑕疵法曹

貧賤衆所易腰腹空大何能爲自從五月困暑濕如坐深甑遭蒸炊手摩袖拂心語口慢膚多汗眞相宜日暮歸來獨惆悵有賣直欲傾家資誰謂故人知我意卷送八尺含風漪呼奴掃地鋪未了光彩照耀驚童兒青蠅側翅蚤蝨避肅肅疑有清飈吹倒身甘寢百疾愈却願天日恆炎曦明珠青玉不足報贈子相好無時衰

寓居定惠院之東雜花滿山有海棠一株土人不知貴也　宋蘇軾

江城地瘴蕃草木只有名花苦幽獨嫣然一笑竹籬間桃李漫山總粗俗也知造物有深意故遣佳人在空谷自然富貴出天姿不待金盤薦華屋朱唇得酒暈生臉翠袖捲紗紅映肉林深霧暗曉光遲日暖風輕春睡足雨中有淚亦悽愴月下無人更清淑先生食飽無一事散步逍遙自捫腹不問人家與僧舍拄杖敲門看修竹忽逢絕艷照衰朽歎息無言揩病目陋邦何處得此花無乃好事移西蜀寸根千里不易到啣子飛來定鴻鵠天涯流落俱可念爲飲一尊歌此曲明朝酒醒還獨來雪落紛紛那忍觸

定惠院夜月偶出　蘇軾

幽人無事不出門偶逐東風轉良夜參差玉宇飛木末繚繞香煙來月下江雲有態清自媚竹露無聲浩如瀉已驚弱柳萬絲垂尚有殘梅一枝亞清詩獨吟還自和白酒巳盡誰能借不辭青春忽忽過但恐歡意年年謝自知醉耳愛松風會揀霜林結茅舍浮浮大甑長炊玉溜溜小槽如壓蔗飲中眞味老更濃醉裏狂言醒可怕但當謝客對妻子倒冠落珮從嘲罵

次前韻　蘇軾

去年花落在徐州對月酣歌美清夜今年黃州見花發小

院閉門風露下萬事如花不可期餘生似酒那禁瀉憶昔還鄉泝巴峽落帆樊口高桅亞長江滾滾空自流白髮紛紛寧少借竟無五畝繼沮溺空有千篇凌鮑謝至今歸計負雲山未免孤衾眠客舍少年辛苦真食蓼老境清閑如啖蔗饑寒未至且安居憂患已空猶夢怕穿花踏月飲村酒免使醉歸官長罵

書王定國所藏煙江疊嶂圖 王晉卿畫　蘇　軾

江上愁心千疊山浮空積翠如雲煙山耶雲耶遠莫知煙空雲散山依然但見兩巖蒼蒼暗絕谷中有百道飛來泉

縈林絡石隱復見下赴谷口爲奔川川平山開林麓斷小橋野店依山前行人稍度喬木外漁舟一葉江吞天使君何從得此本點綴毫末分清妍不知人間何處有此境徑欲往買一頃田君不見武昌樊口幽絕處東坡先生留五年春風搖江天漠漠暮雲捲雨山娟娟丹楓翻鴉伴水宿長松落雪驚醉眠桃花流水在人世武陵豈必皆神僊江山清空我塵土雖有去路尋無緣還君此畫三歎息山中故人應有招我歸來篇

過江夜行武昌山聞黃州鼓角　蘇　軾

清風弄水月銜山幽人夜渡吳王峴黃州鼓角亦多情送我南來不辭遠江南又聞出塞曲半雜江聲作悲健誰言萬方聲一概鼉憤龍愁爲余變我記江邊枯柳樹未死相逢真識面他年一葉泝江來還吹此曲相迎餞

輸麥行　張　耒

場頭雨乾場地白老稚相呼打新麥半歸倉廩半輸官免教縣吏相催逼羊頭車子毛布囊淺泥易涉登前岡倉頭買券槐陰凉清嚴官吏兩平量出倉掉臂呼同伴旗亭酒美單衣換半醉扶車歸路凉月出到家妻具飯一年從此

皆閑日風雨閉門公事畢射狐罝兔歲蹉跎百壺社酒相經過

雙井茶送子瞻　黃庭堅

人間風月不到處天上玉堂森寶書想見東坡舊居士揮毫百斛瀉明珠我家江南摘雲腴落磑霏霏雪不如爲公喚起黃州夢獨載扁舟向五湖

陽邏堡　元陳剛中

陽邏殘堡高巑岏亂山勢如秋蛇蟠長江西來五千里雪濤怒濺秋風寒憶昔王師駐江上旌旗百萬騰江干江神

俛首不敢喘鏡光浮碧無驚湍乾坤一統自此始坐見北極朝衣冠我來蘄陽望夏口彷彿但認煙波卒漁歌數聲起何處白鳥飛盡青天寬鱓公盈尺不論價脩然一笑生清歡興亡往事誰復問磯頭石老蒼苔乾津鼓急催渡江去又見曉日浮晴巒

赤壁歌　明方孝孺

東夏口西武昌赤壁峭絕當中央奸雄將軍氣蓋世敗卒零落衞周郎得鱸魚沽美酒孰若黃州蘇子瞻謫向黃州動星斗噫吁嚱曹公氣勢蘇子文章人物銷爍塵跡荒涼

惟有江山萬古空流長

由龍山登兩耳山至赤壁作歌　王一鳴

聚寶山南一尊酒主勸賓酬不離手夜深霜露沾人衣漭漭長江峽中吼兩耳山高連右肘發興携壺作狂走風逆難聞童稚呼雲迷翻訝藤蘿陡路細石古狐狸嘷絕頂蒼茫一翅首班荆度地當開筵舉杯邀月呼青天野燒橫出孤松巔炙酒酒熱西風便明伯耳熱掀長髯若愚矜持禮法謙叔孝問詩猶細密轟飲恨少東溟添抬頭一望山巉巉赤壁半墮滄波銜秋浪浩渺動樓榭天風空濶吟松杉十步五步山出沒東坡先生祠眼前造次留客何生賢雞酒陸績深林傳雞煮最憐白玉熱酒行滴作珍珠圓殷勤苦勸上客醉彷彿便擬中山眠酒後坐起忘主客吟遍今古呈山川老僧空谷轉清磬漁子趂月撐歸船酒罷便作城南步鬱盤城郭紆煙霧月薄如霜紅蓼稀天高慣鬬清風怒英雄失路多坎坷今朝且樂樂奈何向平五嶽有消息看我淋漓醉掃青天歌

同王五岳春汎南潭望閒雲樓　黃耳鼎

南潭潭水春雲生輕舟漠漠棹春明遠山涵青氣欲動潛

我舟中搖曳情巖頭羣木鬱幽光桃花脉脉隱雲房雲房流雲雲有聲飛入花枝雲作香主人有樓臨潭水閒向潭心看雲起須臾變滅古松閒雲滅雲生潭如此隔岸黃埃隱城郭渡口漁人歸日落與君蒼茫暑煙去回首巖松啼老鶴

有蟲詩　龔孚肅

崇禎辛巳七月望有蟲來自西北向下彌漫圍上城闉草根嚙盡侵衣帳連綴而行入官府旁若無人爲公舞但知沴氣降爲災不識苛政猛於虎雎盱此事亦甚奇晉天福

未曾有之兆兵兆火今何時噫嘘唏乎我心悲昨聞客自東方來東方連歲俱蟲災土人腊之爲枯腊青銅一索蟲一杯嗟嗟蟲亦自相食小者鼓響大者翼昏昏默默爭殘賊人事不知誰逼側黄麻偶下宣恩詔老農扶杖欣然笑六分已自貸逋租十年人盡持完票吏苦追呼情觳觫意公誰問全家哭無兒可賣腹有饑即有死蟲人不齧

悲高山　　楊晉

高山鄉舍也距邑三十里丙子冬設險高山濟尉魏時光以鄉兵守之賊初不敢度相持旬日尉夜襲賊有功

翼朝賊大至尉馬靭斷被縶不屈死

殺氣障天天不雨中原白晝驅豺虎無賴少年好英武擁尉登壇建旗鼓尉也膽氣本粗豪百金市馬如人高馬上結束青絲絛左右馳擊雙寶刀搴旗斬將不足數恥覷秦兒同鴻毛軍中昨夜傳飛箭鐵騎西來亂如霰不問犄角有何營獨引鄉兵當一面健兒身手等閑强矢石未交先怯戰衆寡相持大不如支吾日久情形見尉也膽氣真絕人夜叩壘門唯一身歸來笑擲人頭臥不知禍福如轉輪亂流馬嘶侵曉度高山遥望寧知數竹筒一吹巳會圍塞嘶孤軍歸去路此時拔劍怒衝冠翻身上馬突圍看黄巾赤眉有羽翼有將無兵勢難測兜牟脫處戰猶酣靭帶斷時死不得可憐壯士在垓心援師望絕無消息高牙大纛坐城中薄祿微官死山側朝廷有事須將材豈復下僚多屈抑高山燐火繞忠魂爲爾悲歌淚沾臆

輓熊烈女　　梅國禎

禎也神遊廣漠野眼中有淚不易灑誰家有女節獨苦驚看不覺淚如雨百千恩愛在結盟結盟爲重恩愛輕一朝夫婿不可活我身可許股可割割股事夫即以身肯令夫

死别從人以口嗌土土欲摧天地爲我收塵埃以頭觸棺棺欲裂棺上殷殷頭上血血汚麻繩還自縊其如親戚紛相銜使生只是灰中燼可憐對面不相信曉來含淚若爲粧起向阿姑與翁孃我今從爾勿復憂但令獨處守即休回身闔户聲吼吼天地反覆山川走又如雷霆碎風雨驟破門巳作觸柱死自古豈無臣之忠高牙大纛金門通又豈無婦之節合歡雙帶同心結豈如女未入夫門生死誓常由一言首陽之薇空復青汨羅千載流濁涇倏忽綱常標閫閾頓令山水生顏色男兒拚此七尺軀龍逢比干

俱丈夫仰天血淚墮肝膽一滴能教滄海枯

國朝

釜粒行　　李之泌

吾黄里俗除夕潔釜浮燈祠竈祝歲候迨子半釜中見粒或嘉或秕或有或無種物各以類應歲之豐歉物之饒乏徵兆於此往往確驗過時視之則隱故人有知有不知者昨夜家釜浮粒有七圓明肥潤諦視衡蚤秈米無他種乃爲釜粒行以紀之俾異日採風者收入歲時風俗志亦一事也

歲畢人家祠竈主斂衽廚前淨滌釜冥燈浮水奠中央婦子嘻嘻祝靈雨明秊歲事今宵問皇天后土從來應爆竹聲停夜將半微陽欲動天心靜一片光明照無翳淨釜晶瑩吐嘉穟玉糝的皪浮空來自無而有眞怪事善敗艮楛徵歲功種物紛應以其類及時候之白粲粲大珠小珠浮水面粒光璀璨掌中明諦視詳推儼炊飯兒童競拾安包裹留取他時成寶玩東家巧遣西家鬮靈物過時隱不見奇迹由來遇者希智或莫測愚多疑老農懃懇修風俗嬾婦張皇問是非造物虛空善刻畫水耕火耨釜中窺誰知稼穡用天道他時鹵莽今不肥元旦開門賀獻餉東風拂面農心悅（是刻東風俗占歲稔）爲言昨夜釜生粒歷歷秈香白若雪萬寶之成告在秋與與翼翼先期設今年吉卜勝前年東家兒女西家說

廣濟道中　　顧景星

光風麥浪四十里僕夫中歇重行行山花迎客似含笑杜宇初來無幾聲店看野老爭席坐俗漸買牛成耦耕巳輸春稅卸里正（時華里正）況乃連年無甲兵

蘄陽行　　奚祿詒

春前我寄君山迹犀甲鱗鱗寒大澤暮帆今日過蘄陽江花如練鳥頭白荆國春殘樸樕宮方勝花蛇走阡陌羇旅形容二十年中原無處無蕭瑟如此空城莫住船吳瑛巳死誰留客

破額山前碧玉流歌　　宋犖

破額之山何崔巍雙峯對峙雲中開上有青松萬樹相糾結下有飛泉一道相縈廻乘風直下一千丈石魚磯上如奔雷石魚映日鱗甲動噴波幾欲揚其鬐我從塵中來遐勝此徘徊釋氏遺跡樵人說山腰殿閣生蒿萊長橋如蝀

跨瀑布顧盼忽已離塵埃橋邊三大字云是柳河東石崩
水激苔紋紫其書彷彿如鶩龍摩挲發高興吟眺臨長風
安得攜家誅茅此中住漱流枕石歎無窮

天寶鹿　陳大章

康熙壬子歲于清端公成龍爲黃州同知駐岐亭野人
獲鹿乖麑獻之其高如馬角而斑公命作脯於項間剥
得銀圜重一十七兩鐫天寶二年華清宮七字角下堅
徹如瓊蓋所謂鹿玉也公以作帶環佩之友人黃安彭
伯常在署親見其事屬予作歌

軋犖山前烽火起帚星下掃長安裏赤心一夕化豺狼唐
家九廟皆荆杞夜雨愁埋劍閣雲春風恨滿温泉水何來
决驟華清鹿萬里中原行不速慣隨花鳥上陽宮親見玉
環頻賜浴彊字深鐫太府金角痕碧沁瓌瓏玉未逐僊人
上博臺却遭牧豎充庖肉君不見梨園菊部霓裳舞弘農
唱罷來鼙鼓鸜鵒會鬨問上皇舞馬猶知悲故主秦家宮
闕漢家陵千年幾度生禾黍休將遺事弔開元漠漠寒煙
翳平楚

黃州府志卷之十八終

黃州府志卷之十九

知黃州府事關中王　勍纂輯

藝文志

詩賦下

五言律

黃州　唐方　干

弭節齊安郡孤城百戰殘傍村林有虎帶郭縣無官春角
梅花怨清江桂影寒黍離緣底事撩我起長歎

雨晴後步至四望亭下魚池上遂自乾明寺前東岡

上歸二首　宋蘇　軾

雨過浮萍合蛙聲滿四鄰海棠真一夢梅子欲嘗新拄杖
閒挑菜鞦韆不見人殷勤木芍藥獨自殿餘春

高亭廢已久下有種魚塘暮色千山入春風百草香市橋
人寂寂古寺竹蒼蒼鸛鶴來何處號鳴滿夕陽

江上晚步　潘大臨

白鳥沒飛煙微風逆上船江從樊口轉山自武昌連日月
懸終古乾坤別逝川羅浮南斗外黔府若何邊

臨江亭　晁補之

古木嘯寒禽層城帶夕陰梁園多綠樹楚岸盡楓林山際豈爲險江流長自深平生何所恨天地本無心

東坡　　張安國

繫船看西日曳杖到東坡暗井蛙成部荒祠鳥作窠老仙騎鶴去稚子飯牛歌興廢何須問斯文自不磨

夜泛赤壁　　元楊惟中

暫艤清江舸來登赤壁山怒亂松偃映漱玉水潺湲明月尊前色丹崖戰後顔高城催暮角醉倚棹歌邊

齊安郎事　　明陶安

初入黃州而蕭然綠樹村刈茅低縛屋剖竹客編門桃李花零落山川勢吐吞廛民來一二敬喜爲溫存

霧雨一城暗棃花三月天空梁春蟻墮疎壁暮蚊穿草窗藏枯井苔荒蝕斷磚開門山色好飛翠落吟箋

定惠院宴集　　王廷陳

石磴接巖扉行行上翠微賓朋花下至雲鳥竹邊飛韶景度欲盡舊遊存苦稀蕪公何可作今古一沾衣

結侶乘艫出憑高望眼開閭閻深召渚阡陌曲侵臺展席春雲暎歸軒夕鳥催回看遺陳迹相送轉徘徊

黃州登赤壁亭　　廖道南

亭倚石巖開風鳴萬樹哀人間不知去鳥倦忽飛來江勢平吞闊山形曲抱臺雲林秋色霽眞自可幽懷

柯山園四首之一　　吳國倫

買舟三百里江上見柯山古徑雙橋外方塘萬木間入門花石喜留客水雲閒若與王猷共山陰那得還

赤壁樓上同弟縠父陪劉維芳雨集　　王同軌

登樓披岫色尊酒暫從君檻集千峯雨窗流一榻雲魚龍寒白盩鴻雁暮爲羣共醉空明上人間世界分

同江石璋勘災二首之一　　茅瑞徵

楚甸頻多難茲方更疊災停輿問桑海到處覓蒿萊風借炎蒸奪天舒鴻雁哀撫心吾有感誰屬救時才

晚泊黃州　　無名氏

赤壁雲初暝烏林日漸紅波搖兩岸火人語隔江風夢鶴侵蝴蝶燃犀逼水宮天寒遊子意清夜月明中

次團江　　無名氏

下馬團江滸烏林舊戰場楚弓沙月白吳壘戍雲黃蘆影涵天遠襟流東地長江聲疑有恨如欲訴興亡

九日飲清泉寺　龔鼎孳

蕭然人吏散僚佐共風流泉石觴茶史江山聽酒籌霜酣千橘醉鐘澀一林秋妙想生歌拍高人只靜遊

浮玉亭　吳國倫

石抱中流險亭當一柱支河山懸震盪日月弄推移岸樹微茫出風帆上下馳望中吳楚盡秋色最堪持

東衝山　劉養微

澗曲重岡隱邨幽客樹交鄰雞唬竹塢松鼠落藤稍積蔭滋階蘚方冬補屋茅北風吹古木還疑孟城坳

鮑子讀書處危峯坐翠微六朝孤石老千載到人稀衙嶽通元氣匡山對落暉登臺重回首懷古一沾衣

蔡山寺　胡篤生

舊識江心寺金山與蔡山山朝匡嶽北寺隱竹林間白老詩碑古支公骨塔殘故來尋勝蹟不畏朔風寒

國朝

李坪　王一翥

盛世馳戎馬無非戰不庭只今鵲翎動惟見鬼魈青少婦停針線書生罷考經饑能追石隱安得守殘局

陽邏晚泊　王一翥

舊居三十載就岸一帆斜傍火吹殘照浮煙澹野槎兒歸茅店月僕阻碧山霞饑困憐多虎勞心寄海涯

麻姑崖　王一翥

去國巳八載入山亦幾春相韓懸五世弔古拜三仁此地泉何響前朝樹有神麻姑崖似畫只不繪麒麟

丙午蘄陽臘雪寓荆邸故址感慨而作　王一翥

芋瓜原野望豈冀官爲遊歸雁疑難附名山好送愁辛夷林薄老白芷澹煙收異態逢人見何心到蒯緱

元鶴那堪弋江南亦海波船中人不識岸上子猶歌古殿鐘聲急荒城月色多莫乘小醉往勝地又如何

哭李鄴仙李菁有鳳知録　杜濬

事後論人品無如李鄴仙留身惟賣藥有子只耕田學道知原夙安貧力更堅白雲山下路誰表少微阡

郝孟貞過黃州有作見懷感答　杜濬

長江日夜流江岸有黃州是我十年夢輸君一日遊山從樊口密月對武昌愁處處邀篇翰殘黎豈解訓

輓周忠烈大參　官撫辰

王事賢勞者生前總不羣名非重一死學豈著三軍魄散
天猶惘公勝姬閒雜相率死之忠孤君未聞當事盡掩公以飾所私鬼神終莫
掩野史續遺文

江上贈王子雲　張百程

燕去烏衣後徉狂不記年著書千嶂裏乞食九江邊白首
悲黃鵠青山拜杜鵑相逢拚一哭湖海各茫然
麻鞋伏闕日商略到山樊腸斷三江後遙憐一老存才名
還異代窮餓竟誰門寂寞東林路何人招汝魂

赤壁　張仁熙

孤城連赤壁高帶大江流魚艇千年事荒祠獨夜愁天晴
堪去雁水落正芳洲八客經行地蕭蕭蘆荻秋

乙丑元旦雪中謁五祖山二首　王士禎

南國不搖落春風况早廻行縢穿白雪大事問黃梅絕磴
盤空上飛梁拂澗開萬松猶引路消息記重來
寶界琉璃淨名香篤耨熏堂開數峯雪目盡九江雲優鉢
花時現頻伽鳥競聞躊躇山下路楓葉正紛紛

宋賢祠題壁四首之一　宋犖

地據黃州勝祠尊宋代賢崢嶸新畫棟疏鑿舊清泉一院

松筠茂千年俎豆虔扶笻同老衲憑弔向春天

宋賢祠和牧仲四首之一　王澤弘

石橋煙樹外蘭若雨花旁地近城偏靜官休隱不妨疏齋
同野衲書史屬歸裝宿世君來此山川尚鬱蒼

自聚寶山步至復弘菴　王封濚

濟勝乘方暇登高仗有秋節勞從緩步適景即凝眸雨後
山容改風來草意柔載歸僧舍裏閒坐問林邱

雙山臺　張希良

望去疑無路洪崖到亦開溪聲奔草屋天影臥莓苔度險
心逾怯眺奇首重回徃來愁化石後騎爲頻催

仰天窩　張希良

十年不到此泉石事都非老馬披雲入高僧挈棒歸諸天
一氣接孤磬衆山飛翠竹黃花地從今願息機

黃州城北一覽亭　陳大章

孤亭如戴笠睥睨出林垌江瀉盤龍影山奔萬馬形荒城
圍宿靄萬井落遙青徙倚飛鴻外狂歌答渺冥

夜發陽邏　王心敬

帶月發江郷歸程爭未央晨鷄鳴遠岸畫楫泝流光曉色

緣窻入江風透體涼却憐閒覽勝也自犯星霜

薄暮再抵黃州謁李華西先生祠慨然憶舊不覺涕之沾襟　　王心敬

樊山江外暗赤壁柳邊黃此夜月如晝西州路久荒故人乘箕尾吾道日蒼涼十載隔生死西風欲斷腸

夜發三江口　　陳芳烈

日落停橈纜安流坐可乘寒汀秋唳鴈遠寺夜飛燈帆月虛陰度江霜客面凝風輕人籟寂漁火宿孤燈

舟宿龍坪　　黃利通

廿載鴻洲路杯中酒不虛豈知鄉故國翻欲戀舟居風雨江天暮文章世路疎相逢愁一問消息近何如

浠川文昌閣二首　　夏力恕

閣自何年創僧居老欲仙未嫌偷半日難了第三泉古木平鋪地疎鐘遠接天此身豎羽翼迴望迥翛然

萬山圍不住真宰意森森塵土憐朝暮生涯夢古今弄流因洗耳看竹亦虛心別有無窮趣蒼茫未可尋

咨婁山房雨坐　　胡本棨

尚友先賢在幽蹤敢自尋煙霞分咳唾夢寐與高深雨後孤螢語秋前萬木心莫彈山水曲空谷本無音

七言律

齊安郡晚秋　　唐杜牧

柳岸風來影漸疎使君家似野人居雲容水態還堪賞嘯志歌懷亦自如雨暗殘燈棋散後酒醒孤舘雁來初可憐赤壁爭雄渡唯有簑翁坐釣魚

即事黃州作　　杜牧

因思上黨三年戰閒詠周公七月詩竹帛未聞書死節丹青空見畫靈旗蕭條井邑如魚尾早晚干戈識虎皮莫笑

一揮東下計滿江秋浪碧參差

齊安早秋　　趙嘏

流年堪惜又堪驚碪杵秋來滿郡城高鳥過時秋色動征帆落處暮雲平思家正嘆江南景聽角仍含塞北情此日沾襟念岐路不知何處是前程

送蘄州李郎中赴任　　劉禹錫

楚關蘄水路非賒東望雲山日夕佳薤葉照人呈夏簟松花滿椀試新茶樓中飲興因明月江上詩情爲晚霞此地交情長引領早將元鬢到京華

寄蘄春李使君播　白居易

下車書奏龔黃課動筆詩傳鮑謝風江郡謳吟誇杜母洛城歡飲會車公笛愁春盡梅花裏簟冷秋生薤葉中不道蘄州飲酒少使君雅與與誰同

初到黃州　宋蘇　軾

自笑生平為口忙老來事業轉荒唐長江遶郭知魚美好竹連山覺筍香逐客不妨員外置詩人例作水曹郎只慙無補絲毫事尚費官家壓酒囊

與潘郭二生出郊尋春忽記去年是日同至女王城

作詩乃和前韻　蘇　軾

東風未肯入東門走馬還尋去歲村人似秋鴻來有信事如春夢了無痕江城白酒三杯釅野老蒼顏一笑溫已約年年為此會故人不用賦招魂

萬松亭詩有引　蘇　軾

麻城縣令張毅植萬松于道周以庇行者且以名其亭去未十年而松之存者十不及三四傷來者之不嗣其意也故作是詩

十年栽種百年規好德無人助我儀縣令若同倉庾氏亭松應長子孫枝天公不救斧斤厄野火那憐冰雪姿為問幾株能合抱殷勤記取角弓詩

別黃州　蘇　軾

病瘡老馬不任鞿猶向君王得敝幃桑下豈無三宿戀尊前聊與一身歸長腰尚載撐腸米濶領先裁蓋癭衣投老江湖終不失來時莫遣故人非

舟次慈湖以風浪留二日不得進子瞻以詩見寄作二篇答之　蘇　轍

慚愧江淮東北風扁舟千里得相從黃州不到六十里白

浪俄生百萬重自笑一生渾類此可憐萬事不由儂夜深魂夢先飛去風雨對床聞曉鐘

西歸猶未有菟裘擬就南遷買一邱舟楫自能通蜀道林泉真欲老黃州魚多釣戶應容貰酒熟鄰翁便可留從此莫言身外事功名畢竟不如休

答王立之惠書　潘大臨

歸自江南即定居漫勞親友問何如剛腸肯為藜羹轉病骨聊憑竹杖扶南圃土腴千樹橘東湖春水百金魚明年生計應堪說待倩君侯買異書

黃州　孔武仲

客路深秋一轉蓬淮天牢落此將窮城開雲水蒼茫處人在茅篁掩映中對岸武昌風月近千年赤壁是非空悠悠陳迹慵開口謾把筠竿伴釣翁

發安化囘望黃州山　張耒

流落江湖四見春天恩復與兩朱輪幾年魚鳥眞相得從此江山是故人碧落已瞻新日月故園好在舊交親此生可免嘲傖父莫避北風京洛塵

黃州　陸游

局促常悲類楚囚遷流還嘆學齊優江聲不盡英雄恨天地無私草木秋萬古覊愁添白髮一帆寒日過黃州君看赤壁終陳迹生子何須萬戶侯

病後登快哉亭　賀鑄

經雨清蟬得意鳴紅塵開處見歸程病來把酒不知厭夢後倚樓無限情鵶帶殘陽投古刹草將野色入荒城故園又負黃華約但覺秋風鬢上生

讀赤壁賦　文天祥

一嘯滄波浩浩流隻雞斗酒更扁舟八龍寫作詩中案孤

鶴同爲夢裡遊楊柳遠煙連北府蘆花新月對南樓玉仙來往清風夜還識江山似舊不

雨中遊清泉寺　魏了翁

征帆百尺艤江皐小棹輕移到埜橋爲愛清泉禪境勝不知冒雨客途遥千尊石佛藏山霧一派珠流應海潮坐對高僧清話處胸中塵想覺全消

蘄州早起　魏了翁

城頭畫動角聲哀似共行人怨落梅欲報晨炊粱未熟喚回殘夢眼慵開霜清暗覺貂裘冷月澹空令犬吠催倚杖起看風正烈不堪嘶馬重徘徊

和秀野蘄簟之句　朱熹

使君兩鬢尚青青學道仍拋後院笙溽暑快眠知簟好晚凉徐覺喜詩成人從蘄水當年寄句比韓公此日清坐對更深誰是伴唯應關月共長庚

四見亭　元幹克莊

前朝亭廢野蕪侵暇日躋攀試眺吟楚地寒煙青嶂遠漢江秋水碧流深連城阡陌桑麻藹負郭人家竹葉森千載麒麟山下路不知遊客幾登臨

赤壁寫懷　明無名氏

武昌東下次江皐赤壁磯頭艤畫橈廢壘煙消荒草合橫江鶴去碧天遙岸邊漁火疑戕炬水底龍吟憶洞簫往事千年增感慨荻花楓葉晚蕭蕭

郛城懷古　劉基

孤城寥落遍蒿蕪萬里蕭條近楚符鴉帶夕陽歸舊壘鴈將秋色下平湖遺墟渺渺生禾黍古木蒼蒼接里閭故事豈勞重借問漢江流水自縈紆

和秦武昌赤壁懷古　李東陽

楚雲荆樹擁嵯峨一棹會衝萬里波時代不同嗟我晚江山如此奈人何地從割據終全盛天遣文章爲不磨聞說宦遊兼弔古鶴樓東下水聲多

秋泛三台河同魏范諸子　王廷陳

賦客蕭晨此並來衰年勝地幾傳杯蒹葭水落魚龍冷島嶼風驚雁鶩哀漁艇縱橫秋岸合遊軒襍沓暝原迴疏林忽送青天月沙色波光萬里開

夜泊赤壁　羅洪先

五百年來此勝遊水光依舊接天浮徘徊今夜東山月彷彿當年壬戌秋有客得魚來赤壁無人載酒出黃州吟成一嘯四山寂孤鶴橫江掠小舟

赤壁讌集　王同道

匏尊相屬復清秋覽勝聊爲汗漫遊明月忽疑人是鶴滄江今以葉爲舟巖前鳴瀑濺鮫淚林際晴雲結蜃樓覓醉不堪悲往事爲誰擊檝向中流

登將軍山絶頂　茅瑞徵

非關性癖耽邱壑何事猿騰絶頂過千嶺遥翻紅日出萬松深護白雲拖雄圖尚說爭蠻觸猛氣驚看印薜蘿蒲服巉巖煙霧斧好將談笑釋干戈

詠盡街橋　潘珏

新甃長橋似底平盡街還襲舊時名水流川字環中過人在三生石上行半夜星河虹影靜四時風雨馬蹄輕肩摩踵接應無數誰復逡巡滯去程

崇禎癸未歸自武昌過蘄城感懷四首之一　余啓文

煮酒楓林待夕霞凝眸千載淚痕賒金螭蘚蝕秦碑斷石狻苔封漢獸斜落照似憐山色老西風還惜故宮花滄洲

盡是蛟龍窟横笛陰陰怨暮笳

過穆陵關　　盧象昇

介馬臨戎壁壘新連天烽火嘆無民揮戈欲洗山河色仗策思援饑溺人安奠蒼生千古事掃除逋寇八年塵攜歸兩袖清風去坐看閒雲不厭貧

龜峰詩　　程南金

萬峰峰色一峰前上天下天雲茫然佛磬數聲落空寂松花五月飛寒煙江晴欲辨鷓鴣草日暮恐來瀟湘仙夜半呼龍伴清骨短衣聊對石牀眠

重遊天臺　　耿定向

解綬歸來苦病侵愛山時復强登臨蒼崖不改千年色古檜猶垂十畝陰風谷坐驚饑虎嘯霜林卧聽曉猿吟舊遊朋輩今何在手把茱萸淚滿襟

蘄州江中怪石　　李東陽

翠兀山城抱此州江間怪石擁戈矛隨波草樹愁生陰駭浪蛟龍却避流豈有岩巉能砥柱祇多衝突向行舟憑誰一試君山手月落江平萬里秋

夜酌瀑月臺聽石梁泉聲　　劉應昌

點着綴碧秋容老據石臨流酒興寬傲吏自來躭麴蘖野人都不識衣冠松巖墮月沾衣濕磵石流雲拂座寒莫負黄花好時節明年此地對誰看

國朝

巴河萬壽寺　　王一翥

襍樹南風想鐵衣鄉關失路故情微空門默契名難托戰壘荒傳影亦稀佛鉢對楹青峯簇雲山一片冷薔薇陰符付與園中叟巴水千年洗釣磯

浮玉磯　　劉醇驥

黯淡雲根太古秋皺宮疊窟擁寞搜磴無懸草蒼猶立人忽成雲薄欲流煙遠過城通曉磬日孤眠鷺穩滄洲攜來鐵笛吹寒色風雨梅花暮未愁

題練光樓　　官撫邦

環城皆水碧涵堂誰解當琴引練光持此素心同滄滄超然絃指竟洋洋曉簾霞舉箋爭秀暑榻星回夢亦涼不數李疵泉品第逍遥吏事即滄桑

宋牧仲使君新建亭閣洗墨池上　　張仁熙

荒坡瓦礫年年拾峻閣何緣此地雄捉筆舊知勞夢鶴呼

尊近欲傍飛鴻殷勤蛙口池邊月宛轉桃花檻外風惟有南堂箋易處尙留餘墨灑江東

早發黃梅過東禪寺　王士禎

誰識新州葛獠羣傳衣夜半祖庭聞水邊孤寺半煙篠郭外數峰空雪雲直是西來掃文字翻令南北競紛紜明朝穩把江頭櫓水到潯陽九派分

過定惠院　奚祿詒

松摧竹剷海棠軒野草漫天舊路昏有宋文章花落盡兩桓華表鶴驚喧長江嗚咽孤城戍故國殷憂白髮存廿載

重來心緒亂斷碑叢裡見忠魂

蘭溪　奚祿詒

著經陸羽樂幽棲占斷春泉任品題茶圃何年潮水沒雲山每日夜烏啼香蘭泣露驚烽火驛馬嘶風怯鼓鼙逋客於今茶最苦遊人莫問楚江西（天下第三泉在溪中）

秋日赤壁公讌用徐亦史令君韻　宋犖

飛蓋眞成爛熳遊孤亭如笠俯黃州搴衣盡有滄洲興對酒寧無白雪謳斷岸霜風吹草樹寒江煙雨東鳧鷗中宵漸吐東山月揮手還登百尺樓

陽邏大士閣　宋犖

陽邏江邊赤石磯崢嶸高閣帶斜暉千帆風雨當牕過萬頃煙波傍檻圍白鳥銜魚棲佛座紅桃映水出禪扉宋元戰伐傳來久弔古悲歌幾振衣

舟次陽邏　王封濚

望裏柴門倚岸開炊煙斷處客帆來數行山影爭南出千里江流折北廻日迫磯頭違返照波驚石脚隱輕雷隔林鐘響蓬萊寺半和殘雲落酒杯

竹樓煙雨　金德嘉

觸目層樓景自幽千峰煙雨望中收魚沉前浦江流杳鳥失平林過眼愁憑檻遠迎雲夢澤捲簾疑即洞庭秋臨臯薄暮多蕭瑟今夜何人泛酒籌

竹樓　金德嘉

攜客登臨眺古城短墻高柳故縱橫雲移雉堞尋前起風送商秋笛裏生異代荒墻唯竹色多年廢院自江聲隔鄰蕭寺疎鐘夜萬里天空月迥明

題雎陽廟碑（在黃州安國寺右）　張希良

漁陽鼙鼓接天聞誓守孤城抗賊氛誰信江淮藉砥柱坐

令李郭勤奇勳荒宫雀鼠親雄劍畫棟鬚髯照野雲風雨年年寒食後村巫短笛獨直君

宋賢祠　張希良

夢鶴已傳赤壁古食蛙誰記墨池春摩挲松雪碑中字端賴梅花賦裏人蒼水藏書非故穴元亭酒坐亦封塵江山樓閣關興廢十二年來感慨頻

赤壁感懷八首之二　張希良

問鶴亭前偶振衣滄桑舉目事都非三江葉落琴臺冷一騎塵高羽檄飛烏雀竟棲何處樹魚龍空守舊時磯梅花

閙遍寒山路折盡南枝歸未歸

釃酒酬江眺雪峰湖山落落入孤筇雨荒智井迷金甲城覆空堆隱鐵龍雲夢地連春草濶古今人盡水煙重多情一片黃泥月猶向横江舘下逢

雷馬二將軍戰死處　張希良

絕壑巉巖盤老鷹戰場河曲陣雲層空山叱馬鬪雙劍落日飛螢繞一燈時有覆軍猶勝氣將無降卒亦材能何人起塚陰山侶風雨年年泣二陵

秋日偕宓草遊赤壁　王材升

梅片烹茶幾度斟況攜老友共登臨舊時碑碣歸何處今日江山知我心蘆荻稀疎樵擔遠菰蒲蕭瑟釣竿沉一聲鐘急秋雲破料得潛蛟入夜吟

武磯山　陳大章

風吹紅樹影毵毵獨上危磯對夕嵐萬竈寒煙迷古戍一江秋色自淮南孫劉霸業灰飛盡晉宋遺墟落照酣楚尾吳頭爭割據太平閒共老農談

龍仁夫墓　陳大章

一曲琵琶怨未終棄官投老此山中苔荒馬鬣三秋雨樹

暝烏啼萬壑風衰草不生亡國夢夕陽依舊大江東問津臺北黃華谷家祭誰知告乃翁

題覽勝亭　王心敬

覽勝昔曾懸夢想（昔賈可齋觀察會為余言此亭之勝）凌風今竟躋亭檻凭欄果見楚天盡仰睇真疑帝座通漢水新添春浪白樊山遥現瑞雲紅兒童竹馬官街滿爲是前辰迓郭公

龍仁夫墓　陳大輦

苔封馬鬣倚孤岑渺渺忠魂歎陸沉明月好看江練白琵琶不作别船心武磯蹲踞流瀾障松柏風霜翠靄深悵望

黄華空灑淚一天秋色自蕭森

弔邏江貞女 女不知何姓國初爲兵所得留詩衣帶間投江而死有入江猶是女兒身之句　陳芳烈

四塞平沙霧雨濛誰家巢卵碎江空靡笄呼母湘波黑醬血留詩海樹紅明月珠沉巫峽水黄姑星墜大王風哀魂何事長啣木不許遺名蔡琰同

臨皋　黄利通

十年路不向臨皋故國雲山笑二毛鶴掠寒江歸夢幻鵑飛深夜戴星勞梵鐘響落崖千尺漁火洲攢水半篙訪舊

幾人顔似昔尊前還作少時豪

三江口　黄利通

落照三江古渡頭人煙簇處片帆收上弦月傍星光潔入夜風連樹影秋幾點酒燈青荻岸一竿佛火碧沙洲誰誇烈士心千里水面凉生作卧遊

江漢書院舊址　黄利通

講堂勝事久銷沉漠漠江干萬樹陰猶幸荒齋存木主祇憐佛火照儒林石渠空寫詞臣詔雲隱誰傳處士心慚愧無聞四十載鬢毛取次雪侵尋

赤壁書懷　徐子芳

登臨莫爲古今愁浩渺江山煙景浮是處便佳尤赤壁四時皆好更清秋月明霄漢波心墮人在虛空頂上遊詞賦干戈都滯迹惟餘魚酒一孤舟

渡巴河　南光發

巴河南枕大江流立馬西風古渡頭驛路回看疎樹碧楚天遥指暮雲秋衝霄壯氣雙長劍擊楫雄心一葉舟身世浮沉殊未定忘機翻欲羡沙鷗

晚過楓香舖　王式丹

迢遞山程結隊齊初冬朔吹已凄凄寒鴉下壠排牛背衰

草連岡送馬蹄鄂渚直依平野北楚宫遥在亂峯西行行小住楓香路紅葉飄零白日低

西爽亭冬杪漫興二首 亭在黄州署中城上　王式丹

觚稜亭子冠山城日日登臨倦眼明天影南垂千嶂合浪花東捲一江横留連平楚斜陽在寂歷虛欄朔吹生怪底白頭搔更短思鄉懷古劇關情

耿耿愁予望未窮遺蹤指點向寒空月波樓做傳宵柝 王元之月波樓今爲嚴更之地 春草亭荒入梵宫 韓魏公春草亭在東合坡安國寺旁今廢

吒橫北郭凋殘楊柳待東風年時是處關心事只在悽迷
香靄中

蘄州煙光樓　　張楠

九載重維一葉舟山仍環繞水仍流市分橋口斜通郭寺
出江心對倚樓芳草鈿車游女跡夕陽銅馬故宮愁登臨
不敢高吟句恐有元之領此州

得黃岡杜茶村未刻三種　　夏力恕

江南遺稿竟凋殘變雅堂從舊里看十廟有家啼鳥換三
江無火夜螢寒野雲流破生前夢滄海橫飛筆下瀾兕是

楚風淪落盡把君詩卷一加餐
會倚金陵北郭看草堂無路百花殘女墻歷歷孤籐蔓翁
仲蕭蕭夾道寒江水六朝人夢覺秦淮雙槳月洗瀾誰家
樓閣能消受猶供當年野客餐

仲春登二水亭　　張惟金

坡陁亭畔似垂虹無數名葩雜桂叢薜荔披煙春漠漠松
杉宿雨畫濛濛雙洲細草疎檣近夾岸清流曲竇通步屧
園林穿小徑野花初摘一枝紅

書胡太僕傳後　　張惟金

衰朝鉤黨起茸陵孤鼠批根共引繩祠屋普天叢可藉江
河一掌塞何能枉中不合收張朔牢戶旋看繫李膺獄獄
乾坤留正氣後先楊左與同稱

五言排律

九江口南濟北接蘄春南與潯陽岸　唐　蘇味道

江路一悠哉滔滔九派來遠潭昏似霧前浦沸成雷鱗介
多潛有漁商幾溯洄風搖蜀柿下日焰楚萍開近漱湓城
曲斜吹蠡澤隈錫龜猶入貢浮獸罷爲災津吏揮橈疾郵
童整傳催歸心詎可問爲是落潮廻

春日書懷　　宋　潘大臨

舟楫凌滄水風濤接蠡湖龍媒成跬步驪頷脫微軀樂土
供游戲深文苦縶拘胸中雖塊磊墻外或歌呼老去稽生
懶歸來谷子愚千鍾眞臭腐十畝借膏腴春雨何曾客園
花竟自都小橋藏細柳方沼出新蒲酒熟拈巾漉芹荒帶
雨鋤行盤隨所有坐客幾時無日轉槐陰暮門通鳥徑迂
仰頭看哺鷇引手亦將雛撫事盆繅繭勞生戶轉樞形骸
浮大塊毛髮燎洪爐世論幾膠柱人心盡好竽屠龍非至
計射雉屈良圖借箸方隆漢推枰已滅吳從渠畫麟閣吾

自著潛夫

季夏游赤壁偕子言諸公　明王廷陳

六月軒楹敞三分割據雄江廻城抱日艦火岸餘風詞賦留天上旌旗在眼中霸圖今已歇幽賞幾回同檻外鳧鷗亂尊邊雲霧通松杉盤虎穴臺榭接龍宮早歲辭朱紱兹遊感數公願言攜桂楫常此狎漁翁

國朝

庚子中秋劉雲麓父母邀集玉臺山　王一翥

靚岫延芝閣蒼淺繞玉臺海棠移釣碣松子落空槐雲映

嵩垍彩香沉衡嶺苔咽蘆高雁緲濕葛紫藤隈莫怨幽桐遠還歌黃鳥哀蘄西非帝里隱吏即仙才結桂佳期邈招朋秘夢催靜篁翔寶燭宿華灑芳埃白扇搖圓魄青莎洗舊杯鑪羃稽叔夜煙擁賀方回忽聽仙人語虛逢石户開金鵝飄井翰獨往或重來

十六日微雨過清泉寺十二韻　王一翥

細雨尋泉脉荒城客易招海棠歌欸欸石竹熄蕭蕭荒籟環蓮沼征鴻度柳橋唐鑾餘刼火晉筆洗瓊瑤妙賞香風邃潛盤古衲瓢夙交同眺望遺事述元寥賃食楓舟挽鋤金晼菜蕘三墳思皞燧七笈疑松喬君子溪耕願高人野嘯逕丹崖滑入洞虚岫濕凝霄書幌穿晨汲飈雲借晚樵問誰悲緒切蟾影亂雲飄　吳縈祉癸巳同採蒲詩躬耕君子事遠嘯會有時故云

五言絶

黃州竹徑　唐杜牧

竹岡盤小徑屈折鬬蛇來三年得歸去知遶幾千廻

送安節　宋王安石

日淨山如染風暄草欲熏梅殘數點雪麥漲一溪雲

送安節姪　蘇軾

索漠齊安郡從來着放臣如何風雪裏更送獨歸人

黃州赤壁　元丁鶴年

橫槊英聲遠聞簫逸興長至今風月夜鶴夢遶黃岡

煙波亭　明吳琳

漢水連天濶江雲護曉寒青青山數點正好倚欄看

黃州　李夢暘

日落清江遠光搖赤壁山無人說吳魏來往釣舟閒

至李坪驛始見竹筏上居民連亘三十餘家云隨流上下作簞治板行販　王世貞

何必問故鄉浮家任儂任一夜便風來盡呼鄰里去

過弘化菴四首　茅瑞徵

閒尋郊外游載酒山前寺幾處寒雲生雲卧人時至
蕉影橫窗綠鍾聲引梵長坐看秋色老簾外月如霜

題城山醒酒石　何彬然

醉枕石頭眠清磬松間響醒來天問我悠悠發深想

遊東山　何遷

白日青林中行覓石髓食夜來山雨過沙上有虎跡
遲回古洞旁誰是觀心者一見白雲生忘言秋月下

靈潤橋八首　劉南金

水氣何氤氲星螮夜相薄西風似有情散作霜花落
試叩碧流痕泠然動清響驚開石上雲飛去松花上
道人臨水渴一飲卽成酣欲問飲時味沉吟不解譚
坐見石光飛瀑音亂花徑應有石中人慇懃奏笙磬
誰把天漿溢仙人不復掃一洒秋塵空千峰顏色好
每到月明時似有江潮送青山不可收白鶴閒相弄
時呼洗藥僧共卧青湍背那知禪夢中誤道天花碎
怪得石橋路無風雪自沉夕陽涼易足聽罷素心逈

國朝

望東衢殘雪　劉醇驥

偶望東衢頂寒光射日來想知前夜雪留傍讀書臺

黄州除夕　宋犖

歲除官愈閒不復親文牒長嘯向高齋磨墨寫門帖

七言絶

齊安郡後池　唐杜牧

菱透浮萍綠錦池夏鶯千囀弄薔薇盡日無人看微雨鴛
鴦相對浴紅衣

齊安郡中偶題　杜牧

兩竿落日溪橋上半縷輕煙柳影中多少綠荷相倚恨一
時迴首背西風

蘭溪　杜牧

蘭溪春盡碧泱泱映水蘭花雨後香楚國大夫顦顇日應
從此路達瀟湘

過清泉　劉禹錫

珠圍蹴歡與未賒賡詩者若坐蓮花上人我亦忘機者歟
桃相將到日斜

洛中春末送杜錄事赴蘄州　劉禹錫

樽前花下長相見明日忽爲千里人君過午橋回首望洛城猶自有殘春

破額山　柳宗元

破額山前碧玉流騷人遥駐木蘭舟春風無限瀟湘意欲採蘋花不自由

東坡　宋蘇軾

雨洗東坡月色淸市人行盡野人行莫嫌犖确坡頭路自愛鏗然曳杖聲

南堂五首　蘇軾

江上西山半隱堤此邦臺館一時西南堂獨有西南向卧看千帆落淺溪

暮年眼力嗟猶在多病顛毛却未華故作明窻書小字便開幽室養丹砂

他時雨後困移牀坐厭愁聲點客觴一聽南堂新瓦響似聞東塢小荷香

山家爲割千峯蜜稚子新畦五畝蔬更有南堂堪着客不憂門外故人車

掃地燒香閉閤眠簟紋如水帳如煙客來夢覺知何處挂起西窻浪接天

次韻子瞻臨皐新葺南堂五絶　蘇轍

江聲六月撼長堤雪嶺千重過屋西一葉軒昻方斷渡南堂瀟散夢寒溪

旅食三年已是家堂成非陋亦非華何方道士知人意授與爐中一粒砂

北牖淸風正蒲床東坡野菜漫充腸華池自有醍醐味丈室仍聞薝蔔香

鄰人漸熟容賒酒故客親留爲種蔬住穩不論歸有日船通何患出無車

客去知公醉欲眠酒醒寒月墮江煙牀頭復有三升蜜貧困相資恐是天

君子泉　黄庭堅

雲夢澤南君子泉水無名字托人賢兩蘇翰墨相爲重未刻他山世已傳

黄州道中　崔鶠

莫愁微雨落輕雲十里長亭未埶巾流水小橋山下路馬

頭無處不逢春

陸羽茶泉　王禹偁

甃石封苔幾尺深試嘗茶味少知音惟餘夜半泉中月留
照先生一片心

贈蘄簟與潞公　范純仁

雙文封卷如筒小六月鋪張蒲榻寒曾是吐茵狂醉客敢
塵齋閣玏清歡

寄夏倪翁　林敏功

嘗憶他年接緒餘先生落魄我迂疎溪橋幾換風前柳僧

壁猶餘醉後書

復瀘凱歌　梅應春

重壁山前瑞色開浮環夜渡撓騎來一旗金鼓轅門曉喚
得蒲城生意回
休說朝家奏報遲平生忠孝鬼神知但留一片赤心在會
有天回地轉時

辭薦舉　梅國淳

野人不慣服冠裳散髮披襟興味長他日麒麟應有緉願
留蘓武牧羝羊

過擱江磯（即茶房石在陽邏江中）　明　陶安

朝來東北好風生吹得雲帆似葉輕穩向擱江磯觜過怒
濤噴薄不須驚

夜宿蘓公洗墨池亭　趙貞吉

江空草綠酒旗風半醉黃州煙雨中五百年前曾洗墨依
稀猶記雪堂東

三江口　吳國倫

孤舟落日下江關夜聽江聲逝後還逆浪捲空摧赤壁黑
雲將雨過樊山

元旦出郭至柯山園觀梅　陶允宜

一年不到避喧堂庭竹蕭疎砌草荒幸有小梅三百樹春
風無恙倚新裝

赤壁四絕之一　茅瑞徵

浪指開山自五丁秋風凄瑟暮雲平赭圻赤岸千年色猶
有雄濤撼石城

題斗方山　朱以榮

何年開闢此山來巉石凌空噴雨雷最是白雲深姤客只
教煙霧鎖寒苔

國朝

山中聞於文言信　王一翥

南昌沙岸舊堤荒疑盼虔州掩劍光只剩文山千點淚寒
雲壓作柹頭霜

過黃州　王一翥

綠楊啼鳥不曾來只築荒城莫築臺夜半江聲聽不盡何
書宅後海棠開

雪堂　劉子壯

四壁冷冷畫雪圖到來應有古心俱未知堂上登臨者得

似當年二客無

濯港　王士禎

網埠寺前風物幽漁人網集亂汀洲阿誰識取源頭水破
額山前碧玉流

石潭秋月歌六首之二　奚祿詒

黃閣門前野草秋文昌隄上白蘋流可憐一片巴江月獨
照潭前欸乃舟

面面垂楊燕子磯東流江水幾時歸不知月色能多少長
傍磯頭燕子飛

鮑照讀書臺　金德嘉

山鷄啼徹九天聞萬里芙蓉五色雲臺下青青書帶草至
今人識鮑參軍

積步磯　金德嘉

長風山口白雲飛月滿滄江積步磯直釣幾年魚不得江
流脉脉送人歸

新州　陳大章

新州曾是古邾城遺事空傳故址平莫道長沙封最小儘

將功業讓韓彭

齊安名郡自蕭齊廢苑人耕鳥亂啼一線長江天設險至
今詒笑庾征西

江天一覽亭　王心敬

江城雨霽春風開樹裏樓臺江外山莫道茅亭官舍近城
頭姑射此亭間

西亭感興呈華西先生八首之二　王心敬

春風桃李盡芳顏花落公庭訟自閒莫向山頭尋姑射使
君公署有仙山

春晴雲盡楚江天惠日清風萬里煙漫羡蘇公銘孟震重

題君子待新泉

遊赤壁讀賈可齋太守石刻留題　王心敬

處處登臨見手題春風憶舊毎生悲黃州墨妙留名勝盡是他年墮淚碑

春草亭　陳大肇

萋萋春草漾春風緬想當年燈火紅鐘鼎三朝垂盛烈勳名只在讀書中

詩餘

綠楊橋詞　宋蘇軾

照野瀰瀰淺浪橫空曖曖微霄障泥未解玉驄驕我醉欲眠芳草　可惜一溪明月莫教踏破瓊瑤解鞍欹枕綠楊橋杜宇數聲春曉

金縷歌六疊　梅應春

楚幕占烏喜望西來曉起星流凱聲盈耳神臂山頭金城峙誰遣熊羆健士半夜向空中飛墜江表功臣風雲起肯鯨鯢腥却龍堆水唐號令漢仁義　岷峨萬古浮天翠管從今挽起銀河洗清玉壘露布朝馳蒼龍闕三殿驩呼動地看中使傳來褒璽虎拜稱觴聖天子對九重春色仙桃醉丹扆近紫垣邃

獨倚東西帥記年時兩柱巍峩共撐天地指望凌雲山九頂障住錦江狂沸誰料得元規塵起當午陽光成陰翳更一時血染三瀘水終古恨壯夫淚　功名自是英雄事有魚臺貫日精忠指天爲誓白馬銅盤傳三矢南八男兒死耳算底用偷生餘子咫尺神明能知此看靈旗所向皆如意㤥宛洛是吾志

蜀道難如許問蒼天西極將傾有誰撐住千載孤忠雎陽老慷慨平生自負要虎穴擒將元虎意氣軒軒吞秦隴看

強兵猛將如風雨隨指授見攻取　金泉談笑搴旗鼓任東征西討收功凱書無數玉闕雲深重壁外鐵鏁橫遮江路元不抵周郎一炬更有渡瀘諸葛表倩秋風吹上丹墀去淸玉壘報仁王

黃州府志卷之十九終

黃州府志卷之二十

知黃州府事關中王　勍纂輯

雜志

祥異

九年水七年旱堯湯之聖已然穀拱雉雊乃在中高二宗之世固知災眚之見正上天所以開帝王之修德行仁也夫洪範庶徵原與五事相叶應則醴泉膏露罷車之叠出又寧有異道歟

晉

大興元年春二月西陽地震

唐

貞觀十四年黃州進紫芝白兎　太和八年蘄州湖水溢

宋

乾德三年七月蘄州大雨水　四年九月芝草生麻城縣堂　淳化元年六月黃梅縣掘口湖漲壞民田廬舍皆盡江水漲二丈八尺　至道二年四月蘄州甘露降於麟鳳山　咸平三年八月黃州群鷄夜鳴至冬不止　十月黃州西北雷聲如盛夏時　天聖三年二月蘄州榷貨務火　明道元年八月黃州竹及橘木柿木連枝　紹興元年蘄州旱詔免租　乾道三年六月蘄州水壞苗稼漂人畜　淳熙七年蘄黃大旱　紹熙元年蘄州旱　二年蘄州饑　嘉定六年正月燈夕黃梅黑雲暴作覿面莫辨遊人踐踏死者無數　十四年正月乙未地夜震大雷金人乘震破蘄州　寶慶二年三月蘄州火　端平三年三月蘄州大雨水

元

大德三年黃州旱　五年蘄州之蘄春廣濟蘄水旱　十年七月黃州饑　延祐七年六月黃蘄二郡旱　至治元年蘄水饑　至元七年五月黃州大水　至正九年夏秋蘄州大水傷稼　十二年蘄州黃州大旱人相食　十三年蘄黃大旱疫

明

洪武十年正月黃梅麻城夜雨黑水如墨　宣德元年黃梅大水麻城自正月不雨至六月　正統十一

年黃梅大旱　十四年麻城大旱　成化九年麻城大水　十五年九月黃梅地震　弘治元年蘄州大旱麻城大旱疫　十一年自四月至明年正月黃岡不雨有鴉啣火裹絮以翼扇焰居民露宿　十七年蘄州大旱免田租之半　正德元年黃州大旱　二年麻城大水　三年黃州大旱　四年夏黃州旱　六年七年八年連年大旱民窮盜起流亡衆多　十一年十二月麻城熊飛過縣至北郊獲之　十三年黃州大水饑　十四年五月黃州雹如鷄卵壞民舍

嘉靖二年五六月不雨苗盡槁奏免田租有差麻城虎食人　五年麻城民宋氏婦生兒兩頭四臂四足　六年蘄州旱諭有司賑給極貧人戶　九年八月黃岡大水　十三年麻城菜花不實皆生人物禽蟲龍鳳之形　十四年蘄水大旱　十七年六月羅田河暴溢大水入城民多溺死　十八年蘄州大水　二十三年黃岡黃梅大旱　二十七年三月麻城豕生子異形一牛首項有肉角一猿首一豕首　三十二年五月麻城黃岡道觀河見水怪大雨水溢民溺死者以千計　三十三年蘄水麻城大旱冬麻城大疫　三十六年麻城大水沒雉堞　三十九年四月蘄水大水　九月黃岡大水　四十四年麻城飛蝗蔽日　四十五年黃梅大水　四十六年七月麻城有火星降於白田畈着草木卽然　隆慶五年蘄州大雨雹是歲大饑　六年二月黃梅雨雹破屋瓦殺禽獸　萬歷元年三月黃州田鼠食禾殆盡秋廣濟大旱　二年春二月黃岡地震　十三年黃州淸源門災　十六年黃州大旱人採木皮以食饑

死者甚衆　十七年黃州郡縣復大旱　十八年夏四月黃岡雨雹如磚纔復大疫　十九年黃岡大有　二十四年黃州府學文廟災　三十二年黃州府治災　春蘄州大泉山東南裂百餘丈濶二丈至崇禎初始漸合　三十三年黃岡地震　三十四年黃岡大水　三十六年夏黃州大水舟入城羅田民家牛產麟肉角文身金光滿室怪而斲斃之　四十一年蘄州廣濟大水　四十二年羅田蝗食苗　黃州大旱四月初二黃州地震　四十三年黃安蝗　四十

五年黃安飛蝗害稼　四十六年黃安蝗復爲災大旱　四十八年七月蘄州夜見白氣長數丈起東北止西南至八月乃滅　天啟元年春正月黃州郡縣大雪四十餘日人多凍死　七年蘄州田鼠害稼

崇禎二年三月天下地震蘄黃尤甚一日五震有聲如雷屋瓦揺墮夏又震十月又震　蘄州麻城大饑六年蘄黃地震　七年蘄黃地又震　三月戊子黃州晝晦如夜　八年冬蘄黃地大震　九年黃安紫雲寨兵刃有火　十一年秋黃安有野彘突入城

十二年黃州鼠食禾渡江五六日不絕　十三年三月蘄州城隍廟古鐘自鳴　五月蘄州雨土黃霧四塞旬日始霽　八月西門旗杆上出火大如斗飛落於地　十四年黃州郡縣蝗大饑繼以疫人相食廣濟胡是恭家馬生角八寸從耳中出　十六年正月二十五日蘄州黑風四起大雪明日賊陷蘄州黃州清源門五日夜鬼哭

國朝

順治三年黃安趙家山石驟長　五年廣濟民家牛生五角或出背上耕如常　九年正月朔旦黃屬震雷大雪十五日黃岡上五鄉雨黑水如墨汁自正月至二月郡縣地屢震是歲大旱　十三年黃州郡城教場有白氣起平地蜿蜒如龍至空不見　十四年十月蘄州城內鴉啣火集人屋屢災

康熙元年秋黃岡旱有司賑恤　二年復旱賑恤如元年　六年春夏黃州郡縣旱賑恤　七年五月麻城大水衝圮城墻二十餘丈　二十四年黃岡蘄水麻城黃梅廣濟羅田水賑穀　二十九年黃岡黃安

蘄水羅田蘄州黃梅廣濟饑賑穀　三十二年黃岡蘄水蘄州黃梅廣濟旱蠲賦　三十三年黃岡蘄水蘄州黃梅廣濟旱賑穀米　三十九年三月十六日黃州地震　四十七年蘄州黃梅廣濟水旱蟲鼠災蠲賦賑穀　四十八年秋旱赤山潭居民掘地得魃擊殺之遂雨　冬麻城縣民陶有光妻張氏一產三男　四十九年八月初三日地震　五十五年黃梅廣濟水蠲賦賑穀

雍正四年黃梅大水蠲賦賑米　五年黃岡蘄州廣

濟並黃州蘄州二衛大水蠲賦賑米

乾隆二年麻城大水

兵事

傳云天生五材民並用之誰能去兵兵之用久矣黃自春秋迄於明季流賊之亂戎馬之所蹂躪艟艨之所震盪無代無之民生塗炭可勝言哉不觀搶攘之會歆和食德者幾忘帝力於何有也

周惠王二十二年爲魯僖公之八年楚鬭穀於菟滅弦弦子奔黃於是江黃道柏方睦於齊皆弦姻也弦子恃之而不事楚又不設備故亡 見左傳

按歷代地理志江國在汝寧府新息縣西南八十里安陽故城黃國在今光州界或以江夏黃岡二縣爲古江黃二國者似失考

敬王十四年爲魯定公之四年蔡侯吳子唐侯伐楚舍舟於淮汭自豫章與楚夾漢司馬戍謂子常曰子沿漢而與之上下我悉方城外以毀其舟還塞大隧直轅冥阨子濟漢而伐之我自後擊之必大敗之既謀而行武城黑謂子常曰吳用木也我用革也不可久

也不如速戰史皇謂子常楚人惡子而好司馬若司馬毀吳舟於淮塞城口而入是獨克吳也子必速戰不然不免乃濟漢而陳自小別至於大別三戰子常知不可欲奔史皇曰安求其事難而逃之將何所入子必死之初罪必盡說十一月庚午二師陳於柏舉闔廬之弟夫槩王晨請於闔廬曰楚瓦不仁其臣莫有死志先伐之其卒必奔而後大師繼之必克弗許夫槩王曰所謂臣義而行不待命者其此之謂也今日我死楚可入也以其屬五千先擊子常之卒子常之卒奔楚師亂吳師大敗之 見左傳

按名勝志麻城縣東北三十里有黃柏山東南有舉水柏舉之名蓋合柏山舉水而得之

後漢和帝永元十三年巫蠻許聖等以郡收稅不均懷怨恨遂屯聚反叛明年夏遣使者督荊州諸郡人討之聖等乞降悉徙置江夏靈帝建寧二年蠻叛州郡討平之光和三年復反與廬江賊黃穰相連結十餘萬人攻沒四縣寇患累年廬江太守陸康討破之餘悉降散 時西陽屬江夏郡此西陽蠻所自始也見漢書蠻夷傳

按南史豫州蠻廪君後也西陽有巴水蘄水浠水赤亭水西歸水謂之五水蠻所在並深阻種落熾盛歷世爲盜賊北接淮汝南極江漢地方數千里

按赤亭水即舉水水經注舉水經赤亭下又謂之赤亭水又分爲二水南流注於江謂之舉口南對舉洲

建安二年袁術僭號曹操征之術走渡淮留其將張勳橋蕤於蘄陽以拒之操擊斬蕤勳退走通志

吳黃武初吳晋宗爲蘄口將以衆叛如魏還爲蘄春太守

圖襲安樂取其保質孫權以爲耻六月盛夏出其不意遣賀齊督麋芳鮮于丹等襲蘄春遂生虜宗見吳志賀齊傳

魏太和二年滿寵領豫州刺史三年春降人稱吳大嚴揚聲欲詣江北獵孫權欲自出寵度其必襲西陽而爲之備權聞之退還見魏志滿寵傳

漢後主延熙二年吳陸遜取魏邾以兵三萬戍之時吳赤烏四年見通志

晋太興初陶侃爲武昌太守時天下饑荒山夷多斷江劫畧侃令諸將詐爲商船以誘之劫果至生獲數人是西陽王羕之左右侃即遣兵逼羕令出向賊侃整陣於釣臺爲後繼羕縛送帳下二十人侃斬之自是水陸肅清見晋書陶侃傳

咸康五年毛寶爲豫州刺史與西陽太守樊峻以萬人守邾城石季龍惡之乃遣其子鑒與其將夔安李菟等五萬人來寇張貉渡二萬人攻邾城寶求救於庾亮亮以城固不時遣軍城遂陷寶峻等率左右突圍出赴江死者六千人寶亦溺死見晋書毛寶傳

咸和初陶侃以荆江二州刺史鎮武昌議者以武昌北岸有邾城宜分兵鎮之侃每不答而言者不已侃乃渡水獵引將佐語之曰我所以設險而禦寇正以長江耳邾城隔在江北内無所倚外接羣夷夷中利深晋人貪利夷不堪命必引寇虜乃致禍之由非禦寇也且吳時此城乃三萬兵守今縱有兵守之亦無益於江南若羯虜有可乘之會此又非所資也及庾亮戍之果大敗見晋書陶侃傳

五年鄧嶽爲西陽太守郭默之殺劉應也大司馬陶侃

使嶽將西陽之衆討平之見晉書鄧嶽傳

宋元嘉二十八年西陽蠻緣江爲寇遣太子步兵校尉沈慶之等伐之使武陵王駿總統衆軍三十年正月武陵王出次西陽之五洲見南史沈慶之傳

齊昇明二年沈攸之反圍郢州遣其將公孫方平據西陽以劉懷珍持節督豫司二州郢州之西陽軍事遣建寧太守張謨游擊將軍裴仲穆帥蠻漢軍萬人出西陽破方平軍數千人收其器甲見陳書劉懷珍傳

中興元年長史王茂太守曹景宗圍郢州東昏侯遣寧

朔將軍吳子陽軍主光子衿等十三軍救郢州進據巴口西臺諸將欲分兵以襲西陽武昌高祖曰西陽武昌取便得耳得便應鎮守守兩城不減萬人糧儲稱是卒無所出脫賊軍有萬人攻一城兩城勢不得相救若我分軍應援則首尾俱弱如其不遣孤城必陷一城既沒諸城相次土崩天下大事去矣若郢州既拔席捲沿流西陽武昌自然風靡何遽分兵散衆自貽其憂及郢州下兩郡俱降見梁書武帝本紀

二年遣軍主吳子陽率衆取三關魏東豫州刺史田益宗遣光城太守梅興之步騎四千進至陰山關南八十餘里據長風城逆擊子陽斬獲千餘級梁建寧太守黃天賜築城赤亭復遣其將黃公賞屯於漴城與長風相持益宗使安蠻太守梅景秀爲之犄角擊破天賜獲其二城見魏書田益宗傳

梁天監二年魏長風戍主奇道顯取梁陰山白藁二戍綱目

三年遣豫州刺史馬仙琕永陽戍主陳可等率衆一萬於三關南六十里因山起石名爲竹墩遣輔國將軍濟陰太守藺沛以精卒二千戍之後於關南四十里

麻陽舊柵起城仙琕輕騎東西爲之節度關南之民多懷觀望魏郢州刺史司馬悅令西關統軍諸靈鳳掩擊敗之盡燔其城樓儲蓄擒藺沛及其軍主劉靈秀見魏書司馬悅傳

普通八年夏侯夔自西陽武昌二郡太守遷司州刺史帥壯武將軍裴之禮直閤將軍任思祖出義陽道攻平靖穆陵陰山三關克之見梁書夏侯夔傳

太清二年侯景遣兒子思穆據守齊安西陽太守周炅率驍勇襲破思穆擒斬之見陳書周炅傳世祖又命西荆州

刺史杜幼安率精甲一萬助左衛將軍徐文盛東討至貝磯遇景將任約來逆遂與戰大敗之斬其儀同叱羅子通等傳首江陵乃進軍大舉口與景相持別攻武昌拔之景渡蘆洲上流以壓文盛等幼安與衆軍攻之景大敗盡獲其舟艦見梁書杜幼安傳

陳大建五年西陽太守周炅隨吳明徹北討所向克捷齊遣尚書左丞陸騫以衆二萬出自巴蘄與炅相遇炅留羸弱輜重設疑兵以當之身率精銳由間道邀其後大敗騫軍虜獲器械馬驢不可勝數進攻巴州克

之於是江北諸城並誅渠師以城降進炅散騎常侍追炅入朝初蕭詧定州刺史田龍升以城降陳以爲鎮遠將軍定州刺史封赤亭王及炅入朝龍升以江北六州七鎮叛入於齊齊遣歷陽王高景安帥師應之於是令炅爲江北道大都督總統衆軍以討龍升龍升使弋陽太守田龍琰帥衆二萬陣於亭川高景安營於木陵陰山爲其聲援龍升引軍別營山谷炅乃分兵各當其軍身率驍勇先擊龍升龍升大敗龍琰望塵而奔並追斬之高景安遁走盡復江北之地見陳書周炅傳

隋開皇九年以周法尚爲黃州總管上降密詔使經畧江南伺候動靜及伐陳之役以行軍總管隸秦孝王率舟師三萬出於樊口陳城州刺史熊門超出師拒戰擊破之擒超於陣隋書周法尚傳

唐興元元年李希烈反淮南泝江徇地節度使曹王皐討之遣將伊慎爲先鋒與賊夾江陣賊柵蔡山不可拔皐聲言西取蘄引兵艦循厓泝江上賊聞以羸卒保柵悉軍行江北與皐並西去蔡山三百里皐遣步士

悉登舟順流下攻蔡山拔之間一日賊救至大敗遂下蘄州平黃州兵益振天子在梁州包佶轉東南財糧次蘄口賊遣驍將杜少誠以兵萬人遏江道不得西慎選士七千列三屯相望偃旗以待少誠分圍之未合慎自中屯鼓之諸屯悉出奮擊賊亂少誠走斬別將許少華漕無留難拜慎爲安黃節度使貞元末詔安黃爲奉義軍即爲奉義節度見唐書曹王皐及伊慎傳

乾符五年招討副使曾元裕破斬王仙芝於黃梅見通鑑

中和中越州刺史路審中爲董昌所拒走客黃州及鄂

州刺史崔紹卒審中募士三千人入鄂州以守光啟
二年安陸賊周通率兵攻審中審中亡去時杜洪據
岳州乘虛入鄂自爲節度留後永興民吳討據黃州
洪自將擊之乞師淮南楊行密遣朱延壽助洪洪引
還延壽拔黃州俘討獻京師並拔蘄光二州以瞿章
守黃州朱全忠將朱友恭來攻行密遣將馬珣助章
守之
周顯德二年周主自將攻唐淮南蘄州裨將李福殺其刺
史王承儁降周 俱見五代史南唐世家

三年唐將朱元等復取舒和蘄州初唐人以茶鹽強民
而徵其粟帛謂之轉徵又興營田於淮南民甚苦之
及周師至民奉牛酒迎勞而將相不之恤專事俘掠
民皆失望相聚山澤操農器爲兵積紙爲甲時人謂
之白甲兵周兵討之屢爲所敗所得諸州復爲唐有
見綱目
五年周世宗臨江遣水軍擊唐兵破之唐主遣使獻舒
廬蘄黃四州地畫江以爲界周師乃引還 見綱目
宋建炎二年東平軍校孔彥舟作亂寇黃州四年諭降之

見綱目
紹興元年招討使張俊引兵渡江至黃梅縣親與李成
戰成據石幢坡憑山以木石投人俊先遣游卒進退
若爭險狀以誑賊俊親冒矢石帥衆攻險賊衆數萬
俱潰成敗走 見宋史張俊傳
嘉定十二年金人寇淮西遂自光州犯黃州之麻城知
楚州賈涉使李全救却之 見宋史賈涉傳
十四年金將僕散安貞出息州奪洪門山柵統制黃某
團兵五千保黃土關堅壁不出安貞遣輕兵分爲左

右軍潛登別以兵三千直逼關門翼日左右軍會於
山巔俯瞰關內守關者望之駭愕不能立中軍急攻
奪黃土關遂入梅林關拔麻城縣抵大江至黃州克
之進克蘄州前後殺掠不可勝計 金史僕散安貞傳
端平二年孟珙知光州兼知黃州三年珙至黃增埤浚
湟蒐討軍實邊民來歸者日以千數爲屋三萬間居
之厚加賑貸又慮兵民襍處因高阜爲齊安鎮淮二
砦以居諸軍創章家山毋家山兩堡爲先鋒虎翼飛
虎營兼主管內安撫司公事節制黃蘄光信陽四郡

軍馬元兵攻蘄州珙遣兵解其圍宋史孟珙傳
嘉熙元年授孟珙鄂州諸軍都統制元將口溫不花入淮甸蘄守張可泰委郡去元將張柔取光州遂進趨黃州破三山寨至大湖中得戰艦沿江接戰壁於黃州西北隅有乘舟出者柔曰此偵伺我隙者也夜必襲吾不備乃分軍爲三以待之二鼓時宋師果至柔邀擊之俘數百人攻其東門矢如雨注軍少却柔率死士十餘奮戈大呼所向仆踣執俘而還及珙入城軍民喜曰吾父來矣駐帳城樓指畫戰守全其城斬

逗留者四十九人以徇諸將士彌月苦戰病傷者相屬珙遣醫視療士皆感泣宋史孟珙及元史張柔傳
開慶元年八月元世祖忽必烈入大勝關次黃陂得宋沿江制置司榜有云今夏諜者聞北兵會議取黃陂民船繫杙出陽邏堡以渡會於鄂州世祖曰此事前所未有願如其言辛丑晦師次江北元將董文炳下臺山寨師次陽邏堡宋兵築堡於岸陳船江中軍容甚盛文炳請於世祖曰長江天險宋所恃以爲國勢必死守不奪其氣不可臣請嘗之即與敢死士數百人當其前率弟文用文忠載艨艟鼓櫂疾趨叫呼畢奮鋒旣交文炳麾衆趨岸搏之宋師大敗輕舟報捷時世祖方駐香爐峰因策馬下山問戰勝狀世祖扶鞍起立竪鞭仰指曰天也元將張柔由虎頭關與宋兵遇於沙窩柔子弘彥擊破之進與守兵戰敗之遂渡江圍鄂州會憲宗崩乃班師還元世祖本紀及董文炳張柔傳
咸淳十年元將伯顏旣克襄陽兵至漢口淮西制置使夏貴等以戰艦萬艘分據要害都統王達守陽邏堡十二月伯顏戰艦萬計相踵而至屯布蒙古漢軍數

十萬於江北遂修攻具進軍陽邏堡伯顏遣人招之其將士皆曰我輩受宋厚恩戮力死戰此其時也安有叛逆歸降之理備吾甲兵決之今日我宋天下猶賭博孤注輸贏在此一擲耳伯顏揮諸將攻之三日不克伯顏乃謀於阿朮彼謂我必拔此堡方能渡江此堡甚堅攻之徒勞夜以鐵騎三千渡江襲南岸分遣右丞阿里海牙督萬戶張洪範忽失海牙析的迷失等先以步騎攻陽邏堡夏貴來援阿朮敗都統程鵬飛於中流遂得南岸阿里海牙繼遣張崇實解汝

桿等四翼軍舳艫相銜直抵夏貴伯顏揮諸將急攻破陽邏堡王達死之軍大潰數十萬衆死傷殆盡夏貴僅以身免走至白虎磯諸將請追之伯顏曰吾欲遣使前告宋人而貴走代吾使不必追也伯顏登武磯山大江南北皆元軍也諸將議所向或欲先取蘄黃阿朮曰若赴下流退無所據先取鄂漢雖遲旬日可爲萬全計伯顏從之既克鄂州十一年春正月癸酉朔阿朮師至黃州甲戌沿江制置副使知黃州陳奕降伯顏遣呂文煥陳奕以書招蘄州安撫使管景

模復遣阿朮以舟師造其城下癸未伯顏至蘄州景模亦降 元史伯顏及阿朮傳

景炎三年淮西義士野人原寨主劉源司空山寨民傅高淮人張德興起兵應文天祥復黃州未數月元將襲破司空山殺張德興及傅高黃州復陷 文文山集及蘄州志

元至正十一年羅田徐壽輝兵起壽輝羅田人又名眞一業販布袁州僧彭瑩玉以妖術與麻城鄒普勝聚衆爲亂用紅巾爲號奇壽輝狀貌遂推爲主九月陷蘄水及黃州路敗威順王寬徹不花遂即蘄水爲都稱皇帝國號天完建元治平以普勝爲太師倪文俊爲丞相明年江浙平章政事卜顏帖木兒等討壽輝於蘄水破之壽輝走免獲其官屬四百餘人已而復熾遷都漢陽爲其丞相倪文俊所制十七年文俊謀弒壽輝不克遂奔黃州陳友諒隸文俊麾下數有功爲領兵元帥遂乘釁殺文俊並其兵 明史徐壽輝傳

明弘治八年河南固始賊盤據山谷僭稱王寇麻城羅田等處

正德四年麻城土賊據仙姑洞大肆擄掠

七年三月河北賊趙鐩劉惠別部賈勉兒寇羅田官軍擊敗之沿途潰散鐩薙髮爲僧逃至江夏縣飯村店獲之送京師伏誅五月賊劉六劉七勢益衰自河南取道麻城至團風奪舟入江殺都御史馬炳然登陸焚漢口爲官軍所敗劉六中流矢赴水死劉七等仍入舟自黃州順流抵鎭江至通州颶風大作棄舟走保狼山官軍蹙之劉七亦赴水死賊盡平

嘉靖三年麻城土賊胡廷鳳據西山每至秋寇岐亭提學副使許宗魯撫諭之乃退遂城岐亭立捕盜通判

署並鐵壁關巡檢司以上俱縣志

十八年十一月羅田盜張友讓殺多雲鎮巡檢許昂友讓羅田人與弟友勇友忠等同六安人楊道富聚衆千餘人刼掠鄉里縣令祝翊設計捕獲友讓及其餘黨惟友忠遯走六安州九龍灣與丁堯山等復收餘黨出沒六關爲害尤熾翊捕獲堯山令許昂擣賊巢穴賊方大吉等從徑路突出昂被殺巡撫陸杰奏遣判同翊領兵討平之羅田縣志

萬歷十六年戊子蘄黄大饑黄梅賊劉少溪余孟新等

倡亂焚掠鄉村時兵戎久弛人心揺動知州徐希明設法防禦州判陳策死之事聞上命湖廣巡撫南京操江御史合勦三月會兵蘄州凡九閲月討平之

崇禎七年流賊始渡河寇江北地方八年春二月掠麻城敗官軍于陰山阪雷馬二將軍死之自是蹂躪地方往來如織然未嘗攻城止肆野畧各鄉依山結寨相保聚官軍坐視不援節錄舊志

八年正月有賊數萬寇黄安焚殺甚慘二月流賊羅汝才闖塌天等陷羅田知縣梁志仁死之六月知縣白乃忠任縣事繕守備十二月流賊復從蘄水至乃忠同主簿周有德救援都司李懋功與賊戰於東門外殺賊二十餘人奪馬數匹賊始遁九月寇廣濟敗鎮草兵遂大肆焚殺知縣黄弘會走匿省志

十年二月流賊復寇羅田白乃忠統鄉兵與戰於北峰河口斬賊首五林冲坐山虎火礮殺賊三十餘人會天大雨礮不能施賊分路圍之殺鄉兵五十餘人四月賊盤據多雲寨乃忠於黑夜乘其不備攻破之生擒賊十三人獲馬十七匹賊遁走時經畧熊文燦總

兵左良玉招撫張獻忠一丈青等賊於蘄州荆府爲之置宴即中時良玉不主撫議後果有㲉城之叛省志

十三年流賊由河南詐稱官兵晝夜兼行襲陷羅田焚燬房屋殺擄殆盡

十五年七月初三日賊革裡眼率衆萬餘襲黄安破之

十二月二十三日賊張獻忠陷黄梅旋陷廣濟以上縣志

十六年正月二十日賊革裡眼復入黄安二十六日張獻忠乘雪夜陷蘄州遂於三月初五日陷蘄水二十四日破黄州城內外官民房舍盡燬凡賊所破城皆

驅婦女剷城尋殺之以填塹麻城人湯志者大姓奴也殺諸生六十人以城降賊五月破省城稱王設官至七月始拔營入蜀 節錄明史流賊傳

國朝順治三年東山土賊圍黃州初明末賊亂郡城殘破居民入山避亂者多據險結砦以防剽掠合黃岡蘄水羅田麻城共四十八寨在黃岡者王光叔易名甫楊維尙等各據一寨英王大兵在九江傳檄諭之不下副將線維綺破之光叔就擒名甫自歸維尙來降其黨陳于藻王接胥等逃匿不獲至是復煽亂圍郡

城副將唐國臣固守把總鄧克剛自蘄水赴援賊衆敗潰黃州解嚴時小李之亂鄖陽用兵巡撫檄調黃協兵往援千總田龍見素有異志鄧克剛亦以前功未賞同領兵赴省行至葉家洲激其衆叛百總朱鳳至省城告變巡撫遣兵來黃誅反者比至龍見克剛已叛入東山合陳于藻輩永寧還和慕義等鄉被害尤甚撫軍復遣兵會維綺往征明年秋始克之田鄧不知所終于藻仍逃匿不獲

五年三月九江寇水陸並進至蘄州之城南參將韓友出兵擊敗之 麻城人周承謨倡亂連延東南英霍等縣知縣徐鼎請兵討平之

六年二月蘄州上鄉土賊倡亂韓友領兵擊討之盡平餘黨

康熙十三年麻城人鮑世榮周鐵爪萬野于僧頓澈等作亂據龜峰山黃岡何士榮陳于藻等應之據東山時討叛賊吳三桂大兵在荆岳間知府于成龍同把總羅登雲率鄉兵禦之協鎮王宗臣時鎮蘄州遣千總李長武把總吳國禮領兵赴援至黃土岡遇賊官

兵據險劄營時賊雖衆而烏合無紀律官兵至蒼皇出應千餘人持火槍一呼齊發後復無繼成龍在山上望見麾官軍同鄉兵禦之國禮中火槍死何士榮就縛陳于藻降得賊僞印及劄付各名册按名追捕無遺者東山賊平 俱黃岡縣續志

二十七年五月二十二日督標裁兵夏逢龍叛陷省城旋陷漢陽府及黃陂縣六月朔日賊舟蔽江而下寇黃州時江水泛漲礮聲聞數十里終日不絕黃州副總兵阮述守北城捍禦兵卒多與賊通欵俄見清源

一字兩門皆豎立白旗逃不能制棄城走保蘄水知府蘇良嗣時在省署按察司篆知縣汪灝先期攜印遁賊不肆殺戮從賊者割辮髮爲識借賊勢抄掠富室搜求騾馬近城數十里多被其害賊據城兩月逢龍在金口爲提督徐治都所敗逃還省城僞總兵胡耀乾閉城不納先是黃岡諸生陳王謝素與逢龍善以事繫省獄及逢龍叛釋於獄贈以金送之歸曰事不成以子山中爲歸路及敗逃至王謝家八月鎮武將軍尼岱督滿洲兵討賊至黃州賊將迎降王謝率

鄉人縛逢龍至軍門磔於城東五里墩黃州平及大兵至省城賊開門迎降諸府縣悉平　新增

外志

仙釋

二氏之學儒者每難言之然而元空之教代衍其傳貝葉丹經彌天布地奚獨雙峯千歲鳳臺冲舉也哉善乎朱子之言曰因彼稊稗之有秋悟我黍稷之未熟隶而書之固非希心于福田利益也

周

黃梅　寶掌中印度人威烈王十二年降神左掌握拳七歲祝髮乃展因名魏晉間東遊此土旋至五臺復南歷衡嶽卓錫黃梅居雙峯遂成叢社後過廬山抵白下邂逅達摩訪南海復返雙峰自周威烈丁卯降生至唐高宗顯慶二年示寂實一千七十二年故稱千歲寶掌云

晉

麻城　麻姑麻胡秋女其父猛悍築城晝夜不止雞鳴乃息姑有恤民之心假作雞鳴群雞皆應衆工乃止父

覺欲撻之姑懼而逃入石洞修道後於城北石橋飛昇

黃梅　羅致福修道於縣北鳳凰臺一日有秀士以首疾來謁致福曰可俟我北郊毋驚人民尋往見一龍伏坎中斫其腦出白蜈蚣一傳以丹藥龍徐徐騰去後致福於元康中冲舉

南北朝

黃梅　宋益字儒上青州人爲番禺刺史棄官隱黃梅之黃齡洞有道術能役鬼神救疾元嘉末邑大旱縣尹

劉弼往洞禱求宋延入圍碁數日辭歸市朝已易後人立祠祀之

流支中印度人梁武時與達摩同來震旦示寂於多雲山譯經藏爲流支疏

唐

蘄州令珪三角山僧山多虎僧住此虎悉遯去因號伏虎禪師

白崖高溪寺僧有人願從其教曰汝凡胎也引入山澗刳滌五臟途入驚往視之尋覓弗獲惟見一石

齒刺山麓石上儼然白崖形其下刻詩云金殿重重鈴動風有龍飛入碧雲中晚來落盡山前雨人借僧房鶴借松

張祖師貞觀間人州有勝地爲妖神所據師至欲居其地布帨於地妖莫能舉遂居之妖怒推石擊師師以手承之輒成一龕今有掌跡

廣濟貴郎君名光輝母劉餉夫田間震雹晝晦有龍褰之異自是有娠三年而生即君不喜乳喜啑澗水數歲與羣兒嬉水中塹師詣河濱罵之忽雷雨霧冥山澗水起遂失郎君所在越數日忽自來踞於庭曰吾龍也三年將俱往至期果以父母去

三仙女何許陳三姓靈東鄉人結爲姊妹入山修眞大中元年雷雨作仙樂隱隱雲霧中遙見三女頁之莫知所之

黃梅張連翹女道士兒時汲水見井中生蓮花漸出井口採取數四遂墜井家人訝久不還往視見連翹立井中及出云儀甚日食數斗六七日後遂不食歲時或啖棗數枚年十八見天上雨黃藥三丸遽取

吞之立死有頃復甦覺力健神清辟穀不復食矣

道信姓司馬氏先是達摩尊者以其法傳二祖可可傳三祖粲信禮粲求解脫粲曰誰縛汝更求解脫乎遂大悟武德甲申歲返蘄春住破額山太宗三名不起後坐逝塟山畔謚大醫禪師

弘忍先爲破額山中栽松道者嘗請於四祖曰法可得聞乎祖曰汝已老脫有聞其能廣化耶若再來吾尚可遲汝乃去行水邊見一女子浣衣揖曰寄宿得否女曰我有父兄可往求之曰諾我卽敢行

女首肯之遂同山坐逝女周氏季子也歸遂孕父
母惡而逐之已而生一子以為不祥因拋港中泝
流而上漁者收養之啼不止明日母踪至啼忽止
漁者異而還之成童隨母乞食里人呼為無姓兒
後遇信大師得法嗣化於破額山壽七十有四示
滅建塔於黃梅東山謚大滿禪師徒慧能神秀遂
開南北之宗

道悟結茅於紫雲山即寶掌故址將新老寺有老人
前拜曰吾烏沙潭龍也寘法當死請救之道悟問

汝能易形乎曰能乃化小蟲伏襟帶間是夕雷雨
大作不能害明日老人拜曰非師幾腥此山矣請
助工水取之井米取之石如其言寺成乃止是為
雲門禪宗之祖

道初為五祖侍者住龍華寺機辨駿捷門人罔知造
詣一日謂衆曰昨日離城市白雲空往還松風淸
耳目端的勝人間有頃脫然而逝

宋

黃岡 丐者趙生敝衣蓬髮好飲酒一見能道人宿疾與平
生善否蘇轍謫筠生來見自言百二十七歲其臍
上有骨如龜殼心下有骨如劍刃論養生養性之
術轍大異之來黃州謁蘇軾留半載至興國爲縣
隄死楊繪葬之後有蜀僧來京謁大蘇云於雲安
酒家遇一丐者姓趙言在黃州識蘇學士詢其狀
與生無異與國守朱彥博子在坐歸語其父發瘞
視之惟一杖及兩脛骨存

麻城 土主神張姓行七元末來自蜀毀沿江淫祠陷麻城
獄一日火發自言能止火惟須白馬朱棒如其言

出之乘馬揮棒棒所指火隨滅因躍馬至望仙橋
奄然化去後人建祠祀焉宋封紫微侯明封助國
順天王

黃梅 劉仙女居縣東寄峯之側女未笄父出耕豫言陰晴
宜持簑與否後入山不知所在土人祠之

明

黃岡 柳夫人其先蜀人祖秉忠父正皆仕元夫人生而靈
異齔年遭賊刃無所傷稍長好道及讖緯術歸龍
氏且有子矣父謀抗明兵夫人言天命有在不聽

與皆敗死夫人爲俘洪武恩詔放還溯行江上舟至陽邏虎頭磯愛林巒幽奇洲渚環向遂請地於官許之夫人入山踞巔績麻七日有叟翛然袖符籙一卷授夫人曰明此役鬼神驅六丁矣是夕風雷拔木鷙獸潛藏乃剪荆榛而居焉適鄧將軍愈討麻陽道過陽邏微服往見夫人獨目之曰將軍何不與乎愈令軍中知法術者與之角皆禁不得試夫人知愈輕麻陽乃曰將軍無輕敵脫有急吾當助之愈問其徵曰羣鴉作陣愈進討果失利天

忽冥晦羣鴉翔集見夫人緋衣躍馬空中霹靂山震轉石揚沙乘之大勝麻陽遂平歸奏太祖賜封妙真夫人後夫人欲建泰嶽祠而難其材值木筏蔽江而下乃以一絲繫績具筏膠不行商乃輸木建祠磯上後年九十解去

蘄水　柳道人竹瓦店農人也得異術乃掘土室可容膝坐卧其中五十餘年其子日以糜粥餉之子死孫繼之寢處置黃庭經一卷時時展視人叩其道默而不言朱顏豐澤肌膚賦如脂土室外雪深二三尺

不冠而出徘徊冰凌中不寒年八十餘坐逝卽土室封之

雲峯張氏子正德丙子生少出家遊方六十年歸里故人無一存者唯朱氏媼識之明末壬申化去壽一百一十七歲官應震爲作壽僧傳

羅田　撮米和尚棲止山洞中日止食米一撮一趺坐輒七日問休咎多驗臨化令其徒投骨水中不沉

祖寬年九十四至塔山寺謂主僧曰此吾祖家也願借尺地西歸僧驚詰之答曰三日後辰時是吾歸

期至期聚衆說偈曰九十四年駕隻鐵船一篙撐去竟往西天言畢而逝

麻城　無念名深有東山熊氏子少孤披剃徧遊諸方幾四十年忽有省悟原不識文字自是偈頌書札口占如流晩年入黃栢山建禪林請益者輒罵諸方有天童者黃栢照之[illegible]

黃安　涂純一童子時延醫治祖母疾遇異人授以針法救祖母由是徧視諸病罔不效後入天臺山修葛洪丹砂之術

蘄州德心爲僧三角山白雲菴不識字惟日拜觀音一日頌淨水處生蓮花一枝因閉關三年遂得頓悟悉解諸經並博通文字言晴雨輒驗後之蜀所居寺後有大石拆裂欲墜僧坐石上誦心經石即合

黃梅法幢李氏子爲四祖寺僧逝後有余姓生子自言吾法幢也識舊物不爽人呼再來僧永樂間召至京師賜居報恩寺

香林居白雲洞洞有虎香林叱之虎哮吼去趺坐洞中七日不火食

靜鑑泰和梁氏子爲僧終南山每以巳事未明欲捨身投崖每投若有掖之者忽有僧稱天台比邱謂之曰若無泡影大事難辦時節一至其理自彰示以來居梅之妙高山攻苦精進歲種芋三百六十本日噉其一一日呼其徒曰有來必有去我其行乎趺坐而逝

國朝

黃梅黃山鐸任四祖寺復任浠川華桂寺預定化日期至端坐書偈曰從無量劫來與衆生爲伍將此皮骨送入江河喂魚鼈蝦蟹濟衆生饑苦免占檀那地土浩浩長江是吾歸所遂擲筆大喝一聲而逝

戒顯任四祖寺本儒家子旣祝髮苦習戒行無書不讀開四祖萬工池得三峯法今人稱四祖顯云

蘄水龍隱字大龍不知何許人居邑如是菴究本宗三昧嘗與寓客李恕吟咏往來每至輒局戶劇談且歌且泣人莫能測年七十餘沐浴趺坐而逝

寺觀

昔昌黎作原道謂佛老之教宜人其人廬其居而必終

以鰥寡孤獨廢疾之有養通達治體之論也自井田廢而民無恒產困窮無告之人藉庇於浮屠老子之宮以緩須臾之轉於溝壑瞻言顧之爲之心痗已

黃岡縣

報恩寺在縣南青雲路巷唐貞觀中郡人曹仁濟捨基建明洪武八年重修置僧綱司於內

安國泰平講寺在縣東南二里唐顯慶中郡人張大用捨基建明洪武初修宋蘇軾記云寺立於僞唐保大二年始名護國嘉祐八年賜今名未詳孰是東坡志林云昨日太守楊寀通判張覲邀余出遊安國寺蓋名刹也

武節寺在安國寺右

南塔寺在文峯塔下

乾明寺在縣東定惠院內

承天寺在城南今廢卽東坡乘月訪張懷民處
永興寺在縣南宋王禹偁有記今廢　定香寺在東弦鄉距縣三十里宋碑尚存
御風寺在永寧鄉元建徐壽輝嘗欲毀之感羣鴉數萬環翔而止
悟空寺在永寧鄉京省通衢宦輙萃止　白虎寺在還和鄉
方廣寺在金舖山明楚藩建又有呂仙祠在飛鳳山諸峯環峙目中大江襟帶其下亦登覽勝地
太平寺在梅家湖　禪寂寺在縣北團風鎮
圓通寺一在團風鎮一在周山舖　化樂寺在縣北舊州城同知袁福徵有記
紫霞寺在道觀河北　能仁寺在大崎山唐客雲禪師修煉之所
無盡寺在大崎山南　鐵爐寺在中和鄉明楚藩建

萬壽寺在五雲山相傳梁寶誌入定之所　彌陀寺在陽邏鎮卽蓬萊寺
雙林寺在中和鄉　覺林寺在庶安鄉
靜安寺在庶安鄉　雨華菴在淋山河
眠雲菴在龍崗山中　翔雲菴在淋頭畈
元妙觀在清源門外唐建宋爲天慶觀卽東坡作易傳與論語說處明置道紀司於內
鐵樹觀在辛家冲　眞武觀在團風鎮
大士閣在陽邏閣下有磯頭石屹立江干水勢湍激山徑偪仄行舟牽纜者每以掛礙覆沒康熙間知縣鍾葦捐銀三百兩鑿石開徑行者便之　文峯塔在城東南黃邑羣山左翔長江東下此爲巽方明萬歷二年邑紳李時芳黃士元醵金捐貲建

養濟院在山川壇側共四十二間乾隆三年奉　文建立
育嬰堂
漏澤園在東關外五里墩有四一康熙辛未知府王輔置一康熙巳亥知縣鍾葦置一邑人魏永綵弟兄捐置一乾隆戊午知縣吳瑛置

蘄水縣

昭化寺在縣東唐五祖弘忍建明末燬　本朝順治中僧天起修置僧會司於內
斗方寺在縣東唐同光中建　淸泉寺在縣東北唐建明修
大峴寺在縣東　三角寺在縣東
蓮臺寺在縣西北　玉鏡寺在縣西

鳳城寺在縣西四十里唐開元間馬祖建明初重修
松山寺在縣西北　永樂寺在縣西北寺有碑鐫天福三年造
龍泉寺在治北　天然寺在青獅山三祖璨得法後住靜于此
白荆寺在白荆山　華桂寺在縣北華桂山
穆悲寺在縣東太平寨　萬壽寺在巴河鎮
玉泉觀在縣東唐建　神光觀在縣東相傳漢張道陵自蜀青城山來此建煉册神光燭天故名明修置道會司于內　仙靈觀在蘭溪鎮
鳳城觀在巴河鎮
養濟院在聚民倉側

育嬰堂在縣治東南躍龍門內
漏澤園一在縣西北一在上馬石

羅田縣

老塔山寺在縣東唐建明修
集仙寺在縣東元建明修置僧會司于內　萬壽寺在城內
十王寺在縣東　玉泉寺在縣西
元妙觀在縣南　光山觀在縣東
養濟院在下新街
育嬰堂
漏澤園一在縣西一在縣東三里橋一在縣西北一在栗子凹萬松寺前一在西關外陳河山

麻城縣

萬壽寺在城南　繡佛寺在城北明梅司馬女濟然捨宅
東禪寺在城東隅明建　寶筏寺在朝聖門外
棲真寺在縣東唐虛應禪師建　能仁寺在縣東唐建
九龍寺在縣東有栢子塔相傳唐虛應禪師建每立秋日午塔無影
鐘山寺在縣東相傳元至元間掘地得一鐘因立寺後寺廢鐘由鳳陂達河入江溯流上抵江夏
鐵佛寺僧感夢迎得之　興福寺在縣南唐建明修
柏木寺在縣東南唐高峯禪師建　法眼寺即黃蘗山寺

什子河寺在什子山　定惠寺在天井山
大安寺在大安山　芝佛寺在龍湖北岸建寺時掘地得三芝之類
佛像因名　半偈菴在河東岸
念力菴在河東　化主廟在龜峯頂
元妙觀在縣北明建　奉道觀在縣西
養濟院在後街廢
育嬰堂
漏澤園一在北門外一在西門外

黃安

蓼莪寺在城南　琉璃寺在縣西
羊角寺在縣西　雲峩寺在縣北廟貌巍峩如在雲霄故名
乳山寺在縣西北山石巖空玲瓏　天馬寺在縣西
青蓮菴在縣南　十方菴在縣北
淨土菴在縣東北　大同菴在縣東
停雲菴一名惜字菴在縣南　雙臺菴在縣西
古劍菴在縣北　如如菴在鐵山之麓
養濟院在東門外
育嬰堂在縣治西

漏澤園在東關外

蘄州

正覺寺在鳳凰山麓隋大業間四祖道信始卓錫于此後徙黃梅明初重建置僧會司于內

真惠寺在州東碧雲峯下五祖弘忍卓錫于此　國朝順治間修

盤石寺在州東北唐建　存金寺在州北唐貞觀間馬祖建蘿安禪師修

寶林寺在州北唐建明修　成真寺在州北唐建

漁田寺在永福鄉有賈島詩刻石　地藏寺在州東唐建

龍蟠寺在永福上鄉宋建　高溪寺在州北宋建

資教寺在三角山後梁建宋真宗賜額　清溪寺在州北宋建明修

弘慧寺在州東北宋建明修　龍磯寺在龍眼磯上

石鼓寺在州南宋建明修　大泉寺在州東

菩提寺在州東　靈泉寺在州東

松山寺在州東　金山寺在馬下山西

長流寺在州西　昭化寺在州北

龍峯寺在州北　廣教寺在州北白雲山

靈虬寺在州北　天竺寺在州北

三峯寺在州北　明山寺在州北

古佛寺在州東北　靈山寺在永福鄉

鐵佛寺在城北明建　永佛寺在州北明建

金鵝寺在州北明建　天長觀在州東晉建

溪山觀在州北宋建　天真觀在州北元建

元妙觀在麟山之麓宋建明修置道正司于內後移建東門外一里

養濟院在嶽廟左

育嬰堂

漏澤園舊在黃土坡今一在城北周公山一在東關外張公山一在南關外諸家湖背

廣濟縣

南山寺在縣東唐建明置僧會司于內　頭陀寺在縣東唐建

雙泉寺在縣西南唐建　大藏寺在縣東寺有藏經

成相寺在縣東　幽居寺在縣南五祖大滿建

黃牙寺在縣東南　龍山寺在馬口湖北

石門寺在四望山　禪居寺在大東鄉

善潭觀在縣西觀山之麓　元妙觀在治北

養濟院在縣治南

育嬰堂在縣治西

漏澤園在西關外

黃梅縣

廣福寺在縣北魏大統中建明修　永福寺一在縣東二里一在劉鎮
老寺在紫雲山千歲寶掌建　蔡山寺在縣西南江畔古名江山寺山石鐫李白夜宿江心寺詩　高塔寺在縣東南隅寺肇於唐宋有塔十二級高百七十丈明修今毀　五祖寺在縣東北大滿禪師駐錫之所唐建
意生寺在縣西　古佛寺在縣西
東禪寺在縣西南六祖受衣鉢處置僧會司于內
靈泉寺在縣東卓壁山五祖初結茅處　白馬寺在考田山
妙高山寺在考田山靜鑑禪師肉身道場　四祖寺在縣西大醫禪師駐錫之所唐建
靈峯寺在鼓角山圓證禪師道場　寶相寺在鼓角山無跡祖師道場

武當宮在西關外　鳳臺觀在縣東北相傳羅仙煉丹地
泰源觀在縣東北晉建明置道會司於內　紫虛觀在獨山王月航真人修煉處
真君觀在城內
養濟院在西關外
育嬰堂
漏澤園

摭聞

蟲魚箋釋爰傳爾雅之文石鷁隕飛不害春秋之筆道資攷訂而法備興觀也至夫漢篆唐碑淋漓古墨高談闊辨璀璨天花苟前事之不忘亦或有取爾矣

黃州城北二十里楓香橋北有墓世誤以對江之樊口爲噲封嶷此爲噲墓攷之史册噲封國在今襄陽之樊城墓在關中而樊口本以古樊楚得名不因樊噲按晉咸和中西陽太守樊峻與豫州刺史毛寶共守邾城爲石虎將張格度所陷死焉此或峻墓歟張希良格物編

唐房千里竹笙記稱環堵所棲率用竹以結其四角植者爲柱楣撐者爲榱桷王元之竹樓記蓋其餘意黃岡志

夏文莊竦守黃州時龐頴公籍爲椽嘗疾屬文莊後事文

莊親臨之曰異日當爲貧宰相亦有年壽疾非所憂龐語已爲宰相豈得貧耶文莊曰但於一等人中爲貧耳故龐晚年退老詩述其事曰田園貧宰相圖史富書生石林燕語載龐嘗在告數日忽吏報死矣文莊大駭曰此人當爲宰相安得便死吏言其家已發哀文莊即自往取燭視面語醫曰此陽證傷寒汝等治誤爾亟取承氣湯灌之有頃蘇黃岡志

子瞻在黃州嘗書云東坡處士自今以往早晚不過一爵一肉有尊客盛饌則三之可損不可增有召我者預以

此告之自言有三養曰安分以養福寬胃以養氣省費以養財 黃岡志

仇池筆記元豐中東坡自齊安過古黃州獲一鏡其背銘云漢有善銅出白陽取鑄爲鏡清明而光左龍右虎輔之兩旁其字如菽大篆款甚精妙白陽疑白水之陽其銅黑色如漆照人微小古鏡皆然此道家聚形之法也 通志

石林詩話云海棠詩爲東坡先生最得意之作常喜寫人間刻石有五六本邑農人於古墓掘得其一爲鉏钁所

壞僅存百字有先生自繪像巾鞶拄杖正與詩意相發存王同軌家亦寶玩也 黃岡志

野客叢談載王荊公詩云西風昨夜入園林吹落黃花滿地金盖咏菊也而歐陽公譏之云秋花不比春花落爲語詩人仔細吟荊公咏菊原非指目黃州譏出歐公眉山無與而元人小說謂子瞻以菊花遭貶今黃州無落瓣之菊子瞻謫黃州乃舒亶李定等所爲荊公已退居金陵不與朝政小說誠書書也 格物編

蘇子瞻偶至汪氏野人居有神降于室自稱天人李全字德通善篆字用筆奇妙而字不可識云天篆也與言有所會用韻作詩復爲作天篆記又集中載何氏神琴歌云七絃品弄仙人有留待世人輕揷手一聲欲斷萬里雲山林鬼魅東西走况有離人不忍聽纔到商音淚漸傾雁柱何須誇鄭聲古風自是天地情伯牙死後無人知君侯手下分巧奇月明來伴青松陰露齒笑彈風生衣山神不敢隱蹤跡笑向山陰懼傷孽一曲未終風入松玉女驚飛來往側勸君休盡指下功引起相思千萬滴 黃岡志

元豐五年十二月十九日東坡生日也置酒赤壁磯踞高峰仰鵲巢酒酣笛聲起于江上客有郭石二生頗知音謂坡曰笛聲有新意非俗工也使人問之則進士李委聞坡生日作新曲曰鶴南飛以獻呼之使前則青巾紫裘要笛而已既奏新曲又快作數弄有穿雲裂石之聲坐客皆引滿醉倒委袖出嘉紙一幅曰吾無求於公得一絕句足矣坡笑而從之山頭孤鶴向南飛載我南遊到九嶷下界何人也吹笛可憐時復犯龜茲 黃岡志

蘇公謫黃州始稱東坡居士蓋亦慕白樂天而然白刺忠

州有東坡種花諸詩蘇在黃與白忠州相似嘗有詩云出處依稀似樂天敢將衰朽較前賢則東坡名非偶因地稱也蘇又嘗柬王定國云近於側左得荒地數十畝買牛一具躬耕其中欲自號鏖糟陂裏陶靖節 黃岡志

黃庭堅有謝何十三送蟹絕句三首何十三名覲邑人又東坡亦有書贈何聖可曰歲云暮矣風雨淒然紙窗竹室燈火青熒輒於此間得少佳趣今分一半寄與黃岡何聖可若欲同享須擇佳客不肯聖可又何人也 黃岡志

赤壁賦吹洞簫客綿竹道士楊世昌也明吳寬赤壁詩云

西飛孤鶴記何詳有客吹簫楊世昌當日賦成誰與注數行石刻舊曾藏自注云世昌綿竹道士與東坡同遊赤壁賦所謂吹洞簫者也 黃岡志

志林載東坡曰余來黃州聞黃人二三月皆羣聚謳歌其辭固不可解而其音亦不中律呂但宛轉其聲往返高下如鷄唱爾與廟堂中所聞鷄人傳漏微似土人謂之山歌云又曰舊傳陽關三疊今歌者每句再疊而已通一首言之又是四疊或每語三唱以應三疊之說則叢然無復節奏余在密州有文勛官自云得古本陽關其聲婉轉淒斷每句皆再唱而第一句不疊乃唐本三疊蓋如此及在黃州偶讀樂天對酒詩云相逢且莫推辭醉新唱陽關第四聲注第四聲勸君更盡一杯酒以此驗之若第一句疊則此句爲第五聲今爲第四聲則第一句不疊審矣 黃岡志

東坡與李通叔云嘗寄示雪堂篆字筆勢茂美足爲郊數之光則雪堂扁當屬通叔筆今做印章成字實出前守上海潘公伯明 黃岡志

潘邠老有滿城風雨近重陽之句楊用修云蔣嶷賦止四

韻邠老詩無全章了頭花鈿滿面不及徐妃半粧 黃岡志

靖康初韓子蒼知黃州訪東坡遺蹟登赤壁問賦所謂栖鶻危巢者不復存矣悼悵作詩歸有何頡之者及識東坡因次韻獻子蒼云兒時宗伯寄黃州諷誦遺文至白頭二賦人間眞吐鳳五年江上不驚鷗蟹常見水人猶惡鶻有危巢孰肯留珍重使君尋往事西風悵望古城樓 黃岡志

齊安郡濱江有臨皋亭故址俗傳秦檜生於此按宋史高登傳登令古田帥胡舜陟謂登曰縣秦太師父舊治實

生太師於此盍祠祀之則云生於臨皋誤矣王欽若生
於黃鶴樓常爈穢我名區臨皐又何可以賊檜污也格物
編
宋李宗勉建言荆襄殘破淮西正當南北之交齊安與武
昌對欲保江南先守江北正謂聲勢可應援耳黃岡志
宋嘉定辛卯金人圍黃州太守何大節召僚佐曰諸君親
老且非守土臣可無死各以差檄使為去計自誓不屈
城陷大節沉江死時蘄守李誠之亦以城陷自殺朝廷
為立廟大節恤典不及而寧宗紀乃書大節棄城遁劉

潛夫詩云淮堧便合營雙廟太學方今出二儒二人皆出太學
又云世俗今猶疑許遠君王元未識眞卿蓋為大節白
冤黃岡志
郡守盧濬嘗浮舟江上風起舟師頻呼楠木大王問故以
妖對濬歸撰文牒水府其畧曰象窮魍魎轉深鑄鼎之
思誠格神明欲下然犀之炤惟川靈之失綱故令尾大
者不掉彼風師亦助虐其與首惡者何殊仍期三日以
木來届期詣江上忽一木自樊口至命縛之登岸時修
學宮以為左柱萬歷中宮災柱燬通志

安國寺右有景佑眞君廟祀張睢陽郡守盧濬遍毀淫祠
是廟亦在廢中忽門卒為神所附索筆題曰皇天生我
兮男兒君王用我兮能羆力拔山兮雷電氣貫日兮虹
霓月正明兮搶鎗捋劍星未落兮擊鼓掀旗擣賊壘兮
焚寨臠賊肉兮充饑食馬鼠兮既盡殺妻妾兮心非為
厲鬼兮身披鐵甲為名神兮手執金鎚莫指我為張飛
莫指我為張儀其張廵兮在世與許遠兮同時在東嶽
兮押案總督府兮陰司為蓬萊兮殿直任酆都兮獄推景
佑眞君兮人間封爵忠烈大夫兮天上官資漫濡毫而

染翰俾世人以皆知濬驚異復詰以事應如響由是廟
得不毀通志
王同軌耳談載盧濬誕日假寐夢出一字門過織染橋越
數家有嫗饌已中有粉餈厭飫而返及覺唇脗猶香令
椽偵之見老嫗設俎奠其夫忌日粉餈從所嗜也亡方
三十二年椽還報盧與誕日若同亦嗜粉餈因召嫗贈
金經紀其家黃岡志
三楚文獻錄黃岡進士奚世亮為延平守值倭急陷城力
戰而死遺骸於旗亭其後倭入閩見荔枝樹則析以為

蘄次旗亭有一紅衣女子抱樹而哭甚哀曰但殺我無伐吾樹倭憐而去樹遂存倭亦隨解至今呼旗亭荔枝爲紅娘云核如丁香小肉甚甘美説者以亮死賊之氣所留也通志

王思旻縣刑房吏也仁心爲質多行陰善有鄉民誣陷重辟思旻察其冤出百金賄其讐始得平反民心感之而未識也後思旻爲泰州同知告歸偶同葬師卜地山中乞漿于村舍見其家有木主曰恩人王思旻祿位訊之泣告以故則向所平反者也王語之民出妻子羅拜問

入山故知爲卜地民曰山前後數里皆我有也請擇焉果得吉兆今邑人所豔稱赤膊龍者也王居官事詳宦蹟志

馬炳然正統間宰嘉魚羣盜刼藏去而欽召報適至以盜未得阻行始盜入馬於暗處稽其數三十人有長而髯者魁也因啓屬捕者懸賞罰期必得會陽邏鎮渡江人數及一髯人正如盜狀遂縛以聞虐訊誣服馬始就道囚皆死獄中後豫章獲盜稱贓出嘉魚移文楚臬守以是罷正德間馬建中丞節過楚入闈楚正戒嚴以劇盜劉六劉七等且至馬遇盜陽邏磔其屍搶其處子家屬死者三十人人謂冤報時郡守余貫不忍大臣女辱賊即索千金具牒屬四青衿方勇等往贖女追及於潯江其帥趙風子受金還女厚貽而遣之曰以充爾郡犒軍錢余具車馬以四老嫗護女送還蜀郡

夷堅志云黄州市民渠生貨油爲業人呼渠油每作油乘熱盌便溺幾三之一因是獲息頗博一日其子忽告毋曰翁身畔常有獄子抱枷棒隨後他人無所覩父毋莫信又曰我將死毋亦不免未幾子毋繼亡渠遂感奇疾

如受拷掠狀家貲索然經歲而殞又村民邱十五富積米穀每幸凶年即閉廩騰價細民苦之既老且病不復能飲食獨食羊矢家人憐痛刻木爲模置粉餌如羊矢狀使食之入手即投於地須真矢乃咽歷數月方死通志

黄岡縣東五里土名長圻壋有老圃畜一瓜最巨將獻豪門偶丐者挾籃入竊食之老圃持鋤擊丐死即瘞其地明年產瓜延蔓內一瓜大如斗會令購瓜衆謂某瓜特大獻而剖之瓤皆赤血令大驚曰其種必異掘見根出死人口中訊其丐者死狀老圃遂伏法通志

東軒述異記載劉修撰子壯明崇禎庚午中鄉試夢人語之曰爾需朱之弼做房考方中進士及入京偶出寓散步見數童子攜書包經其門一童子最秀出因拉其手與語見其書上名乃朱之弼也大驚至其家以筆墨數事贈之及我 朝己丑會試朱已爲禮闈分校得首卷即子壯也至康熙壬戌劉已久没廣濟金德嘉司鐸安陸夢子壯以門弟帖來拜因北上是年朱爲禮闈總裁金果舉會試第一

程節婦蘄水山後人年十九而寡壽八十餘會正月元旦族人往拜遥見其門左右懸金書大字二行曰節氣横山嶽精光湛玉壺衆駭異之及到門忽不見土人至今能言其事 蘄水志

蘄水謝童子相傳宋時人少選慄十歲不能言父母怪之多苦焉令牧牛一日作牧牛謡云可若何遠遠騎牛下淺坡長笛一聲嗚也清歌一曲無多後遂能言神益清朗並能書與詩然不傳所傳者僅此 通志

陳荆州刺史陳慧紀遣南康内史呂忠肅屯岐亭據巫峽此岐亭在西陵峽口麻城亦有岐亭鎮而志遂牽入呂忠肅事誤格物編

麻城縣東三十里閻家河有閻伯璵墓相望有孟學士墓見邑志皆因王子安滕王閣序傅會注序者亦以閻都督爲伯璵按唐書王勃本傳止稱都督並不著其姓名序中雖曰閻公其諱亦不可考而勃傳末有天寶中崔昌采勃舊説上五行應運歷請承周漢廢隋爲閏詔公卿集議而起居舍人閻伯璵集賢學士衛包表是之注家求都督之名不得遂以爲伯璵不知自咸亨二年開宴都督已有壻吳子章搆文夸客都督之年當不下三十弘道元年高祖殂凡十四年武后僭據起光宅終長安凡二十一年中宗反正始嗣聖終景龍凡六年睿宗嗣立始景雲終光天凡三年又歷元宗開元之二十九年以及天寶中都督年且百餘歲即令倘存當亦不復仕宦一疑也又唐制都督秩三品起居舍人秩六品按其前後官階亦相矛盾藉令都督有張蒼之年亦不應爲起居官二疑也傳知都督之爲伯璵固不當没其名於始後有表應運歷事宜書曰此即開宴滕閣激賞勃文者又不應全不照應於其終三疑也文苑英華載閻

佁璵鹽池賦有云浸長天之一色竟用子安序中句自非子安同時人四疑也蓋開宴之閻公其名不可考矣格物編

志林岐亭有王翊者家富而好善夢於水邊見一人為人所毆傷翊救之得免明日偶至水邊見一鹿為獵人所得翊悟以數千贖之鹿隨翊起居未嘗一步捨翊翊所居後有茂林果木一日有村婦過林中見一桃熟而絕大在木杪乃取而食之翊適見大驚婦人食已棄其核翊取而剖之得硫黃一塊如桃仁吞之甚甘美自是斷

葷肉齋居一室通志

彭信古字龍陽麻城人幼同季弟遵古從伯兄好古學皆嗜讀書而信古獨勇礦山有祟常魅人信古力叱之聲如山頹詰旦往視則一白狠斃巖下然每試輒鈍及以己文予其弟仍擢首乃慨然廢書以武籍登進士而伯季皆第春官時人稱為三陽以其字熙陽龍陽旦陽也通志

周應嵩麻城進士性喜施予父没以所易田產還其主者無算一日置數十金於篋為同塾友盜去家僮私啓友所緘金在焉乃屬緘如故置其處終身不言通志

李沐麻城人始為縣掾吏官令出票取堂上鼓云務要緊綳畓釘輕擊遶聞旦晚同聲陰晴一韻令賞之勉令就學後中順天鄉試曾建橋於官田畈鄉人遂名其橋為李沐官人橋

黃安縣北八十里天臺山上石壁勒文字剝蝕難辨邑人耿定向同別駕汪廷美遊焉爰掃苔滌壁辨其十之六七文曰勘會端平初襄漢淮西為兵擾亂丁酉歲浮光失守民無所歸彼時奮發忠赤欲立寨安衆而難得地

利獨此山鼎峙形勢險峻四面如壁止通一人往來石竅泉湧冬夏不絕傳聞古人守之以無虞遂集衆在上創寨缺備器械大勢連月攻打莫敢近傍由是光信殘破之民擁堡來依屯聚十萬衆果能全活戊戌丞相史嵩之都督荆湖孟珙制置差官旌賞請總衆防擴江西授命加職連歲捍守獲捷淳祐三年義陽李太守知黃州麻城民戶復業檢校本職先守茲寨有功遂檄再往經理九村捍禦五關自入寨究心措置收拾草莽間逃難者於江南乃載種分布耕養每年　犯境勦殺敢退

前後擒大頭目回回漢子無數缺都制楊將軍芮御帶
鄭太社提舉黄州守備申明首賞缺陞推委令提督白
石黑石三角山木欄洞獅子崖王缺峯德勝長興齊安
十寨一民無遺況所都部將士皆是隨秉光信安豐之
民數載久擾訾欲掃除以缺閃道聚龍興缺關龍井造
聖殿缺凡與同盟頗立勞效曲求妄薦圖立大功亦可
爲今日之大義則一時之盛事也可不勒石以紀其名
使後人知之不沒世哉皇宋淳祐戊申五月旦日黄州
缺元義民總黄陂縣尉提督光黄諸山寨本山駐劄缺

胡大興刻石司帳前統制余缺又了心關石壁刻文曰
照得　兵自壬辰紹定侵犯京湖入淮西殺戮生民擄
掠牛馬至正乙未丙申荆襄失守連年侵入淮西有彼
近光州光山縣第三都水吉保操正將本部民修開小
臺山石門以防扼老小牲畜　兵數攻不利退斂而去
時歲次丁酉嘉熙元年八月終記正總轄官潘校尉觀
二石刻則此地爲南北之天險民人之保障也黄安志
黄安女子王貞潔字皎若能詩適麻邑鄒氏早寡有節婦
才人之稱其咏明妃青塚詩云七寶金冠翡翠翹那堪

萬里路迢迢香隨朔漠黄沙盡容敵胡天白雪消豈似
李陵終背漢不如蘇武老還朝只今傳得琵琶曲青塚
黄昏久寂寥工力幾與老杜句相敵矣格物編
萬歷巳未蘄州散花洲土人於土得小鐘一口擊之無聲
以獻之兵憲王公廻溪不能識時大宗伯李公本寧適
過蘄王公質之李公曰此三國時周公瑾破曹兵軍中
會食之鐘也共十有二以重物擊之無聲以蘆葦輕擊
之其聲始發驗之果然蘄州志
蘄州防道憲署初建時或占其中宜由大元爸宣城洸罷

歸安韓紹建節於此洸子懋學韓子敬皆發殿元信地
靈有先兆也蘄州志
宋太始元年明帝遣洸攸之西伐子勛伐柵青林山今廣
濟地睹一童子甚麗問伐者曰取此何爲答以討賊童
子曰下旬當平何勞伐此通志
董熙廣濟人初爲掾給事縣庭好春秋學每就寓曹治之
夜分不輟令得其故驚愕給筆札試之曰不凡之器也
牘薦爲諸生後以春秋入南雍舉永樂癸卯鄉試第五
名署論安福卽以春秋傳授諸生稱名江右通志

廣濟陳王化有孝行萬歷乙卯苦疫闔門俱困母卒不食三日夜感神謂曰吾憐子爲子斧驅疫且起視斧入門寸許患者悉痊通志

梅啓南廣濟諸生崇禎辛巳歲大饑江北人相食啓南與陳伯順等議施賑夜夢天神謂曰人民大亂施粥可濟啓南許施粥十日神微笑次夜復夢如故且云事已聞諸上帝矣明日縣令議賑啓南輸穀助之通志

景輝不知何許人或曰景淸之後也崇禎時從襄漢遊楚攜一琹夜嘈嘈彈又爲詩善飲酒好與文士交至廣濟

望東衡山石錯落遂卜明水爲黃牛院以居乙亥流賊數十人由太湖入宿松歷楓香驛輝先有書謂其友舒民裕曰二月賊來當無擾九月須遠避無不如其言嘗以時旱過黃陵洞鼓琴少焉以琴絃擊一石書數字投潭中隱隱見波起久之有龍出大雨四境霑足其爲詩不肯留時人勸之因名勸留草書法類懷素後羽化山中當九日至今每年九日山中人攜樽弔之名曰掛瓢會通志

胡繼洪廣濟人有廒數十間貯穀每歲不登設食待遠饑者其息錢不甚計忽廒內一黃物似蛇鱗角四足長數尺以穀爲窠其家祭之日飼一粥土人呼爲穀龍又庇思塊竭囷賑饑後飛粟來集倉皆滿通志

黃梅洪度精書法一日洪濤浮敝篋發之得宋僧道肯集篆金剛經字久磨滅乃精思七晝夜重臨刻佈宗伯董元宰學士陳居一何象岡俟木菴釋以小楷摹勒上石藏燕京摩訶菴通志

蔣彬黃梅人生五歲不言一日有戲是兒癡者忽應聲曰如君喋喋不如我默默一座皆驚通志

黃梅劉珏年百二十一歲蘄水陳觀峰有隱德壽百歲妻周氏百有二歲俱載縣志

黃州府志卷之二十終

荊楚文庫

〔康熙〕廣濟縣志

〔清〕黄玉鉉 修 〔清〕王臨 等纂

〔同治〕廣濟縣志

〔清〕劉宗元 朱榮寶 修

〔清〕劉燡 纂

荊楚文庫編纂出版委員會

武漢大學出版社

荊楚文庫

〔康熙〕廣濟縣志
KANGXI GUANGJI XIANZHI
〔同治〕廣濟縣志
TONGZHI GUANGJI XIANZHI

圖書在版編目(CIP)數據

〔康熙〕廣濟縣志/〔清〕黄玉鉉修;〔清〕王臨等纂.
〔同治〕廣濟縣志/〔清〕劉宗元,朱榮實修;〔清〕劉燡纂.
—武漢:武漢大學出版社,2023.5
ISBN 978-7-307-23510-6
Ⅰ.①康… ②同…
Ⅱ.①黄… ②劉… ③朱… ④王… ⑤劉…
Ⅲ.武穴—地方志—清代
Ⅳ.K296.34
中國版本圖書館 CIP 數據核字(2022)第 251776 號

責任編輯:李　程
整體設計:范漢成　曾顯惠　思　蒙
責任校對:汪欣怡
出版發行:武漢大學出版社(中國・武漢)
地址:武昌珞珈山
電話:(027)87215822　　郵政編碼:430072
録排:武漢恒清圖文菲林輸出工作室
印刷:湖北新華印務有限公司
開本:787mm×1092mm　1/16
印張:38　插頁:6
版次:2023 年 5 月第 1 版　2023 年 5 月第 1 次印刷
定價:159.00 元

ISBN 978-7-307-23510-6

《荆楚文庫》工作委員會

主　任：王蒙徽

副主任：李榮燦　許正中

成　員：韓　進　張世偉　丁　輝　鄧務貴　黄劍雄

李述永　趙淩雲　謝紅星　劉仲初

辦公室

主　任：鄧務貴

副主任：趙紅兵　陶宏家　周百義

《荆楚文庫》編纂出版委員會

主　任：王蒙徽

副主任：李榮燦　許正中

總編輯：馮天瑜

副總編輯：熊召政　鄧務貴

編委（以姓氏筆畫爲序）：朱　英　邱久欽　何曉明

周百義　周國林　周積明　宗福邦　郭齊勇

陳　偉　陳　鋒　張建民　陽海清　彭南生

湯旭巖　趙德馨　劉玉堂

《荆楚文庫》編輯部

主　任：周百義

副主任：周鳳榮　周國林　胡　磊

成　員：李爾鋼　鄒華清　蔡夏初　王建懷　鄒典佐

梁瑩雪　丁　峰

美術總監：王開元

出版説明

湖北乃九省通衢，北學南學交會融通之地，文明昌盛，歷代文獻豐厚。守望傳統，編纂荆楚文獻，湖北淵源有自。清同治年間設立官書局，以整理鄉邦文獻爲旨趣。光緒年間張之洞督鄂後，以崇文書局推進典籍集成，湖北鄉賢身體力行之，編纂《湖北文徵》，集元明清三代湖北先哲遺作，收兩千七百餘作者文八千餘篇，洋洋六百萬言。盧氏兄弟輯録湖北先賢之作而成《湖北先正遺書》。至當代，武漢多所大學、圖書館在鄉邦典籍整理方面亦多所用力。爲傳承和弘揚優秀傳統文化，湖北省委、省政府決定編纂大型歷史文獻叢書《荆楚文庫》。

《荆楚文庫》以『搶救、保護、整理、出版』湖北文獻爲宗旨，分三編集藏。

甲、文獻編。收録歷代鄂籍人士著述，長期寓居湖北人士著述，省外人士探究湖北著述。包括傳世文獻、出土文獻和民間文獻。

乙、方志編。收録歷代省志、府縣志等。

丙、研究編。收録今人研究評述荆楚人物、史地、風物的學術著作和工具書及圖册。

文獻編、方志編録籍以一九四九年爲下限。

研究編簡體横排，文獻編繁體横排，方志編影印或點校出版。

《荆楚文庫》編纂出版委員會

二〇一五年十一月

總目録

荊楚文庫

〔康熙〕廣濟縣志

〔清〕黃玉鉉 修

〔清〕王臨 等纂

《荊楚文庫・方志編》編纂組

組　　長：劉偉成　陽海清（執行）

副 組 長：劉傑民（執行）　王　濤　謝春枝　郝　敏　嚴繼東　范志毅（執行）

參編人員（以姓氏筆畫爲序）：

王　濤　李云超　宋澤宇　范志毅　郝　敏　柳　巍　馬盛南　陳建勛

夏漢群　梅　琳　陽海清　彭余煥　彭筱溦　楊愛華　雷　静　劉水清

劉偉成　劉傑民　謝春枝　戴　波　嚴繼東

編　　審：周　榮

顧　　問：沈乃文　李國慶　吴　格

前言

《〔康熙〕廣濟縣志》十八卷，清黄玉鉉修，清王臨等纂，清康熙六年（一六六七）刻本。

黄玉鉉，字振公，號漢崖，清山西洋縣人，順治十六年（一六五九）進士，康熙三年任廣濟縣令。王臨，字泰生，又字五宜，邑人，生員。

廣濟縣，漢爲蘄春地，唐武德四年（六二一）分蘄春立永寧，唐天寶元年（七四二）改永寧爲廣濟，屬蘄州。元屬蘄州路。明、清屬黄州府。

邑志源流，據乾隆五十八年（一七九三）《廣濟縣志》序言，始於明萬曆時期，由時任知縣趙國華與教諭魏秉忠創修，今已無存。清順治時期，邑人王臨得其殘本，博採省志、府志與正稗史、各家文集、族譜碑碣等爲之增補，並得友人劉醇驥協助其修飾潤色。黄玉鉉到任後，奉修志之檄，取王臨之本，交由邑諸子爲之删潤，期年志成。據是志『宦蹟』，修志之舉，實始於順治邑令閻國士，其繼任者孫謙亨續之，直至康熙六年黄玉鉉任上方得完結。其職員名單鐫於每卷卷端，卷一名單爲『知廣濟縣事拔貢孫謙亨有終、進士黄玉鉉漢崖先生鑒定，儒學教諭舉人李以範重敘、訓導貢士胡效順抒白，邑人劉醇驥千里參訂、王臨五宜輯著』。其後每卷職員名單皆有些許改變，如删去孫謙亨之名，參訂者偶爾更改爲『教諭李延春人生』，而編次者則幾乎每卷都不同。

是志無綱，約五十目，『沿革』『秩官』『選舉』有表，其餘皆爲志。正文前有序、目録。『災祥』一志，起自明正統四年（一四三九），記録詳盡。『山川』除記載山水之方位外，與之相關的事跡均有收録。『户口』『田賦』皆自明洪武二十四年（一三九一）起。『秩官』無武職，依照年代順序列表，人物名下標註某年任某職。『選舉』則在天頭處標註年份，人物名下記載所得排名或官職，若無則僅列姓名。『宦蹟』分『縣丞簿史』與『儒學名宦』。人物傳記與藝文占有較大篇幅，皆以類分。

是志人物傳記並未採用生人不立傳原則，且收録了時任地方官，在地方志中較爲少見。

據《中國地方志聯合目録》，是志有清康熙六年刻本，藏於國圖、科學、南京地理所。本次據該版刻本影印。該刻本存在少量缺頁及部分字跡漫漶不清的情況。（彭筱激）

目録

廣濟縣志序

志天下者取諸列郡國志郡國者取諸縣邑故余廣濟以志書顯其星野於楚黃直附之耳自圖攷沿革五行災祥而山川風俗古蹟戶口田賦物產官署學校祀典兵防

城池關梁驛傳鄉社陵墓寺觀咸志名宦鄉賢則表之而宦蹟及人物之世用理學文學淳德孝友忠貞義行隱逸僑寓義僕女之節烈賢媛慈繼母及方技僊釋咸志又藝文雜志終焉邑乎備國與天下之義類矣廣濟故漢蘄春地周隋間創縣治稽厥舊乘鮮存者澗畧有不足觀覽友人王五宜好古士也憤焉感之用博采楚志黃州府志正稗史諸文集族姓譜碑碣明滅者山谷題鐫脊梨傳說里巷風

謠以志廣濟余每過輒商因取在集者授之餘修飾潤色之期於攷故核叙次贍而有節揚幽搜逸不厭而形容褒諷唱嘆鏗然因展卷告之曰古人著述無大小雖禽貝艸木刀劍農匙鬼神意趣寓之采

彪體重刻一公侯之封人民社稷
具焉而方册之惡可無文乎言文
行遠纘贊者以嶽降謂精氣之
聚也精於天形於地爲人而聰明
能言因以其言表之志成而使此
之山川人物藉文行遠其表也亦

既彰乎抑言表不若身表王子曰
何謂身表曰古史之傳人者先其
地表所出也近世則凡名臣國老
大儒賢哲出類者毋不敢質其姓
氏名字而直縣邑稱之地也而人
之矣地而人之所出也義如有諱

表益甚焉余廣濟列諸郊圻自周
隋迄今千有餘季矣負扆之山逆
而上經幾邑國而翠疎天漢勢萬
丈諸水隨之若葱領之西河形家
毋望而咤謂宜有異鍾焉顧唐無
可攷雙峯大醫浴井斯在方外之

聖不致仰於經惟宋張公晏然余
公玠功名史策是後桂國之貴公
卿之英踵躡廟堂之上而賢士乃
单心聖學由知性以遡鄒魯微言
才秀亦復馳於文秦漢盛唐人彀
焉若淳德孝友行義之倫又比屋

也然則總厥全而當之盡天衷聖克念知覺悟大道之要會以一堯舜孔孟而履禮制行先古之法在焉得時而殷輔旬宣銘烝之彝鼎要其有德能言靡不剪丘野之椎而如範如詠典則風雅雖布衣柴

車登師保矣是故令聞令望非家國之所封樹畿疆也一人鴻儁著而國與天下曹起指稱之且不敢質其姓氏名字而直縣邑之然則險不虎牢富不陸海而地附人顯無日不天下遠邇之耳目也邑乎

嘗周室天下之朝市矣是謂身表夫其視徒言乎焉有量也雖然言何容易楚人大泌隕而士不聞記志之業久矣王子曰然執卷而起以告司訓胡公胡公曰劉子之言大哉信志邑而備國與天下之義

類又信邑而可爲國與天下也以人也鄭食溱洧爰有子產剃髮之吳是挺季札信乎地非人曷顯哉是志也王子始之余繇之而壽諸梓則胡公倡力主行請於明府孫公學論李公庀工待貲號衆賓予

以不朽夫山川之寵靈式憑感有

在也

邑人劉醇驥千里謹譔

廣濟縣志序

今天下當鼎革之後兵燹棄其圖籍

天子銳意稽古上大夫索郡邑乘甚急至以課博士弟子殷昆之謂山川風俗賦役戶口鄉先生之祀而德言節烈芳懿者不可旦夕坋也其責在守令而司黌宮鐘鼓者亦與侏儒守焉效順不肖雲漠秋風閒虽虽珉耳茲備員能無氷競懼

顧方是時

聖室頹祀事委于榛莽乃討諸士

議所先咸曰事莫大于妥先靈崇
廟祀既得從諸先生大夫後穹窿
櫚翼飾圜橋而矜簴俎于是乃並
時曰列醴籩進梓人而招之曰志
文事也然邑寇冕焉告始事于天
地示虔也因得王子五宜所具草

盍致同邑諸子爲删潤殆期年志
且成數十年蓁蕪而棄諸地者如
列眉目鳩工飭材綱挈而領振之
則
有終孫公　大生李公兩先生力
茂焉效順乃颺言曰夫事不稱其

職則懼懼則思思則成又藉諸
輔焉辟屋之有柱櫨而車之有衡
錯也故曰無急以圖功虞以速謗
毋專以要譽慮以買敗凡予所爲
氷競懼以從諸先生大夫后者無
亦姑濫觴以俟有力者舉之夫何

功之與有若夫濟爲古蘄春地横
岡東衡矗雲千日梅水出焉清冽
而流西故其間先哲羽儀烈烈文
儒輩起又俗淳厚多隱君子章亥
東鄙而實光湘澤之全且
今天子詔進　登諸巨邑豈虛崇

哉茲書具在可三復而得之無容
余贅也康子長至前二日梅訓邵
陵胡效順敬識

廣濟縣志目錄

廣濟縣志卷之一

知廣濟縣事 拔貢孫謙亨有終 先生鑒定

進士黄玉鉉漢崖

儒學 教諭舉人李以範重叙

訓導貢士胡效順抒白

劉醇驥千里參訂

邑人 王臨五宜輯著

圖攷

大司徒以天下地圖周知地域廣輪辨其名物其

縣圖一

衡疲肥瘠征輸所自旱潦所由可按稽也作圖攷

廣濟縣志

卷之一

二

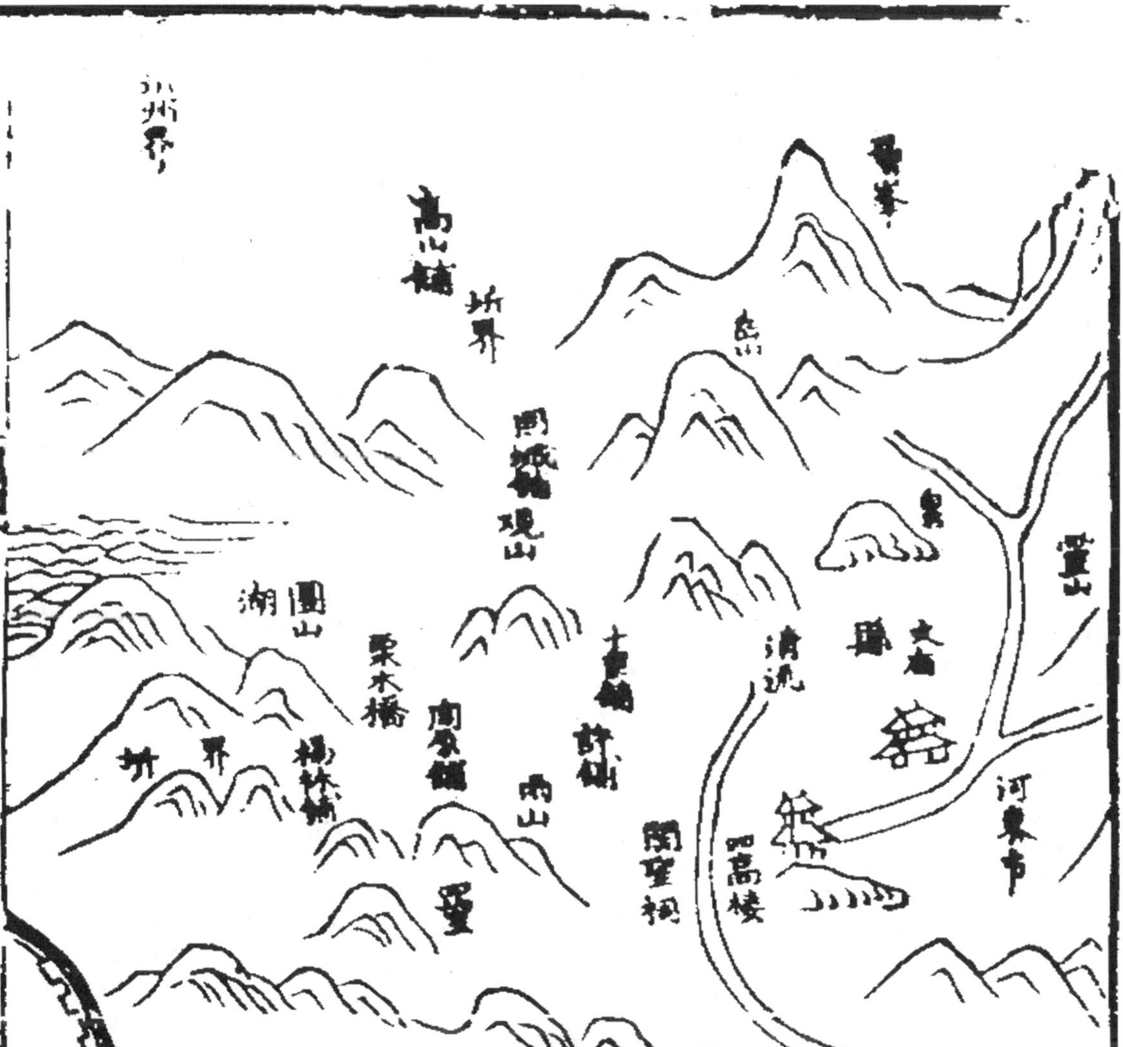
蘄州界
高山舖
蘄界
觀山
圍山
湖
粟木橋
楊林舖
界
蘄
南山
清流
文廟
縣
四高樓
河東市
馬口湖
蘄州
南
門
長風
馬口司
積布磯
田鎮
陽城
仙人洞

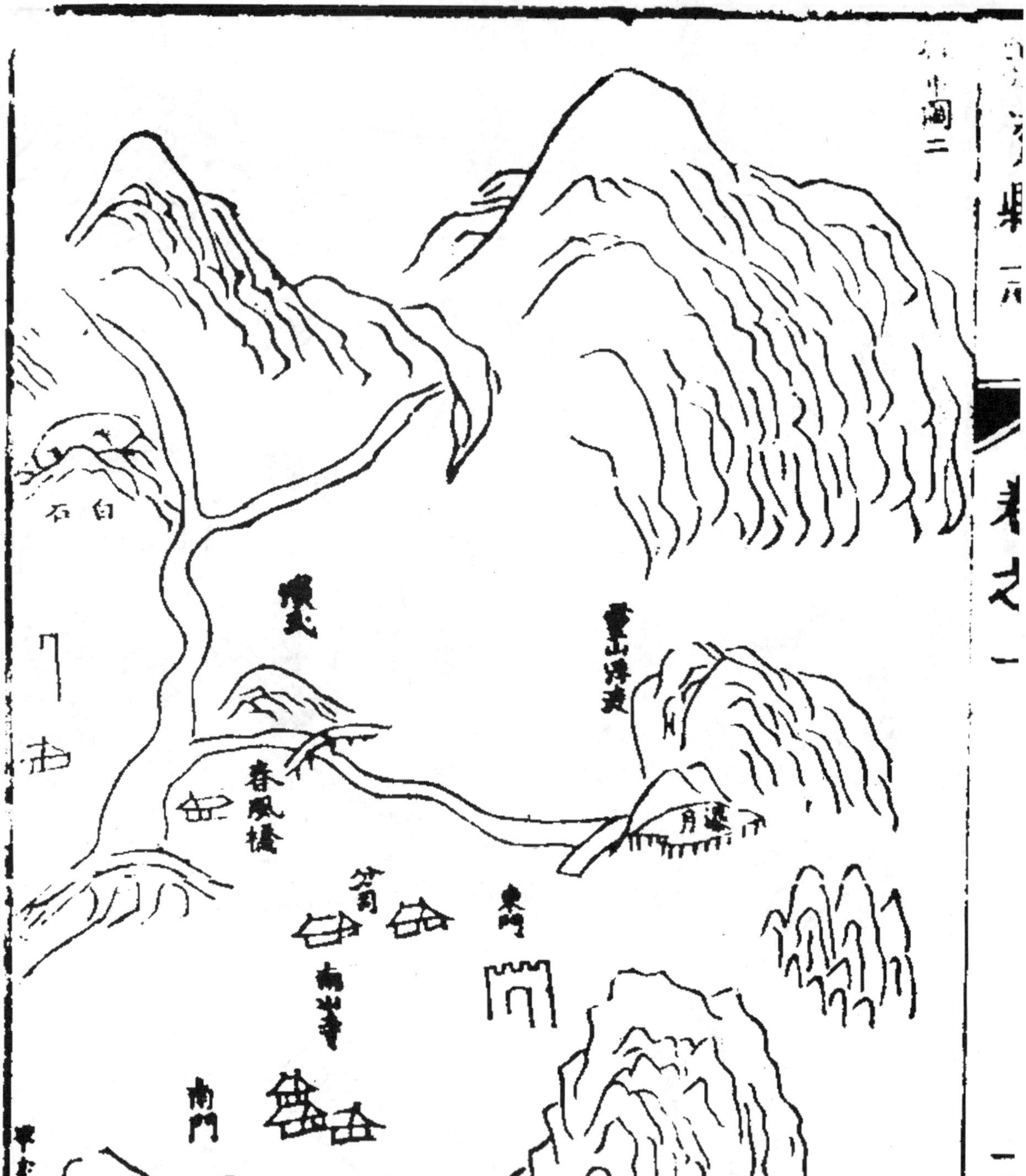
白石
春風橋
分司
東門
南門

北門
儒學
行察院

[illegible]衡橫岡邑鎮山也山自嵩少來汝上走英霍由潛太逆行火酸界嶺而後盤礴聳削拔出數百里自是氤氳分數支東雙峯北湯泉高峯樂家山西盡于廣濟又盡于蘄南盡于莎蘿嘴又南起五峯為頭陀西峯頂有三菴曰白雲曰中曰後又為大安洞為南林河其盡于廣濟者綸廣近百里田地陸千餘頃湖瀦半之名山雄峙錯錯嶽嶽縣當西南二十里依林麓以處橫岡諸山水澆注焉水次可田也背田之其地高平可陂塘也陂塘之其地窪下可池港也池港之

水田碁布人人務稼但邑東西當京省郵驛要道供億煩擾距江七十里江南盜數屢出沒爲濟患兵防之緝禦亟急至于承平日久卒有不虞險隘宜控也羣巒之參錯東接黃梅雖有石壠諸坡然小徑旁通深入大符烏鴉諸山腹內西接蘄雖有高山展旗龍須大王諸峯而河口一帶岐徑猶多也王公設險以守其國濟亦蘄黃東南屏蔽之邑也

郡邑沿革表

周		蘄	永寧
隋		宜春郡屬揚州	永寧
唐	淮南道	蘄州屬揚州 武德四年永寧 天寶元年改廣濟	蘄春黃梅廣濟蘄水廣濟縣中
宋	淮南西路	蘄州蘄春郡領縣五防禦司	蘄春蘄水廣濟黃梅羅田廣濟縣望
元	河南江北道	蘄州路屬豫州	廣濟
明	湖廣布政司	黃州府領州縣八	黃岡麻城蘄水黃安黃陂羅田蘄州廣濟黃梅
國朝	湖廣布政司	黃州府領州一縣八	同前

廣濟沿革

廣濟蓋禹貢荊州之域漢爲蘄春東境蘄春漢縣屬江夏吳爲郡晉改西陽又改蘄陽周分蘄立永寧隋末廢唐武德四年平朱粲改蘄爲州領蘄春蘄水羅田黃梅浠水五縣其年省蘄水入蘄春又分蘄春立永寧天寶元年改永寧爲廣濟屬蘄自是始名廣濟矣唐末楊行密據淮南地屬吳後屬南唐周顯德三年征淮南五年李景盡獻江北地遂屬周宋仍故元改州爲路屬蘄州路明仍蘄爲州領廣濟黃梅以屬黃州府今

國朝仍蘄領之屬黃州府

地從主人名有定乎哉居方氏名斯名之矣廣濟名所自起或曰唐置或曰隋以前北周置酈道元注水經積布山俗稱積布嶬庾仲雍所謂高山也西陽蘄陽二郡界嶬今在馬口巡司下田鎮上蘄以是爲界則酈君注水經時縣尚未置而自此訖武穴龍坑湖外江浦皆蘄地也注青林水又西南歷蘄陽是其徵矣縣置始有專屬胡孟培云開皇

四年分蘄爲永寧則縣自隋置見文獻通考楚舊
誌又云周宇文氏始置縣大象初河内司馬申爲
縣令二年嘗大師生於衙舍洛佛井碑載永寧隋
大業山陰徐斐爲縣令後家焉徐文海祖則縣置
自周舊名永寧此確據也劉昫唐書紀武德四年
分蘄立永寧意其間沿革不一至是復置歟天寶
改名廣濟自是常置不變矣

形勝

横岡屏蔽郡邑淸水集序横岡跨其北大江經其南舊志

羣峯雄峙西有高山之嶮東有大符烏鴉之岨與黃
梅接壤亦吳楚之要地也 四多山阜民遥遥依
林麓以處

疆域

廣濟縣在府東二百五十里自縣治至 京師三千
百 里至本省四百三十里
東至黃梅界六十里南至江七十里南係江西瑞昌界西至
蘄州二十五里北至蘄州界二十里

廣濟縣志卷之二

知廣濟縣事進士黃玉鉉漢崖先生鑒定
儒學教諭 李延春八生
儒學訓導貢士胡效順抒白 叅訂
邑人 劉醇驥千里編次
王臨五宜輯著

星野

按楚地翼軫之分埜也漢之南郡江夏零陵桂陽
武陵長沙及漢中汝南郡盡楚分皆入翼軫江夏

郡十一南郡皆屬之廣濟與蘄共一分埜也雖其
地於晉屬豫隋唐宋屬揚至明復屬荆隨其所爲
會入某實翼分埜矣利西泰以天度定輪廣以日
行則某域以五大州辨疆界分忽微妙必精而詳
則廣又當在天度第幾何分矣書曰欽若昊天敬
授人時黃帝曰聖人之烈昭於天紀星野志舊也
春秋緯云自大别以東至雷澤九江荆州屬衡星
廣雅云荆屬衡星
春秋元命苞云軫星散爲荆州

史記云翼軫荆州
星經云翼二十二星凡十九度軫四星凡十七度蔡
邕月令章句起張十二度至軫六度爲荆州費直說
周易云起張十三度
魏陳卓郡國躔次自張十七度至軫十一度爲鶉
尾於辰在巳楚之分野爲荆州
晉書云翼軫荆州南陽入翼六度南郡入翼十度
江夏入翼十一度
通攷云蘄春春秋以來皆楚地秦屬九江郡漢地理

廣濟縣志　卷之二　二

志蘄春隸江夏郡屬荆州天文志楚翼軫分野晉弋
陽郡蘄陽縣屬豫州天文志曰自氐五度至尾九度
爲大火於辰在卯宋之分野爲豫州地隋蘄春郡屬
揚州地理志曰揚州禹貢淮海之地自斗十二度至
須女七度爲星紀於辰爲丑吳越分埜唐淮南道蘄
州蘄春郡屬揚州地理志曰淮南道揚州域安黃申
光蘄爲鶉尾之分七百九十五抄二十二太中翼二
度終軫九度宋淮南西路蘄州蘄春郡屬揚州地理
志曰淮南東西路南斗須女之分元河南江北道蘄

州路屬豫州明湖廣黃州府蘄州屬荆州一統志
禹貢荆州之域天分翼軫分埜蘄州舊志曰蘄在春
秋戰國屬楚秦屬南郡西漢屬江夏郡楚在[illegible]
荆州之域星紀翼軫之分埜南郡入翼十二度[illegible]
廣濟居楚一隅之地隨其所屬皆入翼蘄實翼分埜
則廣濟實翼分埜矣[illegible]楚尾者非也

災祥

五行災異史志必詳紀事應也予生也晚既少傳
聞而紀載闕如斷自正統四年始志災祥

廣濟縣志　卷之二　三

正統四年夏大旱民饑知縣高偉發義民藍懋忠粟
賑之
成化十四年至十六年旱饑莩載道
弘治六年冬大雪恒寒民艱道行
嘉靖十七年六月大水羣蛟一日並起居民田廬皆
壞
二十年蝗飛蔽日知縣蔣崇祿令民有能捕蝗者給
米壹石不十日[illegible]
二十三年二月大雨雹六月大旱

二十四年再旱民饑死者過半

隆慶五年大水破隄丞朱邦華治隄隄成

萬曆十七年大旱自四月至于七月不雨餓莩道望民有詩

三十六年大水三月至五月霪雨不止江堤決濟五鄉俱沒遺民流離無依知縣周良翰具文請賑邑人太平知府張步雲上書兩臺曰廣濟里三十鄉七高原七之二低濕七之五五鄉之地內連武湖外瀕長江晁為汙下今年三四月間霪雨浹旬湖暴漲低田

盡沒幸堤障江水高者尚存五月淫霖武穴龍坪堤決潰田地廬舍無高低矣居民倉卒有昇屋屋倒而死者有脫走林丘終莫濟者若丘壠棺槨櫬蕩洪濤巨浸中即有孝子慈孫徒與汪洋之泣如杜家林方叁等處又不可數計矣曩隆慶五年六月二十二日夜破堤水勢尚小高者半存二麥收早禾熟民猶藉以聊生今年水勢極大破堤甚早登場二麥繼為漂流禾苗甫見白浪突來將何所寄命哉為今之計當汲汲舉行者三一曰築堤夫築堤捍本自漢唐至今矣永樂二年破堤曾差部臣監築廣濟之堤上起盤塘下訖新開口綿亘九十餘里獨武穴最為險要外江內湖其利害不惟廣濟當之黃梅宿松望江懷寧勢居下流廣濟之堤一破則奔湃之勢直至五縣皆受水害隆慶間破堤止八十餘丈共計夫役七千今所破者不知幾倍則夫役工費又不知幾倍且作堤必令冬起事來年二三月告成三月不成四月水又至矣藉堤為防者必至失業五縣錢糧從何致辦此修築之期不可不早也夫築堤宜早而費所當議廣

濟十室九空如此哀憐之可也撫綏之可也安能復以築堤之費責之宜發官銀廣開召募則民心樂從饑餓之衆亦將仰給工食以為救死之資其羣夥赴工者殆如子趨父事矣此不惟早完工役亦救荒之一策也一曰蠲徵夫國家錢糧出在田地今歲下五鄉被水上二鄉三四月山水驟發平地水深尋丈沙壓田地過半溺死人畜無數此按臺經過目擊親覩嗟憂不已者大雨一止田塍未及修補一旱至今禾苗立槁夫廣濟七鄉耳低苦水高苦旱粒米無收有

司又以歲辦之額責之即日詔一人懸之蒼華民掉背不顧耳此本年錢糧無拘免運當行蠲免其明年暫且停徵庶未死之民獲再生之慶矣三曰賑濟人情一日不再食則饑況連月計日煙火寥寥者乎今百姓嗷嗷日夜如赤子之望慈母張口待哺不知幾萬奉兩院賑濟軫念民瘼甚盛心矣第有限之恩不饜衆望而廣濟倉廩又無數萬石之儲須本省布政司查有無礙錢糧給發萬兩不然請之內帑亦一策也夫是三者固當並行至黃州所屬水災九縣同受

而築堤惟濟獨若蓋廣濟之災原于堤之決也藉今堤不預築將來年有水年年告災朝廷徵可得常蠲倉廩可得常發乎是故事有本末當圖其本勢有緩[illegible]究其急不救恐濟邑之民不止逃死已也書上未及行令周公貴弼乃量賦徵力以三千人築之委縣成明年庚戌巡撫張公巡按史公捐金六百二十兩守道陳公巡道陳公防道韓公屬黃梅蕭丞董之訖五月告成江夏郭正域曰寧獨廣濟之利哉五縣實賴之

四十一年癸丑大水堤決給諫吳亮嗣疏論水災其畧曰楚地廣博而水鄉十居其七萬曆三十六年大水今年五月六月仍復大水衝堤破防蛟龍四出有連屋列楹蔽江而下者有牛馬豕畜逐波而浮者有童女季婦紛衣見志老弱少壯委髮脫齒痕藉江沙者肉飽烏鳶之喙魂浮天際之煙如此災傷百年僅見臣邑廣濟黃梅在荊楚下流江身既高百姓如在釜底數百里赤子繫命惟堤彼時洪水驟泛譬如奔山倒海從天而下百里之民皆爲魚鱉伏乞陛下大

發帑金以救孑遺之民仍專遣一官經理其事嚴勅守臣多方救援則既死之民可以立蘇矣是歲秋大築堤知縣劉徵昌屬縣丞樊守純督之公蹊潰堤會有生鹿浮江而至引之岸不死慨然曰神示我矣吾其與父老子弟並受其祿乎作瑞鹿歌爲文記其事于是經畫久遠以停解南糧爲募工費塞諸決口視舊堤高廣公曰吾將倍增之且戊申決堤不過尋丈所請藩司帑金外並派丁糧六萬餘石石費至二三百錢僅塞決口茲欲興工於通惟靈東少有積租其

他計一二年所積金三千餘吏雖峻徽徒受課累前以所請工費抵之而家視所逋多寡率征爲役不足則稍均攤於衆績可底也丞樊君守純有幹令專董其役凡兩月增堤高至尺十有五廣至尺十有三穹窿巃嵷竹苞石盤水至登堤東望逶迤若神龍蜿蜒戲波閒衆咸德之因以古觀音閣舊址爲祠祠公嘗時耆民龔以玉實奔走焉

外史氏曰濟南境皆江長堤驅江波百里活活而下內距邑七十里而近多藪澤邑諸水滙焉堤埜腹背

多敵哉數百年屢決屢塞費金錢以億計未有能計數十年無他者癸丑決寶寨已決觀音堂已決恩水鋪已龔家庄橫溢而上禾麥淪沒萬姓巢棲百里殆爲巨浸劉侯委樊丞增築大防爲邑永利迄今四五十年關非無橫山驚濤暴猛震撼卒不能有溢決之變戊戌沔漢橫決景陵數邑民盡爲魚漂蕩淹損不可勝言而茲堤之不沒者尺有二三則峻防厚址爲功遠矣乎

天啓元年春正月大雪雨木氷時積雪四十日民多凍死竹樹盡折傳曰木氷介冑象兆兵革是時流寇漸起西北矣

崇禎三年二月大雪雷雪未止而雷異也

四年五月龍見大水驟至室廬漂沒乘桴居民有溺死者

七年除夕大雨如注震電明日乙亥元旦雨如故

八年三月河原大上地震有聲京房傳曰臣事雖正專必震其震于水則波奔騰于屋則瓦落是年二月初九賊四十八騎從縣西而去九月二十六日賊

大至拒西河驛有鎮算兵百人防守知縣黃弘曾者江人也到任五日倉猝歸道晚報賊尚離坐夜大光徵天鎮算兵禦寇五里外敗多死者餘兵逃蘄州居民盡匿湖山間知縣黃亦走匿焚戮不可言十月賊復自黃梅突至焚戮益甚自是歲被寇矣

九年冬寇至典史魏時光率拼兵三百人禦賊高山死之詳宦蹟中

十年二月朔三日雨木氷春秋二百四十年僅一見茲再見矣是年三月流星雲霞山中人血如川

十四年大饑大疫人至相食

十五年馬有角邑胡是恭有馬耳中角長八寸時居民避賊江洲喙呼爲角馬後人以百金市之按漢文帝二年有馬生角於吳角在耳前上鄉右長三寸左二寸大皆二寸劉向以爲馬不當生角猶吳不當舉兵向上也後吳王濞卒誅滅成帝綏和二年大廄馬生角在左耳前圍長各二寸是時王莽爲大司馬害上之萌自此始矣京房易傳曰臣易上政不順厥妖馬生角

十六年賊張獻忠攻濟諸砦破之踞邑三閱月誅戮倍慘存者後多饑而去濟至是幾無孑遺矣五月朔知縣張登儁定義營之變

甲申三月至五月不雷時思廟三月登遐傳曰除害興利君象也

清

順治二年冬温甚桃李華

五年雌鷄翅生爪有至五爪者傳曰貌之不從時則有服妖有鷄禍蓋鷄有冠距文武之貌鷄禍而服妖矣民間訛言牛將無角無角則化爲虎噬人此言妖也然有某姓者家一牛至四五角或出背上耕如常巳數歲矣又言魚生毛者又豕生角角在耳邊肉垒起如角狀左右各一至數數見有張氏任湖上者畜牝豕一日育十數兒中一兒怪牙跳躑食諸豕兒及牝豕立殆盡

九年正月十五至二月十四地以夜震者三是歲大旱二月至七月不雨陂湖盡龜拆民皇愕無措每夕紅氣亘天如虹煙瘴瀰野禱祈偏邑哀號動地東坡祈雨有濛濛若雪下者異甚不勝紀爲百餘年僅見

云

十五年水

康熙二年七月火災或無故自焚或鷄啼大或見有物持火自是累年疊見八月大水邑侯安公親巡堤上督令補塞罅隙增上填高尺餘以障狂瀾嚴責丁夫日夜不倦九月初旬告竣堤[illegible]而廣濟堅完安公之力也然是年亦旱久不雨報民多怨咨三年疲困四年亞五年旱荒黄公玉鉉屢詳蠲恤始重民矣

廣濟縣志卷之三

知廣濟縣事進士黃玉鉉漢崖先生鑒定

儒學教諭舉人李以範重校

儒學訓導貢士胡效順抒白

邑人張仁熈長人參訂

邑人王臨五宜輯著

山川

川嶽之靈蔚爲人文而其餘者及于百物觀國者備矣山川述山川

貴鵠山縣治後特高處爲玉枕遶半里許爲白石十餘里爲層峯又十餘里爲蓮花峯輔其左腋曰東衡曰橫崗右腋曰嶽山曰馬鞍山靈山以雙巒揷其左脅而前則獨山與靈山相聯絡銅鼓山以平峯峙其右而前則觀山與銅鼓相起伏其前則多雲九龍城諸山焉衆山環衛而大河右遶至四高櫟會清流諸水透迤而下此縣之大槩也

白石山縣北里許多石望之磊磊若壘故以堆壘爲縣景最勝

去夫其餘者猶留待遊人也春間會蜀僧來能琴與詩因約爲一月遊兒抱琴啜茗山下層蘇即命其僧導緩步數而石在足也石上題曬月臺雅甚字亦古前令劉清水作令文人優吏治邑中山谷題詠無暇日此其一然使爲鬱林公者恐石不爲吾輩有矣語晝坐徙倚乃水氣襲人聲如雷鼓谷風黨之欲推人不得動而石則復離奇嵌岑渦洞砨隤咫尺具江海之奇勢杯水坳堂願得一芥遊之恨此身不粟矣僧尉坐爲彈一曲水石與絲爭鬬聽亦不了爰起行循

谿東上而石磊磊出一步一倚人在石上石又在人上俯而聽昂而望箕踞而就與語交足而欲行莫可方物惟土人但相傳笋者船者前箭許則一石壁挺蒼松破腹而出幾可巢鶴夫木生于土此忽生于石耶其巔有字余猿攀觀之卒不能異必非碑銘或記遊耳則固有先我而至者矣或曰昨沉醉苦人今闕此數百輩筆無一堪醒酒乎又曰若在元魏吾邑有龍門山矣然而浮渡石爲最著故記之記載天下名山記中

觀山縣西

多雲山在南他山無雲而此山晨起多雲

獨山縣東南三里許衆山環擁而一峯孤迥若髻丁丑寇亂居民倚爲石壘近萬人防守最嚴賊騎馳山下山砦稱能堅持者獨山爲最癸未諸砦潰獨砦誘降始解

靈山在縣東慧日白雲雙巒疊起東有馬祖寺唐時道一遊此至今青苔白石宛有錫鉢問該繩坐跪班之意石上足跡儼然傍有掛雪溪上有眺遠臺下有

卧雲橋又下有多羅菴而鷲嶺諦信白雲諸菴環列山半山下有浮渡石劉醇驥嘗遊浮渡石記曰邑治東二里許古有石當靈山之麓幅廣數丈矶起岸立半之每春雨泉漲作勢下石當其衝輒跳擲不肯休歲久水力碓投石老怯不恐遂讓之去而漏焉因以益大遠望葢半亘水上如斧鑿者古稱天梁或稱浮渡實其狀云傳曰水井石鑽漸厲使然乃波濤行其胸次驚奔布曳驚若河漢而人又在泉上若鞭虹泛槎然以是爲獰龍如其行水不沒因雷雨中拔斷徑

象鐵山縣東三十里重巒疊翠冬森積雪不消爲蘄川八景之一幽嵓洞竅爲逸士所棲辟谷者多託焉上有鮑照讀書臺詞人每尋訪登覽題詠不絕張仁熙記云傳稱明遠與妹令暉以逸才起東海猶長樂府絕一時既以詩于臨川王爲秣陵令已事文帝爲中書舍人帝好文多忌照至累句自晦最後事臨川王子頊爲荆州參軍頊敗而明遠死今讀其行路難梅花落東門挽歌松栢諸篇淒斷哀怨有零落不偶之悲焉意其人頓挫沉憂類非知道者然晦菴稱明

遠才健畫變選體爲太白諸詩祖腰鐮倚杖之語倔强不肯苟心而雜記復云照作白頭吟自傷清直芬馥謗起鑠金意其人即不聞道類不至于沈休文顔士遜者與夫其令秣陵官中書以迨參軍荆州也皆歲月誠不能以深辨然則照于斯臺也蓋暫也雖然有志藏若其仕于梅與夫卒斃于梅而讀書是臺也古人遇一奇歷一境歲序山川皆雕繪不自秘惜今觀一登大雷絢文骨肉風煙千里不隔毫端而吾輩不能搜紀載詢隸珉發幽與几席之內又安在爲烈

今古也哉臺在第一尖下妙巖庵側上數百步大石突夷下臨無際方廣數丈可亭石下小洞容六七許人旁立大石數仞如砥可鐫他石挻窣壁椬而理臺以下書帶艸離離也薈蕊山之巒巃嵸騈綰錯者類各釋其曲房奥阼以戟立于臺之兩旁而一尖屏幕之五峯當面煙月蔽虧江湖之流滙者雲翔玉照周旋明沒而抱于臺不跳不雜是故求偃仰眺聽于蒸山者未有如臺之冣者也　臺下十里雲瀑潭迺板聖龍公廟側之潭而邑人遊者以雲瀑名之或曰舊

廣濟縣志　卷之三　五

有板自潭浮出莫知所自或取而藏之以覆鷄鷄輒不鳴怪而視之有字曰龍因以板畫龍公狀旱禱即應峪嵊而隘寒而叙瑟然以幽黯以雨霾亦日揜冉殆若無天者或曰東山九龍板聖其一

由淅鴻東南溪上可二里許曰馬峪兩石夾坎繩斷刻削東河類四寸帛三折而瘠恳投爲淵大盈尺許類汔者黝深不可測蹤跬步至不敢跳越巳穴石出數丈外聲汩汩如有蓄洩然稍下石林碣類大馬跡什四俗傳有仙人自此升遺馬跡焉所謂馬峪者也

如柄孔者一立如斗者如案者平如床者安可坐而名者步武錯迕觸類詭狀方石束水而下也聲如琴磬然水碓離立又如鐘罍響相荅山限不可上兩澳雜花竹蔭縟綠濃媚色青碧照溜雪益明潔泌減杳杳幽幽故不可近清風靜籟視聽愈苦柳子厚所稱極其奥者也或曰是殆雪峽歟後人來遊拈筆作雪峽字

當黃牛院而西不里許水之夷者忽峭方其夷也以爲是一壑之水也驟而石立數十仞斑駁霞搆瀰泙

廣濟縣志　卷之三　六

洞湝渹覶天隙不見水道轟雷努雨震盪無根始知此山之水分爲二流一自此滙而出下通斤竹所當數十里分泒合注以至于斯也穿林莽絕險從下窺覷悉其狀瀑布下注爲潭潭深隱不可犯下石開曠可集數百人安流沿行不里許分爲二河中一小洲度可十數丈多雜花艸石不可上樹可二三尺圍者十許株洲堅緻湶疾不可拔洲左大山高峻蓊鬱硯石大皺夏雲陡峙舊數楹倚石看洲河流清淺在其足爲張仁熈日菴沿洲下丈許兩流復合有石梁[illegible]

巷側横亘長可五丈廣半之既水使右水至不可去線雪如飛梁高瀑漲不沒西面下削如砥度可鐫丈許字四五又下開竇如前石大類黃鶴山人石梁秋瀑[illegible]大[illegible]由山左抱不見處爲烏龍潭舊有屋今燬遺跡存焉

横岡山邑東北二十五里勢接東衛西聯層峯亦寨諸山連岡翠擁綿亘雉堞若攢圖霄上崖立峭舉壁岸無階左側有捨身崖石實多魚雌雄四趾頂有氣武殿旁郡數千里咸來禱謁久行崖阿採魚石實中

占熊既東有桃樹嶺胡入叟讀書處在萬山幽鬱中亂松鹿石今榛莽矣

五峯山治東三十里自荆竹河南上卓木高千仞緣嶺行陡壁上覩其溪隱見石底如黑雲萬疊水噴高丈餘響雜山上人語不得聞中有水碓磯具下望前嶂梯田百坵如石鯨鱗甲卓木麓去五峯半里而近上五峯石磴便作苦攀躋百十步喘息難任行二三里過大石上可坐千人高八九丈餘欲墜十之七覆出小徑十之三傴僂方得度俗呼鵝婆石至頭陀寺三門外皆林莽深密轉穿小谷過萬竹嶺達禪院前令劉清水曾偕邑中名士席坐竹嶺中遲盞待月縱論雅謔劉廣文寬伯醉墮石崖下令作詩嘲之矣山有梵光石如水晶色峯巒秀絕山產也頂祠頭陀祖師傳詳仙釋

層峯山縣北十餘里峯自横岡綿亘至此特聳秀出諸峯上列嶂分脉爲縣來脉之祖旁有青着寺爲余玠讀書處寺左有塔圯廢有僧從荆榛中得數石上鐫元祐四年造邑人張北溟張小損重建刹延僧焚

之士人吊古者多賦詠其上西數里爲赤砦亦有小刹舊爲里人避兵處

白鶴龍王潭在白家園內兩山夾溪水數折而怒深注爲潭龍王廟踞其上俗傳潭常上有白鶴現故云白鶴龍王每旱禱雨輒應

雨山縣西南十五里許

四望山縣西南二十里上有寺寺外有大石三植立如門故又呼石門爲神鼎雲外禪師以順治巳丑駐錫說法其處有語錄行世

大聖山邑東南有靈湫廣輿記云飛瀑奇絕有黄龍君廟六月二日有司致祀桐城劉公湝水記云六月一日有事於黄龍君龍君人龍也廟在大名山天子命有司歲祀之余往修故事焉是日雨甚自旦逹暮輿人行泥淖中余以午飯出郊薄暮始得至至則諸博士弟子以下應有事者已先集僧舍雨亦稍歇余縱步出看山色衣履沾濕及廟門門有橋甃石爲之瀦中瀑布自橋洪噴出激石而下雨後瀑勢壯甚聲出橋上迅疾如箭又如萬斛白雲從地上堆擁而

湧出片片可手掬取也諸生前曰此何減破額山前碧玉流乎余曰柳公非善狀瀑者似此何殊濺珠噴雪便當以噴雪目之入廟門揖郎君像郎君淸揚白晳而宛晃執笏若王者葢七歲上昇即受眞誥時也已廼躡石級上窮瀑所起處廼在殿後柱礎下有屋覆之聲轟轟然如風霆怒號人從屋裏俯聽之若有物可狎者相傳爲龍所窟宅處時有小龍如蜥蜴緣簷楹走人不驚怖則亦與人相習稍誤擊之即頃刻騰雲霧去旋作雨雨水溢屋常深丈餘屋外與橋平

拔木折樹砂石飛走歲有之顧不損禾稼余感其靈異日昏黑始下山反僧舍晚飯時方以祀事虔恐弗肉食頗不能飲酒取與諸君痛飲及夜分各大醉迺分榻卧厥明肅將祀典牲醴碩潔籩豆滌治獻酧如禮甫畢則山下數文學已盛治具張具庭中積雨初晴朝暾尚薄微風動樹流雲縹緲尚在戶牖間四方人稍稍各以其方物陳設庭之兩廡亦有張布幬結葦蓋治酒漿餅餌之屬叢陰緑樹下幾於遍滿以待謁郎君者市之遠近士女來謁郎君者亦稍稍至人

屐漸密余以夙酲不能豪飲爲啜數盞遂下山去諸文學復挈壺榼追余至噴雪又各飲數大白而去

石港山側有龍窟興雲致雨里人望其氣即應記云唐國師眞人張某雲遊於海旋見二龍化鯉出沒於盤家坂其一誤爲野人獲其一似爲龍昇天遂命道士吳某葺觀即今石港盤旋曲㵎旁有樟枯死道士置煉卅一顆于其內而去其樟圍堪栽繐里人因塑爲鯉聖龍君立廟其處歲祀禱無不于廟基跨鑿排鑰飛泉成雨蒸氣爲雲攀躋而入之里許有龍窟二

處登高臨視深谿千尺怪石崚嶒挂蘿不絕溪左龍
池寺與龍君廟並峙
大閭山一名呇婁邑東二十五里東橫兩山間有五
峯嶙峭翠屏卐含圖呇嶺巢中峯卐含則胡篤生別
業在焉崖洞泉瀑草樹皆杖屨間物天啟丙寅秋篤
生結二三霞友蠟屐扶藤佩奚囊攀躋極險緣勝題
名云自青蒿鄉舍入呇婁過岐皆並澗行兩山夾澗
水聲樹色爽人殊甚至五老峯峯有棲眞菴含崖石
森阿欲墜不墜石洞山半上覆下延懸空邃敞莫可

登陟計惟忘身者緣藤援葛自縋而下石有樓若柱
若塔若者龍若象若者不可悉舉再轉為大山溪春
夏瀑布飛灑震慴崖壑秋杪縷縷挂石上若垂簾沁
人心腹者汩汩若彈絲溪中累卵為橋石柱五丈
許鼓倚聽之輒忘暮也再轉為寶脩復左折石壁斜
飛里許愈益峻澗益陡石磴益險壁上巨石比比鑿
落為崖為彌陀為大士仙菌蓮花皆鋁刓嶄業東行
則過桃樹嶺北轉兩山綰谷口磴道曲上忽開若戶
闔闔若堂皇則呇婁山也五峯環遶似墻宇壁立深
半里許修篁蔽嶺杉松陰覆山田數畝半在戶內石
泉出右峯之麓竹影廚前涓涓不息右為美箭石為
鐵板障從是東則桃樹嶺為逕東衝第一尖矣而迴
中壁觀崖枯坐崖看瀑崖獨尊崖猶為幽奇陡絕隱
几嶺雨球泉瓔珞泉寶蟾石禪隱洞御風磴桃塢竹
塢獅子窟名景不一從是西穿嶺峽上里許則為杵
臼又上為鷓鴣坪精舍曰陸雲菴前為飛龍嶺亦曰
罡風峽後曰海潮峯雷公洞在峯之背深黑無底峽
南再擁三峯最上則天柱峯巍然卓立矣天柱即橫岡絕頂

余公山縣東二十里俗稱螺蛉者謬山以余公玠墓
得名也余公玠之在蜀也招賢禮士輕徭寬民通商
恤旅治堡練兵蜀日以强自寶慶以來蜀閫未有及
之者又置機捕官以偵事情鄭清之再相進兵數撓
至興元而都統王夔殘悍玠斬之姚世安代帥玠不
許謝方叔倡言玠失戎伍心帝惑之玠專制西蜀平
時奏疏詞氣多不謹徐清叟入對謂玠不知事君禮
宜召還遂以資政殿學士召玠不自安一夕暴卒蜀
人莫不悲慕如失父母而侍御史吳燧等論其聚斂

囘民乜羿詔錄玠家財犒師賑遷其子如孫認錢二三
萬徵之纍年差乎始終成玠之事者淸史方叔而聲
小實實宋之任人如此朝論如此欲其中興固難豈
不難哉以玠…自許貴志以殁而墳草未宿玉帶
見取賈似道其椎發之奸哉君臣之不保其後如此
今豐碑淪沒舊概寂寥其子姓尚繁宜表于道曰宋
資政殿學士前四川制置使余某神道
安樂山縣東十里
大符山縣東四十里舊有菴曰朝陽即四祖再來僧

繪處流寇猖獗邑諸生樂重其與弟之遴等集衆保
大符山壬午獻賊破黃梅犇至龍頭砦一時十餘砦
俱降大符獨守賊來攻殺賊頭領百十人賊怒督大
攻之砦破重其等受解衆俱屠
石壞坡縣四十五里自東衙至此兩山夾峙石坡陡
峻東爲張應命良輔廬墓處又東生銀腦有成相古
剎北十里爲尉砦元末紅巾邑人尉瑋率鄉民砦此
賊壞之血戰卻賊衆賴以全有司上其功官之
龍頭山縣東五十五里山龍象其盡處如龍首昂然

而兩石屹立如角石下有泉俗呼龍眼東五里爲普
城驛東有橋爲黃梅界居民袁某捐貲爲橋不藉
力他人一絲乘周令立碑旌之劉公若宰題橋佛國
津梁云南十里爲冷水澗又十里塔兒砦七里爲鄭
公塔鄭公昔宦任茲土捨地建塔名椅山塔俗稱鄭
公不忘所自也寺曰禪居有大士閣閣下殿祠眞武
像歲二月十九日男女輻輳謁大士張幕列市借百
戲聚會之盛他未有也
鳳凰山縣東四十五里山南爲禪姑山寺曰永興又

五里爲岳苗宅岳忠武裔忠武子震鎮黃梅五郎閭
家難匿大河民間弟霆往從之朝恨未釋改岳州爲
純州遂不敢稱岳從封姓鄂震子五其十一世孫爲
陽令全全五世孫文源當萬曆初始復岳姓遣王應
祀弁九江姚母墓祀霆子三長念二次念五在黃梅
三曰念人其孫萬三始移居廣濟爲岳苗族焉
石婦山在靈山南其東爲石步嶺俗曰失婦云有新
婦至此忽失所在凡娶婦嫁子當過嶺者必紆他道
避之又南爲八斗嶺嶺東有史孝子墓西有劉老人

埃老人名舉字明仲生兒郁爲魚任俠爲里中所推服年六十無子贅呂氏生子五人後殁於明年百有九歲呂氏云即貧娛文峻後裔羨爲桐縣蔡邁迹嶺下數歲呂歸寧舅家人莫知之有女及外孫字呆來之夫人不之許也嬪實許之而憲其年果初晨省呂氏以壘付贊嫂嬪嘗横面門來啓果蛇圓卷起八斗嶺下老丁人開嘗傳爲讀書呂有子受四卷盧於此南爲打鼓石爲東金璽翠蛟坳又南九龍城下有萬泉井冬溫出旱常不涸

廣濟縣志　卷之三　丰

玉龍山在白茅衛左與九龍城相望山有幽居寺相傳四祖卓錫此山夜聞龜聲後掘地得雲版上有靈龜山幽居寺名因之永樂間重修嘉靖爲閩山檀越萬靖壬寅荆國卜永定妃壙擧感興萋毀地越十年今寶其寺新之僧田若干歲榮類中欲復奪爲王妃陵感恠夢遂止　順治十八年重建改寺曰瓔珠

衡學山自石門數里南起爲後峯峯東爲大藏寺寺爲齊祠修靜處祖師僧自邏羅來衆建寺居之項有祠與武西藏經樓山谷紆抱溪流映帶前令劉淯嘗步洪源橋額視上流一橋寬平倍洪源作亭其上名杯度亭前爲觀音山祠大士像爲陳求吾讀書處

大羅山自大藏寺而東過嶺爲大羅山四周皆山一水從石港横出寺當山隈極爲幽静曰羅漢亦曰慧雲

宗山嶺縣東南五十里其下爲橦梓牌或曰童師排東出爲雲興寺寺隔溪爲揚塢山即釣魚臺相傳有康國公茂才墳無華表碑記或其祖瑩也又越溪爲李齊坂坂與楊塢皆溪水環繞避亂者以是爲依焉過坂皆湖其東爲黄巾砦爲沙湖

廣濟縣志　卷之三　夫

連城山臨連城湖舊有砦元末盗賊蜂起邑人楊普銘砦此保井里後歸明南爲女兒埗相傳樊噲女築下有連城橋即龍坑大路與滕塘橋相去十餘里又數里爲伊家渡山北有玉石寺

太平山縣東南六十里傍有煉丹丘晋遠公卓錫於此後入廬山去時笑露黄牙因寺於此名黄牙西里許有花關橋云關索經此往襄樊以劍擊橋石若人爲建祠祠闗公暨索又半里有松林百十株參幽奇蒼若虬龍狀中有三大石硫然峯立名石林西南有

儒林嘴宋時陸姓昆季三人官學士居此自署別野
號儒林明時翰林陳氏朝富徙此東自鄭塔西距此
有六石一名白鶴石翔彔似也一名銀青鐵色似也
一名鐵青色黶然其若鐵也一名紫金光皇皇然金
質也一名火石時有燿若火也一名劍鋒取劍形似
也故自鄭塔西至花關橋里以六石名北四里許又
有七石嶙峋特出比聚若星爲北斗七星云
登高山縣南里許南行數里有橋曰七里橋麓有亭
曰山包亭菴曰仰天菴西南爲銅管山赤土山

紫霧山縣南十里崛立如屏望之者皆見有霧騰空
西紫山下二徑一自麓而南達武穴一自麓東而南
達龍坪有亭當其路曰兩路口南里許爲石門亭爲
歸姑塔閔家山縣西里許
蠡山縣西北七里巋然秀出或稱藥山下有胡高軒
墳明初令濟家濟卒葬嶽麓歸安姚公翼表其墓
展旗山縣西北二十里山自赤寨迤邐數里爲展旗
又西爲麻黃山上有寺僧玄機創南爲四顧坪坪有
庵又西爲蘄界嶺明末典史魏時光禦賊死難於此

秀雲山縣西二十餘里俗稱北流山頂曰龍頂在濟
西特高其半爲碧雲菴東爲龍井洞有泉旱禱取水
則雨立至又東爲德勝殿祀太子神南十里爲仙姑
山相傳仙姑修煉頂石尋許如高座有三女跌座痕
數里爲石牛石立似牛又南爲兩山古建寺後唐創
名古建下爲龍泉塘又二里爲黑石頭
鐵石墩縣西南四十里唐志蘄春郡內廣濟蘄水有
鐵未置坑冶一統志亦云產鐵今蘄有百家冶大爐
鋪相傳鼓鑄處而濟未有徵俗傳鐵石爲鐵矢葉造鑿歸此其遺也尤夥

蘇家山縣西南五十里南數里爲白龍潭面平湖左
右長坡竹林陰森中有德安王府建僧四弘講戒其
處南數里有峯名劉季漢祖征黥布避兵於此竹葉
細析如絲云漢祖匿山中取而剖之者東際爲潘山
又爲竹隱山寺在衆山中竹修修夾寺左右又東爲
松山多古松數里爲避難衝雲深徑隱林樾古茂幽
若老石有人所不到者昔人於此避難上有碑記云
[illegible]山有寺雙泉詹祖於此修靜東五里菖蒲山下
[illegible]邑中諸水入湖處雄峙水際爲濟水一關

寅山俗云銀山在蘄州東而治屬廣濟宋孝宗乾道四年有以銀鑛獻者上命守臣詢究廣濟銀山亦在獻内明洪武初武昌蘄黄凡宋元銀場鐵冶悉罷成化元年奏准凡偷掘銀鑛不問軍民舍餘旗校人等依律問罪蘄州知州誤以寅山産銀首往封禁並樵採不得入又云成治間議開寅山驗土色無銀不敢奏請萬曆二十九年三殿災朝廷分遣内臣陳奉往湖廣等處開採銀鑛奉激變地方焚燒巡撫趙可懷公廨分巡僉事馮公應京疏論留中馮公逮問是年

後議開寅山以驗土無銀乃止

長風山在縣南江浦水經注云江水東逕蘄春正東得銅陵曰右逕蝦蟆山北而東會海口水南東合臧口江浦又左逕長風山南得長風口江浦也則長風在寅山下近馬口一帶左翼山

陽城山縣南六十餘里自馬口諸山西來屏障脅列雄峙江上南有仙人洞在山之腹紆迴兩湖間高可百餘仞入洞漸深大如庭堂可容千人相傳有道士數輩居此一道士年最老常蓬跣入上下屈曲不知幾里而最後聞江上櫓聲疑與隔江通人逕從江底穴下行鑽而出至今石欄石龜道士遺蹟尚存與國吳明卿黄陶王行甫把炬深入不得所爲搖櫓處而還明卿記詳莊文傍有仙洞庵邇江與五郎磯相望又北爲玉屏山爲獅子山爲靈泉洞洞最幽古乳泉春夏多汪冬日把炬入洞初小至一二三洞可側身入犖埆凡牀丹灶悉具有石鼓石鐘擊之各得鐘鼓聲龍猊勢各奔騰一小石龜頭足儼然其他形嶺積類神鬼設施者第九洞穴甚多而狹至六七孔叢行難

行不可入中洞頗大有深潭不可越揚炬照之見其東益空濶不可測而潭水深黑畏人無從覓道長有龍蛇乃返萬曆中歲旱有駱法師者向中洞潭取水龍起水湧衆不及避法師身當之俟水止衆出而後去以是人益不敢至崇禎末鄉人携雞犬入避寇者甚衆或云三國時關索嘗休息於此至今鄉人祀之

積布山縣南江浦水經注云江水又東逕積布山南俗云積布磯又云積布圻庾仲雍所謂高山也即此西陽尋陽二郡界按西陽即蘄春晋毁爲西陽縣界

卽九江也當時爲二郡界今專屬廣濟矣迤迴聳峙江上石横理而縱之層積似布與隔江下山磯對東江水其流甚狹下有石可坐釣

盤塘山縣南六十餘里自陽城北臺諸山嶇起並立嵚嵬峭拔而或斷或聯中岈以深徑折煙迷崗連路塞矣其高處爲笠兒腦有蔡大官昇天遺跡相傳大官蔡姓名廣福弟廣善唐貞觀間勅爲神神初降於朱慕橋憇陰於張勝側飛昇於笠腦有李行思者因夢感覩馬跡所止爲祠三處像幞巾道衣端拱執如

意其傍將執鞭云楊朧兒蜀人父楊朗架木排壅磐塘過石鷹嘴排解朗死於水朧求父屍不得自四月至五月號呼江上亦投水死神感其孝收爲將今俗祀神四五月間民相聚和歌其屍聲相助必云楊朧兒尋楊朗兒那裏尋那裏尋其兆馬口寺乃詹祖道場基倚雲崿假鳴鳳形東大腦坡上有鹿池出石鏽中與馬鞍山峽對峙險甚陰翳時虎狼咆哮南數里爲盤塘鎮小港西爲紫荆夫人祠舊有人舟泊見夫人於月光中詢之答以詩翌日至祠前土牆茆屋紫荆嬰與詩合事載藏居筆記又輟耕錄爲揭徯斯事

龍臺山縣南七十里奇峯秀嶺迴環相佐有觀音岩十八叠流水坪下過石步嶺俯木麻仙谿二湖南爲鐵船山有寺下爲魯肅府魯肅屯兵處祠今燬肅像存江浦或曰濟濟狀未知何解再東過盤塘下爲龔家庄江浦去山麓逶迤自此始築壩捍江水矣

仙姑山縣南六十五里相傳何陳許三仙女修煉處元時白晝雷雨乘雲而去今殿二重祠三仙女山北爲西横里梅氏塋聖俞後蘇長公謫黃時爲書西横

世家東數里爲泉湖吳易菴講堂東南江浦爲武穴或云漢以前爲鄔家閱人極悍有精兵號唐爲武家閱後襲名武穴明萬曆初劉少溪之亂鎭民程鄉川率敢死士陷敵陣殁兩臺奬祀烈士地與龍坡近嘗以捕盜得名盜不敢近今以獲盜爲累少衰止矣然俗侈靡易潄

青林山縣南六十餘里水經江又東左得青林口是云桌陵鄉西南流水積爲湖湖西有青林山宋太始元年明帝遣沈攸之西伐子勛伐柵青山覩一童子

甚厯問伐者取此何爲答欲討賊萧子曰下旬當平何勞伐此在衆中忽不見湖水西流謂青林水又西南厯尋陽分爲二水一水東通大雷一水西南流注於江經謂殉水有對馬頭岸今屬瑞昌

午山即武山在午湖中危石峭壁迴遭少可登處惟南一逕稍平春夏湖水瀰漫山形如鯉浮水上濶十餘里中有螺螄山亦稱螺墩南岸爲團山亂石一石扣之有聲巃岩若虎豹虬龍有穴鷗時時浮出謂與湖潛通而東湖口逕破頭山南下有塘龍數騰雷雨

黃花山在湖北岸上有廟可望江南諸山水山麓荆林廟奉楊四將軍神最靈異土人以卜年及人間凶吉無不驗者又北鳳凰山獅子山則縣諸水出處踴躍相對爲關欄也羊頭岔胡之羅立寨保鄉死事處

大江縣南七十里自蘄春東得銅零口逕長風積布又東得青林口經龍坑而下龍坑舊爲鴻腦洲民倚堤爲市東十里爲古佛寺於土中得石佛寺以供之故名蔡山爲李皐破李希烈處出大龜至此則黃梅界矣杜佑通典云蔡山屬廣濟今爲黃梅界

中洲在廣濟大江中元史地理志云宋嘉熈兵亂廣濟黃梅徙治大江中洲事平復舊明崇禎末寇亂廣濟復徙治於此六七年始還舊治今新洲內老洲也

梅川源出横岡諸谿澗數里滙爲川下會層峯諸谿水爲雙河口西南行逕畢家坂東又逕演武場西北折而南經春風橋會靈山浮渡諸水北折而西出仁壽橋下逶迴川觜當縣治前凝秀坊徑南去嘉靖間令楊公阜塞之導水西折遶治右逕四髙樓北爲滄浪橋始折而南會清流港水逕關聖祠前有劉公閘

十里逕潘墻又十餘里逕栢林東岡間又二十餘里入陶家塘經紫石頭入武山湖

斤竹河縣治東出東衝諸水至明水懸崖數十仞飛瀑直下噴沫鳴雷冬日聽之似多喜聲春夏則震怒如霆排擊不測記所稱飛瀑奇絶者久旱無聲倏如雷音二三則數日內必大雨下注爲潭潭隱深不可犯水溢西出經黃牛院西數里逕五峯山側與梅水衝水會白土嶺諸水西流爲荆竹河有橋當驛道十餘里會東坊河東坊亦東衝諸水出黃[illegible]龍潭逕清

穀亭側亭直旌控壑旁列樓閣壓肆彭伯子會約名士宴集俯仰盡勝下爲橋即車坊驛路十餘里與斤竹河共逕成相寺前又數里逕猫山口爲團頭河分而爲二至六石里坂同爲一河經廖陸溪入赤磯湖

費祠龍湫水逕株嶺會十八叠衆流爲駱家河歷花關橋會屈家河水遶太平山側入赤磯湖

大金河自白茅殿衡諸水滙而南經鯉溝右大金廟東又十餘里逕黄花山陰出羊頭岔入白水塘

黄花港

關山河出赤寨展旗諸山水十里爲松陽橋又爲石塔河爲夏六官人橋逕秀雲山東爲關山河逕苦竹團數里入團山湖

楊林水

朱家湖在蘄城南門外屬廣濟地其水逕寅山北上下陽門入馬口湖

馬口湖縣南六十里

武山湖縣南四十里中有山即螺墩西與黄泥湖接鳳港橋其通處也下東湖口爲官橋渡逕樊贍城南爲小港與塍塘湖諸水會西數里爲廣野湖其下爲繫馬嘴乃孫公英堤處鄉有湖水汎田英督衆築堤護田因號曰北塘塍復爲長堤以護其外英嘗繫馬其處後人德之故云南爲蘇家坂數里爲伊家橋其下爲連城湖

善潭南北二泉在觀山東其湧溢大小有候

翻車水九江英布於水北築翻車城屯兵集邑八景有翻車軍壘見萬花谷

古蹟

環翠樓在玉枕山下覽一縣勝槩

生春堂在縣治東知縣高偉建以延賢講藝

四高樓邑西門外樓是文昌閣舊址韓公重建劉公
滑水昔成之毁今名東曰瞻滑西曰桑鄂南曰幕岫
北曰翔江樓下爲梅浦植梅千樹隔浦構亭滄浪橋
跨之與樓爲映帶風辰月夕公輒登焉僚佐畢集飲
酒樂甚而歌詩四章其禮潛曰樓之東兮天削出青
芙蓉下回瑤泉上薄日其氣冕冕光熊熊玉泥金檢

自何代軒轅副嶽元封封蘇躍跡禪德通衡南儲
君騎赤龍紫光繡衣羣官從我欲攬取樓之東其乘
郛曰樓之西汀蘭渚蕙芳離離灌嬰城東節度石二
浦中分經五圻紫髯未極墮臺酹大姥先將豹尾施
漢皋游女充容儀明珠解摘祓禳禱祠然下來黃鵠
璣我欲攬取樓之西其幕岫曰樓之南層峰叠巘縣
子藍叢花旋飛繁白練邊臺巘衆闘煙嵐夜半罡風
吹鐵瓦虹蜺怒鳴吞長川仙人騎魚丞鬚髯朱鬣四
並雄雌驂朝遊翠嶺暮匡山我欲攬取樓之南其際
江曰樓之北空山石穴陳浮國　蛾不避長風沙琵
琶夜彈楷布月經管湖汗五千里噴薄相陶靈氣協
新陽女兒衣羽翩青林畫千峻且悅西勞將軍止伐
桐我欲攬取樓之北詩刻四高樓上王光殿逢年書
樓下爲五印心庵傳大士像隔河爲祠緣不喜聆華
麗一時人文壯觀焉

𩣡照讀書臺在東衢第一丈

江漢書院在龍坪鎮爲郝君九皋與諸子講論處院左
則有仰聖堂祀郝君高弟秦孺子翼先生先生著

龍坪上云

郝山閣在縣治東北河干王憲皋先生藏書處

白石山房縣治北最高處去白石里許爲劉正叔秉
鈴讀書處

劉季峯在縣南六十里世傳漢高祖爲擒黥布嘗駐
此壘望故名傍有觀射臺走馬場

樊噲城在武山湖濱世傳漢高帝命樊噲征九江王
黥布築此屯兵

曾嶺府

徐平章城徐輿本縣人元舉賢良官平章蘄國公元季紅巾據蘄水爲亂平章公築城縣西督兵禦之胡鎭曰是乘將艸竊者將有內變不如約辭厚幣以偵之遣使往陳果與徐不合而困我之欵賊相戒曰愼勿犯新城兵也後蘄黃俱陷而濟獨得全明兵東上徐文壽集父兵歸附武畧將軍鎭懷遠將軍

浴佛井四祖醫大師生時在衙舍取水于此澡浴名清淨井知縣劉公徵昌改名浴佛井正德間雙峯眞身自焚夢感荆王鑄金像送寺道經井前井涸數十

年至是井水忽湧出香美異常

塩井在塩井寺詹祖初掛錫于此前有石井每日出塩供衆師後去馬口寺塩遂止

馬祖坐石在靈山道一闡化江西時遊此石上足痕宛然

仙姑泉在靈山

靈山宋寧宗時金人陷蘄詔趙方遣救方命許國扈再興解唐城圍還鄂保江再興引軍至蘄之靈山伺金人歸擊之工豪視文蔚橫突入陣金人大敗

風俗

應劭曰風者天氣有寒煖地形有險易水泉有美惡草木有剛柔也俗者含血之類像之而生故言語歌謳異聲鼓舞動作殊形或直或邪或善或淫也聖人作而均齊之咸歸於正是以君子惟風庶民惟草從風靡靡有虞氏風動而後殷人儆三風周十五國風而首二南終豳漢仍秦俗賈誼涕之至若好商賈者富以本業好爭訟興分者化以篤厚救民之責後君子有轉相移易者矣誰謂辦風

正俗不在一邑也志風俗爲郡邑牧民者告焉

廣濟俗多朴茂民愛稼穡士喜詩書以孝友爲先然其人椎而戇舊志云市無娼肆人鮮賭博有可諮者奮挺鬪呼競氣爭訟此醇美之蠹民奉上賦役本樂于供輸嘉隆後賦法凋瘵逋負山積長吏奉所司一切取如額胥吏益輕重易置爲狐鼠中猾乘其郄相率詭計問上遂稱頑邑循吏化之未嘗不風行也近寇抄之餘土田未闢糧不除荒丁男戶稀徭額弗減以是逋負致煩宸指 題奏民雖創新元氣已索生

聚教訓是有望于撫兹邑者

鄉飲　一鄉飲尊齒德興禮讓每歲正月十五日十月十五日二次舉行

講約　鄉約所講約每月初二十六奉行舉善糾惡以勵俗習

士風　舊家大族以書爲業即庶民不論貧富皆知重儒士尚氣節重廉恥近亦有奔競者衆咸訾之然無有朋比黨援雌黃時政亦無有貿易經營混迹牙儈敬禮官司猶爲士風所先

農務　富者食田貧者食力勤苦經營邑不近舟楫故求業少而本務多工悉四方來者其臨江三市田鎮武穴龍坪商賈五方雜處惟塩爲大其他雜貨皆閩悉鬻少商伎淫巧

嫁婚　紳士務擇名族庶民亦須勝家重媒妁遵古禮加幣有度粧奩不奢猶見淳厚

冠禮　大家遵古禮

喪祭　稱家有無以古禮爲循追薦從道釋俗習也祭掃依時至或有因喪嫁娶最爲惡習宜禁

節令

元旦馳賀罷市三日會飲鄉人始傳一月罷或三四月罷立春先一日迎春東郊辦故事觀者塞衢上元作燈市採松栢葉樹架通衢綴花燈褚帛竹絲繪人物或爲花草蟲魚字形作鰲山數重其走馬燈則懸紙人馬於中而以火運之藏謎者以射中爲樂其夕男婦往來過橋行遊三日罷鄉村有拋羅闘火炬之習或賭花爆驛站徽欗民間請紫姑婦問休咎清明

掃墓四月八日浮屠浴佛兒童放紙鳶爲樂端午以角黍糕餅畫扇相餉作雄黃菖陽飲懸艾葉辟邪家植艾虎菖陽於盆繪張眞人除五毒兩鎮爲龍舟競渡五月十八城會市民十家一棚祭瘟神會飲或釀禳焚蒼朮揷桃葉六月初二日祀費龍君列市初六祀城隍神七月十五家薦錢袱祀祖謂中元節八月中秋會飲看月九月重陽飲菊酒佩茱萸登高或釀酒爲卒歲儲爲臘酒或以重陽糕相餉十月朔再祭墓冬至官馳賀民則否入臘舂一歲糧藏之囊囷經歲不蛀俗言炒米爲乾糧是時亦預備之二十四日掃屋塵祀竈除夕守歲更春帖易門神竟夕爆竹鑼鼓焚榾柏如香歲晚相與餽問謂年節除夜祭先禮畢長幼聚飲爲團年　隆萬後俗漸靡[illegible]仍相近[illegible]

廣濟縣志卷之四

知廣濟縣事進士黄玉鉉漢崖先生[illegible]

儒學教諭舉人李以範重[illegible]
訓導貢士胡效順抒白　參訂

邑人王臨五宜輯著
甘一琨明宗編次

戶口

天子敬百姓則民數拜登歲一受事令戶籍十年大造猶循古法哉其登耗之實孱僞增凋殘之餘

師二三子夫婦以蕃將免者壺酒豚饟幾何四方之來者占籍否而版貢猶昔丁男如舊也志戶口貴本也

明

洪武二十四年戶壹萬貳千壹百陸拾有伍口玖萬伍千玖拾

永樂十年戶壹萬玖百伍拾有捌口柒萬玖千捌拾有伍

宣德七年戶壹萬壹百叁拾有伍口陸萬貳千壹百叁拾有捌

成化八年戶陸千伍百叁拾口肆萬柒千叁百叁拾有叁

弘治十五年戶陸千伍百玖拾有陸口肆萬柒千柒百伍拾有壹

正德七年戶陸千柒百玖拾有肆口伍萬肆千壹百玖拾有貳

嘉靖二十三年戶陸千捌百壹拾口伍萬肆千壹百玖拾有貳民戶捌百壹拾有貳軍戶叁千柒百叁拾

有玖男叁萬貳千捌百捌拾有柒女貳萬壹千叁百零伍貼軍戶貳千柒拾有壹醫戶壹僧戶壹拾有肆匠戶壹百叁拾有叁

萬曆

田賦

戶登則田治，賦平則產息，二者相成也。然漢限民田，唐世業口分，惟恐人之不有其田，而不虞田之不足于賦也。理財之務，將奚先？爲志田賦。

明

洪武二十四年版籍官民田山塘肆千肆百叁拾貳頃玖拾肆畝柒分

税糧叁萬壹千叁百肆拾捌石捌斗貳升壹合肆勺

田叁千壹百玖拾柒頃肆分

地壹千貳拾肆頃伍畝肆分

山壹頃伍拾柒畝玖分

塘貳百壹拾頃叁拾壹畝

夏税大小麥陸百貳拾玖石肆斗陸升捌合柒勺

秋糧米叁萬柒百壹拾玖石叁斗伍升貳合柒勺

絲綿貳百伍拾肆斤叁兩柒錢壹分叁毫絲綿折絹貳匹零叁丈壹寸玖分

永樂十年官民田地山塘肆千伍百叁拾貳頃玖拾貳畝玖分税糧叁萬貳千壹拾肆石捌斗壹升玖合捌勺

田叁千貳百柒拾肆頃玖畝

地壹千捌拾肆頃玖拾壹畝貳分

山壹頃陸拾玖畝玖分

塘貳百壹拾貳頃伍拾貳畝捌分

夏税大小麥陸百肆拾石貳斗肆升叁合貳勺

秋糧米叁萬壹千叁百柒拾肆石伍斗柒升陸合陸勺

絲綿貳百伍拾壹斤零貳錢壹分

宣德柒年田地山塘此前多叁拾玖頃壹拾柒畝

成化捌年官民田地山塘肆千伍伯叁拾肆頃貳拾畝柒分税糧叁萬壹千伍百柒石玖斗叁升伍合柒勺

弘治官民田地山塘如成化之數

正德柒年

嘉靖柒年官民田地山塘肆千伍百叁拾肆頃叁拾畝　分税糧叁萬

田官壹百壹頃陸拾叁畝叁分民叁千壹百叁拾叁

頃貳拾玖畝伍分
地官壹拾肆頃柒拾貳畝陸分民壹千[redacted]柒拾頃叁
拾貳畝肆分
山官無民壹頃柒拾叁畝玖分
塘官捌頃貳拾柒畝貳分民貳百肆頃貳拾伍畝陸
分
夏稅官大麥壹石叁斗肆升伍合肆勺小麥陸拾貳
石貳斗玖升玖合肆勺民大麥玖石貳斗捌升陸合
陸勺小麥伍伯伍拾貳石伍斗貳合肆勺

秋糧官貳千柒拾玖石壹斗玖合叁勺民貳萬捌千
捌伯叁石肆斗玖升貳合叁勺共叁萬捌百捌拾貳
石陸斗捌升伍合叁勺
北京絲絹官叁拾疋貳丈伍尺柒寸玖分民壹百陸
拾五疋叁寸陸分
南京農桑絹壹拾貳疋肆尺柒寸肆分額隨年里攤派解
萬曆　華田地塘陸千叁拾捌頃肆拾畝陸分叁
釐捌毫稅糧叁萬壹千伍伯柒石玖斗叁升伍合柒
勺

原額田肆千貳百伍拾肆頃捌拾玖畝壹分叁釐捌
毫內上中下田叁千伍伯肆拾陸頃玖拾壹畝柒分
肆釐壹毫每畝科秋糧米陸升伍合伍勺陸抄肆撮
玖圭貳粒該米貳萬叁千貳伯伍拾伍石叁斗叁升
肆合玖勺每米壹石金新加編料北糧等項共派銀
陸錢捌分陸釐玖毫壹絲壹忽貳微捌塵貳纖共銀
壹萬伍千玖百柒拾肆兩叁錢伍分壹釐玖毫玖忽
肆微玖塵捌纖叁渺
沙瘠田壹百肆頃貳畝貳釐每畝科秋糧米肆升叁

合柒勺小山抄貳撮該米肆百伍拾伍石壹斗玖合貳
勺每石照前則例派徵該銀叁百壹拾貳兩陸錢壹分玖釐陸
毫肆絲肆忽貳塵貳纖
山塘田肆伯叁頃玖拾伍畝叁分柒釐柒毫每畝科
秋糧叁升伍合該米貳千壹百壹拾叁石捌斗叁升
捌合貳勺每石照前則例派徵該銀壹千肆百伍拾貳兩壹分
玖釐叁毫柒絲叁忽玖微貳纖陸渺叁則照糧每石帶科
夏稅二麥貳升貳勺伍抄壹撮捌圭該大麥壹拾叁
陸斗貳升貳合小麥伍百壹拾柒石叁斗柒升貳合

併入糧內帶派每畝科夏稅桑絲壹錢肆分壹釐壹毫玖
玖絲肆微肆塵該稅絲貳百壹拾伍觔叁兩肆分
柒絲壹拾貳觔壹拾壹兩叁錢叁分貳釐玖毫肆絲
陸忽秋糧內派
地壹千伍百玖頃壹拾玖畝叁分柒釐伍毫
內上中下地併市基肆百叁拾伍頃捌拾畝捌分陸
釐玖毫每畝科秋糧米叁升伍合該米壹千伍伯貳
拾伍石叁斗叁升壹合陸勺每石照前則例派徵該銀壹千肆
拾柒兩柒錢陸分柒釐肆毫捌絲肆忽捌微貳塵壹

微壹渺
山湖併平基山基地壹千叁頃肆拾柒畝玖分伍釐
肆毫每畝科秋糧米壹升捌合該米壹千捌百陸石
貳斗陸升叁合貳勺每石照前則例派徵該銀壹千貳百肆拾
兩柒錢肆分貳釐伍毫柒絲叁微壹塵壹纖肆渺
草塘湖地陸拾玖頃玖拾畝伍分伍釐伍毫每畝科
秋糧米柒合捌勺該米伍拾肆石伍斗貳升陸合叁
勺每石照前則例該銀叁拾柒兩肆錢伍分肆釐柒毫叁絲
陸微壹塵伍纖肆渺叁則地照糧每石帶科夏稅小

麥貳升貳勺伍抄壹撮捌圭該麥陸拾捌石伍斗陸
升柒合柒勺併入秋糧帶派每畝科夏稅桑絲壹錢肆分壹
釐壹毫玖絲玖忽肆微肆塵該稅絲貳拾捌觔叁兩肆
錢伍分柒釐捌毫共科桑絲壹拾兩陸錢陸分壹釐
叁毫陸絲貳忽入秋糧內派
塘貳百柒拾肆頃叁拾貳畝壹分貳釐伍毫內上中
下塘貳百叁拾貳頃玖拾叁畝玖分叁釐柒毫每畝
科秋糧米陸升伍合伍勺陸抄伍撮該米壹千伍百
貳拾柒石貳斗柒升壹合陸勺每石照前則例徵派該銀壹千

肆拾玖兩壹錢玖絲貳忽柒微壹塵捌纖貳渺
山水鄉塘肆拾壹頃叁拾捌畝壹分捌釐捌毫每畝
科秋糧米叁升伍合該米壹百肆拾肆石捌斗叁升
陸合陸勺每石照前則例該銀玖拾玖兩肆錢捌分玖釐捌
毫玖絲叁忽壹微伍塵陸纖伍渺貳則塘照糧每石
帶科夏稅小麥貳升貳勺伍抄壹撮捌圭該麥叁拾
叁石捌斗陸升貳合陸勺秋糧內帶派每畝科夏稅絲壹
錢肆分壹釐壹毫玖絲玖忽肆微肆塵該稅絲壹拾
叁觔壹拾肆兩玖錢叁分伍釐伍毫每畝科桑絲壹

錢肆分壹釐壹毫玖絲玖忽□微肆塵□□□□□壹□
壹拾叁兩壹錢陸分伍釐陸毫玖絲貳忽□□□□
以上共科秋糧米叁萬捌百捌拾貳石伍斗壹升壹
合陸勺內貳斗以上起科糧官□□米□伯陸石捌
斗壹勺壹斗以上起科官米壹千伍百□□石陸斗捌
升伍合柒勺壹斗以下起科民米貳萬捌千捌百肆
拾柒石柒斗肆升伍合捌勺□審何清丈不分官民一体徵□夏稅
大小二麥共陸百貳拾伍石肆斗貳升肆合壹勺夏
稅絲貳百伍拾柒觔伍兩肆錢叁分叁釐叁毫柒絲
□□□□

卷之四　九

壹□伍觔叁兩□錢陸分
原額田地塘共陸千叁拾捌頃肆拾畝陸分叁釐捌
毫實徵秋糧米叁萬捌百捌拾貳石伍斗壹升壹合
陸勺夏稅大麥壹拾石陸斗貳升貳合小麥陸百壹
拾肆石捌斗貳合壹勺二麥共陸百貳拾伍石肆斗
貳升肆合壹勺夏稅絲貳百伍拾柒觔伍兩肆錢叁
分叁釐叁毫以上三項俱係□□派除優免□□□□不等共□□□銀貳萬
壹千□百□拾叁兩伍錢肆分伍釐□陸毫叁絲叁忽
肆塵□□伍渺

原額人丁□萬□千□百壹拾四丁除優免□□□□不等伺□
□□□□□□□□□□□□□□□□絲柒忽
肆塵玖□□□□□□□□□□□□錢□
分玖釐玖絲□忽□□□塵□□□
四五丁□□麥共徵□□□□□□十□□百□□□□
錢□分□□毫□□□□□□□□
分□□□□貢監生員□□□□□□□□
正□之內□年□□□□一□□□□
分□□□□□□□□□□千伍百叁拾□石

卷之四　十

□□□□□□□□石□□□□脚米□升□□□陸
拾□□□□□斗□升柒合
本□□□□□耗共米捌千□百□□石□□正米□□石
□□□□□□脚米壹千伍升□米玖伯□□拾□石肆斗
捌升□□□石折□□□□以□□□□□役該銀壹伯玖拾肆兩四錢玖分
六□□□□錢克餉共該銀柒伯柒拾柒兩□分九釐八□
□□田畝叁伯壹十伍升柒合原派□□□□徵永為
□□
萬曆四十六七八三年加增九釐□□銀五千□□叁拾四兩□錢八分五厘七毫六忽□□

里社

廣濟縣舊額三十里近以靈東四啚多斬官田遂爲獘藪奸猾憑之徵比無從前令安公璣竟將啚米分置各啚而四啚遂廢里額減於舊一里康熙五年令君黄公玉鉉均平里役特設太西三啚以足舊額俾民差均輸不蹈前獘其四啚任散各里完糧

靈東鄉一啚二啚三啚五啚

靈西鄉一啚二啚三啚四啚五啚六啚

永東鄉一啚二啚三啚四啚

永西鄉一啚二啚三啚四啚

太東鄉一啚二啚三啚

太西鄉一啚二啚三啚 康熙五年新設

安樂鄉一啚二啚三啚四啚五啚六啚

里三十統排戶三百又各有甲戶而丁稅於斯出焉

物產

物產者何所以物土宜資民用厚上報也廣濟倚山濱水飯稻羹魚惟楚之利然地稀蠶桑而濱江多棉山居黍不及稻十之一故山居資稻水居資棉屬歲歉則山民百里負擔而致稻水濱斗米不能得一錢江皋河渚棉穫有秋足變易以克他郡國行賈之需其利少以資山鄉之匱乏卒有水災則水民亦攜老扶幼而希山民殘粒是以民務本業而鮮有他利力作者多而無以奇貨生心君子因其所工不求所拙

則農人納其穫女紅効其功廣濟亦衣被之邑也豈必傒珍奇于異域哉然貨惡其棄于地力惡其不出于己而布帛藉于隣境麻枲絲葛乃資舒皖臨汝之人將無地有未闢九職不任而泉流外輸也歟志之以教民勤

六穀

稻 凡稻種最多不粘者禾曰秔米曰粳粘者禾曰稌米曰秫南方無粘黍酒皆糯米所爲凡稻穀有長芒短芒曰劉陽早江西早早者春分以前名爲社種最遲者後于清明他方一歲兩栽兩穫此惟一穫早穀中遲遲穀深秋可畢如歷夏及冬乃山澗源水不絕之畝種耐久寸寒不催苗也

麥數種小麥曰來大麥曰牟雜麥曰蕎實非麥類以其爲粉足療飢傳名爲麥秋半下種不兩月即收

黍稷同類黍有稻稷有粳無粘凡粘黍粘粟統名秫黍色赤白黃黑皆有而或專以黑色爲稷秫是凡他穀熟堪供祭祀則以早熟爲優近之矣

粱粟同類統名黃米粘粟可爲酒而蘆粟一種名曰高粱以身高七尺如蘆荻也邑間或種之

菽種類之多與稻黍相等大豆有黑黃兩色黃豆爲豉爲醬爲腐切于民用黑豆資人有力又有刈早稻後種者黃而小九月後收穫菉豆二種一曰摘菉一曰拔菉又豌豆蠶豆小豆一名飯豆當飧助嘉穀赤小豆入藥有奇功此種甚少白藊豆一名蛾眉豆豇豆刀豆皆足充蔬者不可盡述

麻胡麻數合充腹穀時不飢有黑白赤三色四稜房小子少入穀爲好收于榨油每石得四十觔又有火麻子粉少油皮爲踰惡布種者甚少古者以麻爲五穀之一詩書稱之而說者謂胡麻西漢姑自大宛來不知麻又何種

萊子蘿菪子

棉西鎮所蓺爲佳

桑柘縣民多植之

麻

山藥一名薯蕷又云玉延龍坪武穴多有之

其草木不勝書

雞　鵝　鴨　犬　豕

牛　馬　騾　驢　羊　其鳥獸不勝書

堤堰

江堤邑距江七十里自盤塘下山險已盡一望江浦決漭沓茫間遥見蔡山孤峙直抵安慶地界内地數萬頃江漲春夏暴至所恃長堤一線爲捍水功不時勤修築一隙之微害爲潰決廣濟之堤猶爲五縣要防矣明時水災數遇永樂四年遣部臣監築隆慶五年丞朱公邦華監築萬曆四十一年縣令劉公委樊丞守純監築至今四五十年稱濟災焉沿堤修補保甲宜嚴矣歲五月十八日官親致祭巡堤惟謹

河堤縣治右河自凝秀而下水太直瀉少環繞停蓄之氣於邑非便嘉靖末楊公阜命塞舊河口導水西遶抵山麓始南折沿河南岸低窪不足捍水西行潰徙爲虞特命高其隄防萬曆中河隄決邑人楊大鰲督修凝秀決堤二十七丈曰此關係吾邑匪輕晝夜不休必堅完乃止蓋所見在大也沿堤植杞柳櫟柘諸木自寇亂樹多砍伐堤失其衛崩決遂多邑人王臨讀書菴中時自補築栽樹木以護潰堤不能遽如昔人植梅兩岸襪川上勝槩而堤樹之樵採椎鑿何

不禁也樓舊有夫役一名閘長一名歲給工食銀似
宜衆役嚴示近堤居人禁蓄當急也
蓮城堤縣南五十里即蓮城橋通龍坑堤也龍坑抵
蓮城湖綿亘十餘里水患汎溢堤岸衝瀉舊時兩橋
俱崩塌不可渡陰雨稍集則泥淖牽陷深沒脛膝用
車馬步跋涉維艱　康熙丁未陳大馬樊功臣等募
修葺堤橋數年頗有成緒人不病涉
鳳港堤縣南五十里為武穴要道舊砌石堤三十餘
丈中為梁者三至今利涉但崩壞修葺為急

奚塘　劉堰　潘古塘

廣濟縣志卷之五

知廣濟縣事進士黃玉鉉　漢崖先生鑒定
儒學　教諭舉人李以乾重敘　參訂
　　　訓導貢士胡效順抒白
邑　人王　臨五宜輯著
男　　俊選青萬編次

公署

縣署近西門中為正堂西為幕廳東為庫堂後有廳
左右亦為庫廳後知縣廨庫左縣丞廨幕廳右為主

簿廨前堂左為鑾庫庫下為承發次為吏戶禮四
房次為生春堂右為兵刑工三房又下為典史廨廨
下為吏舍中道為戒石亭亭前為儀門門外東為五
顯祠祠前為獄獄左為樵樓樓前布為申明旌善二
亭俱洪武初知縣胡昇肇建成化十一年知縣江震
重修正德辛巳後堂圮知縣汪倬重建前堂將傾支
以木嘉靖丁未署縣事縣丞吳瑞修萬曆戊寅知縣
陳傑修崇禎八年寇至始燬今
國朝順治八年知縣毛攀鵬鼎建縣正堂川堂後樓三

前儀門丞簿裁典史廨未建十六年知縣闞國士鸞
題正堂楔整飭
行察院在縣治東北有正門有儀門有堂有寢廂有
冲堂有燕堂有左右房原馬驛基嘉靖丙申知縣侯
嘉祥改創次年丁酉縣丞湯佐成之今燬
布按分司俱在縣治河東制視察院少殺而無儀門
洪武初知縣陳景昌始建縣之左成化間知縣江震
重建弘治庚申推官羅輸知縣陳奎易以爲學遂遷
河東

廣濟驛舊在縣治東北嘉靖壬申侯嘉祥改建行察
院易府館爲驛後在縣治左今廢驛丞裁
龍城驛在縣治東六十里洪武十五年知縣陳景昌
建成化十七年知縣江震重修今燬
陰陽學在縣治南新養濟院右今燬
醫學
僧會司在南山寺

道會司原無
馬口巡檢司縣治西南七十里
武家穴巡檢司縣南七十里
便民倉在龍坑鎮大江北嘉靖戊戌主簿劉現重建
預備倉五縣治右一嘉靖癸未知縣汪倬重建泰東
豐東永東安鎮四倉知縣陳奎創置基存今
朝順治十二年署縣事檢校王開之于縣前右側建倉
積稻備賑
養濟院治南洪武初建嘉靖丙申知縣侯嘉祥徙治
東南

惠民藥局成化中勑建內外科醫者司局事給價市
藥修劑軍民病者皆得診藥今故
漏澤園宋崇寧三年令州縣以官平錢置漏澤園
民無歸者明初知縣陳景昌治東南地爲之無園多
爲牛馬踐牧之所今
順治九年遵巡撫題奏 旨以文置漏澤園于邑西
郊外刻碑其處

學校

縣立　先聖廟肇唐迄宋至慶曆中始議建學廣濟
縣學舊在治東北元末兵燹　洪武初知縣胡昇尋
建後知縣陳景昌遷縣東南一里正統初知縣陳崑
重修正德壬戌知縣陳奎議學僻處河東題准建縣
治左以按察行臺暨府公館舊地爲之其規制中爲
大成殿東西兩廡前爲戟門門東名宦祠西鄉賢祠
門之前爲丹墀又前爲櫺星門外爲泮池環以石欄
又前爲騰蛟起鳳坊神庫在東廡之上神厨在學內

殿後爲明倫堂堂之前左爲進德齋右爲修業齋儀
堂在訓導廨左知縣陳奎出魁鹿易魁建爲圖扁曰
鹿易堂見學記學倉在學門內敬一亭敬奉聖扁前
嘉靖辛卯　詔改大成殿曰先師廟易塑像爲木主
詔鐫敬一亭箴序並　聖諭及輔臣議禮疏儀禮
子箴解碑列左右俱知縣謝秩奉立崇禎末賊燬今
順治丁酉知縣閻國□學諭傅□李廷春訓導翁□教
諭同間建　先師殿康熙六年四月知縣黃□□
倅濟池建賢門重儀以大觀禮署學諭李以純□

啓聖祠在敬一亭後左號舍名登瀛右號舍名□
嘉靖庚寅知縣李重將社學基易民間奚隙地知
縣謝秩創建崇禎末賊燬　射圃舊學基側今侵沒
射者古道所重成德比藝誠不可缺嘉靖戊子生員
呂儒文大才等具呈舊規基改立射圃巡按御史唐
龍云神祠毀併地歸本學學官聯名創圖議
祭器　官書　學田
社學正統四年勅各郡縣建社學訓童蒙舊建城隍
廟右嘉靖庚寅知縣李重將基易儒學後民地作遊

一亭啓聖祠時議社學邑宜察院左地龍武市鎮所
盡東等鄉各宜隨社倉建以備教養兼資義也
書院治東南舊學基知縣陳奎議創見圖攷
王通曰通於夫子受罔極之恩吾黨等崇師于事
親也然則歸廟貌潔粗且其溫凊之節井臘之供
乎祇承其志則在講求正學身行其道今濟邑
聖廟雖新而門廡未備明倫缺如養之緩之爲如
何也況號舍社學修復取我子弟而教之是有望
于志承先聖者

祀典

昔宣尼嘗答[illegible]其[illegible]三百云誦不堪

[illegible]自始事以迄卒事有未易言者矣詩曰春秋

[illegible]有時有事又曰[illegible]顯相濟濟多士[illegible]之

[illegible]備[illegible]祀以[illegible]以為几[illegible]本假

[illegible]閑[illegible]必[illegible]士大夫也為習于禮

者志秩祀度[illegible]乃書

[illegible]

[illegible]武十五年[illegible]天下郡縣學[illegible]行春秋二

祭儀物[illegible]為有加

國朝因之

儀式

一[illegible]　春秋二仲月上丁行禮

[illegible]　正祭前三日[illegible]官并陪祭官執事人等沐

[illegible]衣[illegible]一日各宿別室致齋一日同宿齋所散

[illegible]事[illegible]不飲酒不食[illegible]非[illegible]不弔喪問疾不

[illegible]春行刑不判署刑殺文字不預[illegible]

[illegible]事

一省牲　正祭前一日執事者設香案牲房外獻官

[illegible]作詩省牲所　唱　省牲執事者牽牲於香案前

迎贊引者　唱　省牲畢宰牲以毛血少許盛[illegible]其餘毛

血以淨器盛貯祭畢埋之　其牲須連皮煮熟供祭

一獻官　縣長官

一分獻官　以本學儒職及老成儒士

一祭服

一瘞坎　依禮位設庭燎爐大作

一祭器　小磁爵五十　磁酒罇二　銅爵[illegible]三十有三

[illegible]二付　錫香花爐瓶一　祝桌一　帛匣五

大香鐵爐一　籩一百　豆一百　簠簋五十有五

[illegible]一　祝架一　小香錫爐十有一　見[illegible]志

一祭器

正殿　帛　爵　和羹　黍　稻　菱　鹿脯　芡　[illegible]　[illegible]　[illegible]　韭[illegible]　菁[illegible]　芹[illegible]　筍[illegible]

爵　大羹　稷　[illegible]

爵　和羹

羊　豕

[illegible]　爵　和羹　黍

每位　[illegible]爵　大羹　稷　[illegible]　菱　[illegible]　羊肉

州同　爵　和羹　芹　兔醢　豕肉

兩廡每
爵　栗鹿脯　豕肉　東　爵　栗鹿脯　豕肉
爵　黍　棗　豕肉　哲　爵　黍　棗　豕肉
帛　塩　帛　爵　和羹　塩　豕肉
菁　菁　豕肉
四位同
爵　稷　鹿醢　豕肉　五　爵　鹿醢　豕肉
芹　芹
爵　兎醢　豕肉　位　爵　稷　兎醢　豕肉
兩哲相同

儀注　通贊唱樂舞生各就位唱執事者各司其事
唱陪祭官各就位唱分獻官各就位唱獻官就位唱
瘞毛血唱迎神樂作舞未作唱鞠躬各陪祀官同拜
興九四平身樂止唱奠帛行初獻禮樂作舞作引贊

廣濟縣志　卷之五　九

唱詣盥洗所唱搢笏盥畢唱出笏唱詣酒罇所唱罇
者舉羃唱酌酒執事者捧帛爵先行至殿唱詣
至聖先師孔子神位前唱跪唱搢笏唱進帛唱進爵
唱獻爵唱出笏唱俯伏唱興平身唱詣讀祝位唱跪
通贊唱衆官皆跪引贊唱讀祝畢通引俱唱俯伏唱
興平身引贊唱詣　復聖顏子神位前唱跪唱搢笏
唱進帛唱獻帛唱進爵唱獻爵唱出笏唱俯伏唱興
唱平身詣　宗聖如前儀詣　述聖如前儀詣　亞
聖如前儀通贊唱行分獻禮各引分獻者各唱詣盥
洗所各唱搢笏盥畢各唱出笏詣酒罇所各唱司罇
者舉羃酌酒各執事捧帛爵前至各神位前各唱詣
東哲西哲東廡西廡如前四配儀復位樂止已上行分獻禮
通贊于宗聖公下便唱各引分獻者照應與獻官處贊禮聲同唱復位疾徐務要有節不差
通贊唱行亞獻禮樂作舞作引贊唱詣酒尊所唱司
尊者舉羃唱酌酒各執爵者前行至殿唱詣
至聖先師孔子神位前唱跪唱搢笏唱進爵唱獻爵
唱出笏唱俯伏唱平身唱詣　復聖　宗聖　述聖
亞聖神位前儀同唱復位樂止通贊唱行終獻禮

廣濟縣志　卷之五　十

樂作舞作儀同亞獻舞畢旌節引舞生退通贊唱飲
福受胙引贊唱詣飲福位唱跪唱搢　唱飲福酒飲
畢唱受胙執事者執胙由中階而下唱出笏唱[illegible]
唱興唱平身唱復位通贊唱鞠躬各陪祀官同拜興
凡二平身通贊唱徹饌樂作各執事者詣各神位前
徹饌樂止通贊唱送神樂作唱四興平身陪祭官同
通贊唱讀祝者捧祝進帛者捧帛各詣瘞位唱望瘞
樂作引贊唱詣望瘞位焚帛樂止唱禮畢
一祝文　維某年歲次某甲某月某朔某日某甲下

某官等敢昭告于
至聖先師孔子神位曰惟　神德配　天地道冠古
今刪述六經垂憲萬世茲惟仲春仲秋謹以牲帛醴齊粢
盛庶品式陳明薦以　復聖顏子　宗聖曾子　述
聖子思子　亞聖孟子配尚　饗
啓聖祠

名宦祠
知府盧　濬　推官羅　翰
知縣胡　昇　高　偉　劉　遜　陳　昱
杜　璥　江　震　陳　奎　葉　濤
汪　偉　楊　阜
縣丞吳　禎　沈　璵
主簿李　養　張　芳
典史王　素　魏時光
儒學名宦洪　範　舒　瑄　羅　珣　詹日成

梁　文
鄉賢祠余　玠　梅應春 張宴然　梅應中　張紹祖　何
朝舉　姚楚山　徐　麟　千克誠　王　佐
陳　翔　張　根　鄭　達　張本端　陳　愷
玟玉號　王大謨　舒　賢　舒其志　吳亮嗣
胡士容　陳王道　張易宗

壇壝

社稷壇在治西半里許洪武十五年知縣陳景昌建
成化十七年知縣江震修凡丁祭後遇上戊日行祭

國朝因之
壇制東西二丈五尺南北二丈五尺高三尺俱用營造尺
四出階各三級壇下前十二丈或九丈五尺東西南
各五尺繚以周墻四門紅油門入由北
石主長二尺五寸方一尺埋於壇南正中去壇二尺
五寸止露圓尖餘埋土中
神號　縣稱縣社之神縣稷之神　神牌二以木爲
之硃漆青子身高二尺一寸濶四寸五分厚九分座
高四寸五分濶八寸五分厚四寸五分臨祭設于壇上

房屋　神厨三間　鍋五口　庫房　宰牲房一間中一
宰牲小池　滌牲桶四隻　祝板以木為之白紙寫文粘
其上祭畢焚之
祝文　敢昭告于　某社之神　某稷之神曰品物
資生烝民乃粒養育之功司土是賴維茲仲春仲秋禮宜
告報　謹以牲帛醴齋粢盛庶品式陳明薦
祭器　牲匣以木為漆底蓋各高六寸長三尺三寸
濶二尺二寸蓋兩頭銅環二底兩傍四　神牌案二
高一尺一寸濶一尺九寸長三尺三寸　籩豆簠簋

案四高一尺一寸濶長如牌案　牲匣案四高六寸
濶二尺四寸長三尺五寸　祝案一　如牌案　酒
尊案一高二尺七寸五分濶一尺五寸長五尺卓面
剜三孔仍用木板一片横裝于剜孔之下以盛酒尊
爵帛案一高二尺七寸五分濶二尺三寸長三尺
籩豆簠簋俱用瓷楪簠簋蓋捕大酒尊三用瓷舜尊
用蓋布巾一　酌酒杓一　爵六用瓷鉶一用瓷碗　香
爐二設瘞于右　盥洗尊一用瓷甕　酌水杓一
盆一銅錫鐵用帨巾一　案一高二尺七寸五分濶
一尺二寸長
祭物　羊一　豕一　帛一黑色長一丈八尺
鉶一盛和羹　籩四　棗栗鹽藁魚　豆四　韭菹
醯醢猪肉鮓菁菹鹿醢或用鹿兔　簠二　黍　稷
簋二　稻　粱
一齋戒省牲與文廟同　前期執事掃除壇之上下
并設獻官幕次於門外執事依圖陳設

爵　棗栗　鹽藁魚　羊
縣社　帛　爵　羹　黍稷　稻粱
爵　韭菹　醯醢　菁菹　鹿醢　豕
爵　棗栗　鹽藁魚　羊
縣稷　帛　爵　羹　黍稷　稻粱
爵　韭菹　醯醢　菁菹　鹿醢　豕

一祭日清晨執事者各實籩豆酒尊等器并滌爵巾
官具祭服瘞祝板於幕次執事者置祝于案置爵于
篚取毛血盤置神前牲案下將行禮執事者以燎爐
盛牲置案勿啟蓋通贊唱執事者各司其事各從
獻官就位贊引引獻官就位通贊唱瘞毛血執事以

毛血瘞于坎遂啓盍迎神通贊唱迎神鞠躬拜興凡
四平身通贊唱奠帛行初獻禮捧帛者捧帛執爵者
捧爵以俟贊禮唱詣盥洗引禮引至其所贊唱搢
酌水進巾贊出　詣酒尊所司尊者舉冪酌酒詣某
社神位前跪搢　獻帛捧帛者跪進于獻官々右官
受帛獻之授執事者奠于案贊唱獻爵執爵者進爵
于獻官之右受而獻之如帛贊出　俯伏興平身詣
某稷神位前如上儀訖贊讀祝位跪讀祝跪讀于獻
官之左畢與置祝于案贊唱　俯伏興平身復位通贊

唱行亞獻禮贊引引詣酒尊所如初獻儀終獻禮同
亞獻飲福受胙執事設位于壇中稍北執事先于社
神取羊一腳置盤酒尊酌酒伺于右贊引獻官詣位
跪搢　贊飲福酒進胙執事受由中道出贊出　俯
伏興平身復位贊兩拜徹饌送神四拜望瘞通贊唱
讀祝者捧祝進帛者捧帛各詣瘞所獻官陪祭官分
東西立伺捧祝帛者由中道過獻官拜位通贊唱望
瘞贊引引詣望瘞位執事者以祝帛焚于坎中將畢
以土實坎贊通贊唱禮畢

風雲雷雨山川城隍之神
壇在治東一里許洪武十五年建化十七年修凡丁
祭後巳日行祭同壇祭設三神位風雲雷雨居中山
川居左城隍居右
朝因之　風雲雷雨帛四山川帛二城隍一俱白色
其祭物祭器獻官及齋戒省牲陳設迎神並與社稷
禮同但祭時執事者先以毛血瘞于坎通贊不唱瘞
毛血奠帛初獻先詣風雲雷雨神位前次山川次城
隍次詣讀祝所亞終如之飲福受胙于風雲雷雨神

前取羊一腳徹饌送神望燎同社稷儀但改瘞字爲燎字
祝文　惟　神妙用神機生育萬物奠我民居足我
民食某等欽承　上命忝職茲土今當仲春秋謹具牲
醴庶品用伸常祭尚　饗
邑厲　壇在縣治北半里許洪武十五年知縣陳景
昌建比年三祭三月清明日七月十五日十月初一
日祭無祀鬼神祭牲用羊三豕三飯米三石香燭酒
紙隨用祭器香爐三案三羹桶四條牲櫃鍋五牲匣
二燭臺六飯甑四瓦碗二百

儀注　先期三日主祭官齋沐更衣用常服備香燭酒菓詣本處城隍發告文祭日設城隍位于壇上祭物羊一豕一設無祀鬼神于壇下左右祭物羊二豕二同羹飯等錦設致祭

里社　凡各處鄉村人民每里百戶内立壇祀五土五穀之神春秋二社約聚祭祀

鄉厲　鄉村每里百戶内立壇一所祭無祀鬼神每歲春清明秋七月十五日冬十月初一日祭

城隍廟近治東洪武元年知縣陳桂立凡祀風雲雷

雨山川壇迎神主爲之配祀厲壇迎神主爲之主崇禎末寇毁今

順治　年知縣　重建

賫龍君祠在大明山縣東二十五里唐貞觀十四年立洪武初　勅昭化侯每年六月初二日縣官躬祭給米壹石需豕壹口

祀典國之大也歲有豐凶而禮無奢儉祭用不足日暴明有制也凡在經秩志不可遺者釋奠先師社稷祈報而外丘陵川澤興雲雨産百物則祀之法施于民則祀之以死勤事以勞定國則祀之禦大災捍大患則祀之非是族也不在祀典後世感于巫祝禱求日多古聖先賢忠義之士糊稱而不成享而其所崇奉者皆俗所信嚮茲于他祀之建昔爲民祀久者并附以俟釐正焉

五顯祠在縣儀門外　胡公祠爲胡侍御克儉署縣事立　劉公祠爲知縣劉崙昌立今燬　關帝廟縣治西燬順治初僧如潤苦行募建茅草芟艾饑食風雪中射虎不畏　文山廟縣南十里　徐家衕在縣治西二里　大金廟治南三十里　仙姑廟治南九十里　水府廟治南九十里　許眞君廟治南九十里　吳王廟田鎭

久圯黄公玉鉉捐俸重修　太子廟縣西車門村又城湯湖白石山　仰山廟治南七十里　荆林社祠治南五十里武山湖濱　上廟龍武二鎭　下廟武鎭崇奉神祠衆許戲願上下神祠戲臺競爲侈靡以是相高費數百金貧民寧破家資助中人之産過露臺矣　文殊菴治西北十里康熙四年黄公玉鉉重修　三官殿原址劉公祠既燬以康熙三年冬黄公玉鉉重修爲三官殿居僧祀三官併立劉公牌座其僧舊爲頭陀寺住持以避盜遷邑亦奉頭陀祖師　祖師殿五年冬黄公以祖師與三官不應共處又捐貲建殿于三官殿後

兵防

演武場在縣東里許横九十五步縱一百九十三步有振武亭正德十六年知縣汪倬建嘉靖十六年知縣王緯修形勢雄聳足爲耀武之地今

順治十六年知縣孫謙亨復修

民壯本縣三十里每里約僉五名計編一百五十名每丁石[illegible]給每名工食銀四兩八錢正德十六年知縣汪倬奉例加五十一名共貳百一名工食浸加七兩貳錢今

順治三年編民壯五十名　又馬快八名

弓兵本縣額壹百五十名舊賦役戸承充後以徭戸更役武家穴柒十名馬口司八十名今武馬二巡司弓兵徭編柒十八名哨船水手八名

團保嘉靖二十年僉事戴　案奉巡撫都御史陸　案爲申明廢墜保甲以便固守行縣編團長伍十四名以統之保長五百四十名以屬之又有保甲鄉兵三分縣給七分巡衛鄉鎮今

聖世務政教而刑以弼教兵以衛食亦未嘗廢也後世銷兵器罷民伍示不復用宼之變生意外莫之振救則兵防亦治世之要術矣然增兵益餉重歛困民盜反以滋是莫若因民爲兵保甲團練之善也明初縣設民壯弓手而外則保甲團練久之循名失實民壯祗供勾攝桴鼓數警門柝時驚會不聞有蠭股肱夾射御之能乃若濟無城守宼盜闌入如履曠野明季其徵矣所貴患銷於有備堅吾衆志可不思所以豫防哉龍坪武穴地臨江濤五方雜處最難設禦嘉靖中江洋大盜徐棟等刼

鹽商殺胡惠五人王簿徵權龍坪督緝俱獲奉撫按旌奬是後僉保盤詰精密盜過輙獲相戒次且勿敢近竟以是著聲郡界邇年兵燹仍荐荒歲接土著稀少佃客半招外縣民間儲積磬懸婦子稚守頹壁田在艸間狐兎族聚民莫聊生而狠子驕裔之夫相煽爲盜莫可控止順治十一年九月大盜曹二等數十人過縣賊曹邏卒緝獲三人其夜衆盜來刦奪還二人獨曹二拘繫僻處守者以刀横江其旗不令聲遂不及奪乃捕衙欲白爲内

以陳獲具辭上後司理庭鞫盜自陳與具辭枝梧竟爲盜脫罪坐罪邏卒六人自是人以緝盜爲戒安能責其求死哉此武穴所在見告盤商掠肆倍於曩昔而不克獲一賊惟官船泊岸殺盜數人盜舟風帆逆上覆溺無算至村墟往往刼敓不敢上聞刳腹挺腸抽筋發爪毒慘最酷其牽牛而擔負者斗米之家無安堵矣渤海朝歌頻有令長而盜賊不起盤錯忩劇今縱使家多蓄積道遺不拾室有鳴琴勿謂於勇此固文教之功哉而兵防寔未易忽矣

城池

邑[illegible]守縣治惟市民擁衛外列四門東覲陽南迎薰西經明北得朋又西北曰保和有慶而大河中注之東南二門在河東其他門與縣治在西外有池連貫似珠越西門池曲轉如長蛇抵大河河水時漲不可以城故不城崇禎十二年署縣事方　詳請建城自西徂東跨河爲之包南山壞原田興工數月不果成

城高五丈而樓季不犯古人室先百堵邑其可弁城乎若廣濟治依丘陵林麓以處而大河自橫岡諸山東來市夾之以居萬曆後而市勢相當縣治寔在西而議建城者必牽于東議橫跨大河中建水門如松江吳下諸城無暴漲之患濟河山水易漲水勢來攻如臨衝數道雖有崇墉不輕支也非若襄城之可以堤爲防必改河後可或兩建之道傍之謀慮始所難崇禎末因防寇建城方公力主其事跨河包南山聚工數月投土代石濟民馹馹趨城役瓔城茇者烟爨相屬陶傻相望磚石丘積卒中棄爲近民資無益于事惜矣

坊市

縣置坊鄉置村所以別民居而約民數綠保甲之意而飾之者志之以明制也而石坊表建猶所以崇功德志毋有紀之者類畧民坊不述茲並紀

旌著蘭臺坊（石坊爲侍御劉天衢立）　懸隆璽闈坊（石坊爲給事吳亮嗣立）

大老文宗坊（石坊爲觀察舒其志立）　貞節坊（一爲徐宗妻朱氏　一爲何儀妻𡿨氏）

以上旌德賢

坊市

孝義坊 朝京坊 梅浦坊 凝秀坊 仁壽坊

通晉坊

河西市 正街 玉帶街 後街 新街 廟門口

北門坡 縣廳上 察院邊 左肅街 河邊

東市 十字街 南門頭 東門外 文家街 教場口

村鎮

蓮花村 觀巢村 河丘村 西洺村 車門村

[illegible]側村 南路村

木溪村 中瀆呂家村 白鶴溪村

武穴鎮 縣南七十里 龍坪鎮 田鎮 盤塘

舖遞

縣舖 縣前 往[illegible]六舖 馬卓舖 青蒿舖 [illegible]

[illegible]舖 東坊舖 石[illegible]舖 雙城舖 接[illegible]縣東六十里[illegible]

蘄州三舖 許家舖 [illegible]源舖 [illegible]五[illegible]三十[illegible]

州界 往[illegible]二舖 十里舖 [illegible]三[illegible]二十里又[illegible]木高

[illegible]山舖

津梁

仁壽橋 縣治跨大河為西市要津 滄浪橋 西關外四高樓下萬曆甲寅知縣劉佩昌建

凝秀橋 成化戊午知縣楊阜建橋圯碑存順治九年碑石改刻他處 熊家橋 清

流橋 春風橋 治東 松陽橋 治西十五里坊本大道在圮康熙四年知縣黄

公王銳捐俸重建 柯家橋 治西通坊州大道 何家橋 鳳港橋 栗

木橋 五里橋 七里橋 陽橋 北川橋 花[illegible]

橋 大金橋 城塘橋 蓮城橋 僧自[illegible]募修 伊家橋

荆竹橋 善人胡介甫募修 車坊橋 雙城橋 耆民袁某變產修造

陶家塘 倉頭埠 官橋 史家渡 童師排

北港口 伊家渡 鄧家渡

驛傳

廣濟驛

雙城驛

丘墓

蘄府永定王妃墓縣西南五十五里 明舊志

隋徐儉墓孝穆子官吏部後隨裴任濟卽僑寓焉唐武德八年卒塟永寧崇化鄉七都一圖惠山

宋余玠學士墓縣東青蒿舖余公山宋史賈似道聞玠有玉帶發塚取

明史孝子墓玉明以傭工盡孝墓在縣東南十里八斗嶺東舊有碑亭墓田 里名白砂

宼山人墓縣東五里山人柩停江滸萬曆中劉公巃

[illegible]讀山人詩愛之扞塟五里坡藏骸從宼山人新塚再揖三歎碑題有明詞人宼巨源墓道其詞曰巨源名學海少慕魯連鄒生之俠删縶不辭家入燕遊諸公卿士所知名退而下帷盤山三年學詩一篇諸名公卿爭購之聲價出貴倍土乃走秦晉齊魯邊左九邊以及東南詞賦家争得交懽嗟乎數千金不難朝散之髡後遊倦旋里家加貧詩加富不佞令廣濟讀其詩哀諸集刻之幾十卷宼妾向在淺土爲遷其骨厝畢四嶺表茲墓道庶幾交巨源千秋萬曆四十二年秋九月[illegible]

寺觀

幽居寺 五祖大滿禪師建立在縣南

大藏寺 治東二十餘里壽禪師建立

戒相寺 治東四十里

雙泉寺 治西南五十里貞觀間詹祖禪師建立

南山寺 在縣市東南唐如滿禪師建立

龍山寺 在縣口湖北[illegible]祖[illegible]駐布過處後建寺

禪居寺 在太東鄉顯慶間僧弓新建

玄妙觀 縣治北

善源觀 縣西五里許在[illegible]山東觀有普澤二泉

黄牙寺 縣南一舍許有平坡面澤澤左河右湖環以林门修竹[illegible]以[illegible]閣菴舟[illegible]建[illegible]巨浸遊[illegible]者[illegible]古[illegible][illegible]歸之意昔此地名太平山[illegible]有[illegible][illegible][illegible][illegible]舟東晉[illegible]相[illegible]曰[illegible]遠卓錫於此[illegible][illegible][illegible][illegible][illegible]于兵[illegible][illegible]元至正有法[illegible][illegible][illegible][illegible]而[illegible][illegible][illegible]明大[illegible]閣[illegible]鄉無[illegible]自金公五[illegible][illegible][illegible]遊至此[illegible]其[illegible][illegible][illegible]之如五[illegible][illegible][illegible][illegible]來僧弘明[illegible][illegible]邑人[illegible][illegible][illegible]百

閣聖祠 邑西門外萬曆七年始建[illegible]宛[illegible]因形家[illegible][illegible]之[illegible][illegible]川[illegible][illegible][illegible]流為流港合[illegible]明末[illegible]于兵[illegible]僧如[illegible][illegible][illegible]康熙四年知縣黄玉鉉捐俸重建

廣濟縣志卷之六

知廣濟縣事進士黃丁鉉漢崖先生鑒定
儒學教諭舉人李以範重儀參訂
訓導貢士胡效順抒白
邑人陳文壽壽生編次
王臨五宜輔著

秩官

宋以前不可考矣顧氏通志云宋孫搆字少先蘄平人舉進士調蘄之廣濟判官歲饑人圭田畢六百石搆止受百石餘畀學宮後平五溪蠻遷祕書

修撰縣志不載又縣名宦祀知府盧公推府羅公以遷學有功濟人以實報也不敢截簡後記于此

盧濬浙江人成化末由進士爲本府知府清平公正惠愛多及屬邑時廣濟縣學僻處河東邑令陳公奎卜地遷學盧公知本府力主其事俾邑文風丕振士不能忘特崇報名宦

羅翰江西豐城縣人成化間由舉人任本府推官質直持清操督遷新學幹旋多術有功於士崇祀名宦

職官表叙

天子重親民郡縣以循良著令必間歲以聞聞必清考始得遷遷則郎六曹或給事御史不十年而九列位端揆大都明初法剏漢而益損之漢法重守丞當輕于令至人主自言曰與我共理天下者良二千石乎故其時守間入爲公卿而令不聞有非次之擢明諳古定制令得以治行高等徵令既九列位自揆守猶翔步行省中詎視民疏數之勢異而稽功勞遷之誼殊歟然令之上爲守爲藩臬爲撫按大臣

又有郎署出部者以數十大吏數數耳目其上以一吏規規於數十大吏其勢或不相當必左民而右大吏獨明初考課馬良日照令長於□運而必黜成樂進簿優游商稅而必譏豈非道存撫字[illegible]不以催科易乎

清朝創興首重吏治陞卓異選嚴貪墨罰至御史陛見以察吏安民爲論近以大農告匱遂檢括歲租併責有司徵解稽于歲月分數歉于錙銖動以成例相格雖復賢如召杜能類寒父毋耶當斯時不綴國賦而

俊矜惜遺黎寬嚴互劑廉法交修寘天下之所禱祀而求矣濟邑自昔以久任超擢者琅琊史籍也謹臚列其名行以至于今是亦得失之鏡也明初知縣一員掌縣事丞司戎籍主簿督南北漕史主捕盜儒學掌學政教諭一員訓導一員

朝仍明制設知縣一員典史一員其丞簿裁儒學設教諭一員訓導一員裁表之使有考焉

明秩官表

知縣	縣丞	主簿	典史
陳桂 洪武元年任	田畯	李養	穆私
胡昇 新淦人洪武已酉鄉舉十年來任見名宦蹟	李寧	宋鏡	王素
陳景昌 人洪武十五年來任城隍廟其所創始	梁昆		
余寅 松江人洪武[illegible]任			
高偉 浙江人正統中以進士任本縣陞年四川僉事見官蹟	吳頏 合肥人正統時來任縣丞見名宦	汪佐 天順時主簿見城隍廟記	徐霖
劉遜 鄱陽人正統時知本縣見名宦	沈璣 德清人天順時以監生爲丞見名宦	吳千里	
陳昱 浙江人正統間任縣見名宦		張芳 監生成化中主簿見名宦	
張琮 人天順癸未知本縣			
孫節			
杜燉 蘭谿人成化時知本縣擢上元尹見名宦			
張堯			
江震 錢塘人成化九年來任縣九載擢官			

全吏部侍郎，見名宦

陳奎 南昌人，己未進士，庚申中任，陞事擢御史，歷廣西布政，名宦

葉溥 知本縣三年，擢兵科給事中，江西按察使，名宦

孫寵 正德中知縣

石鼐 正德中

榮昂

宋濟 主簿

馬欽 正德中主簿

丁昭

傅永洪

知本縣，詞大役，貽明集，載定石，崗之令虞濟詩

王良佐 華亭人，正德己卯任，本縣提文獻城隍廟記

汪倬 貴溪人，正德十六年任本縣

林源 正德時縣丞

劉遷 正德時縣丞

陳嘉猷 正德己卯來任主簿

陳學

人

令重 嘉靖庚寅年任本縣知縣

侯嘉祥 嘉靖丙申任本縣知縣

謝秩 嘉靖己亥任本縣知縣

王綍 嘉靖十六年任本縣知縣

蔣崇祿 嘉靖知縣

戴翀

湯佐

李環

謝天爵

黃鳳

劉珮 嘉靖戊戌任本縣主簿

周寇

崔華

鄭晃

黃尚禮

陳桓

黃儀 新城人，嘉靖甲辰任本縣知縣

楊阜 宜興人，嘉靖戊午任本縣知縣

胡尚志 嘉靖辛酉年任本縣知縣

丁瓚 滇南人，嘉靖乙丑任本縣知縣

毋受竹 西川人嘉

吳瑞 丁未署縣事

陳紳

孫守箴

余永治

盧楷

靖[illegible]寅任本縣知縣

劉則唐 隆慶辛未任本縣知縣

朱邦華 任本縣三年

姚翼 歸安人舉[illegible]年任[illegible]知縣[illegible]名宦

陳[illegible] 萬曆六年任本

朱邦華 南城人隆慶初任縣丞晉知縣

葉球

毛任

廣濟縣志　卷之六

[illegible]加縣修縣堂[illegible]記

王廷發 江西人[illegible]曆十七年任本縣知縣事見宦[illegible]

胡克儉 光山人進士署縣三月

劉廷揚 禹州人舉人萬曆[illegible]十任本[illegible]知縣

張憲問 洛陽人舉人萬曆戊戌任本縣知縣

尚方珍 山西人舉人萬曆癸卯任本縣知縣

趙國華 人舉人萬曆丙午任本縣知縣二年人許

岑茂松

廣濟縣志　卷之六

周良翰 江西人舉人萬曆三十五年任本縣知縣三年事見宦蹟

蔡洪輝 同安人舉人萬曆三十八年任本縣知縣

連穗

吳廷乘

羅名成 萬曆三十八年任本縣典史捕盜有功任縣五年

劉徹昌 桐城人進士萬曆四十年任本

樊守純 西平人築江堤有功事見宦蹟

劉九皋

縣知縣事見名宦

夏可雷 四川人萬曆四十三年任本縣知縣

趙之璋 四川人萬曆四十五年任本縣知縣

張燮元 光山人舉人萬曆四十七年任

施存禮

許性臻 福建人

許應賢

本縣知縣

張燮任 雲南人天啓元年任本縣知縣

世臣 南安人任本縣知縣一年陞衡州判

劉俊 四川大寧人天啓二年任本縣知縣

周騏 四川黎匠人任

孫之謨

蒲先輝 浙江

姚應科

黃弘暫 晉江人崇禎八年任本縣知縣到任五日遇流寇亂

蕭友葵 司經陞署縣事

黃恂 四川人崇禎九年任本縣知縣

朱議澧 江西宗室撥授崇禎十三年任本縣知縣十四年主于弘光元年復任

沈世明 浙江人崇禎七年任主簿

章燧 浙江人崇禎十年任主簿

張雲鳳 蘄州人崇禎七年任典史

魏時光 南昌人崇禎丙子任典史事見名宦

張登衢 桂林人崇禎十四年任本縣知縣寇亂任江洲

國朝知縣

程啓南 襄陽人順治二年五月任本縣知縣十二月改淮南

主簿

[illegible]泰順治年栽

羅雜 河南人十四年任主簿

典史

胡人輿 浙江人禎十七年任典史

陶

孫光輔　永平人順治二年十二月任本縣知縣五年遇九江之變尋解職去

譚廷讓　山陰人順治四年任主簿六年[illegible]

馬步月　[illegible]人[illegible]治六年任本縣知縣

毛華鵬　四川人順治八年任本縣[illegible][illegible]正堂冲堂後[illegible]儀門皆所[illegible]建

許大華　[illegible]昌人舉人[illegible]治九年八月任本縣知縣

劉文廷　山陰人[illegible]治九年任典史

王名世　宛平人舉人順治十年以巴東知縣未任奉陞司道署本縣見官蹟

龍雯　人順治十一年五月任本縣知縣

楊楚　安邑人順治十三年任本縣知縣

閻國士　保定人順治十四年任本縣見官蹟

孫讓亨　東安人選貢順治十六年任本縣知縣事見宦蹟

姜天權　浙江人順治十三年任典史

安[illegible]　贊皇人[illegible][illegible]治十八年九月任本[illegible]事康熙三年[illegible]六月[illegible]濟任

黃匡鉞　[illegible]中洋縣人[illegible]治巳亥特[illegible]進士康熙三年夏任本縣事治績丕著

董天秀　仁和人順治十八年任本縣典史西山[illegible]勸葛鄉[illegible][illegible]自[illegible][illegible][illegible][illegible][illegible][illegible][illegible][illegible]州等[illegible][illegible]乙巳冬始[illegible]任縣勞王事[illegible]遵職守

儒學秩官表

教諭

明

羅絢　洪武時任本學

陳聚

洪範　宣德時任本學　見名宦

李復

訓導二員

舒宜　正統時任本學

許覓

穆芳

趙杲　成化末任本學諭

王仕俊　正德間任本學諭

臧謙　正德間任本學諭

王潮　嘉靖間任本學

龔善治　嘉靖間署本學諭　見名宦蹟

周民　嘉靖丙申

孫復　成化末

劉威

趙顏　正德己卯本學訓

梁文　嘉靖間本學訓

梁木　嘉靖間任訓

趙墩　嘉靖間任訓

熊應周　嘉靖二十年任本學諭

包啓蒙　嘉靖甲辰任本學諭

胡躬行　嘉靖

張鑑

劉鶴齡　隆慶四年任本學諭

吳宙

陳道濟　南康人萬曆十九年任本學諭

魏秉忠　廣昌人萬曆三十八年任教諭

俞鳳　嘉靖二十年任學訓

喬巍　嘉靖甲辰訓導

顧棨　隆慶初爲本學訓導

馬同春　隆慶六年任學訓

李寅奕　萬曆四十年任本學訓

胡來賓　萬曆四十五年任本學諭

萬一和　天啟元年任本學諭

許燁　江夏人崇禎元年任本學諭

李苑　宜都人崇禎間任本學諭

國朝

教諭

王禹錫　蒲圻人

秦明中　萬曆四十年任訓

吳熊紀　天啟二年任本學訓

郭金鼇　天啟二年任本學訓

符於思　崇禎元年任本學訓

訓導二員　康熙裁一員

王全　宜城人順治十二年任本學訓

傅鍠 孝感人順治年間以鄉試署本學教諭戊戌成進士

李延春 宜城人順治十六年任本學教諭

李以範 漢陽人崇禎壬午舉人順治十八年署本學教諭

十四年陞長沙教授去之日士民攀轅遮送

胡效順 邵陽人順治十四年任本學訓

選舉表敘

濟之應選舉者漢以前既不得聞矣隋唐間徐孝穆孫良賢居濟以高材擢貞觀甲科遜志貞志兄弟並顯洵所爲瓜瓞雖遥芳枝無違者耶其他以秀才明經舉者往往有之惜他氏族志淪没莫得而攷也宋元而後族志稍有端緒田景以尚書兼宮保梅應春以壎篪肩文謝新鄉紹祖張皆祖孫襲美辟署顯名如余玠張宴然其人有明以來或以薦舉達以曰表試忠孝之節與科目比烺烺先後惟其盛矣

國朝選舉大都嚴重往代丁亥再行會試己亥仍再行會試而鄉試之副榜有拔貢求人可謂切矣近慮科場疵謬申飭諄諄嚴而有法而濟之人士得雋者不乏焉茲並表之庶幾多士茂登勛績丕著不負制科爲邑士光乎

唐

	甲科	鄉舉	貢選	辟薦
貞觀二年	徐良賢			

寶慶元年 永淳 開元十年 開成五年 祥符五年 熙寧 建炎元年 孝宗

徐遜志
徐貞志 官龍學士
徐粟
徐珊 永貞元年官秘書省正
徐 鑒 明經四門館助教
徐統
徐鵬程 天祐
徐世亨 乾德元年

宋

徐山 官太子太師
田景 神宗時解元舉進士以禮部尚書兼太子太保致仕年八十二
徐寵 官知府
徐注
徐曉 孝宗間
董起潛 元解
徐愿 官寶謨閣學士
余玠 見鄉官
張宴然

寶祐丙辰 景定戊辰 洪武

梅應春 見上世用
梅應中
張新卿 陝州寧遠簿兼運僉
游侶 官刑部侍郎
張紹祖 晏然孫寧國總管
董恍
徐萬立 德行官御史

元

余試
梅溢
梅盛
周應龍 元解

明

李閏
王佐 貢選饒州府知府見人物
徐麟 見鄉賢
王希文
徐文顯
干克誠 見人物
馮惟德
江豹
張質
徐愷
王鑑

己酉　永樂戊子　辛卯　丁酉　庚子

楊志高

胡文興
朱珏
胡海 號百川任交南夏知縣
徐志薇 四川珙縣諭
范暹

周
徐
陶淑
程必貴

楊守忠
劉傑
陳烈
何鑑 明月教諭
周道敬 安福諭陞重慶教授

陳瑯
董春
黃宜中
劉康 選貢字德寧初任四川巴縣知縣尋南兵馬司
李奎

劉淳
胡思誠
余玉
單鐸
伍善 由南昌知縣歷陞南康知府督六府擢征賊有功撫按交章
陶惟賢

庚子　癸卯　己卯

何宗洧 父子鄉舉任成都縣
張貴宗
徐徵
劉翀
孫英 字自實知浙江孝豐縣剛直不阿遂以令罷

王時汝 成化己亥乙巳出冠帶
陶紹
瞿思
王時魁 北京兵馬司
趙溥
徐佋 鳳州判
舒玉
藍蓀

張易宗 見世用上

朱能
饒孟奇 廷偉
張賓
胡泮
程適
田澥
胡湘
陶憲
陳虎

張華宗 瑞安府同知

甲子　丁卯　景泰庚午

伍常 易二三令由新柳教諭四始知縣門人楊春會湖廣祭祿青祠忠孝慶節四十

魯琛 解元

陳悌 御史 巡街

李錦

趙觀

周原學 道教

子

王惠 王理

田致和

毛釗 成都府判

吳訥

王宗明 任四川重慶府同知

王昇

何倪

朱輝

王佐子大理寺評事

成化乙酉　丙戌

周原學

吳守元

周鑑

王景 汝寧通判縣知縣

王奎

張濬

馮慧

陳章

魯昕

陳勇

程鵬 貴溢永仕而卒弟孔良孔成從弟孔貴員

甲子　丁卯正德　庚午

鄭傑

劉輔良

張禮

陳經

魯俊

趙瀚

董文

張質

張賢

梅緝

張贊 號陶任馬湖府訓導

王欽

丙子　己卯

鄭傑 詳見世用

饒繼明

程翰 知縣

胡櫝

魯翔

董儉 選瓊河遷

李正含

李淑

余謙

胡榮

田秀

張琳 號竹山任山東茌平丞

嘉靖 己酉 辛卯 丁酉

廣濟縣志 卷之六 廿四

張顓 見 用上世

文大才 見人

陳楫 教諭

呂用聘 任醇豐知縣督民耕種俗桑麻歲不知織紝躬教爲紡具緩夜作民感之爲立教織亭鄉多虎患作文驅之虎太[illegible]而去歲旱祈雨

呂宸

梅綎 彭梁

伍學貴 由英山知縣歷陞瀘[illegible]少卿有御勅列於先祠

張懋 呂賓

饒繼學 四川廣安州通判

劉寅 二名 西平知縣歷四川知州

姜壽 二十名

舒良材 三十三名

周勝夏 七十八名

徐文 均州訓導

徐謙 十七貢 舞陽主簿 許秀

張典

張頌 易宗主簿 [illegible]通判

癸卯 丙午 己酉 癸丑

廣濟縣志 卷之六 廿五

孫喬 初授

張價 李恭

胡伯資 余黔 呂用世

李元 陳鳳儀

胡伯涵 舒良相 陳鳳池

饒之初 十六名 張淑儀 張德輔

孫喬 三名 劉輔聖 饒之食

胡莊 陳叔學

徐鰲

曾邦鳳 選貢

戊子 辛酉 甲子 隆慶丁卯

戶部主事卿年督通全

徐麟 陝西鄠縣知縣陞南戶部主事

胡繼矩 號王齋以學職陞陽州學正其任達安即陽治院王世貞列其云一洗青䘵之宿習弘絳帳之春風巳擅嚴允宜儲擢

劉天衢

張步雲 州學 中[illegible]試

陳希闕 良

舒企 村

子

程希樂

楊民望 府授致仕按臺[illegible]云八十年來致仕二[illegible]

庚午　辛未　癸酉　丙子　己卯　庚辰　乙酉　戊子　辛卯

劉天衢見世
用上

王大謨見世
用上

楊大軏南監
張日新以州學舉鄉闈後知四川江油縣以嚴明爲士民頭服致仕歸謗
聖祠之泮池間愕然集學師及諸序
日聖宮前何可蔽塞也乃改聖域
新街邑中
文風益盛
陳王道理學
湯之相
呂應期
王大謨

千里外歸家

游吉武昌教諭
張鎮丁丑貢授歷城諭
向芳號定所石門教

徐來建
胡可文
舒其志
朱元宰
董三奇
張嵩
朱之琦

徐來聘十年貢
胡其大號兩衢萬曆癸未選貢歷雲夢河南汝州
教職
徐來舉乾州學正
楊民服
遂州知州
長寧知縣

乙未　丙子　甲戌　丁酉　庚戌

舒其志見世
用上

程可文臨海
知縣

吳亮嗣見世
用上

胡士客見世
用上

吳亮嗣名八
楊大鰲名九
劉人表字儀南

胡士客
陳嘉言

饒于震壬寅恩選臨海訓
胡敏見壬寅貢
劉人表字儀卿初任遵儀知縣後歷河南開封府同知
許如龍
吳之龍嘉魚教

舒倫
呂希孔鳳縣知縣
翟待澧州教授四川灌縣教諭
蘇雨
劉秉錄
劉秉鈇

芊許國
陳楚璵 字典號石泉知縣
金之純 見世用
梅調燮 北監中
饒嘉元

張金和 張弼孫胆用下
陳十闕
王逢年 光祿寺署正
芊廷謨
潘如阜
劉洪甲 中書
梅調燮 恩貢
楊大烈
文衡國

劉近臣
張楚偉 號雪顏余和次子
藍季腊
劉近甲 醴陵教

翟近鸞 甲子
劉秉鈞 八年貢
游之雲 丁卯選貢苑馬寺監
干崇雅
吳所蘊
吳敏師 確山知縣
劉洪芳 三年貢

丙子　己卯　壬午

劉[illegible]芘
監中 [illegible]
張馥熙
饒來中
劉洪璣
吳敏含 新[illegible]知縣
翟近晨 [illegible]水心廣府[illegible]

宋繼雲
[illegible]
梅之魁
張星朗

國朝 順治丁亥

劉炳
張楚璠
吳亮思
王欽命 [illegible]
饒嘉亮
學
干應試
陳敬中
劉洪斯
毛炳
張先基
楊復

己丑　辛卯

毛炳 見任福建沙縣

張先甚 衆强加縣

宋敝

吳璉

張懋純 字孟常金華長子

胡一璉 見任戶部員外

劉醇驥

胡來庭 曲江知縣

梅朗中 見任建水州

孫克諧 澧州教歷安陸府授

胡𤈒楚 原任建平

劉漢美 字尊五原任鄖教諭

夏時奇 甲午貢十七年授襄陽府教

甲午　丁酉　己亥　庚子　康熙癸卯

劉洪璽

陳文斌 十四年貢任應城訓導

饒軫中

劉堡 十四年恩

饒軫中

郭存仁

金德嘉

舒芝生 拔貢

藍應象

劉懋從 恩貢

張金基

李必泰

周登任

宋敝

劉洪璇

張仁熙

武科

王添勝 洪武征南將軍

黃鎮中 萬曆庚子中試第一名授客雲守備

李井來 原名之郢諸生中甲辰武進士岳州守備陞浙江都司又任鎮草參將

方定 字木生萬曆丙午第一名己酉二名壬子四名

于將

李大來 三科武舉任潮州府守備

胡海 萬曆癸丑進士授大河口守備遷浙帥轉薊州副叅

于鴻漸 辛酉科中滿三科

陸海 字斎之善書法以儒業不遂就武試

鍾鼎 字集之

程志超 字以大天啓甲子武舉乙丑進士主考賀逢聖愛其策論置第一鷹榜遊同省榜置第五

王之印　陳全　胡奇 以上甲子

舒莘生　胡乃寧 丁卯科

陳時可　于應泰　李涉域 庚午

于應奇　陳文奇

于若霖 丙子第四名　李泰國

胡順錫 崇禎己卯

張佐基 崇禎末以將才任廣東潮州

伍惟辰 字希伯明季以將才任襄陽遊擊

國朝武科

陳裴

翟斯楷 志超子順治辛卯科

李廣生

田永年

王秉鉞 順治甲午武舉任貴州普安守備

郭祖儀

張峻基 中丁酉庚子兩魁乙巳進士

陳士昂 丁酉科

饒武肅 庚子武舉辛丑進士

伍經 字希和以將才任援勦參將康熙元年國朝招安至招諭實授貴州守備告老歸田享壽八十餘年

張攀基 崇禎末以將才任守廣東江防惠州等處副總兵官順治七年 國朝兵至招諭以捡張士歸 靖南王藩下題授高州府水師營參將十八年陞興國州協守

廣濟縣志卷之七

知廣濟縣事 漢崖先生鑒定

儒學 教諭 丁以範重敘 叅訂

訓導 敖顒抒曰

邑 人 王臨五宜輯著

舒逢吉小康編次

宦蹟

縣官古百里侯也而天子臨軒遣良牧諄諄以親民爲論其著績傳史者何少也蓋法立于上澤被於下使民懷不忍忘去思而祠之亦云報矣而乃臚于殿廡崇以舍菜之餘若胡公昇之經綸財賦汪公偉之清復濟租陳公奎之卜地以遷學而絃誦丕茂楊公阜之擴址以益居而芮鞠遂大以覘古政績可推傳循吏者奚以加焉紀名宦蹟

胡昇號高軒新淦人明洪武初開科取士領江西鄉薦知廣濟縣事百廢俱興時縣治分憲二司公館儒學及武馬二司皆所營也見學宮志公賦性剛直有古人風其爲政有聲九載秩滿民感其德赴闕懇留

高皇帝嘉之特詔褒美後因家於濟萬曆癸丑十月知縣劉徧昌念公州𤱶功爲請祀名宦其牒學云胡公昇當邑治建置之初繼陳公暫任之後聚渙散之黎而成市闢榛莽之境以爲居百廢俱興九年無斁士民戴其生聚之德赴闕乞留　高皇帝嘉其久任之勞降勅褒美卒乃舍其丘墓順民欲而居宦鄉至今世其籍系昌後人而多彥士此其功德在人俎豆宜世云 公子諭尸文郁九世孫鳳生撰公傳請祀

高偉浙江人正統時以進士知廣濟始至興學課農

尚德黜威有古循吏風後歷四川僉事至今民猶慕之

劉遜館陶人正統時以鄉舉知廣濟平易端恪奉公惟允時謂長者

陳昱浙江人正統時以監生知廣濟清平嚴肅吏不敢欺節省民財事亦克濟三年致仕歸

任壞蘭谿人成化時以舉人知廣濟惠政及民廉介自守尋擢上元尹民多截道留之

江震錢塘人成化九年以舉人知廣濟文章政事爲時增重後官至吏部侍郎

陳奎南昌人弘治己未進士知廣濟縣事心存仁厚政有規條儒學舊僻河東公力遷近治左側而絃誦丕振尋擢御史至山西副憲廣西布政使

公遷學在壬戌春正月廟堂門廡成惟饌堂地偪因出已貲鹿易民隙地爲之士大夫義其事遂名饌堂爲鹿易堂詩歌美之紫陽趙杲爲教諭序其事尋攷績西歸旌倪載道趙杲曰公處事惟義慮易堂大體中之一耳未足盡其槩也若興學校教

子弟遇歲歉勸分富室屏盜賊而四境晏然抑豪强務細民安堵且民獄無冤皆其鑿鑿可驗者宜民禱祠而留之遮道聚觀若司馬相公也後廬陵陳鳳梧作新遷學記詳藝文

葉溥浙江龍泉人正德時以進士知廣濟愛民下士循吏也三年擢兵科給事中官至江西按察使

汪偉貴溪人正德末以舉人知廣濟嚴威率下謹恪奉公蠲賦以甦疲民傳經而興學校時靈東鄉民多流徙田産盡歸蘄公請中富道奏聞將蘄之得濟業

入里編戶靈東民糧差賴以克役

按此卽靈東四啚也昔人之良法美意今爲垢汚藪矣逋負不已而爲里衆帯比自是有逃戶之名而黠者詭托其中以爲欺隱種種獘孔幸有明哲之長洞察其奸然終不能除淸丈一行而國賦可均也不然舊額豈不可稽而歲歲爲是聚訟哉用里曉然而租稅猶竄匿何也王名誠不可詰歟

楊阜號弇西宜興人嘉靖中以舉人知廣濟有惠政能爲形家言多所修舉先是濟無城守官署倚荒墟

市民寥寥後多林莽伏虎民不敢晝行公至始聚居民察地勢爲後街曰楊公街曰玉帯街建八門鑿九井北西有池如貫珠其曲轉如長虹又改河流繞縣之右側接梅浦清流塞舊河口以培地[illegible]以關下流水道迄今環合梅浦逆遶而下稱楊公績焉凝秀橋碑鐫戊午貢與楊阜立

府名宦

盧濬　知府

羅翰　推官　詳學記

廣濟縣志卷之八

知廣濟縣事進士黃玉鉉　漢崖先生纂修

儒學　教諭舉人李以範　重修　叅訂

　　　訓導貢士胡效順　抒白

邑　人　王　臨五　宜輯著

　　　　舒峻極　聯滄　編次

宦蹟

舊志紀名宦矣百餘年間愷悌慈惠入而禮樂關如猶不獲溷豆觴廬暑倘以懋其崇予不敢臆見嘉政以備採擇舉行從祀不無望於當事云紀宦

蹟

侯嘉祥廣西人以鄉舉知廣濟體尚簡要政務寬平民倚爲慈母焉時濟以排夫爲虐郡困者已百年不洗之獘公申請除之民頌其德

胡尚志號海陽嘉靖間知廣濟時景王就國景王爲肅皇愛子也所經費供不貲龍鎭造行殿諸儀制崇侈過度王至諸侍從驅役丁夫勒索官吏公以里民方溥泉有幹畧委之事事多辦民不知擾公祠龍沆江

劉則唐號元沙廬陵人隆慶辛未知廣濟惡衣蔬食惟携琹書及二僮到任剔奬政除奸猾敷惠廣澤未及一期而內艱訃至民感懷持百金贈行公峻拒之

朱邦華號兩峯南城人司寇東源公仲子隆慶庚午以丞來濟中煦外嚴公例悉捐纖逞無近辛未夏大水武鎮堤決公佐令興役兩月而堤成民樹祠祀不于防明年劉令丁內艱當道疏公賢得代劉公晉級邑令公省里甲均夫馬庠稅入稽役作崇禮黌士餙

葺豆鑿泮水多士悅之癸酉春遷南都兵馬士民控留之監司郡守不得邑傳劉鶴齡等請于姚侯巽爲刻石去思亭

姚巽號海屋歸安人由歲貢爲新淦學訓萬曆元年知廣濟公博學高名與鹿門茅坤善公令濟坤序以贈之當時束修及門者范應期以狀元及第餘成進士者尚衆下車劻院司遣候起居箋奏序記請手裁置指使按府審録矜疑必屬剖決聽其平反伏好自矜負視一令如寄爲治嚴明民畏之視事暇進爲講賦有知人鑒王學憲大談湯太守之相皆從諸生中以國士相許學使陳霽嵓試楚必先公訪問才士庭語諸生曰海屋天下士而遷延濟邑一令老人可自待乎

王廷俊號秀源任縣五年潔身清謹聽訟無重罰考滿晉秩

胡克儉號趨徽汝寧光山人以進士爲侍御萬曆初政寄樞筦公以侍御從遼陽部中上封事上怒降蘄水縣丞署濟二月公始受事卽進諸父老問疾苦

撫乎如有隱在躬進諸子弟而稱詩禮漁乎如有得在中未解衣而民挾纊未推食而民䕶乳足未至江濱海濱而民無不以公爲恃歲苦荆藩王孫親至濟索藩偶以疾死民惴惴懼禍不測公坐鎮解紛民賴以安後歸汝寧十餘年見濟人至者必加諸膝越二十餘年天啓劻復以天子貴卿傳詔書來道濟公艱次日發而垂白之民携幼穉自鄉數來求一見公遂尨不可往公以公署臨約百姓至南山寺重與說六言爲別至則老穉盈途寺遂不可容公乃反學宮數

諸生各賦一律見志而學宮之環橋縱觀者如在寺
時次日始發民喧鬨趾望泣送之生祠至今屹立西
關道傍
周良弼　清正愛民築堤防水爲濟永利詳災異志
趙思璘字太樸南昌人萬曆間以鄉薦知廣濟手爲
會計法奸無所容民感頌之入覲里耆脫靴置鼓樓
前以志不忘
外史氏曰南昌之入覲而不返也異哉余聞之先晢
云濟邑德楊宜興阜劉廬陵則唐相繼愷悌民以小

康及劉禹州廷揚張洛陽猷圖稍鷹鸇擊之邑之貧
亡賴者輒敢興謗其上以致天官往往報杼十六七
年間令君逮挂吏議者五矣趙公以文吏來更絃易
轍卒亦不返又寬乎哉民猶念之矣
蔡洪猷同安人性極孝以鄉舉知廣濟奉父到任父
年八十而公每晨省必恭寢必捫摩每至催科獄訟
必奉父訓體恤周詳濟始征比雖廿里役頗艱至是
按比三百戶拼而里役之終事始易公慈愛倍至注
意文學旌獎孝友值太公歸三月訃至丁艱去濟民
德之家設香案攀餞泣送公徒步至不得行去思之
隆經三百年無有過者
外史氏曰兒時習聞蔡公恂恂長者處事惟恐或枉
此其秉父訓不欲以赫赫名也家孝友旌額經亂獨
全蔽芾之枝勿剪於公有永思焉矣
劉胤昌字燕及桐城人萬曆甲辰進士初令臨川以
揮霍爲御史所糾謫嶺南旋起知廣濟公素有才望
敢自任上司疑難多屬斷決一時質成者一邑而敝
屬畢聚若大府人民所不便立爲解免蘄豪鄉長武

斷殺人爲其所訴拘至遂斃于獄司吏徐某下通書
史爲奸廉得其狀竟詳院司解本縣治之每有徵令
雨集風行曰奈何使濟浪得頑名乎一時肅然政清
事暇即與諸士子登高嘯咏於邑西門外建四高樓
五印心菴度河爲滄浪橋置亭祠兩堤植梅以當梅
浦旁礁奇木與卉開下流以蓄水分觴昔倡和有劉
秉鉄王逢年廿許國陳楚璗陸嗣先饒嘉元胡篤生
吳亮思稱八士蘄陽袁素亮古巢阮大鋮間致飲樓
上開白堊遙視山雲索景搜奇歸路忘暝素亮詩云

壯志須教刪赤壁使君猶憶長西湖時稱雅詠焉其
間謂劉公曰濟小邑大才小試矣劉作邑曰濟人文
藂藪機務比于劇屬安得爲小乎邑舊有詩名如張
子龍

劉敬伯寇巨源楊用極公搜遺表逸樹
碑名墓使後起者益深古業孝子史玉明嘉靖間以
傭工致孝公請祀鄉賢葭墓田山人寇巨源柩停江
皋未葬公阡而表之公愛靈崑石筍森立渠石清泚
公嘗流水搆小亭題其石曰浮度又大書䁾月臺字
有米海嶽筆意隨越山緣崑游大藏刹建亭曰杯度

竟至明水山向龍湫聽雨睹飛瀑壯湧晴噴雪二字
九日與諸生偕新都畢貫之吉州鄒子尹登橫岡絕
頂賦詩旋登五峯峯頂與諸生倡酧還與諸生講業
授梓著口義數卷二年轉大理寺評事著遷艸若干
卷刻廣濟紀遊諸詩江覞自戊申年久圮公與樊丞
創築堅覞爲濟永利詳見災異志
外史氏曰甚哉邑之盛衰關於吏治也劉公初至以
擊斷爲能又矜而多上人上之人畏且忌之不二年
以評事去然當年整飭精明山川若增而秀人文日
益盛使其久任濟當更有可觀者矣

夏可雷蜀人初生時毋夢金生田中年六十餘爲訓
導備邑人舒公玄渚督學政愛其文拔之遂中式其
房師則麻城田公生金也後起知廣濟七十餘歲清
剛自勵旌奬孝節洗雪沉冤訟堂嚴甚勢要書積不
爲動公任滿去譜系本縣夏氏夏氏乃濟巨族公率
諸博士弟子員祀厥祖墓而去

王世臣江西高安人爲政清平重士季考頒賚士多
赴之兩載陞衡州通判

張雯任雲南人知廣濟三王之國由江上先檄各郡
邑爲綵帳行殿戲蓬諸儀器具公白武昌推官鄧公
來鸞曰公能速其行保無擾吾民乎鄧素善所禱因
擇日祭江禱東南風須臾王舟至迅駛頃刻自龍鋪
沿江上費辦經年民不疲困者鄧公力也鄧在武昌
有異政

周驥號四如江津人崇禎初以鄉舉知廣濟吏治敏
給精勤左右少可欺者先是令多儒緩胥吏緣爲奸
公至一洗積習昧爽起視事日昃方退午聽訟每至

夜深徵比以卑爲準法畫一山谷老穉皆自輸簡約里胥無能爲僞至今法之租賦皆手冊細書一目可曉以是編書紀成數而已其完欠解發緩急耗費多寡皆自已斷里役勞勩均停不輕軒輊衙役差使汪銷停閣俱有程限無能欺隱諸生以事相干者雖人各異意而公酧答如響是時歲無積逋尋以考成前逋四年南糧一歲併徵民遂困屈君子謂其政成堅忍給由日竟以獄盜五人未獲不果甲戌入覲歸加意蘄剔雲東四鄙乃蘄官米居半前令汪倬編爲里

而照者憑焉多爲欺隱公集諸書吏大破飛詭諸奸狀搜括殆遍曰假數個月此弊可盡除矣未幾丁內艱邑光祿丞王長孺逢年素以書法名蜀蜀人竊公其書公歸索王書滿篋去

朱議濜南昌宗室令濟濟漕糧舊軍民兑于瓏坪朱禎間廠移蘄運軍皆家于蘄其舟旗折乾諸會倍蓰常而外水盜賣歇保總催巧立淋尖踢斛撇剩諸罷等名民不堪命督糧使者臨倉閱視至鞭箠里正嶷之至首里役有經一兑家立破者荆藩之在蘄也橫祿莫給校役乘以毒楚里正公蒞任仍兑瓏坪而害始減做舟兑米親當其任者短承混同胥史至九江其毒就兑會悉得要肯又有以彈壓之舟旗勢爲之戢民以賴安

張聖衙字整心廣西桂林人辛酉舉人以蜀令移知廣濟值流寇方熾□□無城守前令□□民新洲剪葦蓋壁沙磧□□□□緩焉公來周顧江濤慨然招集民以益衆癸未正月賊張獻忠從東來遺民皆棲湖渚數千萬人被殺虜且盡洲民獨存公力也公性仁

恩□□□吏事居官凡獄訟簿書錢穀文檄關內外□□□□反側無所寄耳目少不當輒朴治之諸吏胥故智爲貪黠前令猶豫寵之時亂倖法寬假借遂鬻閭里張少喜事托防禦名聚黨千餘人擇日歃血而盟爲義勇營而營首自稱正副將餘參謀督陳哨總材官畢具直備牌纛械飭八旗甲袴褶帕額而跳舞一□□墳藏日操於場喧震地暮夜□□□情縱飲演戲使徵呼比會相閧忿目過市人歛衽遜避瞋揚言某吾仇某可取之某不吾黨某日取之居民

以是胥意閉戶不敢恣出入邑士紳竊相謀曰茲罹有由基也莫若即用其機以衆角之亦擇日約洲人能以氣折義勇者不問從來得三千人歃血盟而職其營曰保定兵將名號器械備禦皆彷義勇而直頡頏之兩營建而彼此區爲楚越矦中立抱膝處鳴琴堂寂寥無人迹晏坐悠然若未嘗民社寄者暇則雅歌觀書史謔笑自適口不道兩營長短亦不見少嫌疑失意狀日忽坐公庭按舊召椽吏佐至衆皆愕然及至和顏色進諸人雁行立旁引仁忠孝謹足樂與

犯法陷刑王網寔報極酉可畏反覆開譬極痛切欲微動之語終感激者半欲帖服悔其舉事頗多進退矣保定勢既盛與義勇互相持不肯先下時賊西破蘄黃去入乃託故以次遷江北岸會天亢旱矦召吏胥謂若等饒田產兵賊迍延耕耘後期有秋亦罕矣某寺神最靈某陰陽善符咒役使風雷宜急以誠禱委之皆應諾乃相率樹壇場爲舞雩公乃齋禱素食日再步禱焚香躬親成禮退用以微銷沮之而諸姦亦見矦久姑無覺過意果內安不復猜阻其脇從叢

[illegible]保定人則因脇從聯名營[illegible]賊孔月朔矦以禱雨進香江北廟諸姦皆從矦傳令戢神不許弓劍戎裝皆易從事服往禮畢矦旋舟而諸姦散留步遲穿[illegible]保定人方蓐食摩厲聞變鳴金舉幟爭[illegible]逼進諸姦急搶舟渡則挺亦雨下爭擠蕩不得竟殺之江中後者棄舟走又追殺之公謂心動時餘黨在洲者尚衆則且爲悽愴慰之諸營見其魁死惶恐詭請命乞飛檄江北以散營取和諒公婉諭曰汝今知民父母乎衆怒難犯如水火焉莫

無驚吾傳令止之果以令去邑人暫歛戈退諸黨呼頭送公渡江而在洲餘黨已盡逸保定無所肆忿徙收義勇財鈔冑奮縱火煙障天延日暮更疾沒葦中獲數十人僇之欲滅其類矦聞愀然大悼痛急傳招安令止之人得扶喙息漸出全活甚多保定振旅報勝得意甚則人爭慕武節憤勃惟戴營將安爲兵而忘其舊矦曰舉國若狂惡可哉向特假便宜抗鼠子輩使有旁皇耳出令自今日始凡懷劍戎服皆亂民治無赦保定人知非義難獨立始散盡自兩營招集

是歷三時而公之善爲恩威葯亂如此移治武穴歲
餘甲申陞蘄州知州乙酉春南歸
王名世號松谿浙江山陰人雋逸多才調月數行下
順治初應盛京鄉舉授巴東令巴東爲西蜀要路屬
亂脫公未蒞任命署圻水數月又署黃陂咸有政聲
巳又署廣濟下車訪民疾苦廉諸吏緣簿書爲奸狀
思所創懲之務力行一意諸貪黠惕息不敢前濟數
年逋負奉上檄公不勝感歎謂濟多荒蕪不借爲民
請命節次免供至奸詭以陋規進悉斥絕聽訟猶摘

[illegible]盡兩家情態片言折之人人意解是以犴狴無冤
歲饑槩置不問屯田道檄濟荒興屯公奉檄謂濟何
堪此詳請止之暇日嘗進諸生語及耆碩輒慨然曰
使濟有父事兄事若而人余不難爲宓子賤也無所
取陽吾無矣胡篤生先生高士也張仁熙王衍治言
于公公即呼數騎偕兩生蹋夕於寒郊十里外訪之
出俸萬錢爲壽劇譚達旦分韻聯句公曰雲深古樹
訪幽先治曰谷口誰當識酒年列宿光分花雨夜仁
曰高軒聲動竹溪煙欲琴艸閣迷清邏篤生曰一逕
寒林話遠天總爲丘園添逸事公又曰相須懷古思
悠然於是濟歌公風雅不惟錢穀簿書矣夏初新令
報至童叟思挽公轍行日焚香泣送遮餞於境數十
里不絕云
閻國士號振華保定人由歲貢順治丁酉來任公圓
樸謹而勤奉內學素食慈仁彌惻乃其中甚亮猶癬
疾倒蝟上事上而求庇者歲時酬應殊濟然也以故
無與援于所尊到官甫三月即以病告府府允之旋
起視事縣微比不呼而集時前令方罷官在縣郡太

守忽　公印而授之代公欣然出印無動色
前令旣據任反以氣變公公遷居民舍安靜如無事
者遺力自無而愛或乘羸馬遊山寺作世外語縣人
相指而謂曰此固吾仁君也而胡爲瑣瑣旅人乎凡
六閱月奉臺檄復任楊令乃去公送之盡禮民間歎
息稱公盛德能容物矣後楊令以簿書交代數數來
公禮之益厚無倦色明年大計公以不及罷未久楊
令亦病死而公復捐重貲賻之甚於前令始終盡禮
署無私芥蔕者縣人士以是慕稱公德量與不愧古

人也公周慈惻然政事亦精愼凡丈量均差刻縣志修學文廟皆始自公而時淺未及竟業惟淳德發天性無貴賤賢愚咸佩服而愛樂之罷官留縣一載與士民往來無間每節序餽遺拜賀者踵門至公亦置酒爲主人邀客快飲嘗曰濟人易見德如此將遂占籍而居焉久之以家人念鄉復謀歸歸之日縣人獻金花蒭餼市設案焚檀艾老稚子擁轡哭泣公亦泣不忍別久之縣民脫靴公挾其夫人各騎一馬而去

孫謙亨號有終東安人其先以禮科給事中顯名明

嘉靖朝公由拔貢於　順治己亥夏蒞濟下車初集諸生學宮詢民疾苦所由知濟自寇荒相乘原隰丗艸其宅而徑術準但莫能端審饒田多隱奪其久甚者輒稅不能減以是輸納阻滯近歲檢括編餉欠至盈萬餘適縣方奉令丈量公遂毅然行之再四美哉務求田與稅當而後已更念邑戸三百里役十年一受事凡編餉暨南北漕綱衆皆獨任費不貲因力請於上爲均差編餉南北漕米使先後分任之里役五年一周而累更減人人意快稱便焉又審積年米欠由近停北部各里長自解省會而支給運留點但門伺便侵損盜用無莫及官臨倉責米保輒逃去即拘之亦罄其家無償當事不得已仍責原里率額外重納至數百石以上而御史臺按郡磨勘復以積欠坐罪累年如是民無生矣公乃斷然具詳兩臺請己亥年漕米折色以是輸解便易而奸人不得爲侵漁不數月間所均兩差報竣爲十數年來僅有事御史臺才之書上考及御史詢往年積逋主名公褎田不忍曰濟經寇久水旱洊乘田鮮關民窮甚非敢爲逋拡

逃亟之罹有流亡之患後不獲已勉以數人應之公神明鞏摘奸伏民不敢有隱情而鄭罰愼所罷邑文廟聳修公更經營之敦崇教化優待生徒復捐俸修刻邑志數十卷不朽之績纏纏難盡識記一二以從民望庚子冬當期代而人士赴撫按懇留之更歷一年辛丑九月安公來任公始得代公固周愼而安嗣刻深交代時少不如意遂致羈留郡邸不得去茹苦食貧若寒素士濟人無不爲公憐之者癸卯秋始得歸尋仕浙

黄公玉鉉號漢崖陜西洋縣人性豪爽不務小節登歲補博士弟子食餼每試冠多士博聞嗜古聲動郡邑操觚家咸取裘焉事親孝處族里多温厚人以此稱之順治戊子登賢書閲己亥荷
世祖章皇帝特恩再舉會試成進士文刻房牘名家海内爭傳誦尊爲典型康熙甲辰授濟令秋初下車值西山寇警徭役轉運數千里民煩苦甚前令執峻法以持之小民多流徙者公慨然曰余奈何救火揚沸不爲民一請命乎迫切詳籲獲省費萬計而邑賴以

寧招流亡勸農業緩刑罰平獄訟務在得人心吏民如獲蘇息謁上大夫遽爲民陳疾苦上大夫夙知公大信愛之咸過之以隆禮繇是濟邇歲荒災前令匿不以聞者公悉惋惻言之康熙三年以濟疲困請籲十之三四年以亟荒請籲十之四縉紳長老載拜稱謳歌公再造五年夏公奉委詣災黄梅單騎遍阡陌公爲惻然具報甚切梅里庶以常規進公曰若獨非吾民吾固不忍飲若一杯水也矧厚幣乎固拒之里庶懽呼扶老携幼焚香遮道感泣不置返輿攜濟父老子弟曰梅與濟接壤梅苦旱濟獨稔薄吾豈愛吾民不若鄰之民耶即爲申請旱災五年又獲籲三分至於六年公恤民無已仍以旱災請又籲十之三爲三四五六年來共報籲四萬兩有餘故濟自公蒞治竟無逋賦舊額三十里前令以推收混淆遂廢一里公清查舊役里役以平里胥收充高下其手公察其弊嚴懲之雖童子莫之欺更欲興無訟之化予民休息適一日斷四事而民志大畏若陳君聞之廿載沉冤一朝得償范氏之賣婦反誣僞還文誠各君冀之

及而夫婦倫正宛王譁之拐而手之僕義全至如宛旺兒文禿子以逆盜冤累久繫出之每歲暮釋禁犯令歸度歲五年冬除夕放歸禁犯不留一人而囹圄空虚人人咸爲涕感邑多火災公徒步詣拜反風息火復捐俸數十金賑其家此種種盛德及於小民者則然顧崇獎士子尤爲篤摯朔望詣學宫恂恂與師生講藝弗輟殿廡多頽泮水久淤塞公捐重貲鳩工葺濬建重檻以大觀瞻每遇祭期悉心齋肅俎豆備極豐腆而庭燎熾熾諸生遠百里外者皆奔赴以有事

爲榮蓋從古未有之盛也公卑禮下士日所晋接李
尊遇之凡遊名山勝蹟必偕諸生暢飲絕去崖岸惟
丱生一琨饒生隆中蘉常侍左右此兩生言事曾不
能出口公曰長者子豈愛彼喋喋利口哉濟自順治
辛卯以文風甲黃屬學使者之舍題大學前令不祭
謬申小學公力請大學如故諸生中有十八人因逋
賦前令申革公痛念之亟與維新嚴請開復吳生致
行以歲當里役憑空羅禍公以其爲讀家子弟多方
全釋而吳未之知也公所爲皆人所弗能爲毅然鄉

行率多類此丙午之役　功令益嚴衡文者難其人
上大夫首推公公入闈盥沐焚香告天閱文必再三
詳慎得八人皆名士主考暨同考歎於所錄卷俱折
衷於公故楚闈得人稱最公雅喜交遊江浙名流慕
公名者揚帆結靷願一識韓公相接即款談留飲解
贈而去者不可勝數如杭州孝廉董鳳祥以書謁
公公隨致贐儀適攸他賓有言董君冬尚紗衣席間
即解自服夾衣贈董君禦寒董君極感以詩謝曰傾
蓋非曾識蚤青逆邸時乘車與戴笠異日敢相辭書

價甚一琨以耄年乏嗣公念其爲郡丞清白裔捐
金爲之置妾凡危苦患難樂爲周恤如黃梅高尉暨
偕𠎝氏皆憐其客死給厚賻以歸旅櫬邑進士饒諱
軫李□公同譜以謁選歿都門公往吊其家撫孤悲
痛更爲其埒治後事尤以□□行戶爲兢兢前令多
票取市鎮物不給値公燭其弊現價發買不票取一
物即日用一蔬一薪並照民價四年來不苛一行輿
梁廟祠有應建監者尤不惜施助公固廉介歲所得
俸悉次第分捐如是而宦囊蕭瑟眞不減范史雲長

貧萊蕪也公治績不勝書方之漢世循良殆未有過
公者邑人士譜公實蹟有德政錄德政歌實頌圖勒
之石有德政碑修學宮泮池碑如耳饒諸生小民感
旺兒及刖僧若水等皆感公之德監牌塵疏家朝夕
焚香禮拜云
外史氏曰黃侯以名進士文章人□十名家而來宰
吾濟也爲人光明正大又廉潔□□求之近世蓋不
少槩見云四載來良法美意未易更僕而古道自守
不阿當路以致兩袖清風而歸嗟嗟眞所謂正人君

正也歟

縣丞簿史

吳禎合肥人由監生爲縣丞寬仁簡重德器可嘉民甚德之

沈璦德清人以監生爲縣丞不事依阿　囊無遺羨

李養傅白人以舉人爲主簿催科有法　廉不苟取時稱賢佐

張芳潁上人成化時以監生爲簿署縣時有兵吏夏正率衆爲寇餘皆束手無策公討捕勦獲居民感之

王素樂平人由掾無害爲廣濟典史獨好讀書理公事餘習舉子業至夜深不倦中湖廣鄉試士大夫奇之

魏時光南昌人體修而晢有膽氣能以雙刀馳擊崇禎丙子夏爲廣濟典史時流寇猖獗邑新破設排兵二百人公團練議曰乙亥之役鄉勇怯戰先奔夫設兵以守不拒賊于垣墻之外而拒之門庭宜其見破也必扼險爲奇因守險高山冬賊據蘄州河口相持旬月不敢度公募壯勇夜襲賊營鋭發賊驚亂殺賊

首數人賊不敢薄隨偵我兵單騎翼朝間道奄至擊
潰公獨立高坡手持利刃砍殺賊賊環繞之公馬蹶
斷被縶不屈死事已兄諸生某收遺骸揭當事表公
死當事匿不以聞皆閣至半載兄復死邑江洲其同
事友某者復撿其兄遺公倒哭極哀曰弟爲國死兄
爲弟亡即奈何使沒不傳乎又手牘亟赴諸當道表
公兄弟死狀數月始得請蒙褒嘉贈公本縣主簿世
廕子一人百戶從祀名宦其友得旨望闕叩頭謝乃
歸邑人張仁熙爲文紀之楊晋爲擬古賦悲高山不

其藏
外史氏曰方光死時亭州則有秦總戎高牙大纛坐
擁鎮兵蘄則有兵府大夫參將備兵鎮焉而死節山
隅乃出一尉異哉然得蒙特旨褒嘉亦足慰矣
以上俱崇祀名宦
樊守純河南西平人萬曆癸丑爲廣濟丞有幹略邑
侯劉公才之縣自戊申江水破堤癸丑再決至是委
公創築堅堤自盤塘至龍坪接黄梅堤六十餘里計
租起夫視舊堤倍增之公性敢決與劉侯必竣厥工

必假畚鍤杵築悉有程度刻兩月告成語具災異
中
胡大典紹興人爲縣典史崇禎十六年義營之變[illegible]
不安洲處典率至縣斬棘披萊建治撫遺孑且耕且
市邑稍零聚大兵入境典獨死
國朝
姜天棟浙江杭州府仁和縣人順治十三年爲本縣
典史縣無城親詣街巷率民滌溝穢伐柵置守柝聲
達旦又協議請兵設防市賴以安值邑令闕公告病

公代令徵數年逋糧任龍坑歲餘苦心勸輸特大兵
東下公抱疾料理芻餉戊戌夏江水暴漲隄幾潰公
方罹疾甚强至隄上呼嚾卒受事塞蟻穴補闕隙隄
竟全無害又歲旱偕龍坑人露頂跣足祈雨雨降皆
縣署遇迯人在縣公俾集衙署而地保不擾更申飭
保甲稽浮寓嚴緝探市無盗警公之力也
董天琇浙江仁和人以文無害爲本縣典史劉侯襄
餘佃鄖西用兵芻餉煩興　上台委令押夫解米漢
州等處自癸卯春于役三年賠累勞苦皆以爲分內

事而不愆言[illegible]者　黄公莅事撫
恤其家感戴倍于自是振刷激勵凡邑中保甲諸事
更加申飭

儒學名宦

洪範浙江建德人宣德時掌庠教師道尊嚴一時模範無出其右者

羅珦泰和人以舉人掌庠教文學可觀士多樂服

曾璿貴池人正統壬戌由舉人分庠教克勤作率師道可嘉

詹日成浙江人正德時由監分庠教和以接人勤以造士至今稱之

梁文廣東崇化人嘉靖初以歲貢分庠教正心端行

有古人風培養士氣訓誨諸生不倦捐俸以新聖像給貧寒後擢廣西鐵江諭去濟士箴薦然尋中廣西鄉試風範至今膾炙人口

以上俱崇祀名宦

龔善治南昌人嘉靖間以鄉舉署教諭培士氣振文風請修號舍簡拔得人不愧師道

陳道濟南康人萬曆辛卯鄉舉明年會試中禮闈乙榜後署廣濟學諭公居廬山之麓幼以茂才與等選入白鹿洞讀書同時讀書諸君奉爲嚴師署濟學三

鼗鼓舞多士多涵育之化
魏秉忠廣昌人萬曆庚戌以武寧訓導遷濟教諭趙
令國璋委撰修邑乘令甚重之時學宮久圮爲整飭
至教諸生以篤行而執文爲次奬恬淡黜躁競尋遷
寧鄉縣學
吳熊紀　人天啓時爲本學諭教諸生以實行風
佩誦陳肴公安得長者言刻之以式儀諸生
許煒江夏人崇禎戊辰由歲貢掌本學教古道自處
守正不移諸生甚嚴重之朔望令謁　聖廟退卽登

匽陳書召諸弟子前受教子明封以官生進本學令
與邑子弟爲文社嚴設規條申以殿最少與賀文忠
公逢聖同外傳最相得賀入相時便道訪于學舍以
數金爲贈堅不肯受云相公冷署賀矣謂寒氈翁而
謂予冷署耶强之受款洽累日去
符於思龍陽人崇禎初任學訓後陞四川太平縣知
縣
李苑號楚瑞宜都人治春秋博學有聲夙以文行與
黃諸名士社會崇禎間分訓濟庠日以課士爲念振

貧寒崇碩德人士爭高其品
國朝
王禹錫字子錶崇陽人順治五年奉督學使守本學
教善爲詩督學王公念尼臨黃歲試高等命擬赤壁
詩選刻
任經揚正齊孝感人順治丁亥湖廣鄉舉丙申署本
學教諭　聖廟自鼎革後縣以荒蕪屢奏　綸音未
獲創造與司訓胡效順議約諸生協舉親詣江上程
材起工會試中戊戌進士

傅師赴　京至河欲返遂返將至家夢神謂汝有
功聖宮此番會試必高捷矣可速往也遂復整裝
往果得高榜歸言此以勉勵學者
胡效順號抒白邵陽人順治丁酉以貢訓本學時
學宮久燼神主丁祭迎祀佛寺師惻然與學諭傅協
議申明　上臺約諸生勸事是冬標棟屹立傅公赴
公車成進士會縣令新蒞多故忌簿書而莫晉心公
獨任出貲爲助募梓人陶人治榱櫨磚瓦始克竣宇
皆蒼次年春祭禮行新殿威儀再覩多士說懌邑人

劉下坐撲試勒之石善形家言方經始有隴村拳五
未向者悉不□惟自爲斟酌際題陞大學取士數勒
木牌以丞後且賦性貞率無城府好獎予英才□人
之難甚於己困令某以私忿戢辱衿士且肆害友□
之不少阿徇寧爲士存其氣節署學篆年餘士被寬
逕者即中辯凡通邑病苦多方陳說□大□　陶侯
務會親製安樂一鄉永東數村禍□畝若干□欲修
刻邑志自捐俸卜吉始事語王臨等曰吾力止此吾
未爲此嘗必有成之者因而興起協助欲摟集兩賢

名稿及近日名人著作捐金鐫張長人詩集賑恤劉
生及其後嗣念畢兩爲子塾師助金娶妻生子自庶
布袍蔬食澹如也去之日諸生多感涕送至江滸者
李延春字大生襄陽宜城人順治戊戌冬以枝江訓
爲本學諭譯諸生以學爲優儒重必拔其尤者躬爲
樂育學憲三□□獎錄　湖北巡按李蹠薦云課士
不尚虛浮律己惟以清介至其學識弘深堪資政事
又云才茂行修素優道學士林矜式又云嚴於月課
勤訓諸生文風丕振云云尋陞四川中江縣知縣

李公以範字仲敘號飲初江夏籍漢陽人五世官學
相承王父字載先生諱世徵萬曆壬午經魁聲名籍
甚老困公車以安縣令陞太倉知州爲郭明龍孟五
吟王澹生諸君子至交告病起用未赴卒祀鄉賢父
恒齋先生名曰生爲名諸生高才絕學不拘小節明
天啓朝禮科侯公震暘薦修國史崇禎朝鄉先達交
薦之俱不出所著石園詩集寱言諸書膾炙人口公
弱冠即以春秋領本省壬午鄉薦名同縉貫居身甚
約而孝友性成門以內自爲師友交遊半天下皆當

世名流家無擔石弗顧也浮沉公車近二十年威友
登華膴者咸勸之仕不許竟以親老勉就教諭辛丑
蒞任廣濟推誠下士一切破崖岸而爲之會
新令盡裁教職不果復裁員缺每學官一員分教諭
訓導諸衙以孝廉明經爲大小定去留而公得以孝
廉留廣濟廣濟之得爲大學公之力也其教子嚴
而有要子五人長采韓次受韓年方弱象俱列膠庠
皆卓然能自爲一家之文公詩文之行世者咸以爲
得陶杜韓歐之傳而樂育人材蓋不下湖州蘇門云

廣濟縣志卷之九

知廣濟縣事進士黃玉鉉漢崖先生鑒定
儒學教諭舉人李以範重儀
訓導貢士胡效順抒白　參訂
邑人　王臨五宜輯著
張仁熙長人編次

世用上

鄉賢者何歿而祀於其鄉以是爲賢也前此無[illegible]者乎有之而祀之自余公玠始志氏之所傳也[illegible]

聞放失曾不關焉深思而裔徵之喆有邦之彥與邇其先世隋唐亦若譚蚕叢魚鳧事聽其渺茫有無之間而已君子懼之蘭臺石室固自有大手筆之紀錄而鄉邑之地何敢忘所自以遏佚前人光而俾後鮮所炳煌也諸君子瀉名峻烈垂光史册實代不乏人然余公玠而前邑志雖詳余公玠而後實累不可勝記而志未及紀也嚴而裁非一鄉之士歿而祀於其鄉者以是爲賢也紀鄉賢

宋

余玠字義夫安樂鄉人家貧落魄無行喜功名好大言少讀書青着寺後爲白鹿洞諸生攜客入茶肆毆殺賣茶翁脫走襄淮依趙葵爲淮東制置使玠作長短句上謁葵壯之留幕府俾率舟師泝淮入河所向有功累擢淮東制置副使淳祐元年入對言今世胄之彥場屋之士田里之豪一或即戎即指爲麄人目爲噲伍願陛下視文武之士爲一勿令偏有所重偏則必至於激文武交激非國之福也帝曰卿人物議論皆不常可獨當一面卿宜少留四年授四川宣諭

使[illegible]復加制置使知重慶府時蜀地殘破東西川無復紀律監司戎帥各[illegible]號令擅辟守宰玠至大更弊政遴選守宰招賢禮士屯兵聚糧爲必守計蜀民始有安土之志如是作經理西蜀圖以進曰願假十年手挈全蜀之地還之朝廷然後歸老山林臣之願也且築招賢館府左供帳一如帥府下令曰集眾思廣忠益諸葛孔明所以用蜀也欲有謀以告我者近則徑詣公府遠則自言於郡所在以禮遣之高爵重賞朝廷不吝時播州冉璡冉璞兄弟有文武才隱居蠻

中前後閫帥辟召皆不至至是身自詣府玠素聞冉氏兄弟名刺入即出待以上賓居數月無所言玠乃爲設宴親主之酒酣坐客紛紛競言所長璡兄弟卒默然玠曰是將觀我也明日更闢别館以處之因使人覘但見兄弟終日對踞以堊畫地爲山川城池起則鏝去如是又旬日乃請見屏人言曰某兄弟辱明公禮遇思少有益爲今日西蜀之計其在徙合州城乎玠不覺躍起執其手曰此玠志也但未得其所耳璡曰蜀口形勝之地莫若釣魚山請徙諸砦於此若

任得其人積粟以守之賢于十萬師遠矣巴蜀不足守也玠大喜曰玠固知先生非淺士先生之謀玠不敢掠以歸已遂密以其謀聞于朝請不次官之詔璡權發遣合州璞權通判合州徙治之事悉以任之卒築青居大獲釣魚雲頂天生凡十餘城皆因山爲壘碁布星分屯兵聚糧爲必守計又移金戎於大獲以護蜀口移沔戎於青居興戎駐先合州舊城移守釣魚共備內水移利戎於雲頂以備外水如是如臂使指氣勢聯絡矣玠又任都統張實治軍旅安撫王惟忠治財賦監簿朱文炳接賓客搜舉英賢事有常度修學養士輕刑薄征自寶慶來蜀帥未有及之者初利州都統王夔素殘悍桀傲恃功驕肆不受節度所至刦掠蜀人苦之號王夜叉朝廷雖知其不法不能詰也玠至嘉定夔率所部迎謁班聲如雷玠舟中纔羸弱百餘人皆失色而玠自若夔謂人曰儒者乃有此人玠欲誅夔恐動危蜀乃夜召夔計事斬之會戎州帥欲舉統制姚世安爲代玠素欲革軍中舉代之獘不許世安素結丞相謝方叔子任至是求援於方

叔方叔遂倡言玠失戎伍心帝惑之而玠專制西蜀平時奏疏詞氣畧不謹帝不平會徐清叟入對因言玠不知事君禮遂以資政殿學士召還玠聞命不自安一夕暴卒蜀人莫不悲慕如失父母焉爲祠祀之卒歸塟縣東青蒿里

梅應春號雪樵宋寶祐丙辰與弟應申同文天祥謝枋得榜進士初爲餘干令遷瀘州安撫使當國事多艱之日事君不貳政績丕著累官禮部尚書在瀘州有寓瀘遺稿

游侶字同人邑長樂里人宋寶慶丙戌進士歷官
部左侍郎簡重明敏治獄多平允一時以爲于公再
出德祐初權臣專政外有強敵時肆浸陵而主方幼
沖臺諫侍從之臣紛紛逃去公獨持大體不茹不吐
在廷倚以爲重端宗朝國事孔棘斂南楊州與化多
失守任事諸公既不能委身爲國而竄逐之令日下
皆不克終其位公始終朝端以原官致仕歸里蒔花
種樹營長樂別業借所與交者幅巾杖履嬉遊田畝
雖臺拜對之如賓無富貴態人亦忘其爲致政貴人

有鄭公之風焉公居官泰無累及歸復不事產業常
曰遺子孫平安足矣奚營營溫飽爲哉其大概如此
元與公年已老矣日訓子弟以孝友忠愛間有所得
著爲成書當是時世祖英明優禮大臣廣徵老成文
學之士公優游林下數招隱不出至元庚辰以無疾
卒享年九十有五卒之日閭巷罷舂者十日事聞於
朝世祖嘉其守勅有司塋于山湖父子山石林寺側
至今表石猶存居人皆知爲游侍郎墳云公子二琰
瑜俱成進士行事湮沒無所考勒石於石佛寺碑

梅應申爲四川制置使屈處各得其要應酧不匱能
張實然字安卿宋咸淳十年府志淳祐丁未舉人由薦舉授朝
議大夫直祕閣湖北提舉陷金執義不屈擢禮部尚
書
姜賢宋咸淳間以薦舉歷官副使有清譽號樵隱先
生
張紹祖字可成張晏然孫也登進士歷任寧國路總
管操縱中度邊鄙肅然別見鄉賢
梅鑑元初與弟盛同登進士鑑知昆陽築隄防水善

政永譽人感誦之政績
徐麟號月齋性明決元末明太祖起兵吳元年由儒
士辟薦爲司農田署令洪武元年元散卒肆掠公麟
捕之獲千餘一一給主陞河南府同知時故元降
臣宋玉與其散卒謀以夜漏下五鼓集衆叛麟偵知
戒掌漏者故延滯晷刻寇疑不敢發黎明遣鎭撫胡
溥率邏卒擒之以功陞秩仍賜白金文綺旌之陞本
府知府百廢俱舉見河南志洪武三年以毋老辭官
歸養復許改選蘄州府就祿養親任蘄一年樹遷運

□鼓樓三公廟時蘄多火害鑄鐵缸三口盛水于府以鎮南方火星害遂止政尚寬平愛民如子見蘄志

子文顯初隨任河南受學于蒼祿與權由孝弟力田薦授刑科給事中忠直敢言陞擢刑部侍郎祀鄉賢

王佐字朝佐由監生任徽州府同知惠浹于民考滿士民橫道留之事聞詔留三載共任九年陞饒州府知府悉以治徽者治饒其德于饒者猶德于徽也乞老歸僚屬各贈金江滸公辭不受民感思之遂搆亭口御金謠云王佐再來天有眼妻文不去地無皮鄉賢

廣濟縣志　卷之九　六

陳翙永樂時監生任監察御史肅振風紀休歸日篋無寸貯及歿其殯塟俱爲里人所賻祀鄉賢

十克誠洪武間由人材任龍泉主簿政暇賦詩有唐人風遺稿存祀鄉賢

張根字伯原洪武中以歲貢爲順昌教擢靖江府授遂陞左春坊司諫永樂間轉太子少傅侍皇孫講讀仁宗即位諭宮臣曰張根誠實可用然老矣宜優逸之遂命以本官致仕歸勑曰爾以儒術事朕青宮將二十載勤慎小心久而不懈又以篤實今侍諸子講讀朝夕啓迪資益良多朕紹承大位方將顯用顧爾蒼顏白髮趨步惟艱不忍勞以職務特賜鈔五十貫銀七十兩幣帛五表裏以本官致仕還鄉爾尚端志簡欲以逸餘齡勸善率人以惇里俗用副朕優待舊人之意也欽哉故勑時永樂甲辰九月二十二日也□日閤老卿大夫皆賦詩贈行而楊士奇爲之序楊溥楊榮王直羅汝敬陳山王文金幼孜錢習禮張楷曾鼎齡江秉心黃裳王瀹周孟簡林誌林長懋輩俱有詩詞公子文焯成化初以耆德爲江公震所重出

廣濟縣志　卷之九　七

東里諸公名卷相示泰昌初玄孫希孔猶携過省吳明仲先生云筆動墨飛恍與諸賢聘對因爲跋其後崇禎末燼于火公裔論追刻猶令邑士尚有先民之感云

董應好春秋學明初爲蘄城掾給事縣庭暇遂求專經寓曹治之夜分不輟或侍邑令多倦客令嗔之久得其故驚愕給筆札試之曰不凡之器也牘薦爲諸生後以春秋入南雍試舉永樂癸卯第五名署諭安福即以春秋教誨安福諸生歸發安福竟以春秋名

江右及卒官雲南萬里外不能[illegible][illegible]甚[illegible]
消破蝕百金歸之[illegible][illegible]不與鄰邑醫[illegible][illegible]
承恩刻嶺南公牛　[illegible]次子伯[illegible]字文海九歲不能
言名弟大笑不止公[illegible][illegible]終痛迫飽以肉食命僕沉
之至湖濱忽[illegible][illegible][illegible]溺我僕歸之仍縊公疑僕詐
十二歲始能[illegible]穀外傳一日侍父側指所見殿額[illegible]
是出字父奇之讀書目輒十行若[illegible][illegible]　[illegible]門
作五經全藝自命第一人王文[illegible][illegible][illegible][illegible][illegible][illegible]
忽悲血作忽一日見白兎穿松而出摇尾來膝前手
廣濟縣志　卷之九　八
持之則去如此數四竟以疾卒年十七遺孤啓恕以
義士聞
鄭達字叔通本縣人七歲隨父鎬謫戍襄陽應宣德
乙卯鄉舉任盤石知縣開[illegible]概田下頸奉民頼之秩
滿位崑山大荒所司奏公食六品俸仍舊銜升蕭之
始至屆饑填街民哭公亦哭[illegible][illegible]振之疫作公命
[illegible]爾請全活百萬時有捕盜[illegible]戶致民公即劾去之
重學校恤窮[illegible]自奉淸約圖書外一無所好人咸思
祀名宦公博精問學具書法[illegible]王有尊生稿行世[illegible][illegible]

妙多刻于秦省學宮祀鄉賢
張木端　別見孝友祀鄉賢
陳愷性敢言從父宦齒少氣銳專意爲學由鄉舉任
刑部主事[illegible][illegible][illegible][illegible][illegible]行一意權勢不避成
化四年李秉[illegible]塩[illegible][illegible][illegible]學公上書規以隨盜云閣
下剛果偉達[illegible][illegible][illegible]至總百官受事以來賢能不益
進不肖者不見其退鎖刺未滅哲鑑少加士論嗷嗷
烏在爲益天下而隨其所願是時李以剛方負時望
同列多忌之公獨勉其自振如是後陞重慶知府持
廣濟縣志　卷之九　九
危扶顛矜孤制暴振羸之聲人多頼之歸日民脫[illegible]
遮道休致十餘年邑人賢之祀鄉賢
[illegible]歷山西道御史糾貪墨決疑獄風紀獨持吏民畏
服
周原學號　成化丙戌進士任行人司行人天性
英敏學問該博人咸推重裔孫[illegible]登[illegible][illegible][illegible]還寧有
詩藁刻行
張質號[illegible]菴　忠謹以孝友聞弘治間由貢任光山壽
[illegible]安仁訓諭造士有方遷伊府紀善二載謝歸王恩

慕不已遣使再徵仍補倅二年特恩奏請進長史

張易宗字循義性純行正由弘治乙卯鄉舉任聊城諭聊素乏科甲公拔其尤者教之輒發科第五人公謂聊城士嚴少不如教輒以一老婢代責後其人俱登槐要事見禮部侍郎許成名狀録繼擢富民縣令平齋有功遷鄖丞悚撫按以龔黃目之尋判瑞州催科民便享見台峯集後擢雲南塩井提舉遂致仕居家不事干請士大夫高其風有王録者聊城所訓士也任九江知府單騎携一僕從來謁俻公外出候道

左公詢而問之對曰聊城門人王録官九江特拜謁并訪舊代賓老婢拜之食脫粟飯宿而去其朴誠如此

鄭傑號鹿門昆陽令達之孫正德辛未進士除揚州推官歷陞北吏部文選郎中銓衡公正有長者風褒諭賜之因言事謫臨邛阜車就道遷廣西僉事轉南京大理寺卿道濟省墓宗誼篤摯爲東軒作記住臨政額愚年十二爲諸生呼爲小秀才云

王欽正德時貢士任巫山學訓捐俸給貧士類稱義継陞蜀府教授正道輔國啓對不阿蹤事繼易以老足不抵公所鄉士夫咸器重焉祀鄉賢

張贊號慕陶正德間以歲貢任馬湖訓導甫四月致歸消白擬靖節構菊園樹蔬菜日工詩賦爲事後學多景仰之

董儉伯剛孫也年二十正德間由選貢入京試第二授瓊州推官瓊人倒獲巨蛇舁公廨公初見之疾走幾遺履後竟以清廉著績瓊人祠之

饒繼明號三桐正德丙子鄉試知四川開縣質性渾

厚能潔操[redacted]釐弊力變夷風開素乏科甲公勤于課誦一時士子向化科貢聯拔四人後以事忤當道歸宴居自銘其牖曰學不如陸宣公才不如韓魏公詩不如杜公甫忠義不如諸葛武侯咸予愧也其丰度猶可想見靳人張思齊爲之銘誌其墓

文大才字希周宋文信公兄天禎十世孫也生而夙慧七歲能文九歲補邑弟子員父早棄事母方及蕺母董邑養不少怠以禮記嘉靖辛卯鄉舉明年乙榜署論泰和甲午校滇南試所取多名士尋丁兩艱

上海論除田丘令視事甫三月百務犁然吏民翕然
戴之會當消以事怒他令因盛氣向公語公故負氣
恚曰伊傚乃公以一第耶移疾自罷不待報徑歸雨
臺才公檄郡敦諭公還當是時武進薛公應旂令慈
谿亦不待報歸竟迫還皆異數也公還封丘益明習
振剔當道無以難公諸大吏亟稱之矣晉守嘉定父
老不忍去公相與遮留不獲乃刻石頌功德嘉定屬
邑六公首進諸長吏語以節愛省罰奉法無狗無擾
而益躬自飭所條畫大抵如語諸令指州有茶稞吏

胥向緣為奸賴公悉剔罷商賈便之直指薦公入覲
至荆州疾作使吏赴部且投劾去銓曹雅知公不問
而聽留任庚戌晉興化同知壬子檄克房考而先是
劇遂聽以本官致仕歸計公宦遊二十載乃橐裝倏
蕭然無長物贖先世所鬻田百畝及故居悉推予庶
弟乃卜築邑之南郊公世居五里橋東張平山沭[illegible]
名畫史也為公作五里居圖其遠峯即文山之[illegible]
與五里在楚數千里山川並古一圖欲子孫識此意

作五里圖歌公有知人鑒泰和羅理曾子拱劉直縣
時霖楊載春王勃上海顧從禮寬潘允哲周思兼
嘉定周希孟王祖嫡延齊輩從稠人中識拔後皆為
名公卿有官于楚及取道濟者皆躬哭其墓盡哀既
就後裔若平生歡里人榮之孫衡國天啟初恩選

張琳號竹山自幼警敏多諧謔笑傲近癡癖也然有
至性貧米膳親出妻帑以給弟族叔有所虧損亦捐
私藏以贖之其仗義振靡激辭止貪人多倚重焉由
恩選任山東茌平丞歷任八月取為折腰留名縣壁

棄官歸林居二十年操修益勵禁茆三楹惟詩酒琴
棋適意其中因自號曰書穀館中閒叟邑令顧養蔣
族以泰山喬嶽冰壺玉梳秋霜春温等語贊之

徐謙號紫霧以禮記起家濟舊習禮記能名家者或
闕所由來公遠求專經歸與弟照討論精究授業里
中當時禮記並出其門嘉靖間謙以貢任舞陽主簿

張頌號石岡易宗子少傳極羣籍工八法詩古試輒
超拔性長厚不較牙籌不伊平康與人言吶吶不出
諸口父病衣不解帶者三月瞑而哀毀骨立幾不自

金盜掠寡嫂遺其金仍招以歸嫂督學黜徐生某欲還公公不忍奪其人竟謝去其孝誠如此嘉靖間由貢濟州通判政尚廉平署貴平篆吏以刑清致歌謠有富民王寶爲仇家所陷成獄公廉而脫之桎梏寶饋以苞苴壽公峻拒之廼心慕五柳風遂解組歸

張價號衢南秀宗子也嘉靖庚子公年十九鄉薦故相國江陵文忠公亦以是歲舉于鄉故相得益歡公年二十餘署江西浮梁諭尋轉國子學正相國時爲詞臣旦夕同抵掌益歡未幾公病以學正卒京師相

國哭之哀爲賻斂具甚備又醵金治其櫬與孤歸南久之相國在神廟時當國威名振天下相國歸省楚道經廣濟呼其孤諸生琴悼惜之贈之金十公娶劉氏目盲初公讀書別業或經歲一歸族里咸怪之及公以年少第或謂公貴人即以盲故易劉可公曰吾不妻盲誰妻之豈以吾呫嗶時契闊哉卒如故及公卒劉泣血扶櫬南歸撫孤琴不墜家聲琴爲諸生上書白孺人節邑長吏以聞台使者旌門閭曰是志誓栢舟者是可以不愧衢南矣劉氏載貞節傳

陳叔學號兩溪其先少二江州義門人也令濟有惇惠政遂家焉祖朝富翰林檢討博學爲府宗公由歲貢寧國訓導以身爲諸士先開講堂訓經義旋諸[illegible]以聖學士流贊以和風甘雨玉潔冰清云[illegible]教諭致仕歸猶以獎勵後進爲務倅[illegible]族至[illegible]

儀之初字子復少負才敦尚行義中嘉靖丙午鄉舉嘗遊南雍買舟行未及一舍許念父州判繼學老邁感異夢心動歸歸而其父果病相持哭極哀父歿守禮服闋少宰蘄春馮公於公爲至戚以騰越州守缺

諷公固謝不就九上公車晚始就選河南孟縣令單車扶二蒼頭往孟俗稱險棘難治有舞文吏某者乾沒庫藏金累百公首置之法隨次第問民疾苦盡遠利藏河陽遺牘最著者孟故孔道輪蹄輻輳取資民弗可計馬始占籍大率粥田佃爲里甲馬匹其後田租轉徙不相當而里如故[illegible]困之坐是困公悉脫爲奏討所司請一切均賦置馬便遂爲永久規公貫廉潔操天不毛髮取諸民輒[illegible]原恩之節猶勤恭[illegible]數千里分家食佐旦晚費而[illegible]司[illegible]案行部郡邑諸[illegible]

邑無不苞苴進道孟吏以所聞請公詰與非聽某至
大夫望銜之然卒不能有所汚蝕會考功郎爲其同
里有嫌也竟齮齕公左遷岷府審理孟大夫士若民
咸重失公公慨然曰吾三十年老儒生勞力垂盡無
能經營四方尚務徵共厥職効國家一日之用乃今
并吾稅駕所耶孟人相率攀號車輗不得行已畫像
祝之則請于後令謝公生祀之遺愛祠中以配濟安
仁云公既歸杜門口不復言居官事罕入官府或大
利病關一邑必伸論之歲大祲悉出庾廪貸鄉里又

爲粥食饑者所全活多性儉教子孫務嚴未嘗示以
少狎邑即無敢以少狎私若服美見者故多克世業
解組十五年孟邑民歲裒糧徒步候問故令君安否
其見思如此子于震臨海訓導于豫別有傳于鼎邑
諸生孫嘉元天啓辛酉舉人嘉亮貢生餘邑諸生會
孫來中崇禎已卯舉人軫中
順治丁酉舉人復會試已亥進士
徐鰲號豹山以禮記中嘉靖已酉鄉試第五名授翰
林院孔目公素深理學與大學士廖道南日夕講論

名對賜宮扇宮陞有文集行世子東聘字任卿萬曆
間以貢授臨洮推官大落赤之役總兵劉綎出土門
關大中丞田樂委公經畧有功奉旨欽賜宴一銀花
二鼎爵一京莫品四所著有井同邊鎮圖說陞永寧
知州有徭獞仇殺上臺檄客勳之公不煩單騎詣營
開論禍福以恩威之峒徭翕然而化後解官士民樹
碑頌德崇祀名宦
孫喬號木齋祖英孝豐知縣公以嘉靖癸丑進士授
戶部主事奉督南漕不激不隨人咸稱便復命道卒

徐來建字明卿萬曆乙酉鄉舉署典縣諭以國子監
學録分校江西禮闈陞知壽州屬歲祲壽多流移公
請所爲賑貸之者無遺策壽故近濠河時爲鄉丁稚
煩重而畝稅反薄以故富者益饒而貧民鮮能自立
公察其故始制丁九等上上等豪貴多田者而單赤
爲下下一切田租不復問蓋以微寓扶抑之意其後
田轉徙蓋非其舊而丁額如故貧民苦之公爲奏記
臺使者懇均二賦租歸田庸歸丁悉劑其平情極懇
惻語具壽陽豫著御兩臺僉允爲具奏可公乃決意

詩之稱注者倒强學亞罪當是時[illegible]而言之畚插揭呈多自公十衙壽之貧困者給以是得罪豪貴轉蘇州海防同知與董思白王百穀爲幼丁卯夕善等子歸家無長物惟書畫鼎彝公晚益好學日與同人舒大榮尚儒劉文學竟伯饒文學汝爲翁竹齡唱旋拋病汝頫遺之詩曰窮來藥草支生病負詩稿了宿逋蓋實錄云所著有壽陽雜著樂府海上吟等集子甲戲字伯辛輕財好義以文著十入棘闈罷歸

劉大儒字一登號梅沙嘉靖辛酉第二名隆慶辛未進士是科江陵文忠公爲主考而公屬門下初授中書舍人冲膺即位選爲御史欲公定力在賀爲公憂形於色取公性之對曰監察職不易稱也居無何御史傅應楨以言事指切故府下詔獄公疏請寬之其畧曰應楨親老無嗣乃敢不顧身冒犯威嚴者良以一念愛君甚於愛親愛國甚於愛家故不自知其言之過於狂將耳陛下置之法必其所勿悔者陛聞古受諫之君令德令名載在史冊[illegible]今陛下可效如文帝欲聞過而除誹謗妖言之法唐太宗不罪皇甫德參更加優賜至我太祖釋應詔建言之罪仁宗引過謝弋謙以來言事者陛下明聖將匹休祖宗而顧漢唐不君迺於應禎重加譴責則數年嘉內讜言之盛名不因之而少累哉况中人多惜身避害比見應禎獲罪未必不觀望緘默持祿保位萬一有事關宗社所當陳弭正所當辯者陛下孰從而知之哉非國家之福也丙子春御史劉臺自關外論列元輔被逮諸御史議當有疏救之且曰劉君之疏愚未乾矣公

毅然手疏疏上留中五六日不報同舍皇皇慰勞及得報寬假而元輔居正謂大司空李幼滋曰偽劉子多疏耶后臺卒家居死應禎論戍定遼而公次當廵閩鄉御史陳瓚以京通倉差淫之遂廵倉場未幾復除御史臺扈從車駕監視諸陵祀典入侍經筵又差廵按四川轉山東僉事是時江陵有疾命子請禱泰山檄書於公天下風聞者撫按以下悉與之公獨與分守徐元太移以爲不可壬午監郷試總裁丙戌補山西僉事丁亥陞陝西少參駐興安先是興安承

災州菩流亡公議賑築堤濬滌大建浮屠民得活者
甚衆乙五月陞雲南憲副時巡按遼東率其客兵鼓
譟起擁護同知爲帥省邑震駭出公部中公同縛賊
易出有司[illegible]乃[illegible]三[illegible]合頭擒問
道通[illegible]是[illegible]大[illegible]道而陰出之
賊大沮陞[illegible]政[illegible]入犯諸[illegible]
諸司[illegible]爲使者缺公發驛騰[illegible]嚴
責議[illegible]入郡材官及諸司土兵撥爲十二大
營[illegible]分布信地部曲講戰

公不許數月取尋嶮山又取[illegible]莫山凡四越月盡復
諸[illegible]朝廷[illegible]賞賚[illegible]甲午春擢山西按察使丁
酉加太僕卿致仕家居十餘年杜門非公務不見長
吏蓋是時所司舉行鄉約法甚嚴江防篤公應京移
縣請公爲約師公朔望角巾野服從約所諄諄申訓
六吉間爲民陳說疾苦再三得請乃已先是爲御史
時漕運艱阻公與陳王道協議請改折得允其
半公又請減糊課七十兩時邑額役錢四千有奇輸
之官公聚衆議[illegible]輸官役者與輸者允支行之二十
餘年民甚便之鄉大夫之能爲民利者耆老迄今咸
獨推公云公五子秉鈇蒲圻訓導鉞鈐鉉銓諸生長
孫洪中中書舍人崇禎初劉僞平若宰過縣謁公子
秉鈴孫洪度曰先君子嘗言乃翁大節凜凜當江陵
時誰敢言者至今誦乃翁諸疏令人泣下君子謂嘗
聞萬曆初張元忭語同列曰某門人皂囊白簡之事
當以待他人乃若喪請留疾請禱某即死弗爲矣劉
公職當言責不得不言對耿公而憂形於色者豈非
以此耶其言温懇非矯激取名矣

游曹字子修別號四山其先有爲刑部侍郎者自灺
處遷廣濟遂爲廣濟人公幼[illegible]是時諸
生言禮謹守師說公不屑屑隨也獨能出己意發大
義諸生乃遜弗與抗公有氣敢任遇邑有大事與作
[illegible]分別爲上言之隆慶五年江決武穴漂溺萬家令
秦公[illegible]創起堤自武穴屬之盤塘人徒萬千錢千緡
計無出公創議濟三百戶不下戶三男子累三月糧
因之事可成卒如其議而堤就令欲以上諸當事爲
人功公辭曰不可余柰何從邑中奪賢大夫權又因

以爲利其若父老子弟何從僅得督學使者旌書萬
曆間以歲貢授武昌訓導會武昌令去官公守之適
淮西大賈詐入私引塩百萬貨[illegible]守蓋求他齎餉物
爲奸利恐事泄詭關因獻遺公欲污以滅口公察其
奸持弗可且治之其人惶恐夜逃去及學諭缺公又
代之大整學規督諸生誦勸其勤者朴其惰者以時
察之餉其貧不任者而謝其贄人人厚自勉也無何
汪生事起汪生者楚貴人通家子挾賄入學會其佐
家上書御史府中詞連公事下府治守核汪生如法

並竄治前爲汪生友者某生知公素操獨置不問公
乃曰諸生固無罪耳即有罪吉自爲諸生長柰何獨
得脫請罷諸生吉歎身抵罪守心難之公曰上行令
下行意即裝爲歸而諸生後得完至今諸生思之事
具別忠卷中公性友愛方髫齔喪父母嚴事伯兄某
若父不忍言産割兄竟主産割自擇善者以瘠予公
公不言也已盡廢其産公輒復分予至是官歸兄亦
死收其子禮敬嫂如母終其身當是時公雖中廢猶
不忘爲邑人鼠大者與觀察劉公榜沙條議五欵冊

詣庶人在官者自取備于民民可免輸官之擾而在
官者得不時取給蓋兩便之邑大夫每式廬焉任之
雲字飛卿家貧豪放不羈讀書南山寺破襪单衣夜
脂凝跣吟踏雪遶廻廊吟誦不輟四十始爲諸生五
十食餼天啓丁卯冬恩選仕德州州判歷官陝西苑
馬寺監正崇禎間寇薄城六日不食城陷死之
王大謨字惟允髫齡補邑諸生與同邑湯之相爲筆
硯交是時操觚家靡超杳拖公與湯矢志砥時兩人
爲文私相質意得也外無與知者姚翼海屋浙東名

士也來令濟聘覗不可當世士湯獨先受知公徐謂
湯曰吾與若皆祭酒諸生而若獨令重不爲一手引
手湯唯唯度無以踰王生徐爲言之令果大見稱賞
會學使者陳齋岩先生來試楚得公卷大嗟異不及
發晨呼令曰令天下才而治濟濟有諸生異等令君
度必得之姚以公名對及發果公也即大喜陳公庭
立諸生語曰楚顯多才無踰王生者王生文宜爲時
式懸之橋門觀者塡塞擠排不得前陳公每試必拔
公與偕試則冠多士監司諸大夫知公才亦給驛齎

傳以意往來省會間云巳卯鄉舉庚辰進士筮仕大湖太湖距家僅踰百里公介甚謝絕親暱邑子皆不得謁甫八月御史臺按視才之破滑歲例列薦自是循良冠江南北多異政會均畝役公布書下令趣期聞單騎出不意民間不踰月事集先是所司督保甲法公因陰籍其盈耗及居址名氏之詳而吏民故事應之至登戶口則高下悉覈里胥相顧錯愕曰神君也邑有無賴子弟聚綺紈富家錢貨鑄會行不法事公廉得其狀僞巡按御史行郡誘其魁八人飲以酒

酒酣曰御史有所按問悉縛之置諸法尋入爲比部郎道過里或輸歸籃書籍數卷而已太湖士民勒石思之公嘗手植松扶疏數里至今邑人賑爲甘棠比部別有署頗多詔獄疑事適中宮父錦衣張某辛孽子爭財自殺事聞下部鞫所由自餔至暮內使詢問十百輩尚書難其主訊者密屬公公以慰予往其家以爲誠慰予也自殺者子稱齒倉皇訊之得其實歸具辭平允其罪錦衣嗣得全上與中宮大悅刑獄例有熱審五年命中官一員奉勅稱使者到大理寺尚

書上座尚書以下皆侍公進曰春秋尊王人而奄尹下列朝署今天威咫尺中官何敢南面勅書上使者當下中官怒肆詬衆變色公不之動因上疏曰我朝欽恤刑獄夏月例有熱審初止決遣輕犯及出獄聽候而已成化以後如有重罪矜疑輕罪減等踈枷免職諸例五年命司禮監太監一員同三法司堂上官入理寺審錄於時事屬特恩體非夙議諸凡接見往事之儀不見於令甲惟傳正德間始座中官而列諸大臣於旁然竟無所據也累朝以來當

臣亦惟知肅將天威奉宣德意彼見夫纍纍檻力爲求生而不得又何暇辯論於禮節之間耶抑有可以權宜而事不妨于仍舊者必無關於國體而後可而此非其比也方中官奉勅到寺會郎關讀以使諸臣行事是以堂之上詔命臨之即天顏咫尺之地矣以故諸大臣列於左右而諸執事之臣趨走於其前誠畏簡書非因使臣也乃使臣則儼然於上而不以爲異豈獨無人臣禮耶如因中官奉有特命禮固應爾然臣伏讀十四年勅書原係公同審錄

則法司諸臣亦均奉上命從事者尊則俱尊不啻有軒輕也夫朝庭之事猶一家然大臣者陛下之子孫也中官者陛下之臧獲也子孫舉事而令臧獲覩之而又俯然俯而臨之使天下後世謂國家有無稽之禮文而中外無畫一之體統甚非所以重朝廷而尊當世之士也大抵其始起一時之草創固不慮其後遂因循而不可改即奉命之臣亦往往狃於蹈常而難於慮始卒未嘗以上偪部旨下凌同事爲使臣忠告者方今聖明在御宮府一體禁闈內庭供事之

臣皆小心謹慎不敢踰於禮法之外計必有以及此第平時未經酌定則臨期不使遵行脫有參差恐乖事體請乞皇上敕下法司會議停妥于使臣奉勅到寺之時先奉置勅書於上次列諸臣之席於左右使自臣而下各有差必欲全使臣之尊而無失欽遣之體則請列于左隅之首仍高其座以別于諸臣是亦至貴倨矣將使槩槩之夫與遠方視聽之衆俱仰觀夫天恩之上而目擊夫禮讓之雍容其有不回心革命以輸情於諸臣之前者未之有也是一轉移之間

而所繫于國體人情者非淺鮮矣臣不識忌諱徒以職守攸關輒敢發其款款疏上留中士論韙之自是部牘皆經公手定時同鄉議李文正公賢有祠爲有力者所奪維餘兒時衣履會黃安耿大司寇倡議贖之司寇南遷以公賢者舉所贖衣履屬公貯之已丑春公有北部湯之和仍計偕北上不第聚首長安邸中公與湯爲幕年交十年佤偪郎署而湯奔走風塵離合聚散慨然有今昔感既重惜別贈雙七首歎以廣其意湯爲亦以黎平守終焉歷員外郎出督學雲

南捐俸構五華書院聚諸生講業士習文風爲一變陞廣西左參議遂拂衣歸先是濵命下公泣謂太孺人曰滇南去楚間關萬里毋春秋高艱板輿不得將兒謝病歸耳太夫人弗許曰若草茆奉璽書從事而敢以私亡人故違命棄職其若三尺何且余尚健乜署而亟往至是歸捧太孺人手泣若再世事遂疏侍養再疏而後追上感動特優許竟歸公居侍太孺人謹謹委得其歡心薄田數畝外無餘羨好爲山水遊日眺覽花被嶺諸山人爲高峯禮鄉人師與僧人爲

著狀建利走四方而莊嚴之自公始河上構小園曰名山閣藏書其中評註不釋手海內乞文者至謝不可得輒匿叢陰深樹中援筆應之邑文學請王文社公爲訓諸詩古文皆有聲太孺人卒服闋台司屢疏不起益發家藏書曰我不能美田宅飾輿馬炫耀鄉里假我數年得賣餘力吟咏其中以貽子孫於願畢矣疾作方手詩陰符經至人知其神不知其所以神章始閣筆時年五十二公凝重寡言笑修軀通臂方面蘇髯目如朗星歸田近十載爲詩古文詞益富所

著名山閣集燬于火其後十三年甲寅桐城劉淸水先生來令濬搜其遺重梓以傳于世子逢年字長孺天啓初以廩監補鴻臚歷授光祿寺丞兩奉使命于袁州臨淸皆有聲著兩使艸專書法與萬鍾米公其昌董公名動京師崇禎季年避兵兩湖有兩湖漫興詩性樂易年踰七十索書者綾楮盈几時染翰不爲疲今人從江浙獲其書者爲異珍云孫握驎諸生以積德爲鄉邑重曾孫衍治奐年食餼

評其志號玄渚誠齋賢次子也賢內行淳備事親

孝著父夏病痢牀褥衣不假人手恐汲者厭其穢河上別鑿一井浣之歷嚴寒手龜不易父嘗病噎兵弗愈每侍寢食服爲之痛聲聲如其心肝嘔出者顧天請代竟以是愈母嘗病疽口吮之曰吾無以報夫分其絕少者壽亦愈年四十夢神贈雙璧始有子長其心邑諸生次郎公也公中萬曆辛卯鄉舉乙未會魁授大行人遷工部郎三殿之建也督木西蜀殷成紀績擢四川參政督學使者缺兩臺疏公兼理學政鑒拔皆一時雋秀王非熊劉蓬玄高芝樓其最著者陞

江西按察使蒞任彌月而墨吏望風解綬會攝饒州兼署九江饒州淮王有世子十三齡王惑于寵姬欲以其子易之錮世子于秘室不令外近師傅姬子左右班校皆巨盜出沒彭蠡間剽掠或白晝攫人金人自危當事者莫敢指公廉得其情佯托臥病絕請謁不通止留杆亂四人司扃鑰羣不還皆舉酒相賀謂乃翁無如我何忽夜半公出袖中緘署賊名令前四人者分捕其黨而置之法隨謁王王色沮公握王手不釋正色危言王自輸服立迎世子于宮中而殺其

僞子及娼湖口有鳳凰磯鵲蹄江岸獨秀觀神廟㠝年以三毀創建工費不貲爰置稅諸郛璫四出而湖口與為權璫李道司稅磯頭除廠校緝事外自置京隨百餘人皆悍賊死黨上下羅織即遮舟艤艇無得脫者賈客旅人怨毒及髓公憤欲疏奏度未能遽救也乙卯夏製飛鷁數隻由鄱湖渡湖口密令守戎潛夜聚蘆葦中圍磯列炬大起喊聲山震浪花噴紅璫怖甚公令人從烈焰中縛其渠魁用前艇飛送九江獄校衆奔跳水中璫莫知所自也公從烈焰中單騎

馳入璫氏左右刜刃向公公笑曰我活若若何為乃爾若罪惡貫盈人神共忿此輩期焚若幸不死刺刺何為璫聞之竟泥首乞命公故為之計曰若任此吾知不免惟夜裝宵遁耳璫果遁去尋悔之暮夜持數千金為公壽希復故額公峻拒之已得請旨蠲除俞允矣璫歸凡助璫為虐者盡置之法人咸快之大書幟曰奉委寬商自是商稅罷征仍戶部鈔關如故公自賦鳳凰磯紀事六詩達官驛客從而賡賦有成集居民立祠祠公公居鄉恂恂下士不見有費介氣而

當官權術如此後陞江西布政病歸其孝友載梅川先賢錄中父贅以公官勅贈工部郎年八十二崇祀鄉賢兄其心字宪初學問該洽屢試省闈公子二長甫好學能古文歌詩次默持重閉戶讀書亦有詩稿

宋元幸字廷輔萬曆辛卯鄉舉知堂邑縣惠風翔洽明斷為時所重時藩寧被殺獄累年不決而公決之邑值編審前令游移不斷而公獨斷之能聲大起尋以疾卒于官後堂邑許惟新官通政使與吳給諫明仲會語因詢公并述蒞堂邑惠愛事不覺泣下明仲

歸語其子與鄉人曰蒞官纔一稔骨朽十餘年而猶能下大老名鄉之淚于京華過從之間則令先公之治行有彝與堂邑之去思無窮俱見之矣子瓌仲諸

張嵩號太室萬曆甲午鄉舉仕京學錄出為南雄推官有嘉政士民立遺愛祠晉南大理寺正一時公卿咸與交懽黃公葵陽郭公青螺契猶深所往復書皆經時理政之言遷守廣西潯州府有異教妖詞惑衆聚徒黨數萬謀作亂官兵率為所扼公密計招誘遂報去臺臣以為能章薦方超擢兵憲中忌者言遂致

仕歸壽于家
宋之琦號二室萬曆甲午鄉舉爲長寧知縣歸即杜門不事干謁邑有大事時謀議輒能剖別是非以爲資益
宋元宰辛卯鄉舉其子琬仲以詩酒自豪稱古逸民孫號淇池幼嗜學隨父任蜀徵仕郎以文謁監司監司愛之扶父柩歸贈恤甚優萬曆中以貢三歷學職經術彊敏陞廣東某府判休致歸族婦汪氏苦節而貧甚歲給穀德及閭黨公五子志明以淳行著

吳亮嗣字明仲少負才擴落與劉敬伯陸孟思劉儀鄉揚用極友相切砥爲詩公思致豪邁援筆率就年二十不爲有司所知著海愁集自見萬曆庚子鄉舉甲辰成進士知南充縣歲大旱公布袍徒步禱雨雖至充遂有秋黃太史輝賦神雨膏車謠六載奏最選授兵科給事中公練習朝政長於論列敘次古今成敗得失如指諸掌初入諫垣即疏請嚴武備時新起協理戎政尚書舒應龍三大營總督寧陽侯陳鑾皆老病罷輭不堪任樞帥公抗疏劾罷之舊咸寧令湯兆京薦以抗奸璫爲所誣逮繫詔獄五年公再疏請釋之時西部婦物故諸部各凶梟穴在廷諸臣鰓鰓日夜慮封事無成緒公上言廷議匙之是時疏多留中而公受事五月疏上者四得報者三公感主知因屢疏危言請勵精圖治明年懇新聖德又論朱崖不當用兵乞停馴象以節冗費糾窑工局濫役備璫稅璫杖殺武官雲撓撫臣公糾論不一當是時秦浙人競爲水火而公慷慨任事侍御魏雲中疏擊徐兆魁兆魁會攻漕撫李司徒雲中代爲報也而太宰趙南星

不直雲中雲中又疏攻朝之賢者無虛日太宰愈益薄之董文敏公其昌起家藩臬亦爲所攻雲中既恃其黨盛且悍鷙自雄未有敢與爲異者公起而駁之曰御史官幾何時而史繼偕黃克纘董其昌張濤周應秋等一筆行勾人材可惜雲中與公反覆爭辯因山爲僉事而公之直聲大著董其昌曰余與公無生平而爲丘壑陳人持正論雖孔北海之訟盛孝章杜子美之理鄭虔何以過也熊廷弼之被勘也公疏救之乙酉二月甘肅虜入鎮番淊意叙涼□荊州後

鎮臣王允中重帷高臥反以捷聞公糾其欺罔八月典試江西取王績燦等明年入京懇維新聖政值張差持梃闖入禁地疏請申飭禁衛云臣聞天子之門九重非徒以示尊嚴也羽林禁旅執金吾司禁不祥非徒以壯威儀也臣科每三日上官軍揭帖直將領若而人圍宿官軍若而人各門防守若而人二十衛幕官舉其數以告臣科臣科考其數以聞于上祖宗于此殆有深慮後皇城巡視有專官而臣科止以一紙完故事諸衛帥亦以贅疣視臣科無復約束張差

包藏禍心乃敢持梃闖入禁地擊傷內使震動青宮以天地百神之呵獲即萬無足慮然遂窩之地而一夫橫行傳之四海豈為佳事書之史冊豈是美談彼內外守禦誰乎官校譏防誰乎陛下不一稽查為將來戒也內市喧閧擾擾迫近宸嚴已經巡視科臣奏聞祚臺臣劉廷元禁革而傳聞商賈賤入掉臂出入略無忌憚可謂國有紀綱乎兵部主事王以悟決計釐剔而其語匿揭百姓阻撓積弁奸璫內外相倚可謂國有法度乎昨者聖諭但知門禁當嚴而不謂蹤

跡可罪內禁乃嚴即牖啓釁閑何益實事且知有自外生者有自內生者防其外而不防其內可謂舉一而廢百如東宮侍衛之晨星也召見父闕也講幄塵封也郭妃未　皇長孫未從學問也皆非待國本之道也　[illegible]孫[illegible]垣可畏民間喧傳豈曰無閑微陛下　危可對天地而觀望之宵小保無走死如為人乎苟不防之於蚤他日必有傷國家恩貽無窮慮者莫謂臣等今日不言也且福王之國以後無利不請無請不報遣使[illegible]陵悖累朝之典差人晉業

失兩河之心至于故相張居正為君父之犬馬不加帷蓋而反以為利皆所以啓天下之疑者也昨者福藩在邸人人疑慮後一辭朝之國而衛市郊關之歡呼徹于天地人心之至公亦可見矣陛下誠去形迹而洞見至誠齊栗日三所以事父也召見不可不勤國家有大機務則召太子問之有不及則教誨之至于郊廟大事陛下未能親視則命皇太子暫攝之大臣中職兼保傅者使得時時盡其規益油油怡怡如元氣周流則讒諂何由而生觀望何從而起臣言不

也曰侍丹陛臣固積憾于中近臧張瑬一事知宮中
掖隔已深天下寒心已久故敢吐出肝鬲上塵清覽
大丈夫兄弟之際人所難言至于有言良非得已伏
望陛下察臣等至誠俯賜采納幸甚時御史劉光復
召對忤旨久在繫中公因旱疏救之秋巡視皇城戊
午遴事有巡視京營之命請飭京營武備條八款上
之曰振士氣練士藝清冒濫備器械重士權修營壘
教戰馬重門禁皆治兵要務又條上戰守六策再陳
兵餉機宜星變長庚見公以白者兵象宜速加修省

已未會試充同考試官時開詩教趙興邦官應震公
與散感時事上疏數萬言皆針血肯綮又僅經畧熊
廷弼闡覡秋入武闈天啓初轉太常少卿二年春陞
祀太廟三年制授中憲大夫時有修郄于公者嗾言
官論公公遂歸築今始園于第側又築層峯館北壑
樓於城西對經史課子弟而時與親友觴詠焉所著
詩文宜抒本懷號好[illegible]山[illegible]白雲稿行於世
公素坦率與人交即洞達肺臟然居官介守任氣歸
省時有武弁捆載來希蔭襲者賕數頭公頓足曰一

介書生何爲至此峻拒之尋斥他所公大槩若此公
五子長敏功以貢仕蜀南溪訓導次敏師確山令次
敏含士午舉人　敏忱監生敏熙邑庠生
劉近顏字潛夫　溫愼自守少與宗兄思郄以文顯名
後選貢令永從動依古道不復知有竿牘苞苴事未
幾輒思息機具致仕文上臺不允自走府陳痛切詞
寇國門而歸孫懋從
胡海字光伯以諸生高等就武試萬曆癸丑成進士
初授大河口守備歷浙師清廉仁慈御士卒有法不

私民間一絲粟人士德之祠像以祀當道既稱其清
轉薊鎮副總紳士餞于祠請題扁即援筆書云對我
終須愧我待人期不負人衆欣然稱服至薊鎮治衆
益嚴守身彌潔與方面不合乞歸熹宗朝經畧袁崇
煥以爲熙朝廉帥牘邀之比至寧遠等地聲名奕奕
袁公從爲中欽留疏補關外重地然性孝思念與弟
遥隔不辭竟歸大抵公仕三遷踐歷載餘其得人心
者深解級日軍民束香列隊遮道泣送如久任然家
居邑令敦請賓飲數次乙亥寇至江防唐公題請

統練鄉勇云出武庫之一班俾成功旅生塩李甚艱
延幸甘屢辭不獲復統鄉勇數百禦寇數萬嘗發俾
孩童大羸下寇不敢近其嚴整有威如是壽寓斷

廣濟縣志卷之十

知廣濟縣事進士黃王鉉漢崖先生鑒定
儒學　教諭舉人李以範重儀
　　　訓導貢士胡效顧抒白　參訂
邑人　王臨五宜輯著
　　　劉醉驥千里編次

人物下

呂粲孔宇見明補黃州府學生最有名所交盡黃州之英後因授禮記爲師爲性豪宰不羈由歲貢司訓儀真晉知嵐縣而豪猶故絕不屑簿書送迎日夜痛飲官舍叫呼聲聞于外及歸囊篋蕭然也

胡士容字仁常父應中教養先生盛德淳行有五子而仲公士容及公稱有學萬曆己酉鄉薦庚戌進士授嘉定令調長洲考績以他事改大名府教授國子監助教後遷戶部主事郎中大司徒北人伉直持大體諸曹郎會議違旨責評厲獨愛公才事多與公議裁度支淵狹上便宜章并公不起州公晨往候馬常不及絳晉山西右參議公備薊州監左輔軍當是時

熹宗末年權宦魏忠賢亂政勢日熾京朝官屬縉紳
動搖如神宗時人思外補爲幸不討官又其黨崔呈
秀與忠賢表裏爲奸專收結朝士耆利與詬無恥者
根抵排骨鯁士屏人與謀畫睥睨殿廷則非呈秀不
引手立而呈秀薊人也公蒞薊歷其鄉坦易無所
歡呈秀妾倡也薦其弟爲府材官拂然絕之有奸
吏名捕急投崔氏第冀得脫公竟取論如法會有令
搜括郡邑公度薊地多葦洲素無稅請量增輸而
呈秀洲獨多梗其議然卒增之及呈秀主郡邑爲忠

賢生祠令至薊公攘臂曰閹奄柔椽而居之人猶有
氣乎禁不許又約旁遵化兵使耿如杞亦勿立以是
崔魏心恨一歲遷江西副使先是楊公漣左公光斗
諸賢相繼死朝臣剛正不與魏者恐詗不得從譎籍
死從辟有存呈秀既主忠賢殺楊左則益屬以黃衣
壘稱上公摧裂大臣陰事多在人耳目不痛以
法伺察使人人旦夕自振慴如鬼神不得售吾欲且
威不立若上旁左右結舌坐而里巷得私往來有論
說公不爲徒矣用是日聚無頗廣布牙距迹士民素

與罪人通者若微反唇及魏立取治死不赦公鄉以
下愈搖手不得語門庭不敢輕過客而楊都御史漣
居憂執法力引正人爲助欲傾崔魏與公故又鄉人
公在郎署時屢過從飲御史疏忠賢二十四大罪使
公閱之疏既上待命來謁公撫襟痛其言驗中意曰
吾不負先帝生死聽之矣公見其面土色勉慰解之
日大禍社稷無慮此吳人繆當時學士亦交公嘗逢
公長安市下馬握手入旁舍欵曲語移時是皆崔魏
人伺得之及楊繆相繼戮所不快於公未得死而是

時自黃閣部院臺諫至郎從官多屈節鮮特立其報
績超擢咸崔魏私人別會必齎金玉奇珍貨賄結其
意恐懼進如父子然公雅自持素不爲私人耽挑壓
頓屈下之頗行江西又徑出都門不能厚貢獻崔呈
秀大望謀得竟死公矣公不顧馳傳行至山東驛會
有中貴人奉魏忠賢使出爵復命亦至候人稱馬乏
不亟給先後給中貴人不肯待欲盡奪馬去公先所
遣侍衛蒼頭兒薊府中給事騎兵塞上人彈弓刀舞
手揄提鞭直擊中貴人從者且叱曰汝倚奄魏乎今

魏負國恩竊美權福刈天子社稷臣若管吾儕尚欲
食之肉彼引訣佞湍當路招搖過市校尉司隷低首
避不問耳我公曾仗汝等非寓本不得立遽有凌也
汝誤矣又輒擊中貴人從者竟皋息不敢上馬去於
是中貴人慚其左右瞋目無所發怒兼程進知崔魏
望公深逆誣公擅騷驛置上之崔呈秀特其事請案
忠賢票擬旨遣緹騎逮時公知爭臣崔呈秀難卒解
卽日棄車囚服繫就道至京赳緹騎帥鞠榜笞襍下
拳梏死而蘇下鎮撫獄擬贓七千公創傳藥恐楚呼

天居獄中久吏督贓日益急而薊人聞之欲擊登聞
鼓訟公冤不得共出鏹若干代公入贓公初令長洲
覓邑人苦某糧艤輸蒲臺使政折色納所省銀萬長
洲人感之至是共歛錢委里正數人負送公家爲入
贓家人亦盡破產貲日夜上贓崔魏怒稍釋令從鎮
撫移刑部獄矣先時山東人耿如杞治遵化兵分約
不立魏忠賢生祠者與公同被逮其人梗烈視公猶
甚在鎮撫時蕙足呼侍人爲解襪侍人畏之至是同
待死刑部日相對匹家人後事數月熹宗崩思廟卽

位天子切齒於崔魏大逆無道野窠楊左以下諸已
故爲忠臣而釋無辜公等乃拜命歸里久之崇禎二
年起廢補陝西副使備臨洮鞏昌兵駐蘭州會秦中
流寇起所在擄掠禦其人而嬉堡成置火鼓相聞秦
蘭板屋人登屋而號軍吏日數十報警公强鎮之亦
[illegible]遷參政駐井州受事踰期臺臣劾落三級公蒞
舊屬治兵討營陳士訓之他節使步師於蘭有綏[illegible]
士卒譟列戟進公往撫之立反任得無亂手中海酋
阿害衆素威正台八漢喇嘛糾衆萬餘從永昌古城

塞猲[illegible]盟套內窺邊且至大將軍尙狐疑無意出公
謂曰吾與公等奉璽書壯西邊長城安危有歸彼瞬
息殺飛鳥來公尙坐視朝廷設都御史巡撫控制謂
何且彼得特進退更習吾弱得數摇蕩將愈狼狽耶
公奉勉馬首所指吾奉劍從之勿怠大將軍許喏乃
洞麾兵出碻戰敗之聚沙爾宗嘎爾庫台吉八黨別
軍來聲言報復又敗之共斬捕七百餘人巡撫都御
史具奏天子敘公功復級更超遷一夕飲酒罷無疾
而卒是之前一年耿如杞授節鉞開府奉勑募得壯

王黨羨未幾皆散去天子大怒罷諸法故公在非治
軍焦勞收士心無虛日鬚髮俱白欲成功名且有効
而死崇禎十三年加恩諸已故邊臣贈公太僕卿公
五子嵛以軍功世襲而仲兄士定少好學從黃梅瞿
聽君九思遊記益博平生手不釋卷所抄纂頗多後
以貢仕趙城主簿遷潁州衛經歷所至人士皆以師
事之

張金和字汝節少爲諸生學使陳公較楚公入試首
公次蘇生某蘇公師也公語陳公弟無先師禮陳公

從公言復首蘇次公以歲貢仕漢陽訓導有豪貴人
貧諸生徐芳同店産不與貴人誣以他事訟于郡守
適學使者檄諸生優劣郡守語公欲劣徐以應公不
可歸而嘆息公　劉孺人問故公語之孺人曰嗟乎
吾兩兒諸生安可以人諸生媚人哉翌日至府郡守
復語公公曰徐生無大惡而[illegible]多[illegible]府曰若此
教官解官歸里耳太守[illegible]曰公長者事竟
寢居漢陽五年邊論城步寶慶守林公材公交薦之
遷平武知縣平武邊松潘張驥公始至則小河卒以
乏餉索[illegible]擁衆而譁譟侵太守太守懼而登陴
將士司皆莫敢枝梧公急見太守曰知縣願往諭之
太守爲公危公曰即有變知縣新任耳寧有門實窘
辱我者乎公即出橐中金具牛酒先檄諭之隨單騎
按其壘曲譬禍福情辭懇摯衆皆感動投戈羅拜事
立解後公廉獲其首事麻老虎輩數人寘不馴卒致
而殺之公居平武政清簡武人奸猾公輒虛靜察之
有落司吏以姦强氏誨淫吳商趙世興者旣得其金
詭而殺之已而廣事敗並殺强以奸告公得其情竟

以吏償死李藩父子殺人郡司李納賄欲脫之公怒
李寘之法邑人稱服平武附郭衛煩公每報往往宣
息閉日坐夜不入內一青衣侍書室公夜披衣坐寢
謝行導引術雞鳴則秉燭蒞事不倦批竅導款集廷
揣摩不逮也三年解組平武人悲泣歸囊蕭然出
其金一室不備也公生平重厚和粹喜怒不見諸色
邑人奉爲典型居林下十餘年日夕研窮王文成良
知之旨諸理學書手自評註又措書陶阮諸詩點畫
精細年八十六無疾而卒公配劉孺人節儉勤慎[illegible]

僕婢和而法稱母儀焉與公生同年先公數日卒無疾逝人咸奇之長子懋緒字孟常性深沉瀞至不慕仕進蔵貞絕意公車杜門手書見者歛氣平懷稱隱君子懋奉備愈篤年七十三誦楞嚴全呪而逝次子楚備字小損中天啓甲子鄉試體貌環傑英論風發少好遊遍歷吳下復上江陵走襄陽寶慶沙湘水至衡陽游詠無虛日省親平武遍覽蜀山川所至輒有詩名雪巔集公好義使俠喜爲人解紛難叔曾祖國子助教衢南槀葬道傍公爲改祔祖墓有某教授

里中誆誤幾罪不測公言之官立解之某括學俸錢以酬公撫不受邑錢糧徵發皇劇里人咸集而祈請公公即爲邑令陳緩急次第愷到里人德之公卒年三十九里人有泣者曰孰爲吾陳利弊甦吾困者

金之純字健之父楚濱隱居教授生二子公其次也兄之鈇性魯楚濱俾主朝夕而心器公堪大受授以家學兄既孝友能順父指殷勤佐弟誦讀甚優而自待輒薄嫂洪亦如之公聘李氏有室仍稟家政于兄嫂而出授徒以佐孝養會歲試邑令劉公徵昌號景知人一時所取皆英彥士而公與焉督學使馬公人龍拔置第一乙卯鄉舉公既舉而家居坦率和易事父及兄嫂蒸蒸怡怡家無二爨四上公車不第署蘄陵諭補諭浙川以績擢興安知州興安隸六邑阻塞困于賊荒而民剽悍善鬪尤難緝御公一以仁智撫之五閱月賢聲藉藉已而寇忽傳城大譟以薄公倉皇登陴授兵誓以身殉丁壯皆義激殊死戰賊稍却會久旱夜半雨大注城塹暴深五尺許賊引去或曰賊伺水涸必得志焉一歲中瞰城者四久之矢盡且

陷矣公遣人寄檄旁郡游擊將軍唐通爲援而夜縋敢死士數百人會發之曰某所某所餓而斬獲不可枚矣賊相戒曰吾起蹶于關西而挫于興安阻于水衂于伏豈難一楚書生哉天使然也賊退民饑且疫公設粥食調醫藥存活數千人御史以狀聞朝議擢守漢中會公疾卒年僅四十五時崇禎甲戌九月也獲櫬歸州人焚香送道上跣行三十里父老呼曰公歸公所冤來殺我踰年寇至州民見公絳衣大幘立陴睨間若泣者至今思之廟祀焉公卒而長子德崇

年十三入縣庠次子德嘉甫五齡兄子德中德大皆
諸生李夫人循公志與兄子同居二子與兄子同學
食貧無怨田不滿百畝市居僅足蔽風雨皆與兄子
均旋以兵燹渡江結茅以居而教二子益嚴肅雖奔
竄流離不使廢學出入必稟命床下日亦無忘亦[illegible]
德崇德嘉後皆以學著爲諸生有聲試輒冠其[illegible]
稱二難云
劉公近臣字亦茱父鳴卿年少力學多篤行性[illegible]
喜施但[illegible]產以供里人之不給者生二子長近甲[illegible]

卽公[illegible]孤出嗣世父某爲諸生瞿公汝說晉[illegible]
政奇其文拔置第一天啓甲子方公逢年主省試[illegible]
取爲第一人時魏璫用事方公以策語譏斥而[illegible]
南宮罷僞崇禎辛未始成進士授金谿縣金[illegible]
巨室大臣豪族猾胥有與某者以兄弟訟數十年[illegible]
先後院司不能決至御史下其事[illegible]以世[illegible]而
兄弟相仇何以治茲邑乎於是從容諷論勸以孝
友其人卒大愧悔釋訟邑以是稅服御史喜推能焉
公爲治大要切不事日委蛇如師儒而適[illegible]訟

[illegible]不辦理宿蠹無不披露邑有二陸書院槐堂書院
久圮咸葺而新之公餘率邑諸生子弟才雋者講業
其中學博陳君時策歿于官柩停學舍不能歸公初
至謁學見其孤力爲經紀其事還里癸酉同考試江
西分易闈得雋最多而楊公學愿尤著五載居官無
赫赫稱而事後常令人思當事者有和風甘雨之目
屬嘗考滿病卒公早負才慧性泓靜不樂與俗交貌
羸寢身不滿五尺與人處輒悛悛如鄙人口不能道
辭其就伯兄問業也伯兄力苦而公輒沉思多解歷

棄時習僞經術僞子書語而復內事伯兄與中表弟
藍公縉者相友愛切劘爲舉子業而公則不事章句
伯兄暨縉咸自以爲不及居恒手一編終日對不易
篇偶一語有得卽欣欣開門踏苦御戒家人僕妾毋
來討甚澗嘈雜戲公握卷處其中略如也艾南英曰
當熹廟末權璫用事人情揣摩發乎[illegible]甲子之試
有憂其方盛而借策對以入告者自方公書田而下
斥者入入當是時秉璫所忌楚錄爲最而廣濟亦裴
劉公爲其錄中第一人予曰取劉公試卷讀之見其

劉蕺[illegible]雅持重策對指陳時事洋洋灑灑以爲太傅宣公之儔後　聖人與方公既召用於朝而劉公亦以辛未對大廷謁選得令金谿乃始得讀其生平文而歎曰甚矣公之無媿于師門也賈誼陸贄之學不見于世久矣非其學不至也無正直之氣以將之而已使二子生今日令其屈首授書爲學庸語孟之文是非合于人心而利害切于當世必有可觀者即吾夫子所對君大夫魯哀齊景衛靈之爲君季康之爲臣冉有季路仲弓之爲政爲宰其于修己治人富而教之之宜盡是矣大傅宣公之儔固其包舉之一端而有餘　劉蕺之長者其中豈無可痛哭流涕與使驕將胥[illegible]　刑對感泣如二子所爲者哉公文章議論無媿師門者如此然後知賈誼陸贄之才未嘗不足見其全也公所著有木禾稿行于世子洪斯以貢歷官

贈廕

孫萬善以子喬贈戸部雲南清吏司主事

劉世重以子天衢誥贈中憲大夫雲南按察司副使

張鏞以子步雲贈戸刑部主事員外郎復陞淮南主事轉知太平府

王照以子大謨贈文林郎

舒賢以子其志勅封奉直大夫工部屯田司郎中

吳廷學以子亮嗣累贈徵仕郎兵科給事中

胡應中以子士容累贈

劉秉鈇以子洪甲贈中書舍人

胡本臣以子胡海贈鎮國將軍

劉鳴鄉

國朝

胡浩以子一璉勅贈承德郎累贈奉直大夫

王凝鼎以子秉鉞勅贈明威將軍

呂朝四明初以忠勇世襲銅鼓衛指揮

胡崙朋來以軍功世襲百戸

胡來廷字叔憲號賓菴賦預頴辯於古人書多所覽究所爲文簡重精愼有先正風諸生時屢試高等以順治已丑貢授漢陽學訓歷丹陽學正轉武昌府教授所至必飭學宮理舊盤定期進諸人士先聖堂訓以古義士皆傾嚮有作人稱事詳貢祉錄中公體平厚於諸藩撫率無怠禮又以詩章篇賦相酬復故皆得其懽心遂交章疏薦陞廣東曲江知縣公蒞任日即審覈風物以周諮民故所布惠有遺愛聲於時諸上有投刺啟簡或黨朋通賦失朝廷命吏意公欲改

紀其政嚴爲戒飭而習弗能馴遂詳申臺部求致位歸西璧因著南歸艸放偶歌以見志治北有南華寺公一日命駕至其處寺僧咸簇擁拜接公禮佛畢於草野中墨指一僧曰此碑德可師也遂輸誠敬詞執弟子禮偶值疾甚自念所爲死時帶得去者遺命子若孫必清儉勤慎奉祭祀學古人書承先祖遺德遂整衾卷坐以逝年六十有一詩文若干卷行世

理學

吳自守字介夫號易菴先生生當嘉隆間王文成公學盛行公與陳仁甫深究其旨猶邃于易爲學者所宗蘄陽顧日嵓先生特建菴延公曰讀易菴自是學者稱公爲易菴先生家江上設講堂泉湖側以待四方來學者羅近溪先生過訪焉與談累月始去公卒萬曆庚寅門人諡之曰聞道

陳王道字仁甫號求吾先生始生而質異自諸生遵王氏學與友朋送難更端意議開發聽者皆渙若廓

蒙學使者覵學講書公歷階而上極論厥旨大契遂首拔公後登萬曆癸酉鄉薦上京師名公鉅卿方以講學相尚公與張陽和楊復所鄧定宇胡正甫潘雪松郭青螺鄒南皋汪靜峯耿天臺諸公往復辯論相唱和焉以是無不人人推轂陳先生者陳先生翕然爲學者宗矣公聞羅汝芳近溪闡道盱江復輕千里往質其門著二論解諸書有大道篇其詩亦可見其心境云嘗欲彷行仲淹義田朱熹社倉法復古仁政有志未逮而是時廣濟歲苦漕運百姓窮困江陵爲

相公與劉梅沙議爲懇求當事改濟邑漕米折色有免其半濟民稍得甦息後多頌之子時謙簡恒有父風極爲黃梅司馬汪公所器重孫文斌以貢授應城訓導從子時泰字和礽讀家書欲沓所世資業於詩酒稍自放稱狂士以數奇早卒時泰子文濤敦行自修積學不倦有徵古堂類稿行世後學王臨曰有明定鼎金陵軍興取資東南永樂考卜惟北燕晉齊秦沃野化爲石田而六宮之費百官之餘京營之備一待命于江以南舳艫而上大率三石致一鍾奸弁盜

旗盤據漁食民間之增百萬而司農無一獲民柰何不流離委頓也故漕法壞而民不敢有其產東南大抵然矣荆楚襟江帶湖田下中而賦上下而濟邑瓶土沙瘠山居什之二水居什之五水居憂水山居憂旱安得大有頻害黍稌借登也無富室而有貧家濟視他邑又甚矣籍而戸者三百而又總爲里而役之十年之中爲畝米一石費三十餘金至條鞭法行十年之中畝石尚費十餘金矣若軍民兌運之際折乾詰會邑目紛繁外水盜賣欹保總催巧立淋尖踢斛

役蘇城刷[illegible]吞民卒[illegible]一[illegible]有[illegible]而[illegible]
[illegible]列而外荆[illegible]之查[illegible]
[illegible]
之[illegible]一[illegible]
[illegible]同[illegible]之[illegible]民痛[illegible]
[illegible]者乃[illegible]公爲請生[illegible]
[illegible]邑[illegible]除此[illegible]如重[illegible]
[illegible]之餘痛爲[illegible]公[illegible]力[illegible]
[illegible]費巳盈萬矣以今日[illegible]

[illegible]先生[illegible]有[illegible]以[illegible]有志仁政
觀行[illegible]而知先生之[illegible]民[illegible]也
[illegible]先生有孝行父[illegible]三年[illegible]
[illegible]之[illegible]志[illegible]學[illegible]從[illegible]
[illegible]之後入[illegible]管東[illegible]
[illegible]生[illegible]公有來[illegible]之[illegible]
[illegible]中公大[illegible]力[illegible]不尚
[illegible]可[illegible]仁愛[illegible]
[illegible]山亦捫而吹噓罵之勿[illegible]也[illegible]入

遂於生死脫落死之日遍辭親友忽命妻取水漱口
漱畢令啓窓正視進子弟訣曰爲一世人止識爭個
字遂去蓋翛然如將遠行者見道之驗也先是鄉嘗
苦旱數月不雨公焚香禱帝請至壁越三日雨沛然
下邑諸生陳時泰程士會皆問經門下扣顏子不遷
怒不貳過之旨公集稿凡三卷未梓行
楊民服字信甫號任菴先生初以博士高等爲邑士
所推時時爲諸生祭酒解說經義以歲貢分訓吳縣
與管東溟先生論道大契遂達致韓南臯紳同贊門

下初公弱冠時聞洗公古陵借錢公緒山講學蘄陽
意甚勃勃嗣請正鄒公潁泉胡公廬山日與里中吳
易菴守道韓南臯紳劉濼泉賓相切劘矣及官吳聞
東溟微言妙論遂取所著書細爲叅訂焉晉湘鄉諭
及轉蔚州學正聞報輒自罷還益不預世習專心聖
賢邇學者以求放心尋本體爲訓邑中胡篤生諸人
從公遊自是性理學益廣而視文字爲稗萩矣東溟
寄子書千餘言印可之公亦致書東溟海內賢豪學
問多矣心端行古闇然日章寧踰足下者乎丞嘿從

謚菴後乃慨然謂篤生曰予向者未識本來面目自
用謚耳須於道或可以任矣宜謂我任菴于是學者
咸稱任菴先生居靈山最久石壁大書曰生平了無
事儘於書有緣頻來此山上恰已三十年蓋其專如
此性孝友九歲時即鑒父子立籲天求弟弟民表生
喜不自勝弟遘疾齋沐露禱嘗讓弟廩餼越次補弟
亦通性命旨與吳易菴論學吳不能難公居恒授經
門下數百人束修悉以奉父母無私毫入己者父母
因兒誼甚高其今之田廣王祥哉初應貢籍讓翟又

讓趙曰翟以貧淺趙以望誤吾不讓二公其遂已乎
訓吳時吳士金惟基貧不能與試取數金促之行竟
傳上第同寅諸某任俠囊橐蕭然轉山東得平令遷
延不能去者立解俸錢三十緡助行裝或訊以數千
里外莫能償者公笑曰償之乎哉好緩急人類如此
年七十有六所述録甚富皆散逸有事心齋言藏家
孫稜積學諸生重望由貢歷任夷陵石首襄陽教職
胡篤生字孟培號入叟先生少負逸氣篤學累舉不
第家藏古書籍輒杜門累月讀讀輒記博綜遠覽而

後乃窮及性理間與譚邑認蕃先生爲吳縣學官適
管東溟講學吳下甚盛聞得其書讀之便辭家挈一
梓走姑蘇奉贄列弟子入室侍微言妙論豪首肯者
久之東溟之門稱楚中四君子先生與楊任菴韓甯
臯及江夏段灼然也其後專志聖學證合內外典秘
密愈厭世塵不欲近築別業萬山幽鬱中鉄鹿青夙
朝夕寘對積數十年朗悟日啓隨得隨錄日新富有
先生爲人孝友慈讓生不解機事言吃吶不出口順
逆雖以氣過人至不忍信人之有非避利如射處其

家如客萏受教管公窮理教而尊德性其操行然也
家居河上人稱爲河上公居山時多又稱爲東山放
鹿翁先生以接引來學步武先民爲心而是時楊晉
子馬張登覺㡾穆爲相得最深者桐城劉公清水以
風流治梅水上登臨酧唱必東先生與偕而汝南胡
公超儆以天子貴卿源淵理要經縣必訪問先生他
一二仁君饌醴而延納之者先生杜門不出也癸未
之變先生曾一陷獻逆逆改容禮貌之延上坐至泫
然言不忍狀逆爲之意動久之遣人送歸江北先生

歸而先生之子多[illegible]賊中家[illegible]之親又
[illegible]宅之[illegible]
[illegible]孫蘇[illegible]
[illegible]先生[illegible]而訪之[illegible]
[illegible]
[illegible]
[illegible]
[illegible]大圖[illegible]學攷[illegible]書

廣濟縣志卷之十一

知廣濟縣事進士黃玉鉉漢崖先生鑒定

儒學　教諭舉人李以範重斂　叅訂
　　　訓導貢士胡效順抒白

邑　王　臨五宜輯著
人　范應明起公編次

淳行

費宗昌字文叔萬曆中爲諸生食餼與陳未吾韓南皋南先生講學既而瞿慕川講業江上公從之遊慕

川愛其才在門慕述擬六經易蘊範衍樂測諸書其國風雅頌則公之所著者以兩京爲幽南以省會爲諸國其郊廟朝會各有詩歌時湖廣按察使徐公顯陳瞿先生所著于朝神廟徵爲待詔不[illegible]公所擬詩卷與併傳役公卒慕川親筆之書于墓碑厚重端嚴允稱德行之選高華藻麗可兼文學之科

何所白字以玉卿賢何朝舉之曾孫也以淳行著聞復爲諸生父歿廬墓三年即爲館墓側教授及門皆一時英俊性篤學痛絕名利常遊于劉思如先生之門葛屺瞻督學時與劉同舉行優一ム讀詩而至蓼莪之章涕泣交頤授徒而却貧人之俸誘誨不倦足跡不履公門生平爲之養拙其槩如此公平生意誠感人人望而親之自生敬畏其館側蔬圃苦蟲𧐢爲文以驅之遂止謂其誠及物也

毛如頡字冲甫其先志榮以邑巨富賑饑勅旌其義家世奉佛所居皆建佛堂明珠寶珞莊嚴佛像會祖釗以恩選仕蜀成都府判父愛沚紹庭振起賦質朴治孝友聞于閭里屬意公與兄如遂擇外傳厚修具

問具酒炙筵諸過從論文者以是公兄弟同爲諸生比貧嗜學自相劘切而公正直端審雍容和婉於父毋兄弟則孝友無幾微可間惟日事經史授子侄書纂錄咸有成集猶篤于友誼有其親歿而子適外官者爲具殯殮拜弔者若已親然又撫族里孤兒代貧乏丁糧衙有枯骨必瘞之抑躬循墻克已引過有人所不及知悉聽天之鑒也者公內郭孺人慈孝勤苦敬事舅姑舅姑終時授記曰汝眞孝婦吾父母之詩如天俾爾世世生賢子孫以報汝汝不須哭也公守

禮至老哀感倍至長子煥以廩貢有才名次炳巳舉進士見任福建沙縣知縣次燦給衣學道著述窮年有儒宗纂述以公海內隨受付屬天界浪師爲次煜煒及諸孫皆諸生煒通經學古丁酉禮記副榜兄如遂善詩文著有石田艸爲吳幼膺劉幼凝諸公推重子焜茹素學道世厥令緒

陳王化字仲宣晚號宣翁少孤好義從學黃梅瞿慕川先生與新安張子達爲忘年交事母湯甚孝疕蒸餅棗栗雖微必就榻跪進母疾輒泣愈乃安敬愛脩

至萬曆乙卯歲苦疫闔門俱困惟公獨免母卒殮巳痛哭幾絕未粥食者三日夜感神謂曰吾憐子爲子斧驅疫旦起視斧入門寸許患者悉痊庄失牛庄八奔告曰昨夜半爲某盜牛公曰審之毋輕言後果得其寔狀隣佑証之某願鬻子償公曰毋之其牛死矣某子獲全崇禎戊寅督學使王澄川先生優獎之自著有像贊附龍江大社十二子胡中憲諸人贊末子時順定中明末棄諸生以自逸

呂楚奇字正儒篤志好學年及耄猶閉門讀書纂輯禮記明心四書要言諸書生平正直不阿徇世能少年喜事者或蹈不義公必正色讓之鄉隣憚服曰呂公正人也不可以不義聞好談陰德惜愛輕予順治九年大旱公隨力所施必克有濟先四十時見長子聲弘博學多材負遠大志次子葬玕聲璠皆足振起遂脫然絕意名迹自號汰沃山人假詩酒與鄉之達者結霞石盟分韻聯句自夜達旦神益陡健壬久忘疲明末署邑事方公以禮敦請公不見　國朝署邑事王公名世以賓筵請公固辭獨策杖山水間與交

老譚世外事時把酒命諸孫列坐或說鑑性或稽古殺閱臺名人物故事以其記否爲罰酒籌數陶陶永夕年八十二端坐而逝

梅熙春字景融性好恬退雖居市井泊如也在庠三十餘年公庭一足不及子國瑞亦諸生淳厚人以爲類報

饒于鼎字李長孟令之初少子也年二十始爲邑諸生即常以諸生試全楚第一人緒孟令之世起家至鉅萬然非其道則一介不取一簞食不苟受衰多益

寡稱物平施生平不與人爭人亦無與爭者如漢文皇深得退一步法謙亨有終故邑明經游飛卿頌之曰無諂無驕不忮不求其子執榜之日合易符老皆實錄焉有知人之鑑士凡屬賞拔者後輒顯又性深沉好書明於國家大故能知民所疾苦即邑長吏亦無不賢重之公如王公秀源張公某者咸式廬請教賦稅焉公嘗自言明五聖之休嘉年逾七旬雖畢貧而無怨幸三世之生聚人過四十聊舍菽以自怡蓋公生于明穆皇之六年迨烈皇之十有四年享年七十

有五八子二十三孫曾孫十有四人咸多才登賢書者二貢舉者一諸生者二十有四侍立環拱而公布衣藿食出入里閈閭益雍容安步常若有以自下者意念深矣于是邑士大夫有盛德之望鳳麟之目焉惟饒世忠淳禮樂至公而始大郎今豈不多賢君子然以論公則不無秋潦江海之別矣公器度淵偉居恒恂恂人莫測其所至爲諸生再舉德行不受謝諸生禮鄉飲不赴砥節修名老而益進多獨行爲世楷模詳予某所撰家傳中不具列

劉登士字希卓邑靈西鄉人性醇謹事母以孝聞母疾久左右侍去公衣不解帶者數月咳穢必以手浣卒哀毀守禮三年不入寢室鄉里咸爲感動幼事詩書有大志遭明末賊變知時不可爲慨然謝絕邀二三知己作酒社釣游魚射飛鴻日以自娛嘗積穀以周族里聞人飢即與之略無吝色曰雖不能遍姑存予志耳其生平大率類是年七十以病卒卒之日無遠近聞者咸爲垂涕

邢相明字長卿安樂鄉人事親孝與世接不宜毀方

爲巷行行僻者悍而避之八固不與長鄉交長鄉亦不屑與人遇也惟給諫吳公淳王及諸名輩日夕往來以文章酬酢太守湯公之相縣尹胡公來庭俱出其門數奇屢窘場屋晚年棄制藝工詩詞有集行世

姪孫之翰

朱顯模字文宇靈西鄉人幼失父事母孝年三十入邑庠知賊變不可爲即仰天歎曰吾志足矣焉事青紫爲築半畝園於荷丘山側日講禮以訓族里閭有不法輒涕泣俟改方止里人感之終其世無訟者

鍾鼎字集之號敬庭貌甚偉舌哭期期寡言九歲丧父事母田以孝聞母卒守禮三年不入內室逢生辰忌日奉主哭聲悲鳴達戶外不忍聞也後中武舉益砥躬行族侄魁早孤爲婚配歲給衣食令就學卒成諸生有師母某者没無歸公爲置塋具復割產若干爲祀田祀其師云集之天姿仁厚其生平落落喜施予見族人不及婚嫁者輒欲身任之見鄉里飢寒告者輒欲解周之先是邑侯夏公舉公族叔母姨節自兩世實皆公之培恤周全者也厥後周公驥來濟科公狀深嘆服每對紳衿郎曰邑如鍾子眞長者起居延狀何如以病卒

邢相明字長卿安樂鄉人性淳謹事親以孝聞與世接不肯毀方舉步整肅街巷行行僻者憚而避之人固不敢與長卿遇長卿亦不屑與人遇雅知讀書邑給諫吳公淨玉及諸名輩咸與訂交以文章往來酬酢太守湯公之相縣尹胡公來庭皆出其門長卿數奇屢窘場屋晚年遂棄制舉藝專工詩詞意酣時即抽筆申紙音節清亮如聽金石所著有　集行世好務之翰

廣濟縣志卷之十二

知廣濟縣事進士黃玉鉉鼎崖先生鑒定
儒學　教諭舉人李以觀重敘
　　　訓導貢士胡敦順仔白　參訂
邑　人　王　臨五宜輯纂
　　　　陳其國猷弟編次

孝友

事不奇不著，庸行以內有何奇而以是書也？入事父兄，遜人以爲奉能矣。古聖賢于田井廬舍[illegible]

事親孝事皆自靈性流出，行在一身而顯著者千古。至孝無名，豈以是爲求傳也？取其表表者備載史冊，實不以是爲本務云。紀孝友。

劉文輝，文煥明，[illegible]武[illegible]南[illegible]思期當死，輝以長請坐罪，曰：兄有子弟勿伏斧鑕，則子孤無託，某之坐宜死。願抱流血書事以其詞上，許之。既而赦之，則煥已死。[illegible]事特書義民以旌之。

張春樹，字良輔，幼聰[illegible]不[illegible]稍長知事親敬長之義，[illegible]言此人之道，天之性不可解於其心者，習與學業久之，掩卷歎曰：六經之流弊至此，聖賢之意荒矣。棄而不治者三年。文常山怒曰：體聖賢之心，發明聖賢之旨，則文章猶六經也；竊聖賢之語爲利祿之謀，則六經爲文章矣。故士須知行何如耳，曷可棄之？對曰：六經之道有諸身，雖一旦拔爲公卿而不爲泰；六經之道巻諸言，雖一命之微終有愧於其心。而不爲用，某何敢棄，弟優游涵養，俟時善用耳。公喜曰：吾兒之志不羣矣。宣德丙午例當鄉舉，公尚未入庠，父逼之行，竟以白衣入試，領楚書。明年上春官不第，因

就學於永新呆齋劉定之先生六年許，所得寖深。公方急祿養，謂及親而仕，即三釜之微可樂也。於是謁選刑部主事，剛明果斷，司寇而下咸器重之。凡疑獄決悉稱平。有州大戶被攬頭包納虧損，攬頭逃去，大戶陷獄六年。公至獄中，大戶稱冤。公見其氣弱難言，命獄卒以水滌癓，飲食數日後之，得其情，曰：事過六年，攬頭必以爲安不避矣。密訪之，得其人，大戶得以免死。是年奏績，恩封父母，知其秩居。無何，陞四川按察司僉事，轉廣西僉事，憲臺調清折獄，網拘成案

徇情坐所告曰庖有法仁有情折一木殺一獸不以
其時非孝也而況其人乎籍籍官聲大振越三年遷
四川按察副使丁憂去任朝夕哭奠哀毀幾滅性誓
不復起葬父於石龍坡南廬墓三年家事一切不問
一日公有疾朱夫人萧視俾子弟先公怫然曰是益
我疾也遂不敢往公在墓三年經營墓事手植杉松
千株立享堂置祭田考喪禮訓子弟親友見其形勞
或諭之曰孝子之於親也尊焉養焉不辱焉止矣三
者公有之於此亘可畧與公曰遺骸在谷遺體在堂

於汝安乎麋鹿哀鳴妻子宴笑於汝安乎子貢事孔
子築室於場獨居三年然後歸子之事親也固反殺
於隆乎考之廬墓雖非古禮聖賢孝無不至不必廬
也中人以下萬不能一矯彊而爲之庶幾可以成性
而勵俗吾聞之人子於親也無過情焉言情極至不
能過也無過禮焉言禮廣大不能過也故曰人子之
所得爲者皆所當爲無過分之事也親友遂然歎服
鄉人無遠近皆來見公公告之曰父母之恩高大如
禹仍之山人子事親如登山然自上而下有至有一

至登者上也半登止者次也見山之高大而一步
不能行者民斯下矣吾今日不敢同於下民故廬墓
耳鄉人感悟風俗爲之一變一時大夫爭相詠歌雖
婦人童子無不稱公之孝也嘗有鹿居於其側志機
與[illegible]旦夕相[illegible][illegible]以爲誠孝感物云
劉[illegible]曾承西鄉人家貧父母老俱八十起居藥苦世
左右扶掖閭覡弗懈父母有疾養親躬滌及歿終身
[illegible][illegible][illegible]至孝自然
[illegible]僑居豪泉西鄉人性至孝恆以得親爲心父早喪

母黃氏遘疾甚屬[illegible][illegible]弗愈遞齋戒日夕禱于天密
自引刀割左脇肉二三寸和粥進母母少甦南昌陳
合奎任縣事旌爲邑人陳[illegible]爲作傳
程[illegible]濂字勉儀其縣令[illegible]子也[illegible][illegible][illegible]學食邑[illegible]有
年性孝父其於父母[illegible]邑而[illegible][illegible][illegible]而從以依迎親
志於[illegible][illegible]父病疽發[illegible][illegible]濂親吮之病少瘳而[illegible]不
敢[illegible]濂後危疾將殞呼弟[illegible][illegible][illegible]之緇口不及妻
子惟曰父老矣不能終養不孝之大者弟其念之言
畢遂殞父哭之哀[illegible]呼希濂孝子有詩云病念[illegible]兒

記未眞一生孝德若精金夜來一片庭前月猶照當
年事我心

史玉明太西鄉人玉明父早喪事母至孝傭工奉母每春雨連朝簑笠未具適苦饑私禱天霽方傭而雲忽四合明呼恰曰晴則饑耳如我母何須臾天復霽母老起居艱苦必負置田畔奉食及母卒傭工自給有山一段田一畝隻身搆茨舍墓側有虎過之拜而退鄉人曰汝居惡易之泣曰父母在此寧爲虎所食居不可易每遇風雨匍匐傍墓塊視若固有嘉靖初

瀘溪縣志　卷之十二　五

年以病終于墓茨舍僧永鑑憐顏及祿等憫之備塋葬東鄉士大夫集衆建亭樹碑亭扁曰孝子亭墓碑曰孝子墓復田稍爲人侵占萬曆癸丑劉公前水捜逸事申請祀孝子鄉賢復墓田旌曰世世無忘孝子墓田

蔡黃子事母至孝日樵薪于市以養母母病刻苦奉侍里人公舉聞于官

饒世隆業農盡孝冬日爲母溫寢夏爲扇枕

衙文太西鄉人少孤事母極孝每膳必躬視冬夏必溫凉寢枕糞便必親驗其燥否而占其氣血爲食饌之調自五十後寢息未嘗少離母側縣官廉其孝旌純焉

戴忭事母極孝母年百有二歲縣令戴褒之句云百二萱親天下少七旬孝子古來稀

張金榜武穴張馬山第四子也年十六萬曆初侍父任瀘縣學諭甫六月父病金榜割股以進父歿榜亦隨亡同邑饒之初爲孟縣知縣聞而悼之移書溫令謂某曰張生以割股而死偶能創業老聞而憐之竊

瀘溪縣志　卷之十二　六

云此人子難事亦人間異事奇孝臺下申府道移文該鄉以表之毋使艸艸也寄邑侯姚海屋書曰瀘溪文張氏論溫甫六月而子金榜年十六乃割股而生府道恤之移文兩院行學道褒勵具題欲留待來能也惟翁爲風教重錫之名以華其閭庶死者不沒其芳而親之疾革者自輕生外開風與起靡不畏葉力以堊之也

劉養重爲諸生食邑餼以孝行著

王育民安樂鄉人性孝友兄弟五人承父志不[illegible]

家事任長而以次相勗勉兄弟約怡怡僮僕訢訢有尺
年八十四弟得民年亦逾七十臨年授書南坡不忍
暫違遽歸曰吾父之子五人而存我二人在恐相違
耶日以和睦訓子侄雅好客產以中藏而式好益篤
至昇日食恐餓推讓閨內咸化終身無誶語鄉里慕
之舉其行邑侯蔡公曰心睽則萑穎荆枝比合則華
承棣萼同氣之感邪于物類近世澆薄不可爲矣聚
之以勵頹俗命之曰孝義克全吉民少給事縣庭嘉
靖來有里民鍾聲聖者發蠱奸狀于院司鍾報嗣息

廣濟縣志　卷之十二　七

起齊日憫其爲縣也寄令之歸遂有子後以翁姓字
之子孫猶世兄弟云事載陳懋對筆記
徐多猷字盧孺家貧嗜學性極孝　父左桂先生素有
孝行出嗣伯伯父毋辛丁艱生全　毋辛又虛廩缺兩
丁艱後以貢仕陝乾州學正病歿　盧孺扶櫬歸道遇
大雨不止停輤路隅晨夕伏棺哭踊悲號不已道傍
主人感動破俗忌請移柩室內留數日雨止而行歸
葬盡禮廬墓三年清蔬自守鄉里稱之毋久病居一
土室甚完久之天將雨盧孺哭欲遷其處甫止

遷之而雨至屋遂壞人以爲至孝所感云晉學舉行
優邑先正咸望而敬禮之
龐耀事母孝母病不起往横岡山謁玄帝默禱以身
代忽延捨身崖投而下崖高千丈餘耀墜至地不死
劉秉鐵剛東先生象儀之母弟也剛東先生九歲孤
鐵甫六歲毋吳孺人苦節撫之兄弟事毋盡孝養毋
病鐵割股救之愈
盧應昇字時卿幼有孝行年十一　父以中人稅事誤
引逮避罪者在門毋驚以應即代繫七晝夜卒白父

廣濟縣志　卷之十二　八

寃人咸奇之毋以歲荒罹病家貧思肉食不得默禱
天割左股救之毋以是愈後居親喪守禮不怠伯兄
嘗指其刀瘢以示子首傳對泣謂爾父恆欲如是奉
親何可得萬曆庚申歲試入學明年食餼性不營
家產不知有倉窖臘月三十日家　尚在族兄文
伯家狂叫手譚文伯之父呼曰時卿今日何日尚暇
爲此乎時卿不答文伯畏父罷局私叩其子笑曰清
泉在壁間自家風耳文伯厚爲之贈其致如此生平
無疾言遽色即子侄不率教其言論之至能感無

[illegible]公[illegible]字先伯弟浩字仲質孝友性成海以[illegible]生高
等就武試萬曆癸丑成進士初由大河口守備遷斷
御轉薊州副將歸凡俸餘所蓄貯鑰悉持付弟手雖
子[illegible]入內而弟[illegible][illegible]彼已[illegible]不作辭受語稍從至性
外添一文飾董夫人亦欣然順造略無嗔怪態故兩
人同居六十餘年未嘗有疾言遽色一飯未至不敢
先嘗後卒無陽旅舍弟[illegible][illegible]歸哀慟如其父傍舍感
[illegible]議[illegible]不識[illegible]不弟[illegible]弟[illegible]與兄年齊忌辰同日[illegible]
[illegible][illegible][illegible]弟避亂江州時家計頗窘而軍需孔亟有司

[illegible]　卷之十二　九

徵[illegible][illegible][illegible][illegible][illegible][illegible]猾[illegible]隻身孤撑悉家貲代族衆賠
[illegible][illegible][illegible]自[illegible][illegible]而不一[illegible]白其[illegible]已篤族如此以子
一[illegible]贈承德郎累贈奉直大夫一璉順治戊子拔貢
[illegible][illegible][illegible][illegible]通判陞東昌同知康熙三年內轉戶部員
外[illegible][illegible]政功紀到處[illegible]頌次子一[illegible]康貢子一玠一珪
諸[illegible]生而式好彌光先代
劉洪甲字不先太僕孫由恩[illegible][illegible]晉中書舍人加
工部屯田副郎[illegible][illegible]父[illegible]顛報于至性[illegible]母病危篤禱
天願[illegible]己[illegible][illegible]後母謝世[illegible][illegible]骨立既壟刻石爲已形

跪伏墓下以示朝夕相依作詩三章又原祖德作詩
二十章先是祖母旅櫬自宦邸歸寓以舊宅爲忌甲
獨[illegible]告願以己宅爲太母殯後流寇[illegible][illegible][illegible][illegible]而此
室獨存丙子年兩臺移文旌獎
翟近辰壬午舉人幼至孝爲父病割股病愈後以舉
人署華容教諭
張玉基字乃璞舉人金基之弟也明末兵寇相乘蔽
江而下玉基奉老母避兵江南山岡兵搜岩殺掠玉
基側[illegible]甚玉基以身餌賊死之母乃得脫金基每言

濉溪縣志　卷之十二　十

念對南山哀慟不已
陳炳見性慧孤貧不能自活爲人牧豬陳汝諸以諸
生授徒家塾類生守豬日從館側潛聽久之遂悟爲
文屢代徒擬筆師駭異索其故則類生作者奇之子
之衣食而授之經數年益進師嘗與客飲擲骰爲歡
類生適客曰聞君慧爲我聯對四方六面單點雙點
色不一類生曰一對二偶內卦外卦象皆同衆大喜
後遇流寇侍母僦山[illegible]避[illegible]侍至或曰子可速走曰
母老我焉得獨走乎[illegible][illegible][illegible][illegible]生抱母慟哭以身捍[illegible]生母不得與俱[illegible]

程有㷇字輝予諸生程世儒之叔父也爲父割肱父
愈縣令張公燮任詳請院司旌奬
李敷倩爲母割肱以嬰孺割肱者周以貞崇禎間獲
縣旌奬
呂㦤竹十年喪明子默卿日夜䑛𠯗之父目復明
朱喬龍左泉性孝父死廬墓三年

附婦孝

呂楚蘭妻李氏女時爲其父𠯗疽適呂又爲其姑封
肱隆慶間奉　按臺旌門婦孝純篤復租徭如諸生

廩例終其身
呂珍國妻劉氏諸生劉洪朝女也女時爲父割肱父
病愈又爲母割肱母亦愈既并適呂姑有疾尋以是
語其夫珍國割肉進母母愈後復有疾珍弟𤫴瑶亦
以肱肉進既弟媳于氏舉人于應試之女也亦爲姑
割肱邑人王臨曰甚矣俗之相化也一人揚拳十夫
攘臂呂氏一婦割肱而一家婦心相慕豈非孝之感
人易易哉近世以割肱爲非孝婦人女子有何反根
而爲此亢烈也嗚乎觀呂氏婦人亦可以少勵焉

生員呂一森之妻陳氏秉性温恭事姑張氏孝聲藉
甚姑年八十有八卧病久于歲月陳耐寒暑忘曉夜
纏荒亂念念以事姑爲切盥𢹂扶抱俱身任之無難
色不爲奇也甚至滌穢拂涎必自爲不怠恒恐假手
婢女貽嗔厭于其姑耳姑憮然止之陳氏曰婦職自
當如是姑但自寛何慮我爲姑每感泣及殁時謂陳
氏曰我殁無他願願汝有媳如汝孝也陳氏生子應
壎補邑庠

補刻

朱大觀諸生老人𧶘爲荆府阡挩 及寇掠大江兩岸

忠節

宋張安然字安卿安樂鄉人宋淳祐丁未授朝議大夫直秘閣湖北提舉陷金不屈

元張大九自幼習左春秋元末見天下兵起遂隱陳友諒强起官之欲截以爲謀主不可友諒怒剄其兩足而去

明胡海號伯川宣德中以貢任安南夏章知縣黎利叛殉難于官

王禮山東章陵人弘治四年任武穴驛丞發領義兵殺賊歿於蘄水龍船埠

游之雲字飛卿以恩貢任德州通判陞陝西苑馬寺監正流寇猖獗圍城以死守又不食七日與城亡

襲時先南昌人崇禎丙子任本縣典史值流寇在西河驛鼎督義勇扼險高山夜馳賊營斬級與日賊大至勢不敵猶手殺數賊至四顧坪死之

金之純詳前傳與安知州賊至死難

張任基本縣人崇禎末協守潮州等處副總兵猶有方略禦寇廟死于其事

義行

藍懋忠與弟敬忠富而好義正統四年歲大祲出粟一千五百石賑饑有司具事以聞　上命行人張萬忠奉　勑旌其門曰義門寵以冠帶勞以羊酒世以爲榮焉見舊志　兄弟友愛性喜施捨居寺皆其所肇建者里居橋梁多所整治藍寵敬忠子亦以義顯成化時値縣民饑因爲鬮邑代輸租一學家有老馬野放不收雷雨中作霹馬生駒老僕牽數河流親之駒毛片片鱗也鬣尾皆異知爲龍種他僕不敢控而惟老僕馭之龍馳置僕前晨至縣鄉承及館驛則群馬皆伏監察御史過縣以聞　朝命取之老僕馭馬至黃河馬化爲龍而去并老僕俱不知所在　詳藝文

其後有孟文號巨川萬曆戊申水災有穀六百石焚券以予民又爲本族代輸秋糧有孟鼐號楚川者篤學有文行邑人韓南岳稱爲道契子紳崇禎乙亥拔貢丙子南雍鄉舉孟文孫季暉庚午丁卯鄉舉曾孫應泰今順治庚子鄉試諸曾孫皆庠生先是吳給諫明仲過其里曰是多士君子其後未可量也

張本森一名懋別號木齊早歲讀書食貧遊學齊魯間授徒三年譴灌而謀累積所得舘穀約五十餘金歲饑悉捐以賑貸貧民聲聞臺司義其貧而能施給冠帶以寵異之赤手歸來與婦相向恬如也年六十塟金鈎掛玉後曾孫步雲以嘉靖辛酉舉人知太平府有詩歌文集行世玄孫先基以今順治己丑成進士金基以庚子領鄉薦雲仍人文丕盛後學王臨曰勤羅勸分類多得之里中豪富有粟者不謂在旅人瑣瑣也原思九百大有實用夫婦相向恬如也與南

昌若萊之夕氣味相似矣夫世固有不新而自獲者余於張公蓋竊其義焉

程孔良成化間輸粟賑饑其時有游棱毛思寧鄭德璇徐伯安梅衍桂秦堂暨孔良七八人程氏家乘載孔民外又有孔威孔滋　弘治間輸粟十人程亥悌劉禹清戴子儉徐萬貫程紹宗王應中李正芳劉璜饒倬兒呂用賢俱見舊志

彭楨於弘治二年出穀賑饑事聞旌以冠帶又云彭析貢梅

歷傳

陳叔技義尚行義歲饑廢供上輸穀千石以代闔邑租稅有司義之見舊府志　時陳南橋亦以義行旌表生云叔牧家貲盈萬性喜施與值災旱民不能家流亡戴道公輸粟賑活甚衆事聞署名戶部凡濟人賑饑計部有聲者不數人叔牧藍瓏其概著也

李勝惠永西鄉人性溫厚能容人過有盜其物者獲之置不校仍與以牛穀諭使改行值火災拜之風返火息當旱竭誠而雨至齒德並優人咸敬愛

李勝椿號獨山永西鄉人仁恕端謹有六子與諸孫庭訓嚴肅輕財寧族撫弟之孤愛踰于子父毋違塋

往視惟勤寒暑不倦服遠近不乘馬鄉人敬慕之正德間令陳公奎改遷儒學屬公督工効勞弗伐

王癸立嘉靖時人居邑西門外里許嘗曉歸偕橐金于舊河口攜以歸密藏之家不令人知也明日舉以徵亡者于市不得告之官則某里役物也縣輸矣而頌之歸將以瀉解浴於是而遺之寔三百金呼其人不欲生而將破家以償矣至則剖其半以予之不受少謝之不受知縣楊公阜從而義之以聞院司院旌之酒漿酧勞費至破産其家閭復有族妻懼自

[illegible]妻氣絶救之始甦楊公自捐金謝[illegible]
其產後有王嵩宇者亦以還金稱義
鄭本號弘綱邑庠生生平守正不阿好讀書老而彌篤年六十餘張燈誦古必達旦嘗除夕有以辭歲匿空室者伺先生讀書室人往來庖廚中辦酒漿果羞殽蔬物甚備已悉就寢其人潛至廚下恣食酒肉飽而醉又潛至卧所先生方讀書不輟其人匿床下稍憩息鼾睡聲透房屋床上下兩聲互答莫辨其聲之從何來也先生怪之燭床下見其爲某也呼

之曰起起其人愧不自安先生乃引至廚中以手指物取而與之凡廚中具悉與其半戒之曰爾其秘吾與乎次早拜正後妻至廚中駭異疑其爲僕婢也先生曰是吾取而餽人妻云除夕安有贈遺先生終不爲言其盛德如此
徐萬隆居孝義坊有黄梅里役解餉數百金並批文暮投宿濟邑里役豪于飲晨遂遺其餉與批于孝義坊茆厠巷内萬隆適至携以歸逄之一二日而黄梅之里役始來號兆邑人大駭萬隆聞之出其餉與[illegible]

于衆門以還若久矣欲官物須賞之公予無以爲也願分之不受控之縣縣責役以不謹之故而喜萬隆還金之善賜之額而旌之萬隆曰予無以爲名也不敢也而旌之厥後步上步進及曾玄助國顧國懋謹畧世縣庠[illegible]
郭京元諸生與吳拜玉井忠甫爲筆硯友時出家貲以助人[illegible]其義行甚著
吳國瑋號應華萬曆己酉任神機二營中軍後兄亮嗣遷兵科遂解綬歸所建第宅悉與諸子侄分無所

私崇禎十一年邑中荒出所[illegible]數千斛價以糶活人甚多戊寅邑侯朱公登請鄉賓庚辰避賊觀音岩賊夜襲岩被執罵賊而死後子敏行益光先業
方[illegible]大號省竹其[illegible]丞生平以義舉聞劉令清水委同[illegible]蓼辭修四高樓養卒堤梅皆所經理也
陳埜菴號思河富劉御史梅渉公按滇時爲嵋峨佐吏生平[illegible]好讀書年九十二猶能燈下作小楷[illegible]必見[illegible]不以小吏忘君也世係寶自江州義門云

勗繼洪號近庄父文以孝著洪初以先疇數畝𠫊十後家婦潤枚稱息三而比艾遜大富倉廒數十間甲數邑歲不登持擔而來者遠或數日程更以代發日不給或據倉而詈公笑而慰之設食以賑來者咸得數盜洪止獨者訊之舉遠人酒而予之人報十斛遺之生平忍讓不與人忤天啓末歲荐租輸不及先族輸邑侯周公驥以義民旌之曰昔人救荒務勸分今不勸分而勸難低昂爲價將遂其私胡某不糶而貸其息錢不甚計敝衣敗絮咸得自救爲德多矣寧輸

粟拯饑代族納餉爲惠吾民也殁數歲姪寇亂先廒內一黃物似蛇鱗角四足長數尺以穀爲巢洪祭之日倘以粥土人呼爲穀龍寇亂焚倉廒蛇失所在

吳士選號尚龍生平好義尊敬賢士賑恤孤貧賓飲四次年八十有二歿時命孫瑾搜積券數笥持至祠堂焚之計數約千有餘金是時瑾年十三初不知祖意所出焚訖告之曰此鄰里借券也若貧無所償兹命爾焚之

夏伯則任劉宅于壟間得金還之

□尚印柳溪　居東岡自發千金而好行其義萬曆十六七年饑而道殍相藉矣人多鬻牛辦下嶺以自給耕之牛猶取買牛數百頭以散耕者秋成薄取其稞鄰多德之縣令王公廷俊嘉其行進之鄉耆賓敬之

劉秉鈞號明瀾邑諸生湛于經術益將出其謀贊揚大夫

王應琦字珍儒父爾希官公卹攻學于執承父業

青舍邑東凡貧而無藉者悉供肄業漸有王生客游王濟書其生有學而性剛假公延家命僮侍奉或少忤生輒怒撻之血出公了不爲意諭僮奉之惟謹有横岡别業公往讀書川欒騶不輟與名輩爲飲社夜必挑燈讀達旦不以酒廢猶好行義有余翁者貸穀百斛越年弗償公亦弗督及時穩而余翁以穀來後復大饑余翁息其前之穀已償也感往數悔幸擔負扮餘于門公適外出家恨受之翼日公歸大駭按籍義呼僮蹤負余翁而謝答焉余翁

此生二子次台𤍠爲諸生邑學宮均差諸務皆首爲
募領居恒杜門手一編矣
梅啓南字南征邑諸生父長白以諸生敦孝友公受
知于劉淯永師縣試第一人入庠屢棘闈不第家僅
中產而好行其德督學使屢有優獎因亂徙居江洲
崇禎辛巳歲大饑江北人相食公與陳伯順等議施
粥縣饑夜夢神從天而下口授曰人民大難施粥可
濟有前作禮許施粥十日神微笑次夜復夢如故云
事已聞諸上帝矣宜亟行明日縣令朱公議接引養

施粥公力勸之行而自輸穀若干石以濟之一方存
活甚衆子楷楷皆府庠
饒嘉班字季野爲邑諸生汝順第三子也有家而好
恤人之乏人或代以舉火死不能殮者輒助以殯具
又爲木棺施無依者家即自是癈至趣不備鋸庭大
枋以蓋之晚以鄉之室讓其兄左市之室讓其兄馬
自處數椽淡如也崇禎末寇亂艱苦而終鄉士大夫
無不頌季野賢者有四子庭訓極嚴長子畛中字與
次順治丁酉舉人已亥再會試京師有相之者曰公

類有陰德今兹必南宮高捷矣尋果登進士
吳國璋字仲玉父樂以孝聞于大府孫似能哀毀
墓含縣主聞而召視之曰此孝種也後當必昌年九
十七終身語及父母輒泫然乃璋亦克孝兼且敦尚
氣誼行事慷慨入府庠與黃之馮漸卿何[illegible]友善
學使瞿疵玫黃有以劉姓諸生行劣者劉少而能文
宗發呼名時衆駭異作嘵嘵聲宗師詰問無有敢應
璋獨挺身爭曰劉生而劣誰非劣者宗師怒遂自免
冠擲𥜥衫於地而出良又遺聽事召與劉生並還巾

帶而責王名者一時流輩胥共高之其於邑之小摧
折及屈抑民庶者必徑情盡言又其餘也義烈大槩
如此子楚愚楚慈楚嶸皆諸生有聲
李公守調元弟敷倩家本漕運軍邑黃羲仲附舟北
上惡疾發穢不可近爲進藥餌湯酏數取衣澤自浣
之經數千里左右調護不輟死爲殯具悉凡治之載
以還費數百金置不問及入龔賠以兵荒死鄒國昌
以疫疾死皆出家財制棺具殯之素好武畧委團練
龍坪衷制臺賞授以副總時左兵東下以疾死

阮思楓色[illegible]鄉人[illegible]爲[illegible]晉已[illegible]歲入[illegible]
流移[illegible]遺[illegible]以[illegible]不[illegible]
有[illegible]以[illegible]
[illegible]
隨力[illegible]濟
饑丁[illegible]石門貢[illegible]丁[illegible]
次[illegible]人[illegible]復見[illegible]內[illegible]
[illegible]之次日[illegible]付[illegible]
[illegible]然而妾令爲[illegible]鄉貫姓名[illegible]遺者[illegible]之[illegible]

廣濟縣志　卷之十二　卌三

[illegible]縣志云
[illegible]
[illegible]命[illegible]錄人[illegible]時以[illegible]
[illegible]人[illegible]以[illegible]之[illegible]人[illegible]
[illegible]無[illegible]乙[illegible]中[illegible]
自[illegible]名[illegible]少[illegible]
[illegible]投水[illegible]之[illegible]人[illegible]天地[illegible]十
[illegible]之[illegible]見[illegible]義[illegible]
[illegible]世

夏三九字天作系自白水紹明德之後以國爲姓以
泉爲瑞虢州刺史𧹞公之十四世孫即今夏仲德之
始也明初卜居於濟之泉口累仁積義散穀賑饑不
五世而析戶爲十備博士弟子員者代籍藉有聲邑
矦夏可需先由濟遷蜀及雷由蜀任濟任遷詞祖墓
與合族敘宗誼題祠聯云源同白水分千派祖拜丹
墀第一人又龍溪公可範自濟返吳中江西亞元旋
成進士累官刑部尋濟索派家乘爲之再輯歷後叙
六以義得官大德捐賑得獎曰典爲人遣妾生子曰

廣濟縣志　卷之十二　卌四

臻施棺殮貧尚鰲賊執不屈大廉刲股救伯大兕妝
瘞枯骨矯矯義烈皆有不可泯滅者時則有鰲子時
斂臻子之乾典孫禺蘂廉子克雄與一龍騁奇騁千
或以明經著或以諸生廩餼於庠當亦明德昌後之
見端云爾

廣濟縣志卷之十三

知廣濟縣事進士黄玉鉉漢崖先生鑒定

儒學　教諭舉人李以範重巖
　　　訓導貢士胡效顔仔白　參訂

邑　人　張仁熙長人編次
　　　　王　臨五宜輯著

文學

張顥號平岡徵仕郎華宗子而中順大夫本端孫也公篤志好學席兩世宦業盡捐以購書夂之家貧田

數畝亦粥之讀書不倦冬月爲棉筐煖足聲琅琅不丙夜不休也試諸生輒高等文輒傳嘉靖乙酉鄉舉署廬陵學諭讀書如諸生時擢知河南舞陽縣公爲政務飭大體釐奬賓鋤强悍豪右斂手又毀邑淫祠神皆易以木主曰鬼神何常形而儼然貌臨人乎

世宗皇帝南幸郢道出南陽適行宫火公排闥負

上出　皇帝嘉之三年政成監司咸才公以名聞而部臣輒抑公不選退食暇手較舞陽志修張氏宗譜刻程傳小學諸書輯義命三編又四年部曹以處州府判擬公公爽然不屑曰别駕遂展驥足乎陶靖節何如人而可使車生兩耳不去徒勞人矣遂和歸去來辭以歸閒居十餘年閉門著述杜絶干謁所志繙倚卓然以千古自命晚年讀書務抉聖賢微旨爲正身行已之要而家務益不給至從人貸食著小補稿等書傳世廬陵侍郎黄如桂作傳畧曰功不及康濟而事業著位不及卿相而聞望隆年不及期頤而德言永究其所被不在尺寸間矣

張步雲字子龍張雪松次子也甠偉貌絶倫垂昂藏

自負就外傅時郎達慕廬陵爲古忠義名邦偕兄宗羲裹糧問業三歷寒暑歸而就試入州庠侫荆藩賓選當事者首以公應公怫不悅剪荷汁以自污免嘉靖辛酉鄉舉三上公車不第起家平定州學正遷大學助教歷南北户刑兩部員外郎出推淮安轉太平知府屬有酋長例得世廕先是其父無子犯法坐死逮獄久會宣指降撤因審錄得開脫獄吏釋繫歸一二夕婦因有身生子及議廕酋之侄遽爲篡襲謀揚言曰叔囹圄久矣烏得嗣因行賂于府公不受更詰

當司可其請惟待府詳允矣公廉其情拘父子於庭焚香矢曰某今無嗣復以利而沒人之嗣乎乃置孟水前面試之令竟以情申監司監司貪而狠惡之及中以他辭公竟坐罷歸濟人初習制舉業不諳聲律公幼時即酬情騷雅繼仕兩都署皆清冷故得縱意詩歌與名鄉宗子相吳明卿婁客柳陳甫寇巨源輩賡和迭唱傾動京邑邑之詞賦代起莫不以公爲負弨焉懸車林下三十餘稔歲戊申長堤兩決五縣爲魚縉紳者唯否視之公年八十有四爲書數萬言泣

控兩臺情辭懇切見者潸然各蠲金若干下縣不數月而堤成屹然倍昔五邑至今賴之年踰九十不釋卷每有會心即託諸吟咏危妙精習永筆法求詩索字者武接于門亦不以衰老見卻江上闢園曰抱甕湖邊結菴曰蒞葛綸巾羽扇皓髮龐眉日驅驢車與二三逸人游息其間觀者疑若地仙焉所著詩文成集甚多明末燬于兵火三世從孫亭然嘗從事筆研之末公每有作輒見示屬稿至是爲搜散逸立傳而以存詩附之

涵學海字巨源廣濟人也家龍坑江上少棄儒而俠見孝宗以來顯名大人間者多布衣風雅奔走王公咄嗟一時公於是矢志聲韻獨往廬山白鹿洞數年不下山鍵門取魏晉盛唐諸家詩而冥會之當是時騷壇奉王李海內詩槩以盛唐爲的公研意揣摩自成一家隨走齊黃汚郢到鵠磯上黃鶴樓一覽晴川鸚鵡之勝感慨微吟嘗時聞之者以爲崔李復出興國吳明卿先生知之亟爲倒屣而山人之名騰吳楚矣又之北上過淮陰侯祠謁侯作詩弔之至京名公

鉅卿搏相推轂奉金璧願得交山人爲重山人盛來履提翩助累紙求詩隨意應酬喝毫颯颯各意得去於時宣大開府梅公邀致之山人攜書盤谷而邊笳朔漠之野咸入賦詠其詩益工倨益甚名益赫赫起朱秉鑑重許可一見輒稱之陳玉叔爲鄉里先輩引與深交張助甫丘謙之李本寧趙夢白皆矖就焉嘗之晉慶成王使所善客抵山人曰不穀倪得一日交驩寇先生始謝弗見强而後見然未嘗不南向坐而王頗反嚴重寇先生重於他客山人亦以是得簡倨

琴前後王公大人贈金累鎰公直土塊擲之所剩幾何趣付酒家胡爲當壚盼笑資陸珥遺簪傾倒不惜也日過邛鄭棻裝且盡見某名妓而意動妓拒之山人僞爲令重客盛飾往𦯀頭燁燁甚都操一緘錡甚固置妓處妓以爲黃金護之惟謹極意爲山人費都不惜久之山人他適期不至啓篋視乃落落然石也山人燕山十載絕不問生業顧迷楚水而家已離索悲夫後倦遊歸不御内室惟日召雙妓二餘竺中玩名花與邑名士往來累日夜醉不休其詩益工窮益

甚未幾卒于亡有弟亡賴妻糟糠不厭惟一婢給薪水晚無依友人湯之相劉秉鉞輩迎致縣中備晨夕歿死以爲歸山人柩停江次桐城劉令徽昌讀山人集爲阡塋畢四嶺去縣東二里許墓碑表道搜遺文刻之爲二餘竺稿若干卷事見詞林人物攷

湯之相字惟尹少貧父爲縣史不能自給公假市肆貿易時時取資夜讀冬月置圓木足下輪動令有煖氣後恐屐易敝更取棉子裝篋中跽之讀不夜盡不巳自爲諸生以善屬文與王惟允先生雅相重皆受

知陳霽宕崇師丙子舉于鄉屢上公車不得進士豫由學訓爲南國子監助教益下帷讀書發秘閣中藏益伊陌若舉子時自是學益進惟允見而奇之曰惟尹幷後吳下阿蒙矣京山李惟楨時在詞翰見公所爲文雅相稱許旋以刑部郎分校鄉試得人最多出知黎平府黎平爲黔中故地在五溪西俗雜苗獠公至悉革夷習飭綱紀釐嫁娶科條使男女有別舅姑之家不得遽爲婚姻俗殺人不償命惟以銀贖故仇殺益多而富人得縱恣公至不爲末減必如律治之

以是殺人少戢宰牛無度或例納啗前守不禁公至概絕之惟以清操自持不濫一錢黎人悅之政暇每龍標舊處日咏風凉原上一過率爾幽尋在郡賦詩成帙顏曰楳溪漫次致政歸杜門手書不釋或携杖訪友俗人罕見其面猶不欲以尺牘瀆亂縣邑桐城劉清水爲令於公特加禮重爲公蒐書甚多經術傳紀廿一史諸名家集皆朱墨書隸校數過經亂散佚

劉養微字敬伯別號康谷子公生右族貌清癯不自勝獨性敏工詩家貧奉親不給自始爲諸生有聲郡

邑則嘗走數百里外授生徒講經學而詩不廢即遐境處人情日深久業乃益進其爲詩大率宗北地何秫清逸自放適不屑專北擬爲工視七子殫技聲格以來盡詩理然至閩衰變調爲憔然失色未嘗不投袂興歎也詩論依文選李杜益探索而涵泳之久而自得變化屹然無所藉於人而性淡樸率易蹤人事體弱善病食不及中人酒無三焦葉力即周旋存問賓主拜揖禮槩不習則多謝却之而專其意爲詩卧起饑飽勞逸提界尺理笨竈據梧而思望雲而怡

以至疾痛轉徙史書感慨無不攬而寄之於詩當其意得成篇放聲吟咏滿天地間淵淵若金石變入清節又或以爲鸞鶴在雲中故兒童婢妾無不樂聽康谷子歌者康谷子輒又歌不已以相樂由是神姿逸出雖家貧日甚而灑然不見窮愁意人亦不敢以窮愁告之制舉業亦工試于鄉者數矣終以不偶乃更能無憤悒悒作披髮入山語而性真率安守終不氣困阨有所求于人康谷子父濮泉淳古講學修行鄉有道稱故其茹苦讀書不敢藉詩人爲狂誕棄其家

教然也後以故人官南都一往訪因遍歷山川宮闕諸名勝古蹟所題咏詩大進神氣雄宕有值過比地者則愈益爲詩遂成家矣未久以積病體不任竟卒將卒賦詩辛苦人間百未休今朝忽作返真遊玉樓作記非吾事一枕空山明月秋人謂康谷子詩癖無是思殺也廣濟人善詩者其先有王參議大謨憲皐又太守步雲子龍寇山人學海巨源與吳明卿同時及康谷子而楊舉人大鰲亦稱焉要之康谷子集最著康谷子有弟養吉字修仲養度字叔夏俱以書詩

聞

楊大鰲字用極好詩歌與敬伯爲友天姿俊邁獨豪于聲妓萬曆戊子舉鄉當榜發覓公不得徧求之則方卧平康云北上春官不第遊南雍南雍諸生千餘人一過徧識姓名不遺歸而囊竭售衣克費其父故人高聯璧爲彭澤令遣人邀之竟不維舟往造家河上坐小樓吟誦至忘寢食不問生業益縱意詩歌感時切指州胥行前後[illegible]蚊行咸有古三伯篇比興之旨過襄陽作大堤曲宛然古樂府遺篇也與敬伯

匙厚嘗云敬伯有詩才而不飲酒以色補之而公之兟意名妓殆身殉矣齊呂妓卜絕人爭膾炙焉丙午病卒先是手書數語曰用極平生無大惡業生順死安所恨毋老不能終養耳將瞑呼家人毋泣端然而逝年僅三十父民表貢生早卒惟事母蔡氏故云妻盧生子晋甫二歲敬伯以女女之公所著述有歷代史括明史括謀梓而燬于火今所傳者椽苓遺艸若干卷晋字子馬有逸才能繼父業別有集邑侯劉公衡昌哀公遺文與寇山人學海劉文學養徵稱爲三

良而爲之詩曰弱冠領羣彥聲名滿人口下筆輒千言言言燦星斗典墳兼河洛含是吾何有千金一笑盡叱咤英雄走咄咄問千秋公卿徒唾手誰知造化忌好物故難久如此可憐人而無三十壽我讀椽苓篇淚下每盈肘

劉秉錄字昇之別號思郊公生具俊骨警敏稱異人補縣學生刻攻制舉業濯勁骨立時師訓誥盡脫之自成一家以故自督學使柔風御史郡令長校官試輒出諸人上每試市兒舉手加額曰吾知選首矣必劉君也已果然[illegible]被[illegible]一[illegible]賢[illegible]名士故[illegible]倒屣爲置函丈虔請從事奉尺一筈越郡國延竚來存問無[illegible]跡交鐵戶外而公顧兟岸志自異力學益勤不問家人產業終歲兀兀坐几席孀母吳孺人廿旨外未嘗過一念及之吳孺人年七十卒而公哀毀如不欲生無何配徐孺人卒公甫四十餘遂自矢終身不復續室人勸之不應一日書牘曰毋可孀子不可鰥耶且幸承慈庇有四丈夫子伯奇屨霜操恐爲寒心矣自

後人無復敢以家室言者則愈不治生而專孜孜爲傳經公學能該博而不好著短書喜持論砥礪經術諸經皆能講授講堂無定處嘗遊吳遊西粵甚久其餘雅遊地輒生徒謁轃來以次相授業坐隅階砌設几杖脫屨震恐上壽如父子禮無敢踰[illegible]聿有家累其壯者以爲欲導其理爲[illegible]之其幼小以爲[illegible]便故所說經有二例然務傳其體要肯綮而不靡于名物令人[illegible]得大義言成文章卽止以爲國朝以經義取士著功令列聖申厲學

宮辟不由之士旣鞠躬受經卽宜有鑽玩發揮務詔書實選本意乃率務浮夸無用不能專精論者詆士孤陋守缺欲兼取博聞有道術通古今廣制科夫法則何常士誠不學卽改制庸得使遂勝也誠學卽未見今斐然登著作庭非春秋選擧士必劾于當世則使醇儒篤論守師法義理扶疏不徒辭勝人於世務亦易濟故當時以經義起家者皆顯人也以是公於博士業終身云然其後常日居門下者多專一經登甲乙科若平時鄉校差等夷使坐牀下杪流若子孫

高顯清華次亦領郡邑璽綬輝映稱貴人歸里而公以宿學盛名傑然敝衣帶往來吳楚閒爲老師吳楚士大夫至今恨之公體素羸不著書每蕩櫛奏記人皆藏去謂是魏晋時語江右徐奮鵬慕公嘗取公小文合明初以來諸名人集粹語刻懸國門以所居地題公岡東子故海內知岡東子公乃曰與諸君子修辛世之誼有所督促任手保無目攝我者而以託諸葵丘之上揭櫫而表廷實也豈所望於經生哉然公自稱思鄉不謂岡東子汴簡潔其教人繩尺不絃背

而行修整重畏義娖娖持不可矯首自異視俗流無當意然親故雖微賤愈加敬愛與人言若恐傷之自少敎學資吳孺人養撫弟鍛怡怡至老艱苦中無厲色鍛亦善事母吳孺人病刲股爲糜以進而愈公益愛之分處士遺田宅多取其下者惟意欲之又減分以贈諸生免租徭食上餘輒與共娰娣有違言恐其中訹則引之闇處而咍彼秦羸楚芈宜其詬也一先人遺體而恭何充者以肱臂捽耶故一笑而解族貧人嫁娶失時出私財陰助之而不言士有文輈車避

視祭粢米不足尊士有待而擧火者奴役于家久矣後知其先爲士哀之焚契而出之以是諸公慕公不獨文學以至行足爲時師表鼂後居棘闈閱白首不偶凡九赴鄉試年六十餘以邑學歲貢士領薦入京廷試高等劉太史鍾英麻城人諸生時素感公知爾嘗曰薛卞之門不可臨以朴璞乃大劉而見惜也太史益視公稱小劉云至是指公謂人此吾楚荀龔之龍也擬爾而鳴其斐久矣公孫弘如其年始去牧豕斗振例精彩而用之當使辟雍明堂薦以尺璧豈[illegible]

悠同頌褒人作負笭謦欬計哉因亟稱公才于當路
以例不得即除官便道遊晉訪故人嵐縣令呂君希
孔過井陘市有少年馳生馬來猝不及避蹶仆地從
者欲引之公曰毋庸彼得意甚柰何死無續遂行至
嵐呂君接之大喜初呂君亦以貢仕乃獨早爲令其
人有文然宕豁不如公謹而相引重爲昏家自公至
悉屏棄吏事日但雅歌飲酒爲笑樂藉相盤桓[illegible]覺
公之思而徐爲入京地一夕疲疾作竟卒官舍呂君
義士祖哀踊分俸厚治喪即僦馬家僮旅櫬來抵黃

河北岸雨後流駛舫者盡匿不見得故人蘄劉君濱
河武陟爲令聞而大痛出祭奠移牒以度乃歸公四
子長洪芳字孔實號芝園髫有聲自童時聰慧甫冠
爲詩文饑白命同邑叅議王公大謨有文名家居一
見嗟賞曰吁公升堂拜稱文父傾動時流青州豐公
瓚督楚學愛其才一試拔寃多士而年踰壯不售遂
放誕有高世意母舅徐公宦吳往省吳弔古蘇臺日
過名士張幼于輩痛飲作贈王百穀諸詩後思郊公
以長洲令幣聘遊吳公復遊爲長洲文公震孟陵公

仁錫無錫馬公世奇皆爲序刻家集公文多不載黃梅
瞿聘君九思講易江上士雲集公屈造皐比左右脫
曰易爲諸君講乎就供張取酒饌酹大白歌呼驩君
驚喜命侍人更爲盃籌聘君嘗曰有才如公功名富
貴催公不須公催功名富貴也公天性洞無隱匿然
寬重知柔虎頭美須髯後偶與醉人語醉人怒手捝
須墮地觀者大鬨公絕不校彼醉耳是可爲康乎閑
門侯須長始見客族中豪事干鼎倅公不及冠藐往
以醉倅故文籍得交歡公豪後以貲爲郎及使酒凌

傷公笑而受之日與接無厭然平生自洞達不欲專
邊幅檢梲人使人終日鬱促不得任吾眞故時縱之
平易與人交雖不合不忍報如故與少年作稽阮遊
揮其金飲累月爲常其飲催爲我楚舞爲謔及談家
事有臧否正色沮之或大笑若無聞雖少壯無決科
仕以才品甚有所知名人敬之終身不得於邑少喜
遊後不復遊晚年屏居專爲家教法月集族子弟而
課行藝焉劉故世衣冠公更整肅之子弟率謹恂恂
矣公爲文不起艸數千言立就酒後與儓乞文立振

筆書如其意其爲達官貴人及來謁都不記也詩宗杜少陵不爲名所作隨棄之謂叅寥頭角飾何難置承明備黼黻乃身不用矣飛霞嵬門而土委之亦韜其光氣還造物耳安能牢驪格格効吾家孝標彦升自勞苦爲也後歲貢邑學求及上春官卒遺集若干兵火芝圃公子醇驥醇駿

劉秉鈇字寬伯太僕梅沙先生長子也少嗜古學卽然欲以詞賦名家常侍太僕于三晉川蜀間轍迹天下遲半因發爲詩歌近體工唐音者彬彬也不能超

乘而上因爲擬古樂府及選體曰尼父正樂而歸之雅頌古之詩古之樂也十五國風左氏傳所載燕饗被之絃簧而賦奏者樂與詩尊然同體漢興作者傑出鐃吹近雅祀饗近頌相和雜曲調近風謂之樂府名雖曰樂實則無樂詩而已矣六朝而下軌躅具在唐青蓮篇章獨多杜陵以迨宋諸大家僅僅嘗一二篇惟自署歌行以該旨趣本朝李北地何信陽汪新都王弇州吳下雖足稱兼擅其能著者李濟南青蓮之後其興起有無之間乎擬義精專千載不媿惟濟南秉鈇効顰詞場嘗祖獻吉而禰于麟禰之庶幾見知云集成數卷清水劉公見而奇之曰古三百篇後可與語漢魏者寬伯也自是每出遊必東寬伯時劉公得瑞鹿自爲歌命公和之九日陪劉公同新都畢貫之吉州劉子尹同邑胡孟培登横岡絕頂分韻賦詩明年以歲貢廷試歸又同諸文學陪劉公遊靈谷酌㵲月臺聽石梁泉聲又登五峯山過石磴席竹嶺進盞醉臥崖下作詩自嘲復爲之記惟遊大歲寺不克往劉公手書致公貽以詩平生詩文酬唱弟正叔

父巨源枵存長孺而外晁服膺饒汝順謂汝順與余無毫髮不相知汝順之下雖見吳明卿於北園公東以全集吳明卿先生爲之序大見稱賞名之曰隱弈齋稿公仟浠圻訓導逾年歸後以子洪甲勅贈武英殿中書科中書舍人弟秉鈐字正叔諸生善詩性好書侍王父宦關中得古石經本古法書碑碣因精書法於縣北創白石山房延益友以觴以詠後弟秉鈐以詩詞振起與邑中名士酬答其名益著

饒于豫字汝順父之初爲河陽令以清節著而公遂

以才雄江漢間年十七補弟子員逢鄒公迪光督學奇其才是後每試輒出人然氣軒豁薄俗學不足爲獨喜古文辭爲文宗漢龍門司馬而於當代則推元美爲昆弟其才之所至卒成一家言性嗜飲朋友相覯歡然道故飲可五六斗而拔劍砍地歌且哀矣當其嘯詠豪囂忼慨悲歌四座涕泣莫能仰視而公猶血簌簌數斗沾衣下未已也忽起嘻叱喜輒笑傲諸浪舌壘壘河懸即齊稷下一日而屈千人者揭旗鼓一嘗公恐不得所欲矣公九入省闈竟不第年四十

邑邑不得志益縱酒嗚喑悲嚱以死公文還盡嘗世士同邑寇山人巨源張太守子龍湯太守楙存劉廣文寬伯皆與之結社江上而公安袁小修黄岡王行甫興國吳明卿稱鼎善公既就盟柯山隨論文北園吳明卿先生大見推奬即奇字虛稱楊子宅治安重見賞生才士大夫至今傳頌焉然公短軀貌不及中人而氣軒軒負千古懷有吏關中者即屬其舉獻吉子孫一入奉牢醴有督學滇中者輒請祀楊用修春秋勿絕焉所著書待删草行于世

崔雄字儀玉爲文高古超逸葛水鑑先生愛之刻[illegible]漢人文江浙名士至無不訪問其爲人

儁調變字理卿慕雪樵之爲人故號二樵焉少爲諸生及劉公趨黴署縣事敦尚風雅與公鼎相得公意在博通治舉子藝暇涉獵書史猶愛讀離騷坐南山寺樓展轉騷些句抽而字繹之時時及文選諸書摹擬詩賦序啟然日必挾文走貴公卿或上官郵邸中見必抵掌譚譚則相敬慕而禮致之向夜始篝燈讀夜必治食具令力足供倦態蚤起又事走謁故爲諸

生時貴官達人無不知有二樵先生者先是桐城劉儀昌治廣濟得瑞鹿公爲賦若詩以獻劉公喜之大御馬人龍與劉公同好督楚學政博求稽古之士公擬屈原遺表當馬公意深見推重然竟數一遇致業武試中武舉北上會試歸值葛水鑑先生歲試諸生已竣公補試葛公奇其才遂拔前諸生會泰昌恩選學使周公以公應遂由北監中天啓辛酉鄉舉年六十三矣署江陵教諭以禮經分校四川鄉闈胡菊潭延安策語多切值公力舉之因成進士爲詞臣由是

朝臣素慕學公文者以公爲能文復知人交薦補南
雍學錄授六安知州公嫺文藝而拙於政術事多不
理二年告歸買宅武鎮爲導養術註黃庭內景諸經
自名胎仙久之遷邢園年八十餘尚治古業手書不
倦凡公卿過里邑者必訊訪二樵先生不已云刻有
五枝艸三子而長子汝詵最有聲
廾許國字忠甫父廷諫以學生專一經公十一歲爲
諸生受戴記奉父訓甚嚴十五歲食廩餼省試闈牘
諸治戴記者咸遜焉自是聲聞譟起諸生中共相推

讓濟邑自徐豹山以禮經起家詞林與廖公道南同
時後許正齊如龍受學樊輪川刻禮經羽言爲孝介
諸公所歎服梅理卿亦言禮家宗匠也公年差少於
理卿與共起居更加精究鄭氏而下說禮者無慮五
十餘家公細爲參訂精思微論多曲臺所未及者是
[illegible]開梁繼宗疏意成庚子以復海內始奉爲鵠的
而王伯[illegible]一[illegible]以古人名家初不專一經獨以吾黃
治二戴記無論忠甫者特具禮懇延家塾搜帳中秘
得所爲隱談者亟口歎賞與學使熊公宇奇爲之序

以公海內焉又有四書獨解廣自警篇詩稿若干卷
并刊之壬子包公鴻逵分校禮經闈公卷喜甚榜發
遺之乙卯包公仍入闈復篩索得公始雋人稱其遇
之奇也以爲年幾及艾入棘闈者十贈公詩曰但云
宜晚達論年亦可封古人立事業多是鬚鬢白其爲
期望如此後署山西太原學教授太原李中馥於儒
童中識拔之丁外艱歸起復四川渠縣教諭李含乙
寒士也受知於公遂聯捷陞保定同知駐赤城去居
庸關外三日公守正不阿會監司以他事與公不合

僅一月遽拂衣謝去監司留之不能左遷貴陽通判
在貴陽仍以清廉蒙直指奬旋致政歸公性孝友謹
厚當時同社與公齊名同舉乙卯鄉榜者陳麗璵字
伯光亦積學士也卒爲石泉知縣以老終焉
陸騊先字孟思父一揆以諸生授徒里中孟思十歲
而孤時劉敬伯兄弟以詩名家而陸與劉共居一里
中孤村雞犬隔山可聞陸傅學詩歌超然盛唐爲敬
伯賞識時與淨土暨弟闇齋居石港山劉闇修贄敬
伯門下與兄淨土往來孟思山館搆石欄孤處老樹

盤桓看雲歌嘯歡情屢接浮玉後由進士官給事官
遊帰創菴靈谷迎公讀書其處孟思天才豪擅而老
不博一第專以詩文自娛遨遊五峯靈谷之間與浮
玉諸人往來咏吟成帙浮玉殁而公歸里門訓子延
文約鄉人喾守胡孟培邑理學士也公與昆畜性命
之旨淵以詞藻益同時相得甚驩者遂獻自襲黃梅
諸喾潰降孟思與孟培各主一喾孟思主萬安喾孟
培主燕子喾約誓甚嚴喾無爲異者至是皆爲所脅
家累陷没不能自振孟培自鄂渚援歸而公遂與延

文陷賊授以僞官昂藏不屈公尋墜馬死子延文被
殺其詩篇散佚獨友人饒叔度編次成集
饒嘉元字仁倩別號鈍菴父于鼎子八人而公爲昆
戊年少嗜書暑寒惟燈達旦不歇爲文務抉聖賢精
微詩歌苦思始就性潔服度鮮整步履不少假或以
高格疑之而中寬抑抑闇有學人則驩就之不已與
劉敬伯爲友每有所作必質之點定後快劉令清水
與邑中諸名士浮度酬唱公皆與焉伯父于豫以詞
賦雨相砥而同不得一第豫門于奇才目所鮮偶

不取媚於時每一爲文不啻如昔人所稱死去樹巢
也者語曰他山之石可以攻玉彼夫捨人口中唾者
余兩人爲之砭也而兩人遂訑訑不受人砭乎尋史
天啓辛酉鄉舉謬公昌期主試事得卷昆後昆喜之
明年不第歸搆小樓河上臨流吟咏爲詩歌詞賦者
于卷弟嘉亮字熙倩少即好治古文詩歌崇禎甲申
歲貢後謁部南都有旨急選値國故罷歸遂絕不復
言十進著篇什極繁鄉先搢及海內名公往往推轂
原本藏柏林屋壁兵火屋壁壞十不得一性亢爽難

爲苛細儀自少婚徐大夫壽春署中又隨之東吳聲
籍漸廣其後轗軻不耐家居遂客遊衣裘輿馬遍都
會然義稍不合則拂剌去或誚讓之雖權要不顧性
不喜庸俗人每不肯容人過或輒毗公然終不能擭
之其節槩足自立也五子仲子來中登巳卯賢書亦
以窮老弟嘉軏字叔度博學爲文益與古類古器物
諸銘詩喜創闢少時多從黃諸名士遊結江黃大社
文譽益盛劉敬伯以詩名家執贄師之敬伯弟叔夏
其友陸孟思皆奇士也而公深交之每獲數公一字

如獲異珍不敢秘必以示人且袖之不忍釋云公圖
好奇而好奇之士多奔走焉嘗與陸孟思弟季含劉
叔夏立社叔度居邑東門季含居鳳凰山毋相過輒
送越石門數十里季含馬上叔度步隨欵欵依依歷
三紀崇禎十二年叔夏殁迢遞使季含每哭叔夏兆
望康谷里爲之腸斷叔夏詩手寫全本楷書精整因
亂與他書俱藏土窖中蟻蝕其半公哭而徵他本補
之寂無應者丙戌七月發書適可開皓然中汗出浹
背從蟻腹餘覓字存者一百四十首如波塚中物蝌

皇尊補誓不負後死責葺以俟之而是時敬伯孟思
諸人詩皆藉以存有黟江王剔者善詩其孫負遺集
求公點竄公護之尉孫既殁公覓其外孫付還公困
阨經荒亂不變塞儔古工詩自爲序著孤光草十卷
成其子陞中學行克肖能珍父書以俟具眼者
樊士英字巽父九歲而孤事母孝少穎目千言成誦
爲諸生有聲數奇不第家四壁蕭然風雨讀書自樂
也平生氣岸不肯屈人人亦無有屈之者遇事持大
體多識畧嘗陳說利病佐邑大夫理邑人賴之初表

嘗入公門有所干請性嗜詩晚與饒伯子遊伯子愛
其詩句又復善飲每客召必醉不醉不止出每居人
後率以爲常友人嘲以句云一篇脫手古人少千椀
嘗筵狂者低正其大器手植楊二株搆一軒以爲
怡老地自號楊軒居士詩有數集曰尾缶南遊東山
少步諸篇亦授梓尋被寇火俱不可問惟酒德至老
不衰詩興益豪順治初縣新創茇茆聚處荒凉殊甚
公家去市里許日至市結社狂飲詠歌爲樂竟以氣
義多所指陳卒罹不測友人吳幼膺皆有詩哭之

陳懋對字長萁性孝友而博學爲文高邁風流儒雅
爲一時敬愛與知名士數輩結秋水盟後受知於鄉
守史公惇烈以爲薦試棘闈不遇人士多宗之里中
饒季雅饒諸家暨進士如饒彰中皆專門師法性喜
書友輩會期持幅求書者集几案嘗醉後兒童環遶
投紙筆求作字揮毫概應之大有蘇長公風味尤篤
愛弟仲英懋績相推以文崇禎末病殁年三十七
吳亮思字幼膺少爲文好抒本懷爲葛屺瞻師鑒賞
名士宗之崇禎庚辰膺序貢廷試是時天下荒亂帝

加意人才而於明經一途破格汲引又於是科進士廷試親臨殿陛詰問特選三十餘人爲翰林科道部屬皆異數也初至京聞之擊節稱歎謂明經必有殊遇廷試策直抒本懷無諱當事者竟殿之後特選百名亦不遇而負缘甚衆湖廣五人晁顯白有據因抱不平發憤上疏指其弊奉　旨許指名回奏疏再入而當事者林公欲棹也王銀臺封駁者徐公石麒也止之不可疏竟上事亦中寢久之乃有挾私妄奏姦任官罰俸之旨歸遂隱居著述

溪所養號二思爲思溪長子季父世亮徙居郡城舉嘉靖辛未進士授延平府遷興化死倭難　旨諭祭定惠書院側養慕其德讀書書院十餘年隨從學黄梅瞿慕川一見驚異曰此老友也凡所纂修與有力焉屢入棘闈不偶著齋心子詩古文辭有古大家風事繼母以孝聞弟所蘊貢授漢陽諭所畀廩生

方東白字木生一名定愽洽有聞入棘闈不偶中武舉三科不肯就職家居過其閭者爭敬憚焉是時西門范氏同我任可明應明俱諸生有聲者

劉秉鈴字幼凝太僕公末子幼孤好學與家千里張長人共相劘切歌詩遂擅一時經亂寓蘄名流朝夕遊詠見時不可爲絕意進取遺廩貢若敝屣蘄宦李暘若官淮上買舟往謁遊吳越金陵懷古篇什益富詩益悲壯婉麗有成集若干卷

張亭然字翹若子龍先生侄也少值子龍家居朝夕論議于詩有獨得四十後遂絕進取專意歌吟子先基順治己丑進士任東强歸侍養益肆志歌行有成集行世

陳文濤字濤生本邑人家世敦尚理學求吾南阜幼沐其芳澤遂澄心聖教由程子主敬以適于新建良知之旨研求不倦聞人有異書必借錄紊質長入膠庠屢舉不遇遂家居教授陳真圖暨先兄弟輩商確證悟其晁著者尤篤于爻愛必先爲任擇娶始爲子謀雖產割不異同居猶愛著述有微古堂稿刻暨論學諸書行世歿之日州郡名流聞其風者莫不感歎

劉洪班字漢庚好學不妄與人交聞人善必軀之

張睿穆善爲詩歌與孟培先生楊子馬酬唱最多

趙煥字克章號楚瑩以字諧行世母陳氏夢天丁入懷遂娠生以天丁名六歲失怙母苦節撫之十歲知畫鄰矩以盡其妙嘗夜有神授之式起就草如宿搆者受知於邑矦姚公海崖極意獎之偶遇遺金候其主還之矦益以此多其義晚學詩臨智永書法邑人張子龍先生多所唱和子龍先生神摹智永書法者亦且嘆服之嘗云寇巨源詩趙楚瑩字畫可稱雙絕年九十餘索字畫者踵至其門兵燹後殘幅遺編皆拱璧也孫邦綸率祖教畫邑八景圖殊精絕禆將

士弟子教授四十年當時名士皆出其門留心內典學錄數十卷春秋弗怠有子文學早世營三一閣老焉嗚呼天之報施善人何如哉邦綸字淮生號柱石四休居士煥之別號也一菴道人則邦綸之別號也

王尉名三聘號莘野嘉隆間人幼習舉子業不利去爲椽其人廣顙修髯喜矜持自好昂藏岳嶽衣鏗鏗有聲岌嶷曳履高視闊步發口作鄂音英英欽欽望者[illegible]吟善鳶生嘗曰怡情松菊酒生討漢唐詩又自愛栽彭澤柳學畫輞川圖工草[illegible]格不必古[illegible]

屋漏而[illegible]漬[illegible]着紙自[illegible]不必開元大曆而景會[illegible]生驕麗自得居貧[illegible]如也父之爲蜀縣[illegible]尉黔江人重[illegible]詩與[illegible]輒於馬上肆意[illegible]貨刻[illegible]十幅人人得意去有占榻臨市[illegible]外翁過嗤其下爲之倖[illegible]人一日[illegible]榻[illegible]動[illegible]知將推爲薪翁[illegible]以[illegible]叟毛外翰爲梅王人而題其[illegible]冰梅[illegible]好句頻來[illegible]客迹清[illegible]極[illegible]爲[illegible]王公[illegible]云二十年謝歸吟[illegible]山水[illegible]以[illegible]老詩若干[illegible]來行而[illegible]孫君宿哀[illegible]

示[illegible]叔度[illegible]潤而君宿遄没叔度[illegible]意[illegible]茫世難中[illegible]之十二年會翁外孫胡[illegible]玉[illegible]而工詩叔度於是解翁遺帙付懷玉邑人胡[illegible]曰先[illegible]若[illegible]竹坡桐平山[illegible]竹[illegible]皆[illegible]佳句而[illegible]好事者遂與其人俱[illegible]則[illegible]玉乃王公所藉以不朽矣

董允寫字[illegible]別號景星子其先世有伯剛者[illegible]慧[illegible]及景星而[illegible]之[illegible]癯骨稜重秀[illegible]於[illegible]之不[illegible]人而[illegible]一日[illegible]記忽遽聒雜[illegible]睨之亦記[illegible]凡思[illegible]書迷[illegible]既集生徒於其家

以時務字宜初號雲濵神宗間爲名諸生懷奇好古
不肯逐隊行曾遊金陵閩越歷佳蹟輙有詠生平與
邑韓南阜族弟吾交善於里村觀音閣雜工析微嘗
時祈祈多士望形表而影附輩溪雲嶼之間歆羣寥
亮達震焉里人至今稱之奉禮終沒片語輒莊基生
平大約嚴愼如此所至州門邑爲競相欽式雖身在
事外遇有關係民社輒夆殊執者侃侃覼縷不置人
益以是擊節性摯孝事其父南湖或侍立不嫌不褻
飲食必親陳南湖公風韻甚雅好賓能率循其意

廣濟縣志　卷之十三　廿九

瞿瞿唯唯則厲誠投愉不自止至祥禫日咽泣思慕
三載未嘗入室每循古典法故家門寡力琬琰愼旃
會弁實不以讓人每肅坐燕亭日進子侄風雪聖賢
其遜心沉摯詩文稿積如嶽晚同鄉老有白社之結
醇醉後韭璋壇席酹唱于秋黃白露見其高譚古人
譎辯波汪又樂得其深矣里村少年式瞻聲容者一
秉于謙光不違率警策衍遁卒以成名甚衆嘗遊揚
州有張某賓之禮數欵甚時坐客劇飲須臾出陳搏
睡圖索題即揮筆賦曰青雲爲帳白雲枕直睡華山

第一頂吾見世人醒是醉獨君睡處却是醒時度詞
時年近七十勤學敏靜山川間與人無競誘他人訂
日餌舌過辯論自負益篤不甚給誘訪問者盈門焉
一時物宗之譽云子文化文命文學有實錄
淡韻謂得顧子之志生有著述書自六經楚典子
氏百家靡不兼通淹滙獨發華居大學以壽問邑
矣劬學變覺演通倫不喜近俗類志氣風儀精精州
稱著有學庸提宗古文詩賦若干卷生平學問最稼
早年稼討其見地與人故同學者蘊然不能令莫國

廣濟縣志　卷之十三　卅

幹國其子也
朱文奇字伯正有操行酷好書史授生徒經風雪中
不移步嚴督族黨有不軌人詞連誣逮赴江西監司
衆覺之監司使一見識其人微婉相驗歸家漸落行
益堅勤善古禮不隨人隊晚誦西竺文髮垂垂白坐
卧三一室[illegible]二十年[illegible]家言濟[illegible]不之及
年七十餘燈下熒熒作細書誦孫鴻堡輩曰世人景
慕爲先賢須臾耳雖捱轉國門錐利銅山何神益哉
聽其言使人塵囂擲去後偶不懌斷衣冠而逝

王五宜傳

王子名臨字泰生又字五宜其先三世同居以孝義
聞邑令蔡公洪煒旌門五宜生而事親孝奉侍左右
無疾言厲色居喪哀毀守禮三年不入寢室塟過墓
必泣家極貧而好學游屋過街塗飯麤起無飱也獨
諷誦不輟或曰饑乎曰吾有書故俗笑王生代飯書
其學於書世務盡忘之兀然若癡與人坐人去仍或
不見夜寒積冰雪席冷燈殘及大布破蔽兩臂獨非
從庭數識所誦達旦叉人陳濤生亦好學士也每過

輒談舊聞編相對質經史得失意酣甚火熄瓷及懸
不覺條又撲滅之又對談自如嘗作禹貢圖及河圖
攷邑前輩胡舜培先生見而奇之引爲忘年交補邑
學諸生遂以文名崇禎末避寇亂渡江居沙村沙村
山後懸崖石如屏壘書梅山傍識范純仁題人鮮知
者五宜登高得諸荒藤棘蔓撫掌呼絕剪草成蹊邀
諸名士遊焉作梅山記兵寇稍遠北歸僦携兩袖書
廬於邑西鵲巢村號鵲巢居士李自成敗餘賊南奔
掠邑人人盡逃散五宜獨坐大松樹下執卷微吟爲

賊獲繫至營欲兵之有陳覲我者識之曰好學士也
毋肆害引見賊梁廷杜廷柱大異之因與爲禮而自
道其生平好讀書志取功名遭時亂聚衆山寨爲李
所襲從鋼馬左髭鬚跳躍馬上彎明月弓啗牛羊肉
飽差勝蔡蔡不樂耳指帳中曰吾精糠婦也是好讀
書者燒大炬出所挾書與相質天明贈五宜揮刀一
揖而去五宜自明末尋授徒爲業後從江上歸避雨
村店有婦人棄繡筐而走就覗乃廣濟舊志前後殘
缺失次其存者又率略不雅馴五宜取歸遂觀殘以

修輯爲已任於是詢舊老孜族譜凡深山遠水斷碑
敗碣之所藏道路關梁寺祠斷石破壁所記質諸良
友闕以史籍數年勒成全書楚撫按大臣監司州郡
諸公至取縣志即以五宜書上而五宜亦倦勤矣康
熙四年督學王公案行優是秋病卒五宜謙厚和靜
言不侮經行不忤物雖童稚對之如賓人以疑問答
甚悉猶不敢自是門姑陳所聞汝更攷之不爲臧否
聞言人過則避去人饑寒困苦不能周贍念不置其
授徒多學者靡不誦言王先生也王先生積學而屢

徧場屋愈以書自慰手鈔編輯甚夥經鼎革散於兵火少有存者惟縣志鼎盛傳子儀選孫德鴻德瀛德鳩

劉子曰五宜同邑初未相識族人漢侯嘗誦所作文亟稱於余值兵寇交訌友朋離徙過江訪五宜沙村風濤柳林同遊梅山觀石碑有詩後攜入長風山社及修縣志則每稿成必見示其商推亦助焉異哉因五宜而知　中尚有好書也

同學劉醇驥譔

武功

陳受三有力善大刀值寇至手舉礧石具寇驚去麓山之役奉召進勦衝中號鐵鞭尉川[illegible]勇將軍

崔志[illegible]字以大以文士不得一第[illegible]五名投四川會塩守備會塩鳥道夷苗恃險[illegible]公蒞任值賊刦解餉超單騎深入譲土官普助執渠魁斬之追餉給解餘黨震　上其事功云約束夷民疏通糧道惟爾功三載陞建昌府都司轉南操江兼叅將事

舒益生字民裕廉憲公長孫也幼爲諸生留心內典

及諸家以該傳名儒世承平輒好譚武爲攻戰具十公就武試父止之崇禎乙亥流寇剽掠舒城太湖間邑乂不知兵悉戀家貲一切警傳不肯信公馳騎出哨偵寇抵黃梅鼎近遂整戈束鎧率死士四人伺之至石壠金鼓聲震賊見騎少疑有伏不敢進先是东華山道人景奐譚者留東山數年是日候斤竹橋戒無輕嘗寇於是亟返安太淑人訖疾呼邑人遠遁邑無城守翼日寇至而生靈數十萬得不死者君之力也後爲靈山砦主寇突自宿松黃梅毒數賊入境誅

岩悉破降獨靈山孤營乏援乃誓衆死守冐矢石禦敵六日焚營夜遁山賊以衣幣召手亦來者移南流河乏食採野蔬給朝夕三月而返監師章曠山召之使聯絡中州至安廬諸砦制臺袁繼咸復邀留幕中甲申之變立大忠祠赴楚撫何騰蛟獎勵江北八百餘砦壽薙髮于象田古靈囿又後晤覺浪和尚于𥁊恩戊子依休寧令翁人龍開堂于山雲寺辛卯示命子峻極遂吉取龕書偈負骸骨歸與長子逢吉葬骸東門外

逸士

梁椿國淳號作所雪樵先生次子宋末工詩賦肥遯林石宋亡武昌陳平章薦之奉仕元屢聘不起謝之以詩

元姚楚山明爽有智畧高蹈不仕惟工吟詠人有過其閭者咸指數曰此白雲處士家也崇祀鄉賢

何朝舉有志操師事饒雙峯先生養志巖阿不樂仕進著有文公性理吟一編崇祀鄉賢見舊府志

明柯仲立號半山性孝友志恬靜博學苦吟疏財尚義作半山書舍于山巔而聚一時文儒講論經義志

倦後移雨山改號雨峯有遺詩

董啓恕父伯剛以奇童稱伯剛早卒啓恕性淳謹惇睦婣族怡然遯處有司高其誼爲應詔以壽官終年九十三

程爺關爲文典雅以古人自期嘉靖辛酉舉于鄉益砥名檢足不踐城市屏跡深山敦行孝弟

劉賓號渫泉隆萬間隱居講學與吳易菴陳仁甫同時相砥庭訓三子養微養吉養度皆以詩文名家吳

給諫明仲與其子養微爲昆契而以執友事先生嘗寄以詩云先生淨業已多年樸簌林風萬井煙銷盡溪迸無一事但須石耳帶茶煎劉淯水爲縣令高其德誼稱爲卓隱先生

陶之哲號復九少應縣試張良請借前著論以奇偉見賞旋自厭進取曰聖賢事業徒博一名乎遂專精五經學尤深易禮鑑性大全諸書爲人恂恂長者即之和氣襲人而中寔耿介非禮之言非義之行罔敢涉也邂知已有急即解囊濟之黃梅瞿慕川先生斷

州顧曰巖桂巖兩先生皆善公往復辨難無虛日所著有讀書一得數卷博綜羣說而參以已意議論迥出人意表及劉敬伯楊用極輩甚重之公生八月而失父事母胡至孝母老公爲着衣衽檢被席足不出里外者十餘年母年九十七終哀毀骨立及葬廬墓止携一丁給薪水夜月寒鴉寂寥殊甚墓前有古松每天氣晴朗輒有白雲聚其上經書不散邑侯劉公淯水高其行誼旌曰有道布衣擬式廬會內遷不果在道猶謂人曰吾於濟失一高士爲我謝之後御史彭公懷徵節孝府判董公三策署縣事具公狀以報旌曰純孝可風賜白金十兩公居恒族黨間動以禮自範亦以禮繩人至落落不合于俗或目公爲迂腐嘗出遊十餘年遇方外人傳養生攝性之學旁及堪輿家言後王臨問公爲人於孟培先生先生曰清苦真實不投時好人也清苦真實雖古人難之蓋公實行矣

徐玉吾博學工詩譚言中處宜可解顧晚年爲隱士服芰茅赤土山下顏曰蜀可齋饔具自隨縣題待客

友至自起烹茗款譚自備雞黍不假一力其子勝于日以子爲不能事親也公曰吾自適志耳不勝汝菽粟哉銘楹曰灑掃一室以待死破除萬事以延生

祝居士居濟東門外一圃甚幽邃學博行高詩多清慧入叟甚愛之每訪必遲留累日不能去

周之暐字幼淳少力學爲文周令良弼縣試置第一名當甚器重之與爲文社時劉令淯水葺四高樓新成諸公登樓大會酒酣各爲賦先生亦獻賦中云興體製而層升高便墮漢窟簾隅而鏡出倦落驚鳥叉

云明府新一邑之觀氣回山嶽騷人集四顧之盛喜溢毫端劉公歎絕以爲一時極致然試輒數奇遂隱居教授弟子百餘人先生博物辯論精審以大義爲歸而細微必詳如以爾宗靈武之事爲變而不失其正藝祖傳位太宗爲三代以來僅見者燭影斧聲柱斧乃玉所爲即玉柱斧以供指揮代如意物周世宗臨王朴喪玉鉞叩地類此玉導或玉簪冠笓之類劉熙釋名云導櫟鬢髮使入巾幘與根子類南齊高祖性清儉主衣中有玉導命擊碎之晋馮遷追桓玄玄

拔頭上玉導與之皆是物也先生性行和雅鄉人咸云與周先生處眞如醇酒先生少孤而母稱慶事大母極孝婉曲得其懽心母事大母無幾微忤先生館生每遇佳節相去十餘里雖風雪必歸盡禮敬不敢有歉居恒示弟子曰爾毋不孝弟二母死居喪盡哀聞人懿行必展轉稱述聞人過則諱之晚遊確山數年有朗陵集述先賢景物及所吟詠所著有續博物志及纂天文地志諸書

馮正甫叢儒未遇棄而讀易山中每夢對先聖與語豁然有悟力辨序卦眞以伏羲先天圖演六十四卦次序與月令歲紀無不脗合自削竹以繩編之反覆皆咸圖象爲易傳二十卷每以示邑人劉于里千里大稱賞許爲序刻行明末兵火其書遂失有李甦生者亦奇士經義多獨創著二論習坎諸書以性癖不爲人喜云

朱顯綬號熙菴少有隱德喜讀書尤深於易嚴重不苟言笑雅好文士課子侄日夜不少休晚尤精卜筮醫藥等書慕丹術授學於王雲鶴登樓敲樹置冶烹

丹足不履地者數年自是解觀天象知世變避亂江廣人士依之結茆沙村梅山諸處皆有幾先之哲焉崇禎丙子秋夕及友人啜茗觀蓮歸歎而逝

張鵬號圖南性嗜學博通古藉弟子從遊者甚盛望重庠序者不下百人何所自皆出門下嘗覽羣書斷以己意四書五經俱有訓釋

張岳家產不豐而好行義屢試不遇遂放情詩酒間山澥水滑曠然與造人稱隱君子子拱治亦力行技唐人書悟藥餌義因聚藥物求者與之嘗輪粟濟貧

饒霖龍字猶倩性豪俠超邁弱年即厭薄諸生帖括業稍長縱意所適乃與邑中諸公子爲富貴容從諸佳麗鼓鬟歌舞翩翩來廝也然好讀書牙籤萬卷每八斗十二參拔劍撫地之餘輒閭巷長嘯適與心會及復流連繼以涕嘗謂袁公安中郎人生五快即托鉢寺門求僧舍亦失爲奇男子豈與齷齪書生輩較盈絀故遂散千金不惜晚遭亂寓蘄春每與人言古今成敗輒嗟嗟終日不倦蘄人有饒季部之稱爲所撰有閨訓及諸葛武侯書蘄陷稿失

[illegible]人[illegible]貢[illegible]十[illegible]起歲[illegible]于[illegible]萬曆十七年舉[illegible]舉者[illegible]不貴[illegible]作[illegible]孝學[illegible]有庭訓十二則[illegible]侯夏可[illegible]以[illegible]彭[illegible]分[illegible]纔香兄[illegible]序[illegible]母[illegible]一日而[illegible]人[illegible]譜[illegible]行[illegible]長[illegible]有[illegible]

僑寓

徐儉山陰人孝穆陵長子爲吏部郎中陳太建初廣州刺史歐陽紇反宣帝令儉持節諭旨紇置儉於孤園寺紇嘗出見儉儉謂紇曰將軍業已舉事儉須還報天子儉之性命雖在將軍將軍成敗不在于儉幸不見留紇于是遣儉從間道馳還後子斐於隋大業間授本縣令儉隨斐到任遂留家居郭西郊外見南北朝史

王濟宋元勳審琦十世孫嘉定間爲蘄州刺史見金

兵猖獗寓居廣濟卒葬車坊山舊府志

陳聚餘皐人延祐時爲壽光令改廣濟教諭邑士多宗之遂占籍于龍坪鎮見府志

文天禎江西廬陵人宋忠臣文天祥之兄也領宋寶祐間鄉薦署廣濟學諭造士有方邑俗丕變因弟天祥死節於宋而公亦不忍仕元遂留廣濟縣治五里橋東家世業儒迄今來艾[illegible]十世孫文天才中嘉靖辛卯舉人詳人物志

胡昇江西新淦人令廣濟有能聲士民宜之因卜居

爲繼學鳳陽人爲廣濟主簿卜築于河東遂不歸
張復字子遠徽休寧人也蚤以學行自立不業科舉
事親至孝二親卒始出游學聞黃梅瞿九思詹夫先
生名特來臨詹夫遭縣令誣奏被逮入京獄且成而
長子甲年十二高才過于公銜權貴人痛哭上救父書
公感其孝烈爲悲愴與納交從勞苦商度事宜身左
右之瞿先生竟得白罷歸而公執贄列弟子焉瞿爾
博洽巨儒入閩下鍵盡發其藏書讀之本刻志立行
不專尚訓問其事親孝敬備至臨財廉非其力不食

生無二色妻喪誓不繼曰天地曠曠哉忠孝節義桎
也古今忠臣孝子節婦獨缺義夫桎四而折其一焉
懼其隕矣願身扶之及閉關力學乃曰學以治心也
心[illegible]緒雜如對馬亂絲焉僅攀恍夸人乎且闔卷而
[illegible]人不似古素我矣製大鞭懸座右每妄念起取鞭
自痛撻因大叫喚懊憾或遍擊几席牀壁聲震戶外
戶外人則聰多慙汗去如是者二十年瞿先生方殫
力經傳采綴公乃欲進以心學靜息而約守之萬曆
中瞿先生由薦舉奉上命徵翰林院添註待詔後[illegible]

欲以問公對曰名可養不可市辭龍以不見爲微恙
何舍孔孟微言潛灌負倍肸於背隨諸白面後辨懸
鼠考枸鼎見長乎徵君悟具疏堅辭得俞旨歲給米
助著書矣徵君壽七十賀客盈庭公獨衰絰凶服進
而泣曰吾師乎造物勞吾師久矣舌敝腕脫不知止
倒南山之松徒滋辱耳徵君色變不懌後乃服之徵
君數遊廣濟兵巡史（學選）公闢江漢書院龍坪講學故公
數至龍坪龍坪士從遊者衆然敬畏公過於徵君公
接人恭而莊與人言閒閒孝弟廉節不置口士相見

覲不敢放言不敢褻坐不敢差肘趺足未嘗以[illegible]贄
人人自敬之或請飯曰何食對或一魚一肉曰來及
來而品溢席也曰汝延我置而起以是奉教請者被
無溢一焉俗爲之儉公辭受嚴人不敢妄餽遺嘗遊
吳會龍坪陳仲宣雅士也典衣贖公愛其人受而韜
詩三章于贖之匣以報劉思卿胡教菴皆以神契思
卿與公夜坐長春菴論敘生平及子道難盡蚤孤莫
容承菽水歡也相持泣感動傍人時思卿亦久寂居
不再聚矣教菴恭慎好義每會輒追隨不忍別去公

遊楚久後厯世欲徃隱太和山不出冀兄子居[illegible]
蹈之來迎乃歸巖休寧今[illegible]請教肩若居曰棲
賢里高久之[illegible]而[illegible]院[illegible]所仰瞻寫
本[illegible]學者[illegible]入[illegible]之書墨
[illegible]勤論在人家者多有[illegible]仲[illegible]陳氏鈔
[illegible]經兵火鼎革數十年獨不替公學甚富而耻爲書
所作[illegible]文及簡牘皆弘麗古雋[illegible]下語[illegible]稱楚府
易觀人多傳之其他[illegible]不留惟黄河源[illegible]
[illegible]行于世稱張後著海内學者亦未知張複何[illegible]

廣濟縣志　卷之十三　廿五

廣濟縣志卷之十四

知廣濟縣事進士黄玉鉉濱崖先生鑒定
儒學教諭舉人李以範重校
訓導貢士胡效順抒白　叅訂
邑人劉醇驥千里編次
王臨五宜輯著

貞烈

貞節列於人物者何葢以士大夫平居抗言忠節藐視張許一臨患難行與言違反出婦女下矣昔歐陽五代史亟稱王凝之妻竊世之汚取以垂訓

廣濟縣志　卷之十四　一

也廣濟婦自朱氏而下清操苦節從容老死膺旌異典者居多乃若丁亂苦守犯亦不辱辛並王凝之妻如吳節姑城塘湖姑嫂等若而人真表表獨行過烈丈夫所爲矣余是以網羅放失作貞烈紀

徐宗妻朱氏年二十一孀居守節以死自誓卒年七十歲洪武十六年七月有司狀以聞詔旌其門坊石柱迄今存

貞女楊九姑永樂時廣濟永東鄉楊恩之女許聘邑

童子雷某未醮而寡即誓死不再聘父母不予其志也故懼之曰不蚤從吾言它日不終乃節者將付之烈焰矣九姑泣曰天哉令予宜有夫雷即當不夭且予安忍負雷即因鍵戶刺一目以見志九十六乃卒胡子篤生哀其志贊之曰剔目守符不虧婦節孰與貞姑千秋獨烈未合者奄身則已許從一而終寔繇是舉夫殞其命我毀厥容永懷氷蘗寧避火攻匪恩可恃所仗者義匪名可爲所矢者志從容甚難慷慨則易悠哉悠哉九十六歲

蔡永忠妻王氏居寡數載姑與族人逼嫁之不獲已赴水而死族人惡之空水滸是歲大旱邑人陳愷聞之歎曰一夫含冤三載不雨茲歲之旱未必不由王氏之冤致之遂僉議祔高陽不數日而雨

何儀妻張氏年十六字儀儀幼多疾舅姑憂之張詞養倍至未三月儀死張欲致死毋諭之張曰何氏宗祀已絕舅姑之哀敢不奉命時兄張本端方任刑部主事聞妹早寡遺書慰勉採古今烈孝行實俾日夕莊誦且曰志審于初守要於遠張仰天泣曰一陰一陽天之道也一夫一婦人之倫也夫死再醮禽獸合也古今烈女孝婦先得我心之同然耳乃洗心自矢竭力以事舅姑越三十舅姑繼歿變產以厚衣棺自是家日落甘荼茹苦祭享不衰鄉閭親戚爭義之越四十何之族無可倚者兄闢一宅迎之張曰不能守何氏業居何氏鄉則猶何氏婦也焉有已嫁而返寬毋室者乎兄不能強邇已兄疾張來問安兄曰余未子華宗周年失母今吾又在疾孤與寡同耳以寡婦存孤兒何如姑曰寡婦日衰孤兒日壯兒之意爲妹

非爲姪也敢不從命時年踰五十何氏之鄉多暴客不得已聞房族居而撫其侄華宗凡所食飲衣服教訓婚姻如已出伏臘盛俎豆以奠何氏越六十見侄卓立有紹先志乃哭告曰張氏有人矣於何氏何吾將復何氏之鄉而廬居焉侄跪告曰姑老矣姑得以附侄侄不得以附姑大義也姑不得已乃留焉侄就學四方師父婦何氏事姑如姑越九十侄以恩例入容授北忠義前衛經歷孝宗皇帝甲子陳情以表姑節其畧曰姑侄分有內外義無大闕寡姑托孫艱難

情有可憫故以一婦持節內有以明何氏之寡而成夫婦之綱常外有以託張氏之孤而存父子之統緒明例義當奏聞有司至今不決非天假姑以九十之年雖其貞之節不閟非帝假臣以七品之職雖李密之情莫訴幸逢聖明在上表氷雪之操則萎弱不扶而自振遂孤寡之報則孝思不奮而自成皇帝覽奏嘉美命禮官下藩司覈實以聞方伯朱公得旨感咨請於撫按曰姑之節如青天白日實已非誣侄之煢同孝子慈孫義不容已今天下之士三年而舉者無

筭孰若此姑十六而寡一瘢不瑕得坤道之貞純爲天地之閒氣壽年九十三天之所以報姑者厚矣若徐徐覈實以俟命下恐老景不留目不及見其何以風女子勵丈夫哉撫按然之不月命下欽賜白銀六十兩敕縣令龍泉葉溥豎坊于三眼井之通衢姑強立不扶望北叩頭躬造縣謝令一時婦人女子觀者林立失節之婦罔不感愧姑卒于正德己巳年九十有七

程啓妻查氏年十九堅守皎皎至七十歲終監察御史毛公伯溫獎節貞題

張鳳妻劉氏興國太僕丞劉珂女鳳死劉年二十舅因年少且無嗣欲奪其節劉乃嚙指慟誓曰婦人從一而終夫死再醮禽獸行也我獨何人肯以禽獸自待始終一節歷年八十有司以上觀風者旌異

徐九敘妻張氏張華宗女前節婦張之姪女也年十六字敘敘就學于太和歐陽雲又之山東就學于張祖義張家居閉戶不出翁徐傑任武定同知繼姑少微賤翁歿之殊無子母情張曰從舅即姑微賤何嫌

事奉咸謹篤三年敘歸自山東以內傷不起時張年十九舅姑在任張委曲處喪務稱禮既殮破鏡納半於棺中自藏其半泣誓曰夫鏡照妾心妾心死不變妾鏡照夫魂夫魂飛不散百年霜雪姿獨對寒天怨鄉人聞者無不隕淚歎美孀居四十年心如一日舅姑致仕家居感張之孝益敬重之張性嚴毅如烈丈夫家人自叔伯而下一言不中禮即震怒莫敢當故鄉人咸畏其嚴而美其行今吏部侍郎甬川張公邦奇提學湖南聞之禮表其門云一門雙節無忝柏舟

之貞百代五倫攸賴狂瀾之障鄉人爲之語曰節烈
後徐皆張姑後張尚忠妻胡氏早寡父母欲嫁之不
可因謂曰人生不再何自苦若是曰父母不知張節
姑乎女聞之遠者尚聞風興起今同堂而異行不若
死之爲安父母自是不敢言孀居四十餘年
黃傑妾李氏北京人傑初携嫡京居生子一名松甫
週歲娶李年二十月餘傑死嫡亦亡家人欲奪李節
李不屈隨剪髮自誓煮糜活孤子松夜出其貲謀歸
夫及嫡柩由山東買舟抵龍坪遺呼夫族來扶柩族

大駭異李歸卒撫松成人以承夫祀年六十餘邑令
陳以其事聞撫臣劉及巡按胡奉旨旌爲時嘉靖十
年秋七月也撫臣劉贈以詩云失夫遥守嫡遺孤化
石心肝未可圖自是燕京貞節種遺來南土作規模
巡按胡豎牌曰節婦年七十卒
劉氏者衢南張價之妻也先是衢南與張江陵同舉
嘉靖庚子鄉薦年少有才名江陵獨交厚焉除署江
西浮梁教諭轉國子學錄未幾卒劉慟之泣血扶櫬
挈弱孤迢遞南還家故清素而志節勤苦不少墜

孥爲諸生有聲邑長吏旌門曰自誓栢舟
張鈍妻饒氏貢生繼學孫女孟縣尹兩石妹也適張
鈍鈍妙齡遊泮有令望以攻書致疾卒時饒年二十
餘且無子女盟心守義三十餘年有司旌表
張養孩妻趙氏孩性嚴急趙事之謹養孩死撫兩孤
事姑以孝言行不踰閾云
胡熇妻邢氏夫喪無子撫侄斂見苦志自守斂見以
歲貢請于上官表聞旌節熇族弟煥妻李氏十九守
寡撫遺腹子斂德爲邑諸生亦蚤死媳張氏不忍棄

姑與姑共守撫房侄端本爲嗣以承夫祀
楊洪宇妻栫氏洪宇卒年甫十九育一孤應顯僅三
月父母欲奪其志遂佯狂以死自誓後被回祿家道
凌替志愈厲訓家嚴肅凡尊長家屬無不敬憚之生
平居一小茅房持齋忍饑雖婦女亦罕接見年五十卒
饒聲純妻董氏聲純諸生娶董數年生子始一月而
亡董年二十孀居孤長娶媳蕭氏有孫方舞象孫亦
亡媳蕭氏侍姑四十餘年姑年八十九始逝蕭獨守
子成立邑侯夏公旌之曰節貞兩世

何乙丑妻張氏乙丑死張年十八守節端莊靜一視聽必以禮雖娣姒莫睹其言笑聲等輩皆望而敬畏之生遺腹子順時以諸生高等歲貢順時痛恨生不見父父未冠而卒乃追父字以升云張享年八十

胡某女已許某聘未及笄爲繼母所誣女不能自明晨投江後尸於江浮出逆流而上衆咸寃之知縣夏公可雷爲白其事

饒欽覲妻劉氏廣文秉鉄女也遺饒事繼姑孝二十二歲饒死守節四十餘年崇禎九年署縣事趙公繐

詳請旌表按臺余知府許按院林公鳴球督學道公王公永祚具題請旌

梁我集妻岳氏岳仁甫女也我集死女年二十守節

劉季慨妻陳氏二十四守節年九十六歿

張氏舉人劉人表祖母十九歲守節唇傍出白鬚三寸許九十一歲歿撫按旌奬二次

程元遜妻彭氏年二十二守節撫遺腹子希藝爲學有聲彭年七十卒曾孫可文萬曆乙未進士

當時程希永妻周氏程元憲妻陳氏程希契妻劉氏程才妻童氏俱以二十守節並以壽終

貞烈 以後遇難死節

吳節姑者茶石女也幼慧從叔幼膚受閨範輒記不忘適饒踰歲饒死女卽抗志舅姑以其少欲奪之轉依父母盡人子禮惟歲時歸省而已宗族里戚咸以節姑稱焉年二十餘長齋事佛幼膚代受戒于三昧律師父死隨母明末賊亂避賊山水間嘗懷利匕首防不測賊踞邑依母江洲三年壬午冬遘疾度不起以后事囑叔膚從佛茶毗法或止之姑遽謂叔曰世間男子盡女子耳安能一刀兩斷是夕夢有雙髻女

童授壺水清凉映徹曰飲之七日不火食得上昇也覺乃令家人潔地洲上備燥薪及期姑蚤起趺坐盥沐更衣登輿家人請衆齋者幡幢樂器道之其訣別母叔語慷慨斬絕畧無怖畏至則正坐積薪中火起合掌念佛而逝時癸未正月六日也年三十七後方氏降箕號醉佛備悉節姑事灑翰製傳旌以佛節纂建祠樹碑語極奇異叔幼膚作佛節吟

查文生妻王氏事舅姑甚謹姑有足疾逾年不離床蓐王扶持侍養無失禮蓐舅亦病癃姑不任藥餌王

躬自調護不以假婢子曰懼若輩有怨詛也乙亥流寇至抱小兒女逃伏爲賊所得强之歸家不從目賊曰吾夫年四十止有此子若女寧殺我賊遂殺之縣學上其事撫臺王　旌之

楊啓顔妻王氏顔病癱久肢節流注潰臭而王饘粥藥餌浣濯維持無不曲當乙亥秋賊破縣王侍顔移毋家將奔賊從黄梅返寔至家衆盡竄匿王不忍離夫側顔遣之不去依違茵蓐間色不少變賊至笞顔王以身翼之顔亟死賊釋顔掠婦以行王見賊捕他婦執縛置馬上乃紿之曰事勢至此吾何逃第身被創不勝再縛牽得脫然攬轡不亦善乎賊許諾王遂欣然鞭馬行十餘里見道傍大塘躍溺死他伏者聞賊驚相詫婦烈如此何相若爲越兩旬婦自塘直立現半身水上其丈明珍往視之面色如生

張成見妻劉氏遇寇怒罵不絕口賊殺之

鍾儉甫妻陳氏

黄佑常妻曾氏舉國化女也被賊執欲污之怒罵賊亂刀裂尸死

劉孟稷妻鄭氏寇初至偕女昭避賊于岑北事急投塘中賊迫之不起

潘龍躍妻唐氏龍躍偕妻携子避寇黨東山谷崇禎十三年冬賊突至盡執之加刃於龍躍要求贖馬金貝甚急唐氏號泣曰乞免夫死妻願以身代賊不許女哭大亦向毋號泣曰乞免父死願以身代賊仍不許唐氏知夫必不能免遂殞命于塘女見母溺亦從母死賊衆憐歎意動始釋其夫與水作體而去

饒寶中妻鍾氏張爲星女自邑學經寇亂稼必容以小刀自隨避亂新洲爲左兵東下張與媳黄氏匿土窖中爲所執詈賊自殺黄氏遂甲女也姑死時黄亦被水死其子起臣被繫逃歸尋母故處悲號而死叔身嘉乾爲賊短刀行令張公爲請旌表云

饒枚夫妻劉氏舉人劉洪墨洪瑞姊也見賊勢迫先投水死

饒厕育妻余氏爲寇禁溺水死

饒金中妻梅氏梅南征女也遇寇不辱投塘水被縶復罵賊見殺

吳鈠功妻王氏鈠功爲蘄蘄城破自率婦女走符乾慘知勢不免率家死濠塹中膺公獨脫身走

田膺生妻張氏避賊高山棘茨中爲賊所窺呼之不出持槊刺之不出罵曰吾夫庠生吾祖父官家豈從汝賊以辱吾義賊怒引其髮倒曳之頭面破裂竟解其尸

劉仲寀繼妻胡氏性婉嫕處前妻子皆善調護生二女一子年始孩伊寀殁胡茹苦撫遺孤賊至避居山寨寨破男婦皆被擄胡獨抗志不從賊奪懷中孤兒拉殺之胡氣節愈憤厲賊大怒以巨梃撞之頭漿迸裂而死

胡是恭妻饒氏燕倩之女舉人饒脈修姊也寇縶罵賊不屈賊殺之酷暑顏色如生

周士龍妻費氏從其夫避賊山砦爲賊所縶屢促夫以去曰女子死則死耳丈夫獨不見幾乎賊移營近蘄水士龍始脫走賊殺其妻費氏引頸就死後士龍尋其處裹尸歸塟

呂彰資妻胡氏彰資殁胡年十九撫遺孤宮堅守大兵東下胡避後峯閒爲兵所執宮始五歲適鄰人亦在所執胡涕泣而謂之曰我生以節自矢今爲賊苦望告我家吾死矣此子爾幸爲我保之言已赴塘死鄰人妻亦感激赴水死

馮如集妻龔氏龔士英女也集少失母龔事繼姑孝姑病龔割股進而愈乙酉賊至如集與龔扶姑買舟蓮城湖避之湖破龔被執百求死不得詭曰阿夫有珍寶埋某林中汝取之釋我可也指其處賊往龔即將所佩小刀自刺死

楊齊聖妻劉氏劉公嚴女也適楊未一月避兵于小金衝之鳳凰山兵至勢急劉先投水死

張節燕妻程氏性極烈事張輒婉時張父母俱陷賊嘗云不得一日事舅姑日夕共張西望涕涔涔下也不解書聞張讀書聲即竊聽之每至古今賢淑必鼓舞咨嗟曰是其爲女子也或聞鄰婦淫醜狀輒蹙詈目眥欲裂張曰兵賊彌年貞良惴惴莫自必即不幸遇迫辱死生榮辱不兩全之道也女婦人耳吾亦無能厚期汝婦益正色取石投壁門曰即若此所不忍

者旨以爲君辱者有如石張心異之不數月大兵[illegible]
下烏鎮淵山谷居民鳥獸散張挾程逃殺衛溪淵中
兩甲上從淵中得程氏偕繫者見程誓死求所以死
者萬狀兩甲七輒好語慰之程逆見古塘岸即計紿
兩甲士曰今前後皆若輩即欲逃吾飛鳥舉耶兩甲
士以爲信也稍逸之不數武遂溺塘水死先是程匿
淵時與庶毋林經塘岸顧謂林曰即不測吾不能醜
面人世告吾父母將尸我于是已而果死塘中
劉女福媛舉人張伯瑜女也許聘劉琳袍未嫁隨父

避兵湖上兵至父爲所傷女亦見執兵强使乘馬女
不肯乘大罵鞭之見血女益罵不絕聲遂被害族科
甫女亦同被執兵趣使乘遂乘馬罵不爲介介者及
至門首投塘水死先是兩女閭警私相誓不辱及是
一慷慨捐生一從容就義難哉
張順仲修女幼無父許聘樊亨甫子數次未嫁流寇
始至與兩嫂同避賊先解帶自縊未死賊至見而繫
之意怒詈不從賊殺之至慘至今言莫不涕隕
劉官玉妻黃氏黃楙黃伯靖女幼眇一目適劉甚相

得劉早卒黃守節撫一女數年不[illegible]而神傷孤燈
熒熒侍夫靈旦夜或至達旦近[illegible]不聞其聲但見麈
幌明滅而已後避兵湖上攜其女及數婢同一舟兩
兵如織舟適膠淺賈知難免與女同數婢投水中亂
定經二伏舊家人尋覓其尸猶[illegible]中[illegible]而[illegible]
衣服無損人咸奇之
饒帝臣妻余氏徐伯幸之女也[illegible]危[illegible]未死
劉誠妻徐氏湖廣濟人也隨父移[illegible]
系廣濟名族十七適劉生一子劉年少工舉子業

通醫術與寇臺侯公深相知萬曆丁酉侯公題[illegible]
西劉往麈侯公命路經中州[illegible]時年二
十一寡天搶地欲從公姑三歲兒閉戶自經一日三
絕翁揮涕慰之[illegible]不得已乃撫子[illegible]姑年貧四十
餘年子遇吏長而業孝畢人稱之崇禎十三年蒙旨
府縣兩學舉徐節婦學[illegible]萬公世泰巡按汪公承詔
知府洪公[illegible]十五年巡按汪公題奏候
旨至順治二年三月終年七十歲守節四十九載矣
適闖寇破[illegible]徐[illegible]城走被執于二府井徐自[illegible]

表爲蒼生四詈賊被斫死有老叟驚其激烈走報子
題文後葬于二府井道傍去省城東三十里人稱爲
徐節婦墓云順治八年　恩詔舉孝節十年孫繼臣
建江夏縣學爲祖母陳情巡按李公題奏云徐氏適
夫僅及五載守志四十九年撫孤則有裨人倫遇賊
而克終全節死後之芳名難泯生前之苦志逾彰公
論僉同幽貞久著所當特舉以光大典者也奉
旨旌表
李日達妻陳氏名濉諸生陳王聘女也蚤孤埶埶貞

性天植適日達數年崇禎乙酉春遇寇竟先赴深潭
不屈侍兒從之其從兒定中灑淚賦詩
吳敏師妻劉氏遇賊赴深潭死其子兆嵩逃歸
許惟高妻江氏遇叛卒百計不屈賊先割其耳不從
復斫其背刳食其心死焉先是賊强之不可姑退而
縶之羣女來勸曰吾輩亦良家子但區區爲生活計
耳江奮詈曰若自以爲得生耶特後我耳奚良爲
朱邦樸妻曹氏性淳篤事舅姑孝與妯娌睦年三十
無子力勸納妾生子後彼寇往州賊遇不屈死

王凝爵妻張氏凝鼎傳學善書而張以閨範自守崇
禎丙子十二月避寇殷衛因破寨寧墜不爲賊屈自
投於被孫硎崖下死後月餘子秉鉞收屍面猶生秉
鉞任貴州普安衛守備今　順治十八年恩贈恭人
郭存仁妻吳氏遇賊死節
趙家爵妻徐氏死賊亦若趙家演有傳
以後生存苦守備志以待觀風表異
國朝
吳敬傳妻饒氏舉人饒嘉元女也適吳纔期月甫孕

夫遽夭遂死遺生子令撫成人列青衿爲吳兆烈饒
氏孝慈兼全貞容耐苦持齋念佛自十七歲孀居迄
今五十六年如一日也
呂應聘妻潘氏諸生潘從予女適呂五月而寡事公
姑孝慈苦撫遺孤成立有孫逾强年子與孫夭今獨
與孤孫守人咸憐之
于應試妻李氏應試壬午鄉舉爲倪公長孖門下士
見倪歸殁李求死不得以節自矢時年二十七歲至
今孀居苦守

早卒遇年二十
夭卒□　守自勵矜於望邪
以其身爲　□氏風雨之社而芘育之遺子孰使
不令廢學子長從修倩皆入邑庠抗節四十年如一
日鄉黨咸稱焉
彭復一妻劉氏劉達卿女也年二十而寡無子苦守
田五畝不足自供歸依父母經世亂父兄俱喪侍母
孤苦以織紝代耳目務承母意賊少有警先攜米物
扶母在山峒竄匿賊退緩歸蓬首垢面操作若婢子

人無不憐之者抗節數十年
陳進生妻胡氏進生死胡年十九遂守志値明末亂
離歸同從弟爾集避從山谷晚乃□　□倚居潔身抗
節五十年
事未葢棺未敢竟其實葢慎之也然自幼至老貞
白自矢之死而靡他矣不忍不書以俟采風者獎
焉有庠生藍炘妻劉氏乃舉人藍季曙之媳也夫
死年未二十勵志自守事公姑孝姑病侍事終始
不怠家無間言但年未四十不敢竟書

方技

胡獻琛亦字克忠別號少□以刃業刀圭凡以疾來求
治者治輒效以是縣令暨鄉紳與州府過客多造廬
就診雖緇流牧豎山谷之耀無不知有少溪翁者冑
多苛癩痢疾劑發櫛沐不得暇有饒秀才者病酒伸
頸期期不能出一言久之無聲他醫張皇甚公曰是
火在經絡宜汗爲之液一飲汗盡再飲熱出三飲病
已斷荊藩及道府每騎使接禮節中棹楔縶　萬曆
癸卯邑大疫縣令尚公方珍捐俸施藥召公議公辭

請□製劑賑救一載活者萬餘尚公嘉奬詳撫按給
公冠帶自是□方求者不較所値人人各厭願而去
令周公良翰重公因濟驛缺官中請補公驛職邑有
事毋爲公敏勤□後令張公燮任王公世臣屢請
者公皆不往年八十二公四子而懷玉楚瑛以
著令郝公光輔七公華鵬樹分國士敦請鄉者
有匏叟詩畧行□
宋程　法能役雷霆風雨　勑爲
□王

廣濟縣志卷之十五

知廣濟縣事進士黃玉鉉　漢崖先生鑒定

儒學　教諭舉人李以範重敘　叅訂

訓導貢士胡效順抒白

邑　人　王　臨五宜輯著

胡楚瑛懐玉　編次

仙釋

方伎仙釋古志之矣遵志例雖變幻奇詭不得不述而傳之矧實爲雲物以功造生民明教與以表示微言又何敢不從志例使著於篇

費郎君名光輝生而慧不嗜乳顧獨喜澗中泉取而吸之年四歲則就外傳讀書皆强記日誦數十言郎君爲人神蓋夏常與羣兒浴羣兒爭水水皆環郎君所處與俱上下羣兒失水則大恚相與聞於外傳傳驚夜卧竊覘其牀下有黃龍蹄云未幾外傳復令諸兒浴戒毋戲郎君不聽也其所處上下水環之如故羣兒遂抱郎君衣走告傳傳詣河大詈欲鞭會雷雨驟作大明山中水起四顧皆霧遂失郎君所在當是時郎君年七歲許耳傳大懼不自安父母聞之以爲費郎且漂溺死而數日後郎君則忽自來歸於庭再拜曰兒龍之君也鄉者固昇天耳三年將俱往後人明山有楙忽自拔郎君果來歸于庭遂以其父母去有馬跡尺餘在石版已而尋山頂得三窟焉亂石嶄嶄皆上指至不可足相傳龍眼也下通於海矣雖大旱潦窟中水有常度費郎之歸其父母於庭也稱曰余力能驅山川濆土石而余不忍也余欲有造於此土也既與帝盟矣天下大旱使是薄收天下大亂是

乎亡憂其後邑雨暘皆以費郎爲節有怨則父老子弟呼龍君無不立應者其座下龍不數歲輒起起則繞殿三匝而去皆無所損郎君故居大明山側於是邑人謀爲廟於大明山工人貌郎君憂莫知其似也經營間忽有美童子在焉忽不見像遂成以之有修郎君像而脂其面者亡何脂自落初郎君之母劉氏餉其夫升于田遇大風雷實雲霧震驚雨有龍延之怪自是體不平有娠僧以三丸和墨汁飲之三年而生郎君蓋唐貞觀時人楊子曰余聞諸長老費郎

若能立致雲雨及見其故居則臨絕壑水聲怒吼經
擊殷殷然若有蛟龍之勢爽然異之其感龍事不可
知然功時時在百姓鄱陽之戰擁助真人每歲六月
初二日國祀以報王臨曰能禦大災功烈於民宜哉
元蘄州路總管趙昭武建賽聖龍君行祠至明年新
旱禱應詔封德化侯每歲七月望前後有大風拔木
土人謂龍君爲母採薪出舊志

劉陳許三仙女俱廣濟人世傳三女同登山修鍊大
中元年正月五日山頂雲雨大作仙樂隱隱見三女

乘雲而去

四祖道信大師父司馬氏名申自河內來爲令因家
焉師以周大象二年三月三日示生瑞迹殊彩歲久
難詳惟浴佛井至今澄照先是世尊以正法眼藏囑
迦葉至二十八世達摩尊者入以法傳二祖可大師
可傳三祖璨會周武破滅佛法隱迹舒州皖公山周
亡而法始顯時師年十四謁三祖乞示解脫法門祖
曰誰縛汝曰無人縛曰何更求解脫乎師有省斷髮
事之時開皇十三年也大業中遊寓吉州祥符寺寇
至自出畜以上皈依求救誠令勿殺亟誦摩訶般若
波羅蜜經可解三日而天王見於四門寶光晃曜
百千賊見之懾竟驚反走城以安七何天大疫勸
誦如初時盛暑降大雪悉俱已衆感建寺曰雪山逾
年歸侍皖山三祖授以大法衣鉢令勿絕是爲東土
四祖矣武德七年遷於破額山貞觀十八年以法授
忍祖永徽辛亥閏九月四日告衆曰一切諸法悉皆
解脫汝等各自護念流化未來言畢寂於毘盧塔

䍩㹠師即弘簡大德禪師靈東詹氏繼祖次子自幼

修行始奉於馬口義臺山建立道場後坐化於馬口
寺遺詩云飛錫江邊六六春修行辦道任天眞塵
了却更何事萬里乾坤自在身唐貞觀元年勅封
處爲馬口寺祖先自墟井寺挂錫寺前有石井每日
出鹽供僧衆後去馬口寺井鹽遂止

頭陀祖師本縣人生于隋文帝二年嘗往來卓木尖
無姓名稱頭陀武德七年卓錫五峯得大解脫貞觀
時示寂僧俗肖像供奉邑有旱土人爭迎祖像祈禱
輒應禪堂去寺里許即卓錫處又有馬跡河有昇天遺跡

十歲僧名法幢前身嶴峯寺僧精修行業入寂[illegible]衆封龕室再來寄胎余志五家後師尚智往察之一見而啼非時乞令出家送之寺前所封室指示如舊明永樂四年應詔赴京賜金襴留內延福寺尋改大報恩寺宣德三年[illegible]四月尋住持廣濟大佛山朝陽菴後示寂[illegible]葬菴觀音堂後詔勅卷帙藏焉後明末燬於火

僧微崖俗姓游氏名明巳始為諸生崇禎初棄為僧號微崖嗣雪嶠大師自悟空宗其辭世偈云藕池香

透[illegible]金剛五印水消一顆寒[illegible]識破[illegible]千里月含[illegible]圓照兩廣間

宋蕭公名化鄂新淦人一曰伯軒咸淳間歿為江神元特以其子祥叔合祀明永樂中其孫天任卒著靈異亦合祀詔封水府通靈廣濟顯應英祐侯

元晏公名戍仔清江鎮人又云臨江人元初為文錦局堂長因病歸登舟尸解人以為神立廟祀有靈於江湖後封為平浪侯二神鎮廟祀縣市觀亦祀

廣濟縣志卷之十六

知廣濟縣事[illegible]鑒定

儒學教諭舉人李以[illegible]

訓導[illegible]參訂

邑人士[illegible]宣輯著

王衍治愉度編次

藝文

[illegible]國大業惟文可以及遠彼缺碑遺記亡佚不貴者誠而可使錯[illegible]沉淪之禍不一時舉出乎記[illegible]

文

新遷儒學記

張鳳梧

濟邑介江黄閒地僻以陋而學又加僻焉邑東南一里許[illegible]旬月有司[illegible]獲一[illegible]生[illegible]予者將不終歲也茲[illegible]數十餘年邑之人[illegible]見為[illegible]耳弘治[illegible]今山[illegible]昌[illegible]公[illegible]以名進士弁令[illegible]之[illegible]而[illegible]曰學閒于治文[illegible]文[illegible]如是予[illegible]遷之責將有待于予諸生[illegible]

以爲諸屬下直廣方弗稔未暇也越明年辛酉政洽忙和百廢俱興乃率僚屬師生[illegible]學宮舊與府[illegible]並列地勢其[illegible]四山[illegible]公曰學宮是乎衆志僉同卜[illegible]今宮之左可以徙行臺廣濟驛之右可以[illegible]其[illegible]白于巡撫都御史韓公重熙[illegible]王公約[illegible]潘泉諸公咸是其議廬太守[illegible]更發[illegible]之壬戌春擇日鳩工中建大成殿[illegible]之村爲前門門左[illegible]賢[illegible]後有[illegible]伐現內古松[illegible]局者

以爲廨宇爲號舍[illegible]則[illegible]所有以食粹人力役則取諸眷戶口[illegible]之[illegible]於官者凡工料之需[illegible]宜區[illegible]勤公[illegible]不[illegible]民甫數月而落成規模壯[illegible]甲諸邑[illegible]易堂以會[illegible]以[illegible]隙地而爲之也右建式[illegible]書館以訓僚屬子弟釋菜[illegible]記邑之士民更相賀曰是學之[illegible]非吾[illegible]何克以底乙丑夏初[illegible]奉命典學於楚聞公賢聲籍籍[illegible]以修學之資[illegible]之祀[illegible]所出欲取[illegible]其利寬之公遂[illegible]文以達于本[illegible]公以御史徵去矣

丁卯春予聞士王濟偕上丁釋奠周旋廟學顧瞻咨嗟嗣令葉溥學諭趙杲述公績亹亹不倦英禮成酬酹而降予喜賦詩一章諸生咸賡和之今且十閱歲矣予政官晉泉公以副憲同僚寀相與道舊政公曰廣濟學成矣而久弗記徵諸東白先生而未果也予有典學一日之雅何辭焉予惟學校之設所以敦彝倫明教化自三代以來未之有改皇明稽古制庠序周寰宇其法至精且備守土之臣未能奉宣德意傳舍視之因陋就簡舊者弗暇葺而況撤而新之乎公

以宏才雅操爲邑獨知所先務而又經度有方公私不匱其賢加于人數等矣使天下之守令皆若是教化之行不患其不古若也諸弟子其遵守聖賢之訓近服朝廷之化勤以勵學愼以檢身英才輩出爲時建勳業無窮不徒爲章句口耳之習也斯公遷學吉才之盛心庶乎無負而予鳳稽亦有光焉尚勉吾言哉是後相之者主簿宋齊典史金清而督工者義官李勝春也因并書云

重修後樂堂記

周　忠肅

嘉靖癸未忠承乏中州僉憲臬事由家抵任道經湖
藩之廣濟其令君汪君忠之業師也舟次龍坑就陸
往謁焉龍坑爲廣濟屬鎮見其道路橋梁整修市肆
物價平易陸行入九十里頌聲載道心竊喜吾師爲
政之善既抵治師方退息後堂進忠入坐見其棟梁
榱桷門牕板檻煥然一新堂之左四間爲書舍延師
以誨子弟右二間爲庫藏而錢帛貯焉師因告忠曰
尹初視篆僉堂頹圮大弗稱制且無以延接士夫諮
訪政治乃鳩工掄材經始于辛巳孟春望日越五月

而告成不勞民不傷財不傒觀今堂成二載而吾子
適來得相與敘舊而談道誼者固不偶也子其有言
以志之忠承命不敢辭竊惟令尹爲一邑之長百姓
之命脉關焉凡利有當興弊有當革紛紜雜沓所悉
務者不獨此一堂也吾師視篆之初而汲汲先于此
者無乃私于身乎意是不然身者政之本也居以安
之德以修之政斯立矣吾師新堂之後政之當新者
次第舉行學校之廢墜者興之編氓之流移者招之
政新于斯民也租賦之逋負者徵之倉廩之空虛者
實之政新于財賦也獄訟平而囹圄空土地闢而田
野治百度維新四境又安三載之內弊革利興孰不
由斯堂之建而延接咨詢中來耶忠幼趨函丈親蒙
師訓誨之恩今復得親爲政之要蓋無往而非教也
憶昨年甲申忠延歷縣邵之職愧吾師考績在邇而
將擢而大用因次第其言并志作堂之歲月以垂不
朽云

懷義堂記

張瓚撰

懷義堂東隅爲丞舍前有堂承暑之清戎于其間廣濟

嘉靖辛丑小山謝公焉丞命代謝之仍其弗敢舊居
二年邑侯蔣侯日夕在事見公言倘情靜取于動止
事從少來諸義一擲而時敵政民既久亦感公義而
懷義之侯坐斯堂歎美之曰堂如斯高大光明則自
今無君子游之不可以無名也請題之曰懷義堂公
遜謝辭然不敢居侯曰義者宜也我固有之也何遜
之有公再拜而遜曰義之道大矣爲羞惡爲裁制絲
毫蕭爲嚴決爲一介不取爲萬鍾不屑六者何有于
我而敢居之侯曰羞惡義之端也裁制義之權也

𦵏義之方也果决義之力也一介不取萬鍾不屑之辨也皆性之德也直養無害則塞乎天地之間況斯堂乎公避席再拜曰人有正有邪無物無對利則義之對也出乎此則入乎彼故學者莫先于義利之辨利苟勝義則爲苟賤汚穢爲適己自便爲損人益己其違天地悖神人極矣予競惕孔懷惟恐沉溺于利而與斯民同穽也敢曰能之侯服公之義爲記額曰懷義則裕堂之後爲自若亭臨政而懷義焉敬之至退暇而自若焉裕之至也易曰動靜各止其所

其道光明此之謂也

城隍廟記

華亭王良佐　知縣

廣濟爲湖廣黃州之屬也其地四多山阜民遥遥振林麓以居中闕田疇菜塲圃爰稼穡歲計取足於是焉其他麻枲滌絲果蔬之屬又紛紛錯置魚塩交集雞豚牛羊茁壯固可爲豐且饒矣然而樂生興事衣被而陰隲之者則惟守令是賴惟神是司城隍之神主夫原隰封畛城堞陂池敵國外患水旱疫癘其爲通祀漢唐宋尚矣我朝　太祖高皇帝龍飛之初以

祈之有靈也勅封爲顯佑伯爵雖崇而廟宇未稱宰陳侯景昌經營創始而規模則未大也天順癸未張侯琮主簿汪佐又闢而葺之而藻飾則未完也正德壬申流寇壓境民劉于兵邑之幼耄乃率相牽許于神曾未浹旬即雷掣風驅陰加竄逐生靈不至于魚肉者神之力也時則有若孫侯寵縣丞梁昜以爲無德不報將何以酹神乎爰告民陳休龔仲華等以董之捐貲殫力鳩工匠木石廓其規制加以丹堊始翼翼焉而神之睨可少答矣巳卯四月良佐叨尹

是邑越三日以例謁廟肅恭拜瞻跪祝曰惟廟有神尚克相我以康黎庶以阜百物無爽厥靈祝畢徧觀廟廡庖福之所籩豆鼎彝之器靡有或遺如是而蕭然降鑒具瞻固善其事之有終也積累艱難更三四令而始備使神得暮鼓晨鐘以侑以享以安其靈者又豈不重爲之喜哉厥後若縣令若丞若尉若邦人有事必禱禱之必應如響斯答嗟夫明則有人幽則有鬼神昭布森列固不可誣況吉凶禍福之機罔于無形人雖不知而神則知之赫然天鑒之在茲甚可

異也凡爲吾民者可不惟神是聽惟彭嚮是則哉其或以譎張變幻求媚于神瀆于祭者則又爲神之棄也神之棄天之絕也烏可以不謹哉時縣丞林源主濟陳嘉穀邑傳戴君謙司訓趙君顏相率謂良佐曰文雖具矣不鐫于石恐湮沒無聞何以昭神貺慰邦人之思乎良佐亦感前令之有功而慨今日之不能補其萬一也於是書之以記歲月使垂諸不朽云爾

大聖山龍君祠記　　吳松余寅

神費姓名光輝父元昇毋劉氏居邑之大聖山元昇

嘗出耕劉氏餉之道遇雷雨晦冥劉昡雨霽龍發洪體既而有娠唐貞觀四年六月二日平旦而神生焉不食毋乳天性頴異四歲就學通詩書七歲靈異彰變嘗與諸子戲而澡于澗澗水湧溢逆流諸子告于師師知不凡伺夜驅熟視之見黃龍伏于床下益異之未幾雲霧四合雷霆激空化爲黃龍而去貞觀十年七月十日邑人瞻仰思慕不已乃建廟于山歲時致祭神生時五龍自山頂湧穴而去三穴清徹不竭不溢號靈泉久而湮其二泉止存中泉凡遇旱暵遠近郡邑皆致幣鼓樂迎泉以禱之甘雨輒應先是忠朝贈廟號至宋時封昭化侯維大明乙酉廟災郡守徐麟世居廣濟奉神惟謹國初僉營田分道巡徼寇兵圍城禱于神盡獲俘馘神之感應類如此麟拜持恩就祿養親蘄州鄉人榮之謂神福之也遂捐己貲構殿宇維歲六月二日遵　典致祭吳松余寅忝居邑長處率僚友齋肅靈宮恪恭乃職祀事既竣爰詢神跡歷稽所聞用鑱諸石以揚神庥復作迎享送神曲俾邑人祭而歌之庶幾人感而神格也

遊陽城洞記　吳國倫　明

陽城山在盤塘西十五里適與五祖磯相望去予州不盈六十里山故無名予數往來江行亦不知其中有洞項與方山人遊三山遇[illegible]同舟人云其山故有僊人洞爲艸土壅塞不知幾千百年往歲道士數輩始營而居之有一道士年既老常逢跣入穿其中上下屈曲不知幾里見洪濤從地底湧出而聞江上曳櫓聲知其處已與江通疑有水怪窟其下遂驚而出尋自徙去莫知所之今其仙蹟故在可一

艤舟造也予與山人忻然艷慕之擬即取道一遊會北風驟急巨浪拍天舟不可艤遂且棄去山人曰得無有待予未幾山人越玄嶽數月不返而王行甫適至自黃留醉北園者十日買舟送之富口富口諸故人各攜具來視予因就江岸與之席地飲甚豪徐起步月登濕磯瞰黃龍洲指顧江北諸山突兀天表而所謂陽城者隱隱在其西陵是夕行甫興發不能寐而予門人黃子登菲則大從之入舟坐談漸曙即趣渡口須臾登岸行旧聞五里許見磵道中奔泉濺濺有聲心喜之而莫知所從出已入一山紆迴兩湖間高可百餘仞而洞在其腹未至洞二百步有水洞一蓋受山心諸泉匯爲盤渦穿石罅而落磵道者是也時予病酲道腸稍自擷水漱之即灑然神精從二子攀躋而上得洞門廣方丈扶携躡石磴而下不盡一仞地稍平四壁多赭碧色而其沕處多滴乳中有石龕石榻則道士營洞時所遺非仙蹟也趺坐少選乃令人秉炬深入得一洞稍廣而石益瓌瑋奪目覆者若華蓋褰者若緹帷挺者若土筍鉤者若天柱流者

若霞液湧者若雪濤紛而披者若地肺屈而蟠者若雲根與予州鳳棲岩大相彷彿心竊異之已又緣磴而升可仞餘得一洞高廣數倍儼然夏屋而其四隅又各一小室幽莫可窺其上之石牖歷歷如箭括可通日光疑即山之絶頂乃其氣積陰甚寒而下多水泉潺潺無所投足遂不能復前而探所謂聞櫓聲處還至初洞使數童子簫鼓其中飲焉輟飲而出則日已下舂仍就田家小茆菴飲數行徐散步登舟與行甫別予因次而爲記蓋在萬曆壬午十月既望云

黃公修建學宮記

聖宮緣自兵燹付灰燼豈我
清丁酉歲前令劉振華毅然鼎建大工未竣歷有十一
年我　侯黃公以名進士筮仕濟世居官廉謹冑若
一同寒素侯先期捐俸倡生員高勳乃捐俸葺治
冊慶維新學前泮池十磚淤塞三十餘載爰工挑濬
登山採石四圍砌以石桂花欄復理池壁立木柵欄
悉必周一歸堅美未越月而事竣厥成是時百廢具
舉煥然改觀爰勒貞珉以誌我侯加意學宮模作
人之雅化云爾　黃公諱玉銘字振☐號漢崖陝西
漢中府洋縣人

望楚山賦　梅應春

予家楚山下去臘自眞定馳价唁問親朋往廻三
閱月得報于渝上知吾弟尚存而故舊半鬼足爲
永歎耳後欲復遣一騎未能也今遂與國聞問無
期死生契濶姑寄悲於此
維嘉平之旣望紛暮雪兮滹沱賦宵雅之棠棣聯楚
山之薜蘿翩驛騎兮往訊稽道里兮轍軻訪死生於
契濶歷浩刦兮干戈閱梅花兮歲晚結愁思兮寒柯
覺春服之旣成儀予舟於岷波欸㽉武之在前匪夢
泡兮緊何發函書兮展轉慰薦鮮兮戚多蓋慰者幸
友于之猶故戚者嗄親朋之薦瘥於是歌鐘儀之寃
而顧影掩漸離之筑而寤歌歌曰巴水滴兮幾千里
巴山厲兮石齒齒音問來兮何時還奈何乎水兮奈
何乎山童有能楚聲者相與瞠嗒而歌之恍不知雍
門之再鼓而杜陵之入噫也歔於斯也悲則悲矣追
知今而後之悲猶有愴於昔時者耶夫離羣索居者
困不若聚廬托處之相完餐風宿露者固不若歲時
斗酒之爲懽然而道阻且長可以縈吾九廻之腸而

不可以間吾魚書雁帛之悠揚日邁月征可以致吾
白髮之生而不可以隔吾伯瓊仲璜之帥情惟夫地
絕東西天逈南北壤度同根於李而所處異域亮璧
均掛於葛而所事異國則將贈斯世而無同之期
終此身而無合併之日也嗟乎天乎吾已矣夫母幽
冥兮永隔兒實亂兮早孤鸞承翦兮煢煢泣長夜乎
呱呱悵所親兮何許杳雁斷兮平蕪雖欲奪賁犬於
東門爲布衣於丹徒不可得矣聊復企焉而寫賦
倚鴻風而發乎也

序

送左春坊張公伯原南歸詩序　楊士奇

聖天子嗣大寶之初覃恩中外布維新之治惠養耆舊
通威蒙福澤乃延登二三大臣在師保之位簡擢賢
俊列諸文武之重任而講之宮臣亦皆敘進須歌洋
洋於道路矣於是左春坊張公伯原春秋雖未臻七
十而鬚鬢皓若玉雪　上憫之不欲煩以職務寵之
璽書加以白金文幣之賜俾致仕歸伯原世家廣濟
洪武中舉鄉貢爲順昌教官繼擢靖江王府教授遂
陞左春坊司諫十餘載轉太子少傅　上在春宮嘗
命侍皇孫講書又嘗親揮宸翰　諭宮臣曰張根誠
實可用然老矣宜優逸之蓋　上知伯原爲深所以
優遇之非一日而伯原之所以承上之眷顧者亦固
有自矣臨行朝之卿大夫皆賦詩歌贈命予爲之序
且士君子之壯也孰不欲推其所能效用於當世應
發上以禆於國家下以禆于生民及其衰也亦孰不
欲休其勞勤逸其餘年此人之同情然有不能皆得
者矣今伯原歸日與鄉人朋輩逍遙雲林泉石之[illegible]

□祖闡而咏歌天子太平之德何其樂也予又門□
儵暇引其子孫及鄉里之秀俊剴切于詩書之冒涵
詠于仁義之道月積歲累將使人皆哲士里皆善俗
則伯原翻速不爲無所以爲於聖明之時衆予與伯
原向倏忽久是行也有以啟發之而又有所以屬望
之也遂以書于簡首

贈劉惟尹先生北上序　饒于豫

始余受命何特教從先河陽知惟尹先生天下士也
惟尹方爲諸生名劉精其業每試輒首諸生他諸生

在大父行時稱誦其文以爲常價不能無心妬之而
惟尹益數舒自得也非久取登鄉上第聞不自慊曰
士寧以經生業自多也始登庠塾取讀與講習之會
余稍長頗亦偏嗜于古惟尹誑年引與遊余時迫得
附古人遊不自秘密益彊諸不類我者口語藉起又
性愚不任級復與爭益舉益譁多而惟尹方燭其中
而和其外力調護其間得無以失富是時瑯琊劉寬
伯與余輩高大如惟尹余與稱倪不屑屑取同而卒
默與富其意衍公龍門而遊社曲何知入闈迎哉
惟尹亦遂成詩如千文如千度惟尹大趣□欲以脂
澤取妍要非鼎彝不陳非大羹不供人士或然或否
而與余相憐無間惟尹既創起古文詞復不欲弁髦
本業令咕嗶士從旁驕我間出其義示余則益刻精
有加于諸生時價既久不第不無後時之感茲復偕
鄉國計吏詣京師將發過余迫得余一言余竊甚卽
不得借惟尹又何言哉爲語惟尹無自苦今天下人
相率而訾易我輩非以其不得時也而曰蓬累矣乎
弟如訾易者之說前時爲我輩者北地信陽諸君名

位益顯耳所不足者非一第也至若家與郡益顯矣
和氏之璧有一再抵而無終抵惟尹行矣諸君之靈
具在必且令惟尹應對稱　旨賜上第夫士當休明
不遇之朝而長貧賤驕語富貴亦足羞也惟尹其必
能以此閒執說者之口哉余卽竊竊許如此矣

廣濟縣學文廟碑

古者入學則釋奠於先聖先師故隋唐宋天下州縣立學皆有聖廟爲廣濟廟學自明盛時具矣崇禎乙亥毀於亂

大清定鼎順治十四載丁酉始克復之歲在疆[illegible]作[illegible]餞射於[illegible]宮丁文明也[illegible]甲先庚三[illegible][illegible]正習[illegible][illegible]菜用之故廟其時[illegible][illegible]學[illegible]自[illegible][illegible][illegible][illegible]東州[illegible]裁風痒序發長[illegible][illegible][illegible][illegible][illegible][illegible][illegible][illegible][illegible]側[illegible]爲[illegible][illegible]則先[illegible]而[illegible][illegible][illegible][illegible][illegible][illegible][illegible][illegible][illegible][illegible]長闕[illegible][illegible]

士[illegible][illegible][illegible][illegible]嗣事胡公[illegible]擴以[illegible]不[illegible][illegible][illegible][illegible]辟[illegible][illegible]人之材鄙兄也楚[illegible]文夫昌言[illegible][illegible][illegible][illegible][illegible]之[illegible][illegible]信道甚篤儀革服[illegible][illegible]之於洙泗[illegible][illegible][illegible][illegible]學[illegible][illegible]而私之[illegible]人子來以有茲宇也固宜[illegible][illegible]人而[illegible]之[illegible][illegible]惟遂聲於衆曰蓋聞之廟[illegible][illegible]子無[illegible][illegible]先賴貌之而如其形儒生而廟先[illegible][illegible]之而身[illegible][illegible]大[illegible]之[illegible][illegible][illegible][illegible][illegible][illegible]下先以致知格物[illegible][illegible][illegible]門人[illegible]問仁夫子[illegible][illegible]告之而[illegible]以不知仁序之故[illegible]子[illegible]仁[illegible][illegible][illegible]知[illegible][illegible]而克之明道曰學須識仁仁者渾然與物同體上蔡惟曰知仁由是立成以致良知與矣夫良知虛明靈妙心體也不起於念渾然而與物同則仁也顧知覺生而人有生則自以情識蔽之誘於物而知且物化也執我以拒物又不相容受焉雖勉爲大公而以行仁與不仁均昧昧矣故大學者先見其大不[illegible]遺而措物知外也物物而格之眞積發[illegible]與[illegible]而升中天之日百川入海河洋失際物乃并物[illegible][illegible]利鈍美惡順逆體性本末渝而通暢茂而渾同者一焉是物格知至也知至則

知仁也而后誠意正心修齊治平惟擴而充之常一念無念渾然與物同體而已所謂知及而仁守也明明德于天下也夫明德常明時時亦明矣子謂由以知爲知爲不知是知也[illegible]知體者而渾然物同矣故物格則靡不格見礙情隨若吹息之埃而仁去焉故體仁者物格知至不須臾離也荀子曰夏首之南有涓[illegible]梁爲愚而善畏明月宵行俯見其影爲伏鬼也仰[illegible][illegible]立髮也背而走此書不知仁者已體而物疑畏之故孔子告哀公门[illegible]知之事也知仁之實也信

乎學聖道者知仁要矣州縣得廟事先聖固非僅春
秋之奠籩簋犧象贊祝設而使衿帶者藉有事爲榮
也廟而敬古志之則自今望廟之穹崇巢嵲而竦焉
履廟之階墄而齊齊翰翰焉循乎𧿹詹瞻乎藻井而
焕焉彷徉几筵之側久而不敢浣斷焉其亦思爲聖
人之徒乎而學聖要惟知仁夫固易簡矣故曰廟先
聖者貌之而身其道也抑濟之廟先學而建若專嚮
如予厚永叔諸記廟作於丁酉落成戊戌適閻公謝
縣事傳公成進士去胡公忠信樂善獨任姑遲之然

鹿鳴磬管之基在薙草藿而待之矣有教士之責者
緒興庠序廣招學徒如文翁虞溥嘉蹟則胡公盛德
得人心可藉與成功使濟之禮樂無斁日新於學徵
也

廣濟縣儒學爲欽奉　上諭事奉本　府紙票蒙
督學道狄　憲牌本年正月十三日奉　撫院林
憲牌本月十一日准禮部咨該本部題儀制清吏司
案呈奉　本部送禮科抄出湖廣巡撫林　題前事
等因順治十三年十二月初二日奉
旨禮部議奏欽此欽遵于十二月初三日抄出到部送
司查得各直省大中小學額數本部于順治四年題
定大學四十名中學二十五名小學十二名在案後
因各省學臣稱有人文漸定請廣進學額數緣由本

部將因地方人才衆寡難以懸定業今具題奉
旨行文各撫按行查去後今既該　撫查明具奏相應
議覆案呈到部該臣等議得湖廣撫臣會同督撫二
臣查明湖北各縣地方人才果漸蔚起請廣原額具
奏前來相應將羅田縣當陽縣小學復中學應埏黃
安廣濟二縣中學准改復大學恭候
命下臣請行該撫按遵奉施行備牌過道遵照蒙文內
奏
旨事理欽遵等因奉此擬合就行爲此備牌行府遵照

牌內奉
旨事理即便行關廣濟縣中學准改爲大學等因蒙此
擬合仰縣官吏即便轉行該學會照牌奉
旨事理該學已經改爲大學　體欽遵仍速立碑壹
學前奉此本學既復大學即將奉到牌文刊立　體欽
遵須至牌者
順治十四年五月十七日署教諭傳鏡訓導胡效順
立
濟邑人文日盛而學宮嚴于取士額數甚少以是

士多壅滯即入膠庠卽登仕籍得改爲大學庶
乎額廣于前而士由此進益弟作人之化其與
上國比隆矣鼓舞樂育將於此徵其美云

廣濟縣志卷之十七
知廣濟縣事進士黃玉鉉漢崖先生鑒定
儒學　教諭舉人李以寬重敘　參訂
訓導貢士胡效順抒白
邑人　王臨五宜轉著
王台鼎象三編次

宋元詩

夜渡盤歎　見舊志　宋　梅應春
東壁山前稿佗開浮翠夜渡被騎來一旗金鼓轅門

曉喚得滿城生意回

其二
休訝朝家奏報遲平生忠孝鬼神知但留一片赤心
在會有天回地轉時

辟薦衆　存舊志　宋末隱逸　梅國淳
野人不慣服冠裳散髮披襟興味長他日麒麟應有
筋願留蘇武牧羝羊

石牛　元時隱逸　姚楚山
一卷怪石老山巔頭角崢嶸幾百年毛長蒼苔春夜

高頭昂芳艸夕陽天終宵見月何曾偏盡日和煙自
在胝惱殺牧童鞭不起一聲長笛思悠然

金鏡歌六疊　存舊志　　宋　梅應春

鐵幕占鳥喜望西來曉起星流飢聲盈耳神衛山嘲
金城峙誰遣熊羆健士争夜向空中飛墜江表功臣
風雲起肯歸飆腥却龍堆水磨散令漢仁義　巍峨
萬古浮天擎營從今挽取銀河洗清玉壘露布飛驛
蒼龍闕三歲驟呼動地看中使傳來襃璽虎拜稱觴
聖天子對九重春色仙桃醉舞康延紫極遙

其二　前歌未足盡畫臺之功業再賦二闋

獨倚東西陣記年時兩征蠻裘其撑天地指望凌雲
山元頂障任鎖江狂沸誰料得元規塵起當午陽光
瓶陰翳更一時血染三江水終古恨壯夫淚（嘉城麗之日本爲倭遽城陷之用江水爲赤）
[illegible]功名自是英雄事有魚臺貫日精
忠指天爲誓白馬銅盤傳三矢南八男兒死耳義感
用倫奎餘子咫尺神明能知此看靈旗所向皆如意
拚宛然是吾志（魚臺會集闔城文武士民刑白馬告天折三箭爲誓并紀實云云）

其三

蜀道難如許問蒼天西極將傾有誰撑任千載孤忠
睢陽老慷慨平生自負要虎穴擒將玄虎意氣軒軒
吞秦隴看强兵猛將如風雨踏指揮見攻取　金泉
談笑寧旗鼓任東征西討收功凱書無數玉關雲森
重壁外鐵鎖橫遮江路元不抵周郎一炬更有渡瀘
諸葛表倩秋風吹上册娉去清玉壘報仁王

明

五言古

大覺篇　　陳王道

先天本無極太極正漫漫大道原無異多岐祗自瞞
和衷中處是靜向動時觀孤月空空現三才渾渾看
獨來無個事閒倚玉闌干

玉英堂　白石山房雜詠之二　　劉養微

昔我夢西遊騎龍上青天聳身變作影忽墮崑崙巔
崑崙何巍巍上與雲漢連道逢綠髮翁三五相周旋
一見頗我笑揮手開雲關五城十二樓恍惚霞變遷
青蟒坐我側白鹿跳我前有鳥名鳳凰雙啼玉樹煙
久不見人寰于今三十年天雞鳴扶桑車馬喧闐闠

世事日煎迫曉出昝未還金升玉英堂記憶尚宛然
雖異天上樂頗無區中緣花叢繞深竹蛺蝶飛娟娟
青山四週遭雨歇春可憐登樓發長嘯縹緲來羣僊

送清紀郎張伯原　　楊榮 建家

服寵當盛世辭榮際時康懸車出都門冠蓋何輝光
賓朋相祖餞車馬盈道傍羨此白髮老居官久爲郎
官僚讓才傑佳譽遠播揚一日荷恩眷優游歸故鄉
維時秋已深木落鴻鴈翔天空霜露降籬菊花正黄
長歌賦歸來對菊煮清觴此樂信難致予亦遠相望

願以離别情裁詩寄玉堂

與趙家演兄弟　　凌義渠 義烏

暮雨入跡篁暗泉吐清樾持叢答文心著寒那可說
惟君十指中鏤成山水窟清痕刻欲枯異趣搜將竭
仝賀兩詩覓夜深猶未歇念我識君時瘦影雙突兀
今茲復幾載筆尖亟亟掘孰不苦饑寒忍心事薇蕨
相望十畝間寒光轉荒忽携爾苦吟身同寄㝢秋月

七言古

費仙祠龍湫歌　　瞿九思

我聞橫岡有山山東頭蛟龍作窟多龍湫其下絶壑
深淵不知幾千尺仙人往往稱靈丘誰爲此者乃爾
水聲怒吼自觸激費家兒子纔淹留我有所親在山
麓千家兄弟吾姨族有時咏歌來舞雩卽君有傳長
披讀君夫如今幾朝代鬼物精靈仍不改只今尚有
雲浮浮四時谷口風颼颼此地有民百不憂五風十
雨將何求村醪社鼓今千秋憶昔親征陳友諒君來

隱見鄱陽湖底事君眞神絶異人今廟在廣山住前
歲江頭虎負隅烹肌吸骨無完膚須臾有詔還京都
莫是皇天遣使君來驅風雷倒走蛟龍趨登時黄雲
掃盡青天孤天乎天乎安得借君井冪雨天下坐令
四海無乾枯

梅川歌爲阮集之别　　劉侃昌

江濤如雪船如驢騎驢走雪胡爲乎尋梅孟叟夫巳
遠君來復向梅川趨梅川長官比梅瘦新向梅川種
梅樹梅樹齊眉未結花先結高樓號梅墅高樓四望

樹蒼蒼颭風六月生微涼開樓置酒夜召客一一士民之畸狂客無如步兵吼臭息都作英雄氣塡胸已少晉魏書下筆偏多是頡字蜾蠃螟蛉在眼前猶向袁郎飽一拳拳老手毒敵不厭懽然十日飲平原平原主人輕薄尹與君生來共鄉井明朝別我走黃州閑却高樓四窗冷赤壁磯頭興未除黃鶴樓多賣酒家到日若無吹笛客還來聽我落梅花

五峯山放歌行　陸嗣先

五峯之山倚天壁寸雲直上幾千尺孤根倒挿盤坤

維奇峯背殺千山勢連天拔地引勢來東山橫山何雄哉睥睨層雲盪胸臆兩腋翩翩生風雷江流襟前一帶長匡廬遠開錦屏張亂岫窈窕入天漢泰華海岱何有鄉平生殊嬋奇幽趣山水何曾會稱意囊裏虛傳五嶽圖筆下空探二酉秒天遣此山與盤桓而我樂之思悠然卷舒萬古栽物象出沒千重羅雲煙地因人重與不朽厥初以來那可數寄道山靈莫負人冊崖綠塗予爲主

四高樓見古蹟　劉祉昌

送湯惟尹南還　王大謨

薊門三月重携手風雨跡燈肝膽剖壯士蕭蕭易水歌故人戀戀綈袍叉千載然諾死生輕兩漢文章牛馬走自今白雪已登壇無那黃金仍敝帚看花幾度又登囬射策十年猶未偶相看白日爲沉淪坐使紅顏竟辜負丈夫失意且還家鵲印龍泉吾自有生成骨相可封侯歸問妻孥舌在不尊前擊節倍蕭森馬首看山何決莽胡床日莫擁歸騎羗笛聲中怨楊柳寒雲漠漠度滹沱芳艸凄凄迷夏口君也低眉暫陸

沉我亦折腰爲五斗相將同是倦遊人如此風塵飄泊久飄泊寧摧壯士顏當筵幾盡陽關酒酒酣耳熱仰天呼造物於人能定不東方腹饑賈誼愁楊雄老病相如醜古來英雄皆如此大運推遷有陽九願君且莫嘆蹉跎會須譚笑揮巵酿落日磨刀大嶽巔高秋飲馬瀟湘藪所貴青雲蚤致身四十二年垂紫綬等閑少老吹竽賦就豈應終覆瓿驊騮展足卽康莊狗監憐才如獿玖至尊下詔策賢良萬樹宮花明[illegible]雲霄便自是將卿姓名莫漫藏屠狗河梁執[illegible]

立斯須腰間解贈雙七首七首光摇河漢逼與君雄
劍堪相守鸚鵡洲頭仔細看夜來娗作蛟龍吼

州胥行　　陽大[illegible]

州胥行者民謡也蘄州倅公之署廣濟篆也以州
胥育人從蕎馬行鄉曲而令縣胥執鞭也鄉曲人
於是不堪聚而謡曰有是哉則與歌於市市之人
皖相與和焉而遂北之音
州胥數騎出縣市千村萬落難迴避男號女哭向蒼
天夫走妻亡屋空樹去年加派催軍餉今年雨久麥

漂蕩免年陳税一齊徵鏤肌刻骨入凋喪小邑數家
升斗大民貧土瘠空惆悵君不見鼓角大帽胡爲者
手挽銀鐺行跨馬攔門呵客無人入廳帖雖來罔不
下又不見公門以外無朝煙公門以內齊徹大那有
親朋救急難祇恃性命當熬煎況有永日誰能遡愁
雲苦霧昏昏然對此吞聲忽復泣恐有州胥門外立
用極歌行一時膾炙人口者州胥行大堤曲俱可
泰饒唐大堤歌二首附見於此云峴山日沒夫堤
秋水落江空龍出澄風勢西來星尾動南呼鼎鳴
兆禿鶖千里饑寒客瓊州無人解贈千金裘鬱鬱
未乘斷百憂何者最樂君家酒倒裝欲歸已復休
泉來月出古城頭　　昨當大風振西樓夜半星燦
酒更黑須臾復霽日在東世事茫茫誰料得銅堤
花月古今憐亦有墓堆埋前賢誰將歌舞送華年
驕馬小兒氣揮霍雕日勇銳今衰煙今我不樂兮
煩煎

古樂府　　劉養微

茶蓼篇

茹茶知苦茹蓼知辛君其問諸水濱風蕭蕭兮愁殺
人彼何者翁嫗八十九十行乞於路翁前致詞饑饑
倚榭所有三男大男中男暴露其一雖存將婦男女
今無處所不知是何人來撑船揺櫓強劉我禾黍即
頭脱乞遺得一二筐筥無不臼誰舂又誰烹煮翁勿
復言我力不能存活汝徒使我泪下如雨傳告後世
人萬曆戊申受茲荼楚

打藤曲　　劉養微

日出湖上山山頭草蓬千萬間相呼相喚打茭藤圍

風撇波船上天翁嫗在家兒女泣打得芰藤日將入掐葉抽藤煮藤食生飼猪牛哺鵝鴨嗜我人民何不烹猪宰牛日食鵝鴨官糧未輸奈若何

芰篺謠

芰篺蕩蕩隨波東西下上爲我謂風伯雨師一何太茶使我夜不得卧晝不得吹煮哺旁無塌臾藩又無樠櫨枝吾但見雄虺兮九首蝮蛇蓁蓁其朋千百咸來遊咸來遊登我篺撩挺撲蛇蛇悲哀同居患難中兩苦何嫌猜天寒水涸嚌珠來

悲高山　　楊晋

高山鄖舍也距邑三十里丙子冬設險高山濟尉魏特光以鄉兵守之賊初不敢度相持旬日尉夜襲賊有首功翌朝賊大至尉馬蹶斷被繫不屈死

氣障天天不雨中原白晝驅豺虎無賴少年好英武擁尉登壇建旗鼓尉也膽氣本粗豪百金市馬如人高馬上結束青絲縧左右馳擊雙寶刀搴旗斬將不足數盻睨秦寇同鴻毛軍中昨夜傳飛箭鐵騎西來亂如霰不聞犄角有何營獨引鄉兵當一面健兒

身手等閒强矢石未交先怯戰衆寡相持大不如支吾日久情形見尉也膽氣眞絕人夜叩壘門惟一身歸來笑擲人頭卧不知禍福如轉輪亂流馬蹶侵曉度高山遥望寧知數竹筒一吹巳會圍塞斷孤軍歸去路此時拔劍怒衝冠翻身上馬突圍看黃巾赤眉有羽翼有將無兵勢難測堯爭脫處戰猶酣鞘帶斷時死不得可憐壯士在域心援師望絕無消息高牙大纛坐城中薄祿微官死山側朝廷有事須將才豈彼下僚多抑抑高山燐火繞忠魂爲爾悲歌淚沾裳

送清紀郎張伯原　　王　直

鶴禁承恩久歸休佩寵榮衣冠明主惠詩酒故人情黄菊新移就蒼松舊種成懸知還魏闕清夢到神京

贈開令饒繼明　　楊　名

烏帶雙鳧落苹將一鶴來循良漢庭吏調濟傳岩才座上聯珠論筵前入寶杯相逢俱意氣莫惜醉時開

遊東衡山　　劉養微

澗曲重岡隱郵幽密樹交㵎雞啼竹搗松鼠落藤稍積陰滋堦蘚方冬補屋茅北風吹古木還擬孟城坳

又

見說陰崖畔對人曾獲麟采霞垂積尾虹雨落麟身郊藪遊無故山川覺有神聖朝罷獄墻應議土風淳

又

竹裏頭陀寺開門對五峯抱崖深古雪亞石圻危松澗谷逢僧話冰霜印虎蹤登臨漫隨喜雲卧聽晨鐘

又龍王廟叠水崖是東西汪川處叠水尤奇絕

聖宰松風飛泉挂玉虹嶺猿啼接樹灘石正排空蛟龍鬭斧騰霧雨濛白沙漫浩浩斤竹古河通

又鮑照讀書臺石在山巔寛平如砥其下小洞可容十餘人土人皆能言其處

鮑子讀書處危峯坐翠微六朝孤石老千載到人稀衡嶽通元氣匡山對落暉登臺重回首懷古一沾衣

和孟培山寺松石之作　　楊大鰲

松石山門外蒼茫雨雪殘石隨神鹿影松作老龍看苔蘚千年異枝條百尺寒聞君歌古調此曲和應難

遊龍廟　　劉養微

大樹曉陰陰長歌入翠林石連樓閣起雲隱洞門深澗水流開闢山花襍古今振衣登絕巘潭底卧龍吟

同雨入靈谷　　陸嗣先

蒼茫大霧蒸絕頂一鐘聞衣濕松梢雨馬穿石角雲飛泉遥急響牧竪遠離羣僧舍煙蘿暝應須到午分

仙洞菴　　吳亮思

背洞開仙刹清幽隔市喧泉聲流澗雨檐影挿天門破衲山中老心經石上翻到來生靜趣吾意閎歸根

憲皐督學滇中歸阻風雪公宴　　袁宗道

此日成佳會何期見子猷牂牁萬里道驅馬一尊留小邑饒村釀長江若石尤無嗟鄉路遠五日近黃

又

最愛新年雪能留竟日觴文章化越嶲車馬渡瀟湘
覽勝稱難足交游感雁行更憐萊子意把酒獨思鄉

送石轄之蘄濟　　何景明

梅川署中秋意　　劉龢昌

邑多賢長者跡拙不嗤余損悉勤分釀傷廉數受魚
井時能下榻經歲少投書南北東西士吾将此卜居

二餘齋初成　　寇學海

卜居無定業小築似蝸廬日夕散疇牧水澄窺澗魚
落花人醉後種竹雨來初未敢追前躅貧哉常晏如

登劉正叔文學園亭　　王大謨

我自高陽侶君還徐孺林著書凌左馬開徑得求羊
天地容吾輩江山護草堂論文如有暇花底劇傳觴

黄牛院　　譚允謙

為問黄牛院猶然在翠微麻人化鶴去楚客未曾歸
松嶺吹殘雪溪春鳴夕暉共遭生死與破涕此荆扉

題太常吳公北望樓　　饒嘉元

萬里懸雙眼層臺出一頭那知天北極直對郭西樓
旭日升難蔽浮雲芬欲收昔人愁不見元不爲公侯

樓上望邑內名山　　饒嘉軌

氣逸飄香海天空鬱大原青山壓樹出白鶴劈煙飛
跡柳倒枝接孤城萬木圍倚闌看不徹霄闊到人稀

其二

爭貢伺開戶羣山競倒開坡騰疊嶂外霧閉一天盤
喜與煙霞面狂姿碧漢寒何當躋五嶽瀟灑謝長安

其三

尖聳肩肌老悠然作翠屏山靈騰谷氣鬼斧秀精形
孤愜陶怡白狂開阮眼青奇峯遶列巘吾坐正中亭

讀王憲皐先生遺稿 先生兩疏陳情奉旨侍養 吳亮思

清絶王摩詰先生豈後身雨中拔逸簡天際想眞人仕宦心常違倦遊家更貧閒居惟有賦至樂在怡親

其二

文德滇南洽井宗近邑存世皆趨利違君獨戀晨昏歸去開三徑陳情動至尊生平忠孝意風雨黯銷魂

過蔡山寺 胡篤生

鬱識江心寺金山與蔡山山朝匡嶽北寺隱竹林間白老詩碑古支公骨塔殘故來尋勝蹟不畏北風寒

七言律

御試山川圖 洪武薦辟 于克誠

天開黃道鬱葱蘢春漲新流萬里通雨露自天沾草木煙濤接海起魚龍綠波連地江湖滿紫氣浮空晝夕同好水好山無限景相看都在化工中

贈張節婦 嘉靖教諭 龔善治 南昌

瘦映枯梅月下柯半生心事淚成河天空渺渺飛孤雁江水滔滔決逝波人道共姜心死後我憐令女負酸多完名憑着誰分付影照寒燈鬢已婆

送清紀郎張伯原 楊溥

湖海星霜入鬢絲九重優詔許歸時甘盤學術商規範舟里衣冠漢表儀玉佩聲閒山月曉松濤夢覺晝陰遲江鄉秋到飛鴻早天際停雲正爾思

前題 金幼孜

御勅新頒五色鮮賜歸今見寵恩全同朝媿我猶麇祿投老如公即是仙行李蕭蕭秋色外征帆渺渺夕陽前故山廻首還相憶淸夢時應到九天

贊仙祠 胡尚志

咸道斜穿碧玉苔龍宮深鎖白雲隈山門亭午日未到草閣長年霧不開幾見晁將飛舄過猶聞鳳引簫來三千界外知何地十二峯頭即上台

劉燕及先生招飲四高樓 阮大鋮

朱甍粉堞水邊樓樓上琴聲與更幽縱有天供饒畫物也須人闢好林丘頻開白墮觴賓客便尋青山[illegible]對鄭宴客竟忘歸路填小檢列炬聽鳴騶

燕及先生招飲四高樓同集之 袁[illegible]

登臨久作在山書兄弟相望對九居雙一二天登[illegible]

溪扁舟已各[illegible][illegible][illegible][illegible]俱且[illegible][illegible][illegible][illegible]殿頂難[illegible]
下臨山亦好[illegible][illegible][illegible][illegible][illegible]女[illegible][illegible][illegible]

其二

清言[illegible]雪來[illegible][illegible][illegible]滿何蠅不避風片月先留橋下
[illegible]高山[illegible]作[illegible]前[illegible][illegible][illegible]似髮猶通島滿幽皆雲[illegible]
話[illegible]須去石門[illegible][illegible][illegible]蕭蕭來打夕陽鐘

其三

[illegible]字已自[illegible]三吳同我樓中四[illegible]孤[illegible]志須教[illegible][illegible]
[illegible][illegible][illegible][illegible]長西湖原因酒少[illegible][illegible]御盡爲詩多[illegible]

[illegible][illegible][illegible]有步兵[illegible]不[illegible][illegible][illegible]何事帶行厨

登四高樓　　僧愨山

[illegible]滿[illegible]迴[illegible]碧流更看高閣紫煙浮入[illegible]屢斗[illegible]孤
夜三[illegible]江山入兩眸遠近人家藏樹裏參差車馬度
[illegible][illegible]白[illegible]谷底[illegible]天路乘興登樓一壯遊

劉使君新建四高樓　　張步雲

[illegible][illegible][illegible]四[illegible]樓上仙人五色衣遶檻水分千派
[illegible][illegible][illegible]山[illegible]萬家秋登臨島影懸霄漢披拂琴聲入
斗牛嫗殺白頭人獨老難將病骨一從遊

九日湖太守宋明府劉賡文招飲四高樓

王三聘

[illegible]散白髮見黃花野服綸巾竹徑斜閒[illegible]牙琴翻哄
[illegible]類敲詩韻[illegible]鳴鴉一竿邀月尋[illegible][illegible]兩[illegible]穿雲入
[illegible][illegible]宛似岳陽三醉倒朗吹鐵笛度長沙

過馬祖巷　　劉復昌

松間逶迤入林斜竹[illegible][illegible][illegible]引[illegible]草野老能[illegible]田芋
飯山僧解種海棠花[illegible]厨[illegible][illegible][illegible][illegible]酒谷水[illegible]京陸
[illegible][illegible]更向漢[illegible][illegible][illegible]雲夕陽[illegible]影[illegible][illegible]鴉

夜酌懸月臺聽石溪泉聲　　劉復昌

點[illegible]綴碧秋容老提石[illegible]流酒興寬傲吏自來甦[illegible]
[illegible]野人都不識衣[illegible]松[illegible][illegible]月沾巾濕碉樹流雲拂
屢[illegible][illegible]負黃花好時節明年此地對誰看

冬日晚登黃鶴樓　　寇學海

滚滚長江帶落暉仙人樓閣轉霏微雲横大澤漁歌
[illegible]沙冷[illegible]川[illegible][illegible][illegible]檻外[illegible][illegible]月出洲[illegible][illegible][illegible][illegible]
[illegible][illegible]莫言[illegible][illegible][illegible][illegible]物[illegible][illegible]於今有是非

其二

憑闌極目萬山浮慷慨糊憐攬上游霸業已隨孤鶴
去樓臺偏壓大江流煙迷遠浦千帆雨濤觸寒殘五
月秋笛裹梅花莫吹落恐驚歲晚怨淹留

詠雪崖　　徐翔

白屋瑶光萬玉屯下臨絕壑倚冰寬瓔妃駕鶴浮銀
海玄帝驂龍破石門戶外王猷迴棹遠壁門馬叟蘑
詩存知君雅趣成高潔愧我無才賦兎園

送宋宼韓之令長寧　　王大謨

十年褰馬漫彈筝仙令今稱楚大夫潭上百花堪濯

錦嶂中明月正飛鳧箏論勾漏丹砂否恰有臨邛上
客無鄭重陽春新入調一官萬里是雄圖

送宼山人南還

君自雄風擘大荒高歌常在酒人傍昨來見面驚離
合歲暮還家帶雪霜堤柳欲舒渾到眼江梅纔放幾
迴腸為憐薄宦迷搖落何處清尊共楚狂

早秋過張使君子龍先生園亭　劉養微

灌園門外挾風濤五柳先生興自豪終古斯人開草
昧董今盟主擅蓬蒿秋深杜若滄洲滿天入江湖紫

氣高白雪郢中元寡和鍾期死後向誰操

又

門掩蓬蒿晝未開應嫌車馬破蒼苔祇緣文舉忘年
好不厭劉郎問字來萬里西風黃鵠下三湘明月釣
魚臺大夫不淺悲秋興客有登樓賦自裁

又

漢水盈盈秋可憐美人相向暮雲天製城江上芙蓉
錦賦得淮南桂樹篇花發幕空聲不斷長河斗轉氣
雙懸風塵游子愁參暇漫溪樓中剩一年

又

楚楚長安幾子虛歸來猶有憐儲作賦恭春滿食櫻
欲問閑窗舊書籍雨江寒暮夢澄駐雲嶽色滿
匡廬重疊滿玄亭過早晚黃花九月初

過張子龍先生園亭　楊晉

交遊寂寞不知還剝啄依然野水灣郭外客稀空自
掃謝家無恙但青山醉曾映當時坐魚樂誰同此
日閑寂寞仙翁酒去後更添紫氣到函關

又

尋城裘馬五陵遊抱甕歸來二十秋酒熟尊罍開北
海月明賓從集南樓詞場問字千帆落老圃逃禪半
畝幽遥想一時揮麈輩何人倒屣最名流

劉明府燕及夜酌縣月臺聽浮石渡泉聲　饒泰元

紫萸黃菊佳辰促碧澗蒼崖涼月寬丞予俱停金卮
屐使君也着竹皮冠石舒鯨背懸溪穩泉帶鴉聲入
座寒勝地天留今夕醉新詩代作古人看

春日仲奉常雨中招飲北望樓　饒嘉軏

白髮丹心萬里懸林梢濕木撲霄煙寒光翠嶂鬱蒼
霧大涵滄流噴白泉阻排飛龍長憶北逋殘嘶馬劇
憂蘇厭襟仰憶追陪暫皇春徵書趣別筵

邑西多雲山欲雨先出雲有風洞投石其中即
風起水出此山流入羅州界又多雲山多石窟
遠望五色雲見中具樓臺闕闕人馬獅象至不
可名狀迫視之嵐氣耳乃為虛蜃所變接憶此
地風可乘與其至于今猶未知處夏君者嬴參
婁子棠余題詩

東衙昔到鈍柔罩是處遊人更不聞風雨雷雲封白
石樓臺疏邑墮紅裙故山舊社發老別覺天留畝
夏君其向羅州西尋問尊前相對暮多雲

大聖山謁霄龍書用王曾高韻　李長韓

峻嶒古廟自千秋山水猶存樓上遊天削芙蓉藍句
畫泉飛匹練雲府丘壑藤蘿壁靈風清狙豆新朝典
禮傍昔徑蘸荒餘古碣脚堪回首一登樓

孝順歌　胡篤生

古人盡孝不爲名莫學從來榜樣行透到良心眞切處無爲無念證眞情

爺娘痛子割心肝子痛爺娘未必安總是良知遮隔任良知一動痛心酸

養志承懽不在多微言細事勿蹉跎尋常些小傷心處五鼎三牲可柰何

說養無方止一身仁民愛物是親親但知到處皆親脉一念祥和宇宙春

呼號奔馳事鬼神忍於堂上褻雙親鬼神正是聰明者肯佑人間不孝人

尋常親在不知親恨到終天可殺身須是親存能竭力莫教過後悔難伸

尼父千秋集大成眞修妙悟介無生志行兩在非他事只在春秋與孝經

旌陽大道豈難成忠孝雙持合淨明孝弟不修仁義缺更從何事問長生

人生孝道一難全豈際從來各有緣但教終身都是莫欺[illegible]心盡處帶蒼天

廣濟縣志卷之十八

知廣濟縣事進士黃玉鉉漢崖先生鑒定

儒學　教諭舉人李以範重敘　參訂

　　　訓導貢士胡效願抒白

邑　人王　臨五宜輯著

孫　承詔丹顏編次

雜志

志備勸戒必有益於俗類以書之可也然聞見不一猶爲縣之舊事不可遺雜以著之迷雜志

宋孫搆字少先博平人舉進士調蘄之廣濟判官歲舊人圭田粟六百石搆止受百石餘以畀學宮後平五溪蠻進賢修撰見蘄志

元揭曼碩未達時多遊湖湘間一日泊舟江涘夜二鼓攬衣露坐仰視明月如晝忽中流一擢漸近舟側中有素妝女子斂衽而起容儀甚清雅問之答曰妾商婦也良人久不歸聞君遠來故相迓耳因與談論皆世外恍惚事深異之迫曉別謂曰君大富貴人也宜自重因留詩曰盤塘江上是吾家郎君閒時來喫

崙黃土蔡嶺茅葢屋庭前一樹紫荆花明日舟阻風
上岸沽酒問其地卽盤塘鎮行數步見一水仙祠墻
垣皆黃土中庭紫荆芬然及登殿所設像與夜中女
子無異旻頑後官翰林侍講學士 陶宗儀輟耕錄

郭蘋湖任盤塘湖岸羅念菴先生過之郭以冬〻桃獻
爲書蘋湖二字扁額經亂猶存

嘉靖初陳友良爲布政司椽値司考一茂才對云鷄
聲啼凍谷其人未卽答良遽云雁影落寒江主大喜
爲免崇辦徑選羅源典史

景泰庚午縣額科舉止三人縣人迎送對聯云李錦
趙觀周原學狀元榜眼探花卽三人衆同榜鄉舉後
周原學南闈高捷

嘉隆間邑讀書士猶少相傳毎縣試必鳴鑼催衆人
猶避之前輩或以對句入學至萬曆時始盛縣試毎
千人有窮經白首不得一弟子員者明末屢經兵燹
國初猶盛 順治四年以大學例題入學與黃麻比

徐彦合少自廣歸買舟時有蘇客附舟道病將危舟
子利其貨以半餌徐共沉之徐曰殺人以取貨天豈

容是婉言絕之稍予一二物以安其心[illegible]訖貨
若干帳若干憑隣買某買棺費若干[illegible]飲剝致書
客子二日至豫章遇客子呼盡與之不[illegible]一[illegible]錢勞
予備一愧心客之尸共予之貨[illegible]何阻

藍氏正德[illegible]家有駒似龍超騰遶道[illegible]一老僕御
之[illegible]於[illegible]老僕御馬至黃河化龍而去并老僕
俱失所在[illegible]
龍[illegible]
[illegible]

[illegible]水英動天驅騰[illegible]華帶辟斯馬斯材按
[illegible]意此須奇瑰

彭廷[illegible]以[illegible]鏡名一日持火[illegible]行山中遇二虎伏
崖上下廷[illegible]其間崖上虎以是[illegible]及其面一鏡而
[illegible]禱祝下虎方[illegible]發卽倒後値流寇亂山[illegible]
皷不可數計屢瀕危殆咸以鏡自脫終九江

[illegible]仙[illegible]世多傳之爲東坡乞傳與劉敬伯酬咏皆[illegible]
[illegible]然[illegible]有喜作佛事號稱佛者 順治初方[illegible]
[illegible]大名[illegible]此術[illegible]人超度被寇亂死亡者募[illegible]書

亢狀落筆藻麗非常一座大駭時扶貧者閔公諷方
賓實兩人劉千里張長人皆在踴躍成事近馳一札
付驛曰一切世法周旋遜謝艮久頗類守貞燕婉雖
蛩以內寂無聞聲忽象九趨謁稱予力索寓草希附
里誌之末此念誠盛然適令余亟有白於子并爲蘄
時相知白也余始於濟實欲表揚節孝敦厲來茲兼
議置學田修四高俾貧而有志者得苦吟于其中私
[illegible]雖甚弘藩勸頗諸多士故不得不藉文章哉答
[illegible]處人門耳惜事靡成前志已賁雖其楮管微有

存者又付一炬剡自丙申習靜以來勉勉者求政如
瞻若海者望攀慈航未審當在何日謹凛恐懼嗣且
彌甚不圖子爲余策徒以文章小道期屬叔青夙稱
愛余者如斯而已乎要余於子不能不重有期也蓋
誌之與史名雖小異而理實相符方典誌之始搦管
而書責殊易稱丞諸異日遇望古者觀所誌之人鏡
誌人之人則誌非徒誌其人亶自誌而已尚賴如椽
之筆仍取全誌伏案沉思斟酌反覆如某瑜果全瑜
某瑜未全瑜如某文藻攸瞻而廉隅罔飭審無爲

閭擒之愛如某賢豪白命而作求微式審無爲燹桐
之遺則安知尼山大特紫陽綱目不仍見於茲日耶
誌藏板若干或值工價不繼以時續刻亦可但恐刻
以時續漸次請誌亦以時續公朗如吾子應摽而峻
拒之矣　貴學正前晤文子羽季頗亟注於余然未
識近拙癖性碍緣而投厥契也姑俟從弟賓實足疾
稍痊力勝遠步躬謁函丈藉申轉致或可代投剌耳
晤時頻爲質言寓塵亦止平平幸無作千奇百怪想
也更附數悃待質或不厭瀆史孝子廬墓三年人誌

否徐虛孺廬墓亦入誌否魏捕長野戰拒賊捐軀殉
國人誌否寇山人詩才胡三髓文學德行堪入誌否
若宋曉仲以縉紳之後而敝衣食蕨披髮行吟彝素
璒詩飲之長無藉言志與渫白用抒其中之咄咄不
平者於古逸民或有願志其志願師其人蓋亦近今
之魏楚也不知堪入志否板已就刻者幾許有刷印
入本假余一覽否

荆楚文库

〔同治〕廣濟縣志

〔清〕劉宗元　朱榮實　修
〔清〕劉燡　纂

《荆楚文庫·方志編》編纂組

組　　長：賀定安　陽海清（執行）

副 組 長：劉傑民（執行）　王　濤　謝春枝　范志毅（執行）

參編人員（以姓氏筆畫爲序）：

王　濤　李云超　宋澤宇　范志毅　柳　巍　馬盛南　陳建勛

梅　琳　張文静　張雅俐　陽海清　彭余焕　彭筱濈　賀定安

楊　萍　雷　静　劉傑民　謝春枝

編　　審：周　榮

顧　　問：沈乃文　李國慶　吴　格

前言

《〔同治〕廣濟縣志》十六卷首一卷，清劉宗元、朱榮實修，清劉燦纂，清同治十一年（一八七二）木活字印本。内封鐫：『同治壬申秋志書局開雕』。

劉宗元，河南睢陽（今商丘）人，監生，同治八年（一八六九）官廣濟知縣。朱榮實，字秋園，安徽涇縣人，解元，歷任廣濟、石首等地知縣，繼劉宗元任。劉燦，字悔復，本縣人，同治二年（一八六三）進士，官翰林院編修、國史館協修。

廣濟漢爲蘄春地，唐武德四年（六二一）分蘄春置永寧，唐天寶元年（七四二）改永寧爲廣濟，宋屬蘄春郡，元屬蘄州路，明屬黄州府，清因之不改。一九八七年十月撤縣立武穴市。

明以前邑志無考。明萬曆年間，知縣趙太璞、教諭魏秉忠創修縣志，歷歲既久，惜已無傳。入清以後，知縣黄玉鉉、邑人王臨以萬曆志殘本爲底本，並參酌省府志、正稗史，加以删潤，力爲增補，始修於順治庚子（一六六〇），至康熙丁未（一六六七）告竣，是爲斯邑現存最早縣志。至乾隆朝，縣令虞學灝、黄垲先後重修，各有版本流傳。同治八年（一八六九），宗元蒞任，念邑志近八十年未增補，遺事頗多，乃開局重修，適劉燦假歸，遂延其爲主纂，三閲月起例發凡，體制初定，而宗元去任，榮實繼其事，未幾書成。

志分九門五十餘目，内容依次爲地理志、建置志、賦役志、學校志、職官志、選舉志、人物志、藝文志、雜志，全書總約三十二萬字。卷首收新舊各序六篇，現修及原修職名，可考修志始末。另有《凡例》十則，輿圖六幅（縣境全圖、縣市圖、萬壽宫圖、文廟圖、滄浪書院、文昌閣）、目録，可知是志梗概。

前修各志，或簡或繁，體例不一，是志參酌前代各志，加以損益，綱舉目張，體裁愜當。據《凡例》，是志遵康熙志例，以山川『附載題詠諸詩』，編入藝文一門；廟祀、典禮僅遵頒行儀制逐條詳載，間有增加；武勳一目，舊志從略，是志收五十餘人，皆爲投身鎮壓捻軍起義而有功績者，以備稽考；藝文志，征名儒遺集，

其有關政治風化，措詞尤雅者，選擇録存。與乾隆黄志比較，是志分綱列目，增列地理、建置二志，沿革、疆域、山川、古蹟、風俗、公署、秩祀、鄉鎮、津梁等依類附入；增立學校志，記廟學、祭典等，門類歸併更爲得體，内容亦更爲詳實。廣濟地濱長江，古爲兵事頻繁之地，軍興以來嚴於防守，故是志特增兵事一條，附於雜志，舊者多沿録前志，新者採訪增入咸同間近事，甚得條理。

據《中國地方志聯合目録》，是志國圖、科院、北大、上海、湖北等館有藏。湖北省圖書館有兩藏本，其一藏本字跡工整、版面清晰，整體書品較好，故此次影印以該藏本爲底本，偶有缺損頁碼，用該館另一藏本補之。《中國方志叢書》《中國地方志集成・湖北府縣志輯》皆影印收録。（彭余焕）

目録

廣濟縣志

同治壬申秋
志書局開雕

廣濟縣四修縣志序

縣邑之有志不可曠數十年而不修廣濟之為縣志尤不可曠數十年而不脩其故何也十室之邑必有忠信矧乃褒延百餘里户口數萬其中善士比肩立積而不録久恐湮湮固非忍也積之久而不紀

不忘亦其勢然也且廣濟之為縣志自肇立此縣以來善其紀載之弗詳也古矣先是於漢為蘄春縣地後改永甯至唐天寶而始稱廣濟其未稱廣濟以前人物事蹟見史傳者惟蘄春耳然自立邑廣濟後山經野史又多湮失故其人物亦屬寥寥不然鮑參軍有讀書之臺青林臺子有伐桐之說當其時往來江上豈乏名流而碩殊少表見使其山川亦屋無色何哉則豈非紀載弗詳之至哉前明萬歷間有知縣事趙太璞憫邑乘未輯與教諭魏秉忠等創其事歷手

既久本又失傳賴邑人王五宜於邨歸携槎中收得其本歸乃取省府志正稗史力為增葺同時窮千里又從而刪潤之始於順治庚子至康熙丁未凡八年而後告成是為丁未志夫而後自宋以來之人物得以並傳於不朽此則王劉兩賢士之盛

心而亦數百年來合邑人文之幸也歟從八十餘年至乾隆辛未而有辛未志之刻從四十餘年至乾隆癸丑而又有癸丑志之刻夫而後百二十餘年之人物又得茲傳以不朽迺至於今又八十年矣山川土田如故人心風俗如故矣豈無懿言懿行大有可傳

者乎何其宜傳而久不傳也邑人士並有此志乃於前任劉君時嘗請開局未及蔵事遷余承之閱歷半年以辭例沿革多有爭執乃進邑人而告之曰凡議論多而阻成事者皆見其細而遺其大者也夫以同為可傳之人乃

前或八十餘年而一修或四十餘年而一修今獨闕而不修後寔俟且邑自兵燹後無論賢眉巾幗其炳然知大義而以身殉者忠魂毅魄較前有至之無不及其生而存者或沐浴膠庠或嫻習騎射文通武達科名鵲起且効力戎

行勳勩懋著失此弗紀豈有美弗彰有蔵弗傳必欲待其久而忘以為快也邑人士乃憬然悟曰諾退而謹具藁以請於大府壽諸梨棗以為有志為善士者勸

同治十一年歲在壬申仲冬月南至日

知廣濟縣事溧上朱榮賓

敘

同治初楚藩厲方伯建議倡脩府州縣志嗣是檄屢下碻縣以次興脩不容稍緩已巳秋余攝廣濟篆值水災之後方謀脩築潰堤未暇及也明年堤工成歲亦有秋邑人士始以脩志請余代期已迫直五日京兆耳烏能爲然溼邑志書自乾隆癸丑迄今八十年脩之洵宜亟也適

劉太史悔復自鄂假歸遂延請開局更三閱月起例發凡粗定體制而代者至代者謂誰朱公秋園也曩余捐應山時亦有脩志之舉未及成而代者爲朱公今復獲朱公來事亦奇矣朱公爲江南名元曾脩石首縣志克成善本濟志得朱公筆削是溼之幸也余固無庸置喙於其間矣臨別倚裝書數語而去辛未冬月睢陽劉宗元

敘

同治辛未夏燁乞假歸省甫抵里門即承邑侯劉公之聘以重脩邑志屬司其事燁維廣濟志書自國初來凡三鋟板康熙丁未邑先哲王五宜張藕灣及家千里諸公秉筆攷校詳序次贍迄乾隆癸丑則所延

蘄州陳愚谷先生也愚谷芟削藝文使前人著作漸就淪沒而士族立表又爲志書所無斯二者不能不量爲增損焉癸丑至今垂八十載中間時勢遞殊事變繁賾總期以見聞確鑿者書之渺茫恍惚概置弗登庶無悖乎簡嚴之旨濟蕞爾邑又當吳

楚孔道咸豐年間戎馬倉皇救死不贍今冠氛浄滌人安其居北眺横岡諸峯雲樹歷歷西由積布磯汎舟而下東至鴻腦洲風帆來去欵乃有聲葢山川尚如故也耕者臺笠滿四郊秀而文者絃誦之聲徹里巷民人風俗猶有承平時景象也長官勤於政治訟庭閒寂乃得萃邑之人士徵文考獻著述一新小邑乎足徵教化之敷矣燡假期已滿未及蕆事匆匆束裝入都而纂輯成書斟酌盡善則有邑中諸君子在焉辛未冬至後二日邑人劉燡謹識

丁未縣志序

顧景星

廣濟縣本漢蘄春地古碑周静帝大象初始立永寧縣唐天寶改永寧爲廣濟云漢魏六朝事蹟人物見史傳者惟蘄春周隋以後書事多從郡名故志濟邑徵往事爲難自立邑千餘年山經野史率坐湮失至今日而始有志葢成於漢崖黄侯侯以闗西名儒宰是邑甫下車値用兵鄖西陸運數千里耕者廢耒讀者廢筴公力請得寛民困歲祲請蠲田租之半於是轆轤版築謳歌弦誦之聲相聞三年而奏治署以内釜魚甑塵所入俸盡捐修學廟餼士子賑貧憲晦朔讀令暇日講學凡山川攷獻風土利病靡不研心先是王生臨編志垂就公取讀善之繙補考論遂成定本向非公裕民力與文教使得優悠從事何克臻此哉今聖天子留心民隱是書也當登之天府比諸金鏡豈獨志一邑而已哉書成濟紳士走書命序僕陋闇惡足序惟序是書所繇成與公美政之不朽云爾

丁未縣志序

劉醕驥

志天下者取諸列郡國志郡國者取諸縣邑故余廣濟以志書顯其星野於楚黃直附之耳自圖攷沿革五行災祥而山川風俗古蹟戶口田賦物產官署學校祀典兵防城池關梁驛傳鄉社陵墓寺觀咸志名宦鄉賢則表之而宦績及人物之世用理學文學醕德孝友忠貞義行隱逸僑寓義僕女之節烈賢媛慈繼毋及方技僊釋咸志又藝文雜志終焉邑乎備國與天下之義類矣廣濟故漢蘄春地周隋間剏縣治稽厥舊乘鮮存者闕畧有不足觀覽友人王五宜好古士也憤焉感之用博

采楚志黃州府志正稗史諸文集族姓譜碑碣明滅者山谷題鐫眉梨傳說里巷風謠以志廣濟余每過輙商困取在集者梓之餘修飾潤色之期於攷故核序次贍而有節揚幽搜逸不厭而形容褒諷唱歎鏗然因展卷告之曰古人著述無大小雖禽貝草木刀劍農器鬼神意趣寓之采彪體重剏一公侯之封人民社稷具焉而方冊之烏可無文乎言文行遠頌賢善者以嶽降謂精氣之聚也精於天形於地爲人而聰明能言因以其言表之志成而使此之山川人物藉文行遠其表也亦既彰乎抑言表不若身表王子曰何謂身表曰古史之傳人者先其地表所出也近世則凡名臣國老大儒賢哲出類者每不敢質其姓氏名字而直縣邑稱之地也而人之矣地而人之所出也義如有諱表益甚焉余廣濟列諸郊圻自周隋迄今千有餘年矣負扆之山逆而上經幾郡國而翠竦天漢勢萬丈諸水隨之若蕊嶺之西河形家每望而詫謂宜有異鍾焉顧唐無可攷雙峯大醫浴井斯在方外之聖不致仰於經惟宋張公晏然余公玠功名史策是後桂國之貴公卿之英踵趨廟堂之上而賢士乃單心聖學由知性以遡鄒魯徵言才秀亦復馳於文秦漢盛唐人穀焉若渲德孝友行義之倫又

比屋也然則總厥全而當之憲天衷聖克念知覺悟大道之要會以一堯舜孔孟而履禮制行先古之法在焉得時而殷輔旬宣銘烝之彝鼎要其有德能言靡不剪邱野之椎而如龜如詠典則風雅雖布衣柴車登師保矣是故令聞令望非家國之所封樹畿疆也一人鴻偉著而國與天下曹起指稱之且不敢質其姓氏名字而直縣邑之然則險不虎牢富不陸海而地附人顯無日不天下遠邇之耳目也邑乎譬周室天下之朝市矣是謂身表夫其視徒言乎焉有量也雖然言何容易楚人大泌隕而士不聞記志之業久矣王子曰然執卷而起

以告司訓胡公胡公曰劉子之言大哉信志邑而備國與天下之義類叉信邑而可爲國與天下也以人也鄭食溱洧爰有子産鬭髮之吳是挺季札信乎地非人何顯哉是志也王子始之余終之而壽諸梓則胡公倡力王行請於明府孫公學諭李公庀工徜資號衆實乎以不朽夫山川之寵靈式憑咸有在也

癸丑縣志序　黃塏

縣官勤求民隱勞形案牘與文字之道遠矣然古人一行作吏百廢具舉縣志爲一縣之信史備載山川風俗人物事蹟後之人徵文而考獻者共在斯乎自戊申冬來宰茲土正直大水之後堤工漫潰民力疲病

皇上軫念民艱動帑修築往來工所凡三閱月維時州縣舊志均有應行避諱之處下令改修日久而前任未之及焉堤工甫畢詳加校閱廣文劉午槁互相參訂雖剞劂苟完而大體究未允協午槁及諸紳士合稱志已歷今四十餘年矣爲重修之請年來己酉壬子兩與秋闈中

間亦苦無岀日昨歲大府開局纂修通志飭令各州縣屬博採旁搜遂進諸紳士而言曰重修之舉及此時也自愧荒落又路當孔道鮮暇兼及蘄春陳水部愚谷名士也乎向閱之京師蘄與濟接壤都人士亦久重其名歸省居鄉延來秉筆前志大概失之太繁多列門類博載詩文予與水部諸人商定太略以事賅言簡爲先務其續載四十餘年之事採訪輿評徵明故實彼此無存私見也不數月而稿本成蔚然可觀與前言相脗合史與志異名而同實水部之修是志其如廬陵之重修五代史删繁去猥書法謹嚴猶得筆削之大要歟予幸邑

志之有成而修之者又得其人不惟爲濟幸予亦自幸
百廢中之又舉一耳

廣濟縣志纂修職名

總裁
黃州府知府英啟

倡修
同知銜署廣濟縣知縣劉宗元

主修
同知銜署廣濟縣知縣朱榮寶

協修
黃州府儒學教授賀壽悳
廣濟縣儒學教諭梅漢章

廣濟縣儒學教諭葉祝茂
廣濟縣儒學訓導張鴻猷

監梓
典史劉嘉勳
把總賽士俊
天門縣生員余掞堂

纂修
翰林院編修國史館協修劉燡

編修
舉人揀選知縣劉瑛青

歲貢候選訓導夏槐
舉人揀選知縣陶鵠
舉人候選教諭李錫鈞
廩膳生員楊枝燦
恩貢生吳宗儒
歲貢生劉鍾榮
附生孝廉方正彭琨
附生候選主簿胡光奎
歲貢候選訓導胡錫瑛　廩貢金鍾翠

校閲

廩貢石首訓導呂益大　廩生魏建珠
廩貢程萬九　增生饒雲鸞
附生藍經歷試用巡檢劉青藜　拔貢盧策
廩貢潛江訓導吳登垣　生員桂辛

經理

廩膳生員劉斯善　增生縣丞銜試用州吏目徐心啟
附生縣丞銜王懋昭　附生縣丞銜劉之瀾
生員周秉正　生員田榮達
布理問朱美旌　布經歷干嘉恢

採訪

歲貢干鉅清　附生縣丞銜藍均煥　廩貢鄭珊
附生縣丞銜胡熙宗　生員翟先甲　生員張光絅
增貢劉兆斗　生員馮金鑄　生員戴仁
廩生陳連魁　附生縣丞銜魏玉　廩生周鉅卿
生員張玉衡　生員游文藻　廩生王以匡
生員郭錫琡　廩生陳士彬　廩生文紹儀
生員朱運斗　生員彭琳　生員胡人傑
生員方廷楷　生員伍文郁　候選訓導胡兆崑
生員鍾之光　生員彭鸞　生員程曜
生員董策　生員宋潔

校刊

增生徐植矩　附貢饒賓　生員夏式南
生員張銘　生員居秉烈　生員呂佐清
生員王鳳吉　生員張敦鵬

原修職名

康熙丁未

知縣閻國士　孫謙亨　黄玉鉉

教諭李延春　李以範

訓導胡效順

邑人王臨玉宜　劉醇驥千里　張仁熙長人

甘一焜明宗　舒逢吉康伯　舒峻極淅鴻

范應明起公　陳奠國猷先　胡楚瑛懷玉

王衍治恂度　王台鼎象三　王俊選青萬

王承詔丹類

乾隆辛未

知縣虞學灝

教諭龔佐龍

訓導陳昺行

邑人朱本績　楊承綜　徐天球

張壯國　劉洪偉　劉洪敏

劉洪佑　劉洪綱　朱光烈

吳世鑑　田炳　陳文光

朱光炯　干鳳元　吳世煦

彭士高　夏時謨　藍朝均

陳洪朗　周日進　陳常

劉斌　吳醕　陳洪榮

魏洪賓　張醕梁　李大謨

李澤禮　熊如浩　李廷桂

陳本桂　程棫槐　王楚山

向曙　向上志　張濬源

周之冕　周棫馥

乾隆癸丑

知縣黄塏

教諭羅芳曦

訓導劉春甲

工部主事蘄州陳　詩

廣濟縣志凡例

一廣濟縣志自
國朝以來三次輯修辛未志失之繁癸丑志過於簡此次
參酌三志加以損益務期綱舉目張體裁愜當

一通志載廣濟舊屬西陽蘄陽二郡地漢地理志西陽
屬荊州天文志荊州翼軫分野蘄陽屬揚州揚州分
野自斗十三度至須女七度晉西陽屬豫州豫州分
野自氐五度至尾九度癸丑志不載分野闕疑也今
仍之

一山川附載題詠諸詩自辛未志倡始癸丑志因之丁

未志盡編入藝文今從丁未志例

一廟祀典禮時有增加謹遵
頒行儀制逐細詳載學宮臥碑亦當載入以便省覽

一濟濱大江軍興以來防守最為緊要故徵舊志及咸
豐同治間近事增入兵事一條砦堡則附入山川

一查通志及各府州縣志皆未表士族即廣濟丁未辛
未志亦無之癸丑志倣唐書宰相世系表新創此例
於志書體裁未合故刪之

一選舉表舊列薦辟一條雖屬職官究無科分且虛銜
與實職並列無從區別故分載於表後

一武勳舊志從略近因平定髮捻各逆寰宇肅清故詳
載以誌武功之盛

一丁未辛未志皆載藝文癸丑志概行芟削似失表章
人文之意此次徧徵前人遺集擇其言尤雅者都為
若干卷

一兵燹之後縣卷無存所載名宦治績水旱蠲卹諸大
端僅得之故老傳聞恐有未實仍俟查覈

輿圖

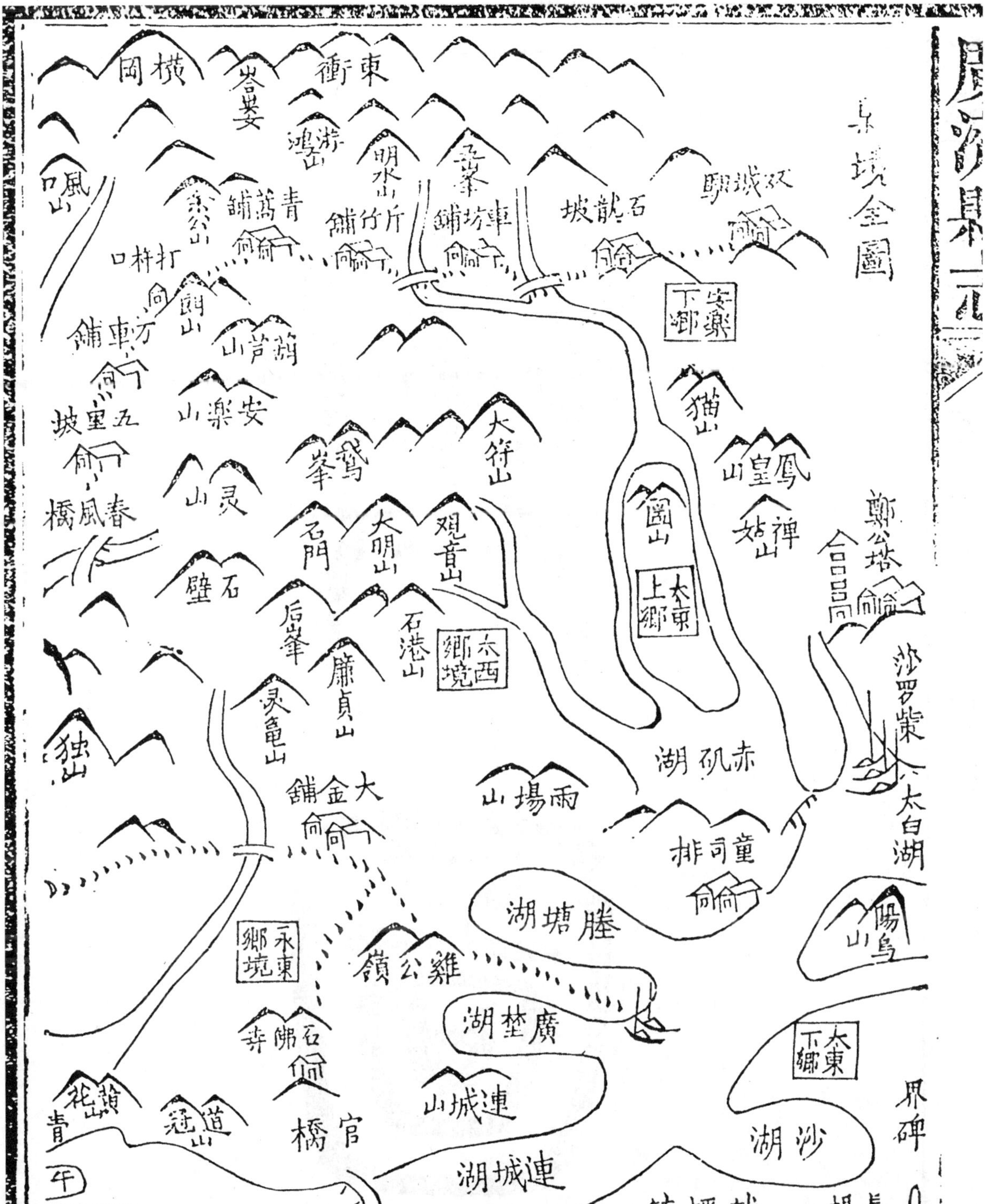
廣濟縣志
東境全圖
横岡
東衝
青蒿舖
斤竹舖
車坊舖
石龍坡
双城驛
打杵口
方車舖
五里坡
安樂山
春風橋
安樂下鄉
猫山
鳳皇山
神姑山
團山
太東上鄉
鄭公塔
大符山
鳶峯
靈山
石壁
石門
大明山
觀音山
后峯
石港山
太西鄉境
廉貞山
靈龜山
赤矶湖
太白湖
大金舖
雨場山
童司排
滕塘湖
烏陽山
雞公嶺
永東鄉境
廣埜湖
太東下鄉
石佛寺
連城山
官橋
界碑
沙湖
連城湖
龍坪鎮
長堤
中廟
月塘
武
大
中洲

黄梅縣志　卷首　輿圖　二

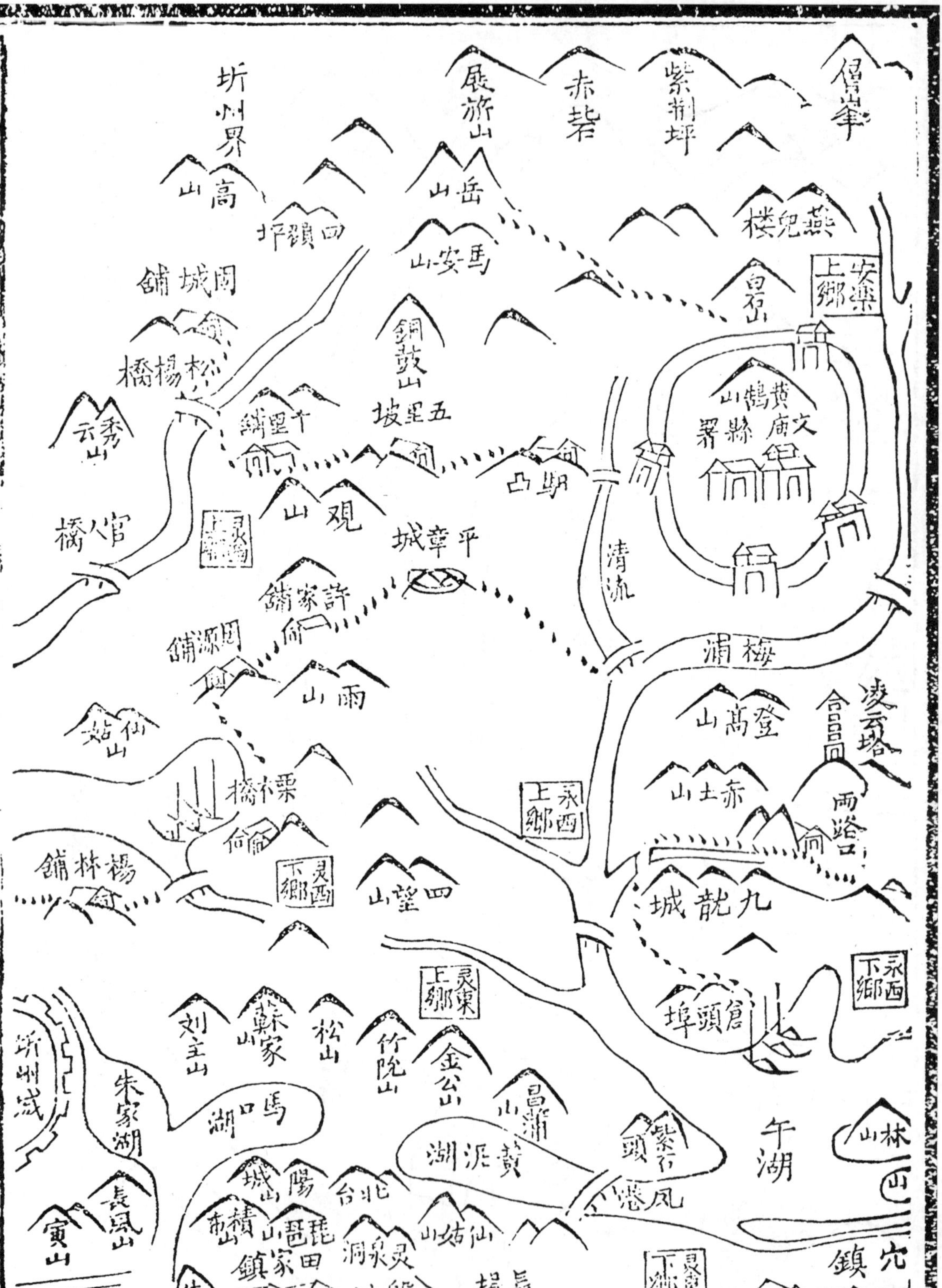
信峯
紫荊坪
赤砦
展旂山
圻州界
高山
岳山
四鎮坪
馬安山
燕兒樓
安樂上鄉
白石山
閔城舖
銅鼓山
松楊橋
十里舖
五里坡
秀云山
黄鶴山
文廟
縣署
官人橋
觀山
平章城
許家舖
清流
閔源舖
雨山
登高山
凌雲塔
仙姑山
栗木橋
永西上鄉
赤土山
兩路口
楊林舖
灵西下鄉
四望山
九龍城
永西下鄉
灵東上鄉
倉頭埠
劉主山
蘇家山
松山
竹院山
金公山
圻州城
朱家湖
馬口湖
昌浦山
紫竹頭
午湖
林山
黄泥湖
陽城山
北台
長風山
寅山
琵琶山
田家鎮
灵泉洞
盤塘
長堤
灵東下鄉
穴鎮
牛肝矶
大江
江

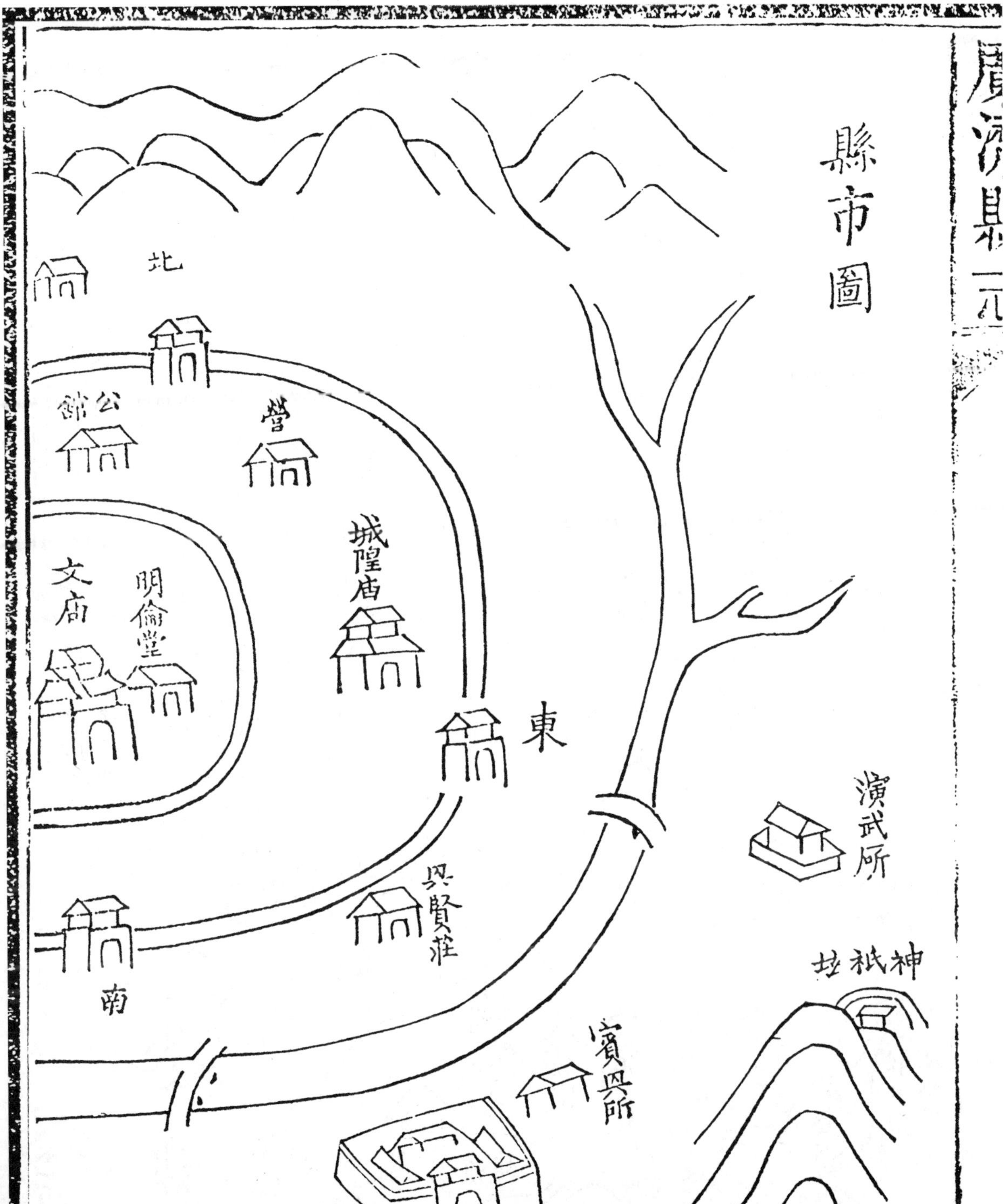
縣市圖
北
公館
營
文廟
明倫堂
城隍廟
東
南
興賢莊
演武所
神祇壇
賓興所
試院
萬壽宮
先農壇

厲壇
驛
縣署
廳
西
社稷壇
滄浪書院
文昌閣

右圖山川形勝縣域廣一百里袤一百二十里其閒佳景一東衙積雪二橫岡聳翠三白石堆瑤四靈山浮度五梅浦清流六古洞靈泉七積布漁磯八龍湫夜雨九武湖明月十鳳港波濤附誌以便披覽

萬壽宮圖

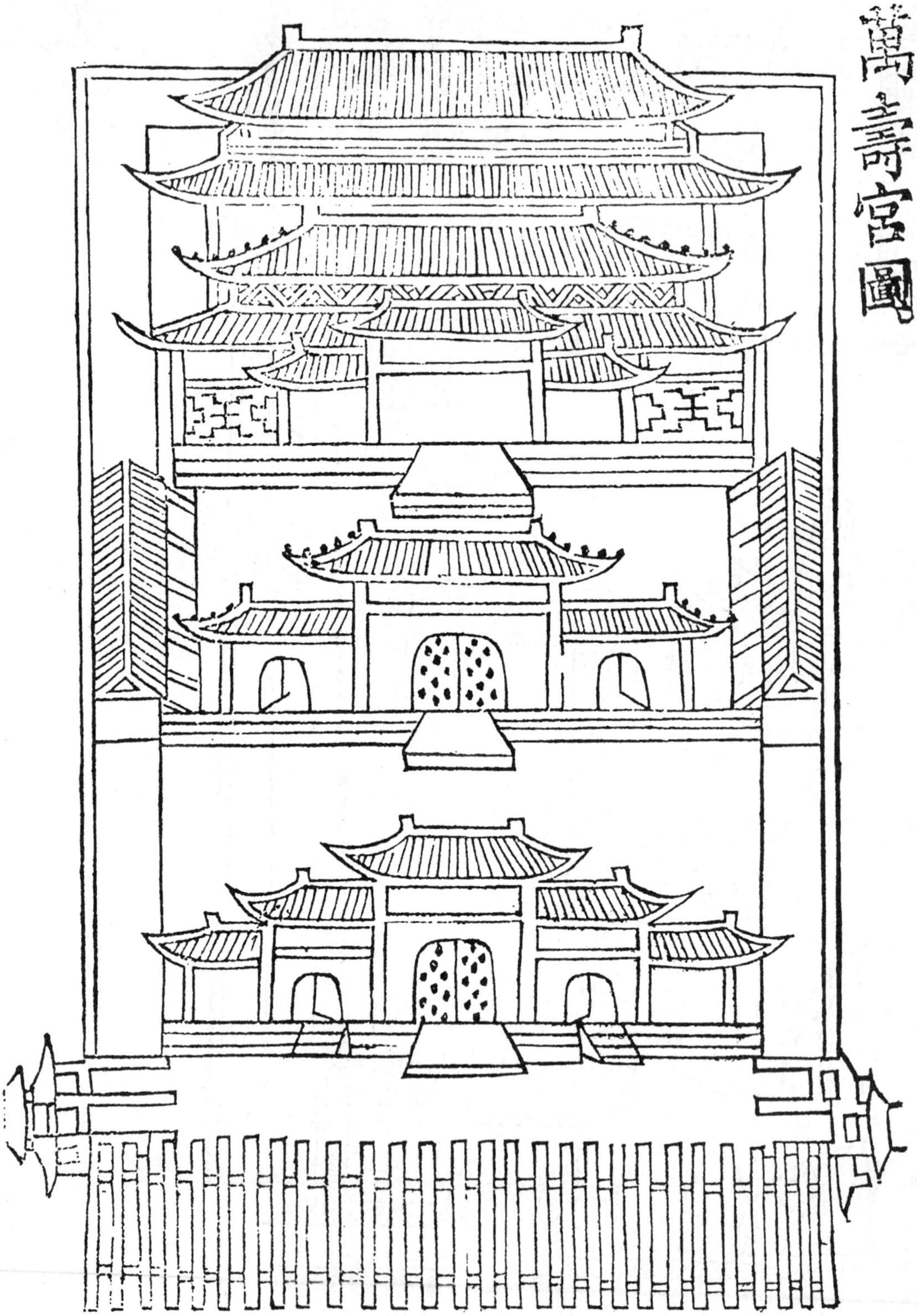

文廟圖

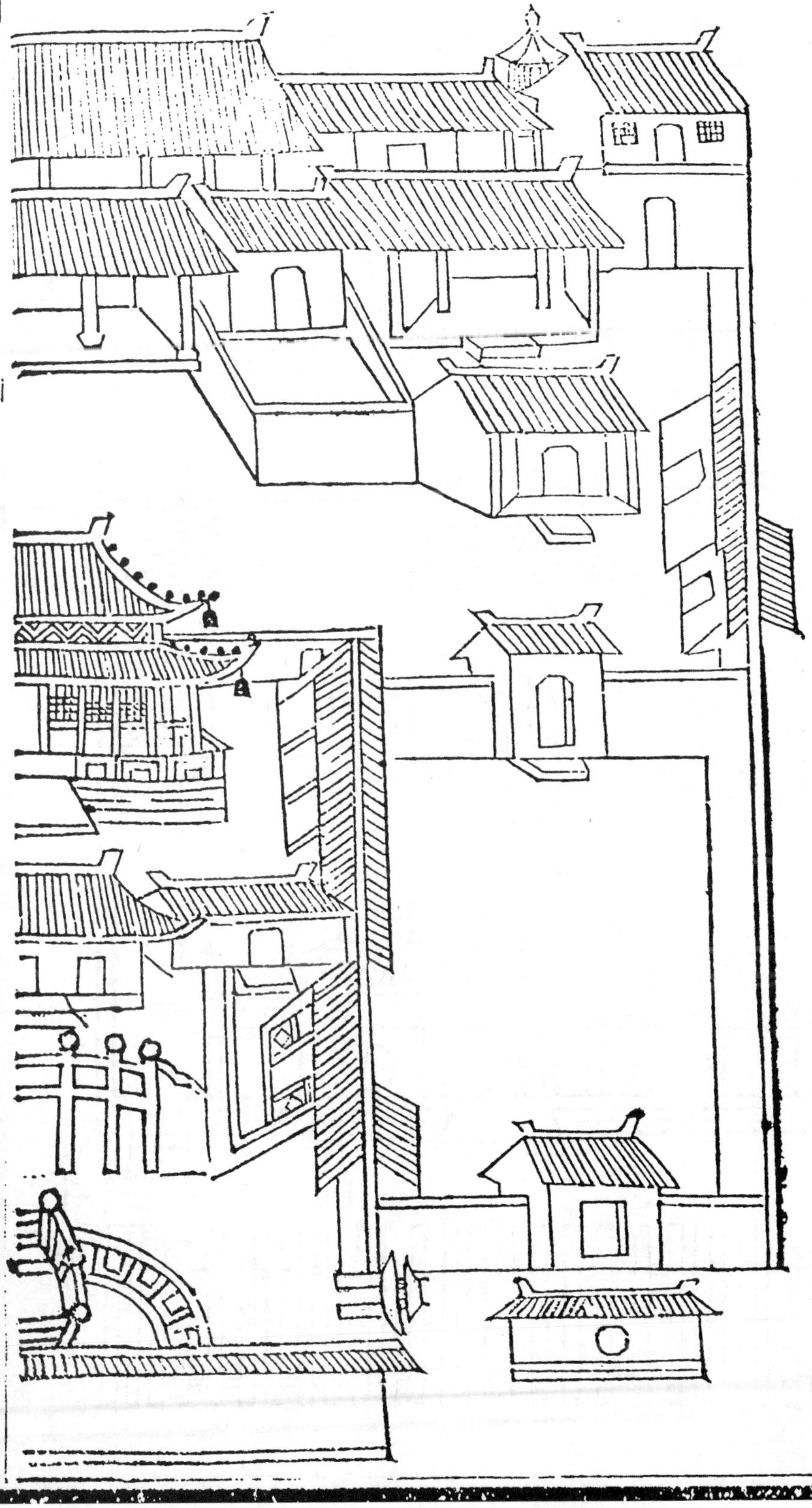

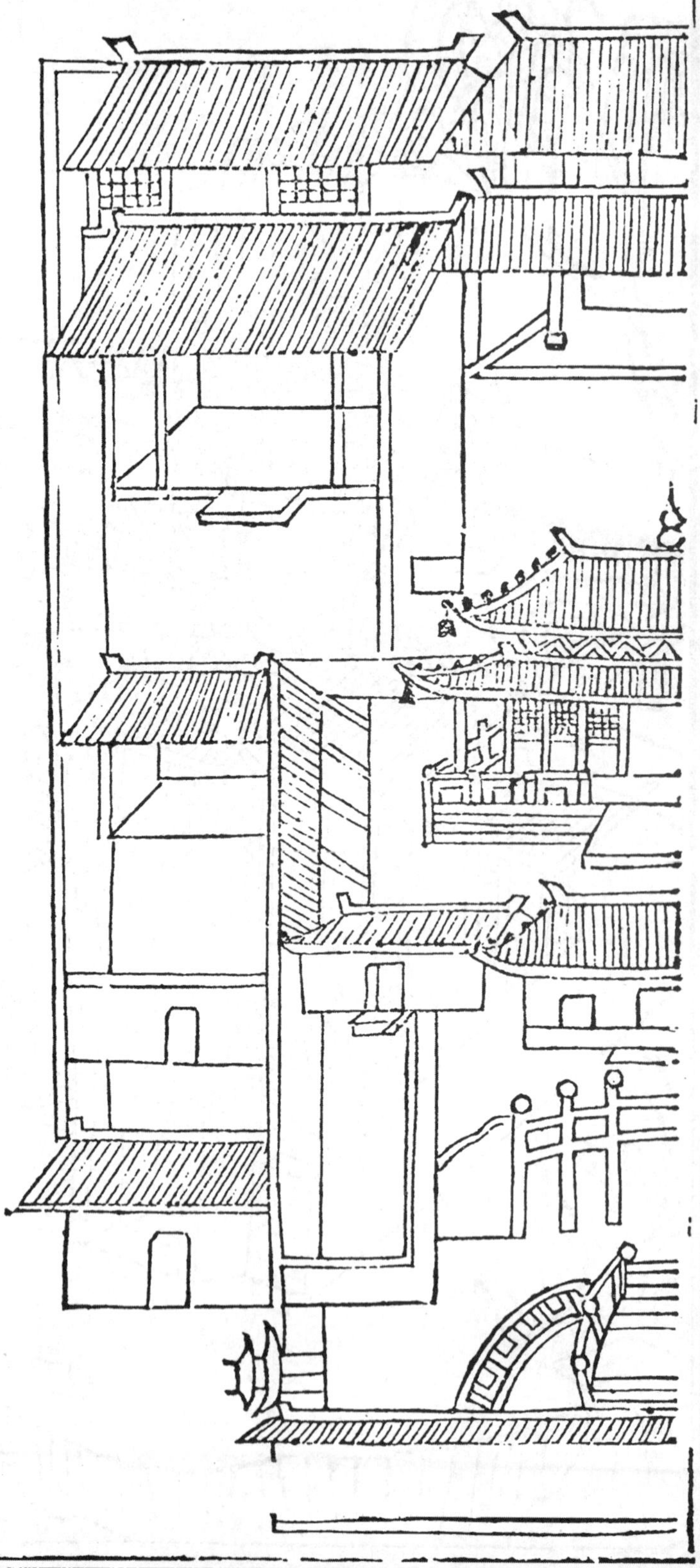

滄浪書院

卷首　序　十八

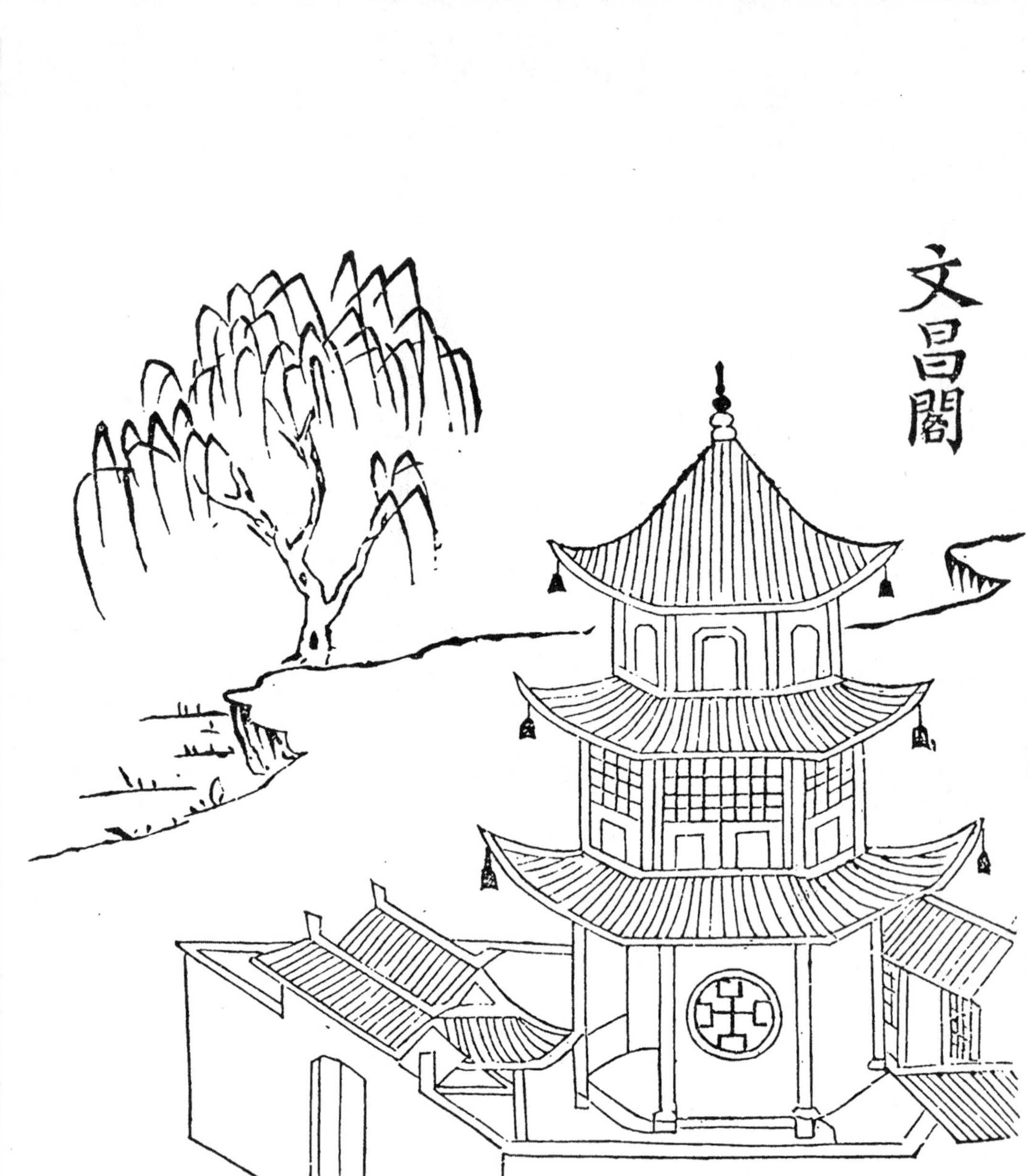

廣濟縣志

廣濟縣志目錄

廣濟縣志卷一

地理志

沿革

廣濟本漢蘄春地 明一統志

唐武德四年析蘄春置永寧縣 舊唐書地理志

天寶元年更名廣濟 新唐書地理志

宋屬蘄春郡 丁未縣志

紹興初廢縣爲鎮尋復置 明一統志

嘉熙間徙治大江中洲元復舊治 元史地理志

元屬蘄州路 丁未縣志

崇禎末遷治大江中洲尋復故 明史地理志

明初屬蘄州府後蘄降爲州縣隸之屬黃州府 同上

國朝屬黃州府

按湖北通志湖北禹貢荆揚梁豫四州之境揚州今湖北黃州府之羅田蘄水廣濟黃梅是也黃州禹貢荆州之域漢江夏郡地蘄水羅田漢蘄春西陽地黃梅漢尋陽縣廣濟漢蘄春尋陽二縣地乾隆府廳州縣圖志漢置蘄春縣屬江夏郡尋陽縣屬廬江郡三國初魏置蘄春郡尋陽屬蘄春後屬吳晉太康元年蘄春屬弋陽郡 魏置屬豫州今黃州府治 尋陽屬武昌郡 屬江州今武昌縣 二年仍屬廬江郡改弋陽爲西陽蘄春屬西陽郡永興元年置尋陽郡咸和中徙尋陽於江南柴桑 尋陽故城在黃梅縣北 水經注江水又東逕積布山南此卽西陽尋陽二郡界也積布山在今廣濟縣西南馬口鎮上至蘄州城南五里鋪才三十里下至龍坪黃梅縣界七十餘里此濱江皆尋陽地也其屬蘄春者亦尠矣水經又云東左得青林口水出廬江郡之東陵鄉青林湖卽今武山湖源出縣治北横岡諸谿澗會層峯靈山諸澗水逕梅川過東岡由紫石頭入湖黃泥湖自鳳嘴港西注之大金河自黃花山東注之此縣境

卽廬江郡之東陵鄉皆尋陽地也一統志以爲漢蘄春地皆以通志爲正

疆域 形勢附

廣濟縣在黃州府東二百五十里東至黃梅縣界六十里東南至黃梅縣界七十里南至江西瑞昌縣界七十里西南至蘄州界七十里西至蘄州界三十里西北至蘄州界二十里北至蘄州界五十里東北至黃梅縣界三十里 黃州府志

橫岡跨其北大江經其南西有高山之嶮東有大符烏鴉之岨但邑當京省郵驛要道供億頗繁距江七十里宵小每出沒為患東接黃梅雖有石壠諸坡然小徑旁通采入諸山腹內西接於蘄雖有高山展旗

龍頂諸峯而河口一帶岐徑猶多王公設險以守其國濟亦東南屏蔽之邑也 丁未縣志

山川 砦堡附

黃鵠山在縣治後特高處為玉枕遶半里許為白石山十餘里為層峯又十餘里為蓮花峯其左腋曰東衝曰橫岡右腋曰嶽山馬鞍山靈山以雙巒插其左而前則獨山與靈山相聯絡銅鼓以平峯峙其右而前則觀山與銅鼓相起伏其前則多雲九龍諸山環衛而一川右繞此縣之大概也 丁未縣志

梅川源出橫岡諸谿澗數里匯為川下會層峯諸谿水為雙河口西南行逕畢家阪東又逕演武場西北折而南經春風橋會靈山浮度諸水北折而西出仁壽橋下

繞迴川嘴當縣治前凝秀坊逕南去嘉靖間知縣楊阜塞之導水西折繞治右逕四高樓北為滄浪橋始折而南會清流港水逕舊關聖祠前有劉公閘十里逕潘古堖又十餘里逕柏林東岡間又二十餘里入陶家塘經紫石頭入武山湖 丁未縣志

川上種梅自桐城劉大令始蘄王孫仲艮以紅白梅各二本來貺大會賦詩有百里肩梅種我樓之句蓋種之四高樓前云 居業齋集

靈山在縣東五里 明一統志

靈山澗多石谷口有大石谿水洞其腹而出為浮度石

十洲集

曝月臺在浮度石側知縣劉允昌燕及擘窠書從游有劉秉鈇寬伯王逢年長孺甘許國忠甫陳楚璵伯光胡篤生孟培陸嗣先夢思饒嘉元仁倩吳堯思幼睿諸名士俱題名萬歷甲寅九日也後數十年邑人劉[illegible]驥攜蜀僧彈琴石上乃作記 居業齋集

山麓有泉出地中深不可測盛雨時有蝦蟆隱其中大如箕目熒熒有光捉之則不見名曰蝦蟆泉或曰麻姑泉非也 十洲集

谿上行不數步有石橋置大石上爲仙人橋石上有仙

人履跡及馬足跡明嘉靖時縣丞陳紳題靈山仙石四大字旁有石筍高數丈立谿上爲風雷所折今其半猶存 同上

循谿東上石磊磊出前箭許一石壁挺蒼松破腹而出幾可巢鶴其顛有字 芝在堂集

山頂爲大王峯有廟覆其上爲大王廟 十洲集

慧日白雲雙峯疊起東有馬祖寺旁有挂雪溪上有眺遠臺卓錫泉下有卧雲橋 丁未縣志

靈山明末有砦同治四年邑人重建曰永安砦 縣卷

石壁山在靈山南其東爲石步嶺俗名失婦嶺南爲八斗嶺又南爲打鼓石爲東金寨聶家坳又南爲九龍城下爲萬流井水溢旱常不涸 丁未縣志

鷲峯山在靈山東同治五年建砦 縣卷

安樂山在縣東十里靈山西北 丁未縣志

余公山在縣東二十里以余公玠墓得名俗稱蜈蚣山者謬 同上

明水山在縣東二十五里有龍潭飛瀑奇甚 輿地紀勝

荆竹河在縣東源出東衝諸水至明水山懸巖數十仞飛瀑直下噴沫雷鳴冬日聽之似多喜聲春夏則震怒如霆排擊不測記所稱飛瀑奇絕者久旱無聲倏如雷

音二三則數日內必大雨下注爲潭潭隱深不可犯水溢西出經黃牛院西數里逕五峯側與梅水衝水會白土嶺諸水西流爲荆竹河有橋當驛道十餘里會車坊河 丁未縣志

車坊河源東衝諸水出板聖龍潭逕清鋬亭側下爲橋郎車坊驛路與荆竹河合逕成相寺前又數里逕貓山口爲鬪頭河分而爲二至六石里畈同爲一河經廖陸溪入赤磯湖 同上

石壠坡在縣東四十五里自東衝至此兩山夾峙石坡陡峻東爲張僉憲艮輔盧墓處又東爲生銀腦北十里

爲周砦元末邑人周楞建同上
龍頭寨在縣東五十五里山形象龍其盡處如龍首昂起而兩石矹立如角石下有泉俗呼龍眼東五里爲雙城驛南十里爲冷水澗又七里爲鄭公塔鄭公者不知其名宦居兹土捨地建塔名椿山塔俗呼鄭公塔不忘所自也丁未縣志。以上縣東
獨山在縣東南五里許衆山環繞而一峯孤迥若髻崇禎丁丑居民倚爲石壘同治五年重修丁未志并縣卷
大聖山在縣東二十里一名大明山有費龍君廟中有費聖泉最清洌湖廣通志

廟門有橋甃石爲之溜中瀑布自橋磯噴出激石而下雨後瀑勢壯甚聲出橋上迅疾如箭入廟門躡石級上窮瀑所起處乃在殿後柱礎下有屋覆之聲轟轟然如風霆怒號相傳爲龍所窟宅處時有小龍如蜥蜴緣簷壁走稍誤擊之頃刻騰雲霧去旋作雨水溢屋常深丈餘外與橋平拔木折樹砂石飛走歲有之顧不損禾稼費龍君事詳仙釋丁未縣志
萬歷間知縣劉允昌至大明山觀龍湫飛瀑書噴雪二字同上
費祠龍湫水逕株樹嶺會十八疊衆流爲駱家河歷花關橋會屈家河繞太平山側入赤磯湖同上
大明山南有峯曰楠木井相傳建費祠時有楠木出其中故名同治五年寨此曰龍山寨數里爲安民寨俗名王家寨縣卷
後峯山在縣東南二十五里自石門山數里南起爲後峯峯東爲大藏寺爲洪源橋前爲觀音山有菴祀大士像丁未縣志
後峯山觀音山明末皆有砦同治五年重修縣卷
自大藏寺而東過嶺爲大羅山丁未縣志
廉貞山在縣東南二十五里明末有砦同治五年重建縣卷

多雲山在廣濟縣東南三十里天欲雨則先出雲山有風洞以石投其中卽風起有風出此山入羅州界明一統志
多雲山巖間有微泉滴出竟日可得升許山中人欲鑿而大之方去片石如錢大泉頓枯宋牧仲筠廊偶筆
龍池山相傳山頂池中唐時有鯉魚化爲龍去因名明一統志
石港山在縣東南三十里有龍窟興雲致雨里人望其氣卽應丁未縣志

大符山在縣東南三十五里明季有砦詳兵事丁未志
鳳凰山在縣東南四十里南爲禪姑山同上
太平山在縣東南四十五里西里許爲花闞橋又半里有松林百十株拳曲青蒼若虬龍狀中有三大石矹然峯立名石林同上
自鄭公塔西至花闞橋有六石曰白鶴曰銀青曰鐵青曰紫金曰火石曰劍鋒名六石里同上
北四里許爲七星石同上
七星石在廣濟縣東其石如七星布列明一統志
宗山嶺在縣東南五十里其下爲橦梓牌或曰童師排

陽谿爲陽烏山卽釣魚臺又越谿爲李齊畈畈與陽烏皆谿水環繞過畈皆湖其東爲黄巾砦爲沙湖同上
陽烏山在縣東南六十里不里許爲太白湖癸丑志
保泰砦在太白湖濱同治五年建縣卷
連城山在縣東南六十里臨連城湖元末邑人楊普銘砦此保井里南有女兒城下有連城橋卽龍坪大路與塍塘橋相去十餘里又數里爲伊家渡丁未縣志
寶山砦同治五年建卽女兒城舊址縣卷
連城湖東爲廖家口有古溝通黄梅久湮正統中復開之以通兩縣舟楫方輿紀要

龍坪古鴻腦洲也在江心者曰新洲宋嘉熙中徙縣治於此明末流寇亂山砦數十所屠掠且盡士大夫奔此地者得免於難治復移此居業齋集
龍坪故名龍阬嘉靖時景王之國將次龍阬撫臣以阬字不祥乃改今名海陽集。以上縣東南
登高山在縣南里許南行數里有橋曰七里橋有山曰仰天山山麓有亭曰山包亭上有塔曰凌雲塔西南爲銅管山赤土山丁未縣志
紫霧山在縣南十里巒立如屏山下二徑一自麓而南達武穴一自麓東而南達龍坪有亭當其路曰兩路口

南里許爲石門亭十里爲師古塔同上
大金河在大金畈源出白茅殷衝諸水匯而南經鯉溝右大金廟東又十餘里逕黄花山陰出傘頭岔入白水塘同上
靈龜山在白茅衝左與九龍城相望頂有池曰天津湖同上
九龍城明末有砦同治五年重建縣卷
武山湖在縣南四十里西與黄泥湖接鳳港橋其通處也逕破頭山南下有塘龍數騰雲雨又下爲東湖口爲官橋逕樊噲城南爲小港與塍塘湖諸水會西數里爲

廣野湖其下爲繫馬嘴南爲蘇家畈數里爲伊家渡其下爲連城湖丁未縣志

午山即武山在午湖中危石峭壁周遭少可登處惟南一徑稱平春夏湖水瀰漫山形如鯉浮水上西有螺螄山亦名螺墩南岸爲團山有數石扣之作鐘鼓聲叢巖若虎豹虬龍有穴鷗時時浮出疑與湖潛通丁未縣志

武山寨明末建同治五年重修外建水寨以礮船環衛之

黃花山在湖北岸俗名察山上有廟可望江南諸山水又北爲鳳凰山獅子山則縣諸水出處丁未縣志

青林山在倉頭埠港口東即今程家林是也同上

江水又東左得青林口水經

水出廬江郡之青陵鄉西南流水積爲湖湖西有青林山宋太始元年明帝遣沈攸之西伐子勛伐柵青林山覩一童子甚麗問伐者曰取此何爲答欲討賊童子曰下旬當平何勞伐此在衆人之中因忽不見故謂之青林湖湖水西流謂之青林水水經注

金家山在縣南六十里東五里爲菖蒲山下爲紫石頭邑中諸水入湖處雄峙水際爲濟水一關丁未縣志

仙姑山在縣南六十五里相傳何陳許三仙女修煉處山北爲西横里東數里爲泉湖東南江浦爲武穴或云漢以前爲鄔家閬人極悍有精兵唐號爲武家閬後襲名武穴同上

青林水又西南歷尋陽分爲二水一水東流通大雷一水西流注於江經所謂刋水也右對馬頭岸水經注。以上縣南

雨山在縣西南二十里西爲栗木橋適蘄孔道下爲黑石頭又下爲下湖廟辛未縣志

四望山在縣西南三十里同治五年建砦縣卷

鐵石墩在縣西南四十里丁未縣志

蘇家山在縣西南五十里南數里爲白龍潭有峯名劉

季峯東爲潘家山爲竹隱山又東爲松山多古松數里爲避難衝雲深徑隱林樾古茂幽巖老石有人跡所不到者昔人於此避難上有碑記云同上

馬口湖在縣西南六十里湖中有山同治五年建二砦曰長安曰眠牛縣卷

陽城山在縣西南六十餘里自馬口諸山西來屏障疊列雄峙江上南有仙人洞在山之腹紆廻兩湖間高可百餘仞入洞漸深大如庭堂可容千人相傳有道士數輩居此一道士年最老常蓬跣入上下屈曲不知幾里而最後聞江上櫓聲疑與隔江通人反從江底穴下行

鷲而出至今石榻石竈道士遺跡尚存輿國吳明卿黃岡王行甫把炬深入不得所聞揺櫓處而還吳明卿有記同上

又北爲玉屏山爲獅子山爲靈泉洞洞最幽古乳泉春夏多涯冬日把炬入洞初小至二三洞可側身入華盖几席丹竈悉具有石鼓石鐘擊之各得鐘鼓聲龍猊勢各奔騰一小石龜頭足儼然其他形崇積類神鬼設施者第九洞穴甚多而狹至六七孔鼈行蟠行不可入中洞頗大有深潭不可越揚炬照之見其東益空闊不可測而潭水深黝畏人無從取道萬歷中歲旱有駱法師

者向中洞潭取水龍起水溺衆不及避法師身當之俟水止衆出而後去以是人益不敢至崇禎末鄉人攜雞犬入避寇者甚衆同上

靈泉洞在縣西南六十里有泉自洞中流出一名石燕源其洞内有巨石如臥牀明一統志

盤塘山在縣西南六十餘里自陽城北臺諸山峘起並立嵚巇峭拔而或斷或聯中呀以深徑折煙迷岩連路塞矣最高處爲笠兒腦其北有詹祖道場東大腦有鹿池出石罅中與馬鞍山峽對峙丁未縣志

陽城山笠兒腦上至通江源下至馬鞍山約長四十里許俱縣屬官山縣卷

釣童山今田家鎮地三國時孫吳戍守處居業齋集

積布山臨大江疊石壁立形如積布又有積布磯明一統志

江水又東逕積布山南俗謂之積布磯又曰積布圻庾仲雍所謂高山也此西陽尋陽二郡界也水經注

牛肝磯在積布山之麓辛未縣志

北臺山在縣西南七十里奇峯秀嶺迴環相佐有觀音巖十八疊流水坪下過石步嶺俯木麻仙谿二湖南爲鐵船山下爲魯肅府再東過盤塘下爲龔家莊自此始

築隄捍江水矣丁未縣志

江水東逕琵琶山南山下有琵琶灣又東逕望夫山南又東得苦菜水口夏浦也水經注

通江源在馬口

長風山在縣西南七十里

江水東逕蘄春又東得銅陵口右逕蝦蟆山北而東會海口水南東合臧口江浦又左逕長風山南得長風口江浦也水經注

寅山俗名銀山在蘄州東而治屬廣濟宋孝宗乾道四年有以銀鑛獻者上命守臣詢究廣濟銀山亦在獄内

明洪武初武昌蘄黄凡宋元銀場鐵冶悉罷成化元年奏準凡偷掘銀鑛不問軍民舍餘旗校人等依律問罪蘄州知州誤以寅山產銀首往封禁並樵採不得入成治間議開寅山驗土色無銀不敢奏請萬歷二十九年內臣陳奉往湖廣等處開採銀鑛復議開寅山掘山無銀乃止丁未縣志

朱家湖在蘄城南門外屬廣濟地其水逕寅山北上下陽門入馬口湖同上。以上西南

銅鼓山在縣西五里許其山突兀矗起若鼓形癸丑志

觀山在縣西八里同治五年建砦名金山砦縣卷

善潭南北二泉在觀山東其湧溢大小有候丁未縣志

闞山河源出赤砦展旗諸山水十里為松楊橋為石塔河為夏六官人橋逕秀雲山東為闞山河逕苦竹園數里入團山湖同上

秀雲山在縣西二十餘里俗稱北流山頂曰龍頂東為龍井澗有泉旱禱取水則雨立至同上

龍頂砦同治五年建縣卷

南十里為仙姑山相傳仙姑修煉處頂石尋許如高座有三女趺坐痕丁未縣志

金僊山在縣西相傳唐時有女子於此昇仙有朝斗壇明一統志。以上縣西

馬鞍山以形名與銅鼓山相望同上

嶽山在縣西北七里巍然秀出或稱藥山同上

西來山在縣西北二十五里當赤砦展旗之中羣巒秀拔貢異爭奇谿邊懸巖崖覆高二丈許可避風雨壁玲瓏如嵌鑿之作鼓聲有石筍薑芋等形從孔中露出又西為花山不里許為靜林山

展旗山在縣西北二十里西為麻貪山南為四顧坪又西為蘄界嶺丁未縣志

同治五年建砦於展旗山曰人和寨縣卷。以上縣西北

白石山在縣北里許多石望之磊磊若瓊故以堆瓊為縣十景之一丁未縣志

横岡山在縣北二十五里勢接東衝西聯層峯赤寨諸山連岡翠擁綿亘桀豎若攢圖霄上崖立峭舉壁岸無階左側有捨身嵓頂有真武殿東為桃樹嶺胡入叟讀書處在萬山幽鬱中虬松鹿石今榛莽矣同上

横岡砦同治二年建縣卷

層峯山在縣北十餘里自横岡綿亘至此特聳秀出諸峯上列嶂分脈為縣來脈之祖丁未縣志

紫荆坪在層峯西同治四年建砦曰紫荆砦前有峯舊

名赤砦四年重修曰雲集寨

百家園在層峯山之陰或曰白家園桑梓紀遺

白鶴龍王潭在百家園內兩山夾谿水數折而怒深注爲潭龍王廟踞其上俗傳潭上常有白鶴現故云白鶴龍王每旱禱雨輒應丁未縣志。以上縣北

大闗山一名峇嶁在東衡横岡兩山間有五峯曰嶙峋翠屏㞢含圖峦嶚巢中峯㞢含則胡篤生别業在焉岩洞泉瀑草樹皆杖履間物天啟丙寅秋篤生結二三霞友蠟屐扶藤佩奚囊裹糧極險緣勝題名云丁未縣志

自青蒿驛入大闗過岐皆並澗行兩山夾從至五老峯岩石磊砢欲墜石洞山半上覆下延懸空遥瞰莫可登陟石若樓柱龍象不可悉舉再轉爲大山谿春夏瀑布飛灑震慴岩壑秋杪縷縷挂石上若垂簾沁入亂石腹者汩汩若彈絲谿中累卵爲橋石柱五丈許再轉爲龔窩復左折石壁斜飛里許壁益峻澗益陡石磴益險壁上巨石比比鑿落爲岩谽谺嶄嶪北轉兩山綰谷口磴道曲上忽開若戶若堂皇則峇嶁山也五峯環繞似牆宇壁立半里許修篁薇嶺杉松蔭覆山田數畝半在戶內石泉出左峯之麓竹影齋厨涓涓不息右爲美箭石爲鐵板障從是東則桃樹嶺爲逕東衡第一尖矣而回中壁觀岩枯坐岩看瀑岩獨聳岩尤爲幽奇陡絕隔凡嶺雨珠泉瓔珞泉寶蟾石禪隱洞御風磴桃塢竹塢獅子窟名景不一從是西穿嶺峽上里許則爲杵臼又上爲鸜鵒坪精舍曰蔭雲菴前爲飛龍嶺亦曰罡風峽後曰海潮峯雷公洞在峯之背深黑無底峽南再擁三峯最上則天柱峯巍然卓立矣丁未縣志

東衡山在縣東北三十里其山高起衝霄故名明一統志

雲瀑潭在板聖龍公廟側舊有板自潭浮出或取而藏之以覆雞雞輒不鳴怪而視之有字曰龍因以板畫龍公狀旱禱卽應藕灣集

龍王廟疊水崖是東西汪川處疊水尤奇絕康谷子集

東衡山迤下爲游鴻砦下爲甘草池徑趨爲白頭嶺爲土門東折迤邐下則爲黃牛院爲五峯山桑梓紀遺

同治五年建砦於游鴻曰清吉寨縣卷

由游鴻東南谿上可二里許曰馬峪兩石夾坎三折而爲淵大盈尺許數丈外磬汩汩如有蓄洩然稍下石林碣類大馬跡者四俗傳有仙人自此升遺馬跡焉所謂馬峪也後人來遊拈筆作雪峽字丁未縣志

當黃牛院而西不里許水忽峭石立數十仞湍泙洞溍下注爲潭深隱不可犯下石開曠可集數百人安流沿

行不里許分爲二河中一小洲度可十數丈洲左大山高峻舊有數楹爲張仁熙日菴沿洲下丈許兩流復合有石梁從菴側横亘長可五丈廣半之綫雪如飛梁高瀑漲不沒西面下削如砥度可鐫丈許字四五又下開曠如前石去里許山左抱不見處爲烏龍潭舊有屋今燬遺礫存焉 丁未縣志

五峯山在縣東北三十里自荆竹河南上卓木尖高千仞緣嶺行陡壁上視其谿隱見石底如黑雲萬叠水噴高丈餘中有水碓碾具行二三里許過大石上可坐千人高八九丈餘欲墜十之七覆出小徑十之三傴僂方

得度俗呼雞婆石至頭陀寺三門外皆林莽深窖轉穿小谷過萬竹嶺達禪院山頂祠頭陀祖師 丁未縣志

安定砦在五峯山安仁砦在五峯山東北皆同治五年建 縣卷

普覺菴山下有石刻陶家河三字 景濂堂文畧

藏窖洞在五峯山麓還一道人伏虎處 同上

古蹟

鮑照讀書臺在東衝第一尖妙嚴菴側上數百步大石突兀下臨無際方廣數丈可亭石下小洞容六七許人旁立大石數仞如砥可鐫他石挺客礫植而理臺以下昔帶草離離也 丁未縣志

清淨井在廣濟縣治右四祖父司馬氏爲本縣令飲是泉祖生時汲此水浴之又名浴佛井 明一統志

明正德間雙峯眞身自焚夢感荆王鑄金像送寺道經井前井涸數十年至是水忽湧出香美異常 丁未縣志

岳喆故宅在鳳凰山下宋忠武王子震聞家難偕弟霆逃黄梅山中秦檜改岳州爲純州震因改姓山淳熙初從封爵姓鄂震十五世孫全爲沐陽令又五世孫文源始復姓焉霆裔萬三徙居廣濟喆其後也 白茅堂集

五里橋文宅文信國兄天禎故宅也寶祐末天禎領鄉薦教諭廣濟入元不仕隱居縣之五里橋十世孫大材字希周嘉靖十八年舉人爲興化府同知張平山畫五里橋圖與化自作長歌 白茅堂集

儒林嘴在花關橋西南宋時陸姓昆季三人官學士居此自署別業號儒林明時翰林陳氏朝富徙此 丁未縣志

西横里梅氏宋梅聖俞後蘇東坡謫黄時爲書西横世家丁未縣志

盤塘港在縣南歐陽修貶彝陵時舟次其下于役志

平章城徐興築徐興本縣人元舉賢良官平章靳國公元季紅巾據蘄水爲亂興築城縣西督兵禦之丁未縣志

西門二里許有徐家衙即故平章第辛未縣志

平章有鼓圍徑丈高可五尺公教戰鼓也明時置縣譙樓上崇禎丙子流寇至乃燬牧馬場在縣北有亭扁曰東南保障居業齋集

四高樓在縣西門外即文昌閣舊址巡撫御史韓重建劉允昌葺成之改今名東曰禮灊西曰乘鄂南曰幕岫北曰襟江樓下爲梅浦植梅千樹隔浦構亭滄浪橋跨之與樓相映帶風晨月夕劉輒登焉僚佐畢集飲酒樂甚歌詩四章刻四高樓上王光祿逢年書樓下爲五印心菴供大士像隔河爲祠甃贍華麗一時人文壯觀焉丁未縣志

環翠樓在縣治北明一統志

綠幔臺探元洞在環翠樓下桑梓紀遺

白石山房在縣治北劉太僕子秉鈐讀書處丁未縣志

容園在縣治東胡一玠石存别業桑梓紀遺

名山閣在縣治東北河千王甕皐先生藏書處同上

清墅亭在車防衛秀才彭伯子洪泰讀客地也劉敬伯養徵有紀事長句盡三江一韻邑人到今誦之亭嘗冠蓋孔道秀才章縫都雅盤辟日從星軺使者游往往與聞中朝掌故崇禎末張獻忠躪山城亭子蕪没矣居業齋集

史孝子村在縣東南五里許孝子史玉明也辛未縣志

秝渡亭在大藏寺前知縣劉允昌嘗步洪源橋顧視上流一橋寬平倍洪源作亭其上丁未縣志

共易菴講堂在泉湖丁未縣志

太僕藏書閣在龍坪胡太僕士容購書萬卷庋閣上同上

菟學海二餘齋在龍坪同上

清白堂金之純先生藏書老屋同上

節姑渡在龍坪南厓之沙洲節姑吳蒼石女明末火解於此故名同上

江心閣舊名文昌閣在龍坪江滸高插凌雲爲下游關鎖乾隆戊申大水浸灌樓閣傾圮壬子歲知縣黄塏重修碑文

樊噲城在午山湖濱世傳漢高祖命樊噲征九江王黥

布築此屯兵丁未縣志

樊噲城東西各一小城相傳爲九江王英布宅又呼東京城西京城方輿紀要

連城山南有女兒城俗云樊噲女兒築丁未縣志

劉季峯相傳漢祖征黥布避兵於此竹葉細析如絲云漢祖匿山中取而剖之者丁未縣志

按史記黥布傳布西與上兵遇蘄西正義蘄音機沛郡縣名也漢書地理志於沛郡蘄縣下雲高祖破黥布此係孟堅本注其非江夏郡之蘄春明矣後人注綱目誤以爲蘄州而邑志因之劉季峯望夫山翻車水皆以爲漢祖征布故蹟相沿已久故並存而論之癸丑縣志

魯肅府在鐵船山下魯肅屯兵處前有祭風臺基址宛然丁未縣志

湖北舊聞魯肅府卽入蜀記所稱艑臍洑蓋音近之譌

劉官磯傍蘄州界傳云漢昭烈入吳嘗艤舟於此入蜀記

風俗

廣濟縣風俗醕龎近古然好氣任俠湖廣通志

廣濟俗多樸茂民愛稼穡士喜詩書以孝友爲先然其人椎而戇丁未縣志

舊家大族以書爲業庶民不論貧賤皆知重儒士尚氣節重廉耻有奔競者衆咸訾之同上

婚嫁務擇名族重媒妁一遵古禮加幣有度粧奩不奢猶見醕厚同上

喪祭稱家有無以古禮爲循間有用道釋者俗習也丁未縣志

廣濟風俗大半聚族而居雖在齊民必立先祠春秋祭祀少長咸集焉頒胙均惠猶存敬宗合食遺風癸丑縣志

元旦男婦夙興盛服祀家神畢視歲吉所向啟門出拜曰出方歸卽闔門而拜幼者拜尊長以次爲差親故往來曰拜年至月半不絕

上元作燈市採松柏葉樹架通衢綴花燈楮帛竹絲繪人物或爲花果蟲魚字形作鰲山數重其走馬燈則懸紙人馬於中而以火運之藏謎者以射中爲樂其夕男女往來行遊三日罷鄉村有龍燈花燈及獅子火流星之戲婦女請紫姑神問老壽蠶桑丁未縣志

是月鄉人始儺一月乃罷或三四月罷同上

白茅堂集儺神架鋼鏤金䙱製如椸刻木爲神首被以綵繒兩袲散垂項繫雜色帉帨或三神或五六七至十餘爲一架焉黃袍遠遊冠者曰唐明皇左右赤面塗金粉金銀兜鍪者三曰太尉高髻步摇粉黛而麗者二曰金花小娘社婆髯而翁者曰社公左騎細馬白面黃窄衫如俠少者曰馬二郎行則一人肩架前導大纛雉尾雲罕爆槊格澤等旗曲盖鼓吹如王公迎神之家男女羅拜讖禳疾病皆祈問焉

横岡頂有眞武殿旁郡數千里咸來禮謁四時不絕左側岩下石竇多魚雌雄四趾禮謁者探魚石竇中以所獲雌雄爲生男女之兆丁未縣志

二月二日歛錢市牲醴禮土神祭畢羣飲辛未縣志

十九日男女輻輳謁觀音大士張幕列市備百戲極聚會之盛丁未縣志

淸明踏青攜酒廣野席地而飲祭墓挂紙錢

三月三日漕船齊帮於田鎭演戲酧神

初夏分秧後族鄰招飲曰買耙齒

四月八日煑烏米飯供神兒童放紙鳶爲樂

十六日夜抛籮過屋以俯仰占歲豐殺岸如樓詩鈔

端午插艾葉辟邪繪張眞人像除五毒餻餡畫扇相餉飲雄黃菖蒲酒裹角黍兩鎭龍舟競渡鄉村婦孺采百草爲藥餌辛未縣志

十三日歛錢作會祀關壯繆是日雨俗謂關公磨刀雨

十七日棚會市民十家爲一棚祭爐神會飲或醮禳焚蒼朮插桃葉丁未縣志

十八日雨俗爲送船雨岸如樓詩鈔

夏至後卯日逢成買肉取池魚摘新稻數枚薦家神社公畢闔室羣飲謂之試新

六月二日祭費郎君是日雨俗爲龍神洗殿雨研北草堂集

初六日祀城隍神市人分段醵錢賽會演戲先一日出會扮故事男婦聚觀如堵

七月十五日家薦錢袱祀祖丁未縣志

中秋以餳餅藕栗相餽遺夜設月餅賞月鄰里送瓜被以綵紅鐃鼓將之曰送子鄉村小兒戲摘園蔬雜果爲摸秋

龍武沙地棉花既罷其殘者任人採取曰放罷人日可得數觔

九月釀酒爲菊花酒味最佳

重陽後至十月祭墓長幼登山飲胙盡醉而歸

臘月舂糧藏囷中經年不蛀炒元米貯之備一歲之用丁未縣志

二十三日掃屋塵祀竈二十四日夜闔家聚飲爲過小年

除夕更春帖易門神守歲竟夕爆竹祭先禮畢長幼聚飲爲團年酒前數日相與餽問謂之年節丁未縣志

物產

廣濟縣有鐵唐書地理志

縣有鐵石墩舊開冶爐或謂此山產鐵非也桑梓紀遺

光光石色如水晶出萬竹嶺丁未縣志

靈山有麻石文理堅潤甲於他邑桑梓紀遺

葫蘆山有石色碧綠細嫩似青田石

稻有早稻中稻遲稻上鄉高田一熟湖鄉有一歲兩熟者

麥有大麥小麥米麥又有蕎麥苦蕎麥實非麥類以其爲粉足療饑亦名爲麥丁未縣志

大豆有黃黑兩色黃豆爲腐爲醬爲豉干仕戶黑豆黑心補腎又有刈早稻後種者黃而小土名泥豆綦豆有摘綦拔綦拔綦名紅沙綦蠶豆豌豆飯豆當餐助嘉穀

白藊豆一名蛾眉豆豇豆刀豆皆足充蔬丁未縣志

芋有青禾紫禾二種紫禾者土人謂之泥芋水田種之

藷有紅藷白藷處處有之

蔬有白菜芥菜菠菜蘿菔瓜茄等類

雨花菜一名珍珠菜惟東衢山最美桑梓紀遺

羊頭岔藕肥大異常辛未縣志

柑處處有之惟廣濟獅頭柑味甜美桑梓紀遺

山藥一名薯蕷又名玉延處處有之而龍坪爲最又一種名馬蹄藷丁未縣志

棉花以龍武兩鎭爲佳同上

麻靈東鄉多種之

廣濟上鄉紡織老布謂之家機布密厚勻細遠鄉爭購桑梓紀遺

絹出解氏一族細膩輕勻爲裏衣最美同上

煙葉名淡巴菰靈東上鄉多種之

東衝山多竹木

香附子蒼朮廣濟所產最夥桑梓紀遺

明黨功同蕤參田家鎭一處獨產同上

紫金藤醫腳疾出東衝山同上

鰣魚產田鎭江四月最盛逾四月則變種同上

魚苗亦出田鎭江

銀魚出太白馬口諸湖細白者爲銀絲味最鮮美

黃鶴魚出馬口江辛未縣志

螃蟹諸湖皆有之而馬口尤多

青林湖有鯽魚食之肥美辟寒暑水經注

武湖多魚居人晝夜取而魚不匱故有金湖之名楊晉漁畿集

野鴨武湖最多取鴨之網名百丈同上

秧船蟲生秧田中首尾隆起背有帆竿似船形飽腹類重載常浮游水面農人以占歲稔癸丑縣志

廣濟縣志卷二

建置志

縣市

廣濟縣無城治爲市民擁衛外開四門東曰覲陽南曰迎薰西曰繼畋北曰得朋又西北有門曰保和有慶而大河中注之治居河西東南二門在河東明崇禎己卯議建城自西徂東跨河爲之包南山壞原田興工數月不果成

國朝康熙甲辰知縣安璇築土爲城立門四東曰暘谷南曰明都西曰西成北曰會元周圍三里零七分乾隆己

未知縣李肇梅重修 黄州府志

縣坊凡十三東南爲孝義坊西爲梅浦坊北爲朝京坊並在城內河東爲仁壽坊里仁坊濟川坊致和坊肅靜坊通晉坊又東南爲餘慶坊河南坊凝秀坊西門外爲順慶坊 癸丑縣志

直若蘭臺坊在縣前爲侍御劉天衢立 辛未縣志

恩隆瑣闥坊在縣前爲給事吳亮嗣立 同上

大老文宗坊在十字街爲觀察舒其志立 同上

玉帶街知縣楊阜建阜以邑無城守市民寥寥始聚居民察地勢爲後街曰楊公街又曰玉帶街建八門鑿九井西北有池曲轉改河流以培地脉 丁未縣志

品字泉在治東俗名三眼井 癸丑縣志

黃家井在十字街水極甘冽溽暑飲之立解 岸如樓文鈔

同福井嘉靖間知縣楊阜浚 丁未縣志

清淨井又名浴佛泉 詳古蹟

胡公祠爲知縣胡克儉建燬 丁未縣志

劉公祠在縣西門外爲知縣劉允昌建燬 同上

公署

縣署近西門中爲正堂西爲幕廳東爲庫堂後有廳左右亦有庫廳後爲廨堂左爲鑾駕庫下爲東廊次爲生春堂右爲西廊下爲吏舍中道爲戒石亭亭前爲儀門門外東爲五顯祠前爲獄獄左爲譙樓譙樓右爲申明旌善二亭洪武初知縣胡昇建後知縣江震汪倬陳傑縣丞吳瑞相繼修崇禎乙亥燬

國朝順治辛卯知縣毛華鵬建正堂川堂及儀門康熙壬子知縣任塏猷建縣門及六房賓館乾隆庚午知縣虞學灝重修川堂辛未重修縣門咸豐三年粤匪燬

生春堂在廣濟縣廳東宋建 明一統志

後樂堂在縣署後正德間知縣汪倬建僉事周忠爲之記 辛未縣志

內省堂慎獨齋知縣任塏猷建張仁熙有記 同上

行察院在縣治東北舊爲馬驛基嘉靖丙申知縣侯嘉祥改創次年縣丞湯佐成之有正門有儀門有堂有翼廂有冲堂有燕堂有左右房今廢 丁未縣志

布按分司俱在縣治河東制視察院少殺而無儀門洪武初知縣陳景昌遷於縣左成化間知縣江震重建宏治庚申推官羅翰知縣陳奎易以爲學仍遷於河東今廢 辛未縣志

儒學東齋在明倫堂後粤匪燬今復修

儒學西齋舊在文廟右粤匪燬今復修

縣丞署在庫左今裁 丁未縣志

懷義堂在縣丞署嘉靖間知縣蔣崇祿爲縣丞謝天爵題邑人張頴有記 同上

主簿署在幕廳右今裁 同上

典史署在縣署右粤匪燬

陰陽學在縣治南新養濟院右今燬 丁未縣志

醫學燬 同上

僧會司在南山寺今燬

馬口巡檢司署在縣西南七十里粤匪燬

龍坪巡檢司署在縣南七十里粤匪燬

試院在縣治河東南道光十七年建前有轅門左額曰雲程發軔右曰風教扶輪儀門內爲正堂左爲龍門後爲川堂燕堂兩廂皆有書室龍門內號舍四間上爲衙文堂

演武場舊在縣東里許有振武亭久廢嘉慶庚辰年知縣張維翰徙置於十字街外橫九十五步縱一百九十三步道光庚寅年知縣范紹藩建修演武廳乙巳年續

置廳後地橫九丈五尺縱四丈九尺咸豐間廳燬於賊
同治九年重建
萬壽宮在縣署後乾隆乙未署縣事素布棟阿改建於河
東舊儒學基規制宏敞宮後爲北望樓前數百步爲先
農壇宮之右武廟在焉咸豐間粤匪燬

秩祀

社稷壇在縣西半里許洪武十五年知縣陳景昌建成
化十七年知縣江震修今圯
其制東西二丈五尺高三尺四出階各三級壇下前九
丈五尺東西南各五尺繚以周垣四門紅油由北門入
石主長二尺五寸方一尺埋於壇南正中去壇二尺五
寸止露圓尖餘埋土中神牌二以木爲之硃漆青字高
二尺一寸闊四寸五分題曰縣社之神縣稷之神臨祭
設於壇上順治元年定每歲春秋仲月上戊日致祭十
五年復定用上戊日子時前期凡執事官員人等各致

齋三日
乾隆九年頒定祝文 維某年月日某官敢昭告於縣
社之神縣稷之神曰惟 神奠安九土粒食萬邦分五
色以表封圻育三農而蕃稼穡恭承守土肅展明禋時
屆仲春秋敬修祀典庶丸丸松柏鞏磐石於無疆翼翼黍
苗佐神倉於不匱尚饗
雍正二年頒定每位用黑色帛一白磁爵三羊一豕一
鉶一實和羹 簠二實黍稷 簋二實稻粱 籩四實棗栗形鹽藁魚 豆四實韭
菹菁菹醓醢鹿脯

爵　棗鹽　栗藁魚　羊

縣社之神　帛　爵　羹　黍稻　稷粱

爵　韭菹菁菹　醓醢鹿脯　豕

縣稷之神同

乾隆四年頒定正祭日各官具朝服至壇社神稷神各三獻行三跪九叩禮

神祇壇舊名風雲雷雨山川城隍壇嘉慶十六年奉部文更正在縣東南里許洪武十五年建成化十七年修道光二十五年知縣王慶雲重建於萬壽宮右側今圮

其制與社稷壇同　神牌三風雲雷雨之神居中廣濟縣境內山川之神居左廣濟縣城隍之神居右俱南向由南門入不用石主順治初定每歲仲春仲秋上戊日致祭齋戒與社稷同

乾隆五年頒定祝文曰　惟神贊襄天澤福佑蒼黎佐元化以流形生成永賴秉氣機而鼓盪温肅攸宜磅礴高深永保安貞之吉憑依鞏固實資捍禦之功幸民俗之殷盈仰神明之庇護恭修歲祀正直良辰敬潔豆籩祇承牲帛尚饗

祭品祭儀與社稷壇同惟帛用白色風雲雷雨四山川二城隍一

先農壇在縣東南萬壽宮前每歲正印官率屬員耆老農夫致祭行耕籍之禮

雍正四年定每歲季春亥日致祭五年定致齋二日

乾隆五年頒定祝文曰　維神肇興稼穡粒我烝民頌

思文之德克配彼天念率育之功陳常時夏茲當東作咸服先疇洪維九五之尊歲舉三推之典恭膺守土敢忘勞民謹奉彝章聿修祀事惟願五風十雨嘉祥恒沐乎神庥九穗雙岐上瑞頻書於大有尚饗

祭品祭儀與社稷壇同

雩壇在縣西乾隆七年定每歲四月十八日舉行常雩之禮不另立壇即於先農壇行禮並合祀社稷山川諸神神牌臨期以黃紙為之社稷居中先農居左山川居右

頒定祝文曰　恭膺詔命撫育羣黎仰體彤廷保赤之

誠勤農勸稼俯惟葤屋資生之本力穡服田令甲爰頒
肅舉祈年之典惟寅將事用申守土之忱黍稷惟馨尙
冀明昭之受賜來牟率育庶備豐稔於盖藏尙饗

祭品祭儀與先農壇同

邑厲壇在縣北半里許洪武十五年知縣陳景昌建今
圯
其制壇屋一間宰牲房三間每歲春用清明日秋用七
月十五日冬用十月初一日黃紙神位三本縣城隍主
者神位居中七鄉三鎮孤魂等衆居右天下無祀鬼魂
等衆居左

先期三日主祭官齋戒詣城隍發告文祭日設城隍位
於壇上羊一豕一設無祀鬼魂於壇下左右羊二豕二
同羹飯致祭冥衣草鞋俱備行五拜禮祭文長篇另載

鄉厲壇每鄉百戶內立壇祭日與邑厲同

里社壇每里百戶內立壇祭日與社稷同

城隍廟在治東洪武元年知縣陳桂建凡祀風雲雷雨
山川壇迎神爲之配祀厲壇迎神爲之主天順癸未知
縣張宗壬申知縣孫寵皆有修葺己卯知縣王艮佐終
其事且爲之記崇禎末賊燬順治間重建康熙二十六
年重修三十四年始塑城隍行像每歲六月六日神誕
縣官備羊一豕一演戲獻壽咸豐間亦燬燬於賊

文昌閣在縣西河口內有魁星樓乾隆五年知縣李國
棟修功未竣十六年知縣虞學灝踵成之咸豐間粤匪
燬

咸豐六年文昌升入中祀每歲春秋仲月及誕神三次
致祭祭品祭儀與　文廟同

樂章春夾鐘清均備應鐘起調秋南吕清均仲吕起調
佾舞亞獻舞起終獻末句徹

迎神丕平

秉氣兮靈纏翌文運兮赫中天蜺旌兮戾止雕俎兮告

虔迓神庥兮奏管絃昭聖德兮於萬斯年

奠帛初獻俶平

神之來兮遼蓋式陳神之格兮几筵式親極昭彰兮靈
旣致蠲潔兮明禋升香兮伊始居歆兮佑我人民

亞獻煥平

再酌兮瑶觴燦爛兮廷燎之光申虔禱兮神座儼陟降
兮帝旁粢醴潔兮齋遬將綏景運兮靈長

終獻煜平

禮成三獻兮樂奏三終覃敷元化兮緊神功馨香達兮
肸蠁通歆明德兮昭察寅衷

徹饌懿平

備物兮惟時告徹兮終禮儀神悅懌兮鑒在茲垂鴻佑兮累洽重熙

送神蔚平

雲軿駕兮風旗招神之歸兮天路遥瞻翠葆兮企丹霄顧迴靈眷兮福我朝

望燎蔚平

烟熅降兮元氣和神光爛兮梓潼之阿化成者定兮爕弓戢戈文治光兮受福則那

祝文維 神道闡苞符性敦孝友並行並育德侔天地

以同流乃聖乃神教炳日星而大顯仰鑒觀之有赫示明德之惟馨茲當仲春秋用昭時饗惟祈歆格克鑒精虔

二月初三日祝文維 神功參橐籥撰合乾坤溯誕降之靈辰三台紀瑞度中和之令節九宇承暉若日月之有光明闡大文於孝友如天地無不覆載感至治於馨香爰舉上儀敬陳芳薦精禋罔斁神鑒式臨尚饗

後殿祀 帝君三代牌面書

文昌帝君先世神位祭品祭儀與 文廟崇聖祠同

春秋祝文 教詒式穀垂抑邪扶正之規禮重升馨著崇德報功之典載稽譜牒祇肅苾芬維文昌帝君學裕本源道參位育緬馨香之至治久極尊崇申報享之隆文宜昭誠敬聿升中祀式舉上儀於戲德迪前光十七世仁恩普洽慶餘積善億萬年文運長新敬布明禋尚祈昭鑒

二月初三日祝文維 帝君道備中和神超亭毒稟貽謀而永紹欽毓聖之有基雲漢昭回際嶽降崧生之會馨香感格與木本水源之思式肇明禋用光彝典尚祈神鑒享此清芬

關帝廟在縣治西乾隆乙未知縣素布棟阿改建於河東萬壽宮右側咸豐間賊燬

關帝歷代封號

後漢景耀三年追謚壯繆侯

宋大中祥符七年封忠義神武王崇寧元年封忠惠公大觀二年封武安王宣和五年封義勇武安王建炎二年封壯繆義王淳熙十四年封英濟王

明洪武元年復稱漢壽亭侯嘉靖中稱義勇武安王萬歷十八年加封帝號四十二年加封關聖帝君

國朝順治九年勅封忠義神武關聖大帝乾隆三十三年加封忠義神武靈佑大帝道光七年加封忠義神武靈佑仁勇大帝八年加封威顯咸豐二年加封護國三年

加封保民四年奉
勅升入中祀加封三代爲王頒發祝文樂章
每歲春秋仲月及五月十三日三次致祭
祭品祭儀與 文廟同惟無分獻
樂章春夾鐘清均倍應鐘起調秋南吕清均仲吕起調
佾舞左右各三十二人初獻執干戚舞亞獻終獻執羽
籥舞

迎神格平

懿鑠兮焜煌神威靈兮赫八方偉烈昭兮累禋祀事明
兮永光達精誠兮黍稷馨香儼如在兮洋洋

奠帛初獻翌平

英風颯兮神格思紛綺恭兮龍旗爾桂醑兮盈巵香始
升兮明粢惟降鑒兮在茲流景祚兮翊昌時

亞獻恢平

觴再酌兮告虔舞干戚兮合宫懸歆苾芬兮潔蠲扇巍
顯翼兮神功宣

終獻靖平

鬱鬯兮三申羅籩簋兮畢陳儀卒度兮肅明禋降神福
兮宜民宜人

徹饌彝平

物惟備兮咸有明德惟馨兮神其受告徹兮禮終罔咎
佑我家邦兮孔厚

送神康平

幢葆葳蕤兮神聿歸馭鳳軫兮驂虬騑降烟熅兮餘馚
馡顧回靈盼兮德洽明威

望燎康平

焄蒿烈兮燎有輝神光遙燭兮祥雲霏祭受福兮茂典
無違庶揚駿烈兮永奠疆畿

春秋祝文維 神星日英靈乾坤正氣允文允武紹聖
學於千秋至大至剛顯神威於六合仰聲靈之赫濯崇

典禮於馨香茲當仲春秋用昭時饗惟祈歆格克鑒精虔

五月十三日祝文維 神九宇承庥兩儀合撰崧生嶽
降朔聖誕之靈辰日午天中居恢台之令序聰明正直
壹者也千秋徵肸蠁之隆盛德大業至矣哉六合肅馨
香之薦爰循懋典式展明禋苾芬時陳精誠鑒饗

後殿三代神位

裕昌王

光昭王

成忠王

祭品祭儀與 崇聖宫同

春秋祝文維　王世澤覃庥令儀裕後靈鍾河嶽篤生
神武之英誠溯淵源宜切尊崇之報班爵超躬桓而上
升香肅俎豆之陳茲當仲春秋爰修祀事尚祈昭鑒式此
苾芬
五月十三日祝文維　王迪德承家累仁昌後嶽生嶽
降識毓聖之有基木本水源宜推恩之及逮封爵特超
於五等馨香永薦於千秋際仲夏之届時命禮官而將
事惟祈昭格鑒此精虔
龍神祠在縣南萬壽宮右側道光二十五年知縣王慶
雲建粵匪燬

每歲春秋仲月致祭須定祝文維　神德洋寰海澤潤
蒼生允襄水土之平經流順軌宏濟泉源之用膏雨及
時績奏安瀾占大川之利涉功資育物欣庶類之繁昌
仰藉神庥宜隆報饗謹遵祀典式協良辰敬布几筵肅
陳牲幣尚饗
費龍君廟在縣東二十五里唐貞觀十年建明洪武間
重修知縣余寅爲之記每歲六月二日縣官致祭給米
一石豕一口
馬王廟在縣署前每歲六月二十三日神誕致祭
昭忠祠在儒學明倫堂前咸豐十一年建

龍神祠在縣南萬壽宮右側道光二十五年知縣王慶
雲建粵匪燬
每歲春秋仲月致祭須定祝文
維　神德洋寰海澤潤蒼生允襄水土之平經流順軌
宏濟泉源之用膏雨及時績奏安瀾占大川之利涉功
資育物欣庶類之繁昌仰藉神庥宜隆報饗謹遵祀典
式協良辰敬布几筵肅陳牲幣尚饗
馬王廟在縣署前每歲六月二十三日神誕致祭
昭忠祠在儒學明倫堂前咸豐十一年建
費龍君廟在縣東二十五里明洪武初重建每歲六月

二日縣官致祭給米一石豕一口

鄉鎮

廣濟縣四鄉元豐九域志

廣濟縣編戸五十三里明一統志

廣濟縣七鄉編戸三十七里靈泉東鄉轄里四靈泉西鄉轄里六永興東鄉永興西鄉各轄里四太平東鄉太平西鄉各轄里三安樂鄉轄里十三其市鎮四馬口鎮田家鎮武家穴龍坪鎮湖北通志

丁未縣志廣濟舊額三十里後以靈東四圖多蔪宦田無從徵比知縣安璇以四圖米分置各圖而四圖遂廢額減於舊康熙五年知縣黃玉鉉均平里役特設太西三圖以足舊額癸丑志康熙三十五年新增安樂七圖由是廣濟七鄉有三十七圖三百七十甲

馬口鎮在縣西南七十里舊設巡檢司後移駐田家鎮

田家鎮在馬口鎮下十里同治八年新建長江水師協鎮署

武穴鎮在縣南七十里濱江爲商民聚集之所有巡司戍守方輿紀要

武黃同知乾隆二十六年新設駐劄武穴鎮縣卷

武穴鎮巡檢司乾隆二十二年移駐龍坪桑梓紀遺

龍坪鎮在縣東南七十里濱江戍守以龍坪爲上流發

始之處方輿紀要

靈東鄉約三名保正五名甲長十六名靈西鄉約二名保正三名甲長七名永東鄉約二名保正二名甲長四名永西鄉約二名保正三名甲長七名太東鄉約二名保正三名甲長十名太西鄉約一名保正一名甲長三名安樂鄉約二名保正四名甲長九名田家鎮鄉約二名保正一名甲長四名武穴鎮鄉約二名保正二名甲長九名龍坪鎮鄉約二名甲長六名縣市鄉約二名保正一名甲長三名辛未縣志

驛遞

廣濟驛舊在縣治東北嘉靖壬申知縣侯嘉祥改建行察院易府館爲驛後遷縣治左今廢驛丞裁丁未縣志

梅川驛在縣治右舊名廣濟驛驛遞冊

雙城驛在縣東六十里洪武十五年知縣陳景昌建成化十七年知縣江震重修今燬丁未縣志

雙城驛舊設驛丞乾隆十六年裁與梅川驛並歸知縣兼理其丞署今爲行館桑梓紀遺

急遞鋪在縣西門外癸丑縣志

在黃梅縣六鋪萬車鋪縣東十里青蒿鋪縣東二十里荆竹鋪縣東三十里車坊鋪縣東四十里石龍鋪縣東五十里雙城鋪縣東六十里接黃梅界 在蘄州三鋪許家鋪縣西南十里周源鋪縣西南二十里楊林鋪縣西南三十里接蘄州界 在蘄水二鋪十里鋪縣西十里 固城鋪縣西二十里又五里接蘄州界

原額設驛馬二十五匹脚馬一十六匹馬夫十二名七分工料銀捌百玖拾壹兩捌錢雍正五年奉文裁汰脚馬五匹馬夫二名共裁銀壹百捌拾兩玖錢陸分叁釐陸毫今存驛馬二十五匹脚馬十一匹馬夫十名每年支七分工料銀柒百捌拾貳兩捌錢叁分陸釐肆毫馬夫每年在工料內支給工食銀柒兩叁錢貳分縣官捐辦

給飯食銀叁兩陸錢

排夫七十名每名每年工食銀柒兩叁錢貳分閏月加添小建扣除

鋪兵工食銀伍百陸拾壹兩陸錢以上辛未縣志

營汛

廣濟縣三十里每里約僉民壯五名計編一百五十名每丁石派給每名工食銀肆兩捌錢正德十六年知縣汪倬奏例加五十一名共二百一名工食浸加柒兩貳錢順治三年編民壯五十名馬快八名舊志

原額弓兵一百五十名舊賦役戶永充後以徭戶更役武家穴七十名馬口司八十名順治間武馬二巡司弓兵徭編七十八名哨船水手八名舊志

廣濟縣防城兵二十四名府志

蘄州營分防旱汛係右哨把總專轄荆竹舖塘兵五名雙城驛

塘兵五名

道士洑營分防水汛堡子墩塘兵五名烏林港塘兵三名馬口塘兵三名田家鎮塘兵十三名盤塘塘兵三名下套口塘兵五名武穴鎮塘兵十六名中廟塘兵三名龍坪鎮上塘四名下塘三名府志

廣濟原無城守康熙二十七年始撥蘄州營千總來濟暫居城隍廟後以廢察院爲其公署咸豐間燬

順治三年編民壯五十名後裁撥護黃州府四名護漢陽府四名又撥護武穴司四名存縣三十八名每名工食陸兩武穴司弓兵十二名馬口司弓兵十二名工食銀共柒拾陸兩伍分武穴司哨船四名馬口司哨船四名工食銀共肆拾捌兩捌錢縣馬快八名工食銀肆拾捌兩辛未縣志

舊志曰龍坪武穴地臨江滸五方雜處最難設禦嘉靖中江洋大盜徐棟等刦鹽商殺胡惠等五人主簿徵糧龍坪督緝禽獲幸撫按旌奬是後僉保盤詰精密盜過輒獲相戒次且勿敢近竟以是著聲郡界邇年兵寇相仍災荒歲接土著稀少佃客半招外縣民間儲積罄懸婦子惟守頹壁田在草間狐兎族聚民莫聊生而狠子駢脅之夫相煽爲盜莫可控止順治

十一年九月大盜曹二等數十人過縣賊曹邏卒緝獲三人其夜衆盜來刦奪還二人獨曹二拘繫僻處守者以刀橫注其喉不令聲遂不及救乃捕衙欲自爲功以陳獲具辭上後司理庭鞫盜自陳與具辭枝梧竟爲盜脫罪坐罪邏卒六人自是人以緝盜爲戒比武穴所在見告鹽商掠肆倍於曩昔而不克獲一賊惟官船泊岸殺盜數人盜舟風帆逆上覆溺無算至村墟往往刦敚不敢上聞刳腹挺腸抽筋鐵爪毒慘最酷其牽牛而擔負者斗米之家亦無安堵今欲使家多蓄積道不拾遺兵防益未可畧矣

水利

河隄在縣治右河自凝秀而下水太直瀉少環繞停蓄之氣於邑非便嘉靖末知縣楊阜命塞舊河口導水西繞抵山麓始南折沿河南岸低窪不足捍水西行潰徙爲虞特命高其隄防萬歷中河隄決邑人楊大鼇督修凝秀決隄二十七丈沿隄植杞柳櫪柘諸木自樹多砍伐隄失其衛崩決遂多邑人王臨讀書菴中時自補築栽樹木以護潰隄 丁未縣志

連城隄在縣南五十里即連城橋通龍阬隄也康熙丁未陳大馬樊功臣等募修隄橋數年功成 同上

正統九年廣濟民言縣與隣邑黄梅歲運糧三萬石於望江墩小車盤撥不堪其勞連城湖港廖家口有溝抵墩前淤淺不能行船與黄梅合力濬通以便水運從之

明史河渠志

鳯港隄在縣南五十里爲武穴要道舊砌石隄三百餘丈中爲梁者三久漸崩壞咸豐間邑人募修

孫公英隄在塍塘湖北舊湖水汎田英督衆築隄護田號曰北塘塍後爲長隄以護其外英嘗繫馬其處後人德之因號爲繫馬嘴 丁未縣志

江隄自盤塘東抵安慶界延袤五縣盤塘一潰五縣皆成巨浸永樂四年遣部臣監築隆慶五年縣丞朱邦華再築萬歷三十六年大水縣人張步雲奏記撫按賑災民補塞決口四十一年大水縣令劉燕及委樊丞增卑倍薄隄乃固 屏業齋集

江隄自盤塘至黄梅縣界計程七十里分爲一十三棚其茅林急水狗兒龍塘窩陂塘五棚各長四百八十丈穴下塘一棚長三百六十丈共長二千七百六十丈係馬口巡檢管理青林汪家二棚各長四百八十丈中廟一棚長九百九十丈共長一千九百五十丈係武黄同知管理五里棚長九百九十丈黄花李林寶賽三棚各

長四百八十丈共長二千四百三十丈係龍坪巡檢管理乾隆五十三年大水荆州各隄漫口巡撫惠奏請統歸知縣督修以昭愼重濟邑青林黄花李林寶賽四隄亦漫潰青林地近武穴鎮本邑監生張楨鵬率衆興修賞給縣丞職銜其黄花等三隄知縣黄墤詳請修築李林寶賽坑塘深陷改築彎月隄黄花當上游之衝加築挑水壩一道共用土方七萬八千四百有奇用銀九千四百兩有奇凡三閱月而功竣 縣卷

道光三年十一年二十一年隄屢決旋請修復二十八年窩陂隄決知縣福昌阿請帑築隄並賑饑民冬隄成

二十九年盤塘穴下青林汪家中廟隄決十餘口復請帑三萬有奇以功代賑次年三月功竣縣卷

咸豐三年穴下青林隄潰冬月興修改眞君殿故隄基址自西關壩徑江防府署穿正街築月塘口直接下港大隄時粤匪踞縣草率完工十年監生張廷獻等稟請改築於最險處捐貲修石工五十餘丈縣憲方公大湜詳請獎給匾額縣卷

盤塘新隄七百餘丈久漸圮塌同治元年縣憲方公捐俸倡修石隄三百二十餘丈餘皆加高培厚併創建修防所於武穴鎮刋列條例以備歲修有記

乾隆年間前縣黄督民栽蘆保固隄塍至數十年之久後因細民牟利漸次開墾江灘蘆葦無復存者以致浪齧隄身疊次潰決同治元年縣憲方公酌定栽蘆條規諭飭各棚董事督令業戶依限栽種碑文

同治八年湖北各憲酌議歲修搶險考成章程嗣後凡遇歲修工程槪於九月秋汛之後責令地方官輕騎減從週諳通隄確切查勘何處當衝何處阧險或須加高培厚或宜挽月帮修核實估計籌集經費卽行鳩工興修一面將勘定土段丈尺夫工細數籌辦情形開工日期督修官紳姓名詳細禀報限於次年三月以前一律報竣如有視爲故常並不實力督催以致汛水已臨尚未完工者卽將印官暫行撤任專管隄工汛員亦先詳記大過一面委員代理印官事務仍責令承修之印汛各員專駐工次迅將未竣各工立予修復如果搶修完固水已涸後通隄無恙仍予回任供職若因汛水漲發工未完竣或已完工而辦理草率以致所修隄段潰決成口應將分別潰口之大小受害之輕重或奏請摘頂或奏參革職仍令戴罪駐隄協修果能尅期藏事予限一年所修隄段並無潰決始准開復實缺者並予回任其有因地方政務殷繁工程浩大由省委員前往督修

者則委員之責成與地方官並重委員無任可撤卽行從重記過停委在地方官之應回任者委員准另銷過候委餘亦如前議辦理至於搶險一事應於汛水盛漲之時先行親駐隄所督同汛員暨隄長圩業人等多備守水器具毋分雨夜認眞巡防遇有險要處所立卽設法搶護毋任汕刷漫溢如因防護不力致有潰決卽將地方官及分防隄段之員查係工程草率隄段冲潰卽行照例詳參如實係工程堅固水漫隄頂致潰亦予詳請記過仍視工程之難易酌量勒限修復若逾限而工程尚不及半或未完工者卽詳請分別嚴參仍令駐工

協修以觀後效再有隄之地方官及委辦隄工之員如能於歲修工程依限報竣迨至汛水盛漲又能認眞防護通隄各工三汛均獲安瀾卽由本管知府將修防出力各銜名開列候補者從優酌給外奬實缺者酌調優缺一次如有在任三年於本境隄工按時修防通隄並無潰決情事亦卽由府詳請專案 奏奬用昭激勸再在工承修之首士亦有經手之責應由地方官隨時考其勤惰予以賞罰俾知勸懲是年被水各屬應賑戶口以及應修隄工由司酌撥工賑銀二千兩知縣艾佐龍分給各棚並修砌中廟汪家二棚石工縣卷

九年七月十二日窩陂寶賽岡等潰口直長共二百餘丈縣憲劉公宗元籌費興修十月興工次年三月隄成並諭各棚補栽蘆葦縣卷

附修防條例記載藝文 方大湜

一柱隄佔 江灘長寬丈尺坐落何處田畝坵段細數坐落何處每年額租若干應詳細造具淸册七本鈐蓋印信以一本存案其餘六本每首士一人收存一本刊刻石碑纂入縣志以垂永久佃戶盜典盜賣以官田論

一專責成 一切事宜毋庸假手胥吏應該舉本地紳耆公正廉能素孚人望者六人自行經理仍兩年更換一次每次只更換三人交互輪流以資熟手以均勞逸

一禁虧挪 經理紳耆應每年開造四柱清册將舊管若干新收若干開除若干實存若干逐一登載於次年正月邀集十三棚棚修長正副等公同結算由經管出具並無虧挪甘結呈縣查核

栽蘆條規告示刊刻修防所 方大湜

一選擇董事以專責成也江灘業戶不一如必按名傳到勒限栽種未免煩擾今於每棚選擇董事數人責

令督催各業戶依限栽種本縣詣勘時該董事卽就近在廠聽候取結倘逾限不栽或未栽齊卽惟該董事是問

一相度地勢以定界限也盤塘新隄及茅林一棚正當與國黃龍洲之衝武穴以下龍坪以上地勢甚窄隄與江近均須滿栽方足以禦風浪其武穴以上龍坪以下雖地勢寬闊隄距江遠亦應酌定界限一律栽種所有寬窄丈尺由本縣親勘丈量飭遵

一編造畝册以便稽查也某棚隄塍向分幾甲某甲隄外江灘長若干弓共若干畝現係某人管業某人佃

種該董事卽督同各棚修長正副等逐一查明造具清册呈核不準錯漏自上而下挨次編造不准顛倒所需紙筆費由本縣捐給不准向業戶索取一文違卽重究

一購備蘆種以杜擾害也不肖業民聞有種蘆之令徑赴他人蘆地肆行强割或作柴薪或變賣漁利實屬藉端擾害此次種蘆由本縣捐廉購備蘆種凡應種業戶需蘆種多少邀同該董事往買備蘆地内照數割取不准越取别業戶之蘆倘藉栽蘆爲名任意混割許别業戶投同董事指禀拏究

一嚴懲違抗以儆刁頑也此次種蘆令在必行倘刁頑業戶仍前違抗該董事卽據實禀首除拏案枷責外定將應種不種之地追繳入官

一永禁侵犯以期繁盛也種蘆之後應責承各禁長就近看守如有無知之徒損人利己或割取蘆秧以肥田或偷竊蘆葉以裹粽或藉檢蘆衣爲名將蘆折斷緩一二日取出謂是枯蘆或縱放牲畜任意踐食該禁長卽獲送赴縣除嚴懲外仍照私禁章程從重處罸倘禁長徇縱一並究治不貸

一定期收割以順物性也蘆性暢發清明出土立夏發齊夏至長足立冬纔可收割如收割太早來年長發必不暢茂此乃父老傳聞業民諒無不知今定以每年立冬前後方准收割違卽以收穫之蘆變價充公

一畝定地課以絶爭競也江灘佃戶窮民居多栽蘆之處如向係佃業卽令佃戶協同禁長妥爲看守所收蘆葦分作三股佃戶得二股地主得一股爾佃戶毋得貪心不足須知不費工本坐得重利已屬體恤倘私自盜賣或逞刁抗課定卽拏案究治決不輕恕爾地主莫謂取課太輕須知未栽蘆葦之前春季菜麥全歸佃戶秋季棉花又多淹沒既栽蘆葦之後不論

旱澇年年收課孰得孰失何去何從固不待智者而後決也

津梁

仁壽橋在縣治東門外康熙五十九年春雨水漲衝塌一眼重修雍正五年大水衝塌四眼僧月明募修咸豐六年蛟水溢衝塌二眼重修

文家街橋在縣治南門左

凝秀橋在縣治南門右知縣楊阜改河流塞舊口創凝秀橋以關下流丁未縣志

滄浪橋在縣治西知縣劉允昌建後圮乾隆十六年知縣虞學灝重建橋南爲滄浪書院辛未縣志

清流橋在滄浪橋北岸清流溝水出此會梅川水同上

塔水橋在縣治西關外同上

春風橋在縣治東演武門外靈山諸水出焉舒芝生有詩辛未縣志

荆竹橋在荆竹河當驛孔道十餘里逕車坊河有車坊橋癸丑縣志

雙城橋在雙城驛東爲黄梅縣界居民袁某捐貲建知縣周某立碑旌之劉殿撰若宰題曰佛國津梁云丁未縣志

五里橋在縣南文宅在焉文大材爲興化同知張平山爲畫五里橋圖大材自作長歌白茅堂集

七里橋在縣南又數里爲楊林橋俗名女兒橋橋石鐫有紹聖二年數字

塌水橋樂師橋陶家塘鳳港橋朱慕橋皆至武穴通衢

倉頭埠在縣南出港口爲武山湖

何家橋陽橋郭師橋上達盤塘下達武鎮

大金橋在大金河

官橋在武山湖之東湖口爲達武穴孔道

連城橋在連城湖往龍坪大路與塍塘橋相去十餘里又數里爲伊家渡鄧家渡鄧家渡達龍坪上街伊家渡達龍坪下街

花關橋在縣東南俗云關索經此往襄樊以劍擊橋石居人爲建祠祀關公暨索丁未縣志

橦梓牌或曰童司排在縣東五十里同上

熊家橋周源橋栗木橋江家橋俱達蘄州通衢

松楊橋往蘄水驛路康熙四年知縣黄公玉鉉捐俸重建丁未縣志

官人橋在關山河夏紹六捐貲建俗呼夏六官人橋丁未縣志

廣濟縣志卷三

賦役志

戶口

明洪武初編戶一萬二千一百六十有五口九萬五千九十嘉靖時編戶六千八百一十（應作七百七十）口五萬四千一百九十有二民戶八百一十有二軍戶三千七百三十有九男三萬二千八百八十有七女二萬一千三百零五貼軍戶二千七十有一醫戶一僧戶一十有四匠戶一百三十有三萬歷新定全書天啟崇禎間與萬歷同

國朝順治十四年編戶六千八百一十口五萬四千一百七十有六丁原額一萬一千七百一十有四康熙四年豁免運夫人丁三百八十有二實丁一萬一千三百三十有二自康熙二十五年至五十年逐次編審增人丁十九共丁一萬一千三百五十有一共徵丁銀三千三百一十六兩六錢一分五釐一毫九絲七忽二微九塵一纖一渺又彙同不在額徵丁銀以內之優免丁銀一百三十四兩一錢六分三釐九毫九絲於雍正七年題准丁隨糧派歸入闔省糧銀均攤加原額一百六十兩八錢三分一釐八毫六絲二忽九微九纖六渺四茫九沙六灰欽奉

上諭豁免實徵丁銀三千四百五十兩七錢七分九厘一毫八絲七忽二微九塵一纖一渺其自康熙五十年至乾隆六年編審增益滋生人丁一千六百一十有四欽奉

恩詔永不加賦（黃州府志）

附錄癸丑志所載三十一姓源流

地志向無士族表癸丑志創立此表今合縣僉議刪除已稟奉

大府批准而爭立此表者終以先代氏族不欲湮沒子

謂子孫不忘其先祖所自出猶屬義之可從姑酌而存之按原載徐之先出自陵其官永寧合而遂家焉者曰陵孫斐凡今之徐皆斐後也雙溪劉氏由江西德化徙廣濟其始祖曰齊福五劉氏由江西梓溪遷廣濟其始祖曰千三張氏由衢州開化遷者其始祖曰蘄水令選由江西南城遷者其始祖曰興化通判日中子文通吳之始祖曰朝宗由饒州樂平遷段之始祖曰大中由江西鄱陽遷孫之始祖曰原二亦由饒州樂平遷毛之始祖曰任三由江西吉水遷周之始祖曰宣義由江州遷董之始祖曰起潛由鄱陽遷程之始祖曰念五由河南

嵩縣遷干之始祖曰元龍由嘉興遷陳氏始祖知琉之子曰道由江州義門遷得先張氏其始祖曰興道由吉州遷舒氏由進賢遷者其始祖曰茂忠由靖安遷者其始祖曰必高郭之始祖曰彥先由南昌豐城遷夏之始祖曰勰勰十四世孫三九由德安遷朱之始祖曰文聰由興國遷龔之始祖曰隆由江西遷王之始祖曰興虎由江西德安遷鍾之始祖曰原由吉水遷胡氏由江西南昌來者始祖曰伍三由華林來者始祖曰鈞佐由吉水來者始祖曰均寶其安定胡氏始祖曰念三世大胡氏始祖曰完二楊之始祖季七由南康遷李之始祖

思民由吉水遷陶之始祖汝明由都昌遷方之始祖千四由休寧官吉水而遷金之始祖子成由饒之浮梁而遷藍之始祖千一自高安遷饒之始祖宣一由進賢遷宋之始祖十三亦由進賢遷翟之始祖召一由河南光州遷趙之始祖俊由江右遷何氏始祖曰次三不言所由遷其祖籍乎豈著姓不止此茲特依癸丑志所載者

賦稅 書院賓興各公所祠廟田租附

原額田四千二百五十四頃八十九畝一分三釐八毫內上中下田三千五百四十六頃九十一畝七分四釐一毫每畝科秋糧米六升五合五勺六抄四撮九圭二粒該米二萬三千二百五十五石三斗三升四合九勺每米一石並新加顏料北絹等項共派銀六錢六分六釐九毫一絲一忽二微八塵二纖共銀一萬五千九百七十四兩三錢五分一釐九毫九忽四微九塵八纖三渺 丁未縣志

沙瘠田一百四頃二畝每畝科秋糧米四升三合七勺

五抄二撮該米四百五十五石一斗九合二勺 每石照前則例派徵 該銀三百一十二兩六錢一分九釐六毫四絲四忽二塵二纖 同上

山湖田六百三頃九十五畝三分七釐七毫每畝科秋糧米三升五合該米二千一百一十三擔八斗三升八合二勺 每石照前則例派徵 該銀一千四百五十二兩一分九釐三毫七忽九微二纖六渺三則照糧每擔帶科夏稅二麥二升二勺五抄一撮八圭該大麥一十石六斗二升二合小麥五百一十二石三斗七升二合 並入糧內帶派 每畝科夏稅桑絲一錢四分一釐一毫九

絲九忽四微四塵該稅絲二百一十五觔三兩四分該桑絲一十二觔一十一兩三錢三分二釐九毫四絲六忽秋糧內派同上

地一千五百九頃一十九畝三分七厘五毫同上

內上中下地並市基四百三十五頃八十畝八分六釐九毫每畝科秋糧米三升五合該米一千五百二十五石三斗三升一合六勺每石照前則例派徵該銀一千四十七兩七錢六分七釐四毫八絲四忽八微二塵一纖一渺同上

山湖並平基山基地一千三頃四十七畝九分五釐四

毫每畝科秋糧米一升八合該米一千捌百六石二斗六升三合二勺每石照前則例派徵該銀一千二百四十兩七錢四分二釐五毫七絲三微一塵一纖四渺

草塲湖地六十玖頃玖十畝五分五釐五毫每畝科秋糧米七合八勺該米五十四石五斗二升六合三勺每石照前則例該銀三十七兩四錢五分四釐七毫三絲六微一塵五纖四渺三則地照糧每石帶科夏稅小麥二升二勺五抄一撮八圭該麥六十八擔五斗六升七合七勺併入秋糧帶派每畝科夏稅桑絲一錢四分一釐一毫九絲九忽四微四塵該絲二十八觔三兩四錢五分七釐八毫共科桑絲十兩六錢六分一釐三毫六絲二忽入秋糧內派同上

塘二百七十四頃三十二畝一分二釐五毫內上中下塘二百三十二頃九十三畝九分三釐七毫每畝科秋糧米六升五合五勺六抄五撮該米一千五百二十七擔二斗七升一合六勺每石照前則例派徵該銀一千四十九兩一錢九絲二忽七微一塵八纖二渺同上

山水鄉塘四十一頃三十八畝一分八釐八毫每畝科秋糧米三升五合該米一百四十四擔八斗三升六合六勺每石照前則例該銀九十九兩四錢八分九釐八

毫九絲三忽一微五塵六纖五渺二則塘照糧每擔帶科夏稅小麥二升二勺五抄一撮八圭該麥三十三石八斗六升二合六勺秋糧內帶派每畝科夏稅絲一錢四分一釐一毫九絲九忽四微四塵該稅絲一十三觔一十四兩九錢三分五釐五毫每該科桑絲一錢四分一釐一毫九絲九忽四微四塵該桑絲一觔一十三兩一錢六分五釐六毫九絲二忽秋糧內帶派同上

順治十四年 奉文丈量新定則例田地塘原額六千三百八十頃四十畝六分三釐八毫載秋米三萬八百八十二石五斗一升一合六勺其夏稅麥六百二十五

擔四斗二升四合一勺夏稅絲桑絲俱入秋糧帶派共
折徵銀二萬一千二百一十三兩五錢四分五釐六毫
三絲三忽四塵五纖五渺加增遼餉銀五千二百三十
四兩三錢六分五釐七毫六忽五微鹿皮京據銀一兩
五錢一釐二毫通計徵銀二萬六千四百四十九兩四
錢一分二釐五毫三絲九忽五微四塵五纖五渺黃州府志

南糧驢脚米折銀九百七十二兩四錢八分同上

人丁項下實徵銀數見前同上

雜課徵銀三百二兩四錢二分七釐五毫一絲三忽一

塵遇閏加銀二十四兩六錢七釐八毫四忽五微班匠
銀九兩六錢共徵銀三百一十二兩二分七釐五毫一
絲三忽一塵同上

凡地丁正雜舊額新加除荒無徵豁免實徵銀三萬一千
一百八十四兩六錢六分九釐二毫三絲九忽八微四
塵六纖六渺除優免銀一百三十四兩一錢六分三
釐九毫九絲八另款登收外實起運存留銀三萬一千
五十兩五錢三分五釐二毫四絲九忽八微四塵六纖
六渺同上

一起運戶禮工光四部地丁條遼麂皮京據雜課班匠
解費等項共銀二萬九十五兩七錢八釐六毫四絲二
忽九微五塵一纖四渺五漠七茫同上

一撥運存留隨漕驢脚江濟官役俸食驛站祭祀廩糧
雜支解費等項共銀一萬九百五十四兩八錢二分六
釐六毫六忽八微九塵五纖一渺四漠三茫同上

一另款奏裁優免充餉銀五百五十九兩三錢五分二
釐九毫九絲八忽同上

一蘆課原徵新增至乾隆四年以前除泥灘不載課外
實稱蘆熟地一十一頃七畝一分八釐二毫實徵銀一
十二兩四錢九分八釐五毫五忽同上

一南漕二糧漕糧本色正耗增貼米共五千一百八十
六石一斗六升南漕本色正耗米八千一百四石同上

道光二十八九年大水潰隄沿江一帶上自盤塘下至
黃梅界概被水冲沙壓節年詳請緩徵至咸豐九年方
公菊人屢次確勘除沙壓稍淺已經墾復按畝起徵外
實請長緩龔東永東泰東三鄉民米一千六百六十石
九斗八升五合三勺三抄十一年蒙
恩軫念災區准予長緩上中下三則田地民賦錢糧正耗
銀一千八百六十九兩六分四釐漕米二百七十八石
九斗三升二合五勺耗米二十七石八斗九升三合三

勺南米四百三十五石八斗六升五合六勺耗米四十三石五斗八升六合六勺自咸豐十年爲始並原緩舊欠銀米一並展緩俟民力能翻墾及淤復之日再行啓徵縣卷

咸豐七年撫憲胡文忠公減定折漕章程廣濟應徵漕南每石折足錢四串五百文斗升合勺均照一律計算耗米水脚券票等費一并在內不准多索一文縣卷

滄浪書院舊置田一十四石零五升有奇坐落西關外舊河口雙城驛舒祥及書院門首等處又續置田共計八石零五升每歲山長俸穀八十石龍坪江漢書院山

長四十石其餘散給膏火

文明書院刋水義學坐落陸家坂田地共計一石八斗二升屋一段租屋二所老義學基址租屋一所新街租屋一所河街水馬頭租屋一所大壩上租屋二所後壩上二子段租屋一所羅漢橋租屋一所

興賢莊置買莊屋鄒士端捐錢二百四十串鍾大隆捐萬壠田兩石又置買萬壠田壹石三斗三升教厰下田四斗二升上吳勝田八斗五升張家嘴田九斗三升徐正田一石捌斗涂家嶺田二石二斗五升栗木橋田四石七斗二升五合張百可田一石六斗三升周懋敬捐周篤田一石一斗四升李頂五汪家莊田地一石四斗三升張以常田地五斗吳聰田地二石八斗株樹嶺田五斗五升黃牙寺大莊畈田五斗上陳德榮田八斗七升魏高一田一石一斗地四斗七升方家橋園內地二斗五升宋家灣地六斗項元善户地五斗泉口菴田三斗七升丁蘇門老師捐曹家壠田二石五斗倉頭埠田租六石龍坪新河埠鈞兒手每年納租錢拾串文夾套洲原租錢六十串爲檢蓋考棚因沙壓酌議三十串自後翻墾照舊完納文家街橋頭邊屋一所今圯十字街舖屋一所沈俊貞捐東衙山陶家畈田一斗五升

賓興所田士名方通方洪方文二劉太朱奇張青叟張銀重范家庄熊馬欒等處共二十一石九斗一升朱家岡夏雲龍等處共田一石零一升花地十九塊栗木橋舖屋共計七所魏賓甫捐黃絲壠黃蛇出洞等處田一石一斗七升

鄉試卷費彭世銓妻饒氏捐栗木橋老樹嘴田四石四斗零五合租付興賢莊首士收辦試卷

童試卷費原寄典息兵燹後續收繳項置買脅六腦莊田一所屋六間田四石六斗一升租穀一百二十四石六斗五升又置買龍坪下街舖屋一所每年納租錢九

十串文原存大安山田租穀二十五石同治十年郭張氏捐蘄州十里畈田十三石九斗七升二合馬口湖黃家嘴田一石一斗五升公置田二十九石二斗六升五合

修防所一進三重後先圖一幅土名塘下街前止官街後止墻腳外張人基左止墻腳外張人基右止墻腳外官堤爲界茅林棚放牛場江灘直長二百八十一丈五尺橫寬自隄腳起至江岸止栽植蘆葦盤塘隄管收窩陂棚老隄腳計地二斗五升中廟棚月隄直長一百四十五丈劉大行田三石一斗三升張百可田三石四斗

一升五合花地一塊洪門樓田八斗陳文貴田四斗六升陶家莊田三斗七升石佛寺田一石四斗五升九龍橋田一石三斗六升五合地二塊計一斗

文昌閣田一石二斗縣署前舖屋一所

武廟前後塘二口南抵塘岸外壩北抵官山腳東至山塹西至大路塹爲界傍東菜園屋二間傍西大小五間田一石三斗六升坐落下馬菴西門塘奚家堰等處並會文菴付田五斗

城隍廟田二石三斗三升八合銀課二十三兩四錢地三石九斗穀租大戽二十三石三斗八升小斛一石左手舖面一所僧人收租右手舖面一所廟側舖面二間收充公用

呂祖祠徐正黃泥墩共田一石二斗

公善堂熊家墩租屋四間塘門口屋一間後霸地基一幅劉家巷地基一幅牌樓下地三斗陸家坂地三斗鍾榮五地二斗

蠲卹

正統四年夏大旱民饑知縣高偉發義民藍懋忠粟賑之丁未縣志

成化十六年免去年旱災秋糧黃州府志

嘉靖十七年六月大水羣蛟一日並起居民田廬皆壞丁未縣志

二十年蝗飛蔽日知縣蔣崇祿令民有能捕蝗者給米一石不十日蝗盡丁未縣志

二十三年旱賑之黃州府志

二十四年旱副使劉光文奏免田租之半布政司發銀賑之同上

隆慶五年大水破隄縣丞朱邦華治隄隄成丁未縣志

萬歷元年秋廣濟大旱六年免逋賦黃州府志

十七年大旱蠲秋糧辛未縣志

二十九年以播州平蠲加派田租逋賦湖北通志

三十六年大水自三月至五月雨不止江隄決五鄉俱沒知縣周良弼詳請賑之丁未縣志

天啟四年免災傷田租辛未縣志

崇禎十一年詔蠲舊欠錢糧同上

十五年詔蠲去年錢糧同上

國朝順治元年大兵經過地方免正糧一年歸順地方免三分之一黃州府志

十年蠲免九年旱災十分之二同上

十七年蠲免十二年至十五年民欠錢糧黃州府志

康熙三年蠲免二年水災十分之三黃州府志

四年蠲免順治十八年以前各項舊欠錢糧舊通志

十年旱免錢糧十分之三

十二年旱十五年水十八年旱俱奉文照分數蠲免辛未縣志

二十四年廣濟水賑穀湖廣通志

二十五年旱蠲免錢糧之半辛未縣志

二十八年蠲免餘項錢糧辛未縣志

二十九年廣濟饑賑穀湖廣通志

三十二年廣濟旱蠲賦同上

三十三年廣濟旱賑穀米同上

四十四年蠲免四十五年額賦一年同上

四十五年蠲免四十三年以前積欠錢糧湖北通志

四十七年廣濟水旱蟲鼠災蠲賦賑穀同上

五十年五十一年蠲免地丁錢糧並歷年舊欠同上

五十五年水蠲賦賑穀同上

雍正五年大水蠲賦賑米同上
乾隆十年蠲免十三年分應徵錢糧辛未縣志
二十九年大水蠲賦賑米癸丑縣志
三十二年大水蠲賦賑米同上
三十四年大水蠲賦同上
三十五年蠲免應徵錢糧同上
四十四年蠲免應徵錢糧同上
四十八年大水蠲賦同上
五十年大旱蠲賦賑米同上
五十三年大水蠲賦同上

五十六年蠲免應徵錢糧同上
五十九年蠲免六十年漕糧一次湖北通志
六十年蠲免嘉慶元年地丁錢糧一次同上
嘉慶元年蠲緩地丁錢糧又未經被賊被水廣濟等二十四州縣應於丁巳戊午蠲免二次同上
四年蠲免乾隆六十年以前積欠緩徵地丁耗羨及民欠籽種口糧漕等銀兩又積欠緩徵並民借民穀草束等銀兩同上
七年蠲緩帶徵節年前漕等項同上
八年蠲免民屯正耗錢糧一次同上

道光三年大水蠲賑有差
十一年大水蠲緩
十五年大旱蠲緩
二十八年大水龍武隄決蠲賦賑飢
二十九年大水隄復潰蠲賦賑飢
咸豐十一年蠲免被兵地方錢糧
同治五年蠲緩被水太東等鄉錢糧有差
八年蠲緩被水太東等五鄉錢糧有差
九年蠲緩被水太東等五鄉錢糧有差
便民倉在龍坪鎮係魏均祥地基嘉靖戊戌主簿劉珮

重建康熙間知縣蕭奬給該戶基米印帖咸豐三年倉燬於賊
常平倉一十四間在縣署右側康熙二十一年建乾隆三年加三間共一十七間今燬
養濟院在縣南洪武初建嘉靖丙申知縣侯嘉祥徙縣治東南
惠民藥局成化中勅建今廢
漏澤園在縣治東南知縣陳景昌建順治九年置園於邑西郊外刻碑其處丁未縣志
康熙丙戌知縣李世德置漏澤園於萬車鋪辛未縣志

公善堂在武穴後街老隄上合鎮募建以施棺木邑人
劉鳳詔爲之記

廣濟縣志卷四

學校志

廟學

廣濟縣儒學舊在縣治東北元末兵燬洪武初知縣胡
昇依舊址重建後知縣陳景昌移建東南一里許宏治
壬戌知縣陳奎以學宮僻處河東遷於縣治之左以按
察司行臺及府公館舊地爲之明末兵燬
國朝順治十四年知縣閻國士始建
先師廟康熙六年知縣黃玉鉉重建門廡四祠十七年訓導
汪紹遠重修乾隆六年知縣李肇梅重修三十六年知

縣汪墉重修
大成殿咸豐三年粵匪燬八年重建十一年功竣
廟制大成殿東廡西廡前戟門東名宦祠階下爲更衣
廳西鄉賢祠階下爲忠孝祠爲尊經閣前櫺星門左右
爲聖域賢關門外爲泮池周以石欄前爲甃牆左轅門
額德配天地右轅門額道冠古今外爲節烈祠西廡後
爲禮樂庫

先師歷代封典

漢平帝時稱宣尼公　和帝封褒尊侯
北魏孝文帝稱文聖宣父

後周宣帝封鄒國公
隋文帝稱先師尼父
唐太宗貞觀二年尊爲先聖二十年稱先聖先師　高宗乾封元年尊爲太師　武后封道隆公　開元二十七年封文宣王
宋太祖建隆三年詔廟門立戟　眞宗咸平中尊爲元聖文宣王尋避諱稱至聖　仁宗景祐元年詔釋奠用登歌　徽宗崇寧四年詔文宣王冕十二旒服九章　大觀四年詔先聖執鎭圭廟門用戟二十四
金大定十四年加服十二章繅旒九就

元成帝大德十一年加號大成　文宗至順元年加先聖父母封爵
明洪武三年定釋奠登器各爲高臺其籩豆簠簋悉代以甆器五年詔稱大成至聖文宣王十七年敕每月朔望郡縣以下詣學行香　嘉靖九年改稱至聖先師孔子去肖像易木主
國朝因之

正殿

至聖先師孔子

東配

復聖顏子漢永平十五年祀七十二弟子顏子位第一魏晉祀孔子均以顏子配唐貞觀二年以孔子爲先聖顏子配饗
述聖子思子宋大觀二年從祀端平三年升列哲位咸淳三年配饗

西配

宗聖曾子唐開元八年從祀宋咸淳三年配饗
亞聖孟子宋元豐七年配饗

東哲

先賢閔子唐開元八年從祀
先賢冉子唐開元八年從祀
先賢端木子唐開元八年從祀

先賢仲子唐開元八年從祀
先賢卜子唐貞觀二十一年以經師從祀開元八年以十哲從祀
先賢有子唐開元八年從祀國朝乾隆三年升列哲位

西哲

先賢冉子唐開元八年從祀
先賢宰子唐開元八年從祀
先賢冉子唐開元八年從祀
先賢言子唐開元八年從祀
先賢顓孫子唐開元八年從祀宋咸淳三年升列哲位
先賢朱子宋淳祐元年從祀國朝康熙五十一年升列哲位

東廡先賢

先賢公孫僑咸豐七年從祀原西廡擬移東廡

先賢林放唐開元二十七年從祀明嘉靖九年改祀於鄉雍正二年復祀原西廡擬移東廡

先賢原憲唐開元二十七年從祀

先賢南宮适唐開元二十七年從祀

先賢商瞿唐開元二十七年從祀

先賢漆雕開唐開元二十七年從祀

先賢司馬耕唐開元二十七年從祀

先賢梁鱣唐開元二十七年從祀

先賢冉儒唐開元二十七年從祀

先賢伯虔唐開元二十七年從祀

先賢冉季唐開元二十七年從祀

先賢漆雕徒父唐開元二十七年從祀

先賢漆雕哆唐開元二十七年從祀

先賢公西赤唐開元二十七年從祀

先賢任不齊唐開元二十七年從祀

先賢公良孺唐開元二十七年從祀

先賢公肩定唐開元二十七年從祀

先賢鄡單唐開元二十七年從祀

先賢罕父黑唐開元二十七年從祀

先賢榮旂唐開元二十七年從祀

先賢左人郢唐開元二十七年從祀

先賢鄭國唐開元二十七年從祀

先賢原亢唐開元二十七年從祀

先賢廉潔唐開元二十七年從祀

先賢叔仲會唐開元二十七年從祀

先賢公孫與如唐開元二十七年從祀

先賢邽巽唐開元二十七年從祀

先賢陳亢唐開元二十七年從祀

先賢琴張唐開元二十七年從祀

先賢步叔乘唐開元二十七年從祀

先賢秦非唐開元二十七年從祀

先賢顏噲唐開元二十七年從祀

先賢顏何唐開元二十七年從祀明嘉靖九年罷國朝雍正二年復祀

先賢縣亶雍正二年從祀

先賢牧皮雍正二年從祀原西廡擬移東廡

先賢樂正克雍正二年從祀

先賢萬章雍正二年從祀

先賢周敦頤宋淳祐元年從祀

先賢程顥宋淳祐元年從祀

先賢邵雍宋咸淳三年從祀

西廡先賢

先賢蘧瑗唐開元二十七年從祀明嘉靖九年改祀於鄉　國朝雍正二年復祀原東廡擬移西廡

先賢澹臺滅明唐開元二十七年從祀原東廡擬移西廡

先賢宓不齊唐開元二十七年從祀

先賢公冶長唐開元二十七年從祀

先賢公皙哀唐開元二十七年從祀

先賢高柴唐開元二十七年從祀

先賢樊須唐開元二十七年從祀

先賢商澤唐開元二十七年從祀

先賢巫馬施唐開元二十七年從祀

先賢顏辛唐開元二十七年從祀

先賢曹卹唐開元二十七年從祀

先賢公孫龍唐開元二十七年從祀

先賢秦商唐開元二十七年從祀

先賢顏高唐開元二十七年從祀

先賢壤駟赤唐開元二十七年從祀

先賢石作蜀唐開元二十七年從祀

先賢公夏首唐開元二十七年從祀

先賢后處唐開元二十七年從祀

先賢奚容蒧唐開元二十七年從祀

先賢顏祖唐開元二十七年從祀

先賢句井疆唐開元二十七年從祀

先賢秦祖唐開元二十七年從祀

先賢縣成唐開元二十七年從祀

先賢公祖句茲唐開元二十七年從祀

先賢燕伋唐開元二十七年從祀

先賢樂欬唐開元二十七年從祀

先賢狄黑唐開元二十七年從祀

先賢孔忠唐開元二十七年從祀

先賢公西蒧唐開元二十七年從祀

先賢顏之僕唐開元二十七年從祀

先賢施之常唐開元二十七年從祀

先賢申棖唐開元二十七年從祀

先賢左邱明唐貞觀二十一年以經師從祀

先賢秦冉唐開元二十七年從祀明嘉靖九年罷　國朝雍正二年復祀

先賢公明儀咸豐三年從祀原東廡擬移西廡

先賢公都子雍正二年從祀

先賢公孫丑雍正二年從祀

先賢張載宋淳祐元年從祀

先賢程頤宋淳祐元年從祀

東廡先儒

先儒公羊高唐貞觀二十一年從祀

先儒伏勝唐貞觀二十一年從祀

先儒毛亨同治二年從祀

先儒孔安國唐貞觀二十一年從祀原西廡擬移東廡

先儒后蒼明嘉靖九年從祀

先儒鄭康成唐貞觀二十一年從祀明嘉靖九年改祀於鄉國朝雍正二年復祀原西廡擬移東廡

先儒范甯唐貞觀二十一年從祀明嘉靖九年改祀於鄉國朝雍正二年復祀原西廡擬移東廡

先儒陸贄道光七年從祀

先儒范仲淹康熙五十四年從祀

先儒歐陽修明嘉靖九年從祀

先儒司馬光宋咸淳三年從祀原西廡擬移東廡

先儒謝良佐道光二十九年從祀

先儒羅從彥明萬歷四十二年從祀

先儒李綱咸豐元年從祀原西廡擬移東廡

先儒張栻宋景定二年從祀原西廡擬移東廡

先儒陸九淵明嘉靖九年從祀原西廡擬移東廡

先儒陳湻雍正二年從祀

先儒眞德秀明正統二年從祀原西廡擬移東廡

先儒何基雍正二年從祀原西廡擬移東廡

先儒文天祥道光二十三年從祀原西廡擬移東廡

先儒趙復雍正二年從祀

先儒金履祥雍正二年從祀原西廡擬移東廡

先儒陳澔雍正二年從祀原西廡擬移東廡

先儒方孝孺同治二年從祀

先儒薛瑄明隆慶五年從祀原西廡擬移東廡

先儒胡居仁明萬歷十二年從祀

先儒羅欽順雍正二年從祀

先儒呂柟同治二年從祀原西廡擬移東廡

先儒劉宗周道光二年從祀原西廡擬移東廡

先儒孫奇逢道光八年從祀原西廡擬移東廡

先儒張履祥同治十一年從祀

先儒陸隴其雍正二年從祀原西廡擬移東廡

西廡先儒

先儒穀梁赤唐貞觀二十一年從祀

先儒高堂生唐貞觀二十一年從祀

先儒董仲舒元至順元年從祀原東廡擬移西廡

先儒毛萇唐貞觀二十一年從祀

先儒杜子春唐貞觀二十一年從祀

先儒諸葛亮雍正二年從祀原東廡擬移西廡

先儒王通明嘉靖九年從祀原東廡擬移西廡

先儒韓愈宋元豐七年從祀

先儒胡瑗明嘉靖九年從祀

先儒韓琦咸豐二年從祀原東廡擬移西廡

先儒楊時明宏治八年從祀原東廡擬移西廡

先儒尹焞雍正二年從祀

先儒胡安國明正統二年從祀

先儒李侗明萬歷四十二年從祀原東廡擬移西廡

先儒呂祖謙宋景定二年從祀原東廡擬移西廡

先儒黃榦雍正二年從祀

先儒蔡沈明正統二年從祀原東廡擬移西廡

先儒魏了翁雍正二年從祀原東廡擬移西廡

先儒王柏雍正二年從祀原東廡擬移西廡

先儒陸秀夫雍正二年從祀

先儒許衡元皇慶二年從祀

先儒吳澄明正統八年從祀嘉靖九年罷　國朝雍正二年復祀原東廡擬移西廡

先儒許謙雍正二年從祀原東廡擬移西廡

先儒曹端咸豐十年從祀原東廡擬移西廡

先儒陳獻章明萬歷十二年從祀

先儒蔡清雍正二年從祀

先儒王守仁明萬歷十二年從祀原東廡擬移西廡

先儒呂坤道光六年從祀

先儒黃道周道光五年從祀原東廡擬移西廡

先儒湯斌道光三年從祀原東廡擬移西廡

御製至聖先師贊并序

葢自三才建而天地不居其功一中傳而聖人代宣其蘊有行道之聖得位以綏猷有明道之聖立言以垂憲此正學所以常明人心所以不泯也粵稽往緒

仰溯前徽堯舜禹湯文武達而在上兼君師之寄行道之聖人也孔子不得位窮而在下秉刪述之權明道之聖人也行道者勲業爛於一朝明道者教思周於百世堯舜禹湯文武之後不有孔子則學術紛淆仁義湮沒斯道之失傳也久已後之人而欲探二帝三王之心法以為治國平天下之準其奚所取衷哉然則孔子之為萬古一聖人也審矣朕巡省東國謁祀闕里景企滋深敬摛筆而為之贊曰

清濁有氣剛柔有質聖人參之人極以立行著習察舍道莫由惟皇建極惟后綏猷作君作師垂統萬古曰惟

堯舜禹湯文武五百餘歲至聖誕生聲金振玉集厥大成序書刪詩訂禮正樂旣窮象繫亦嚴筆削上紹往緒下示來型道不終晦秩然大經百家紛紜殊途異趨日月無踰羨牆可晤孔子之道惟中與庸此心此理千聖所同孔子之德仁義中正秉彝之好根本天性庶幾夙夜勗哉令圖溯源洙泗景躅唐虞載歷庭除式觀禮器摛毫仰贊心焉遙企百世而上以聖爲歸百世而下以聖爲師非師夫子惟師於道統天御世惟道爲寶泰山巖巖東海泱泱牆高萬仞夫子之堂孰窺其藩孰窺其徑道不遠人克念作聖康熙二十五年七月初四日戶部尙書 文華殿大學士臣張玉書奉 勅敬書

顏子贊

聖道早聞天資獨粹約禮博文不遷不貳一善服膺萬德來萃能化而齊其樂一致禮樂四代治法兼備用行舍藏王佐之器

曾子贊

洙泗之傳魯以得之一貫曰唯聖學在茲明德新民止善爲期格致誠正均平以推至德要道百行所基纂成統緒修明訓辭

子思子贊

於穆天命道之大原靜養動察庸德庸言以育萬物以贊乾坤九經三重大法是存篤恭愼獨成德之門卷之藏密擴之無垠

孟子贊

哲人旣萎楊墨昌熾子輿闢之曰仁曰義性善獨闡知言養氣道稱堯舜學屏功利煌煌七篇並垂六藝孔學攸傳禹功作配康熙二十八年閏二月十六日戶部尙書 文華殿大學士臣張玉書奉 勅敬書

御製大成殿匾額

萬世師表 康熙二十三年頒行

生民未有 雍正四年頒行

與天地參 乾隆三年頒行

聖集大成 嘉慶四年頒行

聖協時中 道光二年頒行

德齊幬載 咸豐十年頒行

聖神天縱 同治三年頒行

崇聖宮 舊名啓聖祠雍正元年改今名在明倫堂左咸豐一年遷於正殿後

昌聖王伯夏公

裕聖王祈父公

肇聖王木金父公

詒聖王防叔公

啓聖王叔梁公

東配

先賢孔氏名孟皮咸豐七年配饗

先賢顏氏名無繇唐開元二十七年從祀明嘉靖九年配饗

先賢孔氏名鯉宋咸淳三年從祀明嘉靖九年配饗

西配

先賢曾氏名點唐開元二十七年從祀明嘉靖九年配饗

先賢孟孫氏名激明嘉靖九年配饗

東廡

先儒周氏名輔成明萬歷二十三年從祀

先儒程氏名珦明嘉靖九年從祀

先儒蔡氏名元定明嘉靖九年從祀

西廡

先儒張氏名廸雍正二年從祀

先儒朱氏名松明嘉靖九年從祀

先師木主高二尺三寸七分闊四寸厚七分座高四寸長七寸厚三寸四分朱地金書四配木主高一尺五寸闊三寸二分厚六分赤地墨書崇聖暨十哲兩廡木主高一尺四寸闊二寸六分厚五分座高二寸六分長四寸厚二寸赤地墨書會典

名宦祠

知府盧濬推官羅翰知縣胡昇高偉劉遜陳昱杜燉江震陳奎葉溥汪倬楊阜縣丞吳貞沈瓊主簿李養張芳教諭羅珣洪範訓導舒宣詹晟梁文典史王素魏時光

鄉賢祠

余玠梅應春梅應中張晏然何朝舉姚楚山張紹祖徐麟千克誠王佐陳翃張根鄭達張本端陳愷孫英王欽孫喬史玉明王大謨舒賢舒其志吳亮嗣胡士容陳王道張易宗張步雲金之純胡海胡浩張金和吳自守韓

紳胡篤生劉醕驤舒益生李奇觀張先基劉登仕梅朗中朱翼治張仁熙金德崇金德嘉郭存會胡魁楚胡一璉

忠孝祠

忠臣張大九劉玉鑾胡士容游之雲孫光宸劉洪度

孝子張本端伍伯啟程希濂史玉明胡文戴忭張金榜徐炙猷陶之哲夏伯弼劉秉鍜程有璋李敷倩盧應昇劉洪甲翟近宸周以貞何所白朱喬呂默鄉韓紳陳類皃劉登仕陳文允蘇元周呂和寬劉銘璋陳治國

義士劉文輝劉文煥藍懋忠藍敬忠藍瓏程孔艮游枝

毛思寔鄭德廣徐伯安梅桁佳希堂彭幅程友悌劉禹
濤戴子儉徐萬貴程紹宗王應中李正芳劉鑛饒仲奎
呂用賢張本森徐萬隆王友立藍孟文陳叔牧胡海饒
嘉班王參宇張開熙舒益生張泰

節烈祠　姓氏詳節烈傳

學署舊制明倫堂在　大成殿後左　崇聖宮右敬業堂後爲東西齋前爲儀門門左爲福神祠咸豐三年粵匪燬十一年重建遷崇聖宮於正殿後明倫堂附其左餘悉仍舊

東齋在明倫堂後西齋在敬業堂後正廂房屋各七間

鹿易堂在訓導廨左知縣陳奎遷學以饌堂地偪出玩鹿易民隙地爲之士大夫義其事名曰鹿易堂丁未縣志

飛竹軒乾隆十五年教諭龔佐龍建咸豐三年粵匪燬十一年重建

敬一亭在飛竹軒後明嘉靖間塑先聖像於此地後圮咸豐十一年重建

號舍左曰登瀛右曰聚奎崇禎末賊燬丁未縣志

生徒廩生二十名增生二十名附生原額文武各十五名咸豐九年捐輸廣額一名同治二年至六年團練廣額七名連原額每屆文武學各二十三名府學量撥

臥碑明洪武十五年頒示禁約於天下學勒石明倫堂謂之臥碑

國朝順治九年頒刻條約八欵謂之新臥碑載後

一生員之家父母賢智者子當受教父母愚魯或有非爲者子既讀書明理當再三懇告使父母不陷於危亡

一生員立志當學爲忠臣清官書記所載忠清事蹟務須互相講究凡利國愛民之事更須留心

一生員居心忠厚正直讀書方有實用出仕必作良吏若心術邪刻讀書必無成就爲官必取禍患行害人之事往往自殺其身常當思省

一生員不可干求官長交結勢要希圖進身若心善德全上天知之必加以福

一生員當愛身忍性凡有司衙門不可輕入即有切己之事祗許家人代告不許干預他人詞訟他人亦不許牽連生員作證

一爲學當尊敬先生若講說皆須誠心聽受如有未明從容再問毋妄行辨難爲師者亦當盡心教訓勿致怠惰

一軍民一切利弊不許生員上書陳言如有一言建白

以違制論黜革治罪
一生員不許糾黨多人立盟結社把持官府武斷鄉曲所作文字不許妄行刊刻違者聽提調官治罪
學田原額五十七畝八分八釐坐落倉前壠古器陂師姑菴郭山巖郭家墩租入學官經理歲終散給貧生志
書籍乾隆十年頒發五經共十三函今燬
社學在城隍廟右後廢
義學在縣治西知縣蕭龔建久圯辛未縣志
梅川書院在縣治北關內雍正十三年知縣李肇梅以義學地當孔道遷於北關內名爲梅川書院訓導江禹

汪爲之記後廢爲驛舍辛未縣志
滄浪書院在滄浪橋南岸乾隆十六年知縣虞學灝重建滄浪橋立書院於四高樓舊址名滄浪書院自爲記五十年知縣王鵬南重修桑梓紀遺
江漢書院在龍坪瞿聘君九思與諸子講學處院左側有仰瞻窩祀聘君高弟張復子遠右有文昌閣中有敬義堂西有六賢祠祀胡贈公應中胡太僕士容冦山人學海金州守之純李秀才起觀金檢討德嘉張惟金爲之記丁未縣志
文明書院在武穴鎮又有刋水義學武黃同知李炳奎皆有記碑文
興賢莊在縣治東關外嘉慶九年建碑文
賓興所在縣治河東岸咸豐十一年縣憲方公大湜建碑文
書院興賢賓興田畝俱詳賦稅

鄉飲酒禮

舊志每歲以正月望日十月朔日於明倫堂行禮以正官爲主位東南以致仕官員爲大賓位西北三人爲僎賓位東北以次長爲介賓位西南以賓之次者爲三賓位於賓主介僎之後以教官爲司正以老成生員贊禮前一日陳設坐次司正率執事習禮次日黎明宰牲具饌主人率僚屬司正先至遣人速客客至出迎於庠門外三揖三讓升堂拜跪訖就位司正至堂中北向立賓主皆立皆揖執事酌酒於觶以授司正司正舉酒曰恭維

朝廷率由舊章敦崇禮教舉行鄉飲非爲飲食凡我長幼各相勸勉爲臣盡忠爲子盡孝長幼有序兄友弟恭內睦宗親外和鄉里無或廢墜以忝所生讀畢司正飲酒畢以觶授執事者舉律令之案於堂中賓主皆拱立讀者詣案北面讀曰

大誥鄉飲酒禮序長幼論賢良別姦頑其坐序間高年有德者居上高年醇篤者並之以次序齒而列其有違條犯法者不許干與善良之席違者罪以違制敢有誼譁失禮者揚觶者以禮責之讀畢復位執事者舉饌案至客前主人獻賓薦脯醢設折俎賓酢主人亦如之獻

僎介僎介酢亦如之訖工入升歌鼓瑟歌鹿鳴飲酒供湯工歌四牡飲酒供湯工歌皇皇者華飲酒供湯笙入奏南陔白華華黍工歌魚麗笙由庚歌南有嘉魚笙崇邱歌南山有臺笙由儀於是合樂奏關雎鵲巢又奏葛覃采蘩又奏卷耳采蘋每詩止歌首章飲訖乃徹饌賓主兩拜訖又僎賓介賓衆賓拜訖送賓三揖出庠門而退

鄉飲酒禮圖

御製補笙詩樂譜

南陔三章正月太簇商立宮倍無射變王調笙譜合字調簫譜尺字調十月應鐘清羽立宮林鐘清變王調笙譜尺字調簫譜四字調

我逝南陔言陟其岵昔我行役瞻望有父欲養無由風木何補　我逝南陔言陟其屺今我行役瞻望有母母也倚廬歸則寧止　南陔有筍欒實兮之孱孱孩提孰噢咻之愼爾溫凊潔爾旨肴今爾不養日月其慆

白華四章

有白者華不汚纖塵咨爾士兮宜修其身不修其身乃貽羞於二人　有白者華婉茲靜好咨爾女兮宜修婦

道不修婦道乃貽羞於二老　白華匪玉湼而不淄白華匪蘭芬乃勝之我擷白華載詠載思　白華匪玉質玉之令白華匪蘭臭蘭之淨我擷白華載思載詠

華黍三章

瞻彼阪田厥黍始華胝足胼手嗟嗟我農夫　瞻彼阪田黍華以秀胼手胝足惟勤斯殖茂　華有不秀奚秀有不實矣其雨其雨奚杲杲日出奚慦予愁之恤矣

由庚四章

王庚使使東西朔南六符調燮八風節宣　王庚容容朔南西東惟敬與勤百王道同　王庚廓廓東西南朔

先憂而憂後樂而樂　王庚恢恢南朔東西皇極孰建惟德之依

崇邱三章

澗松童童蛙黽鄰兮邱草萋萋藹青雲兮凡百君子愼乃託身兮　澗松童童澗則皁兮邱草萋萋邱則崎兮凡百君子愼乃所依兮　有崇者邱物無不遂有偉者道愚無不智賁生育德永植無替

由儀四章

在上曰天在下曰地君君臣臣父父子子　在下曰地在上曰天父父子子君君臣臣　由其儀矣物則熙矣儀其由矣物則休矣

射圃在舊學基側後廢舊志載射之弓十有四矢六十有一侯一乏一翻旌一楅一決一拾一鹿中一籌一豐一勺一篚一扑一觶一壺一洗一罍一罇一斯禁一樂器笙一瑟一簫一磬一鐘一鼙一射之賓一遵一主一眾賓四司射一司馬一樂正耦六釋獲一揚觶一俱以諸生代之禮生二十有五司鐘一司鼓一司磬一司簫一司琴一司瑟一司笙一工歌六

講約凡鄉村巨堡設立講約處所揀選老成者一人以爲約正再擇樸實謹守者三四人爲值月每月朔望齊

集耆老人等宣讀

聖諭廣訓

欽定律條務令明白講解家喻戶曉教官仍不時巡行宣導

祭典遵照　國朝頒定禮樂圖式

每歲春秋仲月上丁日四鼓致祭

崇聖祠五鼓致祭

文廟

前期各官及執事人等散齋一日致齋一日

祭前一日由學辦榜填寫正獻官分獻官暨執事生名送正獻官衙門用印實貼學署門右　執事者設香案於牲房外正獻官穿補服就位上香行獻禮三獻揖詣省牲所省牲遂宰牲取毛血少許盛盤中安置各神位下行一跪三叩禮　分獻官穿補服觀演樂舞習儀

辦祭官穿補服備樂導送祝文祭品至明倫堂禮生貼祝文於版恭送前後殿安設　每案辦帛一分各書禮神制帛四字禮生恭捧赴正獻官衙門會印畢捧至明倫堂俟致祭日四鼓陳設

釋奠班位圖

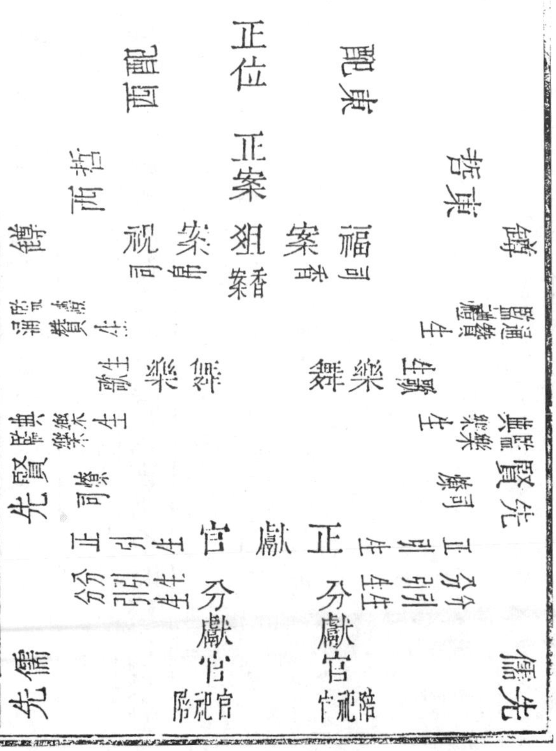

正位陳設圖

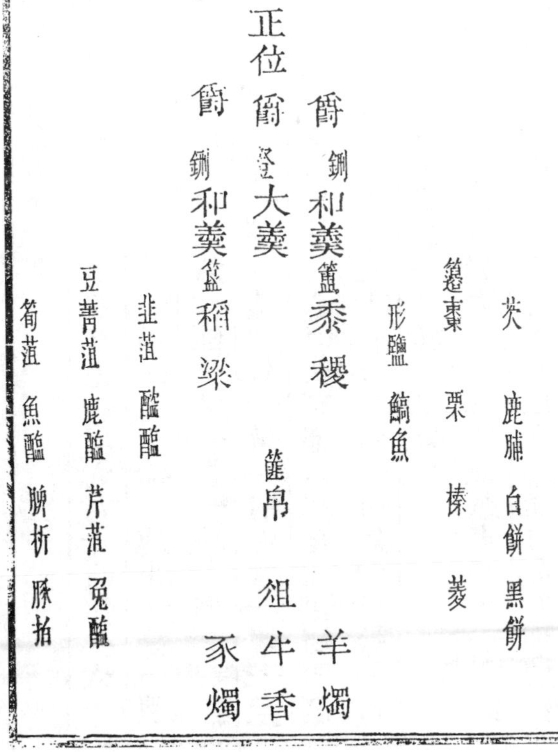

配位陳設圖

籩 榛 菱 芡 鹿脯
形鹽 鱐魚 棗 栗
爵鉶和羹 簠 黍 稷 羊燭
四配爵 俎 香 篚帛
爵鉶和羹 簋 稻 粱 豕燭
韭菹 醯醢 菁菹 鹿醢
豆 芹菹 兔醢 筍菹 魚醢

四案同

哲位陳設圖

籩 栗 鹿脯
形鹽 棗
爵 簠 黍 羊燭
十二哲爵鉶和羹 俎 香 篚帛
爵 簋 稷 豕燭
菁菹 鹿醢
豆 芹菹 兔醢

東西同

兩廡陳設圖

罇
栗 形鹽 棗 鹿脯
爵 簠 黍 羊燭
先賢案爵 俎 香 篚帛
爵 簋 稷 豕燭
菁菹 芹菹 兔醢
栗 形鹽 棗 鹿脯
爵 黍 羊燭
先儒案爵 俎 香 篚帛
爵 稷 豕燭
菁菹 芹菹 兔醢 鹿醢

籩 栗 形鹽 棗 鹿脯 鹿簠
合案爵 爵 簠 黍
爵 簋 稷
菁菹 鹿醢
豆 芹菹 兔醢

東西同

崇聖祠陳設圖

罇
籩 榛 菱 芡 鹿脯
形鹽 鱐魚 棗 栗
爵鉶和羹 簠 黍 稷 羊燭
正位爵 篚 帛 俎 香
爵鉶和羹 簋 稻 粱 豕燭
韭菹 醯醢 菁菹 鹿醢
豆 芹菹 兔醢 筍菹 魚醢
罇

崇聖配位陳設圖

二案同

籩 栗 鹿脯
形鹽 棗
爵 簠 黍 羊 燭
爵 俎 香 篚帛
爵 簋 稷 豕 燭
菁菹 鹿醢
豆 芹菹 兔醢

崇聖祠從位兩廡陳設圖

二案同

籩 栗 鹿脯
形鹽 棗
爵 簠 黍 羊 燭
爵 俎 香 篚帛
爵 簋 稷 豕 燭
菁菹 鹿醢
豆 芹菹 兔醢

四祠陳設圖

四案同

四祠
籩 栗 鹿脯
形鹽 棗
爵 簠 黍 羊 燭
爵 俎 香 篚帛
爵 簋 稷 豕 燭
菁菹 鹿醢
豆 芹菹 兔醢

禮器簠五十八簋五十八籩一百七十四豆一百八十六木登一鉶三十二帛篚一舊銅爵二新銅爵一百四十白磁爵四十二磁酒罇十二

樂器大鐘一編鐘一架十六面編磬一架十六面琴四瑟四簫四笛四篪四排簫四笙四壎二大鼓一應鼓一搏拊鼓二柷一敔一板一尺一木笏六羽籥三十六麾旛一旌旛二綵綢二十

樂譜春夾鐘清商立宮倍應鐘清變宮主調秋南呂清徵立宮仲呂清角主調簫譜與壎篪排簫編鐘編磬同笙笛同譜琴瑟同譜

佾舞東西佾各一十八人左手執籥右手執羽每二人
對舞

迎神昭平

大哉孔子先覺先知與天地參萬世之師祥徵麟紱韻
答金絲日月旣揭乾坤淸夷

奠帛初獻宣平 舊名寧和安和。有舞

予懷明德玉振金聲生民未有展也大成俎豆千古春
秋上丁淸酒旣載其香始升

亞獻秩平 舊名景和。有舞

式禮莫愆升堂再獻響協鼖鏞誠孚罍甗肅肅雍雍譽

髦斯彥禮陶樂淑相觀而善

終獻敘平 舊同亞獻。有舞

自古在昔先民有作皮弁祭菜於論思樂惟天牖民惟
聖時若彝倫攸敘至今木鐸

徹饌懿平 舊名宣和

先師有言祭則受福四海黌宮疇敢不肅禮成告徹毋
疏毋瀆樂所自生中原有菽

送神德平 舊名祥和

鳧繹峩峩洙泗洋洋景行行止流澤無疆聿昭祀事祀
事孔明化我蒸民育我膠庠

釋奠儀注

通唱 行釋奠禮 執事者各司其事 鳴鐘 擊鼓
鼓初嚴 鼓再嚴 鼓三嚴 典唱 麾生進 陪典唱 旌生
進 典唱 樂生序立 陪典唱 舞生序立 通唱 主祭官就位
正引唱 主祭官盥洗 就位 通唱 分獻官就位 唱 分引 分
獻官盥洗 就位 通唱 陪祭官就位 啟戶 瘞毛血
迎神 典唱 舉迎神樂 陪典唱 奏昭平之章 通唱 上香 正
引唱 主祭官詣
先師香案前 跪 三上香 叩首 興 次詣
復聖位前 跪 三上香 叩首 興 次詣

宗聖位前 跪 三上香 叩首 興 次詣
述聖位前 跪 三上香 叩首 興 次詣
亞聖位前 跪 三上香 叩首 興 復位 分引俟
主祭官詣 復聖位時唱 分獻官詣
東西 哲位前 跪 三上香 叩首 興 以次降階 分詣
東西 廡位前 跪 三上香 叩首 興 畢 皆復位 唱 陪通
跪 叩首 叩首 叩首 興 跪 叩首 叩首
叩首 興 跪 叩首 叩首 叩首 興
通唱 奠帛爵 行初獻禮 典唱 舉初獻樂 陪典唱 奏宣
平之章 起宣平之舞 候樂作 正引唱 主祭官 行初獻

禮　詣酒罇所　司罇者舉冪酌酒　詣
先師位前　跪　奠帛　初獻爵　叩首　興　詣祝位前
跪通唱皆跪典侯歌二句則以玉振金聲句唱止歌四句則以展也大成句唱止
樂止陪典唱舞止正引唱讀祝畢　唱叩首　叩首
叩首　興典唱樂起陪典唱舞起通唱行分獻禮正
引唱詣
復聖位前　跪　奠帛　初獻爵　叩首　興　次詣
宗聖位前　跪　奠帛　初獻爵　叩首　興　次詣
述聖位前　跪　奠帛　初獻爵　叩首　興　次詣
亞聖位前　跪　奠帛　初獻爵　叩首　興　復位

分引侯主祭官詣　復聖位時唱分獻官詣
東西哲位前　跪　奠帛　初獻爵　叩首　興　次詣
東西廡位前　跪　奠帛　初獻爵　叩首　興　皆復
位通唱行亞獻禮典唱舉亞獻樂陪典唱奏秩平之章
起秩平之舞侯樂作正引唱主祭官行亞獻禮　詣酒
罇所　司罇者舉冪酌酒　詣
先師位前　跪　亞獻爵　叩首　興通唱行分獻禮正引
唱詣
復聖位前　跪　亞獻爵　叩首　興　次詣
宗聖位前　跪　亞獻爵　叩首　興　次詣

述聖位前　跪　亞獻爵　興　次詣
亞聖位前　跪　亞獻爵　興　復位分引侯詣
復聖位時唱分獻官詣
東西哲位前　跪　亞獻爵　叩首　興　次詣
東西廡位前　跪　亞獻爵　叩首　興　皆復位
通唱行終獻禮典唱舉終獻樂陪典唱奏敘平之章
起敘平之舞侯樂作正引唱主祭官行終獻禮　詣酒
罇所　司罇者舉冪酌酒詣
先師位前　跪　終獻爵　叩首　興　通唱行分獻禮正
引唱詣

復聖位前　跪　終獻爵　叩首　興　次詣
宗聖位前　跪　終獻爵　叩首　興　次詣
述聖位前　跪　終獻爵　叩首　興　次詣
亞聖位前　跪　終獻爵　叩首　興　復位分引侯
詣　復聖位時唱分獻官詣
東西哲位前　跪　終獻爵　叩首　興　次詣
東西廡位前　跪　終獻爵　叩首　興　皆復位侯樂
止典唱文德之舞退
通唱飲福受胙正引唱主祭官詣受福胙位　跪　飲
福酒　受福胙　叩首　叩首　叩首　興　復位陪

通唱跪　叩首　叩首　叩首　興　跪　叩首　叩首　叩首　興　跪　叩首　叩首　叩首　興
通唱徹饌典唱舉徹饌樂陪典唱奏懿平之章畢通唱
送神典唱舉送神樂陪典唱奏德平之章陪通唱跪
叩首　叩首　叩首　興　跪　叩首　叩首　叩首
興　跪　叩首　叩首　叩首　興典儀歌第六句祀
事孔明句唱樂止通唱司祝者奉祝　司帛者奉帛
司香者奉香　司饌者奉饌　恭送燎所望燎正引分
引引各官詣燎所望燎典唱樂起畢
通唱禮成　闔戶　捲班

謹按　崇聖祠正獻官詣　五聖王各位前行禮其
四配東西廡均係分獻行禮惟無飲福受胙所有迎神
上香初獻奠帛亞獻終獻徹饌送神望燎儀節俱如
正殿

祝文

維
先師德隆千聖道冠百王揭日月以常行自生民所未有屬
文教昌明之會正禮節樂和之時辟雍鐘鼓咸恪薦以馨
香泮水膠庠益致嚴於籩豆茲當仲春秋祗率彝章肅將
微忱聿彰祀典以

復聖顏子
宗聖曾子
述聖子思子
亞聖孟子配尚　饗

崇聖祝文

維
王奕葉鍾祥光開聖緒盛德之後積久彌昌凡聲教所覃
敷率尋源而溯本宜肅明禋之典用申守土之誠茲屆
仲春秋聿修祀典以
先賢顏氏

先賢曾氏
先賢孔氏
先賢孟氏配尚　饗

名宦祝文

卓哉羣公懋修厥職澤被生民功垂社稷茲維仲春秋謹
以牲醴用伸常祭尚　饗

鄉賢祝文

於維羣公孕秀茲邦懿德卓行奕世流芳茲維仲春秋謹
以牲醴用伸常祭尚　饗

忠義祝文

維靈秉賦貞純躬行篤實忠誠奮發貫金石而不渝義
聞宣昭表鄉閭而共式祇事懋彝倫之叙性摯莪蒿克
恭念天顯之親情殷棣蕚楷模咸推夫懿德
綸恩特闡其幽光祠宇維隆歲時式祀用陳樽簋來格几筵
尚　饗

節孝祝文

維靈純心皎潔令德柔嘉矢志完貞全閨中之亮節竭
誠致敬彰閫內之芳型茹冰蘗而彌堅清操自勵秉盤
匜而匪懈篤孝傳徽
綸綍特沛乎殊恩祠宇昭垂於令典祗循歲祀式薦尊醪尚

饗

廣濟縣志卷五

職官志

列表

唐制廣濟爲中縣令一人正七品上丞一人從八品下
主簿一人從九品上尉一人從九品下其姓氏今無考
宋制廣濟爲望縣縣令從八品主簿尉從九品縣丞罷
置不常府志載知縣一人顧氏通志又載判官一人然
考之宋史孫構爲廣濟軍判官在定陶非縣職也今刪
去而附論之

朱睎 字子淵休寧人孝宗時知縣

元制廣濟爲中縣秩正七品達魯花赤一員尹一員簿
一員典史二員而不置丞其教諭一員則命於禮部及
行省宣慰司府志載延祐教諭一人延祐元仁宗年號
府志列之宋誤矣

陳聚 延祐教諭

明制知縣一人正七品縣丞一人正八品主簿一人正
九品其屬典史一人儒學教諭一人訓導一人洪武二
十四年定儒學訓導位雜職上又有馬口武穴二巡檢
司雙城驛驛丞舊志並闕自知縣以下其姓氏差可紀

國朝官職知縣一員正七品教諭一員正八品訓導一員

從八品其秩視明爲崇典史一員而縣丞主簿驛丞次第奉裁乾隆二十五年改施南同知爲武黃同知駐劄武穴鎮專司捕務堤工而武穴廵檢司移駐龍坪又康熙二十七年增設城守千總一員乾隆五年改爲把總而千總移設黃梅今並序列其姓氏云

明

年號	知縣	縣丞	主簿	典史
洪武	陳桂 元年任	田畯	李養	
	胡昇 有傳	李寗		
	陳景昌 舉人 十九年任	梁鼎		穆宏 山東人
	余寅 松江人 二十四年任		宋銳	王素 有傳
永樂	王佐 光州人			
正統	高偉 有傳	吳正 有傳		
	劉遜 有傳			
	陳昱 有傳			徐霖
天順	張琮		汪佐	
	孫節 舉人	沈瓊 有傳	吳千里	
成化	杜墩 有傳			
	張安 舊志作堯			

廣濟縣志　卷五　秩官表　二

年號	知縣	縣丞	主簿	典史
	江震 有傳 九年任		張芳 有傳	
宏治	張瑤 舉人			金清
	陳奎 有傳		宋濟	丁昭
	葉溥 有傳			
正德	孫寵 上海歲貢 七年任	梁勗		傅永洪
	石鼎 趙州進士		馬欽	
	王良佐 華亭舉人 十七年任	林源	陳嘉穀	
	汪倬 有傳 十九年任	劉遵	陳學	
嘉靖	李重 成都歲貢 九年任	戴翀	黃鳳	鄭晃
	侯嘉祥 有傳 十五年任	湯佐	劉珮 十七年任	
	王綽 歲貢 十六年任	李環	崔華	
	謝秩 分宜舉人 十八年任		周冠	黃尚禮
	蔣崇祿 成都舉人	謝天爵		陳祖
	黃儀 新城舉人 二十三年任	吳瑞 二十六年署縣篆	余永治	

廣濟縣志　卷五　秩官表　三

	劉寬 建昌人 監生			
	段重 廬陵舉人			
	楊阜 有傳 二十七年任	陳紳		
	胡志尙 有傳 四十年任			
	何濬 南海 歲貢			
	丁臻 永昌舉人 四十四年任	孫守箴	盧楷	
	梅友竹 江埜舉人 四十五年任			
隆慶	閔德充 烏程舉人	朱邦華	易象 舊作象	毛佐
	朱邦華 有傳			
	劉則唐 有傳			
萬曆	姚龔 有傳 元年任		葉球	
	陳傑 成都人 六年任	胡學禮		
	王廷俊 有傳 十七年任			
	胡克儉 有傳			

劉廷揚 禹州舉人 廿二年任			
張憲圖 洛陽舉人 二十六年任			
尙方珍 山西舉人 三十一年任			
趙國華 有傳 三十四年任	冷茂松		
周良弼 有傳 三十五年任			
蔡洪輝 有傳 三十八年任	連穗	吳廷棐	羅名成 三十八年任 捕盜有功
劉允昌 有傳 四十年任	樊守純 有傳	劉九臯	
夏可雷 有傳 四十三年任			
趙之璋 四川舉人 四十五年任			

任

張燮元 光山舉人四十七年任

施存禮

許性讓 徽州人

薛應賢

張燮任 有傳元年任

王世臣 高安舉人

劉俊 四川舉人二年任

孫之肅

蒲先輝 浙江人

茹應科

崇正

周驥 有傳

沈世明 浙江

張雲鳳 蘇州

黃宏脅 晉江舉人八年任

人七年任

人七年任

蕭友葵 署

魏時光 有傳九年任

黃恂 四川舉人九年任

朱議灃 有傳十三年任

章燧 浙江人十年任

張登衢 有傳十四

羅耀 河南人十

胡大興 浙江

年任

四年任

人甲申任

國朝

按廣濟自宋以前職官名氏不見傳記唯趙與裕嘉定辛巳泣蘄錄載有廣濟知縣一人陳允迪主簿一人張震發當列於志今附錄於此 癸丑縣志

主簿 順治年裁

譚廷謨 山陰人

知縣

典史

順治

程啟南 襄陽人二年任

郝光輔 永平二年任

陶 缺名

馬步月 六年任

毛華鵬 廣安州人八年任

許大華 南昌舉人九年任

劉文延 山陰人九年任

王世名 有傳

龍雯 十一年任

楊楚 安邑人十三年任

姜天棟 有傳十三年任

閻國士 有傳十四年任

孫謙亨 有傳十六年任

安璇 贊黃人十八年任

董天琇 有傳十八年任

康熙

黃玉鉉洋縣進士三年任

任暄猷息縣進士九年任

潘士學遼東人二十二年任

王繼茂直隸人二十年任

陳肇祉九江人監生二十一年任

顏正色有傳二十三年任

錢文炌烏程進士二十五年任

萬佺寶應人監生二十八年任

劉臨有傳三十四年任

劉淞正紅旗人歲貢四十二年任

李世德有傳四十五年任

蕭龔有傳五十二年任

張孚先儀封舉人六十一年任

雍正

顏希聖德州進士二年任

高人傑有傳六年任

李肇梅有傳十三年任

乾隆

王如璋盧陵人監生六年任

鄭理奉天人庚子舉人八年任

李國棟嘉應人壬子舉人十年任

虞學灝金壇人辛酉舉人十二年任

童汝櫄浙江人七年任

楊銘江南人十五年任

薛家楹韓城人十九年任

康克俊咸陽人二十七年任

張成宛平人三十年任

王賓大興人三十六年任

秦鏡三原人五十四年任

賴起龍新安人五十七年任

林錫穀玉田籍錢塘人二年任

蔣文凌大興人七年任

何昌棶山陰人十一年任

高聯登阮陵人拔貢十八年任

馬汝明太原人乙卯舉人二十年任

曾曰秀江西人署

劉可考有傳二十二年任

陳策有傳二十五年任

戚朝桂德清人庚午副榜三十年任

陳世增奉天人監生三十一年任

劉長靈全州人丁丑進士三十三年任

汪墉嘉善人癸丑舉人三十五年任

張鵬南永定人丙子舉人三十七年任

曹銘宜興人庚辰舉人

張鵬南四十年復任

許法震安陽人庚辰進士四十年任

素布棟阿正紅旗人

閔思敬烏程人附貢四十四年任

王鵬南婺源人乙酉舉人四十七年任

黃塏錢塘人丁酉舉人

林贊盛

卓振清拔貢

李失名

張盛世遂寧監生二十一年任

周世玢山陰人監生四十四年任

耿基有傳

錢桂宛平人武進籍

嘉慶
駱寬 錢塘人進士三年任
樊鍾英 貴州人拔貢
韓元龍 江南舉人
唐永曜 十四年任
李大年 二十年任
劉赤江 浙江舉人二十三年任
道光
張維翰 錢塘舉人元年任
周向青 錢塘舉人二年任
鄧蘭薰 江西人
蔣啟廷 廣西舉人

邱炳 南城人
錢康祖 會稽人
王鏞 直隸人諸生

張維屏 有傳四年任
郝延年 直隸人進士
傅觀震 四川舉人
范紹藻 廣東人拔貢
李林 江西人監生
黃照 有傳十三年任
李琇 順天人進士
育德 滿洲人
蔣炯 錢塘人廩貢十四年任
丁鹿壽 有傳十七年任

毛鴻順 有傳十九年任
雙穗 有傳二十年任
蔡學濤 福建舉人二十一年任
崔志伊 浙江舉人二十二年任
吳藻 署江蘇人拔貢
顧廷琥 江蘇舉人二十三年任
王慶雲 順天舉人二十四年任
福昌阿 旗人進士二十六年任
蔡潤琛 浙江人監生二十九年任
咸豐
陳肖儀 有傳

湯朝瓚 仁和人
黃承祖

張祥泰 署廣東舉人
李遇泰 江西人監生七年任
方大湜 巴陵人附生八年任
同治
覃瀚元 廣西人附生二年任
德廉 旗人舉人三年任
劉昌緒 山東人進士十五年任
覃瀚元 六年復任
艾佐龍 山東人監生七年任
劉宗元 河南人監生九年任
朱榮實 涇縣人解元現任

方其校
彭詠
盛炳剛 浙江人
萬光垣 華容人十年任

儒學教諭

明

洪武 羅絢 泰和舉人

永樂 陳聚 揚州人

宣德 洪範 有傳

正統

天順 李垣 江西人歲貢

成化 李復 廣東人歲貢

穆芳 廣西舉人

趙杲 歙縣人

宏治 顧昂 浙江人歲貢

正德 王仕俊 長樂舉人

戴謙 江西人歲貢

嘉靖 王潮 揚州人歲貢

劉嘉勳 光州人現任

訓導

舒宣 一作瑄有傳

許冕 歲貢

孫復 歲貢

劉威 永州人歲貢

詹晟 有傳一作日成

王垓 浙江人歲貢

孫顯祖 雲南人歲貢

洪清 安慶人歲貢

趙顏 歲貢十四年任

劉鉅 吉水人

徐良弼 永川州人歲貢

梁文 有傳

龔善治 有傳

周良 吳縣人歲貢十五年任

熊應同 富順舉人二十年任

包啟蒙 蒙陰人歲貢二十三年任

吳哲 普安舉人

賀鐸 武進人歲貢

胡東明 江西人歲貢

許維翰 桃源人歲貢

李錫 開封人歲貢

胡躬行 湯溪人歲貢

隆慶 張鑑 秦州人歲貢

劉鶴林 桂林舉人四年任

萬歷 石中美 桂林舉人

吳宙

陳道濟 有傳十九年任

葉杞 建德人歲貢

梁本 星子人歲貢

趙墩 麗水人歲貢

俞鳳 新都人歲貢二十年任

喬巍 泗陽人歲貢二十三年任

李忠和 陸豐人歲貢

林懋 北勝州人歲貢

張懋學 浦江人歲貢

胡朝縉 長汀人歲貢

劉鳳鳴 孟縣人歲貢

王守恆 贛榆人歲貢

李緝 漳浦人歲貢

高廉 漢川人歲貢

顧棨 秀水人歲貢

吳奏 桐城人歲貢

馬同春 南充人歲貢

孫震 太平人歲貢

郝大化 鄖陽人歲貢

王國賓

黃質銳

國朝

魏秉忠 秉一作棋 三十八年任有傳
胡來賓 四十五年任
天啓 萬一和 元年任
崇禎 許煒 有傳七年任
曾發祥 有傳七年任
順治 王禹錫 有傳五年任

王之翼 沔陽人歲貢
李宙奕 四十年任
秦時中 四十年任
吳熊紀 有傳二年任
郭金範 二年任
衿於思 龍陽人元年任陞太平知縣
李苑 有傳
王金 宜城人十二年任

傅鍠 有傳十三年任
李延春 有傳十六年任
李以範 有傳十六年任
康熙 胡大猷 武岡人十一年任
羅人龍 枝江人十六年任
蕭芳 邵陽人二十三年任
徐昌先 興山人歲貢
熊心璋 蘄州人戊午舉人
歐陽遷 漢川舉人四十七年任
胡理 有傳五十六年任

胡效順 有傳十四年任
汪紹遠 漢陽人例貢
劉大年 安鄉人
王業久 漢川人歲貢
劉國泰 江夏人歲貢

雍正 宋道正 江陵舉人二年任
左賜桓 漢陽人己酉舉人
乾隆 鄧肇丙 沔陽人丁酉舉人九年任
龔佐龍 孝感人丙辰舉人十三年任
熊紹祖 有傳二十四年任
周于德 應城人丁卯舉人三十六年任
周士望 漢川人壬午舉人五十年任
張奎臨 江夏人優貢署
羅芳曦 江陵人戊子舉人

歲于素 荊門人歲貢
譚之琥 有傳九年任
江禹涯 江陵人歲貢三年任
陳景行 鄖縣人歲貢十一年任
李方華 孝感人廩貢十八年任
程行超 天門人廩貢三十年任中副榜
田成桂 大冶人歲貢四十二年任
劉春甲 有傳
米燦

嘉慶 王鶴齡 舉人
汪有桂 廩貢
汪員嶠 興國州舉人
道光 王之孚 江夏人優貢
王朝幹 廩貢
張謙 京山舉人
李之琛 有傳

王處俊 進士
胡遴選 黃陂人舉人
林鍾任 漢川人廩貢
劉遠英 漢陽舉人
王本善 咸寧舉人
楊文燏 江夏人優貢
魏瑛 武昌人
姚模 有傳
黃塤 附貢
徐憲曾 孝感人附貢

廣濟縣志　卷五　秩官表　十六

咸豐

萬柄元　天門附貢

同治

楊瑞枝　竹谿人歲貢

余德基　有傳

劉承謙　江陵舉人

杜映藻　當陽人

梅煥章　黃陂舉人

丁培鈞　鍾祥人歲貢

葉視茂　武昌舉人現任

同知

丁燕春　漢陽人附貢

熊文鏡　松滋人附貢

羅輝緒　隨州廪貢

楊文烺　鍾祥人

張鴻猷　房縣歲貢現任

乾隆

袁傑　長山人二十六年任

陳文樞　上元人副榜二十八年任

苗肇岱　寶應人三十年任

湯李山

張金管　烏程人監生三十五年任

陳嘉謨　錢塘人辛巳進士四十三年任

陳焱　盩厔人監生三十年任

羅經　南豐人丙戌進士五十年任

馮福昌　代州人監生五十六年任

嘉慶

方求鼎　有傳

廣濟縣志　卷五　秩官表　十七

賀夢赤

吳名晉

沈學瀛

朱慶光

王定恆　直隸清苑人二十年任

道光

方廷瑞　江南人三年任

鍾鼐　有傳七年任

陸烱　浙江人翰林八年任

陳寶儉　進士內閣中書

汪致中　安徽旌德人九年任

陳福謙

陳瀾　江南舉人

張寶榮　安徽當塗人孝廉方正十年任

張書年　江蘇銅山人十一年任

張富經　江西武寧人進士十二年任

胡楷　十六年任

施鑑　福建汀州人十七年任

龐大奎　江蘇上元人會元十八年任

胡汝咸　安徽廬江人二十年任

郭夢齡　山東濰縣人進士二十二年任

李炳奎 有傳

咸豐

韓印海 浙江平湖人 元年任

林士鈐 安徽鳳陽人 三年任 內閣中書

岳屏環 直隸天津人舉人 九年任

同治

王　誥 五年任

盧愼徽 福建永定人 五年任

張積祺 山東濱州人 九年任

俞錫汝 湖南善化人 現任

巡檢　武穴　龍坪　馬口

王國相

驛丞　雙城驛

陳桂新 宛平人 後家 雙城驛

李　裕

袁世寧

黃廷耀 浙江人

朱履亨 海鹽人 乾隆十一年任

顧洵 大興人乾隆廿年移駐龍坪 以上武穴

任麟樞 宜興人

王文明 丹徒人

顧以忠 武進人

王萬年 甘肅人

朱桂森 江南上元人

王萬熉

張　焻 雍正年任

余　憲

王　燦

晏世爵

許大智

陳邦讃 江寧人乾隆十六年任 十九年裁

鍾惠霖 廣東長樂人

沈逵鴻 浙江會稽人

高　舉 江南祥符人現任 以上龍坪

林　經

沈尹陞 在黃金塔山置義冢 至今尚有石碑

劉源泗 山東人

陳國佐 紹興人

施　偉 直隸人

呂爾揚 河間人

阮紹宗 紹興人

韓有恒 直隸人

鮑梓昇 青陽人

譚　夔 潮州人 新建鎮司衙署

孫天祥 長州人

王繩旦 上虞人

乾隆

李廷俊 畢節人監生 二十一年任

傅　森 二十八年任

丁　鈐 大興籍 二十九年任

姜　寬 如皋人 三十二年任

曹祝齡 青陽人 四十九年任

蔡師曾 太倉人五十三年任
袁暹 南昌人
嘉慶
白 失名
吳樹藩
道光
邵瑛
宋燕
陳薰 安徽蕪湖人十六年任
嚴元楨 浙江歸安人二十四年任
洪業廣 安徽歙縣人二十九年任
咸豐
李克慎 山東人二年任

李以珍 浙江秀水人九年任
同治
蔣溶 江蘇陽湖人六年任
魏烈賢 四川犍爲人七年任
吳鏞 江蘇儀徵人現任 以上馬口

千總
康熙
劉南
湯銘
李世忠
黃甲
馬靖忠

陳之鉉 宛平人
高一貴
劉元吉
乾隆
鍾玉 興國州人

把總
乾隆
李世榮
陳起忠 蘄州人
范允青 陝西人
胡得仲 黃岡人三十六年任
趙治國 黃岡人三十十年任

汪純一 興國州人四十八年任
李正太 應城人
黃之璉 黃岡人
黃科達 大冶人
道光
王允貴 武昌人
黃世忠 大冶人
秦邦彥 漢陽人
孫宗璉 黃岡人
施燦華 大冶人
陳景 武昌人

祥成荆州駐防
汪國泰蘄州人
李文魁武昌人
咸豐
衛廣春大冶人
馬萬貴武昌人
柳遇春浙江紹興人
蕭占魁穀城人
同治
吳虎臣蘄州人
黃河源漢川人
賽士俊漢陽人現任

名宦

宋

朱瑺字子淵休寧人孝宗初知永安民立生祠改知廣濟請更合肥之兵從之徙知靖州湖北通志

明

胡昇號高軒新淦人洪武初以舉人知廣濟百廢具興縣署儒學分憲二司公館及武穴馬口二司署皆所創也秩滿民赴闕懇留特詔褒美後遂家廣濟萬歷癸丑崇祀名宦丁未縣志

高偉浙江進士永樂中知廣濟縣事以善政稱黃州府志

劉遜館陶人正統時以舉人知廣濟平易端恪奉公惟允時謂長者卒祀名宦子雯欽遂家焉同上

陳昱浙江人正統時以監生知廣濟清平嚴肅吏不敢欺節省民財事亦克濟三年致仕歸同上

杜黻蘭谿人成化時以舉人知廣濟惠政及民廉介自守尋擢知上元民截道留之同上

江震錢塘人成化九年以舉人知廣濟文章政事為時增重後官至吏部侍郎同上

陳銮南昌人宏治己未進士知廣濟心存仁厚政有規條縣儒學舊在河東銮力遷縣署右側而絃誦丕振尋

行取御史歷官山西憲副廣西布政使同上

葉溥龍泉人正德中以進士知廣濟洞察民隱以誠心涖政無赫赫之威而吏不敢欺尤作興學校賓禮韋布有長者風明一統志

汪偉貴溪人正德末以舉人知廣濟慈愛子民時鄉民流徙者田歸蘄人偉請於朝編得田者隸焉民賴以蘇至今繹思其德同上

楊阜字弁西宜興人嘉靖中以舉人知廣濟先是邑無城守市民寥寥阜始聚居民築城勢爲後街曰楊公街曰玉帶街建八門鑿九井西北有池曲轉又改河流繞

縣之右側接梅浦清流塞舊河口以培地氣創凝秀橋以闗下流迄今水道環合梅浦迤邐而下稱楊公績焉丁未縣志　以上祀名宦祠

侯嘉祥廣西人以舉人知廣濟治尚簡要政務寬平時廣濟困排夫之役已百年嘉祥申請除之民頌其德同上

胡尚志號海陽嘉靖間知廣濟時景王就國所經供費不貲龍坪造行殿諸儀制崇侈過度王至諸侍從驅役丁夫虧索官吏尚志以里民方溥泉有幹畧委之事事多辦民不知擾乃祠尚志龍坪江上同上

劉則唐號元沙廬陵人隆慶辛未知廣濟惡衣疏食惟携琴書及二僮自隨剔弊政除奸猾未及一年而丁內艱民感其德持百金贈行拒不受同上

朱邦華號雨峯南城人隆慶庚午爲廣濟丞中煦外嚴公例悉捐纖涅無近辛未夏大水武穴隄決邦華佐縣與役兩月而隄成民立祠祀石明年知縣以艱去當道疏其賢擢知本縣乃省里甲均夫馬停稅入稽役作崇禮覺士飭祭器鑿泮池多士悅之癸酉春遷南都兵馬司同上

姚翼字翙卿號海屋歸安人萬歷間以歲貢知廣濟始入界未及抱吏部牒聞縣行且審戶即檄縣父老令各

疏上中下之實民以令初到出受約遂以實聞翼按所疏參相覈甲乙遂若鱗次縣俗族屬以甲乙相婚姻翼下令除已婚會產男女者免罪外餘悉不得違布衣吳自守能服行古禮單車禮其廬於是邑大治數以垂午退食而臥扁其舍曰臥齋至今民猶稱之同上

王廷俊號秀源任縣五年潔身清謹聽訟無重罰考滿晉秩丁未縣志

胡克儉字趨儆光山人以進士爲御史降蘄水添注縣丞署縣事三月進父老問疾苦與諸子弟講詩禮未辭衣推食而民如挾纊如獲乳焉荆王孫至邑索祿偶以

疾歿克儉坐鎮解紛民賴以安歸里十餘年見邑人至者必加禮天啓初復奉詔書過濟期以次日發而邑人扶老攜幼自鄉藪來見遂尼不可往以公署隘約至南山寺與說六言爲別至學宮諸生各賦一律見志繼觀者如在寺時越日始去民泣送之爲立生祠於西關道旁 同上

趙國華字太璞南昌人萬歷間以舉人知廣濟手爲會計法奸無所容民感頌之入覲里者祖道攀轅不忍舍 同上

周炅弼以舉人知廣濟淸正愛民築隄防水爲邑永利

廣濟縣志　卷五　名宦　四

同上

蔡洪輝同安人以舉人知廣濟父年八十每晨省必恭寢必捫摩凡催科獄訟必奉父訓體恤周詳初縣中徵比惟督里役至是挨比三百戶而里役之終事始易尤注意文學旌獎孝友值父艱去民設香案泣送徒步至不得行 同上

劉允昌字燕及桐城人萬歷甲辰進士知廣濟爲治敏練大吏重之凡疑獄多屬聽斷他邑多以訟來決蘄豪鄒長武斷殺人允昌拘繫之獄司吏徐某下遞書吏爲奸賺得詳治之建滄浪橋修梅浦閘又樹碑前賢墓崇祀孝子一邑向化 湖北通志

夏可雷四川人初生時母夢金生田中年六十餘爲訓導值邑人舒其志督學蜀中愛其文拔之遂中式其房師則麻城田生金也後知廣濟已七十餘歲淸剛自厲旌獎孝節洗雪沉寃勢要請託不爲動任滿時自以譜系本縣夏氏遂率諸博士弟子員祀其祖墓而去 丁未縣志

王世臣高安人爲政淸平尤重士子二年擢衡州通判 同上

張燮任雲南人知廣濟時三王之國由江上先檄各郡

廣濟縣志　卷五　名宦　五

邑爲綵帳行殿戲棚諸儀器具燮任自武昌推官鄧來鸞曰公能速其行俾無擾吾民乎鄧素善祈禱因擇日祭江禱東南風須臾王舟迅駛自龍坪沿江上民不疲困 同上

周驥號四如江津人崇禎初以舉人知廣濟吏治敏給精勤左右無敢欺者徵比以單爲率法畫一山谷老稚皆自輸里胥無能爲僞至今法之租賦皆手冊細書一目可曉以是編書惟紀成數而已靈東四圖宦米居半黠者憑爲多爲欺隱驥集諸書吏核校飛詭諸奸狀搜剔無遺 黄州府志

朱議瀘南昌宗室知廣濟邑漕糧舊軍民兌於龍坪崇禎間厫移蘄運軍皆家於蘄其弁旗折乾語會倍於常而外水盜竇歇保總催巧立淋尖踢斛拋剩等名民不堪命督糧使者臨倉閱視至鞭箠里正繫之竿首里役有經一兌家立破者瀘泣任乃兌龍坪而害始減歲弁兌米親當其任着短衣混同胥吏至九江其考𥳑兌會悉得要肯又有以彈壓之弁旗勢爲之戢民賴以安丁未縣志

張登衢字埜心桂林舉人懷宗時以蜀令移知廣濟招聚士民於大江洲上防禦流寇胥吏素憚其嚴乘亂思

爲不軌歃血盟曰義勇營諸紳士亦約洲民歃血盟曰保定營以敵之衢晏然若不知者時天旱齋戒步禱諸奸見久無督過意不復猜阻後進香江北廟諸奸皆從衢已與保定營長寄計忽鳴鼓督衆擒其魁數十人投江中餘黨以靖陞蘄州知州湖廣通志　以上知縣

洪範建德人宣德時教諭師道尊嚴一時模範無出其右者丁未縣志

羅珦泰和人以舉人爲教諭文學可觀士多樂服同上

舒瑄貴池人正統壬戌由舉人爲訓導克勤作率師道可嘉同上

詹晟浙江人正德時由監生爲訓導和以接人勤以造士至今稱之同上

梁文崇化人嘉靖初以歲貢爲訓導正心端行有古人風培養士氣訓誨諸生不倦捐俸以新廊廡給貧寒後擢廣西遷江諭尋中鄉試同上　以上祀名宦

龔善治南昌人嘉靖間以舉人署教諭培士氣振文風請修號舍簡拔得人同上

陳道濟南康人萬歷辛卯舉人會試中禮闈副榜署邑教諭道濟幼居廬山之麓以茂才異等選入白鹿洞讀書同時諸君奉爲嚴師署邑學三載鼓舞多士同上

魏秉忠廣昌人萬歷庚戌以武舉訓導遷邑教諭撰修邑乘學宮久圮大爲整飭尋遷岳陽教授同上

吳熊紀天啟時爲教諭教諸生以實行同上

許熺江夏人崇禎戊辰由歲貢爲教諭朔望謁

廟及退即發篋陳書召諸弟子前受教少與賀文忠公逢

聖交好賀入相時便道訪於學舍微有所贈堅不肯受款洽累日去同上

李苑號楚瑞宜都人治春秋博學有聲崇禎間訓導日以課士爲念同上

舒發祥字戩穀鍾祥人以明經任教諭明末乙亥流賊

圍城發祥協力堅守城陷不屈死賊焚其屍於明倫堂府志以上　教諭訓導

吳貞合肥人由監生爲縣丞寬仁簡重民甚德之丁未縣志

沈璵德清人以監生爲縣丞不事依阿囊無遺羨同上

樊守純西平人萬歷癸丑爲廣濟丞有幹畧縣自戊申江水破隄癸丑再決知縣劉允昌委守純創築堅隄自盤塘至龍坪接黃梅隄七十里計租起夫視舊隄培增之畚揭杵築悉有程度比告成高固倍前民賴其利黃州府志　以上縣丞

李養博白人以舉人爲主簿催科有法廉不苟取時稱賢佐丁未縣志

張芳頴上人成化時以監生爲主簿署縣時有兵吏夏正幸眾爲寇公計捕勦獲同上　以上主簿

王素欒平人爲濟典史好讀書明制雜流許有司申舉遂中湖廣鄉試同上

魏時光南昌人善舞雙刀崇禎九年夏爲廣濟典史邑遭殘破長吏設排兵三百人委之教練其冬賊據蘄州河口憚時光不敢渡時光益募死士夜襲其營手殺數賊賊不敢偪俄賊大至部卒皆散時光單騎據高坡又殺數人賊環繞之覿斷被執不屈死其兄陳於上官却不奏兄憤發病死友人收殮之哭盡哀曰弟爲國死兄爲弟死吾獨不能表暴之乎具牘力陳乃奏聞贈廣濟主簿予恤典明史忠義傳祀名宦

胡大興紹興人爲縣典史崇禎十六年義營之變民不安洲處興率至縣斬棘披萊建治撫遺孑且耕且市邑稍零聚會兵入竟與獨死丁未縣志　以上典史

王禮山東蒙陰人宏治四年任武穴巡檢領義兵殺賊殁於蘄水龍船埠丁未縣志以上巡檢

國朝

王名世字松谿山陰舉人順治初歷署蘄水黃陂知縣俱有政聲又署廣濟下車訪民疾苦廉諸吏奸狀嚴加懲創請免數年逋賦悉斥陋規弗取聽訟必盡兩家情事片言折之未幾新縣至邑民祈留不得焚香泣送數十里不絕湖廣通志

閻國士號振華保定歲貢順治丁酉來任操持潔清不忍取民一錢與民柴米錢輒視常價溢之視撻民若撻已膚民不忍負也租稅不勞而辦卒以罷軟去其去也夫婦各乘一馬邑人思之凡丈量均差修文廟刻縣志等事皆自國士始丁未縣志

孫謙亨號有終東安拔貢順治己亥夏知廣濟邑自蔻荒相乘饒田多隱奪其久荒者輒稅不能減欠至盈萬適縣方奉令丈量再四算校務求田與稅當又邑戶三百里役十年一受事凡編餉暨南北漕綱粟皆獨任费不貲乃請於上爲均差編餉南北漕米使先後分任之里役五年一周又積年米欠由近停北運各里長自解省會而支給遲留黠保因伺便侵損盜用無算及官臨倉責米罄其家無償當事不得已仍責原里重納謙亨具詳兩臺請己亥年漕米折色以是輸解便易而奸人不得侵漁不數月間所均兩差報竣御史臺才之書上考同上

黃玉鉉字振公號漢崖洋縣人順治己亥進士授廣濟知縣值用兵郎西發軵抗樊歲且凶因請大吏以狀聞前後蠲銀四萬餘兩其爲縣恩威有方招流亡勸農業明獄訟久之民競爲詩歌勒石衢巷又議爲祠固卻衆鐫姓字於版立學宮東牆外丙午分闈鄉試甚慎以求得八人皆名士聲氣之交揚帆結轍願一相識士之貧者求昏葬者捐俸賙恤去之日殘書蔽极士民灑涕失聲或餞贈之一錢不受自茅堂集

顏正色浙江進士以康熙甲子知廣濟兌漕訖剩米三百餘石諭各里均領散給花戶辛未縣志

劉臨渠縣人以副榜任邑故事南漕二糧各廒分納水腳銀兌臨至以紛擾累民諭令歸併合一民咸德之歲戊寅螽災單騎出郭省驗惻然籲天泣拜攫蟲食之蟲輒止同上

李世德滿洲貢生以康熙丙戌知廣濟是時邑屢旱穀騰貴世德詳請積儲減價平糶又山東大歉流民載道爲設粥廠於南山寺日給二次全活甚衆尋疫癘流行爲設藥死者具棺殮之置漏澤園於萬車鋪多惠政焉同上

蕭襲武平舉人歲丙申廣濟大水申報成災民邀蠲賑丁酉丁糧俱詳豁免遷文昌閣於舊河口置有學田若干建義學於河西今廢同上

高人傑興平舉人邑龍坪長堤下五鄉民命攸關積被水嚙幾潰歲庚戌集闔邑修建石堤數十餘丈同上

李肇梅福清貢生治廣濟有能聲重修學宮增築龍坪石堤及新河堤壩建梅川書院於黃鵠山育嬰堂於西關外士民戴之同上

劉光然以蘄水令署邑事值邑大水力爲申報成災同上

劉可考字先聲定陶人乾隆戊辰進士除廣濟知縣整

綱飭紀小心威嚴民懷其德旋以庚辰同考被議改補鄖西癸丑縣志　下同

陳策字陛可宛平人雍正己酉舉人選廣濟知縣廉潔自持清風兩袖並不受民間一文錢讞獄遇以寬和未嘗倚法以削至今士民懷之

王禹錫字子鉞崇陽人順治五年教諭善爲詩丁未縣志

傅鍠號正齋孝感人順治丁亥舉人署教諭時文廟荒蕪未獲創興與訓導胡效順約諸生協力舉行親詣江上程材起工廟成中戊戌進士同上

胡效順字抒白邵陽貢生順治丁酉任廣濟訓導時

文廟久燼丁祭行於佛寺乃與教諭傅鍠同力興造約諸生襄事新殿克成邑令以私忿辱衿士力護之士被究抑及通邑病苦悉爲陳辨捐俸倡修邑志自處布衣蔬食淡如也黃州府志

李延春字大生宜城人順治戊戌冬以枝江訓導爲濟邑教諭律己清介嚴於月課勤訓諸生文風丕振尋陞四川中江縣知縣丁未縣志

李以範字仲敍號飲和江夏籍漢陽人壬午舉人廣濟教諭康熙丁未年同知縣黃玉鉉修建學宮會新例裁缺每學裁一員以範以有功得留

胡理字宗美武昌舉人蘄水籍爲廣濟教諭重葺學宮訓士有法辛未縣志

劉國泰字交臨江夏人由廩貢任訓導樹品範勤講課士子向化後登賢書成庚戌進士補宜川縣知縣同上

譚之琥字禮西京山人以歲貢任訓導宏覽博物工詩賦古文詞尤潛心性命之學自十三經注疏以洎歷代賢儒宗旨罔不研究著聖祀賢儒錄在任七年以老致仕歸同上

熊紹祖字承哉孝感人雍正乙卯舉人任教諭嚴師範勵清操而與諸生相劘切則飲人以和猶想見文端遺執焉癸丑縣志

姜天棟仁和人順治十三年爲本縣典史縣無城親詣街巷率民濬溝穢伐柵置守柝聲達旦又協議請兵設防市賴以安知縣闔國士告病代令徵數年逋糧任龍坪歲餘苦心勸輸時大兵東下抱疾料理芻餉戊戌夏江水暴漲隄幾潰天棟方病瘧强至隄上呼屬卒受事塞蟻穴補闕隙隄克全無害又歲旱偕龍坪人露頂跣足祈雨雨降歸縣署遇逃人在縣倂集衙署而地保不擾更申飭保甲稽浮寓嚴緝探市無盜警丁未縣志

董天琇仁和人爲本縣典史到任歲餘值鄖西用兵押

夫斛米荆州等處於役三年皆以爲分内事乙巳冬歸任振刷激勵凡邑中保甲諸事更加申飭 丁未縣志

耿基字慶長聊城人乾隆四十二年署典史事懸賞格捕賊魁趙奇兒等治以嚴刑羣盜斂跡城市村落外戶不閉 癸丑縣志

張維屏號南山廣東番禺人道光壬午進士禮士愛民勤於政治嘗手作隸書楹聯懸廳事云念天理念國法念人情是訓是行問一己敢言政治勤讀書勸耕田勸守分無爭無訟願百姓莫到公庭去之日士民祖餞以紅綾書德厚風清四字置輿上鼓樂聲徹街衢

黄照字昱齋廣東東莞舉人勤於政治尤重學校邑滄浪書院膏火田舊歸官由書吏經管多所侵蝕照詳請大憲付殷實紳士董其事生童始得沾實惠課士舊例月兩次照增一次所取士捐廉獎給有差至今人猶頌之

丁鹿壽字苹野南通州人舉人知廣濟作育人材每課士評隲甚詳刪潤亦極確當時日有創建考棚之舉鹿壽率諸紳董其事不數月告成比試士於其中咸稱便云

毛鴻順河南武陟人道光乙未進士任廣濟知縣以廉明稱邑舊多舞文吏鴻順燭其弊重笞之自後無敢傚奸者

雙穗滿洲舉人任廣濟縣事清操自勵每聽民訟必反覆審詳燭其微而後已寬猛兼濟不倚法以削民一時稱賢吏焉

陳肖儀字琴泉弋陽人監生咸豐三年夏署任廣濟九月粤匪上竄田鎮官軍潰縣無城池或勸公暫避公叱之未幾賊信益警公衣冠坐堂上大書於壁云撑持天地惟忠孝未靖逆氛心不甘末署弋陽陳琴泉臨難絶筆時胥吏皆逃竄惟公第六子恩霖侍側二十七日巳

刻數賊至堂下望見公端坐屹然皆反走少選賊麕至遂執公及公子凌辱百端公罵不絶口三日將加害牽公子他往公子泣謂賊曰吾無所求惟乞與父一處死耳賊怒劈其頰卒戕公子於北門而擁公於西門河橋支解焉賊退邑人覓拾零骸得其首於闇室中目閃爍有光遂並公子殮而殯之 以上知縣

方求鼎桐城人武穴闤闠鱗次多火災火起輒延燒十餘家鼎爲置水龍水砲麻搭火鉤以救火患稍息至今賴之

鍾黼號扆臣浙江人武穴向無義學黼捐廉倡首建之

延師以教蒙士去任日祖餞盈衢

李炳奎字石鈞四川夾江舉人授武黄同知日以課士爲務奬勵勤懇數年不倦創立書院圮而復建者三今文明書院即三次所建者以上同知

劉春甲字午橋襄陽舉人訓導縣令某以案牘故入秀才罪春甲不可並題楹云名教俱在茲堂讀書人須自家愛惜斯文僅存此脈做官的當作意栽培其護持人才之意可想見矣

姚樻字竺君漢陽廩貢訓導月課諸生殷勤考校塗改課藝如村師授徒然且捐廉奬優者以故人人自奮多所成就

李之琛黄陂人嘉慶己卯舉人教諭性樸質推誠與物邑士人咸樂就之

余德基字福田安陸人中道光乙未鄉試任廣濟教諭清廉自勵不名一錢月課士殫心評隲文理優長者捐廉厚奬之

廣濟縣志卷六

選舉志

唐制取士之科大要有三其天子自詔者曰制舉而升於有司者由學館則曰生徒由州縣則曰鄉貢其科之目有秀才明經進士而所謂舉人者乃舉到之人非一定之名也舊志於進士外列舉人貢生非是今但列其姓氏於左

貞觀 徐良賢

顯慶 徐遜志

徐貞志 學士

永淳 徐登 四門館助教

開元 徐栗

永貞 徐珊 秘書省正字

開成 徐統

天祐 徐鵬程

宋承唐制貢舉雖廣而莫重於進士制科其次則三學銓補其他教官武舉童子等試以及遺逸奏薦貴戚公卿任子親屬與遠州流外諸選委曲瑣細變更不常舊志區分未覈今但以時次其姓氏

乾德 徐世亨

祥符 徐山 太子太師

熙寧 田景 禮部尚書

徐貔 知府

建炎 徐注

周聰 司理參軍

隆興 徐愿 寶謨閣學士

徐曉

余玠 宋史有傳

周文俊 大理寺評事

董起潛

張晏然 有傳

寶祐 梅應春 有傳

梅應申 有傳

景定 張煥然 字新鄉字遠籌兼運僉

周大鎮 翰林學士

游侶 有傳

張紹祖 有傳

董恍

徐萬立 御史

姜賢 有傳

周應隆 解元

宋玹

元制仕進多歧或出身於學校或策名於薦舉而儒有歲貢之名吏有補用之法捕盜者以功敘入粟者以貲進所設之名未易枚舉今但據舊志録焉

余試

梅溢 知縣一作鎰有傳

梅盛

周珏

徐興

徐皖

明代選舉之法科目為盛

國朝因之曰進士曰舉人武科鄉會試悉視文科例曰貢生有恩貢拔貢副貢歲貢優貢均有科分可攷故列表以志之

明

	進士	舉人	貢生
洪武甲子		張庚 李閏 御史 楊朝佐 省志作湯	王佐 有傳 江豹 張質 譜作櫃 御史

永樂乙酉
楊志高省志作湯

戊子
楊守忠

徐愷
黃理
胡文興主事
宋珏同知
胡海有傳
徐志稜淇縣教諭
楊應斗
鍾澄有傳
范暹
張根有傳

辛卯
劉傑
程翔有傳

丁酉
陳烈有傳
何鑑昆明教諭
董春知縣
黃宜中同知
楊朝英

庚子
周道敬有傳
段叡
劉康巴縣知縣兵馬司指揮
李奎

癸卯
董熙有傳
田畇
解銑
徐銓
張庸
徐文昕福建崇安教諭

宣德丙午
甘忠
段仲章
黃以信
余文簡
鍾用襄陽教授
胡佑

己酉
張本端有傳
陶茂

乙卯
陳顯武陵教授
蕭成

正統辛酉
鄭達有傳
陳愷有傳
鍾寶恩貢國子監司業
黃榮
王弼有傳
劉鏡

甲子
伍常固始知縣
朱仲禮
盧韶

丁卯
魯琛解元
陳悌御史
田致和
毛釗成都府通判
吳誠知縣

景泰庚午
李錦
趙觀
周原學進士
王惠大理寺評事
王宗明重慶府同知
王昇知縣
何侃知縣
朱輝博羅知縣

成化乙酉
吳守元

丙戌
周原學有傳

周鑑
王景蘭陽知縣
王奎
張溶
馮慰
陳章
魯圻
陳勇
程鵬貢監
王時汝

甲午
何宗淯成都知縣
張貴宗有傳

庚子
徐徵

辛丑
劉翀知縣

癸卯
孫英孝豐知縣

陶紹知府
瞿思
王時魁兵馬司指揮
楊寬
趙溥拔貢應山教諭
徐佋鳳州州判
舒玉
藍蓀
朱能
饒孟奇

宏治乙卯
張易宗有傳

甲子
劉輔良

張賓
胡泮
程通
田溉
胡湘
陶憲
陳琥
陳經
魯俊
趙瀚

正德丁卯
張禮
鄭傑進士

辛未
鄭傑有傳
饒繼明有傳

董文
張質有傳
張賢
梅緝
張贊馬湖府訓導
王欽有傳
胡櫝
魯翔
董儉有傳拔貢
李正含

年	進士	舉人	貢生
			李淑 余謙
己卯		程翰知縣	胡熒 田秀 張琳恩貢有傳 陳棫教諭
嘉靖乙酉		張顥有傳	呂用聘有傳 呂宸 梅經 伍學貴鴻臚寺少卿
			張懋
辛卯		文大才有傳	饒繼學廣安州通判 徐文均州訓導
丁酉		劉寅四川知州 姜壽莒州知州 舒良材 周勝夏有傳	徐謙 張璵蓬州學正彭縣知縣 張頌有傳 李恭許州學正
癸卯		張價有傳 胡伯資	余軫 李元
丙午		胡伯涵	舒良相

年	進士	舉人	貢生
		饒之初有傳 孫喬進士	張淑儀 劉輔聖
己酉		胡莊 徐鰲有傳	陳叔學有傳 王表儒寧國教授
癸丑	孫喬有傳		魯邦鳳拔貢
丙辰	張諧鄉科闕		
戊午		徐祥麟南京戶部主事 劉天衢進士	
辛酉		程希闕有傳 張步雲有傳	胡繼矩有傳 李觀副榜有傳
甲子		舒企良材子	
隆慶丁卯		程希舉	楊明望台州教授
庚午		楊大軏 張日新江油知縣	陶裘慶符教諭署知縣
辛未	劉天衢有傳		張釵有傳
萬曆癸酉		陳王道	游吉有傳
丙子		呂應期 湯之相有傳	張鏌有傳
己卯		王大謨進士	徐來聘有傳
庚辰	王大謨有傳		胡其大拔貢學正

壬午		徐來建有傳	
		程可文進士	張淦副榜
辛卯		舒其志進士	徐來舉乾州學正
		宋元宰有傳	
		董三奇達州知州	
甲午		張嵩有傳	
		宋之琦	
乙未	舒其志有傳		
	程可文臨海知縣		
庚子		吳亮嗣進士	饒于震恩貢臨海訓導

		楊大鰲有傳	胡敏見
		劉人表開封府同知	許如龍
甲辰	吳亮嗣有傳		吳之龍嘉魚訓導
			楊民服有傳
			呂希孔儀真訓導嵐縣知縣
			舒倫
			翟待教諭
			蘇雨有傳
			楊民表

己酉		胡士容進士	
庚戌	胡士容有傳	陳嘉言	
乙卯		金之純有傳	劉秉錄有傳
		甘許國有傳	劉秉鉷有傳
		陳楚瓊石泉知縣	張金和有傳
			陳于闕
			王逢年有傳廪貢
			劉洪甲有傳
			甘廷諫
			潘如皐

天啓辛酉		梅調燮有傳	梅調燮恩貢
		饒嘉元	楊大烈
			文衡國大才孫恩拔
			方雄堂
甲子		劉近臣解元進士	毛煥兩中副榜
		張楚偉有傳	翟近鸞
		藍季曙有傳	劉秉鈳有傳
丁卯		劉近甲醴陵教諭	游之雲有傳
			干崇雅
			奚所藴漢陽教諭

崇禎

辛未
劉近臣 有傳

丙子
藍縉 有傳
饒來中 有傳

己卯
張復熙 有傳

壬午
劉洪瑶

吳敏含 有傳
翟近宸 有傳
張楚璠 有傳
王欽命 均州學正
干應試

吳敏師 有傳 恩貢
吳敏功 恩貢南谿訓導
劉近顏 選貢永從知縣
劉洪芳
朱懋雲
藍縉 恩拔
梅之魁
張星朗
方正有 保昌知縣
劉爌
吳亮思 有傳
饒嘉亮 有傳
陳敬中 黃岡教諭
劉洪昕 員外
向芳 石門教諭
解輔
龔欽
陳文
陳世範 一作劉
梅崥

梅盎
劉士俊
張宗濟
舒會
梅皿
李晏
馮體道
胡士定 有傳
張金麟 一作鱗
王行乾

國朝

順治丙戌
毛炳 進士
張先基 進士

己丑
張先基 有傳
毛炳 有傳

張欽 進賢教諭
楊復 儀封知縣
張懋純
胡一璉 拔貢有傳
劉[illegible]驥 有傳
胡來庭 有傳
梅朗中 有傳
毛焜
孫克諧 安陸授教

辛卯	甲午	丁酉	己亥	庚子	辛丑	康熙癸卯	丙午
			饒軫中推官		宋叡有傳		
宋叡進士 吳瑾進士	劉洪璽	饒軫中進士		金德嘉會元 張金基學正 李必泰有傳 藍應象知縣		劉洪璇有傳	
胡魁楚有傳 劉漢美鄖縣教諭 夏時奇襄陽教授	陳文斌應城訓導 毛煒副榜	劉堡恩貢	毛燦 郭存仁 梅時中 周登任副榜訓導	舒芝生副榜有傳 劉懋從恩貢 張仁熙有傳	李宏	呂應啟 劉懋敏 吳熊有傳	胡右軍 吳元會

己酉	庚戌	壬子	乙卯	戊午	壬戌
	吳瑾有傳				金德嘉有傳
魯鳳喈教諭 袁懷吉本姓周穀籌教諭		劉懋京		劉懋弼江夏教諭	
劉懋佳 張家邑有傳 楊國鎮	舒逢吉有傳 夏鼎夔	王衍治有傳 毛同鵬副榜 吳又昇 梅奕庭有傳	梅英庭有傳 葛如藩 葉庶副榜教諭 張元爵有傳	金啟洛拔貢有傳 阮文茂有傳 龔鼎臣 李之綱 張㼆基有傳 胡繼昌	

甲子

張佳晟有傳

壬午

張粹金有傳

呂映珠府志作徐
藍之桂
李日躋有傳
伍全閣
張鉉璧
李之經有傳
陳聖陛有傳
金德崇有傳
張盤基有傳
金啓江副榜

乙酉

金啟江
張觀金學正

辛卯

張惟金有傳

癸巳

藺士袞

甲午

方策

丁酉

陶永曜有傳

胡統思有傳副榜
陳種義副榜
柯承緒有傳副榜
劉懋勳
郭永類
吳兆烈
胡應亨
饒起弼副榜
蔡國鎮
余天覺

庚子

朱榮經進士

雍正癸卯

王世銳有傳
游聖選有傳
吳逢瑞

甲辰

游挺秀有傳

丙午

朱本績
張錫宸有傳

梅正庭
毛永年
張錫崑拔貢
劉光斗副榜
李光恆
胡士祿
金啟汾有傳
劉天成有傳
劉洪佑拔貢有傳
劉洪衍候選訓導

己酉

張易源進士
張壯國進士
方楚正進士
陶文夔有傳

庚戌

張易源安仁知縣

壬子

朱孔濟

癸丑

朱榮經樂至知縣

張成熙
胡士宏
劉洪御有傳
饒起彝
劉光祖隨州訓導
張濬源武昌訓導
楊承綜拔貢有傳
方論秀
干渾元恩貢有傳

乾隆丙辰 方楚正有傳
張壯國有傳
徐天球進士
張錫鑾江夏教諭
胡本棨有傳
王本燦
陳文光恩施教諭
周學校
郭本才進士
張德源進士
張理源
舒鑁副榜
李錫元
張儲源
劉本炟咸寧訓導
郭鍾琛長陽訓導
張遂
伍儒倜
陶文革拔貢
庫世膺副榜
戊午
辛酉

乙丑 徐天球有傳
朱榮世有傳
呂嘉亨
戊辰 郭本才有傳
藍士編
胡錫冕有傳
庚午 張璧永壽知縣
向廷燕副榜有傳
陶文革有傳
張江恩貢
夏嘉桂
劉斯輿進士
劉世涫
癸酉 劉恩訓有傳
徐樹新有傳
張瀚

丙子 鍾銓有傳
方寵文
李清恩施教諭歸州學正
卜本儒
丁丑 張德源貴陽知縣
李文炳
己卯 陶大朋有傳
張涫恒宜都訓導
庚辰 劉斯輿有傳
徐光宙副榜有傳
吳涫恩貢有傳
劉名榜拔貢
張氾廩貢均州訓導
劉蔚豹廩貢通山教諭
徐天才

劉超傳
周煒綸
程邦壹
戊子 張植芟惠安場鹽大使
陶大昌有傳
張材魁廩貢蒲圻訓導
劉桐有傳
丁酉 胡鴻鳴枝江教諭
陶廷喜拔貢有傳
湯仁敬
劉枚恩貢
熊應龍崇陽訓導

己亥		陶起祥有傳	吳梅有傳
庚子		張光遠有傳	張鳳英有傳 陳亨
丙午		龔執桓	魏雲瑄廪貢有傳
戊申		徐養中 鍾錫卣有傳 夏琳烈宜城教諭	周煒廪貢襄陽訓導 張植琇 干效侃
己酉			張應元拔貢有傳 段永振
壬子		朱錫綬	張材棟

嘉慶丙辰			周熺智 夏本聖 夏琳賢
戊午		吳曙 張起鈞 干廷植	張植燦 張光奎 陳昌言廪貢 饒玉振副榜有傳
庚申			褚承璋拔貢
辛酉			劉翹有傳 江聲遠

庚午		張鍾珽有傳	張承蕙 熊國霖 夏煥桂
癸酉			陶金烇副榜 王鳳墀 陶金治拔貢 熊鼎梅 夏煒璉有傳 王本固 孔昭史有傳

戊寅		陶金烇進士	徐黄中恩貢有傳 張燦明
己卯		文鳳喈進士 劉潤有傳	胡熙望副榜溪選教諭 金振基有傳 徐丹中廪貢有傳 徐粹中廪貢
庚辰	陶金烇		吳梯 張燦佩
道光辛巳		朱輅	劉典青副榜 盧玉

乙酉

己丑　文鳳喈有傳

魏德眉
夏煒琳恩貢
胡致中
郭洪梅
劉映丹拔貢
解麟廩貢武昌訓導
劉騰驤竹谿訓導
胡卜元廩貢隨州訓導
胡志棠
張步瀛原名奎耀

劉炳蔚有傳候選訓導

辛卯
陳秬鬯有傳
劉映丹進士
張越
王振玉
張駿

甲午
吳光珩有傳
張坦
金魁漢

乙未
劉映青
李奮熙

丙申　劉映丹有傳
張殿賓拔貢

丁酉
張殿賓進士
夏黼墀
陳以恒

己亥
田漢傑亞元
周鉅青副榜有傳

庚子
饒豐進士
李兆暘

癸卯
居肯堂
田漢章候選訓導

甲辰
張坦道有傳
劉因培
徐絅

丁未　張殿賓有傳
蕭光際

己酉
劉宗沅拔貢

庚戌　饒豐有傳
魏邦達進士
李念祖恩貢

咸豐辛亥
饒雲鵬浙江候補知縣
張鵬
胡錫瑛恩貢候選教諭

壬子
朱澤楠有傳
劉駒
范遠振

丙辰　魏邦達萬載知縣
郭烈昌
夏黻墀恩貢有傳

己未
劉燡解元進士
周金桂
劉國海

辛酉
夏琮鼎拔貢署分宜知縣

同治壬戌
劉宗沅
田漢倬
蔡瑩
劉秀椿

			劉鍾榮
癸亥	劉熚編修		夏鳴珂恩貢　吳登垣廩貢潛江訓導
甲子		陶鵠	干鉅清　李錫鈞　呂嵞大廩貢署石首訓導　胡兆寬廩貢試用訓導　金鍾翠廩貢　夏槐候選訓導
庚午		李錫鈞	鄭珊廩貢
		何希遜中陝西鄉試	魏附朱　程萬九廩貢
			吳宗儒
			盧策拔貢

武科

明	武進士	武舉
隆慶庚午		張維新
萬歷庚子		黃鎮中解元，客雲守備　李大來中三科，湖州守備
癸卯		李甘來進士　何東白中三科
甲辰	李甘來有傳	
丙午		方定解元己酉第二壬子第三
癸丑	胡海有傳	干將　胡海進士　饒嘉會
天啓辛酉		干漸鴻中三科　陸海　鍾鼎有傳
甲子		翟志超　王之印　陳金

胡奇
乙丑 翟志超有傳
舒萃生
丁卯 胡乃寧
崇禎庚午 陳時可
干應泰
李洮域
干應奇
陳文奇
丙子 干若霖

己卯 李泰國
胡順錫
國朝
順治 陳賁
辛卯 翟斯楷
李廣生
田永年
甲午 王秉鉞普安守備
郭祖儀
丁酉 張峻基進士

庚子 陳士昂
饒武中進士
辛丑 饒武中
康熙甲辰 張峻基
吳洪範
甲子 劉紹衡
劉棨京營守備
劉永祚都司僉書管江南興武衛四郡領運千總事晉階明威將軍

雍正丙午 劉洪儀天津守備晉階武德將軍
乾隆庚午 方世鉠有傳
癸酉 胡國梁興武衛千總
壬午 胡兆元吉安所千總
嘉慶戊午 胡大定
丁卯 觧元本縣城守旋署衛千總
戊辰 藍茂秀大冶把總
己卯 湯定國鄖陽把總升荊州千總又升遠安守備護理參將
道光戊子 文炳有傳

庚子	己酉	咸豐戊午		同治壬戌	甲子	丁卯			辛未
									饒敷國營用守備
呂金烇	張鵠有傳	方之紀	劉國典	饒敷國進士	陳彩基	方之政	周之德	游定京	

武勳

明

王添勝征南將軍

陳受三有傳

張佐基以將才授潮州副總兵

楊普銘以功追贈驃騎將軍

伍惟辰以功授襄陽游擊

鍾原有傳

夏文緒四川千總

國朝

劉志陞以功授都統世襲二等阿達哈哈番晉階資政大夫

伍經貴州守備

張華基興國州參將

胡振雄以功授雲貴總兵有傳

方叢菴以功授雲南總兵

陶登槐任江西贛州參將兩署總兵

陳裕光以功授千總兼署都司

藍斯明武童咸豐五年投効湖北軍營六年隨同圍攻漢陽以火毬燒傷右眼失明七年踏毀黃梅賊壘四十餘座八年隨攻太湖安慶以功保千總旋以攻拔石牌偽城保都司十年擊賊桐城血戰獲勝奉旨以遊擊儘先即補十一年挖勦援賊三戰大捷中礮子擊左耳根未出以功保參將旋克復桐城保副將

並賞給剛勇巴圖魯勇號同治元年克復盧州礮傷額鼻以戰功卓著賞加總兵銜旋調赴陝助剿𤢖逆二年攻破羌白鎮王閣村老巢奉旨以總兵儘先卽補遂進剿南北兩岸𢶡逆迭獲大勝賞加提督銜又以克復高陵肅清咸陽地面援剿商州扼守武關屏蔽商雒帶傷力戰大挫賊氛奉旨免補總兵以提督記名簡放三年奉飭回楚進剿麻城黃岡蘄水髮捻各逆生擒捻首王文德於新洲追至廣濟血戰日久遇伏小挫奉旨暫行革職撤銷勇號仍帶隊勦賊以觀後效四年以楚境肅清開復原叅處分賞還勇號改所部爲明勝軍專防楚疆賊屢入犯均經堵剿六年湖廣督李以斯明調度有方善戰善守奏請從優議敘給予軍功加一級七年送部引見奉旨發往河南差遣委用

徐鎭國 武童咸豐五年投効維字營是年隨同克復江西建昌縣賞給六品軍功旋以攻破南昌沙井賊壘保外委七年克復瑞州並攻破陰岡嶺賊壘七十座奉旨免補把總以千總補用並賞戴藍翎八年克復吉安保守備十一年投効霆正前營同治元年克復青陽石埭太平涇縣等城以功免補都司以遊擊拔補三年克復金谿新城南豐瑞金等縣并肅清瀘溪寧都閩保參將賞換花翎四年克復廣東嘉應州逆首伏誅餘孽蕩平奉旨以副將儘先補用

余政忠 同治三年投効祁果營四年以功賞給六品軍功保把總嗣以攻克甘肅階州擒斬首逆李朋蕩平保千總并賞戴藍翎

汪義勝 咸豐七年投効水師是年隨同克復湖口縣賞給六品頂戴八年克復九江保外委十年投江西內河水師左營十一年奉委充舢板哨官攻剿安仁等處逆匪以功保把總賞戴藍翎同治二年掃除陶家渡賊壘肅清都湖地方固守彭澤奉旨以千總儘先補用並賞加守備銜三年肅清樂平保守廣信廣豐玉山弋陽貴溪等處免補守備以都司用賞換花翎五年以剿擊竄賊在境肅清奉旨以遊擊儘先拔補

張奎勝 武童咸豐四年投効安徽俊字營以強幹充哨官七年直東殄除捻魁戰功卓著保花翎守備

彭德元 武童同治元年投効禮前營隨同攻克江甯句容金壇等城賞給六品軍功三年踏毀滸湾賊壘克復金谿新城南豐瑞金諸縣肅清瀘溪保藍翎把總四年克復嘉應州免補千總以守備用六年攻剿湖北永隆河揚家洚捻逆由鍾祥至赤河豐洛河轉戰五晝夜以功保都司賞換花翎

周定國 同治四年隨同霆字營克復嘉應州保藍翎千總

彭壽全 武童投効老湘營克復陝西綏德州及在河北直隸等處勦賊歷保藍翎守備

姚松齡 武童同治二年投効湘果營三年隨同克復漢中賞給六品軍功是年以追剿曹逆股匪生擒逆首保把總以攻剿紫啓各匪擒斬要逆保千總並給六品翎頂四年剿辦甘肅潰勇保藍翎守備旋以克復階州保都司換花翎五年攻破上關隴州𤢖逆老巢以遊擊儘先拔補六年檄委管帶湘果左營七年進攻隴州汧陽寶雞延長宜川等處𢶡逆以功保叅將

舒洪玉 同治二年隨同本邑藍軍門攻克羌白鎮王閣村等處狆巢保藍翎外委

李連貴 寄籍江夏同治元年投効開化營保藍翎外委六年隨同克復雲夢應城天門等縣保把總歸湖北撫標補用

朱禧才 同治三年投効凱新前營隨同擊退宿遷邳城捻逆及直東肅清保藍翎千總

洪新勝 同治二年以江西肅清保藍翎把總

藍斯健 藍翎千總同治六年以防剿鄂省捻逆並克復雲夢應城天門等縣保守備賞換花翎

蕭連文 同治三年隨同本邑藍軍門扼守武關在事出力保千總

周啟茂 武童咸豐五年投効內湖水師右營歷保六品頂戴藍翎外委同治元年調充淮揚水師親兵右營哨官管帶舢舨戰船隨剿安徽江蘇踞賊以功歷保花翎叅將加副將銜六年隨征任賴股捻奉旨以副將補用賞加志勇巴圖魯勇號七年長江新設經制水師奏准以大銜借補小缺檄補長江提標中營中哨二隊千總十一年署守備

陳海山　武童咸豐八年投効水師新內營九年隨同進攻東流一帶賞給六品軍功旋以攻克江岸各城隘保藍翎外委同治二年克復蘇州及浙江之平湖乍浦海鹽各城保把總三年攸克太湖水師新營營哨官四年克復宜興溧陽嘉常等縣旋調援江陰常熟無錫截勦陽舍金壇竄賊以功免補千總以守備用七年借補長江水師湖口鎮標華陽營左哨六隊外委

吳心有　同治三年投効楚軍於浙江福建廣東陝西疊次收復城池洊保花翎參將管帶後勁旗營留陝補用九年以陝西全省肅清擬保副將乞假回籍

郭紹汾　文童投効甘肅軍營以功保典史

熊煊煌　藍翎六品軍功報捐江西縣丞管帶團防右營咸豐十年隨同克復安徽黟縣建德等城保江西知縣賞加同知銜是年調守江西湖口縣十一年援勦休寧等縣以功保直隸州同治元年力保蕪湖金柱關攻克灣沚黃池加運同銜賞換花翎旋以病故照陣亡請卹

熊煊椿　軍功保安營哨官疊著勞績洊保藍翎守備同治七年直東肅清以都司歸兩江督標補用賞換花翎

楊占魁　武生投營効力隨勦楚皖江淮等處迭著勞績歷保總兵銜儘先補用副將同治八年派充練軍馬隊帮辦同赴庫倫防勦管帶宣化練軍步隊後營奏留直隸以副將儘先補用

李大明　同治五年隨陝西官軍勦匪出力保藍翎千總

陳開泰　武童同治二年投効霆營隨同克復甯國府進援涇縣迭復西河等隘在事出力洊保藍翎守備加都司銜三年疊克東壩句容金壇各城保都司加遊擊銜賞換花翎六年攻勦湖北捻逆連獲大勝奉旨以參將補用並加副將銜

呂得元　武生投營効力保藍翎守備銜儘先千總

彭坤山　原名材篤咸豐九年投効長江水師營歷保藍翎千總加守備銜

王德滋　投營効力歷保副將加總兵銜

程祖望　隨營勦賊有功洊保參將加副將銜並賞赫勇巴圖魯勇號

陳德知　勦賊出力洊保參將加副將銜

蔡廷甲　投効水師洊保花翎遊擊前署江西鄱陽營都司

劉啟福　投効淮軍盛字後營隨同攻克長洲保藍翎遊擊攻無錫城先登克之收復金匱保洲參將換花翎克復金陵奉旨以副將補用檄調追勦徐州河南山東股賊以功記名簡放總鎮旗保提督同治七年與賊戰於信陽遂北遇伏中洋槍死事卹贈少保世襲遊[illegible]

周先盛　同治二年隨同團防右營保藍翎把總

朱新霖　同治三年投効精毅營在事出力保千總四年隨同擒獲偽幼主褔瑱保藍翎守備六年攻克貴州荆竹園秦家寨轎頂山賊巢保都司換花翎七年克復天柱縣江口坉及清江縣保遊擊八年攻克

鎮遠勝秉城並攻克施洞口保參將加副將銜

陶金會　投營効力洊保遊擊銜

藍斯馨　花翎都司保留湖北

周文山　藍翎守備署丹陽魯港把總

程占先　以隨營勦賊功保都司

吳迪賓　以隨營勦賊功保守備

王全泰　以隨營勦賊功保守備

蔡漢彰　以功保藍翎把總

蔡聯陞　把總

夏元和　把總

解山如以隨營勦賊功游保花翎游擊

朱美卓藍翎把總

夏　璜隨營勦賊游保叅將銜

薦辟實職　虛銜

明

徐　麟有傳

干克誠舉人材龍泉主簿

楊　顯南昌衛知事

楊大輪鄴城驛丞

樊登士營山主簿

張金聘遼州吏目

周洛文雲南遊擊

徐文顯有傳

張華宗忠義衛經歷溜安府同知

方大勝有傳

陳至睿有傳

夏承緒白河總簿

劉廷欽廣東甲子門巡檢

國朝

徐步闕成都吏目

朱翼治有傳

周來泰江都縣丞

夏　賓揚州通判有傳

夏時瑛白茅閘官

奚世第通州倉大使

武宗夔興寧縣丞

吳　冲懷來典史

鍾槐堂陝西主簿

胡增光吏目借補高邑典史

梅敃庭有傳

劉洪度有傳

周國泰武城縣丞

吳世元舉孝廉孝感教諭

朱光烈楚雄府知府

武揚卿灌縣丞

黃嘉標建寧府經歷

張植瑩河東鹽知事

胡是光廣西布經歷有傳

劉之簡荆州府千總

劉　棫福建灌口分司　周之龍沔陽遊擊
胡從復長洲訓導　劉　棠饒州府照磨
吳占魁四川典史署蘆山知縣　彭世鑑福建漳汀巡檢改廣東留陞雲落巡檢
鍾錫丹典史　鍾本元典史
李計彪藍翎六品軍功安徽縣丞　張奎恩州同銜安徽巡檢
蔡佩紳附貢署南漳訓導　胡鴻炳附貢江西贛縣丞
熊烜煌花翎運同銜江西直隸州　鍾全泰附貢署武昌府訓導
鍾本洙附貢應城訓導　陶　鴻附生署安徽太平知縣
呂鳴謙附生江蘇知縣　陶　鵾江蘇巡檢
張燦辰候理問署辰州通判　居　岐安徽州同

郭勳烈天長典史　郭在岐安徽縣丞
熊　飛附生廣東知縣　呂文蓺附貢安徽縣丞
呂作楫安徽藩經歷署和州州同　藍天峻增生部選從九五品藍翎
劉青藜附生藩經歷銜試用巡檢　徐心啟增生縣丞銜試用州吏目
胡熙宗附生縣丞銜試用州吏目　饒儀晉增生候選訓導
彭光恒試用巡檢　饒雲鵾軍功五品藍翎浙江鹽經歷
胡兆奎附生縣丞銜候補主簿　徐美璵安徽縣丞
魏　玉附生縣丞銜試用巡檢　魏立基附生訓導
游定甲巡檢

以上實職

明

王希文　馮惟德　王　鑑
周　清　徐　忠　陶淑清
程必貴　劉　澮　胡思誠
余　玉　單　鐸　伍　善
陶惟賢　周伯洪　楊克敬
游子真　楊　曦主簿　彭　梁
呂　賓　許　秀　呂用世
陳鳳儀　陳鳳池　張德輔
饒之食　陳　雄　宋自芳迪功郎

程星斗巡檢　劉深堂　劉廷獻
劉應鳳　查洪傑迪功郎

國朝

楊國選州同　方勤邦州同　周源禮縣丞
夏時儉縣丞　胡思道縣丞　陳洪朗縣丞
張德欽州同　劉自澄州同　吳世覲州同
吳世鑑縣丞　吳世錦縣丞　吳世典州同
吳世仰縣丞　李國棟州同　金本孜孝廉方正
劉自理有傳　彭士高州同　吳　澮孝廉方正
朱光炯州判　劉洪敏州判　劉洪偉有傳

周立州同　張晉金州同　王楚山附貢布理問
劉洪綱有傳　劉洪組縣丞　郭應賜州同
張士拱縣丞　許日昇州同　劉洪德州判
劉洪達知縣　田本文州同　李之綸州同
居之珕州同　劉桂有傳　干允諠縣丞
湯祚瑶州同　熊啟聖州同　吳桓增生按照磨
夏時雄縣丞　阮景州判　李紹蓮附生布經歷
劉文德府經歷　張植鵬縣丞　陳人龍布理問
周棶郃布理問　郭永雲州同　張光和縣丞
吳保璽有傳　張光典縣丞　周棶馥縣丞

陳光齡州同　郭榮祖州同　夏本秀州同
劉蔚慶布經歷　李榮爵州同　李元基州同
饒承杰州同　鍾大隆布理問　朱鎮基吏目
劉蔚殿州同　劉玉良布理問　吳錦印按照磨
余材麟千總　鍾會泰縣丞　周煒良鹽大使
劉楷布理問　胡璧光鹽大使　劉楷主簿
周煒和布經歷　吕集思布理問　田倜祿守禦所千總
劉銘藍府經歷　劉金獻府經歷　劉之綿州同
鍾輔泰藩經歷
郭詠春同知附生　張鍾青同知　胡載恭同知

張鍾典州同　方穀州同　張燦雲州同
郭希文州同　郭維城州同　居易州同
朱美旂州同　胡士摺州同　饒雲鴒附生州同
夏治基州同　方承恩州同　彭光灡州同
胡丕基州同　田材雅附生州同　田材英州同
方克猷州同　伍文鸞州同　宋獻一州同
胡培基州同　張沛珠布經歷　彭琨優附生孝廉方正
胡國棟布經歷　胡鴻昌布經歷　劉君植布經歷
熊翱布經歷　游映奎布經歷　胡士揚布經歷
張坦福布經歷　陳輝璋布經歷　吳光秩布經歷

陳品湘布經歷　張燦玉布經歷　干嘉恢布經歷
夏之驥布經歷　龔超銑布理問　楊君瑗縣丞
居師布理問　饒炳熉縣丞　居悅布理問
陳縉基布理問　朱美旌布理問　宋作舟布理問
吕洪泉布理問　干士杞布理問　劉宗湘布理問
胡錫琛按照磨　周雲龍按照磨　陳輝璨按照磨
胡載式按照磨　劉錫金按經歷　劉宗祥鑄印大使
劉青雲鹽知事　郭弼廷府知事　居昌運府知事
吳光驤府知事　劉卓基府知事　劉邦基府知事
鍾錫秬府知事　鍾交泰府知事　鍾本沅府知事

廣濟縣志　卷六　選舉　六

張烈勳布經歷　胡　桂布經歷　廖均序縣丞
陳懋昭縣丞　宋美華縣丞　段呈祥府知事
胡錫輔府知事　劉錫衡府知事　方承瀛府經歷
胡鴻經府經歷　劉文藻府經歷　吕佐宸府經歷
夏應鵬府經歷　伍文成府經歷　胡兆蓮府經歷
胡錫秬府經歷　王利賓府經歷　胡錫鑾縣丞
熊　翥縣丞　胡連魁縣丞　藍均煥附生縣丞
王懋昭附生縣丞　劉之瀾附生縣丞　張兆堃縣丞
張之潢縣丞　郭虎臣增生縣丞　吳　鳳縣丞
郭在純縣丞　郭國選縣丞　干嘉淮縣丞
楊本元縣丞　曾掄光縣丞　陳輝寶縣丞
劉錫朋縣丞　劉潤鈺縣丞　郭　鴻附生縣丞
蘇鵬程州同　周厚基州同　周澤煌府經歷
廖均基州同　周鉅人布經歷　藍天順布經歷
藍天復布經歷　胡斯成布經歷　謝秉忠按照磨
彭光永府知事　游鳳廷府知事　程廷經府知事
唐得詩府知事　胡連魁府知事　朱　嶸附生府知事
張奎鎮府知事　唐世音府知事　吳業駿府經歷
潘　炯府經歷　胡兆興府知事　徐雲祿府知事
徐榮黼府知事　湯鳳池府經歷　趙光紳縣丞

廣濟縣志　卷六　選舉　七

徐心地縣丞　田材驥縣丞　彭瑞楫縣丞
鄭　昭附生縣丞　張鈞璵縣丞　徐榮錦縣丞
鄭秉乾附生縣丞　吕文翰縣丞　徐金魁縣丞
郭烈兆縣丞　彭材敏縣丞　劉潤琮縣丞
劉衍齡府經歷銜　干嘉河縣丞　鄧升秀縣丞
劉錫霖縣丞　張坦履國子監典簿　劉凌雲主簿
劉　同主簿　方鼎梅主簿　鍾詩泰主簿
宋鴻翔主簿　夏澐膏主簿　藍天蔭布經歷
陶金德州吏目　陶秀發州吏目　藍奎煥同知
藍宏先通判　藍永盛通判　胡載峩主簿
夏　謙附生員外郎　郭在亭中書科中書　吕佐清附生中書科中書
李佐朝中書　李　璧翰林院待詔　夏　藻附生翰林院待詔
余炳杰待詔　張鍾銓待詔　陳知人待詔
胡錫琛待詔　程鴻典待詔　張永盛五品
張廷獻五品　吕作霖主事　張坦然五品藍翎
張鍾冕國子監典簿　藍文彬六品藍翎　田材魁附生五品花翎
王步雲都司　郭材經都司　劉淙瀛武生守備
藍大材花翎守備　李楚薛五品　程鴻鵠千總
胡占魁千總　胡周定千總　胡錫哲千總
宋巨源府知事　王興梧府經歷　熊然璵縣丞

胡熙瑜千總　胡舉國千總　夏弼基武生千總
夏沛濤千總　鍾錫圭千總　朱棟材武生千總
舒寬千總　劉峻武生千總　王振邦千總
郭在敬千總　郭在職千總　田漢琛千總
藍國俊千總　居承志千總　夏鴻賓武生千總
鍾錫璧千總　張奎典千總　藍承典武生千總
張登庸武生　李濬千總　湯錫源把總
張元杰武生把總　張烯煒把總　干嘉煜把總
朱錦堂把總　藍斯博把總　李藻把總
藍舉安按照磨銜　吳鍾瑤千總藍附　吳維基賡奏

以上虛銜

吳梜　吳光儒　吳森　劉應亨　周懋敬
彭錫乾　吳世熙　周日進　干鳳元　張飛龍
郭鍾砫　劉文經　王佐　田炳　王世棟
王大猷　陳本桂　王文煌　程懋槐附　方運濟
郭洪舟增　方至緯附　余永恢附　周煒俊附　周煥璐附
徐特進附　張渲麟　郭洪理　徐家駒　夏本才
郭洪勳　郭洪啟　胡仔重　郭材裕　周煥禮
夏應麟　劉梜　胡兆榮　李黼　胡洪梟
戴邦材　劉洪偉附　劉桂附　余炳粹　蔡習縉

張燦勳　宋廷諫　周偉　陳鍾岱
劉兆斗增　陳之琇　陳應倫　劉銘新附　岳鳳鳴附
朱鍾附　饒賓附　陳鳳附　陳溶附　陳維基附
陳煇琢附　湯厚聘　周鉅齡　胡周基　胡周典
胡錫瓚　胡卜吉　胡錫卣　向日　劉中恪
郭之第　郭維甯　郭錫珪　郭純忠　朱瓊林
朱美旒　郭洪啟　郭錫江　方杞　方接祖
方承鑾　方承漢　方有楧　張兆暘　劉衍浚
劉升　夏基藩　夏錫貢　夏宗典　夏全
夏雨金　夏鳴鑾　夏應麟　夏鳳藻　郭在田

夏廷梧　彭之洙　胡文縉　吳森桂　劉錫玉
李芳潤　李作霖　查尚書　查煥肯　朱海觀
饒華春　陳崑　陳鳳翔　陳澍寓　伍干城
董吉安　鄭梁　陳瑚　陳宣諱　陳世芳
陳寶嗣　陳品和　陳榮　陳履坤　陳兆昂
陳甡　陳煥鏞　居允盈　吳步瀛　吳登瀛
吳塏　楊宗震　藍田　藍芳　藍煊
藍天蔚　藍金珮　藍斯聰　藍矩　陳愫
陳安　田濟瀾　田漢廣　田漢藻　田材椿
彭錫乾　彭輝胄　陳煇柏　陳煇典　陳本桂

陳錦煥　陳　賓　陳士文　陳煇年　吳鍾英
吳之桂　彭淑哲　呂遇清　鍾錫璐　鍾錫玉
宋　愷　宋楙顯　宋美業　宋佳振　陶光明
張鵬展　張材珠　張奎夔　朱汝霖　陳襄輅
湯　武　董至春　呂熾華　呂大呂　王廷治
王廷瑞　楊炳炎　程立堂　周鉅鸞　周　澍
周鉅緋　徐則陵　劉　謙　周鉅鼎　李禹鼎
劉潤滋　劉兆棠　周鼎圭　周相國　王雲錦
王朝爵　張滋積　劉錫恕　李協寅　彭　琳
吳之椿　吳存和　王　賓　饒　華　胡錫基

以上例貢

恩賜

張宗華　嘉慶戊午舉人己未會試　欽賜翰林院檢討銜
藍　青　嘉慶甲子副貢
劉　柏　嘉慶丁卯副貢庚午舉人
張光輪　嘉慶庚午舉人辛未會試　欽賜國子監學正銜
張　榕　嘉慶癸酉副貢
張華林　道光辛卯副貢
劉炳秀　道光庚子副貢
朱玉池　咸豐己未副貢同治庚午舉人
饒　田　咸豐己未副貢同治庚午舉人

蕭光際　同治壬戌舉人
胡周翰　壬戌副貢
胡摺珊　壬戌副貢
陳鴻謨　壬戌副貢
李　麟　同治丁卯副貢
李　杜　同治庚午舉人
陳兆斗　庚午副貢
劉本森　庚午副貢

封廕

宋

周宗傑以子大鎮貴贈翰林學士

明

孫萬善以子喬貴贈戶部雲南清吏司主事

劉世重以子天衢貴贈中憲大夫雲南按察司副使

張鏞以子步雲貴贈中憲大夫太平府知府

王照以子大謨貴贈文林郎

舒賢以子其志貴贈奉直大夫工部屯田司郎中

吳廷學以子亮嗣貴贈中憲大夫太常寺少卿

劉秉鈇以子洪甲貴贈中書舍人

胡本臣以子海貴贈鎮國將軍

周萬羅以子勝夏貴贈奉政大夫

劉鳴鄉以子近臣貴贈奉政大夫

藍仲銘以子季曙貴贈文林郎

胡應中以子士蓉貴贈奉政大夫

程椿以子可文貴贈文林郎

王仲禮以子佐貴贈中憲大夫

鍾澄以子寶貴贈奉直大夫

金鼎赤以子之純貴贈奉直大夫

徐黯以子來建貴贈奉直大夫

張文宗以子懋貴贈文林郎

張常山以子本端貴贈中順大夫

張造端以子昌宗貴贈奉政大夫

張瑁以子金和貴贈文林郎

張司仕以孫佐基貴贈榮祿大夫

張勝然以子佐基貴贈榮祿大夫

張車鉉以子宗潢貴贈承德郎以上封

呂朝四以忠勇世襲銅鼓衛指揮

胡崙以軍功世襲百戶

楊勝以祖普銘世襲指揮以上廕

國朝

胡浩以子璉貴贈奉政大夫

梅世魁以孫明中貴贈中憲大夫

梅燦以子明中貴贈中憲大夫

金之純以子德嘉貴贈徵仕郎

劉后華以孫志恆貴贈資政大夫

劉啓孝以子志恆貴贈資政大夫

王凝鼎以子秉鉞貴贈明威將軍

劉啓敬以孫茂潞貴贈中憲大夫

劉登仕以子茂溶貴贈中憲大夫
吳應碧以子璉貴贈奉直大夫
金德嘉以子啓洛貴贈中憲大夫
宋明桂以子敵貴贈文林郎
夏一龍以子寶貴贈儒林郎
吳光岐以子世元貴贈修職郎
朱鴻堡以子榮經貴贈文林郎
劉天成以子洪瀾遵例急公贈儒林郎
劉自理以子洪慶殉難贈中憲大夫
劉王秉以子本烜貴贈修職佐郎

朱翼治以孫光烈貴贈奉政大夫
朱本績以子光烈貴封奉政大夫
楊齊賢以孫承綜貴贈文林郎
楊日進以子承綜貴贈文林郎
徐之聯以孫天球貴贈文林郎
徐侯昻以子天球貴贈文林郎
郭文元以子本才貴贈文林郎
鍾景堂以子銓貴贈修職郎
胡應亨以子錫冕貴贈修職佐郎
徐之洛以子樹新貴贈修職佐郎

張佳景以子錫鑾貴贈修職郎
張滄文以子材魁貴贈修職佐郎
陶永曜以子文萃貴贈修職郎
鍾升堂以子大隆遵例急公贈儒林郎
李文炳以子濤貴贈修職郎
毛如穎以子炳貴贈文林郎
陳宣闈以子文光貴贈修職郎
劉秉鑛以子洪璇貴贈文林郎
張補基以子惟金貴贈修職郎
張亭然以子先基貴贈文林郎

李庭桂以子榮爵遵例急公贈朝議大夫
胡仔重以子增光貴贈登仕佐郎
劉銘璋以孫蔚良遵例急公贈儒林郎
劉　斌以子蔚良遵例急公封儒林郎
劉文德以子蔚猷遵例急公封奉直大夫
張惟金以孫璧貴贈文林郎
張禮源以子璧貴贈文林郎
胡搢思以父一璉廕官通判
劉茂溶以叔志陞廕由中書任廣州知府封中憲大夫
劉茂渭以叔志陞廕任金壇知縣

劉恩謨。以孜洪慶膺國學生　以上癸丑縣志

陶文萃以孫廷喜貴贈文林郎

陶大朋以子廷喜貴封文林郎

孔廣元以子耶史貴贈修職佐郎

徐光宇以子養中貴贈修職郎

鍾義堂以子錫卣貴贈文林郎

彭起坤以子世鑑貴贈登仕郎

金學曾以子振基貴贈修職郎

饒承香以子玉振貴贈修職郎

夏楙楚以子煒璡貴贈修職郎

徐誠中以弟丹中貴贈修職佐郎

劉洪綱以子榕遵例急公贈儒林郎

文殿詔以孫鳳喈貴封奉直大夫

文元藻以子鳳喈貴封奉直大夫

文茂喈以弟鳳喈貴封文林郎

胡占魁以子卜元貴封修職佐郎

吳德汾以孫光玠貴贈奉政大夫

吳仁校以子光玠貴贈奉政大夫

饒玉振以孫雲鵬貴贈奉政大夫

饒儀鼎以子雲鵬貴封奉政大夫

藍朝晃以曾孫斯明貴贈建威將軍

藍廷金以嗣孫斯明貴贈建威將軍

藍廷采以孫斯明貴贈建威將軍

藍於長以嗣子斯明貴贈建威將軍

藍於義以子斯明貴贈建威將軍

胡商頌以孫國棟遵例急公贈儒林郎

胡周駿以子國棟遵例急公封儒林郎晋封奉直大夫

鍾錫恩以子交泰遵例急公封修職郎

方至情以子露遵例急公贈武畧衛騎尉

夏煥桂以孫琮鼎貴貤贈朝議大夫

夏葳墀以子琮鼎貴封朝議大夫

董永璣以子宗帷遵例急公封儒林郎

饒儀官以子琳雲遵例急公贈登仕郎

胡文絺以子光奎團防獎敍贈修職郎

徐銘鼎以子心啓團防獎敍贈修職佐郎

方鼎梅以子承恩遵例急公贈修職郎晋贈奉直大夫

夏懋德以孫謙遵例急公贈奉直大夫

夏煒璜以子謙遵例急公贈奉直大夫

胡周篚以孫鴻炳貴贈奉政大夫

胡錫統以嗣子鴻炳貴封奉政大夫

胡錫瓚以子鴻炳貴封奉政大夫
胡錫琚以姪鴻炳貴封奉政大夫
劉雲龍以姪孫燡貴贈奉直大夫
劉雲翥以孫燡貴贈文林郎
劉樹瑶以子燡貴贈文林郎晉贈奉直大夫
彭之洛以孫光黼遵例急公贈奉直大夫
彭集梧以子光黼遵例急公封奉直大夫
魏本相以孫雲珺貴贈修職佐郎
魏昌期以子雲珺貴贈修職佐郎
魏雲琯以孫邦達貴贈奉政大夫

魏雲玠以姪孫邦達貴贈奉政大夫
魏德眉以子邦達貴贈奉政大夫
魏德合以嗣子邦達貴贈奉政大夫
魏錫嘉以弟邦達貴貤贈奉政大夫
魏錫祺以弟邦達貴貤贈奉政大夫
周椺敬以子煒廉貴贈修職佐郎
周明珠以子啓茂貴贈建威將軍
干忠懋以孫嘉恢遵例急公贈儒林郎
彭業全以子瑞楫遵例急公贈修職郎
朱樸交以子美旌遵例急公贈儒林郎

游明學以子桂林遵例急公贈信武將軍
游桂林以子定京遵例急公贈宣武將軍
趙廷楷以子光紳遵例急公贈修職郎
宋椺勳以子作冊團防奬敘贈儒林郎
劉焕比以孫錫金遵例急公贈文林郎
劉家鸞以子錫金遵例急公贈文林郎
陳明浩以孫品湘遵例急公貤贈承德郎
陳美揚以子品湘遵例急公貤贈承德郎
余政榮以子元薰遵例急公贈奉直大夫
蘇盛堂以子鵬程遵例急公贈儒林郎

王光銘以子步雲遵例急公贈都騎尉

廣濟縣志卷七

人物志

仕績

宋

余玠字義夫蘄州之廣濟人家貧落魄無行喜功名好大言少爲白鹿洞諸生嘗攜客入茶肆毆賣茶翁死脫身走襄淮時趙葵爲淮東制置使玠作長短句上謁葵壯之留之幕中未幾以功補進義副尉擢將作監主簿權發遣招進軍充制置司參議官進工部郎官嘉熙三年與元兵戰於卯城河除有功授直文華閣淮東提點

刑獄兼知淮安州兼淮東制置司參謀官淳祐元年玠提兵應援安豐拜大理少卿升制置副使進對帝曰卿人物議論皆不常可獨當一面卿宜少留當有擢用乃授權兵部侍郎四川宣諭使帝從容慰遣之玠亦自許當手挈全蜀還本朝其功日月可冀尋授兵部侍郎四川安撫制置使兼知重慶府兼四川總領兼夔路轉運使自寶慶三年至淳祐二年十六年間凡授宣撫三人制置使九人副四人或老或暫或庸或貪或慘或繆或遙領而不至或開隙而各謀終無成績於是東西川無復統律遺民咸不聊生監司戎帥各專號令擅辟守宰蕩無紀綱蜀日益壞及聞玠入蜀人心粗定始有安土之志玠大更弊政遴選守宰築招賢之館於府之左供張一如帥所居下令曰集衆思廣忠益諸葛孔明所以用蜀也欲有謀以告我者近則徑詣公府遠則自言於郡所在以禮遣之高爵重賞朝廷不吝以報功豪傑之士趨朝立事今其時矣士之至者玠不厭禮接咸得其歡心言有可用隨其才而任之苟不可用亦厚遺謝之播州冉氏兄弟璡璞有文武才隱居蠻中前後閫帥辟召堅不肯起聞玠賢相謂曰是可與語矣遂詣府上謁玠素聞冉氏兄弟刺入即出見之與分廷抗禮賓館之

奉冉安之若素有居數月無所言玠將謝之乃爲設宴玠親主之酒酣坐客方紛紛競言所長璡兄弟飲食而已玠以微言挑之卒默然玠曰是觀我待士之禮何如耳明日更闢別館以處之且日使人窺其所爲兄弟終日不言惟對踞以堊畫地爲山川城池之形起則漫去如是又旬日請見玠屏人曰某兄弟辱明公禮遇思有以少裨益非敢同衆人也爲今日西蜀之計其在徙合州城乎玠不覺躍起執其手曰此玠志也但未得其所耳曰蜀口形勝之地莫若釣魚山請徙居此若任得其人積粟以守之賢於十萬師遠矣巴蜀不足守也玠大

嘉曰玠固疑先生非淺士先生之謀玠不敢掠以歸己遂不謀於衆密以其謀聞於朝請不次官之詔以璡爲承事郎權發遣合州璞爲承務郎權通判州事徙城之事悉以任之命下一府皆讙然同辭以爲不可玠怒曰城成則蜀賴以安不成玠獨坐之諸君無預也卒築青居大獲釣魚雲頂天生凡十餘城皆因山爲壘碁布星分爲諸郡治所屯兵聚糧爲必守計且誅潰將以肅軍令又移金戎於大獲以護蜀口移沔戎於青居興戎先駐合州舊城移守釣魚共備內水移利戎於雲頂以備外水於是如臂使指氣勢聯絡又屬嘉定俞興開屯田

於成都蜀以富實十年冬玠率諸將巡邊直擣興元元兵與之大戰十二年又大戰於嘉定初利司都統王夔素殘悍號王夜叉恃功驕恣桀驁不受節度所至劫掠每得富家穴箕加頸四面然箕謂之蟆蝕月以弓弦繫鼻下高懸於格謂之醋鑿猴縛人兩股以木交壓謂之乾榨油以至用醋灌鼻惡水灌耳口等毒虐非一以脇取金帛稍不遂意即死其手蜀人患苦之且悉飲御將倅馬以自入將戰邇高其估賣與之朝廷雖知其不法在遠不能詰也大帥處分少不慊其意則百計撓之使不得有所爲玠至嘉定夔帥所部兵迎謁才羸弱二百

人玠曰久聞都統兵精今疲敝若此殊不稱所望夔對曰夔兵非不精所以不敢即見者恐驚從人耳頃之班聲如雷江水如沸聲止圓陣即合旗幟精明器械森然沙上之人彌望若林立無一人敢亂行者舟中皆戰掉失色而玠自若也徐命吏班賞有差夔退謂人曰儒者中廼有此人玠久欲誅夔獨患其握重兵居外恐輕動危蜀謀於親將楊成成曰夔在蜀久所部兵精前時大帥藐皆勢出其右意不止此也視侍郎爲文臣必不肯甘心從令今縱弗誅養成其勢後一舉足西蜀危矣玠曰我欲誅之久矣獨患其黨與衆未發耳成曰侍郎以

夔在蜀久有威名孰如吳氏夔固弗若也夫吳氏當中興危難之時能百戰以保蜀傳之四世恩威益張根本益固蜀人知有吳氏而不知有朝廷一旦曦爲畔逆諸將誅之如取孤豚況夔無吳氏之功而有曦之逆心恃豨突之勇敢慢法度縱兵殘民奴視同列非有吳氏得人之固也今誅之一夫力耳待其發而取之難矣玠意遂決夜召夔計事潛以成代領其衆夔才離營而新將已單騎入矣將士皆愕眙相顧不知所爲成以帥指譬曉之遂相率拜賀夔至斬之成因察其所與爲惡者數人稍稍以法誅之乃薦成爲文州刺史戎帥欲舉統制

姚世安爲代玠素欲革軍中舉代之弊以三千騎至雲頂山下遣都統金某往代世安閉關不納且有危言然疑玠圖已屬丞相謝方叔家子姪自永康避地雲頂世安厚結之求方叔爲援方叔因倡言玠失利戎之心非我調停且旦夕有變又陰嗾世安密求玠之短陳於帝前於是世安與玠抗玠鬱鬱不樂寶祐元年聞有召命愈不自安一夕暴卒或謂仰藥死蜀之人莫不悲慕如失父母玠自入蜀進文華閣待制賜金帶權兵部尚書進徽猷閣學士升大使進龍圖閣學士端明殿學士及召拜資政殿學士恩例視執政其卒也帝輟朝特贈五

官以監察御史陳大方言奪職六年復之玠之治蜀也任都統張實治軍旅安撫王惟忠治財賦監簿朱文炳接賓客皆有常度至於修學養士輕徭以寬民力薄征以通商賈蜀既富實乃罷京湖之餉邊關無驚又撤東南之戍自寶慶以來蜀闖未有能及之者惜其遽以太平自詭進蜀錦蜀箋過於文飾久假便宜之權不顧嫌疑昧於勇退遂來讒賊之口而又置機捕官雖足以廉得事情然寄耳目於羣小虛實相半故人多懷疑懼至於世安拒命玠威名頓挫齎志以沒有子曰如孫取當如孫仲謀之義遺論改師忠歷大理寺丞爲賈似道所殺宋史本傳

梅應春廣濟人寶祐丙辰進士爲餘干令以趙葵薦授瀘州安撫使湻祐間進禮部侍郎明一統志

按湻祐年號在寶祐之前疑誤癸丑志

梅應申寶祐丙辰進士爲四川制置使區處庶務各得其要丁未縣志

張晏然廣濟人咸湻間爲禮部尚書明一統志

姜賢宋咸湻間以薦舉歷官副使有清譽號樵隱先生丁未縣志

張日靖字粹叔宋開禧進士仕兵馬副元帥守備荆湖

士民不驚日靖之力也辛未縣志

游侶字同人寶慶丙戌進士歷官刑部左侍郎簡重明敏治獄多平允一時以爲于公再出端宗朝以原官致仕侶居官素廉潔及歸復不事産業常曰遺子孫平安足矣奚營營溫飽爲哉元興數招隱不出至元庚辰以無疾卒享年九十有五世祖嘉其守勅有司葬午山湖父子山石林寺側至今表石猶存居人皆知爲游侍郎墳云子二玻翰俱成進士行事湮沒無所考同上

按辛未志所增多據墓碑家譜今附老志後癸丑志

元

張紹祖字可成進士歷任寧國路總管操縱中度邊鄙肅然黄州府志

梅鎰元初與弟盛同登進士鎰知昆陽築隄防水善政永譽人咸謌之丁未縣志

明

徐麟廣濟人洪武初授宣武衛鎮撫歷河南府同知時降臣宋玉集散卒謀夜叛以刻漏爲期麟廉知之戒司漏者故遲滯冦疑不發黎明遣邏卒盡獲之以功陞秩賜金帛後調蘄州歷永道房三州俱有政聲子文顯初隨任河南受學于簽祿與權由孝弟力田薦授刑科給

事中忠直敢言隨擢刑部侍郎同上並楚紀

張根字伯源廣濟人洪武中以歲貢爲順昌教諭累陞左春坊司諫永樂間侍皇孫講讀仁宗即位諭諸臣曰張根誠實可用然老矣宜優逸之遂以本官致仕湖廣通志

鍾澄字榮伍洪武二十二年由歲貢官潁州知州有政聲孫載意國學生辛未縣志

王佐廣濟監生永樂間同知徽州府有惠政遷守饒州廉靜寡欲以德導民後免歸僚屬贐以金不受人益重之因立却金亭於江滸楚紀

陳翔監生永樂中任監察御史振肅風紀歸休日餘無寸儲及歿其殯葬皆里人所賻黄州府志

鄭達字叔通宣德乙卯舉人任盩厔令開渠溉田千頃調崑山值大荒尫羸塡衢民哭達亦哭煑粥賑之疫作廣設醫藥全活遂多重學校恤窮嫠自奉清約圖書外一無所好同上

陳愷正統辛卯舉人歷戶部郎中性敢言孤行一意不避權勢陞重慶知府矜孤制暴郡人多賴之同上

張易宗字祖義宏治乙卯舉人任聊城諭訓士多所成就擢判瑞州有解餉四人私𢮦印封府欲致之死易宗爭之不能得因閉閣謝事適兩臺獎易宗廉使者至府

乃釋焉隨陞雲南鹽井提舉致仕湖廣通志

王欽正德時貢士任巫山學訓捐俸給貧士類稱義繼陞蜀府教授正道輔國登對不阿歸事繼母以孝足不抵公所鄉士夫咸尊重焉祀鄉賢丁未縣志

孫喬號木齋祖英孝豐知縣有政聲喬以嘉靖癸丑進士授戶部主事奉督南漕不激不隨人咸稱便復命道卒同上

張步雲字子龍嘉靖戊午舉人任平定州學正遷知太平府有土官繫獄論死其姪賄謀承襲誣其子非酋出雲郤其賂刺血以驗由是忤監司意罷歸會長隄兩決

五縣爲魚雲時年八十四爲書數萬言控兩臺各捐金修築至今賴之 湖廣通志

王大謨字惟尹萬歷八年進士初授太湖令邑有無賴子弟鏞會破法亂俗大謨使裔幹誘其長八人與之飲飲酣曰御史有所按問悉縛送御史及在刑部外戚某錦衣卒孽子爭財自殺事聞下部訊治自餔至暮內使詗問數輩尙書屬大謨大謨佯往弔慰自殺者子稚齒倉皇吐實歸具詞平允其罪錦衣嗣得全上與中宮大悅陞官雲南督學副使廣西左叅政以母老致仕歸歷十六年而母八十有二卒服闋不起卒年五十三贈朝

議大夫 白茅堂集

舒其志字元渚父賢事親至孝年四十夢神贈雙璧始有子長其心次即志也登萬歷乙未會魁授行人擢四川督學江西按察使淮王欲立寵娼子而錮世子於秘室娼子左右皆羣盜出沒彭蠡間志初弗問忽夜半出片紙捕其黨寘之法面責王王立出世子而殺娼子稅璫李道於湖口鳳凰磯爲暴志陰製飛舸客令守戍夜集蘆葦園磯縱火璫怖因乘機縛其魁送九江獄衆梜爭投水志單騎馳至故爲之畫曰若在此吾知不免惟東裝宵遁耳璫果遁去巳得請旨革除居民立祠祀之遷江西布政歸卒 湖廣通志

吳亮嗣字明仲萬歷甲辰進士以南充令治最擢兵科給事受事五月四上疏而三得報神宗朝異數也嗣感激益請勵精圖治節冗費裁稅璫時滿朝薦劉光復皆因事繫詔獄嗣請釋之又疏理熊廷弼之誣及董其昌張濤等人材可惜因張差事請申飭禁衛又請飭京營武備條戰守事宜天啟初遷太常少卿三年罷歸 同上

張金和字汝節以拔貢再任廣文遷武平令始至值小河卒因府胥索賄滯糧聚詬太守和單騎諭解之徐誅首事藩掾令妾誨淫得吳商金又殺妾與商和得情誅

掾李藩父子殺人郡納賄欲脫之和寘之法在邑三年政平訟理解組歸年八十六卒 同上

金之純字健之萬歷乙卯舉人署醴陵諭補淅川令以治績擢知興安州流賊突至倉皇登城誓以身殉丁壯皆感激殊死守時久旱夜半雨大注城塹暴深五尺賊始退一歲中賊薄城者四糧盡且陷客檄旁郡遊擊唐通爲援夜縋敢死士會襲之斬獲甚衆賊去民饑且疫設粥食調醫藥以撫之狀聞擢守漢中會疾卒年四十六踰年寇至民見純絳衣大冠立堞間若泣者遂廟祀焉純篤於友誼江夏吳裕中劾丁紹軾語侵璫矯詔死

杖下親故皆竄匿暴屍衢中純獨臨其喪返其櫬於三千里外同上　以上祀鄉賢

董熙永樂癸卯舉人安福教諭以春秋教諸生後安福以春秋名江右官雲南卒時吳接爲南雍祭酒致數百金歸其柩哭之以詩有云鐸聲遺響留安福笏影承恩到嶺南子三次子伯剛字文海十二歲始能言讀書目輒十行若宿解者入省闈作五經全藝竟以踰制罷歸卒年十七歲遺孤啟恕以義士聞丁未縣志

王弼山西道御史糾貪墨決疑獄風紀獨持吏民畏服同上

張質號樸菴性忠謹以孝友聞宏治間由貢任光山壽昌安仁教諭造士有方遷伊府紀善二載謝歸王思慕遣使再徵仍補俸二年特恩奏請進長史同上

鄭傑號鹿門崑山令達之孫正德辛未進士除揚州推官歷陞北吏部文選郎中銓衡公正因言事謫臨邛單車就道遷廣西僉事轉南京大理寺卿猶子聽政穎異年十二爲諸生同上

董儉伯剛孫也年二十正德間由選貢入京試第二授瓊州推官瓊人例獲巨蛇昇公廨儉初見之疾走幾遺屐後竟以清廉著績瓊人祠之同上

饒繼明號三桐正德丙子舉人知四川開縣力變頹風開素乏科甲明勤於課誦士子向化科貢聯拔四人後以事忤當道歸及卒蘄人張思齊誌其墓同上

張琳字竹山有至性負米膳親出妻財以給弟仗義振靡激辭止貪人多倚重焉由恩選任山東茌平丞歷任八月棄官歸臨居二十年築茀三楹因自署曰閒叟蔣侯頤菴以秋霜春溫目之同上

呂用聘任祿豐知縣督民耕種俗桑麻成不知織絍躬教爲紡具使夜作民感之爲立教織亭郊多虎患作文驅之虎大哮而去同上

張穎字平岡嘉靖乙酉舉人篤志好學知舞陽爲政務飭大體釐弊竇鋤強悍邑中神像皆易以木主曰鬼神何常形而儼然貌臨人乎盡毀之湖廣通志

文大才字希周宋信國公兄天禎十世孫九歲爲諸生父早逝事母方祖母董色養不少怠嘉靖辛卯舉人壬辰會試登乙榜署諭泰和補上海令除封邱令親事甫三月百務犁然會當道以事怒他令因盛氣向大才語大才故負氣恚移疾自罷不待報徑歸兩臺才之檄郡敦諭還是時武進薛公應旂令慈溪亦不待報歸竟追還皆異數也大才還封邱益明習振刷晉守嘉定嘉屬

邑六向有茶課吏胥緑爲奸人才悉剔罷商賈便之晉興化同知壬子檄充房考先是巳移疾乞休當道勉留以有成命力疾竣事疾增劇遂聽以本官致仕歸俸薪外無長物贖先世所鬻田百畝及故居悉推予庶弟卜築邑之南郊大才有知人鑒泰和羅理曾於拱胡直羅時霖楊載春王勃上海顧名世屠寛潘允哲周思兼嘉定周希哲王蘊苟延庚輩從稠人中識拔後皆爲名公卿有官於楚及取道濟者皆躬哭其墓盡哀里人榮之丁未縣志

劉近臣字亦棐號雚童天啟甲子鄉舉第一崇禎辛未

成進士金谿知縣金谿故多巨室貴公子兄弟嚚訟先後院司累訊弗能決近臣奉御史檄覈其事爲開陳人倫孝友大義兩造讋伏訟乃止御史以爲能學博陳時策卒官停櫬久近臣拊其孤捐俸歸其骨於鄉里崇禎癸酉分校易闈得士爲多而楊學愿最知名居官五載課最屬考滿遘疾卒金谿人有循吏之思焉父鳴卿有隱德輕財好施嘗鬻産以濟里人之乏絶者近臣生而慧稍長酷嗜學故老傳其貌寢短小然爲文嘔心鏤胃語必驚人其爲學一稟伯兄近甲舉人訓與中表翁藍舉人縉劘切良深居業齋集

陳烈字良弼當靖難兵起吳楚騷動烈以文學策名天府由廣文累陞福建提刑提學僉事後以憲副致仕辛未縣志

周勝夏字中立號月山嘉靖丁酉舉人任河南汝寧府通判尊賢下士減刑恤獄士民便之陞雲南府同知轉廣東分巡副使以老病未赴任致仕歸尋卒其祠中奉政大夫清廉匾額尚存嘉靖間贈也同上

李觀字賓卿嘉靖丁酉副榜第一任四川瀘州知州瀘寄邇牂牁烏羅雜處觀至葺雉堞詰奸宄地方以安瀘累年逋賦多流亡觀具劄以請獲免十之四奉檄治餉

烏撒軍民府當受代日存羨千金置不問主者遣吏一[illegible]至中途以成例請觀曰不受羨卽吾例也卒散之軍吏以疾告歸卒年六十一同上

胡士宏字大常敎菴第四子狀貌魁偉讀書雙行下過目不能忘爲文洸洋恣肆籲滿以例入太學授四川昭化縣敎諭甫至葺學宮郤例金課諸生都有條理士風爲之一振同上

張頌字用之號石岡易宗次子貢生博極羣籍工詩善古人書法性長厚言吶吶不出口父病衣不解帶者三月卒哀毁骨立幾不自全督學黜徐生某欲選頌頌不

恐奪竟謝去授潯州通判署桂平篆有富民王寶者爲仇家所陷獄已成頌旂而脫之寶屢以苞苴壽峻拒之居三年解組歸潯民思之祀名宦卒年八十三同上

張價號衢南秀宗子嘉靖癸卯舉人與江陵文忠公相得甚歡署江西浮梁諭尋轉國子學正以病卒於京師相國哭之哀爲賻斂治具歸其櫬與孤初價妻劉氏目盲或恐以盲故易價曰吾不妻盲誰妻之者及卒劉泣血扶櫬南歸同上

陳叔學號兩溪由歲貢授寧國訓導以身爲諸生先開講堂訓經義繩諸生以聖學後陞教諭致仕歸猶以獎

勵後進爲務俸餘用給族里焉同上

饒之初字子復號兩石嘉靖丙午舉人以父廣安州判繼學老不就官晚乃任河南孟縣知縣孟故孔道輪蹄輻輳始剗田租賦馬匹後田租轉徙不常里馬如故之初奏記所司請均賦置馬遂爲永規其他如招流亡除奸蠹建社學均徭役復補曹吏除樂籍息爭訟實政甚多儈臬司行部索暮夜金不獲心銜之大計囑考功左遷岷府審理致仕歸閉門讀書不入城市歲禱爲粥食饑者全活甚衆孟縣民歲裹糧候問及其卒也爲祠祀之同上

徐鰲號豹山嘉靖己酉舉人授翰林院孔目鰲素深理學與廖道南等日夕講論召對賜宮扇宮墜子承聘字任卿以貢授臨洮推官火落赤之役總兵劉綎出土門關大中丞田樂委聘經畧有功奉旨欽賜晏一銀花二鼎爵一京菓品四陞永寧知州有猺獞仇殺上臺檄啓勦之聘不忍單騎詣營開諭禍福以恩感之峒猺翕然而化後解官士民崇祀名宦同上

徐來建字明卿萬歷乙酉舉人署吳縣諭以國子監學錄分校江西禮闈陞知壽州屬歲祲壽多流移建賑貸之無遺策壽故近濠河時爲鯁始制丁九等上上等豪

貴多田者而畢赤爲下下一切田租不復問其後田轉徙亦非舊而丁額如故貧民苦之建爲奏記臺使者豁均二賦租歸田肅歸丁悉剗其平壽之貧困者始甦轉蘇州海防同知與董思白王百穀張幼于輩友善尋丁艱歸家無長物惟書畫鼎彝晚益好學日與同人舒尙孺劉寬伯饒汝順篇什酬唱汝順遺之詩曰窮來藥裹支生事病裏詩篇了宿逋蓋實語也子甲猷字伯辛諸生輕財好義以文著同上

劉天衢字一登廣濟人隆慶辛未進士授中書舍人神宗即位選御史憂形於色耿定力怪問之曰監察職不

易稱也無何御史傅應貞劉臺咸以論列元輔被逮衢毅然疏救卒獲保全累陞陝西少參駐興安先是興安水災民多流亡衢下車議賑且築隄濠全活甚眾未幾遷雲南憲副時巡按沐客兵兵鼓譟執同知强爲帥衢令於所過驛舍掘間道陰出之賊大沮轉金滄道左參政值緬人入犯乃移駐賊衝集八郡材官及諸司土兵分討之凡四閱月盡復故所陷地遷山西按察使加太僕寺卿致仕爲御史時濟苦漕運艱難與邑人陳王道協議請改折色得允其半又請減湖課七十兩至今賴之 湖廣通志

游吉字子修一字西山以歲貢授武昌訓導會武昌令去官吉守之淮西大賈詐入私引鹽百萬貨邑中並求他奇贈物爲奸利私有獻遺吉察其奸將治之其人惶恐夜逃去及學教諭缺吉又代之有汪生者楚貴人通家子以賄入學會其仇[illegible]上書御史府中詞連吉事下府治守核汪生如法并窮治前爲汪生友者某生知吉素操置不問吉請獨身抵罪守心難之吉即治裝歸性友愛與伯兄某析產自擇瘠者兄產廢輒復分予兄死收其子敬嫂如母終其身 丁未縣志

湯之相字惟尹廣濟人少貧父爲縣吏不能自給相假市肆貿易取資夜讀萬歷丙子舉人由學訓爲南助教晉刑部郎出知黎平府地雜苗獠相飭綱紀釐嫁娶科條使男女有別俗殺人不抵惟以銀贖故仇殺益多相不爲末減乃少戢清操自持不濫取一錢黎民說之 湖廣通志

宋元宰字廷弼萬歷辛卯舉人知堂邑縣能聲大起尋以疾卒於官後堂邑許惟新官通政使述元宰惠愛于吳給諫明仲不覺泣下其去思無窮如此予琬仲有詩名 丁未縣志

張嵩號太室萬歷甲午舉人仕京學錄出爲南雄推官

有善政士民立遺愛祠晉南大理寺正與黃葵陽郭青螺相契尤深所在復書皆經時理政之言遷潯州知府有異教妖祠熒眾聚徒黨數萬謀作亂官兵率爲所扼嵩密計招誘遂散去臺臣以爲能章薦方超授兵憲中忌者言遂致仕歸 同上

宋之琦號二室萬歷甲午舉人任長寧知縣歸杜門不事干謁邑有大議輒能剖別是非以爲資益 同上

蘇雨號洪池幼嗜學隨父某任蜀以文謁監司監司愛之扶父柩歸贈恤甚優以貢生三歷學職陞廣東廣州府通判致仕歸族婦汪氏苦節貧甚雨歲給穀助之 同上

張宗潢字祖泉萬歷間優貢肄業國雍除南都武衛叅軍擢陝西高陵縣令甫下車庀材修學發廩賑饑課農桑斥遊惰杜請謁置鋼於庭盛水其中以明已志前令有一獄擬大辟者七潢廉得其情力請上臺生之尋卒於官子爲最字上卿以儒行選舉授鹽運知事晉運判擢兩淮副使孫京然諸生荆府儀賓 辛未縣志

胡士完字五常教菴第五子邑諸生用例貢授槀莊守備誥授民威將軍時流寇方熾士完整飭烽火訓練士卒卒於官子熙成諸生早卒婦姜氏苦節數十年營葬舅姑 同上

夏承緒字爾素署白河縣事愛民敬士釐弊剔奸明末致仕歸 同上以上文宦

徐興字榮一樞密院使遷朝之子御史萬立之孫也仕元至光祿大夫中書門下省平章事封蘄國公事實見城市平章城注

鍾原字元二元至正十年嘗爲飛騎尉戍守富川力拒僞漢遷升蘄春守備卒於任後籍廣濟 辛未縣志

陳受三有力善大刀麓川之役奉召進勦軍中號鐵鞋尉以功授義勇將軍 丁未縣志

翟志超字以大邑諸生不中就武試連中任四川會鹽守備苗賊刦掠餉銀志超單騎入苗洞讓土官普助執渠魁斬之追出餉銀上官上其事轉南操江兼叅將事 同上

胡崙字是恭士容長子長七尺强力過人好騎射幼爲縣諸生以侍養改國子學受業故事國子必曠業違期即脫籍崙以隨鎮撫獄又歸楚脫籍崇禎二年士容起陝西按察副使備臨洮鞏昌兵後遷甘州士容旣欲以功名報國日修營陣訓士卒令崙徃來燕秦間相地勢崙遂與府中諸有氣習戰陣者具得講習諸利害壬申十月海酋阿害囊素等入寇崙充從軍諸軍並力敗敵

於甘又敗於凉崙獲首四級御史上諸將士有功者諸官晉秩餘以次得除官遣士容卒崙扶櫬歸服闋授蘄州衛百户世襲 芝在堂集

陳士昂值流寇時爲一方保障後就武舉試授六合縣千部補廣洋屯政致仕歸子季宗諸生孫上瑾諸生 辛未縣志

李甘來字季子父觀四川瀘州知州原名之郢諸生更名甘來癸卯中武舉甲辰成進士授岳州守備洞庭湖有巨盜千人爲民害先是備兵者受賂容隱甘來至盜以賂進受之且厚賜盜大喜一日甘來至其營解衣痛

飲紏爲兄弟翼日邀盜飲預伏壯士甘來酒酣數石盜魁皆沈醉伏起羣盜盡縛請官兵卽擣其巢盜平以功陞浙江游擊山海關告警詔浙江發帑十萬兩造軍械尅期解兵部浙撫命甘來任其事事畢以疾乞告歸同上

夏天長字時生受業李大復所大復剛直慷慨其及門亦然義勇營倡亂天長輸家貲充保定營用身提大刀破賊斬首數十級年老家貧無怨長男繼舜孫曰瑚諸生曰寅府經曾孫有年際昌有常暨元孫俱諸生同上

李大來字枕粢觀第三子以諸生中武舉天啟元年授

南澳廣營千總鄭芝龍反以防禦功陞柘林守備降海寇黃育一調潮州中營守備鍾林秀據九連山爲亂連歲損官兵無算又殺招撫同知謝定廷議發廣福二省兵往勦大來擣其巢功甚偉林秀擒致生員數十名大來力爲申救俾得脫以疾乞告歸崇禎丁丑立寨獨山頂自春徂秋城塹畧備寇屢至攻寨不克去卒年七十六同上　以上武功

國朝

張先基字開有順治己丑進士授棗強知縣生母早喪事繼母如所生待異母弟極友愛兄嫂喪遺孤貢金撫育教導得補邑庠親伯叔乏嗣基殯葬盡禮置田供祀族黨貧乏者周恤之初至棗強讞大辟獄十餘案活其矜疑十二人鑒拔人材尤有卓識於諸生中得宋師祁於童子中得鄭司直端張殿揚鄭穉王伷等已而庶常學使令長冠蓋相望棗強之人物自是始也人爭傳述之辛未縣志

胡一璉字公侑順治戊子拔貢任兖州通判先是香爐口河決久弗治璉躬督畚鍤悉心籌畫功成總河朱之錫特薦陞東昌府同知兼攝司李平反大案二十餘事擢戶部員外歷郎中出榷龍江關以廉著曾荆襄長隄

衝決璉請帑修築兩郡賴焉遷廣西監司後以路梗留廣東兼管學政逆藩陷城授以巡撫僞劄抗節不受及大軍恢復事聞授廣西布政使司數年致仕歸清貧有踰寒素築室春風橋邊人莫知爲方伯第也卒年九十貧不能殮邑侯李公世德聞而愍之襄其殯事祀鄉賢同上

梅朗中字雪侯以拔貢授甕安知縣甕安故播州地犵獠蠻落悍甚稍稍嘷咻之陞黃平州知州調建水州値土司錄昌賢之變附郡被挾誘輒揭竿起朗中請宣德威給牌示信凡赴治領牌者卽爲良僰人爨人遂率爲

謹厚調上思州以疾去疾愈起補祁州擢户部郎後以成都知府引告歸卒年八十八祀祁州名宦 辛未縣志

朱翼治字簡臣之猷孫例授兵部員外郎有湖南黜苗武生三人拘繫都門同官不聽伺籍翼治以眚在可宥降從輕典三人得還未一年以疾予告家故饒於財翼治從毋王教多施予卒年六十一 同上 以上祁鄉賢

胡來庭字叔憲順治己丑歲貢授漢陽訓導歷沔陽學正轉武昌教授所至必飭學宫理簠簋訓諸人士以古義士皆傾嚮以藩撫交章薦陞廣東曲江知縣有惠政尋致仕歸卒年六十有一 丁未縣志

李必泰字元闢一字巖詹奇觀從子補州諸生第一中順治庚子鄉試武昌蒲圻教諭取家藏粟麥泛舟西上葺廟學完垣墉增廨舍別搆雪堂待客騰觚飛爵無算風流豪舉藉甚江漢間妻陳常脫簪珥治具家日落至手指皴裂未嘗言貧秩滿將遷遽以疾卒子三之繩之經之綸皆以文行世其家康熙四十五年學使潘宗洛允蒲圻士民請入名宦祠 居業齋集

張佳晟字晉天仁熙長子邑山柴荆坪宋余義夫讀書處也晟搆室其側五年徧覽羣籍淵雅有父風中康熙甲子鄉試授沅陵教諭沅屆五溪苗獠學宫廟制荒簡無名宦鄉賢祠晟至申請撫憲趙某始捐金修葺兼修縣志立學規凡事之有裨風化人文者悉以次第舉沅士於是蒸蒸焉陞安陸教授歸卒年七十三 辛未縣志

吳瑾字璞懷一字願餘順治辛卯舉人除武陵教諭康熙庚戌成進士知萊陽縣課最擢知蒲川清馬政減羨餘治行藉甚以外艱去服闋補滄州滄州旗丁駐牧地瘠而賦多逋委曲籌畫輸將及額有脊壬馬七馬八勾連黨與爲暴横久爲河間諸郡患先是刊章名捕莫能得瑾至榜諭曉譬禍福道以自新之路羣奸讋伏羅拜階下乃上其名數於大府奸黨解散入補刑部江西司

員外郎以疾告歸至保定病劇同年友黎政邵九緘任含殮之役制俸賃夫舁櫬歸先是瑾在蒲以古鑪餉黎政歆識千年物黎政乃出件其櫬以行寓書誡其家世守勿殉葬也 居業齋集

毛炳字孝瞻順治丙戌進士又二年授龍泉知縣數年而躓再起沙縣終以不合其別劍川父老詩曰長吏多年不諱貧憐而父老更情親一錢擲向山陰道今日何曾愧古人又曰寒山踏遍雪霜侵多食深巖筍與蕨寄謝山林恩似海養廉空有歲寒心劍川之民至今誦之在劍川分授浙闈最稱得士 藕灣集

舒逢吉字康伯，益生子，歲貢生，天資敏捷，文不加點，兼嫻韜畧。王甫臣之役，叅軍幕，有籌畫功。後任瀏陽訓導，上官知其才，令攝縣事，判决如流，獄多平反。湖廣通志

胡魁楚字爾大，一字紫山，順治七年貢，禮部十五年除知江南建平縣事。建平俗谿委巷細民質其婦，富室算緡錢子母，刻期贖，踰期既抱子，猶襁處廡下，忿爭輙訟。魁楚下令厲禁之，由是無敢言質婦者。建平距省會四百八十里，童子試列縣名例得免更徭，而選首者率以賄。魁楚拔單寒生二十八，學使者取半之，邑人大服。地丁按季徵，斥羨耗，庫吏謹司管鑰，無所售其奸。前令鄭

汝南以虧空八羈，魁楚捐俸倡邑人義助，汝南旋里去。建平自海警後數起大獄。先是有以奸殺人者，前令屢訊不能决，魁楚齋宿城隍廟三日，夕庭鞫，案乃具。丙夜空中若有聲太息云。岑有輔者無子，立從子期貴嗣，亡賴，尋養妻兄子王雲隆，配以戴女。岑，强宗也，某暱期貴，乘上已踏青郊遊，聚徒篡戴女歸。雲隆訟，岑醵金請和議，割昏，而暮夜乘間爲言，魁楚竟抵奪昏罪。岑乃以所却賂賂所親，越訴於監司，監司駁案，遂慨然詣省致仕。比去，建平人盆香祖道，有至蕪湖闗者。同上

張元爵字其修，康熙乙丑拔貢，授湖南安化縣教諭。訓飭多士以敦實行、崇正學爲務，每月分題課藝，獲首選者助以膏火，自是鄉試多獲雋者。丁酉歲大祲，元爵具闗代民借義倉粟五千石分給，民賴以甦。遷漢陽府教授、壽光知縣，謝絕餽遺，邑中積弊革除殆盡。甫百日，以疾致仕，卒年八十四。辛未縣志

劉洪璇，康熙癸卯舉人，任耒陽教諭，應廣西甲子科鄉試同考官，聘俸滿，陞福建建安知縣，以病歸。建安士民賦詩贈行。卒年七十。同上

張金基字寶持，卓然子，事母以孝聞。明季兵寇相乘，偕其弟玉基奉母避亂江南峒山。兵至，斫玉基死，並斫金

基妻金氏，碎腦死。金氏，太史豫齋姊也。金基涕泣求釋母，兵感之去。母不食者累日，命幾殆，金基攜幼女嚼雪水呴之，得甦。後舉庚子鄉試，授沔陽教諭，教士有法，卒於官，祀安陸府名宦。櫬歸，庠士數百人哭送江上。同上

舒芝生字瑤草，詩古文皆有名，由副榜任麻陽教諭。性孝友，父母昆弟無間言。好施予，邑尉湯銘柩不能歸，芝生爲倡捐佽助，得回籍。與黎蘇生同入監，黎卒，召其子扶櫬，賻百金。在麻陽勤課諸生，士習丕變。同上

劉天成字鴻生，號健中，由歲貢任蒙城知縣。蒙素稱悍瘠，摘奸發伏，案無留牘，建義學，拔單寒，士風日振。遇歲

旱禱輒應蝗災拜之息謁上官請免積逋竟致訶譴毅然告疾歸里後非公不至遇橋路欹仄垂橐鳩修族里間婚喪不自支者爲委曲佽助無倦心亦無德色年六十舉丈夫子二晚節益矍鑠卒年八十有二同上

劉茂溶字華生登仕子以叔父都統志陞廕補中書値討黔苗從軍有功授都匀同知陞廣州知府州濱海三十六嶼船商貨雜盜常劫掠殺人與奸牙相表裏官其土者利其賂率不問溶穩知之與牙人約有劫商殺人巨盜即擒奸牙而置諸法由是海嶼晏然建義學資膏火刻廣東文選卒年六十三茂溶自甘淡泊以俸需族

黨並爲舅氏置產同上

梅奕庭字陞陛劻中子倜儻有氣節幼嗜學習舉子業以歲貢爲武岡州訓導每月朔聚諸生於明倫堂講學陞溪川教諭士有單寒者即留肄業凡飲食服物出自清俸試期並助以資斧丁內外艱補歸州荊門州學正轉銅鼓衛教授致仕歸卒年八十三同上

梅畋庭字天士朗中子初爲婁縣丞署嘉定上海暨婁縣事皆有聲報最遷青浦知縣開浦匯塘故河四十里詳請黃波鎮商漕改折六千石青浦便之部使者以巡查至畋庭剛直不阿遂落職交代官至儲積仍完好如故俞太僕督理海塘惜其材以畋庭効力塘工事竣增秩錄用以病辭歸子永景國學生同上

金啟洛字禹書德嘉長子康熙乙丑拔貢補教習期滿授廣宗知縣廣宗土瘠民貧啟洛撫以柔輯不名一錢値軍需騾馬他縣多取供里下啟洛悉出己貲丙申雨溢隣民蜂擁曲防與廣宗民相持甚急啟洛單騎入稠人中問曰此水能倒流乎眾愧服而遁廣宗民德之行取刑部福建司主事擢東昌府知府除陋規金千數百兩又護城堤决民厄溺捐俸全活無算三載以寬罷効力臺站積勞成疾以歿同上

吳世元字鼎文雍正五年以歲貢選孝廉方正任孝感諭加意訓戒能紹祖蕭惟耀屠祖賚屠用恒龔佐龍夏扶章夏扶英郭灤皆經指授先後取甲乙科有文名尋告歸同上

游挺秀字豹文雍正甲辰舉人授萬載知縣廉潔不名一錢上官以其無所獻也索鸜鵒百以示意挺秀佯不省籠百鸜鵒與之後罷官士民資之始得歸癸丑縣志

楊承綜字亮采號望廬拔貢生授黟縣知縣力懲刁悍良民獲安以內艱去服闋補江浦調嘉興治獄多平反鄉民馮綸音被盜苦株連鞫得其實釋重罪者五人時

稱明允改補石門以勞致疾歸卒遺腹子家渭諸生同上

劉洪佈字亦純己酉拔貢授河南直隸光州州判有政聲以疾致仕歸撫姪如子嚴爲訓課皆有成就同上

方楚珏字鍾靈號石齋乾隆丙辰進士授洛川知縣捐社倉米五百石添建書院房舍歲丁卯鄰邑大祲就食洛川者踵至楚珏嚴保甲法更不時親歷以安集之邑得安堵蒞任七年以疾致仕同上

張壯國字顯宇乾隆丙辰進士幼承父怡園庭訓以枕經葄史積善種義世其家官息縣知縣自矢冰蘗勤于撫字及解組歸手一編不輟布衣疏食晏如也卒年八

十有九同上

徐天球字卿石一字未菴乾隆乙丑進士除知威縣調繁邢臺擢四川順慶同知委辦西藏糧務西藏明烏斯藏地土人分爲三部曰康曰衛曰藏均有大員駐藏防護而漢官輪運糧糈凡內地回民與土番交易拊循無術輒致流亡天球加意懷來番民得所期滿當報最以舊案降補廣昌旋調清苑艱歸服闋補丹徒遽以疾卒大吏咸悼惜之同上

郭本才字楚士號人菴乾隆戊辰進士授安縣知縣創書院購義穀嚴捕嘓匪兒暴斂迹以吏議降調起補崇明時颶風大作邑被潮災物產蕩然本才履畝詳勘立報大吏按戶給賑絕不假手吏胥調繁無錫一以寧靜治之吏民以畏以懷以捕蝗致疾卒於官同上

徐樹新字萬懷一字滌菴歲貢生安陸府訓導課士興賢實心盡職太守姚鐵崧沈樹聲皆器重之乾隆甲午奉檄查社穀見鄉井苦旱中道而還具以實告旋監放賑米老弱不遺民咸德之遷石首教諭以老致仕樹新少孤兩兄皆早世養教諸從並身任之其靈山別業所植雙桂忽成連理人以爲孝友所致益同居凡五世云同上

鍾銓字衡秩一字懋亭乾隆丙子舉人借補竹溪訓導竹溪僻遠人未知學銓至接誘恂恂翕然一變以修阻未便迎養告歸親歿遂不出同上

胡錫冕字服元一字弁廬歲貢生興國州訓導州諸生耳其名相率造其家敦請抵任後執經問字學舍至不能容錫冕善造就本邑徐進士天球劉舉人恩訓徐副榜光宙蘄州陳進士良翼及其弟舉人良珏皆出其門子洪讃監生同上

陶文夔字典胄號柴峯雍正己酉舉人授大冶教諭大冶鄉令以其二子受業或有因是請託者概謝絕之以

終養歸服闋仍補大冶邑士皆額手稱慶陞宜昌教授以老致仕同上

陶文萃字錦集一字晴峯乾隆庚午舉人授孝感教諭師範清嚴署縣事湘潭何光晟極推重之致仕時餞送者近千人子大朋字有來號韋谷乾隆己卯舉人以知縣試用雲南甲午分校得士稱極盛旋以就養乞歸改授江陵訓導是時大朋子廷喜以丁酉選拔官嘉魚訓導祖孫三世同時學博人以爲榮同上

張錫崇字履平一字石濤環金次子出嗣安陸教授佳晟中雍正丙午鄉試授枝江教諭課督諸生不少寬假

無異家塾授經時邑中言師範者推焉嗣同上。以上文

胡振雄字英吾曾祖思明以嘉定丞陞山東布政司經歷祖邦寧諸生父黯邑學生振雄有膂力嫻韜畧康熙十九年吳逆反振雄從軍雲南有功總督趙將軍給振雄總兵銜隨征時逆猖獗甚圍城糧將盡振雄誓衆死守逆兵退補右鎮總兵官康熙二十年署臨沅鎮左營游擊後隨征馬鞍山振雄負重傷猶手刃二賊二十二年致仕歸子炳孫飛龍皆庠生乘龍吏目銜曾孫兆元壬午武舉授江西吉安所千總辛未縣志

黃繼學少篤志好學值明季寇亂從軍有功由廣東廉州府中營守備陞本府水師游擊康熙二十二年移病歸子承英國學生同上。以上武功

伍常靈西鄉人正統甲子以易中亞元授四川新都諭陞固始知縣諭新都時楊公春方髫齡以訟事質於學常見而異之留之學中爲立書室延師課讀如己子旣春成進士典楚學政常子洙泗泌沆及族中子弟獲雋者十六人並親展常墓題其祠壁焉補遺

劉恩訓洪度子中乾隆癸酉鄉試歷任江南山陽溧陽諸縣事多惠政甘棠遺愛匾額今尚懸溧陽坊樓人三庚辰兩充鄉試同考官以試卷磨勘鐫級去官家居日

食虀粥陶然忘老卒年八十七

陶大启字有蘇號又坡文夔子涵濡經籍規橅先儒以明經司鐸安陸訓迪後學必先行後文嘗搆講堂課諸生題楹聯云方寸不能除隱疚案頭何用枉施功去之日多士賦詩祖餞有依依不忍別者

陶廷喜字艮菴選拔授嘉魚教諭時教匪倡亂喜請隨營解湖南兵餉二十四萬陞任河南溫縣前令虧帑項甚鉅喜憫其亡代爲塡繳河內窰戶婦與人有私謀殺本夫而匿其屍案久不結承審被黜者十一員喜至盡翻前讞釋姦夫而賞之輿議騰沸比夜選幹丁潛抵窰

所獲姦狀罔屍於窖底獄乃决邑稱神明自是豫省疑讞悉以委焉去任宦槖蕭然士民有跪道遮留者

鍾錫卣字醴泉乾隆戊申舉人歴陽縣教諭陞福建漳平知縣愛民息訟以廉能著道光辛巳恩科分校秋闈最稱得士制憲陳異其才擢署龍巖直隸州

魏雲琯字白崖廩貢生任嘉魚訓導時孝邑旱災上憲遴委辦理井然有條災民全活甚衆歴署荊門州學正孝感教諭調四川龍安府經歴總攝清平等關茶務甫視事以權稅繁重言於上汰其浮者閱半載清積牘六百餘件士民稱快告歸祖餞者數十里子德眉歲貢德

合諸生

劉蔚豹字淑元廩貢生任鍾祥訓導陞通山教諭乾隆戊申鍾祥堤決饑民載道豹捐貲以賑全活無算

干廷植字敏南嘉慶戊午舉人鶴峯州訓導署蒲圻教諭訓士有法多所成就

孔昭史歲貢署宜都教諭授京山訓導作養人才矜惜名器庚子致仕歸紳耆餞者甚衆

張鍾珽字紳齋嘉慶庚午舉人歴任山東曲阜夏津濰縣知縣借補臨清直隸分州禮士愛民人多頌之

饒玉振字特軒嘉慶庚申副貢任宜都教諭署宜昌教授性醇篤宗族以孝友稱待人如春風和日坦懷見誠在官訓士先孝弟後文藝十年不倦宜都向無賓興館大成殿亦圮壞振皆爲興復之歸里後築娛老軒日默誦羲經一過卒年七十有八子儀晉增貢生候選訓導儀鼎例貢豐進士別傳

金振基字應洲歲貢任當陽訓導以敦品勵學課士循循善誘邑人稱道弗衰

徐養中字存吾乾隆戊申舉人揀選知縣改授嘉魚教諭居官儉樸不失寒素體修葺學宫創號舍以課諸生成就甚衆後卒於官聞者莫不隕涕

吳光珩字楚白道光甲午舉人歴任襄陽訓導東湖教諭宜昌教授士之顯達者多出其門致仕後子登垣任潛江訓導迎養任所猶手春秋一卷卒年八十有九

文鳳喈字丹山道光己丑進士授四川綿竹知縣時猓民煽亂喈團集鄉民平定之上憲奇其才委任西藏軍糧府藏民獷悍不馴喈因俗爲治政令肅清三年復知綿竹丁酉充四川同考官次年以母艱歸

劉映丹號蓉韓鳳詔次子由選拔中道光辛卯舉人丙申成進士入詞垣散館改授山東平陰縣知縣下車觀風得生永錫卷奇其文延至署親教之比年中式庚子

捷南宮己亥充同考官得士十二人副榜第一爲濟寧于如川庚子復入闈得一卷頗類于生薦之主司拔置第一及折卷果如川也山東傳爲佳話在任三年請緩逋賦勸置社倉增書院膏火民咸賴之調商河民故刁悍繩之以法遠近肅然未一年丁外艱歸闕令是軒與兄雲眉相唱和二十餘年卒著有馬稷山房詩鈔子四長子宗沅己酉選拔中同治壬戌鄉試才思敏捷兼工詩賦年五十一卒

張殿賓字禮臣幼聰慧讀書目數行下十歲能文十八補諸生第一道光丁酉拔貢是科舉於鄉丁未成進士

授荆州教授搆講堂課士專崇實學從遊者每歲數十人荆南文風爲之一變

夏煒璉字玉選號石村歲貢授興國州訓導轉陞學正以作育人材爲己任一時受業門下者張生兆基佘生以增易生簡劉生煇與炳皆列賢書致仕歸卒年八十有八

呂正朝號磻溪以通判分發甘肅署貴德軍民府兩署循化同知歷巴燕戎格通判所至多善政因墜馬告病歸三載卒

儒林

明

胡應中字廷道隆慶四年中茂才科內修端潔專積善起處依禮嘗置義田以贍宗族荒年捐貲濟人有貸不償往往焚其券已所居屋僅存而別構瀅瑩書屋招聚名賢講業因使其子從之遊學者稱教菴先生（居業齋集）

胡繼矩字成方父萬金有隱德繼矩讀書目數行下下筆千言立就成童補諸生屢試高等領嘉靖辛酉歲貢授孝感訓導時心學盛行繼矩厲禁之士無染其習者改合肥遷遠安教諭桂陽州學正先是孝感人物不大

顯自繼矩選學官士子斌斌蔚盛所入俸資悉寄歸營家廟表先塋贍子姓之不給者自奉清苦寒素所不堪而繼矩處之晏如一時聲譽翕然撫治王世貞薦於朝詔以翰林院待詔徵尋卒子其大號兩儕萬歷癸未拔貢歷官雲夢訓導禹州學正有父風（辛未縣志）

吳自守字介夫一字易菴爲諸生不得志感念人生靡常奔逐碌碌枉自棄無益也遂潛心性理以家居俗務妨人攜篋往匡廬山閉關苦參鍜鍊情識三年心胸豁然有所得乃歸自是日涉人事而本源澄徹愈加涵泳造詣漸純布衣蔬水朝夕養親極盡誠敬而繩檢端

嚴以較前賢成德實無愧怍也易菴居大江之濱不求聲聞而四方訪道者多遥聞之往返必過其廬欵扉侗趨南任維舟塘證引爲神契羅文恭徵行時亦相造留連累日然後别去繇是人知易菴道德淵備不敢以艮隱視之矣湖廣通志

陳王道字仁甫號求吾萬歷癸酉舉人學宗陽明與張陽和楊復所鄧定宇汪靜峯耿天臺諸公往復辨論無不推轂陳先生者聞羅汝芳近溪聞道盱江輕千里往質其門學益進嘗欲彷行范仲淹義田朱子社倉法是時廣濟苦漕運張居正爲相王道與劉梅沙請改折色

獲允其半後人賴之湖廣通志

韓紳字思忠號南皐篤志好學從吳易菴遊而學入稍異易菴主宋儒持敬而紳直捷頓悟以陽明爲歸初爲諸生已竟棄之入吳訪管東溟東溟主張釋氏教典紳亦未肯服有往來論道書載東溟問辨論中性至孝父母歿廬墓三年後道經其墓必哭拜之有遺以果餌者亦持獻諸墓哭如常將卒沐浴就臥笑語諸弟子曰爲一世人始識得半個字遂逝無子有集稿三卷未行世崇祀鄉賢辛未縣志

楊氏服字信甫號認菴後更任菴性孝友弟遘疾齋沐露禱嘗讓弟廩餼應貢讓翟又讓趙曰翟以貧淺趙以詿誤吾不讓二君其遂已乎後司訓吳縣遷蔚州學正專心聖學以求放心尋本體爲訓湖廣通志

胡篤生字孟培號入臾少負逸氣篤學專事性命之旨時邑楊認菴司訓吳下事管東溟篤生亦東下執贄焉東溟之門稱篤生認菴暨韓南皐江夏段煥然爲楚中四君子卒祀鄉賢辛未縣志

國朝

劉醕驥字千里號廓菴生而有文在手曰歷里媪饒一見奇之許字以女留居親授句讀十五入邑庠每慽宋

元以來文習日卑孱因奉左國史漢爲繩矱詩宗初盛五七言近體尤雄深雅健或苦其文宏麗生獰奡兀幾不可句譏之千里益自喜更曲折與盡乃止年過壯始悔雕篆日取周程張朱象山慈湖餘姚山陰內江書浣劌植蓄崇禎壬午高公聘修楚四朝文獻錄順治丁亥督學王公念尼聘主通社以歲貢當上公車因入京與柏鄉魏公裒菴曹公環溪魏公講業極歡或勸仕爲有司者千里曰吾固不任是遂歸里李公五鹿呈祥分巡興國躬率博士弟子數十人以師禮迎至赤菴康熙丙午後由吳入燕道曲阜謁孔墓作文告聖廟癸丑有

旨修直省通志方伯張公九如徵千里等分局著書未及成而止乙卯卒千里貌頎而癯好深沈簡默介然高岸語無擇貴賤不可狎或告宜委折盡人情不可强也不善治生産業以故貧窶㱠至不能具棺衾焉康熙壬戌祀鄉賢子一光智庠生卒無嗣 居業齋集

陳文濤字濤生時泰子家世敦尚躬行文濤謹守家法其所著徵古堂稿論學諸書由程子主敬以通新建良知之旨有功後儒 辛未縣志

張仁熙字長人甫生而母徐卒大母劉鞠之年十一屬文有奇氣又三年受知督學顧公補漢陽學官弟子檄

歸廣濟邱公毛伯督楚餉一見賞識遇以國士所爲古文意無可雁行者而獨與劉千里醋驤友善桴鼓約束里中文社之盛自此始門以內結五經社與從兄一生復熙競爽先生貫穿史學慨然思有以用世直流寇躪楚職方楊卓然又先議安插降賊蘄黄山後號曰新民先生以故人子奏記數千言職方讀而韙之然卒不能用後卒如所料山居既謝絶貴遊而京口譚長益蘄州顧赤方同里胡孟培劉千里過從講藝商邱宋公牧仲通守黄州於雪堂築東齋延致先生言詩會修楚通志布政使司張公九如聘莞藝文書成未及上有

詔舉隱逸布政使司徐公子星列名且上督撫先生以疾辭而吳文僖公王公昊盧姚公岱攏欲合疏薦先生嵩岑李公止之以爲不可屈也事遂寢初通志垂成而稿散佚於司庫至是再奉 詔先生力疾往事竣乃還先生之學大都苞藴史漢槩獲入家而沈酣於騷選書法縱橫自得人以爲在顔米間年八十四卒鄉人私謚曰介節請祀鄉賢子佳勗佳晟佳邑環金咸績學有父風 居業齋集

李奇觀字大復一字巨海用經學爲里人師學者稱大復先生少時偕金復濬學相與硏求濂溪洛閩大指以

力行爲歸事父繼堂及母馬氏以孝聞 居業齋集

金德嘉字會公號豫齋生五歲而孤與伯兄德㷊事母李宜人至孝年十五游於庠旋食餼中順治庚子鄉試教授安陸凡九年康熙壬戌會試舉第一授翰林院檢討史館推爲碩儒莫能望其肩項凡遇編纂職務殫思萃力若明史列傳表揚殉節諸臣一統志分撰楚省諸郡以及禮記解義通鑑講章鱗次就藁㝡夥丁卯典貴州試得士多名儁致仕歸荒江寂寞蓬蒿滿徑斗室中圖書充塞兀坐編摩寢食不倦撰述歌詠卷帙不下數十足跡不入城府幾二十年卒年七十有八門下士私

謚曰貞孝先生云長洲彭定求傳

張惟金字貢方步雲曾孫甫八歲讀書目數行下孝事孀母友愛弟金元遭家中落腴產悉推以予弟而肆力於學甫冠補邑諸生食餼試輒冠其曹時金豫齋爲海內宗工獨器惟金延致家塾教其子所爲詩文雄奇磊落尤邃性命之學言規行矩士林式之中康熙辛卯鄉魁尋授江陵教諭諸生以文字就正者無虛日一時上官悉遣子弟就學後門下士有由詞垣官御史者皆荷甄陶力也致仕歸縣尹僚佐咸祖道沙市江上諸紳士垂涕而返年八十卒學者私謚曰貞文祀江陵名宦辛未縣志

阮文茂字駿公一字竹巖初補蘄學官弟子學使者按籍判歸濟歷試有聲太倉王長源視楚學政以前矛食餼山右鄭崑璧試冠軍省闈垂雋者數矣然竟不第餼滿當康熙丁卯貢禮部學士盧琦翰林孟亮揆邂逅如舊識歸隱竹巖鍵戶著書以老焉母徐早卒竹巖甫七歲號哭擗踊若成人已而事繼母克諧以孝先是家足於財鄉里緩急假貸歲有劵自父雲從捐館舍倒篋焚之曰父命也子九人景入太學勗杲昱國寗補縣諸生孫暨曾孫皆以經學世其家居業齋集

陶起庠字謹之乾隆己亥舉人任安陸教諭以父大眉司訓是邑議建節孝祠未果因卒成之作養人才多善政致仕歸十餘年卒庠性純篤事父母終身孺慕不衰與朋輩接開心見誠不設城府嘗慮近世學者徒務記覽爲辭章不深求古聖人教人爲學之意因閉戶掃迹取四子書研精提要著四書集說若干卷其書一以朱子爲宗於漢唐諸儒之說抉擇精審折衷至當誠有裨於後學子金銓庚辰進士

文苑

明

周原學字希古成化丙戌進士任行人司行人天性英敏學問該博人咸推重從孫時登以文學著登子宰有詩藝行世 丁未縣志

徐謙號紫霧以禮記起家濟舊習禮記或闕所由來謙遠求專經歸與弟煦討論精究授業里中當時禮記並出其門以貢任舞陽主簿 湖廣通志

寇山人名學海字巨源苦志騷雅會削髮入盤山中揵戶數載研究詩家妙旨大有所得而後畜髮出一時公

卿爭引爲上客晉慶成王使人抵山人所曰不穀願交驩寇先生山人辭使者三至乃往南向坐王敬禮山人殊於他客以是山人名逾高所過迎勞饋遺有加禮山人性不羈橐中裝與至輒傾倒立盡於是轍跡且半天下倦遊歸二餘齋徒四壁立而名士過從累日夜不絕其卒也停柩淺土萬歷中桐城劉侯淯水令廣濟讀山人遺集爲遷葬縣東郭畢四嶺伐石表墓搜其詩刻焉 詞林人物考並辛未縣志

劉養微字敬伯別號康谷子父渫泉酷古講學修行穫有道稱康谷子性敏工吟詠家甚貧奉親每不自給始爲諸生有聲嘗走數百里外授生徒講經學而詩不廢黄岡何讓韋長何謙緘仲兄弟皆博學好結交見康谷子疏率而詩獨精尤敬愛之歲時通有無均休戚如同氣然康谷子病篤且一年韋長緘仲朝夕念之數遣僮持藥餌令相繼聞病久柴骨妨木第礌砢取家紉藤者船載往易之康谷子死即日登舟直造其家賻而哭哀感旁人時渫泉猶存何氏兄弟又收淚慰渫泉顏色悽惻爲治喪事然後別去捐貲梓康谷子集以傳 芝在堂集

劉養吉字修仲敬伯弟也其人修而羸樸而都聲音笑貌間宛然敬伯也性狷謹有氣岸喜談說持論常依名

節然非其人弗與語處內直方而兄弟之間怡怡如也敬伯死毀瘠骨立頃之母病旋卒強起飲食襄葬事顧謂弟曰余力竭矣老父幸賴汝卒年三十一無子妻亦守制不屈 黃岡何謙傳

楊大鰲字用極萬歷庚子舉人上春官不第遊南雍南雍諸生千餘人盡識之歸囊竭其父故人高聯璧爲彭澤令邀之竟不維舟年三十卒將暝惟手書母老不能終養爲憾蓋大鰲父民表前卒惟事母蔡氏故云妻盧生子晉字子馬諸生能繼父業 辛未縣志

劉秉錄字昇之事孀母孝母卒哀毀年四十妻喪不復

娶有僕久役於家後知其先曾爲士焚契遣之隱居授徒以明經終 湖廣通志

張鎮號巨石歲貢性耿介前令姚海星器重之葬母姚爲祭主藩憲畢公延之教子鎮有紫微堂上春風暖黃鶴樓中夜月明之句 辛未縣志

劉洪芳字孔實號芝圃秉錄子文不起草數千言立就靑州曹公璜督楚學首拔之隨秉錄遊吳與長洲諸名士飲酒賦詩有杜少陵之稱以歲貢廷試未行卒子醇驥别傳醕駿以詩文與驥齊名 同上

劉秉欽字寬伯天衢長子少嗜古學喜吟詠侍天衢於

三晉川蜀間歷險阻發爲詩歌吳明卿稱爲漢魏樂府任蒲圻訓導逾年歸弟秉鈐字正叔諸生書法爲時所重 丁未縣志

劉秉鈴字幼凝天衢少子少孤好學與劉千里張長人共相劘切詩歌遂擅一時饑滿例得貢棄去故人李暘谷官淮上秉鈴因遊吳越篇什益富 辛未縣志

張金鱗字汝漁歲貢少英傑能文章好施與喜勸進族里子弟賢者鳩得百餘人月課之造士良多性孝友父病衣不解帶者三月廬母墓於馬湖口攜子孫讀書其間三年不歸麻城梅瓊宇邱長孺諸先達咸善鱗郵寄不絕 同上

張淦字凝湘少攻苦暑寒無間萬歷戊子副榜尋疾卒妻程氏詳貞節 同上

張金鐈字汝礽八歲應童子試性敏絕一經目卽成誦搦管爲文筆不停輟數千言立就年二十卒 同上

饒于豫字汝順之礽子年十七爲邑諸生性軒豁蕩俗學不足爲獨喜古文辭爲文宗龍門司馬而於當代則推元美極其才之所至卒成一家言九入省闈不第卒年四十 丁未縣志

饒于鼎字季長號弱水之礽子邑諸生嘗試全楚第一

卒不第其兄豫多傲睨諸生間而鼎必退謹恂恂如也好讀書深明大故崇禎丁丑避亂僑寓蘄熊文燦奉命勦賊擁兵留蘄鼎見而歎曰大司馬舉動若此殆非能辦此事者後果如其言 辛未縣志

翟維宇儀玉諸生學使葛公屺瞻采其文載江漢人文集中 丁未縣志

張珽甲字超儒持身嚴謹色笑不少假人孝友內外無間族黨靡不敬憚之年方弱冠凜然以經濟爲己任潛心程朱不事佔嗶業卒年三十三 辛未縣志

張楚鼎字凝叔歲貢性端方寡言笑幼時卽不屑與羣

兒伍每獨立中庭無跛倚態人以是奇之三歲失父師事仲兄楚甲逡巡惟謹年三十閱黃梅瞿九思講學江皐往師之坐語竟日識解過人瞿集其往來問答語附所著文集後 同上

張楚嶽字宣之少爲諸生善詩畫偕濟南瑯琊文盛行因杜門學史漢家言勤著述 同上

梅調燮字理卿一字二樵爲諸生試武舉及會試不中歸就童子試復爲諸生曾泰昌恩選學使以調燮名上由北監中天啟辛酉鄉試署江陵教諭以禮經分校四川鄉闈胡菊潭世安策語多切直調燮力薦之朝臣薦

調燮補南雍錄授六安知州致仕歸年八十餘卒子二長汝說有文名 丁未縣志

廿許國字忠甫父廷諫縣學生許國年十一歲爲諸生十五歲食餼中乙卯鄉試署太原府教授陞保定同知與監司不合左遷貴陽通判致仕歸濟邑自徐鰲後言禮經者頗不乏人許國取鄭氏而下說禮者五十餘家細爲參訂精思微論黃岡王伯固一鳴推許國隱談爲禮經第一 癸丑縣志

張楚璠字伯璵中崇禎壬午鄉試爲倪長玗先生門下士倪司李姑蘇往候倪爲梓隨齋近藝百餘首徐洴九一先生作五經社序贈之東南知名士咸丹黃焉乙酉歲年四十六死於兵 辛未縣志

陸嗣先字孟思父一揆諸生嗣先天才豪邁喜爲詩劉養微見之大加賞識吳亮思受業養微所語其兄亮嗣亮嗣遂與交好亮嗣宦遊歸創菴靈谷招嗣先讀書其中亮嗣卒乃歸賊張獻忠破黃梅胡篤生王燕子砦嗣先王萬安砦約誓甚嚴然終不能守授嗣先以僞官不屈墜馬死子廷文被殺饒叔度編次其詩 丁未縣志

饒嘉元字仁倩號鈍菴于鼎子年十二工舉子業邑令尚取冠童子軍初爲詩不善劉養微目攝之遂止不爲

讀書大藏寺遍覽古今人詩遂與養微齊名邑令劉公允昌獨愛重元每題詠必偕有唱和刊稿及劉遷廷尉卽爲詩別元曰獻賊僞蒙漢王問司馬相如臣之友中天啟辛酉鄉試搆河上草堂盈移時卉列堵上豁四牖讀書其中芬馨盈座元詩曰自供菹韲飯常辦買花錢恭實語云先是江陰繆公西溪典辛酉試得元文大賞契後繆及於難哭泣成疾死 辛未縣志

饒嘉亮字熙倩于鼎子善詩文以歲貢謁選南都以亂罷歸遂絕意仕進著作極繁燼於兵火性亢爽難爲苛細儀自少婚徐大夫壽春署中又隨之東吳聲名漸廣

其後轙輌不耐家居遂客遊輿馬遍都會然義稍不合輙拂衣去同上

陳懋對字長英博學多文辭有名諸生間弟懋績字仲英友愛無間懋對善書與同輩會文日持幅求書者集几案懋對文畢揮毫應之卒年三十七同上

張皆然字匪譽先是子龍太守以詩名江漢間後起沿泝代有詩學至皆然肄業尤力萬歷甲寅補博士弟子員屢試不第嘗遊京師交遊多海內賢者久之襆被策蹇驢歸濱月塘治圃手汲塘水灌之階前雜植花卉與至即事成詩客踵門不受刺小奚應門客遽退曰張先

生隱矣同上

吳亮思字竻膚歲貢生少時從劉敬伯學詩有聲諸生間錢塘葛公屺瞻督楚學覽其文激賞之由是與黃岡何蘧宿閎中樊亢宗繼城龔美中王正色子雲一翥頡頏齊名崇禎十三年有詔拔才歲貢額外更試百人時亮思年甫踰四十大宗伯林公欲楫耳亮思名且以應選而權貴人私其子弟親戚亮思無與援擯不與會推下物議洶洶指摘陳相演亮思憤發上疏畧言皇上屬精圖治求賢若渴制科而外求之拔貢求之宗室換授求之山林薦辟今乃下及歲貢皇上求賢逾公而臣下

奉行逾緩皇上求賢逾公而臣下奉行逾私富家得官以賄賂勢家得官以門生故吏之援引古人臣以人事君之義當如是耶疏入上命指實覆奏通政徐公石麒從容勸亮思節縮疏中語亮思不可演慮上震怒禍叵測乃屬徐通政陽爲好語羈縻吳貢生邸舍而乘間寢疏楚狂士罔識治體於是上意稍緩亮思遂歸隱石港山下不出客至飲以酒酒酣談往時黃門邸中耳目所覩記事追論挺擊紅丸移宫始末皆歷歷指諸掌嘗言江陵相當國强兵功在社稷而論者紛紛以專詬之江陵敗後無復任事者矣應山楊公漣江夏熊公廷弼受

禍最慘小人附逆璫以傾東林楊公爲東林所倚重擢折固無足怪乃熊公負氣孤立素與東林人不合而殺熊公者亦殺東林爲一案異時史局誰知之者又論國家陰陽倚伏之故而追始禍於神宗靜攝之季後人無以易也亮思居約好飲偶攜族子飲隣人拇陣角勝負族人醉拉隣人脅仆地詰朝死訟之官族子逸亮思就理司理潘君且以亮思抵會王子雲客司理所爲亮思言乃釋歸所著石岩子集几若干卷子敏權敏材權力學有聲居業齋集

溪所養字二思思溪子事繼母以孝聞季父世亮徙居

郡城中嘉靖辛未進士所養讀書郡城十餘年歸從黄梅瞿公九思遊瞿公稱爲老友凡所纂修所養力爲多弟所蘊貞生漢陽教諭所巽邑諸生 辛未縣志

徐長猷字彦合年十七爲諸生試輙有聲與黄岡何炯卿甄景石諸名士友善抵掌談天下事欲以功名自見於世然竟不第 同上

方東白字木生一名定諸生博洽有聲入棘闈不偶中武舉三科不就職家居過其廬者皆敬憚焉 丁未縣志

劉洪班字漢侯好學有聲 辛未縣志

張亭然字翅若父爲椑邑諸生伯父步雲宦歸四方名

士過從亭然唱和無虚日遂絶意進取以詩歌自豪 辛未縣志

張睿穆善詩歌與胡孟培楊子馬唱和最多 辛未縣志

王三聘字莘野習舉子業不售去爲椽得蜀黔江尉善爲詩工草聖韻不必開元大歷而景會情生駢麗自得格不必古欽屋漏而墨濃筆飽落紙自酣黔江歸吟嘯終老孫君宿收其遺稿示饒叔度君宿殁叔度哀其志付三聘外孫胡懷玉 丁未縣志

董九萬字鵬叔號景星子受學於黄梅瞿聘君敏慧善記不爲有司所知日以貧困躬就賤隸勞辱田於野耕耨力兼人叔宦蜀從之五年歸詰朝從弟九齡往勞則手斫門前松幹纍滿山積束如堵焉授徒山寺雨中[illegible]箬笠披簑跣而講門人環侍每同志扣擊遠伸旁證貫串決溜使人應接不暇也其先世有伯剛者早慧號神童九萬與之齊故俗謂董氏多慧云 芝在堂集

陳時務字宜初號雪濱神宗時爲名諸生懷奇好古不肯逐隊行嘗遊金陵閩越歷佳蹟輙有題詠與韓南臯陳求吾交善性摯孝事其父南湖侍立不褻飲食必親年近七十勤亹敏静爲一時物望之宗云 丁未縣志

朱文奇字伯正有操行授生徒經風雪中不移步履家

漸落行益堅年七十餘卒子芾 同上

張振熙字伯繩性冲澹長五言詩自曹阮陶謝韋柳諸家靡不鏤心廢朝夕弟明熙字仲賓甫八月父殁母趙茹荼鞠育與兄相繼有成 辛未縣志

張洪載字坤維少敏捷讀書可數行下病嘔血卒弟洪養字濬夫亦早卒妻程氏以節終 同上

張復熙字一生崇禎己卯科以禮經魁出萬元吉先生門下先生闈中得其卷即許爲鄧定宇陶石簣一流作序以贈之晚留心詩學不求仕進卒年八十二 同上

舒辮號貞亭邑諸生布政使其志次子倜儻有大志尤

工詩古文辭其著作悉除綺麗之習子三長並生字思兼諸生古詩似漢魏渾鈍難以句摘 同上

裴宗昌字文叔萬歷間諸生食餼與陳求吾韓南臯兩先生講學既而從瞿慕川先生遊瞿纂述六經宗昌亦著國風雅頌以兩京爲豳南以省會爲諸國郊廟朝宴各有詩歌會湖廣按察疏徐表瞿慕川著述於朝神宗徵爲待詔而宗昌詩亦傳 丁未縣志

金鼎亦字楚濱不治生產家漸落日取漢魏三唐人詩諷之意欣欣有得隨所歷山川人物風土寒燠陰晴木石蟲魚禽鳥偶有所觸輒筆之於詩並著有自警編卒

年八十有一 辛未縣志

金鼎調字太和縣學生以周易授徒柘湖坂其治易論象學以荀九家未可盡非嘗言曰自士爲科舉之文古學寖廢如朱子學校貢舉議嘗爲甲令以取士庶幾其有救乎冠婚喪祭一遵家禮訓門人惟孝經小學家禮講貫而力行之乃可以爲人孫德裕爲文有聲書得黃庭楷法 居業齋集

張懋斯字信未嗜書貧不能購或從人斷簡中得一二語輒展誦不釋手隆冬衣不重襲而吟詠聲不輟夜分無燈猶繞牀吟嘯然後就寢劉醕驥嘗語人曰謂信未不識宗風誠然謂信未無所得則誣也 辛未縣志

藍季曙字霽若質魯嗜學每讀文糊几上刻以六日始竟中天啟乙卯鄉試西江友人劉卿吾與其子之蘄道經鴻腦洲忽暴亡其子囊空季曙聞卽解橐中裝買殯具復助金作扶櫬費戊寅歲大歉疫癘盛行季曙給錢爲醫藥殯殮授直隸獻縣知縣致仕歸 辛未縣志

舒觀生猷子明季亂田園廬舍大半爲豪家奪觀生與兄並生芝生惟讀書繼先世業而不爲訟爭有隣人潛入內室竊衣服什物觀生覺曉之曰汝爲饑寒廹然非丈夫事也以所竊物給之後隣人强耕織至溫飽語人

曰舒君成我也兄弟三人俱以詩古文雄江漢間時人稱之 同上

劉子杜字幼陵年十二爲諸生負經世志好學詩文皆有聲明季亂自傷其時故名字皆用杜少陵詩名浣花溪寄意也年二十六卒妻王氏守節遺孤王乘舒峻極以女字之王乘諸生有文名子三本烜貢生本烇諸生本煒國學生 辛未縣志

舒峻極字漸鴻益生子少常侍父結交海內賢豪長者已而歸應試補諸生試輒有聲然久不第則攻詩及書旁通金石兼三橋雪漁之長爲人伉直任俠雖布衣諸

生坐客常滿逆旅落魄饑寒無聊之士往往望山人草廬如歸儉歲餔糜茹蕨與共七箸交數十年如一日與人期雖嚴寒大暑涉險難不爽友人劉秀才子杜才而夭爲文告靈櫬以女字其孤王乘卒督課爲諸生他質行追古人率此類也居業齋集

藍季暄字旦生父仲鉞性方嚴督課無間寒暑縣有長風山社劉廓菴王太生宋相文毛樸男每當文會咸推季暄兄季瑛爲祭酒而季暄工科舉業亦有名諸生間然皆屢試不得志於場屋而季瑛年四十餘卽下世季暄一痛幾絕傷其負儁才而年壽弗永也是時流賊蹂

籍鄉邑人無寧居季暄奉母走龍坪江上渡江中之新洲居焉賊退復奉母返舊宅亡何母卒季暄哀號骨立幾不勝喪兄歿兄子皆幼憐愛如己子順治庚子從子石雲舉於鄉季暄自是不復作科名想矣存實堂稿

藍縉字曰復同邑劉治先藿童其中表也與藿童師事治先後皆爲邑知名士每試輒殊等及治先藿童後先第胥歿而縉久困諸生間崇禎乙亥首闢拔貢例縉始由廩餼入選是時中外多故懷宗破格求才於是臨軒策試期異數超用屬烏程相國以其子弗與遂扼焉縉由南雍中應天鄉試歸踰年卒縉好管子書爲文章多似之治先歿每過必北面就弟子位拜哭如生存里中謂藍師事劉篤古道云辛未縣志

饒來中字厥修號侍菴嘉亮子家世藏書充棟來中博觀約取賅洽貫穿中崇禎己卯鄉試性豪俠江右有同姓貴人據要津屢以書召來中便道一往用昆弟行通名刺閽人謂須稍降名稱來中謝絕之弗與通其舉於鄉也出江西萬公元吉門萬公以身殉國諸同門友俱落落負奇節來中感愴師友遂歛迹絕意進取與邑人周文長程雲章程元符張鞠菴張寶持諸子友善狎主詩酒盟辛未縣志

王家驂字軼上邑增廣生博聞强記家多藏書工詩書與孝廉饒來中學正張金基文學周文長齊名爲人溫淸篤實言動不苟喜交遊揮金結客雖垂橐無厭里中寒士賴其佽助者甚衆卒年七十有一同上

廖必科字贊侯髫而慧書五行俱下年十七補諸生歷試有聲遺落世務而豪於飲著有詩集燬於火其子應贍諸生收拾零篇金豫齋爲之序

黃鉉字大象諸生嘗從劉千里學詩於明人酷好李獻吉值寇亂家破居洲中倚門而哦詩酸楚不可讀與人抗論天下理亂之故語至左良玉豢兵逸賊輒髮上指

頷顑憤不欲生口故吃憤至益期期不絕聲年三十四卒弟綏以詩遊江湖客東南諸將軍幕府垂老歸綸諸生

國朝

宋獻字象文一字蓼蒼順治辛卯舉人授桃源教諭辛丑成進士觀政大理寺踰三年卒年僅四十五獻績學攻文其入學及鄉會試每逾十年始一遇云 癸丑縣志

張楚髦字烝哉年十二爲諸生十歲有詩自況曰上界神仙下界儒天宮謫我下蓬壺古言李白眞才子我視靑蓮遜也無又嘗以鏡照其面曰來於何來往於何往

寶處見形空處見象是我非我嚬笑皆妄正襟端坐而逝 辛未縣志

藍士綱字握三諸生爲文樸實眞切有先正遺風喜吟詠 同上

胡俊字燕皇之璽幼子年十九爲諸生倜儻有大志凡山川戶口阨塞無不熟悉料事成敗如指諸掌伯兄鼎築室讀書兄弟四人共相劘切有鸛鴿來巢之異屢試不售飲酒豪曠彈棋射覆用消磨歲月而抒其胸中不平之氣以老其年 同上

郭存會字聚五諸生敦行積學詩文日有聲値歲饑有鬻其少妻於存會者既至瞻其有憂色詢知之急還其夫費錢二萬不計也性好遊闕里廬山諸名勝所至輙記之成帙闕里記伍涵芬選入日華堂刻聖節會約仇滄柱選入小學大全乾隆五年崇祀鄉賢 同上

陳文簡字有斐一字松麓補弟子員科歲試輙高等是時諸子十數入學宮者數人一稟文簡教以馴謹聞文簡狷而戇其於義利之界確如也與人交不能炎熱以媚人然自邂逅以迄終身如一日當其意所不可卽萬端諷之不能動一有所諾於人卽暑雨風雪亂離間之不爽毫髮也友愛諸弟疾痛疴癢必撫摩調治昏喪祭

祀一秉家禮 居業齋集

張佳昌字宏讓歲貢生幼爲文下筆立就具精思壯采宋牧仲先生評爲儒林大器補諸生歲試冠軍食餼晚督率子姪裁成後學年七十卒子六長錫疑增生嗜學好古工書法著述極富詩文詞百有餘卷年七十卒次錫晳諸生爲文不矜才氣一宗成宏書法與兄齊名尤工小楷著有詩草年七十六卒 辛未縣志

王臨本姓朱字叅生一字五宜其先世同居以孝義聞五宜生而事親孝奉侍左右無疾言厲色居喪哀毀守禮三年不入寢室既葬過墓必泣家貧好學作嘗禹貢

圖河洛考胡雋生見而奇之引爲忘年交遂有名諸生間流賊至見臨獨坐大樹下執卷微吟賊魁梁廷梪素知書其婦能讀孝經夜燒大炬出所挾書與相質天明辭臨揮刀揖而去臨後因江行避雨得邑殘志於村店前後失次其存者又率略不雅馴攜歸遂慨然以修輯爲己任於是詢故老考族譜凡深山遠水舊儒敝笥之所藏道路關梁寺祠斷石破壁所記質諸良友潤以史籍數年勒成全書康熙四年督學王公舉行優是秋病卒芝在堂集

范于銓字對敭父應明諸生于銓受業王五宜所劉廓

菴見其文賞之縣令黃公漢崖拔第一遂爲諸生家貧年二十五始有室郡守蘇公於天寧寺見于銓所作碑記後過縣城訪其家延爲經師以目疾辭于銓作詩伸紙疾書諸詩人皆推爲不可及子二殿光殿溥孫秀書辛未縣志

胡璧臣字公良魁楚子倜儻有大志讀書務識大體不屑屑訓詁之學弱冠補諸生中歲隨魁楚之建平任魁楚性鯁直不能事上官璧臣從容請解組歸家故衛籍糧艘幾遭破蕩璧臣身任修復族衆安堵軍與宦糧有隱訟者璧臣升龠無漏好面折人過事已輒忘人以是諒其無物辛未縣志

藍生挺博學多文辭不喜自表著切近躬行時廣濟士夫稱爲學者其餘事詳藝術辛未縣志

金啟汾字禹甸號望岳德嘉次子年十二爲諸生十七食餼試輒冠軍喜讀書古文詞原本性靈貫穿經史浸淫諸子旁推交通而法派一本震川尤喜爲詩出入眉山劍南間諸後輩以詩文請益各有造就兄啟洛發臺站卒啟汾往東郡迎櫬舟至蕪湖卒年六十一同上

張瓌金字持正未弱冠爲諸生與兄蒼泉毅齋矩菴樹幟壇坫噪聲楚南北其父仁熙修楚省志與陳省齋熊

元獻胡康臣張石虹風雨聯牀瓌金每隨侍凡詩酒唱和分韻即成一時諸先達皆曰藕菴詩文旬稱當代此其嗣響矣癸酉秋仁熙卽世瓌金哀毀骨立勺粒不入口三日既葬於室內搆齋奉像日夜作孺子哀絕意仕進妻父藍官當塗瓌金省之所過名山大川輒多吟詠辛未縣志

張佳杲字斐瞻諸生博覽羣書草木蟲魚靡不考究尤精於春秋諸儒異同多所折衷與同里劉千里黃梅黃曉夫交好卒年八十同上

藍之申字福周毋章一產三男之申其一也妻九江廖

氏廖父官四川營山縣殉難廖兄以蔭爲國子生後任四川汶川縣令之申往汶川候廖廖建義學以之申爲山長數年歸 同上

毛同雛字忠移父炳知龍泉分校鄉闈得士凡七人六舉進士而陳靜公景仁官翰林改吏部毛會候際可官司李例政祥符知縣顧南樓高嘉官翰林俱有聲雛以是遨遊郡國得縱覽宇內名山水某年補學官弟子食貧養母先意承志惟謹受經仲父尊素得毛詩解義蘊湛深然屢入棘闈不第卒四十有八 居業齋集

陶永曜字毓彩弱冠爲諸生食餼輒冠軍中康熙丁酉

鄉試喜作文援筆立就不尚奇巧悉本先輩大家法程公車一次不第遂絕意進取 辛未縣志

張粹金字醖儒號玉山父早喪家貧竭力作以養母苦讀書雖嚴寒溽暑書聲達旦中康熙壬午鄉試授善化教諭學宮久圮捐俸建立訓士有法年七十卒於官 同上

劉洪御字乘六以歲貢任湖南沅江縣教諭訓士務崇經術一以敦本爲先會學宮傾頹捐貲重修乞歸後讀書不倦卒年八十二 同上

藍季暉字文若少承家學能樹立獵騁於百家諸子之蘊尤多隱德晚年蔬食有物外想遍歷諸名山 同上

陳聖陞字紫巖歲貢性恬澹雅善誘人邑令李旌其閭曰名世眞儒江洲進士受業葉蓀爲立傳 同上

金啓江字同九德崇第三子康熙壬午副榜乙酉舉人授徒里中遠近從遊者眾一經指授皆能成其材嘗端坐講堂生徒環立高聲大呼既句櫛字比復挈綱領觸類遠引務令聽者犂然於心晚年學益進制義喜震川古詩喜漢魏他文不多作皆劌鉥湔濯而歸之大雅 存實堂稿

吳兆昇字東曙流寇亂避地江之南沙洲受書舅氏李大復所寇退侍從父亮思於多雲山房學詩濡染有詩

癖布襪芒鞋遊山水興至則吟饑寒羸瘦母憐而止之吟自若東曙言詩弟鼎貴東鮮言科舉文字兆嶽東朗言毛詩恂恂禮頌有世家子風 居業齋集

胡復亨字仲亮魁楚孫晚節築補山樓讀書其上學者稱補山先生年四十補諸生復亨之學無所不窺一以程朱爲鵠深疾嘉隆以還講學招邀之習四方以書幣來者概謝不往布衣吳兆昇范于銓文世馨萬禮解松年皆負氣傲岸復亨與之交始終不渝工諸體書卒年七十八兄肇亨字孟嘉亦諸生博通經籍工詩善書 辛未縣志

楊國道字兆理博覽羣書爲文勃勃有奇氣教授鄉里一時知名士多出其門日手一編吟諷不輟年七十卒同上

夏嘉猷字炳文諸生喜吟詠

文啟甲字當仁髫而慧稍長嚮學有大志補諸生年三十一卒

胡應亨字時夏明經父振龍諸生喜爲詩不尙雕飾發舒性情年七十八卒子錫冕歲貢辛未縣志

胡繹思字綏文一玠第二子邑諸生與里中金勁堂張一齋李蜕仙輩交極篤風晨雨夕詩文切劘無虛日投

弟子書首重經學制舉業次之丙申歲大祲設粥飯以賑饑者多所存活虞粟捐以濟人或止之曰如自處不贍何曰當下已自堪憐顧我之不足可俟春麥耳其勇義如此年九十邑令鄭理旌其廬子士彀邑諸生家貧樂施予有父風同上

于渾元字元冲年十二試童子冠軍爲諸生日取周程張朱諸書反覆推究潛心靜會遂叅正宗以恩貢老同上

胡本寀字容卿鴻灝仲子本寀性倜儻不羣自其少時出語已驚其長老十三通經史大義兼治古文詩賦十五賦種花詩有一葉去留禁俗手半枝晴雨奪天心句

十九補諸生第一明年舉於鄉屢上春官不第歸益肆力於學早歲至性過人事祖父母色養倍至處兄弟間怡怡如也好接引後學嘗采曲禮弟子職等書爲家禮以課子弟三十後有志用世無何以營祖父母兆域勞瘁卒門人私謚曰文孝先生同上

藍之奎字文主生而穎異稍長奮志力學尤工書法能詩並有制藝刊稿同上

殷獻字泰來諸生善詩賦年六十一卒子庶諸生同上

劉洪衍字蓄升貢生性倜儻博極羣書廣施予重然諾年五十五卒同上

饒起誦字子維弟起謙字子牧父軫中母方氏俱早喪誦十齡謙四齡依曾祖母馮馮雖慈愛教兩孫學極嚴誦穎敏謙稍遲鈍讀書史疑難輒跪祖靈几前呼天自責以次補邑諸生馮歿誦謙供木主書室出告反面若生前晚思祖母遺範不可得謙遂閉戶揣摩繪就見者詫爲神似盖兩人孝友性成而文學又足以世其家學博張惟金孝廉金啟江話薦紳後不墜先型者曰有二饒云同上

舒鑊字彭年父暹吉爲諸生有聲舒故世家多藏書而鑊尤早慧記誦既多詩古文詞一本家訓不詭於法故

同遊之士皆以爲不可及中乾隆丙辰副車家故以孝
友著而錢尤篤終其身不少變同上
周學校字書六七歲授以毛詩輙能解其義中乾隆丙
辰鄉試公車歸讀書青蓮寺沉吟晝夜務窮六經之旨
所作制義原本經術而出以清刻用心艮苦以此成疾
卒年三十五辛未縣志
夏賓字序賢由監生考授同知効力河工補臨清州判
陞揚州管河通判卒於官喜爲詩工麗秀折與兩淮名
士相唱和無休日且書法甚精同上
周茂才字基倩少孤家貧喜讀書爲諸生食餼教生徒

以館穀養母母殁哀毁踰禮仲弟秉家政課幼弟讀書
時人稱其孝友年六十五卒所著詩文悉本性情同上
陳汝參字大生貢生於關子年十二補諸生與邑中名
士交多推重之好吟詠所著甚多年八十二口占一絕
云白髮蒼然老便休浮生空自歎虛遊開愁未展凌雲
志一度春風明月秋吟畢而逝曾孫錫謀諸生同上
朱榮蔚字耆溢鴻堡子榮蔚兄弟四兄榮藻增生弟榮
世歲貢生榮經中雍正癸丑進士榮蔚幼喜讀書舒峻
極稱之晚善爲詩同上
魏洪賓字禮赤一字玉閣增生酷嗜詩書尤精周易年

踰八十猶能蠅頭細書好學不倦子本昌好著述本相
郡庠生孫雲琯訓導雲玠庠生癸丑縣志
胡錫鬯字雙川優庠生材任子繼伯父材棟嗣孝友端
方爲鄉曲楷模讀書一遵先訓不隨時趨教授生徒制
館穀以養多士訓子義方世其家學焉同上
鍾卓然字自立一字松亭賦性絕人目所暫見了然於
心沈酣古籍詩畫兼長其擘窠大字尤爲識者鑒賞生
平醕謹自守昆季九人相友愛子四三濂堂剛直好義
同上
徐光宇字體元一字迂齋諸生幼孤力學不屑屑尋章

摘句常言讀聖賢書非徒以博科第也教子姪及他子
弟皆先器識後文藝一時經師人師兼焉同上
徐光宙字綸美一字鳳川乾隆庚辰副榜少食廩餼奮
志力學從夏觀川靖果園兩先生遊皆以國士推之貢
成均讀書司成咸拭目焉一時成均之士未有先之者
同上
吳醕字漢昭一字惺齋恩貢生讀書一遵考亭白鹿洞
規言動必謹雖笑嚬不以假人而接誘循循於後學多
所成就乾隆元年舉孝廉方正
恩給六品頂帶以母老留家侍養不復仕進同上

張禮源字甫五優生少穎異父惟金嘗命錄所作詩百餘篇揮筆疾書毫無疑滯楚中知名士見其所撰黃鶴樓賦咸與之訂交蘄州牧蔣京江素欽其學延爲麟山書院山長同上

胡本棨字赤韜廩生工詩賦所作竟陵詩歸論朱學使賞之性脫略不修邊幅每朋試闔郡人士輒相從問奇字彷李長吉錦囊所得句輒投其中身後半殘逸士林惜之上同

魏昌期字蘆泉性孝友家庭無間言娛情山水鴻腦洲太白湖東衝明月峯隨在結廬爲詩歌以自放晚修成

德莊閉門著述卒年八十有一

張應元字捷南己酉拔貢不預外事惟肆力於古文詞旁及岐黃地理皆手鈔成帙書法甚工片紙隻字人爭寶之子京弼諸生孝友性成居家極嚴正門庭之內肅若朝典

陶廷翼字跂山廩生嗜讀書無間寒暑凡經傳註疏有舛謬者必考求原委援據徵引使歸至當子金炬廩生嗜學好古能世其業

張光遠字徵外號施菴爲諸生時學試稱其文有歐之逸蘇之豪中乾隆庚子鄉試屢上公車不第自是專務鉛槧儕輩莫之或先遊其門者率皆掇巍科拾青紫而去性和樂喜獎借有以疑事質者與之反覆辨釋晚任江夏教諭殷勤課士猶彷彿蘇湖遺風焉

吳梅字晚香歲貢內行純備事父母能以色養友愛兄弟終身無間生平潛心學殖融液經史每從章句外出意義教授生徒多知名士

陳亨歲貢生性和易敦士行精舉子業試輒冠軍詩古文詞下筆捷如宿構凡秘書僻典問之即立辨遐邇皆奉爲經師生平著作脫稿即爲攜去得存數十藝爲士林圭臬

徐黃中字吉裳恩貢生性恬淡矢志法古主講滄浪書院歲課程不受請託著有愛廬詩文鈔迨老猶耽吟咏士林奉爲楷模卒年八十二

徐丹中字季巖精文藝以廩貢授鍾祥訓導與邑侯王雪舫賓松溪以詩句相唱酬俸滿陞潛江教諭未踰年卒

周煒廉字鎮之廩貢肄業成均選授襄陽訓導歷署德安府教授穀城鍾祥教諭陞授太常寺博士獻臨雍賦得賜紫綾白鏹致仕歸遇事有關名教者輒傾囊助之

吳弼治字致香優廩生性恂謹沈酣經籍與人語詩書

外必及孝弟事教授生徒歲恒數十人年五十四以課讀勞瘁成疾卒

龔執桓字屏山乾隆丙午舉人建別墅顏曰方寸居讀書其中不預外事

劉翹號南薪歲貢生平敦飭儒行衣冠樸素綽有古風授生徒必講明大節一時英俊多出其門

干效容字皓溪諸生力學不倦以淹雅稱

闞金治字笵之博學多聞工詩賦弱冠補諸生癸酉入拔萃科學憲鮑覺生深契重之父廷壹攝溫邑篆旋遷沅江治隨侍奉養維謹每遇繁劇多所贊助主講滄浪

書院十餘年侍皋比者常獲雋以去晚號吟詠錄存遺稿士林咸楷模焉子醞焯諸生醞熇廩生力學有聲

劉炳蔚字文山歲貢生存心忠厚不言人過主講滄浪書院訓迪殷勤遊其門者咸獲雋以去晚年杜門謝客意態雍雍手一編幾忘老焉子漢基諸生

陳桓恩字瓚卿十歲應童試有聲十四歲縣試冠軍補諸生歲科試皆高等中道光辛卯舉人壬辰會試房薦不售遂絕意進取主講滄浪書院生平喜爲文援筆立就貫串經史而出以清眞至今士林稱之

饒豐字芑坪一字小魯道光庚戌進士江西郎川知縣性孝友事父母能得其歡心與兄儀晉儀鼎皆以舌耕豐館穀較裕而有無支絀取携惟便遇窮困者輒傾囊相贈讀書於六經諸子殫力研究史學尤熟漢書著有駢儷雜體文各若干卷

周鉅青字選樓副舉人端品勵行家貧屢空晏如也不趨時俗以著述自娛

呂青蓮字鼎臣諸生性眞摯子弟有過必免冠受責而後已庚午科年八十六例應恩賜副榜以疾作不果旋卒士林惜之

張坦道字步程道光甲辰舉人性和易藹然可親主講

蘄州麟山書院數年列門墻者多取科第以去後赴督學殷公召卒於皖年七十有二

朱澤楠字小酉父錫昌諸生家貧授徒爲業澤楠隨之學父卒貧益甚因負父書出遊黃岡樊碧渠范璘齋見而異之留之家塾越數年補諸生同治壬子舉於鄉選江夏教諭蒞任僅三月卒性通敏能詩文兼工漢隸豪於酒與朋輩縱談今古爭辯不少休嘗與碧渠璘齋遊廬阜及西湖攬勝聯吟數月始返所著詩文甚富黃岡洪檢討良品敘而藏之

程鵬飛字里萬諸生厭薄俗學惟務躬行與友人劉斯

訓相敦勉著有四書講義若干卷子範景黃皆諸生

劉潤字玉溪嘉慶己卯舉人性純篤杜門教學著述自娛有學庸講義一帙人爭鈔錄幾於紙貴姪駒復增輯之駒歲貢教授生徒成就甚衆

吳清奇字雲峯郡庠生性嚴正潛心講學教授生徒多所成就

胡韻字雪舫諸生貌寢而羸性簡易不工爲寒暄語敦爲友誼朝夕切劘必推懷相與有過則面斥之弱冠即工詩值粵匪亂猶以詩提倡邑中繼軌劉千里長風社故事詩境益進未幾卒年四十八

廣濟縣志卷八

人物志

忠烈

元

張大九幼習左氏春秋元末見天下兵起遂隱陳友諒強致欲官之不可友諒怒剄其足後祀忠孝 湖廣通志

周國鎭武略超羣徐壽輝踞蘄水遠近皆降國鎭於石龍坡之北率鄉民合立周砦以忠義自矢血戰却賊衆賴以全赴京畿請勤王順帝壯之授汝甯招討使 辛未縣志

按丁未舊志山川條下載石龍坡北十里爲周砦元末邑人周樗率鄉民砦此紅巾賊攻之血戰却賊衆賴以全有司上其功官之樗即國鎭之五世祖時世差互疑繫傳聞 癸丑縣志

明

劉玉鑾任四川忠州吏目萬歷庚子春播州楊應龍率數萬人五道並出攻龍泉司玉鑾率家奴吏役挺身拒敵死之 辛未縣志

胡士容字仁常廣濟人初令長洲捕豪惡築婁江有政聲歷薊州參議數忤其鄉官崔呈秀呈秀銜之將爲忠

賢建祠士容又不奉命及士容遷江西副使道通州遂誣以多乘驛馬盜倉儲捕下詔獄掠治坐贓七千論死至秋將行刑而莊烈帝即位崔魏相繼伏誅士容釋出獄二年除陝西副使進右參政卒於官 明史耿如杞傳

游之雲字飛卿以恩貢任德州州判歷官陝西茶馬寺監正流寇薄城雲死守七日不食與城俱亡 湖廣通志

孫光宸庠生流寇盤踞其鄉執宸爲鄉導宸計免鄉人於難紿之曰某地有金帛可掠也導賊出境及至毫無蓋藏賊怒殺宸鄉人德之葬而祠焉 同上

張開熙字功人庠生素以忠孝自砥礪明季流賊亂開

廣濟縣志 卷八 忠烈 二

熙罵賊不屈觸石以死 同上

舒益生字民裕幼尚奇節明末流寇抵黃梅益生率死士四人偵於石壠賊驚疑未即至乃疾馳歸呼邑人遠遁寇至居民數萬以預避得不死張獻忠遣人持衣帛召益生乎亦召者逃入山谷乏食采野蔬自給凡三閱月後以高隱卒子逢吉峻極遂吉俱有學行 同上。以上祀忠孝祠

胡海字伯川宣德中以貢任安南夏華知縣黎利反死之 黃州府志

胡士定字振常由選貢歷潁州衛經歷署潁州事值張獻忠肆掠定集民兵日夜嚴守每出戰攻賊賊憤甚竭力攻城城中矢石且盡爲賊所屠執定使降定大罵不屈賊抽刀連斫中其腦及肢體撲墻下賊謂已死舍去家人俱歿於賊剩蒼頭從積屍中尋掖灌以湯藥得甦當事聞於朝旌其忠節擢知潁州以瘡瘢未愈給假歸里築吼江樓杜門著述子玉成諸生聞潁州信舟迎父歸後流寇掠鄉村執成脅爲盟帥罵賊死 丁未縣志

按省志以士定罵賊死入忠臣傳府志據居業齋集胡經歷傳改入儒林辛未縣志據胡氏家傳仍附忠節茲仍其舊 癸丑縣志

廣濟縣志 卷八 忠烈 三

張佐基崇禎末協守潮州等處副總撫循有方邊鄙整肅死於其事 丁未縣志

向雲字從龍善騎射以武舉任興國營千總訓練營兵如臨敵然當正德改元江西羣盜蜂起終不敢逼興國城又五年都御史陳金請合兵進勦明年春南贛巡撫周南分兵三路並進雲依南節制奮勇前驅攻破賊巢斬首級無算遂爲流矢所中病創死長子國祥赴難繼歿兄從虎迎二喪歸葬於城北向郭園之陽以己子元甫爲之後及元甫歿從虎長子光甫以萬歷某年鐫石於墓 辛未縣志

雅綏川武穴鎮民萬歷初劉小溪之亂川率敢死士陷敵陣歿兩臺奬祀烈士 同上

吳國璋號隱華萬歷己酉任神機二營中軍兄亮嗣遷兵科遂解綬歸將所建第宅命諸子姪均分無所私崇禎間歲荒出所藏穀數千石減價平糶濟人頗多後避賊觀音砦被執罵賊死子敏行克嗣先業 同上

張癸勳字撝謙事父孝父命必身任之有弟三不以勞委也崇禎癸未勳與妻吳氏及三幼子俱陷賊被縶詈罵不絕口賊怒屍骸悉遭燬滅時長子開熙已死於賊幼子簡熙在龍江獨得脫 同上

梁重其諸生流寇猖獗與弟之璘集衆保大符山壬午獻賊自黃梅猝至龍頭寨一時十餘寨俱降大符獨守殺頭領百十人賊怒奮力攻之砦破重其等支解衆俱屠 同上

夏文緒字爾開負膽略崇禎時賊蜂起文緒以功任四川總部張獻忠入蜀文緒陣沒僕隸死散盡妻董氏夜行晝伏子身歸 同上

張旦熙字象明崇禎癸未熙率鄉人堅壁大佛山獻賊攻寨熙被縶罵賊不屈以家殉 同上

方大美字公遜諸生張獻忠據蘄州屢召不屈死於難同上

張光環字君璉年十六補諸生明季流寇肆虐光環年八十餘率衆保集四望山賊莫敢近一日賊故引衆去砦中咸喜欲歸視其家光環曰此紿我也皆不聽環亦不能獨留徐行至深溪邊賊數十騎忽擁至縛環招降環厲聲曰吾肯爲羣輩辱乎遂赴水死三日顔色如生同上

胡之羆立砦於羊頭岔保鄉死事 丁未縣志

吳敏師字恂可亮嗣仲子恩貢任河南確山知縣士民愛之立去思碑解組歸時邑經張獻忠焚燬令移治中

洲胥役鳩黨結營肆行殺掠士大夫謀禦之迺師爲之長立營曰保定師投計平其亂遂聯絡蘄黃四十八砦義勇數萬人與方國安諸軍攻獻忠於金沙洲奪舟百餘艘進軍武昌入其城賊西走湖湘追之事聞行取太僕寺正卿尋卒於湘子兆嵩諸生年少能文以思父憂鬱卒

國朝

胡搢思字其讓廩生以父一璉膺授鎮安府通判偵雲南土富州叛賊沈文崇之子紹基作亂踞府城搢思至蓮花嶺申詳請兵招集民衆並調各土司兵議勦賊偵

知棄城遁摺思抵任後官兵猶未集土兵調赴者無幾九月初一日賊從上甲馬隘乘昏夜擁衆薄城同城把總皆被執摺思獨齩牙噴血厲聲駡賊遂遇害時康熙二十年事也乾隆二十九年入祀昭忠祠鎮安府志

劉洪度字若千生有異徵負奇稟由國學生仕岑溪令猺獞雜處時出剽掠度團練鄉勇擒其渠魁諭以義而遣之遂感激向化擢知石屏以進藏功調師宗旋晉威遠同知適猓黑焚燒慢哈地方度率衆擒捕之又奉委客拏土官刁瀚除其患署鎮沅府事兼攝恩樂縣値攺土歸流一切草創稽戸口清田賦悉心安輯奔馳不暇

歲暮至鎮沅雍正五年正月猓黑騾圍城正部署間而武弁先遁城遂陷度奮勇手刃數賊力戰而死事聞贈鎮沅知府廕子恩謨入監並偕弟恩識引見賞給盤費歸籍攺自理晉中憲大夫湖廣通志

張鵠字瑞圜道光己酉武舉咸豐癸丑粵匪竄縣境邑令李使帥偏師禦賊於打杵口陣未成而賊麕至遂遇害事聞世襲雲騎尉

郭石渠諸生幼聰慧能文同治六年二月遇賊被執不屈死事聞世襲雲騎尉

伍文彬字金周諸生同治六年二月遇賊被執脅之跪彬駡曰我秀才豈爲賊屈耶賊怒以洋鎗斃之事聞世襲雲騎尉

張鍾冕國子監典簿銜同治六年二月遇賊不屈死事聞世襲雲騎尉

岳兆祥監生同治六年二月遇賊不屈死事聞世襲雲騎尉

熊均霖字浥芳同治十年館江西靖安縣署遇賊被脅不屈死

歷年殉難名目

羅允茂　劉敔　方從周　李材

寇奉有　孫殿華　王勝文　徐廷發

羅正元以上舊載湖北通志

干延壽　徐開廣　胡熙敦　胡熙貢

胡業望　胡勝瑞　吳瑞榮　張如勝

張家學　周元春　周才美　陳照垠

干純青　劉心忠　徐保珠　彭宗鐩

劉基燦　劉基澍　夏壽朋　余尙赤

胡春柏　張鍾緯　張沛霖　張茂升

張祥升　張秀升　彭天保　劉宗岱

周炳義　張錫鑾　范有春　項士芳

劉義生　李玉先　張燦炳　李長興
陶仲和　劉緯榮　劉隆壽　楊榮章
程允三　程超羣　程宏義　程受采
程正仁　程祿亨　程海齡　毛桂枝
毛桂蓮　張仁義　蔡三保　饒有忠
吕純詩　陳懋業　李身雅　何克佑
夏心才　徐銘聯　張二連　許輝士
江大和　劉有勝　程福三　劉四生
柯象宜　彭魁璧　侯義賢　鍾立貴
余茂和　余新春　周承業　戴錦旺

余大生　陳爲政　陳端友　陳福壽
項財福　干必客　饒輯瑞　王勝鰲
劉衍玉　劉秀金　李洪超　趙以端
江順青　江大全　吳長全　洪永忠
桂復照　周榮楠　張迎先　鄧汝福
桂啟福　朱運德　張維翰　張文先
藍正太　藍斯文　藍松發　姜金友
周一生　程高元　舒品翰　王士賢
余鳴悅　方承烈　梅開嶺　胡文雅
鍾建泰　張希魯　程大鵬　周錫捷

僧常修以上係咸豐三年至七年殉難事詳節義紀畧
田材濬　王本文　田鎮聯　柯續高
夏沛潡　陳明倫　張繼本　藍斯海
陳玉懷　張玉藻　陳斯烈　胡力成
張凝二　張紹尊　張繼五　魯林太
魯十喜　楊銘恩　楊時雨　甘滋懋
張錫義　李加玉　董學書　熊祖福
黃鍾秀　游光恒　干士昌　干嘉霖
干旭日　干四漢　干從貴　王福有
范連興　吳伯琴　吳迪吉　郭在茲

陳學寅　程福堂　陳華章　蘇柏祥
吳逢時　葉立才　葉立高　楊裕明
李遠壽　蘇春元　董祖勝　董爲松
廖敬福　廖浩滋　魏惟興　廖均棠
廖永高　廖桂榮　廖明福　廖忠義
胡德脩　劉曜先　馮登賜　馮應揆
宋鴻敏　宋佳善　宋美衡　宋美開
宋成林　孫成章　宋懋德　程百海
程金元　蘇福喜　宋恆元　胡太恒
周裕道　涂鍾義　劉耀光　湯遂明

職員呂紹國　呂慶餘　陳輝均　監生廖鑾
胡業儒　例貢宋愷　宋正科　許汕壽
劉新基　劉命基　夏文光　鍾理財
鍾本梧　周鉅斗　周鉅溶　周希亮
周理璜　彭效泰　邢錫亭　周元勲
周鉅鏵　徐曉峯　劉基創　余新春
監生余德灼　吳開定　從九桂庭瑞　李榮癸
彭宗鑑　余華春　張重律　藍正本
陶春鳴　陶金全　陶玉明　劉卓璧
盧俊瑞　蘇大廣　李映榮　張閏三

張輝宇 以上係咸豐十年至同治六年殉難

孝義

明

張本端宣德丙午舉人歷官四川副使性醑謹厲風節父沒廬墓三年有鹿常棲止於其側遠近異之祀鄉賢 湖廣通志

伍伯啟靈西鄉人母病割左脅肉和粥進之立蘇知縣陳獎之額曰孝可格天 同上

陳希濂字勉哉庠生事父母極孝敬父病疽親吮之不幸早死父哭之時呼希濂孝子作哀詞云夜來一片庭前月猶照當年事我心 同上

史玉明廣濟人父早喪傭工奉母母老艱起居玉明負至田間躬自進食母卒廬墓側有虎患或勸其遷居玉明泣曰吾父祖在此寧爲虎食不忍去也虎至玉明拜之弭耳去嘉靖初卒於墓舍鄉人建亭顏曰孝子立碑於所耕田畔旌之 一統志

胡交太西鄉人少孤事母極孝溫凊問視一循古禮見母衰老飲食調攝尤謹不敢少離其側邑令旌之 湖廣通志

臧怀母年百有二歲事之極孝御史獎以聯云百二萱親天下少七旬孝子古來稀 同上

張金榜年十六父病割股以進及父歿榜亦隨亡同上

徐多猷字虛孺家貧嗜學性至孝友父任乾州學正卒櫬歸遇大雨不止停輀路側晨夕伏棺哭踊道傍主人感動破忌請移室內留數日乃行及葬廬墓三年母久病居一土室甚完固會天將雨多猷心動遷之未幾雨至屋壞母得無恙同上

陶之哲字復九隱居不仕精五經性理諸書生八月而孤事母至孝母老爲著衣衽檢被席足不出里外者十餘年母年九十七卒哀毀廬墓前有古松每天氣晴朗白雲聚其上經晝不散同上

夏伯弼母病篤嘗穢妻干氏割股救姑越二日而愈著有庭訓十二則同上

劉秉銀程有璋俱割股救親同上

盧應昇字晳卿歲荒家貧母病危思肉食不得默禱於天割左股救之母以是愈同上

劉洪甲字不先天性至孝祖母櫬自官邸歸或以舊宅爲忌洪甲獨以己宅殯後比屋遭寇燬而此室獨存母歿刻石像己跪墓下後歷官工部屯田郎同上

翟近宸幼爲父病割股後以壬午舉人署華容教諭同上

周以貞割股救親邑令旌奬同上

何所白朱喬俱廬墓同上

吕默卿父晚竹十年目盲默卿日夜吮之目復明同上

陳類兒性穎慧少孤貧爲人飼鵞聽里塾讀書遂代生徒捉筆塾師奇之予以衣食而授之經師飲客擲骰客屬對曰六面四方單點雙點色不一類兒應聲曰一奇二偶內卦外卦象皆同後遇流賊侍母伏山澗母被獲類兒抱母痛哭以身捍賊求活母不得遂與母俱死同上。以上祀忠孝祠

劉輔世永西鄉人家貧父母年俱八十輔世左右扶掖問視弗懈父母有疾糞穢躬滌及歿終身思慕丁未縣志

蔡黃子事母至孝日鬻薪於市以養母病刻苦奉侍同上

饒世隆務農盡孝冬日爲母溫寢夏日爲扇枕同上

劉養仲邑學生以孝著同上

王育民安樂鄉人性孝友兄弟五人承父志不析爨家事任長而以次相黽勉育民年八十四弟得民年亦逾七十晚年授書南坂不忍暫違遽歸雅好客家中落至并日食忍饑推讓閫門感化終身無誶語育民少給事縣庭嘉靖末有里民鍾聲望者發蠹奸狀於院司鍾鞫繫息起解日憫其無子也啓令之歸遂有後同上

麗耀事母孝母病赴橫岡山謁眞武默禱以身代投捨

身巖巖高千尺耀墜地不死母尋愈黄州府志

朱秋圃曰此事何可爲訓母病不起正欲藉以殯葬母病苟起更欲藉以扶養乃先母而死則殯葬者誰乎扶養者誰乎修志而載此事是教民以愚也本宜刪去以係舊志姑存而附論於此

張玉基字乃璞明末奉母避兵江南山峒兵搜峝殺掠至峒側玉基以身餌賊死之母乃得脫丁未縣志

張楚皐字朝弼幼勤學問因父疾遂棄舉子業躬事饘粥醫藥晝不遊庭夜不解衣及父歿泣血以從族人嘉其孝辛未縣志

張楚俊字士升母王氏早逝流賊破湖全家避難登舟父盲病在床遇賊賊欲刃其父俊以身衛父身被十餘創賊憐而釋之同上

胡之郁字簡若諸生獻賊自皖至郁與里人守巽峯拒之踰五月寨破遂掠其父與郁走湖湘父遇害時大雨無月色平地水深三尺郁裹遺骸望電光而走匝月始還鄉同上

張光南獻賊陷蘄時全家被擄光南獨脫躡其後至金口驛安營伺賊鼾睡負母晝夜奔馳抵家七日母旋卒兄弟妻子俱遇害再娶王氏生子之鸞同上

楊光國明季流賊焚掠族屬逃亡二親繼逝賴世父時大撫養及長以親像懸諸壁朝夕哭奠其事世父至性寓盤匝歿則哀毁踰禮春秋享祀腆潔娶吳氏生子一遘疾卒守義不娶同上

張顥易宗長子食餼母馮隨父任卒於官顥跟蹌萬里扶櫬滇路險峻洞庭波粘天顥朝夕泣奠旅寓心力勞瘁哀毁滅性遂成疾歸卒無嗣同上

張珺字廷言一字文吾頌第三子母伍生珺兄弟三早卒珺事繼母江以孝聞多文學爲邑諸生同上

朱大觀諸生老人墳爲荆府扦挖衣冠投大江而死丁未縣志　以上孝

劉文煥廣濟人與兄文煇運糧愆期當死兄煇以長坐文煥詣吏叩頭流血所司上其狀命宥之則兄已死矣太祖特書義民二字獎之明史孝義傳

藍懋忠與弟敬忠富而好義正統四年出粟一千五百石救饑勅旌其門寵以冠帶羊酒丁未縣志

藍瓏懋忠從子成化時爲闔邑代輸春租湖廣通志

程孔艮游校毛思寧鄭德廣徐伯安梅祈桂希堂俱成化間輸穀救饑同上

程友悌劉禹清戴子儉徐萬貴程紹宗王應中李正芳

劉璜饒仲魁呂用賢彭愊宏治間輸粟救饑事聞旌以冠帶同上

張本森字木齋讀書食貧遊學齊魯間授徒三年積館穀數十金值歲饑悉捐以周䘏貧民赤手歸與婦相向怡如也後子孫鼎盛同上

徐萬隆有黃梅里役解公項銀數百投宿因醉遺於厠隆拾歸徧訪其人還之事聞旌其義

王友立嘗得槖金於舊河口求亡者不得以告於官則某里役領解之三百金也令義而旌之同上

藍孟文萬歷戊申水災出穀六百石以寻貧民又爲本族代輸秋糧同上

陳淑牧萬歷間代闔族輸租千石同上

胡海宇光伯萬歷癸丑武進士歷薊州副將歸俸餘所蓄悉與弟浩兄弟同居六十餘年未嘗有疾言遽色鄉人多爲所化黃州府志

饒嘉班字季雅諸生好周人之急嘗施棺瘞不能備遂鋸庭大枋以益之晚讓宅於兩兄自處數椽浚如也子軫中進士湖廣通志

王贊堂字參宇世居縣西王家腦有張玉彩以命案解審須貲其家變産金一百六十餘兩令其子攜往時酷暑至王家腦林中乘蔭遺金於地參宇拾歸開囊見書乃知張玉彩活命物也攜金至路傍坐以待旦次早玉彩子號泣而來叩其故出原金還之縣令周驥以聞院司給以扁曰淸廉垂範辛未縣志。以上祀忠孝祠

李勝惠永西鄉人性溫厚能容人過有盜其物者惠見置不校仍與以牛穀諭使改行值火災拜之風返火息當旱竭誠而禱雨驟至丁未縣志

李勝楷號獨山永西鄉人仁恕端謹有六子與諸孫庭訓嚴肅輕財䘏族撫弟之孤愛踰於子父母違葬徃視惟勤寒暑不飾服遠近不乘馬鄉人敬慕之同上

胡繼洪字近莊父文以孝著洪先疇數畝年五十而致大富倉廒數十楹甲於諸邑歲不登每設食以飯買穀者嘗夜獲數賊洪命無用燭及問之皆遠人勞以酒而寻之穀生平退讓不與人忤知縣周旋之同上

吳士選號肖龍生平好義禮賢士䘏孤貧賓飲四次年八十有二歿時命孫瑾搜積券數百持至祠堂焚之計數約千有餘金同上

夏三九字天作元初卜居於濟之泉口散穀賙饑不五世而子孫蕃衍若多六以義得官大德周䘏得獎曰典爲人篤孝生子曰臻施棺殮貧尙鰲賊執不屈大廉封

股救伯大魁收瘞枯骨矯矯義烈皆有不可泯滅者同上
王應琦字珍儒幼攻舉子藝搆書室於邑東凡貧而無藉者往肄業焉子台鼎諸生同上
梅啟南字南征諸生父長白以諸生敦孝友崇禎辛巳歲大饑啟南與陳百順等議施粥飯饑者夜夢神降於庭曰人民大難施粥可濟啟南前跪許施粥十日神微笑次夜復夢如故云事已聞上帝矣宜急行明日縣令朱議濾施粥啟南輸穀若干石以濟之存活甚衆子楷梧皆諸生同上
吳國章字仲玉父樂以孝聞十歲而孤卽能哀毀縣丞

聞之曰此孝種也後年九十七而終生平語及父母輒泫然出涕國章事親亦孝兼尚氣誼爲郡諸生子楚愚楚嶙皆諸生同上
李調元弟敷倩以衛籍運漕艤邑黃義仲附舟北行染惡疾不可近李爲進藥餌湯酏數取衣澤澣濯之經數千里不輟死爲殯且載以還費數百金無德色友人龔哲以兵荒死鄂國昌以疫疾死皆出家財置棺具殯之調元素好武畧委團練龍坪總督袁授以副總時左兵東下以疾卒敷倩割股救親尤稱其子職焉同上
阮思槐邑西鄉人有隱德萬歷己未歲大祲流移滿道思槐竭困廩操壺漿以食饑者竟歲不倦後有飛穀來集倉皆滿人以爲善念所感云明末保衆龍頂寨子雲從順治間值邑屢荒亦出粟救饑同上
饒于璉號石門經宿華容邸次天明人先發于璉獨後見遺囊多重鏹疾呼不應冒者踵至悉辨之次日持囊送縣懇招遺者令高其義旌之同上
夏伯則任劉宅於壁間得金還之同上
夏尚印字柳溪自致千金而好行義萬歷十六七年歲饑道屍枕籍來春乏牛種尚印買牛數百頭並種子以散耕者秋成薄取其租隣多德之知縣王廷俊嘉其行

舉鄉飲同上
周倫諸生成化十四五年邑大旱輸粟一千石存活饑民萬計郡太守並縣令旌之辛未縣志
吳仲美字原溪正統四年邑大祲美出穀八百石周給鄰里不足又輸穀一千石助賑活人甚衆上聞旌義民賜冠帶後成化間復捐穀一千二百石以周貧乏子守坦有父風亦以救饑受旌同上
張金璣字涵珍頗饒於財性儉樸衣不帛食不肉遇人艱則傾貲不惜萬歷三十六年水漲破堤沿江廬舍漂沒婦子流離璣輸粟周之全活甚衆崇禎初苦旱居民

公奪人穀璣亦被搶邑令拘衆究璣反爲辨而寬之崇禎十三年戶當里役時値薦荒且疫璣爲圖圖輸南漕三百戶獻賊屠戮遍野積骸如山璣親提筐收瘞之邑令朱以賊故移治新洲餉不敷璣助餉八百兩卒年八十四子七 同上

郭京元諸生與吳浮玉甘忠甫爲筆硯友時出家貲周人急以義行著 同上

鍾鼎字集之貌甚偉寡言語九歲喪父事母田以孝聞母卒三年不入內室逢忌日奉主悲鳴達戶外從中武舉益砥躬飭行族姪魁早孤爲之婚配歲給衣食令就

學卒成諸生師母死無歸爲置葬具復劃產爲祀田以祀其師生平落落好施予見族人無力婚嫁者身任之鄉里以饑寒告者周之從周令驥得其狀深爲嘆服稱鍾子爲邑中長者 同上

張楚偉字小損號雪巔金和子天啟甲子舉人好義任俠喜爲人解紛難叔曾祖國子助教衢南藁葬道傍爲改祔祖墓 丁未縣志

國朝

劉登仕字希卓性醕謹事母以孝聞母久病咳唾汚穢躬侍榻手浣衣不解帶者累月母卒哀毀骨立三年不入內値歲荒捐廩救饑全活甚衆以子茂濬貴贈中憲大夫祀鄉賢 湖廣通志

陳文允諸生事父孝父病劇躬親嘗糞父卒居喪廬墓事繼母亦如之乾隆四年建坊 黃州府志

蘇元周靈東鄉農民事親至孝竭力農事以盡孝養歿後廬墓哀切鄉族稱之乾隆四年建坊 同上

呂和寬國學生幼事雙親克盡子職親卒哀切廬墓乾隆六年建坊 同上

劉銘璋字玉侯事親以孝聞親卒前後廬墓者六年事繼祖妣克盡孫職無異所生乾隆十四年建坊兄銘鼎

弟銘軾皆諸生 同上

陳治國幼事父母以孝聞於鄉黨母朱病痿痺偕婦王氏左右就養始終不懈及親沒廬墓三年乾隆二十八年建坊 癸丑縣志。以上祀忠孝祠

吳熊字四維歲貢事親孝髫齡先意承志卽似成人嘗侍疾祝以身代遂邀神佑不藥而愈弱冠失怙恃哀毀骨立明末人多竄伏熊獨奮捐塡墓遇賊斷右臂而不去届親忌辰至老猶匍匐至墓悲號康熙癸酉歲饑出粟周貧鄉黨稱之年八十有六卒三日前自製祭文戒作佛事 辛未縣志

舒遵吉字王路增廣生父觀生諸生遵吉事親克供子職父歿撫庶弟還吉友愛無間工醫貧不能延醫者必授一方并給以藥活人甚眾同上

徐之潢字景南懋謹子之潢幼爲諸生博極羣書食餼事父兄以孝悌聞癸巳邑令蕭以舊魁閣有礙學宫之潢與貢士梅英庭諸生舒隨吉王棟楊日進各捐五十金改建南關外邑賴之同上

洪雋字子清國學生以孝友稱母歿廬墓三年兄弟友愛雍正乙巳夜將半家人擒賊李某雋不忍鳴官反賚酒勸諭助以穀石李大感悟卒爲良民子恩榮恩勝恩

錫恩炤恩光皆諸生同上

楊齊賢字坤吉邑諸生流寇亂父仲虛攜家寓蘄城越四載仲虛歿殯未葬流寇薄城舉家驚竄齊賢年十歲請出柩於城外柩甫出而城門扃齊賢以金囑守兵夜縋母出後陷賊中乘間逸卒年八十四同上

段可量字伯海武山湖人父守書母張氏兄弟凡四人可量行四七歲而孤母癱仆床蓐二載湯藥滌濯如一日母歿奉櫬中庭可量廬處戶外哀痛倍切後卜葬馬頭山苫塊塚旁露處七日夜鄰人爲作篷以棲歲除妻子挐舟來迎量不歸母生忌哭奠空山寂寥日夜有綵

竹聲縣令西蜀劉臨匾曰孝動鈞天同上

楊承緒字振宗儀封令復之曾孫父國遇卒繼母劉矢節撫孤備歷艱苦緒好讀書而體弱善病母以爲憂緒善體母志養身惟謹外家貧緒恐母心不慰迎養母父於家母病湯藥必親嘗泣禱願以身代歿後哀毀盡禮廬墓朝夕哭奠不輟卒年六十有四同上

張之金字輯玉諸生成童時母病劇封股肉煮汁以進母飲而瘳居喪哀毀啜粥茹蔬三載不入內室弟早世撫其子如己出好施予宗黨有緩急必周之同上

藍之珏字廷獻灝弟三子性最慧爲諸生灝病篤焚香

禱天割股以進乃瘳同上

梅殿元字月資家貧嗜學雖耄年猶誦讀不輟重氣誼友朋貧乏者出館俸相助繼母病割股以救卒年七十有七弟來儀亦以義聞同上

劉自理字明水國學生登仕子甫二齡母卒繼母李愛憐之稍長知身自徐出時於無人處掩泣父詰之對曰母實眶兒兒自痛不省所恃也年十二葬母徐離家三十里伏塚呼號徹晝夜父誘之歸不聽禁之不從廬墓三月強攜以歸父歿寢苫枕塊哀毀骨立居繼母喪亦如之卒年八十四同上

張魁卿父老寒冬不近妻子與其父同卧起者三十年同上

趙宗福家貧傭工養親父病篤思魚不得福呼天號泣往釣水濱魚忽躍竿上携歸奉父越日又於龍宕見羣鳥爭食隨往得魚數尾以進人咸驚嘆後漸豐裕康熙癸酉亢旱甲戌大疫捨棺六十餘具以葬餓殍子安國國學生同上

李繩武字昭遠弱冠爲諸生依父母流寓興國常採薪以供甘旨後歸父固名宿館穀豐盜入室用火燎鐵器以灼其父武號泣跪求盜感去母歿盡哀既葬欲廬墓

父不許朝夕往視哭奠服闋始罷父歿廬墓三年又鬻產創立宗祠並贍隣族卒年七十有三同上

胡奇棟字任臣諸生幼孤事母孝母歿廬墓三年雍正丁未歲歉出穀二百五石以貸隣族至秋悉焚其券同上

魏芝芳字蘭若性孝父病割股和藥以進明季盜賊充斥父被擄傷痛幾絕或曰汝死母何依乃收淚奉母後母又爲賊所得芳慟呼願以身代賊義而兩釋之一日匿母深谷自出覓食以養賊突至縱火比反母遇害芳號泣負骨奔竄沙洲賊平改葬南郊廬於墓側貧而好

施遇水旱疾疫輒捐貲煮粥施藥捨棺無吝色子尙志諸生尙忠别傳同上

龔必勘字允武其先世素封父章性慷慨好施予勘師事仲兄發憤讀書不遇遂應武試爲諸生膽畧過人有羣盜入室執伯兄勘持挺擊其渠魁乃得脱後應試郡城聞母訃一慟幾絕歸營葬事冒雪渡江舟人以少緩爲請勘叱曰母喪在堂豈可以風雪阻耶促解纜中流舟覆溺水死仲兄沿江呼之忽躍出顔色如生年三十有一妻廖氏晝夜哭幾失明截髮持齋苦節自誓孫大魁國學生同上

程之璽字蘭玉父文吾以之璽出嗣弟星斗星斗疾劇之璽刲股肉以進疾愈星斗晚舉二子星斗死之璽撫二幼弟以友聞同上

藍愷文事母孝母病文詣横岡山捨身救母母卽愈同上

李六奇字秘成諸生父歿廬墓三年徽郡汪某緑負債鬻妻奇贈以二十餘金保其家室捨蒿蒲山李某賣田銀十三兩俟至次年還之康熙丁亥自郡歸途遇江西吳某傭工河南饑寒交迫夫婦投河奇携至家欵留贈貲得全其生年九十六卒孫廷寵諸生同上

李本忠字季仲一秀第三子嘗割股救母以孝聞事兄彬玉彬臣撫弟季武友愛有甘姓母子流寓於濟子又他往母老家貧本忠衣食數載死爲殮葬子大材大謨國學生同上

龔基顯字子壁年二十一妻死不再娶葬母哀毀後侍父於書館父病篤諸藥不效割左股肉和羹以進乃瘳越三年卒居喪廬墓茹素飲泣同上

伍承渾事母孝母疾割股和羹進母愈同上

田仲章廬墓後峯呰同上

伍亞達八歲母卒擗踊如成人父生疽遂吮其膿血後

病篤藥無效遂割左股和羹以進尋愈父歿廬墓書務農夜號泣家事聽命於兄男婦五十六口從無間言鄉里高其義同上

方君德字舜臣幼失恃事繼母張倍極敬愛母疾湯藥親嘗禱天願以身代及卒寢苫枕塊號泣不絕同上

呂生翰字士林幼孤事孀母孝母病割股療之當暑天患處隱隱見有叩之者翰終不言雖目不識丁而眞摯出於天性同上

胡棟元永西鄉人家貧釀酒爲業事母孝日出爲人釀夜必歸省或有人給以肉食必懷歸以進母病劇持香帛至橫岡山禱眞武誓以身代禱畢投捨身巖下竟不死僅損一齒舁歸母尋愈同上

鄢成先幼喪父其母再嫁某生一子未幾又死成先無妻室迎母歸傭工以養母患癱瘓成先獨進饘粥洗滌穢汚扶掖起居終身無倦色母歿哀號倍至鄉里爲感動同上

彭華國字玉書諸生前後居喪廬墓六年父墓在祖塋側國疾革命其子捐二百五十金贖族人所鬻之墓木以保祖蔭又捐百金贖族人所典田以供祭祀邑令邵鄭詳府旌獎遇歲歉減價平糶人多德之兩次重修車

坊舖石龍舖橋費三百餘金子士博士厚諸生士高例授州同職銜同上

陳崇銑字秉公幼喪父與兄元相友愛教諭歐陽遷顏其居曰怡怡堂事母四十餘年孝謹不倦康熙乙亥母病割股和羹以進母愈子金貴同上

呂和成字大友諸生生數月失怙甫二齡母他適祖母潘鞠育之成與妻左右就養幾三十載病則禱以身代同上

柯承緒字麟趾康熙乙酉副榜幼孤事母極孝工詩古文詞制藝尤守先民典則暮年以母張苦節請爲建坊

立祠遂辭家室依母主以終其身同上

王有恒字立方國學生母疾篤刲股和羹以進有頃母曰吾生矣問故曰適夢中見有神人謂汝能以孝思上格今益我算矣母後三年卒同上

徐候爵爲父吮疽父歿廬墓三年同上

胡國英雍正甲辰割股救父庚戌割股救母同上

胡士爵太東鄉人建九之子性至孝母彭病藥無效焚香默禱願以身代至横岡山投捨身巖越日舁歸而卒母尋愈時長子正根甫三歲爵死七日生遺腹子一族藁名之曰孝遺同上

藍士秀字文昭諸生有夙慧工詩文授生徒以供甘旨父母病衣不解帶者數月居喪茹素不入內室視弟遺孤如己子同上

金德崇字峻公之純長子十三歲侍李宜人扶之純櫬自與安歸補邑諸生餼滿上春官暴病卒年五十五性至孝友李宜人在淺土食糲衣麁殫心計經營兆域弟德嘉病咽喉劇時嘉未有子禱天請以身代爲文伸紙疾書不加點竄然闔肆自喜飲酒無算以酣故至目惛居業齋集

游聖選字用周中雍正癸卯鄉試弱冠失怙事母以孝聞弟某死撫其孤若己子年七十一卒子錫鵬錫龍俱諸生辛未縣志

劉斯與字廷直諸生幼孤事母鄭克孝母性嗜鯉魚斯與每食必具朝夕求之不以道遠闕供及母歿後喪葬饋食亦必備設癸丑縣志。下同

戴邦材字大勳一字望屏父千智葬其父華玉於瑞昌廬於墓側邦材隨居三年不忍令其獨處邦材葬母亦廬墓三年臨終時囑其子以從葬父墓

金業講字能侍一字典亭諸生事父母孝父啟汾病劇業講刺指血書疏願以身代既歿廬墓三年晚爲本邑

江漢書院掌教後學多所造成溫學使兩次獎其優行

劉文德字大型其先塋在蘄州之沙徑一日舟載祖父父母櫬往附葬遇大風雨未幾舟覆文德抱其櫬浮沉巨浪中悲號不已忽然泊岸若有推移之者人以爲孝感所致吳學使旌其門弟斌諸生居親喪廬墓三年後以子蔚艮進階儒林郎文俊國學生築琢玉堂讀書肄業會城江漢書院文儒國學生兄弟四人並式好無閒言

吳世爻諸生瑞祥子父病反胃日事湯藥一切不假諸人凡三載母患痿痺舌澁不能言世爻代擧代履適如

其意胞叔棱苦病久世爻亦躬親奉事學使還以白髮
丹心旌其門
鄭氏二孝子次名綱三名組母許病綱割左右肱組割
左股以進後父庠生光適得上氣疾二人復屢割以救
之其祖庠生本姬爲作二難傳
呂生欽字天柱諸生母患手疾不能自飲食生欽親奉
之始終無倦容母歿哀毀骨立悲號三年
程炳武父瑞璠早卒事母楊氏進膳必視進藥必嘗定
省溫凊無間寒暑母性畏雷炳武値陰雲驟起雖外出
必歸恐母之驚怖也母歿廬墓學使王旌其門

査世泰號遜齋父洪俊抱疾七年艱於運動母旋喪明
世泰服勞奉養未嘗片刻離左右與三弟同居無斗粟
尺布之私子克健諸生
劉斯興字馭遠一字載軒乾隆庚辰進士母病逾年斯
興偕其妻百計求愈左右就養不間寒暑因成瘵疾卒
里人以爲斯興蓋死孝云 以上孝
張泰字公美純謹寡言笑子弟多畏憚之崇禎末値寇
亂泰持譜牒文券裹貲糧率其家及母黨范氏避山谷
順治初始歸凡契約屬范姓者一一還之張與范宗祀
賴以不絕其他施棺捐穀建橋修路諸善事力行不倦

知府戴以爲善最樂顏其廬年八十九卒子五四子鏗
遠康熙戊子大旱於濟北寺立廠施粥一十六日丁酉
歲荒於報國菴捐米三十石以濟貧乏鏗遠之妻姪女
吳氏夫卒貧無依鏗遠周恤之並爲其子完婚五子鏗
遂捐置祀産若干康熙戊子己丑二歲荒亦施粥 辛未
縣志。祀忠孝祠
程命甫武鎭人崇禎末寇賊焚殺遺骸遍野甫顧人收
埋其遺漏處常得諸叢篠而往瘞之里中饑甚甫自江
右載米歸多所全活徽人王時宇少鹽課夫婦投水甫
救之代還其值周子艮欠地課十六兩賣妻以償甫爲

贖還夫婦克全 同上
范應明字起公諸生居喪蔬至朝夕衰絰哭旣葬守墓
哭伯兄死撫其子如己出弟夭無子以子主其祀寇掠
里中婦女十餘人傾囊中裝贖之不給則繼以豬牛有
夫陷賊久而未歸者食其婦且數年歲祲里有不能存
者舉家鬻爲人僕應明賣產數畝贖歸之 居業齋集
千應探字擇可國學生順治癸巳己亥歲祲前後捐穀
一千一百五十石又施被綿棺木歲以爲常子爾漸歲
貢生遇端人正士必倒屣迎貧則解囊無吝色 辛未縣
志

梅英庭字偉士成都知府卽中子幼隨卽中任好讀書尤精易理以歲貢謁選都門同鄉不得歸者英庭傾貲助之金盡不能得官游吳越十餘年歸年七十四卒子永旭諸生同上

鍾汝瑞字景孚有義行康熙十年歲祲捐穀一千五十石救饑捐金修靈西橋同上

朱之默字若訥孔嘗子之默兄弟七人遇流寇唯之默與父母及猶子臻年存之默撫之如己出性好施子族中不舉火者計口授穀康熙二年邑大水各里長將歛金爲費之默獨任其事會慕公天顏巡撫湖北道經廣

濟上其災費稍省卒年七十四子懋乾諸生早卒孫翼治別傳同上

胡一玠字石存號容園一璉弟也弱冠偕仲兄一珙以七義高等補邑庠食餼好與賢士大夫遊瀕河茅屋知名士過從無虛日縣大夫以行優聞於學使辛亥歲大祲周卹存活無算羅某鬻妻陳某質子皆垂橐助以金不足則繼之囷粟宗族故舊婚喪不舉遺孤不卹而賴以竣事者不可勝數据業齋集

吳兆嶽字中望號石溪幼時負笈走鴻腦洲受業經師盧小相順治間爲增廣生會西山之役軍興旁午一切襍徭煩重縣令任瑄猷欲廢縣治分隸鄰邑縣人誓以死力爭之不果廢兆嶽率同志疏於上官會淛閩姚制府下散甲令楚北徐制府踵行之兆嶽舉觴言曰此誠百世利也同上

徐懋謹字敬公祖步上以禮經傳家父順國高才生流寇亂竄伏山谷不廢學年三十補諸生有聲里有布衣游姓者老而狂或譃噱傳會觀察風聞刊章名捕逮繫游宗人梏拳載道懋謹率黨正走興國州奏計觀察使言狀狂夫獄解而諸詿誤者釋歸糧戶轉餉武昌城資用乏絕則垂橐貸諸逆旅其人貧無以償用子爲質懋

謹焚其劵縣西二里徐家衙卽徐氏家廟歲久且圮懋謹庀材新之同上

胡之璽字欽若楚良長子十歲而孤母顏撫之弱冠爲諸生居父喪哀毁如成人母顏殯値火災長號擗踊哀禱反風輒應人以爲孝思所感弟甫三十死遺孤襁褓鞠之如己子長督課婚娶析産營居咸與己子均黃岡曾益之來濟一見如素交館粲無倦其妻客居死爲治喪相高敞地以葬益之死殯葬亦如之士大夫高其誼同上

呂樂吾有虎負其弟入陶穴樂吾徑入穴中泣語虎曰

汝殺吾弟吾誓殺汝虎若解語掉尾而起樂吾負其弟
出辛未縣志

楊齊聖字郢壁邑諸生幼時與弟齊賢同受父仲虛庭訓尤穎異超羣明季兵燹兄弟同奉母朱於鋒鏑中不懈子職隨伯父伯陽之儀封任值縣試伯陽命持文衡人咸服其藻鑑晩棄舉子業購地數畝於城西接敖嶺收遺骸埋其中邑中修明倫堂建四高樓捐金爲倡且督理不憚勞卒年七十三 同上

吳士榮字簡伯明季兵荒雜沓親歿不以顛沛廢禮獻賊破黃梅榮挈家避武山砦虞地隘不可恃因移湖畔

弟凱留砦榮去十餘里賊突至復冒死救弟炮火入袖中而不能傷若有神護卒遁去闔門無恙 同上

張瓊基字瑤長一字臥雲邑學生超然子瓊幼失怙恃少習舉子業貫串經史值明季世亂遂不就試結廬投徙新洲積粟盈囷居民王姓春被火夏洪水淹苗家累數十口坐困瓊基以囷粟悉予之子七四子鉤金綽有父風 同上

吳應霖字公惠值明季亂奉其父避兵山谷叔兄應華爲左兵所縶以隻身護父得無恙當鋒鏑間倘攜鹽佐父食後腰間有腐肉疤痕乃藏鹽故生平不問財利恣情山水間游詩書子洪秉字繩武諸生康熙丙申水災洪秉與弟全猷出米一百六十石鹽一百二十包周濟鄉人二十餘日嘗延名醫於家惠人藥餌貧不能殮者即助以棺 同上

陳汝昌字廣生貢生於闕子囷守宮墻數十載嗜古不倦每爲文輒抒胸臆不屑從時好性慷慨順治丁亥米價騰貴昌總糧排逋區釜以上者悉代納焉 同上

張懋能字巖如有鄰人劉惠被誣當死能力救之卒脫於罪 同上

陳三鳳字東鳴少攻舉子業數奇遂深自韜晦家非素

封樂施予邑大疫捐貲賻棺千餘具至財竭拆屋梁以代之卒之日聞者流涕子宣闡以弱齡隨父鋒鏑間屢以術智避賊全父母及身人以爲奇童子父卒躬耕奉母以孝謹聞亦樂施予置義塚於縣南之登高山子宗岱諸生康熙四十五年歲旱嘗出粟以分給其族黨 同上

伍惟曇字希祥習舉子業樂施予有堂弟惟經幼被賊虜長官貴州貧無所歸曇訊知遂賣產辦盤費往返數千里接之歸給與田宅有族姪承吉零丁孤苦曇撫養成立視猶己子爲之定婚配以繼先祀亦給與田宅年七十七無疾卒 同上

張文熙字斌茲髫齡被獻賊執往荆州防守稍懈遂從間道逃歸後爲諸生厚重有大略尤喜給施貧待以舉火者若干人死爲治棺殮者若干人同上

張坤熙字貢萬弱冠自邑中歸中途得遺金六十兩驗其包封姓名知爲遠鄉賈人因假宿途中次日復候至午失金者方至盡還之同上

張浩熙字廣臣康熙丁亥戊子兩歲荒疫浩熙施米百餘石棺木百十具周之同上

劉之烜字暘孚事孀母張氏委曲就養居恒體無完衣而親極滋味母病湯藥親嘗衣不解帶夜則焚香默禱

願以身代既歿水漿不入口數日遇忌辰倍增悲痛終其身無二致仲兄之焜性曠達妻癸迭喪遊學都門因族兄令岑溪偕往有留蜀意烜匍匐數千里拉之歸且憫其無嗣爲置側室時焜年踰六旬矣連生二子里黨傳爲美談同上

張佳齡字士林多隱德有貧人貸某氏金數年未還將訟於官齡鬻己田代償之又有貧欲出妻者助以衣食卒得全同上

張憲性公平倜儻有能有盜當死繫於獄比除夕盜丏憲保任出獄憲具保暫釋之後邑令訊原因吏曰張憲保出在外卽差人至憲家憲曰次午帶盜至邑令訊盜曰吾以汝負憲矣何德以感之不伊負也盜曰張憲至誠服人豈忍負乎同上

馮元會字集成家貧嗜學先喪父事母以孝聞每事必請母命一失所懽歛如也兼治岐黃業龍坪疫行不問貧富延治輒往全活甚衆妻家病戚黨屏迹元會入視妻父處相染促之歸元會不聽妻父感異夢而愈嘗以家貧備養貨殖於蘄之漕源口投牙儈柯某家一日念久不省親兼程歸柯忽有事在官盡以元會所付貲免比反柯擬償以子元會力拒之子二長佐喬次琪諸生

同上

郭如環字蘭玉諸生受業陳敬仲門濡染貫穿書法彷蘭亭洛神賦嘗東遊吳門吳人得環書輒傳示家塾授徒里中臨文甲乙輒豫算其貴賤壽夭時號水鑑歲祲人減田價以售踰一二年環召其人視原券補償之居業齋集

張佳璟字應瞻廩生事母陳盡孝城東六里許曰雙河口乃蘄濟通衢往往水衝河決滅頂濡軌璟捐金建石梁復置亭其上便行人憩息兩屬賴之學徒王本燦貧不能具修脯璟誨不倦且飲食之王以是舉孝廉辭誄

吳之璞字雖萬值歲荒捐穀施粥人多德之同上

胡應奇字次平諸生富而好施康熙丙申丁酉饑饉洊臻民多菜色邑令蕭於城隍廟煑粥賑濟應奇踴躍樂輸前後三次共捐米一百五十石年八十卒子三錫爵錫三錫君孫洪成洪度洪學洪濟洪中洪甸洪宣並國學生洪驥洪驥俱諸生同上

方大名字賓賞好施予捐金建石洞凡四方忠孝節義無嗣者鐫名於石捐田二石五斗給僧人奉香火不絕同上

方調鼎字象九歲荒煑粥救饑子席珍施藥療疫活人頗多同上

劉達章五世同居邑令劉顏其居曰風追張陸同上

劉自澄州同銜康熙癸酉歲大饑四野流亡出穀周之並約諸弟佽助匝三月儲積悉空全活甚衆有卒於官者收䘏其家且教其子數年克成立厚贈資斧旋里嘗置一婢價四十餘金後知已許字某呼其父領歸不索原直卒年七十有二同上

胡公玉年五十無妻力耕奉母所居曰兩路口一日晨起見郵亭壁上有遺槖橐中金八兩頃之失金者至公玉詰得其實還之其人撿少許奉酧公玉不受又嘗見亭有行囊手試之知爲金也謹護之其人至縣輸官無有始憶郵亭失去倉皇來公玉察其狀一一合而與之同上

藍灝字含友父季暉灝少倜儻有大志長爲諸生康熙癸卯間頻年水災灝呈諸當道獲免丁糧之半性伉直面折人過不以勢豪少沮同上

藍烓字愷士季曙子垂髫抱異質年十八補諸生西山之役軍興旁午令按籍箕斂凡巨室俱以逋租被逮烓同族兄修倩跋涉荆襄困苦萬狀卒俾族人安堵康熙乙酉歲大祲烓捐穀百餘石以救饑者同上

朱鴻堡字大基諸生父芾諸生鴻堡於新河捐地五畝付白衣菴煑茶以濟暑渴灣塘埄幇堤捐地租三兩爲義塚子榮經癸丑進士樂至知縣乾隆辛未縣舉鄉飲大賓榮世別傳同上

藍之枚字建宗灝子蚤慧爲諸生有聲性伉爽遇事輒引爲己任東鄉城塘橋圮枚與陳宗恪募有力者醵錢鳩工數月橋成又修官橋港年七十精力不少衰子二俱諸生士煒尤有名工詩與兄士焯相友愛年五十一卒同上

魏尚忠字孝資靈西鄉人少孤事母孝兄卒家計日索

忠悉經紀之撫諸姪無異己子外祖鄢姓乏嗣忠爲伐石表墓置祀田使無缺祭康熙癸酉邑大旱忠有田租三百六十石近西鄉静林寺卽於本處分給諸人偶至湖口縣有同寓客蔡履仁被盜欲投繯忠傾囊與之戊己蟲荒有張姓鬻妻於興國柯某妻不忍離忠捐金以贖張願爲奴報忠固却之其義行多此類子洪賓諸生孫本高國學同上

魏尙惠字際康父芯奎早卒母陳矢志教之貧無束修從鄉塾竊聽久之觸悟能文章得爲諸生尙惠有氣概中表弟貧爲傭以館俸爲娶妻得延舅氏祀故人胡天

旭死教養其子並爲娶妻丙戌丁亥旱前令李設粥施藥悉委尙惠子洪任國學生同上

鍾煇照字麗明國學生性慷慨雍正乙卯歲祲捐米三十石煮粥周濟乾隆癸亥捐貲創建靈東鄉聖壽橋行旅賴之同上

胡澤民字守宗諸生歲祲輙出穀以周貧乏帀絮百幅雪夜無衾者人各予一遂以爲常蘄之西河七省孔道公私病涉議建橋慨助百金買一僕有涙容問之曰父爲債所窘立焚其券不索直年八十卒同上

張希集字臻成慷慨好施嘗因同族志德乏嗣廢祭捐穀六十餘石爲祭貲雍正己酉歲祲族之貧者欲賣祖山給以八十金祖山遂保張大勝苦饑將鬻子爲撫字十餘年且定婚配楚材見功二人貧不能娶助之資俾得娶以生子鄉鄰於起萬奇窘將鬻妻償債持金賙之益以柴米夫婦得全邑東鄉木溪坂素無橋梁輸貲建橋往來稱便年八十四卒子大衢大世國學生同上

陶唐嘉字孔彰裘五世孫少失怙攻舉子業家故不豐而重義輕財恤災扶困嘗拾士人遺金並帳簿唐訪還原主子五破産教讀長永復邑名諸生少永曜康熙丁酉舉人別傳同上

陳元字鼎公曾祖繼曾銅梁令祖大珪鄉飲賓明季寇亂率鄉民集武山砦多方保護人甚德之父宮賜諸生早卒元事孀母以孝聞撫幼弟友愛彌篤弱冠補諸生雍正丁未大水捐粥米三十五石乾隆癸亥積雪人無所得食出穀五十石分給鄰族倡捐修官橋以便行旅生子一金橋同上

胡虞睿字作聖事孀母以孝聞遇宗黨空乏多方賙恤里人祝某負債百金不能生睿傾囊代償江右劉某假睿金將鬻女以還睿不忍立焚其券同上

許日生字斗生國學每濟人之困康熙五十五年捐貲

建造石橋於邑西曰熊家橋菱角橋許家橋凡蘄濟兩屬往來者多賴之年八十四卒子景崧國學生 同上

田逢聖字兆麟淹貫經史好拯人急年二十九卒子本文字漣城國學生事孀母以孝聞康熙丁酉亢旱出穀六百餘石周隣族修東湖橋治陽城山松山路一帶平鋪大石以便行者施藥餌捨棺木邑人稱道不置孫炳貢生卽用州同 同上

胡星聚字泰階國學生事父母以孝聞遵遺命築亭建菴於石步嶺顏曰泉應捐田四畝屬僧烹茶以惠行旅 同上

李如金里人谷某貧乏不能自存將鬻其妻於江右客哭甚哀金聞之贈銀三十兩俾勿離散康熙丁酉歲荒金售產富室獲谷二百石以周隣族戊戌大疫捨棺二百具葬男婦之無依者年八十六卒子錫訓錫乾 同上

陳起鳳字翽展諸生白茅衛孔道古橋圮水驟漲行旅病涉鳳獨任之甫落成舉一子名之曰橋自是日益行善邑令劉爲立傳子寵錫諸生中錫國學生 同上

董可棟字陳九諸生事親生盡養殁盡哀與弟同爨六十餘年未嘗有疾言遽色江右田姓居莊側鬻子葬妻棟倂收其券予以棺旣殮召其人焚之有從姪無依攜歸撫養教讀婚配並給家貲子繼昌諸生 同上

陳崇鑣字裕公諸生族有伯奇者年老無依鑣膳養七年卒備棺以殮瑞昌涂氏子年十二流丐於濟鑣收恤如己子婚配生男令其歸宗里人熊得先素謹愿被盜誣陷欲自經鑣以己田八斗典十四金營救得脫 同上

熊啟聖字承三國學生幼失怙恃事諸兄友恭備至賙卹宗黨捨棺木施絮衣卒以爲常乾隆癸亥歲凶捐米二百石助賑嘗買僕婢後聞其父故諸生也立還之年七十卒子如浩如瀚國學生淮諸生 同上

干爾治字陽公諸生聞關中王豐川與張石虹講學江

漢書院往師之比歸杜門教授子允議國學生克遵父訓康熙辛丑歲祲捐穀三百石以周鄰族 同上

吳光儒登麟子貢生每寒冬輒施絮衣遇疾病者濟以藥餌兼捨棺木乾隆癸亥於武鎮拾江西客貨本五十金次日訪其人與之有德化縣某鬻子易食儒贈之以金得保全有子龍 同上

張奇計字仁字多義行捐貲建設義學歲儉煮粥救饑 同上

張思斗字裕公諸生少失怙遭左兵擄入營夢神人指道得歸母胡氏因失子喪明斗舐之復明三子天聘性

孝友同居六代無間言好行善事捐修鳳港橋及郭家壩同上

周於德字禹會怙思長子弱冠補諸生文名藉甚居恒樂推解貧乏不能自給者輒多方周恤之同上

李郢字修萬國學生諸生如山長子幼孤事母梅以孝聞母沒哀毀盡禮三年如一日撫弱弟錫章恩勤周至比長延名師督責之爲邑名諸生家非素封然事關孝義則慷慨獨任嘗置祀田建祖祠出貲數百金里中有貧不能自給而鬻其子者郢聞而贖之生平隱德多類此年六十三卒子澤禮國學生同上

張士拱字大先例授縣丞事母孝撫諸弟曲盡友愛里有湯姓貧鬻其子拱聞而贖之年七十五卒子時亨有文名時遇時行國學同上

周傳九性醇謹好善樂施子日進貢生亦樂施子會出穀全魯公勝夫婦捨棺施槃克承父志同上

趙安邦字魁五與兄安國析爨後見兄貧乏邦以從前兄所售產盡退還之同上

殷輅字蒼詒諸生五代同居鄉里稱其孝友同上

胡錫正太東鄉人以掘藕爲生一日天未曉起行中道觸物而躓暗中摸索得一囊啟視之則粲然白鏹也因坐以待久之天漸明一人倉皇來哭呼曰吾售田得金二百兩今失之吾何以生爲錫正舉囊授之其人問姓名不告而去

楊承紱字赤來一字南軒監生兄承綜官嘉興知縣卒於任遺腹子家湣未生承紱聞信馳往一切交代皆手了之扶其櫬歸里其時兄亡子幼或利其資頗有遺言承紱身任其艱卒得安堵

劉超然字人表一日自會城歸得遺金於道上重三十兩許驗其封褁則遠鄉賈人也超然守候累日失金者至盡還之其人取少許爲酬却不受

胡栻字貞幹號北坡娶張氏女女病拘攣四肢若拳曲或勸其改娶栻曰命也業聘之安忍棄之乎遂迎之歸不數年張氏病卒栻作哀絃吟三十首誓不再娶

胡洪度字容超監生乾隆丙子邑大饑邑令勸民助賑洪度輸穀四百石令旌其門嘗以納糧之龍坪得遺金百餘於厠上露坐守候則宿松王氏子以鬻產得之將貧以爲生者也洪度給還之其人泣拜而去子棨優增生孫文慧諸生枝秀諸生

周之冕字爾溪監生長兄於德早卒子楙馥幼之冕養而教之不啻己出楙馥字桂芳由監生授縣丞銜乾隆

十七年春大雪邑民阻饑之冤與其兄日進及楙馥出穀千餘石周之全活無算

陳振光字聖容監生叔父洪炅家素封遺腹子連光煢煢無所恃振光庇其家事會計出入一無染指稍長延師教讀俾底於成而處之恬然人以爲難

吳保璽字國玉州同銜乾隆三十三年歲大祲施粥救饑民萬數陽城山爲縣邑往來通衢羊腸一線險仄難行璽捐金開鑿砌成石道至今利賴牛肝積布等磯大石當中舟多覆沒璽於水涸時鳩工鑿平之商旅無恙

于陶元字成均增生庠生致治子也陶元母宋氏生陶

兄弟七人宋氏卒事後母查無異所生友愛異母弟三人曾無間言後煥蓮俱諸生皆陶訓迪之力

徐樹蓮字仙育增生肄業會城江漢書院山長夏瀔川極器之厲志躭古不問家人生產事胞兄樹新主家政羣從孫曾林立樹蓮僅一子絕不以食指衆寡生計較心

郭元哲字維乾父存會究心聖典貫串經史元哲立品敦行敬守家訓與人誠愨親疏無間好施與鄰里多受其惠有佃人死遺令其妻改嫁償租元哲貸其租厚賻之前令汪舉鄉飲大賓二次

吳清字恆達祖兆岐以清居長而能文授錢百千以助膏火清爲置田累積至五石有奇析箸時與諸弟均分又負公債清私售己田償之人服其義

劉洪綱字舜三布政司理問銜敦孝友多慷慨邑中有大事踴躍奉公無顧惜心倡修儒學文昌閣曰毋令讀書種子斷絕也

周楙相字廷弼邑諸生源禮遺腹子家世素封少孤克自振拔積學工文尤慷慨尚義置祭產周困窮鄉黨皆敘其文行

儋士賢性慷慨鄉里貧乏必周之紛難必解之善處兄

弟怡怡無間言子之鰲監生

劉洪偉字漢奇附貢生兄洪度官鎮沅殉猓黑之難偉自會城聞信星夜馳道收其遺骸殯殮如禮幸孤姪等扶櫬歸閉關萬里家口數十部署倍歷艱辛

夏有藻國學生周人急難鄰有不能養其母者延至家飲食之無德色焉

劉載德邑有李齊畈地濱湖濟渡艮艱載德議募田置渡以爲永久計衆咸慫恿之既成而負其約或紿以立姓名於石反陷之先後所置義渡田凡一石六斗皆載德自出己貲而家以破矣

胡是光倜儻多才工書法由北闈遺卷取入四庫館議敘廣西藩經署灌陽縣事弟增光吏目借補高邑典史因會館傾捐百金爲增修之費士林義之

以上義。俱癸丑縣志

劉雲翥字吉菴增生生平以禮自持雖燕居獨處未嘗見其跛倚也家教肅然閨門雍睦與伯兄久齋隔居十餘里每新正必親詣拜帖授孫輩拜跪而遺之好周給貧乏施衣埋棺木藥材等事後力不給猶典衣以繼之子四樹璠府廩生居心制行克承先志樹瓊庠生樹琪武生

于艮楷號雙亭父染疾每日奉盤盥垢未淨輒以舌舐之十餘年不倦精於醫道光壬辰疫癘傳染施藥調治愈者甚衆嘗夜深就寢聞叩門者甫出戶而室已傾人以爲孝義所致云

陸大鵬字久齋事父母以孝聞鄉里有貧乏者常周給之凡遇爭訟必百計調處捐資排解

童永璣字聯珠性最孝母染瀉痢病四十餘日璣手進湯藥盥滌穢衣及母逝哀毀骨立逢父母忌辰齋戒祭奠哭泣盡哀有佃某歲祲鬻妻璣與以銀使贖之並給牛種及耕稼所需余姓有鬻媳者璣亦給金留之庚戌春夏二麥未獲族中不舉火者出米按名分給

張世璜字翠軒邑庠生與弟世琮最友愛食旨必分妹一適阮貧寡無子璜迎養以終邑中修聖廟建考棚築盤塘隄効力極多琮字碧軒縣丞銜樂行善事道光己酉庚戌歲大祲市餅餌以給飢人精岐黃術有延請視疾者並贈藥予之

農民楊家潮字德海有至性父承蔡得火結疾如廁哲不能下潮日摘其糞而出之絕不作嘔逆狀諸兄早年析爨未幾俱卒諸姪所居皆與潮隔潮每日往來數處代爲經理雖雨夜不少間某佃負租數年請以田退潮

不許並給金以爲貲本中表某窮無所歸潮收養三十三年沒復爲之具棺以葬年七十三卒子四長文杞監生次文楨庠生敦品力學邑人咸推重之

李學蓮字汝青監生涉獵書史能强記父大材仁厚性成嘗懸學喫虧三字額於庭訓誡子弟蓮體其志踐行之爲親購葬地費鉅不以累兩兄乾隆乙巳大旱貸雷姓錢以救饑民族之貧者娶助聘殯助棺讀書助膏火歲以爲常舅氏劉儒伯無嗣供養惟謹既歿置祀田奉其血食不絕待岳父母亦如之其修河橋嶺路瘞遺骸立古塋碑碣里人咸高其義壽九十無疾卒子考祺考

經俱增廣生以孝友世其家

胡洪謨字甸之監生持躬恂謹父錫冕年近八旬司鐸富川留謨經理家政歲時定省無間母徐好施予謨出所積供之不少吝待人不設城府人樂近之子二長丹貢諸生處事有膽識不詭於正次丹梓好學敦品增生

項熙颺字艮程諸生父早逝事孀母飲食必手進冬夏溫清至老不倦母卒飲水三日三年不出戶不茹葷里人皆稱其孝

陳金鑾字海珊優廩生少失恃事繼母如生母母病頸癰醫束手鑾口吮膿血親洗滌病乃痊父之瓊善病鑾

侍湯藥恒累月衣不解帶父歿哀毀致疾卒年三十有六祀忠孝祠

程日寬字萬選父母卒俱廬墓三年時號青亭孝子學憲涂旌其閭

范溥高靈東鄉農民家貧傭工養親父歿守墓卒於墓舍族人哀之斂錢以葬立弟子爲嗣

熊朋周父母卒俱廬墓三年

張錫穀邑庠生年三十二喪妻父年逾七旬穀事之子兼婦職父病衣不解帶者數月至爲之嘗糞里人皆稱其孝

朱質升性孝謹父病中風親侍湯藥三年無倦容

郭奎琳字象德幼失怙事孀母以孝聞有饋以甘旨者必懷歸奉之母病遍禱諸神夜夢青衣姥自稱大士謂之曰汝母瘳且得壽考後果享年八十有六

郭詠春諸生同知銜父雍捷饒貲財而好行義父歿服甫闋春忽病革屬家人散其家貲以成父志既卒母張與妻胡捐田租四百石爲闔邑歲科卷費 縣卷

陶秉厚母卒廬墓三年

彭秉翰字西圃父卒哀毀幾喪明道光庚寅冬檢篋得借券三十餘紙悉召其人與之年七十七無病卒仲子

輝緒承祧胞弟居喪齊衰饘粥如禮有欲出其妻者緒出穀留之

李顯基父母歿俱廬墓三年

李錫義胡致中劉超義俱廬墓

郭材楫幼失怙傭工食力以養其母母歿廬墓三年

陳基效父母歿俱廬墓三年

徐榮志居敏從俱廬墓藍於憲祖歿廬墓

徐澤遠有孝行父錫蕃病醫云宜服人參遠賣田產易之繼母蔡晚歲抱病飲食湯藥皆遠親奉不假於人

郭奎郢監生甫六歲事親定省如成人兄病篤焚香祝

天願以身代病遂瘳家有文梓兩枝連理人以爲和氣所致云

饒振翼字耐亭監生家産計租三百石歲儲其半以周貧乏不能償者聽之乾隆戊戌至小池口拾數百金於小袱中悉還其人無德色嘗有盜入其室翼覺俟家人熟睡呼之出再三勸諭並給以貲盜卒改行曾孫春霆諸生友愛兄弟賙卹鄰里能不墜其家風焉

魏居業字香山監生家素封每遇歲饑日給同姓薪米而爲饘粥以哺饑民里中乞糴價減於市農民某負債將鬻妻業代償之且給以貲族人貧而好學者助之膏

火卒年六十三子五次雙烈嗜學多善行緯有父風

馮棟才字淸江諸生田鎮人佃人某鬻妻償債才知其事給以金使留之馬口巡檢陳某嘗以千金寄未及語其家人遽病沒才召其姪至告之故悉以原金予之

呂聲瑚永西鄉農民嘗於途次拾銀六十兩坐俟失者至悉以予之失者酧以半不受又有周某以銀一瓶藏瑚積薪下瑚得瓶詢知爲周物也亦還之

呂文翥字鳳騫諸生安徽試用縣丞居心長厚建義倉義學於家捐課穀百餘石邑修考棚聖廟皆董其事排難解紛不辭勞瘁晚年以吟咏自娛有詩若干集

彭集梧字鳳陽號鳴阿例貢好施予凡婚嫁喪葬弗能成禮者隨遇佽助略無吝色道光戊申己酉水災賑米百餘石咸豐乙卯丙辰旱災賑米二百餘石邑中修文廟葺試院廣學額一切義舉皆始終襄其事

戴芝蘭性孝友敦睦族里每遇荒年輒出錢穀給之隣人某貧老無依蘭收養二十餘年歿殯以棺聞者稱其義焉

劉蔚桂號厚齋家故不豐性好施與夏施茶冬施粥置義塚捐祀田修鳳港橋獨力爲之無少吝收租極薄銘其扉曰天年不一人力惟艱少收一扉多收幾年自蘄

州收租歸過挂口舟覆同舟六人皆溺水昏夜若有紅燈前引流至夾套抵岸黎明五人先後流至無一溺者人以爲忠厚之報云子鳳詔別傳

劉鳳詔字丹墀太學生蔚桂子克繼父志好行善事建義學置公善堂捐資爲之倡歲祲冬夜爲粥以食餓者親族貧乏者歲終給以米杜門教子後皆貴顯送次子映丹之平陰任詩曰唯勤能補拙郎猛要思寬又曰臨行無別囑望爾做淸官亦可知其訓子之有方矣著有棕櫚聽雨堂詩集子二映靑舉人映丹別傳

夏徽墀字循陔恩貢道光己酉歲祲有將鬻妻養母者

設法資助俾得保全主講江漢書院數年一時俊秀多出其門

梅秀南監生性孝友同爨四十餘人內外肅睦遇人困乏爲之稱貸後或代爲償之無德色焉

宋錦雲永東鄉人嘗夜過倉頭埠聞哭聲問故乃鬻妻償債者雲解囊與之金夫婦賴以完集

宋爾康字健亭嘗買絨於龍坪有誤投金五十兩於絨中者康夜歸見金遽返家人欲俟旦明康曰恐失金人有變也卽夜抵龍坪還之

胡商頌字存伍監生乾隆五十年歲祲貸數百金販米

分給全活甚衆子周才周翰才監生與興國吳某同運漕艘獲重利時吳病故才照數分送不匿絲毫翰廩生恩賜副榜性最孝祖母病篤日夜侍藥不倦尋愈母病癱口吮之

彭用璋上庠生事親存歿皆盡孝修宗祠置祀產不惜多金習青囊及相宅經持以濟人不取其利憫無力安葬者爲設官山備棺木厝焉

張雲峯靈東鄉人有客誤投賃券値數百金峯覺而還之道光辛卯歲大祲出資賑恤全活甚衆

郭材經都閫府銜捐資數百緡修砌田鎭濱江險道陡峭處繞以石欄弟炳煥監生亦好施予歲歉周恤族人傾囊不惜

夏之驥字渥水州同銜事生嗣三節母皆克孝與人接極恭謙遇荒捐賑全活者多有鬻妻者慰留之並資以衣食卒年七十有四

文如潞字省齋嘗行曠野拾得遺金覓其人畀之其人願分以半不受嶺南估客舟過五里廟遇風覆舟潞率衆救之貨無遺失子賢萬郡庠捐金修石堤數十丈

胡振龍字雲生素與同邑宋某善宋因事繫獄龍代費二百餘金出其罪嘗過蘭溪遇雨昏黑不能行向村家

借宿聞哭泣聲甚哀問之乃因負租鬻妻者龍惻然命僕取金六十兩俾得團聚時龍年四十餘尚無嗣夜夢神命復娶遂連舉七子

吳桓字實菴優增生按照磨銜樂善好施族中饑寒者衣食之有義舉輒捐金爲同人倡子光賡監生工於詩

郭烈金監生戊申大水族中有餓者將鬻妻求活金出貲止之水所衝突墟墓蕩然金掩其骨且鳩工紀石焉

吳世瓚字圭亭性孝友同鄉亡賴子以父死非病嫁禍其弟訟之官欲以死償瓚毅然以身代上官義其事卒釋之

劉斯青性嚴正同爨百餘人皆遵其訓誨族鄰有急難者出貲拯之無吝色焉

陳謨字協中增生性孝友親病躬治湯藥衣不解帶及歿哀毁盡禮待弟鈺極友愛獨任家政不以毫髮自私鈺卒撫其孤卒至成立鈺郡庠生

程倫士字師巷嘗於郵亭拾遺金百餘兩候數日遺金者至悉還之問姓名不告謝以金辭不受

居承志武畧騎尉每歲五六月族中貧乏者各給錢穀道光二十二年歲饑捐米一百石於栗木橋施粥二十九年施米四十五石以濟孤獨

胡洪驥字二齋諸生嘗赴試齊安閒行江上拾遺金二百餘兩嘆曰若人命懸此矣俟之有奔走哭泣來訢者曰我岐亭役也奉差詣府勾當公事今金亡有死而已驥止之察其數還之役謝以十金弗受詢以姓名弗應而去

千忠江字芝亭性友愛兄弟析爨推田相讓乾隆五十年歲荒有棄稚子於路者江收養之及長授數十金俾作營身計

馮玉德父早逝事母孝母沒殯於野朝夕展哭如事生然每遇歲饑出貲粟以貸不責償焉

翟云吉字鎮軒食指七十餘人內外無間言里有孤墳百餘俱爲立碑誌之

董若字巨美諸生性孝謹父力農朝夕出入代荷鋤鍤父病足爲製輪牀隨所向挽之十數年不懈

舉報懿行奬給匾額者

李熙滏　楊煒璧　鄒錫元　劉超林

監生胡商承　胡本祜　千總胡占魁　鍾升堂

增生饒丹芝　監生程法　周厚基　庠生周鳴鑣

周特英　周煒任　周嘉學　蘇炯堂

周煥玠　例貢彭之洙　周鉅圭　監生鄧成德

廖訓義　增生戴清　熊南長　監生周煥績

監生李金熙　監生程國楨　吳仁佋　監生郭奎融

陳鴻鑾　郭本乾　朱光祿　周煥榮

監生吳應魁　監生田鎮冕　劉彬瓊　監生唐洪廉

監生伍常珠　監生解震東　監生伍常煥　貢生居允盈

楊家澧　監生夏彬林

附百歲翁

余錫臺年八十三子永仁監生孫材麟武生千總銜曾孫炳粹炳文例貢元孫開機等五世同堂

阮士鼎少孤年三十傭工陝西十餘年歸歸復傭工又十餘年始出積鏹娶魏氏生二女一子道光二十九年壽百歲有孫六曾孫一以無疾終

吳之金靈西鄉人乾隆乙巳年大饑有梅姓欲鬻子金聞力止之計其丁口賙助又胡某將鬻媳已立券金捐貲以止俾得保全享年九十有三邑侯毛公以養老召之至賞緞疋銀兩

張起珍字殿成生平長厚與人無爭年九十八歲妻劉氏年九十二歲五世同堂以壽授八品頂帶

陳鎬久字紹虞議叙從九品銜陳高戶人性恬靜不預外事每遇荒年輒出貲以救貧乏現年九十有八筋力强健孫曾林立人多羨之

劉斯江字九思性長厚每與人語輒談古今孝弟事享年百有二歲學憲游以熙朝人瑞匾額旌之

馮厚光年九十九歲

宋美白年百歲

宋展書壽一百零二歲

農民朱家昌字長依壽九十九歲

耆民洪自逸年八十一妻年八十兄弟九人子姪十七人孫二十五人曾孫四人元孫一人七世同居男婦七十有六

一行

明

毛如顓字冲甫世有義聲父殁池以孝聞常厚修具爲其子擇外傅故如顓與兄如遂並爲名諸生如穎爲人正直處父母兄弟愉愉如也授子姪經書纂録成集久有遠遊而親死者爲之具殮撫族里孤兒俾得所代貧乏者完納逋賦道逢枯骨收瘞之配郭氏有内範丁未縣志

陳王化字仲宣少孤好義從學黄梅瞿蔡川與新安張子遠爲忘年友事母湯盡孝雖蒸餅棗栗必就榻跪進

母疾輒飲泣不止愈乃安萬歷乙卯苦疫闔門俱困化獨免母卒痛哭幾絶不食者三日夜感神人謂之曰吾憐子已爲子持斧驅疫且起視斧入門寸許患者悉瘥莊失牛莊人奔告某盗牛化戒勿輕言後得實隣右證之某願鬻子以償化曰無此事其牛已死矣某子獲全崇禎戊寅督學使者王澄川優奬之子二時順定中明末皆隱居不應試同上

梅熙春字景融性好恬退雖居市井泊如也列宮牆二十餘年足迹不及公庭子國瑞諸生亦以醕厚稱同上

張欽隆慶辛未歲貢篤於孝友兄弟多所玉成年四十四以羸疾卒未廷試辛未縣志

邢相明字長卿安樂鄉人事親孝持身介介不與流俗伍以故人皆遠之惟給諫吳亮嗣及諸名輩日夕往來以文章相酬酢數奇屢蹶場屋晚年棄制藝工詩同上

方勝大號宵竹忻縣縣丞陞靜樂知縣生平以義聞劉清水委同熊夢祥修四高樓灌亭堤梅皆所經理也同上

陳至睿字思河嶍峨縣丞生平積善樂施好讀書年九十二猶能燈下作小楷每朔望必冠裳拜闕蓋不以小吏忘君也同上

張懋官字儀如諸生崇禎癸未獻逆踞邑數月官陷賊

中賊命凡諸生皆得書名入試授僞官官獨不書名或言於賊賊怒幾罹不測及見懋官卒釋之同上

張楚芳字穉芳邑諸生性剛決語不可輒拂衣去每面折人過失人多敬憚之弟楚勝亦以妙年首童子試多奇策寇賊蜂起人必就楚勝商戰守計同上

鄭本號宏剛諸生嘗除歲有盜匿室中本危坐讀書室人辦酒漿果羞畢已就寢其人潛至廚下飲食醉飽又潛至臥所本猶讀書不輟乃匿於床下鼾聲透房壁本燭見其爲某也呼之起引至廚中手指供具分其半令速還元日妻至廚疑及僕婢本曰是吾取而餽人盛德

如此丁未縣志

國朝

胡統思字恪先一玠子中康熙壬午己酉兩試副榜其父晚患痰疾臥床唾咳統必手承之居喪哀毀骨立督家政有條理尤好客然廉介自守邑令李延爲義學師邑子弟多所成就卒年六十七同上

朱榮世字薦三歲貢生垂髫善事父母成人弗能及嘗修家廟捐金爲宗族倡廟成捐田若干以承祭祀同上

張鳳英歲貢恂謹寡言好讀書多著述閉門授徒足跡不入城市癸丑縣志

夏文宣字聿宣少攻舉業後絕意仕進伯兄文緒卒於非聞訃哀毀誓欲求原隰之裒以賊方猖獗路絕人稀不果憂鬱成疾辛未縣志

鍾汝義字宜先安甫子幼攻舉子業年十二童試冠軍父病親湯藥五年無倦色父歿哀毀骨立幾不欲生母喪亦如之同上

夏大藩字芑仙諸生少失恃事父與繼母病則湯藥親嘗歿則苫塊循禮家素封遇貧乏輒周之有稱貸者不權子母邑令李騊之以賚子時謨國學孫嘉駿諸生均同

王大任字鵬雲諸生有善行同母兄陳明茂老無子任衣食之明茂死葬之高敞地姊死撫甥劉有良姊夫死撫甥程超羣賊入書館勸釋之不令人知後賊敗行年七十五卒子經世諸生同上

胡履亨字禮持年十五補諸生好讀書該貫宏博工詩古文辭父璧臣患足疾荏苒床蓐者十餘年亨頃刻弗離左右事生母呂繼母趙俱孝養不衰撫幼弟友愛備至歲儉出粟周䘏鄰里賴之子鴻賢國學生同上

胡咸亨字聖觀履亨弟大父魁楚令建平致仕歸與邑令黃漢崖詩文唱和咸亨每隨侍黃令數以國器目之補諸生杜門自守晚築別業蒔花種竹涉獵經史客至則豪飲無算爵人服其達焉同上

張洪節字義甫性厚重有介操劉清水重其爲人請鄉飲不赴子佳生字坤資性至孝有盜入室執洪節坤資衛之請以身代被創幾死同上

張傑字學先諸生以居積致富好行其德劉清水旌之同上

程元璞有善行康熙戊午邑令潘行鄉飲禮舉爲耆賓郡守戴旌其門同上

梅修達字正邦幼失父母讀書成立家道日豐多所施予有方某貧窮將鬻妻修達完其夫婦卒年六十七子

大魁國學生同上

張懋純字孟常歲貢生不慕仕進晚率里人爲志機社遵袁坤儀先生所傳功過格卒年七十三立姪孫佳晟爲嗣同上

方楔字國樞諸生授生徒館穀甚豐鄰里貧乏者周之子之類諸生孫治元孝友醕謹卒年九十一同上

劉洪達字守信自理子喜讀書能文章以父母老自任家事課弟讀書由歲貢候銓後以疾辭不就與弟洪佑承膝下歡佑以拔貢揀發河東次年聞兄病乞歸達年五十有三卒同上

夏典字萬書國學生少孤事母晨昏不離側居喪三年處外舍撫幼弟友愛葺宗祀修譜牒足跡不入公門子有蔚國學生有濟諸生同上

阮大訓字仲言事親孝兄弟友愛白首同居施棺木修橋梁邑令劉題匾旌獎雍正十二年奉文訪齒德兼優者以襄耕耤之儀紳士舉訓以應准給頂帶子魁光諸生學俊國學生同上

徐之聯字士捷弱冠失怙孝事寡母撫愛幼弟稟性寬厚雖以橫逆加未嘗與較族黨貧乏者賙遺恐後同上

陳申錫字自天少失父母遭顛沛勵志讀書年及冠補諸生入國學仁厚好施篤於兄弟子四鴻乾鴻讀國學鴻俊鴻謙孫四本桂貢生同上

方勤邦字賢獨附監州同銜建五芝亭延名師課子姪子桂諸生姪策中甲午鄉試同上

陳家晟字楚奇國學生性孝友父患痰喘終夜不寐晟衣不解帶侍奉湯藥必跪而進如是數十年母歿呑聲泣血事繼母無異所生弟家邑早卒視諸姪如己子妹家貧迎養二十餘年撫育三甥並爲婚配制祀田捐社穀修橋梁子常國學生謹厚好施克承父志次魁五榮五同上

徐之纘字演系幼孤家四壁立授徒養母甘旨克供侍疾居喪中禮兄弟友愛終身不析箸年八十卒孫天藻諸生同上

龔必昌諸生居盤塘署府戴夔態旌其門同上

方昱字東明先世祖雄堂任貴陽教授善課士祖正友任保昌令有政聲昱孝友性成與兄暹同居共爨家事惟兄命終身無間言族黨稱之顏其居曰怡怡堂同上

游應楚字雲輝諸生好讀書家貧乏膏火每對月咿唔不輟家近縣署足跡不入公門同上

程之桂字昇之從伯兄之彬學專一勤苦程累世醕樸

之桂謹守先訓爲諸生五十年未至公庭同上
朱再然榮經子幼列宫牆旋食廩餼居家孝友植品端
方父令蜀愈自愛鍵戶讀書裹足不入城市乾隆己未
學政張以優行咨部請卒都人士多惜之同上
周錫寬字扶望邑諸生醕謹多隱德子武烈諸生事繼
母以孝聞孫學校別傳同上
陶夢熊字叶吉少攻舉業家貧爲吏考滿例補官不就
退居林下放懷詩酒日與同里諸賢聯韻結社雍正甲
辰制憲楊行社倉法熊捐穀四十餘石劉令獎之曰盛
世循良年八十卒同上

王世銘一名元佐諸生父暎株有隱德生子七銘其三
子也性孝侍母疾衣不解帶者數十晝夜及卒哀毀骨
立父喪亦如之兄弟友愛無間雖居約好周人急人多
稱之翁世鋒諸生同上
朱懋乾字健行弱冠補諸生好讀書無間寒暑夜有盗
入室執乾一盗疾聲曰是喜讀書者好人無加害盗遂
持數十金而去家素封樂周人急堂兄某家貧乾贍以
粟有姊適諸生呂懷萬抱病乾請於父母迎歸延名醫
調治姊歿喪葬從厚撫其女如己出後竟以勤讀致疾
卒年二十七子翼治別傳同上

范國桂爲人謹厚儒學鄧給以墓表子用立同上
胡從政字六吉諸生性端謹早歲喪妻流寇亂道値少
婦願依焉政正色謝之連城橋爲南北孔道歲久圮政
爲倡數月成功子之文之新皆諸生同上
藍修倩鄉飲賓巽甫孫幼失怙事母孝生平多善行嘗
夜歸遇虎當道揖之虎避道左復伴送數里而去子之
翠諸生性孝友父母沒獨任葬事不以委兄弟歲荒出
穀借貸焚其劵年九十七卒以上辛未縣志
奚錫經字天緯長兄病卒姪洪任甫四歲錫經竭力撫
之如己出既而姪早逝又撫其子本潢教以有成族有

以屋售者與之金不受劵後復售之給價如初子洪範
庠生
柯韞字巨珍諸生弟吉艱於嗣息韞以爲己憂爲之禱
於神已而弟生子光鑑甫四歲弟遽亡韞養而教之如
己子後光鑑爲邑諸生
陳洪華字受彩監生孝子治國次子幼涉經史長秉家
政公愼自矢人不敢干以私葺祠宇置祀田立墓碑皆
捐貲爲倡族人咸高其行誼
馮元命字永成一字恩齋雍正六年歲大祲設粥哺饑
人全活甚衆里有惡少侵占其地詆元命改容禮之惡

少愧悔歸所侵地長子燦字雅菴有父風乾隆二十九年大水里中義塚被衝突骼嵩滿目燦鳩工修築俾完好如故

陳兆元字垚文諸生弟兄六人友愛無間析箸時髮鬖鬖白矣經理祠事一以至公族人無退有後言者

周報字元捷一字西園諸生言行秩然與人接肅而能寬諸子析箸時諄諄以讀書成德勉之

董煥昂監生年十二事繼母陳氏無異所生養生送死不以前後異視用程兩學師以能盡子職許之

熊士健字曉蒼諸生篤學工文老而不倦然內行醇備

非徒沾沾事帖括者子應龍歲貢生孫國霖廩生芹光諸生

胡士嵀字觀文諸生少孤積學以館穀承母歡兄士嵩早卒事孀嫂李氏兢兢無失禮教兩兄子少英少奇皆有成爲邑諸生

徐光盆字霞壁娶妻生子妻病卒義不再娶性端重寡言笑里人重之

彭士博字廣存諸生歷試有聲事庶母吳氏無異所生子錫仁國學生

徐樹禮字希夔少工文字父之潢劇愛憐之性醇樸與四兄可望閉戶讀書不屑屑家計年踰八十卒

張源濬字永易庠生父母有嗜煙草之癖源濬終日奉之惟謹旣歿猶設於靈牀左右不以存亡而異

胡士翰字西林監生隣人武肅績年老子亡夫婦煢獨士翰周其空乏使不失所及肅績卒身任殯葬又養其妻梅氏於家始終賴之

胡鴻輔字愼哉邑諸生事兩繼母克盡孝道異母弟六人怡怡一堂叔砥菴早世遺孤四歲輔爲撫育二十餘年不負所託逢厲疫捐藥濟人子杰亦諸生八齡失恃其事繼母翟干友愛諸弟皆不愧先人云

方世鉷字宣聲乾隆庚午武舉前母張氏無出立姪世銘爲嗣及世鉷兄弟生父令析爨世鉷曲盡友恭婉求合爨及兄子源入邑庠始異財焉

劉桂附貢生偶買一婢聞其已字人還之不問値

劉超儼字人望乾隆辛巳大水民乏食梅邑有鬻妻於官媒者儼捐金十六兩贖歸俾得完聚孫衍洙監生

張開羣字龍溪諸生胞叔士鑣夫婦相繼早逝遺弟二人開羣撫養教讀克保其家以上癸丑縣志

李高厚好爲義舉咸豐三年九月田鎭官軍潰官弁多死者厚具十餘櫬殮而瘗之

饒策字戒菴武庠持躬勤儉遇貧乏者嘗周給之晚知醫求者無虛日

游光勳字松亭性勤儉課農業遇告貸者慷慨與之

劉斯晏字承清從九事親以孝閨待弟斯海斯覲友愛倍至以耕讀課子弟諄諄不倦

胡旻禮字議典監生嘗解貲爲人留出妻及禮卒其人哭拜於柩前盡哀而去

熊日樸字範齋坦直樂施道光戊己間大水歲饑捐賑以數千計年七十時家人議舉觴稱慶樸不許以其貲伐石修路

方承錦字書堂監生好施予族里貧乏者多所周恤道光二十二年歲大荒艱於乞糴錦由遠方運米以濟價得其平人多便之

劉超略字殿昇好施予仿社倉法捐穀四十石鄰族賴之族人爭田幾致構訟捐六十金解其事

孫忻忠靈東鄉人捐田置義渡於伊家橋行者便之

吳光玳字賓垞喜周恤有棄嬰女於路者玳收歸託鄰婦撫養每歲給衣食貲及女成人出貲嫁之

郭愷字保元監生性果決聞義必赴族中有廬墓者旌之有未能應試者助之子之迪承父志佃人欠租累年欲鬻婦以償迪捐其租且厚賙之

朱樸亥字廣信監生好周濟辛卯大水族中貧乏者酌口授糧濟之

郭洪照字正高性好施午山湖東官橋舊以木杓度過霖雨輒飄蕩照倡修石梁經費不足售己田以繼之

干良玨字省吾附貢事繼母以孝聞友愛羣從視若同胞好談陰功嘗寫先正格言以自警

胡業純字鶯谷監生好讀書凡有益身心者每樂誦之晚年手不釋卷

甘珍白廩生龍坪人江漢書院歲久傾圮捐田數畝爲

修葺費乾隆五十三年江堤潰衝突墳墓屍骸遍野捐地一幅收瘞之

劉君植字蓮峯藩經歷銜鄰里有鬻妻者輒出金贖之貧乏不能舉火者以米給之

趙楚觀字岳峯武生幼失怙事母有孝行子二長廷楷增生舉優行敦品力學嘗刲股以愈父病父卒廬墓三年次廷槐武生遊擊銜

胡石宜增生乾隆五十年大旱五十三年大水俱發粟以賑鄉里咸稱其德

郭烈賓靈東鄉人某年大水售地二畝以濟族人

鄉錫金性樸實道光乙未歲旱族隣多乏食金分粟以給之

夏熺圻字允善監生道光壬辰大疫乞丐多僵於路圻購殮具收瘞壬寅米價昂貴糴者闐塞出積粟減價糶之

徐襄邑庠生大父天球知丹徒縣襄隨之任所學書於朱鑣能爲顏歐蘇米諸體性肫篤有查某唐某貧而無依襄收養於家生葬皆身任之子絅歲貢生能繼父書性嚴正里人咸敬憚焉

朱樸登業農性友愛姊適郭家貧無資饋遺不絕及歿衣衾棺槨俱爲經理待諸姪如己出內外三十餘口無詬誶聲

盧馨字蘭峯庠生慷慨好義乾隆五十年大荒出粟以賑族人不足往壠坪貸米繼之

魏業藎字克忠嘗延姊丈夏庭芝課子每夕爲滌溺器不令人知弟克艮家落仍與合爨婚嫁得完

隱逸

宋

宋爻字子文少年舉進士有聲場屋間晚不得志退就西郊增完舊構一觴一詠優游終老元祐七年卒濟南林逃祖爲之志墓宣德郎陳璞書今其墓碑尚存字畫端好有法邑中金石文字以此爲最癸丑縣志

梅國醕字作所工詩賦隱居山中宋亡武昌陳平章薦之屢聘不起爲詩以辭湖廣通志

元

姚楚山明爽有智略屏跡山林日事吟咏過其廬者稱

爲白雲處士家祀鄉賢辛未縣志

何朝舉有志操師事饒魯養志巖阿不樂仕進著有文公性理吟祀鄉賢辛未縣志

明

柯仲立號半山孝友恬靜博學苦吟作半山書舍聚一時文士講論經義窮年不倦後移雨山號雨峯居士丁未縣志

胡曈字必暉邑學生曾祖念三安定裔宦遊楚遂家焉祖千八父勝湛深經術性好施予曈少聰穎過人詩古文辭下筆都有奇氣試輒冠軍洪武二十五年詔秀才

隨詹事府左春坊分班直文華殿侍講應選赴京就職靖難兵起拂衣歸子孫三世皆不仕 辛未縣志

董啟恕奇童伯剛之子醕謹睦姻居田園以自得有司高其誼應詔以壽官終年九十三 丁未縣志

張造端字炯村恂恂長者隱居高逸不以兄本端貴豪侈教子孫以禮好集諸名賢詩畫繪炯村圖搆一室松竹蓊翳吟咏其下意自得也子易宗別傳 辛未縣志

劉賓號濮泉隆萬間隱居講學與吳自守陳王道友善子三養徵養吉養度皆以詩文名家給諫吳亮嗣寄以詩云先生淨業已多年樸簌休風萬井烟銷盡溪途無一事但須石耳帶茶煎劉清水稱爲卓隱先生 丁未縣志

程希闕爲文典雅以古人自期嘉靖辛酉舉於鄉屏跡深山力行孝弟 同上

徐來寵字玉吾博學詠諧晚年爲隱士服芰茅赤土山下顏曰蚓可齋客至即自起烹茗具膳不假一力子請代輒麾去曰吾自適耳銘楹云灑掃一室以待死破除萬事以延生 同上

楊勳一名大勳字介予明末廩生甲申後蓄髮茹素爲道者裝與四方緇侶往來有勸其赴貢選者不答而去 同上

視居士居邑東門外行高能詩詩多清慧有圃幽邃足不履圃外胡爲生愛重之每過訪遲晉累日不去 同上

朱顯模字文宇靈西鄉人幼失父事母孝年三十爲諸生即棄半畝園於荷邱山側日講禮以訓族里間有不法輒涕泣規勸里人感之終其世無訟者 辛未縣志

張鵾字圖南性嗜學博通古藝從遊日盛望重庠序耆不下百人嘗覽羣書斷以己意四書五經俱有詮釋子二長文仲次文旭皆諸生有文名 丁未縣志

張岳家產不豐而好行義屢試不遇遂放情詩酒間山

嶰水湄曠然自適人稱隱君子子拱治精於藥性多聚藥物求之即與且輸粟濟貧云 同上

饒嘉龍字猶倩性超邁當髫年即厭薄諸生帖括業稍長好讀書開卷長哦適與心會反覆流連繼之以涕嘗謂袁安中郎人生五快即託鉢寺門求傭僧舍不失爲奇男子豈與齷齪書生較贏寡哉遂散千金不惜晚寓蘄春與人言古今成敗娓娓不倦蘄人有饒半部之稱焉 同上

吳人玉字穉圭諸生性至孝爲文淵古浩博著述甚富絕意仕進善卜筮豫知吉凶年七十自置棺題曰逸我

亭黃州府志

國朝

吕楚奇字正孺篤志好學年既耄猶閉戸讀書生平正直不阿見少年儇薄者必正色讓之好談陰德輕施予順治九年大旱楚奇隨力周濟人多戴德年四十遂絕意功名自號汰沃山人假詩酒與鄉之達者結霞石盟分韻聯句自夜達旦知縣王名世以賓筵請懇辭獨策杖山水間與父老談世外事年八十二端坐而逝丁未縣志

胡懷玉字楚瑛少喜遊俠長折節讀書知大義乃自隱

於醫復隱於酒家貧不能時得酒家有大匏可注一石賣藥沽酒注匏中居曰匏齋自名匏叟客至出匏飲輒醉醉輒高吟或枕匏臥臥起索筆疾書自古近體以至塡詞小令往往雜出蓋又隱於詩辛未縣志

黃綬字人長九錫子弱冠穎秀後値寇亂廬舍火依故人賈任敬建牙於江西諸帥幕府所過爲上客倦遊歸結茅屋龍坪授書里中童子得錢輒治具延客爲笑樂酒酣賦今體詩或潑墨爲蘭竹書效歐陽率更體年八十卒兄紱弟綸皆諸生同上

陳定中字大馬明季棄學籍隱於醫結茅湖曲柳陰承

顔卒母以耕釣終其身同上

劉枚洪佑子恩貢生幼與弟桐有競秀之目後選竹谿司訓因父年高侍養不赴有草堂課子圖名流題詠甚夥書史之外杖履優游人謂得邱園之趣卒年八十四桐歲貢生抱經濟才指麾了了邑侯倚爲上客特嫌干預晦迹深居卒年五十二

方技

明

胡獻琛字克忠一字少溪幼業醫以疾來求治者輒效有饒秀才病酒伸頸期期不能出一言人之無聲他醫張皇獻琛曰是火在經絡投二劑而愈萬歷癸卯邑大疫製藥救活萬餘人縣令乃詳撫按給與冠帶後凡四方求者不較所値人各饜願而去丁未縣志

蔡紹夔字惟益年二十餘即精通醫理荆王患痢症諸醫罔治聞夔名遣使召之數劑而愈荆王贈百金藥刀並藥研額云醫冠楚黃自是名震一時後過蘄州荆王

延入問曰先生欲富乎欲貴乎夔對曰富貴非吾願家有薄田數畝訓子孫務農桑足樂也王益重其品令人送石硋一條上刻荆王賜三字更賜號曰肖玉年逾七旬專事内養面色如童八十餘歲卒曾孫洪梧復以醫著辛未縣志

朱顯綬字熙菴廣濟人喜讀書尤精卜筮嘗學丹術於王雲鵠登樓設榻足不履地者數年自是解觀天象避亂江濱里人依之以無恐湖北通志

趙煥字克章號四休居士六歲父死母苦節撫之十歲知書畫殫知慮以盡其妙遂以書畫名世張太守步雲嘗云寇巨源詩趙克章書畫可稱雙絕丁未縣志

趙邦鑰邑諸生字枉石號一菴道人畫邑中八景圖殊精絕癸丑縣志

國朝

藍生挺字是效諸生好形家言讀書有得則徧覩前朝兆域以自考驗吉安守趙公延之爲上客先是宦是地者多齟齬以去是效指署中某屋宜添某所宜去又安福科名寖衰是效與令步學宫傍使人掘得古溝謂令曰開此溝科名復盈矣是科售者五人趙亦陞僉事去存實堂稿

熊浚字如章年十七爲諸生善醫術求者甚衆不責其報人多德之辛未縣志

胡錫鼎字永祚家世儒醫鼎生平以施濟爲事凡抱病來求者不辭勞倦病愈不責謝鼎堂弟繼武幼孤鼎撫之無異同父既成立給田數十畝令其祭祀衣食無缺有妹二長適王夫婦俱早喪遺一甥無依鼎爲之撫養婚配次適諸生黎醖治嫁數載卽寡且乏嗣凡日用之資鼎不時餽送爲年八十七卒子洪韶同上

查啟嘉字孚吉精於醫心存濟人不計貧富子覲光同

趙正煌工畫馬邑人寶之嘗娶妻入門時知其夫尚存

乃貧而遣之復娶老婦竟生一子 癸丑縣志

閔貞字正齋始居武穴鎮父母既没求遺挂不獲乃手描得之遂工寫眞傾動一時卿大夫題其所作奉饌圖至目爲閔孝子 癸丑縣志

許世錦字敬亭工隸草篆書能不失古法又嘗與胡赤韜遊討論詩律尤長於醫沈痾皆爲之起 癸丑縣志

文炳字彪如道光戊子武舉好文藝書法遒勁人爭寶之

楊際泰字平階諸生精於醫著有醫學述要行世

張文基字道階監生精太素脈有某生無病按之曰是當得筋急疾伍姓遘疾延之醫曰是不惟不死並當得子後閲數年皆驗

鍾錫鰲號駕山武庠善畫山水人物兼工鐵筆共題畫之詩與書法皆秀麗可愛

流寓

宋

王濟開國元勳審琦十世孫封宗朔郎高宗渡江護蹕南來保障江黃任蘄州刺史後寓居廣濟 辛未縣志

文天禎廬陵人天祥兄寶祐間鄉舉署廣濟學諭天祥死棄官隱居廣濟五里橋東迄今家世儒業未艾 萬姓統譜

陳聚如臯人延祐時爲壽光令改廣濟教諭遂占籍於龍坪鎭 丁未縣志

明

周繼學鳳陽人爲廣濟主簿卜築於河東遂不歸

魏良輔字師召號此齋新建人以進士歷江防道僉事駐蘄州陞山東左布政致仕以州民見思遂與弟良儒家廣濟鄭公塔側良儒字榮宗號鵠山與從兄弟良弼良器良政共事王文成後俱成進士獨良儒以明經老 蘄州志

孔興祖至聖六十六世孫先世平仲官禮部尚書家江州與祖遷廣濟武穴東五里

黃梅瞿蔡川九思萬歷癸酉舉人里居時巡按御史學遷疏薦朝議徵翰林待詔不就御史爲搆書院龍坪

江上著書詔歲給俸米書成進御凡二十餘種（居業齋集）

張復字子遠休寧人爲瞿門弟子勸却聘甚力聘君壽七十賀客盈庭復獨衰絰進曰造物勞先生久盍息肩乎聘君頷之復居書院東偏顔曰仰瞻（同上）

國朝

石山輝字韞玉號芝田浙江會稽人乾隆辛卯主講滄浪書院每春秋必設饌奠寇山人墓居數年山輝病卒門生故人以其所遺貲殮葬山人墓側（桑梓紀遺）

何永昌字思敏一字豐水新安人客居武穴率衆倡修街道與復古蹟建津梁立義塚嘗撤己屋以開火巷遇

人饑寒推解不倦有平原孟嘗之風官思州知府（癸丑縣志）

江立榮字篤誠號子痴歙縣人以經理質庫事來武鎮戊申己酉歲大祲倡捐蓆蓬以住饑民施饘粥綿衣絮並全活甚衆癸丑冬粵匪下竄官兵多陣亡者榮買地數畝收瘞之

廣濟縣志卷九

人物志

列女上

明

徐宗妻朱氏年二十一守節洪武中旌。明一統志

蔡永忠妻王氏夫卒姑迫改嫁氏赴水死窆於水滸是歲大旱陳愷爲之改葬雨隨降。同上

何儀妻張氏年十六儀卒撫姪華宗守節正德中旌年九十七卒。黃州府志

程啟妻查氏年十九夫死守節至七十七歲終。湖廣通志

張鳳妻劉氏鳳死氏年二十無嗣齧指自誓始終一節年八十卒。同上

徐九敘妻張氏年十九夫死殮時裂鏡納其半於棺誓無他志以節終裂鏡詞云夫鏡照妾心

妾心死不變妾鏡照夫魂夫魂飛不散百年霜雪姿獨對寒天怨。丁未縣志

董傑妾李氏直隸人初傑攜嫡寓京生子松甫周歲復娶月餘傑嫡俱亡氏年二十家人欲奪其節氏剪髮自誓歸夫及嫡柩於廣濟撫松成立事聞旌表。湖廣通志

張價妻劉氏價嘉靖庚子舉人浮梁教諭轉國子學錄未幾卒劉扶櫬挈孤歸里家故貧志節益堅撫子琤爲諸生。丁未縣志

生員張鈍妻饒氏年二十餘夫卒無子守節以終。湖廣通志

張養孩妻趙氏孩性嚴急趙事之謹夫死撫兩孤事姑以孝聞。丁未縣志

胡燆妻邢氏胡煥妻李氏胡敏德妻張氏邢早寡無子撫姪敏德爲嗣苦節數十年事聞獲旌燆族弟煥妻李年十九撫遺腹子敏德爲諸生復早卒妻張氏撫姪承祀事姑以孝聞。湖廣通志

楊洪宇妻梅氏年十九夫卒遺孤僅三月父母欲奪其志氏以死自誓年五十卒同上
鍾聲純妻董氏媳蕭氏董年二十生子僅一月夫亡孤長娶蕭氏生孫而子又亡董侍
姑四十餘年董年八十九乃卒。同上
胡乙丑妻張氏年十八夫亡守節撫遺腹子順時成名年八十卒。黃州府志
饒欽堵妻劉氏二十二夫死守節四十餘年獲旌。同上
翟斯岡妻張氏割股救夫守節以歿。同上
劉季恍妻陳氏二十四守節九十六歲卒。丁未縣志
梁我雲妻岳氏程元遜妻彭氏程希尹妻周氏程元憲
妻陳氏程希契妻劉氏程才妻童氏張聲基妻程氏俱早
寡苦節終身。湖廣通志

張尚宗妻胡氏早寡父母欲嫁之不可孀居四十餘年。丁未縣志
舉人楊大鼇妻盧氏二十六夫亡遺孤甫十月氏矢志撫之守節三十年。辛未縣志
張淦妻程氏淦字凝湘中萬歷戊子副榜尋卒氏年二十六苦節自勵九十餘歲乃卒。辛未縣
志
張楚芳妻吳氏年十九夫亡守節三十八年卒。以上節婦
潘龍躍妻唐氏崇禎十三年避賊靈杲山賊至加刃龍躍頸索錢唐跪泣乞以身代夫不許女
巽蒐泣乞以身代父不許唐知夫不免投於塘女從之賊愴然釋其夫。明史列女傳
楊啟延妻王氏夫病值流賊至氏侍側不離賊扶其夫氏以身翼護之掠之行見他婦皆縛馬
上因紿賊曰吾何逃第創重不勝再縛賊令乘馬行十餘里躍入道旁塘中越兩旬自塘直立面色如生
。湖廣通志

查文生妻王氏姑病氏不離床褥流賊至被執不從遂遇害。同上
張成見妻劉氏罵賊被殺。同上
黃伯常妻魯氏流賊執欲污之氏罵不屈亂刃裂之。同上
劉孟秩妻鄧氏流賊至偕女昭避於縣北事急投塘中賊迫之不起。同上
饒燮中妻張氏饒起臣妻黃氏左兵東下張與媳黃氏俱為所執張以所佩小
刀自殺黃赴水死子起臣被繫逃歸尋母故處亦悲號而死。同上
饒牧夫妻劉氏張明育妻徐氏吳敏功妻王氏楊齊聖
妻劉氏饒帝臣妻徐氏吳敏師妻劉氏俱遇賊投水死。同上
鍾儉甫妻陳氏饒全中妻梅氏胡是恭妻饒氏俱遇賊
不辱罵賊被殺。同上

田廣生妻張氏避賊入棘中賊牽之不出遂倒曳之頭面破裂復被支解。同上
劉仲霖妻胡氏夫歿撫遺孤守節被賊執不屈賊奪懷中兒拉殺之氏愈憤詈賊撞以巨樹腦
裂而死。同上
周士龍妻費氏從夫避賊皆為賊所執屢促夫去曰女子死則死耳丈夫獨不見幾乎士龍逃
賊殺之。同上
呂彰美妻胡氏年十九夫亡撫孤為左兵所執泣謂鄰婦曰吾死奚幸視我孤兒語訖赴塘死
鄰婦感激亦死。同上
馮如集妻龔氏被賊執詭曰珍寶埋林中汝取之釋我可也賊往即將所佩刀自刎死。同上
張簡熙妻程氏舅姑俱陷賊氏每涕泣悵望流賊至偕夫避深澗中賊搜得之乘間溺死。同
上

許惟高妻張氏遇叛卒百計不屈賊先割其耳刃其背負其心乃死。同上

向日啟妻施氏小字蓉姑偕夫避流賊至蘄水謂夫曰賊皆殺書生携少婦能兩全乎君善自保翌日經池邊躍入死之向倉卒揮淚而去寄籍成都子廷廣丙子舉人官巴陵縣知縣。同上

朱邦僕妻曹氏事舅姑孝三十無子納妾於夫生一子遇賊不屈被殺。同上

王凝鼎妻張氏避賊於般衝砦砦破不爲賊屈投波絲澗巖下死子秉鉞後任貴州守備順治中贈恭人。同上

饒殉哥妻吳氏蓉石女適饒逾歲夫死守節舅姑不能奪避賊山中常懷利刃以防不測遘疾自知不起一日晨起盥沐更衣登輿坐積薪中火起合掌而逝。同上

劉官玉妻黃氏幼適劉劉早卒氏撫女守節避兵湖上携女及數婢同舟舟膠淺黃見勢急與女婢同投水死經三伏顏色如生。丁未縣志

李日達妻陳氏崇禎乙酉春遇寇赴深潭死侍兒從之。同上

趙家鼎妻徐氏死節赤砦。同上

郝存仁妻吳氏遇賊死節。同上

諸生張寅熙妻王氏媳王氏孫媳馬氏寅熙侍母避兵向家沖母卒寅熙繼卒王年二十五携子佳蘊逃竄山谷後徙居武昌佳蘊補諸生早卒媳王年二十五與姑同守其子錫袞袞又卒媳馬氏年二十九撫子元耀守志時稱一門三節。同上

生員楊戎妻朱氏同夫避寇夫亡寇迫城下氏計出夫柩藏家譜遺像於懷携二子縋城以免守節四十七年卒。同上

劉滋妻徐氏滋赴陝幕卒於中州氏截髮茹苦事舅姑撫孤及三孫闖賊南竄氏年七十罵賊死。丁未縣志

胡汝行妻劉氏適胡數載夫亡流賊充斥氏避兵深山爲賊獲不屈遇害子皆祚皆仁。以上通志守節

楊貞女九姑永樂時永東鄉楊思女幼字雷姓未醮而寡誓不再嫁父母曰他日若不終節當付之烈焰女因刺一目以見志年九十六卒。湖廣通志

胡烈女明太僕女字周氏爲繼母所誣投江死屍浮出逆流而上衆咸冤縣令夏可雷爲白其事。湖廣通志

張氏二烈女一名福媛舉人張伯喻女隨父避兵見執鞭之流血罵不絶聲遂被害張科甫女亦被賊使乘女遂乘馬畧不介意至門首投塘死初兩女共誓不辱果踐其言。同上

張烈女父順早死女許聘未嫁流寇至自縊賊見而蘇之女怒罵不屈被殺至慘。同上

樟樹女女年及笄賊欲犯之女抱樟樹大罵曰我父母弟妹俱死汝手汝吾仇也有死而已賊㫒其志不移揮刃而死血着樟樹姓氏失傳因稱爲樟樹女。辛未縣志

梅烈女孔木女隨父母避兵午山湖女被執縛馬上罵不絶口賊殺之遺屍笠兒腦道旁

查烈女勝姑用珍女隨兄避兵沙河被執脅以白刃不屈賊繫之至橋頭觸橋而死

張謙之女柔陷賊罵不絶口被害。以上貞女烈女

國朝

生員朱樾乾妻王氏年二十餘夫卒事舅姑盡孝撫八月遺孤翼治由歲貢官兵部員外郎雍正元年建坊。湖廣通志

劉子杜妻王氏年二十五夫卒六閱月生子王乘事舅姑克盡婦道歲歉或勸鬻僕以濟氏不恐各遺歸宗守節五十九年雍正三年建坊。同上

田逢聖妻熊氏呂某妻田氏熊年二十適田生子本文甫三歲夫病革謂氏年少

奈何氏取刀斷髮以示不二夫卒閉戶自經姑救獲蘇貧苦守志女適呂彌月夫亡亦守節終身熊以雍正四年建坊。同上

生員張叔由妻陳氏年二十四夫亡生子方遇氏撫孤守節叔由寡兄弟自其祖而下皆無支族祖姪極殯於庭氏悉脫簪珥卜吉同夫柩力庶之年六十七遘疾子佳璟欲延醫診視氏曰因疾而廢禮非吾志也竟以疾終教子佳璟孫滄皆成名雍正四年建坊。辛未縣志

胡士帥妻陳氏年廿二夫亡無子立姪鍾復爲嗣姑患足疾氏朝夕扶掖劇則侍立達旦雍正九年建坊。湖廣通志

朱如竹妻胡氏夫早亡撫孤成立苦節四十七年乾隆元年建坊。同上

李大成妻周氏年廿一夫亡勤紡績以事舅姑守節五十一年乾隆二年建坊。同上

湯右章妻項氏年廿四夫亡撫孤景文守節三十六年乾隆三年建坊。同上

游錫封妻干氏撫孤楚義守節五十一年乾隆三年建坊。同上

程大德之母鞠氏適程三年夫亡守節三十八年乾隆八年建坊。同上

生員熊啟漢妻武氏二十七夫亡撫姪爲嗣孝舅姑守節三十八年乾隆四年建坊

柯應棟妻張氏年二十六夫亡守節四十二年乾隆四年建坊子承緒康熙戊午副榜。同上

梅汝和妻張氏年二十六夫亡守節三十年乾隆五年建坊同上。辛未志闕

藍季燦妻馮氏年二十一夫亡守節六十三年乾隆五年建坊

生員藍炘妻劉氏年十九夫亡立姪生珽爲嗣守節五十一年乾隆五年建坊。辛未縣志

張士文妻周氏年二十六夫亡撫孤成立乾隆五年建坊。辛未縣志

胡之信妻周氏年二十一夫亡遺孤二歲踰年孤又亡立姪承祀守節四十一年乾隆六年建坊。同上

監生劉洪德妻程氏年二十九洪德赴北闈卒氏與妾矢志守節乾隆六年建坊嗣子恩沛孫煥采皆逝煥采妻蔣氏亦立嗣守貞。同上

方世欽妻李氏年二十三夫亡撫孤運濟守節三十三年乾隆六年建坊。黃州府志

李如俊妻舒氏年二十四夫亡無子撫姪其五爲嗣乾隆七年建坊。辛未縣志

張心源妻金氏夫亡守節乾隆七年建坊。同上

生員向懋妻陳氏年二十二夫亡孝事舅姑撫孤成立乾隆七年建坊。黃州府志

監生朱榮芝妻馮氏年二十五夫歿事祖姑舅姑盡孝守節五十三年乾隆八年建坊。同上

監生干景伊妻程氏年十九夫亡守節三十六年乾隆九年建坊。同上

監生葉自新妻李氏年二十八夫亡事舅姑以孝聞姑歿事繼姑尤謹守節三十八年

乾隆九年建坊。辛未縣志

徐樹揆妻張氏生員徐樹倫妻劉氏徐樹儀妻吳氏年俱二十餘夫亡娣姒同心矢志一門三節乾隆十年建坊。黃州府志

費文中妻曾氏年二十七夫亡苦節五十六年乾隆十年建坊。同上

董煥斗妻胡氏年十八夫亡持躬勤儉孝事舅姑守節三十四年乾隆十年建坊。辛未縣志

董煥愷妻方氏年二十六夫亡守節三十五年乾隆十年建坊。同上

饒岳中妻程氏年二十二夫亡守節三十三年乾隆十一年建坊。同上

監生藍之鳳妻張氏年二十六夫亡守節三十九年乾隆十二年建坊　同上

呂御添妻田氏年二十二夫亡守節三十八年乾隆十三年建坊

藍士絳妻劉氏年二十一夫亡子未及周氏苦節撫之成立乾隆十四年建坊。辛未縣志

劉洪緒繼妻陳氏年二十夫亡守節撫前子如己出乾隆十四年建坊。辛未縣志

鍾開仁妻田氏子恆次妻周氏孫永佳妻張氏田氏年二十八夫亡撫遺腹子恆次守節四十二年恆次妻周氏年二十三夫亡守節三十一年永佳妻張氏年二十六夫亡守節三十九年三世節孝乾隆十六年建坊

張貞女生員張朝冠女幼字毛寅寅以遊學莫知所終女矢志守貞終身乾隆三年建坊。辛未縣志

胡媛姑幼字張聖交未嫁而聖交病革女知不起更衣束髮自縊死父母環哭之目不瞑姑至撫其心有聲磔然血出灕姑衣遂瞑乾隆四年建坊黃州府志

呂烈女名時大佐江女字王二和未嫁夫卒女聞訃自縊乾隆五年建坊。同上

郭貞女生員應蓁女幼字張偱芴未嫁夫卒女矢志守貞依父母以老乾隆八年建坊。同上

李貞女結姑幼許字劉季年十八季死女大慟請於父母願以紡績蔬食終父母憐其志割數畝

給之父卒兄弟外出女爲之治喪人以爲難卒年三十七金德嘉阮文茂皆有傳乾隆八年建坊。同上

舒貞女仁公女字徐巨臣子年十八徐子亡女守貞三十五年乾隆十年建坊。黃州府志

彭貞女彭章臣女字解維翰年十七未嫁夫亡女聞訃奔喪守貞三十六年乾隆十一年建坊　同上

張貞女德靜未嫁夫亡矢志守貞乾隆五年建坊。同上　以上舊志已建坊節婦貞女烈女

吳敏權妻饒氏舉人饒嘉元女適吳期月夫死氏茹苦撫遺腹子兆烈。丁未縣志

呂鳳啟妻潘氏生員復亨女適呂五月而寡茹苦撫孤子孫俱夭窮守終身人咸憐之。同上

于應試妻李氏應試壬午舉人早歿氏年二十七以節自矢。同上

彭復一妻劉氏達卿女年二十而寡無子歸依父母勵節數十年卒。同上

陳遜生妻胡氏年十九夫死潔身抗節。以上舊志未建坊節婦

夏曰瑁妻胡氏弟曰玖妻蔡氏胡年二十九夫亡子有慶方四齡先二年瑁弟玖卒蔡年二十八姊姒同心守節乾隆十七年建坊

監生陳中錫妻胡氏生員士奎女年二十一適陳夫亡守節四十年乾隆十七年建坊

劉光昭妻陳氏弟光亨妻查氏陳年二十五夫亡撫子懷五成名堂弟光亨亦早卒妻查撫姪超慕爲嗣并乾隆十七年建坊

周源禮妻劉氏年二十九夫亡撫子林相成名乾隆十七年建坊

劉斯世妻查氏年二十二夫亡苦節乾隆二十二年建坊

胡洪熙妻游氏年二十一夫亡孝養孀姑守節五十六年乾隆五十六年建坊

陳洪卓妻藍氏年二十六夫亡孝事孀姑撫孤成立乾隆二十一年建坊

胡士華妻周氏年二十夫亡無子立姪爲嗣嗣又亡立洪顯承祧事舅姑盡孝乾隆二十三年建坊

于允省妻彭氏生員永文女年十九夫亡撫姪寶苞爲嗣乾隆二十八年建坊

張懷遠妻伍氏年二十三夫亡孝事舅姑乾隆二十七年建坊

武正鈞妻方氏年二十二夫亡守節三十七年乾隆二十八年建坊

舒健行妻胡氏年二十三夫亡守節三十七年乾隆三十四年建坊

監生朱本經妻吳氏世典女年二十三夫亡撫姪光炯爲嗣乾隆三十四年建坊

張維輔妻江氏維翰妻殷氏並早年夫亡無子守節乾隆三十九年建坊

董升士妻郭氏監生郭泰女年二十二夫亡守節三十八年乾隆四十一年建坊

趙安墀妻徐氏早年夫亡守節三十九年乾隆四十一年建坊

查錫鵬妻呂氏年二十一夫亡立姪爲嗣守節四十三年乾隆五十三年建坊

張湄瑞妻方氏貢生運濟女年二十二夫亡撫姪爲嗣事舅姑孝乾隆五十四年建坊

査萬選妻王氏夫亡守節夫弟强逼改嫁不從投塘死乾隆五十五年建坊

潘能任妻陳氏能任外出氏獨宿潘勝加乘間圖奸氏義憤嚼胸指軀明志乾隆五十六年建坊

陳烈女細大聖讚女因陳扺五圖奸羞忿自縊乾隆二十一年建坊

居烈女懿姑昌泰女未嫁夫亡以死殉節乾隆二十二年建坊。自辛未志以後至五十六年已建坊節婦烈女

張楚英妻夏氏年十九夫亡苦節五十餘年媳董氏孫媳郭氏俱早寡矢志

程在高妻陶氏年二十夫亡撫孤守節四十餘年

呂安度妻馮氏年二十二夫亡守節四十餘年

胡致中妻楊氏年三十夫亡族人迫嫁之氏投江其兄赴救得免守節三十六年子其舜諸生

毛鉄昌妻胡氏監生紹亭女年二十二夫亡守節五十五年前縣張給扁示獎

藍翠皇妻王氏年二十八夫亡守節五十年

貢生蔡永沼妻劉氏生員懋綸女年二十六夫亡撫遺腹子士標守節二十九年

魏芝芬妻陳氏年十九夫亡撫孤守節五十七年子尚惠諸生孫洪任監生

程宗五妻李氏年二十三夫亡無子守節三十四年縣尹立坊碑表之

胡質生妻潘氏年二十五夫亡守節五十一年

張錫山妻王氏年二十二夫亡撫周歲子湑英守節三十七年

胡繼宗妻龔氏年二十四夫亡守節三十二年

柯廷任母劉氏生員洪玗孫女年二十五夫亡事姑以孝聞守節三十九年

張扶友妻魯氏年二十二夫亡撫遺孤剛克成立事姑以孝族黨稱之

諸生張時翙妻吳氏年二十四夫亡守節三十年

張家獻妻田氏田文子女年二十五夫亡守節三十一年子愈奇

諸生張錫琫妻胡氏子湑厚妻陳氏胡氏年二十九夫亡守節子湑厚又早世媳陳氏年二十二撫八月孤林幹成立皆以節終

張錫嵐妻陳氏年二十五夫亡守節姑周病臥氏身爲扶持歷三年如一日氏年六十抱病臥牀其子湑壽媳伍氏朝夕奉食飲洗穢垢亦如氏之事姑焉

諸生楊國遇繼妻劉氏年十八適楊未朞夫歿或勸之易嚮引刀破面以明其志撫遺孤前令給扁示獎

張錫恭妻桂氏性至孝姑陳疾篤氏籲天求代夫歿百計求死不得撫孤守節不茹葷者四十餘年

諸生彭之緒妻張氏諸生張佳翥女年二十六夫亡苦節六十年子士坤國學

國學彭士坤妻梅氏國學梅宏申女年二十四夫亡苦節三十九年子銘國學

饒質甫妻舒氏舒祥瑞女年二十二夫亡守節六十年子杲曾孫承信諸生

張錫光妻胡氏年二十六夫亡守節四十餘年

諸生陳耀賓妻李氏貢生李三灣女年二十四夫亡守節三十四年子錫憲孫鴻文

李常芳妻劉氏劉懷甫女年十九適李奉舅姑以孝稱踰年夫亡無子苦節四十八年

徐樹楫妻張氏縣丞士拱女年二十一適樹楫八載夫亡苦節卒年八十

饒承天妻徐氏諸生之滋女年十九適承天八載夫亡苦節二十八年子振翼國學孫三

生員胡熙成妻姜氏初熙成父士完以諸生援例授臺莊守備卒於官時熙成及弟總戎俱幼柩歸不克葬及熙成夭無子氏葬舅於先人涇瑩書屋旁誓志守節垂五十年

吳恆公妻李氏瑞先女年十八適吳四載夫亡苦節三十八年

生員王遴年妾簡氏羅氏黎氏王妻查生二女蚤天簡羅無出惟黎生女甫二齡遴年歿三氏同心矢志誓不他適茹素撫女四十餘年黎女適楊日進生子承綜官嘉興令

吳紹蘇妻張氏張天倫女年二十五夫亡子枉廷復天氏辛勤撫遺腹孫爲高成立

陳丙庚妻周氏周和甫女年三十夫亡無子守節五十八年

居漢雲妻余氏余會友女年二十九夫亡苦節三十四年子名安吉

劉楙睿妻李氏李啓鰲女年二十二適劉越七年楙睿墮水死氏聞信沿河號哭經三晝夜尸乃出氏生一子三年而夭乃携二女倚夫堂兄禹文未幾禹文亦殞嫂出帷氏卒撫禹文子戴成立年七十三終

劉諦輿妻吳氏諸生吳公隼女年二十夫亡無子守節四十九年

諸生郭永搆妻李氏舉人必泰女年二十一歸郭越三載夫亡無子以頭觸床柱血淋漓被面宗黨哀之

張佳暠妻陳氏年二十七夫亡苦節五十一年

朱雲占妻呂氏呂廷獻女年二十四夫亡遺孤珍治甫數月氏撫孤守節五十一年

張文克妻李氏幼適張張久染足疾臥牀不起者十餘年氏事之無怠色年二十九夫亡所生一子復夭守節五十年

朱乾士妻郭氏郭助榮女年二十一夫亡守節三十一年子本鰲

干榮九妻樊氏樊煥章女年二十二夫亡氏守節立姪中蘩承夫後

朱特嘉妻樊氏樊守先女年二十八夫亡守節三十二年子行健

諸生陳懋蓮妻干氏諸生干君愉女年十六適陳生二子年二十四夫亡守節六十年

朱世方妻郭氏郭雍熙女年二十二夫亡守節三十四年立姪冠楚爲嗣

吳諦助妻干氏貢生干鳳示姪女年二十一夫亡守節三十年

熊如龍妻樊氏年二十九夫亡守節五十二年前令給氷心鶴髮扁額表其門

張坤儒妻楊氏諸生楊國遇孫女年二十二夫亡遺孤未周歲氏矢志守節夫兄盡霸遺孤産族黨令訟於官氏泣曰産固祖遺也訟夫兄於官何以見祖宗於地下越數年夫兄及妻若長子俱喪止遺幼子纔數齡氏收育之不異巳出

胡士嵩妻李氏諸生李鴻來女年二十六夫亡苦節五十二年子少英諸生

諸生張錫爵妻樊氏樊榮美女年二十九夫亡無子守節四十九年前令給扁表其門

吳陽昇妻王氏王岱有女年二十四夫亡無子守節三十三年

諸生董鴻儒妻李氏年二十六夫亡撫遺孤禮賢成立守節五十年

胡玫臣妻張氏年二十三適玥夫歿子甫二歲矢志守節家貧舅姑亡遺孤又歿貽薄產爲諸姪所攫取困苦不堪守節五十四年前令給扁表其門

諸生胡鴻仁妻吳氏國學吳兆岐女年三十夫亡守節三十八年

胡裕昌妻舒氏舒象公女年廿五夫亡無子事舅姑孝家貧勤紡績以供甘旨守節三十五年

國學許琮妻劉氏國學容生女年十九夫亡無子立堂姪獻魯爲嗣年未五十子媳俱夭遺孫遐甫四歲氏撫之辛勤備至

朱方懋妻胡氏胡淑之女年二十四夫亡守節三十八年子錫蕃

魏士超妻夏氏夏成九女年二十一夫亡守節三十二年子若哲

阮會人妻張氏張公遴女年廿夫亡無子氏誓志守節姑早歿舅年六十餘家貧無以爲養氏灌園採薪晝夜紡績以資衣食侍養一十五年族黨感其孝爲立族姪三生承其後嗣歲給租五石以終

餘年

張輝永妻郭氏郭生宮女年二十三夫亡守節三十八年

游錫洪妻劉氏劉之程女年二十九夫亡守節三十二年

諸生饒承恩妻王氏諸生王樞女事繼姑毛以孝稱年二十五夫亡守節四十八年子振相

蘇周南妻朱氏朱永符女年二十九生子一夫亡守節四十年

諸生李如山妻梅氏諸生梅乃來女年二十八夫亡守節前令匾給表其門

張時正妻蔣氏國學蔣夏有姝也年二十六夫亡撫遺腹子守節

干爾奎繼妻武氏武扶日女年二十六適干甫三日夫亡氏一慟幾絕姑抱前媳所生子問日汝合婚僅三日余不可強汝守志氏跪泣曰媳已許配于門夫有二子即媳子也願侍翁姑撫育稺子

守節四十八年

陸長友妻吳氏吳玉賢女年二十七夫亡無子守節舅姑卒氏經營喪葬如禮年五十一歲卒

黎握臣妻鄢氏事舅姑孝年二十七夫亡撫諸子成立

胡瑞崙妻秦氏年二十夫亡家貧無遺腹子露兒益故充蘇前鋪差役歿後吳升斗遺氏藉此役食撫孤苦節四十年

王肖安妻龔氏洪達女年二十三夫亡無子撫姪九章爲嗣守節二十七年

伍采謨妻張氏貢生成熙女事舅及繼姑孝年二十一夫亡撫孤子體元守節四十七年

張敬侯妻李氏年十九夫亡苦節五十三年同居六世內外無閒言

張孟哲妻桂氏年二十夫亡貧不能葬後夫柩偏室守臥三年歲荒自食粥必潔饌奉姑後得疾姑請醫診視曰我苦節終身君令醫以診古之斷臂者何人乎于天主於氏爲繼母亦極孝賁族黨稱之

向日章妻田氏年二十八夫亡矢志守節奉二老以撫遺孤苦節四十五年

向禹甸妻李氏克仁女年二十五夫亡無子苦節四十五年

劉光騰妻張氏貢生甦基女年二十五夫亡撫孤超學爲諸生守節三十六年

夏時會妻邢氏年二十六夫亡無子立姪衡璣爲後生孫應隆甫十歲而衡璣夭與媳陳共撫孤成立守節已三十年

龔鼎玉妻劉氏黃梅劉信甫女年二十六夫亡苦節四十九年子永久

彭建章妻項氏諸生項士琦女年十八夫亡撫遺腹子成立卒年八十有九

彭　銘妻石氏黃梅諸生石宏基女年二十三夫亡守節二十二年子二本濬本淮

干效瑾妻吳氏吳少艮長女年二十八夫亡守志苦節二十八年子忠創

諸生陶愷古妻馮氏年二十夫亡舅爲擇配氏不從一日舅率迎者至門氏操利刃欲自殺眾懼乃散氏乘間奔母家舅知志不可奪以禮致之歸氏既歸家事舅如父值歲歉躬鋤禾暴日中自茹糠糲留米以飯舅苦節六十年

居玉林妻夏氏年二十七夫亡家貧事舅姑以孝稱撫孤成立守節五十七年子一孫五

陳家昌妻吳氏年十六適陳事舅姑孝越數年家昌卒有二子氏守節數十年撫其子成立子光國光岳

張源仕妻劉氏劉宜中女年二十三夫亡生子順元甫三月矢志撫孤守節數十年

周日白妻李氏年三十夫亡苦節三十年子廣

李含子妻喩氏年三十夫亡苦節四十五年孫廷桂國學

張植正妻蔣氏年二十六夫亡苦節五十二年子友光國學

張士鐵妻王氏年二十四夫亡誓志苦守撫兩孤成立卒年四十八
諸生夏　濬妻胡氏諸生明發女年二十一夫亡無子奉孀姑惟謹立族姪協以奉祀卒年四十
諸生文啟甲妻方氏方獻珍女年二十七夫亡事舅姑以孝稱撫孤子宗濤爲諸生
劉　相妻吳氏吳世位女年二十三夫亡守節二十八年子煥仁煥義
彭洪濟妻劉氏子榮杲妻董氏劉氏事姑孝二十三夫亡守節立二姪榮杲榮素爲嗣未幾杲卒其妻蕭氏誓以死守
熊宜泰妻喻氏事舅姑孝年二十一夫亡苦節四十六年子兆渭
陳洪序妻劉氏諸生劉相女年二十四夫亡守節後遭舅姑及伯叔相繼六喪皆氏辛勤營葬孫昌諸生

范宜周妻胡氏年二十八夫亡撫孤守節五十四年子有山
陳樹韋妻郭氏年二十夫亡無子守節四十五年
蔡學綸妻施氏年二十三夫亡事舅姑孝紡績供甘旨守節數十年子時達
諸生陳激昂妻胡氏年二十九夫亡撫孤守節三十五年
蔡士資妻陳氏年二十二夫亡矢志守節家貧灌園紡績以撫遺孤卒年六十七
陳紹坤妻郭氏年二十一夫亡氏方孕踰七月生子天福氏撫孤守節三十八年
熊仲臣妻萬氏年二十三夫亡生子甫五齡舅姑俱歿無可依者氏矢志守節母方欲奪其志氏聞之入園拾蔬赴塘死有孫名善鈞
陳洪爽妻張氏諸生張堤妹年二十二夫亡守節五十年
伍用享妻張氏蘄州貢生無他女年二十二夫亡無子立姪承渾爲嗣苦節五十年孫干飛國

學生
方敬常妻舒氏舒雲鵬女年二十三夫亡苦節五十八年交子懋德廩生孫志汪諸生
殷光璨妻張氏張公玉女年二十二夫亡苦節
李仁公妻張氏諸生昌遇女年二十五夫亡遺孤中光甫一歲氏矢志守節前令給額表之
劉裕生妻陳氏蘄州人年二十九夫亡守節五十一年
諸生周應億妻張氏饒升女年十七歸周夫歿氏年二十一無子守節六十四年
周日曦妻隋氏年十七歸周事舅姑無惰容越六歲而日曦卒氏撫孤成立
饒子興妻李氏年十九夫亡無子守節以終
夏應勇母程氏年二十七夫亡遺孤生四歲晝夜紡績給衣食苦節三十三年
蔡學剛妻呂氏諸生先交女事舅姑以孝稱生子時迎甫三歲氏年二十四夫亡守節卒年六

十有三
吳景湘妻張氏張爾才女年二十四夫亡守節四十年子德盛
陳華國妻李氏李篤才女年十九夫亡或勸之易嚮氏引刀自割繼姑郭救之得免苦節三十四年
藍之錦妻郭氏年二十二夫亡守節撫四歲孤士坦成立爲諸生
陸永思妻吳氏吳康子女年二十八夫亡守節三十六年
文咒天妻吳氏貢生兆烈女年二十二夫亡守節二十八年
張文仲妻馮氏值寇亂抗節不屈死
徐月恆妻陳氏君龍女年二十三夫亡撫遇歲孤守節四十四年
吳小蒼妻張氏諸生崇基女年二十六夫亡矢志撫孤及舅姑繼殞子媳早亡氏勤紡績以餬

口常數日不舉火苦節四十八年

張大德妻吳氏進士吳瑾孫女年二十五夫亡矢志撫二孤尙瑞尙貽不令廢學守節三十二年

呂嘉元妻張氏張巨友女年二十三姑亡夫病篤氏代夫成禮經營喪葬皆無闕未幾夫亦亡矢志守節家貧任汲薪以供朝夕

朱世鼎妻田氏伯華女年二十六夫亡無子立姪光令承嗣

張材秀妻宋氏年二十六夫亡守節三十五年子燦隼

劉懋推妻呂氏子光經妻胡氏呂氏年二十一夫亡守節子光綸光經光經亦早卒媳胡氏年二十守志奉孀姑極孝養撫孤超坦成立

張博天妻陶氏年二十一夫亡紡績撫孤苦節四十年

張福賜妻陶氏年十七夫亡守節孤姑年九十奉之僅孝

張敷雲媳吳氏弟病割股救之夫病亦割股以救夫死氏年十八事翁孝教子成立苦節五十四年

張祚江妻田氏年二十夫亡矢志家貧常數日不舉火終無貳心苦節四十八年

陳序三妻吳氏年十九夫亡無子立姪爲後苦節四十年

張霞舉媳章氏年二十二夫亡姑性嚴急善承奉力任家職苦節三十六年

張祚坤妻吳氏年十九夫亡守節五十年

朱之亭妻許氏許梓仲女年十七適朱事姑以孝稱姑歿踰年夫亡越七月生遺腹子撫孑然矢節卒年七十九

王元英妻陳氏陳叔太女年二十五夫亡守節三十九年立姪殿韶爲嗣

藍敷奏妻干氏貢生允宜女奉孀姑維謹年二十一夫亡無子矢志守節立姪廷元爲嗣

張季胄妻毛氏毛端生女事姑孝年二十七夫亡守節三十六年

諸生魯鳳翔妻庫氏庫公遜女年二十一夫亡撫遺腹子元會成立爲諸生

查陞選妻陳氏陳于陞女年二十四夫亡子幼姑老晝夜紡績以給衣食姑病割股救之守節三十二年

劉光通妻舒氏貢生逢吉女年二十九夫亡子超明僅週歲氏矢志守節一十六年

諸生饒振棫妻徐氏年二十一夫亡苦節二十八年

張錫岱妻周氏九江籍鎮平知縣周黛女年二十五夫亡守節三十餘年

張佳紐妻姜氏姜爾俊女年二十四夫亡守節五十一年

王大芳妻范氏范維則女年二十六夫亡守節五十年前令顏希聖爲之贊

邢乘六妻趙氏趙魯臣女事繼姑梅以孝稱年三十夫亡苦節三十一年

劉蘭賜妻呂氏諸生希存女年二十八夫亡苦節五十五年

劉魁五妻胡氏胡繩武女年二十七夫亡守節三十二年

庫楚萬妻馮氏年二十六夫亡守節撫二孤成立孫世膺乾隆丁卯副榜

徐如章妻童氏童世周女年二十六夫亡苦節三十八年

黎樹性妻干氏干欽文女事舅姑孝年二十四夫亡守節二十六年

王建侯妻陳氏陳永清女年二十六夫亡苦節四十九年

劉超嵩妻胡氏胡奇錫女年二十五夫亡守節四十一年

陳人表妻張氏張咨如女年二十五夫亡苦節五十年

陳玉衡妻張氏張輔臣女年十九夫亡撫孤子周堂守節事舅及繼姑備極孝養

胡上進母游氏諸生聖訓女年二十四夫亡守節五十年

張佳桂妻查氏年二十八夫亡守節三十八年

諸生柯廷栢母夏氏年二十七夫亡遺孤甫數月氏矢志撫之事其姑孝苦節三十四年

藍章懷妻毛氏毛集周女年二十夫亡無子守節二十

諸生李亮臣妻田氏諸生文長女十七歸李踰年生子先道又踰年夫亡守節五十二年

孫益相諸生

夏應春妻王氏年十八適夏踰年夫亡撫遺腹子有賓家貧剪髮自誓守節三十六年

麋生吳兆岐妾楊氏年十七歸吳生子世釜甫二齡夫歿守節其室有孤燕守巢數年不

去鄉黨傳爲苦節所感云

廖九皐妻戴氏戴榮生女年二十六夫亡撫孤娶池守節五十五年

范介蕃母張氏年二十夫亡守節四十三年

方世堅妻朱氏年二十夫亡守節三十一年

王天則妻呂氏年二十夫亡撫子金佩食貧守節五十一年

張如艮妻查氏九疇女年二十夫亡撫子卓山守節三十五年

饒承蔚妻趙氏趙靈英女年二十二夫亡撫周歲兒振鐸守節四十二年

諸生張錫晨妻楊氏年二十八夫亡守節五十六年

李如泰妻周氏麋生遜恭女年十七適李夫歿氏自誓守節三十年

夏應業妻吳氏年二十夫亡守節前令高給匾旌其門

卜敏存妻陳氏陳彩玉女年二十五夫亡家貧撫遺孤含萬守節四十二年

張時範妻蔣氏年十九夫亡撫遺腹子守節四十一年

呂義周妻尹氏尹煥先女年二十七夫亡撫孤子洪也守節三十三年

張楚甲妻趙氏年二十八夫亡撫子振熙明熙守節卒年七十

蘇希國妻陳氏年三十三夫亡撫子文表守節三十年

劉超治妻李氏國學尚龍女年二十一夫亡撫子斯奐守節三十三年

劉至育妻熊氏諸生熊繹女年二十八夫亡撫子斯輿守節斯輿乾隆庚辰進士

諸生程瑞蕊妻王氏麋生王稱玉女年二十三夫亡無子撫孤姪以繼夫嗣守節四十五

年前令劉給額旌其門

諸生黎純治妻胡氏胡王卺女夫亡撫子守節五十一年孫時宜

龔席珍妻李氏年二十六夫亡二子相繼夭氏矢志守節四十一年

胡啟琳妻孫氏年二十六夫亡生子錫洪甫三月氏矢志撫孤家貧奉舅姑備極孝養

徐甸英妻張氏貢生張繼皇女年二十八夫亡守節三十一年

徐甸弼妻舒氏舒舜章女年三十夫亡苦節三十一年

朱嘉謨妻盧氏年十九夫亡守節六十三年

王季仲妻胡氏諸生秉信女年二十五生子一夫亡氏撫孤富武成立

胡士岸妻陳氏諸生曾巽女年二十八夫亡撫孤錫恒守節事舅姑以孝著

毛東昇妻劉氏年二十二夫亡無子立姪家賓爲嗣苦節三十九年

王婁公妻朱氏壽先女年二十五夫亡家貧苦節四十六年

湯超凡妻胡氏年二十六夫亡守節三十四年

田本燦妻周氏縣丞國泰女夫亡守節廿九年子光灼國學

王有志妻陳氏年二十八夫亡撫子元士守節四十九年

居善長妻王氏年二十八夫亡撫子祥瑞守節四十一年
陳超萬妻程氏年二十六夫亡撫子維允守節五十餘年
陳起魁妻劉氏光政女年十八夫亡無子苦節四十年
邢佳猷妻吳氏年三十夫亡撫子世譽守節五十年
蘇儀生妻柯氏年二十八夫亡守節四十六年前令張給扁旌其門
陳斗燦妻蘇氏希聖女年二十三夫亡撫子兆祥守節四十三年
諸生李賓國妻王氏諸生皇初女年二十四夫亡撫子洪基守節五十二年
藍孚文妻胡氏年二十九夫亡撫子朝璽守節四十年
張殿昇妻王氏二十六夫亡撫子斗賜守節二十五年
郭應朋妻朱氏年二十歲夫亡無子守節四十二年

熊理伯妻梅氏年二十八夫亡撫子能友守節三十年
湯大昌妻劉氏年二十六夫亡撫子超凡守節五十八年
湯畏天妻劉氏萬申女年二十六夫亡撫子萬資守節二十四年
藍士練妻鍾氏年二十五夫亡家貧撫兩孤守節四十五年
阮林周妻吳氏年二十夫亡撫子佑天守節三十二年
劉超和妻鄭氏諸生本姬女年二十九夫亡撫子斯典成立守節三十六年
吳順天母游氏夫割股救之既歿撫孤苦節四十三年
劉琳齡妻吳氏歲貢生亮思女年二十夫亡撫兩月遺孤光璧成立孫國輿諸生
王咨綰妻楊氏嘉我女年二十五夫亡撫子全會守節五十年
呂調友妻劉氏年二十夫亡無子立姪六為嗣守節三十八年

張用樸妻費氏年二十二夫亡事姑以孝聞紡績至老不衰年八十四卒
諸生周必泰妻呂氏必泰髫年補諸生有文名無嗣早世子復昌甫三歲氏誓志撫孤守節三十九年
陳尙象妻劉氏年三十夫亡遺孤用經甫三歲氏矢志守節孫六時棟時圭時薇時俊時偉時睿皆諸生
程學伊祖母謝氏年二十八夫亡守節四十九年
徐天桂母朱氏年二十八夫亡守節三十年
張金聲妻胡氏年二十守節前令劉旌曰貞節
朱有瑲繼妻鄧氏獻玉女年二十一夫亡撫前妻子孝事病姑守節三十二年
張楚芳妻吳氏年二十七夫亡守節二十八年

戴元長妻張氏年二十五夫亡撫子楚雄守節二十二年
陳福先妻李氏年二十六夫亡撫子發秀守節五十二年
劉光修妻阮氏年二十四夫亡撫子超驥守節三十八年
熊玉文妻張氏年二十五夫亡撫子有信守節二十三年
汪象南母甘氏有實女年十九夫亡夫兄為擇配氏痛哭閉門剪髮事乃寢撫子成立
吳應考妻胡氏為學女年二十六夫亡守節三十一年
呂嘉典妻胡氏胡煥思女年十九夫亡撫子集獻守節
毛漢翀妻胡氏諸生鴻輔女年十八夫亡無子立姪文彬為嗣事姑孝守節五十二年○以上
辛未縣志
翟之泗妻桂氏古叢女年二十[illegible]夫亡守節四十三年

盧光肇妻許氏夫亡守節乾隆十六年旌
李光遴妻鄭氏子首出妻周氏孫媳張氏鄭氏年二十六夫亡撫子
首出亦早卒媳周氏撫孤守節孤娶媳張氏年餘孤夭張與姑同守節
劉紹儒妻廖氏年二十六夫亡守節三十四年
生員呂和桂妻龔氏弟天祥妻吳氏龔氏年二十九夫亡逾年子殤撫天
祥子生霖爲嗣天祥亦早卒吳氏年二十六乃立姪天露承夫後娣姒同心矢志不易
岳復興妻饒氏。年二十六夫亡守節事舅姑克盡孝養以上辛未志以前未請旌者
生員吳之杞妻張氏生員婁仲女年二十四夫亡守節三十九年乾隆十六年詳請匾額
游仲秀妻李氏夫歿家貧未葬氏刻苦營葬脊期年葬事畢哭奠於靈次夜投宅前大江死翼
日得其尸衣髮緊束顏色如生

陳鴻俊妻朱氏諸生榮蔚女年二十適陳生子本柱甫三歲夫亡苦志訓子撫孤成立
王家寧妻張氏年二十六夫亡守節
監生鍾輝熊妻葉氏年二十八夫亡守節
程膺道妻王氏年二十八夫亡守節
吳子攀妻張氏年二十四夫亡守節三十五年
陳在聰妻阮氏在聰以父喪哀毀卒氏年二十四撫姪世琦爲嗣以節終
陳殿光妻夏氏年二十二夫亡守節子本義監生登輝孫諸生輝璋監生
夏有煥妻劉氏年二十夫亡守節撫子林賢成名
藍士錫妻葉氏年二十四夫亡守節
劉斯銘妻楊氏年二十三夫亡守節家貧子幼備極艱辛撫孤成立克紹先業

張德隅妻吳氏及笄適張克盡婦道年方二十九慘遭夫亡奉舅姑撫幼子守節五十餘年
程敬公妻張氏年二十七夫亡守節
張博也妻李氏十八適張二十歲夫亡氏矢志冰霜與姑吳氏同心茹苦守節三十二年
田本玉妻李氏年十七適田二十四歲夫亡氏上事舅姑下撫幼子矢志柏舟守節五十五年
胡洪岱妻梅氏年二十三夫亡守節孝事舅姑姑有廢疾氏奉不懈子械諸生
生員楊斌妻張氏年二十夫亡守節次子希震早卒媳藍氏年十九守節姑憐其無子以幼
孫灩棠嗣之
于效溥妻藍氏年十九夫亡無子立姪中和守節以終
周煥章繼妻宋氏年二十八十夫亡守節
藍朝桐妻項氏夫亡守節

劉人傑妻余氏年二十三夫亡無子一撫爲清源爲嗣嘗爲姑吮癰人稱其孝
生員胡洪驥妻舒氏年二十九夫亡無子撫姪爲嗣守節以終子極國學
監生夏光前妻胡氏光前卒氏年二十二守節以終
邢履初妻郭氏年二十三夫亡守節
于辛元妻胡氏子效輅妻蔡氏胡氏年二十六夫亡守節子效輅亦早卒媳蔡
氏與姑同守撫孤中耀爲諸生
楊天澍妻毛氏年二十五夫亡守節
藍士鎧妻吳氏年二十夫亡守節
藍朝陞妻鍾氏年二十四夫亡守節
張耿光妻程氏年十八夫亡守節

徐光發妻王氏年二十八夫亡守節
徐光穆妻廖氏年二十夫亡守節
生員鍾炳妻余氏年二十六夫亡守節子元基
朱祜年妻郭氏年二十七夫亡守節
田光煜妻周氏年二十八夫亡守節
毛同周妻岳氏夫亡守節
張世祿妻劉氏年二十四夫亡守節
劉超莊妻張氏弟超萃妻張氏張氏年二十八夫亡守節超萃先卒妻張
氏年二十四娣姒同心時稱一門兩節
張桂乾妻余氏弟桂坤妻王氏永年妻胡氏萬年妻胡

氏桂乾等兄弟早卒余氏等娣姒同貞時稱一門四節
方榮顯妻劉氏年二十四夫亡守節撫姪應元爲嗣守節三十二年卒
徐光乾妻夏氏年二十四夫亡撫子正中矢志守節
彭士榜妻朱氏年二十一夫亡守節
居允玖妻張氏年二十七夫亡守節
居承瀚妻陶氏年十九夫亡守節
周楙義妻藍氏年二十二夫亡守節
知縣楊承綜妾王氏上元人嫡室張無子娶氏爲妾未幾承綜卒於官遺腹子家浯生母
陸氏繼卒氏扶柩歸里力保遺孤
干效松妻向氏年二十七夫亡守節嗣子忠炳監生

田光詰妻蔣氏年二十二夫亡守節
吳讓鳳妻王氏弟讓寀妻鄭氏王氏年二十八夫亡無子鄭氏年二十三夫亡
生遺腹子桂林娣姒同心養姑守節後以桂林次子夔里承讓鳳祀
盧士俊繼妻張氏子三貴妻毛氏張氏早年夫亡子亦夭與媳同守節
舒　鑵妻鍾氏年二十四夫亡守節
劉　杏妻胡氏年二十五夫亡無子撫姪煥節爲嗣
鍾大業妻龔氏年三十夫亡守節撫姪維鏞爲嗣
朱鍾應妻盧氏子源賓妻周氏盧夫早亡守節子源賓亦卒媳周氏矢志同心
嗣子光朝邑諸生
劉斯錦妻伍氏年三十六夫亡守節

生員干爾星妻陳氏子允耀妻郭氏陳氏年二十夫亡守節子允耀早卒
媳郭氏年二十五遺孤僅一歲與姑同心時稱雙節
桂應纘妻李氏李對固女年十七夫亡撫遺腹子高祐守節
生員朱欲然妻胡氏年二十三夫亡苦節三十六年子敬堂增生孫錫穀壬子舉人
舒貫珠妻張氏子泝妻李氏張氏年二十五夫亡守節嘗捐金贖田保祭子泝亦
早卒媳李氏同心守節
監生陳鴻桂妻查氏年二十八夫亡守節撫子本禮本智皆諸生
呂嘉勇妻張氏年二十二夫亡守節撫子集崧國學集檜
李恩濟妻劉氏夫亡子幼守節不渝族人盜售祀田氏鬻巳產贖之
李綵章妻張氏年二十一夫亡無子立姪燁煌之賓爲嗣皆補弟子員

吳志中妻姜氏年十六夫亡守節

劉蔚璜妻胡氏監生紹元女年二十一夫亡守節以終

彭本泰妻陳氏年二十二夫亡守節以終

彭本瀅妻陳氏年二十二夫亡撫遺腹子守節

吳志汝妻張氏年二十一夫亡守節

呂集正妻陳氏年二十四夫亡守節撫姪正庸爲嗣

胡光懋妻吳氏年十九夫亡無子守節以終

胡世鰲妻武氏年十九夫亡守節

王華夏妻李氏年二十八夫亡守節

武永明妻廖氏年二十二夫亡守節

夏本榮妻周氏周氏年二十六夫亡弟本才妻陳氏年二十八夫亦亡俱無子惟本秀妻朱氏生子炳驥秀亦早卒氏偕兩弟媳同心撫孤周氏守節六十四年卒朱氏守節二十九年卒陳氏守節四十四年卒道光六年建坊

生員吳德璜妻鍾

氏年二十五夫亡守節

馮應麟妻黃氏年二十二夫亡守節撫姪世茂爲嗣

胡夏梗妻鍾氏年二十五夫亡守節

王鴻金妻劉氏早年夫亡撫遺腹子守節

王鴻基妻居氏年二十九夫亡守節

胡奇然妻郭氏弟超然妻王氏熊然妻吳氏郭氏年二十四夫亡無子守節超然熊然皆早卒三人同心一門貞節

張向日妻郭氏年二十八夫亡守節

胡廷颺妻汪氏年二十二夫亡守節

蔡朝聘妻劉氏年二十二夫亡守節

鍾錫琮妻徐氏年二十四夫亡守節媳胡氏亦守節

孝廉金本孜妻孫氏山東莘縣人銅陵知縣仲樞長女年二十八夫亡守節

盧洪渾妻劉氏年十八夫亡守節

周學純妻董氏年二十四夫亡撫遺腹子茂昜守節

劉斯珍妻饒氏年二十四夫亡守節

陳本仁妻劉氏夫亡無子立姪守志姪輝璋監生

桂鍾地妻朱氏年二十五夫亡守節

吳獻龍妻李氏年二十二夫亡守節

李來喜妻呂氏年二十一夫亡守節

陳斯陽妻庫氏年二十三夫亡守節撫子昌州成立

蔣紹韜妻田氏年二十六夫亡守節撫遺腹子洪承咸立

李來聘妻吳氏年二十八夫亡守節後三子繼亡與二媳同撫孤孫

周備五妻劉氏年二十一夫亡守節

范宗隆妻陳氏年二十二夫亡撫四月孤守節

徐天秘妻宋氏年二十六夫亡守節

董之楷妻趙氏年二十二夫亡守節

張開富妻蔡氏年二十五夫亡守節

程有奇妻張氏年二十二夫亡守節

涂經緯妻陳氏弟經畧妻周氏陳氏年二十六夫亡守節立姪爲嗣同弟周氏矢志不移人稱一門雙節

孔傳禮妻喻氏繼曾妻劉氏喻氏年十九夫亡守節撫兄子繼曾爲嗣繼曾卒媳劉氏年二十二矢志不移事姑盡禮立嗣以承夫祀

朱效堂妻郭氏年二十五夫亡撫三月孤錫珍守節

劉宗亨妻張氏年二十五夫亡守節

劉斯秩妻干氏年二十四夫亡守節撫姪爲嗣

藍若泉妻王氏年二十三夫亡撫數月孤守節

藍廷瓚妻石氏年二十五夫亡守節

居承標妻伍氏年二十六夫亡守節遺孤旋夭立姪爲嗣

生員劉衍灝妻吳氏衍灝進士斯輿子早卒氏年三十孝事孀姑慈撫孤子輝祖孤又夭氏與孀媳吳氏安葬四世之喪

生員王者香妻徐氏事舅姑盡孝學憲李旌門

廖貞女幼字彭明暎未嫁夫亡奔喪守志逾年卒

張烈女盛姑幼許字郭材明未嫁夫亡自縊殉節

胡貞女生員胡泉長女幼許張材總未嫁夫亡冒雨奔喪撫姪燦姓爲嗣守貞不渝

朱貞女幼字陳本烈未嫁夫亡奔喪守志撫姪輝緒爲嗣以承夫祀

李貞女年幼字同里張錫元未嫁夫亡望門守志二十八

陳貞女邑人濬哲女幼字詹雙喜未嫁夫亡奔喪守志立姪爲嗣現五十三歲。以上係十六年以後

至五十八年已經給匾節婦貞女

彭景美妻程氏景美病篤術者言尅妻可免氏即日自縊死夫病果愈旋續娶生子始卒

饒承紳妻胡氏年二十二夫亡守節姑患癱三年氏事之惟謹課子業農以身任勞役

饒起金妻胡氏年二十二夫亡守節

劉光甲妻蔣氏弟光第妻方氏蔣氏年二十六夫亡守節弟光第已先卒氏與方氏同心矢志各撫遺孤

李來乙妻奚氏年二十四夫亡守節

奚洪任妻伍氏諸生年二十七夫亡守節撫孤子本瓚爲邑諸生

張梯光妻干氏年二十三夫亡守節立姪爲嗣

劉　彪妻阮氏年二十八夫亡守節事孀姑盡禮

劉衍鮹妻王氏年二十八夫亡撫子守節

周飛六妻陶氏年二十夫亡立姪守節

周元基妻呂氏孝年二十六夫亡守節姑瞽目氏事之盡

居昌璧妻詹氏年三十夫亡守節撫子成名

陳尚友妻郭氏年二十三夫亡守節

干效用妻藍氏年二十二夫亡守節

呂文斗妻徐氏年二十三夫亡撫遺腹子守節

呂嘉香妻王氏年十九夫亡守節子集勳國學生

盧兕子妻彭氏子鳳長妻陳氏彭氏年十六夫亡守節子鳳長生月餘氏撫之爲邑諸生亦早卒媳陳氏同心矢志守節

干中龔妻藍氏年二十一夫亡撫姪良乘守節以終
趙民哲妻陳氏年二十七夫亡守節
居正驤妻蔣氏年二十五夫亡守節事舅曲盡孝養
呂集謀妻周氏年二十五夫亡守節
魏雲珖妻舒氏年二十五夫亡撫子德嵩守節後德嵩早喪與媳撫四齡孤孫
游正松妻饒氏年二十一夫亡撫子守節
胡雍章妻陳氏年二十夫亡守節立姪爲嗣事舅姑至孝
干教亭妻藍氏年二十六夫亡撫二子茹素守貞十八年而卒
彭士烈妻朱氏年二十九夫亡撫子起域守節
坿生胡錫朋妻陳氏錫朋以苦讀致疾而卒氏年二十九甘貧

徐天智妻胡氏弟天勇妻程氏節胡氏年二十八夫亡守節娣程氏夫亡年二十九同心矢志事孀姑張極孝養喪葬如禮
魯榮望妻胡氏年二十三夫亡守節
劉超羣妻蔡氏年二十三夫亡守節
胡洪理妻卜氏年二十五夫亡撫子守節
徐俠茂妻蘇氏年二十三夫亡守節撫姪天才爲嗣後天才成明經
徐智厚妻張氏年二十一夫亡立姪守節事孀姑盡孝
舒煥慕妻徐氏年十九夫亡無子毀容矢志
劉行昇妻熊氏年二十八夫亡守節
劉秀章妻董氏年二十二夫亡撫數月孤守節

王文裕妻鍾氏年二十八夫亡守節
楊家佑妾劉氏家佑以妻袁氏無子娶氏氏生一子家佑遽亡氏年二十八矢志不移
龔材禮妻鍾氏年二十三夫亡撫遺腹守志
王本階妻吳氏年十九夫亡守節
簡登貴妻劉氏年二十一夫亡立姪高智守節
干中新妻藍氏年二十二夫亡守節
胡中茂妻戴氏年二十夫亡遺腹生一女氏矢志不移事舅極孝
吳　枋妻郭氏年二十六夫亡守節
吳世炤妻熊氏年二十七夫以覆舟亡氏匍匐投江救之乃免撫孤守節
胡士望妻朱氏年二十三夫亡撫孤守節

張殿元妾魏氏儀封人殿元以妻夏氏無出娶氏氏亦無出而夫亡立姪守節
王從易妻張氏年二十夫亡撫遺腹子宗楷守節子又卒窮苦獨居
江日復妻徐氏年二十六夫亡守節遺腹子聲遠食廩膳
呂天貴妻奚氏年二十四夫亡立姪守節
向康先妻楊氏
陳諦咨妻劉氏年二十二夫亡撫兩孤守節
陳旋乾妻郭氏年二十七夫亡撫兩孤守節
吳錫爵妻岳氏年二十七夫亡守節以終
吳廣璧妻藍氏年二十六夫亡守節
陳赤占妻宋氏年二十五夫亡撫兩孤守節

劉燠釆妻蔣氏年二十二夫亡子殤立姪基福守節

胡士峩妻劉氏年二十九夫亡守節以終

陳文璋妻李氏年二十夫亡矢志完貞

陳智懷妻張氏年二十四夫亡守節

張賓光妻宋氏年二十四夫亡守節

張垣亨妻藍氏年二十七夫亡守節子鑾諸生

陳正來妻游氏年二十夫亡撫數月孤守節

陳洪軾妻武氏年二十二夫亡守節

陳一發妻許氏年十九夫亡守志

胡漢超妻蔡氏年二十四夫亡守節

陳勝凡妻湯氏年十九夫亡立姪守節

陳光階妻姜氏年二十二夫亡撫孤守節

吳介蕃妻胡氏年二十夫亡守節以終

舒西表妻胡氏年二十三夫亡守節

陳聞一妻楊氏年二十六夫亡守節

陳洪仁妻藍氏年二十七夫亡撫子榮光守節榮光卒與媳同撫遺孫

胡大雄妻程氏年二十三夫亡守節

陳時正妻黃氏年二十六夫亡守節踰八十而卒

陸厚壽妻呂氏年二十夫亡撫六月孤守節

陳正谷妻錢氏年二十四夫亡守節

陳光國妻陸氏年二十夫亡立姪爲嗣守節孝事八十老姑

張正綱妻陳氏年二十五夫亡守節

李益梗妻周氏年二十五夫亡子夭與媳張氏同心矢志守節

陳六吉妻劉氏年二十一夫亡守節

陳洪慶妻劉氏年二十夫亡無子立姪光志守節

胡希桂妻劉氏年二十八夫亡撫孤守節

陳華國妻李氏年十九夫亡無子守節

陳文憲妻藍氏年二十一夫亡撫遺腹子守節

庠生張植彬妻劉氏年二十六夫亡守節

夏賓賜妻劉氏年二十八夫亡無子立姪守節

陳洪齊妻黃氏年二十四夫亡立姪守節

陳洪卓妻藍氏年二十五夫亡守志未幾子媳俱亡撫二幼孫年七十有五

程鋒旭繼妻毛氏年二十一夫亡撫前母子光基光國守節事姑克盡婦職

夏丹篆妻魏氏淮安人篆隨父時瑛爲常熟丞遊淮上氏舅周基遂以氏歸焉甫四月篆還里覆舟死氏誓不改操力勸翁曰濟家徒壁立氏勤十指事翁始終盡禮立姪承夫後里人皆稱道之

張懷能妻章氏年二十二夫亡撫周歲子砥柱守節

邢方文妻陳氏年二十八夫亡守節

夏文華妻奚氏年二十五夫亡撫遺腹子守節

郭伯安妻陳氏年二十三夫亡守節邑侯張旌其門

洪霨輝妻孫氏年二十七夫亡守節

劉斯際妻向氏年二十八夫亡守節
郭紹宗妻周氏年二十六夫亡守節
周炳揚妻胡氏年二十六夫亡守節
劉超僎妻周氏年二十七夫亡守節
周朝鳳妻陳氏年二十四夫亡立姪守節
夏偉常妻陳氏年二十七夫亡守節
劉宗元妻江氏年二十七夫亡守節
胡康泰妻劉氏年二十二夫亡無子立姪奇元守節以終
胡名耀妻陶氏年二十二夫守亡節
周兆囦妻蘇氏年二十夫亡撫過歲子守節

章鳳翥妻干氏年二十二夫亡守節
劉斯徤妻周氏年二十六夫亡守節
蔡朝佐妻胡氏年二十二夫亡守節
蔡行芳妻宋氏諸生年二十五夫亡守節撫姪正檖爲嗣檖
劉萬貞妻鍾氏年二十一夫亡守節
朱擴然妻藍氏監生年二十四夫亡撫遺腹子守節子肇彭
詹錫獲妻程氏孫士輔爲邑諸生年二十三夫亡守節孤子志朝早逝撫
毛正芳妻顏氏年二十七夫亡守節
張彖五妻曹氏年二十一夫亡守節
馮世南妻郭氏年二十七夫亡守節

郭榮綸妻李氏年二十一夫亡無子立姪奎琳守節
馮世哲妻朱氏年二十六夫亡守節
周偉議妻郭氏年二十夫亡遺腹子夭立姪佳驥爲嗣守節以終
郭洪任妻吳氏年二十八夫亡子材藻歿立姪孫爲嗣又歿與媳羅氏更立嗣守志
馮光宇妻陳氏年二十八夫亡守節
藍國棟妻姜氏年十九夫亡守節撫孤成立
劉學博妻徐氏年二十二夫亡守節
劉熙載妻胡氏年二十二夫亡無子撫姪玉成守節以終
劉煥觀妻周氏氏係煥觀繼妻年二十夫亡矢志不移撫前母子基元如已出
劉超文妻陳氏年二十二夫亡守節

李金槐妻向氏年二十九夫亡子夭撫姪守節
李載元妻張氏年二十二夫亡守節
向世勳妻王氏年二十八夫亡無子撫姪守節
向泉源妻呂氏年二十六夫亡守節
陳玉殿妻范氏年二十二夫亡子夭立姪天佑守節以終
陳東書妻毛氏年二十三夫亡守節四十九年
向玉龍妻郭氏年二十五夫亡矢志二子繼卒與兩媳撫孫守節
梅士傑妻劉氏子坤元妻周氏劉氏年二十二夫亡守節子坤元卒媳周氏年二十三與姑相依人稱雙節云
劉超才妻黃氏年二十一夫亡守節五十有二年

彭玉華妻張氏年二十三夫亡無子立姪仲元守節
彭克勤妻方氏年二十夫亡撫遺腹子守
向寧模妻楊氏年二十四夫亡守節
陳茂烈妻劉氏年十九夫亡撫遺腹子守節
陳履端妻曾氏年十九夫亡無子立子青廉守節
陳德衢妻胡氏年二十二夫亡撫週歲子輔世守節
朱貢千妻毛氏年二十四夫亡守節
監生宋鍾高妻楊氏年二十七夫亡守節
宋鍾繩妻陳氏年二十四夫亡守節
宋鍾嶡妻吳氏年二十七夫亡守節

郭居綏妻陳氏年二十五夫亡無子立姪守節
温東野妻陶氏年二十夫亡守節
劉衍常妻李氏年二十六夫亡守節
龔德純妻張氏年二十四夫亡守節
胡永若妻劉氏年二十五夫亡無子立姪守節
張材俊妻楊氏年十八夫亡守節
王本型妻郭氏年二十四夫亡無子立姪踐鰲守節
方金山妻田氏年二十七夫亡撫子月光守節月光又卒撫姪孫以居艱苦無怨
柯材洛妻邢氏年二十九夫亡守節
王楚材妻吕氏年二十五夫亡守節

邢道光妻彭氏年二十五夫亡守節
程家英妻汪氏年二十一夫亡撫遺腹子其昌守節
饒大美妻胡氏年二十七夫亡守節事姑盡禮
監生何本秀妻吳氏年二十四夫亡立姪學先守節
周煥愷妻劉氏年二十五夫亡撫孤守節
吕集義妻劉氏年二十一夫亡守節子效元諸生
邢光鑾妻殷氏年二十九夫亡守節子卲諸生
陳秉釗妻吕氏年二十八夫亡撫子煥忠守節
程應熊妻胡氏年二十三夫亡守節
程道治妻楊氏年二十七夫亡守節

張道遠妻方氏夫亡守節五十一年
劉志山妻夏氏夫亡守節四十八年
胡本松妻向氏夫亡守節三十年
項太康妻夏氏年二十二夫亡守節
程布錫妻居氏年二十四夫亡守節
鄭爾常妻徐氏年二十八夫亡守節
饒承佑妻黎氏年二十四夫亡守節
劉金輅妻朱氏年二十一夫亡守節
饒行遠妻吳氏年二十二夫亡守節
范道岸妻武氏年二十一夫亡守節

王公亭妻胡氏年二十九夫亡守節
王鴻斌妻鄧氏年二十八夫亡守節
王懷璞妻汪氏年二十六夫亡守節
張侚慰妻胡氏年二十七夫亡守節
楊洪璧妻余氏年二十三夫亡守節
何其鳳妻陶氏年二十八夫亡守節
查錫著妻張氏年二十二夫亡守節
楊茂思妻蘇氏年二十二夫亡守節
章廷書妻雷氏年二十二夫亡守節
李身茂妻吳氏年二十三夫亡守節

李身盛妻阮氏年二十七夫亡守節
李榮鑊妻張氏年二十五夫亡守節
解錫榮妻程氏年二十五夫亡守節
向振家妻黃氏年二十九夫亡守節
李大元妻陳氏年二十六夫亡守節
蔡習然妻張氏年二十六夫亡守節
諸生舒汝翼妻周氏事翁姑克孝年七十有六
程貞女幼許劉惟金未嫁夫亡聞訃奔喪矢志自守現年五十歲
朱烈女好姑幼許字陸氏子後其家中落女母兄欲改嫁之女觸石而死
張烈女均州廣文張犯女幼許字劉楊楊早卒女在父任聞訃不食而卒

吳貞女生員吳世伯女幼許字舉人王世銳之子竟歲未婚而夫亡立嫠守志
袁烈婦幼適阮彬坎年二十三夫亡不旬日氏拜辭先靈遂以身殉○以上貞女烈女節婦係十六年至五十八年未請旌給匾者

明

呂楚蘭妻李氏幼為父吮疽宗族稱之有司復其家湖廣通志
呂國珍妻劉氏呂聲瑶妻干氏劉未嫁時父母病前後割股療之干氏亦為姑割股焉○同上
吳亮嗣妻胡氏胡聯岡女十八歸吳結褵之三日即解耳瑞資舅姑薪米食指數十人悉營辦之值大寒冰雪即脫服禦姑之寒而自啖蔬衣襤亮褸久不遇氏力貧支持及亮嗣擢給事中乞養不遂氏馳歸躬調藥餌飲食必親奉厠牏未嘗假手浣濯姑卒擗踊如禮訓諸子以孝庶子不異己出年五十

卒
金之純妻李氏有節操明大義當興安之圍之純將乘城與氏訣氏指後園古井曰公毋內顧吾得死此矣及之純卒於官氏間關歸喪於楚歲時懸夫像率二子哭奠田不盈百畝茅屋數椽與兄子二人共之遵夫志也教子如嚴君年四十六卒
張金和妻劉氏劉養素女金和少多病家人生產業氏身任之已從金和官於外十年歸乃更以貧聞避兵蘄州婢竊錢粟居停人告氏氏曰予知之但刻政不得下和顧無令多盜耳年八十五卒
陳侚簡妻伍氏事舅姑孝明末流寇薄邑隨夫避兵江南夫死藏其屍深谷中兵熄歸葬於鄉躬耕紡績青遺孤娶媳生一孫未幾子媳俱夭氏辛勤撫孫以綿宗嗣
饒嘉會妻徐氏父赤山無子特教女故氏自幼授書事文翰不屑為家人鉛澤刺繡長適饒夫四十無子氏勸之納妾及納妾而生一女氏慰之曰是命夫然當得佳偶何必自生子哉擇壻得劉醒瀛

甫五齡氏一見奇之曰此百萬無雙他兒臧囿滿欏奚益即留居親授句讀每與語古人大節饒也學而豪於酒不甚理家事內外皆氏整理家政肅然年五十卒。芝在堂集

張楚偉妻徐氏氏未生時夢緋衣貴人來十日生氏父存吾絕憐之聞楚偉雅才致遂聘焉初存吾之守壽州也氏十歲存吾病氏烹割臂肉存吾大痛愈十二能詩文於經史外一無所好及存吾丞蘇州楚偉就婚焉明年歸鄉試氏作詩送之曰送君入楚江悠悠歸路長一去隔千里夢魂伴瀟湘次章曰送君入楚城携手淚縱橫安得銜楚者墨池近北溟書法森森入古歸楚道過京口報父書云四時之序成功者退山林觴詠暢叙幽情何必紆青拖紫乃稱貴乎他日存吾哭女詩有渡頭分手處京口寄書時之句即是書也既歸張布衣荆笄事舅姑惟謹庚戌夏生子仁熙未彌月氏遘疾脱玉彄環繫兒臂爲韻語以囑楚偉未幾卒年十九。白茅堂集

國朝

金德嘉妻陳氏陳時宦女早喪父母會左良玉兵亂避之赤𡿨湖叔時憲遇德嘉於亂中異之曰少年遭竄伏神守如平常大器也遂約婚焉年十七歸金時大家皆被焚掠喪田宅德嘉及其兄讀書僧寺中氏與姒棲敗屋篝燈夜績戒旦雞鳴及德嘉改館職貧不能迎其家氏力持門戶及德嘉歸里家益貧而氏辛勤左右不以鹽米遺夫憂卒年七十有六

徐鳳生妻劉氏年十七適徐時流寇作亂鳳生赴閩省投軍氏辛苦持家設饘粥奉舅姑而自掘草蔬以充口年二十二舅姑繼没氏竭力營喪葬無闕禮已而不憚艱危尋夫千里至甯化遇鳳生時鳳生業以軍功擢汀洲防守甯化居官舍十餘歲鳳生忽以病故氏年三十六携二子扶櫬歸家勤紡績以撫遺孤雍正二年縣尹表其閭

生員李一森妻陳氏秉性温恭事姑孝順姑年八十有八臥病久陳耐寒暑晝夜雖厠牏滌濯不假于婢女生子應壎庠生

馮　鑑妻張氏庠生益基姪女也值鑑父卧病頻醫不愈氏奉藥餌衣不解帶者數十日時氏方孕踰月產一子一女子名是應年三十卒

生員徐樹欒妻夏氏諸生芳時女年二十適欒欒刻苦攻舉子業爲風濕所侵支離牀第氏朝夕扶持十年無倦色夫没無子立姪爲嗣卒年七十子光宗監生

胡魁楚妻王氏事舅及繼姑以孝稱癸未獻賊盤踞邑中氏同夫徙他省艱苦備嘗及歸家業蕩盡氏勤儉加厲及夫官建平自劾歸氏怡然自若性儉約不服統綺見人貧乏急難則周恤之卒年七十有九

諸生舒鎣妻胡氏年十九歸舒姑病奉湯藥晝夜無倦色疾甚嘗糞甘苦越二十二年乃終子漣諸生

金啟洛繼妻萬氏吉安教授映川女性至孝姑病誓於神斷葷血三年姑愈及舅病夫客京

邸氏告於姑召夫還侍疾踰月夫自京歸里得奉湯藥盡人子職者數日而舅乃亡後以夫貴封安人

張在麟妻文氏性至孝舅病氏奉湯藥衣不解帶者五十日頻危更焚香告天願以身代生子一名魁光

藍理思妻劉氏事舅姑及繼姑以孝謹聞

張源欒妻楊氏正人女年十六歸張事繼姑極孝踰年夫病甚氏奉湯藥衣不解帶者數十日生子二長藻諸生

陳　斌妻劉氏性淑慎年二十二歸陳克持婦道生子金大夭道其夫置妾有庫姓子夫欲立爲己子氏曰異姓不可亂宗且奪人之子以爲己嗣於義不可氏爲之給田宅令其歸宗鄉黨稱之

舒芝生妻張孝女名領大貢生懋純女也純老女事之孝

陳治國妻王氏王季可女貞靜肅儉相夫有成姑朱病支離牀第者三年氏事之惟謹姑色稍

許婉容承之即加箠楚無怨言族黨稱之乾隆二十八年與夫同建坊表

周應黃妻梅氏適周三十餘載生數子俱夭屢乘間勸夫納妾生子五人

張源魯母吳氏舉人洪範妹也事舅姑孝性好施予族黨中貧乏者氏周恤之歿後

張遠臣妻董氏幼讀內則通書理姑病素蔬三年夫病亦然

國學干效克母胡氏諸生胡俊女年十六適干事繼姑居奉養惟謹性慈愛族黨中貧乏不能嫁娶埋葬者周恤之雍正十三年大旱氏出谷賑饑並施衣被各數百件饑民戴之

彭士會妻陳氏黃梅陳淑茂女年十七歸彭踰年四月時疫盛行氏夫家皆染死亡過半姑病篤氏禱於神願以身代即自經死時五月初三日也未幾夫病驟愈闔鄉疫皆止人皆以爲孝義所感乾隆二十四年建坊

龔材元妻吳氏事舅姑孝舅病足不良於行有一道人授火針灸翁兩膝病良已竟不受一文

謝也人咸以爲孝感云子執桓丙午舉人

陳大經妻張氏諸生貢金女姑胡疾篤諸醫謝不治氏涕泗橫流焚香默禱病遂愈

陳光裕妻劉氏姑羅氏染病在床三年不起氏左右就養未嘗少怠

陳正元妻姜氏善事舅姑雖家貧甘旨不闕而自食葉糲及舅姑卒已踰年歲時令節猶淚承兩睫其歷久不忘如此

郭元璧妻胡氏邑諸生胡之新女幼讀女誡孝經通曉大義適郭克盡婦道二十八夫亡屬以身殉舅姑責以撫孤乃強起事舅姑先意承志得堂上歡姑先歿舅年逾八旬氏身代子職數年無倦容更憐孤獨如黎婦毛氏暨親族貧無所靠者氏令至家中給養歿殮以棺子榮祖州同銜能承母志甲申大水出粟賙族里之飢者孫八人皆列黌庠皆氏厚德所遺云

周新基妻蘇氏蘇紹濱女年二十適周生子錫圭二十夫亡守節四十二年氏性貞淑事舅姑

盡孝娣姒雍和無疾言遽色家業稍口長年紡績所餘微貲常以周親族之貧乏者課子有方不爲姑息子錫圭亦成立身列成均不墜家法◎以上賢媛

梅林祥妻馮氏年二十五夫亡守節六十七歲卒

梅懋章妻陳氏年二十七夫亡守節現年七十

張濟桂妻鄭氏年二十六夫亡守節現年六十七

陳斯湯妻庫氏年二十三夫亡守節五十八歲卒

李祥光妻劉氏年二十二夫亡守節六十四歲卒

李作良妻吳氏年二十四夫亡守節六十九歲卒

李集成妻段氏年二十二夫亡守節七十歲卒

吳勝華妻雷氏子業福妻陳氏雷年二十一夫亡守節撫遺孤業福未成人卒

養媳陳年十四矢志養姑雷四十八歲卒

陳尚文妻郭氏年二十七夫亡守節遺孤甫五月撫之成立現年九十七五世同堂

陳耀祖妻郭氏年二十二夫亡守節撫遺腹子成人七十一歲卒

翟承鳴妻張氏年二十八夫亡守節撫孤子先甲督課甚嚴入邑庠卒年七十

翟承祖妻李氏年二十一夫亡守節事舅極孝先意承志每食必親匙箸下氣怡聲現年七十四

儒士翟先鈺妻高氏年二十二夫亡守節現年五十以事姑極孝

桂復松妻唐氏弟復楊妻雷氏唐年二十二夫亡守節遺腹子株年十九入邑庠雷年二十夫亡撫子立嗣以主夫祀

郭烈楊妻方氏年二十夫亡守節六十一歲

郭鏈積妻周氏年二十八夫亡守節
郭材桂妻梅氏年二十夫亡守節姑生子而病氏代養之遂至成立氏年六十六卒
郭士瓚妻張氏年二十夫亡守節五十一歲卒
李來祥妻袁氏年二十六夫亡守節現年七十九
李熙琢妻呂氏子新望妻李氏呂年二十夫亡守節李無子立姪以承夫祀五十八歲卒李年二十七同姑守志現年七十二
呂源春妻崔氏年二十五夫亡守節七十五歲卒
呂銀望妻鄭氏年二十二夫亡守節八十四歲卒
呂熾清妻朱氏年二十八夫亡守節五十五歲卒
吳孚先妻毛氏年二十四夫亡守節

吳讓元妻張氏年二十三夫亡守節道光七年旌
李興松妻程氏年十九夫亡守節五十九歲卒
李錫美妻黃氏年二十三夫亡守節現年七十一卒
生員朱光圓妻張氏年二十六夫亡守節三十二年
監生吳應本妻劉氏年二十八夫亡守節三十四年
郭材樑妻廖氏年二十夫亡守節二十九年卒
郭燕春妻廖氏年二十五夫亡守節四十五年
吳臁富妻張氏年二十四夫亡守節五十三年
郭才著妻熊氏年二十一夫亡守節四十三年卒
郭洪光妻鄭氏年十八夫亡守節四十九年卒

郭材發妻周氏年二十六夫亡守節五十一年卒
郭洪夏妻黃氏年二十九夫亡守節三十七年卒
陳鎬讓妻孔氏年十九夫亡守節六十三年卒
郭烈芹妻梅氏年二十一夫亡守節四十六年卒
郭材鳳妻陳氏年二十九夫亡守節三十四年卒
陳名壽妻田氏年二十七夫亡守節三十八年卒
郭材藻妻羅氏年二十八夫亡守節四十八年卒
郭洪曉妻張氏年二十三夫亡守節四十一年卒
郭材徽妻陳氏年二十二夫亡守節四十一年卒
郭奎雲妻呂氏年二十三夫亡守節二十九年卒

戴士達妻饒氏年二十三夫亡守節五十七年卒
郭孔嘉妻劉氏年二十七夫亡守節二十七年卒
郭奎琫妻王氏年二十四夫亡守節二十四年卒
崔茂禎妻郭氏年二十二夫亡守節四十二年卒
郭奎惠妻吳妻年二十八夫亡守節四十五年卒
郭作賓妻胡氏年二十二夫亡守節五十五年卒
郭在邦妻吳氏年二十六夫亡守節五十二年卒
郭在郡妻蔡氏年二十七夫亡守節四十三年卒
易存仁妻陳氏年二十四夫亡守節三十一年卒
呂熾青妻朱氏年三十八夫亡守節二十四年卒

吳讓泰妻王氏弟讓案妻鄭氏夫亡守節道光十三年旌
吳開耀妻朱氏夫亡守節道光七年旌
吳業巘妻龔氏夫亡守節道光元年旌
吳基呂妻柯氏夫亡守節道光十五年旌
郭奎緒妻呂氏年二十八夫亡守節五十三年卒
郭洪功妻龔氏年二十九夫亡守節四十五年卒
郭材翰妻李氏年二十七夫亡守節六十年卒
朱仁德妻廖氏年二十一夫亡撫遺腹子守節五十七年卒
朱有餘妻方氏年二十六夫亡守節三十七年卒
呂羣雅妻王氏年二十三夫亡守節四十二年卒

呂集利妻張氏年二十六夫亡守節五十一年卒
呂集亭妻周氏年二十九夫亡守節五十一年卒
朱樸實妻翟氏年二十六夫亡守節三十年卒
呂鼎福妻周氏年二十九夫亡守節五十五年卒
田懷珍妻龔氏年十九夫亡守節四十四年卒
郭在岡妻朱氏年二十六夫亡守節四十四年卒
郭在巍妻李氏年二十九夫亡守節四十一年卒
生員郭錫福妻蔡氏年二十六夫亡守節四十二年卒
郭奎榜妻劉氏年二十五夫亡守節四十五年卒
朱體仁妻郭氏年二十八夫亡守節三十二年卒

朱偉詮妻呂氏年二十七夫亡守節三十三年卒
王光銘妻郭氏年二十九夫亡守節四十五年卒
郭烈蘭妻金氏年二十四夫亡守節五十年卒
郭士登妻李氏年二十四夫亡守節四十三年卒
郭能學妻胡氏年二十四夫亡守節三十六年卒
郭士鑑妻陳氏年二十二夫亡撫遺腹子守節五十一年卒
郭材大妻許氏年二十九夫亡守節四十三年卒
郭定卿妻吳氏年二十八夫亡守節五十三年卒
吳應祖妻張氏年二十六夫亡守節五十年卒
張燦琳妻吳氏年二十六夫亡守節四十三年卒

徐美中妻張氏年二十二夫亡守節三十餘年卒
徐特楷妻查氏年二十五夫亡守節四十五年卒
劉超信妻丁氏年二十一夫亡守節六十六年卒
劉煥師妻朱氏年二十七夫亡守節四十年卒
廩生劉惇培妻徐氏年二十七夫亡守節三十八年卒
梅時發妻張氏年二十五夫亡守節五十七年卒
方至官妻吳氏年二十四夫亡守節四十三年卒
鄒汝福妻董氏年二十七夫亡守節四十五年卒
查錫圭妻鍾氏年二十三夫亡守節五十四年卒
高發潤妻程氏年二十四夫亡守節五十一年卒

生員劉亮基妻張氏年二十四夫亡守節現年七十三歲同治八年。題請建坊

查煥祥妻朱氏年二十四夫亡守節現年六十六歲

劉徵基妻吳氏年二十六夫亡守節現年六十七歲同治八年。題請建坊

張材遜妻彭氏年二十四夫亡守節

劉秀致妻吳氏年二十七夫亡守節現六十九年歲

張材俊妻楊氏年二十二夫亡守節

查榮清妻陸氏年二十夫亡守節現年六十六歲

張奎照妻居氏年二十八夫亡守節

張燦玘妻胡氏年二十二夫亡守節四十一年卒

庠生鍾岳繼妻洪氏年二十二夫亡撫遺腹子守節五十三年卒

監生鍾本元妻陳氏年二十九夫亡守節四十一年卒

生員鍾綺泰妻張氏年二十二夫亡守節十九年卒

庠生鍾錫福妻梅氏年二十三夫亡守節三十八年卒

查席珍妻胡氏年二十一夫亡守節

藍廷握妻干氏年二十五夫亡守節五十年卒

胡養文妻張氏年二十八夫亡守節四十七年卒

周煥祥妻劉氏年二十二夫亡守節五十二年卒

彭芝榮妻陳氏年二十七大亡撫孤守節

彭錫鵬繼妻劉氏年二十六夫亡撫子巨奎成立入邑庠巨奎卒偕媳守節四十九

生員褚繡山妻胡氏年十九夫亡守節撫子成人備嘗艱苦

周煥昌妻饒氏年廿二夫亡立姪承祧守節五十二年卒

監生楊國祥妻金氏年二十四夫亡家貧守節

楊煒信妻陳氏弟庠生煒煌妻朱氏陳年二十夫亡守節朱年二十一夫亡守節信煌俱國祥姪時稱節孝一門

彭之江妻干氏夫亡守節嘉慶八年旌

吳體之妻金氏年二十四夫亡守節現年七十一歲

王斯拔妻項氏年二十八夫亡守節四十一年卒

龔世芬妻楊氏年二十五夫亡守節四十五年卒

呂光耀妻張氏年二十九夫亡守節五十六年卒

張植哲妻周氏年二十五夫亡守節

張光緒妻吳氏年十九夫亡守節三十八年卒

張坦履妻郭氏年二十三夫亡守節現年六十五歲

熊森桂妻羅氏年二十六夫亡守節三十三年卒

趙暢齊妻張氏年二十七夫亡守節三十四年卒

監生張光博妻郭氏年二十九夫亡守節二十五年卒

張光椿妻劉氏年二十三夫亡守節四十五年卒

庠瑞光妻朱氏年二十六夫亡守節四十五年卒

張鍾德妻吳氏年二十二夫亡捐金立祀產守節三十年卒

張世祿妻周氏年二十八夫亡守節現年七十六

張坦适妻廖氏年二十一于歸四十日夫亡守節四十六年卒

韓繡裳妻張氏年二十三夫亡守節四十九年卒
張玉輝妻王氏年二十八夫亡守節五十二年卒
郭月峯妻向氏妾劉氏媳余氏月峯卒時向年二十六劉才十六皆無子立嗣
子信以主夫祀遇歲歉每散財賑乏有宋某因荒將出妻氏命信給錢數十緡俾得完聚未幾信卒余年
二十九亦以節終
鄭熾紹妻蔡氏年二十夫亡守節現年六十六歲
張在駒妻馮氏年二十四夫亡守節現年六十八歲
張在田妻楊氏年二十七夫亡守節三十四年卒
張鍾甲妻袁氏年二十六夫亡守節現年六十七歲
韓秀賢妻張氏年二十二夫亡守節五十三年卒

廣濟縣志　卷九　列女上　五二

劉宗玉妻張氏年二十二夫亡守節三十三年卒
周光會繼配馮氏年二十五夫亡守節四十三年卒
劉斯全妻林氏年二十二夫亡守志五十四年卒
胡文綬妻夏氏年二十一夫亡守節事翁姑孝翁歿氏泣喪明卒年六十六
胡文黼妻徐氏年二十六夫亡守節三十六年卒
夏基元妻吳氏年二十夫亡家貧撫遺孤守節四十三年現年六十三歲
趙安圖繼室程氏年十九夫亡守節四十九年卒
趙永法妻孫氏年二十七夫亡乞食養孤守節六十一年卒
趙永錘妻張氏年二十一夫亡家貧親老守節三十年卒
趙光憲妻周氏年二十四夫亡守節八十六年卒

趙堂松妻張氏年二十六夫亡守節三十九年卒
張業高妻趙氏年十八夫亡守節現年五十二
國學吳英璧繼室呂氏年十九夫亡守節三十六年卒
吳德鍾妻佘氏年二十四夫亡守節撫遺孤旋殤撫姪以承夫嗣現年六十八
李敏基妻陶氏年二十七夫亡守節六十七歲卒
李源基妻劉氏年二十二夫亡守節撫姪以承夫嗣待如已出現年七十一歲
陶起勳妻王氏年二十四夫亡守節九十三歲卒
戴煒齊妻庫氏年二十九夫亡欲以身殉不獲撫嗣子成人六十歲卒
伍常銘妻王氏年二十四夫亡氏撫孤守志明年姑病
支離牀第者數月氏奉侍湯藥晝夜不
倦　遺女十二歲氏盡心教養及嫁奩資甚厚翁
徇必疼疾二十餘年以事之不爾爲課子有方不
爲姑息現年六十二歲

廣濟縣志　卷九　列女上　五三

伍楚仁妻趙氏年二十八夫亡守節現年八十六歲
伍祥宇妻梅氏年二十四夫亡節現年七十一歲
伍正玉妻張氏年二十四夫亡守節三十六年卒
伍效試妻張氏年二十八夫亡守節四十七年卒
伍錫壽妻夏氏年二十八夫亡守節現年六十歲
伍效濬妻胡氏年二十六夫亡撫遺腹子守節
伍效信妻王氏年二十七夫亡守節時姑已卒舅病足不良於行氏左右扶持七年不伶叔翁病氏分田與之妯娌貧乏者周給之年七十一歲
伍效瑩妻張氏年二十七夫亡守節四十年

伍效玗妻魏氏年二十八夫亡家貧守志四十五年卒

伍錫瑚妻向氏年二十三夫亡家貧自茹糠糲晋卡以養翁姑翁姑歿殯葬皆盡禮現年六十九歲

劉開榜妻邱氏年二十七夫亡守節三十三年卒

蔣榮萃妻田氏年二十一夫亡守志四十一年卒

居承標妻伍氏年二十四夫亡守節

徐文中妻殷氏年二十四夫亡守節五十三年卒

徐彬中妻閔氏年二十五夫亡守節四十年卒

徐鎔侃妻毛氏年二十六夫亡家極貧撫孤守節現年八十二歲

桂光天妻李氏年十四歸姑病往事之八年不懈年二十八夫亡子歲餘又遺腹生子一氏撫

藐孤經理喪葬俱無違禮現守志四十三年

舒鉅梁妻張氏年二十五夫亡守節二十六年卒

彭起域妻湯氏年二十六夫亡守節四十餘年卒

劉煥師妻朱氏年二十六夫亡現守節四十三年

劉錫金妻桂氏年二十三夫亡現守節四十年

彭世銓妻饒氏年十八夫亡守節捐閤邑鄉試卷費卒年六十

監生劉錫熙妻徐氏年二十七夫亡守節現年六十九歲

徐美中妻閔氏年二十六夫亡守節道光八年旌

劉煥奎妻張氏夫亡守節道光十五年旌

徐鎔琦妻胡氏年二十七夫亡守節道光八年旌

劉錫三妻朱氏年二十三夫亡守節三十八年卒

徐鎔俊妻柯氏年二十六夫亡守節道光八年旌

蔡紹庭妻謝氏年二十七夫亡守節五十六年卒

文士周妻夏氏夫亡守節道光三年旌

周大均妻張氏年二十五夫亡現守節三十三年

朱家棫妻陸氏年二十六夫亡守節現年五十九

朱箕俊妻楊氏年二十八夫亡守節現年六十二

朱箕壽妻何氏年二十七夫亡守節現年六十

王勳謙妻居氏年二十三夫亡守節五十二年卒

貢生王雲錦妻鍾氏年二十二夫亡守節四十四年卒

張奎元妻吳氏年二十二夫亡守節四十九年卒

張濟宗妻陸氏年二十夫亡守節七十六年卒

田本玉妻李氏年二十八夫亡守節五十四年卒

田光傑妻饒氏年三十夫亡守節十七年卒

職員田書田妻徐氏年二十六夫亡守節四十七年卒

國學田鎮巖妻饒氏年三十夫亡守節五十一年卒

田材植妻唐氏年二十四夫亡于歸甫二月夫病氏割股夫卒守節十一年卒

田冊興妻陳氏年十九夫亡守節三十年卒

王材豐妻廖氏年二十五夫亡守節五十四年卒

王鴻金妻劉氏年二十四夫亡撫遺腹子苦節六十年卒

徐秉中妻王氏年二十五夫痼有夙疾手足不能舉晝夜扶持夫殁守節四十一年

邢錫淋妻胡氏年二十餘夫亡守節現年七十五

閔成振妻樂氏年二十三夫亡守節現年五十八

章貴祿妻雷氏年二十三夫亡守節四十二年卒

田鎮明妻周氏年十九夫亡守節五十四年卒

田宗貴妻周氏年二十九夫亡守節四十三年卒

王至介妻張氏年十八夫亡守節三十八年卒

田比基妻張氏年二十五夫亡守節五十五年卒

鄭添相妻奚氏年二十三夫亡生遺腹子刺面毀形矢志苦節卒年五十一歲

鄭兆閭妻劉氏年二十四夫亡守節五十二年卒

鄭茂林妻余氏年二十夫卧病三年侍湯藥晝夜罔懈夫亡守節二十九年卒

鄭松奇妻張氏年二十四夫亡守節現年七十三

鄭澤煥妻吳氏年二十一夫亡家貧乞食守節六十二年卒

生員夏作霖妻白氏年二十六夫亡守節現年七十六

魏烈璜妻居氏年二十三夫亡守節六十五年卒

魏基植妻陳氏年二十三夫亡守節三十三年卒

魏烈翰妻鄭氏年二十四夫亡守節三十六年卒

魏烈聯妻吳氏年二十三夫亡守節四十二年卒

魏烈英妻胡氏年二十二夫亡守節三十二年卒

魏業勤妻欒氏年二十四夫亡守節四十八年卒

武生吳藝林妻張氏年二十四夫亡守節現年六十

李齊閎妻趙氏年二十二夫亡守節現年六十九

張昭興妻李氏年二十四夫亡家貧守節四十一年卒

夏基紹妻朱氏年二十三夫亡守節六十八年卒

盧獻書妻程氏年十九夫亡守節五十三年卒

李錦金妻盧氏年二十二夫亡守節撫遺腹子成立苦節四十餘年現年七十四

儒士王秉國妻魏氏年二十夫亡守節事翁訓子孝慈兼盡現年五十一子蒸彜冠入邑庠

王道淋妻張氏年二十六夫亡守節三十九年卒

阮楙有妻余氏年二十二夫亡守節六十四年卒

李齊堅妻夏氏年廿一夫亡家貧翁年八十有六雙目俱瞽氏出入扶持不懈苦節三十九年現年六十歲

吳逢原妻朱氏年二十四夫亡守節二十一年卒

吳之湘妻夏氏年二十一夫亡守節三十二年卒

李松秀妻張氏年二十八夫亡家貧撫遺孤以紡績自給苦節三十餘年現年六十二

王應霖妻曾氏年二十五夫亡守節三十一年卒

李身華妻王氏年二十八夫亡守節三十三年卒

李逢戊妻徐氏年二十七夫亡守節三十八年卒

吳植茵妻張氏年二十一夫亡守節二十年卒

張楙光妻于氏年二十四夫亡守節七十九年卒

張昭鍵妻王氏年二十夫亡撫孤子煒烯守志同治三年秋族遺焚掠命子出穀三百餘石賑之卒年八十有五
王本潛妻吳氏年二十五夫亡家貧守節五十八年卒
張型謨妻王氏年二十六夫亡撫遺腹子守志
張錫璧妻居氏年二十夫亡守節現年五十一
蔡起謨妻章氏年二十二夫亡守節現年六十二
張濟川妻呂氏年二十夫亡家貧撫遺孤守志現年六十
夏應麟妻楊氏年二十八夫亡守節八十一歲卒
夏有鑾妻田氏年二十八夫亡守節六十歲卒
監生張材樑妻李氏年十八夫亡撫遺孤守志卒年七十六

張奎鼒妻周氏年二十一夫亡家貧親老撫嗣子守節四十餘年
方承鎰妻伍氏年二十三夫亡守節夫係翁姑嗣子本生父母俱存氏兩事之並得歡心六十歲卒
方秉義妻田氏年二十二夫亡撫遺孤守節現年六十三
方鑑遨妻夏氏年二十六夫亡撫二孤守節現年七十一歲
方承敬妻吳氏年二十三夫故家貧守節現年六十一歲
居銘首妻張氏年二十六夫亡家貧守節卒年五十七歲
居允玖妻張氏年二十六夫亡守節四十一年卒
居承鈹妻陳氏年二十四夫亡守節六十五歲卒
居承鑾妻盧氏年二十三夫亡守節五十五歲卒

居承鏵妻龔氏年二十八夫亡守節五十八歲卒
居昌嘉妻胡氏年二十八夫亡守節六十二歲卒
居承鏗妻陳氏年二十五夫亡家貧守節四十年卒
居承鏡妻范氏年二十四夫亡家貧守節三十年卒
居昌祥妻何氏年二十八夫亡守節七十四年卒
居銘梧妻何氏年三十五夫亡家貧守節四十六年卒
監生居承錦妻張氏年二十七夫亡守節三十年卒
阮楙晉繼妻劉氏年二十七夫亡守節四十八年卒
阮光文妻鄭氏年廿四夫亡撫遺孤守節四十年卒
吳仁鏄妻阮氏年二十五夫亡撫遺孤守節四十五年卒

生員吳錦鏊妻陳氏年二十四夫亡守節五十五年卒
范春秀妻張氏年二十八夫亡守節三十一年卒
范溥塤妻吳氏年二十七夫亡守節四十年卒
范以全妻傅氏年二十一夫亡撫遺腹子守節四十七年卒
朱一陽妻范氏年二十二夫亡撫嗣子守志現年五十九歲
李興基妻袁氏年二十二夫亡撫嗣子守節四十三年卒
柯厚裕妻夏氏年二十五夫亡家貧守節四十八年卒
增生張琴繼妻徐氏年二十四夫亡守節三十二年卒
張九峯妻胡氏年二十七夫亡守節五十五年
程茂仁妻呂氏年二十九夫亡守節三十七年卒

李步華妻董氏年二十三夫亡守節四十七年
李登程妻周氏年二十二夫亡守節六十一年卒
李步蟾妻郭氏年二十四夫亡守節現年七十
李本達妻孫氏年二十四夫亡守節五十六年卒
邵義元妻魯氏年二十四夫亡守節五十三年
王興邦妻吳氏年二十七夫亡守節現年七十九
董錫熙妻周氏年二十二夫亡守節六十二歲卒
董錫相妻廖氏年二十八夫亡守節三十五年卒
董作印妻郭氏年廿二夫亡守節事翁姑有順德妯娌六人和睦無間言撫猶子恩愛備至五十三歲卒姪媳陳氏歸董數月姪歿撫遺腹子守節母家憫之屢迎不往甫三年病卒

董錫鵬妻郭氏年二十三夫亡守節四十七年卒
費其福妻程氏年二十八夫亡守節三十五年卒
廖彭年妻李氏年二十五夫亡守節二十三年卒
陳志勳妻王氏年二十夫亡守節五十四歲卒
沙嘉汝妻呂氏年二十一夫亡守節六十四歲卒
周鉅錫妻武氏年二十五夫亡守節四十六歲卒
周友基妻郭氏年二十一夫亡守節四十七歲卒
周敏基妻劉氏年二十九夫亡守節四十九歲卒
周明基妻馮氏年二十二夫亡守節三十九歲卒
蔡先仁妻馮氏年二十夫亡守節四十歲卒

蔡先灊妻李氏年二十二夫亡守節四十歲卒
董卜一妻許氏年二十三夫亡守節四十六歲
董德高妻向氏年二十八夫亡守節五十九歲卒
廖茂林妻蔡氏年二十五夫亡守節七十五歲卒
廖敬揆妻王氏年十九夫亡守節五十三歲卒
徐家駟妻毛氏年二十二夫亡守節五十九歲卒
徐心濟聘妻查氏年二十未婚守志道光十五年建坊
張昭遜妻劉氏年二十四夫亡守節六十六歲卒
張超雄妻向氏年十九夫亡守節五十六歲卒
張昭聘妻章氏年二十六夫亡守節四十五歲卒

胡錫爵妻余氏年十八夫亡守節四十六歲卒
周文宗妻劉氏年二十七夫亡守節四十四年卒
周翀基妻干氏年二十夫亡守節六十年卒
宋蘭桂妻李氏年十七夫亡家貧守節茹蔬自甘現年五十八
宋美璜妻馮氏年二十四夫亡守節現年七十一歲
宋美仁妻周氏年二十六夫亡守節現年五十九
孫棣躬妻黃氏年二十夫亡守節五十五年卒
孫廣照妻胡氏年二十二夫亡守節四十二年卒
孫炘問妻胡氏年二十三夫亡守節五十四年卒
孫炘謀妻姜氏年二十三夫亡守節三十年卒

孫士鴻妻王氏年二十五夫亡守節現年六十五歲
程日九妻庫氏年二十一夫亡守節五十九年卒
程之捷妻周氏年二十二夫亡守節五十一年卒
程應道妻王氏年二十二夫亡守節五十年卒
梅友柏妻呂氏年二十四夫亡守節三十四年卒
梅汝昇妻饒氏年二十二夫亡守節四十四年卒
蔡堂楷妻徐氏年二十五夫亡守節五十五年卒
蔡堂椿妻楊氏年二十九夫亡守節二十一年卒
文元姜妻馮氏年二十七夫亡守節三十一年卒
庠生文　彬妻周氏年二十五夫亡家貧守節現年六十歲

庠生文　琮妻張氏年二十五夫亡守節現年七十
庠生文登榜妻周氏年二十五夫亡守節
王旋佩妻郭氏年二十夫亡家貧守節五十九年卒
楊義輝妻程氏年二十九夫亡守節四十二年卒
周煒迴妻何氏年二十八夫亡守節三十五年卒
監生周有傑妻胡氏年二十五夫亡守節三十七年卒
周鉅亥妻張氏年二十七夫亡守節三十年卒
周鉅爵妻程氏年二十二夫亡守節五十年卒
周榮輝妻王氏年二十八夫亡守節現年四十一歲
程應賜妻陳氏年二十五夫亡守節三十五年卒

程華然妻吳氏年二十七夫亡守節三十五年卒
程節之妻劉氏年二十五夫亡守節三十六年卒
程一詩妻李氏年二十四夫亡守節四十年卒
程日瑞妻桂氏年二十三夫亡守節四十二年卒
王本根妻庫氏年二十夫亡守節同治九年旌
王錫均妻陶氏年十八夫亡守節乾隆五十二年旌
王錫鼎妻李氏青年守志嘉慶五年旌
王在冕妻朱氏年二十二夫亡守節嘉慶五年旌
貢生林鳳翔妻周氏年二十七夫亡守節道光八年旌
林會文妻陳氏年二十一夫亡守節同治元年旌

林緒揚妻翁氏年十六夫亡守節四十四年卒
劉秀瑛妻梅氏年二十二夫亡守節四十四年卒
劉衍興妻張氏年二十六夫亡家貧苦節六十年卒
庫本源妻林氏年十九夫亡守節五十四年卒
庫朝相妻張氏年十九夫亡守志卒年三十八
庫寅亮妻劉氏媳陳氏劉年十九夫亡守志子禮元娶陳氏年二十四禮元亦卒氏與陳爲兩世清節
周鉅轂妻陶氏年十九夫亡守志現年七十五
國學周澤楷妻田氏年二十九夫亡守節現年六十
周榮魁妻田氏年二十九夫亡守節現年六十四

周榮治妻饒氏年二十九夫亡守志現年七十六
周榮秋妻郭氏年二十七夫亡守節四十三年卒
庠生劉光俊妻柯氏年十九夫亡守志以勁節終
劉斯華妻趙氏年二十九夫亡守節嘉慶十七年旌
劉斯壽妻饒氏年二十夫亡守志道光二十四年旌
陸鍾璉妻柯氏年二十八夫亡守志
劉秀仲妻朱氏年二十六夫亡守志四十年卒
劉秀格妻胡氏年二十九夫亡守節四十七年卒
劉超翮妻何氏年二十九夫亡守志
劉斯壽妻陳氏年二十夫亡守志嘉慶十七年旌

劉衍哲妻呂氏年二十六夫亡守志延師課子皆能成立現年六十四
胡鴻謨妻王氏年二十九夫亡撫孤守節七十八歲卒
劉衍嶶妻閔氏年二十二夫亡守志
庫傳基妻周氏年二十四夫亡守志卒年八十三
劉楚桯妻王氏年二十八夫亡撫孤守志卒年八十四
劉茂青妻陳氏年十九夫亡撫嗣子守志卒年八十一
劉斯暄妻張氏夫亡守志嘉慶二十三年旌
周有基妻陳氏年二十九夫亡守志五十三年卒
監生查煥𤊹妻李氏年二十一夫歿事舅姑克盡婦職捐租百石為夫祖立祭夫之女弟適吳歿無出予田二斗以祀之守節四十三年卒

張燦珍妻方氏聞夫病魔禀於父母請歸張親奉湯藥及侍夫八載百方調攝不痊夫卒氏年二十九撫嗣承家閨門稱嚴肅焉守節四十年卒
張忠聖妻周氏年十九夫亡守志四十八年卒
游鎮麟妻胡氏年二十二夫亡守節現年六十四
胡士豪妻干氏年二十三夫亡守節家貧事舅姑克盡孝養課子亦有法年七十五卒
生員胡寶初妻蔡氏年二十六夫亡家貧守節子成彥入邑庠旋卒立姪承嗣現年六十九歲
盧玉衡妻陳氏年二十一夫亡撫孤守節現年五十八
饒儀悅女年十九適方氏子方素無行家貧欲婦售色其不從撻詈不休婦終不屈遂投繯死同治元年建坊

曾彩發妻張氏年二十六夫亡撫孤守節現年六十五
饒雲士妻蔡氏年二十一夫亡撫嗣孫守節年七十八歲卒
夏棶鎮妻周氏年二十四夫亡守節卒年六十八
生員劉樹瓊妻干氏年二十夫亡守節年四十九卒
呂紹銀妻陸氏姪洪元妻魯氏陸年二十九夫亡魯年十九夫亡苦節數十年咸豐元年同旌
饒儀祿妻呂氏年二十五夫亡撫孤守節年六十四卒
盧如盤妻魯氏年二十三夫亡撫孤守節
饒雲衢妻蔡氏年二十六夫亡撫孤守節年七十三卒
庠生舒　和妻盧氏年二十六夫亡撫嗣子守節

饒雲峯妻魏氏年二十一夫亡撫孤守志現年七十有八
舒瑞照妻呂氏年二十一夫亡撫幼子守節
饒慶振妻范氏年二十六夫亡守志三十八年卒
舒瑞熙妻董氏年二十八夫亡守節
舒煥佩妻劉氏年三十夫亡守節
廖均孟妻蔡氏年二十八夫亡守節卒年六十有六
解澤施妻周氏年十九夫亡撫孤守節
解澤國妻劉氏年二十二夫亡守節卒年五十有五
何斯林妻李氏年二十四夫亡撫孤守節六十九歲卒
吳仁聰妻戴氏年二十四夫亡守節九十一歲卒

陳本賢妻吳氏年二十八夫亡守節六十歲卒
呂集昇妻伍氏年二十八夫亡守節六十歲卒
陳輝璧妻胡氏年二十四夫亡守節七十歲卒
監生呂集明妻廖氏年二十七夫亡守節八十四歲卒
陳榮基妻張氏年二十九夫亡守節五十二歲卒
監生呂集楷妻吳氏年二十八夫亡守節五十九歲卒
呂集賚妻胡氏年二十三夫亡守節六十九歲卒
陳鴻佩妻邢氏年二十八夫亡守節七十八歲卒
呂集松妻劉氏年二十三夫亡守節八十歲卒
張建勳妻游氏年二十九夫亡守節七十六歲卒

呂嘉綬妻周氏年二十九夫亡守節六十五歲卒
張起家妻陳氏年二十三夫亡守節七十九歲卒
呂正琮妻劉氏年二十于歸月餘夫亡守節現年七十一歲
呂紹桐妻湯氏年二十五夫亡守節五十五歲卒
生員張芝秀妻舒氏年二十九夫亡守節八十二歲卒
呂紹陵妻馮氏年二十七夫亡守節現年六十三歲
張起垣妻胡氏年二十五夫亡守節九十三歲卒
呂洪壽妻張氏年二十五夫亡守節現年七十一
陳煒彰妻孔氏年二十八夫亡守節卒年六十三
陳錦佑妻干氏年二十二夫亡守節卒年五十六

陳彌基妻魏氏歲貢生魏德眉之女進士邦達之姊年二十七夫亡守節現年六十四
張昭吉妻夏氏年二十八夫亡守節卒年六十七
陳鴻光妻程氏年二十四夫亡守節卒年六十四
生員陳基泰妻邢氏年二十九夫亡守節六十五歲卒
陳基定妻宋氏年二十三夫亡守節現年六十
監生陳鴻暢妻胡氏年二十七夫亡守節七十八歲卒
何耀恩妻郭氏年二十七夫亡守節六十歲卒
吳璠基妻劉氏年二十五夫亡守節知書史動必以禮姑年九十貧病氏以菽水承歡族人皆敬之七十歲卒
陳源巽妻周氏年二十六夫亡守節嘉慶二年旌

陳明臕妻楊氏年二十二夫亡守節卒年八十一
陳明淮妻施氏夫亡守節道光二十五年旌
陳明譜妻張氏夫亡守節道光八年旌
監生陳明鋒妻夏氏年二十八夫亡守節嘉慶八年旌
陳綸元妻饒氏年二十五夫亡守節道光九年旌
陳錫青妻朱氏年二十五夫亡守節四十餘年
陳世仁妻鍾氏年二十八夫亡守節道光十八年旌
陳世矩妻程氏年二十六夫亡守節道光十八年旌
庠生陳金鎣妻陶氏進士金鎣女年二十五夫病刲股肉以進弗愈未幾卒欲以身殉不果事姑以孝聞同治癸亥年咨請建坊

藍朝澍妻吳氏年二十七夫亡守節嘉慶八年旌
藍朝祖妻張氏年二十夫亡守節嘉慶八年旌
藍朝璠妻陳氏年二十二夫亡守節五十餘年
藍朝瑗妻程氏年二十九夫亡撫孤守節七十餘年
藍廷錦妻熊氏年二十五夫亡守節嘉慶二十三年旌
藍廷弼妻程氏年二十七夫亡守節道光六年旌
藍廷茂妻王氏年二十三夫亡守節與干氏胡氏皆道光八年旌
藍廷握妻干氏年二十五夫亡守節
藍廷玉妻胡氏年二十九夫亡守節
藍於澐妻朱氏年二十四夫亡守節與下二陳氏旌給貞萃一門額

藍於蒲妻陳氏年二十四夫亡守節
藍於阜妻陳氏年二十八夫亡守節
藍於佳妻干氏年二十六夫亡守節
藍斯禮妻陳氏年二十一夫亡守節嘉慶二十三年旌
藍宗堯妻熊氏年二十一夫亡守節
劉斯仁妻張氏媳藍氏年二十四夫亡守節
劉馭麒妻張氏年二十五夫亡守節
劉超陽妻徐氏年二十四夫亡守節
劉爲絢妻張氏年二十三夫亡守節三十四年
劉才元妻范氏年二十五夫亡守節四十年

劉闔義妻鄭氏年二十二夫亡守節四十二年
劉世榮妻董氏年二十八夫亡守節三十四年
劉鴻讀妻黃氏年二十九夫亡守節四十年
劉玉鳴妻干氏年二十夫亡守節四十二年
劉繡米妻曾氏年二十六夫亡守節四十二年
庠生吳中秀妻胡氏媳孫氏胡年二十六夫亡立姪鼎烈爲嗣烈娶孫氏生子甫二月而烈卒胡與孫皆以節終
向漢源妻劉氏年二十九夫亡守節三十三年卒
向淑源妻朱氏年三十夫亡守節二十八年卒
馮世松妻邵氏年二十三夫抱病氏刲股肉和藥以進及死撫孤守志五十九年卒

馮世讓妻鄧氏年二十四夫亡守節二十九年

游伯庸妻武氏年二十六夫亡守節現年六十一

武雲集妻楊氏年二十七夫亡守節四十五年卒

曾光烈妻馮氏年二十八夫亡守節二十七年卒

劉名才妻魯氏年十七夫亡子甫週歲矢志守節

胡夏奠妻馮氏年二十四夫亡守志卒年八十四

胡周盆妻廖氏媳程氏廖年二十二夫亡守志撫姪廷錫統爲嗣統聘程氏定期親迎適病篤程聞奔赴閲三旬統歿程以貞節誓年餘亦歿廖年六十八卒

胡夏鑄妻向氏年二十六夫亡守志卒年六十八

胡夏平妻郭氏年二十四夫亡守志卒年八十四

胡商珊妻陳氏商玩妻向氏陳年二十一夫亡向年二十三夫亡俱無子共立姪周楫爲嗣陳守節四十七年卒向守節四十三年卒

胡商善妻李氏年二十夫亡守節三十餘年卒

胡周程妻黄氏年二十夫亡苦節七十二年卒

監生胡商盤妻董氏媳周氏朱氏董年二十九夫亡守志立姪周京周緒爲嗣京歿妻周氏年二十二緒歿妻朱氏年二十八同奉孀姑守志時稱一門三節

胡錫嘏妻黄氏年二十夫亡守志卒年五十四

胡錫英妻曹氏年二十三夫亡守節立姪爲嗣卒年六十五

方松元母郭氏年二十餘夫故家極貧代人紡績度日守節三十餘年卒

劉繡釆妻曾氏年十九夫亡撫姪爲嗣苦節四十五年卒

張艮貴妻陳氏年二十二夫亡撫孤守節四十八年卒

游恒秀妻何氏年十九夫亡撫姪爲嗣守節三十八年卒

游禮軒繼妻邵氏年二十夫亡守志撫前妻子如己出奉姑豐潔自甘藜藿年五十三卒

劉龍甲繼妻柯氏年二十五夫亡撫孤守節現年七十六

王公亨妻胡氏年二十五夫亡守節五十五年卒

王懷璞妻汪氏年二十九夫亡守節六十年卒

王敷惠妻鄧氏年二十九夫亡守節四十年卒

黄正洪妻涂氏年二十三夫亡守節立姪爲嗣卒年五十四

傅殿魁妻郭氏年二十一夫亡撫孤守節三十二年

黄承鑾妻郭氏年十八夫病氏奉侍湯藥晝夜不倦三年夫歿撫姪爲嗣守節二十九年卒

項光燦妻武氏年二十六夫亡守節現年七十六歲

生員夏煥藺妻吳氏年二十夫亡守節四十年卒

夏際昌妻熊氏年二十七夫亡苦節三十三年卒

夏煒邦妻熊氏年十九夫亡守節四十九年卒

郭酉山妻舒氏年二十四夫亡守節七十歲卒

郭斐然妻黄氏年二十五夫亡守節四十一年卒

郭顯元妻藍氏年二十六夫亡守節現年六十八

董來遠妻張氏年二十一夫亡守節現年六十四

張大平妻劉氏年二十七夫亡守節四十八年卒

張洪發妻聶氏年二十夫亡守節現年六十六

劉名鏡妻陳氏年十八夫亡守節三十八年卒
彭啟源妻蔡氏年二十五夫亡守節十二年卒
彭啟灌妻陳氏年十六夫亡守節三十二年卒
彭文煥妻王氏年二十五夫亡守節五十五年卒
彭啟渭妻藍氏年二十二夫亡守節五十九歲卒
彭啟滔妻藍氏年二十夫亡守節
彭啟沖妻劉氏年二十五夫亡守節撫孤成人家雖不豐猶好施予六十歲卒
彭式軒妻毛氏年十九夫亡守節現年六十五
周煥吟妻李氏年二十六夫亡守節四十六年卒
周煥瑨妻藍氏年二十八夫亡守節四十餘年

胡希貴妻劉氏年二十夫亡撫孤守節
楊澤邦妻蔣氏年二十二夫亡守節
干忠達妻范氏年二十八夫亡守節六十年卒
干艮謨妻周氏年二十五夫亡守節六十年卒
干艮朋妻吳氏年二十四夫亡守節五十一年卒
干艮模妻陳氏年二十九夫亡守節三十四年卒
干嘉恂妻藍氏年二十四夫亡守節四十四年卒
干嘉望妻藍氏年二十二夫亡守節三十七年卒
干嘉蘭妻陳氏年二十六夫亡守節四十八年卒
干嘉海妻解氏年二十七夫亡守節現年七十歲

胡萬相妻李氏年二十六夫亡撫孤守節三十二年卒
胡經緯妻陳氏年二十四夫亡撫孤守節三十年
胡九鼎妻干氏年二十三夫亡守節家貧無子卒年七十二
胡玉節妻程氏年二十四夫亡守節三十六年卒
胡竝耀妻陳氏年一十九夫亡守節卒年六十四
胡業强妻鍾氏年二十六夫亡守節
吳鯨基妻蔡氏年二十六夫亡撫孤守節四十年
胡洪英妻朱氏年二十五夫亡守節紡績養姑卒年七十五
胡錫福妻郭氏年二十四夫亡撫孤守節五十年卒
胡俊傑妻王氏年二十四夫亡守節四十年卒

胡在斯妻陳氏年二十三夫亡守節三十七年卒
胡洪河妻岳氏年二十一夫亡守節六十一年
胡宏緒妻袁氏年二十七夫亡守節現年七十二
胡業具妻陳氏年二十六夫亡守節年六十五年卒
胡洪可妻陳氏年二十五夫亡守節五十二年卒
胡業王妻余氏年二十六夫亡守節四十年卒
胡業書妻洪氏年二十六夫亡守節六十八歲卒
胡洪鑾妻盧氏年十九夫亡守節三十餘年卒
吳光宣妻王氏年二十六夫亡守節撫嗣子如己出卒年五十六歲道光癸卯年建坊
吳屏翰妻陳氏年廿一夫亡家貧守節卒年七十四

吳正基妻藍氏年二十二夫亡撫遺孤守節卒年四十九

吳業瑜妻郭氏年二十二夫亡家貧守節以終

吳克遠妻王氏年二十四夫亡家貧守節卒年八十七

吳德鳴妻胡氏年二十[illegible]夫亡守節

吳德湧妻王氏年二十四夫亡守節卒年七十三

吳世材妻文氏年二十三夫亡撫遺孤守節卒年六十九

蘇日明妻徐氏年二十四夫亡守節舅欲奪其志氏以死誓撫嗣子如已出卒年七十四

吳光龍妻藍氏年二十六夫亡撫嗣子守節卒年七十四

張繼河妻朱氏旌年二十四夫亡守節嘉慶二十年請旌

張紹聚妻夏氏旌年二十六夫亡守節道光丁亥年請旌

張紹植妻胡氏年十八夫亡守節道光二十一年請旌

張繼浿妻胡氏年二十六夫亡守節道光三年請旌

張繼洪妻吳氏年二十四夫亡守節道光七年請旌

張金榜妻朱氏年二十七夫亡守節道光七年請旌

程艮燦妻楊氏年二十三夫亡守節卒年七十三

程艮熾妻干氏年二十三夫亡守節卒年七十二

程謙三妻舒氏年二十一夫亡撫嗣子守節三十七年

吳世讓妻張氏年二十六夫亡守節卒年六十七

庠生程侚妻蔡氏年二十二夫亡守節五十一年卒

程正倫妻邵氏年二十五夫亡守節五十二年卒

李鍾秀妻夏氏年二十九夫亡撫孤守節四十四年現年七十四

周嘉翼妻陳氏年二十四夫亡守節五十四年卒

周煒捷妻吳氏年二十四夫亡守節五十五年卒

周鉅識妻張氏年二十夫亡守節五十六年卒

周豫基妻夏氏年二十六夫亡守節五十六年卒

周培基妻詹氏年二十五夫亡守節五十五年卒

庠生程士全妻梅氏年二十五夫亡守節六十二歲卒乾隆七年建坊

董之楷妻趙氏年二十二夫亡守節五十七年卒

程其晨妻周氏年二十四夫亡守節二十九年卒以上已旌節婦

廣濟縣志卷十

人物志

列女下

戴先知妻呂氏年二十六夫亡守節撫孤子成人五十五歲卒

李錫年妻吳氏年二十四夫亡守節現年六十一

李錫偉妻彭氏年二十九夫亡守節現年六十

李緯熙妻張氏年二十一夫亡守節七十歲卒

王洪燦妻徐氏年二十二夫亡守節撫嗣子以承夫後六十二歲卒

劉衍悅妻唐氏年二十八夫亡守節現年五十九

李錫杰妻陳氏年二十三夫亡守節現年六十

武生李枝妻呂氏年二十九夫亡守節卒年六十

吳杏林妻王氏年二十三夫亡翁姑早逝撫夫幼弟成人現年五十三

張奎金妻張氏年二十夫亡守節卒年六十

張鈞密妻劉氏年二十三夫亡守節現年五十七

張燦雙妻周氏年二十一夫亡守節現年五十二

陳輝玉繼妻湯氏年十九夫亡守節撫夫前妻子如己出現年七十八

王文德妻黃氏年二十九夫亡家貧守節五十八歲卒

李錫瑾妻劉氏年十九夫亡守節現年五十八

李希上繼妻趙氏年二十四夫亡家貧守節撫夫前妻子成人子卒撫孫孫卒撫曾孫氏年七十四歲卒

李發熙妻張氏年二十六夫亡守節現年六十五

陶明高妻程氏年三十夫亡守節現年七十

張燦于妻張氏年二十三夫亡家貧守節負遺孤乞於市人皆憐之現年七十二

張千鈞妻劉氏年二十一夫亡守節現年五十一

王文開妻張氏年二十五夫亡守節現年五十四

吳業甸妻田氏年二十四夫亡守節現年五十八

翟承羽妻潘氏年二十八夫亡守節現年六十二

胡鴻進妻吳氏年二十八夫亡守節六十二歲卒

胡鴻朝妻李氏年二十一夫亡守節現年五十一

李金濟妻田氏年二十四夫亡守節現年五十四

王岐峯妻翟氏年二十四夫亡守節八十四歲卒

王文壽妻閻氏年二十三夫亡家貧守節撫養嗣子子殤遂無依備極困苦六十六歲卒

劉衍甲妻萬氏年二十七夫亡守節現年七十歲

潘錦輝妻翟氏年二十四夫亡守節現年六十五

潘正華妻王氏年二十八夫亡守節現年五十八

馬期祥妻潘氏年二十三夫亡守節現年六十

潘東陞妻張氏年二十八夫亡守節撫遺腹子成人子卒撫嗣孫以承夫後備歷艱辛七十七歲卒

余載梓妻陳氏年二十六夫亡守節現年六十八

郭洪連妻洪氏年十九夫亡守節四十年

郭在新妻張氏年二十四夫亡守節現年五十七
郭材彪妻江氏年十八于歸越歲夫亡守節五十三年
鍾品三妻張氏年二十九夫亡守節五十年
田良榜妻蘇氏年二十四夫亡守節五十一年
田德祥妻鄭氏年二十九夫亡守節現年七十五
吳愛庭妻元氏年二十二夫亡守節二十二年卒
陳言志妻劉氏年二十二夫亡守節現年七十一
鄭培本妻桂氏年十八夫亡守節現年六十七
吳永基妻田氏年二十九夫亡守節現年七十
余載陽妻呂氏年二十九夫亡守節三十年卒

余錫疇妻王氏年二十八夫亡守節四十六年卒
蔡永祿妻郭氏年二十九夫亡守節三十七年卒
張光謙妻郭氏年二十九夫亡守節四十一年
夏佩瑲妻胡氏年二十八夫亡守節二十六年卒
夏煒縉妻饒氏年二十八夫亡守節二十一年卒
程一毅妻姜氏年二十一夫亡守節現年五十一
張鍾灝妻孔氏年二十四夫亡守節四十一年卒
張翊高妻劉氏年二十一夫亡守節現年五十八
劉金全妻吳氏年二十八夫亡守節現年六十四
張植翹妻阮氏年二十八夫亡守節四十二年卒

張植翼妻陳氏年二十夫亡守節四十年卒
監生張在元妻朱氏年二十夫亡撫孤守節四十年卒
羅學成妻陳氏年二十一夫亡守節現年五十二
饒惟洲妻趙氏年二十八夫亡守節十四年卒
曾紹賢妻郭氏年二十七夫亡守節現年六十八
陳懋庸妻張氏年二十七夫亡守節四十三年卒
陳鎬義妻陶氏年二十五夫亡守節五十五年
張茂松妻程氏年二十二夫亡守節三十二年
張鍾進妻鍾氏年二十八夫亡守節現年六十七
張鍾樓妻韓氏年二十四夫亡守節五十年

饒雲封妻李氏年二十二夫亡守節現年六十七
鄭耀武妻張氏年二十五夫亡守節現年五十九
鄭熾伯妻黃氏年二十三夫亡守節現年八十三
張瑞支妻吳氏年十八夫亡守節十年卒
張鍾譜妻李氏幼讀書能識大義年二十二夫亡一子賁蘭親授孝經四子書課督如嚴師蘭繪夜紡授經圖紀其事現年五十三
張鍾訓妻郭氏年十九夫亡守節現年五十七
蔡漢佩妻朱氏年二十九夫亡家貧乞食撫孤守節三十四年
張秉三妻章氏年二十八夫亡守節現年五十九
郭材繡妻周氏年二十四夫亡守節三十二年卒

饒有元妻湯氏年二十九夫亡守節二十三年
劉炳炎妻張氏年二十三夫亡守節三十年
張在南妻桂氏年二十四夫亡守節二十七年卒
張鍾玉妻呂氏年二十八夫亡守節四十年
張國俊妻羅氏年二十四夫亡守節四十年
馮起榜妻陳氏年二十九夫亡守節現年七十一
廖鳴謙妻王氏年二十四夫亡撫嗣子詳誥守節誥卒媳龔氏年二十復撫嗣子繼姑守節王現年八十歲龔現年五十二歲
周萬彩妻張氏年二十八夫亡守節五十六年
劉鍾盛妻袁氏年二十四夫亡撫孤守節現年五十六

熊然和妻崔氏年二十六夫亡守節四十九年
葉恒發妻楊氏年二十四夫亡守節三十年
徐虞義妻馮氏年二十三夫亡家貧遺孤數歲夭紡績以事翁姑人皆憐之四十四歲卒
吳開藻妻方氏年二十七夫亡守節現年五十三
陳敦熾妻陶氏年二十七夫亡守節現年五十七
馮維義妻翟氏年二十四夫亡守節未幾遺孤殤家人欲奪其志氏矢志靡他現年七十八
馮賢璧妻吳氏年二十七夫亡守節五十一歲卒
馮靜菴妻桂氏年二十八夫亡撫孤守節三十八歲卒
監生馮樹滋副室曹氏年二十七夫亡守節現年六十七
翟侗妻余氏年十八夫亡家貧守節撫遺孤甫一齡備嘗辛苦七十八歲卒

翟懋壽妻朱氏年二十八夫亡守節現年六十四
翟德揚妻吳氏年二十二夫亡撫遺孤苦節以終
翟承鰲妻吳氏年二十五夫亡家貧守節撫遺孤勤紡績以自給六十七歲卒
翟大恭妻雷氏年二十二夫亡守節六十三歲卒
翟先信妻呂氏年二十三夫亡家貧撫遺孤守志以全節終
梅鳳和妻張氏年二十四夫亡守節現年六十二
張秉譜妻雷氏年十七夫亡無子立姪承嗣守節現年五十六
李錫學妻陳氏年二十七夫亡守節現年五十九
鄭垣炳妻田氏年二十一夫亡守節現年五十二
雷皓千妻周氏子步青妻李氏周年二十三夫亡撫子守節六十一歲卒子亦

早卒李年二十五撫遺孤守節七十五歲卒
雷敬武妻張氏年二十一夫亡守節六十七歲卒
孟秀榮妻王氏年二十四夫亡無子立姪承嗣守節現年六十四
李在序妻張氏于歸甫兩月夫亡撫遺腹子守節現年六十四
李興小妻張氏年二十一夫亡守節現年六十五
范溥壽妻桂氏年二十三夫亡守節現年五十九
涂家啻妻邱氏年二十五夫亡無子立姪承夫嗣守節七十六歲卒
涂永瑤妻張氏年二十七夫亡守節現年六十六
金亮階妻李氏年二十八夫亡守節現年六十二
李熙天妻饒氏年二十三夫亡守節現年六十三

李熙成妻尉氏年二十八夫亡守節現年六十六
陳禹正妻桂氏年二十二夫亡守節八十歲卒
吕懋嘉妻吳氏年二十四夫亡守節現年八十一
江如璋妻翟氏年二十九夫亡守節現年五十九
李熙勝妻周氏年二十四夫亡守節六十三歲卒
梅茂材妻桂氏年二十六夫亡守節現年五十六
吕啓光妻程氏年二十九夫亡守節七十四歲卒
李坤林妻翟氏年二十九夫亡守節現年六十一
吕培霖妻陳氏年二十夫亡守節現年五十四
吳書盛妻翟氏年二十五夫亡守節現年六十四

吳仁伍妻鄭氏年二十八夫亡守節現年五十八
袁天福妻張氏年二十五夫亡撫孤守節六十七歲卒
張濟英妻虞氏年二十九夫亡撫孤守節現年六十
吕熾本妻樂氏年二十七夫亡撫孤守節現年五十六
陳樹珍妻張氏年二十七夫亡守節
柯際魁妻劉氏年二十二夫亡撫孤守節現年五十一
王永泰妻陳氏年二十七夫亡守節五十四年
田麟瑞妻周氏年二十四夫亡守節五十五年卒
庠生郭珍妻吕氏年二十一夫亡守節四十三年卒
監生吳自南妻高氏年二十五夫亡守節四十九年卒

朱光代妻桂氏年二十八夫亡守節五十二年卒
庠生吳干吉妻張氏年二十九夫亡守節二十二年卒
吳潤蘭妻喻氏年二十八夫亡守節三十年卒
徐銘玕妻饒氏年二十五夫亡守節三十八年卒
戴士安妻郭氏年二十七夫亡守節十八年卒
戴名魁妻陳氏年二十七夫亡守節二十三年卒
戴桂林妻桂氏年二十三夫亡守節二十一年卒
李有恒妻郭氏年二十六夫亡守節姑老有癈疾行步甚艱氏事之謹家極貧携兒爲丐以所得養姑七十歲卒
朱友基妻郭氏年二十八夫亡守節三十五年卒

郭茂烈妻劉氏年二十五夫亡守節三十二年卒
郭烈智妻王氏年二十六夫亡守節三十年卒
喻增元妻朱氏年二十九夫亡守節四十三年卒
郭在舉妻俞氏年二十九夫亡守節二十年卒
郭伯大妻張氏年十七夫亡守節九年卒
郭在職妻文氏年二十二夫亡守節二十一年卒
田超宗妻翟氏年二十二夫亡守節三十九年卒
田光錦妻鄭氏年二十四夫亡守節三十九年卒
吕正璋妻陶氏年二十七夫亡守節三十年
朱植文妻劉氏年二十二夫亡守節四十年

郭泰珠妻朱氏年二十四夫亡守節六年溺水死
余恒茂妻朱氏年二十六夫亡泣血喪明現年七十四
郭材隆妻周氏年二十九夫亡守節現年七十二
郭在貴妻程氏年二十五夫亡守節現年六十一
郭九鼎妻王氏年十八夫亡家貧守節求食養孤現年五十一
朱接初妻胡氏年二十八夫亡守節現年七十七
郭奎燦妻董氏年二十六夫亡守節現年六十七
戴良治妻張氏年二十二夫亡守節現年五十四
朱以貴妻胡氏年二十一夫亡守節現年五十一
朱善悟妻孫氏年二十夫亡守節現年五十

郭錫圭妻胡氏年二十二夫亡守節現年五十三
蔡永祉妻朱氏年二十四夫亡守節家貧無子立姪爲嗣現年五十五
郭在元妻盧氏年二十一夫亡守節現年五十一
監生郭烈湘妻王氏年二十一夫亡守節現年五十一
吳用讓妻張氏年二十九夫亡守節現年六十歲
吳正讓妻朱氏年二十二夫亡守節四十八歲卒
陳文炳妻余氏年十九于歸月餘夫亡守節現年五十歲
陳澍松妻吳氏年二十八夫亡家貧守節三十一年卒
程朝青妻李氏年十九夫亡守節現年七十三歲
范遠文妻夏氏年二十九夫亡守節現年六十一

陶景西妻吳氏年二十九夫亡守節現年七十
張業廣妻盧氏年二十四夫亡守節現年五十六歲
方廣春妻陳氏年二十六夫亡守節三十七年卒
方鑑松妻張氏年二十八夫亡守節三十二年卒
范以和妻唐氏年二十八夫亡守節四十七年卒
夏有富妻張氏年二十二夫亡守節現年六十三歲
馬錫福妻白氏年二十六夫亡守節五十四年卒
楊忠奇妻方氏年二十五夫亡守節現年五十五歲
劉基創妻饒氏年二十八夫亡守節現年五十八歲
宋席珍妻蔣氏年十九夫亡撫遺孤守節現年六十三歲

監生方鑑棠繼妻張氏年二十夫亡守節姑染目疾常以舌舐目漸明前室唐遺二子視若己出卒年五十七
劉基禮妻張氏年二十六夫亡守節現年六十歲
劉仁匯妻詹氏年二十六夫亡姑老子幼守節四十三年卒
吳開峯妻呂氏年二十七夫亡守節現年七十
夏基元妻朱氏年十九夫亡事孀姑撫遺腹子孝慈兼盡現年五十七
阮永臯妻程氏年二十四夫亡守節五十一年卒
阮應林妻張氏年二十六夫亡撫嗣子守節三十八年卒
阮則上繼配蔡氏年二十五夫故家貧守節或勸氏賣書籍氏曰書在丈夫在餓死不出此

計督子誦讀貝紹父業現年五十七

柯運榮妻桂氏年二十一夫亡守節現年六十二

方材瑞妻呂氏年二十五夫亡守節三十年卒

武生夏佐基妻劉氏年二十八夫亡守節現年六十一

范位廷妻王氏年二十四夫亡守節現年六十九

葉期武妻饒氏年十九夫亡守節姑疽發背醫治罔效氏吮之遂愈年五十卒

葉一舉妻童氏年二十八夫亡守節現年五十九

方材二妻饒氏年二十一夫亡守節現年六十

夏煒運妻柯氏年二十四夫亡守節現年五十六

何建之妻蕭氏年二十八夫故家極貧守節三十五年

居昌達妻蔡氏年二十二夫亡守節五十年卒

居承七妻張氏年二十六夫亡撫遺孤守節爲祖置祀產卒年五十六

居昌顯妻胡氏年二十五夫亡守節四十二年卒

居昌洋妻伍氏年二十八夫亡守節三十二年卒

居承坡妻饒氏年二十六夫亡守節三十二年卒

居泰山妻程氏年二十四夫亡守節三十九年卒

居泰北妻夏氏年二十二夫亡守節三十八年卒

居耀彩妻夏氏年二十七夫亡守節現年七十

居金壽妻伍氏年二十夫亡家極貧撫孤守節現年五十

府知事居昌運妻陶氏年二十八夫亡守節現年五十九

居自泰妻呂氏年二十四夫亡家貧以鍼黹易粟並以餘粟及鄰媼守節四十年卒

居承虞妻査氏年二十九夫故翁姑多疾氏并日而食易甘旨以獻守節三十五年卒

訓導魏雲瑨妻吳氏年二十一夫亡守節卒年八十二

魏錫梓妻蔣氏年二十九夫亡守節現年六十

蔣光遂妻胡氏年二十六夫亡撫遺腹子守志卒年六十一

閔成鳳妻劉氏年二十九夫亡守節現年六十二

韋有典妻徐氏年二十八夫亡翁早歿丐食養姑備嘗辛苦現年七十二

閔立梧妻張氏年二十四夫亡守節三十餘年卒

劉斯盛妻涂氏年二十四夫亡守節三十五年卒

柯厚元妻伍氏年十九夫亡守節撫姪爲嗣現年七十

柯開福妻劉氏年二十八夫亡守節現年六十一

張會疇妻宋氏年二十七夫亡守節六十六年

何連珠妻周氏年十九夫亡守節現年五十二

胡鑑祥妻張氏年二十四夫亡守節現年六十

柯才鈞妻陳氏年二十六夫亡守節六十六年卒

田光典妻胡氏年二十四夫亡守志三十二年卒

張元舉妻方氏年十九聞夫病篤往侍湯藥年餘夫故氏矢志守節撫姪爲嗣卒年三十

鄧均鵬妻程氏年二十八夫亡守節現年五十八

蔣光泰妻夏氏年二十二夫亡守節撫姪爲嗣現年五十一

蔡承煥妻夏氏年二十八夫亡家貧無子守節三十四年卒

蔡自祿妻查氏年二十八夫亡守節四十餘年卒

蔡承朝妻宋氏年二十八夫亡撫孤守志現年五十一

伍錫圭妻袁氏年二十八夫亡守節四十年卒

伍錫芹妻夏氏年二十一夫亡撫遺腹子守節七十一歲卒

伍效蘇妻鍾氏年二十一夫亡守節六十三年卒

伍春林妻張氏年二十八夫亡守節現年五十三歲

張起如妻夏氏年二十四夫亡守節撫姪爲嗣現年五十四歲

查福海妻陳氏年十九夫亡家貧無子苦節三十一年

吳文彬妻余氏年二十三夫亡守節現年五十八

夏錫齡妻劉氏年二十五夫亡守節四十六年卒

儒士夏澤潤妻楊氏年十八夫亡守志現年五十一

夏煒義妻吳氏年二十九夫亡守節現年七十七

夏普亨妻李氏年二十二夫亡守節現年五十二

夏基福妻饒氏年二十五夫亡守節現年五十五

鄭爾常妻徐氏年二十六夫亡守節四十九年卒

盧玉露妻潘氏年二十夫亡守節現年五十二

夏思勤妻董氏年二十六夫亡守節現年六十九

夏錫聰妻蔡氏年二十六夫亡撫孤守節現年六十五

夏錫圭妻王氏年二十七夫亡守節現年七十

武舉解元妻胡氏年二十六夫亡家貧守節三十三年卒

從九魏懋烈妻饒氏年二十夫亡守節現年四十九

夏基便妻范氏年二十四夫亡家貧乞食奉姑守節三十七年卒

徐銘枉妻李氏年二十九夫亡守節現年六十六

張有禮妻胡氏年二十八夫亡撫孤守節現年五十八

鄭祚森妻鍾氏年二十夫亡家貧撫孤守節現年六十六

張昭敬妻宋氏年二十四夫亡守節家貧氏紡績養姑卒年六十六

張志仁妻劉氏年二十四夫亡家貧撫孤守節現年五十四

夏基産妻吳氏年二十九夫亡撫孤守志家豐裕遇貧乏者輒賙之卒年七十一

夏楙選妻陳氏年二十九夫亡家貧守節卒年七十二

張起騰妻方氏年二十七夫亡撫遺腹子守節現年七十有三

張煥章妻饒氏年二十四夫亡家貧不能自給族人以粟賙之不受苦節七十二年卒

張來泰妻夏氏年二十六夫亡家貧撫孤守節現年五十六

張會亨妻方氏年二十二夫亡撫嗣守節現年五十三

監生張昭鑑妻章氏年二十六夫亡撫孤守節現年六十一

張蘭馨妻吳氏年二十六夫亡家貧撫孤守節現年六十二

夏大桂妻伍氏年二十四夫亡守節卒年六十二

張秉犨妻查氏年二十五夫亡守節現年七十二

張奎早妻雷氏年二十二夫亡撫孤守節現年五十六

何日離妻吳氏年十九夫亡撫孤守節卒年七十

余運得妻陳氏年二十八夫亡家貧守節事姑得其歡心撫孤成人現年六十九

王鳳珏妻劉氏年二十九夫亡家貧撫孤守節卒年七十二

王至玦妻方氏年二十四夫亡撫嗣子守節卒年六十一

王鳳連妻劉氏年二十二夫亡家貧守節姑年老氏紡績供膳卒年六十二

張奎祿妻居氏年二十四夫病嘗糞數次及歿撫嗣子守節卒年五十二

朱樸信妻白氏年二十七夫亡守節現年七十

朱樸惠妻劉氏年十九夫亡守節二十八年卒

朱樸忠妻盧氏年二十六夫亡守節現年五十九

朱美蘇妻梅氏年二十七夫亡守節現年六十四

張建拔妻陳氏年二十七夫亡守節現年八十一

白玉崇妻盧氏年二十九夫亡家貧守節撫幼孤暨遺腹子甫得成立而次子夫媳皆卒氏又

哺養乳孫艱苦備至人咸憐之現年七十有四

王善全妻干氏年二十九夫亡家貧撫孤守節現年五十九

陳本寬妻王氏年二十五夫亡守節現年五十六

李明發妻熊氏年二十二夫亡守節現年五十一

田鎖瀧妻閔氏年二十九夫亡守節現年六十六

王鉅起妻柯氏年二十六夫亡守節現年七十五

王鉅墀妻周氏年二十夫亡守節姑患滑腸疾手浣滌二十餘年無倦色現年五十二

監生田漢棠妻張氏年二十八夫亡守節三十七年卒

田辰基妻劉氏年二十六夫亡紡績以養翁姑守節二十年卒

袁龍森妻張氏年二十七夫亡守節四十七年卒

陳基仁妻翟氏年二十九夫亡守節三十六年卒

王貴勳妻張氏年二十三夫亡守節五十五年卒

朱萬有妻夏氏年二十七夫亡家貧守節事翁姑以孝聞現年七十一

徐心摹妻袁氏年二十八夫亡守節現年七十二

田臨基妻呂氏年二十九夫亡家貧乞食守節六十年

張道儼妻周氏年二十九夫亡守節現年六十二

張秉升妻陶氏年二十九夫病爲之嘗糞及夫歿養姑十九年無失德現年七十七

王本連妻李氏年二十七夫亡一子夭立姪爲嗣姪又夭苦節四十七年卒

閔立玉妻阮氏年二十八夫亡守節三十三年卒

張秉倚妻蔣氏年二十八夫亡家極貧乞食奉姑苦節四十七年卒

秦榮貴妻鄒氏年二十六夫亡守節同治三年罵賊死時年七十六

劉超麟妻吳氏年二十六夫亡守節四十四年卒

田光璠妻段氏年二十八夫亡守節三十五年卒

羅炳玉妻蔡氏年二十四夫亡守節現年六十六

郭烈芳妻蘇氏年二十八夫亡守節現年六十二

吳開全妻舒氏年二十八夫亡守節現年八十

吳讓祖妻陳氏年二十一夫亡守節五十四年

吳仁治妻傅氏年二十七夫亡守節現年七十八

黃承高妻曾氏年二十八夫亡守節五十七年

施復延妻于氏年二十九夫亡守節三十四年

文晃恩妻戴氏年二十四夫亡守節三十五年
武均發妻蔡氏年二十四夫亡守節三十一年
武均瑞妻郭氏年十八夫亡撫孤守節三十一年
武均淮妻胡氏年二十四夫亡守節現年五十七
武均慶妻董氏年二十二夫亡守節現年五十三
楊殿輝妻胡氏年二十六夫亡守節現年七十四
楊義俊妻邵氏年二十九夫亡守節現年七十五
楊本賜妻郭氏年二十五夫亡守節現年五十六
楊山輝妻田氏年二十三夫亡守節四十一年
楊仁義妻盧氏年二十八夫亡守節現年五十八

楊向春妻呂氏年二十九夫亡守節現年六十三
楊本福妻章氏年二十八夫亡守節現年五十六
周錦源妻楊氏年二十六夫亡守節三十二年
潘德容妻楊氏年二十九夫亡守節現年七十三
蔡堂舉妻胡氏年二十七夫亡守節三十二年
蔡堂清妻嚴氏年二十七夫亡守節現年六十一
蔡錦裳妻朱氏年二十二夫亡守節三十六年
縣丞銜文茂嘉妾葉氏年二十七夫亡守節現年五十八
文茂德妻呂氏年二十四夫亡苦節自勵三十六年
文啟儼妻胡氏年二十九夫亡撫遺孤守節三十一年

監生文元潤妻黃氏年二十一夫亡苦節自守卒年五十
文進萬妻郭氏年二十九夫亡家貧撫姪爲嗣苦節三十年
文啟仟妻魏氏年三十夫亡守節三十二年卒
貢生周鉅齡妻于氏年二十九夫亡守節四十六年卒
生員周鉅容妻王氏年二十八夫亡守節二十七年卒
周其清妻湯氏年二十三夫亡守節四十九年卒
周積宗妻程氏年二十六夫亡守節三十一年卒
廖郁宗妻夏氏年二十一夫亡守節四十八年卒
廖廣發妻李氏年二十二夫亡守節現年五十三
董席明妻張氏年二十四夫亡守節卒年八十

廖玉鳳妻鄧氏年二十五夫亡守節現年七十一
彭智堂妻孫氏年二十九夫亡守節五十年卒
彭寬堂妻劉氏年二十八夫亡守節現年六十七
張忠秀妻陳氏年二十二夫亡守節三十年卒
陳樹芝妻解氏年二十二夫亡守節現年八十
陳學餘妻張氏年二十四夫亡守節現年六十
陳松亭妻王氏年二十六夫亡守節四十七年卒
楊本江妻郭氏年二十一夫亡守節三十二年卒
魏樹潤妻楊氏年二十夫亡守節事舅姑克盡其職撫姪爲嗣倍嘗艱苦現年六十八
魏爲義妻陶氏年二十八夫亡守節現年七十四

陳楙友妻郭氏年二十九夫亡守節現年六十二
鄧光慶妻蘇氏年二十五夫亡守節五十七年卒
鄧光授妻陳氏年二十五夫亡守節卒年五十七
鄧光速妻孫氏年二十五夫亡守節卒年四十四
徐明鏡妻周氏年二十七夫亡守節現年六十
張錫琥妻蔡氏年二十二夫亡守節卒年五十三
張錫瑤妻程氏年二十夫亡守節現年五十
居昌潤妻張氏年二十二夫亡守節現年五十
魏楚傑妻向氏年二十六夫亡守節卒年五十九
魏秉蔚妻周氏年二十四夫亡守節現年五十四

魏金富妻陳氏年二十七夫亡守節卒年四十九
魏士表妻張氏年二十七夫亡守節四十九年卒
朱雨潤妻藍氏年二十四夫亡守節三十二年卒
宋必昌妻朱氏年二十一夫亡守節三十五年卒
宋紹甬妻吳氏年二十一夫亡守節現年五十八
宋廷玉妻張氏年二十五夫亡守節卒年五十七
胡靖基妻彭氏年二十二夫亡守節卒年五十一
胡錫裕妻朱氏年二十八夫亡守節現年六十三
胡信基妻郭氏年二十四夫亡守節卒年五十七
胡良佐妻孫氏年三十夫亡守節卒年六十七

胡治然妻張氏年二十九夫亡守節現年五十六
胡春林妻俞氏年二十八夫亡守節現年五十八
胡國忠妻陳氏年二十九夫亡守節現年五十七
馮源龍妻涂氏年二十四夫亡守節現年八十一
馮正望妻夏氏年十九夫亡守節現年四十八
魏樹仁妻蔡氏年二十二夫亡守節卒年五十四
魏大義妻廖氏年二十六夫亡守節卒年四十二
宋楙秀妻周氏年二十八夫亡守節現年八十一
董永泰妻郭氏年二十六夫亡守節卒年五十二
朱澤山妻董氏年十九夫亡守節現年八十一

胡克恭妻董氏年二十二夫亡守節三十九年卒
宋楙傳妻陳氏年二十七夫亡守節三十八年卒
宋美枝妻殷氏年二十一夫亡守節現年五十八
宋美能妻董氏年二十六夫亡守節年三十卒
孫哲選妻蔡氏年二十四夫亡守節五十五年卒
孫有執妻王氏年二十八夫亡守節現年七十九
孫餘方妻洪氏年二十二夫亡守節三十七年卒
孫楙速妻蘇氏年二十一夫亡守節三十九年卒
孫自芳妻陳氏年二十五夫亡守節五十五年卒
孫有然妻朱氏年二十六夫亡守節現年六十七

孫得壽妻蘇氏年二十五夫亡守節五十一年卒
孫用賓妻羅氏年二十六夫亡守節三十八年卒
孫慶餘妻查氏年二十七夫亡守節現年七十
孫玉昌妻郭氏年二十七夫亡守節二十四年卒
孫大富妻邵氏年二十六夫亡守節現年七十一
黎至健妻章氏年二十三夫亡守節現年七十一
程一發妻許氏年十九夫亡守節五十九年卒
程希求妻周氏年二十二夫亡守節現年五十二
王廷槐妻涂氏年二十五夫亡守節現年六十七
程木妻童氏年十九夫亡守節四十年卒

沈迎春妻董氏年十八夫亡守節現年六十
程啟妻查氏年二十二夫亡守節四十年卒
程日福妻劉氏年二十四夫亡守節現年七十六
宋河西妻楊氏年二十七夫亡守節五十六年卒
程元憲妻陳氏年十九夫亡守節三十年卒
宋成林妻湯氏年二十四夫亡守節同治三年遇賊賊殺之時年五十八
程攸善妻王氏年二十四夫亡守節五十九年卒
周魁榜妻姜氏年二十九夫亡守節四十八年卒
程元遜妻彭氏年二十一夫亡守節四十三年卒
周風遠妻楊氏年二十八夫亡守節三十三年卒

程希契妻劉氏年二十一夫亡守節二十一年卒
魏本相妾朱氏年二十二夫亡守節六十一年卒
宋美三妻胡氏年二十九夫亡守節二十五年卒
監生周鉅政妻舒氏年二十七夫亡守節四十五年卒
李歸極妻藍氏年二十三夫亡守節
邵學忠妻王氏年二十八夫亡守節三十年卒
王顯朝妻周氏年二十二夫亡守節現年六十一
王雲開妻徐氏年二十三夫亡守節三十一年卒
王典啟妻馮氏年二十二夫亡守節現年五十
王書林妻田氏年二十六夫亡守節五十一年卒

王殿臣妻黃氏年二十四夫亡守節三十九年卒
蘇大來妻王氏年二十四夫亡守節現年七十七
蘇大猷妻程氏年二十六夫亡守節二十二年卒
蘇大望妻周氏年二十四夫亡守節二十二年卒
蘇伯龍妻朱氏年二十五夫亡守節現年六十九
蘇伯奇妻孫氏年二十一夫亡守節現年六十八
李能受妻黃氏年二十二夫亡守節現年六十一
董廷翰妻袁氏年二十四夫亡守節現年五十三
董永美妻杜氏年二十四夫亡守節現年八十
董永山妻藍氏年二十五夫亡守節五十六年卒

董錫德妻盧氏年二十四夫亡守節四十四年卒
董永懷妻宋氏年二十四夫亡守節現年七十三
董永伍妻朱氏年二十一夫亡守節三十五年卒
董錫光妻黃氏年二十七夫亡守節三十五年卒
董來泰妻張氏年二十一夫亡守節現年五十八
董永象妻張氏年二十八夫亡守節三十二年卒
董雲龍妻何氏年二十八夫亡守節現年六十二
董錫經妻陳氏年二十二夫亡守節現年七十一
董永聲妻孫氏年二十一夫亡守節現年七十三
董來接妻鄒氏年二十五夫亡守節現年五十八

董春有妻邵氏年二十五夫亡守節現年六十三
董有財妻王氏年二十四夫亡守節現年七十四
董明善妻張氏年二十一夫亡守節三十年卒
董世淮妻陳氏年二十四夫亡守節三十八年卒
吳坤茂妻鄧氏年二十三夫亡守節現年六十五
李顯淸妻劉氏年十八夫亡守節現年五十
朱思興妻董氏年十九夫亡守節現年八十二
朱名天妻陳氏年二十八夫亡守節二十八年卒
邵義祥妻周氏年二十四夫亡守節三十五年卒
董松林妻馮氏年二十七夫亡守節四十六年卒

鄧訓章妻龍氏年二十五夫亡守節三十四年卒
鄧必榮妻董氏年二十夫亡守節現年五十二
蘇鍾仕妻曹氏年二十二夫亡守節現年六十三
蘇楚元妻陳氏年二十四夫亡守節現年六十五
蘇昆山妻胡氏年二十一夫亡守節五十年卒
蘇接祖妻鄧氏年十九夫亡守節五十四年卒
蘇勝光妻鄧氏年二十三夫亡守節四十六年卒
涂延鍾妻宋氏年二十一夫亡守節現年六十
袁文廷妻董氏年二十九夫亡守節現年六十
董甘義妻鄧氏年二十二夫亡守節五十七年卒

董來福妻張氏年二十四夫亡守節現年五十六
董裕發妻孫氏年二十二夫亡守節三十年卒
鄧成規妻郭氏年二十四夫亡守節現年五十五
鄧懋修妻呂氏年二十夫亡守節現年五十二
江坤武妻胡氏年二十三夫亡守節撫姪爲嗣同爨七十餘人皆愛敬之卒年五十七
饒儀吉妻湯氏年二十九夫亡家貧守節卒年六十六
饒儀光妻樊氏年二十八夫亡孤撫守節卒年七十三
州同銜諸生饒雲鶴妻徐氏年二十四夫亡無子守志事翁姑克盡孝道年三十二卒
饒漢喜妻張氏年二十二夫亡撫孤守節現年六十四

饒漢晗妻胡氏年二十八夫亡家貧守節卒年五十一
饒承韜妻何氏年二十八夫亡守節卒年七十二
胡高榜妻馮氏年二十二夫亡守節卒年六十二
饒承燦妻張氏年二十四夫亡守節卒年六十一
胡邦泰妻陳氏年二十一夫亡撫孤守節卒年六十三
饒振梧妻陳氏年二十二夫亡守節卒年六十
呂正宗妻湯氏年二十八夫亡守節現年七十二
饒振楷妻張氏年二十六夫亡守節卒年八十三
呂玉修妻龔氏年二十六夫亡守節現年五十七
饒振廣妻張氏年二十八夫亡守節卒年五十八

江坤蒙妻徐氏年二十七夫亡守節現年六十五
饒振擴妻陳氏年二十四夫亡守節卒年五十九
盧玉璋妻蔣氏年二十三夫亡撫孤守節卒年七十五
饒振甲妻楊氏年二十四夫亡家貧撫孤守節現年六十
湯傳受妻魯氏年二十四夫亡守節三十三年卒
饒從富妻胡氏年二十四夫亡家貧撫孤守節現年七十六
湯榮貴妻劉氏年十八夫亡守節現年五十三
吳雲崧妻饒氏年二十二夫亡家貧無依寄食母家守志現年六十三
夏楙林妻陳氏年二十三夫亡撫孤守節卒年五十四
盧玉珠妻張氏夫亡撫孤守節

盧高朋妻魯氏年二十六夫亡丐食撫孤守節現年七十六
盧玉璘妻范氏年二十六夫亡守節現年七十三
劉秀禾妻楊氏年二十八夫亡撫孤守節現年八十一
饒漢發妻王氏年二十一夫亡撫孤守節卒年五十八
夏傳基妻蔡氏年二十九夫亡守節三十餘年
饒篤茂妻柯氏年二十七夫亡守節現年六十四
湯傳璋妻查氏年二十六夫亡守節現年七十三
劉東曉妻居氏年二十四夫亡撫孤守節現年七十四
監生解勳聞妻李氏年二十二夫亡守節現年六十四
解勳淦妻李氏年二十三夫亡守節卒年五十四

解勳輔妻張氏年二十八夫亡守節現年六十
胡清源妻吳氏年十九未于歸聞夫病危篤稟父母奔往侍疾夫卒氏苦節守貞二十九歲卒
陳煇璸妻胡氏年二十四夫亡守節現年五十八
陳本鳳妻周氏年二十七夫亡守節現年五十八
陳錦儒妻胡氏年二十九夫亡守節六十二歲卒
陳本拊妻呂氏年二十五夫亡守節六十四歲卒
陳本朋妻魯氏年二十九夫亡守節六十四歲卒
陳本和妻葉氏年二十八夫亡守節現年六十一
毛鳳翌妻陳氏年二十一夫亡守節現年七十一
毛效敏妻余氏年十九夫亡守節卒年八十

陳煇琇妻唐氏年二十五夫亡守節卒年五十八
陳楯基妻饒氏年二十四夫亡守節卒年五十六
陳錦疇妻洪氏年二十二夫亡守節現年五十三
陳煇祠妻劉氏年二十七夫亡守節卒年六十五
陳獻基妻劉氏年二十六夫亡守節卒年六十一
陳錦寬妻呂氏年二十二夫亡守節現年五十四
李三傑妻干氏年二十八夫亡無子撫嗣孫守節卒年六十一
陳本元妻梅氏年二十七夫亡守節現年六十四
陳本勝妻黃氏年二十一夫亡守節現年五十四
陳煇垣妻周氏年二十八夫亡守節現年七十三

李克宣妻夏氏年二十三夫亡守節現年七十二
李瑔玉妻胡氏年二十九夫亡守節卒年六十四
李爲烈妻許氏年二十六夫亡守節現年五十七
庠生呂大成妻郭氏年二十八夫亡守節卒年六十四
呂正綸妻田氏年二十九夫亡守節卒年六十一
呂生贊妻熊氏年二十六夫亡守節卒年六十三
呂集利妻張氏年二十六夫亡守節卒年七十七
呂錫洪妻伍氏年二十九夫亡守節現年六十六
呂紹璜妻蔡氏年二十七夫亡守節現年五十八
呂紹源妻鍾氏年二十五夫亡守節卒年五十五

呂紹秋妻劉氏年二十四夫亡守節現年五十四
干允調妻呂氏年二十八夫亡守節卒年八十六
干良仕妻胡氏年二十三夫亡守節卒年五十四
干良賢妻盧氏年二十九夫亡守節卒年六十五
吳乃金妻邢氏年二十九夫亡無子守節現年五十五
陳魁太妻范氏年十九夫亡守節現年七十一
陳品珠妻胡氏年二十七夫亡守節現年五十八
陳品玉妻陸氏年二十三夫亡守節現年六十七
劉玉耀妻范氏年十九夫亡守節年六十餘
魯耀榮妻陳氏年二十九夫亡守節現年六十三

蘇錫珍妻夏氏年二十四夫亡守節現年六十
蘇大武妻董氏年二十夫亡守節現年六十五
劉炎信妻程氏年二十九夫亡守節現年六十八
劉衍璜妻胡氏年二十四夫亡守節現年六十
庫孟齡妻周氏年二十四夫亡守節現年六十餘
舒大鵬妻呂氏年二十九夫亡守節現年六十五
呂華如妻劉氏年二十七夫亡守節現年六十二
庫弼基妻劉氏年二十四夫亡守節現年六十
孫士經妻王氏年二十四夫亡守節三十五年
孫錦雲妻馮氏年二十九夫亡守節現年六十五

庫林源妻彭氏年二十四夫亡守節現年六十
劉斯鏡妻陳氏年二十四夫亡撫遺腹子守節
劉斯樸妻何氏年十九夫亡守節現年六十
劉楙玉妻呂氏年二十九夫亡守節現年八十一
林世法妻陳氏年二十八夫亡守節卒年六十
徐澤林妻王氏年二十夫亡守節現年六十三
周鈿基妻馮氏年二十五夫亡守節現年七十六
劉秀海妻張氏年二十四夫亡守節現年五十八
劉子枌妻鍾氏年二十一夫亡撫孤守節年六十三
劉秀實妻從氏年二十八夫亡守節現年七十四

湯永貞妻解氏年二十五夫亡守節現年五十五
劉光性妻陳氏年二十四夫亡撫遺腹子守節卒年五十七
湯厚恩妻江氏年二十三夫亡守節現年六十三
劉光華妻馮氏年二十五夫亡無子守節六十一年
湯任衡妻張氏年二十四夫亡守節現年五十五
湯厚基妻劉氏年二十二夫亡守節卒年七十
劉秀梅妻呂氏年二十五夫亡撫嗣守節卒年六十
劉斯龍妻李氏年二十四夫亡守節年八十二
張昇之妻廖氏年二十三夫亡守節卒年九十三
劉鑑波妻呂氏年二十一夫亡守節卒年五十八

張財貴妻翁氏年二十四夫亡守節現年五十九
湯龔恩妻劉氏年二十六夫亡守節現年五十八
劉崑山妻范氏年二十一夫亡守節現年五十六
劉道政妻周氏年二十五夫亡守節卒年五十二
劉晉祥妻孫氏年二十四夫亡守節現年七十一
陸全貴妻張氏年二十七夫亡守節現年五十八
陸勝明妻梅氏年二十二夫亡守節現年五十九
陸懷茂妻馮氏年二十六夫亡守節卒年五十四
湯勝殿妻李氏年二十八夫亡守節卒年六十
湯公明妻饒氏年二十六夫亡守節現年六十二

國學劉斯奐妻李氏年十九夫亡守節卒年七十五
周鉅宣妻劉氏年二十六夫亡守節現年六十七
周榮貴妻蔡氏年二十九夫亡守節現年七十二
庫金黨妻馮氏年二十一夫亡守節年八十二
劉炎明妻蘇氏年二十四夫亡守節卒年五十六
劉衍馨妻陳氏年二十七夫亡守節卒年五十六
劉炎壽妻徐氏年二十七夫亡守節年七十三
干佳章妻庫氏年二十六夫亡守節卒年七十三
程繼璜妻馮氏年二十夫亡守節現年五十
庫鍾孝妻劉氏年二十八夫亡守節現年六十二

涂得路妻汪氏年十七夫亡守節現年五十
劉秀穎妻周氏年二十八夫亡守節卒年六十七
劉秀和妻周氏年二十夫亡守節卒年五十五
樂鍾霖妻張氏年十八夫亡守節現年五十五
樂光審妻柯氏年二十四夫亡守節卒年六十九
樂光祖妻陸氏年二十四夫亡守節現年七十二
周遇文妻廖氏年二十二夫亡守節年七十
胡煥龔妻郭氏年二十六夫亡守節現年六十一
周鉅熀妻董氏年二十八夫亡守節現年八十五
周桂亭妻劉氏年二十四夫亡守節現年五十五

王艮弼妻胡氏年二十八夫亡守節現年五十五
伍錫春妻朱氏年二十七夫亡守節現年五十八
劉其啟妻吕氏年二十七夫亡守節年七十三
馮源滋妻周氏年二十八夫亡守節現年七十二
周鉅甫妻李氏年十八夫亡守節現年六十四
周如陵妻陳氏年二十一夫亡守節卒年七十
劉四連妻吕氏年二十一夫亡守節現年五十一
劉斯樸妻何氏年十九夫亡守節卒年五十三
劉光姪妻胡氏年二十七夫亡守節卒年七十五
劉超相妻吳氏年二十夫亡守節卒年五十四

劉斯望妻張氏年二十五夫亡守節卒年六十四
徐銘鉦妻張氏年二十五夫亡守節卒年八十一
徐銘鈞妻湯氏年二十六夫亡守節卒年六十四
徐銘琨妻陳氏年二十七夫亡守節現年六十五
周冀謀妻劉氏年二十四夫亡守節現年六十
王本梓妻郭氏年二十四夫亡守節現年五十五
王本璉妻李氏年二十九夫亡守節卒年五十九
王本翙妻許氏年二十八夫亡守節卒年七十五
劉鳳喈妻戴氏年二十夫亡撫孤守節五十年
劉萬選妻干氏年二十五夫亡守節現年六十一

劉秀柏妻程氏年二十六夫亡守節卒年六十九
周光和妻張氏年二十夫亡無子紡績養姑守節二十九年
劉光悃妻宋氏年二十七夫亡守節年八十餘卒
劉高千妻程氏年二十四夫亡守節卒年六十五
涂桂藎妻胡氏年二十八夫亡守節卒年六十四
徐魁榜妻林氏年二十夫亡家貧守節現年六十四
劉秀蒸妻郭氏年二十五夫亡撫孤守節現年五十二
劉秀儀妻孫氏年二十夫亡家貧守節年五十五
周年豐妻廖氏年二十一夫亡家極貧無子奉姑守節五十五年卒
徐毓賢妻蘇氏年廿四夫亡家貧撫孤守節十六年卒

劉斯治妻張氏年二十六夫亡守節卒年六十三
劉倂登妻陳氏年十八夫亡守節卒年六十二
周澤準妻李氏年二十六夫亡守節三十六年卒
周澤尺妻郭氏年二十九夫亡守節十六年卒
周斯八妻袁氏年二十六夫亡守節四十八年卒
周澤可妻吳氏年二十八夫亡守節現年七十四
周澤識妻張氏年二十七夫亡守節現年六十一
周紋泳妻伍氏年二十八夫亡守節四十三年卒
周榮源妻劉氏年二十八夫亡守節現年六十八
周本善妻馮氏年二十六夫亡守節現年六十五

周澤月妻魏氏年二十二夫亡守節四十三年卒
程一善妻涂氏年二十八夫亡守節三十二年卒
梅春林妻周氏年二十五夫亡守節現年六十一
劉五玉妻周氏年二十三夫亡守節現年七十三
陶文錫妻蔣氏年二十二夫亡守節現年七十四
李枝茂妻劉氏年二十八夫亡家貧丐食撫孤現年六十三
甘楚材妻張氏年二十一夫亡家貧守節三十一年
孫宗桂妻郭氏年二十五夫亡守節二十八年卒
向名魁妻王氏年二十八夫亡守節現年六十四
向光明妻王氏年二十八夫亡家貧守節現年五十七

向成章妻陳氏年二十四夫亡守節現年五十八
向懷瑾妻劉氏年二十一夫亡撫遺孤守節四十三年
向官應妻黃氏年二十三夫亡撫遺孤守節三十八年
向光深妻周氏年十九夫亡撫二孤守節現年四十九
向正萬妻潘氏年二十二夫亡撫遺腹子守節三十年
余陽楷妻馮氏年二十九夫亡守節四十六年卒
向獻章妻李氏年二十三夫亡守節現年五十九
向名傑妻李氏年二十四夫亡撫孤守節現年五十八
向望雨妻嚴氏年二十一夫亡撫孤守節現年七十一
馮應麟妻黃氏年二十二夫亡家貧苦節五十五年

何大進妻張氏年二十三夫亡守節四十七年
何發宗妻黃氏年二十九夫亡灌園採薪苦節四十四
胡洪道妻朱氏年二十三夫亡撫遺腹子守志乞食養姑苦節四十八年
劉漢禮妻謝氏年二十八夫亡守節四十五年
劉廣財妻程氏年二十六夫亡守節二十四年卒
郭應時妻胡氏年二十二夫亡撫孤守節六十一年
胡錫祥妻董氏年二十一夫亡守節十八年卒
胡鴻懋妻宋氏年二十八夫亡携子乞食守節二十餘
涂懷居妻魏氏年二十八夫亡守節三十四年
朱恒山妻周氏年十九夫亡守節三十餘年

王演文妻鄧氏年廿九夫亡守節四十一年卒
王敎明妻魏氏年二十九夫亡守節紡績灌園備嘗辛苦卒年五十六
王兹虞妻劉氏年二十八夫亡守節現年五十八
王俊玉妻朱氏年二十九夫亡守節三十一年卒
王效文妻劉氏年二十夫亡撫孤守節現年四十八
黄植三妻胡氏年二十四夫亡撫遺腹子守節三十五年卒
黄維先妻劉氏年二十九夫亡守節現年六十二
劉世茂妻王氏年二十一夫亡貧苦撫孤守節現年七十七
朱任堂妻陳氏年十八夫亡守節二十六年卒
朱錫暐妻陳氏年二十五夫亡守節三十年卒

朱錫恩妻孫氏年二十六夫亡守節四十二年卒
朱錫矩妻陳氏年十六夫亡撫嗣子守節三十五年卒
朱澤三妻董氏年二十夫亡守節現年七十五
朱澤和妻周氏年十九夫亡撫孤守節三十六年卒
朱澤恩妻查氏年二十三夫亡守節現年七十六
朱澤肅妻余氏年二十五夫亡守節現年七十三
朱亭三妻周氏年二十五夫亡守節二十六年卒
黄茂槐妻劉氏年二十五夫亡守節五十年卒
朱榮職妻周氏年二十四夫亡守節三十一年卒
朱祿然妻陳氏年二十四夫亡撫孤守節五十年卒

朱賜然妻彭氏年十九夫亡撫孤守節三十八年卒
游績富妻張氏年二十六夫亡撫遺孤守節現年六十四
游報會妻張氏年二十八夫亡撫孤守節現年七十二
胡錫籌妻張氏年二十八夫亡守節現年六十二
夏黼堂妻孔氏年二十夫亡撫遺腹子守節五十一年卒
胡錫栖妻熊氏年二十五夫亡守節卒年六十九
夏本立妻鄭氏年二十八夫亡守節五十二年卒
貢生胡興周妻傅氏年二十九夫亡守節現年五十二
夏本正妻金氏年二十八夫亡守節三十六年卒
熊方客妻張氏年二十二夫亡守節現年五十一

游時英妻王氏年十八夫亡守節四十五年卒
熊日暄妻朱氏年二十四夫亡守節三十五年卒
陳順林妻鍾氏夫出外近五十年氏矢志不渝現年七十
陳本貴妻毛氏年二十九夫亡守節卒年五十九
陳文源妻周氏年二十七夫亡守節卒年七十五
陳本浩妻張氏年三十夫亡守節卒年四十二
陳洙源妻朱氏年二十九夫亡守節卒年六十
陳玹源妻張氏年二十五夫亡守節子甫生三日撫養成立卒年四十六
陳叨順妻董氏年二十六夫亡守節卒年四十一
陳能善妻毛氏年三十夫亡守節卒年五十七

陳楚國妻王氏年二十四夫亡守節卒年七十九
陳源近妻周氏年二十八夫亡守節卒年五十六
陳源訓妻劉氏年二十四夫亡守節三十六年卒
陳龍源妻董氏年二十五夫亡守節三十五年卒
陳源楝妻鞠氏年二十六夫亡守節卒年五十八
陳志源妻藍氏年二十六夫亡守節卒年六十三
陳世昌妻毛氏年二十八夫亡守節卒年六十
陳源久妻李氏年二十六夫亡守節卒年六十一
陳源桂妻郭氏年二十八夫亡守節卒年六十二
陳世鑾妻吳氏年二十四夫亡守節卒年五十

陳之玕妻胡氏年廿九夫亡無遺孤有勸改嫁者輙涙泣不絕撫孤守節三十年卒
陳之璧妻郭氏年二十八夫亡守節卒年五十四
陳德榮妻岳氏年二十九夫亡守節卒年六十四
陳文照妻劉氏年二十五夫亡守節卒年七十四
陳顯耀妻周氏年二十四夫亡撫嗣子守節卒年七十八
藍廷焴妻吳氏年二十六夫亡撫嗣守節五十餘年
藍廷淩妻王氏年二十五夫亡守節五十餘年
藍於涉妻陳氏年二十七夫亡守節四十餘年
藍於被妻劉氏年二十九夫亡守節三十餘年
藍於琳妻周氏年二十四夫亡守節四十餘年卒

藍斯子妻胡氏年二十夫亡守節三十餘年
藍斯發妻彭氏年二十七夫亡守節三十餘年
藍廷盛妻黃氏年二十九夫亡家貧守節卒年七十
藍朝昕妻桂氏年二十六夫亡家貧守節四十年
劉鳴基妻郭氏年二十一夫亡守節
劉斯柏妻李氏年十九夫亡守節三十八年
劉斯見妻熊氏年二十八夫亡守節
劉炎材妻張氏年二十五夫亡守節三十五年
陳本新妻黃氏年二十八夫亡守節現年五十五
陳本華妻張氏年二十九夫亡守節現年五十八

陳福照妻梅氏年十九夫亡守節現年五十八
陳永發妻藍氏年二十八夫亡守節現年六十八
陳允源妻吳氏年二十九夫亡守節現年七十五
陳義源妻田氏年二十七夫亡守節現年七十八
陳源達妻王氏年二十三夫亡守節現年五十五
陳本壽妻伍氏年二十夫亡守節現年六十五
陳年三妻劉氏年二十四夫亡守節現年五十二
陳照妻梅氏年二十夫亡守節現年五十一
藍于準妻郭氏年二十六夫亡守節撫姪斯文為嗣
藍斯和妻戴氏年二十八夫亡家貧守節

藍斯燦妻戴氏年二十二夫亡守節現年五十二

藍斯永妻汪氏年二十八夫亡守節立姪爲嗣家極貧備歷艱辛現年五十九

藍廷翼妻毛氏年二十八夫亡守節現年八十二

藍於椿妻陳氏年二十七夫亡家貧守節現年六十三

劉能振妻郭氏年二十一夫亡守節現年五十二

劉衍泰妻朱氏年二十七夫亡守節四十九年

劉衍珪妻董氏年二十七夫亡守節四十七年

劉秀烜妻柯氏年二十六夫亡守節三十四年

劉有義妻陳氏年二十七夫亡守節三十年

郭材發妻陳氏年二十七夫亡守節三十四年卒

郭材喜妻吳氏年二十八夫亡守節四十二年卒

楊德進妻胡氏年二十三夫亡守節現年六十五

張尙琮妻何氏年二十七夫亡守節現年六十七

楊家元妻陳氏年二十一夫亡守節四十三年卒

張尙渭妻程氏年十九夫亡守節四十七年卒

魯時傑妻湯氏年二十七夫亡守節四十餘年

張大奎妻程氏年二十一夫亡守節三十年卒

魯文志妻毛氏年二十八夫亡守節四十餘年

張世倫妻劉氏年二十一夫亡守節六十三年卒

邵德蔦妻呂氏年二十三夫亡守節五十餘年卒

張洪閑妻劉氏年二十一夫亡守節現年六十三

張榮華妻胡氏年二十四夫亡家極貧氏撫孤子乞食以養姑人皆憐之

張紹啟妻潘氏年二十一夫亡守節卒年四十九

庠生胡楚玉張氏年二十一夫亡守節五十餘年

張紹傅妻劉氏年二十七夫亡守節卒年四十一

胡海珠妻吳氏年二十二夫亡守節

張繼六妻聶氏年二十五夫亡守節現年九十一五代同堂

胡義亭妻陳氏年二十六夫亡守節

張秩廷妻程氏年十九夫亡守節

胡庭芳妻陳氏年二十二夫亡守節

張金發妻何氏年二十三夫亡守節

胡其源妻吳氏年二十三夫亡守節

程大質妻蔣氏年十八夫亡守節卒年三十五

程上斗妻羅氏年二十夫亡守節卒年六十九

樊先春妻周氏年二十八夫亡守志咸豐七年子被擄越歲媳又亡孤孫甫二歲撫養成立卒年五十三

吳仁紀妻周氏年二十二夫亡家貧撫孤守志

吳仁瑜妻宛氏年十六于歸月餘夫亡守節六十餘年

蘇羽展妻吳氏年二十七夫亡守節卒年九十四

蘇宏德妻劉氏年二十六夫亡守節現年五十七

程錫范妻彭氏年二十四夫亡守節現年五十七
吳學書妻夏氏年二十五夫亡撫孤採野蔬度日苦節十餘年卒
葉忠秀妻夏氏年二十夫亡守節現年六十二
胡業大妻吳氏年二十七夫亡守節三十年卒
胡光耀妻吳氏年二十四夫亡守節三十年卒
胡光宗妻項氏年二十八夫亡守節二十三年卒
胡福饒妻劉氏年二十七夫亡守節四十五年卒
胡惠我妻吳氏年二十九夫亡守節四十五年卒
胡懷玉妻張氏年二十六夫亡守節現年六十九
胡業禹妻周氏年二十二夫亡守節四十八年

胡熙煬妻劉氏年二十八夫亡守節現年六十六
胡義才妻陳氏年二十八夫亡守節三十二年卒
劉秀富妻陳氏年二十八夫亡守節三十二年卒
胡鉅儀妻蘇氏年二十二夫亡守節四十二年卒
胡本棠妻干氏年二十七夫亡守節現年六十六
胡載璐妻干氏年二十九夫亡守節現年五十二
胡勝揆妻蘇氏年二十九夫亡守節四十四年卒
胡燦麟妻周氏年二十四夫亡守節現年五十五
胡洪瑲妻藍氏年二十四夫亡守節四十六年
胡桂林妻陳氏年二十一夫亡守節三十二年

干良何妻黃氏年二十七夫亡家貧守節四十七年
干良琇妻陳氏年二十八夫亡家貧守節一十五年卒
干創業妻陳氏年二十夫亡守節四十四年
干嘉麒妻鍾氏年二十六夫亡家貧守節四十九年卒
干嘉喜妻胡氏年二十七夫亡守節三十年卒
干嘉綏妻查氏年二十八夫亡守節撫子成立子歿復撫孫採蔬負薪躬親稽事現年六十
干士鎔妻劉氏年十九夫亡守節三十年
干從元妻王氏年二十四夫亡家貧守節二十一年卒
干良燦妻胡氏年二十九夫亡守節五十六年卒
干良佑妻鄧氏年十九夫亡撫孤守節現年五十一

干嘉明妻舒氏年二十四夫亡守節四十八年卒
干士勤妻張氏年二十三夫亡時翁姑俱歿祖姑年八十餘氏奉養不懈現年六十三
干汝信妻藍氏年二十五夫亡守節三十一年卒
諸生干琇瑩妻陳氏年二十五夫亡守節二十七年卒
王振鳳妻干氏年十九夫亡家徒壁立守節四十二年卒
陳錫綌妻張氏年二十八夫亡守節六十年卒
干嘉彬妻劉氏年二十九夫亡守節三十一年卒
張材焜妻舒氏年二十九夫亡守節撫姪爲嗣卒年六十六
劉超璜妻吳氏年十九夫亡撫遺腹子守志灌園紡績苦節三十八年卒
殷鍾森妻龔氏年二十九夫亡家貧守節四十七卒

查榮俊妻徐氏年二十八夫亡守節三十七年卒
查洪澤妻鍾氏年二十九夫亡守節五十三年卒
陶金濱妻吳氏年二十九夫亡守節二十八年卒
劉衍善妻張氏年二十一夫亡守節四十一年卒
龔洪志妻江氏年二十二夫亡家貧守節卒年七十三
監生劉衍翰妻張氏年二十八夫亡守節現年六十五
徐昊翥妻李氏年二十二夫亡守節現年六十六
董爾臣妻張氏年二十九夫亡守節現年五十九
劉斯高妻陶氏年二十七夫亡守節現年六十九
職員徐德達妻吳氏年二十二夫亡家貧守節現年五十三

畢祿稀妻陳氏年二十八夫亡守節現年七十二
陳永文妻吳氏年二十夫亡守節現年六十
查煥臻妻呂氏年二十五夫亡守節現年六十一
陳照賢妻查氏年二十夫亡守節現年五十一
張業朗妻王氏年二十夫亡撫孤守節現年五十一
張學勝妻章氏年二十五夫亡撫孤守節現年五十
張燦璉妻劉氏年二十七夫亡守節立姪爲嗣卒年五十
鍾仁泰妻徐氏年二十八夫亡家貧撫孤守節卒年四十四
鍾倉泰妻吳氏年二十九夫亡守節
鍾本灼妻方氏年二十八夫亡家貧茹苦撫孤現年六十

楊義燦妻胡氏年二十八夫亡守節現年六十二
查煥奇妻毛氏年二十四夫亡守節現年七十六
查煥遊妻李氏年二十二夫亡守節現年五十四
陳鎬讀妻毛氏年二十夫亡守節卒年八十
陳鎬乾妻周氏年二十六夫亡家貧守節撫姪爲嗣卒年六十九
陳世松妻呂氏年二十四夫亡守節卒年七十一
毛漸逵妻邢氏年二十八夫亡撫孤守節卒年七十一
查榮富妻王氏年二十三夫亡守節現年六十三
樊明璧妻張氏年二十八夫亡守節現年七十二
李上林妻陳氏年二十八夫亡守節傭工養姑現年六十二

周鉅徽妻趙氏年二十六夫亡撫孤守節卒年六十五
胡青永妻張氏年二十二夫亡家貧守節卒年五十七
監生周澤岐妻石氏年二十五夫亡守節現年五十六
毛起富妻戴氏年二十六夫亡撫孤守節現年六十二
增生毛學亨妻帥氏年二十八夫亡家貧守節卒年七十四
周濟明妻吳氏年二十六夫亡守節現年五十七
毛亮儒妻張氏弟濟美妻李氏張年二十六夫亡守節卒年五十六李年二十夫亡守節卒年五十
周文獻妻劉氏年二十六夫亡家貧守節現年七十二
周鉅照妻彭氏年二十九夫亡守節卒年七十三

張鳴通妻夏氏年二十五夫亡守節現年六十三
周仲發妻程氏年二十一夫亡家貧撫孤守節現年六十三
葉立璣妻江氏年二十四夫病典衣供藥餌夫亡守節現年五十六
周澤履妻張氏年十九夫亡守節現年五十七
彭汝楫妻蔣氏年二十四夫亡守節卒年六十四
彭錫麒妻孫氏年二十九夫亡家貧守節撫姪爲嗣現年七十二
劉德存妻李氏年二十三夫亡家貧守節卒年四十三
毛鴻信妻李氏年二十二夫亡守節現年五十三
劉二酉妻郭氏年二十三夫亡守節現年五十三
張慶池妻蘇氏年二十三夫亡守節卒年六十

張慶昌妻陳氏年二十四夫亡守節現年七十七
鍾錫復妻居氏年二十九夫亡守節
鍾本璜妻劉氏年二十夫亡守節
夏盛煥妻鄒氏年二十八夫亡守節現年七十二
鍾錫海妻夏氏年二十二夫亡守節四十四年
吳文周妻徐氏年二十二夫亡守節現年五十一
彭輝縉妻楊氏年二十八夫亡家貧守節卒年五十二
彭秉銓妻周氏年二十夫亡守節事翁姑能先意承志得其歡心道光十五年卒
彭輝耀妻趙氏年二十九夫亡撫孤守節三十三年
溫利迎妻程氏年二十五夫亡撫孤守節現年六十

洪士朝妻龔氏年二十三夫亡守節卒年五十九
周鉅烈妻張氏年二十二夫亡撫孤守節現年六十七
彭淑履妻陳氏年二十二夫亡守節卒年六十
彭煒堂妻李氏年二十八夫亡守節現年六十二
彭淑江妻趙氏年二十一夫亡撫孤守節三十二年
彭錫興妻徐氏年廿九夫亡立姪書守節同治六年書督寨勇戰死氏同媳苦節現年六十五
吳勝華妻雷氏年二十一夫亡守節現年七十四
彭錫訓妻夏氏年二十五夫亡撫孤守節三十九年
楊士濬妻傅氏年二十夫亡守節現年七十七
吳榮方妻彭氏年二十八夫亡守節現年七十二

李身珏妻吳氏年二十六夫亡守節現年六十五
李身瑨繼配趙氏年二十二于歸甫八月夫亡守節撫夫前妻子成人現年七十一
樊源泉妻李氏年二十三夫亡撫一子一女守節子旋卒苦節四十八年
文未賓妻李氏年二十九夫亡守節三十五年
余連魁妻方氏年二十三夫亡守節三十九年
周鉅穙妻張氏年二十八夫亡守節現年六十
彭亭獻妻劉氏年二十七夫亡守節現年五十餘
程興燦妻余氏年二十九夫亡家貧姑老且病氏勤紡績以供膳立姪以承夫嗣苦節四十七年卒
胡士瑆妻戴氏年十九夫亡撫姪爲嗣守節三十年卒

胡文聯妻余氏年二十八夫亡無一子守節子旋卒媳伍氏承姑志守節余氏現年六十五

柯才鑾妻查氏年二十八夫亡撫孤守節三十五年卒

徐心龔妻李氏年二十七夫亡守節年四十三年卒

劉永立妻舒氏年二十三夫亡撫孤守節三十一年卒

李齊政妻阮氏年二十一夫亡撫孤守節六十二年卒

吳起焱妻游氏年二十五夫亡立姪承嗣守節五十五年卒

蘇士豪妻余氏年二十六夫亡撫孤守節現年六十二

江孔秀妻呂氏年二十八夫亡守節家極貧氏紡績養姑卒年八十三

舒榮璐妻蔡氏年二十八夫亡守節四十年

生員張焄妻吳氏年二十六夫亡守節二十餘年卒

舒恆壽妻朱氏年二十六夫亡守節三十年

劉基美妻藍氏年二十四夫亡守節四十餘年

舒才佐妻張氏年二十七夫亡守節

劉基賢妻吳氏年二十一夫亡守節四十餘年

居承祥妻鄭氏年二十九夫亡守節三十八年

劉錫純妻張氏年二十一夫亡守節三十八年

劉潤松妻吳氏年二十九夫亡守節三十五年

劉樹蕃妻程氏年二十八夫亡守節三十六年

劉煥燦妻張氏年二十九夫亡守節三十七年

劉樹茂妻吳氏年二十九夫亡守節三十三年

劉煥瑞妻袁氏年二十五夫亡守節四十四年

李熙展妻張氏年二十八夫亡守節三十三年

桂大和妻楊氏年二十四夫亡守節三十三年

楊學詩妻蘇氏年二十四夫亡守節六十三年

盧本純妻陳氏年二十三夫亡守節三十九年

吳希良妻干氏年二十六夫亡守節四十一年

劉　本妻胡氏年二十二夫亡守節五十四年

劉洪彰妻衛氏年二十夫亡守節三十年

劉德基妻吳氏年二十九夫亡守節四十四年

許金山妻張氏年二十六夫亡守節二十九年

徐榮智妻畢氏年二十七夫亡守節二十九年卒

溫克亨妻董氏年三十夫亡守節六十年卒

馮春全妻胡氏年二十四夫亡守節現年六十三

胡榮福妻李氏年二十五夫亡守節現年五十

徐灤隱妻陳氏年二十四夫亡守節

徐心獲妻劉氏年二十九夫亡守節

許金品妻范氏年十三夫亡守節

馮國用妻陳氏年二十四夫亡守節五十年卒

盧玉田妻王氏年二十一夫亡撫孤守節五十二年卒

儒士夏起妻張氏年二十六夫亡立姪爲嗣事姑以孝聞守節二十年卒

田光典妻胡氏年二十四夫亡守節三十餘年卒
田臨基妻呂氏年二十八夫亡家貧撫孤守節現年八十一
陳明孝妻樊氏年二十二夫亡守節二十餘年卒
陳本盛妻郭氏年二十四夫亡守節現年五十九
呂有實妻彭氏年二十四夫亡守節卒年八十二
魏本景繼妻呂氏年二十八夫亡守節四十三年卒
蘇大江妻董氏年二十夫亡守節四十二年卒
蘇大時妻鄧氏年十八夫亡守節三十九年卒
蘇大濱妻楊氏年二十六夫亡守節四十年卒
蘇大良妻胡氏年二十四夫亡守節三十八年卒

儒士蘇士學妻嚴氏年二十四夫亡守節四十年卒
張思義妻劉氏年十九夫亡撫遺腹子守節現年六十一
夏坤緒妻樊氏年二十四夫亡家貧守節現年五十
王驤美妻何氏年二十夫亡守節現年五十一
江芳茂妻奚氏年二十四夫亡撫遺腹子守節五十四年卒
呂有亭妻郭氏年二十八夫亡家貧撫孤苦節現年五十四
劉邦義妻周氏年二十七夫亡守節三十二年卒
夏乾貞妻洪氏年二十二夫亡時前妻子已出嗣大宗氏撫姪為己子姪歿後以前妻子之子為嗣孫茹苦守節現年五十有三
張紹興妻董氏年二十一夫亡守節

文元慶妻李氏年二十三夫亡守節十七年卒
劉介眉妻朱氏年二十三夫亡守節三十八年
劉潤椿妻馮氏年二十九夫亡守節三十三年卒
劉樹賓妻李氏年二十夫亡守節三十五年卒
劉錫祉妻熊氏年二十九夫亡守節二十一年
蔡錫明妻吳氏年二十夫亡守節五十七年卒
向光獻妻田氏年二十七夫亡守節三十四年卒
楊忠誠妻李氏年二十八夫亡守節三十八年卒
楊忠儉妻朱氏年二十七夫亡守節十三年卒
魏雲球妻游氏年二十八夫亡守節現年六十二

李貞女幼許張續賢年十七續賢亡女聞訃奔喪守志奉姑姑病禱於神願以身代時以孝稱現年六十六
程貞女幼許陶贊揚年十九未嫁揚外遊不歸父母欲改嫁之女不許往壻家奉翁姑撫嗣子成立同治間子被賊擄去氏與媳撫弱孫以紡績自給現年五十一
趙貞女幼許李光麒年二十未嫁麒卒聞訃往麒家守志立嗣子以承麒後現年五十二
廖貞女嘉慶甲戌年建坊
劉貞女幼許戴德元年十六未嫁德元被賊擄女奔壻家守志旋病卒
魯學德聘妻蔡氏年十九未婚守志卒年七十三
夏貞女幼許趙安壽年十二未婚守志嘉慶十四年建坊
余貞女幼許王瑞蘭年十七未婚守志

胡貞女幼許張材熙年二十一未婚守志卒年八十

査煥裔聘妻張氏年十七未婚守志

徐心濟聘妻査氏年二十未婚守志

王本善聘妻周氏年二十未婚守志

胡貞女幼許陳坤融未婚守志卒年四十二

陳貞女幼許藍於巽未婚守志

陳貞女幼許吳業福未婚守志卒年四十八

岳貞女幼許陳元利未婚守志現年五十六

劉家和聘妻劉氏年十八未婚守志

何貞女幼許朱廣興年十六未婚守志現年六十一

魏貞女幼許張純明未婚守志

饒貞女幼許阮樹乙年十九乙亡女欲奔喪家人勸止之女晝夜號泣遂乘間自縊

范予華聘妻吳氏年二十未嫁華死女欲奔喪父母止之遂自縊死

張貞女幼許吳瑞典年十四夫亡守志

張貞女幼許呂正乾年十五聞夫亡奔喪守志事姑以孝聞現年五十四

蔡貞女幼許喻增麟麟病故氏年十五奔喪守志五十四年卒

吳貞女幼許郭材全全未冠死氏依姑守志四十八年卒

李貞女幼許張燦嵩嵩往陝西氏年十七聞姑病往侍養夫久不歸氏守志以終卒年六十四

劉貞女幼許李品敦敦卒氏年十四奔喪依翁守節四十七年卒

胡貞女幼許夏錫樂年十六夫亡未婚守志卒年六十四

郭貞女幼許張光輝年十八輝卒女聞之欲以身殉終日悲啼月餘亦卒

周貞女幼許劉衍巍年十七未嫁聞衍巍卒奔喪守志

章貞女幼許張昭羅年十九聞羅病故奔喪守志家貧事霜姑克盡孝養撫嗣子有法卒年七十七

邵貞女幼許饒漢志年十四志亡女聞訃奔喪守志茹苦自甘現年五十一

戴伍益女陳全國聘妻生十八日抱養於陳年十六未婚全國卒女矢志奉舅姑撫姪以承全國祀現年七十有六

以上貞女

雷金山妻李氏年二十一避賊山中賊至投糞自穢賊逼令更衣氏乘間投塘死

張寶榮妻羅氏死年二十八携子避賊賊至以利刃自刺

王四喜妻劉氏年二十九夫亡投水死

彭業新妻逝氏年三十四避賊於外聞夫祖母病革留女桂娭於寓携二子歸省途遇賊脅逼遂與二子投塘死桂娭聞耗奔歸哭於塘又遇賊憤極亦投塘死

監生田漢魁妻王氏年二十携姑避賊竹影山賊縛之氏紿賊釋其縛行至山下投塘死

郭錫起妻王氏年十九賊至氏抱女投塘死

蘇洪習妻張氏年二十四携子四德女大娭避亂於湖濱賊至同赴水死

陳源雨妻張氏年三十四賊逼之抱子赴水死

周超里妻戴氏年二十九夫亡守節同治三年賊至赴水死

陳伍一妻周氏年二十三賊逼之不從懷抱幼女被刺死

桂光華妻盧氏賊逼之不從斷其手而死

監生江濱妻朱氏夫亡憂傷成疾越七月死

生員阮負玉妻王氏年三十八無子夫亡殮葬畢自縊死

居成質妻夏氏弟耀泰聘室劉氏避賊湖濱將登舟姑適在後氏待之賊突至而舟已開遂俱赴水死

居朝茂妻張氏賊執其女引妹氏刼之賊殺氏並及女

居時敘妻姜氏遇賊於河口與女引大投河死

監生范青雲妻李氏遇賊棄幼女於地投塘死

陳新法妻盧氏年二十一同治六年避賊伊家橋賊至赴水死

張國霖妻方氏同治三年奉姑避賊於楊林舖被執氏紿賊曰姑年老請釋之姑去里許氏罵賊賊怒縶氏於馬後拖曳十餘里至邢家橋遇害時年二十五

饒兆元妻查氏姪婦干氏同治三年九月攜家避亂於黃泥湖濱夜倖遇賊予女七人同赴水挽抱而死

張錫鑾妻羅氏遇賊懷刃自刺時年三十一

陳源開妻張氏年二十二夫病卒氏料理喪事畢飲藥死

夏盤基妻陶氏賊至其家氏走避不及詭言汲水煎茶遂投塘死

夏錫漢媳胡氏年二十二抱兒避賊賊逼之棄兒於地赴水死

胡應志妻藍氏女大妹咸豐丁巳又五月母女二人遇賊迫追投菱角塘死

潘開泰妻胡氏遇賊被擄大罵賊怒支解之

彭錫疇妻項氏年二十八賊至氏以姑老病不忍逃迨賊入門氏冒刃衛姑賊刼氏氏紿之曰汝釋吾姑吾從汝遂送姑出門自投塘死

彭美齡妻董氏年二十賊至抱其女投太白湖死

陳有容妻戴氏賊脅之去不從鞭之大罵賊斫死

葉必貴妻胡氏姪孫媳胡氏隣婦周郭氏葉年五十八賊執姪孫媳與隣婦葉往刼之三人展轉赴水死

蘇長元妻戴氏姪女救兒氏攜救兒避賊董司排賊逼救兒氏奮力與刼賊並殺之

周澤桂妻張氏年二十八遇賊氏投於穢賊拽之出逼令辮之至塘側氏奮身躍水死

陳癸三妻舒氏年三十賊逼之氏抱乳孩不釋手賊怒斫死

查榮得妻劉氏避賊被殺賊退家人覓其屍氏猶抱乳兒於懷

彭效良妻周氏年二十九夫亡撫棺大慟而死

庠生解谷妻楊氏夫亡守節同治六年避賊刑水賊突至氏赴水死時年五十五

陳克明妻胡氏咸豐七年攜二子避賊楊家山賊突至氏與二子俱赴水死時年三十一

陳文中妻饒氏年二十五夫亡守節咸豐七年死於賊

陳心來母楊氏妻許氏許逼於賊不從溺水楊氏往救賊斃之

王恒志妻董氏年四十三有賊入其室氏手撻之大呼捉賊其叔翁士賢應聲入方縛賊賊黨蜂至執氏與士賢殺之

游中秀妻李氏年二十四夫亡越八日潛出投江死

游進德妻郭氏年十九夫亡以身殉

李更喜妻朱氏年二十賊執氏至某家氏窺宅下有塘乘間赴水死

監生胡鴻翔妻呂氏年二十六攜一男一女避賊武穴賊至俱赴水死

胡業禮妻呂氏年三十六攜幼子長媳避賊文家嚳賊至俱赴水死

夏沛連聘妻蔣氏年十八避亂與家人走失賊牽之去大罵賊怒斫其頸不殊追及其家人越宿死

陳文暢妻呂氏年十八賊擄拴馬上氏屢翻落馬賊怒刺之死
儒士劉錫川妻吳氏氏與嫂避賊童司排賊突至氏以長子屬嫂自抱幼子投河死
吳麥熟妻王氏抱週歲子避亂賊至逼之氏僞諾行至塘側置子於地赴水死
監生周澤洪妻呂氏氏携子女及媳避賊於村舍賊突至氏揮女及媳破壁逃去賊逼辱氏母子互相救皆披水死
余鳴悅妻李氏年二十八避亂於外聞夫死將子女屬孀嫂歸尋尸埋之訖赴水死
方在發妻舒氏年三十四聞賊至其鄰恐將及已携乳媳張女赴門首塘死
趙有慶妻王氏年二十五歲於同治三年九月初九日在湖世柏大灣河遇賊被溺
舒元志妻李氏年二十避賊於外猝與賊遇遂抱懷中女同溺於塘
劉衍祺媳李氏胡氏同家人避賊賊大至眾奔散李與胡相失在後恐爲賊所得遂同赴水死李年二十一胡年二十

蘇文林妻李氏年二十四夫亡守節同治六年遇賊被執怒罵不屈死
徐國喜妻李氏 萬協和妻伍氏 王朋舉妻胡氏
陳照峻妻吳氏 程曰仁妻高氏 桂尚聘母岑氏
徐行中妻胡氏 蘇長茂妻陳氏 徐偕玉妻胡氏
胡錦燦妻姜氏 胡瑞貞妻詹氏 胡玉枝妻梅氏
夏義勝妻劉氏 陳本斐妻王氏 劉秀榮妻張氏
曹學章妻劉氏 桂高康妻李氏女八妹養媳阿李
陶陽春妻陳氏 蘇義六妻李氏 劉顯宗妻胡氏
徐大美妻鮑氏 陶志學妻劉氏 吳逢春妻張氏

呂培連妻雷氏 徐應福妻陳氏 張昭敬妻周氏
彭輝年妻陳氏 郭鳳翔妻王氏 張世厚妻郭氏
楊銘喜妻陳氏 吳壻基妻王氏 吳祖輝妻王氏
吳鍾奇妻周氏 吳寅基妻干氏 吳忠也妻梅氏
吳鍾燦妻胡氏 吳燦衡妻張氏 吳敎坤妻干氏
吳盛興妻徐氏 吳德元妻郭氏 吳舞階妻毛氏
干士有妻陳氏 干艮塘妻吳氏 干應聯母姜氏
饒壽元妻陳氏 周澤謙妻藍氏 張燦林妻劉氏
張繼賢妻饒氏 周蒼曉妻黃氏 毛明財妻李氏
張關年妻鍾氏 張奎炳妻胡氏 趙光耀妻陳氏

陳基廣妻田氏 呂紹時妻解氏 張應福妻陳氏
呂光舜妻王氏 張燦夏妻盧氏 徐心喜妻劉氏
朱樹奎妻彭氏 陳源漁妻項氏 陳本玉妻侯氏
陳明邦妻朱氏 陳明經妻項氏 陳照祿妻黃氏
陳坤貞妻游氏 劉煥興妻姜氏 周澤滿妻曾氏
宋佳績配陳氏 孫楙興妻詹氏 宋美端妻陳氏
居昌佑妻饒氏 龔洪年妻陳氏 張占鰲妻方氏
方美貴妻夏氏 張源華妻章氏 張五喜妻方氏
劉衍荷妻馮氏 查喜生妻陳氏 胡鍾倫妻周氏
張俊秀妻夏氏 楊殿國妻李氏 龍漢友媳甸氏

桂茂初妻岑氏　王至年妻張氏　柯金氏

以上烈婦

陶先妹監生金科女年十九避賊湖濱賊突至女登舟不及赴水死

雷大妹貢生宣春女聞賊至急投繯死

楊燕兒恩雄女年十六賊至其家女乘間逸出投門首塘死

楊三妹太貴女遇賊自溺死

查有富女年十四避賊鳳凰寨賊至投塘死

馮二妹有志女隨父避賊走失散女被擄不肯行賊殺之

王龍珠女年十七賊至其家女恐被污投塘死

廖殷槐女年二十賊至投湖死

鍾榮光女年十七賊擄女去女牽母衣不釋手被刺死

居譜生姊遇賊投河死

李玉華女年二十三遇賊投井死

張大姨嫂汪氏年十九遇賊赴水死

胡舒妹胡承基養媳年十七遇賊赴水死

張奎昂女二妹年十六隨伯迎先避賊賊逼之迎先刼賊賊殺迎先女大罵投水死

張奎桃女年十八遇賊投塘死

夏基閭女年十六賊擄之去女乘間狂奔賊怒追及以刃槊之死

庫作霖女途遇賊抱幼弟投水死

盧廣懷女心妹年十八遇賊投塘死

劉有學養媳陳妹年十六遇賊投塘死

范年發女秀姑年十七遇賊投塘死

伍開茂養媳解妹開華女引娣解妹年十七歲引娣年十五歲俱遇賊赴青林湖死

熊有文女二妹年十五歲爲陶家養媳賊逼之投水死越日撈其尸猶植立水中

蔡運祺女年十六爲居氏養媳遇賊投屋後塘死

陳朝典女年十七見賊至潛奔門首塘溺死

胡多禮女阿端年十七避亂睦塘湖賊執阿端阿端謬指湖上茅屋曰此我家也幸隨我去賊從之阿端急奔湖中死

王文盛女大姑年十九有足疾聞賊至恐爲所得赴水死

余袁妹袁昌友女余紹華養媳年十八遇賊投塘死

胡熙明女細妍年十七與鄉婦避亂山中遥望賊至獨赴水死

劉年春女細大年十八避賊山麓望見數賊至奔赴山側池塘死

李四姨婷華女年十七聞賊至與衆婦女坐塘側示以必死無何賊衆至女奮身赴水衆婦女亦隨之下賊走散有健婦引衆漸起女以先入深遂死

孫帶兒年二十二農民材與女幼許字董董死父母將別嫁之投繯死

周湘鴻女未嫁壻亡女矢志守貞憂鬱成疾聞賊至自縊死

劉秀喜女年十七被賊逼溺

田鍾應女年十五遇賊投塘死

伍掌妹監生文周女年十九賊追之女繞塘走其兄以身捍之賊撲其兄於地女恐殺其兄遂投塘死

范時勝養媳蘇妹年十五避亂集賢菴賊至撫其背女大恚罵賊賊怒殺之
鍾福祐女大妹年十四賊逼之不從以刀試其頸女曰身可殺不可辱也賊怒殺之
張成業女年二十隨父母避賊龍坪賊突至女投江死越數日撈其屍面如生
以上烈女
夏煒球妻李氏　夏煒皓妻魏氏　郭烈懋妻鄭氏
張繼然妻岳氏　吳開成妻周氏　貢生方杞妻張氏
陳禮言妻胡氏　張錫司妻周氏　職員方正妻王氏
游基南妻龔氏　貢生朱鍾妻鍾氏　呂紹蕃妻蔡氏
藍理思妻劉氏　劉基輔妻陸氏　伍錫松妻徐氏
翟之驥妻張氏　翟先功妻李氏　吳仁載妻胡氏

胡四壽妻李氏　以上爲姑刲股
郭之第妻張氏　張尙瑄妻董氏　張尙照妻王氏
張尙棟妻陳氏　吳怡基妻毛氏　吳繩基妻黃氏
胡錫光妻吳氏　胡文燧妻陳氏　盧殿選妻何氏
盧楚瑞妻周氏　劉衍慶妻吳氏　劉秀拔妻朱氏
張叔融妻周氏　張文先妻董氏　張艮哉妻陳氏
張水哉妻王氏　蘇文堂妻嚴氏　職員廖步瀛妻桂氏
藍廷坤妻陳氏　周習基妻施氏　監生張鑑妻蔣氏
張紹棠妻蔡氏　張惟先妻李氏　呂正雲妻陳氏
監生王鍾瀛妻董氏　以上爲夫刲股

教諭饒玉振妻胡氏錫璐女素嫻姆訓事孀姑先意承志內外無間言躬勞紡績篝鐙勤甄達且居心仁厚嘗出所積金爲兩叔完宿逋遇窮困者多方週恤族鄰靡不感激年八十卒以孫雲鵬貴　誥贈宜人
郭在連妻朱氏連患癡疾不辨菽麥女年十八舅與父議別選壻氏嚙指自誓卒歸郭氏事舅姑以孝謹聞年二十一歲卒
夏煒璜妻鍾氏夫得痿疵出入扶持歷二十餘年好施予每遇隆冬雪夜遣人暗給錢米不問姓氏道光壬寅大疫氏出谷賑飢兼施藥餌全活無算
饒儀官妻居氏性慈惠自奉儉約嘗惜粒米以予人族某貧不能娶出私藏助之有匪窘行竊者眾縛之氏使人釋其縛並給錢米使之行其人遂化爲良善
國學陳連光妻彭氏孝事姑嫜中歲失所天力勤內治自奉儉約而延師課子禮極優崇

樂施予族黨有不贍者常周恤之
李潞池妻陶氏舉人大朋女生有至性事繼姑夏氏百計承順姑遘病舌強不掉每飯痰涎流注桉中氏啖其餘若甚甘者牀席衣物日汚數易氏皆親滌雖隆冬不懈且好濟貧乏鄰族有所求藏飯饋於米泔中予之
國學楊文梓妻張氏性沉靜善事舅姑與妯娌相接終日不聞嬉笑聲出遇人於途必避之道左夫左臂結一贅瘤日久潰爛展轉牀褥聞氏左右扶持數年不懈及疾革氏默禱於家廟以身代越三日赴橫岡山投捨身岩下啓視手足無一傷痕聞者異之
劉克亭妻胡氏年十三亭雙目失明翁姑使人辭婚氏聞之謂其母曰兒業許劉氏劉氏子失明兒之命也卒歸劉代夫操家政勤苦備至翁姑愛憐之而家日豐孫生子三長正基庠生次三皆監生
劉斯莘妻趙氏事姑徐克盡婦職莘好施予既歿氏踵行無吝色嘗捐二百金置祀產族人至

今賴之

伍錫驥妻趙氏事孀姑以孝聞姑病肺痰臭甚氏手承其唾無難色驥家素封氏勸之施予及驥卒命子踵行之道光壬寅大疫延醫施藥餌並治棺木以畀里之不能葬者○以上賢媛

附壽母

楊仲粦妻張氏性淑愼躬操女紅不辭勞勩享年九十九歲五代同堂繞膝八十餘人

優庠生田蘭妻王氏壽九十有五學憲杜給太平人瑞匾額

徐澤遠妻蔡氏性柔順主持內政豐儉得宜享年百有二歲五代同堂學憲孫給五葉衍祥匾額

農民朱錦泰妻李氏居靈山下年一百零二歲

監生盧恒然妻周氏性孝謹翁庠生馨患風疾痿痺數年氏服事維謹歷久無倦意年九十五以無疾終時子七孫二十三曾孫三十六元孫二列膠庠者十人

生員文殿詔妻郭氏壽九十七歲五代一堂以孫鳳喈貴　誥封宜人

廣濟縣志卷十一

藝文志撰著篇目

明

苾芻庋閣集張步雲著湖北通志

名山閣詩鈔環翠樓詩文集五華書院問答王大謨著傳見仕績

康谷子集六卷劉養微著傳見文苑

養微字敬伯廣濟人是集前三卷爲樂府及詩四卷則其說鈴及自讚四則其詩宗李夢陽而才力薄弱頗窘於邊幅其說鈴內極推夢陽爲古色過於子美

未免爲偏好之言五卷以下附其弟養吉詩文及其遠祖天行文煥等傳又附劉秉鈐石浪詩鈔劉酷駿盟鷗集劉鵾化味閒軒遺稿數種皆寥寥數篇姑備劉氏一家之書而已四庫全書

榛莽遺草楊大鰲著傳見文苑

二餘齋集五卷寇學海著湖北通志

泗陽陳文燭序山人才雄格高尤長近體如懷村居則溪雲侵座冷山雨入簾疏感懷則貧久交遊見時違笑語非其五言佳境乎如題山居有藜杖溼扶花外雨竹籬寒抱石邊流懷謙之有從來詞賦人多忌

莫怪江湖我獨醒送肯甫有帝自非熊先得兆士雖屠狗亦銜恩别子謙有至恩不淺君求去客路無媒我未歸送惟允有皖城月照湖山靜熙水風生海樹寒送惟寅有蓮花波色帷前靜桃葉晴光掌上明其七言佳境乎至淮陰一作人人誦之所謂百戰堪憐千金自重恨不起韓侯而擊節焉江西園集

漁磯集楊晉著

晉字子馬大鰲子諸生

詩刪草饒于豫著傳見文苑

芝園集劉洪芳著傳見文苑

禮記隱談甘許國著傳見文苑

瓦缶集樊士英著

士英字巽父年九歲父死以孝聞爲諸生有聲喜爲詩與饒仁倩遊仁倩深契之辛未縣志

豹霧山房集饒嘉亮著傳見文苑

山中稿饒嘉繩著

嘉繩字木倩于鼎子治古文詩颯搦筆千言值明季隱居不出專肆力於著述辛未縣志

觚光草饒嘉軌著

嘉軌字叔度博學爲文益奧古詩喜創闢師劉敬伯與敬伯翁叔夏季含陸孟思遊皆奇士也敬伯孟思諸人詩皆藉軌以存同上

兩易子集張皆然著湖北通志○傳見文苑

念川集張亭然著傳見文苑

徵述錄張懋斯著傳見文苑

兩使草兩湖漫興詩王逢年著

逢年字長孺大謨子天啟初以廩監補鴻臚歷光祿寺丞兩奉使命於袁州臨清皆著能聲書法與米公萬鍾董公其昌相上下值亂避居兩湖辛未縣志

蕨菴詩集王家駿著傳見文苑

師白齋集吳亮嗣著傳見仕績

石巖子集吳亮思著傳見文苑

教菴語錄胡應中著傳見儒林

梅浦軒集吳敏功著

敏功字膚公亮嗣長子恩貢任四川南谿學訓導署合江縣事性倨不能事上官嘗送迎道左傲甚乃弛冠帶歎曰陶公地下笑人遂投劾歸流寇亂闔家赴水死居業齋集

史評自牧軒詩集吳敏含著

敏含字辨可號太安亮嗣第三子舉人任江西靖安

教諭遷安陸京山教諭晉浙江新城縣知縣博學多
才著有集辛未縣志

國朝

襄州漫草河上草西陵想稿楊復著
復字伯陽民服孫由歲貢歷夔陵石首教諭擢儀封
知縣楊氏故多詩人而復與晉最知名爲大鰲後起
之冠辛未縣志

周易孔旨劉醕驥著湖北通志

古本大學解三卷劉醕驥著傳見儒林
是編遵用古本大學不分經傳首大學考次戴記中

古本又次爲大學解力辯二程子朱子及董桃王伯
諸人改本之非夫竄易古經以就已意其事原不可
訓然姚江之徒所以必復古本者實欲引託始知本
不言格物之義以陰助良知非盡爲尊經也四庫全書

芝在堂集劉醕驥著
是集凡詩六卷雜文九卷其自序云奉嘉隆間二三
名人集要去其襲迹以近古爲是不能作宋元下塵
纖支折語又作鍾惺譚元春傳謂學王李未至襲風
格備鏗鏘猶侯諸三餘俭儒若古帙浩繁便掇公安
竟陵而以其窾鳴也觀其所論可知其所宗法矣四庫全書

藕灣全集張仁熙著傳見儒林
其詩凡初集十卷二集十卷餘九卷則文集也初集
作於前明身經離亂多悲苦之音大旨宗尚北地太
倉歷下諸人未脫摹仿之迹其論詩謂時弊雖深愼
勿相救公安救歷下至於佻竟陵救公安陷於鼻其
與王昊廬諸人書謂歸太僕之文秀善而衷於宋氏
之理秀善則易柔衷於宋氏則理信而紬於氣又謂
歷下瑯琊與毘陵歸安兩家角立毘陵歸安之流幾
欲駕瑯琊歷下而上之然徒以其秀善婉媚沓迤千

里白葦平疇者又安能服瑯琊諸君子制作諸大篇
哉觀其持論可知其生平宗旨矣四庫全書

周易淺說藕灣訓兒四編墨品張仁熙著辛未縣志

便吟草饒軫中著
舒逢吉序饒翼次既歿二十餘年其子起誦持其詩
請序於余翼次爲諸生纔十二齡順治丁酉舉於鄉
己亥成進士遭疾遽卒世有家學讀太史公最熟詩
讀杜少陵幼有擬史閣部表及擬上左甯南書世皆
錄之次妻五子惟翼次最知名綠雅集

十洲偶集舒芝生著傳見仕績

樸角藏稿王衍治著
衍治字恂度一字侗菴歲貢生巴東訓導父握麟諸生以碩德爲鄉邑重衍治博學多文詞與同里張仁熙蘄州顧景星交好詩律清勁不事粉飾辛未縣志
居業齋詩集文集別集金德嘉著傳見儒林
德嘉字會公廣濟人康熙壬戌進士官翰林院檢討德嘉晚鍵戶著書時同郡顧景星張仁熙劉醇驥往往追摹秦漢宗尚王李嘗歸有光爲秀善婉媚德嘉亦不爲高論力摹韓歐雖其宏肆博贍遜於
國朝前輩而先民榘矱彷彿猶存四庫全書

浣花溪詩劉子杜著傳見文苑
周易便蒙劉本烇著附見子杜傳
金石統錄二十四卷居閒錄二十卷六書會編中原韻歸劉本煒著附見子杜傳
葦園集十卷舒峻極著傳見文苑
綱目參景濂堂詩略文略郭存會著傳見文苑
綜雅論餘論舒逢吉著傳見仕績
白石山人集七卷張佳晟著傳見仕績
補山樓詩十卷胡復亨著傳見文苑
竹巖詩文集六卷崇正錄二卷家訓阮文茂著傳見儒林

清漁詩集董洪勳著
洪勳號清漁明季不求聞達以詩酒自娛
徵古堂類稿十八卷陳文濤著傳見儒林
文濤字濤生廣濟人是集凡論六卷經解二卷史議二卷子略一卷書序傳記誌林各一卷詩二卷前有自序及徵古堂書目序例生平著述凡七十五卷謂諸書編輯成帙資貧務謬不能悉以問世僅梓其略云云卽四卷至十一卷是也四庫全書
斗屏詩草李賓起著
賓起字深愚諸生早慧好學精九章算法明季歸隱

詩古文高出流輩辛未縣志
蓮亭遺草周源禮著
源禮字智先國學生少積學從金豫齋遊以詩名年二十八卒辛未縣志
石溪偶存夏賓著傳見文苑
橘園詩選集蓼錄胡之俊著傳見文苑
四書章解舒學古著
學古字識開攻舉業屢試不售與兄學海學源日事吟詠多著述辛未縣志
璞岡遺草三芝堂筆記十卷舒學源著同上

迴川舊圃集徐之璜著 傳見孝義

一嘯草楊承綜著 傳見仕績

未菴詩鈔四卷西藏志徐天球著 傳見仕績

養拙齋詩文鈔四卷胡錫冕著 傳見仕績

亭亭文鈔胡本寀著 傳見文苑

蕁樂齋詩鈔吳湇著 傳見文苑

浥鵠軒詩文集張禮源著 傳見文苑

左幼學二卷向廷燕著

廷燕字出藩一字定菴篤志力學淹貫羣書長於著述以五經中庚午副榜授遠安教諭致仕歸以壽終 辛未縣志

耘書軒詩草魏本相著

本相字殿卿一字清渠郡庠生內行醕備文采爛然戊子舉優貢未會考卒子雲玠庠生酷嗜讀書能詩賦遘疾早逝 辛未縣志

覆瓿集梅川紀略胡卓然著

卓然字甫田諸生閉戶讀書潛心理學與劉千里張長人舒漸鴻交好年九十一卒 辛未縣志

周易講義奚之迪著

之迪字東臣諸生幼聰穎長益刻厲與同邑進士饒彰中明經王衍治輩結五子社以文章道義相切劘 辛未縣志

四書詮解楊儀著

儀字休臣邑學生儀封知縣復子孝友傳家博極羣書喜爲詩賦孫承緒以孝聞 辛未縣志

湖山集張輔龍著

輔龍字效齡諸生六經子史遠覽旁搜而於詩學尤癖 辛未縣志

竹榴軒集陳奠國著

奠國字猷先諸生與王五宜劉千里張長人編修邑乘 辛未縣志

迎旭軒詩集陳光國著

光國字樸先諸生窮經力學以教誨後進爲己任一時推爲大雅宗匠 辛未縣志

太極通書解怡愛航詩集李日躋著

日躋字湯生歲貢生大來子幼喜讀書與舒鴻漸饒翼次金豫齋交好年六十六卒 同上

雪堂詩集胡承棟著

承棟字道元祖玉成父從祝胡累世相承從祝好俠多交賢豪長者家中落承棟晝夜讀書補諸生試輒

高等晚喜爲詩邑某延爲江漢書院山長一時學者
多從之遊同上
煙雨閣詩集龔鼎臣著
鼎臣字定邑邑學生喜爲詩孫大奇諸生辛未縣志
矩菴詩草張佳昆著傳見文苑
四勿齋詩草張錫嵆著附見佳昆傳
講明義利書卜元裕著
元裕字含宏家貧晝則拾柴易粟夜則篝火讀書爲
邑學生有聲子本任本儒俱諸生辛未縣志
書經彙解卜本儒著

雜詠詩草毛同鵬著
同鵬字程萬中康熙壬子副榜鄭公其渠督楚學延
同鵬署中
刊水詩集張銚基著
銚基字進象裘强縣令先基弟歲貢上春官以詩名
辛未縣志
五經彙解吳楚材著
楚材字步雲諸生嗜學弗倦同上
省齋集廖天龍著
天龍字御六諸生厚重寡言工詩古文詞尤邃於易

並諳聲律同上
淸音堂集張盤基著
盤基字乘石喜讀書精制舉藝屢試輒冠軍不第以
明經老詩專爲五言古體張藕灣稱其如澄潭秋月
靜夜鐘聲金豫齋亦云肆力於古有悠然見南山之
意舒韋圃謂冲澹閒雅誠寢食陶靖節者孫江能世
其家學辛未縣志
安和堂集饒起彝著
起彝字棐民諸生席世家業漸落折節讀書試輒高
等年七十以明經貢春官同上

念修堂集方旭著
旭字東崑諸生沈靜嗜學經史外旁及諸子百家陰
陽術數罔不搜羅尤工詩畫同上
芝草軒詩集楊玉謨著
玉謨字敬敷學生善詩精書法鄂城黃鶴樓邑中顯
佑殿六字猶存子楫能讀父書同上
四子書要義胡之憲著
之憲字弼若諸生爲文厭棄麗雜一準先民矩矱子
時泰諸生以孝聞同上
荷亭詩集王任著

任字荷亭博學能文性耽山水日以詩酒自娛子世
銳中庚子鄉試耿介廉潔 同上
春柳堂詩文集王世銳著
風月齋詩集張輔翰著
輔翰字内宗諸生博覽羣書一過輒不忘 辛未縣志
曉坡詩草朱承詔著
承詔王臨孫臨本姓朱故承詔從其本姓以文學承
臨後不墜家聲 同上
六新堂詩畧楊勳著 傳見隱逸
思晉齋詩集張艮金著

艮金華基子國學生喜讀書工詩七言近體壯麗雄
俊與張長人舒嵩嶽友好 辛未縣志
梓園詩稿胡國道著
國道字卜遠諸生先世多以武功顯國道弱冠後折
節讀書凡經籍子史下逮釋典道藏皆能熟記族兄
復亭詩名藉甚國道北面受學久之有所解悟詩聲
與復亭埒 同上
蓴廬詩文集李之經著
之經必泰子癸巳恩貢任武昌咸寧諭著述最夥 同上
竹隱軒集胡㬎著
㬎字永揭之璽子少以孝聞補諸生爲文醕雅深古
不屑時趨晚喜爲詩如其文 同上
周易合解楊國達著
國達學生潛心經學教授生徒尤精易 同上
詩經指南講義張國士著
國士字治亭諸生好讀書尤愛毛詩 同上
係軒詩草周士龍著
士龍字臥子年少補諸生嗜古博洽喜爲詩豪放雋
逸無纖毫塵俗氣 同上
行素堂自怡草藍之甲著

之甲字商辟性孝謹嗜古文詞年六十九卒 同上
抱日樓詩鈔胡鴻賓著
鴻賓號方石國學生天資高邁歷遊吳越燕趙巴蜀
舉所聞見發爲詩歌歸後猶尋吟不輟
草窗雜錄金德崇著 湖北通志。傳見文苑
靈山遺草吳兆崙著 附見敏師傳
鋤荊園文鈔楊日進著
中嶼遺草陳種義著
多識手箋梅開泰著
太音山四書解胡材棟著

四書正義樊俊裔著
石雲草堂詩集藍應象著
　應象字次公乾隆庚子舉人
蓼謝堂詩草饒嘉元著傳見文苑
紫芝草堂詩鈔周宗颺著
　宗颺字文長諸生
晩照堂詩集饒來中著傳見文苑
春風草堂集毛炳著傳見仕績
紫石山房詩鈔吳瑾著傳見仕績
爲瀾詩文集饒定中著

　定中字九子諸生後爲僧號海門
可菴詩存楊備萬著
　備萬字可菴
四書經義周易圖解毛詩古叶吳熊著傳見文苑
竹亭遺草胡應亮著
學庸講章鄉黨義典陶文萃著傳見仕績
梅亭詩稿朱本績著傳見仕績
四書集說補義續考十三經心畬陶起庠著傳見儒林
方寸居詩文鈔龔執桓著傳見文苑
慮受堂遺草呂映珠著

數鴨堂詩草庫世膺著
研北草堂詩鈔岸如樓詩鈔胡本棨著
　本棨字伯子諸生
書經詮釋儀禮吳註辨誤春秋分國紀傳跂山詩草陶
　廷興著傳見文苑
辨譌一得吳巨禮著
易經曉義周煥發著
煥發字抒懷號翠峯優庠生其書黃岡萬南泉年茂
　序之
詩經插註周煥時著

　煥時字百揆號省齋廩生
四書音韻點畫待質王本堂著
箭園詩鈔徐建中著
　建中號箭園諸生性恬淡不趨時好而詩文多雋句
四書會註條參陶大春著
　大春字柏岡諸生殫心朱子講義逐註條解未卒業
　而逝子廷達續成之
書經詳說吳梅著傳見文苑
懷柳堂詩草張光遠著傳見文苑
愛廬詩文集徐黃中著傳見文苑

易經合參書經緯義詩經說淺繫瓠文集桑梓紀遺魏昌期著 傳見文苑

春秋提要國號編年古文薈醅評選文選詮釋漢韶隨筆白崖文集雲甕詩集爾雅時文儀禮一覽魏雲瑨著

拂雲書屋詩草陶金冶著 傳見文苑

涵輝山堂詩鈔饒玉振著 傳見仕績

雨三詩鈔熊國霖著

五經合璧饒典著

類說陶金炬著 附見廷翼傳

青林湖墅詩鈔張秉鈞著

秉鈞字市臣國學生

四書講義彭世鍾著

世鍾字秀溪國學生搜輯四子諸講家惟宗一義黃梅胡海峯攀龍校而序之

破樓詩鈔胡芝生著

芝生號紫香增廣生性敏好吟子寶初孫成彥皆諸生所著詩文佚於兵燹

滴沙廬詩鈔李巖著

巖字紫霞性簡古家貧日以吟詠自娛書法一宗顏柳間亦畫竹以布衣老子洪駒字雲驤諸生亦工詩

馬稷山房詩鈔劉映丹著 傳見仕績

半倉詩集廬山詩話饒儀晉著

儀晉號半倉增生候選訓導性孝友博覽耽吟與弟芭坪足稱競爽

鋤月墅廬詩文集饒豐著 傳見文苑

數學半齋詩文集文鳳喈著 傳見仕績

兩優集李兆陽著

兆陽字若林貢生

雞肋集周旋著

旋字中規號古愚諸生

蘧窩詩文草夏正著

正字寅齋諸生生而斂異目視炯然可數行下好博覽熟記不忘所爲詩古文詞不下十餘卷兵火後存者寥寥

釀春堂詩鈔胡文翰著

文翰號紫垣諸生詩法欲宗李唐而刻鏤自別

小酉詩文鈔朱澤楠著 傳見文苑

聽香閣詩鈔胡酯著 傳見文苑

芷汀詩鈔劉宗沅著 附見映丹傳

敦篤堂集胡周翰著 附見商頌傳

亦蓮詩文鈔李識韓著

識韓字欽仙諸生潛心古籍家無宿糧而恬淡自如

藝文志疏 賦 文

懇勵精圖治疏

吳亮嗣

兵科給事中臣吳亮嗣謹題爲時政積弛已極國家隱患多端懇乞聖明勵精圖治虛心納諫以保祖宗之治以維萬世之安事臣聞苦口之諫藎臣所以愛君切諫之臣人君藉以保國出乎治則入乎亂始乎安常卒乎危善敗之機間不容髮未有狃目前之安阻諫諍之路而國不危且亂者也唐之明皇宋之徽宗其始也皆太平之天子也當其全盛之時非不有豐亨豫大之形可

娛可樂非不有諸臣媚子獻萬年之觴造無愁之曲以淫蕩上心者及其政事廢弛人心渙散一夫作難宮闕塵飛王孫貴主歎麥飯之無期柱國冢卿蒙白衣而對泣向使當其盛時稍節愛乎物力稍儆惕乎人言顯遂忠良留心邊圉嗟乎豈使世事至此乎今臣觀陛下之行事有天寶之驕淫有靖康之弛怠在今日已遠過二主之豪華恐他時未免有兩朝之顯禍故不避斧鉞之誅爲皇上陳之夫太后誕育皇上功在社稷陛下以天下爲孝養理所宜也然陛下之孝不過侈縟儀拘曲謹以塗宮闈之耳目耳皇子皇孫頻年不得一見朝饍夕

寢皇上未見綢繆徒括海内之金錢雕續京都之佛宇酒食粗俗之凡俗塡街溢巷百姓賣兒鬻女之錢皇上錙銖而剝之沙土而用之以養無益之緇流以冀無量之厚福以此爲孝豈繼志述事之經乎臣以此知皇上子道之未盡也皇上冊立東宮有年矣既不使親近乎儒臣亦何由得習知乎祖訓甚且恩意不流頻年不賜一見宸極之前星比於叩閽之萬里至於福王徒假姑息莫睹義方今日不速勑以之國異日恃何術以寧家行義未著好賄已彰請田請稅皆非令聞延月延年殊無行意皇上豈以奪田之計足困羣臣乎抑未思及於

福王開國之大事乎且瑞王之春秋亦太富矣不意摽梅之嗟近在聖人之左右而不知也以此觀之陛下之父道誠有未盡矣陛下深居大内祀圜丘不出祀方澤不出享太廟不出良辰令節日事歌舞沈湎醉鄉俾晝作夜所謂敬事鬼神之道不過散數萬金錢供愚僧羽士之溫飽而已矣嗟嗟莫尊於天地莫親於祖宗而陛下之祇事者何矯誣也大臣國之股肱也或虛其員以示不必有之意或姑羈其迹以示不相信之心言不聽諫不行魚水之歡等於浮雲之迹至於諫官列在近侍是國家之耳目也諸臣婉言約言直言深言皇上一切

置之高閣視爲故紙豈天下人之才智無可以當皇上之一目者乎豈諸臣之奏草無一言之可禆於國計者乎老忠良於煙水之墟錮循吏於圜扉之内草芥犬馬亦是小臣之職分其如國事何矣然則君臣之際臣有所不忍言也敵寇之桀驁謂之天驕秦皇捍之而未成漢武圖之而多敗今者封貢未成恐旦夕間事體別有變化然而陛下視之譬如秦越人之肥瘠也昨者遼東平樂堡之役敵飽而我飢敵衆而我寡驅數千之饑卒當十萬之强敵而諸軍扶創飲血出死力以捍邊圉壯士委無定之骨陛下恡一飽之錢嗟乎無人何以安遼

無遼何以安都下陛下於三軍之計豈但不察其微芒抑亦未見其形迹其於邊計不過曰點用一員巡撫寫勑與他而已矣卽不幸而各邊有事又不幸而中土有事吾不知陛下以何計爲安攘也臣觀國家府庫空兵甲空有人而不用則人才空是謂三空在藩祿必難給在邊備必難完在法宮之積蠹必難稽在宮府之睽隔必難通是謂四難三空四難交臻並至在國家有必不可救之禍推而言之無一政不可言無一事不可諫臣安得一望見穆淸之度痛哭流涕盡傾出肺肝於陛下之左右哉今天下所以數年而無事者不過以祖宗之

德澤與士大夫之忠義微有可恃而已矣至於陛下則取危致亂之道種種而是臣之所欲言豈尺幅之所能盡也伏乞陛下亟取唐明皇與宋徽宗二實錄讀之見其昔日之富強廣侈果可恃果不可恃見其後來之禍敗決裂果可懼果不可懼然後與大臣小臣共圖改紘易轍之計深究消息盈虛之理庶乎可以回天心於怨恫之餘安人心於瓦解之日也脫今日言官不言而陛下不悔恐一旦有唐宋之禍即忠臣義士捐頂踵以殉社稷亦何益之有哉臣待罪瑣闥無術可以效忠無路可以補闕故引古事以納約情過廹而言過直極知冒

觸忌諱罪不容誅不勝戰慄待命之至

萬曆四十一年五月十五日

論荆楚水災疏　吳亮嗣

題爲湖湘水勢滔天蘄黃下流最慘懇乞聖明專官賑濟以解倒懸以撫流移以祝聖壽萬年事臣惟國之所與立者民也民之所以爲天者食也唯我全楚之民受國家濃厚之澤生聚長養二百五十年於茲矣楚地廣博而水鄉十居其七百姓愚而且惰自耕稼之外並無商賈別業故民間毫無積聚不足以禦凶饑自古而然矣萬曆三十六年忽逢稽天之潦連阡接畝之長隄一旦化爲烏有百姓逃亡死徙慘不容言其稍有家者典衣鬻宅以給朝夕貧者刮草茹根剝木呑皮有求死而不得焉耳不意今年五月六日仍復大水衝隄破防蛟龍四出有連屋列楹蔽江而下者有牛馬豕畜逐波而浮者有童女季婦紉衣見志者有老弱少壯禿髮脫齒狼藉江沙者肉飽烏鳶之啄魂浮天際之煙如此災傷百年僅見臣昨得家書說臣鄉水患之狀展讀未已涕淚横流臣邑廣濟黃梅在荆楚下流江身既高百姓如在釜底數百里赤子所繫命惟一隄耳彼時洪水驟泛譬如奔山倒海從天而下百姓聚集一隄之上譬如羣

蟻失巢附一葉於衝風激浪之中長隄破裂慘結陰雲沿隄數百里之民皆爲魚鱉往日桑麻之地或衝而爲淺或溢而爲谿或匯而爲砂磧百姓即有米亦無處可炊即逃於樹杪屋脊之間亦無船可渡傷哉沿江之民不知苦厄至此矣隄既已破民復何望地既無民復何租稅閑有存者盡日無煙仁民長吏亦不得不給引發批使之望樂郊而就食陛下軫念元元仁慈惻怛豈知荆楚之民困頓悲悽至於此乎臣不敢遠引往例即如庚戌年之春陛下允守臣之請大發內帑以賑畿輔秦蜀之民今楚民亦陛下之民也楚民之災則秦晉所無

之災也伏乞陛下暫罷宮觀之作稍節無名之費大發帑金以救孑遺之民仍專遣一官經理其事彼荒村野落之男女得一粒如得一珠分一錢如分一纊稍救日月之饑寒庶爲生活之計策則家家戶戶無不叩首顙天誦皇仁於有永祝聖壽於萬年矣臣又查得黃州府一稅九江府一稅不出三百里之外而兩次榷關凡此朽蠹之盈箱盡是脂膏之刻骨乞命榷使暫散一年之聚以爲普濟廣度之資仍別貯其半以爲修隄之費嚴勅守臣多方救援則旣死之民可以立蘇已荒之土可以再聚楚民以後之生齒皆陛下功德之無窮也撫臣

董漢儒之苦疏若此按臣錢春之哀懇若此即內臣杜茂亦且爲莊民痛哭請命矣陛下忍不同類而並視救此一方民哉臣痛切桑梓愁纏肌骨不敢不直陳於陛下之前也臣無任懇切涕泣待命之至

萬曆四十一年九月初一日

懇新聖德疏　吳亮嗣

題爲聖德未新民生日蹙懇乞聖明責成輔相杜絕姦欺以謹天變以救民生事臣竊觀古之諫臣伏在青蒲之上朝夕左右無非諫之時視聽言動無非諫之術君無失德而臣有令名史冊所以爲光臣自七八歲時粗解文字即有恥爲容臣之意而拜官已踰年餘循省曾無寸效補闕實愧於官名拾遺徒聯乎往事未嘗不引鏡而自慙其面開卷而深愧於古之人也婉辭約言計無所當於聖聽臣請以聖德之闕民生之艱爲陛下陳之陛下臨御之初尚沖年也彼時臨朝日講親祀典省奏章未嘗有廢事也自姦臣進礦稅之計以求遂其私而吾皇好貨一念遂爲千古之獨出矣貂璫虎生翼而陛下不知百姓骨無髓而陛下不察良吏身終錮而陛下不憐羣國之大臣小臣畢爭而陛下不省覽古今方策之所載記寧有若此之事否乎二十餘年不一朝見

使羣臣之儀禮日漸生疏則朝廟之典故行將顛倒在羣臣不能識君父之顏色在君父豈能辨臣子之姸媸大權旁落而不知處邪說橫行而莫詰其非遡流窮源能無痛哭而陛下可悠悠忽忽視爲不關意之事耶夏有妹喜晉有驪姬皆以內嬖賈亡國之禍今子牀在旁者能竊陛下之意指移陛下之威福甚之皇子皇孫十年而不得一見此又開闢已來所絕無之事陛下於心忍乎不忍乎且同一諸王也福王何以當婚即婚瑞王何以宜婚而久不婚也開國承家宗祉之慶也福王欲之國而不使之往瑞王欲有家而故使之遲天性至親

尚且若此況九重之外臣民之遠乎形影既開姦讒將大臣與言及此不知淚之何從矣鼎莎之偪陛下不速正兄弟之序擇日之舉陛下故示裁抑之意而不知天下之觀陛下者固已深矣内璫日在陛下之左右法有所不行則長其驕蹇之漸而日朘其財剝其生以益其傷心之痛語曰勿謂無傷其毒將長臣不忍不爲陛下微言也今年天下無處不以災祲告而楚爲甚守臣曰以蠲貸請而陛下若罔聞知嗟乎水所以載舟亦所以覆舟古往今來豈有失民而可以爲國者乎今都門之内百姓蕭然往時之富商大賈近且丐於途矣至於荆

楚之民手粃糠而夜泣盼故土以空憐溝壑四方甚非朝廷之細故而陛下秦越視之臣恐樂郊望絶則土崩立見迨其形見而後圖之詩曰啜其泣矣何嗟及矣夫君不堯舜人臣之耻也尤大臣之耻也今君德就其最闕者而補之朝事就其最急者而圖之不得不責望於輔臣觀輔臣平生之著述豈屑與亂臣共道者而時事至此不得不以乞身爲悟主之計雖然乞身而主悟可也主不悟而身空乞非藎瘁之誼也陛下視今日之時事非千瘡百孔之時乎武備之單弱若此藩祿之困乏若此邊餉之疾呼若此士氣之囂騰若此既不能得陛

下之留心又不能得輔弼者之極力然則天下事遂諉於不可爲而已乎臣昨在科接得大同請餉揭帖云已發者六萬而缺至三十九萬一邊如此九邊可知矣臣又聞滇黔之間苗賊出沒道路所傳有云殺一家至十九命者爲虺爲蛇豈非遠憂曰撫曰勦當何定計今輔臣尚懷欲進欲退之心則天下必有日異而月不同之事陸宣公與司馬溫公爲之於可爲之時也易諸葛武侯與文丞相爲之於不可爲之時也難使從此而内外有虞世界多事則輔臣亦安所逃其責筆伐口誅亦可畏也決不可泄泄沓沓而已也合國人之謀成經國之

事妙邊臣之選救大祲之民恤西師之殺戒邊帥之橫然後漸圖必世百年之計則責任輔臣之要事也若乞身不獲陳辭益苦使廟廊益空而大臣寡氣是不可不深慮也至於姦蔽之源則在陛下斷之於心何以無父子之愛何以失臣民之望何以厭委萬幾至於數十年而不悟陛下不可不深思也又數年已來朔雪最稀目今隆冬河冰不凍陰弱而散漫流轉故不足以收藏陽亢而浮遑錯雜故不主於翕聚宜聚而故散則上蒸而無生物之功宜閉而反翻故下格而無自主之力君道臣道皆失其宜故天之爲象明著如此春秋書隕霜不

務草傳記河氷生花天人之間不可不致意也伏望陛下覩天變以察人事救民窮以隆主德使天下後世共稱聖明之君而微臣亦獲免於素餐之耻則爲宗社之慶豈不大哉

萬歷四十一年十二月十五日

起廢疏

胡士容

原任薊州兵備道山西布政司參議陞江西按察司副使未任今起陞陝西臨鞏兵備道按察司副使臣胡士容謹奏爲奉命趨任感激陳詞敬鳴不建逆祠所以蒙難之慘與不敢暴白所以畏禍之情以昭聖明之恩以

明微臣之節以永矢圖報之私事臣竊見逆奄崔呈秀與魏忠賢之濁亂朝政陰謀不軌也無罪殺士而楚士之剝虐尤甚臣以一介孤忠卽至愚亦何至以身嘗虎口而仕於呈秀之鄉哉天啓六年正月北兵圍寧遠時事孔棘薊州道臣闕擧朝朒縮無肯往者臣時待罪司餉淸餉汰兵勉效微勞戶部尚書臣李起元重臣譽臣咨臣吏部謂宜優敍吏部正値虛闕待人卽以臣名特疏陞補夕上朝下臣誼不敢避倉忙抵任料理一切兵馬以備援守復苦行邊出入塞垣綢繆整飭庶幾奉職無罪而不謂一時奸邪賊臣乃倡爲建生祠之說其媚忠賢者建祠以頌功德其附呈秀以媚忠賢者又廣建祠以聯香火而在呈秀忠賢又正欲借建祠以陰收人心而陽竊太阿當其時祠徧天下者無論卽近與薊鄰者則昌平天津祠密雲通州祠永平霸州祠遵化之景忠山喜峯口祠外而山海內而輦下無不祠而臣在薊獨抗不建祠臣固知臣之不免也呈秀徑使人謂臣曰吾德魏公而吾又薊人今薊獨不祠吾誠無以報魏公卽該道亦何詞以謝魏公也而臣拒不聽也及督臣撫臣之批呈屢至臣皆拒不聽也於是呈秀之恨臣怒臣不殺臣不已矣乃乘忠賢之怒逮遵化道臣耿如杞也

遂激怒忠賢曰遵化不拜像薊州故不建祠也卽當逮宜孰先忠賢於是又恨臣怒臣不殺臣不已矣是時臣已離薊之任江西呈秀忠賢卽日矯旨差千戶劉大全等二十餘人逮臣於山東兗州府蕭蕭行李盡爲大全掠奪臣卽慷慨上檻車不能與臣妻子一訣而臣之妻子流離困苦又不忍言矣及至京又復矯旨縛臣下錦衣獄囑許顯純嚴刑拷訊懸坐重贓臣肢體被折血肉淋漓死而復甦僅餘殘喘臣家旣貧且遠尙幸薊士民痛臣冤慘助臣代完三分之一及臣田舍盡鬻借貸無門鄉親年友雖復有助借尙不足數而臣嘗令嘉定其

士民又咸無不念臣而願爲臣代完者幸藉終局顯純忞其梟獍五日一比臣日受極梏榜掠身無完膚凡五閱月乃送刑部則又矯旨從重擬罪刑部阿承擬臣大辟臣惟知有引領就戮耳矣何幸宗社有靈篤生皇上聖慈神武明並日月卽察臣等之無辜而且嘉其節出臣於萬死一生之中是時臣卽擬具一疏以明微臣區區不媚姦之志及所以感激我皇上再造之衷而屬一時臺省部寺諸臣凡薦臣與如杞者並章連牘而姦輔黃立極爲呈秀兒女至親故票擬不及微臣一字臣懼疏入而立極爲之扼也遂詣闕叩頭一謝恩卽行矣抵

家得與妻子再聚重上先塋感泣涕淋伏思捐糜無以爲報惟有詠歌化日祝聖萬年而詎意臣之孤忠已蒙聖鑒伏讀明旨一則曰胡士容忤姦受枉另與優起再則曰起復曰優擢而今乃起臣病廢之餘任以鎖鑰之寄是正微臣得効犬馬以遂其忠於陛下之日也臣又何敢再言第私念皇上知臣用臣而臣向之鬱鬱欲死與夫鬱鬱以去此悽此情皆臣名節所關臣不一自明卽臣之私心終有未安而臣所受於皇上是何覆載之大德是何不世之知遇而所自矢以圖報萬一之私心亦不敢不於履任受事之初先自入告以程後効也是以不避煩瑣陳其梗槪伏惟聖明慈察不勝感激涕泣戰懼惶悚之至

議禮疏　王大謨

刑部廣東清吏司署郎中事主事臣王大謨爲熱審屆期懇乞聖明酌定遣官之禮以尊詔旨以全國體事臣聞法者制於已形禮者示於未形法緣禮而生禮緣法而重合之則國朝之大體存焉其有意起於一時而弊沿於今日事若細微而實上冒不敬之嫌下失協恭之誼者則禮之所不敢出而法之所大禁也臣法官也典在邦禁凡事關職守而揆之義有未合臣得以三尺隨

其後若今熱審遣官行事之禮是已臣請爲皇上陳之我朝欽恤刑獄夏月例有熱審初止決遣輕犯及出獄聽候而已成化以後始有重罪矜疑輕罪減等疎枷免贓諸例五年一命司理監太監一員會同三法司堂上官於大理寺審錄於時事出特恩禮非夙議諸凡接見坐立行事之儀不見於令甲不備於明文惟相傳正德間始坐中官於上而列諸大臣於旁然竟無所據也累朝以來當事諸臣亦惟知肅將天威章宣德意彼見夫纍纍械繫者方爲之求生而不得又何暇辨論於禮節之間耶然有可以權宜而事不妨於仍舊者必無關於

國體而後可而此非其比也方中官奉勅到寺當卽開讀以便諸臣行事是此堂之上詔命臨之卽天顔咫尺之地矣以故諸大臣列於左右而諸執事之臣趨走於其前者誠畏簡書非因使臣也乃使臣則儼然於上而不以爲異豈獨無人臣禮耶如曰中官奉有特命禮固應爾然臣伏讀十四年勅書原係公同審錄則法司諸臣亦均奉上命從事者尊則俱尊不宜別有軒輊也夫朝廷之事猶一家然大臣者陛下之子孫也中官者陛下之臧獲也子孫舉事而令臧獲視之又偃然俯而臨之使天下後世謂國家有無稽之禮文而中外無畫一

之體統甚非所以尊朝廷而重當世之士也且使臣之重不緣坐席以爲加損矣其命下也一臺臣一部臣登而請之其至期也諸大臣肅之其具疏也諸大臣後之若此其隆且渥者亦惟是我皇上之威命也乃不能虛堂之尊以奉詔旨此臣之所未能也大抵其始起於一時之草創固不虞其後遂因循而不可改耳卽奉命之臣亦徃徃狃於蹈常而難於慮始卒未有以上偪詔旨下凌同事爲使臣忠告者也方今聖明在御宮府一體竊聞內廷供事之臣皆小心謹愼不敢踰於禮法之外者計必有以及此第平時未經酌定則臨期不便遵行

脫有參差恐乖事體合無請乞皇上敕下法司會議停妥於使臣奉敕書到寺之時先捧置敕書於上次列諸臣之席於左右自使臣而下各有差必欲全使臣之尊而無失欽遣之體則請列於左隅之首仍高其座以別於諸臣是亦至貴倨矣將使堂下纍纍之夫與遠方觀聽之衆俱仰見夫天恩之在上而目擊夫禮讓之雍容其有不回心革面以輸情於諸臣之前者未之有也是一轉移之間而所繫於國體人情者非淺尠矣臣不識忌諱徒以職守攸關輒敢效其欵欵伏惟聖明裁察見諸施行臣愚幸甚天下幸甚

陳情疏　王大謨

原任雲南按察司提舉僉事今陞廣西布政司左參議臣王大謨爲母老身病不能赴任懇乞天恩俯容侍養以全子道以保餘生事臣由萬歷八年進士授知縣歷刑部主事員外郎中陞雲南僉事復陞今官臣一介草茅荷蒙聖恩拔陟藩臬分宜趨赴新任勉效涓埃以仰酬高厚萬一安敢妄有陳瀆第臣之情苦思切萬不獲已者不敢不披瀝血誠爲皇上陳之臣蚤失怙家徒四壁母太孺人安氏攻苦茹淡事紡績掭作訓臣舉業以有今日少而劬勞老遂多病盍自入仕以來臣之母不

能離臣猶臣不能離臣之母也惟是滇南開闢萬里勢不能將母以行臣即擬爲乞身之計而臣母以大義責臣曰萬里小臣奉命而出誰代爲叫閽而敢違命棄職其若三尺何適重以憂母氏耳臣乃不得已忍泪而別五內已寸寸割也比在途則一念一痛一痛一絶盖身未至滇而病已在腠理間矣乃受事則臣之官校文訓士終歲馳驅非可以優游坐理者臣上畏乎簡書之嚴下牽於慈母之戀外惕於職業之不敢一日不修而內熾於憂思之不能遽釋然且觸冒暑雨蒙犯瘴癘幾及期而竣歲校之役則氣血損傷飲食減少怔忡不已動

履失常延醫高儒辭診視咸謂臣病在心脾猝難痊可臣乃圖決去以遂生還而會新命報至乃得緣以匍匐而歸比臣母拊臣之背臣捧臣母之手臣母見臣之枯槁幾無人色臣見臣母之衰病大異昔時遂相視欷歔幾絶而甦猶疑爲夢中語再生事也自是知萬物有分鼠腹易盈其所取於天地間者如是而止曾不能以毫末加於分外而臣之母見臣如此亦不復以人情所不堪者而强臣以必去矣查得大明會典一欵凡官貧母老雖有兄弟係同父異母者准令終養欽此臣有前母兄三人而臣母止生臣一人與會典所載相合近陝西

僉事張邦伊援例上請亦蒙俞允臣事情非得已憫臣計無所之勅下該部俯容在籍侍養以盡餘年則自今以往臣母子相守之日皆陛下之賜也幸全小臣之節長爲聖世之民詠歌天保以祝無疆臣之分願足矣臣無任瞻望恐懼隕越之至

新遷儒學記

張鳳梧

濟邑介江黃間地僻以簡而學又加僻焉邑東南一里許隔溪逺市淋潦時溢道爲弗通踰旬月有司弗獲一顧視齋舍頹敗旁無居民暴客奄至師生矻矻乎若將不終歲也紘嚮久寂鄉書拓疎蓋數十餘年邑之人習見爲當然耳弘治庚申今山西副憲南昌陳公奎以名進士拜令謁廟之餘顧而嘆曰學關於治大矣久敝如是乎改遷之責將有待於予諸生復以爲請屬下車歲方弗稔未暇也越明年辛酉政洽民和百廢俱興乃率僚屬師生遍觀邑治惟縣左按察行臺與府館並列地

勢爽塏四山環抱公曰學在是乎衆志僉同不卜而協復度布政分司之左可以徙行臺廣濟驛之右可以遷府館爰具顛末白於巡撫都御史韓公重巡按御史王公約暨藩臬諸公咸是其議盧太守濬羅節推翰更慫恿之壬戌春擇日鳩工中建大成殿毀淫祠之材爲前門門左右祠鄉賢名宦後有齋堂伐境内古松柏舊學椽甍可用者以爲廨宇爲號舍粟米則勸諸富室出所有以食梓人力役則取諸審戶口與訟之健於官者凡工料之需隨宜區畫不動公帑不斂細民甫數月而落成規模壯偉實甲諸邑左建鹿易堂以會饌益以鹿價易隙地而爲之也右建式穀書館以訓僚屬子弟釋菜禮訖邑之士民更相賀曰是學之遷非吾賢侯何克以成乙丑夏初鳳梧奉命典學於楚聞公賢聲藉藉既以修學之資名宦鄉賢之祀費無所出欲取舊學基利充之公遂移文以達予未幾公以御史徵去矣丁卯春予閱士至濟值上丁釋奠周旋廟學顧瞻咨嗟嗣令葉溥學諭趙杲述公績亹亹不倦奠禮成而時雨降予喜賦詩一章諸生咸賡和之今且十閱歲矣予改官晉臬公以副憲同僚寀相與道舊政公曰廣濟學成矣而久弗記徵諸東白先生而未果也子有典學一日之雅何辭

焉予惟學校之設所以敦彝倫明教化自三代以來未之有改皇明稽古制庠序周寰宇其法至精且備守土之臣未能奉宣德意傳舍視之因陋就簡舊者弗暇葺而況撤而新之乎公以宏才雅操爲邑獨知所先務而又經度有方公私不匱其賢加於人數等矣使天下之守令皆若是教化之行不患其不古若也諸弟子其遠守聖賢之訓近服朝廷之化勤以勵學慎以檢身英才輩出爲時建勳業無窮不徒爲章句口耳之習也斯公遷學育才之盛心庶乎無負而於鳳梧亦有光焉尚勉吾言哉是役相之者主簿宋睿典史金清而督工者義

官李勝春也因并書云

廣濟縣學文廟碑　劉醕驥

古者入學則釋奠於先聖先師故隋唐宋天下州縣立學皆有聖廟焉廣濟廟學自明盛時具矣崇禎乙亥毀於亂順治十四載丁酉始克復之歲在娵訾斧鉞射於雝宮丁文明也後甲先庚三焉樂正習舞釋菜用之故廟其時矣復學也自廟始然唐宋州縣衰亂庠序廢長吏姑廟而祭之名賢作者例得爲碑記則先廟而後學載筆亦從其先矣於是縣侯閻公國士教諭傅公鍠訓導胡公效順以委不佞醕驥醕驥辭則謂梓人之材甫

圮也楚臯大夫昌言濟釁在天劉先生實倡道其間儼車服禮器之於洙泗矣郡太守以下聞而和之縣人子來以有茲宇也顧安得金人而銘之醕驥唯唯遂聲於衆曰盍闢之廟貌也子孫而廟先祖貌之而如其形儒生而廟先聖貌之而身其道夫大學之道明明德於天下先以致知格物也魯論門人競問仁夫子隨事告之而毋以不知仁斥之故孟子曰仁義禮智知皆擴而充之明道曰學須識仁仁者渾然與物同體上蔡惟曰知仁由是文成以致良知與矣夫良知虛明靈妙心體也不起於念渾然而與物同則仁也顧知統羣生而人有生則自以情識蔽之誘於物而知且物化也執我以拒物又不相容愛焉雖勉爲大公而以行仁與不仁均昧昧矣故大學者先見其大不離跂而措物知外也物物而格之眞積發機奥窔而升中天之日百川入海汪洋失際物乃非物親疏利鈍美惡順逆體性本末廓而通暢茂而渾同若一焉是物格知至也知至則知仁也而后誠意正心修齊治平惟擴而充之常一念無念渾然與物同體而已所謂知及而仁守也明明德於天下也夫明德常明時昏亦明夫子誨由以知爲知爲不知是知也靈知體著而渾然物同矣故物格則靡不格見礙

情岀若吹息之埃而仁去焉故體仁者物格知至不須臾離也荀子曰夏首之南有涓蜀梁焉愚而善畏明月宵行俯其影爲伏鬼也仰其髮爲立魅也背而走此言不知仁者已體而物疑畏之故孔子告哀公曰聖知之華也知仁之實也信乎學聖道者知仁要矣州縣得廟事先聖固非僅春秋之奠簠簋犧象贊祝設而使衿帶者藉有事爲榮也廟而敬古志之則自今望廟之穹崇臯纛而竦焉履廟之階墄而齊齊翰翰焉循乎疏簷瞻乎藻井而煥焉彷徉几筵之側久而不敢浣斷焉其亦思爲聖人之徒乎而學聖要惟知仁夫固易簡矣故曰

廟先聖者貌之而身其道也抑濟之廟先學而建非專廟如子厚永叔諸記廟作於丁酉落成戊戌適閤公謝縣事傳公成進士去胡公忠信樂善獨任姑遲之然鹿鳴磬管之基在薙草雚而待之矣有教士之責者緒與庠序廣招學徒如文翁虞溥嘉蹟則胡公盛德得人心可藉與成功使濟之禮樂無斁日新於學徵也

黃公修建學宮記　失名

聖宮缘自兵燹悉付灰燼暨順治丁酉歲前令閻振華毅然鼎建大工未竣歷十有一年我侯黃公以名進士筮仕濟邑居官廉謹清苦一同寒素侯先期聚飲諸生

溜語慰勉乃捐俸葺治丹雘維新學前泮池土礫淤塞三十餘載鳩工挑浚登山採石四圍砌以石柱花版復環池竪立木柵纖悉必周一歸堅美未越月而聿觀厥成是時百廢具舉煥然改觀爰勒貞珉以誌我侯加意膠宮棫樸作人之雅化云耳侯諱玉鉉字振公號漢崖陝西漢中府洋縣人

重修學宮記　張仁熙

康熙十有七年戊午博士先生汪公始司濟鐸見學宮圮慨然有修復之志而是時義興吝齋蔣公督楚學故事學使者按部一臨郡庠講業公兼臨邑庠即屬庠不克至修舉必悉於是大湖南北以次報葺公故與先生厚善獨詣復於先生曰吾讀水經而異濟焉夫江以海爲歸而桑酈注江乃止濟之青林積布地何也近探楚風輒首僂指濟先後稱博學隱君子者惟濟最彬彬治舉子業者亦惟濟最豈其有崇仁南城之產玉蟠石贊之儔乎惟爾訓濟賢壼諗諸翼日先生入告得賢大夫士德而宜祀於鄉者八人公核實同日祀之歲大比舊録科當六十士先生復入請得溢額至百四十而金子德嘉壬戌試禮部果南宮第一公則大喜曰吾固知濟之鬱而光也雖然必有聖賢靈爽憑焉惟爾訓濟賢學

宮之事非子誰屬先生曰此吾夙志也鳩工庀物鼛鼓弗勝封木千章瓴甋髹堊蠡蘘瀡液之屬浮來鄂渚卽竹頭木屑咸以供顧值用堅緻宏麗貲不下六十萬錢盐不藉紳士一傭力一型釜鼎峙皇皇視湖南北乃倍也工成先生顧嗛嗛不自居召邑弟子員而告之曰非遠之能也其蔣大夫之鑑於水而無留景也夫依木長嘯動於邃林幽靈上通神感和氣蟋蟀之小而吟以秋時也矧思皇士乎抑大夫非其鑑之謂瞻嵬然者而知琴瑟書册之藏也翬飛跂翼騫檐於天泰岱仰之日月麗而雲漢之昭也非駁娑井榦比也廉隅立則卑頑袪

茀除淨則理性明行績樹則室堂阼奥樸斲丹雘隨地而是也望宮牆而肭縮焉豈大夫意哉其以是爲射之的矣張子作而嘆曰善哉先生之言蔣大夫也顧先生所自樹立宏矣先生訓濟六年禮賢植能以家振士困阨至不給於飧和而介不苟私毫髮卽例歸苜蓿裝者悉出以嚴聖座旁及諸儒先名宦鄉賢歲時祀事齋遬維虔學地爲前令侵者請於上悉復如故而持義斷斷無假借士靡不好音懷之微先生又烏能勝任而愉快哉閟之八章曰松桷有舄新廟奕奕言先生之與大夫有成也泮之六章曰濟濟多士克廣德心言先生育士

而士能推以大也於是多士賦棫樸之全而飲酒以落之焉是役也蔣公報最歸吳久工甫興而郤子之命適賁先生不少倦晨夕盡先生避名敦實勤於始而不倦於終者先生誠則然也先生諱紹遠漢陽人康熙二十二年六月十一日仁熙撰

重修學宮記　李肇梅

學校爲王政之本教化於是興人才於是出故廟貌不整無以昭儀型禮文不修罔以嚴對越
文廟之所關不綦重哉濟邑介在江黃代鍾閒人舊黌宮在邑東闕外明正德年間邑令陳公奎遷建於縣治左崇禎末燬於兵燹順治十四年邑令閻公國士力爲營葺大拓厥規康熙六年邑令黄公玉鉉復加增修歷今七十餘載矣雍正十三年夏余銜　命承乏茲邑下車諏日謁
聖見其殿庭廊廡半就傾圮心用愍然其時方興滌利弊爲急而
文廟之修尤惓惓未嘗暫釋諸懷爰割薄俸以爲多士倡廣文宋君譚君共相慫恿諸紳士樂於從事各醵囊卜良辰鳩工庀材撤舊蔀而更覆之榱桷腐朽者易以堅壯丹碧漫漶者加以黝堊周垣外繞璧水內瀅他如

月臺名宦鄉賢忠孝節室漸新其制恭逢
皇上御極之初特開　恩科秋榜揭曉登賢書者有六人向所謂教化興人才出不於此兆其朕耶維時多士益深鼓舞討經始於丙辰落成於己未閟敞壯麗煥然改觀又值
皇上允廷議直省一應學宮祭器樂器務仿闕里規製余因得復加考核舊者新缺者補尊罍琴瑟之屬燦然畢陳夫培植本計守土之責也作興文教司牧之任也余忝一日長盡分內所當爲詎敢貪功維是輪奐一新禮儀備具敘其端末泐諸貞珉俾後來官斯土者踵事而增

華行見教化日廣人才日盛炳炳烺烺騰光文治以仰
報
聖天子壽考作人之至意即於茲時重修預券之矣是爲記

重修廣濟縣學宮記

巴陵 方大湜 菊人

朝廷命天下各郡邑悉立學宮守宰以春秋率僚屬暨
學官弟子釋奠重吾道尊至聖典甚盛也咸豐八年予
奉檄來理廣濟縣事下車祇謁廟學則燬於兵已五年
矣荒址頹垣鞠爲茂草予心感愴惕息大懼無以稱
聖朝崇尊
先師之意亟思所以修復之絀於貲弗克猝舉夙夜計

慮勸邑之有力者出幣以佽外之乃克庀材鳩工諏吉
興作遴才且賢者董厥役仍其舊址建大成殿闢以尋
計者七崇以仞計者五殿之外左右爲東西廡前則大
成門名宦祠列其左鄉賢祠列其右賓階下則忠孝昭
忠節烈三祠阼階下則更衣庭又前則櫺星門砌下甃
石爲泮沼旁矗石坊各一殿之後中建崇聖宮左明倫
堂右敬業堂兩齋即列其東西崇聖宮後又建敬一亭
飛竹軒以壯其體勢典禮所宜罔弗飭備經始於是年
冬閱十有四月告成既成釋奠畢邑人士屬予作文以
記之予惟學宮之建皆知以尊吾夫子而不於夫子之
道讀書窮理以明諸心居敬存誠以體諸身惟是崇其
廟貌乃遂謂足以尊吾夫子當不其然然而瞻望宮牆
莫不肅然起敬由是而仰體
聖朝建學之意悚然殷其求道之心而博而稽之約而守之
亦烏知英敏之質不遂爲有道之儒以克膺斯道之任
也乎烏知中材之士不遂克謹身寡過以恪循斯道也
乎然則廟貌之崇尊吾夫子者不以是止亦何必不以
此始也若夫文章科第謂必由此以日盛則學道者之
餘力自足以相及而語近於有爲而爲固又不必言也

青林隄記

吳熊

康熙二年癸卯八月江浸稽天狂瀾撼地邑侯安公躬
率居民負禦擔土日夜巡視江隄以彌縫其隙而濬其
災余餉諸隄柳之陰登高遠眺蜿蜒蕩潏蔡山孤嶼渺
若一粟而黃梅宿松諸地界隱隱浮沈於煙雲天際之
外喟然曰禹之明德遠矣後之築斯隄者厥功寧在禹
下哉安公曰隄之本末可得詳與余曰水經江自蘄陽
東得銅零口逕長風積布迆邐聳峙與南岸下山磯對
又釣童半壁橫踞江心江流狹甚厥勢洶怒而盤江以
下復無崇山峻嶺以東其勢遂折而北走嚙龜山之麓
東左得青林口即今土人所稱通江源也（攷水經注青林口係青林

(湖水注江之口經所謂利水右對馬頭岸疑即今月塘非通江源也通江源在馬口)水經注云東陵鄉西南流水積爲湖湖西有青林山卽今所稱程家林也程爲邑著姓祖塋臚青林山巔往來者易以今名不復知青林山名矣山下爲青林湖湖之廣可二十里許湖之中有小山可一里許鄉人遇寇警輒避於其上因名武山後復以山名湖稱武山湖不復知青林湖名矣春漲暴涌舸艦舳艫由青林口逕道覲山樊噲城下匯蔄丈連城直達黃梅大洋太白諸湖抵於下尋故經云又西南歷尋陽分爲二水一水東通大雷一水西南流注於江此魏晉間青林口之水道也父老相傳不知何代江漲迅發有大栰漂淪通江源水涸栰膠从之沙積礫沈此口遂息壞以湮不復有通江源益不復知青林口名矣余嘗疑其說不足據及覩崔鴻十六國春秋秦氏建元中唐水汎長高岸崩頹城角之下有大木交横如梁柱爲後燕之初此木尙在未知所從迨攷記稽疑蓋城池當初山水滂湓漂淪巨栰阜積於斯沙礫息壤加以城池旣興物固能久耳由斯以言栰塞江源理固所有無足疑者詩云高岸爲谷深谷爲陵剗江之開塞利害攸大安知非鬼神之所爲也耶青林口旣闕北走之水並勢南條盤塘以下經所謂刊水也(刑水水經注作利水)

(誤作刑)註云右對馬頭岸自富口至此五十里岸阻江山者卽今武穴也武穴下三十里昔名鴻朋洲卽今龍坪也又下四十里卽今大灣蔡山地也而武穴獨當其衝聞之河之來也高高則勢悍而善噬故治河宜多予之地江之來也遠遠則勢柔而善入故治江宜堅爲之防武穴之要害如此而明永樂二年始有部臣監築之命何歟猶記先王父爲余言元之季世紅巾騷動沿江一帶居民鮮少斥鹵沮洳蘆葦蓊翳洪武初諸賊殄滅蜚鴻漸集攻就墾闢萬歷間吾青林埠始愛丈量是知永樂二年百廢肇舉隄工雖與形埒皓嶁故嘉靖十七年六月大水羣蛟一日並起於杜家林而居民田宅皆壞隆慶五年六月二十二日夜隄決縣丞朱公邦華乗其決處於杜家林南三百步更築乃今之隄址也武穴眞君殿碑碣可考萬歷三十六年三月至五月霪雨不止江隄大圮五鄉俱沒遺民流離無依邑侯周公眞𠌊具文請賑邑人太平知府張公子龍上書兩臺曰廣濟里三十鄉七高原七之二低濕七之五五鄉之地內連武湖外瀕長江最爲汙下今年三四月間淫雨浹旬湖暴漲低田盡沒幸隄障江水高者尙存五月霪霖武穴龍坪隄驟潰田地廬舍無高低矣居民倉卒有升屋屋倒

而死者有脫走林邱終莫濟者若邱壠棺槨攩蕩洪濤巨浸中卽有孝子慈孫徒興望洋之泣如杜家林方家鸒等處又不可勝計矣曩隆慶五年破隄水勢尚小高者半存二麥收早禾熟民猶藉以聊生今年破隄甚早水勢極大登場二麥纔爲漂流禾苗甫見白浪突來將何所寄命哉爲今之計當岌岌舉行者三一曰築隄夫築隄捍水自漢唐至今久矣永樂二年部臣監築之隄上起盤塘下訖新開口綿亘九十餘里獨武穴最爲險要外江內湖其害不惟廣濟當之黃梅宿松望江懷甯勢居下流廣濟之隄一潰則奔湃之勢直至五縣皆受

水害隆慶間破隄八十餘丈共計夫役七千今所破者不知幾倍則夫役工費又不知幾倍且作隄必須今冬起事來年二三月告成三月不成四月水又至矣藉隄爲防者必至失業五縣錢糧從何致辦此冬築之期不可不早也夫築隄宜早而費所當議廣濟十室九空如此哀憐之可也撫綏之可也安能復以築隄之費責之宜發官銀廣爲召募則民心樂從饑餒之衆亦得仰給食工以爲救死之資其羣然赴工者殆如子趨父事矣此不惟早完工役亦救荒之一策也二曰蠲徵夫國家錢糧出自田地今歲下五鄉被水上二鄉三四月山水

驟發平地水深尋丈沙壓田地過半溺死人畜無數此按臺經過目擊親睹嗟憂不已者大雨一止田塍未及修補一旱至今禾苗立槁夫廣濟七鄉耳低苦水高苦旱粒米無收有司又以歲辦之額責之卽日殺一人懸之藁竿民掉臂不顧耳此本年錢糧無拘兌運當行蠲免其明年暫且停徵庶未死之民獲再生之慶矣三曰賑濟人情一日不再食則饑況連月計日煙火寥寥者乎今百姓嗸嗸日夜如赤子之望慈母張口待哺不知幾萬奉兩院賑濟軫念民瘼甚盛心矣第有限之恩不厭衆望而廣濟倉廩又無數萬擔之儲須本省布政司

查有無礙錢糧給發萬兩不然請之內帑亦一策也夫是三者固當並行至黃州所屬水災九縣同受而築隄惟濟獨苦蓋廣濟之災由隄之決也藉令隄不預築來年有水年年告災朝廷徵輸可常蠲乎倉廩可常發乎是故事有本末當圖其本勢有緩急當先其急不然恐濟邑之民不止逃死已也書上未及行邑令周公艮彌乃量賦征力以三千人築之不果成明年庚戌巡撫張公巡按史公捐金六百二十兩守道陳公巡道陳公防道韓公屬黃梅蕭丞董之訖五月告成江夏郭正域曰甯獨廣濟之利哉五縣實賴之四十一年癸丑大水隄

決余叔王父太常公時在諫垣疏論水災略云楚地廣博而水鄉十居其七萬歷三十六年大水今年五月六日復大水沖隄破防蛟龍四出有連屋列檻蔽江而下者有牛馬豕畜逐波而浮者有童女季婦裲衣見志老弱少壯禿髮脫齒狼藉江沙者肉飽烏鳶之喙魂浮天際之煙如此災傷百姓僅見臣邑廣濟黃梅在荆楚下流江身既高百姓如在釜底數百里赤子係命惟隄彼時洪水驟洸譬如崩山倒海從天而下百里之民皆爲魚鱉伏乞陛下大發帑金以救孑遺之民仍專遣一官經理其事嚴飭守臣多方救援則既死之民可以復甦

矣是歲秋大築隄邑侯劉公允昌屬丞樊公守純督之公蹊隄會有生鹿浮江而至引之岸下不死公慨然曰神示我矣吾其與父老子弟並受其祿乎作瑞鹿歌爲文紀其事於是經畫久遠以停解南糧爲募工費塞諸決口視舊隄高廣公曰吾將倍增之且戊申隄決不過尋丈所請藩司帑金外益派丁糧六萬餘擔擔費至二三百錢僅塞決口茲欲因工於逋惟靈東少有積租其他計一二年所積金三千餘吏雖峻征徒受科累宜以所積工費抵之而家視所逋多寡率征爲役不足則稍均攤於衆績可成也丞樊公守純有幹令專董其役凡

兩月增隄高至尺十有五廣至尺十有三穿窿隱鬱竹苞石盤衆咸德之因以古觀音閣舊址爲祠祀公每歲五月十八日遣官於眞君殿前致祭河伯當其時士民禋以玉吳自如等朝夕奔走因祭頌胙以報勞焉順治十六年戊戌沔漢橫決景陵數邑民盡爲魚而茲隄之不沒者僅三版則劉公增倍厚址之德不亦遠乎安公於是瞿然正襟曰劉公之經營固若是哉厥功誠不在禹下矣第思部臣監築之初不繩其址而紆其塗毋乃靡工費乎余曰此木鵞流水之法也古人熟識水情以江北之水必因江南之山之勢以爲瀠洄當洸濫削木

爲鵝泯彼中流聽其所之艤船艋尼其後以竿誌之水退隨竿築之異時即有蟻孔之變庶不至攖怒觸齧矣夫是以登隄遙望勢若神龍蜿蜒戲波間耳安公乃望洋而喜曰創者先審乎勢守者繼增其功天下事類如是也後之君子欲與河伯爭勝可不知此具乎余曰不寧惟是嘗思隄之未成也江雖作勢雷轉電迴然引之則長津委注過之則百川輟流漂流堪憂趨避猶緩隄之既成也以一畝之瀦納萬頃之濤以一線之防懸五縣之命表裏江湖介僅坏土江飽湖餒一瀉千里爲憂不將大乎昔王遵建節河隄不溢王霸精誠滹沱不流

宗廟大戰天吳退舍昌黎致祭鱷魚遠徙水德昭明變通在我當事嫺於古法而勵精以圖則萬世之利矣安公於是乎稱善顧命左右記之

鴻腦洲記

金德嘉

縣志龍坪舊曰龍坑古鴻腦洲也負連城山面大江襟帶太白大洋諸湖浸水經江又東左得青林口注江水又左逕長風山南又東逕積布山南長風積布青林蓋鴻腦洲西壤東十里爲蔡山唐曹成王皐破李希烈處昌黎韓公敘皐戰功嘬鋒蔡山踣之注云時希烈柵廣濟之蔡山杜佑通典云蔡山屬廣濟蓋鴻腦東境今爲

黃梅界矣元史地理志宋嘉熙兵亂廣濟徙治大江中洲中洲龍坪江以南地也明興至成化宏治天下無事戶口蕃息故老嘗爲予言龍坪編戶蓋三千七百有奇土著家絫千金者不可勝數而遠方富商大賈舟車輻輳廛市浩穰亦蘄黃以東沃土也然是時士非績學善屬文不得補學官弟子富人子往往藉省祭儒士冠帶榮其身嘉靖隆慶閒秀才知名者鄭宏綱黃白石金太和三先生者方巾大袖行里門里人坐肆者見之咸拱立歲杪富人例致饋薪粲酒脯擔負塞衢巷太和先生揵戶謝使者歲事辛觕具勞苦鄉里敬登酒一觴蓋風

俗之厚如此萬歷中我大父楚濱府君以詩鳴先大父暨胡太僕用科名起家里中駸駸多文學士迨天啟崇禎之際學官弟子踰百數矣丙子冬流賊陷廣濟縣城尉死事令跳山砦潰者胥走江上賊游騎掠江江上人逃江南中洲居焉壬午癸未賊愈熾左良玉兵躪沿江州縣縣有宄人聚黨倡亂書伍籍脇令鈐印令蜀人張登衢恇怯予之印遂白晝殺人祭旗纛士大夫惴惴無人色倉卒立堡以禦之相持莫敢先發會賊退龍坪人渡江北還田里而亂人畏甲過江且殺人事露伏誅亂乃定當是時大江自蘄口注潯陽泱瀁勢如海甲申馬

阮亂政左良玉聲言興晉陽之甲順治乙酉三月由武昌放兵下金陵舳艫相屬五百里火兩岸民居光燭天夜如晝居民竄匿太白湖閭閻爲墟江干數百里灌莽長堤馬蹄成坑塹而中洲亦灰燼矣丙戌丁亥里人伐竹誅茅爲廬生聚十年屋始用陶瓦時沿舊制豐廩餼加蠲復士於是蒸蒸嚮學館穀有歲至百金者伏臘晏會鄉曲洽比民俗歸仁焉南漕倉厫瀕江里胥因緣蠹食又鄉保千長僉點居民猾胥侵牟爲溪壑居民患苦之康熙甲子以後奉文散里甲易民兑爲官兑又罷千夫長民稍安堵然江身東北泗秋冬財一衣帶狹不容

舠市無商賈貿遷一遇歲祲則艱食者十嘗四五比年寠日甚細民惰窳亡聊而操觚翰爲童子師者終年佔畢一童子奉不能滿千錢筐篚觴豆比戶闃如也傳曰倉廩實然後知禮節民生可念哉舊郡志廣濟凡七鄉四鎮有黄岡人應府檄更修耄而荒苟編刊落四鎮書其二而龍坪土名逸矣後之人又安知所謂鴻腦洲乎連城港古通黄梅歲久堙塞明正統時濬之以行兩縣舟楫連城山有砦元末盜起邑人楊曾銘保聚鄉井後歸明南有女兒城或曰漢樊噲女築按登壇必究書載江防汛地南岸自城子鎮起下至馬當北岸自龍坪鎮

起下至沙灣角巽時江湖群盜如劉少溪輩過龍阬武穴輒就擒是地勢爲吳楚要害然則曹成王立功於此蓋亦地勢使也

廣濟縣志卷十三

藝文志　記　序　書　書後

重修後樂堂記

貴溪周　忠

嘉靖癸未忠承乏中州臬憲僉事由家抵任道經湖蕩之廣濟其令君汪君忠之業師也舟次龍坑就陸往謁焉龍坑爲廣濟屬鎮見其道路橋梁整修市肆物價平易陸行八九十里頌聲載道心竊喜吾師爲政之善旣抵治師方退息後堂進忠入坐見其棟梁榱桷門窗板檻煥然一新堂之左四間爲書舍延師以誨子弟右二間爲庫藏而錢帛貯焉師因告忠曰予初視篆値堂傾

圮大弗稱制且無以延接士夫諮訪政治乃鳩工掄材經始於辛巳孟春望日越五月而告成不勞民不傷財不侈觀今堂成二載而吾子遠來得相與敍舊而談道誼者固不偶也子其有言以志之忠承命不敢辭竊惟令尹爲一邑之長百姓之命脈關焉凡利有當興弊有當革紛紜雜沓所急務者不獨此一堂也吾師視篆之初而汲汲先於此者無乃私於身乎噫是不然身者政之本也居以安之德以修之政斯立矣吾師新堂之後政之當新者次第舉行學校之廢墜者與之編氓之流移者招之政新於斯民也租賦之逋負者徵之倉廩之

空虛者實之政新於財賦也獄訟平而囹圄空土地闢而田野治百度維新四境乂安三載之內弊革利興孰不由斯堂之建而延接咨諏中來耶忠幼趨函丈賴吾師造就之恩今復得覩爲政之要蓋無往而非教也越明年甲申忠巡歷屬郡之暇憶吾師考績在邇而將擢而大用因次第其言並志作堂之歲月以垂不朽云

懷義堂記　張潁

縣堂東隅爲丞舍前有堂丞蹐之淸戎於其間歲久就圮辛丑小山謝公拜丞命代蹐之仍舊弗敢緝居二年邑侯蔣侯日夕往來見公言簡情靜取予動止事使必

求諸義一掃從前弊政民旣久亦咸公義而悅服之侯坐斯堂嘆美之曰堂如舊高大光明則自今始君子蹐之不可以無名也請題之曰懷義堂公遜謝退然不敢居侯曰義者宜也我固有之也何遜之有公再拜固遜曰義之道大矣爲羞惡爲裁制爲嚴肅爲果決爲一介不取爲萬鍾不屑六者何有於我而敢居之侯曰羞惡義之端也裁制義之權也嚴肅義之方也果決義之力也一介不取萬鍾不屑義之辨也皆性之德也直養無害則塞乎天地之間況斯堂乎公避席再拜曰人有正有邪無物無對利則義之對也出乎此則入乎彼故學者莫先於義利之辨利苟勝義則爲苟賤汙穢爲適己自便爲損人益己其違天地悖神人極矣予兢惕孔懷惟恐沈溺於利而與斯民同穽也敢曰能之侯服公之義屬潁記潁曰懷義則裕堂之後爲自若亭臨政而懷義焉敬之至退暇而自若焉裕之至也易曰動靜各止其所其道光明此之謂也

一角山亭記　京山譚之琥

天有四極地有四方室有四隅今予之山亭奚僅一角爲廣濟縣治背山麓前溪次學宮在左基址逼處予來秉鐸亦祇裁欹斜地以居廳左幸有高坡縱橫五尺迺

創之平之築之砌之柱之椽之磚之瓦之泥之堊之而西連縣廨北接碓所南則倚大槐爲壁根盤居壁腳作蛇狀三面皆塞獨虛東一面可開窗櫺遠眺墻外有雙峯插空朝夕拱對因題曰一角青山嗟乎予昔家居宅僅五畝今來官此亭仍一角大塊之處我窄矣予自處不又廹蹙乎然南陽有廬而草遷溪有室而陋予遠不逮古人固未可以廹蹙怨尤況古今一逆旅何必計久暫乾坤一蘧廬何得畫界域予之山亭雖則甚窄未嘗屏處逆旅蘧廬外惟日誦焉讀焉歌焉嘯焉於其中暇則啟窗俯仰此一角青山亦足以快然自適也

飛竹軒記　孝感龔佐龍

廣濟學舍隘陋不能延客余鐸濟三年爰捐俸於土地祠前搆屋三間神不可以居後請神主於前而以舊祠爲客堂堦下瓦石亂集盡拾去東𥦗竹數株生問吏吏云前故無竹因名飛竹軒易曰地德方方故生物有常然夫氣常行於地中太和洋溢升降飛騰左馳右奚不依形而立不因類以呈其玉石丹砂與夫龍鳳龜麟皆無種類竹之生也其或然與且植木依本本亦依木木盡於斧斤牛羊則氣降生木性也降非木性故沉鬱不樂久而糜爛土膏濡潤爛未盡也其未盡者春氣動而

浮秋氣動而凝歷數十春秋方其生意生意得而氣日至滋息飽滿乃能自見其生其於羽毛豐滿習飛義同又安知此處數十百年前無竹也庚午夏日

梅川書院記　江陵江禹汪

濟邑治西舊有義學前邑侯蕭所創建邑中子弟樂羣敬業亦累年於茲矣李公以雍正乙卯之歲攝濟篆殫精圖治布德緩刑利興弊革凡爲農工商賈計者一一體恤周至於學校尤加意振文教勤考課自是士習日端義學之執經者亦日眾奈時序遞更日就傾頹且地當孔道闤闠多囂於己未歲復擇基地北關內移建書院十餘間高明塽朗遠迎山秀近挹流清晏坐月叢仁風翔洽亦梅川一勝觀也延名師督課於其中凡厥俊秀無不負笈來學頌公之德於不衰太史公曰布衣匹夫之人不害於政不妨百姓取與以時而息財富智者有采焉況於邑父母廣布教化振興文運爲斯民澤詩書計長久而有不淪肌浹髓愛比甘棠者乎余於庚申冬秉鐸茲土得深悉我公前後經營苦心爰樂爲之記公諱肇梅號香雪福清人

滄浪書院記　金壇虞學灝

煥發地靈者唐宋人無徵近今多卓犖士意三閭大夫

開音律先猶堪繼響耶布卷循諷曷勝悵悒觸我情悃瀟湘宛如洞庭岳陽孟浩然水一方矣載讀張君晉天之詠滄浪橋者曰一水得滄浪思深哉古之有取於滄浪者或以名其人或以名其亭其皆得者乎抑猶未之得也蓋水莫大於江漢莫小於滄浪小之不如大也至易明者也大之不如小也存乎得者也何以得有得於心之爲得方其風濤怒號拍天駕海震眩魂魄莫知其始終者大之雄詭馳驟變越惚恍觀大化之無垠契上善之有象狂瀾肆起煙光闢空學富天人神明於理窟詞壇激昂於龍門溟渤是其選焉夫才之難也鶩大而

愈失其歸矜騁而遂忘其執不如小之有成翙此間颺飄漭蕩乃滲漉餖飣受病於所稟一二靚藹之品譬如園林池沼游泳方舟也倘其客蘽繁花采色間錯錦江濯紅若邪映碧不癰不瘁斯潤斯折匯之而涯涘攬之而涓滴訪隱者以蒹葭望山阿之綠蘿緬彼滄浪悠然自得得者何有得於心之爲得四時者柄陰陽者端星辰者紀人情者田禮耕之義種之學耨之仁聚之樂安之人之生也治之所由以出治之與也人之所由以安雖然玉不琢不成器人不學不知義亦惟其學之而已也爲上者無耜而耕耕而弗種皆有歸耳種而弗耨非

學人之責而誰之責哉雖然何嘗不學學惟其得之而已也孺子之歌曰清斯濯纓濁斯濯足孔子曰水自取之水物也彼取無加吾與無損人其審所取而可哉取乃得不取則不得取之何如亦存乎清濁而已也人生而有清濁天之賦也氣之爲也未之有定清者保其清濁者化而清則無不得得於理瀞而鑒得於文清而貴得於日用清以純得於功效清以上雖然其如小者何小而薄非能得也又有說於此孟子曰學問之道無他求其放心而已矣此小之說矣大者惟小能蓄藏之至大者惟至小能施設之求大者均失守小者均得夫收歛之於放縱學者之成敗所以分人品之邪正所以異也以安靜得收歛以收歛得清潔以清潔得眾妙以眾妙得和平播樂以安之終之事又始之事今之樂何在文章是也律呂相調高下疾徐有節樂之道不踰此也茲故建立書院仍以名橋者名之蛟龍潛淵奮飛有日鶴鳴九皐聲聞于天紹前休以彰教育養德性而逐煩氛俱於是乎在余蓄願非一日適有公項計費可以償遂出之以興是役時則有籓掾劉洪綱生員魏洪賓等司其事鳩工於本年秋講堂既成次第竣事規模頗不小夫造就期於遠及則宜於廣大觀摩務於有得則宜

於狹小滄浪者水之小者也

邑侯黃公救荒記　李賓起

濟邑民皆力本業不知牽車服賈固無俟仰食他邑也乃自兵寇蹂躪灌莽極目我　皇清大定以來始剪荆棘立邑廬尋廢圩於崩岸豐草中而理之然地濱大江介吳楚之交僑佃錯居而土著勘町畘初成則租吏踵至每秋稼懸黃商帆雲集率半直而賣㧜槖都盡一不登而卒無以支則攜持婦子鳥飛獸逸莫能制禦鮮蓋藏而輕流移匪天性則爾所居地使之然也我邑侯黃公以新命特簡試授吾邑目營手畫補罅葺壞安插新

詠係情堅附土及朞而戶口漸增力請於撫藩蠲積逋減歲額咸欽公名而許之比三年則民狎其野桑麻蓊鬱埸壚相望雞犬四達田乃大墾甚有驅牛磽确而抱耒瀉鹵者矣歲丁未天災未弭自去年八月不雨至於今三月民多以爲憂公延緇衣黃冠暨鄉耆徧禱於羣神羣祀訖四月不雨後四月移禱於宮觀又不雨於是邑人皇皇欲相率投竄而不忍愬去於公之仁心爲質也耋稚數百人遮擁馬前而訴之公撫循之曰吁若將舍茲土而去乎今方數千里皆旱去將奚適也吾爲若計某多藏可以借某處商可以通此今日之救也均流

泉備五種則將來之望也有吾在若何舍之而去乎衆悉俛首依戀如其私父母不忍離公卽聞其事於各監司以災旱未復時上供賦額厥限惟三而二在中夏公急援向歲之蠲以抵而寬之顧米價騰躍販負遂絕皆撤業閉門公曰吾將過而平之是適鼓其直而至於滔天也夫千石在市則賈不跳且陳文惠有言矣以令率人不如躬先之而人樂從亟請於府得委儲千石銀百兩公捐俸不足至節縮以繼之鄉均諸里里六碩銀半之里最饑者加銀穀各一里均諸甲甲六碩銀半之甲最饑者加銀穀十分其里之一其在坊郭則畀諸其長

皆俾審饑戶而敷之有戶未實數或虧者立罪其坊畢之長宅如生之力學而貧者婦之嫠而節者罷癃而無告者有閑卽周之不移時其未饑者卽狎客猾胥不濫於升龠其巳饑者卽孤兒寡婦不吝其釜鍾爰是富者競勸爭啟倉窖轉相賒貸不逾旬而米直大減雖遐澨僻壤得以灌注而安集其家室公之權以濟物而拯之至豫如此某因嘆公之德溢於位而才之不詘於地也彼義社預備諸倉庾碁布境內徒化金錢而耗雀鼠歲中饑民之伐桑棗挈釜鐺而遠去其鄉者相屬也而長吏不之問卽矢心拯恤而文移反覆動累時月比及報

可而餓殍巳纍纍矣又給散無法長山廣谷之民力不能自通報名於豪右假手於吏胥曠日淹時得不雠失其沾惠有幾孰與夫均諸里坊不待流瘠而拯之之爲得乎且勸民出粟一鄭公之于青也米不翔貴一文忠之在杭也其通市則忠定之寬禁其踰限則盧坦之詣府天下將傳之爲式奚止活一邑哉夫仁枯則天旱仁洽而時豐政燬則人旱政清而俗阜公之在吾邑貸不遊刑不黯行慶施惠仁洽政清將見不必觴龍舞覡而豐阜可坐致也使位足沛其德而不以百里囿其才其道濟天下又當何如耶公藹政班班人登邑乘某故私

誌其事以待珥筆之采焉

修防所記　巴陵方大湜菊人

修防所者儲盤塘新隄歲修之資俟有贏餘留備諸隄防險之用也修者據實以名防曷爲預名修苟實力奉行防亦自可預必也盤塘曷爲不言防而言修也修獨闕也修何以獨闕廣濟江隄舊分棚十有二上起茅林下止寶賽綿亘不下七十里期届歲修邑令集田近某隄農民按畝徵夫督修某隄此疆爾界一循舊章盤塘地踞茅林上夫獨無可徵也盤塘曷爲獨無夫故無隄也無隄奚修也道光季年江決盤塘爲害甚酷邑人請

帑興築已有七百餘丈新隄也有則奚以無夫邇隄居民各供舊役新隄故無夫也無夫則今何以修有資則有夫也有資何以有夫夫雇也諸隄所徵之夫不供盤塘歲修之役盤塘所餘之資留備諸隄防險之用何也夫徵之民身難兼役貲籌之官心宜兼顧也官何以有貲勸急公也公若何急田畝之捐石以十計有奇江灘之捐弓以百計者五也歲何入有田畝則有穀租有江灘則有蘆課也足乎正供之外可給歲修或猶可備防險也修防足恃乎邑令已與之約也奚約一曰杜隱佔二曰專責成三曰禁虧挪也約可永恃乎邑令猶冀經理得人也經理恆得人則每歲且修且防新舊諸隄永無潰決之患庶不負邑令綢繆未雨意也邑令謂誰巴陵方大湜也

盤塘石工記　巴陵方大湜菊人

邑於大江之濱所恃保障瀕江生靈者類皆倚隄以爲固而隄之在一邑有關一邑利害者有關數邑利害者坐視其潰而不爲之所爲宰者重負一邑之生靈更重負數邑之生靈顧欲爲之所而不深維可久之計其弊亦與未爲之計者等咸豐戊午春予承乏廣濟甫入境問民疾苦僉曰自道光戊申己酉歲江決盤塘爲害甚

酷旋雖請帑興築號曰新隄而寖爲漲蝕恐尋復有淪胥患予聞之惻然抵官舍檢邑乘中載廣濟居楚之黃梅皖之宿松望江懷寧上游盤塘復踞廣濟江隄上其地一決五邑皆成巨浸始知是隄爲地至要既而循視江隄未至盤塘數里遥望銀濤雪練怒號擊撞而隄痕如一綫橫繫幾欲爲長江捲之去至則浪花噴薄濕人襟裾隄若絙蠹欲絕者無慮數十處詢之土人云盤塘與興國州之黃龍洲隔江相望夏秋漲發水爲南岸洲壅直注北岸衝突隄屢爲齧且緣新築歲修時例無夫役可徵自不得不卑薄乃爾始知是隄爲勢更至危夫

以至要之地値至危之勢吏茲土者顧不知所爲計久遠欲求數邑生靈幸免其魚之厄不可得也予爲是早夜思維計欲經久匪取材於石不可適籌得公項八百餘緡乃親履沮洳率生員蔡錦治監生游映奎郭在岐陳維薇張翼千總衛胡錫哲等賦丈屬役即隄外最險處自趾至隄之半固以巨石崇五尺修三百二十餘丈植之欲其平堊之欲其凝鱗次之欲其無間可乘外此三百餘丈命徧畚挶物土方增之使高培之使厚鳩工壬戌歲二月竣事四月計費所籌資外出橐中俸緡三百餘始獲成是舉焉隄成居民額手慶曰江干洪濤震

盪石壁千尋終古屹立如故今石隄綿亘吾屬永無墊溺虞矣或曰不然石壁之堅成於天石隄之堅成於人成於天者負質也厚故濤卒莫撼成於人者非踵而培之烏乎久是必需吾侯一言告諸來許於是相率請於余余曰若屬爲是慮耶固也顧人之欲善誰不如我後之君子造福斯民烏知不有什伯於余者又奚慮其不爲數邑生靈計以培此可久基也若然余不之計也可余即是計也可遂書以勒諸石

賓興所記　方大湜

國家選賢與能一循成周三歲大比遺意士之赴春秋闈者往往以力不克儆舟車沮觀光志一時牧令各即其力所能逮別籌賓興費以扶植士類蓋亦深懼人才放失無以稱

上意旨也廣濟故有興賢莊歲入不豐未足給多士予蒞治始即思稍有增益苦無所出籌之旣久始得公項三千緡謀諸都人士爲購田宅歲得田租石五百賃宅資緡五十擇端愨士董其事約非秋高戰藝暨計偕北上者毋得錙銖耗且號其儲資處爲賓興所以示專爲賢能取給焉夫士有賢者能者邑之宰竟聽其乏進取資不獲與賓興盛典則上無以副

聖天子顧俊求賢之意下無以遂諸君子通經致用之心僭誠有所難辭而爲之宰者殫厥心力以期振興士氣士顧不勉爲賢能虛糜此費不則方其窮時亦頗束身自愛一旦弋取聲華輒變其所守雖掇巍科躋顯仕無足爲邦家光此則匪直爲士者之羞抑亦有負爲士計者實甚也予旣懼無以扶植多士而又冀諸君子益自砥礪競踐實行仰答

國家求士之忱書此以記之

城隍廟記　華亭王艮佐

廣濟爲湖廣黃州之屬也其地四多山阜民遥遥依林

麓以居中闢田疇築場圃粢稼穡歲計取足於是焉其他麻枲漆絲果蔬之屬又紛紛錯擢魚鹽交集雞豚牛羊茁壯固可爲豐且饒矣然而樂生興事衣被而陰隲之者則惟守令是賴惟神是司城隍之神主夫原隰封畛城堞陂池敵國外患水旱疫癘其爲通祀漢唐宋尙矣我朝　太祖高皇帝龍飛之初以神之有靈也勅封爲顯佑伯爵雖崇而廟宇未稱邑宰陳侯景昌經營創始而規模則未大也天順癸未張侯琮主簿汪佐又嗣而葺之而藻飾則未完也正德壬申强寇壓境民剿於兵邑之幼耄及宰相率許於神曾未浹旬卽電掃風驅

陰加竄逐生靈不至於魚肉者神之力也時則有若孫侯寵縣丞梁勗以爲無德不報將何以酬神乎募耆民陳忭龔仲華等以董之捐貲殫力聚工匠木石廓其規制加以丹堊始翼然翬然而神之貺可少答矣己卯四月艮佐叨尹是邑越三日以例謁廟肅恭拜瞻跪祝曰惟爾有神尙克相我以康黎庶以阜百物無爽厥靈祝畢徧觀廊廡庖湢之所籩豆鼎彝之器靡有或遺如是而肅登降聳具瞻固善其事之有終也積累艱難更三四令而始備使神得暮鼓晨鐘以侑以享以妥其靈者又豈不重爲之喜哉厥後若縣令若丞若尉若邦人有事必禱禱之必應如響斯答嗟夫明則有人幽則有鬼神昭布森列固不可誣況吉凶禍福之機泯於無形人雖不知而神則知之赫然天鑒之在茲甚可畏也凡爲吾民者可不惟神是聽惟影響是則哉其或以譸張變幻求媚於神瀆於祭者則又爲神之棄也神之棄天之絕也烏可以不謹哉時縣丞林源主簿陳嘉穀邑傅戴君謙司訓趙君顔相率謂艮佐曰文雖具矣不鐫於石恐湮沒無聞何以昭神貺慰邦人之思乎艮佐亦感前令之有功而慨今日之不能補其萬一也於是書之以記歲月使垂諸不朽云爾

横岡山眞武廟碑　　顧景星

廣濟之鎭山曰東衙曰横岡横岡隱秀磅礴其巔有眞武廟眞武者北方牛女宿之別稱祀其神不知何時始而今盛祀于均州之參山卽太和山水經所謂羅君山也俗謂非眞武不足當之故又名武當其名見水經亦由來久矣國制有提點司之凡荆吳豫數千里之民皆走祀而數千里之境内亦各以其山之出風雨見怪物者皆爲眞武立廟記不云乎哉夫神氣則無不之也無不之故誠以奉之卽不參也可不誠以奉之參其神乎然則横岡何必不參至於神之出處俗所傳述譸儒所

不言而通人亦不病傳曰使天下之人齊明盛服以承祭祀甚言鬼神之德之盛也云爾舊未有碑康熙九年四月邑人徵文勒石

大聖山龍君祠記

吳松佘寅

神費姓名光輝父元昇母劉氏居邑之大聖山元昇嘗出耕劉氏餉之道遇雷雨晦冥劉眩雨霽龍漦浹體既而有娠唐貞觀四年六月二日平旦而神生焉不食母乳天性穎異四歲就學通詩書七歲靈異彰變嘗與諸子戲而澡於澗澗水湧溢逆流諸子告於師師知不凡何夜睡熟視之見黃龍伏於牀下益異之未幾雲霧四

合雷霆激空化爲黃龍而去貞觀十年七月十日邑人瞻仰思慕不已乃建廟於山歲時致祭神生時五龍自山頂湧穴而去三穴清澈不竭不溢號靈泉久而湮其二泉止存中泉凡遇旱熯遠近郡邑皆致幣鼓樂迎泉以禱之甘雨輒應先是累朝贈廟號至宋時封昭化侯維大明乙酉廟災郡守徐麟世居廣濟奉神惟謹國初僉營田分道嶽饒寇兵圍城禱於神盡獲俘馘神之感應類如此麟拜特恩就祿養親蘄州鄉人榮之謂神福之也遂捐已資搆殿宇維歲六月二日遵　典致祭吳淞佘寅忝居邑宰虔率僚友齋宿靈宮恪恭乃職祀事既竣爰詢神跡歷緝所聞用鑱諸石以揚神庥復作迎享送神曲俾邑人祭而歌之庶幾人感而神格也

潘侯重修武穴鎮隄廟記

張金基

古捍大患祀之禦大災祀之不刊之典也迺治功曰力民功曰庸苟善是者幽則聽焉其非一切之謏聞動衆可知我仁侯潘公涖茲土也不苟一介取與而又寬然長者百弊罔弗釐百廢罔弗舉顧獨於武鎮隄廟三致意云廟祀許眞君以其能斬馘蛟蜃不使噬齧金隄冀安境土如捍患禦災之類攷水經自岷山迄於青林五千餘里岸阻江山又曰一水通大雷據經所載青林此

其地矣隄築斷自近古無疑五六十年前隄屢決巨浸五邑俱災侯甫下車時覩山川形勢立而嘆曰外江內湖蜿蜒一綫是余之責也夫是秋水大至廟垣壞棟折蛟蜃鼓鬐鬣萬怪千狀侯製文驅之文將戢邑乘會今年大水盈縮不常三四月浸隄足孟冬月猶與隄平侯益加畚鍤益虔禱祀始得救濟於萬一搢紳士庶方歸功於侯侯曰神之力也余何力之有焉又捐貲修緝廟宇巍然屹立永無坍崩謀所以貞諸石者金晚學知民神之主也勤民而又能致力於神神所憑依將在德矣侯籍洪都神籍亦洪都康熙十六年歲次丁巳孟春月

穀旦

六賢祠記　張惟金

士大夫經明行修當其身發聞於世而流風餘韻感人於身後者久而彌篤豈非古所謂鄉先生歿而可祭於社者乎國家崇德旌善有崇祀鄉賢之典可以勵世磨鈍而猶不足以厭人心之私於是乎有私謚有私祠以此見輿論之公鄉評之允懿德之好之不泯於人心而可補國典之所不及也邑之瀕江爲聚落者有三其在西南與黃梅接壤者有曰龍坪龍坪帶江而市鴻腦洲亘其前遥望匡廬隱隱列屏障焉山水明秀代有聞人

而其最著者於明則贈太僕以節義功名聞於天下者曰仁常胡公守興安州孤忠自矢力保危城勤其事而卒於官者曰復濱金公而太僕公之封翁教菴先生持身方正格言莊論足爲楷模與興安公同時者大復李先生爲諸生祭酒丁明之季龕定民變人賴以安至蔻山人巨源先生當隆萬時以詩歌雄於海內與七子齊名王公敬禮老於布衣是皆勝國之偉人一鄉之先達而太史豫齋金先生奮起本朝以孝子繼忠臣之緒儒林道學合而爲一山斗之望不愧科名此數公者其行實或垂國史或載省郡邑誌表表在人耳目間生同一鄉名在百世此龍坪諸君子所以仰其風而思熏其德而慨然以慕六賢祠之所由建先是鎮人胡六極偕太史公里居有三賢祠之議太史公聞而壯之六極於太僕爲從孫三賢者一太僕公一興安公一蔻山人也居無何太史公下世議遂寢至是龍坪人文日盛諸君子溯厥遺澤復申前議於三賢之外廣而爲六各輸金若干諏日卜地祠於江漢書院敬義堂之西偏工既竣郡太守蔣公邑令蕭君俱錫以額而金子啟汾胡子承棟過余而屬爲之記余以謂表章前賢爲後起者之責夫名里門以通德禁柳下之樵採桓彬有樹碑之頌法眞

則刊石以傳此豈國典所及哉義激於人心之公事久論定而相感於不自已也余爲啟汾經師以故得親炙太史公受益良多而前明數公則又私淑者久矣雖謏聞末學不足發巨人長德之幽光然俎豆前賢以之廉頑立懦是固鄉鄰風俗之美者也故不辭而記之啟汾太史公之次君承棟教菴先生四世孫也其他捐金以勷茲役者皆得牽連以書以爲後啟者勸

伍祠四大字記　阮文茂

古至性光偉不凡人本其英氣類能以其餘託諸筆墨經歷久遠雖刀兵水火極大成毀之世皆不能少磨滅

之數百年後睹其芒鋭新鮮胥詫曰鬼神也要之實有挾以行古聖書殷太師七大字以聖傳也亦以太師忠烈故昌黎公淮西碑遭同事摧毀之迄今傳者仍韓碑也以文公故亦以裴公故近如梅山二大字歷四百年巋然蓁棘中雖奇筆則然哉亦忠宣公以提舉任著作故若是者或一人或及十數人率一髮頭爲動觀者曰此景星慶雲也無不欽而寶之尤欲與其子若孫共寶之伍之先祠四壁有忠孝廉節四字大與人等方嚴遒勁若設俎豆若肅冠裳經緯昭回余銘於丧者久之楚老伍翁攝西席余敬訊之翁起頓首再拜曰此明相閣

介夫楊公之父留耕公諱春公之手書也余曰留耕公新都人縣隸蜀且誕成化初越百五十年胡爲乎遠來村落哉翁曰此又余祖常公之爲之常父諱善永樂時辟薦任縣因督六府糧以功累級爲府生子常正統甲子以易中亞元於時廣文職無近遠常公則授新都諭留耕公父早世家有爭太夫人率耕公訟於縣質於學常公一覩留耕公攜持而大呌之曰此子精神滿腹豈肯久處池中其大喜過望不啻蔡君謨昆弟之到凌公庭除也收明倫堂舍猶子視之既曰孀母子無交理則立書室延明師百種玉成以期其鑑之不爽也常解綬歸數年而謝蜀之楊固渺不相聞也居無何留耕公成進士又數年天子命督楚學制初下留耕公驚喜曰三楚雄風余不衡人亦衡之獨是成我者鮑子楚之梅川余之顯上也今余得少酬吾師矣蒞任卽宣言廣濟伍有童子胥令試族鬭之常子洙泗泌沆悉族共二十五人恐不足又益以僧焉及入試列黌序者一十六僧亦未遺也方是時天下太平久學宮貴且重又非賄賂可得州郡傳呼嗟嘆之曰未有也科試訖留耕公遷任以爲恩覃矣忽列騶從自鄂城入濟詣余家掃常公墓墓道遠族無措則詣常公之父善公之墓代掃之牲盛品

物禮獻無不明且備一時皆榮慕焉祀畢留祠中掃壁作書此四大字所由來也余曰異哉斯書也方明盛時族之衆欽若宗彝無疑也懷宗朝獻逆來矣焚毀千里燕巢林木此何以巋然存也曰祠焚而四壁竦立也稍頹卽無此矣且火烈而瓦礫楹柱亦無損厥點畫者余曰此正余所謂有挾而留焉者也常公之識留耕公於稚子也英物之合也鳶魚之衷也留耕公之掃常公於墓道也師傅之誼也生成之恩也方其光偉藏中交迸互發在天爲日月在人爲聖賢在物爲麟鳳在世爲皇古其祥風藹氣環結繚繞於空際者非生人之成毀所

得與於其間也吾讀史見楊之系留耕公學黨於介夫公相四朝矣升菴公大魁天下著書百種並其矜悼恤皆名進士矣君家比肩立者數十輩出奪錦聯轟歲且見告睹壁間之心畫得無意乎吾聞古之人不寶千金之璧而寶點畫之奇不重科甲之榮而重握手之識不貴生前之締而貴墓上之登則此四大字也詎容僅以筆法奇妙視之哉昔歐陽公藻鑑人倫者也獲仁宗飛白書於汝陰子履之室爲之告曰太史有望氣者必言子之室榮光起而燭天也夫一飛白書也而言其光至燭天此其說難爲天下道應爲常公道之爲留耕公道之爲常公留耕公之子若孫極道之也

遊陽城洞記

興國　吳國倫　明卿

陽城山在盤塘西十五里邇江與五郎磯相望去蘄州不盈六十里山故無名予數往來江行亦不知其中有洞頃與方山人遊三山還過蘄蓋聞諸舟人云其山故有仙人洞爲草土蕪塞不知幾千百年往歲道士數輩始營而居之有一道士年最老常蓬跣入穿其中上下屈曲不知幾里見洪濤從地底湧出而聞江上曳櫓聲知其處已與江通疑有水怪窟其下遂驚而出尋自散去莫知所之今其仙蹟故在可一艤舟造也予與山人忻然艷慕之擬即取道一遊會北風驟急巨浪拍天舟不可艤遂且棄去山人曰得毋有待乎未幾山人越元獄數月不返而王行甫適至自黃留醉北園者十日買舟送之富口富口諸故人各攜具來視予因就江岸與之席地飲甚豪徐起步月登漁磯瞰黃龍洲指顧江北諸山突兀天表而所謂陽城者隱隱在其西隩是夕行甫興發不能寐而予門人黃子登莊則大從之入舟坐談漸曙即趨渡口須臾登岸行田間五里許見磵道中奔泉滮滮有聲心喜之而莫知所從出已入一山紆廻兩湖間高可數百仞而洞在其腹未至洞二百步有水

洞一蓋受山心諸泉匯爲盤渦穿石罅而落磵道者是也時予病酲道暍稍自掬水漱之即灑然神清從二子攀躋而上得洞門廣方丈扶攜躡石磴而下不盡一仞地稍平四壁多赭碧色而其泐處多滴乳中有石竈石榻則道士營洞時所遺非仙蹟也趺坐少選乃令人秉炬深入得一洞稍廣而石益瓌瑋奪目覆者若華蓋褰者若緹帷挺者若土筍幹者若天柱流者若霞液湧者若雪濤紛而披者若地肺屈而蟠者若雲根與予州鳳棲岩大相彷彿心竊異之已又緣磴而升可仞餘得一洞高廣數倍儼然夏屋而其四隅又各一小室幽莫可

窺其上之石牖壓壓如箭括可通日光疑即山之絕頂乃其氣積陰甚寒而下多水泉淫濕無所投足遂不能復前而探所謂聞搖櫓聲處還至初洞使數童子籥鼓其中飲焉輟飲而出則日已下舂仍就田家小茅菴飲數行徐散步登舟與行甫別予因次而爲記蓋在萬歷壬午十月既望云

北園記　劉醕驥

乙亥秋秦賊破我敝邑居人狂出奔命族公幼凝携帑而棲於江之滸及余昔過從主人皆星散湖渚崖谷間但時行李相聞耳賊已去猶苦萑業業無敢謀故邱園

明年大賊走襄陜官軍別擊賊河洛大破之邑人次第乃漸有歸者夏初余以他務偶過視邑見市無設販列廢木而燼盈之瓦甋參差崇比頹垣傾倚不支風日稚帷之衢蓬藋雜艸得勢而相奡堊者煤之窪者敗土客而爲梗落閭門之櫛嘐焉可鴿而射鍾鳴而玉饌者鳥鼠白晝羣遊蓋地如裂帛既裂其幅餘者不足糞舌而塵以及人耳余於是欲涕不可欲歌之未遽成篇方沉吟間族公人來曰大人暮息桑田之駕掃庭蕪而枕以哦翹然若肺之未有附也余聞甚喜徐回嚮造之入不暇揖輙言寒温不休蓋已候余久矣先是賊恣虐邑獨諸劉得無恙巋然風雨中人咸異之故茲幸起居談笑觥壠怡於舊處而公別有園北於居之百步夷塏悉高鑿搆煙景時晚風蒸暑階除不灑因短袂科頭步而相樂也則靈谷低翠近欲染人東衝層起雲飈宕逸餘山秀媚古鬱應接左右而河流委細波繞長林回復有態然後挽垂柳而扣石屏盤跚深徑登邀月之臺歷探元之洞坐黃花之館憇白石之几披藥鮮臥柏亭拍袒欲舞少焉月出東山旁皋清池搖荷葉而動薔薇寺鐘徐來傾耳成韻而笛聲別起煙樹不知何人於時神情怡適舉若揮紈忘更之易盡也余曰此樂未嘗無乃胡不

覺今若獨深幸之當逆賊東鶩處其古戰場矣豈復知吾二人此歌而樂哉先生曰信有是夫其爲是者非蓋無意也子宜記之余因退而爲記嗟乎自旄頭不戒秦蜀楚豫賊皆秋蔓刈之然則逃而歸歸而有人相樂者大抵凡幾但未知含情弄辭與余同此記者何人也

雲瀑潭記　張仁熙

山水之多陰幽險澁者則神物宅焉雲瀑者板聖龍公廟側之潭而余以雲瀑名之者也或曰舊有板自潭浮出莫知所自或取而藏之以覆雞雞輒不鳴怪而視之有字曰龍因以板畫龍公狀旱禱即應邑之沾濡者數

矣予俯而揖仰凊肅而睨其側峪嶇而隘寒而殺瑟然以幽黯水雨霾赤日掩苒殆若無天者虬枝蔓屮轇轕蹲蟉蜿蜿蜒蜒靈怪萬條予以是知昏黑奧窔神之所宅而都焉者也易之文言曰或躍在淵无咎或之者疑之也故无咎物至於疑而神矣其爲龍也信哉或者東山九龍板聖其一

楚東江閣記　金德嘉

湖廣地載在圖經凡六千里而東南之界於九江者爲龍坪龍坪古鴻腦洲地盎山川之氣蜿蟺緼結亦久矣瀕江有閣則自今歲始閣之高以尋計者五廣如之修

亦如之壓水而基欲其毋齧也郭以石石穿土深入欲其毋遒也郛以杙用松幹爲之杙周圍繚繞若垣墉然欲其毋難也冪厥顛與土埒凡甎甃之工畚鍤之工綆削之工日有餼月有傭費具別珉輪白金錢米氏名纖悉都載工肇於某月某日至某月某日而竣余不佞齒於鄉誼當記諸石按水經漢合於翼際峯下潾沆而東也右得山曰西塞曰釣臺水小㶒左得齊昌之蘄口廣濟之青林口水小渚青林一水東通大雷支爲湖一水南注於江匯於潯陽九派龍坪負湖而抱江奔湍駛浪江之南朔涯際遂濶古有江心寺李太白詩所謂手可摘星辰者也蔡山小刹今沿舊名而江心澤涸則蟄龍所宫矣形家往往言龍坪之閣於東南隅也宜與議胥協從刊水移置焉是役也趨事赴工捷於鼛鼓於是知人之可與有爲也前朝萬歷中江漢書院之會庸德懿行藉藉人口由今視昔將毋同乎登斯閣憑檻以思冠蓋閈閎相望庠塾誦讀聲比屋相聞猶有先哲之遺風焉若乃農賸盎藏賈裕泉貨肆鮮奇技淫巧之工巷無吹簫拊劍鬬雞走狗之徒月吉讀法古閭師黨正之規尚有存者郡縣大夫行部輒稱龍坪善地有以也閣之輕重豈不以人也夫

鮑參軍讀書臺記　歙 鮑桂星 雙五

先參軍公爲吾鮑氏五世祖嘗應臨海王子頊之辟僑居於黃今黃梅有公墓縣治郎公故宅也讀書臺則在廣濟考邑志謂自大闥山五轉至雲瀑潭而臺在焉臺上大石方廣數丈可作亭又載張元爵賦謂邑東北三十里有山曰東衝是臺之遺址桂星以末孫來視學仰公之文采馨烈思一覯遺蹟既訪公墓於黃梅封樹無恙乃寓書廣濟韓明府元龍詢臺所在韓君報書謂嘗與邑人士披索榛莽得東衝故址郎志所謂雲瀑潭者潭側有峯曰明月循右轉歷峯後折而下果有大石側

出方平如砥廣丈許厚數尺下有石撐拄之中爲空洞窺之甚黑其前與石爲懸崖右稍後大石倚立如疊畾前有舊鐫讀書臺三字可俯而視臺面西南山若啟扃矚百里外江水如帶武昌興國諸山及西江之廬阜皆在望中臺處羣山間勢若天造誠志謂可作亭顧亭非石不可久請建石亭以標勝概始韓君願自捐建而舉人原任鄖縣教諭保題知縣鍾錫卣舉人候選知縣徐養中　恩賜舉人劉栢　恩貢候選教諭徐黃中生員胡丹梓武生劉紹壯方鼎梅等願共醵金爲之遂以今夏四月鳩工秋七月工蕆糜白金二百有奇書來願有記挂星學行無似沐公之餘澤得粗識章句且屢竊文柄大懼不克稱職以貽我公羞乃一訪公之遺愛而韓君不惜尋幽涉險出古蹟於危岑絕壑寒煙蔓草之間邑人士咸慕義輸貲爭先若弗及此非公之文章紹屈宋而開李杜足以興起百世振厲人心而能然耶謹書此以授韓君俾鑱諸石以詒來者其捐輸各姓名則彙而書之左方嘉慶十有七年歲次壬申秋七月穀旦

補刊水文明書院兼義學記　劉映丹

邑向有兩書院縣城之滄浪龍坪之江漢是也刊水居邑之南濱臨大江爲邑之巨鎮焉而書院獨缺道光丁亥浙水鍾公辰臣以江防分府來鎮建義學於後街延蒙師掌鐸爾後文風日起道光戊申李公石鋳繼蒞茲任觀風課士生童聚者近千人遂捐金建刊水書院於義學左側未幾悉毀於水己酉春復竭力重建夏又毀於水時縣憲福公介五以隄工經費羨餘酌分縣城及龍坪武穴三書院爲修脯資公躍然曰武穴書院一再毀於洪濤巨浪中今殆假吾介五以成之當即白諸鎮紳尅期集四百緡購屋一區以刊水屬邑之南有文明象遂以文明名之即今之書院是也同治元年縣憲方公菊人以書院既復因復籌捐項建義學於書院右側接篆覃公石仙思繼其盛遂倡捐並募得靈東中下二鄉凡二千餘緡延邑舉人劉映青爲山長開館課比美滄浪增輝江漢意良厚矣予惟古者有鄉學國學有大學小學其鄉學蓋即今書院之謂其小學蓋即今義學之謂無鄉學不足以儲國學之選無小學不足以培大學之基今武穴邑之一區耳而乃有書院兼有義學使生其地者童年丱角皆誦習於詩書六藝之文及其壯

也又得名師益友以爲講授觀摩之助其所以育俊乂
髦以成文明之運者豈淺鮮哉時丹方解組歸里而爲
山長者適予之同懷兄旣喜對床風雨率羣從子弟以
無墜青箱而尤幸吾里中得此麗澤之資將益產奇英
以爲山川生色也因溯自數十年來諸公創述之艱以
爲後來者勸庶幾無負前志云

送左春坊張公伯原南歸詩序 廬陵 楊士奇

聖天子嗣大寶之初覃恩中外布維新之治無有遠邇
咸蒙福澤乃延登二三大臣在師保之位簡擢賢俊列
諸文武之重任而舊之宮臣亦皆敘進頌歌洋洋於道
路矣於是左春坊張公伯原春秋雖未臻七十而鬚鬢
皓若玉雪上憫之不欲煩以職務寵之璽書加以白金
文幣之賜俾致仕歸伯原世家廣濟洪武中舉鄉貢爲
順昌教官繼擢靖江王府教授遂陞左春坊司諫十餘
載轉太子少傅上在春宮嘗命侍皇孫講書又嘗親揮
寶翰諭宮臣曰張根誠實可用然老矣宜優逸之蓋上

知伯原爲深所以優遇之非一日而伯原之所以承上
之眷顧者亦固有自矣臨行朝之卿大夫皆賦詩歌贈
命余爲之序且士君子之壯也孰不欲推其知能效用
於當世庶幾上以禆於國家下以禆於生民及其衰也
亦孰不欲休其勞勤逸其餘年此人之同情然有不能
皆得者矣今伯原歸日與鄉人朋輩逍遥雲林泉石之
間尊俎酬而詠歌天子太平之德何其樂也又以其餘
暇引其子孫及鄉里之秀俊劘切乎詩書之習涵詠乎
仁義之道月積歲累將使人皆善士里皆善俗則伯原
雖退不爲無所以爲於聖明之時矣余與伯原同僚最

失是行也有以欣羨之而又有所以屬望之也遂以書於簡首

四朝三楚文獻錄序

劉醇驥

國家氣運迤邐數十年輒一變循自然至若或驅之其較無不可知者統覽全勢則每國山澤物產閭巷謠俗車服制作田賦兵戎星辰水火皆與時推移鮮一操格可命而大抵以人文爲端概天地百物精華融結爰挺人文辟肢膚之有筋骨而室築賴楨幹也奮起卓然運動時勢各乘所造其大者聲律身度道法濟矣性情風烈遇感宏彰雖節善亦足勸左右簪筆而揚敎萬世者

廣諸天下近取一國靡不然也嗟乎恍以是較則人文視他所云每國諸類廼獨鄭重綱挈爲足憑賴曷怪焉可觀楚之錄文獻矣錄奚昉也楚幅員數千里形勝戶口財產雁行東南譚括地者不敢齒爲下國前此著軀鄉老在郭既取其全總列目分志若紀秩然具矣止嘉靖季年未遑紹緒宜有俟也於是文宗彙旃高先生讀而嘆曰洋洋大哉援名實審沿革夢元夷而負雜次其後敢多讓乎顧任觴春官秉鐸是維飲冰寧不能廣采緝覽以助經方者武庫也守先待後言行樞機卜氣運者不於其地於其人若時變堦加知所以盛衰則勉勸扶掖如揭杓引燎而趨矣且夫隆萬以來四朝更數十年蹟闡昭著可考而知也江陵相國名世之英託孤寄命措天下泰山安哉梅司馬文士劾行閒治兵籌敵卒寧西夏其後右屯之帥以剛折而策未萌之釁布置機形猶難青掩也天啟丙丁去閹璫兩甲子而縉紳禍再酷則楊忠烈白簡犯難羣賢類應膺滂光史冊矣文成聖學耿恭簡私淑亦克師表人倫張甑山又以篤行顯瞿睿夫博學著述徵聘勤聖人側席若李大泌身歷六朝椽筆擅宗工藝者不敢望津涯焉而公安快俊景陵深逸遂以相救爲奇至鄭尚書清風振乎天位李湘州

靜氣濯乎墍流凡此者約略言之時屢變愈出奚況其介守積閭節孝隱逸夥不殫指數十年全楚之間言行文獻贍洼引推爲尊不出天下所共知别有以爲變宦明矣抑何可不重加意也純化漸夷士習便淺視高音以上窺者攝提循蜚不及其徼而次則與浮沈隨務耳事胡易爲名胡易立也庠序之業工簡售速履大小同則人豈爲之剽竊併倚足享鈞天其極必捷趨倪拾相矜以獲使誦古三不朽且爰居駭惡得是荒唐者予是故有法於此居楚者之勿更齊傅也卽以其人示之以其近數十年因時應變設簡督之傳曰視遠不察形聽

遠不聞舒乃祖乃父接踵而承風星之紀財幾周焉碑版未黯而指其巍灼教秋鴐者亦習之以素耳物產誼俗特暫偶而委諸能言行者之御也先正臨望道法神授則直尋以風雷焉烏足論其是非不然猶在滑稽之流窶藪之數也正氣罕樹而身與物逐又徒援他事以古今抗抑耶由是言之先生之爲是錄也加意楚人士甚云厚矣而或者曰傳美易訛不如嘗味之得旨也先生秉鐸甄陶舉國之人竊抃而希草者不知其幾奚取於秋柏之實摹擬遥集耶則又有進者先生謙中而寛愛久矣下車之始搜逸事奇文布令遍郡邑行部旌旄

錯遒惟亟訪其士之先賢未祠者祠之已舉則甡而幣之然後收拾遺書推恩子孫盡禮乃退夫自辭高深以奉先進其學問在景行慕效矣豈其教人而顧棄之也善教無不繼大學之體重國故春秋賢士相稱答必舉先大夫魯人則吾臧文仲晉人則吾叔向故王孫鳴玉以屈霸國之良匪左觀莫適寶矣雖然彼以其國域者也今神聖在上海宇一家凡楚人數十年間著言行有成績者其事與時變要皆輕重關乎天下焉今取文獻而楚之器從名之義也會通氣運觀四朝全勢即去其楚而可矣若他所云毋國諸類乃繫乎人以盛衰風土

誠烏可同日而語乎

送舅氏胡公仁常兵備蘭州序　劉酭驥

舅氏胡公仁常年三十成進士始爲令奐中治行入補司農曹郎理度支煩劇不廢事得以參議任備薊州兵偱逆璫亂政其黨崔呈秀薊人也有所屬託不如意痛憾之誣以事方除他官瀕遷緹騎逮入詔獄三木箠楚身潰裂無完膚强傅文法成罪或以其與楊繆諸公舊同類而擠之也即且夕不測破家無足言者且累川而熹宗崩今上即位討逆正罪開釋無辜公乃抱殘喘南歸省邱墓居久之上聰察謂不重伸枉無以厲朝宁前

後被逮者謫籍者悉温旨超擢當事以公言並及數人而顧獨下命胡某忤奸受枉與優起凡居家者兩春秋有臨鞏之命實節制臨洮鞏昌郡也而建牙蘭州夫蘭視薊皆極邊公將以治薊者治之乎形勝不論風俗不論以時勢度之治蘭與治薊宜天壤也欲有爲於國家靡不藉時乘勢狐鼠肆於上亚人傾動爲孽肘恩怨倚伏恐以其快爲禍此往日之時與勢也而今則何如天子親芟夷大難握符中興方急於求治明於報功早夜諏得老成練達士任之肅詎非經涉險阻百折不回撓感憤死生之故而不顧身家而願效則天下事豈有不

可爲者高皇帝平定陝西敵襲蘭州守將張溫挫其鋒堅不與戰敵引去高皇帝嘉其坐而制勝夫彼猶藉國初百戰之威也而歸功焉若馬公文升王公瓊經營臨鞏業有成績又豈非文治之朝自別利器者哉或曰往公備薊時嘗乘騎佩弓矢韃帶往來塞上視風景要害奬訓士某某皆已擅名幕府則公固留心邊事者乃薊雖近關地阻多巘巖險形勢可憑窺關之敵猶懼闌入焉若蘭與魯隔者河一衣帶耳秦戍不至也往聞魯無大警嘗亂河來鹵獲資牽牲口則亦宜有以待之況屬郡邑堅瑕不無而砦靡常風塵倏動馳蹀林而蹶滿月

誰蜂蠆可狃者詩曰公侯干城必鑿山重門之爲設險哉每思南人軟纖多文不若西人遲重膂力超距舞驂蹻丈之矛攘臂起鬬敵人習焉猥柰以強數世不能大加於敵及漢武用之期門羽林身與出入而六郡良家子能使幕南無庭夫其材略誠有以鼓動之也雖上林塵埃柏梁飛燼嶢關渭水間奮迅崢泓氣勢殷殷令懷古者過之茫然而如見也豈不謂然與是故兵備者備兵也兵可千日不用不可一日不備若曰國家右文輕武乃欲專責成吏事使蹄有所歸重其畀也庸人不識國體好以意相稱至有焦勞枕戈博功名自樹稍不娬媚旋執柔翰引繩之故君子亦遂自甘廢弛不樂見長矢石間斯則危國敝風非聖世所宜有也抑盡吾心利鈍置之而已維時公傚蕓戒塗小子醋驥不揣魚魯舉觴以祖爰致鄙辭云

楚北藝文志後序

張仁熙

楚癸丑之有通志之役也曲沃相之疏倡之也先是豫秦志成　詔楚如例方伯九如張公主楚湖以北因修楚北志以俟全聘士得八人以七月受事季冬具草而余與黃安張子希良得分治藝文張仁熙曰藝文之志古也自西漢而已然矣楚之文著於郢鄂湘衡者載在

舊志起鬻熊迄於明穆廟之初年雖其中眞贗雜列（如諸子及黃憲聘楚之類）又例採寓楚文余既有刪訂不具論論其半楚者文言也言莫大入告我后張文忠（居正江陵）公之陳時政也大者覈名實固邊圉細亦兼綜庶事言也相神祖數十年治平也楊忠烈（漣應山）之廿四罪疏也倡節義礪奸黨忠烈死而鹿馬之禍剗始楚人矣御史王虹塘（宗茂京山）之疏分宜也嚴而暢熊襄愍（廷弼江夏）之籌邊事也斷而明張楊各有全書王與熊或僅錄或不錄不錄諱也他若劉平甫（槃鍾祥）諫南巡許忠甫（瑜蒲圻）初啟昭（杲潛江）之諫大禮李景魯（沂嘉魚）疏擊張鯨孟義甫（養浩咸寧）疏冊立吳敬

菴（裕中江夏）疏丁紹軾皆杖闕下或死或不死赫然今古匪
第赤光照壁風旋滅燭者三也吾邑先輩王憲皐（大讀）以
熱審疏瑞雖未蒙報可文亦足錄也理學有書耿恭簡
（定向黃安）也經解有書郝仲輿（敬京山）也天臺集（恭簡集名）之二十
卷徵已至而事甫畢惜也其有待也經故未敢碎列山
草堂（仲輿集名）多論史書也紀載之文則廖鳴吾（道南蒲圻）以楚
紀著矣魏順甫（蒲圻）三甫之間也有楚通志草其雲山
草堂集皆不至然知順甫委心八家者也王夢澤（廷陳黃岡）
文倣漢魏詩逼初唐一時名噪天下集雖約實名家焉
當世宗時以顧華玉薦與顏惟喬（木應山）王汝化（格）同修

承天志不稱旨王固不長敍事又書中多言以家艱不
赴辟侯書成乃一至而顏自有州乘燼餘稿諸書未聞
見不競矣文以爻子著洒之陳柏子文燭也五岳交茅
歸安白華序出五岳而歸安又多與五岳子往來文益
其子亦能文者柏詩文散見志間要之五岳最耳又以
爻子著者黃梅瞿聘君（九思）及子太初（甲）也聘君博儒子
奇然聘君曰吾與聞道焉玉蟠（宗道）白蘇石公（宏道）柳浪晃
隱（中道）珂雪世所稱公安昆季哉柳浪天勝珂雪勉也言
文者皆友也專以友著則竟陵也隱秀（鍾惺）倡之鵠灣（譚元）
春和也近人之言曰楚人以詩易天下公安彝其藩國

而竟陵實以蕭艾此得半之說也才不別學不僻語不
翻案徑不窮幽不能以其力易天下者也西陵二梅司
馬（國禎）中丞（之煥）也以經濟不以文然西征疏著矣燕中詩
亦可歌也中丞諸論英分耶雄分耶以王孫著者廣讌
堂集也廣讌堂者蘄之樊山王孫堂也其文麗以客王
元美與之遊而京山李大泌序之文之成家者李大泌
（維禎京山）甑甄吳（國倫興國）黃離郭（正域江夏）也明卿名列七子宗伯
身受弇州文穀師保盛時疏事剴切餘亦纏纏不倦也
同時則江夏任伯甫景陵鄒枚與文穀交余見伯甫集
於漢之熊氏鄒文見新志一二而童內方（承叙）烈烈舊志

中獨擿詞敍事皆遜宗伯又若鄒觀光（雲蓼）之集考功何
遷（德安）之集吉陽王伯固（一鳴黃岡）之集朱陵李愚公（若漢陽）之
集大樗咸寧之朱少華京山之王格高岱麻城劉同人
侗之帝京景物黃敬渝（文旦孝感）之老山梅惠連（之熉麻城）余老
友也亦有近刻（有三悔集）此數公者或先輩丹黃評許或時
賢裒集節錄或志文偶見或專集孤行皆足垡鏞半壁
煙樹江山者也嗚呼楚北之文盡是耶不盡是耶夫夢
澤大泌世所久傳終不可祧卽楚南懷麓（茶陵李東陽集名）冠
冕藝林卒難抑而伸之而或謂楚文多自爲法不一轍
故名家者少然其氣慓而悍公安竟陵孱弱而卒以易

天下者氣峻而詣獨造也夫楚人之行正直抗厲以氣勝文不欲以格自拘宜哉抑藝文雖志一班然山川形勢人物種種卒非文莫行遠故謂文統全志可也余安得合南楚而讀之勒爲全書以張楚哉是役也希艮實勤事功居多

康谷子集序

黄岡　何　謙

黄岡何謙韋長既與其弟謙刻康谷子集已乃序之曰嗟乎今而後讀康谷子集者恐亦不可多得矣康谷子爲人幽僻而有韻寒儉而有情磊磊落落蕭蕭散散而有屹然凝然必不可拔必不可易之守其爲詩爲文大

都似之以其精神之餘或爲法書或歌嘯皆遒逸明亮簡要清裁令人可親可愛可敬可思而不可馴不可選也嗟乎凡以成其爲康谷子而已當康谷子存日人之獲交於康谷子而讀其詩若文者蓋疑信者半而康谷子不問也迨已病余兄弟書問康谷子數十次未倦而康谷子答予兄弟書亦數十次未倦且筆力高古意致淋漓視未病時有加而無減也余兄弟以是私幸康谷子必不死而康谷子乃竟死也嗟乎康谷子果死耶未耶今集之所傳者康谷子盡於此耶不盡於此耶康谷子死其仲氏養吉手錄康谷子集且錄且泣亦竟死未幾其母又死余兄弟往奠康谷子家上見其子尚衣囟而其父殆老矣無家康谷子止一季弟爲人與康谷子頗類而有才能文亦然今而後勉爲康谷子父治衣棺而周旋其季讀書以有成余兄弟責也嗟乎康谷子姓劉養徵名一字敬伯又自號康谷子死時年三十四云

藕灣文鈔序

顧景星

順治庚子丹陽公持節治下江兵過草廬首問人才予對以廣濟劉千里醖釀張長人仁熙公喜取二子詩誦之尤善長人予介二子而見公遂序長人詩行於世張子名既著海內杲㒞張子詩張子不欲自是也有作輒

寄予可否點竄無諱蓋大雅之士通懷如此又十餘年藕灣文鈔刻成問敘夫張子始從歸安茅氏入者也從茅氏入云者從茅氏所奉八大家而八大家之號始茅氏故云從茅氏入者也茅氏之文自謂得歐陽永叔之逸氣而近日之奉之始於豫章之艾陳及夫虞山蒙叟論出海內以爲定評削柢後儁皆詆獻吉大復元美于鱗羣趨茅氏夫詆之誠是也惟日取八家段落章句回筆揣摩爲流連不已之文其病將毋同與張子始從茅氏入而其後抉破樊樆凡見諸議論可採而觀焉且吾之所以敬張子者不獨是張子靜不豔利學有根源靜

不黷利故辭無諛夸學有根源故格無蹶弛而又不妄交游老屋童山褐袍蔬食兒孫解文下見三世與劉千里皆狷而介介或近驕狷或近娟張子又免於斯二者焉至於礩黠結轄鉏鋙詰屈以爲振奇千里時有之張子不道也鄙予謂張子而悉取歸安震川諸書庋閣十年蓋不欲其回筆揣摩與俗習同也今張子卓然成家以名世而予且瞠若乎其後矣而又何所置喙哉

隨齋近藁序

常淵倪長玗

伯瑜家廣濟濟數番蹂躪而伯瑜歌無家然伯瑜窮視其有家不異其無家氣不綏敗味不酸苦江有洲洲有

芳伯瑜家焉如濟之陽談道而樂也人曰伯瑜無如何心界自深自遠人之識不能到之耳故其文章總非世趣瀟然悠然告其所得華麗則蜉蝣之羽也夸大則楞然之匏也而伯瑜不爲也伯瑜所爲敦實而理深謹而遠謝其英葩攬彼元蒙精握神發大文將聖此伯瑜之獨致也以爲繇窮乎物得而窮之心亦窮矣何有斯美以爲不由窮則安得處蘭蘅杜若間而蕭然自守高物外之觀故曰其心累深遠在窮而不在窮其視紛紛一切皆蕩濟之賊若安身立命人有芳洲此伯瑜之文也人也

春風草堂詩序

遂安毛際可會侯

際可甫踰弱冠即受知於孝瞻毛先生顧而喜曰關中得予文同人謂非耆宿不能余獨決爲後來之雋斯言藉以不謬後詢及邑中戶口錢穀之數皆不能對則益喜曰誠閉戶著書者時先生方令劍川迻之江濟竊謂師友相見可期未嘗有惘惘離別色也後先生已躓復起改補沙陽又以他事罷官未幾即捐館舍際可亦奔走滇秦燕趙之區不獲復見康熙丁巳出宰浚儀其長公忠移過訪官邸出先生春風草堂詩集見示屬際可爲序昔梅聖俞詩窮而後工同時蘇子瞻亦以文

章受知聖俞其上聖俞書有曰執事官不過五品文章寬厚不怒必有樂乎斯道當世以爲知言嗟乎以先生之才不得讀書中祕導揚我國家之盛而令坎壈矣職以至於死其窮更十倍於聖俞乃先生詩氣靜而思恬一唱而三嘆讀之者如遊崇峯邃壑意與俱深不知其幽憂之作或亦有所樂者在耶是先生之詩固無關於窮與不窮而欲得先生之爲人者非窮無以自見則先生亦可無憾於其窮也已顧際可通籍二十年亦尚鞅掌令邑每愀然以悲及披覽是集自幸附先生之詩以傳則更欣然以慨然回念江濟解維竟作畢生之別又

何能不繼之以泣耶

楚詩紀序　金德嘉

楚之先鬻熊爲文王師漢藝文志鬻子二十二篇唐貞元間柳伯存所謂子書起於鬻熊是也三閭大夫乃作離騷太史公曰國風好色而不淫小雅怨誹而不亂離騷兼之矣宋玉唐勒景差皆三閭弟子也而玉之詞賦獨傳是以屈宋並稱於世考亭朱文公集註之作離騷名經餘皆名傳詩十五國風當年如此者幾人哉唐以詩取士而孟浩然皮日休席豫李羣玉鮑防薛據綦毋潛朱放崔道融輩或仕或隱要皆詩家所不廢若工部

以詩史稱論者直謂三百篇以後一人而已其先亦系出襄陽者也夫自淮北沛陳汝南南郡史稱西楚彭城東海吳廣陵東楚九江江南豫章長沙南楚今豫章以東皖霍黽阨以北不復名楚然湖廣一境幅員致廣故代有聞人即有明三百年以迄今日内自三公九卿翰苑臺諫曹郎中書行人外至中丞藩臬郡縣大夫暨韋縫彥士巖壑隱人操觚握槧自名一家者不勝數也長沙廖傭客網羅楚詩溯上古至近代薈稡成編屬胡康成學博涉湘踰漢徵言以勒簡端康成昔言傭客承世父黄門家學爲潭州知名士佩窗篝火覃心讎校匯簡掇拾幾至充棟竊謂楚無風而以是補之余復書曰桂下莊列諸子鬻熊先之也漢魏六朝四唐人之詩賦離騷先之也至若横渠二程考亭諸先生之微言大義則又太極通書先之也楚人氣剽而悍往往爲其難者鬻子何矣藉令屈宋生當聖人之世及聖人之門受經請益未知視卜子夏何如濂溪推一理二氣五行之分合立象盡意若親炙無隱之誨豈直聞夫子之文章已乎天之生才不一時人之立言不一轍奈何以楚無風也而少之是故上下數千載人文輩出譬諸蔘衡之氣蒸爲雲霞而江漢之流行於地中也當明世宗時有學士

廖公道南著楚紀一書人到於今稱之是集也剞劂告竣即名曰楚詩紀可矣補云乎哉

胡教菴先生語錄序　金德嘉

劉廓菴在堂集有胡太僕傳稱太僕父教菴先生内修端潔專積善起處必依禮口無擇言荒年捐貲濟人有貸不償往往焚其券已所居舍僅存而别搆經塋書屋招集名賢講業因使其子從之遊余嘗讀而偉之然以不及見教菴先生著述爲憾也先生五男子並登仕版知名者二人一曰士定字鎭常歲貢官遊城主簿經歷潁州衛一士容仁常萬曆庚戌進士累官薊州兵備

道以忤崔魏繫獄瘐死後赦歸起補儲洮𧙗昌兵備道卒贈太僕寺卿詳具本傳太僕時與楊左諸公齊名而海内士大夫溯其家學藉藉稱道不絕戶里門學者則人奉教菴先生爲楷模矣初太僕知長州縣迎養購書可萬卷歸庋江閣崇禎末冦警蒼頭竊賣且盡太僕所自爲撰著在親故家什之一二遭兵燹子傳觀散失止罪因一册言呈秀事余得之鎮常曾孫承棟秀才所趣鏤刻藏諸笥承棟且乞余爲曾大父作傳傳脫稿亦刻焉胡之藏書止此矣今年承棟從鄉村老屋購得教菴先生語録來余驚歎曰異哉嚮令此編早出與太僕集

仝時傳觀則委諸草莽矣迸之又久而忽返先生舊第豈夜臺之靈有以呵護之而然歟拭几南窻讀竟大都居敬窮理修身齊家要領古人所謂布帛菽粟之言也夫闔闢所行語録有有所爲而爲之者有無所爲而爲之者東吳顧炎武寗人嘗言孔門四科宋以後添設一語録科此有所爲而爲之者也龍溪以尊師樹幟用無善無惡一語爲定本捕風捉影淪胥入禪論者紛紛口實累及陽明何心隱李卓吾厭常喜新言古人所不敢言清議弗容身名俱敗語録之不可概收如此是編則無所爲而爲之中人以下皆可與知而大賢君子終身行之不能盡眞闇然之學也先大夫手書自警編既爲吾家蠹殘裘葛又得見此編追念曩昔里門先大夫踵武太僕爲名臣所至聲績可指數而先王父楚濱公頡頏教菴爲江漢間經師兩家衡宇相望學術皆有原本爲後人者勉乎哉

攟拾集序　　金啟洛

吾兄洞野有高第弟子曰胡生道原與吾弟雨甸爲同學好友困諸生中工科舉文字而雅好讀古人之書嘗感念其先世著述散亡零星收拾每得一篇輒寶貴弗釋手久之都爲一帙顏曰攟拾集編成問序於余余逡

巡未遑以爲也生請不已余以同學張子貢方亦既序之詳矣又惡能益詞哉竊嘗謂昔人所稱三不朽立言居一焉胡之先有教菴先生者言坊行表以經學爲人師江漢間學者翕然宗之其所爲語録粹然儒者之言厥子太僕本厥家學蔚爲經濟名臣次子二華先生踵之官未大顯而經術爛焉能不愧其先世三先生生平先君子皆有紀述載居業齋集中二華先生者胡生大父也嗚乎當其盛也父子兄弟各理事功萃於一門可不謂榮焉迨其後兵燹洊更三先生所作散佚不存迄於今數十年矣胡生始掇拾殘編隻簡於他人殘蠹敗

龕中韓公所謂存什一於千百者先君子嘗聞而韙之而余於是益嘆人不可以無學也使三先生者徒以祿位容貌動人而無所以不朽者可傳於後世卽有後裔賢如胡生欲爲攟拾薈萃而有所不能使胡生徒事佔畢帖括之學而視古人著面牆然雖有前世緒餘茫然不知其可貴亦終委之他人蟲殘鼠食與斷爛倒理同其湮沒而不復有今日之輯也胡生其益攟拾未備俾余兄弟及張子共覩厥成則豈但今日之所見奚乎爾時當更有立言者發揚潛德序之以傳今日之言亦聊以塞生之請耳曷足貴哉曷足貴哉

待刪續草小序

饒定中 釋名海門

先君子二十年著作散逸殆盡僅餘數行血汗耳緣慳未授梓入編入待刪草中每行脚必載之衲袋內同行者或窺見輒訾之曰學道不立文字爲僧宜斷恩愛古人公案尚當束之高閣其他語言舉可一筆鈎盡若何取而翁狂呼謔浪幽愁無當之言雜之十八物耶予聞不能答然非知予心也人不能爲孝子決不能爲高僧不能爲出世之孝子尤不能爲入世之高僧夫余爲出世之孝子與高僧者誠不在是然是父之手澤則與父等也行脚僧而載父與俱則與載佛等也飲雪冰者齒冷骨寒腹中如鐵以語於人則人不知也姑爲是語以慰吾袋中之藏癸未四月八日

愛廬序

徐黃中

情各專於所愛茂叔之於蓮淵明之於菊高寄也又如繞屋扶疏吾愛吾廬其於廬也猶之於菊余於古無不愛亦無所爲愛渉乎其趣而未能專焉是以有至有不至也而亦以愛名廬者自髫齡逮乎志學之年從先君南轅北轍鄰下光陰分寸可愛奚浸尋半百廢蓼莪者三十五年猶幸入侍慈幃康强耄耋孫曾立竹朋酒稱觥幼者解賦四言詩剩入月㮚爲曾大母壽此時昕夕

一廬愛日之情無能已竊以當水陸草木之所至而又懼吾愛之弛揭諸楣間志喜也亦以志警

四書集說敍

歙縣 鮑桂星 雙五

四書集說四十一卷補義七卷續考四卷廣濟陶君讜之所著也君以名孝廉教諭安陸課士有程法余心韙之今年秋出是書屬余校正余讀之匝月乃終卷凡四子書精義一奉朱子指歸其於漢唐以來諸儒之說抉擇精審折衷至當必無戾乎朱子之說而後已其處心良而用力可謂勤矣余嘗以爲自科舉設而聖賢之道晦自制藝興而聖賢之道愈晦非科舉制藝之足晦聖

賢之道也爲科舉制藝者晦之也夫以四海之大九州之廣豈無抗志修行睎曾史而企淵騫者而非大比之棜登十數篇之帖括不能致身青雲之上而所謂代聖賢立言之制藝又是務釆色夸聲音剽獵塗飾以苟悅一時之耳目茫不省聖經賢傳微言大義爲何如是舉天下代聖賢立言而聖賢之言愈不可知又安怪聖賢之道之日趨於晦也哉然則今日之弊非講求理學不以是救之而講求理學非沉潛於四子書之精義以身體而力行尤不足以救之也諒哉陶君之言曰願學者深求古聖人教人爲學之意不徒務記覽爲詞章以釣

聲名取利祿而已斯言也陶君二十年著述之苦心見焉讀其書不禁憮然而太息云

聽香閣詩敍　朱澤楠

余年十六七時與雪舫始學詩雪舫足不出里閈余衣食奔走其後遂寓居黄岡不得晨夕商搉每試必共館舍則彙其經歲所作互相評隲間有齟齬輒斷斷達旦同舍生誚以爲狂二人不顧也已而雪舫詩境且大進余每望而卻步蓋雪舫勤讀强記又能心摹力追得古人精意之所在故其爲詩不屑屑規橅一家而能包羅眾有余嘗評其五言取裁王孟七古兼有蘇之豪杜之質七律絶句亦不落中晚以下雪舫頷之乃年未五十竟以一衿貧病以死余讀雪舫詩未嘗不歎其工而悲其遇與年之不幸也雪舫貌寢而羸又性疏率簡易不工爲寒煖每賓客闐堂雪舫輒向隅坐或拂袖逕去時吾楚以詩鳴者無不心折雪舫之詩願與訂縞紵而楚中凱歌尤爲李鶴人方伯所賞急思羅致幕下雪舫皆掉臂不顧獨與同邑呂鳳騫彭芃舟楊白溪夏午庭劉悔復呂棠廬饒笙舫少岳六七君子者仿先正劉千里先生遺事續爲長風山詩社援枹鼓爲主盟日相唱嘆於窮陬僻壤之區以抒其無聊不平之慨然則雪舫之

廣濟縣志　卷十三　

遇亦雪舫之人爲之也廣濟之先有康谷子劉養微者明嘉靖諸生家貧善病而癖於詩時方競尚七子之學康谷子獨言殫技聲格爲未盡詩理故康谷子詩雖祖祧北地然頗清放自適不專以比擬爲工與人交少所許可間有至者輒閉門謝獨與黄岡何讓韋長何謙緘仲兄弟稱莫逆余讀千里所爲康谷子傳每慨雪舫其工詩同其貧病不遇同其性情交誼舉無弗同然康谷子卒年才三十四耳雪舫視康谷子又多矣康谷子病且一年韋長緘仲念之深家僮餽遺相望於道病聲息無不時時通康谷子死何氏兄弟得訃即日挐舟三百

里視其喪哭之盡哀且捐貲梓康谷子集余寓黃岡久每過何君居恒低徊不能去雪舫與余爲總角交其相知尤在六七君子者之右乃雪舫旣病且死余獨南阻沅湘踰年而訃始至又不能力梓其集雪舫能爲康谷子余不能爲何君矣悲哉少岳痛雪舫之不遇而遽死也爰取其生平所著聽香閣集者梓之江右而招白溪年庭襄其事則又以歎有康谷子之必有何君也序雪舫詩盍未嘗不太息涕零云

遺游擊唐通書　金之純

一飯之德義士存之大車旗驅滅妖氛保全土地如非木石能不隨方措置恐令有庚癸之呼也顧今上下俱難矣興安合六縣以爲州縣不協應軍之行役於外民之投入於中無非費州之運積者撫制臺之提取於本司漢中未有一之相恭殘傷之士民輸助巳罄不肖弟數年廣文之衣裘零星貲犒賚而不足幸賴高明之聽復意氣直薄九霄而上不然若概以主賓見督弟其能有今日乎撫院門下鄭參戎關文到州問賊之多寡與夫秦楚遠近之界河水之便渡與否州餉之足以待兵與

否弟回文據事度理賊此際東西俱阻欲渡北而不能其依徙於房竹欲窺伺洵白者直是窮而無歸耳探者入賊營之旁聽鄉民過畏之言見牲畜婦女之布列前後傳報語多參差但此際合力勦除自屬至理獨本州骨血耗盡計無復之非具文申稟撫臺民之饑者欲苛徵未能兵之救者非載餉不可伏乞轉達尊嚴急施救濟弟之回鄭者如此謹以附聞至於本折二項非奉教解米豆共七十石茲復併銀四百六十餘兩容圖續呈不一

上年伯楊又先職方書　張仁熙

答秋年伯奉天子命監軍過敝邑得一望顔色因稍及築城事宜年伯不以葑菲棄勅敝邑令如某議虚心下訪如此方是時公秉鉞臨戎至枉旌麾移時骨肉愛又何渥也抑鄙人有懷未罄故敬以札陳竊聞公安插隔里眼左京王諸賊於後山一帶號曰新民草結一局以報天子仁曉暮思之是固有大不可者公之言曰此林林總總者非賊也民也武侯雜兵民渭濱不亂奈何號曰民而異之夫兵與民名雖異實民也今新民與名同矣而實則不同於兵昔武侯兵民不亂以屯田耳力田則日有事是兵而農也力田則漸有秋是兵而餉也今

茲新民盖賊也衆坐食民穀而不佃舊民之畝舊民又畏彼持戈而踞也逃之城市而不望新民之阡不數月而食盡矣不知此黄茅白葦者將以食新民乎食舊民乎新民去而鬻食他方曾不改其故態舊民反而寄命蒿藋不得保其常居是又益百萬新民也可不爲寒心哉或謂房竹之撫項襄穀行之於前而王文成桶岡大藤亦不專事勦今天下日多故矣如破屋敗垣東拒則西西拒則東盍姑安此以致力他方可乎是不然矣諸公撫局本自不同房竹等處皆其巢在焉毋論王項操縱有方服而鎮之亦巢在則志留猶田爾田宅爾宅也

今此一片荒凉新民何戀乎辟之勞猿挺鹿彼不過藉此以休旦夕之力而公誤以爲檻虎不憂其饑而噬人亦誤矣聞此輩受約束於公第一二日夕侍側者餘奔馳鄉邑逐隊成行奪民穀以市民金穀方市而復奪之是穀與金並盡也掠民妻女以市民金妻女未出此而攘之彼是妻女與金並沒也又舊民之黠者藉以生奸猥者因以竊利一旦新民颺去而黠者猥者畏告發罣諸理不將與揭竿而往安往乎公可無所措畫權術於其間耶仁聞兵機變在呼吸未可旁窺若公與太府誠能出九天而入九地則三邑數十萬生靈死生以之而

非儒生所能測者矣承招入營垂愛良厚仁有祖父母老不可旦夕離惟區區之懷不能不陳左右惟公思之

與王阮亭書　　舒逢吉

自山長寓之得見閣下也一時之人以爲南有愚山北有阮亭而天下之騷壇藝圃得左提而右挈之及愚山化爲異物當時之人又謂雖無愚山尚有阮亭而天下之騷壇藝圃皆操縱於一人之手故天下之人不留南盡趨北以爲北地風聲醞古和粹奔走而應運者悉竭蹶夫阮亭之門也然天下之不趨南盡趨北者以有先生爲之主耳卒之風氣日見薄學力日見踈豈閣下教

育之未盡道歟抑士子汩沒於世法而未知所適哉然風雅一道必攻苦而自新攻苦一途必層累而始見譬之刀劍礪以赤砂淬以青汞剪鯊魚之皮飾象犀之骨外纏金玉內潤鋼鐮然後有吹毛之鋒動鬼神之泣也今之談藝者相率而環天下曰若者爲風雅若者爲漢魏若者爲三唐若者爲宋爲明而淸濁無分抑揚失次且謂不必讀書而自然合拍也則駭之甚矣逢吉鯫生也老處一堂在萬山之中閉戶絕人事蓋已有年前日一出而游京師無所表見歸而復入發前人之蘊著有綜雅書五十卷又著有綜雅餘論五十卷共七十餘萬

言又自彙詞賦古文二十卷伏案自誦欣然有得以爲年近七旬可以出而與天下諸公聚首詞壇偶於戊辰七月留滯大梁有上蔡書院講學之業艱苦三年以戍一席去冬敢以上蔡錄呈教今臯比已辭駕言歸里得汝陽令邱象屏有內擢樞部之召其令弟季修與館客潘鉉臣皆一時名士問塗於末學以爲都門之主騷詞壇必首推先生且不倦教誨皆以所著詩詞央逢吉爲贄於閣下若二公者可以教則進之揚之卽不可教亦必以不屑之教教之天下士引領而望台階者踵相接也皆以爲門外之人則無復有進之者矣近聞敝鄉陳鵬年者學有進而先生督之切也鵬年山長之戚也知閣下之不忘山長也故復以書進逢吉頓首

上座主澤州陳公書　金德嘉

昨廖傅書後恭呈座前言之不文臨池怵仄嘉數年來雕蟲之技本不足觀先呈集目餘俟鈔謄續進惟引領望樊川大集告成滌几諷誦大啟蓬心也中丞吳公今開府三楚楚人動色相慶定知發政施仁沛如江河矣然楚中之事有待於興舉者一楚中之法有望於申飭者三嘉欲進謁披露而望淺言輕未能遥達伏念我師以薄海蒼生爲念而吳公又師同里相厚善謹梗概言

之亦可以見嘉之早作夜思非徒爲一身一家計者或可轉致吳公聊供采擇蓋楚有江漢書院在武昌省城大比之歲士子肄業猶湖南之有嶽麓書院也往者翟象陸先生爲方伯歲在庚子撤取郡縣高材生負笈講藝親臨課試號房數百間篝火丙夜達旦楚士觀摩興起良多嘉與今銓部汪君錞屢試第一尋倖鄉舉當是時楚壘頗獲傳誦而數科以來漸次登選而去則是江漢書院之大有造於楚人也中丞觀風得士正値賓興若煥然一新卽考亭白鹿洞之學規可以復振此所望於興舉者也楚地舊苦十年大當之差謂之里役正供

有限雜派無窮積里因之以包攬猾胥因之以侵欺小民不勝敲扑則借債於營兵營債難償則逃逃則田荒田荒則正供亦負而有司往往受考成之累自前任制府徐公創爲穿甲之法革去里役俾單丁斗米咸得自封投櫃於是包攬之端絕侵欺之路塞良民輸將恐後而郡縣之課遂最此萬世之利也村市之民舊苦保長之役皂快所至饕食其家又官長生辰時節踵事增華中人之產當一役而遂盡及更換之期既居肆行僉報人人視爲畏途多方請託展轉支離中人之產報一役而遂盡自革去保長之法行祇用鄉約約講月吉讀法

皂快無饕食之地而貿遷有無之民得以安堵此又萬世之利也漕糧北糧舊苦里民與旗甲相兌陋規多而糧艘開幫之期常滯自官兌之法行鄉民負米交倉旦出暮歸迨糧艘到日官與旗甲唱籌量米日中而竣事里民不見運弁之面而水次無所容其久泊此又萬世之利也邸報中台垣建白嘗請敕下未曾穿甲之省一體遵行則此法之善可知然法之善者便於官便於民便於廉靜之鄉紳閉戶讀書之士子獨不便於地方之豪猾與衙門之吏胥故嘗有虎視眈眈思陰壞其法者嘉擬告之當事立石通衢以垂永久會前歲匆匆北征

有所未遑今中丞褰裳伏鉞延見吏民訪問興除大端若通行曉諭杜絕宵小壞法之萌則召棠郇雨世世頌之矣此所望於申飭者也嘉素性恬退在長安懷刺漫滅已久即故園諸長吏杳無尺素相通問寒門子姪藿粥布衣恂恂謹飭長男啟洛又以教習旅食京邸第以區區桑梓之慮爲此妄言雖若平平無奇然士興於學農安於田工商樂業於市至治之要不外乎此古之爲治者施予之惠可以及人然而弗遍巡察之威可以易俗然而弗深惟良法美意堅守而溥被之則涵濡淪浹爲無窮出而鎖鑰封疆入而平章軍國無二道也肯懇

我師晤言之暇齒芬及之則怙冒三楚如長日加益而人不知矣

與姚給事論賦役書　金德嘉

頃於邸抄中見閩督姚公請革里長一疏不覺歛容敬起蓋天下小民之窮不窮於正供而窮於雜派雜派之弊不盡始於有司而往往由於羣蠹夫所謂羣蠹者何也有經承之蠹有差役之蠹有城市歇保之蠹有豪猾表裏之蠹層累而上之以至於有司長吏之聲名日以壞黎元之膏血日以枯而中飽者羣蠹也羣蠹望風饕食皆指里長爲例所固然耳白晝攫奪而文之以當年

之名千條萬緒統稱之曰補庫官取之里長里長取之排年排年取之花戶終年稱貸逐月輸將而正供之逋欠猶自若也十年輪當之磨累不堪於是有以編甸南漕分任變十年為五年一役者矣而經承差役歇保豪猾層累而疊出抱薪救火焰且燎原前役未完而後役又至奔走道路無時休息伺候衙門衽席以之不以耕讀為職業而以城市為生理鄉里淳樸之俗蕩然而無餘是顯戮者在正供而陰壞者人心風俗也若行自封投櫃之法官按册以徵收民照畝以完納即藏扑不施而輸將恐後何則完一錢則有一錢之券票完一兩則

銷一兩之由單官徵官解而箕斂之術不出於額外也里長之名革則官有清廉之聲民有樂利之實庶可保而富教可加法誠無便於此其不便者羣蠹耳若因循沿習日甚一日科派繁則正餉缺正餉缺則征比勞徵此勞則揭借營債多揭債多則逃逃則田荒田荒則賦無出當此之時民欲學點金之術而不能官欲保飲水之操而不得官民俱困而羣蠹者肥酒大肉揚揚得意也嗟乎邦本之謂何而堪此朘削乎姚公急救一時之疾苦而又恐變法者之隨其後是故仰請　天語勒石以垂永久台垣諸公念切民瘼者屢請以此法通行天

下誠有見於良法之行也小民懽若更生而耽耽而思破壞者羣蠹也此勢不兩立者也　聖德好生天覆地載察吏安民巡察有遣矣水旱災荒賑卹屢行矣然循察猶有待及之地賑卹猶有待澤之人惟良法畫一普天共遵則民力裕於平日雖小有凶年而不能災官箴肅於典常雖有僉壬簧鼓而無以及於花戶編民也今幸矣命九卿詹事科道會議具奏矣民命根本於是乎在國家久安長治之大要不外乎此矣先正謂士大夫為善唯立法濟民為大此法立上有益於國賦下有裨於民生近之有拯於閭閻之阽危而遠之有關於風俗

之醕古由八閩以推之各省六合同風九州共貫天下含生之倫沐浴歌詠於罔極矣區區慶幸之忱不覺縷縷惟足下省覽而留意焉幸甚

跋金公復濆遺游擊唐通書後 睢州湯 斌潛菴

右楚黄金子會公先大夫守興安時遺游擊將軍唐通書也余向觀察秦中關南士大夫往往言公當日禦寇城守狀今觀書中覘賊情論地勢恤民力較若列眉信余所聞不虛矣會公又言公有自警編紀宋名賢嘉言懿行理學源流具見於此夫理學者經濟之本也公之誓守孤城保障生民豈無所根柢乎會公篤學力行有年舉禮部第一人官翰林杜門著書將來樹立未可量今奉手澤爲罔極之思忠孝相承世德無替謹拜手而識之

又 新城王士禎貽上

嗚呼此明興安知州復濆金公遺游擊將軍唐通書也按公作書爲崇禎七年甲戌四月三十日是時大軍在楚蜀賊入漢南秦督洪公疏所云賊在平利洵陽間者數萬自巴州通江入西鄉者二三萬其自棧道犯城洋者又東下石泉漢陰之間畢會於漢興而旁哭於商雒秦事大可憂者正其事也是年八月遂有車箱谷僞降之舉三秦潰裂竟至不可收拾嗚呼賊燄方張不可嚮邇名郡望邑所至瓦解而先生以區區忠義之氣激發士民兩全孤城於百萬虎狼之中及其鞠躬盡瘁猶絳衣大冠降神睥睨比於伍胥南門之事嗚呼偉哉可不謂忠乎公歿既四十餘年而仲子會公壬戌舉禮部第一入館閣與余爲同官余因得拜觀公手蹟而恭題數語於後亦以見天之報施勞臣有以也

又 無錫倪 燦闇公

余嘗考明季流寇之亂崇禎六年冬山西河北賊乘水渡河而南破澠池伊湯盧氏蔓延於歸汝南陽光固信陽之間豫撫元默率左良玉湯九州李卑諸軍待於境上嵩雒以北名城數十登陴固守賊以是竄入盧氏山中直抵內鄉內鄉接壤鄧州淅水從淅可以犯鄖從鄧

可以犯襄鄖城庳薄賊遂過河破鄖西上津明年正月破房縣保康直走無人之境賊勢駸駸乎入蜀矣當是時延撫陳奇瑜克延水關有功以爲知兵晉總督五省合大名道盧象昇討賊戰烏林關乜家溝石泉壩康家坪蚋溪諸處一時楚雖無賊而賊之竄也盡入於漢南而興安適當其衝此先生與游擊通書籌兵廋餉之所由來也嗚乎方秦寇之始發難也延綏以北爲逃兵爲邊盜延綏以南爲土寇爲饑民當其偏袒大呼首事作難者不過王嘉蔭神一元王左掛點燈子數人耳及其撲滅中外大臣晏然以爲既得始事者之首天下無事

孰知後之蔓延至於如此語曰涓涓不絕遂成江河每誦斯言良爲於邑余跋先生手書而牽連及此一以見當日之民情賊勢如蛇蟠蟻聚牢不可解又以嘆國家不能破格用人如先生輩僅使之勞瘁興安以死此朝廷興衰治亂所關而不僅爲會公編修今日珍重先人之遺札已也

又　　貴陽　周起渭　漁璜

興安爲州西漢中東襄陽當秦蜀楚豫之交由襄陽又可以東瞰淮泗地雖荒瘠而中原治亂實權衡於此昔南宋末呂文煥不以襄陽降則元人不得下江南明祟

禎時流賊在襄陽間此即有明存亡之關苟枋國者少有智識當萃天下之兵餉於此圖賊乃恃此區區數州縣之財力養兵以爲兒戲耶當金公守興安作此書時距甲申十年此時賊勢雖熾尚可收拾故書云於此合力勦除自屬至理而以士民傷殘計無復之爲恨賢者所見自遠厥後襄漢間賊勢不可撲滅而明遂以之亡讀公書知其當日所逆料如燭照數計而龜卜也嗟乎明事之壞由文武各不相知廟堂疆埸計各相左民逃亡已盡而徵餉之符旁午不休兵敗於外而在內搖唇鼓舌之臣不與其責三復公言如見其蒿目拊心之狀

良可悲矣渭嘗謂明之存亡決於楚之三人自張江陵卒則無相熊芝岡死則無將楊應山死則無言官今觀守令中如金公一身所係亦非輕也乃中朝不幸而應山下獄疆圉不幸而芝岡傳首中原不幸而金公死官明之將亡楚人雖力挽天河而卒無救於敗豈非天耶豈非天耶

廣濟縣志卷十四

藝文志 賦 詩

望楚山賦 并序　　梅應春

予家楚山下去臘自眞定馳价唁問親朋往迴三閱月得報于淪上知吾翁尚存而故舊半鬼足爲永歎耳後欲復遣一騎未能也今遂異國闊問無期死生契闊姑寄悲於此

維嘉平之旣望紛暮雪兮滹沱賦宵雅之棠棣睇楚山之葎蘿翩驛騎兮往訊稽道里兮轗軻訪死生於契闊歷浩刦兮干戈閱梅花兮歲晚結愁思兮寒柯暨春服

之旣成纜予舟於岷波欷囘武之在前悵夢泡兮繫何發函書兮展轉慰薦鮮兮戚多甚慰者幸友于之猶故戚者嗄親朋之薦蹉於是欹鍾儀之冠而顧影掩漸離之筑而縮歌歌曰巴水滴兮幾千里巴山厲兮石齒齒音問來兮何時還奈何乎水兮奈何乎山童有能楚聲者相與韃鞳而歌之恍不知雍門之再鼓而杜陵之八噫也歌於斯也悲則悲矣遑知今而後之悲猶有愴於昔時者耶夫離羣索居者固不若聚廬託處之相完餐風宿露者固不若歲時斗酒之爲懽然而道阻且長可以縈吾九迴之腸而不可以間吾魚書雁帛之悠揚曰邁月征可以致吾白髮之生而不可以隔吾伯塤仲篪之怡情惟夫地絕東西天迴南北廣陵同根於李而所處異域亮瑾均樹於葛而所事殊國則將曠斯世而缺聞問之期終此身而無合併之日也嗚乎天乎吾已矣夫母幽冥兮未遂兒髫亂兮早孤繫永朝兮煢煢泣長夜乎呱呱悵所親兮何許杳淮煙兮平蕪雖欲牽黃犬於東門爲布衣於丹徒不可得矣聊復企魚臺而短賦倚鴻風而長吁也

鮑照讀書臺賦 并序　　張元爵

邑治東北三十里界新蔡有山曰東衝嶕嶢崒

嵂秀色參天巖畔有臺屹立盖劉宋參軍鮑照讀書處也照東海人文辭贍逸尤工樂府始以詩謁臨川王義慶甚見知賞遷秣陵令後臨海王子頊爲荆州以照爲參軍掌書記照因僑寓新蔡選勝搜奇築臺東衝之上以爲遊心墳索之區迄今千有餘年荒煙蔓草中遺址尚存康熙癸亥我郡中憲大夫蘇公採風茲土訪問逸事尤於茲臺不任吟想之至爰命諸生集試學宮爵既猥伺黌序未敢以不文辭於是染翰操紙慨然而賦之詞曰

穹輿肇開山嶽永峙縈我東衢合沓秀起頡頏匡廬連屬明水盤紆㟢鬱岑崟崎巇谽谺豁閜陂池貏豸撐青空而突㝠踞坤軸而透迆堆衆巒兮友朋列翠巘兮孫子襲日氣兮曉紅凝煙光兮暮紫篁篠懸巖兮娟娟碑确點徑兮嵒嵒泉漱玉兮琅璫雲垂帶兮旖旎嗟臺嶺之敢倫疇邱陵之可擬雖作鎮於下邑勤仰止於鄉士溯劉宋之元嘉河濟淸而効祉鮑君起而著頌序適麗以擅義歷藩國以貢詩爭出迎而倒屣伊誰云其才盡心燭照而悟旨營記室於荊州位參軍而優仕爰僦居於新蔡隔故園兮千里雕琴奏以抒憂遥岑睇而自喜

於是登香爐之巔刺望石門之縹緲訪僊靈之秘窈探眞趣於幽窅獻賦才於毫帛醉樽中之清醥且掉頭以歸來渡江流之浩淼旋出門而西顧峯疊巘以圜遶謂勝境之在茲乃杖策以幽討風飄飄而吹衣木森森而夾道跨懸磴之穹窿陟峭嶸之修杳躋東衢之絕頂覘衆山而皆小藉草茵以娛情捫蘿幃而遊遶思甛足之無區亦遊人之所少爾乃解車駕駐郵亭召匠石募山丁劚胥塗之榛棘搏壁立之翠屏鑿蠶叢之曲折拉梗林之迷冥薈翳既剔幽麗乃形岡岩嶙而纚聯洞窈窱以岭崿谷分牙而錯繡瀑拖紳而建瓴由人力之奏績

亦山神之効靈爰度基址劈土芟萊審高下之體勢倚削壁而爲臺裁四隅之方正隆崛岉乎崔嵬岡或虞其陁陊諒不至於顛頹於是豺虎奔竄狒猬遯回虵蝮潛蹤於幽澗魍魎滅影於蒼苔熊羆搆錯於遠岫猿狖懸枝於陒隗矧山魈與木客竄蚺蛇以喧豗魑類既逸珍禽時來鈎輈鳴而桀格謝豹啼以清哀錦帶飛而沸卉桐花坐以毰毸鳩鵲顧人而淰躍雉鷮對客以嫌猜羌百鳥之有託以參軍而爲媒宕阜高岑芳樹紛積桑柞栟櫚椿櫨松柏櫧矗千尋輪囷百尺楓杉挐莖於巘㝗楨檉垂蔭於几席梧桐插空以搖青簞簩低地而舞碧

縈鱗接而虬蟠悉茲臺之賞適於是曳輕裾岸巾幘携麈尾著蠟屐拾級而登泠然坐石列周孔之圖書展羲皇之墳籍旁涉獵於莊騷時漁佃於史冊乃支頤而諷誦旋銳心以尋繹羅萬軸於胸中信開卷而有益人疑干進之階自許煙霞之癖有時流覽既周吟興感觸潑墨成扶風之歌拂紙著蕭史之曲吐哀音於蕪城抽藻思於舞鶴得景陽之俶詭含茂先之典縟姿雄渾以凌顏性沉摯而轢陸洵怒潮以迴瀾自敲金而戛玉有時招野叟攜童僕望翠微以躡跚步雲窩而彳亍立千仞以振衣窮萬里而注目摘巖花以插帽採山肴與野蔌

夕陽下兮半規爽籟傳兮虛谷尋歸途以節勞舉匏樽以相屬有時露下成珠月明如燭臨風舒嘯捋髯聚足談空空於釋部卯元元於仙籙脫名利之韁鏁解仕宦之桎梏伊永夕以永朝悉從心之所欲夫何世事舛午歲月頻删臺歸然其獨立參罪出而莫還多樵牧之登陟鮮過客之躋扳經陰風兮苦雨滋蔓絡兮蘚斑會五馬之至止瞻藍岫其如環訪參軍之遺跡乃即事而命篇艮茲山之厚幸揚永譽於人寰愧櫟樗之陋質媿辭令之未嫻聊搦管以敷陳冀砭愚而訂頑

樂府

茶蓼篇　劉養微

茹荼知苦茹蓼知辛君其問諸水濱風蕭蕭兮愁殺人彼何者翁嫗八十九十行乞於路翁前置詞饑餓倚樹所有三男大男中男暴露其一雖存將婦男女今無處所不知是何人來撐船搖櫓強劃我禾黍叩頭跪乞遺得一二筐筥無石白誰舂又誰烹煮翁勿復言我力不能存活汝徒使我淚下如雨傳告後世人萬歷戊申受茲荼楚

打藤曲

日出湖上山山頭草蓬千萬閒相呼相喚打菱藤鬬風撇波船上天翁嫗在家兒女泣打得菱藤日將入掐葉抽藤煮藤食生飼豬牛哺鵞鴨喈我人民何不烹豬宰牛日食鵞鴨官租未輸奈若何

菱簰謠

菱簰蕩蕩隨波東西下上為我謂風伯雨師一何太棻使我夜不得臥晝不得炊煮餔旁無垣與籓又無欂櫨枝梧但見雄虺兮九首蝮蛇蓁蓁其朋千百咸來遊咸來遊登我簰搖掟撲蛇蛇悲哀同居患難中兩苦何嫌猜天寒水涸銜珠來

愍離

戊申歲大水厥民蕩析離居瀕江富家婦女行乞於道九哀峩冠翁皆以紀是歲事作

被羅衣兮修楚率彼曠野兮匪兕匪虎猛犬斷斷峩峩兮齧人雞棲於塒天旋日昏長夜漫漫何時晨

九哀

柴池之湖有九人焉係用徽纆尸纍纍浮於水背尊章兮沓夫抱男女兮呱呱載胥及溺兮何辜

峩冠翁

翁逸姓氏又不知何許人峩冠博帶行乞壠坪

之市饑餓露宿厥且臨江浩嘆自沉於水而死

北風蕭蕭江水寒霜凝野凍號烏鳶廓落獨處衣裳單仰視北斗星闌干故鄉悠遠行路難悲吟躑躅涕洟瀾攬衣赴流從彭咸魂魄飛上滄浪天

婦人有火其夫之骨於叢冢褁而繫之腰間者兒不知也由潮陽來陸踰梅嶺水源馬當彭蠡諸險夜以骨爲枕兒不知也凡二年病且死乃以告兒嗚呼此人家婢子也其遇艱其節苦其智深而膽大能使其夫客死之骨出亂山而納之腰膂登之衽席逌殁齒而合並於青朴之一壙其志豈不可哀也哉或曰二年來再醮之說屢矣婦塞耳不聞余曰天下有枕其夫之骨而忍事二夫者乎余閔其託身之微賤而悲其志爲作俞言以表之或告余曰此鎮平周令之僕夫也僕周某婦蓋某氏云

金德嘉

泥滑滑百夫岡煙蒼蒼一夫阬叶千山萬水復還鄉蜑雨腥風離揭陽

行不得哥哥負也多載也多絮褁毡包可奈何纖腰任載淚滂沱

婆餅焦嘷兒食淚如河骨如石石不歸山河不乾爾父

千鈞毋一息

得過且過山奔水簸婦孤兒兩個夜哭無聲渾涕唾瑟瑟覊魂枕邊臥

提葫蘆沽美酒月盈升歲盈斗仰天遙酹他鄉魂婦婦有夫兒有父

不如歸去天荒雲暮濁浪兮終風安寢兮何處一枕枯骸同穴瞑冢頭萌蘖雙松樹

俞言

藍士編

苦苦子孽臣孤淚如雨上有皇天下有后土一腔熱血向誰語苦苦

飛蝗謠　　胡階

春不雨夏不雨飛蝗亂落如飛雨飛蝗影向小禾苗已先槁飛蝗引子來滿地無遺荄縣官捕蝗下鄉里縣吏徵求到雞豕徵求意不足縣吏坐滿屋飛蝗猶自可縣吏嚇殺我

雜謠三首

舟人救月蝕鉦人鳴江峽守戍五千兒聞聲棄兵甲

夫出門婦守屋官軍來婦莫哭婦哭徒惹官軍憐珍汝紅粧愼莫前

官軍來夜讌開珍肴不足官軍怒手碎杯盤髮倒豎縣

官旁立色如土

禽言

時丁喪亂進退維谷遯歸荒野蟄在荊延鳴禽在林人百其感公冶旣遯眷懷知音

布穀布穀莫布穀飛蝗蔽天飢烏啄肉

起起兵戈近汝邨裏汝不急起兵將及汝前邨多殺人腥風不可聞

行不得哥哥南山布網北山張羅

不如歸去朝劚黃精暮舂黍兵塵不到我與汝

得過且過昨日新衣今日破世事不可知留取眼前時

五古

送清紀郎張伯原　　建安楊榮勉仁

服寵當盛世辭榮際時康懸車出都門冠蓋何輝光賓朋相祖餞車馬盈道旁羨此白髮老居官久爲郎官僚讓才傑佳譽遠播揚一日荷恩眷優游歸故鄉維時秋已深水鳥鴻雁翔天空霜露降籬菊花正黃長歌賦歸來對菊賞清觴此樂信難致予亦遠相望願以離別情裁詩寄玉堂　靜軒集

與趙家演兄弟　　義烏凌義渠駿甫

暮雨入疎篁暗泉吐清樾持茲答文心蒼寒那可說惟

君十指中鏤成山水窟清痕刻欲枯異趣搜將竭全賀兩詩魂夜深猶未歇念我識君時瘦影雙哭兀今茲復幾載筆尖垂垂掘孰不甘饑寒恐心事薇蕨相望十畝間寒光轉荒忽攜爾苦吟身同寄晚秋月　使岷集

遊劉正叔白石山房寄題　　楊大鰲

芳園領平岡倒景瞰城郭躋攀仄徑昏曲折傾崖削隨步有清佳從心得揮霍竹塢嵌重陰桃蹊揖飛閣天圖花石晴地折松雲錯幸不少巖巒憾無移海岳沉吟池洗耳駴詫軒飼鶴寒刮雨蔬乾泥封霜果落結搆凝陰陽迴遭引維絡盡歷反成迷冥思隨有獲清談雜曩今

歘語連莊詵喈喈獨鳥聞發發潛魚樂事憶往多歡詩
慙今負約人壽亦幾何端居感離索願言申昔遊睇望
心胸豁

白石山房雜詩　劉養徵

大鵬徙南溟逍遙摩天遊羽翼蔽日月下視隘九州斥
鷃搶榆枋棲息鳴啾啾蚊睫豈不眇蟭螟疑嵩邱細大
固匪倫安飽意各休人生貴適意豈必公與侯
青青園中葵采摘還復生盈盈杯中酒酌盡還復傾陽
春二三月雨過園林清花露滴石砌一鳥深叢鳴呼童
携小榼傍我花間行平生有微尚富貴非所營

讀劉敬伯見寄新詩　吳亮嗣

顏謝既已往體物何其難斯人薄時尚清響厲雲端曉
露凝春草海風生宏瀾無人事幽采葛屨履霜寒
自我西入蜀知汝道旁嘆挾策走吳會忽如風吹散世
人愛輕豔桐響供樵爨古道無復陳塵土埋几案

春日渡湖尋張長人　楊晉

相隔一衣帶懷君乘小舟孤嶼橫中央可以暢春遊家
累託天末來往不能稠水波亦有涯雖鳥亦有洲如何
山中人飄泊隨輕鷗鴻飛在原野稻粱難爲謀側聞東
南音遊魂方未休攜手望鄉邑惻焉增離憂

贈楊子馬　劉秉錄

之子妙年合早具千秋志總角稱朋友歡然託情思置
身古賢儔反得今人忌規戒自朝夕難爲諧俗事月露
共高歌風雨眠山寺於我愧傳經而爾識奇字漢唐遺
籍存縱筆有褒刺歷下與瑯琊摹擬竟誰類往往角狂
談酒酣坐客避河上草堂開凉風暑月至杏顆摘方熟
柳陰甦夙植屐沾三徑苔牖納千峯翠相對無曉昏蕭
然靜塵累白眼風塵中交每嘆詐何如管鮑貧此道
良今棄

羅山寺訪盧小相名首傳　吳亮思

搴衣循石澗訪友入羅山春朝雨暫歇流水聲潺湲雲
氣莽回互飛鳥去復還禪房清晝閑習業頗悠閒客至
懶下榻爲我一開關煮茗話今昔感慨淚潸潸

王惟允　饒嘉元

惟允含英姿藝苑振高步壯圖際休明矯跡西南鶩承
言惟陟岵遂著歸田賦卻掃對孺人哀思日云暮齎志
不獲申遺文邈咸護

冦巨源

巨源崛起士夙齡懷著書抗志邁流俗研精於古初駕
言遊京邑結交羅華裾幽意綣江郡還顧念居諸操觚

甘寂寞冠蓋照里閭娛樂未終極白日忽已徂

胡公篤生孟培　饒嘉絙

大道爭賦畀人世希真士汩沒塵網中怡情昧所叩胡公拔俗英超然念帝始息緣師妙心訪道就管子取日探虞淵晦暝從茲洗結廬岩嶁巔大岳天中起盪胸豁流霞面壁契微旨山川鬱綢繆宇宙靡終已白蓮與碧玉蓊然一色峙致命悟無生觀世踰六紀既齊尼聃駕復方白象軌達人鮮薇觀合并有通理

吳公亮思幼睿

弱植靡飄風孤幹凌勁節彼都豈無人轅駒俛汩沒吳

公倜儻彥齊洒豪氣發弱齡觀京國露頂王侯列高談齊魯連當者疇不折閱世怵履霜國步成奄忽排闥斥要津徙倚淚天闕七尺雖可磔孤衷焉能沒烈語皎劍光凜然爭日月擁褐竟歸來高臥白雲窩懷茲未伸意衝冠厲皜髮身世良已矣榮名華岱揭

饒公嘉軌叔度

燕石寶天球黃鍾缶瓦棄舉世多耳觀疇能辨國器吾兄山河秀十齡揭竿幟南嶽播雄篇名英競向識鳥道緣險平攻其所不意妍媸未敢言但覺神魂悸屢刖哀卞和伏櫪悲老驥長哦太史篇凌厲杜陵氣冷瓮靡朝

饔貿貿蒙袂至末俗徒嗟來果腹焉所冀壯心奮暮年逾懷振墮翼長途竟浩漫千秋力自致

飲劉氏草亭偶成　饒來中

溪迴秀林陸蜿蜒雜芳路開軒坐幽攬及茲春始暮暖風散平疇鳥歌度深樹尋常樊圃間各各都成趣酒酣西日頹蒼茫隔煙霧萬里江濤來目送不得住曠達寫心胸我生空寐寤

初冬張邑侯枉過山居　劉酯驥

東山起天際盤鬱九龍奔灝氣長蒼茫煙雲無朝昏桂樹森佳色蕙草含香魂古跡歲月饒頗有名勝存豈遑

諸葛宅敢擬謝公墩君子攜光風來遊式翩翩雍容金玉度爽朗鍾呂言拚席具蘊藻搴袂指邱園愧非主人禮粗率性可原道儀慰樵牧山景飽輶軒鳳凰集梧桐不聞羣鳥喧

白日寒無盡羣峯開氛翳煙窟泉石來門屏足清麗手觥前致辭客坐杳失際丈夫期青雲相傾以意氣噴薄虹霓生浩如滄海勢銜劍贈千金咄嗟了執袂嘆風郭代公掬恩壇先逝精爽動秋草骨冷山光閉（時公捐貲爲兩牛人營藏甫畢）萊蕪甑有塵彭澤秫逢歲推分忘形骸高義獨凌厲言之不能長感激雙流涕

靈泉洞

西南多奇峯洞古益其尊幽僻絕來跡曠士獨相存始望筋骨整踰險裂雲門泉流刷㘴氣咫尺忘羣喧陰風斷六月北陸霜已繁鬼神鬱翠任怪石鬱子孫殊少苔蘚剝堅貞搖老魂瞀駭花淚鬬龍猊勢各奔崇積改駁犖垂倒仄不翻青燈照地脈悄然非黃昏曲折俯頭角衣冠叢自敦依稀丹竈在尋之清目根苦與人煙近脫身遠邱樊當攜雞犬至旋栽桃樹源

述交一首哭劉千里　張仁熙

昔我未及亂舅宅孤遊時里人謬稱我穮穮識無之時

値劉氏子粲粲玉樹姿私念彼何人同爲宅相兒長我財三載意欲解文辭舅氏歡喜極贈書各盈簏我爲馬遷史君乃班椽遺班生紀漢歲（班固年十三記漢事）兩兒亦差池登臺一顧盼遂爲白首期君才誠先鞭我呼吸走蛟螭二十富經史箋疏必古辭毋呼不出闑父杖不出帷儆衣而垢首日昳尚忘饑囘視几案側撰帙已離離溫養須歲月余謂出且遲一主長風盟遂肆厥所施人言吾劉子其書剞劂宜釀錢不敢後字字刻肝脾而余忝顚頏薇露快所私有似洞及島旋如陸與皮後先登帝闕取次類養廝長安富豪兒叩門畏爲啞又如呑郇宴彷彿啜其醨（余與千里前後以明經入對皆未謁選人）從此歸空山束影百無爲余宿思光輌君棲眞長楣吾子與君子婚媾相因依余才雖謭劣君屢借籤規百卷抉竅奧名實懍不欺裂弁摧籬壁吹羹見孔姬寧期子下世理窮竟離披爲君梓新著爲君俎聖祠吁嗟慰吾子庶無塵世疵

白鶴龍王潭

深山長曲溪山水嘗相厄上挂千尋巖下踞蛟龍宅危石遠遊人威神恒履屐元陰不掩陽龍隱淵聲湊雲雷此舒卷潄盪在咫尺巨湧旣波濤細濺多霡霂深黝絀諸巒水石同蒼碧斷綆莫時施萬仞餘沉璧修霧杳素

林霜條森劍戟庚谷晩自號水鑿相潮汐如怨時悲吟如物相解礫已具風雨容況復當電霹此時朔氣寒窈窕理魂魄因思昔我聞霖澤神無斁何以蟄鱗居便旋弄仙翮日暮一瞻禮倉卒勞考核我欲泛小艇履石銘其額吁嗟且獨還夕陽影歸客

田家　楊勳

亂後歸田園終歲事畝畝農事初未詳出入訪隣友侵晨驅犢耕夕入理畦共漸漸四體柔日與邱山厚誰曰田家貧今尚有濁酒感彼荒亂處如此作息否開春選勝日牽犢隴上巡一年生理處全在於茲辰黃

鳥識時節日弄歌聲新野竹滿溪徑幽居遠囂塵幾家白雲上雞犬成比鄰有時煮濁酒約我田間人相見話晴雨農用古所遵

幽眠不知曙開門山日紅悠然了無事舉止常從容雲去歸遠岫鳥來巢孤松此間有真趣理弗易王公老婦好殷勤酌酒奉家翁一酌祝翁健再酌祝年豐世故渺無着何事憂忡忡

讀楊孝廉榛苓遺草作　桐城　劉允昌　清水

弱冠領羣英聲名滿人口下筆輙千言言言粲星斗典墳兼河洛舍是吾何有千金一笑盡叱咤英雄走咄咄

問千秋公卿徒唾手誰知造化忌好物故難久如此可憐人而無三十壽我讀榛苓草淚下每盈肘　遷草

王恂庚讀書靈谷　蘄州　顧景星　黃公

靈谷衆峯秀窅然鏞磬生因知靜者意於此憐幽情不雨翠微濕長雲佛日明琤琮礀泉外遥得咿唔聲蕭條逆旅趣淡漠山中行薜月晃金燭榕風吹玉笙明時選妙才文藻羅羣英安知江漢側飽食原藹苹白駒自維縶黃鳥何嚶鳴道德我方重匪輕冠與纓　白茅堂集

答康伯問字說

斯文義軒後微義竟誰紹智悊識其情遺象存理要流傳有淫體臆說恣工剽瑣碎雖百家無能救沈溴鼎彝各異狀鼓冢亦難校沿襲誤後學徒然痛先覺六書非細事宣泄抉道妙囊括二儀間精艮五經奧我勞夫如何千載心力耗變通固無方哲辨非執拗學官會有時覆甑君豈料庶幾桓譚知不惜劉歆笑兒童干祿樣竊塾冤園鈔規矩喪高曾笞幡轉相告老眼困昏花研精矢期髦莫怪知者稀陽春本孤調

題王恂度柳舟二十二韻

王郎奇天姿幼負青雲志寄暢山水陰讀書靈谷寺才高折先輩姓字已赤幟響叩鏞呂聲抱藏瑚璉器青氈

故家物兵覊不曾棄摩礪飽經綸思爲一人媚天安佩犨人坐試準前例倒屣中郎迎結襪卿尉至北堂且歸養杜戶賞高致兒曹昏娶畢不受向平累壎箎忝中表倡和篇帙積作書大令如摘辭子安避老夫蕭齋往往往旬月討夜雨羅酒漿兒曹必肄侍溫恭弟子職誨誘長者義富貴不必求烏衣自當嗣名山展先集名山閣集學鄂公貽穀艮不易深刻著豐碑松楸蔚蒼翠適立累世墓碑柳舟新結搆大榜自署字墉垣自前朝風雨長薜荔迤西竹影薄斜日芳草地茗盌無俗賓方知靜者事

藕灣別張長人後寄二十二韻

張子夙孤尚屏跡遠城郭觀書博九流超然悟無學茂林鮮雜轍蕭灑事著作晚歲貢帝廷松心本邱壑終南一回首長驅出京雒不揖大將軍誰爲金張客憶昔君定交文雅忻所託命駕白茅堂詩成索繩削明年造君廬語笑宛猶昨轉燭二十年艱難爽前約朅來藍輿與再入張融宅是日靈雨収風雲正清廓佳詩足雒誦改席恣歡噱白日松上行疎陰散庭幕長君展卷帙季子行膾臛香雪仰橙花亂向杯箸落上言艮友誼下敘天倫樂離合何足歎相見喜無怍功名付兒輩氣誼吾曹諾許與必千秋愛君果高格幽栖繋我思雲水莽參錯

望望如不窮淩風倩江鶴

過余義夫先生墓

山礬千百樹素華飄回風因知古人墓在此香雪中㞕然一儒者慷慨成英雄南宋稱大將西蜀多戰功右臂撫荆楚左顧定梁雍遂能安半壁不致淪羌戎遙望紫金坪是公讀書處鬱鬱白雲間見公手植樹青松飛無聲黃鳥豈不鳴誰能伐片石爲公志墓門

秋日樹下同張長人小飲用魏文帝芙蓉池韻

商邱宋　犖牧仲

暇日勤種植蓊鬱成小園修篁映遠岫嘉樹帶通川涼秋入九月露氣下高天迴飈吹落葉蕭颼來我前斜陽隱榛薄圓月挂林間黃花相照耀晚景何新鮮舉觴偕勝友嚼蘂慕眞仙無煩稱戀遯卽此樂長年　綿津山人集

山居寄懷劉幼陵　舒峻極

東風何處生吹放桃與李貧居鮮經綸絕跡向城市有時策杖行信步得所止青出江南山白見武湖水幽人三徑遥微辨煙雲起焉能共結廬疑義析書史松濤曉戶中雨色晚窻裏對案舉饔飧蒸莧亦云美仰首孤鳥翔此情曷能已

瀼水萬衣伯以世藏先曾大父王父手書見示拜

讀有賦

我祖没已久墓草忘冬春烽燧障楚甸故業爲灰塵書史與俱盡手澤無復親慨歎四世下誰是深藏人瀼溪有賢士早充觀國賓夙昔列門牆尺素江水濱弈葉皆英彥寶惜過席珍渡江入山谷筆耕支賤貧遺墨袖中出蒼然點畫新殊增孫曾愧彌感性情眞樂善自秉彝匪與世俗鄰讀罷卷還客愴惻傷我神悲風坐上起此意何由伸

仙人洞

白日洞中幽紅泉雲外落水底采艣聲岸上江南郭我

欽探眞源秉炬窮陰壑

讀藕灣詩文集書後　藍之申

廓菴擅大名先生名亦噪同開相切劘自得由深造折衷勤公卿不蹈虛聲誚其文今尚傳識與力俱到朗誦淸風生俊逸憶鮑照

山寮答黃公　王衍治恂度

巖巖山谷邃悠悠澗溪長朝昏幸所集青松蔭草堂世態亦已易人事胡倉皇敢懷萬里心孤眠月滿牀莊士勗令德毋爲歧路傷登高一以矚雲物正翱翔頹然發長嘯懷君感一方好音來天際周覽神飛揚鶚表坐中遠秋槐望裏黃祇恐數北軍難言收榆桑

盛暑憶東山石室

暑日何太長炎蒸焦古龕展簟不成眠微飈未肯下枝頭黃鳥鳴憔悴赤光射却憶萬山中深陰覆臺榭脫巾望遠岑坐聽崖泉瀉啜茗覽殘編披林入精舍淸磬時一聞安知塵境窄何時策蹇過箕踞松峯夜

月夜懷吳雲來　張盤基

明月出東山淸光入我堂隔窻落寒聲懷人天一方豈不同此月相思悠且長輾轉不成寐愁聽夜未央

橫岡　張佳晟

灊皖八百里蜿蜒泝江流中途自噴薄崱屴上重樓屏開何峭蒨白日忽沈幽勢如太華削瀑如谷簾鈎風雨閃靈祕颩颩走龍虯儼然旌旆樹諸天列上頭我力艱窮陟矯首驌淸秋城郭渺煙靄江濤咫尺愁念茲騰鶱意萬派應前收

藥山安樂鄉舊傳有道者採藥其上與余居相對

北郭望疎光兩峯忽天半煙靄自遲回石黛亦璀璨左峯若削華右嶺如列幔幽尋眾壑陰面向晴暉判採藥者誰歟安樂舊里閈所採信何如奇卉發陽岸下有藕陂居風雨共昏旦過客時相從談茲峯頭爛爲我生顏色春風挾童冠緬想鹿門翁深意足浩嘆

讀胡教菴先生語錄跋後　張惟金

丈夫不得志立言期不朽六籍揭中天大義燦星斗磐悅徒紛紛支離如駢拇伊人起江滸窮經至皓首蕭蕭涇瑩居環堵宮一畝著論比潛夫苞孕無不有箴愚而砭頑用以置座右滄海雖遞更殘缺良可守

書胡二華先生傳後

二華躭寂寞窮年事蒐討早入馬融帳說經霧如掃折角而解頤後生爲傾倒家世方週顯介性獨自葆懷淸不絕俗吏隱豈枯槁倉卒遘流氛舍生以殉道嗚乎繼

學明立身非草草

憶劉先生醕驥　黃岡陳大章仲夔

古人重讀書今人務骫骳羌吾總角初逮事廓菴子一目了十行窮年惜寸晷貫穿惟六經鑽研極三史讀之每百回背誦如流水摛詞必己出剗刻謝華藻片語幾聱牙隻字富根柢時輩各撟舌翁聞愈益喜嘗騎京華驢落魄少知己蔚州魏象樞特傾倒北面嚴具禮欲備三館須薦達光斧扆翁也掉臂辭徒步歸桑梓迂疏誰見收寒餓遂没齒及其屬纊時慷慨賦哀誄猶手班氏志喃喃盡數紙零落子雲亭痛絕若敖鬼天道竟何如

雪涕瞻蒿里　玉照亭集

憶張先生仁熙

桃李笑春風蘭蕙媚幽谷當時豈不佳嚴霜悽故綠嗚呼藕灣翁松柏受命獨貿然冰雪姿恬曠寡營欲野水環林塘清暉映茅屋閒持一編書坐對青山讀路旁處士梅籬下陶公菊布褐不掩形文史撐滿腹作爲雋永詞鏗鏘響瓊玉正始有遺音比興無繁縟平生篤風雅萬事付踦躅在在童穉時撰杖隨芳躅契濶凡幾年訪我窮山曲白袷出談諧殘燈照醽醁風塵八荏苒存歿如轉轂遠戍下哀鴻長天號古木何處弔九原生芻期一束

泊舟武穴鎮弔金會公先生兼寄令嗣廣宗禹書昆季

蘄皋被清露寒江蕩夕陰故人不可見含悽指舊林池草凋故綠園柳啼驚禽夙昔奉明眘望古渺幽尋青燈照奇語濁酒陶清襟琅琅金石訓豁我蓬之心一別成萬古茹哀坐陸沈緣情重掩抑淚盡雍門琴

先生南國楨山岳秉特操高步冠羣英沖襟委埋照鏗鍧雅正詞五色相炳曜素尚託鴻冥孤情發鸞嘯纂述垂千秋滉瀁入無兆譬彼百尺桐孫枝亦合抱徂運逝

不留盛德久彌劭經術重韋門努力期明紹

伯道廬虛中郎燼熄文人薄祜今古同悲矣邑中先輩有七人焉家叔父命鈔謄其遺稿都爲一集行付剞劂既卒業各賦詩一首　金啓江

張太守子龍

皇矣張太守狎主醼壇盟里門鄰下雉雝雝鳳凰鳴摛辭追三閣作賦擬二京茅亭人問字草昧變文明劉康谷子寄公詩有終古斯人開草昧之句共年躋衛武耄言筆未停九十以後著耄言江漢滔滔逝星雲亦窅冥楊塋徙負土伏學女傳經剩有殘編在斯文尚典型

冠山人巨源

楚江冠山人讀書到盤谷閉戶垂三載文選理精熟怒髮弔淮陰低徊歌當哭覽古黃金臺浩然展遐矚汾上有賢王(慶成王)賓筵禮華屋千金隨手盡歸來啖虀粥逢人說二餘蝸廬成小築一棺尋東身淺土江之澳風流縣大夫搜詩次篇目馬鬣爲重封大書壽山麓嗚乎此高風可以挽頹俗至今墓道傍松風猶謖謖

楊孝廉用極

娉婷楊孝廉厥年二十九十五入詞壇公幹稱良友(劉謂康谷子)甫宮一下第毷氉侁侁走舍生散鬱陶佳人共卮

酒老友吳黃門(諱亮嗣)酒淚到林藪遺草拾榛苓(黃門刻其詩顏日榛苓遺草)序出張公手(子龍先生作序弁其首)

劉康谷子敬伯

嬌嬌劉敬伯經學爲人師(授經黃岡何氏)何氏好兄弟(黃岡何謙韋長仲藏)把臂結心知閔彼病消渴臥起苦支離藤牀搘瘦骨馳送山之陲音問時絡繹夢裏長相思陰風吹大壑白日忽西馳絮酒奠墓道吞聲憶舊時屈畫及衰親摩頂視其兒(韋長序其詩云余兄弟至康谷子墓見其子尚爽固父殆老矣今而後余兄弟勉爲康谷子治父衣冠)嗚乎此良友端人實致之後來遡高風蕤林疇可追

劉明經廓菴

亭亭東岡雲英英垂天半下有芝在堂寶光何璀璨博物劉先生擁書恣點竄歲貢上春官聲名騰霄漢柏鄉與蘄州前席析疑難(柏鄉蘄州兩魏公日與先生講論不輟)歸老窮巷中羣言會一貫身外俱浮雲抱璞殊衎衎至今蒼蒼松挺然露修幹

吳靈山公子

靈山吳公子矯矯詞壇伯先君文酒交過從稱莫逆皇考官大令(敏師確山令)公子覩標格中年丁喪亂繁華轉蕭索郊原戎馬屯(前甲申乙酉)莫夜防辛螫(時有宵人欲殺公子夜大書其門)

幽棲依白雲(白雲菴在靈山)濁醪常結客(公子與客飲達旦宵人知有備故免)大令浮湘去音書限南北湘水阻且深南望空脈脈沈憂能傷人經年病深谷先君過靈山强起話山麓一別歸江干幾日便易簀吞聲作挽歌傷心六月六生死見交情古道照顏色賤子記先友短章陳夙昔

黃文學大象

昔聞古秋堂巋然江之渚中有黃叔度鎮日惟道古博物劉東岡(廓菴先生)於時共語語詩法嗜空同吟咏不絕口世亂更滄桑蕭然一環堵兀坐整衣冠羞與委巷伍生涯嗟偪側遺草幸藏弆嗚乎騷雅場荒煙沒禾黍

胡太僕劍銘　　張禮源

干將與莫耶純鉤名古越淸水淬其鋒精剛抉陰蜺有
明熹宗朝魏璫恣虎咥頤指崔呈秀下走營兎穴卓哉
太僕公秉氣何凜烈不爲綈指柔寗甘炙手熱當其按
蘄州爭先覩爲悅生祠躍馬過（不拜魏忠賢生祠）私人空闕說
（崔呈秀薦其姿勇公叱之）淬劍置案頭幾靡歐冶鐵銘曰義與仁誓
當截妖孽詎知嬰羅織戴盆甘縲絏有術不用柔用剛
反缺折嗚乎百鍊剛難將幽憤雪烈皇掃孤奸此輩俱
殄絕初政榜國門拔起忠臣列公也荷新恩三秦備節
鉞此物與之俱霜鍔電光掣逆閹雖授首未塗奸臣血

大書絕不刊豈直盧龍埒珠自合浦還（兵燹後劍爲他人所有復購得）
之千年不磨滅手澤貽後人可覘不可褻怕入襄城水
長與匣中別

述懷　　徐天球

我年三十四仗劍出門遊射策對明詔芻蕘欣見收綸
音渙丹陛分符來冀幽武遂纔二句洺川經六秋課績
兩報可量移古邢州（州）邢地當衝衢時事劇可憂（州有奸民抗官
之案前守令俱挂彈章）川濆餘波洶險雨資綢繆下車宣德威危
灘復安流梗化有左道坐令談者愁（沙邑奸民下會倡邪教詞連晉豫二
省撫軍率諸使集邢會訊）渠魁一就擒餘黨次第囚獄具天恩寬殲

渠無苛求（首惡杖斃餘從末減）余心差得盡敢以此分猷幸際三
年典叨籍六計優風塵經拂拭魏闕瞻星斿秩次二千
石與下大夫儔星軺入西蜀岷江艤扁舟嘉水通三楚
宕渠據上游一官雖新設（雍正間始置此官）閒散如贅疣昔無
風月談何處展一籌且喜職易稱上下少怨尤僮僕六
七人親知爾汝投朝起問薪米夜眠抱衾裯官居太寒
儉硜硜殊自羞胡爲甘如此祿入祗豆區且今米如珠
入市聲啾啾貧者艱一飽失德及乾餱我食一囊粟鎭
日無良謀卽此已素餐不繼誰爲周旣以杜侈費亦以
勵淸修樗材無短長泛若滄波鷗此席堪位置何必議

通侯江州白司馬琵琶聲悠悠至今送客地令人想江
頭我懷應有託冷署閒夷猶君看南來鶴時亦止汀洲

宿青林山精舍　　胡醑

夕陽暝前山迢遞出深谷引領望青林紆徑凡百曲石
盡泉聲小秋高山氣肅行行得古寺歷歷見喬木月出
僧未歸林深鳥先宿出門不見人涼露下修竹
修竹生晚涼況在萬山頂巖臥符夙期秋宵一何永起
坐佛龕前耳目積空冷風停籟轉幽月落山逾靜寥寥
解脫心寂寂招提境不待聞晨鐘孤懷有深省

七古

州胥行　　　楊大鰲

州胥行者民謠也蘄州倅公之署廣濟篆也以州胥百人從蓋馬行鄉曲而令縣胥執鞭也鄉曲人於是不堪聚而謠曰有是哉則與歌於市市之人旣相與和焉而遂比之音

州胥幾輩出縣市千村萬落難迴避男號女哭向蒼天
夫走妻亡匿空樹去年加派催軍餉今年雨久麥漂蕩
九年陳稅一齊徵鏤肌刻骨人凋喪小邑數家無斗大
民貧士瘠空惆悵君不見撚髯大帽胡爲者手挽銀鐺
行跨馬撊門呵客無人入府帖雖來匿不下又不見公

門以外無朝煙公門以內聲徹天那有親朋救急難祇
恃性命當熬煎況有永日誰能延愁雲苦霧昏昏然對
此吞聲忽復泣恐有州胥門外立

戊申歲　　　劉養微

我舟開頭六月六蕪湖縣旁我舟宿隔船問訊蘄黃人
蘄黃水勢高於屋嘉靖庚申水莫當今年轉高七尺強
毒龍老蛟潰堤入西際馬口東潯陽豪門巨戶吳與張
孫呂李郭朱盧楊可憐翩翩白面郎繡衣騘馬黃金裝
往時慶曲鶯花裏此日啼饑道路旁畫闌綺閣遙相望
屋瓦漂蕩隨鴛鴦長堤萬棚螻蟻集大海一線黿鼉梁
浮屍挂樹者誰子纖纖玉手羅衣裳烏鳶飛來啄人肉
呀呷腥腐薰穹蒼我有寡姊稱未亡十年凜冽嘗風霜
慇懃哺雛兼搆巢巢成蕩作魚龍堂赤磯湖頭煙水深
天昏月黑啼何方山中兄弟忍置汝田土不得俱豐穰
三十二日斷雨腳苗葉苦槁仍螟蝗高田卑田人兩傷
天乎下土何辜殃訛言傳聞九年水還從萬歷丁未始
請君棄置勿復陳銜風跋浪橫天起

梅川歌爲阮集之別　　劉允昌

江濤如雪船如驢騎驢走雪胡爲乎尋梅孟叟去已遠
君來復向梅川趨梅川長官比梅瘦新向梅川種梅樹

梅樹齊眉未結花先結高樓號梅墅高樓四望煙蒼蒼
晚風六月生微凉開樓置酒夜召客一一先民之遺狂
狂客無如步兵最鼻息都作英雄氣塡胸已少晉魏書
下筆偏多皇頡字蜾蠃螟蛉在眼前猶向袁郎名亮素飽
一拳拳老手毒敵不厭慊然十日飲平原平原亞人輕
薄尹與君生來共鄉井明朝别我走黃州閉却高樓四
窗冷赤壁磯頭與未睬黃鶴樓多賣酒家到日若無吹
笛客還來聽我落梅花

四高樓

樓之東摩天削出青芙蓉下固窮泉上薄日其氣魂魂

光燄熊玉泥金檢自何代軒轅副嶽元封封赫蘇躍跡
禪德過衡南儲君騎赤龍紫光繡衣羣官從我欲攬取

樓之東　禮灊

樓之西汀蘭渚蕙芳離離瀠嬰城東節度石二浦中分
經五圻紫髯未極墮臺醉大姥先將豹尾施漢皐游女
光容儀明珠解摘披襳褵翩然下來貰鶴磯我欲攬取

樓之西　乘鄂

樓之南層峯叠巘綠於藍叢花旋飛縈白練璚臺巀嶭
開煙嵐夜半罡風吹鐵瓦虹蜺怒喝吞長川仙人騎魚
垂鬍髯朱鬣四趾雄雌駼朝遊嵾嶺暮匡山我欲攬取

樓之南　幕岫

樓之北空山石穴陳浮國蝦蟆不躍長風沙琵琶夜彈
積布月經營灝汗五千里噴薄相陶靈氣協新陽女兒
衣羽翮青林童子姣且悅西勞將軍止伐柵我欲攬取

樓之北　襟江

悲高山　爲魏典史時光作　楊晉

毒氣障天天不雨中原白晝驅豺虎無賴少年好英武
擁尉登壇建旗鼓尉也膽氣本粗豪百金市馬如人高
馬上結束青絲絛左右馳騁雙寶刀搴旗斬將不足數
眇視秦寇同鴻毛軍中昨夜傳飛箭鐵騎西來亂如霰
不聞掎角有何營獨引鄉兵當一面健兒身手等閒強
矢石未交先怯戰衆寡相持大不如支吾日久情形見
尉也膽氣眞絶人夜叩壘門惟一身歸來笑擲人頭臥
不知禍福如轉輪亂流馬嘶侵曉度高山遥望寧知數
竹筒一吹已合圍塞斷孤軍歸去路此時拔劍怒衝冠
翻身上馬突圍看黃巾赤眉有羽翼有將無兵勢難測
兜牟脫處戰猶酣鞠帶斷時死不得可憐壯士在垓心
援師望絶無消息高牙大纛坐城中薄祿微官死山側
朝廷有事須將才豈復下僚多屈抑高山燐火繞忠魂
爲爾悲歌淚沾臆

廣濟道中　顧景星

光風麥浪四十里僕夫中歇重行行山花迎客似含笑
杜宇初來無幾聲店看野老爭席坐俗漸買牛成耦耕
已輸春稅卸里笠（笠時萆里）況乃連年無甲兵

歌贈張生無逸

張生三十神骨擎方瞳肉角非凡儔過都歷塊見奇駿
白日蹴踏生風飆生平瞥見萬年少眼底獨來孫仲謀
令弟舍齠善酬對一日白璧雙見投伏龍已甘讓德操
怒虎莫直推賁彪開尊卓午便達暮落日半沉環翠樓
怡然敬我爲父執向我捉勒黃金鞦門前磐石可坐臥

下馬更擎青玉甌愛君兄弟數回首百里彷彿猶林邱
人生俗累固難釋如我故人良不憂尙平五嶽雖未去
鹿門退隱堪千秋况君頭角已嶄出承家豈用康成愁
五十有子得如此何不深山休去休

送梅川張進士先基之任棗強

我今行年三十二顛毛欲白色顦顇朝持一卷空山中
暮揣腹中無一字若年較我兩歲強錦袍玉面横銀章
揚鞭紫陌誇驪裹獻賦金鑾奪鳳凰代殊貌改不復記
却思十六年前事垂髫高揖太守堂我名居昆爾居季
興亡轉盼劇電過舊日結交今幾何昨逢下馬一攜手

使我淚雨流滂沱眼前廬嶽高嵯峨青鞋已脫烏皮靴
送君還望君行處萬里黄雲烏尾吪

浴佛謠　張仁熙

浴佛井中百尺水向出縣門濤如洮斷綆沈沈曉月空
轆轤聲裏官人起二月街頭喚賣絲公家鞭撻無閑時
佛井浴佛不浴俗明日公家更征粟

青林行　舒峻極

東陵之鄉青林水匯作平湖百餘里浩浩西南注大江
水經載江盡于此江濤怒逐迴風旋碎雷轉轂傾山巔
沃野桑麻委泥土築隄障塞虬龍淵霿虹蜿蜒勢綿邈
俯仰陳迹空茫然不逢汲古搜奇士徒嗟陵谷皆變遷
杖履欣逢諳掌故歷世青林湖上住座間圖史擁百城
筆下大禮騰三賦木奴列植孕風霜茨柏當軒飽煙雨
午山如鯉躍晴瀾一峯横亘門前路月明芳草櫂歌聞
斜陽柳岸漁舟聚我嘗問道此中遊指點江山日無數
漢與江匯澤東望之如雲浮太空左右琵琶與積石
我家恰住青林中五月六月湖水漲門開千頃臨濤曠
水面金銀佛寺明波心隱現龍鼉壯靈飈忽吹瀲灩渾
鱣鮪蛟鰐不相讓憶昔放艇官橋隈秋風兩岸芙蓉開
青衣攜琴挈榼至先生長嘯登高臺酒酣落日在衣袖

載道蓬萊羽士迴自覺蒼茫萬古意至今往往從中來
顯晦遙情惟我輩藪浸遷徙復平地黄河一綫南北殊
麻姑三見滄桑易龍門司馬志河渠仲雍羅含有江記
爰稽往牒湖水濱先生尙友千古人新城蘭若表舊蹟
書題銀牓脊嶙峋洞庭黄鵠若在眼景灋草堂相爲鄰
昔者巍巍禹功始江漢疏鑿百川歸海瀚吁嗟此水獨
西流更歷潯陽忽中判一水就下通大雷青林右對馬
頭岸

容園歌　金德嘉

縣門我友胡石存栽花負郭爲容園一畝之宮萬派水

大河乃發橫岡源如象如馬涉衝瀉春風橋石滄浪痕
鐘聲夜動南山寺日色朝暾東郭門竹窗松棟舊山舫
何年移此成新軒京口耆舊臨池去拳蝌倒薤檐楹蹲
山舫四座客常滿更闌燭跋猶聲喧三日采蘭九日鞠
百里以內名流奔即今棐几敦槃在詞場滚滚登兒孫
芝莖蓀萬山雲裏韓融汜毓壎篪惇藩籬碁布俱筆札
攟摭絕俗之方言盪胸决眥坌埃盡去天尺五覗天根
寂寞荒江吾老矣安能走倒床頭樽題詩寄與垂素壁
卜鄰還擬居南村

牛肝磯江閣落成爲作記繫之以詩

盤塘馬口山厜㕒牛肝磯出江之涯如馬如象篙工疑
欹帆側柁人涕洟錦纜王舟西征時中常侍兼羽林兒
郵亭供張丁男疲吏牽百丈譴訶隨東南風起過斯須
父老懽呼神功奇歲在丁卯肇祠基前朝尙書呂公爲
紀夔薦馨答蕃釐雙桓麗碑勒有司今年乙亥新其楣
桂棟蘭橑辛夷栭官劏釜廩士瓷麋瓦牆石甃涓涓池
曰若稽古無淫祠有庇於民則祀之坎坎者鼓悠悠篪
窅冥怳惚神靈怡式過湍瀾潛蛟螭千春萬禩宮於斯
特書紀事系以辭韓成贔屭肩豐碑

過蔻山人故里並讀二餘詩集　藍朝棟

白石一片峙江涘上鐫山人之故里茲地尙假山人傳
山人之詩可知矣山人讀書匡廬山杜門不出長閉關
數年成詩絕匹偶浩歌狂吟開心顏布衣奔走姓字赫
公卿爭延爲上客而公落落性轉偏俛欲交歡不可得
散盡黃金意氣雄歌臺舞榭醉春風倦歸遊老二餘室
窮益甚兮詩益工遺草讀罷淚盈眥詞客由來多失意
但使此集得長存千秋凜凜有生氣

田家鎮　嘉興高孝本

淸晨打鼓發蘄州放船直下當中流青山重疊夾兩岸
彩翠盡向篷窗收田家鎮在青山下人煙葱鬱多臺榭

神鴉無數迎客船遺廟猶說甘興霸家家種竹綠滿村
斫來千束堆柴門緗簾纖作春花影碧簟鋪將秋水痕
愈風之蛇延年艾靈龜辟火如錢大應有仙人居此中
雲深可許神丹丐石尤留客意亦佳眼前翠壁與蒼崖
津道不妨十日住便思尋臥穿芒鞋旗尾忽轉風色別
江面卷來浪如雪刹竿猶在楓林中日影未移下武穴
固哉叟詩集

鎭沅太守行　劉洪度廣濟人　黃梅喻文鏊石農

鶖鶬橫天鬼嘯呼黑雲挾雨煙模糊長身冠劍古丈夫
精誠一片人所無鎭沅城大如斗彝官梗化那易馴鋤

奸剪蔓應不苟劉公五馬來彝疆波弄山前旌旆揚肘
繫三印藉統轄東西控馭何多方（時兼管鎮沅府威遠同知思樂縣事）自
從賊聲威遠振猓黑猖狂勢已迅公冒矢石率先登驟
馬蹴空立斫陣孤臣義憤嗟誰儔赤手生搤五賊頭拔
刀殺賊刀流血血灑蠻天天欲愁制軍（鄂文端公爾泰）撫軍（陽文定公時）
加撫慰更飛密檄委重寄討縛刁瀚繫轅門滿城
動色駭神異其如醜類終拍張飛鴞豈得爲鸞凰何問
蜂集入城府狐跳豕突誰可當陰風慘慘凜冰雪馬湧
江水響鳴咽太守登堂誓大義睛光炯炯腔血熱勢忽
忽看振臂來怒呼殺賊聲震雷力盡殉城獲死所守城
武弁安在哉其時五僕皆委命慷慨就死殊剛勁惟公
精誠一片心忠激愚頑遂至性君不見 王師奮撻滇
氛銷傒錢賨布輸 王朝至今人誦庚戌橋（紅蕉山館集）

閔默子歌

閔默子大官折簡招不來織兒拍肩拽之起有時索筆
點草蟲有時潑墨畫山水最工寫眞顯白描爲人頗上
添三毫生氣勃窣離生綃一月兩月若無事一筆兩筆
若無意堅閉空室坐欲枯忽有人兮呼欲出問爾何由
擅此奇乍語哽咽涕泗垂兒時失怙兼失恃形容髣髴
是耶非思成詫歎神惟肖疑有天幸非人爲從此貌人

人絕倒破屨敗衣恣幽討幾被春風刷羽毛休要冬烘
露頭腦裝池一幅奉饌圖擔囊卻走長安道長安道上
多貴人無由橐筆圖麒麟況當職貢圖王會植髮顚鼻
何人繪其時衛藏班禪亦來王吹螺嗪唄羅都綱供三
摩耶熬茶香碧睛偏袒坐四牀輪迴雖誕教宗黃爾操
不律妙嚴莊（時某邸令圖班禪額爾德尼像）足令傳遍四十九旗前回
準膽懾諸台吉穹桑草茅下士那得此如驅魂夢談荒
唐可憐歸去漢江晚西風披拂塵衣短墓田草屋都荒
蕪片帆來往客心孤嗚呼閔生默且怪年年默向人間
賣妙技珍惜不肯傳十字街頭抵酒債

題閔孝子（貞）奉饌圖　無錫楊揆（荔裳）

煢煢閔子少艱苦十二失恃兼失怙麻衣飛雪淚零雨
悲風蕭蕭墓門樹疇昔音容渺何許中心傷悲欲誰語
高高青天厚黃土春野一蔬秋一黍人生得祿綵衣舞
我獨雞豚歎無補吁嗟乎兒生孤露年長大學書不成
去學畫夢中顏色平生話寂歷空堂繪遺挂
高堂背日兒方呱形容粗憶成模糊十年閉戶空操觚
手腕欲脫淚眼枯一朝孝感重追摹落筆笑貌生不殊
更爲小幅奉饌圖兒奉父兮婦獻姑杯流琥珀盤雕胡
儼然一室相怡愉吁嗟乎清明墳頭多祭掃兒女歸來

燈下笑君今邑養圖中省生死何能間眞孝
中年落魄驅四方東西南北空徬徨一圖珍重什襲藏
羈旅瞻拜終無忘新詩索題盈錦囊公卿傾倒迎長康
絕技寧炫筆墨長純孝寧欲姓氏彰乞吾之詩報君畫
冀以文筆騰幽光吁嗟乎朝去辭親暮在側愛日區區
本難得向人不是輕干謁話到終天自嗚咽
悠悠漢水摇漣漪念年遠別勞歸思晨興叩門出告辭
日色杲杲風絲絲言將還家樹豐碑畫鐫大雅瓊瑰詞
不負千里來驅馳重泉敢告先靈知嗟我腕弱何能爲
送君此去定妻其吁嗟乎衡風莫更遲歸榜猶作當時

倚閭想墓前再拜何所仰手種松楸定成長桐華吟館集

刋水行　胡醑

有客夜宿西橫里居人爲說今年水去年水大未及山
今年山在滄波間三月一雨至六月刋水漲溢堤崩裂
田廬盡委巨浸中蛟鼉奔騰猶未息初來哭似錢塘潮
疾雷磅礴風刁騷舳艫掀簸屋瓦飄咄嗟人命隨波濤
岸上空使哭聲號龍堂貝闕魂難招但見白浪匌匒噴
欲不可遏愁雲無色蒼天高十日五日水初定歸人盪
舟江上問水面游魚逐亂屍可憐骨肉不能認吁嗟乎
人生誰無父母恩誰無妻子無弟昆田廬漂沒可馴復
骨肉慘裂徒煩冤君不見青林湖冢墓已盡生菰蒲天
寒月黑白楊樹夜夜鬼哭聲嗚嗚

關廟壁觀閔猷子貞畫松歌

閔貞字正齋猷子其自號也廣濟人以畫名正隆間黃梅喻石農先生爲作閔猷子歌予取其首二句爲發端云

我聞閔猷子達官折柬招不來纖兒拍肩拽之起關廟
爲誰畫古松得毋雅意重桑梓粉壁懸空十餘丈側弁
傾冠未能望畢宏韋偃信擅場顧此正恐筆難放閔子
氣與蒼山高酒酣潑墨無權衡頃刻長松挺碧霄輪囷

下瞰風煙飄神猿不得上健鶻不得巢空山無人鐘聲
靜徃徃壁上生驚濤我來正值兵革後朱門大宅盡非
故此松刦火不能焚信有神物爲呵護古來畫松人頗
多坐令勁節成蓬科此松有幸遇此筆歷千萬世應不
磨我家有松高莫比持較此圖宛相似欲爲寫照苦無
人偃蹇寒崖今老矣惜我不見閔猷子噫吁嚱惜我不
見閔猷子

畫龍

亦閔貞圖關廟壁也予作畫松歌後以餘墨成之末幅感念時事致慨不雨盡不勝老杜洗兵

馬之望云

誰能畫松兼畫龍龍鱗翕張如古松我來關廟尋南宋
不見關廟壁但見神物夭矯蟠屈一氣凌青空得毋起
蟄鞭雷公不然白日慘淡天無風胡爲濕氣滿壁雲漠
濛老僧道是閔貞筆細觀今我增太息我聞曹不興畫
龍致雷雨又聞張僧繇點睛即飛舞閔貞畫松松如生
畫龍何獨龍不靈方今赤旱一千里兵塵澒洞何時已
眞龍不出豕涉波月離於畢無滂沱貞乎貞乎奈若何

小酉隸書歌

我聞鴻都石經刻往來摹搨街衢塞又聞逸少隸法工

飄若浮雲矯若龍古今不少能事手劍折星懸無不有
鍾繇梁鵠號神工唐惟蔡李兼韓叟我朝健者伊何人
二百年數王孟津太原傅山亦超逸顧苓鄭簠皆通神
君今飲水源頭尋學書專學程元岑墨池十載堪染襟
星陳雲布根吾心天地悠悠幾藝林墨汁一縷如懸針
盡收元氣空古今憶昔黃州同作客爨煤魚網來絡繹
座上欲嘯工摇指海外正索蕭雲蹟高堂積紙高於軒
君毎終日持酒罇忽然倚醉濡大筆百幅溪藤一時畢
豪氣直從指端出有時靜坐忽遺興字體清瘦筆愈勁
白日横空冷戰場鐵兵相向排生硬吁嗟乎古人雖往
餘典型俗書工媚難通靈豐豐東宋時徑庭君也落拓
不得一斗粟誰向明堂書六經

九月晦日偕同社諸子展寇山人墓

山人當明嘉隆間以詩名海內惟時交懽山人
者自晉慶成王下逮名卿碩彥誠有如詩敘所
云而其卒也暴露荒江必待數十年後之劉侯
燕及始爲卜葬於此則當日之交游爲何如也
予讀山人詩慷慨起舞以爲古豪俠者流所交
必非常士及考其卒竊不能無翟公之歎矣爲
作長歌鐫於墓側山人有知或者稍慰於冥漠

乎山人名學海字巨源廣濟人載詞林人物考
所著二餘齋集至今尚膾炙人口云燕及名允昌偃城人以進士令廣濟遷南京大理評事歷官興化知縣

霜風颯颯鳴枯樹黃葉滿山飛薄霧風迴霧散日午晴
始見山人山上墓山人當日重游俠轍迹幾遍天下路
伸眉一笑狎王侯七貴三公不足數朱門妙伎進歌舞
白首名儒乞詞賦如何老死荒江濱殘殯無人骸暴露
吁嗟乎豈謂世人不識才大都才也窮之胎君不見余
公山上余玠墓又不見東衡山上鮑照讀書臺余公勲
績委蒿萊鮑子詞賦君王猜可知古今才人傑士坎壈

阨塞例如此不獨我公身後爲可哀同人載酒重徘徊
吾鄉詩壇公所開酹公三爵公歸來

廣濟縣志卷十五

藝文志詩　詩餘

五律

送清紀郎張伯原　泰和王　直行儉

鶴禁承恩久歸休佩寵榮衣冠明主意詩酒故人情黃
菊新移就蒼松舊種成懸知還魏闕淸夢到神京抑菴集

王憲皋督學滇中歸阻風雪公安　袁宗道伯修

此日成僵臥何期見子猷拼將萬里到駟馬一尊留小
邑饒村釀長江苦石尤無嗟鄉路遠五日近黃州白蘇齋集

二餘齋初成漫賦　寇學海

卜居無定業小築似蝸廬日夕散鄰牧水澄窺澗魚落
花人醉後種竹雨來初未敢追前躅貧哉常晏如
一室僅容膝逢人誇二餘移花乘雨過種藥帶雲鋤多
癖塵緣盡無才世念疎臨風憶朋好醉草八行書
地僻幽棲穩沿堦盡藥欄鶴眠松蔭午水繞竹籬寒貧
劇逢迎嬾時違作息安牀頭餘舊劍風雨不須彈
生平秉微尚陋巷有餘安黃雀窺簾下青山入座看日
高還閉戶客至欲求冠勿復談時事令人摧肺肝

送劉梅沙侍御按蜀

名家周柱史持節出長安星度巴江晚霜飛劍閣寒花

迎元武仗人被惠文冠聖王方西顧無歌蜀道難

秋夜有懷張子龍計部

秋氣來何慘中宵獨倚欄羈懷成感易失路傍人難蕭瑟庭柯下徘徊簷月殘美人在何所歸夢繞江干

飲太守子龍園亭有感時園初成

仲蔚初開徑攜尊命友生隔年驚物態垂老見交情貧賤何妨姤文章謾有名半生如酩酊不惜此時醒

山居　楊大鰲

江漢有狂客蕭蕭獨掩關風雲翻失路天地此空山與豈裁詩發機因抱甕閒到來當自取時俗薄朱顏

空山時伏枕仲夏日登臺大壑層陰合雄風萬里來詩名猶偃蹇世路況塵埃何物堪相慰藤花舉數杯

見說盤塘口西征百號船旌旗翻壁日鼓角動江天國賦添軍餉衙胥索里錢干將吾負爾潦倒白雲邊

遊東衙山　劉養微

問訊東樵子李昔賓躬芳余故人經過門限山煥煙茅屋裏風雪竹林灣水碓舂秔稻谿魚煮石斑鄰翁頗相識雞黍數追攀

澗曲重岡隱郵幽客樹交錦雞啼竹塢松鼠落藤梢積蔭滋階蘚方冬補屋茅北風吹古木還擬孟城坳

屋轉千崖坼谿盤萬壑長煙雲通杳靄節序判陰陽溽暑無菁綠初冬秫稻黃草枯仍射獵燒薙糞田疆

草木風霜降罝罘羅網登護兒蹲乳虎獵兎下飢鷹斗澗捎禽落危岡趁獸騰坐皮兼廟祭官吏此輪徵

棟宇危仍置兒童訝許豪持竿驅虎豹升樹捷猿猱雪澗層冰合霜崖落木高往來輕險峻風土慣勤勞

帝力君何有民風自古初老稀諳市井生駭見詩書酒熟閑匏酌租輕布粟餘近聞有陳姓三世世同居

見說陰崖畔野人曾獲麟彩霞垂犢尾紅雨落麕身郊藪遊無故山川覺有神聖朝罷獻瑞應識土風湻

竹裏頭陀寺開門對五峯抱崖深古雪亞石坼危松澗谷逢僧話冰霜印虎蹤登臨謾隨喜雲臥聽晨鐘

谷口龍王廟巖冬樹木青傍崖喧瀑布禱雨降精靈竹塢聞人語松巢墮鶴翎何當避炎熱瀟灑製茅亭

大壑響松風飛泉掛玉虹嶺猿啼接樹灘石立排空隱見蛟龍鬬奔騰霧雨濛白沙漫浩浩斤竹古河通龍王潭疊水崖是東西注川處疊水尤最奇絕

鮑子讀書處危峯坐翠微六朝孤石老千載到人稀衡岳通元氣匡山對落暉登臺重回首懷古一霑衣

荒邱留宿處帶雪燒枯枝芋栗煨初熟荊柴煥亦宜健

兒矜搏虎貧媼烹雌明發朝饔罷歸途曙色遲

秋日晚遊　劉養吉

出門沙草白獨立向寒塘落日銜孤嶼西風起大荒梧桐愁夕照橘柚老秋霜節换驚駒隙悲歌思渺茫

春日散步靈山溪邊　魏艮儒

靈山深谷處一澗落雲隈岸曲煙花散泉深風雨催溪深寒夜月雪溟夾春梅多少騷人至山歌踏踏來

贈隣叟　劉秉鈐

愛爾眞疎樸村閒樂有餘雞豚春雨後桑柘綠陰初范蠡千金志張公九世居會看褒淑德將降治朝書

登劉正叔文學園亭　王大讀

彩筆凌雲起元亭選勝開林疑中散地人似長卿才草色縈藜杖山光浸酒杯謝家多寶樹松菊未應栽

我自高陽侶君還徐孺牀著書凌左馬開徑得求羊天地容吾輩江山護草堂論文如有暇花底劇傳觴

懷饒十一公車　吳亮嗣

故人貧且病老不問生涯一卷消清晝孤吟對落花灌園思內助貰酒望鄰家憔悴山村暮長爲抱璞嗟

半豎安朝夕幽居福性宜畏人腰懶折學稼腹常饑莫問先朝事徒增舊主悲眼前皆變易誰與訂心期

山中花發劉幼凝過訪　饒嘉繩

短鋏悲流落長鑱遂灌園君來春色裏同看百花繁藝菊驚秋氣芟萓減淚痕墜英如有意飛舞到清尊

鴻腦洲歸尋眺繼坡泉　劉子杜

故園花鳥在偶作舊時遊古樹搖溪月寒風繫釣舟柳眠鶯喚暮花落兎銜秋似有桃園意扳藤未肯休

仙人洞　吳亮思

聞說仙人洞探奇慊夙心玲瓏天地闊昏黑雨風深谷口花將發桃源路可尋劉晨與阮肇惆悵幾知音

仙人菴

背洞開名刹清山隔市喧泉聲流澗雨檐影插天門破衲山中老心經石上繙到來生靜趣吾意問歸根

梅川署中　桐城劉允昌

邑多賢長者疎拙不嗤余捐恵勤分釀傷廉數受魚非時能下榻經歲少投書南北東西士吾將此卜居

寄胡仁常民部　嘉定李流芳

春明一回首動隔十年期楚水日東下燕雲常北馳夫君美無度畏壘有遺思國士終何報悠悠媿所知

同王小資尋秋靈谷　舒芝生

一杖經行處雲峯盡日閒小橋傍竹塢欹石亂松關月

色偏宜水秋光常在山黃花新釀熟相共白衣還

秋晚過張長人山居　　丹徒談允謙長益

晚過藕灣路松林石徑紆宛然高士里是我故人廬薜荔冰霜後蒹葭秋水餘孤燈古茅屋聞讀夜深書樹萲草堂集

黃牛院

爲問黃牛院猶然在翠微秦人化鵠去楚客未脩歸松嶺吹殘雪溪春鳴夕暉共遭生死異破涕此茅扉

登靈山風雨忽至簡恂度　　蘄州顧景星

茲山著靈異遂以靈名山怪石巧合沓癡雲貪往還老衲不下欃王生曾閉關泉聲雜風雨咫尺阻追攀

鳳凰山下岳喆故宅

岳飛存鄂姓韓信匿韋兒異代藏宗譜承恩問本支何人詳逸事有客吊荒祠寂寞空山裏猿聲日夜悲

五里橋文家

廬陵文信國苗裔徧寰中俎豆傳宗子家乘略長公衣冠村隴僻煙火小橋東興化長歌在何人更采風

撰張長人文敘附一詩

屈指交遊盡憐君意氣眞同時黃犢健俱作白頭人著述窮偏富詞章老愈新千秋吾黨事珍重百年身

見紅葉思訪康伯東衡山

碧落下秋色千秋幾日紅擬騎匹馬去訪汝萬雲中巖壑風前狖江湖雨外鴻空山多獨悟吟咏與誰同

春日遊靈山　　劉醇驥

幽意谷泉落相將任往同誰持星浪石移近雨花臺人坐翠微笑鳥邀春色來山僧有新約會許寺門開

數轉煙蘿入微茫山氣中陰晴半壑樹鐘磬午天風飯供行廚白香分寶座紅無能隨遠社猿鶴偶然通

孤峯削化城迢遞俯餘清客借登臨興談多感慨生圖林匏嶽色衣帶有江聲豫楚連風壤春雲百里平

馬祖寺　　楊勳

古寺蒼松裏羣山鎖四圍鐘聲雲裏出鶴影月中歸石亂清泉咽林幽白日微溪橋人不到朝夕閉柴扉

新秋過冠山人墓

少小來相識看詩意欲親一生惟用俠到老不辭貧月映溪流活秋分山色勻交遊遍海內登拜自何人

月夜會吳恂可於浮度石

竹疎深見月水淺細流聲說向古人處頻教感慨生苔徑沒芳草幽香飛落英元寂有如此一觴聊共傾

過大藏訪緣雨禪師止止堂　　張仁熙

一徑支筇入千峯與萬峯可憐三日雨共坐五更鐘古道他年合知音再世逢山靈吾語汝松柏護深蹤

闔邑侯振華枉過藕灣信宿

稼穡喧場圃傳呼長吏過到門看騎少掃徑傍秋多列坐兼童穉移樽就薜蘿園花如有待相共惜巖阿

遊浮渡石

十里仙橋路飛濤沒石根峽雲驚不落絕壁冷徒蹲野老樵秋色神龍過雨痕石横溪上一夕雷雨擕其半去古臺明月在常照老僧門

寓馬口湖

湖草碧連天鶯啼復換年移家春雨後作客杏花前細柳朝牽夢和風午送眠倣廬高更望處處有山川

吳四鑑如枉過藕灣

數尺荷花水高秋此夕臨閒情經亂苦別緒入杯深憂國名臣後扶危壯士心蓬蒿君有淚相對共盈襟

贈劉千里貢士　蔚州魏象樞環極

東壁聯荆楚藜光近石渠十年名士賦七發古人書只合隆中望難從洛下居鬚眉橫老氣龍性欲何如

兵火連江漢高人獨布衣乍銜明詔出仍載異書歸上國驚王粲中原想陸機佇看雲壑業不是宦情微

送金豫齋太史歸里　新城王士禎阮亭

破額山前水依然碧玉流吾廬眞可愛此外復何求名已高三館歸還讀九邱蘋花何處采遙送木蘭舟

廬岳天邊影千峯恰對門舊遊時入夢君到必窮源雪後康王谷花時陶令邨遠公相憶處共聽一聲猿帶經堂集

入東衙　舒峻極

一杖穿林入幽行路未賒寺深山色合徑轉石頭斜瘦谷飛秋葉懸崖足暮花從來疎懶意隨處可爲家

屐齒平苔蘚鐘聲出上方高松啼鸛鶴白草瘦牛羊泉瀉千溪雨楓凋一夜霜五峯峯頂月清冷照衣裳

逸公過黃牛院

逸公西澗住歲晚有餘閒不憚攀躋遠來過木石間溪雲寒入戶野燒夜明山祗此爲供給應留數日還

龍泉精舍

斜陽山水好鐘磬是東林喬木會雲氣空庭棲夕陰偕歸蛇嶺路月照虎溪心寂寞襄陽咏芳塵不可尋

寄舒山人　金德嘉

聞君高臥處古道逼柴門獨隱烏皮几微吟黃葉村野風喧水碓細雨濕山根飲罷田家酒幽懷遲客論

庚戌除夕

椒酒驪今夕柴門愧此身十年三上策疋馬獨歸人簫鼓喧兒女盤餐費里隣江梅知節序又放一年春

豹林寺　郭存會

舊額傳眞異重來始細尋豹隱何年霧雞飛尙此林泿憑遊客意誰識故人心桂樹蕭然茂徘徊試一吟

題明興安州牧金公與游擊唐通手書後公諱之純字健之黃州廣濟人　海寧查愼行初白

公守興安日明當甲戌年廟堂全局壞山谷一城堅餉匱難繼民貧實可憐飛書留片紙辛苦想籌邊　敬業堂集

田家鎭　海寧查嗣瑮東亭

靑山圍四面小聚楚江頭暮雨翻鴉去神燈逐水流簾鈎堪倚醉簞影欲生秋驛路更籌急眞令我欲愁　榮古堂集

舟宿龍坪　黃梅黃利通曉夫

廿載鴻洲路杯中酒不虛豈知鄰故國翻欲戀舟居風雨江天暮文章世路疎相逢愁一問消息近何如　槐亭集

黃曉夫秋夜見過　張佳晟

月色窗櫺上村醪喜共斟添衣知客倦滴露聽蟲吟夜半風霜老山中歲月深行藏還自訊肯負故人心

遊東衝山卜居　張瓊基

擬卜東山宅悠悠鳥獸羣臺逢千載友石臥六朝雲饁飯出閭婦療饑澗下芹欲知吾道是淡泊付桐君

次韻劉明府泛湖之作　張惟金

三月湖光潤空明匹練如花飛林巷外鷺浴釣絲餘遠樹環村密新蒲出水疎春風吹小艇隨意問田廬

天池夜雨　呂映珠

天池一夜雨響動百川流隱約蛟龍變蒼涼僧寺幽山高雲半鎖樹密霧全收四望迷雙眼寒生洞裏秋

遊靈山

嵯峨一山秀絕頂兩峯開路從斜徑入水抱合溪洄雲樹連霄漢煙花點石苔憑高寄興遠趺坐獨徘徊

登江心閣次韻　張禮源

飛閣臨江渚凭闌縱目空人家秋雨際山色暮雲中今古濤聲合乾坤水氣通到來心境靜物外問仙翁

大藏寺橋上遲友人不至　藍應象

不問宣貝客空負大藏名迤邐野狐窟淒涼杜宇聲坐橋觀止境過嶺發幽情友入曾解脫可許結同盟

鄭公塔　藍士總

一塔猶今古孤危耐雨風湖山環鎖外煙月影籠中漁唱聞歸艇閒行數落鴻何年藏舍利長此梵王宮

二梅饒勝蹟塔影晃虛空閱歷經唐晉周圍半檜松曉
鐘飛宿羽清磬破愁容野老渾忘事猶然識鄭公

外大父廖臬副公殉難詩　藍士秀

百里符初綰三巴冠正横倉皇徵弱卒慷慨守孤城矢
死寧存舌臨危自結纓忠魂飛不散列宿夜熒熒

家受茲先生故宅

先生無長物貯腹有奇書門靜堪羅雀園荒漫把鋤黄
花呼予採白墮倩人沽寂寞生前事悲誰憶舊廬

黄牙寺

晉代招提古高僧靜掩關但傳携杖去幾見掛瓢還日

浴磯湖水雲飛石港山堦前雙柏樹風雨老鱗斑

同友人遊靈山白雲菴　劉洪佑

伴結靈山步悠然遇故岑風清空鶴唳谷邃靜龍吟曲
曲巖前溜蕭蕭古木陰白雲如有約相引入深深

天津湖　胡本棨

地穴非無灘天津亦有湖火鶖爭食稻風墮帶巢烏杖
屨容高興煙霞敢厚誣自來眞宰意原不在瓔珠

峇窶山房雨坐

尚有先賢在遺蹤敢自尋煙霞分咳唾夔寐與高深雨
後孤螢語秋前萬木心莫彈山水曲空谷本無音

除日懷四兄山居　胡錫冕

臘盡蕭條色雲山一望賒山中梅影瘦雲外雁行斜檢
歷思生事銜杯惜歲華池塘應入夢春草漸萌芽

過寇山人墓　庫世磨

歇馬萬車鋪可人復可人風騷難滅沒碑版自嶙峋百
骨亭邊月凹高樓外春當年韓信廟同此一沾巾

送梅月資入蜀　周源禮

策馬關山外崎嶇道里長斷雲懸峽岸陰雨濕冠裳弔
古傳巴檄觀風過棧梁與君同夜酌西去是他鄉

靈泉洞　陶文萃

古洞鬱穹窿幽如碧玉宮苔衣高繡壁石筍倒懸空複

穴無塵到深岩有路通寒泉流水處應可憩仙翁

由浮渡石至石竹菴　番禺張維屏

草色欲無路松陰多近山寺藏修竹裏石臥碧流間鳥
倦息高翮人勞銷壯顏讀書眞靜者來此閉幽關

贈劉二弟瑞徵　陶廷翼

歲月易且暮交遊見古今祇餘殘簡在相勗一燈深雪
後元亭酒花前綠綺琴依依形影外此樂尙堪尋

江心閣　張秉鈞

傑閣聳層霄蒼茫入望遙天橫關塞雁江接海門潮客

路飛紅葉風霜敝黑貂故鄉何處是日暮泠漁樵

古建寺

此寺何年建禪關掩薜蘿看花遊客少種菜老僧多樹古根全露碑殘字半磨泠然鐘磬淨寄果證波羅

長樂菴

磴道盤紆上菴門竹樹圍烏陪僧種麥風勸客添衣結搆彌陀古穿蘿木槿肥塵緣消欲盡長樂果依依

冬齋閒興　李巖

黃獨霜天飯丹楓晚照圖月銜山影靜雲帶雁聲孤剪燭看秦篆窮經祖漢儒十年交道熟閉戶學潛夫

春日偶過山家即景成詠

襟裾浮暖氣緩步過山家松篠媚幽徑藤蘿開野花天空鳥語寂風軟炊煙斜索句贈鄰叟晴村春興賒

杪秋新霽走筆得句

雨歇遠山出鐘搖秋樹明淵微見畫意慘澹諧詩情籬菊老猶放園蔬香更清閒居恣幽賞一鳥煙中橫

山行　胡文翰

絕頂雙眸豁晨光遠近通雲連江岸白日激海門紅羅列千峯小銷除萬慮空塵緣今覷破情寄有無中

九日鳳港晚渡　夏正

碧空渺無際一棹任萍蹤柳岸漁家網楓林野寺鐘晚霞延夕照黃菊潑秋容還憶吾昆季高登第幾峯

橫岡山　胡醑

拔地起芙蓉乾坤間氣鍾鯨聲生絕壑鳥道入寒松飛瀑懸千仞浮雲渺萬重始知荆楚大不獨祝融峯

宿劉慕韓太史衣德堂

世亂欣相見開樽轉慘悽暗風穿檻細落月入簷低古屋空書劍寒江尚鼓鼙壯懷同不寐愁坐聽荒雞

秋日訪韓南皋先生墓

吾楚四君子先生最可悲墓門橫斷碣宰樹委荒陂孝子竟無後鄉賢尚有祠表章需後死誰爲起新碑

登靈山絕頂　朱澤楠

嵌空浮度石咫尺接青天碧水通湖遠青山抱寺圓雲沈松徑底碑老竹溪邊樵唱在何許歸途風灑然

觀西隄水漲有感　劉宗沅

東注長江水眞源溯蔡蒙我來江上立尚戴禹王功數載鯨波肆千家兔窟空憑誰司保障集宅慰哀鴻

百八蒲牢吼聲聲古寺來利名塵內網生死刦中灰入盡求仙去誰爲撥亂才慈航雖普渡吾道有春臺

七律

石牛　姚楚山

一卷怪石老山巔頭角峥嶸幾百年毛長蒼苔春夜雨
頭昂芳草夕陽天終宵見月何曾喘盡日和煙自在眠
惱殺牧童鞭不起一聲長笛思悠然

送清紀郎張伯原　石首楊溥

湖海星霜入鬢絲九重優詔許歸時甘盤學術商規範
甪里衣冠漢表儀玉佩聲閑山月曉松濤夢覺晝陰遲
江鄉秋到飛鴻早天際停雲正爾思

新淦金幼孜

御敕新頒五色牋賜歸今見寵恩全同朝愧我猶縻祿

投老如公即是仙行李蕭蕭秋色外征帆渺渺夕陽前
故山迴首還相憶清夢時應到九天 北征集

明水山　績溪胡尚志

鳥道斜穿碧玉苔龍宫深鎖白雲隈山門亭午日方到
草閣長年霧不開幾見鳧將飛舄過猶聞鳳引洞簫來
三千界外知何地十二峯頭即上台

夜酌曝月台聽石梁泉聲　劉允昌

點蒼綴碧秋容老據石臨流酒興寬傲吏自來耽麴糵
野人都不識衣冠松嵒墮月沾巾溼磵樹流雲拂座寒
莫負黃花好時節明年此地對誰看

馬祖寺

松間遶徑入林斜竹屋茅龕引鹿車野老能供田芋飯
山僧解種海棠花香廚特設陶潛酒谷水重烹陸羽茶
更向溪頭尋挂雪夕陽垂影散歸鴉

劉使君新建四高樓　張步雲

側身遥望四高樓樓上仙人五色裘遶檻水分千派遠
開簾山送萬家秋登臨鳥影懸霄漢披拂琴聲入斗牛
媿殺白頭人獨老難將病骨一從遊

寄題友人山居　寇學海

山人結搆在山邱蘿月松風入檻幽藜杖濕扶花外雨

竹籬寒抱石邊流衡門盡日誰題鳳豐草經春自飯牛
爲報北窻時下榻遲余雞黍共淹留

寄兄

漂零客子三千里誰信家鄉夜夜還青草池塘成句易
秋鴻天外寄書難風塵偃蹇遊將倦歲月蹉跎鬢欲斑
猶恐語言都變盡得歸莫問舊時顔

舟中夜聽風聲兼懷子龍先生

落木蕭蕭動客哀高天孤雁帶沙來波濤晴湧三巴雪
風雨遥驅七澤雷夢裏驚魂疑市虎望中信使滯江梅
於今雅道同東逝誰向頽波一挽回

別鳴皃

天道沈沈不可知歸來病骨尚驅馳十年未醒關河夢此別空增骨肉悲華髮自慚春盡日青藜莫厭夜深時疏狂豈是傳家計牀上詩書爲爾遺

哭饒孝標　　劉養微

皎皎青天玉樹枝西京才氣盛唐詩何期尊酒論文日即是泉臺永訣時風雨山深埋駿骨瀟湘水遠泣蛾眉古今最是天難問多少封侯歎數奇

一束生芻易水吟芙蓉墓上挂秋陰堪將意氣同生死忽爾風流變古今虛擬壯心懸赤幟空聞大藥化黄金雁行中斷慈闈老鬼哭湘山暮雨深

江館秋集贈别吳二孝廉如長沙

渺渺輕帆落遠波孝廉船自剡溪過不緣尊酒逢君醉如此風塵奈爾何萬里秋聲摧木葉孤亭月色薄藤蘿三湘七澤知何處攜手乾坤且放歌

重過江籬亭

小徑縈迴入薜蘿苔花半濕雨痕多故人雜沓秋能具有客羊求盼並過（時偕陸孟思）樹杪千帆來夕照江干一葉下煙波明朝欲問齊安道惆悵尊前倚醉歌

伯父遷長沙　　楊大鰲

賈生自昔宦湘潭才子何人更駐驂垂老一身難進退寒氊十載祇東南洞庭木葉飛殘雨衡嶽山峯疊翠嵐自是古今詞賦地風塵何必早抽簪

讀可一居士自敍

居士行藏天下疑風流開卷即吾師窮途阮籍無醒日滌器相如自昔時老去青山風雨興狂歌白眼古今詩功名拓落尋常事翻使英雄苦好奇

送蔻山人南還　　王大謨

君自雄風擥大荒高歌常在酒人旁昨來見面驚離合歲暮還家帶雪霜堤柳欲舒渾到眼江梅纔放幾迴腸爲憐薄宦逢搖落何處清尊共楚狂

懷循孫兆嵩隱居靈谷　　吳亮思

谷口幽深竹徑斜一椽茅屋半山遮鼓鐘昔創傳經地雞犬今聞處士家臺畔攜尊常曝月石梁流水尚蒸霞元心著有淮南賦招隱無人莫漫嗟

金卜公孝廉子亮言過訪

故人死别十年餘令子衘齊讀父書白眼頗狂吾已老青雲奮發爾何如文章莫謾矜時好意氣無妨薄太虛鎮日談心宜買酒開懷况值菊花舒

過饒九孝廉故居　　劉秉鉁

草閣荒臺宿莽中清陰彷彿舊牆東烏棲柳岸悲殘月
蝶散花枝怨曉風羅袂軟香春趣隔彩毫幽思暮雲空
那堪頹市蕭條夜聽斷霜天野外鴻

家龍友病起過訪　劉子杜

人家寒食棠梨老竹裏風光正未窮豈有才高終濩落
不妨意外老英雄雲歸日晚山來雨春盡花殘蝶送風
自是阮家忘禮數高吟未許俗相同

杯度亭　饒嘉元

亭雲悠悠雲氣清亭石叠叠石泉平控壓天空海鯨伏
移來夜半山鬼驚霜鐘應律十月至寒葉墮樹長風生

把酒賦詩獻時哲虎從驥附慙楚傖

和劉明府燕及夜酌曝月臺聽浮渡石泉聲原韻

紫萸黃菊佳辰促碧澗蒼巖涼月寬公子俱停金齒屐
使君也著竹皮冠石穿鯨背懸溪穩泉帶鴉聲入座寒
勝地天留今夕醉翁詩代作古人看

多雲山夏君號多雲予索余題詩　饒嘉杌

東衝昔到鮑參軍是處游人更不聞風雨煙嵐封白石
樓臺海色隱紅裙故山身隱空秋老別號天留與夏君
莫向羅州西界問尊前相對是多雲

送姪軫進士入京　饒嘉繩

漁樵無夢到京華送爾關山過雁賒紫陌萬家紅葉滿
黃河幾曲白雲遮長途匹馬三冬雨帝里啼鶯二月花
仗劍燕臺歌舞遍可能回首念天涯

孔監軍屯兵湖上　楊勳

湖邊金鼓咽濤聲戈戟森森壯鐵城落日悲風連幕捲
秋山寒氣破空生鄰封日望旌旗色小邑何須百萬兵
一帶野田容牧馬村莊蕭瑟不勝情

送張長人北上

三月桃花夾道旁行人馬上倍芬芳臥雲廿載曾邱壑
攬轡今朝忽帝鄉山到太行橫地軸河分九派闢天荒

停車莫問當年跡一代風流已渺茫

長安市上美人歌一曲琵琶意若何自古興亡如博弈
從今運會在山河共尊黃屋新軒冕莫憶青山舊薜蘿
記我樽前風雨話知君別後送迎多

過張子龍先生舊館　楊晉

凌虛縹渺不知還別業依然野水灣郢客有懷空白雪
謝家無恙但青山雀屏曾映當時坐（劉幼貞先生壻也）漁艇誰
同昔日閒寂寞仙翁西去後更無紫氣到函關

專城裘馬五陵遊抱甕歸來二十秋酒熟尊罍開北海
月明賓從集南樓詞壇問字千帆落老圃逃禪半畝幽

遥想一時揮麈輩何人倒屣最名流

梅雪侯車九過訪時雪侯以西粤州守暫歸候補

五馬歸來鬢未華政成此日暫桑麻他鄉去國君恩重
令節懷余秋與賒細雨暮雲山際屐園蔬清見野人家
東籬亦有陶潛菊敢向風流刺史誇

展外祖徐大夫墓

吳中詩賦舊登臺海上樓船建節回細草墓門狐兔老
青天寒食雨風來魂歸未覺桐鄉好淚墮遥同峴首哀
我後壯年悲屺岵片雲尊酒重徘徊

石牛霜公　舒芝生

茅屋新詩二十秋已公從不下山頭藏身合向雲霄上
樂道偏宜竹樹幽四足馬駒今再見百城煙水昔同遊
龍湫夜雨多靈物只在高人鉢裏收

明水山　顧景星

經年塵鎖渚宮幽贔屭纏蛟擁上頭大卵豈緣元鳥遺
小郎嘗爲赤蛇憂吹笙鳳頸闘三界噀雨驪鬟徧九州
不向巫陽問消息阿香應共綵雲遊

魯肅灣

河干譽欵甘與霸風節當年子敬同汗簡渺茫三國志
荒祠煙淚大江東一灣迴泝千檣避兩地靈旗五夜通
香火只今偏寂寞止餘優孟述英雄

江上文昌閣子龍先生讀書處　舒觀生

凌虛高閣傲層霄深院書堂自寂寥兩岸雲山淹日月
二林風雨壓江潮澄湖靜練懸帆影野浦清秋長麥苗
七曲玉皇香案吏凭欄應受百神朝

九日飲山長齋頭　舒逢吉康伯

雁聲嘹嚦過西樓今古長安我獨愁磬折不辭丞相府
凄涼偏感故人留頻斟綠蟻凝雙眼誰把黃花插滿頭
取醉莫辭歸路晚一鈎斜月正凌秋

青林湖雜感　舒峻極

青林湖水入江流白露蒼葭接素秋秦冠披鞭楚戰壘
居人舉室亂沈舟菱歌雨過猶遺憾魚美波寒不上鈎
莫倚孤篷搔短鬢將軍伐柵此中遊

獨歸黃牛院途中口號

緣山舊路踏晴暉岸幘徐徐看翠微驅犢偕從盤折下
避兵人去往來稀亂餘骨肉真難別望裏家園不易歸
新結茅茨容小隱吾將詩酒學忘機

靈泉洞

天開古洞綠蘿封次第分明十二重六月陰風生雨雪
千年石勢長芙蓉經春隱見蛟龍出列炬成行鳥鼠銜

載酒來遊懶不淺隔山聽盡夕陽鐘

守歲仝弟龍友　劉醇驥

庭除聚首意如何守歲中宵喜飲歌漏鼓不催燈影靜
瓶花偏入酒香多堯衢禹服爭歸贄薊北關西願止戈
三殿明朝朝正朔春王萬古共恩波

得張師石書却寄二首　金德嘉

杜門久與故人違忽有音書到竹扉過眼物華雙鳥翼
驚心風雨一牛衣春雲草樹黃泥坂秋水漁燈赤鼻磯
日暮狂歌當濁酒不禁西望思依依
大別山前分手後幾回爲子淚沾衣南州是處知徐穉

京洛何人薦陸機月湧江聲三徑冷雲深竹樹一燈微
新詩有帙還應寄莫使虛堂雁影稀

劉廓菴先生移家入鄖

舊宅東岡原水竹移來北郭亦邱墟澄觀野馬惟長歎
痛飲離騷且卜居儘有隣翁譚稼圃何妨幽夢到樵漁
香清茗熟三更後絮帽藜牀一卷書

藍石雲明府歸田

江上彈碁少廗謙松風謖謖坐長檐學忘寵辱心逾寂
詩到林泉律更嚴期客不來雲滿座擁書無語鳥窺簾
閒行稍喜籬邊竹積雨東園露筍尖

十詠丹陽秀可拈芙蓉初日故纖纖深林雨後餘蒼翠
高枕風來正黑甜北郭種花聊寓目南山對酒欲掀髯
有人爲說長生訣雲笈應開第幾籤

荒園

荒園鎮日掩柴關萬竹修修簇一灣懷古每令愁似海
積書何補債如山學成稼圃巢由後老得鬚眉沮溺間
眼底多情惟燕子年年飛去復飛還
木筆花開春霽初絳雲深處一茅廬林泉暇豫栽安道
枕序鮮新陶隱居辟穀衛生還采藥杜門過日儘鈔書
洞天福地芒鞵到不羨金閨與石渠

浮雲漭漭雨垂垂讀罷騷詞痛飲時老至閒心原自得
生來清節畏人知將眠客且抱琴去緩步僮常簪筆隨
屈指古來高士傳披裘帶索可爲師

送金豫齋太史歸里　秀水　朱彝尊　竹垞

謫居人海我未還君亦捐佩蛾眉班忽攜紅藤杖七尺
歸臥黃篾樓三間鯿肥筭香酒戶大月明風熟漁舟閒
有時橫江逐孤鶴一聲長笛開心顏　曝書亭集

丹徒　張玉書　素存

亂山飛葉點霜旌玉署歸裝一篋輕雁墖春風成昔夢
馬蹄秋水悟浮生青林湖畔桑田穩積布磯邊野艇橫

出處倘逢漁父問行吟香草不勝情

澤州陳廷敬午亭

朝發星津夕海沙潞河雲水渚宮霞飄殘暮笛江城柳照徧離樽上苑花紅燭三條知已淚秋瓜五色故侯家頻年萬事悲歌外至竟騷人楚調賒午亭詩編

寓齊安寄懷廣濟張瑤長　麻城周禮

霜楓一色楚江寒倚杖行吟赤壁灘遍閱滄桑明世態新裝筒簇待君看吾鄉矩範推王烈天下聲名想幼安咫尺夢中雲萬里荒城落月漏聲殘

次韻楊明府過幽居寺　王衍治

龜鳴何代紀山阿積翠寒林未易過禪客一燈眠洞迥使君雙鳥引雲多崖深漫欲聞猿語松老從今悟鳥窠恰是政淸饒暇日肯從碑篆剔煙蘿

書石岩子集後　藍士秀

門戶分持國是差孤臣痛哭擬長沙黃金臺上秋雲薄石港山前暮雨斜酩酊壺觴澆宿憾茝蘅翰藻發奇葩一編自是千秋業嶽嶽風巖識故家

飲向家樓莊　藍之桂

病久初痊足力艱到山還隔大河灣樹無遠近皆紅葉碑有高低雜綠斑力穡人家風味厚忘機野叟性情閒一壺美酒寧辭醉七發如聞半解顔

大明山　胡楚瑛

大明山谷洞偏寒匝地松陰覆古潭孤月每連湫雨散一燈常傍曉鐘殘苔封龍竈花風滿藤擁僧房鳥夢安護國舊能驅旱魃歲時香火集祠官

鮑照讀書臺　張禮源

崇臺剗削似天成記室風流舊著名只此丹厓安木榻曾將彩筆賦蕪城摩挲一卷雲煙老寂歷空山風雨聲晚節莫憐才竟盡至今遺跡尚峥嶸

武穴道中望山蒼翠篷窗觀覽詩以寫懷　錢塘陳文述雲伯

浪花噴急響輕雷估客帆檣葉葉開篷背片雲殘雨過船頭飛翠萬峯來青蓮跌宕新詩卷黃鶴徘徊舊酒杯何日乘風竟歸去橫吹鐵笛過蓬萊瓜山回峯皆有小蓬萊○頤道堂集

壬子除夕感事　劉映丹

盛世何勞涕泗流殘年偏抱杞人憂將軍未見來天上都督空聞駐石頭他日雲連三大姓祗今星動五諸侯側身西望悲何及猿化蟲飛萬古愁

聞說綢繆未雨前何來楊太洞庭船兵談紙上原無補刀置韡中亦可憐豈有長城堪飲馬竟教江水可投鞭

廣京碧血長埋處披髮應煩訴九天
南國頻年杼柚空忍聞烽火對江紅將軍酣戰巖霜裏
新鬼繁冤暮雨中獻策服心無馬謖作文美賊有揚雄
金甌萬里金湯固義憤還思薄海同
蒼茫天意竟難知運厄紅羊値此時莫說朱三非盜賊
須看南八是男兒風前唳鶴驚鞞鼓雪裏哀鴻惜別離
誰挽銀河洗兵甲雲霓霖雨望王師

癸丑正月初九日感事

鷺堠驚飛燧火紅分防孤戍化沙蟲滔滔江漢空爲紀
莽莽山陵竟伏戎天地有時銷殺運乾坤無處哭英雄

漫將往事悲塵世今古茫茫一夢中
湖光山色間斜陽南望魂銷水一方打草殺人天慘淡
橫江沈鎖計荒唐將軍昔有楊無敵戰士誰爲石敢當
一着棋輸全局覆空餘義憤說周郎

感古

長江直接海門潮天塹雄圖遽動搖子夜烏啼餘懊惱
華亭鶴唳失飄颻南來白雁癡龍遁北去緇衣病虎驕
十四粧樓金粉盡空聞嗚咽水迢迢
狗子花紅合殿前飛來燕子又金川山頭蘇峻驕廷尉
海上孫恩作水仙玉樹歌殘應自惜金甌局破倩誰憐

如何鏖戰周都督竟泛柴桑養病船
龍蟠虎踞舊京畿風雨雄師四面齊范老甲兵驚賊膽
麻秋名姓止兒啼弓彎明月三山靜馬飲春江萬竈低
可惜將軍多負腹天書空下武都泥
煙月楊州樹樹花鹹鼓鼙聲裏歎箏琶相公心學開雷
息上將頭銜拜虎牙斗米賊能成螞蟻毛蘆兵枉練蝦
蟆傷心財賦東南盡忍聽江聲咽暮笳

詠史

雲氣飛揚起大風由來駕馭必英雄何因虎導皆侲子
難得龍驤是阿童癸巳王書占吉日丙辰天策記奇功

如何巾幗相遺後又見蕭娘呂姥同
冀馬燕犀列戰場紫韁黃勒綠沈槍傳來金箭加銀鶻
繫得朱繩伴石羊八百虎賁周將畧五千貂錦漢軍裝
宵衣午夜焦勞甚送喜何時徧萬方
頻年坐甲緩師期到處軍儲費度支殿上有花迎狗子
帳前無血濺豬兒絃開霹靂蠻姬舞酒醉葡萄幼婦詞
何事元戎賣車騎燕山返轡故遲遲
撞金伐鼓擁貔貅決策寧煩借箸籌幕上烏啼齊馬遁
雲間鳥落楚弓柔曾聞走卒皆名將幾見中材不列侯
獨怪韋皋勞萬計未能收復古維州

癸卯冬日致仕白宜都歸里　饒玉振

兩袖清風一葉舟梅川東去復何求十年宦夢迷蝴蝶千里鄉心寄鱖鯈訪舊不堪親故盡識窮難辨齒髮稠七旬老大無爹計半日傳經半日遊

壬辰粥廠將散和舒嘯風韻　饒儀晉

幾次蒲輪下水鄉時厚齋王廣文大予下鄉勸捐煮粥輸錢榜列姓名芳難堪白骨成餘燼募得青蚨爲度荒此日僅延千口命何人再補半年糧東風脈淚披襟濕感沐恩波泣斷腸

展胞弟小魯進士墓

形容幾載別離哀一入泉臺永不回九死何須光紫誥一邱空自長青苔方驚烽火連江省猶冀生存試將才修短彼蒼原有定肝腸寸裂淚成堆

留平陰縣署贈劉蓉韓太史　饒豐

驛雲東掛淨無塵我到榆山萬里春綠野曉風含麥甲紅城高日暖花辰俗無帶劍循聲舊庭有懸鞭治譜新官閣夜沉銀燭迴酒香頻醉故鄉人

讀冠山人遺集

布衫羸馬走天衢一擲千金膽氣麤俠骨燕秦孤劍在遺骸風雨一棺枯白雲洞冷棲元鶴鴻腦洲荒長碧蒲老向二餘齋外月殘編猶照字模糊

村居春興　李巖

短短樓欄覆古墻疎疎楊柳弄輕煙晴翻野水蛙聲沸暖蹴香梢燕鬭圓陌上兒童誇鬥草桑陰父老說豐年一杯白墮傾林綠醉裏題詩嬾記篇

鳳鸞港　陶起庠

一灣蘆荻漾如何盡日沖融宕綠波春雨卻隨銀箭落浪花爭放錦鱗過倚巖罾罟乘流水傍岸鵁鶄立淺莎小艇如梭飛上下徘徊且聽采菱歌

登鮑明遠讀書臺懷古　胡醕

木落寒崖鸛雀哀夕陽愁入鮑家臺流空日月堂堂去拍座雲煙故故來骨肉至情工作別帝王大度不容才古今何限窮途淚萬里江山一酒杯

大明山

大明山勢鬱迢遙鳥道龍宮鎖寂寥絕壁尚留三窟在山頂有三窟相傳龍眼也見邑人楊川極贊郎君傳陰崖常護百靈朝雲生壞礎晴猶潤雪噴澄潭暑自消萬古公侯同廟食爲霖合爲沃枯苗時大旱

贈東衡山人

公是何年家此境松篁手植都成林一窗風日自昏曉百卷史書無古今絕口不談世上事何人爲識山中心

我來未忍卽歸去坐對澄潭鳴玉琴

兵後過田家鎮感賦

田家鎮口水潺潺壁壘深嚴恃此間往日赤眉紛渡水
至今白骨尙如山神鴉曉散甘寧廟戍馬秋嘶魯肅灣
眼見干戈滿荆楚將軍何處說平蠻

五絕

浮度石并序　劉允昌

余桐有浮度山此石縣空跨澗形容微肖因命斯名復歌一絕

白石壓溪聲黃花添客興雖無繫弱羽持螯賈餘勁

石門菴八景　王衍治

石門

石門原不屬長松生巷隙歲歲有遊人誰是謝公屐

豹岩

雲山多豹隱雙踞綠陰中崖淨琴臺潤高歌眺遠峯

月臺

玉塔與金波昔人詠新月畢竟是銀船三更光愈發

松坪

岡平餘數畝萬仞出雲端喬松眞列戟吳楚坐中看

蘿洞

裂石成仙洞門開俯夕暉攜朋相對語不着薜蘿衣

荷池

紆折萬山隈池水清如鏡芙藻拂面香風凉足游泳

竹壑

深谿竹萬株夏日長徙倚弗與七賢遊聊云摩詰里

石峯

危石削孤峯蒼茫立曉風匡廬與太白縹緲畫圖中

湖曉　楊晉

煙際動寒影波光澹何極遊人竟不歸芳草空凝碧

湧翠亭　張維屏

天風湧翠濤松花落如雨遙聞笙簫聲仙人在何許

赤磯湖　胡醕

曲徑連青嶂危橋界赤磯星從波底見船向樹中歸

七絕

飲江樓有懷　寇學海

萬里長江帶郭飛江邊誰惜解征衣可憐隔岸垂楊色
似爲愁人掩落暉

青林里人諱美趙侯也　劉養微

家本青林萬樹中開簾日日灑春風請君試向江頭望
花滿河陽一縣紅

千村萬落曉煙開努力栽禾打號催見說我侯移玉趾
停徵親爲勸農來
娟娟垂柳覆長堤禾黍青青入望齊一自我侯垂綬日
山城米價賤如泥
九月湖田穀盡黄木棉花發白如霜到得此時齊捆載
開船打鼓下蘇杭

大藏寺晚霽　劉養吉

長堤弱柳紫煙含雨後晴光映蔚藍片片野雲飛欲盡
青山依舊在江南

送吳明仲老師入蜀令南充

孤帆一片挂斜陽琴鶴蕭然漢水長夾岸煙花相對好
東風打鼓上瞿塘

題胡泰常恩綸策略　吳亮嗣

玉堂何事擅詩名驄馬巡行樂泿城元濟未擒裴相出
中原從此待澄清

羅山寺　吳亮思

寺倚青山寄樹連小橋流水尚依然松風夜半間清夢
又聽鐘聲到枕邊

聞劉千里自京都歸

欲上韓公宰相書黑貂裘敝鬢毛疎歸來好作烟霞侶
共向清江學釣魚

竹枝詞　吳兆崙

去時曾說柳時歸綠柳今看已漸稀西風落葉孤村裏
江北江南一雁飛

武湖竹枝詞　楊晉

碧天雲淨軟風生一抹湖光鏡面平小艇歸來看撥刺
家家兒女笑相迎
十里金湖不泿稱鮮鱗如雪串青藤夜深網就魚膏冷
試問漁郎歸未曾
遥猜黑影鴨成排細網輕舠百丈開風雪未知郎采勝

漫天陣陣響如雷
洞庭日落水曾波荷葉蘆花夜景多風急小舟猶跳白
不知何意唱漁歌
茜紅裙子襯青衣夾槳船開水面飛插戴山花映雙頰
荆林廟裏賽神歸
漫天夏潦野蓮香出水菖蒲一尺長鬬罷龍舟扶醉散
泊船柳下趁新凉
流六湖邊白雁秋荷花荷葉蕩人愁記儂曾泛浮槎入
醉拂香風問女牛

同胡長者尋翠嶂山房　楊勳

春日招邀放鹿翁來尋翠嶂兩三峯城中沽酒山中醉
一片微陽挂古松

寄吳幼膚先生

相逢猶憶廿年前酒况詩情尚宛然幾欲登山輸一醉
老僧期我杏花天

春風橋　　舒芝生

不盡青山不盡溪綠楊深處鷓鴣啼行人俱說鄉關夢
錯認梅川是隴西

梅浦青青綠柳垂靚陽河側草迷離白頭樵客知多少
歸路歌聲落日遲

禪客相逢盡少年顏如芍藥酒如川大王峯頂春偏早
長羨揚州十萬錢

桃葉桐華雁北飛名園博弈夜深歸驅騎十字街頭過
笑問春深雨濕衣

安樂山間雨乍晴當爐燈照酒帘明誰家少婦攜長笛
吹出三湘暮雨聲

過毋舅胡監軍故居　　劉醕蘋

人亡忍向西州路苦雪荒風閣樹齊勞面胡兒驕不舞
成功老馬暮還嘶

高岡館爲周元生

一幅蒼山懸戶外半天青柳插簷前白雲鎖斷來時路
欲護先生草太元

江心閣得詩僧　　金德嘉

瓢笠逍遥鎮日閒看雲飛去鳥飛還悠悠古意溪邊樹
脈脈禪心江上山

清磬亭

清磬亭荒只有詩風流猶憶鄭當時山農不省詞場事
亭下牽牛唱竹枝

釣魚臺

黃土山頭封馬鬣釣魚臺下說庾公蕭蕭風雨過寒食
麥飯何如田舍翁

鴻腦洲

赤鼻東來三百里大江中斷湧孤汀鱘鮮浪息斜陽渡
無恙乾坤舊草亭

刋水

悠悠刋水綠莎湄疆埸鱗鱗足土芝一幅溪藤白描手
好來雲起馬頭時

寅山

牛肝馬口水潺湲稼圃人家竹樹灣最喜時清無鑛使
大書此地是銀山

層峯青着寺 宋學士余玠讀書處

青着僧房夜聽鐘手提一劍下層峯釣魚山口功成日
何不還山訪赤松

盤塘　益都趙進美

盤塘風急野煙開白鷺依洲水遶迴曉發中流聞磬響
小舟載得社神來

橫岡山　藍應象

獨上高峯步步危紆迴石磴窅難期樵夫歷數下山路
捷徑雖多我不知

題白法菴海棠　藍士衮

牆東幾樹綻紅花石醋相鄰共一家喜得生來成鐵幹
不煩嫵媚向人誇

遊大明山　藍務菴

飛瀑沾巖日夕垂千秋常在化龍池聘君迅筆留題後
壁上還存太史詩

過宋蜀帥余公玠墓　喻文鏊

釣魚山畔蹟難磨玉帶休嗔賈八哥收取油衫多寶散
棉州風景竟如何

花關橋觀瀾　陳秬鬯

舊建危橋不計年到今猶自鎖荒煙晴沙瑩白溪流碧
杜宇聲聲叫曉天

昨夜彌天風雨號曉看沙渚沒蓬蒿年年此日桃花漲
添得溪痕一兩篙

題劉氏別業　陶廷翼

花塢陰移日正紅擬將心跡託冥鴻金閨若訪林泉客
應識東山有謝公

閱罷縑緗靜倚窗筆床茶竈倍清寥小奚亦識閒中趣
拈得名香自在燒

田家鎮口號　陳文述

梨花春酒木蘭艭早雁聲中晚渡江三面青山半帆雨

一天飛翠溼篷窗

游靈山和蔣蔣村明府韻　陶金冶

幾生功德造浮圖一串牟尼頂上珠竹院倘逢僧慧遠
也曾送過虎溪無

重到廣濟　張維屏

滄浪一掬洗衣塵再到梅川亦夙因公等莫將官長待
此來我是看山人

望靈山絕頂

花雨繽紛仙草薰浮嵐空翠杳難分一千里路來何事
要看靈山頂上雲

雙城驛　胡醕

破頭山口晩歸樵十里雙城路未遙古驛人稀春寂寂敗槽風靜馬蕭蕭

五排

經行山寺　饒嘉元

寺迴抱寒泉泓澄古鏡懸積陰生薄霧白晝失青天開闢還元氣松杉卷宿煙萬山秋色裏一徑夕陽邊岸圻尋溪入沙平枕石眠泠泠聽不極鐘磬轉悠然

容園　舒芝生

小塘當戶曲野水向城圓茆屋如船小舟居此地偏築

牆環翠柳鑿沼種青蓮東嶺千峯月梅川一帶泉幾時饒逸趣閒步寄流連既有書盈架何妨我着鞭三冬勤努力邁往過前賢

善潭觀

喬木千章綠琳宮三徑幽蛟龍常隱窟鸞鳳每來遊數朶野花發一聲新雁秋泉分南北注碑任古今留烈焰燃藜火甘霜潤石樓捫蘿登翠巘倚杖想丹邱曠士饒清趣愁生坐自休

贈楊介子兼述數年聚處之雅　張仁熙

寂寞推楊子髦元自壯年著書原窈窕芳道日精專半偈疎鐘夜寒香古佛前細林千仞意蔬食合門禪罷息穿情壞兼妻種火邁（介子奉佛最久妻亦然）伊余同燥濕過我共囘旋乙夜留燈靜三春聽雨妍奇葩看節候好鳥識林泉大樹團如蓋蒼苔碎似錢應門揩几熟稺子摯尊傾杞梓先生譽張皇達者篇風霜敦晚操日夕有陶甄

送王恂度廷試　舒峻極

君才稱世傑謁帝向春明柳色津橋送桃花驛路迎曉星隨馬首霽月候雞鳴天闕黃河渡沙迷博浪城風雲歸捷足山水適閒情到日瞻雙闕摳衣入太清胸中懷上策筆下走長鯨欲闖京梁易思馳李杜名爐煙熏坐

遠宮草藉階晴宣室應前席龍門孰後爭人皆推舊學公望冠羣英振鐸澄滇海同文列上卿一朝將氣象四葉大家聲白髮慈顏喜青冥羽翮成彈冠慚貢禹稽古羨桓榮不作臨岐感雲龍逐北征

贈別張禮臣進士之任荆州廣文六十韻　饒豐

南極張星耀東山木鐸操儒宗鳴鸑鷟勝地聽猿猱湘苑緗帷儆荆臺絳帳高頭銜班博士手筆壓時髦日月聲華富風霜歷練牢文章薰腐史詞賦袓離騷弱冠終童噪雄兵小范韜淹通搜野稗醞釀藉醇糟醫國肱三

折攤書口萬遺家貧勤織字才大許題糕勇擊鯤鯨淚
羣空騄駬槽堅磨金線硯妙製鬱輪袍世業青錢選岑
壇白戰鏖桐枝香貢樹桂宇奏靈璈冬學三餘足春官
六上勞朱衣陰隲貴黃榜姓名褒待詔宜金馬如椽仗
玉鰲槐廳蘇易簡蓮炬令狐綯詎料魚騰變猶教蘘屈
撓神仙應小謫國子亦清曹孔壁聞絲竹周雝職鼓鼗
除官寒苜蓿得意醉葡萄甲第紅綾餅寅階紫錦條載
餅梅水曲問訊楚城濠故里依依柳行旌孑孑旄一肩
琴與鶴雙手酒兼螯偕婦齊鴻案生兒有鳳毛棃家征
遠道諏吉泛輕舲榴火天垂午蒲帆浪半篙江亭春冉

冉漢汎夏滔滔眼界方空阮腰肢暫折陶地隣文杏鴟
人駐木蘭舠芳草龍洲踠垂楊虎渡繅登樓王粲健落
帽孟嘉豪山斗尊韓愈門牆列李翺籠惟收桂朮徑不
剪蓬蒿丹篆公徵袞青衿子戒佻育莪培泮茆釋奠薦
溪毛靈月瞻師表廉泉愧吏饕論文原矯矯樂道故囂
囂學者風鄒魯先生志禹咨四科稱季路一字拔山濤
始以五經教而流百里膏蔚然輝豹采莞爾試牛刀肅
化懲尨吠爲靈恤雁嗸麗參屛嚴薙潘岳縣栽桃材直
呈天驥賢堪賓旅獒景星光煜煜舊雨望慆慆賤子悲
霜履英雄慨浪淘懷添元積遺名欲許由逃尚憶南車

導言從北轍敖豕雲朔策騠燕雪夜包羔蓼岸征彩淚
蘆溝古樹號交君如淡水飫我勝醽醪大郡罏銜卜前
遊經對叨渚宮花木寂沙市管歌嘈此別掛藍尾斯人
數白毫揮戈西日永掛席朔風飈離恨深千尺仙音振
九臯班公行去矣悵遶首徒搔

詩餘

金縷歌六疊　宋　梅應春

楚幕占烏喜望西來曉起星流凱聲盈耳神背山頭金城峙誰遣熊羆健士半夜向空中飛墜江表功臣風雲起背鯨鯢腥刦龍堆水肅號令漢仁義

岷峨萬古浮天翠管從今挽取銀河洗淸玉壘露布朝馳蒼龍闕三殿驩呼動地看中使傳來褒旨虎拜稱觴聖天子對九重春色仙桃醉丹扆近紫垣邃

前歌未足盡魚臺之功業再賦二疊

獨倚東西帥記年時兩柱巍峩共撐天地指望凌雲山九頂障住錦江狂沸誰料得元規塵起當午陽光成陰翳更一時血染三瀘水終古恨壯夫淚嘉城陷之日太陽爲蝕瀘城陷之日江水爲赤

功名自是英雄事有魚臺貫日精忠指天爲誓白馬銅盤傳三矢南八男兒死耳算底川偷生餘子咫尺神明能知此看靈旗所向皆如意恢宛洛是吾志魚臺督集閫城文武士刑白馬告天折三箭爲誓並紀實云云

蜀道難如許問蒼天西極將傾有誰撐住千載孤忠睢陽老慷慨平生自負要虎穴擒將元虎意氣軒軒吞秦隴看强兵猛將如風雨隨指授見攻取

金泉談笑搴旗鼓任東征西討收功凱書無數玉關霧深重壁外鐵鎖橫遮江路元不抵周郎一炬更有渡瀘諸葛表倩秋風吹上丹墀去淸玉壘報仁主

廣濟縣志卷十六

雜志

祥異

萬歷四十一年秋知縣劉允昌興築潰隄有鹿浮江而至引之岸不死慨然曰神示我矣吾與父老子弟並受其祿乎作瑞鹿歌爲文紀其事 丁未縣志

天啓元年正月大雨雪木冰時積雪四十日民多凍死 同上

辛酉大雪累句雪上有人馬跡有小兒跡 梅川紀畧

崇禎二年三月大雪雷震 辛未縣志

七年除夕大雨如注震電元旦雨如故 丁未縣志

八年三月河魚大上地震有聲 同上

十年二月雨木冰 同上

十四年饑疫人相食 同上

十五年胡是恭家馬生角長八寸從耳中出 同上

十七年龍坪鎮李樹生瓜 梅川紀畧

順治二年冬桃李華 同上

五年廣濟民家牛生五角或出背上耕如常 湖廣通志

張氏畜牝彘一日育十數豚一豚食諸豚及牝彘立盡 丁未縣志

九年正月十五至二月十四地以夜震者三是歲大旱

康熙癸卯之歲羣鴉啣火日三四入人室鼓翼搧炎神廟有燼者 藕灣集

二十一年二月北坡望春樹花成麟鳳獅象之形是年金德嘉會試第一 辛未縣志

二十六年六月雨烏米

三十一年大雪平地三四尺湖凍彌月不開

三十九年三月自東至西地微震

雍正十二年四月雨烏米

十三年五月地震

乾隆元年七月 文廟火光燭天是年鄉試中式六人會試中式二人 辛未縣志

十年冬大雪平地數尺途人有凍裂斷其足指者 同上

十一年十月地震有聲 同上

嘉慶五年龍坪洲水中出火

道光二十一年四月地震十一月大雪木冰枯死

二十八年七月空中有聲三日暴風大作龍武隄潰漂溺居民無數

咸豐五年四月雨豆黃黑色九月邑中池塘水湧如潮數刻乃定

松楊橋洪姓牛產犢一身兩頭兩尾八足陳姓牛五足
一足出背上
九年四月 文廟暨興賢莊試院等處異香數日不散
是歲劉燡鄉試第一
十年七月縣治西門外洪姓牝彘產數豚一豚一頭八
足

兵事

唐李希烈反曹成王遷御史大夫授節帥江西以討希
烈哀兵大選江州羣能著職艦步二萬人以與賊遌嘬
鋒蔡山踣之剜蘄之黃梅大鞣長平鏺廣濟 韓昌黎集
宋蘄黃繼陷扈再興援淮西軍至蘄之靈山伺金人歸
而擊之土豪祝文蔚橫突入陣金人大敗 宋史趙方傳
元季紅巾據蘄水爲亂徐與築城縣西督兵禦之胡鎮
曰是乘時草竊者將有內變不如約辭厚幣以偵之遣
使往陳巢與徐不合而困我之欵賊相戒曰愼勿犯新
城兵也後蘄黃俱陷而濟獨得全 丁未縣志

紅巾攻周砦周樗率鄉人血戰却賊衆賴以全有司上
其功官之 同上
明萬歷初黃梅柴架山劉少溪等爲亂武鎮程紹川率
敢死士陷敵陣沒兩台奬祀烈士 同上
崇禎八年九月賊寇廣濟敗鎮草兵遂大肆焚掠知縣
黃宏曾走匿 湖廣通志
九年流賊薄蘄州東逼縣河口典史魏時光以排兵三
百人馳據高山禦賊賊揭全營奄至圍高山數重時光
揮雙刀擊殺十數人賊攻愈急時光罵賊死 居業齋集
十年賊攻武山墩砦破人從鳳港橋下逃出賊據橋截

殺之鄉勇陶君台率銃手轟擊賊始退人得從橋下走脫全活男婦數千人桑梓紀要

十一年八月賊入濟境殺庠生孫光宸等安慶道史可法統川兵馳至大戰至暮賊竄伏蘄州流共河梅川紀要

楊職方又先安插降賊於後山一帶號曰新民諭蘄水蘄州廣濟加派新餉供之張長人以爲不可上楊職方書不聽後以新餉不給賊怒責楊楊懼縱賊割禾麥賊復叛桑梓紀要

左良玉兵蹂躪武昌黃州諸郡瀕江無寧宇邑有亂人鳩黨結營書伍籍請印於令令西蜀張登衢首鼠請印輒予之印亂謀遂決白晝殺人祭旗大言屠滅士大夫家俾無遺種士大夫人人重足謀立營以禦之相視推讓莫適爲長會吳確山敏師解組歸至沙村父老書幣往迎確山至忼慨告令立營曰保定於是士大夫盧井與亂人繡錯相持且一年寇氛遠士大夫稍稍渡江北而亂人謀亂愈熾議過江殺掠挈營投左兵有日矣衷甲入市事露確山授計收渠魁伏誅詰朝縣人鳴鼓聲其罪討之亂乃定居業齋集

邑諸生梁重其與弟之遴等聚衆保大符山崇禎癸未張獻忠自黃梅猝至大符殺賊頭領百十人賊怒奮力

攻之砦遂破重其等支解衆俱屠丁未縣志

順治二年左良玉由武昌放兵下金陵舳艫相屬五百里火兩岸民居光燭天夜如晝居人竄匿太白湖闤闠爲墟江干數百里灌莽長隄馬踏成阬塹而中洲亦灰燼矣居業齋集

咸豐三年正月初二日粵匪自武昌下竄所俘男婦約五十萬人船約萬餘隻資糧財帛與婦稚盡置舟中蔽江而下帆檣如雲新舊賊分兩岸夾江以行直抵廣濟之武穴鎮先是二年十月兩江總督陸建瀛奉 命進防江皖調撥官兵三千名駐紮武穴老鼠峽陸總督帶松江提標兵二千餘名由水路上駛三年正月十一日抵龍坪派壽春鎮總兵恩長督隊至老鼠峽會前兵堵禦舟師未及登岸紮營賊驟至恩總兵督戰陣亡舟師潰散平定粵匪紀畧

九月九江賊上犯總督張亮基遣同知勞光泰率礮船駛至田家鎮飭糧道徐豐玉漢黃德道張汝瀛會辦防堵編巨筏橫江載礮數十其上截賊舟賊已踞田家鎮之半壁山江臬司忠源解江西圍由瑞昌趨至按行營壘歎曰此天險也而軍情地勢兩失之謀以次日移營羊角山日晡會食忽報賊船上駛急馳赴水營賊居山

開礮下擊防兵多逃勞光泰兵潰江臬司率兵搏戰賊來益衆突圍出徐豐玉張汝瀛等皆陣亡時九月十三日也同上

二十七日賊由田鎮入縣城知縣陳公肖儀與其子恩霖俱被害市肆擄掠一空

四年楚南軍既克復興國大冶遂攻半壁山賊壘寶慶勇先進少挫羅澤南奮率湘勇猱升拔其木樁竹籤踰溝而入塔提督李續賓繼進斬擒幾及五千尸橫徧野水師楊載福彭玉麐等亦衝蘄州賊壘而下至田家鎮會陸師賊於半壁山置橫江鐵鎖四道欄以木簰徧列

槍礮楊載福等以洪爐大斧鎔斬鐵鎖馳舟驟下縱火反燒燔賊舟一萬有奇賊遁九江追至武穴而還平定粵匪紀畧

賊酋陳玉成棄蘄州城竄至廣濟聯合僞燕王秦曰綱僞丞相羅大綱等分守要隘塔提督齊布等渡江由菩提壩進勦克復廣濟賊衆退踞黃梅塔提督等進至雙城驛距大河鋪十里賊率衆來撲我軍登山衝殺立將賊壘蹋毀追至黃梅同上

官軍攻九江敗賊復竄黃梅楊制軍沛帥兵駐廣濟逗遛不進十二月三十日賊大至方派隊出禦營中已火起楊制軍乘別騎走脫

七年五月賊由黃梅擾廣濟邑武舉張鵠以偏師禦於城東打杵口勢力不敵被鎗死

賊大隊據廣濟內湖之童司牌造浮橋於河中東通北湖西連武穴築壘綿亘望若長虹李續賓督隊自南岸渡江六月二十九日統三營進攻以開劈山礮轟之紛紛墜溺盡破兩岸賊壘其內湖賊艇復爲胡友亮礮船所焚並燒其浮橋平定粵匪紀畧

十一年春賊自上游繞濟援安慶六月又有裸體賊無數過縣城八月安慶敗賊回竄沿燒民房積稻虜男婦

以萬計

同治三年九月髮捻偪近縣境知縣某開櫃徵漕不設偵探初二日夜縣西火光燭天城中演戲不之備也初三日黎明賊蠭擁至縣次日至湖濱縣民走避不及姦虜殺傷無算沿燒村莊火六晝夜不息初九日賊退二十五日復下竄本邑藍軍門斯明與蕭鎮軍超貴帶兵跟勦追至麻仁山賊伏山谷突出蕭力戰死二十六日賊掠湖村鄉民率衆堵禦於雨山腦次日賊竄至廖永高廖明福廖均棠廖浩滋廖敬福廖忠義魏惟與等八人同戰死二十七日騎賊八人抄至五顯廟距官橋二

里許時避亂者急趨龍武阻於官橋不得度鄉民禦之擊斃一賊餘受傷走難民得度橋胡太恒鬭死次日賊窺龍武鄉民折官橋立卡以禦之賊隔港施洋槍胡德備擊斃衆匿其屍不少郑武生朱某彎弓立橋南相持半日賊始退

四年邑中各處立砦自衛

六年二月初六日髮捻由岡水一帶竄縣次日辰刻至武穴市人倉卒爭渡江舟數沈其不得渡者皆陷賊中入山砦者獲免

六年二月賊擾清吉砦砦勇出城擊之徐新發中洋槍死衆勇直前擊斃賊首一名奪還被虜男婦數百人

陵墓

明荊永定王妃墓在縣西五十五里舊志

明荊端王厚烇墓在楊門張家㙭辛未縣志

明荊莊王載墭墓在楊門武家㙭同上

司馬中墓在縣署後中四祖道信父也康熙三十五年知縣李世德有幕客溲墓上歸署卽病熱勢危甚是夜感異夢及旦詢知爲四祖父墓乃與知縣捐金伐石表墓病遂已後知縣蕭龔續買祀田乾隆二十六年知縣劉可考建亭墓上四十三年署縣楊仁譽增建香亭歲時祀焉墓前舊有四祖所植蘆其後路通玉帶街康熙丙子知縣劉臨樹柵上書覺路二字今甃塞矣桑梓紀遺

隋吏部徐儉墓在廣濟縣惠山湖廣通志

徐儉父陵東海郯人傳見南史陳後主時儉官御史中丞通史以爲隋吏部非也儉子斐後爲唐永寧令葬儉於惠山遂占籍焉癸丑縣志

宋刺史王濟墓在東防山辛未縣志

宋四川制置使余玠墓在縣東青蒿鋪余公山丁未縣志

明康國公茂才墓在宗山嶺釣魚臺辛未縣志

釣魚臺在陽烏山畔土人相傳有康國公墓上無碑版不能定其康公茂才也据業齋集

胡商軒墓在嶽山明初令濟遂家焉卒葬嶽麓歸安姚翼表其墓丁未縣志

史孝子墓在廣濟縣東南十里湖北通志

劉老人墳在八斗嶺西老人名杲字明仲生元初好氣任俠爲里中所推服年六十無子贅呂氏生子五人後沒於明年百有九歲

蔻山人墓在縣東五里畢四嶺山人柩久停江滸萬歷中知縣劉允昌讀其詩憂之爲扞葬其柩題曰有明詞人蔻巨源墓

石山輝墓在蔻山人墓側

邑侯王佐墓在西驛腦清流港側豐碑屹立桑梓紀要

胡太僕士容墓在武山湖東岸破頭山後

韓南皋先生墓在禪姑山麓

道人墳在嶽山

吳太常寺卿亮嗣墓在縣東南三十里赤馬山

舒方伯其志墓在縣西雨山西南

金檢討德嘉墓在縣東荆竹舖山梅衙

游侍郎墳在午山湖父子山

仙釋

費郎君名光輝廣濟人母劉氏餉夫於田震雹晝晦有龍漦之異自是體不平有異僧以三丸和墨汁飲之三年而生郎君不喜乳喜嚥澗中水數歲與羣兒戲水塹師詣河濱罵之忽雷雨山中水起四顧大霧遂失郎君所在越數日忽自踞於庭曰吾龍也三年將俱往至期果以父母去故居在大明山側鄉人於其地立廟祀之湖廣通志

何許陳三仙女靈東鄉人同入山修眞大中元年正月五日雷雨作隱隱聞仙樂雲霧中遙見三女頭之莫知

所之馬蹄履跡留石上土人以爲異而祠焉辛未縣志

釋道信司馬氏先世河內人大象初父申爲永寧令二年生道信於衙舍信侍三祖粲授衣鉢武德甲申住破額山太宗三召不起後坐逝葬山畔謚大醫禪師丁未縣志

宏簡謚大德禪師靈東鄉詹繼祖次子自幼修行始挂錫鹽井寺後至馬口義臺山建立道場遂坐化焉遺詩云飛錫江邊六六春修行辨道任天眞塵緣了却更何事萬里乾坤自在身貞觀元年勅封爲馬口寺志丁未縣

頭陀祖師本縣人生於隋文帝二年嘗往來卓木尖無

姓名稱頭陀武德七年卓錫五峯得大解脫貞觀時示寂僧俗肖像供奉邑有旱士人爭迎祖像祈禱輒應國法幢本雙峯寺僧逝後廣濟安樂鄉余志五家生子自言吾法幢也識舊物不爽人呼再來僧永樂間召至京師賜居報恩寺宣德三年歸住朝陽菴旋示寂塔於本菴觀音堂後湖廣通志

僧徹㠁姓游名明巳崇禎初棄諸生爲僧嗣雪嶠大師自悟空宗其辭世偈云藕池香透舊金襴五印氷消一顆寒誰識故鄉千里月今朝圓照兩眉間辛未縣志

饒定中字亢子增生嘉馬之子也年十六爲諸生値明

季喪亂棄諸生服削髮於紫芝峯禪號海門每行脚必載其父詩藏制袋中後邑舉人李必泰從江南歸過溧陽巢縣界云海門滅盤入甁三年有新邑令行香至寺見封室必欲開甁起視全身如生且預記有某年月日開甁某人一字不爽令大異之詳請賜號鐵岸祖師辛未縣志

寄瞿年九十燃燈禮佛矍鑠如少壯暇則戴笠鉏菜雨坐蒲團縫紉補綴一屩過數冬一綻衲可數十寒暑口未嘗及虀鹽有無手未嘗提募疏向人也性嚴冷不能納一徒廓菴劉居士極賛寄瞿乃佛門眞種子成都守梅君廩之任持梅家菴居業齋集

行澤號雲外婺源人汪氏子順治戊子春自匡山來張仁熙劉醕驥迎居文殊菴逾月遷蘄之大泉後去大泉復經廣濟居龍坪接引菴癸丑縣志

僧印如號寄虛受戒於廬山擔經出遊遍歷名勝後住抑仰山廟好吟咏精書法寫黃庭經聖教序得其神似求書者接踵於門片紙隻字寶若拱璧今武鎭上下武廟匾額墨蹟猶新焉

綠雨字超蕉相傳江右人卓錫大藏寺邑自神鼎後二十餘年不聞正法綠公旣至毅然以道自重所著語錄

劉千里稱其辯魔揀外敲筋擊髓若張湯判獄杜預檄敲案迹誅心毫末難貸而一種痛危救宗之眞如申包胥之秦庭泣楚尤可追悼向之魄壘豁然冰釋欲以事神鼎者事之其推挹如此

寺觀

南山寺在縣治東南唐建洪武二十五年重修寺中尙存唐時物萬歷五年知縣姚䕫重修有碑記居業齋集

五印心菴在四高樓下供大士像丁未縣志

青蓮菴舊名報國菴在滄浪橋西碑文

三官殿在縣西門外康熙三年知縣黃玉鉉改劉公祠爲三官殿並立劉公神主五年又建祖師殿於其後丁未縣志

武當宮在縣署後知縣楊阜修鑄鐵佛大士以鎮縣龍其鐘文云處士奚森施地辛未縣志

梅家菴在縣北後改梅川書院同上

四官殿在城隍廟右道光二十五年知縣王慶雲建

濟北寺在縣北半里許舊名元妙觀寺僧見一重修辛未縣志

一枝菴在縣東北河滸舊爲名山閣碑文

蔡家菴在縣市東街丁未縣志

浮渡菴在靈山浮渡石側十洲集

石竹菴在靈山仙石東北桑梓紀遺

迎翠菴慈慶菴聚賢菴並在靈山頂有大王廟其神不可考山後爲白雲菴緣谿而下爲慧日寮有池產紅白蓮十洲集

馬祖寺唐時道一禪師遊此至今石上足跡儼然又有多羅鶯嶺諦信白雲諸菴環列山半丁未縣志

應泉菴在靈山東石步嶺同上

大方菴在縣東五里坡順治十七年創建辛未縣志

天臺寺在鷲峯山側近有續德菴胡錫穎捐田修建碑文

雨花菴雙龍菴在荆竹舖丁未縣志

元應寺在縣東四十里老鸛窠山陰同治四年土人掘地得銅像建寺祠之

成相古剎在縣東石壠坡生銀臘同上

萬古樓在縣東六十里辛未縣志

禪居寺在鄭公塔內有大士閣閣下殿祀眞武像二月十九日男女輻輳謁大士張幕列市備百戲極聚會之盛云丁未縣志

大藏寺在後峯東爲蔣祖修靜處祖唐僧自暹羅國來眾建寺居之頂有眞武祠西爲藏經樓乾隆五十七年僧谿堂重修丁未縣志

羅漢寺慧雲寺在大羅山四周皆山一水從石港[illegible]出寺當山隈極爲幽靜同上

廉貞寺在廉貞山順治十三年僧大朗創建辛未縣志

觀音菴在觀音山爲陳求吾讀書處丁未縣志

鯉聖龍君廟在石港山舊記云唐時張眞人雲遊見二龍化鯉出沒盛家畈其一昇天其一爲野人所獲遂命道士吳某詣視卽今石港也盤旋曲澗旁有樟枯死道士置煉丹一顆於其內而去其樟圍堪栽縷里人因塑爲鯉聖龍君像立廟其處歲時禱祀溪左有龍池寺與龍君廟並峙丁未縣志

朝陽菴在大符山卽再來僧塔處同上

永興寺在縣東南禪姑山同上

黃牙寺在太平山旁有煉丹邱晉遠公卓錫於此後入廬山去時笑露黃牙因寺於此名黃牙寺至正間法曇重建天順間壽師無盡自金臺五華寺遊此愛其寂靜遂新之如五華制正德末僧宏明募修邑人程瀚勒石丁未縣志

雲興寺玉皋菴在童司牌同上

玉石寺在伊家渡山北同上

城隍廟在龍坪糧倉左側辛未縣志

接引菴在龍坪倉後崇禎甲戌邑人楊民服楊用晦施地僧自猛建同上

園頭村在倉後同上

武當宮在龍坪講約所同上

長春菴在龍坪舊爲休寧張復講學休沐之地知縣王廷俊嘗憩於此徽民文東等重修胡太僕士容爲作記後徽商改建會館乾隆五十七年重修碑文

青龍寺在龍坪金檢討德嘉讀書處辛未縣志

知止菴大覺菴翠雲菴蓮城菴鼎新菴白衣菴在龍坪癸丑縣志

大興菴水月菴三官殿在龍坪下市同上

地藏寺在龍坪江濱辛未縣志

五里廟在龍坪長隄瀕江古祠聳出江滸樓上可遠眺有大將軍樓船西上居人聞信惶恐走神祠禱上水風比夜大風起船從江以南徑過詰朝居人瓣香詣祠謝焉居業齋集

仰天菴在縣南仰天山

幽居寺在靈龜山相傳四祖卓錫此山夜聞龜聲後掘地得雲板上有靈龜山幽居五字寺名因之永樂間藍敬忠兄弟開山嘉靖壬寅荆藩卜葬永定妃尋感異夢改地十年令復其寺而新之儲田若干畝崇禎中復燬葬王母感怪夢遂止順治十八年重建改名曰瓔珠丁未縣志

大金廟在大金畈
雨場山廟在塍塘湖北癸丑縣志
荆林廟在黃花山攏奉楊四將軍神最靈異土人以卜年及人間吉凶無不驗者丁未縣志
石佛寺在縣南五十里土人掘地得石佛作寺供之故名同上
雙泉寺在金家山詹祖於此修静同上
鹽井寺詹祖初挂錫於此前有石井每日出鹽供衆師後去馬口寺鹽遂止同上
馬口寺在盤塘山北爲詹祖道場基倚雲崿似鳴鳳形

同上
仙姑廟在縣南仙姑山相傳何許陳三仙女修煉處殿後有石洞名仙姑洞巖上有韭名仙人韭春日遊女競采食之以爲吉祥
眞君殿在武穴東壩
祖師殿玉皇閣大王廟土地堂太子廟上廟下廟仰山廟並在武穴癸丑縣志
東嶽廟楊泗廟在武穴西
棲賢寺在武穴後壩咸豐間開禪林不數武爲三一閣供文昌像

中廟在武穴龍坪二鎮間同上
大泉菴在盤塘又東爲下馬菴癸丑縣志
上石牛廟下石牛廟在縣西南以石立如牛得名又里許爲古建寺後唐時建下有龍泉塘丁未縣志
豹林寺在縣西南三十里辛未縣志
石門寺在四望山寺外有大石三植立如門焉神鼎雲外禪師以順治己丑駐錫說法其處丁未縣志
白龍潭在蘇家山南面平湖左右長坂竹樹陰森中菴德安王府建僧四衆講戒於此同上
竹隱寺在竹隱山寺當衆山中修竹夾寺左右同上

大塔寺在縣西南五十里
吳王廟在田鎮祀甘寧丁未縣志
鐵佛寺在田鎮辛未縣志
牛肝磯廟創構於天啟年間碑漫漶不可讀三王之國儲璫私人護行舟所過郡縣箕斂以迎有司慄慄譴怒縣令張燮推官鄧來鸞涓日禱江神靳東南風比王舟及縣界龍坪地風大作須臾過去縣人懽呼羅拜江滸曰神賜也遂祠焉歲久且圮康熙乙亥重新之土人韓石勒記鼎業齋集
鐵船山寺僧海清初立香火田萬歷甲寅邑人張步雲

爲作記碑文

寅山山半有小菴明高啟避跡於此湖北通志

長林菴龍山寺在馬口湖癸丑縣志

善潭觀在縣西觀山麓有善潭南北二泉丁未縣志

碧雲菴在北流山又東爲德勝殿祠太子神同上

百人祠在縣西三十里邑人方大名建辛未縣志

静林寺在縣西北静林山相傳建自唐時號九井禪林後易今名北二里許有西來菴桑梓紀遺

麻貪山寺僧元機創建南爲四顧坪菴丁未縣志

眞武殿在縣北横岡山頂顧景星有記同上

金剛寺青蓮寺在横岡癸丑縣志

青着寺在層峯山爲余玠讀書處寺左有搭圯廢有僧從荆榛中得數石上鐫元祐四年造邑人張北溟張小損重建刹延僧居之西數里爲赤砦亦有小刹名雲集菴舊爲里人避兵處又西爲文殊菴彌陀菴丁未縣志

白鶴龍王廟在百家園溪潭上俗傳潭上常有白鶴現遂祠焉謂之白鶴龍王每旱禱雨輒應同上

艾蒿坪如來菴在東衝癸丑縣志

慶雲菴青山林妙巖菴並在讀書臺下辛未縣志

板聖龍公廟在雲瀑潭側詳山川

地藏閣在龍廟衝辛未縣志

青羅菴在白頭嶺東同上

石門菴踞東衝之中一峯孤聳四麓皆潤水平田諸山環繞如屏幕梯舟藏稿

頭陀寺在五峯山祠頭陀祖師詳仙釋

普覺菴天竺菴煥然菴皆在五峯癸丑縣志

摭聞

揭曼碩先生未達時多遊湖湘間一日泊舟江渚夜二鼓攬衣露坐明月如晝忽中流一櫂漸近舟側中有素妝女子斂衽而起容儀甚清雅先生問汝何人答曰商婦也良人久不歸聞君遠來故相迓耳因與談論皆世外恍惚事且曰妾與君有夙緣非同人間之淫奔者幸勿見却先生深異之迨曉戀戀不忍去臨別謂先生曰君大富貴人也亦宜自重因留詩曰盤塘江上是奴家郎若閒時來喫茶黃土築牆茅蓋屋庭前一樹紫荊花明日舟阻風上岸沽酒問其地即盤塘鎮行數步見一

水仙祠牆垣皆黃土中庭紫荊芬然及登殿所設像與夜中女子無異（輟耕錄）

盤塘山最高處爲笠兒腦有蔡大官昇天遺跡相傳大官蔡姓名廣福弟廣善唐貞觀勅爲神神初降於朱蔡橋甦陰於張勝側飛昇於笠兒腦有李行思者因夢感覩馬跡所止爲祠三處像幅巾道衣端拱執如意其傍將執靶云楊臘兒蜀人父楊朗架木排至盤塘遇石鷹嘴排解朗死於水臘求父屍不得自四月至五月號呼江上亦投水死神感其孝收爲將今俗祀神四五月間民相聚和歌其尾聲相助必云楊臘兒尋楊朗兒那裏尋那裏尋（丁未縣志）

郭濱湖住盤塘湖岸羅念菴先生過之郭以冬桃獻爲書濱湖二字匾額經亂猶存（同上）

桐城劉清水爲令時物色六七君子入詩文社登高山臨飛瀑壺觴嘯咏無虛日由是人士彬彬向風當是時士大夫擁萬卷書下筆立就千言乃爲令上客俛是娖娖方幅鮮衣怒馬出入里門者偶人耳（丁未縣志）

文信國畫像崇禎末孫羽季當流賊躪城時用信國畫像絹素藏於縕袍背以走亂定乃出以告諸家廟後木長避吳逆亂亦如之像至今存（同上）

嘉靖初陳友良爲布政司椽値司考一茂才對云鶯聲啼凍谷其人未即答良遽云雁影落寒江王大喜爲免京辦徑選羅源典史（丁未縣志）

劉養微字敬伯性淡泊工詩臨卒賦詩云辛苦人間百未休今朝忽作返眞遊玉樓作記非吾事一枕空山明月秋（湖廣通志）

景泰庚午縣額科舉止三人縣人迎送對聯云李錦趙觀周原學狀元榜眼探花郎三人果同榜鄉舉後周原學南闈高捷（丁未縣志）

徐彥合嘗客遊返棹時有江西估客附舟病且死舟子

利其貨夜取屍沉諸水僮僕聞之以告召舟子詰怒之舟子色恐彥合因好言以厚直者與汝汝出其屍餘悉籍記以待其子言已呼鄰舟買棺殮之舟抵估客鄉縣其子拜受籍而迎其殯以歸里居時有祖塋青岡嶺樵兒據顛斫伐彥合適見之恐其驚而墜也若爲非徐氏者漫語曰此徐家山林也其人徐下執斧斤去明日乃知爲彥合悟曰公慮我驚而墜公德厚矣敢不拜比鄰盧姓人急而售其田於彥合事已悔彥合知之卽焚其券其直置不問 居業齋集

正德間藍瓏家產駒似龍超騰遠道惟一老僕御之尋聞於朝老僕御馬赴京師至黃河化爲龍而去並老僕

俱失所在 湖廣通志

彭廷獻以善銃名一日持火藥獨行山中遇二虎伏崖上下廷獻處其間崖上虎以足掌及其面一銃而斃轉視下虎方猙獰隨發卽倒後値流寇鳳凰山殺賊不可數計屢瀕危殆咸以銃自脫終九江 丁未縣志

寇淑者氏稜仲子行多長者以藩司椽之京忽有沈某來必欲與淑偕行問其故曰我欲適京夢神語曰汝此行不得龍江寇公栩救不免必公也遂與偕渡黃河風浪大作舟且覆忽一人拉沈坐命勿懼熟視之乃淑之故父稜勢方急沈不敢問抵岸忽失所在詢之舟人皆謂無所見神所謂寇公乃稜也救子兼及沈矣後淑夢稜謂上帝以已忠直命爲巡河神 堅瓠集

王三聘喜吟善寫生嘗曰怡情松菊酒生計漢唐詩又曰愛栽彭澤柳學畫輞川圖久之爲蜀黔江尉黔江人重翁詩與畫輒於馬上肆意揮灑頃刻數十幅人人得意去有古梅臨市疏影橫斜植牆外翁過哦其下爲之駐轡良久一日聞斧聲梅稍顫動詢知將擁爲薪翁亟償其直以屬鄰叟毛外翰爲梅主人而題其間曰閒傍冰梅蔵好句頻來騷客送淸樽亟傳爲佳話遂呼王公

梅云 同上

胡繼洪有穀厫數十間每歲不登設食待遠糴者而貸其息錢忽厫內一黃物似蛇鱗角四足長數尺以穀爲巢其家祭之日飼以粥土人呼爲穀龍又阮思槐竭囷濟飢後飛粟來集倉皆滿 湖廣通志

饒繼先性嗜飲月夜醉歸忽有人相送饒吟詩曰山月迎眸白江風拂面清送者曰可憐貴壤客扶送醉中人饒曰汝鬼也遂不見 辛未縣志

劉近臣肄業黃牙寺每日搆思不覺以指搯柱成一大穴百餘年猶存 同上

劉近臣中天啟甲子解額先一歲麻城劉之臣家輙唱元不置後揭曉則近字貼角誤爲之也同上

崇禎十六年張獻忠躪廣濟山砦數十所陷盡掠去諸生胡魁楚爾大舉族宵遁從行者三百口至巴東巴東土兵圍之曰賊也衆相對泣爾大飲啖言笑自如長揖砦長譚舉人參兩抗言陷賊狀參兩與語賢之遇以賓禮計口授薪粲餉之朞年爲送之江陵爾大謁江陵幕府具言所以江陵資之以歸同上

胡順璉字爾忠驍勇善射授游擊將軍不仕年垂七十猶挽弓三百觔常飲於隣家適羣小鳥集於庭樹隣以

彈授璉璉曰吾欲中立高枝者之左目一發高枝鳥落視之果左目也同上

胡鶴生高士也張仁熙王衍治言於知縣王名世即呼數騎偕兩生燈夕於寒郊十里外訪之出俸萬錢爲壽劇談達旦分韻聯句丁未縣志

元夕訪胡長者聯句　雲深古洞訪春先名世　谷口誰當載酒年列宿光分花雨夜衍治　高軒聲動竹溪煙孤琴草閣迷淸徑仁熙　一衲寒林話遠天總爲邱園添逸興鶴生　令人懷古思悠然名世　藕灣集

順治庚子廣濟鄉舉凡四人金德嘉豫齋張金基寶特藍應象石雲俱縣籍李必泰巖詹補州諸生第一人故舉於蘄也辛丑遊燕市逢術人相骨相已徧徐問曰公等四人一縣同榜然無一知縣起家者已而寶特學正沔陽石雲教諭攸縣轉當塗令豫齋教授安陸壬戌成進士入翰林而巖詹卒以蒲圻教諭老術人之言其偶中與居業齋集

梅郎中官成都守府署有吳道子龜蛇碑每端午輙有龜蛇集碑下至屋瓦庭樹皆滿郎中厭之鑿其目自後遂少其墨搨上方押成都府印可以鎮辟邪祟治瘧亦驗隴蜀餘聞

王世鋭與諸生樊利身同年月日時生事無不同某年同患病王獨遇一異人與紅丸一顆而愈語樊氏其人已去踵之遂疾馳難近向前索衣則腴滑莫能名狀須臾遠颺後樊死世鋭登庚子賢書辛未縣志

龍坪某僕從主人省試有一不知姓名人日與之偕及歸時隨地扯一皃草與之曰有疾病難醫者爾以草投之無不愈後草貴如金四五年乃盡僕終身龍東不見別異同上

武穴月塘張氏先塋在焉冢旁一焦藤樹婆娑鬱盤相去箭許又一株亦叢茂居民於其下立土神祠頗著靈

巽卒殺黑雞以祭輒償所欲張孝廉璧惡之以爲是邪祟所憑也率衆毁其祠斧纔及樹血流旬日不止樹遂枯 癸丑縣志

胡兆元一峯幼習孫吳入右學然書法極工里人每延之教子弟年垂五十矣殊無應舉意乾隆壬午一夕夢虎入懷以告所善徐南莊南莊遂資給之漫赴鄉闈受制府劇賞其字中是榜第二名一時以爲奇遇 同上

康熙壬戌金德嘉在楚作教不肯會試俄夢劉克猷以門弟帖拜之因北上先是劉克猷初登鄉薦夢一人語之曰爾須朱之弼做房考方中春榜及到京時偶出寓

散步見數童子攜書包經其門一童子最秀出遂拉其手與談見其書上寫學名乃朱之弼也大驚隨之至其家見其父乃開柴廠主人因與欵曲將筆墨數事贈之後遭流寇之亂屢次不赴春官及己丑會試朱公已爲禮垣分校得首卷即克猷也是年朱公禮闈總裁而金儼然會元始信夢兆之異 東軒述異記

邑人有業縫紉者朱姓忘其名居武穴喜吟詠與都人士往來嘗詠水鐲有云嘗見白雲沈水底月明又是一重天

江右高某寄居王勝戸養一犬出入相隨高卒葬過山口犬晝夜依墓側若爲之守墓然里人義之投以食越三年不知所終邑人王本燦爲之記

安樂鄉董某獲一雁傷其翅養於鵞羣中常浮於池年餘有孤雁飛過其處迴翔哀唳池雁昂首應之須臾飛雁徑下交頸糾結而死

陳以聞與蘄州顧初姜夔蘄水朱期晉黃岡王一鳴黃梅瞿甲麻城黃建中稱六子 湖北通志

諸生胡周翰行年七十餘猶能作蠅頭小楷每歲科試必赴咸豐間子錫瑛廩滿貢春官翰竟以其子廩餼食餼乃作詩自嘲一時以爲奇遇